"神话学文库"编委会

主　编

叶舒宪

编　委

（以姓氏笔画为序）

马昌仪　　王孝廉　　王明珂　　王宪昭

户晓辉　　邓　微　　田兆元　　冯晓立

吕　微　　刘东风　　齐　红　　纪　盛

苏永前　　李永平　　李继凯　　杨庆存

杨利慧　　陈岗龙　　陈建宪　　顾　锋

徐新建　　高有鹏　　高莉芬　　唐启翠

萧　兵　　彭兆荣　　朝戈金　　谭　佳

"神话学文库"学术支持

上海交通大学文学人类学研究中心

上海市社会科学创新研究基地——上海交通大学神话学研究院

中国社会科学院比较文学研究中心

国家出版基金项目
"十四五"国家重点出版物出版规划项目

神话学文库
叶舒宪 主编

萧 兵 著

太阳英雄神话比较研究（上）

A COMPARATIVE STUDY ON THE MYTHS OF THE SOLAR HERO

陕西师范大学出版总社　西安

图书代号　SK25N0842

图书在版编目（CIP）数据

太阳英雄神话比较研究：上下 / 萧兵著． -- 西安：陕西师范大学出版总社有限公司，2025.4. --（神话学文库）． -- ISBN 978-7-5695-5084-9

Ⅰ．B932

中国国家版本馆CIP数据核字第2025071GQ8号

太阳英雄神话比较研究（上、下）
TAIYANG YINGXIONG SHENHUA BIJIAO YANJIU

萧　兵　著

出 版 人	刘东风
责任编辑	雷亚妮　庄婧卿
责任校对	刘存龙
出版发行	陕西师范大学出版总社
	（西安市长安南路199号　邮编710062）
网　　址	http：//www.snupg.com
印　　刷	中煤地西安地图制印有限公司
开　　本	720 mm×1020 mm　1/16
印　　张	43.5
插　　页	4
字　　数	778千
版　　次	2025年4月第1版
印　　次	2025年4月第1次印刷
书　　号	ISBN 978-7-5695-5084-9
定　　价	198.00元

读者购书、书店添货或发现印刷装订问题，请与本公司营销部联系、调换。
电话：（029）85307864　85303629　传真：（029）85303879

"神话学文库"总序

叶舒宪

神话是文学和文化的源头，也是人类群体的梦。

神话学是研究神话的新兴边缘学科，近一个世纪以来，获得了长足发展，并与哲学、文学、美学、民俗学、文化人类学、宗教学、心理学、精神分析、文化创意产业等领域形成了密切的互动关系。当代思想家中精研神话学知识的学者，如詹姆斯·乔治·弗雷泽、爱德华·泰勒、西格蒙德·弗洛伊德、卡尔·古斯塔夫·荣格、恩斯特·卡西尔、克劳德·列维－斯特劳斯、罗兰·巴特、约瑟夫·坎贝尔等，都对20世纪以来的世界人文学术产生了巨大影响，其研究著述给现代读者带来了深刻的启迪。

进入21世纪，自然资源逐渐枯竭，环境危机日益加剧，人类生活和思想正面临前所未有的大转型。在全球知识精英寻求转变发展方式的探索中，对文化资本的认识和开发正在形成一种国际新潮流。作为文化资本的神话思维和神话题材，成为当今的学术研究和文化产业共同关注的热点。经过《指环王》《哈利·波特》《达·芬奇密码》《纳尼亚传奇》《阿凡达》等一系列新神话作品的"洗礼"，越来越多的当代作家、编剧和导演意识到神话原型的巨大文化号召力和影响力。我们从学术上给这一方兴未艾的创作潮流起名叫"新神话主义"，将其思想背景概括为全球"文化寻根运动"。目前，"新神话主义"和"文化寻根运动"已经成为当代生活中不可缺少的内容，影响到文学艺术、影视、动漫、网络游戏、主题公园、品牌策划、物语营销等各个方面。现代人终于重新发现：在前现代乃至原始时代所产生的神话，原来就是人类生存不可或缺的文化之根和精神本源，是人之所以为人的独特遗产。

可以预期的是，神话在未来社会中还将发挥日益明显的积极作用。大体上讲，在学术价值之外，神话有两大方面的社会作用：

一是让精神紧张、心灵困顿的现代人重新体验灵性的召唤和幻想飞扬的奇妙乐趣；二是为符号经济时代的到来提供深层的文化资本矿藏。

前一方面的作用，可由约瑟夫·坎贝尔一部书的名字精辟概括——"我们赖以生存的神话"（Myths to live by）；后一方面的作用，可以套用布迪厄的一个书名，称为"文化炼金术"。

在21世纪迎接神话复兴大潮，首先需要了解世界范围神话学的发展及优秀成果，参悟神话资源在新的知识经济浪潮中所起到的重要符号催化剂作用。在这方面，现行的教育体制和教学内容并没有提供及时的系统知识。本着建设和发展中国神话学的初衷，以及引进神话学著述，拓展中国神话研究视野和领域，传承学术精品，积累丰富的文化成果之目标，上海交通大学文学人类学研究中心、中国社会科学院比较文学研究中心、中国民间文艺家协会神话学专业委员会（简称"中国神话学会"）、中国比较文学学会，与陕西师范大学出版总社达成合作意向，共同编辑出版"神话学文库"。

本文库内容包括：译介国际著名神话学研究成果（包括修订再版者）；推出中国神话学研究的新成果。尤其注重具有跨学科视角的前沿性神话学探索，希望给过去一个世纪中大体局限在民间文学范畴的中国神话研究带来变革和拓展，鼓励将神话作为思想资源和文化的原型编码，促进研究格局的转变，即从寻找和界定"中国神话"，到重新认识和解读"神话中国"的学术范式转变。同时让文献记载之外的材料，如考古文物的图像叙事和民间活态神话传承等，发挥重要作用。

本文库的编辑出版得到编委会同人的鼎力协助，也得到上述机构的大力支持，谨在此鸣谢。

是为序。

前　言

本书是笔者计划里的《玄鸟》(中国上古文化综合研究)的一部分,也跟《楚辞研究》系列八种、《文学人类学》系列十种一样,算是"玄鸟之羽"吧。本书之所以取名《太阳英雄神话比较研究》,是因为:

一,希望着重研究以华夏汉族为骨干的中华各民族的英雄神话。这些英雄尽管各自独立发生和成长,但不论以何种面目出现,归根到底多为太阳的子孙,都是古代中国太阳神文化的承担者和创建者。

二,它们作为整体跟世界英雄神话,尤其是古代希腊与环太平洋的文化英雄神话有相当的类似性或趋同性,可以通过多维时空或区划性的比较,发现其间的异同以及在不同层面和水平上可能的交叉联系、递嬗衍变,从而为以太阳神及其族裔为核心的光明神话系统张本(这个学说的核心即对光明的崇拜乃是人类自由能动本质的自为实现,也是人类自觉增进负熵、改善生命的积极尝试)。

这样,全书的重点当然就要放在古代中国核心地区及其周边的各个民族(不管后来是否纳入中国版图)的英雄神话的比较上。一般常见的"中原""南楚"等文献资料里的神话(尤其是创世英雄和祖先传说)不拟详细讨论。我们把注意力放在不太常见的各兄弟民族英雄神话上(为免翻检之劳,尽可能多举实例),放在各民族神话各个层面的释读或还原之上,然后再将尽可能表露出其原貌或基本结构(或模子图式)的故事进行广义和狭义的比较——后者的重点则放在以亚洲东部(包括东北部)和南部为重心的英雄神话,以及中国与古代希腊英雄神话趋同性的发现之上。至于其趋同的原因、规则,特别是可能播化、交叉的时间与路线都留待有识之士去深入判别和讨论,本书的篇幅和野心都已经够大了!

本书首先想揭示东西方太阳神世系趋同的表现,尤其是太阳神祖孙三代神格、神位、神性、神迹种种微妙的对应性;继而表明,他们往往以射手英雄、弃子英雄、除害英雄、救灾英雄等多重面目出现,而且大多数与鸟(凤)－蛇(龙)图腾机制有潜在的联系,往往卵生、早慧,并且有相似的业迹、灵性,经历严酷的考验和悲壮的死亡。

这绝不是抹杀这些英雄及其故事的独立性。它们大多数是土生土长的,有自己的文化背景、文化面貌、文化价值和文化信念,有自己发生、发展和完成的历史。人类发展到一定阶段(例如从狩猎向农牧、从蛮性向文明的转变初期)往往会发生相似的思维模式与心理结构,会从自己的族体里选择出文化的精英来,塑造出各种各样的英雄,他们的业迹当然也会具有相当的类似性。但是,人类的文化从整体、从大区划来看又不是绝对孤立的(荒漠、极地、孤岛、深山的文化群体不但较少而且因为缺乏交流而得不到长足的发展,而较少所谓"世界史的意义")。在洲与洲之间,甚至在新旧大陆之间,都可能有文化的不同水平的交流,而且可以追溯到人类历史的曙光期。现代旧石器考古学、海洋考古学,尤其是模拟考古学,都在证明着这一点。笔者所著《玄鸟之声——艺术发生学史论》《楚辞与神话》都有较详的论述。

神话传说这种具体生动而浅俗的故事性的东西,比起需要相当技术、经验的物质文化成就来说,更加具有活跃性、生命力和感染作用,更加具有通行性、游走性和传承性。一叶扁舟便可以让祖先业迹随波而去,一骑骏马就能够使英雄故事遍布四方。英雄可以是本土的,业迹也可以是固有的,但是英雄故事里的许多情节(或细节、因子)却可能是交流的、播化的,互相借鉴、传袭和移植的。那些形神兼似,从整体到细节都相似或相应的故事要素或因子,也是很难用共同心理、巧合、偶然性之类遁词来加以解释的。必须实事求是地对它们的性质和来源进行审查和鉴定。必须承认,某些英雄的形象或业迹——尤其是它的关目,它的因子——是播化和借鉴的结果,是人群交往、文化交流的成绩。"英雄千面,其源归一""万变不离其宗",这种绝对化的说法当然存在许多缺陷和难题,但是,英雄主体独立,业迹部分交流却是很难抹杀的事实(这也是本书讨论的重点)。世界的历史和人类的文化本来就是不可分割的整体或系统,文化或其因子的多层面相似或趋同,以及其间可能的播化与交流,都是正常而积极的现象,不必大惊小怪、羞于启齿、歪曲隐瞒。盲目的自尊,是民族自卑感的表现。

每一个英雄都是一个世界,一个相对独立自足的整体,但同时又带着多重性和复合性,往往既是射手,又具灵智,可能被弃,还曾除害、治水,虽然各有专擅,却极难分割。本书的题材做这样的划分,既是为了打破传统的框架,不按照一人一章、一事多面、从生到死的老套写法,以避免泛论意义、空讲特征的老生常谈,又是为了便于就英雄的某一方面、某段经历、某种特点、某个因子进行集中而又广泛的比较。这就不得不把某个对象假定地划分为射手、弃子等,也就是说,往往要把他们既作为灵智英雄,又作为除害英雄等来讨论。在处理题材时,笔者尽可能地按照每一个英雄的专擅和特点来安排。例如第一篇"射手英雄",主要是揭示世界神话里的射手多属太阳文化之精英,而其诞生多与太阳神鸟发生关系,或化鸟形,或曾卵育,带有导论的性质,而以中国东方夷人的英雄群为重点;第二篇"弃子英雄",以中国的后稷故事为轴心,除了讨论"履迹生子"的缘由与背景外,还把世界性的弃子英雄划分为山野－物异、河海－漂流两大类型,并且尽可能按照文化区揭示它们可能的交往与联系;第三篇"除害英雄",以后羿与赫拉克勒斯等为主体,探讨他们那非常相似的初生、婚事和杀怪、除害的神迹;第四篇"救灾英帷",则以鲧禹、二郎神及与之有关的水神为重点,分析他们的化身、变形或分合,接着拿哈奴曼与孙悟空、夸父与普罗米修斯的比较为源头,讨论他们的勋业,他们的悲剧和他们的牺牲,多少有收束的意思。尽管做了艰难而又窘迫的努力,仍然不能避免可厌的重复和分割。但这是一种带有草创性的尝试,是否得不偿失,只有留待专家、读者评定。笔者历来把工作的重点放在文化因子的考释与还原以及源流的探索和同异的比较之上,但既关源流又涉比较,就成为一种超时空、多层面或跨文化、跨学科的综合研究,不能不追求某种"点线面互渗,微宏观结合"的境界。

本书没有专门的理论性章节和学说史介绍,详略主次的安排也不尽符合科学体系的要求。这主要是因为本书的兴趣在广义的复原与比较,尽可能夹叙夹议,边说边比,既论且史,可比的或已成为比较文化学公案的材料谈得多一些,一般常见的资料就一带而过(这已有袁珂的几本大著可供参考),所谓"有话则长,无话则短"是也。这还因为笔者已陆续发表有关中国元典和文学人类学的数十种专著及百余篇论文,今后还要进行中国民俗神话及民族性格、文化心理的研究,不想重复过多,希望有兴趣的读者把拙作当作一个整体相互参照并进行公开批评。

因为本书多少属于资料考据性质,为节读者翻检之劳,许多题同文异的材料有意详加征引,有的材料则属一般读者不甚留心或不易看到的中国少数民族故事传说以及域外神话,所以征引不厌其烦。但笔者接触西文原始材料的机会极少,阅读也较困难,许多资料只能转引,出处无法一一注明,谨致歉疚。这也是本书把重点放在本土材料上的重要原因。西文的英雄神话名著,像拉格兰的《英雄》、坎贝尔的《千面英雄》、戈德里奇的《人·神·英雄》,以及布尔芬奇、格雷夫斯、劳斯、斯威布等的大作,对中国各民族英雄神话谈论得极少。一些涉及中国神话的著作又是五花八门,把现代民间的杂祀、通俗小说里的神道都搜罗进去,真正研究中国古代原生态、过渡态、次生态神话的专著极少。这实在是世界神话学的一大憾事。本书只不过是在中国学者既有成果基础上做的走向世界的尝试,希望世界也更多地走向中国。

对于有勇气一而再,再而三推出这样一本草创性的大书的出版家们只有深怀谢忱和敬意。笔者的几句恭维话毫无用处,只有读者才有权评判这种冒险的影响和价值。写作本书时得到各方面(特别是京、沪、宁和滇、贵、川、黔同行)的支持,鸣谢得花费几页纸。但对于不断馈赠大著供我朝夕揣摩使用的袁珂、陈炳良、王孝廉、御手洗胜、伊藤清司、稻畑耕一郎等教授,如果不表示衷心感谢的话,那就太说不过去了。

  这次,陕西师范大学出版总社再版此书,实际上是个变动较大的增订本,特别是"弃子英雄"初版遗漏不少,现在增补较多。个别章节,则有意删削,或编入相关著作,希望关心与爱好者结合起来加以批评。

萧兵
2019 年 4 月

目　录

上　册

第一篇　射手英雄：感生与化身 / 001

　　第一章　太阳鸟族的儿孙 / 003

　　第二章　英雄的卵生与鸟身 / 040

　　第三章　大鸟英雄 / 103

第二篇　弃子英雄：磨炼与考验 / 111

　　第一章　履迹生子和图腾授孕 / 113

　　第二章　弃子英雄的神迹及其解释 / 140

　　第三章　弃子英雄与图腾考验仪式 / 166

　　第四章　世界性的弃子故事及其类型 / 189

　　第五章　准弃子和树生英雄群 / 287

下　册

第三篇　除害英雄：异禀和勋迹 / 325

　　第一章　英雄的早慧及其与天帝的矛盾 / 327

　　第二章　英雄们的竞赛和婚姻考试 / 348

　　第三章　英雄除害和取宝 / 394

第四篇　救灾英雄：济世与抗天 / 473

　　第一章　二郎神的原来面目和递嬗 / 475

　　第二章　智猿：英雄的化身和朋友 / 527

　　第三章　英雄神与水怪的化身斗法 / 550

　　第四章　英雄盗火、移山、寻仙药 / 578

　　第五章　悲壮的死亡 / 638

第一篇

射手英雄：感生与化身

第一章　太阳鸟族的儿孙

一、太阳和光明之诗

太阳－太阴神话学派

神话学上有自然神话学派，其代表人物是德国的阿达尔贝特·库恩（Adalbert Kuhn）和在德国出生的英国学者弗雷德里赫·麦克斯·缪勒（Fridrich Max Müller）。库恩的主要成绩是在印欧比较神话研究方面。缪勒则建立了"语言学的神话学"，提出著名的"语言疾病理论"（Theory of the Disease of Language），或称"语讹说"。中国古代也有类似这种学说的理论萌芽，近代学者也多受其影响。① 缪勒以太阳神话为核心，论证由于语词的活用和种种修辞手段的影响，以及某些语词在流播传承过程里所产生的误解、遗忘、混乱等等，便产生了"由日出到日落"的形形色色或典型或变形的太阳神话。太阳神话是一切神话的核心，一切神话都是由太阳神话派生并用来解释太阳神话的，史称"太阳神学说"。缪勒说："神话是语言生病的结果，犹如珍珠是蚌生病的结果。"语言的疾病不是造成癌，而是生产出野性、蛮荒、质始而又璀璨——在活体里生长的太阳。太阳在黎明时升起，燃烧着天空，驱逐了黑暗。于是有人喊道：看，那发光的在追赶燃烧的！

这是原始的诗——原诗，是语言"亢奋症"的表现。发光的是太阳，燃烧的是黎明。有些民族不仅说黎明是太阳的爱人，而且说太阳每一天清晨还要用"长矛的光线"杀死她。② 这种带着野性、神奇和美妙性质的言语链能够自我繁殖和增生，逐渐形成审美而又残留巫术性的幻想故事，于是我们就有了神话。而"希腊语表示'发光者'的字希力奥斯（Helios），原是亚利安语的'太阳'；梵文表示'燃烧者'的 ahana 或 dahana，原是亚利安语的'黎明'。假定希力奥

---

① 参见马昌仪：《〈释神〉与语讹说》，载《活页文史丛刊》1984 年第 200 号，第 7—8 页。
② 参见 [英] 克罗德：《世界幼稚时代》，俞松笠译，商务印书馆，1933 年，第 86 页。

斯一语,后来与阿波罗一语相混;又假定表示'燃烧者'的字,由 Daphne 变来,而有一种树木(按:如月桂树)也因为易于燃烧之故,也叫做 Daphne(按:达芙妮)。这几个字既然经过这些变化,后来却忘记了,于是乎希腊便生出'阿波罗追赶达芙妮的传说来'。"① 日出或朝霞引起了感叹,再由表示太阳的语词生发出种种言语的变化、活用和误解,形成神奇而美妙的言语链,最终催化出太阳神阿波罗(Apollo)追求小河神达芙妮不遂,后者变成一棵月桂树的韵事来(我国早期的神话学者如茅盾、郑振铎、黄石、林惠祥等都曾以此介绍或解释"桂冠"的来源)。拙作《神话学引论》对此有肯定性的详细评述。在这样的语言疾病和杂沓缤纷的诗意背景之前,缪勒提出,太阳是照亮原始神话世界的几乎唯一的光。他有意张大其词地说:"一切神话都是太阳神话,其唯一的题材是太阳的出没及其作用。"② 用这种办法强调太阳神话的重要,不免会造成误解。

缪勒还说:"古代人把整个自然界分为两半,一半是黑暗的,冰冷的,象征着严冬、衰老、死亡……而另一半则是光明的,温暖的,象征着生命、春天等等。由于这两部分的相互更迭交替决定于太阳的活动,所以一切在自然现象的基础上产生的神话,全部都是太阳神话,或者是与朝霞、晚霞相关的神话。"③

气象学派的创始人威廉·施瓦尔茨(W. Schwarz)也认为,"大量的神话都反映了光明与黑暗进行斗争的主题",又说"原始人看到乌云遮住了太阳,最后太阳又战胜乌云,看到风雨雷电同光明进行反复的较量,就必然会产生光明与黑暗殊死搏斗的观念"④。这为列维-斯特劳斯(C. Levi-Strauss)的二元对立理论奠定了神话学基础。

茅盾曾指出,朱熹的《楚辞辩证》解释太阳金车的驭手羲和的来源时曾不自觉地运用了"语讹说"⑤。"此等虚诞之说,其始止因《尧典》'出日纳日'之文,口耳相传,失其本指,而好怪之人,耻其谬误,遂乃增饰傅会,必欲使之

---

① 黄石:《神话研究》,开明书店,1931年,第46页。
② 参见[德] W. 施密特:《原始宗教与神话》,萧师毅、陈祥春译,上海文艺出版社,1987年,第49页。
③ 转引自刘魁立:《欧洲民间文学研究中的第一个流派——神话学派》,见中国民间文艺研究会上海分会编:《民间文艺集刊》(第3集),上海文艺出版社,1982年,第23页。
④ 转引自刘魁立:《欧洲民间文学研究中的第一个流派——神话学派》,见中国民间文艺研究会上海分会编:《民间文艺集刊》(第3集),上海文艺出版社,1982年,第27页。
⑤ 参见茅盾:《神话研究》,百花文艺出版社,1980年,第161—162页。

与经为一而后已。"① 朱熹解释"十日代出""羿射九日"的神话时也说:"按此十日,本是自甲至癸耳,而传者误以为十日并出之说。"② 但是我国神话学界还没有典型而较成熟的太阳学派(Solar School)和新层面上的语讹理论。

太阳学派和语讹说看似无理,却有它客观上的理论意义:第一,它揭示出太阳崇拜的普遍性及其对语言、心理的影响;第二,揭示出神话故事、神名和某些语词的秘密联系;第三,揭示出某些民族(尤其是印欧民族)神话、语言、心理的趋同性、可比性。

对应着太阳学派,语言学上也有居涅士-吉尔(Günes-Dil)理论,"居涅士-吉尔"义为"太阳的语言"。这个土耳其学派的理论认为土耳其语言(甚至一切语言)里最重要、最原始、最易发的元音是 a,经过多次重复(a+a+a+a+a+a+a),就产生了 aĝ。于是,aĝ 这个词就是这母语(一切语言)的词根。最初的人用这个词去作"太阳"的标记,凡表示运动、水、光、距离、力量等等的词,都归根于"太阳"。③ 赫罗兹尼也把源于苏美尔文 aga 的亚述-巴比伦文的 agû 解为"太阳光冠之神"。这些理论当然都失之偏颇,但是太阳崇拜确实几乎是全世界原始社会时期、原始部落所共有的宗教行为。

20 世纪初期,与太阳学派相映照,又出现了所谓新自然学派的太阴神话学派或月神理论。据王孝廉介绍:"1906 年,在德国柏林开了一次比较神话学会,发刊了《神话学双书》,属于这个集团的是西克(E. Siecke)、波克伦(E. Böklen)、胡辛(G. Hüsing)等人的太阴神话学派,他们强调月亮是形成神话的主要力量。他们主张所有的神话是由发光天体而产生的,发光天体神话的本原自然是太阳神话和太阴神话,这集团又主张神话的主体是源于太阴(月亮),太阳是较太阴后期而产生的神话对象。因此这派自然神话主义者的神话研究有把神话推向单元论(太阴神话)的倾向。"④ 台湾的神话学家杜而未先生就是当代著名的太阴神话学派代表人物。

不难看出,这两种学派各执一端,不免武断;为了体系的圆满,总要设法让事实来迁就理论。体系化本身就暗藏着封闭和停滞的危险。这里,我们不想评骘或指摘某一体系的是非,艰苦建立的体系总有它的理论背景和意义。"合之

---

① 朱熹:《楚辞集注》,上海古籍出版社,1979 年,第 179—180 页。
② 朱熹:《楚辞集注》,上海古籍出版社,1979 年,第 193 页。
③ [土] 唐古特:《Günes-Dil 理论的泛时间方法的语言学研究与史前学观点》,转引自 [苏] A. C. 契珂巴瓦等:《语言学中的历史主义问题》,高名凯译,五十年代出版社,1954 年,第 60 页。
④ 王孝廉:《中国的神话与传说》,联经出版事业公司,1977 年,第 301 页。

则双美，离之则两伤。"太阳学派和太阴学派完全可以在新的层次上结合起来重建光明崇拜理论。但是这同样也会流于偏激和片面。强森（Ad. E. Jensen）早就指出："未'开化'民族的神话中心，经常是存在着其他的基本问题，纵然在某一民族中太阳或月亮的神话最为重要，但也不能说这就是所有民族神话的核心……"功能学派创始人马林诺夫斯基（Malinowski）也曾对诸如此类的自然学派进行严厉的批评："有些极端的月亮派神话学家，对他们的观点着迷到了几乎神经错乱的地步，以致决不承认除了地球的夜间卫星——月亮以外，还能有任何其他现象能成为一出原始的游唱诗的表演题材。……另外一些神话学家……则把太阳看成是原始人编造他的象征故事的唯一题材。然后又有一派气象学的解释者，他们把风、天气、天空的颜色当作神话的本质。……在这些各有偏爱的神话学家中，有些人在为捍卫他们的天体或原则激烈地斗争；而另一些则有较广泛的兴趣，准备同意这样的看法：原始人是把所有的天体聚拢来从而酿造出他们的神话产品的。"① 这些看起来有些刻薄的话，是值得我们引以为戒的。

这里只想说：以太阳、月亮、星辰——三光所组成的光明崇拜，纵使不是自然神话的唯一动力，也是神话起源和发展最重要的助推力。这是由能动地追求负熵的人类生命的自由本质所决定了的。三光神话显然是原始神话，尤其是自然神话的核心。费尔巴哈说过："一切只要有点生气的宗教，都把它们的神灵搬进云端里去，搬进以太（Ether）或太阳、月亮和星辰里去。"② 说到宙斯（Zeus，原义为"天"），虽然不一定都归结为天空，但却可以反照出人类对光明的原始追求。前面说过，天体学派或气象学派认为，一切神话都由天体天象的变化引出，新自然学派把神话定义为"顺从一定的顺序，以天体为题目的一种联合体"，当然都不免有过犹不及之讥，然而这确实是自然神话的主流。人类学派的鼻祖泰勒（E. Tylor）也说："世界的初期哲学，都把太阳和月亮当作活的东西，并且有人类一样的性质。"古埃及人因此而歌颂太阳永恒的生命——太阳便是生生不已、终而复始的生命象征。

> 我是光明的主宰，自生的青春，
>
> 原始的生命的"初生"，无名的事物的"初名"。
>
> 我是"年岁"的王子；我的躯体是"永恒"。③

---

① 转引自［德］恩斯待·卡西尔：《人论》，甘阳译，上海译文出版社，1985年，第95页。
② ［德］费尔巴哈：《宗教的本质》，王太庆译，人民出版社，1953年，第11页。
③ 《亡灵书》，锡金译，吉林人民出版社，1957年，第14页。

埃及人试图通过模拟巫术来影响光明与黑暗或阴与阳二元的斗争，用中国式的制作塑像的办法来帮助光明神战胜黑暗神。弗雷泽（J. G. Frazer）在《金枝》等书里介绍说，有些地方的埃及人相信太阳神拉（Ra）披着余晖"杳冥冥兮以东行"之时，夜之恶魔阿普苏（Apsu）们群起攻击他，企图用乌云销蚀他的光辉和力量。底比斯神庙的祭司们用蜡塑成毒蛇和鳄鱼的形体，写上阿普苏的名字，用石刀砍击它，还把它丢在地上践踏，再放进草里燃烧。这种模拟巫术或厌胜仪式，还要配合以特定的禁咒，就好像歌唱"青云衣兮白霓裳，举长矢兮射天狼"有助于阴霾消散、黑暗辟易一样。在乌云满天、雷雨交加之时也要举行类似的仪式。这样，邪恶和黑暗就被削弱，太阳因而增加光辉。

卢克莱修在《物性论》里描写初民对天空的神秘和太阳的光辉的敬畏和感受：

> 他们把神灵的所在地和住处
> 放在天上，因为人们看见夜和月亮
> 在天空中转动——月亮，白天，黑夜，
> 和黑夜的古老的令人敬畏的星座，
> 还有那些在夜间飘泊的空中的火把，
> 和飞动的火焰，云，雨，太阳，
> 风，雪，闪电，雹雨，急促的雷鸣，
> 和吓人的巨大的空虚的吼声。①

于是人们恐惧、崇拜天神，制造宗教和自己的不幸。有如费尔巴哈所说，上帝即令是超凡的最高实体，但实际上不过是视觉上的最高实体，"天空和它的那些灿烂的现象"；所以神灵几乎都住在天上，都依托着太阳、月亮、星辰和雷电、云雨——"一切神灵最后都化作苍茫的天空"。②

尤其是太阳崇拜和太阳神话，在人类文化和思维发展史上具有积极意义。海克尔说："在现代科学家看来，太阳崇拜是一切有神论信仰形式中最有价值的并最容易与近代一元论自然哲学结合的形式。……我们整个躯体的和精神的生命也像所有其他有机生命一样，说到底都要归结为光焰四射的散发着光和热的太阳。"③海克尔从自然科学角度暗示，原始人用朴素的直觉感受到温煦、热烈、

---

① [古罗马]卢克莱修：《物性论》，方书春译，商务印书馆，1981年，第335页。
② [德]费尔巴哈：《宗教的本质》，王太庆译，人民出版社，1953年，第11页。
③ [德]恩斯特·海克尔：《宇宙之谜：关于一元论哲学的通俗读物》，上海外国自然科学哲学著作编译组译，上海人民出版社，1974年，第264—265页。

光亮的太阳是生命之源泉。所以,"数千年前太阳教徒的智慧和道德的水平已超过大多数其他有神论者。……意义稍次于太阳神教的是拜月教;尽管有些原始民族把月亮当作唯一的神祇来膜拜,可是大都除却月亮之外还信奉星宿和太阳"①。三光神话或光明神话的意义在此之外还要加上一项:美和美的高扬。

如像科学家所指出的,人是唯一能够自觉能动地在相对封闭的结构里增进负熵或信息量的自由性生命系统。太阳便是人类获得热量即增进负熵的直接泉源。"生命之所以存在,那是因为能量以太阳光子的形式流到地球上来。这些光子通过光合作用加入到生命过程中,一切后来的生命都涉及到最初的太阳能的消耗。"② 人类是唯一能自觉感知这种熵的增加的动物,所以几乎是本能地尊敬和热爱太阳。如拜伦所歌唱:"最辉煌的太阳啊!在你创造的神秘被揭示之前,你是唯一的崇拜物!"

火与雷电的震撼

人类所取得的第一种可以控制和再生的热便是火。火是太阳的派生物,人工火是被人掌握或者说是人化了的太阳。所以,"熵的历史根源简直可以追溯到原始人,原始人在为自己生存而斗争的过程中,使用粗糙器具并发现了火"③。所以火神不但往往与太阳神叠合,也是最原始、最重要的崇拜对象。

例如,在古代波斯,"火之重要,殆不亚于太阳,因为它也传播光明,所以也视为最神圣清洁的因素。在某一节经典中,火竟被称为阿火拉马施大〔按:即阿胡拉-马兹达(Ahura Mazda),或奥马兹德(Ôrmuzd)〕之子。一切之火,从厨房中的火到庄严的大祭坛上的火,都被视为神圣;而须注意看顾,勿使火受污辱"④。这位古代波斯的太阳神阿胡拉-马兹达,他是"灿烂的太初",或说太阳是他的眼睛。但是,琐罗亚斯德还认为"火是善神阿胡拉-马兹达的儿子,故也崇拜火,火代表光明"⑤,这就把太阳与太阳火及光明的关系表达得十分清楚。所以光明神的对立面便是象征黑暗的恶神阿利曼(Alriman)或罪恶之

---

① [德] 恩斯特·海克尔:《宇宙之谜:关于一元论哲学的通俗读物》,上海外国自然科学哲学著作编译组译,上海人民出版社,1974年,第265页。
② [美] 哈·莫洛维茨:《作为一门宇宙科学的生物学》,见《摘译:外国自然科学哲学》(1974年第1期)上海外国自然科学哲学著作编译组译,上海人民出版社,1974年,第29页。
③ [印度] M. 达塔:《熵的一百年》,见《摘译:外国自然科学哲学》(1976年第1期),上海外国自然科学哲学著作编译组译,上海人民出版社,1976年,第105页。
④ [美] 麦高文:《中亚古国史》,章巽译,中华书局,1958年,第95页。
⑤ 王治来:《中亚史》(第1卷),中国社会科学出版社,1980年,第27页。

主安格拉·曼纽（Angra Mainyu）。泰勒甚至认为，太阳崇拜起源于人间的火崇拜，然后从地上移到了天上。① 管东贵先生说，印度人认为，太阳本身就是火，它可以烧焦地上的草木，而且"古时代的希腊人、墨西哥人，以及南美的姆波科比斯（Mbocobis）土人等亦都有这样的联想"②。利普斯则反过来说："一切火的崇拜都起源于太阳崇拜，但其形式是多种多样的，像印度教徒、祆教徒、古代墨西哥人和其他地方，对火的崇拜各有不同。"③ 落脚点虽然不同，但对"火时常是太阳的代表"的观点，大家却是无异议的。

除了太阳及其派生物火，雷电也是可以直观又不能把握的光、力、热，所以也是原始思维或幻想的最重要的对象。雷神是太阳神、火神之外最重要的自然神，有时他们还以三位一体的面目出现。耶和华（Johova Dios）和宙斯——西方世界最重要的主神——都是太阳、火和雷的化身，光、力、热的人格化和神化。雷，如果不是英雄力量的源泉，也是英雄的主要斗争对象（犹如我们在中国南方的洪水遗民神话里所看到的那样）。古代日本人认为太阳的天火是由雷送到地上来的。所以创造大神伊邪那岐命用十拳剑杀死其子迦具土神时，沾在剑背上的血，溅在岩石上，同时化成两个太阳神和一个雷神来。④

中国的"神"字本无偏旁而作"申"，而甲金文和《说文》古文的"申"都作雷电闪耀之状，以后才扩指一切的神祇。费尔巴哈说："甚至在开化民族中，最高的神明也是足以激起人最大怖畏的自然现象之人格化者，就是迅雷疾电之神。有些民族除了'雷'一字以外，没有其它字眼来表示神；……连天才的希腊人也干脆地把最高之神叫做雷神（按：宙斯）。那个 Thör 或 Donar，即雷神，在古代日耳曼人，至少北方日耳曼人，以及芬兰人和列多尼人中，也是最老的最尊的最受普遍崇拜的神。"⑤

光明与黑暗的二元对立

原始人本能地恐惧黑暗，向往光明。黑暗是凶恶，是危险，是不可知。耶和华（太阳、雷电和荒山之神）与撒旦（Satan，魔鬼）的斗争被说成是光明与

---

① 参见 E. B. Tylor, *Primitive Culture*（Ⅰ）, p. 228。
② 管东贵：《中国古代十日神话之研究》，见古添洪、陈慧桦编著：《从比较神话到文学》，东大图书公司，1977 年，第 108 页。
③ ［德］利普斯：《事物的起源》，汪宁生译，四川民族出版社，1982 年，第 328—329 页。
④ 参见 ［日］安万侣：《古事记》，邹有恒、吕元明译，人民文学出版社，1979 年，第 11 页。
⑤ ［德］费尔巴哈：《宗教本质讲演录》，林伊文译，商务印书馆，1937 年，第 30 页。

黑暗之争。弥尔顿《失乐园》中的撒旦就住在黑暗的地狱和深渊里。

黑暗是死亡，是地狱；天堂则是光明和生命——实在是因为天空更接近太阳，太阳高悬于长空。亚伯拉罕（Abraham）最害怕黑暗降临。大卫王说："黑暗中孕育着瘟疫。"《旧约》的《诗篇》歌唱道：

> 你必点着我的灯，耶和华，
>
> 我的上帝，必照明我的黑暗。

就好像"日安不到，烛龙何照"一样，《以赛亚书》说："日头不再作你白昼的光，月亮也不再发光照耀你。耶和华却要作你永远的光，你上帝要为你的荣耀。"《新约·约翰福音》里，耶稣也宣称："我是世界的光，跟从我的，就不在黑暗里走，必要得着生命的光。"《约翰一书》说："上帝就是光，在他毫无黑暗。"《提摩太前书》又说，上帝"就是那独一不死，住在人不能靠近的光里"。《创世记》里耶和华说："要有光！就有了光。"弥尔顿《失乐园》第三卷据以抒发道：

> 美哉！神圣的"光"，上帝的初生儿！
>
> 把你写成与无疆共万寿的不灭光线，
>
> 谅必不算渎圣？因为上帝就是光，
>
> 从永劫开始就住在不可逼近的光里，
>
> 因为他住在你里面，那末你就是
>
> 辉煌素质所固有的辉煌的流光！①

在第四卷里，弥尔顿又说："啊，你充满非凡的光辉，从你身上看到了唯一的权能，你像这个新世界的神明。"（iv，32—35）

新西兰的毛利人（Maoris）有一句咒语或祷词："黑暗，黑暗，光明，光明，探求，寻找，在混沌，在混沌。"② 这便是以相当原始的方式反映神话里的哲学：在混沌里有着黑暗与光明两种力量。而"古时天地的儿子们在黑暗中寻求光明"③。

希罗多德说到波斯人的风习时写道："他们的习惯是到最高的山峰上去，在那里向宙斯奉献牺牲，因为他们是把整个穹苍称为宙斯的。他们同样地向太阳和月亮，向大地、向火、向水、向风奉献牺牲。"④ 这是他们崇拜光明（日月）

---

① ［英］弥尔顿：《失乐园》，朱维之译，上海译文出版社，1984年，第91页。
② 林惠祥：《林惠祥人类学论著》，福建人民出版社，1981年，第125页。
③ 林惠祥：《林惠祥人类学论著》，福建人民出版社，1981年，第125页。
④ ［古希腊］希罗多德：《历史》，王以铸译，商务印书馆，1959年，第68页。

和天空的古老宗教，也是后来的拜火教的源头之一。希罗多德又说："他们（按：玛撒该塔伊人）在诸神中间只崇拜太阳，他们献给太阳的牺牲是马。他们把马作牺牲来奉献的理由是：只有人间最快的马才能配得上诸神中间最快的太阳。"①

在纳西族史诗《东术争战记》里，"宇宙大山"（World Mountain, Cosmic Mountain）分成"黑白两界：东半光明；西半黑暗。树木不相缠，飞鸟不往来"。住在白界白石屋里的善神米利东是光明之神，约当波斯的奥马兹德；住在黑界黑石屋里的恶神米利术则是黑暗之神，略同于阿利曼。②

古代墨西哥，也有生命-光明之神与黑暗-死亡之神的二元冲突。"一般认为，这两位孪生兄弟——生命主和冬神——是经常敌对的。原先很平坦的地面，就是在两兄弟猛烈斗争的时期内被破坏而布满了山岭和溪谷的。所以这里存在典型的二元论，各种行善的和摧残的自然原理的斗争，生存和死亡的斗争，这些斗争都是以两位神化的孪生兄弟的形式来体现的。"③

这种光明（生命）对黑暗（死亡）的斗争，在各民族神话里还可以找到许多。

如古印度的毗湿奴（Vishnu）和湿婆（Shiva），古波斯的奥马兹德和阿利曼，古希腊的宙斯和提丰（Tifón），古斯拉夫的白神和黑神，古希伯来的耶和华和撒旦。这一切当然也在作为太阳族精华的英雄的业迹里生动地体现出来。《楚辞·东君》有"青云衣兮白霓裳，举长矢兮射天狼"。茅盾认为，这里的长矢象征太阳光，射杀的是象征恶的天狼。④ 还有人认为，天狼代表黑暗、云雾或阴霾。⑤

准日神后羿跟东君一样善射。据《易林》说，后羿也射过天狼。后羿射杀大风（大鹏）便象征天开风息，他射杀九婴（或指九首雄虺、九头鸟，母型是喜欢黑暗的猫头鹰），也可能隐喻太阳冲破了阴云、风暴和暗夜。古希腊太阳神阿波罗是射神兼猎神。雪莱的《阿波罗礼赞》就像《九歌·东君》一样歌颂太阳的光辉普照、周行不殆、驱除黑暗、射杀阴邪。

---

① ［古希腊］希罗多德：《历史》，王以铸译，商务印书馆，1959年，第108页。
② 中共丽江地委宣传部编：《纳西族民间故事选》，上海文艺出版社，1981年，第106页。
③ 苏联科学院米克鲁霍-马克来民族研究所：《美洲印第安人》，史国纲译，生活·读书·新知三联书店，1960年，第121页。
④ 茅盾：《神话研究》，百花文艺出版社，1981年，第186页。
⑤ 参见徐嘉瑞：《大理古代文化史稿》，中华书局，1978年，第202页。

太阳神的光箭射退了一切的黑暗、邪恶和污秽，从而使这个词成为东西方文学最重要的意象之一。这样，光明及其体现者、产生者的太阳就成为美和美的根源之一，是善或真的象征。

柏拉图指出，"没有人能说光不是一种宝贵的东西"，而且特别交代："当我说到'善'在可见世界中所产生的后代时，我所指的就是太阳。"① 这不禁使人想起孟子说的"充实之谓美，充实而有光辉之谓大"来——真正"充实而有光辉"的只能是太阳啊。有如柏拉图所说："太阳不仅使我们看见的事物成为可见事物，并且还使我们产生，成长，并且得到营养。"② 这样，在原始性思维里，光明就是美的代称。

《广雅·释诂》："皇、熙、烝、将、英、皓，美也。"这些全是与太阳光辉相联系的字眼。《诗经·鲁颂·泮水》："烝烝皇皇。"《毛传》："皇皇。美也。""皇"的本义就是土坛祭日，辉煌灿烂，犹如《楚辞》所写的"皇剡剡其扬灵"。《楚辞》里不仅潜藏着一个太阳神话光明崇拜的系统，而且以"昭质"、以"华采"、以"烂昭未央"为美。诗人最高的追求是："与天地兮同寿，与日月兮齐光！"

在印欧语言里，古希腊文的 χαλόδ，义为美、漂亮，或说其源于梵语 Kal-ja-h，这个词的词根 Scal 带有燃烧、旺盛、闪烁之意，与光辉接近。俄语的 Красный 意义为美、红，来源于火光、炎热、闪耀、光辉之义。③ 所以西方古代美学家也像孟子一样常常用"放射"（shine）、"闪耀"（glow）等来描述美的性质。④

太阳与英雄的生命周期

黑格尔说："光明是一种仅为自己的存在（a simply self-involved existence）；它虽具有普遍性（universality），同时却又在太阳里有一种个性（individuality）。"⑤ 追求光明、增进负熵、崇拜太阳，是人类的一种本能，是人类自由能动本质的自为实现。麦克斯·缪勒说："日出是自然的启示，它在人类精神中唤起依赖、无助、希望与欢乐的情感，唤起对更高力量的信仰。这是一切智慧的源

---

① 北京大学哲学系外国哲学史教研室编译：《古希腊罗马哲学》，商务印书馆，1961 年，第 181 页。
② 北京大学哲学系外国哲学史教研室编译：《古希腊罗马哲学》，商务印书馆，1961 年，第 182 页。
③ 参见凌继尧：《"美"的调源学研究》，见《美的研究与欣赏》（第 2 辑），重庆出版社，1993 年。
④ 以上参见萧兵的《楚辞与美学》《汉字与美学》等。
⑤ [德] 黑格尔：《历史哲学》，王造时译，商务印书馆，1936 年，第 171 页。

泉，也是所有宗教的发源地。"①

太阳东升便是光明来到，太阳的降落便是黑暗君临，便是不可知、反自然、无理性的支配。初民最害怕太阳一去不复返，被黑暗永恒统治。所以殷墟甲骨卜辞有"日出""日入"之祭。《礼记·郊特牲》说："郊之祭也，迎长日之至也。"《礼记·玉藻》说："天子……玄端朝日于东门外。"《汉书·贾谊传》归纳道："三代之礼，春朝朝日，秋暮夕月，所以明有敬也。"颜注云："朝日以朝，夕月以暮，皆迎其初出也。"

埃及神话说太阳（或太阳神拉）乘坐着月亮形的太阳之舟从东方之山出发，到西方之山降落。这犹如《天问》："出自汤谷，次于蒙汜。"太阳下山后在地府运行，"历天又复入西海"，第二天重新升起于东方，有点像中国的东君"驾龙辀兮乘雷"，东方既明，就抚马安驱，驰过长空，落入海中，然后在黑暗里"杳冥冥兮以东行"，准备再出现于东方。而这又在一定条件下与人类或其代表人物（英雄）的生命历程相一致。正如利普斯所说："灵魂国土的位置，时常与太阳运行直接联系。太阳神是引导死者灵魂去他们新居的向导。在所罗门群岛上，灵魂是和落日一起进入海洋；这一观念和太阳早晨升起就是出生，黄昏落下就是死亡的信仰是有密切关系的。因为地球上没有任何活的东西比太阳更早，太阳第一个'出生'，也第一个'死亡'。"② 鸟几乎跟太阳同步生息，早晨鸟第一个醒来，晚上随着太阳下降而归巢休憩，这是鸟与太阳互拟的重要原因。

亨利·弗兰克福特（Henri Frankfort）说："太阳要环绕宇宙做循环旅行。只有太阳神夏玛什（Shemash）能够通过死亡之水。"③

南诺·马瑞纳托斯说："如果太阳不再回来并无法正常遵循其路线，那么会发生什么？"埃及《亡灵书》用祝咒高呼："向你欢呼，你像凯布里（Khepri）一样升起，就像造物主凯布里一样。你高高升起，照耀了你母亲（天空）的后背，作为诸神之王荣耀升起。"④ 米诺斯-希腊文化的观念与之一脉相承。

叶舒宪结合埃及的太阳神话和巴比伦的史诗《吉尔伽美什》（*The Gilgamesh Opic*），探讨"太阳-英雄"这样的复合神话结构或所谓母型（Archetype）生成

---

① [英] 麦克斯·缪勒：《比较神话学》，金泽译，上海文艺出版社，1989年，第100页。
② [德] 利普斯：《事物的起源》，汪宁生译，四川民族出版社，1982年，第341页。
③ 转引自 [美] 南诺·马瑞纳托斯：《米诺王权与太阳女神——一个近东的共同体》，王倩译，陕西师范大学出版总社，2013年，第158页。
④ [美] 南诺·马瑞纳托斯：《米诺王权与太阳女神——一个近东的共同体》，王倩译，陕西师范大学出版总社，2013年，第159页。

的原因:"人们之所以崇拜太阳,同灵魂不死的原始意识有密切的关联。灵魂其所以不死,因为它同不死的太阳走的是同一路线。人的肉体死后灵魂去到地下世界,经过诸般考验后借太阳神的舟重返阳界。……人的灵魂若能与太阳结伴而行,便能使人超越死亡,得到再生,这不正是'英雄-太阳'原型得以产生的信仰基础吗?"①

古代印第安人也认为,太阳每天由东向西逐段前进,"进入黑暗世界,然后复于东方出现,再向天空上升"②。所以崇拜太阳的古代阿兹特克人(Aztecs)要用人心和人心之血祭祀太阳神——光明的源泉,这样太阳才不会被黑暗永远吞噬,"才能永不陨落,给人带来无限幸福与希望"③。"他们相信神是吃人血的,如其没有人血祭享,神的力量就会衰落"④。秘鲁的古代印加人(Incas)自认为是太阳的子孙,印加王就是活着的太阳,每年1月21日都要举行盛大的太阳祭。⑤"每当清晨和黄昏,印加人都面对安第斯山的峰峦,朝拜初生的旭日,(或)目送徐徐堕入浩瀚大海的夕阳。"⑥ 这跟前引费尔巴哈和海克尔的描述以及中国的朝日、入日仪式是完全一致的。

这样,太阳的升降,光明的始终,就跟人类的生命有着某种一致,可供原始思维加以类比或对位。原始思维的特征之一是混融性,不能把主体和客体清楚地区别开来。自然界的生命或类生命现象特别使初民惊奇和激动。在他们的意识深处,首先关心的是自己和种族的生存;但是,这种生存怎样都离不开自然界。天人同一,主客一体。特别是当他们发现自然界也有类似人的节律性生命现象,像睡眠—觉醒,昏病—康复,死亡—诞生,等等,他们就更认为自然也具有人的生命、人的行为,乃至人性、人格、人形。于是就发生类比、对位、互渗。"近取诸身,远譬于物。"太阳那触目而强烈的形体运动更发人深思。人类又是自由能动的动物,他不但本能地要求了解事物变化的原因,而且,随时随地都力图解释、影响、干预、改善这种变化。这样就产生了有关出日、入日

---

① 叶舒宪:《英雄与太阳——〈吉尔伽美什史诗〉的原型结构与象征思维》,载《民间文学论坛》1986年第1期,第39页;叶舒宪:《英雄与太阳:中国上古史诗原型重构》,上海社会科学院出版社,1991年。
② 《众神之城陶蒂华康》,载《读者文摘·古文明之谜》(亚洲版)1979年,第116页。
③ 宋宝忠、王大有:《阿斯特克太阳石(历)及其文明》,载《社会科学战线》1985年第5期,第140页。
④ [美]派克斯:《墨西哥史》,瞿菊农译,生活·读书·新知三联书店,1957年,第5页。
⑤ 参见孙国维:《秘鲁的太阳神与太阳祭》,见《外国奇风异俗》,世界知识出版社,1981年。
⑥ 张小华:《中国与大洋洲、美洲古代交往的探讨》,载《中央民族学院学报》1984年第1期,第51页。

的祭祀仪式、巫术语言和神话,一直发展到更积极、更极端的射日、追日、入日(盗火)。初民逐渐发现,普通人死去以后就很难活过来,但是杰出的代表性人物(例如英雄和伟大的酋长、祖先)却是"永生"的。他们以多种形式"再生":(1)他们活在人们的记忆、语言和故事里;(2)他们活在梦里;(3)他们活在改变事件进程的神秘力量(如机会、命运、偶发动因)里;(4)他们活在事业继承人的信念、宣言和行为里;(5)他们活在特异的后代里;(6)他们活在灵魂或各种形式的气体(烟云、呼吸)或光影里;等等。因此,英雄(至少是英雄的灵魂)和太阳都是不死的、不朽的。这样,就有了关于英雄或祖先之再生或永生的仪式和神话。而这一点恰恰与太阳的降落与重升一致。久而久之,太阳的行程便是英雄的命运的传统建立起来了。以太阳崇拜为原始信仰核心的显赫族体,尤其具有丰富的太阳英雄神话,便是这个道理。

荣格(C. Jung)说:"神话是揭示灵魂性质的最早和最突出的心理现象。原始人对显见事实的客观解释并不那么感兴趣,但他有迫切需要,或者说他的无意识心理有一股不可抑制的渴望,要把所有外界感觉经验同化为内在的心理事件。"① 这种心理与物理同化(Assimilate)的客观基础,便是事物活动的节律、周期循环和人类生命、心理行为的某种一致性、类同性、相似性。而对于这种心理、生理、物理的一致性进行半神秘半审美的对位和组合,是人类的自由能动本质,人类追求负熵、追求集体生命增值的一种积极表现。而一旦这种对位和组合,得到以言语链为载体的传达或外化,或者说,得到审美语言的再组织,我们就有了神话。神话,说得简单些,是人类与自然斗争的原始性幻想故事;说得复杂些,便是以巫术言语链审美再组织形式出现的、人与自然的一种幻想性的能量交换与交流。总之,神话是追求负熵和生命增殖的人类的能动性的外化或积极表现。

发展了荣格思想的诺思洛普·弗莱(Northrop Frye)更明确地指出,太阳的升降等宇宙间的循环或运动在原始思维里往往跟人(英雄)的生命的有机循环互相渗透或对位:"一天日出、日落的循环,一年不同季节的循环,以及人的生命的有机循环,其中都具有同样意义的模式(pattern);依据这一模式(按:宇宙循环与生命循环相统一的故事),神话环绕某个形象(figure)构成了具有中心地位的叙述——这形象一部分是太阳,一部分是茂盛的草木,一部分是神或

---

① [瑞士] 卡尔·古斯塔夫·荣格:《集体无意识的原型》,马士沂译,见《文艺理论译丛》(第1辑),中国文艺联合出版公司,1983年,第276页。

原型的人。"① 而不管是以英雄为中心，以自然现象为背景，还是以自然物象的变化为中心，以人的命运为比拟，那故事的基本结构或模式，都是自然与人对立统一（天人合一，物我互渗）的幻想形象的再现。神话是最彻底的自然的人化和人化的自然。

荣格-弗莱学派还进一步认为，神话不但不是"白日的梦"，相反却是"梦里的白日"。人们在黑暗和梦里也追求白日和光明。"人类作梦、苏醒的循环，与自然中的光明、黑暗密切相应；也许就在这项相应中，一切想象生命得以发动。"大多数场合，相应的因素均是对立的：在白昼，人反而是笼罩于黑暗势力底下，是挫折与脆弱手下的牺牲者；在自然的黑暗中，欲力或英雄的自我方得清醒。②

在这里，在朦胧和混沌的互渗与对位里，梦与真实，物与我，太阳与英雄，愿望和行动……都融为一体；而其主导的要素或原动力，仍是对白日、对光明、对自由解放的能动追求。正如李达三所说，"典型的神话主题涉及人类的价值观、信念与对于死亡、再生的恐惧"，但是"神话神秘地呈现出人类与时间、死亡、命运、自由等等之间的主题"，仍然体现出人类"有效地应付这些事物"的意图，而且，人类"经常借其智慧与想象力向这些神话因素挑战"③。

自然运动和人类（英雄）命运的叠合、互渗或对位，就体现着上述的天人合一、物我互渗，以及物理、生理、心理的幻想交流或一致性，并表现为自然崇拜、图腾崇拜、祖先崇拜三者的有机结合。这种结合集中地、典型地体现在太阳英雄的神话里。

巴比伦的英雄吉尔伽美什，曾经对创造他的大力神、太阳神夏玛什呼喊道：

难道我白白地在旷野里跋涉，

我的头颅仍然必须躺在大地的正中，

仍然必须年复一年地长眠永卧?!

请让我的眼睛看到太阳吧，使我浑身广被光泽；

那有光的地方，黑暗便告退，

---

① ［加］弗莱：《文学的若干原型》，转引自伍蠡甫主编：《现代西方文论选》，上海译文出版社，1983年，第345页。
② ［美］李达三：《比较文学研究之新方向》，联经出版事业公司，1964年，第240页。
③ ［美］李达三：《比较文学研究之新方向》，联经出版事业公司，1964年，第253页。

  让我仰沐太阳神舍马什的光辉，将死亡给予那些死者！①

  实际上，这位太阳的子孙（夏玛什的创造物）要求更明确、更直接地与太阳同化，变成运行不息、生生不已的永恒的太阳。

  正像叶舒宪所说："人与太阳的结合，不是为了必死，而是为了永生。太阳虽然每天沉下西天，但次日便从东方诞生，这种永恒的循环在原始心理中便理解为不死或再生的象征，理解为超自然的生命。太阳崇拜这种古老的宗教形式便在各原始民族中普遍发生了。"② 他指出，吉尔伽美什的旅行是严格地"沿着太阳的路"进行的："随着英雄的脚步，我们不断看到这样一些意象：白天与黑夜、日出处与日落时、阳世与阴世、死亡海与生命山、深邃的黑暗与太阳的光线，等等。这些含有原型意义的意象似乎不断向人们暗示着：'亘古就没有这原型不变的东西'。……超越［死亡］的唯一途径便是与太阳相随同行，脱离有限的死海，加入无限的宇宙循环。"③ 所以，这又是一种对超越死亡的永生或永恒的热烈追求。

  如同东君的历天又复入西海，"杳冥冥兮以东行"，而后又出现在东方的扶桑树间一样，英雄，这些人间的太阳，也经历从东方到西方，由生到死而后再生的悲壮历程。

  除了吉尔伽美什，还有他的西方同格者赫拉克勒斯（Herakleus，Heracles），他的死同样体现出落日的宏壮景观。就像射日者后羿兼为人间的小太阳一样，赫拉克勒斯的"某些称号足以表明他的太阳特性。他和阿波罗、宙斯共享的名称是：戴桂冠的、拯救者、预言者、伊塔山的、奥林匹斯的、造就万物的"④。

  赫拉勒斯的生命历程，尤其是结局，也与太阳的飞行同步：

> 在赫拉克勒斯的最后一次旅行中，他也像克发洛斯一样从东走到西。……赫拉克勒斯又渡过特拉库斯，到达奥伊塔山，那里有他的坟墓，英雄被埋葬了，穿过云霞升入不朽之神的宝座。⑤

他终于跟赫柏（Heber）——青春女神结婚，暗示他将获得新的生命。

  在此之前，赫拉克勒斯的妻子为他穿上马人涅索斯（Nessus）毒血浸过的

---

① 《吉尔伽美什》，赵乐甡译，辽宁人民出版社，1981年，第77页。舍马什，即夏玛什。
② 叶舒宪：《英雄与太阳——〈吉尔伽美什史诗〉的原型结构与象征思维》，载《民间文学论坛》1986年第1期，第39页。
③ 叶舒宪：《英雄与太阳——〈吉尔伽美什史诗〉的原型结构与象征思维》，载《民间文学论坛》1986年第1期，第40—41页。
④ ［英］麦克斯·缪斯：《比较神话学》，金泽译，上海文艺出版社，1989年，第93页。
⑤ ［英］麦克斯·缪斯：《比较神话学》，金泽译，上海文艺出版社，1989年，第93页。

外套（象征黑暗），进入死亡。"赫拉克勒斯力图脱去它；他炽热的光辉穿破厚厚的黑暗——但是火热的雾霭包围着他，而且和大阳的部分光芒混合了，透过天空消散的云霞可以看到垂死的英雄正在把自己撕成碎片，最后，他明亮的身体在漫天大火中毁灭了。"① 这就是他落日的火葬，但他终将升遐，重获青春（女神赫柏）。

在荣格-弗莱模式化了的原则体系里，大阳的运行、四季的循环和英雄命运的互渗或对位，都得到整合，神话表层的讲述结构和深层的象征结构也得到统一，它们之间的关系被公式化、简单化为以下几个方面。

（1）黎明、春天和出生方面。关于英雄出生的神话，关于万事万物复苏的神话，关于创世的神话，以及关于黑暗、冬天和死亡这些力量失败的神话。

（2）夏天、婚姻和胜利方面。关于成为神仙的神话，关于神圣婚姻的神话，关于进入天堂的神话。

（3）日落、秋天和死亡方面。关于战败的神话，关于天神死亡的神话，关于横死和牺牲的神话，关于英雄孤军奋战的神话。

（4）黑暗、冬天和毁灭方面。关于这些势力得胜的神话，关于洪水和回到浑沌状态的神话，关于英雄被打败的神话，关于众神毁灭的神话。②

尽管并不完全与中国的情况相合，但这对于太阳英雄神话的意义、规律、模式的探求都是极有意义的。任何公式、模子（pattern）、型态的归纳或推导，都是为了适应科学高度发展时代符号化、图式化、简约化的要求，但同时必然发生（或者说理当允许）例外和错位，只要不僵化、不生搬硬套，它就可以借鉴和发展。至少，它对天人关系原始幻想之整合、演绎、归纳和推导，是极有理论意义和实用价值的。

二、太阳鸟族的三代世系

黑格尔在《历史哲学》里说："世界历史的旅程，系自'东'徂'西'，欧洲绝对地是历史的终点，亚洲是起点。世界的历史有一个东方。……那个外界的物质的太阳便在这里升起，而在西方沉没；那个自觉的太阳亦是在这里升起，

---

① [英] 麦克斯·缪斯：《比较神话学》，金泽译，上海文艺出版社，1989年，第93页。
② [加] 弗莱：《文学的若干原型》，转引自伍蠡甫主编：《现代西方文论选》，上海译文出版社，1983年，第345页。

散播一种更为高贵的光明。"① 东方各国，尤其盛行太阳、太阳神的崇拜和仪典，有特别丰富的太阳神话，因为太阳、光明系从东方起来。

这并不是说西方（例如希腊）没有太阳和太阳神话，而只是说东方的太阳神话有一种特别质朴、原始、热烈、淳厚的性质，还没有经过充分的文学化和哲学化（尽管部分已经历史化）。东方和西方的太阳神，可能有传递、播化乃至血缘的关系，然而只要不属于三代太阳神世系这个序列性的组合，在此点上即非有序之重复、规律的对应，便不是本章的描述重点，而将其分散到各章节里研讨。

中国的太阳祖先世系

发祥于渤海湾两岸的东方夷人集群，主要以鸟为图腾，普遍崇拜从他们身畔升起的太阳。如前所说，殷墟卜辞有出日、入日之祭，卜辞"所祭者是日、出日、入日、各日、出入日、入日、各日即落日。祭之法曰宾、御、又、礿、岁等等，也都是祭先祖的祭法"②。《山海经·大荒南经》说羲和生十日，《大荒西经》说常仪生月十有二，此为母系氏族的古老神话无疑；但羲和、常仪都是帝俊的妻子，那么帝俊便是从日、月大神升格的天帝。长沙子弹库出土的战国《楚十二月神帛书》就说"日月夋生"，又说"帝夋乃为日月之行"③。帝俊的分身或异称之一帝喾也"历日月而迎送之"④，不过已被历史化、世俗化罢了。所以帝俊及其又一分身或异称帝喾，原是老太阳神、老月亮神。⑤ 帝舜（重华）的妻子娥皇、女英，相当于羲和、常仪，皇为日光闪耀，英是光华焕发，她们也和她们的后辈烛光、宵明一样兼为日月女神，其夫帝舜也是大日神。《山海经·海内经》《帝王世纪》《朝鲜纪》等文献，都说帝俊（或作帝喾）赐羿"彤弓素矰，以扶下国"，这也就是《楚辞·天问》的"帝降夷羿，革孽夏民"。依高句丽天帝派遣儿子天王郎扶助下国的记载推论，后羿应是帝俊的子息或下属，应为英雄化、传说化的第二代准太阳神。所以羿的妻子是月神嫦娥，正合日月神常为夫妻的神话学通例。

---

① [德] 黑格尔：《历史哲学》，王造时译，商务印书馆，1936年，第172页。
② 陈梦家：《殷墟卜辞综述》，科学出版社，1956年，第573—574页。
③ 参见商承祚：《战国楚帛书述略》，载《文物》1964年第9期。
④ 徐元诰：《国语集解》，王树民、沈长云点校，中华书局，2002年，第156页。
⑤ 参见 [日] 林巳奈夫：《帝舜考》，载《甲骨学》1964年第10号；[日] 御手洗胜：《古代中国诸神——古代传说之研究》，创文社，1984年，第534页。

苏雪林敏锐地看出，"羿即日神，否则为带有日神性之半神或人间英雄"，并且拿羿之射狐、射猎与"东君及希腊阿波罗之射天狼"相比照。① 姜亮夫也感觉及此，只是没有点明罢了："日月为配偶神，而月为女，则羿可以射日（古以射状男女之合，则射日犹言射精而得日也。坠九日者，降九日于地之义也）。"②

就神话在社会史上的反映而言，后羿已有原始社会末期军事首领的影像，为了建立或巩固太阳－鸟图腾部落联盟，并吞、除灭一些日鸟氏族或小部落是当然的。但是他和他的儿子很快也被别人消灭了（参见《左传》襄公四年等）。那羿子便是太阳神世系的第三代，只可惜他的格、位、性、迹俱已冥灭不见罢了。

东夷另一太阳神系的领袖是太皞和少皞，但他们不一定是二人或二代，只是世代相传的两个阶段，所以也具有太阳神族之世系性和序列性。皞字从"白"，"白"义为光明，依照金文"皇"所从之"白"象阳光四射之例推论，皞字所从之"白"本亦闪光之圆日。皞字又作"昊"，从日从天，义亦光明。从字面上看，是日踞长天之意，但"天"字的原义是正面而立的"大人"，特大其首，指示其"颠"（天，颠也，即头顶巅，后来又用以指头顶上的天空）。那么"昊"字就是头上有太阳或戴太阳王冠之大人，其意类于"皇"或"王"之冠日。古埃及太阳神拉的标识是⊙，跟我国甲金文的"日"字全同，当中一点表示太阳黑子；拉的造像便戴着⊙形的太阳皇冠。玛雅的太阳神也戴着太阳光箭的冠冕。太阳王、太阳神戴着太阳光冠，如"昊""皇"等古代文字之所示，是顺理成章的。后世神像、佛像的光环，便从此出。

又，"波斯的宗教观念，以鹰鸟作为太阳的象征，犹我国称太阳为金乌"，所以，作为遗迹，波斯钱币上太阳子孙（王者）的皇冠上便装饰着象征太阳的翼翅。③ 这个"太阳鹰"的观念可以溯源于埃及，冠日的拉神化身为鹰，最古老的埃及天神荷尔也曾被描绘为太阳之鹰或是带鸟翼的日轮，即所谓翼轮。连云港将军崖原始社会末期岩画里，有一种大头细身子的"人面画"（A3）④，很像"昊"字的意构，疑即太阳人或太阳神巫的一种造型。⑤ 云南沧源崖画⑥、内蒙

---

① 苏雪林：《屈原与〈九歌〉》，武汉大学出版社，2007年，第327页。
② 姜亮夫：《重订屈原赋校注》，天津古籍出版社，1987年，第275页。
③ 夏鼐：《青海西宁出土的波斯萨珊朝银币》，见《考古学论文集》，科学出版社，1961年，第129—130页。
④ 连云港市博物馆：《连云港将军崖岩画遗迹调查》，载《文物》1981年第7期，第23页。
⑤ 参见萧兵：《连云港将军岩崖画的民俗神话学研究》，载《淮阴师专学报》1982年第4期。
⑥ 参见汪宁生：《云南沧源崖画的发现与研究》，文物出版社，1985年，第85页。

古岩画①，也都有这种太阳人的形象。有些文化人类学家认为，太阳人"头上有射出的阳光"，这是太平洋文化的一个因子，或者是"西海岸神话中对太阳的固定说法"。②

盖山林对岩画上类此的太阳人神形象有很好的分析："大多数的神像，头上光芒四射的灵光，颇似太阳光，有的简直像一个金光万道的太阳形象，只是中心部分有人的五官，这种形象兼用了人和太阳的形象，即太阳的人格化和人的太阳化，将两者巧妙地糅合在一起了。当然，也可以作另一种解释，即仿照人间部落酋长或王者的形象，创造了太阳神，那光芒四射的灵光，可释作人头顶上插的鸟羽，但从形象上看，前一种可能更大些。"③ 就某些形象看（例如有的形象上方光芒特长似羽），两种解说也是可以糅合在一起的。

唐兰先生对于"昊"字所象的太阳人有一个精到的看法："古代人的想象中，大人就是巨人，是真的顶天立地的，所以他的头就代表了天，而大字下面画一画来代表地就是'立'字，也就是'位'字，昊字本来作昦，象正面人形而顶着太阳，也可以说他的头就是太阳，所以古代把天叫做昊天。……那末，东方民族称他们的君长为太昊、少昊，就因为他们是代表上天的太阳神。因为东方民族自认为他们的地区是太阳出来的地方，所以认为太阳神是天神中最尊贵的。"④ 此可谓与拙意不谋而合。然则太昊和少昊就是大太阳神和小太阳神、大光明神和小光明神，属于东夷日鸟图腾部落集群的太阳神系统。从史籍看，太皞或指帝喾，喾可作昊，昊可通皞，告、皓、喾、皞、昊一音之转，自可通假。只是在后世经过编整累积的史书里，帝喾的太皞地位被北上的南苗集群先祖伏羲取代罢了。

郭沫若敏锐而精确地指出，同属于东方夷人集群的太皞与少皞在以鸟为图腾上有一致性。他没有像某些上古史家那样迷信文献记载，仅仅据《左传》"以龙名官"的孤证，硬把太皞氏列入龙图腾文化并以其为伏羲。"传说太皞是风姓，应同九夷中的风夷有更直接的关系。"卜辞"风""凤"同字。"风夷在夷人氏族部落中居于首要地位，因而太皞又是所有夷人想象中的祖先。"⑤ 夷文化

---

① 参见盖山林：《内蒙古阴山山脉狼山地区岩画》，载《文物》1980年第6期，第6页。
② 李济：《跪坐蹲居与箕踞》，见《考古学论文选集》，联经出版事业公司，1977年，第576页。
③ 盖山林：《内蒙古贺兰山北部的人面形岩画》，载《中央民族学院学报》1982年第2期，第69页。
④ 唐兰：《中国有六千多年的文明史——论大汶口文化是少昊文化》，见《大公报在港复刊三十周年纪念文集》，1978年，第43页。
⑤ 郭沫若主编：《中国史稿》（第1册），人民出版社，1976年，第112页。

的首要特征是以太阳神鸟为图腾，也有统一的传说祖先，这就为太皞（大光明）即帝喾提供了史实依据。而少皞（小光明）"最初可能是从太皞氏分出来的。在古代文字中'风'即'凤'，风夷也就是'凤'夷。从一个凤鸟氏族分为两个，一个属太皞，另一个属少皞。夷人中这两支，一支在江淮流域，另一支北上到黄河下游，后来大部分融化为华夏族"①。这就从历史学角度证实了太皞（昊）、少皞（昊）确实是具有一致性、整体性和连续性的太阳鸟世系。

丁山不但指出太皞可能"是帝喾的音转"，还说"既知大皞为春朝所朝的日神，则少皞当然是'秋分夕月'的月神。以时令言，大皞果为春神，少皞应该是秋神"②，正确地把大少昊都组织进东方的光明神崇拜系统。少昊兼为月神或有可能，但不如说，在比较成熟的"东夷中心"神系里，他可能又被崇奉为西边的落日或暮日之神，在五行系统里司秋而属金。③

胡厚宣强调太皞为风姓，风即凤，"姓是人之初生，即是原始社会的图腾"，太皞有鸟化身；而少皞（昊）名"挚"，即帝喾之子"契"。挚通鸷，"乃是一种厉害的鸟名"④，自是化为鹰鸷之类，系鹏凤较早的母型，所以他们"父""子"在文化和世系里都具有整体性。"又考太皞少皞族姓的地理分布，都在东方。……而这些地区，正和商族的发祥地正同。"⑤

如果太皞即喾，那么少皞就应是喾的后代契（也许还有第三代的昭明）。郭沫若也说："少昊金天氏帝挚，其实当即是契，古挚契同部。"⑥《路史》《世本》等说"少昊名契"，而少昊也有儿子（第三代）。《海内经》："少皞生般，般是始为弓矢。"犹羿之发明弓。可惜般的神格、神性都模糊不清了。如果帝俊相当于太昊氏帝喾的话，那么羿就相当于少昊氏挚或契。杨宽就说："东夷与殷人同族，其神话亦同源，如大皞之即帝俊、帝喾、帝舜，少皞之即契。……［羿］疑即契也。"⑦ 而契的儿子昭明、少昊之子般则相当于羿子。契和昭明为小光明神，自然具有日神格。

---

① 郭沫若主编：《中国史稿》（第 1 册），人民出版社，1976 年，第 113 页。
② 丁山：《中国古代宗教与神话考》，龙门联合书局，1961 年，第 379 页。
③ 参见肖兵：《西皇·西海·西极——〈楚辞·离骚〉新解》，载《甘肃师大学报》（哲学社会科学版）1981 年第 1 期。
④ 胡厚宣：《甲骨文商族鸟图腾的遗迹》，见中国科学院历史研究所编：《历史论丛》（第 1 辑），中华书局，1964 年，第 134 页。
⑤ 胡厚宣：《甲骨文商族鸟图腾的遗迹》，见中国科学院历史研究所编：《历史论丛》（第 1 辑），中华书局，1964 年，第 137 页。
⑥ 郭沫若：《中国古代社会研究》，人民出版社，1964 年，第 201 页。
⑦ 杨宽：《中国上古史导论》，见《古史辨》（第 7 卷上册），开明书店，1941 年，第 368 页。

杨公骥对这一点有独到的分析:"《诗·商颂·长发》:'玄王桓拨。'……'玄'本义为幽深、暗黑。……'契'本义为刻、启、开。《诗·绵》'爰契我龟'传:'契,开也。'由此,我以为神话中的'玄王契',可能既是黑暗(玄幽)之神,同时也是拨开黑暗分开出幽明的开辟(契开)神。"① 太阳不正是破开黑暗的伟大光明神吗?

和这几组三世太阳神相当的是高句丽神性已经冥昧的天帝及其儿孙天王郎、小朱蒙。高丽李奎报《李相国文集》说:"天帝遣太子降游扶余王古都,号解慕漱,从天而下。……世谓之天王郎。"此犹"帝降夷羿,革孽夏民"。虽然没有明说他是太阳神,但他的妻子柳花却"怀孕日曜",孕生朱蒙。小朱蒙亦尝言:"我是日子,河伯外孙。"他们父子俩是序列性的太阳神应无疑义。

舜的神话传说学地位,相当于喾(太暤),学术界的异议已经不多。还有人说,帝尧也相当于喾,而后才从喾分化为尧与舜。其说当否暂且不说,尧本身就可能兼为太阳神,也是太阳神鸟的化身。御手洗胜就力证,尧具有太阳神格,"尧"义相当于拂晓之"晓"。② 王孝廉也说:"尧的名字叫放勋,他的儿子叫丹朱,这些神名都与火和太阳有关。"③ 在尧舜禅让传说里,尧(晓)让位给舜这"太阳的一代",象征从曙光转到中天之日,当然,舜也是太阳神。④ 传说舜为重瞳,强调他眼珠的特殊,而太阳往往被视为某一大神的眼睛,御手洗胜还指出,古代太阳神像的眼目都具有特异的形状和性能。⑤ 舜之称重瞳或重华,确实都跟光明神秘、光明崇拜有关。

韩国神话学家方善柱,也从太阳与神眼、神鸟、神木的关系等方面论证了舜是太阳神。《太平御览》卷八一引《尚书帝命验》说虞舜"光耀显著",方氏认为,这"正暗示舜的太阳神格"⑥。而此与《楚辞》所见舜出场时之"皇剡剡而扬灵[光]"相合。白川静甚至认为,舜的父亲和对头瞽叟(盲老人)象征黑暗。"尧有时被当作是太阳神,舜也有着如此的性格。舜的父亲是名叫瞽叟的

---

① 杨公骥:《中国文学》(第1分册),吉林人民出版社,1980年,第118页。
② [日]御手洗胜:《关于帝尧传说》,载《日本中国学报》1969年第21集;王孝廉:《日本学者的中国古代神话研究》,见《中国的神话与传说》,联经出版事业公司,1977年,第293页。
③ 王孝廉:《神话与小说》,联经出版事业公司,1986年,第23页。
④ [日]御手洗胜:《关于帝舜的传说》,载《广岛大学文学部纪要》1968年第28卷第1号;[日]御手洗胜:《古代中国诸神——古代传说之研究》,创文社,1984年,第534页。
⑤ [日]御手洗胜:《关于帝舜的传说》,载《广岛大学文学部纪要》1968年第28卷第1号;[日]御手洗胜:《古代中国诸神——古代传说之研究》,创文社,1984年,第595页。
⑥ [韩]方善柱:《昆仑天山与太阳神舜》,载《大陆杂志》1974年第49卷第9期,第7页。

盲者，即是黑暗之神。"① 他们之间的斗争体现着光明与黑暗的冲突，像许多太阳神话被二元化一样。

帝舜（重华）或湘君，原来是太阳神，所以他在《楚辞·离骚》里出现的时候仍然是灿烂辉煌、灵光闪耀：

> 百神翳其备降兮，九嶷缤其并迎；
>
> 皇剡剡其扬灵兮，告余以吉故。

如上所说，"皇"是日光辉煌，金文的"皇"字上半部就是太阳光芒四射之状（后来可能成为大神或君主头上或身后的太阳金光），从日、从土表示它最初是太阳神坛。汉代王逸《楚辞章句》云："皇，皇天也。剡剡，光貌。言皇天扬其光灵，使百神告我，当去就吉善也。"这正是帝舜（或代表帝舜的东方神巫巫咸）出现时的情景。《九歌·湘君》里的九嶷山大神舜驾飞龙之舟北征之时也恰是"横大江兮扬灵"！"摄提贞于孟陬"，"摄提"为重华即舜，"孟陬"为娥訾氏（常仪），分别为主持太阳和月亮运行的星辰、尊神，是屈原的精神祖先，所以《离骚》歌主作为日月神的精神后裔能够乘雷驱风，多次神游。

舜和 sun：太阳名称的类同

赵振才说，从中国东北方一直到太平洋彼岸美洲印第安人语言里都有发音相当于"舜"，义略为"太阳"的词汇。如黑龙江女真语"ʃou-un（受温）"，义为太阳；满语"Sun（舜）"，义为太阳、太阳神；赫哲语"ʃi-wŋ（喜翁）"，义为太阳；印第安语"kul-swä"，义为太阳氏族。② 这些语音的构拟和比较还有待严密化、系统化，但是东北夷属拜日祀鸟的东夷文化系统，而满语、赫哲语里伟大的太阳读音如此接近于"舜"，的确令人惊讶和深思。

满族传说，最高天神阿布卡恩都里用神器托里（铜镜）造成了群星和十个太阳，白天十分炎热，人们不得不"砍来大树做弓，用椴树的皮和藤条做弦"，射落八个托里。天神乃命二格格托起发出黄光的托里当月亮，而令大格格永远托着一个大铜镜当太阳。这位皇天的大公主名字就叫作"顺"（sun）。③ 显然，她的神格相当于夷人生日月的羲和（女和），是母系氏族的大女神。那时，只怕

---

① ［日］白川静：《中国的神话》，中央公论社，1977 年，第 21 页；［日］白川静：《中国的神话》，王孝廉译，长安出版社，1983 年，第 9 页。参见前引林巳奈夫、御手洗胜文。

② 参见赵振才：《从民族名称看赫哲族的起源》，载《求是学刊》1981 年第 1 期，第 112 页。

③ 参见乌丙安、李文刚、俞智先等编：《满族民间故事选》，上海文艺出版社，1983 年，第 8 页。

还没有至高无上的俊或舜或喾（大皞氏），只有她才配做真正的太阳，真正的 sun！

众所周知，英语的太阳也是 sun，它的古义之一正是生殖者。一方面，sun 跟 son（儿子）一词相关。sun、son 本义都有生殖的意思。德语的（die）sonne（太阳）是阴性词，如同日本的天照女神。帕尔默说："他是万物生机的根源，正如其名字，'Sun'（生殖者）所意味的那样，他使麦浪滚滚，硕果累累，他使原野郁郁葱葱，他使苍天大地绚丽多彩，他把各种食物给予生物世界的每一种类，保持季节的循环交替和人间沧桑的精巧机制，从而使世界成为适宜其居民的家园。"① 另一方面，由 sun 演化出 Solar（太阳神），但也有人说，这两个词没有关系。

东北夷文化系统确实存在隐蔽的太阳神系。例如，原为东北夷传说先祖、后来又被楚人奉为祖先的高阳氏帝颛顼，他本来也是太阳神。高阳氏从字面上看就是"高踞长天的太阳"，犹如"昊"字形义之所示，《国语·周语》说："星与日、辰之位皆在北维，颛顼之所建也，帝喾受之。"作为天神长的日神能够决定星、日、辰的位置，所以颛顼建之而太昊氏帝喾受之。太昊氏接受老太阳神的职司，少昊却又被说成是颛顼的前辈。《大荒东经》说："东海之外〔有〕大壑。少昊之国，少昊孺帝颛顼于此，弃其琴瑟。"这是颠倒混乱的三世太阳神系，是神话学上常见的少长易位现象。颛顼是北国（东北方）的太阳神，所以带些凛冽森严的气象，有如后世的烛龙（烛阴）。既是日神，就无怪乎《楚辞·大招》用"名声若日"来颂赞他了。宿白早就说过："颛顼即是高阳，高阳就是太阳，那么颛顼亦即太皞，因为太皞即太皓，也就是太阳啊！"② 丁山也说："颛顼即是日神。……高阳，即是高明的太阳，谓即冬至复活的颛顼（参见《大荒西经》），亦无不可。"③

《山海经·大荒四经》："颛顼生老童，老童生祝融。"郭注：祝融"即重黎也，高辛氏火正，号曰祝融也"。《大荒西经》："颛顼生老童，老童生重及黎。"各书大同小异，传闻异辞，不足为怪，而以此为较古老。"童""重"同音相假，疑此世系本作颛顼—童（重）—黎（祝融）三代。重（童）司天，原始性思维富于具象性，初无概括之天神，渐以天神长日神充之，重（童）为小日神。黎、

---

① 〔美〕A. 斯麦斯·帕尔默：《〈比较神话学〉导言》，见〔英〕麦克斯·缪勒：《比较神话学》，金泽译，上海文艺出版社，1989 年，第 3 页。
② 宿白：《颛顼考》，载《留日同学会季刊》1943 年第 6 号，第 34—35 页。
③ 丁山：《中国古代宗教与神话考》，龙门联合书局，1961 年，第 365 页。

融一声之转，而祝融即"其瞑乃晦，其视乃明"，烛照九阴的烛龙。"日安不到，烛龙何照？"清俞正燮以下都承认烛龙是太阳神。东北夷的三世太阳神系也可成立。

炎黄二帝的太阳神性

《白虎通义》："炎帝，太阳也。"而照丁山的说法，不但炎黄二帝是"日神的子孙"，就连其先辈的少典氏也是太阳神。他以为"典"即"腆"，"腆"《说文》卷四古文从日，《尚书·大诰》："殷小腆，诞敢记其叙。"疏引郑玄注："腆，谓小国也。"丁山以腆或从日，有"日主"之义，说："黄帝之父'少典'，不是小主，也不是小国，宜即小的日主，与少昊的名义相近。换言之，少典生黄帝炎帝的故事，正是说炎黄二帝都是日神的子孙，这与埃及古代王朝自尊为日神（Ra）的子孙，宗教内容更为相近。从大昊、少昊、少典一串的名字考察，中国古代当然也盛行过拜日教。"①

从黄帝或作皇帝也可证明，黄帝曾是太阳神。因为"皇"字原义为太阳神坛，是阳光辉煌灿烂之意。汉武梁祠刻石第二石第一层即谓"皇帝时南夷乘鹿来献觡"。《宋书·符瑞志》则作"黄帝时"。《庄子·齐物论》作"黄帝"，王先谦集解："黄原作皇，释文本作黄。卢文弨曰：黄、皇通用。"《易·系辞传》："黄帝、尧、舜垂衣裳而天下治。"《风俗通义·声音篇》却说："昔皇帝使伶伦……"吴树平校释："皇，吴本、康熙本作'黄'。'皇帝'，即黄帝。《吕氏春秋·古乐》《说苑·修文》《汉书·律历志》均作'黄帝'。"② 王利器校注："皇，吴本、钟本、汪本作黄，《拾补》曰：'皇与黄通。'"③《春秋繁露·三代改制·质文篇》："改号轩辕，是为皇帝。"刘师培据以称："黄与皇通。故上古之君称为黄帝。"④ 郭沫若也说："黄帝即是皇帝，上帝。"⑤ 又说："黄帝本是皇帝或上帝的转变。"⑥

"皇"字金文大多作"土"上有⊙之形，⊙上有光芒三出或五出，以后简为一道，就成了"白"。这就跟太皞、少皞的"皞"字从"白"一致，本义都是

---

① 丁山：《中国古代宗教与神话考》，龙门联合书局，1961年，第390页。
② 吴树平：《风俗通义校释》，天津人民出版社，1980年，第222页。
③ 王利器：《风俗通义校注》，中华书局，1981年，第273页。
④ 刘师培：《读书随笔·古代以黄色为重》，载《国粹学报》1905年第4卷第4期，第7页。
⑤ 郭沫若：《中国古代社会研究》，科学出版社，1964年，第276页。
⑥ 郭沫若：《十批判书》，科学出版社，1966年，第134页。

太阳的形象。"皇"字从土，不从王，即令从王，跟"土"一样本也是土坛的意思。王国维曾说："［皇］上象日光四射之形。引申有大义。"① 顾颉刚等说："金文里［皇］的从土……是象太阳刚从地下出来，光焰上射的景象。"②《拾遗记》：炎帝（或谓即神农氏）"筑圆丘以祀朝日"。《礼记·祭义》："祭日于坛，祭月于坎。"《礼记·祭法》："王宫，祭日也。"郑注："王宫，日坛也。"这些都跟"皇"字的意匠一致。后世的日晷便是这种日坛的遗制。而古埃及的太阳神阿顿（Aton）也"并不是在有屋顶的庙宇里或宫廷里祭祀的，最神圣的地方，是在露天空地上所设的一个祭坛，上面照耀着光辉的日光"③。

何新说："所谓黄帝或皇帝，其本义正是太阳神。黄，《说文》指出其字从古文'光'字，也读作光声。实际上，黄、光不仅古音相同，而且都有光的语义。《风俗通》说：'黄，光也。'《释名》说：'黄，晃（日光）也。犹晃晃象日光色也。'这就是说，日光本色即黄色。所以古天文学中，日行之道，称作'黄道'。……《易传》说：'日煌煌似黄。'凡此皆可证，黄、晃、皇、煌、光，在古代音同义通，可以互用。所以，黄帝可释作光帝。所谓黄帝、皇帝，其本义就是光明之神。"④ 这里把皇、黄与光的关系阐发得相当透彻。

"皇"字的另一解释是王者的冠冕。⑤ 也有人认为，"皇"字象戴着冠冕席地而坐的王者。⑥ 但即令"皇"是冠冕，那冠冕也象征着太阳。金文和文献里所见的皇帝，多是煌煌上帝之义，那显然是太阳文化的观念。即令是嬴政以始皇帝自称，何尝不是太阳神崇拜意识的残留呢？秦王族的主干也是来自东方，以燕（燕、嬴、偃通转）为姓，以高阳为灵，有吞卵生子型的祖先英雄神话。

《风俗通义·三皇篇》引《春秋运斗枢》："皇者，天……皇者，中也，光也，弘也。含弘履中，开阴布纲，上含皇极，其施光明，指天画地，神化潜通，煌煌盛美，不可胜量。"这是标准的以光明、以皇为美、为大的太阳文化观念。

日本太阳祖先世系

日本祖先传说也有类似的太阳世系。安万侣《古事记》云："天地形成之

---

① 参见王静安讲授，刘盼遂记：《说文练习笔记》，载《国学论丛》1930年第2卷第1期，第297页。
② 顾颉刚、杨向奎：《三皇考》，载《燕京学报》1936年专号第8期，第3页。
③ ［埃及］阿·费克里：《埃及古代史》，高望之等译，科学出版社，1957年，第64页。
④ 何新：《诸神的起源——中国远古神话与历史》，生活·读书·新知三联书店，1986年，第32—33页。
⑤ 参见汪荣宝：《释"皇"》，载《国学季刊》1923年第1卷第2期；丁山：《中国古代宗教与神话考》，龙门联合书局，1961年，第261页。
⑥ 参见徐中舒：《士王皇三字之探原》，载《中央研究院历史语言研究所集刊》第4本第4分。

初，高天原上诞生的神，名号是：天之御中主神（原注：是天上的中心主宰者的意思），其次高御产巢日神（原注：是天上掌管万物生育的神），其次神产巢日神（原注：是掌管幽冥界的神）。"① 这里已暗含太阳神系。神世七代最后的伊邪那美神在被禊中"洗左眼时化成的神，名叫天照御大神，洗右眼时化成的神，名叫月读命（月神）"。天照大神（太阳女神）被认为是天皇们的祖宗。《日本国志·礼俗志》云："自天祖大日灵尊治高天原，为天照大神，大神之子正哉吾胜胜速日天忍惠天尊，娶高皇产灵尊之女栲幡千千姬，生天津彦彦火琼琼杵尊。天祖既命武瓮槌经津主二神平定下土，乃使皇孙降居苇原中国而为之王，赐八板琼曲玉及八咫镜、草薙剑……"这里不但点明天皇属于太阳神系，而且与《海内经》所叙"帝俊赐羿彤弓素矰，以扶下国"也有些接近。如是数世，乃生神武天皇。《日本国志》注云："神武帝曰：我是日神子孙。"此正清人黄遵宪《西乡星歌》所谓"上有一人戴旒冕，是为日神之子天帝孙"者也。

卫挺生认为，日本纪记神话中的创世诸神与中国先秦的社稷五祀和齐国祀典中的八神几乎相同；尤其值得注意的是，"国常立尊当即社神，天御中主尊即天主，阳神伊奘诺尊即阳主，阴神伊奘冉尊即阴主，大日灵尊即日主，月夜见尊即月主"。朱云影甚至说："日本天地开辟神话，是在汉字输入后的日本，以及中国文化的背景，混和若干日本固有的传说，参考汉籍而制作的。"② 这些说法是否确切暂不管它，日本太阳神话属于东洋太阳神文化系统则可肯定。

古希腊太阳神系

古希腊的宙斯最初也是太阳神，而且与东方有血缘关系。Zeus 一词来源于梵文的 dieus-dyauspiter。据库柏（Kooper）说，Zeus pater 可溯源至梵文的 Diaush piter，也就是 Dies-piter。所谓 Dies-piter，是宙斯的另一尊号，从此化出罗马的主神 Jupiter（朱庇特）来。③

据赫西俄德（Hesiod）《神谱》（*Theogony*）等，太阳是宙斯的眼睛。所以光明神宙斯的对手便是黑暗神提丰（Tifón、Typhon），他是化身为百首毒龙或怪鸟的台风之神。宙斯的一个异称克劳诺斯（Keraunos），也有光明的意思。④ 所

---

① [日] 安万侣：《古事记》，邹有恒、吕元明译，人民文学出版社，1979 年，第 2 页。
② 卫挺生：《日本神武开国新考》，转引自朱云影：《中国文化对日韩越的影响》，黎明文化事业公司，1981 年，第 308 页。
③ 参见 [德] 恩格斯：《反杜林论》，见《马克思恩格斯选集》（第 3 卷），人民出版社，1972 年，第 355 页。
④ Arthur Cotterell, *A Dictionary of World Mythology*, New York, 1979, p.163.

以，这位古希腊的天帝是从太阳神和雷电之神升格的主神。他与古埃及的太阳神拉（化身为鹰）、阿蒙（Amon，化身为羊）有血缘关系。所以神话史上有宙斯－阿蒙－拉（Zeus－Amon－Ra）之称，证实西方神话的东方根源，而宙斯的化身恰恰有鹰和羊两种。宙斯曾经被他的父亲克罗诺斯（Cronus）扔到山谷里去，由母山羊阿麦尔特亚（Amalthea）将他奶大，所以他的神像披着羊皮①，而他的罗马后身朱庇特战败时也曾变作"双角弯弯的绵羊"②。他又曾变成了一只鹰形，带了爱癸娜（Aegina）到奥依尼（Oenone）岛上去。③还有一次，他化作一只天鹅，诱奸美丽的处女丽达，这成为许多诗歌和绘画的题材。宙斯的侍卫是一只大鹫，神话学上神祇的坐骑往往就是其主人隐蔽的化身，宙斯也不例外。而阿波罗也曾化身为金乌。

宙斯、阿波罗以下，古希腊还有第三代小太阳神。这就是偷驾太阳神车的法厄同（Phaeton），他们祖孙三代的关系不但像东夷太阳神系的帝俊、后羿、羿子、帝喾、契、昭明、太昊、少昊一般，而且像南方《楚辞》文化系统里的已升格为天之神的老日神东皇太一、驷马龙车、挽弓射狼的小太阳神东君，降格为日御的羲和。不但如此，宙斯之后、"太阳王子"珀耳修斯（Perseus）也还有他业迹上的嬗袭者和继承人，这就是他的曾外孙、弃子英雄、神箭手和大力神赫拉克勒斯。赫拉克勒斯虽是珀耳修斯的后辈，但他又是太阳神宙斯和珀耳修斯的孙女阿尔克墨涅（Alcmene）的私生子，生下即被弃于田野。而且，这位大力神的名字 Heracles 本来就有光荣之意，"光荣"一词无论在中西文化中都与光明相连。因此专家考据说，Heracles 一词原来也和太阳有关。④ 前举麦克斯·缪勒也曾从比较语言学角度证明赫拉克勒斯是"人间的太阳"，跟宙斯、阿波罗一样享有太阳神的光荣和尊号。所以赫拉克勒斯与东方的同格英雄后羿一样也是人间的、世俗的准太阳神。

赫拉克勒斯的形象和故事既有深刻的东方根据，又向地中海沿岸扩散。他的分身之多，可与爱神阿佛洛狄忒－维纳斯（Aphrodite－Venus）媲美。根据格雷夫斯统计，迪奥多鲁斯·西库鲁斯（Diodorus Siculus）写到三个赫拉克勒斯，西塞罗将其扩大到六个，而瓦罗笔下则达到四十四个。⑤ 希罗多德拜访过腓尼基

---

① 参见［古希腊］希罗多德：《历史（希腊波斯战争史）》，王嘉隽译，商务印书馆，1959年，第295页。
② ［古罗马］奥维德：《变形记》，杨周翰译，作家出版社，1958年，第58页。
③ 郑振铎：《希腊神话》（上册），生活书店，1935年，第30、180页。
④ ［法］古朗士：《希腊罗马古代社会研究》，李玄伯译，商务印书馆，1938年，第96页。
⑤ R. Grave, *Greek Myths*, London: Cassell and Co. Ltd., 1958, p.45.

推罗的赫拉克勒斯神殿,那里的祭司说,"修建这座神殿时,也正是建城的时候;而这座城的建立则是两千三百年前的事情了"①,可见其历史之古老。另一座神殿,则供奉着以塔索斯为姓的赫拉克勒斯。腓尼基人修建这座神殿,"比起阿姆披特利昂的儿子生在希腊的时候还要早五代"②。迪奥多鲁斯·西库鲁斯说,埃及的赫拉克勒斯叫作松(Som)或孔(Chon),生活在特洛伊战争之前一万年;希腊人称之为赫拉克勒斯,不过表明他继承了埃及神的勋业。③ 这些说法或有夸大,但赫拉克勒斯影响的深远和普遍则无疑。

作为太阳神宙斯的人间儿子珀耳修斯,也具有日神性。神谕说,阿耳戈斯国王阿克里西俄的女儿达那厄(Danae)要生下一个英雄,长大后将杀死外祖父,代他为王(一如宙斯之弑父自立)。国王大惊,就把达那厄幽闭在高塔里,不让她见到生人。宙斯却化作一阵金雨潜入塔中,使她受孕,生下这位著名的除害英雄珀耳修斯。珀耳修斯出生后即被抛进大海,但他后来果然在无意中杀害了外祖父。④ 这金雨表示精液,但它既是金色的阳光,又是夏天的雷雨的象征,正符合宙斯既是太阳神又是雷雨之神的双重身份。所以,珀耳修斯有"太阳王子"之称,"因为他是在太阳光中来的……[是]从活的金雨中生出的孩子"⑤。

这个故事,可能也有它的东方渊源。古印度有太阳神,名苏利耶(Sūrya,义为"太阳"),他曾经跟美丽的处女贡蒂(Kunti)私合,生下英雄迦尔纳(Karna)。迦尔纳也被装在篮子里扔入河中,以后遇救,屡建奇功。印度史诗《摩诃婆罗多》歌颂这位珀耳修斯式的太阳子孙道:

> 举世无双的射手,勃利塔结婚以前所生,
> 他是太阳光的一份,太阳就是他的父亲!
> 像勃然大怒的雄狮,像耀武扬威的大象,
> 像焚毁一切的烈火,像时当中午的大阳!

宙斯化为金雨,进入高塔,与处女媾合而生杀怪英雄的故事,通过罗马世界逐步向东方"发射"和传播。这里只举一些有中译文的故事。意大利比萨地区传说,星相家预言一个公主将成为太阳的妻子。她的父亲便将她幽闭在密封

---

① [古希腊] 希罗多德:《历史》,王以铸译,商务印书馆,1985年,第130页。
② [古希腊] 希罗多德:《历史》,王以铸译,商务印书馆,1985年,第130页。
③ R. Grave, *Greek Myths*, London: Cassell and Co. Ltd., 1958, p.45.
④ 参见 [德] 斯威布:《希腊的神话与传说》,楚图南译,人民文学出版社,1978年,第45、60页。
⑤ 郑振铎:《希腊神话》(上册),生活书店,1935年,第182页。

的高楼里。她到了二十岁，为了看到光明，爬上窗口，以致阳光照射了她，使她有孕。① 请看，这又多么像河伯长女柳花被象征太阳神天王郎的日影所照而怀孕的神迹："朱蒙母河伯女为夫余王闭于室中，为日所照，引身避之，日影又逐，既而有孕。"达那厄生下太阳王子珀耳修斯，柳花生下小日神朱蒙，意大利公主却生下一个女英雄，也像珀耳修斯、小朱蒙一样被捐弃。

宙斯－珀耳修斯一系的太阳神故事播入北欧，则施影响于伏尔松（Volsung）族系的英雄神话。"服尔松格族的英雄如喜吉（Sigi）、勒列尔（Rerir）、服尔松格（Volsung）和喜古尔特（Sigurd，按：Sigfried），都是轮流地代表着太阳。"② 可见，他们也是序列性的太阳神裔。他们之中不乏善射者，如著名的西格德，还曾杀死恶龙，与美女成婚。

西方神话学者注意到许多史诗英雄的类缘性，认为他们多从一个原始的核心衍化而出，万变不离其宗，有"千面英雄"之说；有的还归纳出英雄故事数十个共同的图式或模子。可惜他们很少触及中国英雄神话。上述东西方射手英雄故事，也可以给出具有相当的对应性、平行性、密合性的母题（motif）、图式或因子，如果把它们整合为系列性、类缘性的模子，就不能不认为它们具有整体的对应性和相当的平行性；它们所包含或粘连的许多因子也是相应、相关、相连乃至密合无间的，因而是可比的，而且必须严肃地考虑传播和交叉的可能。这种比较，已不限于两个民族、两种文化，也不是单纯的影响研究或无影响研究，而是一种跨洲界、跨文化、跨学科的比较，一种多维时空、横跨中外、纵览古今、多向整合的比较。本书不过浅尝而已。

三、太阳鸟族英雄的可比性

现在再来看这些太阳子孙其他业迹或形象特征的趋同性。这里只列举关目略做介绍，以下各章再详细讨论它们的背景和联系。

1. 关于婚姻考试

英雄神为了娶得天女（公主）不得不通过一系列婚姻考试，或与天帝，或与妖异、怪物展开各种形式的斗争。大舜深入深山大泽，"烈风暴雨弗迷"，驯

---

① 参见［意］伊塔罗·卡尔维诺：《意大利民间故事选》，陈秀英、任宜、刘黎亭译，外语教学与研究出版社，1981年，第108页。
② 茅盾：《神话研究》，百花文艺出版社，1981年，第350页。喜吉，现译为席吉；勒列尔，现译为瑞利乐；服尔松格，现译为伏尔松；喜古尔特，现译为西格德。

伏猛兽，伐树开道，既是为了竞选或争胜，也是为了通过婚姻考试（或说这是劳役婚姻的神话反映）。

对于英雄射手来说，种种考验多与开弓比箭有关。这个具有如此迷人的趋同性的神话模子，如果还不能说具有整体对应性的话，那么起码也表现出一种同母题的细节密合性。《奥德赛》与《罗摩衍那》之间递嬗播衍的可能性极大，它们都是印欧民族的口传史诗；与中国各民族史诗（傣族改编本《兰戛西贺》）间的关系也许能够通过更多的趋同性模子、因子的发现和阐述得到进一步澄清，尤其是把它与本书前后的介绍联系起来做总体性的考虑和规律性的探讨的时候。例如，很有趣的是，这些与人赌弓比箭的英雄神的武器或宝物大都是天授神予的，同时，他们也往往被尊奉为射神或战神。

2. 关于化身斗法

在婚姻考试里，英雄神往往与女方的长辈或别一追求者进行竞赛或斗争。如果这种竞赛或斗争采取所谓化身斗法的形式进行，我们就必须承认它已经成为东西方神话史上一个重要的图式或模子，特别是当太阳族英雄神（多是射手）的对手是水怪（而且多化身为牛或水族）之时，其间相似和趋同的程度使我们不能不考虑它们在因子水平上交叉或传播的可能。

在再生态英雄神话里，这种化身斗法的模子发展得更加丰富和完善，更为人们所熟悉。例如：二郎神（射手）和孙悟空（无支祁、水怪），孙悟空（英雄）和牛魔王（水怪），二郎神和袁洪等，沉香（英雄）和二郎神（水神）。在这组不但整体对应，而且同源同型的故事和英雄群像里，我们可以发现神话原生态与次生态的递嬗衍变，神话的共时性与历时性结构，神话进化史上的随机对位、无机捏合或语言疾病，从而总结出许多重要模式。

3. 关于杀怪成婚

如果说化身斗法里夹着一个女人是英雄神杀怪成婚的隐形态或弱形式的话，那么杀怪成婚本身，作为公认的世界性英雄神话和民间故事、英雄史诗最常见的模子，就是人类与自然灾难、社会祸害做斗争的美的幻想和婚姻考试的强形式。几乎上述射手英雄都经历过或明显或隐蔽，如此可怕又如此可羡的风流韵事。它的典型如珀耳修斯杀死恶龙与安德洛墨达公主成婚，以及后羿的"射夫河伯，而妻彼雒嫔"。

4. 关于除害救世

后羿除害与赫拉克勒斯的十二功绩和其他功勋之间的相似性与对应性，中外神话学者如小川琢治、茅盾、程憬、袁珂、苏雪林、古添洪等都做过或专门或零散的研究。如果就其细节的密合性或因子的趋同性做些补充，与上文及前人的研讨结合起来，就能够给出一个简略而又完整的东西方遥遥相应的有趣图景（不过这里还只能看到片段）。

表 1-1 赫拉克勒斯与后羿比较

赫拉克勒斯	后羿
年幼时放牧/制服河神/杀死狮子，以狮皮披肩，以狮爪为盔	冒于原兽，思其牝牡
	羿为弁髦
助神杀巨人（大地之子）	诛凿齿（拔牙人）于畴华之野
杀"雄虺九首"水蛇许德拉/擒牝鹿/擒厄律曼托斯圣山之野猪/射怪鸟于廷斯法罗斯湖	断修蛇于洞庭
	擒封豨于神社桑林
	缴大风（大鹏）于青丘之泽
制服吃人的牝马	杀窫窳——人面马足，是食人射日
企图射日	

5. 英雄是早长、早慧、早熟的"超人"

后羿"五岁得法于山中"。高句丽的小日神朱蒙"生未经月，言语并实"，叫他的母亲用草做成小弓箭，"自射纺车上蝇，发矢即中"。周族的弃子英雄后稷生下来能爬能吃能说，"诞实匍匐，克岐克嶷，以就口实"。赫拉克勒斯在摇篮里就扼死了天后赫拉（Hera）派来害他的两条巨蛇。其他射手英雄在婴幼期多曾被丢弃或经历种种磨难与考验，如：格萨尔王（藏族）、支格阿龙（彝族）、布库里雍顺（满族）、伦竹王杰（藏族）、乌恩（蒙古族）、江格尔（蒙古族）、特康根（壮族）、阿波卡提莫日（达斡尔族）；十首王奉玛加（古印度）、伐利（北欧）、萨纳沙尔（亚美尼亚）、沙逊的大卫（亚美尼亚）、苏赫波布（波斯）、海华沙（印第安）。这些英雄在婴幼期不是能射箭，就是力大无穷、聪明无比，可畏而又可爱。

6. 与天帝的冲突

这些调皮捣蛋的小家伙，既具有超人的智能和力量，早慧、早熟、早长，又极快地掌握为上帝或天神所垄断的文化技术（如农耕、武器、文字、工具、法宝等等），因而触怒了后者。上帝或天神常常给年轻或年幼的英雄神设置一道道难题或危险，让英雄经历可怕的磨难或考验，英雄一般也都胜利地通过这些难关和考试，更迅速、更成熟、更完美地成长为人类的救星、楷模和理想的化身。因而，英雄与天帝的冲突便成为神话传说与民间故事的传统母题和模子。例如苗族故事《龙女配召赞》，龙女生了个孩子，把他丢回人间（准弃儿）。孩子第二天就会走路，六七岁时倒过来教先生，上天之后把他外公龙王的三根顶天玉柱弄断了，又用唾沫粘起来。龙王大为震惊："这个孩子本事太大，得想法子把他除掉，要不，二天我全家都给他做奴隶。"于是开始了外公和外孙间妙趣横生的斗法。这是我国西南民族神话和史诗里最常见、最积极、最精彩的情节和主题。

7. 关于英雄的悲壮死亡

这里不能不提到英雄们悲壮的死亡——为人类而牺牲本是这些除害英雄、灵智英雄最重要的品质和勋业。中国神话里为治理洪水盗取被天帝垄断的神土息壤而被杀害的鲧；入日盗火，渴死途中，却把花朵、果实和美留在人间的夸父，都是如马克思所赞许的"哲学日历中最高尚的圣者和殉道者"普罗米修斯（Prometheus）那样的为人类牺牲的灵智英雄。尤其是后者的故事模子和细节，与普罗米修斯业迹有奇妙的整体对应性，而又比希腊神话具有更强烈的人间性、现实性。希腊的是人化的神，为人类盗取天帝的圣火；中国的却是神化的人，代表人类自己追赶太阳取得圣火。这些，本书都要详细加以讨论，这里简略介绍一下，是希望读者对全书的格局有个概括的印象。

我们不能不进入传统的比较神话学的领域而又不能不加以突破。正如乐黛云所指出的，这种研究实在是"属于总体文学研究的范围"①。

比较的前提，是两项以上事物本质性的趋同。弓箭和标枪之间，桌子和板凳之间，是可比的，因为它们都是武器或用具，有必然的联系，或者说处在一定的系统之中，有近似或相关的性质、功能、结构、价值尺度和参照系；弓箭和桌子、标枪和板凳之间却不可比，因为它们缺乏上述的趋同性或可比性的条件。所以，趋同性是可比性的前提，其具体体现便是：整体对应性、多重平行性、细节密合性。这也是我们在工作时应该努力遵循的三个原则，有时，则是必须努力加以满足的三个条件。

首先，整体对应性。这是趋同性的本质表现，主要指进入比较的对象之间具有规律性的关系，不论它们表现为对应、对列乃至对立，都应该或明显或隐

---

① 乐黛云：《中国比较文学的现状与前景》，载《中国社会科学》1986 年第 1 期，第 210 页。

蔽、或紧密或松散地处在一定的系统之中,属于整体结构的诸方面。换句话说,它们的相似、相关、相应、相连必须是规律的、整体的、必然的,而不是零散的、个别的、偶然的。

其次,多重平行性。这是指比较对象在绝对或相对时空和其他条件上的相应性、关联性或对列性。例如古希腊前英雄时代的神话与中国先夏时期的神话,在较多的方面具有平行性,较便于做平行研究。可以说,平行线越多,可比性越大。

最后,细节密合性。这主要指满足上列两条件而后建立起来的模子、母题、图式里某些因子尽可能严格的相应或类同。例如模子里射手英雄装备,武器的结构、性质、功能、来源、特色等就是细节。这种细节当然愈关键、愈重要、愈多见、愈密合,就愈理想、愈有价值。

这三个原则或条件,尽可能不要加以孤立而应该紧密地联系起来,融入对象,形成一个整体结构,尽可能地发掘它们在时代、地域、性质、作用、历史地位、演变脉络等方面的本质联系,从中"发明"条例、总结规律。尽管在具体进行研究时,三原则会各有侧重,但整体对应性却是决定性的,是前提;多重平行性是多多益善的必要条件;细节密合性则是举足轻重的催化剂,有时一个决定性的细节,甚至会诱发出相当的平行性和对应性来。总之,条件总是越充分越好,它们与比较的客观性、科学性成正比,而与主观性、任意性成反比。

A. 梅耶论述历史语言学的比较方法的一些意见很值得比较文学家思索和借鉴:"这并不是提出语言之间一些局部的相符合之处,语言里头每一项事实都是一个息息相关的整体的一部分。我们不应当把一件琐碎的事实和另一件琐碎的事实拿来比较,而应当把一个语言系统和另一个语言系统拿来比较。"[①] 他要求进入比较的各组语言必须可以构拟出一种原始的共同语(Langue commune, initiale, 德语为 Ursprache),这相当于比较文学里同源的交叉研究或影响研究;但即令是平行的无影响的研究,也应该努力寻求规律和规则。"我们进行比较时只能用一些精密的对应公式——并且要小心避开那些借用的成分。"[②]

语音上的比较尤其要谨慎小心,即令是规则的对应、严密的相合,都要考虑它们是否为偶然现象,抑或个别的借用,还是整个语言系统的对应。我们要

[①] [法] A. 梅耶:《历史语言学中的比较方法》,岑麒祥译,科学出版社,1957 年,第 11 页。
[②] [法] A. 梅耶:《历史语言学中的比较方法》,岑麒祥译,科学出版社,1957 年,第 39 页。

求的是规律的对应和对应的规律。

以英雄射手羿的名号而言，后羿又名伯益、屏翳，三者共同的 yi 音，在汉语上古音系统里基本上是可通的（声调和声韵的变化或参差，在这里是次要的），它们出于共同的母语：古华夏语的东夷语族。作为英雄神，他们的神格、神性有共同之处（例如都是司理晴雨、牧猎的神），尽管也有不同（后二者并非射神）。他们也许从某一文化英雄或英雄神分化，但就目前材料所见，不一定是或一定不是同一个神。他们之间缺乏整体对应性，尤其在关键点（射击能手）上缺乏共同点与可比性——其神性、神迹的细节更不密合。他们的晚辈小日神昭明（朱明、焦明）、东明（东蒙）之间的关系却是对应或可通的。但是后羿和赫拉克勒斯的音首 He 之间虽然略似，却没有这样同源或通转的关系。英雄们射击的对象，如中国的黄河神河伯与尼罗河神哈碧（Hapi）之间读音虽谓神似，却完全是偶合，更勿论希腊河神阿刻罗俄斯（Achelous）了。它们不出于同一母语，其神话也不一定同源。

但即令不同源的甚至两个系统的神话，只要有规律性的对应或整体性的对列（当然最好再加上多重的平行性和细节的密合性），就可能发掘模子，它们之间也可以做图式性的无影响研究。例如，中国神话与希腊神话，是东西方神话的典型或代表；东西方的美学和文化，恰好处在世界文化史的两极，二者的民族性格、文化心理、行为模式甚至表现出对立的趣向，却是可比的，比较学有时还特别喜欢取极态反向分布，因为它们具有代表性，比较起来极富趣味而又典型，很容易由此推导出人类文化隔离、冲突、交流、融合的普遍规律。这也属于整体对应性，因为人类的远古文化和神话本就处于一个广袤而又有联系的大系统之中，具有类缘性、相关性或对应性的系统诸元（尤其是其中的某些因子），只要具有代表性，即令不同源，也是可比的。而且，当比较三原则全都呈饱和状态之时，人们还可以从此推测比较对象之间可能的播化或交流，让平行研究、无影响研究逐渐过渡到交叉研究、影响研究，从而有步骤、有条件、有限度地重建人类总体文化的大系统。这也许是比较神话学与比较语言学不同的一个地方吧。

坎贝尔（J. Camplell）在其名著《千面英雄》里说："当我们不是在神话是什么，而是在神话如何起作用，它在过去如何服务于人类，它在今日又是如何服务于人类等方面仔细考察时，就会发现神话象世事本身一样顺从着个人的、种族的、时代的成见与要求。"① 可见他在强调世界英雄神话趋同性的同时，也承认各民族神话的历史特征和审美特性。他还曾做过英雄生平各阶段事迹模子的归纳和比较研究。

拉格兰（Lord Raglan）也分析、比较过一些传说英雄，例如俄狄浦斯（Oedipus）、忒修斯（Theseus）、罗慕路斯（Romulus）、赫拉克勒斯、珀耳修斯、伊阿宋（Jason）、柏勒罗封（Bellerophon）、珀罗普斯（Pelops）、阿斯克勒庇俄斯（Asclepios）、狄俄尼索斯（Dionyseus）、阿波罗、宙斯、约瑟（Joseph）、摩西（Moses）、以利亚（Elijah）、西格德、吉菲斯（Lleu Llaw Gyffes）、参孙（Sanson）、亚瑟（Arthur）、罗宾汉（Robin Hood）等，认为他们可能具有同源性。拉格兰归纳出这些英雄的原型，并从这些原型的事迹和原始仪典的联系中归纳出它们的模式来。他认为此种原型有如下的特征性表现或程式：

（1）英雄之母为一高贵的处女；（2）英雄之父是个王；（3）英雄之母是英雄之父的近亲；（4）英雄之父的处境是特殊的；（5）英雄之父被认为是神的后裔；（6）英雄出生后，其父或外祖往往企图加害于他；（7）英雄总是得到援救；（8）英雄为一远方的国家所收留，成为养子；（9）从此我们不再听到他的消息；（10）英雄长大成人后，他回到或走向未来的国家；（11）然后他战胜原来的国王或巨人、恶龙、野兽；（12）他和一位公主结婚，这公主又往往是他祖先的后裔；（13）英雄成为新王；（14）有一段太平的统治；（15）他颁布法令；（16）后来他却获罪于神，或玩忽职守；（17）他被推翻；（18）他神秘地死亡；（19）他往往死于山巅；（20）他如果有孩子，也不能继承王业；（21）他的尸体没有被殡葬；（22）虽然他有一个神圣的坟墓。②

可惜，拉格兰先生很少引用中国的英雄传说，不然他会发现中国各民族的一系列弃子英雄传说和上述的某些程式也有不容忽视的类同点。例如后羿，如果他像天王郎一样是上帝（帝俊）的胤嗣的话［参见（1）（2）两条］，则他的母亲就应该是高贵的日母羲和或月母常仪（而嫦娥同时是他的妻子）。他的父辈帝俊（化身鸟俊）跟羲和（化身鹞雏）、常仪（女匽，化身燕子）同属鸟图腾族，实行部落内婚，可理解为近亲（3）。他们都是太阳神族（4）（5）。后羿曾被捐弃于山中（6）而后脱险（7），建立过杀怪、除害等伟大功勋（11），并与

---

① Joseph Campbell, *The Hero With a Thousaod Faces*, New York, 1949, p. 332；［美］约瑟夫·坎贝尔：《千面英雄》，朱侃如译，立绪出版公司，1998年。

② L. Raglan, *The Hero*, New York: Vintage Books, 1956, C. 16. pp. 173-185. 参见姚一苇：《艺术的奥秘》，开明书店，1978年，第357—359页。

小河水女神雒嫔或月神嫦娥、纯狐等成婚（12）。后面的历程或模式可以从历史化了的后羿故事窥见一些影像。《左传》襄公四年说："昔有夏之方衰也，后羿自鉏迁于穷石，因夏民以代夏政。"（《天问》："帝降夷羿，革孽夏民。"）这便是他走向未来的新国（10）成为新王（13），而有所建树（14）。"恃其射也，不修民事，而淫于原兽。"这是他被误解或被攻击为怠玩职守，以致获罪于神（16）（《天问》说他"献蒸肉之膏，而后帝不若"）。于是他被推翻（17），并神秘地死亡（18）。

帝俊—后羿—羿子，帝喾—契—昭明，大皞—少皞—般，上帝—天王郎—朱蒙，宙斯—阿波罗—法厄同，宙斯—珀耳修斯—赫拉克勒斯，无论是作为三世太阳神族和鸟图腾的后裔，抑或作为创业祖先、弃儿、神箭手和除害英雄，他们之间（或其中一代）事迹的趋同性、整体的对应性和规整的可比性，是很难否认的。那么，如上文所讨论的，这些英雄传说是各自独立发生而又偶然巧合地表现了人类思维、心理发展在某一层次或某一方面上的类似性、平行性，还是至少其中某些因子是通过远古人类的交通、混血、文化交流而互相影响的呢？这是一个古老、复杂而微妙的问题。正像上文所说，本书不敢也不愿多谈这个问题。这要依靠各个国家、各个方面的科学家批判继承古典和近世人类学者、神话学者、文化史家的研究成果，进行长期艰苦、细致、深入的定区定时定向定点的研究，探讨其趋同的依据和原因，或播化的过程和途径，在微观分析的基础上做宏观的考察，通过实事求是的争鸣和讨论，给出恰如其分的结论。恩格斯在《反杜林论》里指出印欧神话里的战神（太阳神系第一代天帝）和一切的神一样，不但是自然力量，而且是社会力量在人们头脑里的一种独特的幻想的反映。"这样，在若干日耳曼部落里，战神，按古代斯堪的那维亚语，称为提尔，按古代高地德意志语，称为齐奥，这就相当希腊语里的宙斯，拉丁语里的'丘必特'替代'迪斯必特'；在其他日耳曼部落里，埃尔、埃奥尔相当于希腊语的亚力司、拉丁语的玛尔斯。"① 这在比较神话学和比较语言学上提供了一个典范。我们应该很好地继承、发展和开拓它。

---

①《马克思恩格斯选集》（第3卷），人民出版社，1972年，第355页。

表1-2 古代中国与古代希腊三世太阳神之比较

古中国									古希腊								
祖			子			孙			祖			子			孙		
帝俊			后羿			羿子			宙斯			阿波罗			法厄同		
1			1	2	3				1	2		1		3			
帝喾			契			昭明			宙斯			珀尔修斯			赫拉克勒斯		
1			1			1			1	2		1	2	3		2	3
太昊			少昊			殷											
1			1					3									
颛顼			老童			重黎											
东皇太一			东君			羲和											
1					3	1											
天帝			天王郎			朱蒙											
					3	1	2	3									

注:"1"表示具有鸟化身;"2"表示曾被捐弃;"3"表示系英雄射手。

第二章　英雄的卵生与鸟身

太阳族的射手英雄往往是卵生的，或者有一个鸟的形体或化身。这当然跟远古的鸟图腾崇拜制度有关，但是更令人感兴趣的是世界性的太阳崇拜和鸟图腾机制的叠合——这是太阳鸟族文化的显著特征。

以英雄神而言，具有太阳神格的创造者和除害者几乎都有鸟的化身。最明显的可举出：古埃及的 Ra（鹰）、Phoenix（不死鸟）、Horus（鹰）、Hoor（鹰），古巴比伦的 Shemash（鹰），古希腊 Zeus（鹰）、Apollo（乌鸦）、Perseus（大鸟），古玛马雅的 Quetzalcoatl（啄木鸟、羽蛇）。

一、太阳与鸟与卵

太阳驰骋长空与鸟的飞行易使人产生类似联想。《左传》哀公六年："是岁也，有云如众赤鸟，夹日以飞，三日。"《史记·楚世家》载："二十七年春……昭王病于军中。有赤云如鸟，夹日而蜚。"这写的虽是凶兆，但证明在较原始的思维结构里，太阳之旁"赤云如鸟"夹之以飞，太阳被想象为一只鸟。

鸟的早出晚归，也容易跟太阳朝升暮落的节律现象，在原始性思维或意象里发生互渗。所以中国古代文字里的"東"，一说是"从日在木中"，即扶桑若木，太阳神鸟东升时在上面休憩；而日落的"西"，则作鸟巢的形象，那可能是供太阳神鸟傍晚降落时歇息的。

赫伯特·J. 斯宾登（Herbert J. Spinden）在探究太阳崇拜与鸟神或神鸟粘连的原因时说："当太阳被接纳为神祇或上天被认为是神祇的居处时，高飞的鸟类如鹰、鹫等便成为使者了。在埃及，猎鹰成为埃及王的保护者，荷马（Homer）又把鹰作为费伯（Phoebus，太阳神）的快速使者（殷墟卜辞有'帝史凤'——笔者）。……富利殊（Francis Ia Flesche）指出，鹰是奥西治（Osage）族印第安人的族徽。……在秘鲁，鹰亦和太阳有关。……因为鸭（雁？）、鹅、天鹅跟季节而迁移，所以在铜器及铁器时代的欧陆及北美，它们被认作太阳鸟。

意思是：它们似乎在夏季时把太阳带向北方，在冬季则带去南方。"① 陈炳良据此指出，玄鸟（燕）之所以被殷人视如太阳神，也可能是因为它是南来北去的候鸟。②

古人因鸟和太阳在某一点相似而诱发出联想的情形，是完全出乎现代人的意料之外的。如果了解到某些奇特和荒谬到如此微不足道的相似也可以进行对位或互渗的话，那么上述太阳与鸟的奇妙组合就更是合理合情的了。例如，利普斯说，"在古代许多地方，太阳是从水面升起的，而鹤由于它的红腿被相信与火相联系，因而也就是与太阳相联系"；今天，"我们仍然告诉小孩子：婴孩是鹤（亦即太阳，生命的泉源——笔者）从池塘或湖泊中带来的，就是这种古老观念的再现"。③ 这种鸟、日形象的互转、互渗，还可能在考古学上找到旁证。马家窑新石器时代彩陶器里有丰富的变形鸟纹、变形太阳纹，那旋涡纹和大圆圈当然是太阳的形象与运动夸张的描写，或称之为拟日纹。但是严文明认为，某些拟日纹可能是拟鸟纹高度夸张的变形，而太阳恰恰也被称为金乌④。刘庆柱说，秦地文物多鸟形或变形鸟纹装饰，而"春秋战国时代秦人的都城葬地等多以'阳'为名，这大概是与太阳为金乌化身大有关系的"⑤。

这里姑以中国太阳族射手英雄为轴心考察卵生、化鸟神话之诸元。首先，鸟图腾崇拜、太阳鸟和卵生神话，盛见于东夷-东海文化区，还可以认为是环太平洋文化的重要因子。在这个广阔的文化区的原生观念里，三者是联系在一起的。

仅以卵生而言，《山海经·海外南经》说："羽民国在其东南。其为人长头，身生羽。一曰在比翼鸟东南，其为人长颊。"郭璞注："能飞不能远，卵生，画似仙人也。"引《启筮》云："羽民之状，鸟喙赤目而白首。"郭璞《山海经·图赞》云："鸟喙长颊，羽生则卵；矫翼而翔，能飞不远；人惟倮属，何状之反。"《山海经·大荒南经》："又有成山，甘水穷焉。有季禺之国，颛顼之子，食黍。有羽民之国，其民皆生毛羽。有卵民之国，其民皆生卵。"郭注："［羽民］即卵生也。"这羽民或卵民，看来是东方夷人集群里以鸟为图腾的较古老的

---

① H. J. Spinden, *Sun Worship*，陈炳良译，转引自《中国古代神话新释两则·鲧禹的传说》，载《清华学报》1969 年新 7 卷第 2 期，第 213 页。
② 参见陈炳良：《神话·礼仪·文学》，联经出版事业公司，1985 年，第 15 页。
③ ［德］利普斯：《事物的起源》，汪宁生译，四川民族出版社，1982 年，第 342 页。
④ 参见严文明：《甘肃彩陶的源流》，载《文物》1978 年第 10 期。
⑤ 刘庆柱：《试论秦之渊源》，见《先秦史论文集》（《人文杂志》1982 年增刊），第 179 页。

一支，或保留旧俗较多的鸟族团，所以连个名称都没有。其图腾机制主要表现在它能生百鸟或卵生。但到了晋张华《博物志》那里就有了些世俗化："羽民国民，有翼，飞不远。多鸾鸟，民食其卵。"图腾族团的首领有权独享图腾躯体和派生物，以取得其精华；但把卵生说成食卵抹杀了真相——他们是把鸾鸟（以某种大鸟为母型的太阳神鸟，原称"离鸟"）所生之卵当成图腾种裔，甚至说成部落神秘妇女所生，并由此孵化出部落的杰出人物。所谓生羽或有翼，略同于"鸟夷皮服"，是以鸟毛御寒，并装饰成图腾鸟的样子；"能飞不远"云云，暗示着人类飞行太空的幻想，启迪着扑翼机的幼稚尝试。"长头"可能是盛行于此族的"变形头"，有如颛顼及其父韩流的"拔引其头使之长"；"长颊"即扩腮，都是对水鸟图腾的模仿（《大荒南经》次羽民、卵民于"颛顼之子"季禺之国之下，耐人寻味）。

宇宙卵

卵中生儿的神话，当然起于初民对于生命的惊奇、崇拜，和对生命、宇宙万物来源的思索。这最集中地表现在所谓宇宙卵（Cosmic egg）的世界性神话观念之中。

几乎全世界各古老民族都有泰初混沌一片的神话，不仅限于中国，以此混沌（Chaos）为卵影气团者，也不但见于盘古故事。例如，古埃及人说宇宙及最初的神是从一颗卵子化生出来的[1]。古印度《百道梵书》说：泰初惟水，"我如何能生别的东西呢？"于是，"产出了一个金蛋，蛋变羊，羊变一人，即Prajapati，从他的口，创造了众神"[2]。在《爱多列雅奥义书》（Aitareya Upanisat）里，这个神话多少有些哲学化。自我（Atman）或神灵创造世界。"彼遂以思虑凝集之。以其受彼思虑之凝集也，口遂分别而出焉，如卵"，由神灵之各部分化生万物[3]。

在《摩奴法典》里，创造万物的神灵，先创造水，水因被放入种子而成为金蛋。"他在思想中既已决定使万物从自体流出，于是首先创造出水，在水内放入一粒种子。此种子变作一个光辉如金的鸡卵，像万道光芒的太阳一样耀眼，最高无上的神本身托万有之祖梵天的形象生于其中。"[4]

---

[1] 黄石：《神话研究》，开明书店，1931年，第15页。
[2] 茅盾：《神话研究·神话杂论》，百花文艺出版社，1980年，第38页。
[3]《五十奥义书》，徐梵澄译，中国社会科学出版社，1984年，第20页。
[4]《摩奴法典》，[法]迭朗善译，马香雪转译，商务印书馆，1982年，第8页。

或说，作为唯一的上帝和万物创造者的梵天（Brahman），又称为 Hiranya-garbha，义为"出自金胎者"，即金卵之子。这金卵"像万道光芒的太阳一样耀眼"，似乎也可以视为一枚太阳蛋。从此卵中分裂出天地来。原人（Pouroucha），亦即梵天，在"这个鸡卵内住满了一个梵天年之后，经过个人思考，将卵一分为二。他以此二者，造成天地；天地之间布置了大气，八天区，以及永久的水库"①。这是最典型的宇宙卵。

佛经利用了这种宇宙卵神话宣传教义。例如《外道小乘涅槃论》说："本无日月星辰，虚空及地，惟有大水。时大安荼生。形如鸡子，周匝金色。时熟破为二段：一段在上作天，一段在下作地。"

据说，早于荷马史诗的古希腊有关创世神话的手本里，有很像上引印度神话的宇宙卵与卵生英雄神话：时间之神（Héyaclès）造了一个极大的蛋。它剖分为两半成为天和地。在蛋里出现了一个神，名叫潘（Pan，Prätogonos，即太初之神）。这位潘神，是宙斯和朱庇特的前身，但一般认为，由其中裂出的是爱神小厄洛斯（Eros）。

何新认为，Pan 很可能跟盘古之"盘"、梵语神秘语词"唵"及"梵"有血缘关系；而"盘"与"梵"（Brahmā）可能就是那个出生于巨卵的大神阿特曼（Atman）的相近译音。②

《俄耳甫斯教祷歌》之六《普罗多格诺斯》说：

> 我呼唤那最先出生、双重性别、出没天宇的大神，
>
> 他从卵里生出，金色羽翅多明耀，
>
> 他呼吼如公牛，极乐神族与凡人的起源，
>
> ……③

译者吴雅凌介绍说："莫德纳（Modène）美术馆藏有一个可追溯至公元前 2 世纪的浮雕，上面表现的普法纳斯可以肯定是属于俄耳甫斯的神谱风格。……站在裂成两半的蛋中间，四周燃烧着火。"④

这是俄耳甫斯教观念透露出来的传统，这种观念在阿里斯托芬的喜剧《鸟》中有所反映：

> 一开头只有混沌、暗夜、冥荒和茫茫的幽土；那时还没有大地，

---

① 《摩奴法典》，[法] 迭朗善译，马香雪转译，商务印书馆，1982 年，第 9 页。
② 何新：《盘古之谜的阐释》，载《哲学研究》1986 年第 8 期，第 47 页。
③ 吴雅凌编译：《俄耳甫斯教祷歌》，华夏出版社，2006 年，第 15 页。
④ 吴雅凌编译：《俄耳甫斯教祷歌》，华夏出版社，2006 年，第 15 页。

没有空气，也没有天；从冥荒的怀里黑翅膀的暗夜首先生出了风卵……①

从风卵中生出了厄洛斯，即最古老的爱神。赫西俄德《神谱》却只说："最先产生的确实是卡俄斯（Chaos，混沌）"，然后是大地女神该亚（Gaia）和塔耳罗斯，而后才是爱神厄洛斯②。哈里森指出："人们普遍认为万物之卵（World-egg）出自俄耳甫斯。……第一个轮廓清晰的神是从万物之卵中诞生出来的，他就是厄洛斯（Eros）——万物的根源和创造者。"③ 奇特的是，这位卵生的爱神又是个弃子。

在这个几乎没有边际、没有始终的圆里，时、空都被冷化和绝对化了（在汉语里，宇宙也是永恒的时空，宇是空间，宙是时间）；但它内在（阴阳）对立，即存在自我解破和分裂的内在力量，否则只是静止和空洞。"时间是一种活跃而抽象的观念，它在万物初生时就起了超越和统一一切对立事物的重要作用。"④ 这由俄耳甫斯的宇宙卵来证明："这个多形怪物（Chaos？）产生了一个巨卵，从中又生出了天和地，并出现了众神的第一个孩子法内斯（Phanès），这是雌雄同体的神物，没有男女差异。"⑤ 但是，在《神谱》里，爱（Eros）同样是由混沌生出来。宇宙卵中的爱，虽然"双重天性"，却"异常灵敏，掌握世界之匙"，这就是凝结阳阴的情欲或情爱。如阿里斯托芬的《鸟》所说："万物交会才生出了天地、海洋和不死的天神。"⑥

神话就是哲学。芬兰民族史诗《卡勒瓦拉》第一曲《维亚摩能的诞生》包括创世神话。空气处女下降到海里，风和波浪使她怀了孕，成了水的母亲。一只小水鸭在她膝上筑巢产卵。"她在巢里下了六个金卵，生到第七个是铁蛋。"⑦ 经过孵育，卵碎了，"从破蛋下边的碎片，如今造成了坚固的大地，从破蛋上边

---

① [古希腊] 阿里斯托芬：《鸟》，杨宪益译，见上海戏剧学院戏剧文学系编选：《外国剧作选》（一），上海文艺出版社，1979年，第221页。
② [古希腊] 赫西俄德：《神谱》，张竹明、蒋平译，商务印书馆，1991年，第29页。
③ [英] 简·艾伦·赫丽生：《希腊宗教研究导论》，谢世坚译，广西师范大学出版社，2006年，第573页。
④ [法] 让-皮埃尔·维尔南：《希腊人的神话和思想——历史心理分析研究》，黄艳红译，中国人民大学出版社，2007年，第130页。
⑤ [法] 让-皮埃尔·维尔南：《希腊人的神话和思想——历史心理分析研究》，黄艳红译，中国人民大学出版社，2007年，第130页。
⑥ [古希腊] 阿里斯托芬：《鸟》，杨宪益译，见上海戏剧学院戏剧文学系编选：《外国剧作选》（一），上海文艺出版社，1979年，第221页。
⑦ 《芬兰民族史诗〈卡勒瓦拉〉》（上册），侍桁译，上海译文出版社，1985年，第10页。

的碎片，天穹高高地升起；上边有一部分蛋黄，如今变成了灿烂的太阳，上边有一部分蛋白，升起清辉皎洁的月亮"①。蛋中花斑成了繁星，蛋中黑点成了云朵。原来这是宇宙卵。游唱诗人和英雄维亚摩能就是由这位女创造大神伊尔玛塔创造的。

太平洋文化区的宇宙卵神话跟上述印欧神话极为相似。例如，中美洲神话说，创世大神兼大英雄神 Tangaloa（即 Taaroa，有人以为他相当于中国的唐尧，或太皞，或唐家佬、耷家佬）在宇宙卵里寓居甚久，"然后打破此蛋，一半蛋皮为天，一半为地"；人类学家指出，类此的"宇宙蛋传说，亦为古印度和埃及等地所有"。② 这等于说，这个以自身的外壳创造天地的大神是从蛋里生出来的。蛋壳一分为二，上为天，下为地，则是以一种特殊的（鸟）图腾文化形式表达出宇宙原初混沌一片、天地不分或相粘的世界性神话宇宙观。

而南太平洋的塔希提岛土著神话也说：太古之初，有神名 Taaroa（此系记音，但与中美洲的 Taaroa-Tangaloa 几乎全同），"他是一切东西的创造神，并且是一切神灵的祖先。他自己生了自己。他是在上边，也是在下边，……他当初生活在一蚌蛤内，蚌蛤圆如鸡卵，在空中旋转，当时有黑暗笼罩一切"③。这不但像上述印欧开辟神话，而且有些像处于混沌卵中的盘古。后来 Taaroa 用蚌壳为天穹、地壳，自己身体各部也像身化宇宙的盘古一样变成万物。杜而未曾揭示此类神话的共同点，指出身化宇宙的巨人"与蛋相关，此蛋为鸡子，养鸡风俗起于南亚一带"④。这证明，卵生的创世英雄（巨人）跟葫芦神话、宇宙卵观念联系在一起，是太平洋文化区一个重要的趋同性文化因子。

中国的盘古（或槃瓠）是身化宇宙的创世大神，他自己则是卵生的。唐樊绰《蛮书》记槃瓠故事，云其初生为犬，"初如小特……弃于道下，七日不死，禽兽乳之"，以后杀吴将军头，得与高辛公主结婚。可是，"公主分娩七块肉，割之有七男"⑤。这跟伏羲、女娲兄妹结婚生下肉蛋之形态基本一致，也含卵生神话要素，而且可以透析出宇宙产生于巨卵的创世神话母题。

前引何新说：盘古、槃瓠、潘、阿特曼，无论读音（名字）、神迹，都有相

---

① 《芬兰民族史诗〈卡勒瓦拉〉》（上册），侍桁译，上海译文出版社，1985 年，第 10—11 页。
② 芮逸夫主编：《人类学》，台湾商务印书馆，1975 年，第 137 页。
③ 杜而未：《宇宙巨人神话解释》，载《现代学人》1963 年第 10 期；杜而未：《揭示佛经原义》，台湾商务印书馆，1971 年，第 188 页。
④ 杜而未：《宇宙巨人神话解释》，载《现代学人》1963 年第 10 期；杜而未：《揭示佛经原义》，台湾商务印书馆，1971 年，第 203 页。
⑤ 参见向达：《蛮书校注》，中华书局，1962 年，第 256 页。

似的地方。他们都是创世大神（名称都有全盘、所有的、大、圆的意味），而且都与宇宙卵一体化，只有圆，才是全。许多学者反对此说，实有价值，应加重视。

《蛮书》说，槃瓠曾以蛋状或犬形被弃（这里且搁下"卑化"的缘由）。潘也曾被弃。那时，他是宙斯与卡利斯托（Callisto）或珀涅罗珀（Penelope）的儿子。据荷马赞美诗所记载：

> 当潘刚生下来的时候，他的母亲俯首注视自己的宁馨儿，看到他居然长着山羊的蹄子和角，还有一张毛茸茸的脸蛋儿，就被吓坏了，便遗弃了他。①

这是说潘因为畸形（或怪胎）被贱弃。神使赫耳墨斯用一张兔子皮裹着他，带他到奥林匹斯山。诸神却喜欢他的怪模样，酒神给他取了个"潘"的名字（义为全），"因为每一个人都喜爱他"。这显然是因为时过境迁，意义失落而给予的曲解或语源误释。最重要的是，它本是象征圆形世界的宇宙卵，人格化而为创世大神。"亚历山大学派的神话学家也援引了这个词源，认为潘是宇宙的象征。"② 潘的被弃与得救，象征世界的分裂与重建。后来他的外形才与萨提尔（Satyr）相混。在阿卡迪亚，人们把潘当作最高神来崇拜，"他的地位比宙斯要高，至少是不相上下的"。在新柏拉图派的作品里，"他代表全部的宇宙力量，被人们称呼为'伟大的潘'，是一位有着重要地位的神祇，也是世界万物之父"③。

在中国南方系统神话里，槃瓠（或盘古）卵生，而又是"身化宇宙"的创世大神兼文化英雄，所以从此又可推导出卵形宇宙的开辟观，或者说回复到宇宙卵的母题。宇宙卵、卵生英雄、身化宇宙，三者在盘古（槃瓠）神话里结合得最为紧密。

《太平御览》卷二引《三五历记》说："天地浑沌如鸡子，盘古生其中，万八千岁天地开辟……"即暗示盘古（槃瓠）本身便"浑沌如鸡子"，由这于宙卵的各部分变化出世界万物（身化宇宙神话）。这个神话似乎还启示了"浑天说"宇宙模型理论，那也是以卵为喻的。葛洪《枕中书》说得更明确些，"昔二

---

① ［希腊］索菲娅·N. 斯菲罗亚：《希腊诸神传》，［美］黛安·舒加特英译，张云江译，国际文化出版公司，2007 年，第 133—134 页。
② ［法］G. H. 吕凯、J. 维奥、F. 吉朗等：《世界神话百科全书》，徐汝舟、史昆、李杨等译，上海文艺出版社，1992 年，第 241 页。
③ ［法］G. H. 吕凯、J. 维奥、F. 吉朗等：《世界神话百科全书》，徐汝舟、史昆、李杨等译，上海文艺出版社，1992 年，第 241 页。

仪未分，溟涬鸿濛，未有成形，天地日月未具，状如鸡子，混沌玄黄，已有盘古真人"。似乎这盘古就处在这卵式的混沌之中。

这也影响了日本开辟神话。安万侣《古事记》序只是说"夫混元既凝，气象未效，无名无为，谁知其形"，《日本书纪》却说"古天地未剖，阴阳不分，浑沌如鸡子，溟涬而含牙（芽）"。《旧事本纪·神代本纪》说："古者元气浑沌，天地未剖，犹鸡卵子，溟涬含牙（芽）。"《日本神代史》也说："古天地未剖，阴阳不分，混沌如同鸡子。"直江广治指出："在我国（日本）古代，蛋被视为生命的原质，故有'宇宙混沌如鸡子'（蛋）之说。"① 在这一点上，中日这两个近邻的东方国家是一致的。就它们的哲学化而言，日本的记纪神话，混沌、气、阴阳"这一套观念正是中国早期古典哲学中《老子》的'无名，天地之始'、《庄子》的'无为为天地之本'，以及《易经》所说的'立天之道曰阴与阳，立地之道曰柔与刚'等诸观念的综合体"②。朱云影也说，这是由《老子》和《淮南子》等书"拼合而成"的。③

但是两国的开辟神话毕竟有很大的不同。张紫晨便指出，盘古是"把开天辟地与化生万物集于一身，他所化生的自然万物很全面，只是没有谷物与蚕茧"④。中国神话由多民族创造而成，带着多元性或混合性。世系、文化、历史较为单一的日本民族的神话"是把日本的本土——岛国作为宇宙的实体，把创造神的神系作为，放在日本本土和八大岛的范围"⑤。所以日本的宇宙卵也具有岛国性，强调其"溟涬而含牙"，似乎是在一片汪洋的泡沫汹涌之中孕育出生命的胚芽。所以《古事记》序紧接着"混元既凝""乾坤初分—阴阳斯开"之后就说："出入幽显，日月彰于洗目；浮沉海水，神祇呈于涤身。"由卵分裂而出的日月神祇都由水而来。

特别是所谓国引神话，强调日本国土（岛国）像油脂或海蜇般在海面漂动而成形。《古事记》："当时国土幼稚，如同漂浮在水面上的油脂，像海蜇那样浮游时，萌生一个像苇芽那样的东西，化成神……"这苇芽似乎不会与混沌鸡子"溟涬含牙"之"牙"毫无关系。如果确实无关的话，那么，这海水泡沫般的漂

---

① [日] 直江广治：《中国民俗学》，林怀卿译，庄家出版社，1980年，第33页。
② 严绍璗：《日本"记纪神话"变异体的模式和形态及其与中国文化的关联》，载《中国比较文学》1985年第1期，第30页。
③ 朱云影：《中国文化对日韩越的影响》，黎明文化事业公司，1981年，第305页。
④ 张紫晨：《中日开辟神话比较》，载《民间文学论坛》1986年第4期，第42页。
⑤ 张紫晨：《中日开辟神话比较》，载《民间文学论坛》1986年第4期，第43页。

浮国土里萌生的苇芽，便具有日本的民族特色，可称之为"国土芽"。

现在再选介一些中国南方民族的太阳卵神话。纳西族史诗《创世纪》说，在宇宙形成过程中曾出现一个白蛋，孵出一只白鸡（恩余恩曼），鸡又生下九对白蛋：

  一对白蛋变天神，
  一对白蛋变地神，
  一对白蛋变成开天的九兄弟，
  一对白蛋变成辟地的七姊妹。①

白体现光明，所以白蛋是太阳神鸟（神鸡）之卵。与其相对照的，则有体现黑暗的黑蛋、黑鸡以及由其繁殖的九对妖魔鬼怪。所以，"善神依格窝格又是由太阳光产生的白气和美妙的声音结合而产生的"②。

蛋也是东巴经里宇宙万物的来源。"如《马的来历》中说，马是从天神排和禅养的神鸡下的蛋中孵出来的。在《动埃苏埃》中五个彩蛋中变化出天地、日月、星辰、山谷、树木等，还说各种颜色的蛋生出各种犏牛、牦牛、山羊、绵羊、马等。"③

这种以鸡蛋为生命本源的思想，还以卑化的形式保存在纳西族的民俗中。他们祭祀生殖女神那蹄时，就在她的糌粑造像的肚子里塞一个鸡蛋，"形成一个大肚子，象征孕妇"④，因为"蛋能孵鸡，又标志生育"⑤。或说，起初天蛋（宇宙卵）如盘古氏之卵一样混沌不分，经过温热（实即太阳）的孵育，化成气，气变露，露落大海，才生出人类祖先恨矢恨忍来。⑥

在满族的创世神话里，宇宙卵是蛙籽变成的。"萨满神词说：宇宙开辟之初，一片汪洋。洪荒之中漫没着黑色的激流，或者'滚动着蔚蓝色的波涛'，生命从这里开始。天宫最高的女神阿布凯赫赫，巡游在这混茫的黑风浊浪中，让大海生出水泡。这水泡像蛤蟆籽，越生越多，越生越大，无数水泡聚到一起，

---

① 云南省民族民间文学丽汇调查队搜集翻译整理：《创世纪（纳西族民间史诗）》，云南人民出版社，1978 年，第 4 页。
② 李国文：《纳西族古代哲学思想初探》，见郭大烈、杨世光编：《东巴文化论集》，云南人民出版社，1985 年，第 275 页。
③ 和力民：《从〈创世纪〉看古代纳西族社会》，见郭大烈、杨世光编：《东巴文化论集》，云南人民出版社，1985 年，第 225 页。
④ 詹建绪、王承权、李近春等：《永宁纳西族的阿注婚姻和母系家庭》，上海人民出版社，2006 年，第 264 页。
⑤ 严汝娴、宋兆麟：《永宁纳西族的母系制》，云南人民出版社，1983 年，第 200 页。
⑥ 参见李霖灿：《么些象形文字字典》，中央博物院，1945 年，序。

成为很大的球体，在水上漂来漂去。不知经过多长时间的孕育，从球体中蹦出了六个宁古（巨人），六个谙达（朋友），这便是满族诸神之祖。"① 这则基本属于北亚、东北亚萨满教文化的珍贵神话，与中国南方，以及南亚、西亚、北非的开辟神话十分相似，只是蛙代替了鸟。汪玢玲拿满族故事与之参校②，只是没有注意到它可能与高句丽的金蛙故事也有关系。它还启示我们，宇宙卵绝不限于鸟卵，蛇、蛙也可成为宇宙卵的母型。

从前有些历史学家硬把槃瓠、盘古分割开来，主要理由之一是盘瓠没有创世或身化宇宙的伟绩，殊不知槃瓠、宇宙卵一体化，就暗含着身化或创世的基础性要素。

再进一步说，槃瓠之"瓠"，跟宓羲（伏羲）之"宓"、女娲之"娲"（瓜）一样，都表明他们是属于南方苗人集群葫芦神文化的祖先神、英雄神。而瓜或葫芦形似子宫或蛋，实质上是一种植物化了的宇宙卵；槃瓠也可以视为卵形而纳入卵生型弃子英雄。

畲族主要以犬为图腾，以槃瓠为祖先，但也有凤凰卵生小儿的神话。这也许有助于理解槃瓠为什么卵生而盘古的初始形象如鸡蛋；与以蛇为图腾的黎族传说由蛇卵生出的雷公却是鸟形一样，暗示着图腾之混合。徐偃王卵生而有龙犬救护也可作此解。

可以说，跟槃瓠故事在许多方面同型、同源的南方洪水遗民故事里，宇宙卵异变为体现南方水原、山原文化特色的葫芦（这些圆物都跟子宫一样包孕着生命的种子）。兄妹结婚触犯禁忌（taboo），生出的后代多是一个肉蛋（把它剁碎才变成各族人民），这也是一种卵生神话。据吴泽霖、芮逸夫、闻一多等先生的搜集、整理、研究，贵州八寨苗族传说，最初有九蛋，最长为雷公，司天，最小为老岩，司地；还有说石蛋里生出十二个弟兄，长兄为雷公，上了天。贵州《生苗起源歌》说，洪水遗民里的兄妹由白蛋生出（或说由飞蛾卵生出），生下的多为蛋形或瓜形物。③ 据法国人萨维纳（F. M. Savina）《苗族史》的记载，洪水过后，木鼓里藏躲着的兄妹结合后生出来的是一个鸡蛋，只好把它剁碎，"切下的肉块落到地上就变成小孩"④。

---

① 江玢玲：《论满族水神及洪水神话》，载《民间文学论坛》1986年第4期，第15—16页。
② 江玢玲：《论满族水神及洪水神话》，载《民间文学论坛》1986年第4期，第16页。
③ 参见闻一多：《伏羲考》，见《神话与诗》，古籍出版社，1954年，第62—63页。
④ 参见芮逸夫：《苗族的洪水故事与伏羲女娲的传说》，见《中国民族及其文化论稿》（下册），艺文印书馆，1972年，第1042页。

伏羲、女娲在汉画里出现，多手擎太阳和月亮，是以创世夫妻兼为太阳神、月亮神，这同样是南方太阳神文化的体现。

卵生神

南方民族的许多卵生英雄故事，可能都与槃瓠、羲娲的卵生、准卵生相关联。徐松石说"台湾高山族，和华南、越南，也有卵生神"，但不像东方九夷那样多。他认为，这些卵生神"最初肇端于盘古"，而"盘古即是伏羲。盘古、伏羲乃是东方九夷和整个华夏民族的始祖"，而"禹王也是母亲吞了鸡子而生"。①

广东黎族雷神卵生传说，也很像盘古之卵生。如唐人《投荒杂录》（《太平广记》卷三九四引）载，"陈氏因雷雨昼冥，庭中得大卵，覆之数月，卵破，有婴儿出焉"，就极像槃瓠、徐偃王的出生。

海南岛则传说，雷公携来一颗蛇卵，置于思河之峒的一座高山中，并把它轰破，"就从卵壳里跳出一个女孩子来"，是为当地黎族的祖先黎母。② 这不过是把太阳化成了雷。这里无论太阳或雷都有鸟的化身，或长着鸟翅，所以他的后代必具卵形而非胎生。

有太阳或其他天体参与的鸟卵生儿或蛇卵生儿，是太平洋文化尤其是中国东南沿海和南方文化的重要因子。前引黎族祖先和雷公、水神故事是其典型代表。这里再补充些在古粤江流域流传的实例。唐刘恂《岭表录异》载，温媪拾得沙草中五卵，后来孵化出五小蛇，她被称为龙母，及卒，"乡里共葬之江东岸。忽一夕，天地冥晦，风雨随作；及明，已移其冢，并四面草木，悉移于西岸矣"，暗示五龙为之移冢。宋乐史《太平寰宇记》明确说，温媪葬后，"龙子常为大波，至墓侧，萦转沙以成坟，土人谓之掘尾龙"，则俨然划地应龙矣。张维《永济行宫记》载："秦始皇时，夫人浣于江岸旁，得卵如斗，异焉。持归，藏器中。后有物如守宫，破卵而出，长数尺……复来，遍体生鳞，文有五色，头有两角。"这发展了的故事都有些像九隆和竹王故事。后来的发展、增殖则俨若二郎神故事那样繁复完备。③

所以，不但鸟图腾，就是龙蛇图腾族，也可能有卵生神话。因为爬行动物也多卵生。

---

① 徐松石：《华人发现美洲考》（上册），东南亚研究所，1981年，第165页。
② 参见广东民族学院中文系编：《黎族民间故事选》，上海文艺出版社，1983年，第12页。
③ 详见容肇祖：《德庆龙母传说的演变》，载《民俗》1928年第9期，第1—9页。

南方（包括百越和古代越南）水原文化多以蛟龙为图腾（尽管也有一些以鸟为图腾，或尊龙而同时祀鸟）。《汉书·武帝纪》颜注引郭璞注"蛟"曰："其状似蛇而四脚，细颈，颈有白婴，大者数围，卵生，子（卵）如一二斛瓮，能吞人也。"鄂鲁梭（L. Aurousseau）《秦代初平南越考》、卫聚贤《古史研究》、陶维英《越南古代史》等，都认为其母型是一种五六米长的大鳄鱼（或指湾鳄、马来鳄）。貉龙君与洞庭龙君女神龙婚媾，当然生的是龙卵。《大越史记·外纪·鸿庞纪》说，雄王"令人以墨迹画水怪于身，自是蛟龙见之，无咬伤之害。百粤文身之俗，盖始于此"。这也跟《史记·越本纪》《淮南子·原道训》所载一致。陶维英还认为交趾为"蛟龙人的地方"①。

古代越南地方，也是信仰鸟神和太阳神的。雒鸟就曾被认为是他们重要一支的图腾。而"祭祀自然，其中有太阳，这也是保留到雄王时期很古老的一种信仰形式。铜鼓上刻画的太阳和把死尸向着太阳或让太阳'晒过'尸体的埋葬习俗等等，都与这种信仰有关"②。

卵生祖先

贵州苗族有一则始祖卵生传说：

> 据说最初在某一山洞里有九个蛋（此蛋从何而来未详），经一"母天日"怀抱，先生出八子，大者名雷公，其余七个名龙、蛇、虎、九结连、蟒、狼、猴，最后一个即第九个蛋怀抱了很久不出。③

三天以后，钻出来的小英雄老岩却要求当长兄。他智能极高，经常戏弄和欺负哥哥，特别是与雷公为敌，以下就是常见的中国西南洪水遗民故事。④ 这当然是超过综合图腾时期的再生态神话（其中九子最小者称霸，有如九隆）。"母天日"一语不知是否指母太阳，但属于卵生神系则可无疑。

另一则故事是，兄妹夫妻生下十二个石蛋，最后、最聪明的一位如老岩般经历洪水成为苗族始祖，其余多变动物，大哥也是雷公。⑤

---

① [越] 陶维英：《越南古代史》（上册），刘统文、子钺译，科学出版社，1959年，第19页。
② [越] 文新等：《雄王时代》，梁红奋译，越南科学出版社，1976年，第115页。
③ 吴泽霖：《苗族中祖先来历的传说》，载《革命日报》1938年5月19日、26日；又收入《南方民族史论文选集》（2），中南民族学院民族研究所，1984年，第54页。
④ 吴泽霖：《苗族中祖先来历的传说》，载《革命日报》1938年5月19日、26日；又收入《南方民族史论文选集》（2），中南民族学院民族研究所，1984年，第54—56页。
⑤ 吴泽霖：《苗族中祖先来历的传说》，载《革命日报》1938年5月19日、26日；又收入《南方民族史论文选集》（2），中南民族学院民族研究所，1984年，第56页。

卵生万物及人类的观念是鸟图腾崇拜的一种机制，二者本质上是一致的，所以本章除略及蛇、蛙外，主要描述的是鸟卵生民故事。

宋高承《事物纪原》引徐整《三五历纪》说："天地之初，有三白鸟（或乌），生众鸟。"实际上暗示鸟是最早的生物。

大洋洲南部的布努客（Boonookong）族说，创造万物的是 Bun-jel 或 Pound-jel，Bun-jel 义为"鹫鹰"，即他们的鸟祖先。他"是一个被膜拜的兽，或图腾，又是一个巫，或有魔术的老人"，还是超人族的酋长，发明万物的文化英雄。"Bun-jel 拿了一把大刀；他创造地的时候，就用这刀上下乱砍，地面上就有了山谷和河道了。据说在 Victoria 北部第一个被创造的生物是一头鹫，后来是一个老鸦。这一头鹫和一头鸦又创造出各种东西来，因此该处的土人就分为鹫与鸦两大族了。Bun-jel 最初用泥造成了两个人，围着他们跳舞；后来替两个泥人装上头发……把气吹入他们嘴里、鼻孔里和脐孔里。"① 于是他（鹫鹰）造成了人。

我国台湾地区高山族排湾人（Paiwan）流行卵生神话，或说太阳直接生蛋，化生人类，甚至直接以太阳（Taihira）为姓；但也有说灵蛇生卵，繁衍人类的。② 有一则传说是卵生儿一直以蛋的形式活动：

> 到两三个月的时候，这个蛋里就发出了婴儿咿呀的语声……到六七个月的时候蛋就在筐子里滚动着。到一周岁的时候，蛋就从筐子里滚出来，跟别人的小孩子一块玩儿。③

还有一则说酋长菲达尔生下时是一个大蛋，但他像螺蛳姑娘似的不断跳出壳来为家里做事。他美丽的妻子阿青把空蛋壳捏得粉碎，这位"勤劳善良，力大无余，而且聪明机智"的青年，只好永远离开伪装与她一起生活。④ 这则故事，当然是经过再生或改造的，是男性化了的螺蛳姑娘或羽衣神话，但英雄卵生这个基本结构依然十分清楚。

人类学家或认为，太阳直接生蛋或太阳化鸟而生蛋，并且变为族团的祖先或英雄神，是以印度尼西亚诸岛为中心，以中国台湾地区为枢纽的南太平洋上古或原始文化的重要内涵，而广泛联系着东西两岸的太平洋文化。这是凌纯声

---

① 茅盾：《神话研究》，百花文艺出版社，1980 年，第 33 页。
② 参见林惠祥：《台湾番族之原始文化》，见《林惠祥人类学论著》，福建人民出版社，1981 年，第 163、169 页。
③ 贾芝、孙剑冰编：《中国民间故事选》（第 1 集），人民文学出版社，1958 年，第 577 页。
④ 参见陈炜萍、刘清河、汪梅田搜集整理：《台湾高山族传说与风情》（上册），福建人民出版社，1982 年，第 76—80 页。

等人的基本看法。

至于太阳产卵生民神话的演变途径,王孝廉说:"太阳直接产卵而生人类的神话是卵生神话的最初形态,即是上述中国台湾山地及缅甸边境诸民族的口传神话,后来随着人类文化思维的进展,原始的神话逐渐趋向人文的合理性的解释和说明,于是太阳就以鸟的形态出现,或是以鸟为太阳神灵的使者而到地上产卵而生人类,殷代始祖神话'天命玄鸟,降而生商'即是此例。神话随着时代的推移和文化的进展,神话的内容也由简单纯朴而越发错综复杂。当人类的宗教思想,由万物有灵论(Animism)经过灵思论(Daimonism)而到神人同性论(Anthropomorphism)的时候,神话的主角也由动物、半人半兽而逐渐有了人态的倾向。"①

这见解颇为精辟。要补充的是,从前引材料来看,神鸟生人当也是极其古老的原生神话,其出现不一定都在太阳下蛋之后,鸟图腾机制不容也不必抹杀。

主要以龙蛇为图腾的古代越南创业神话也包含卵生英雄和弃子的内容。《岭南摭怪·列传》说,貉龙君"化作一好儿郎"与"帝宜"爱妾姬姬同居,"期年而生一胞,以为不祥,而弃诸原野,过七日,胞中开,出百卵,一卵一男,归而养之,不劳乳哺,各自长大,智勇俱全,人皆畏服,谓之非常之兄弟"。这显然跟中原、东夷(包括徐偃王)以及古代朝鲜的英雄卵生、被弃、速长等情节趋同。

《大越史记·外纪全书·鸿庞记》载泾阳王事,"王娶洞庭君女,曰神龙,生貉龙君",原注引唐人传奇《柳毅传》,可见作者也认为其所据传说见于文献甚晚。《鸿庞记》又说:"君娶帝来女,曰妪姬,生百男,是为百越之祖。"原注:"俗传生百卵。"松本信广说,从越南语音考察,男(nam)是卵(noan)之音转,所以泾阳王传说肯定与卵生有关。②

二、卵生英雄与吞卵生子型神话

东方的卵生英雄神话

东方太阳神族最明确的卵生射手英雄,是以太阳神鸟为图腾的殷商开国祖

---

① 王孝廉:《神话与小说》,时报文化出版公司,1986年,第145页。
② [日] 松本信广:《古代印度支那安南的神话》,见《世界文化史大系·古代中国与印度卷》,平凡社,1958年,第298页。

先契。《诗·商颂·玄鸟》:"天命玄鸟,降而生商,宅殷土芒芒。"郑笺:"降,下也。天使鳦下而生商者,谓鳦遗卵,娀氏之女简狄吞之而生契。"《诗·商颂·长发》:"有娀方将,帝立子生商。"郑笺:"简狄吞鳦卵而生契。"

这里包含着一个标准的吞卵生子型故事,而且,这也是亚洲式"天鹅处女"或所谓"羽衣天女"型故事真正的源头。《史记·殷本纪》说:"殷契,母曰简狄。有娀氏之女,为帝喾次妃。三人行浴,见玄鸟堕其卵,简狄取吞之,因孕生契。"集解引《礼纬》曰:"祖以玄鸟生子也。"

《离骚》《天问》《吕氏春秋·音初篇》《列女传》《论衡·吉验篇》等都以不同的方式记述了这个故事。

商器有玄鸟妇壶,铭文由"玄鸟妇"三字组合而成。于省吾介绍说:"玄鸟妇三字系合书,玄字作'8',金文习见,右侧鸟形象双翅展飞。"① 他还指出:"壶铭既为玄鸟妇三字合文,它的含义,是作壶者系以玄鸟为图腾的妇人。再就壶的形制环玮和纹饰精美考之,可以判定此妇既为简狄的后裔,又属商代的贵族。"② 这就为殷商确实有过鸟图腾授孕的信仰提供了实物证据。胡厚宣还从甲骨文与文献的参校里再一次证实了殷商鸟图腾崇拜的遗迹。③

玄鸟妇壶上,展翅飞翔的类燕子的神禽嘴里衔着"玄",形如"8",这就是玄鸟所衔来的孕育着生命的神卵。所以,"玄"的玄黑、玄神、玄秘诸义是后起的。玄鸟最初就是衔着生命种子(卵)的神鸟。玄鸟衔之圆物为二,与《吕氏春秋·音初篇》"燕遗二卵,北飞"相合(其所以作"二卵",跟"有娀氏"有"二佚女"在台有关)。

鸟卵因为含着胚胎,能孵出小生命,所以一直被认为是生命、生殖的象征。郭沫若说:"无论是凤或燕子,我相信这传说是生殖器的象征,鸟直到现在都是生殖器的别名,卵是睾丸的别名。"④ "鸟""屌"同音。元明小说戏曲里还把"鸟"当作男阴的代词。邢公畹说:"'鸟'字可能自古就有两个意思:第一义是'鸟雀',第二义是'男性生殖器'。"⑤ 巴比伦象形文字里,"鸟"和"卵"

---

① 于省吾:《略论图腾与宗教起源和夏商图腾》,载《历史研究》1959 年第 11 期,第 67 页。
② 于省吾:《略论图腾与宗教起源和夏商图腾》,载《历史研究》1959 年第 11 期,第 67 页。
③ 参见胡厚宣:《甲骨文商族鸟图腾的遗迹》,见中国科学院历史研究所编:《历史论丛》(第 1 辑),中华书局,1964 年,第 134—163 页。
④ 郭沫若:《先秦天道观之发展》,见《青铜时代》,人民出版社,1954 年,第 11 页。
⑤ 邢公畹:《说"鸟"字的前上古音》,见《语言论集》,商务印书馆,1983 年,第 319 页。

两个象形文字结合起来就成了会意字"生"。①

在古老的非洲，鸟的形象也曾被当作"性"——有时是女性，有时是男性——的象征。本特曾在津巴布韦谷地废墟发现站着神鸟的石柱。"他认为这些鸟是用来体现鹰或兀鹰的，可能有崇拜男性生殖器的意思在内。"② 他又认为，鸟可能还因为是图腾而被当作母亲。"在古埃及鹰被当作母系的象征，而希姆亚雷特时代一个南阿拉伯部落把兀鹰当作图腾。"他认为，毫无疑问，这些津巴布韦鸟"是同亚述人的阿丝塔特或维纳斯相类似的，代表着创世中的女性因素"。③ 这跟中国玄鸟生商故事里燕子与简狄的身份相叠合十分接近。

龚维英不但认为女阴作为生殖崇拜的因素被悄悄注入玄鸟图腾机制，造成玄鸟与简狄的一体化，而且因为帝为女阴，其形作▽（此卫聚贤说，笔者曾作论证发挥），断定帝俊（喾、舜、夒）既是图腾实体鸟，又曾"潜移默化成为女阴"（按：此项不可信），从而使图腾（鸟）崇拜、生殖崇拜、祖妣崇拜、自然（太阳）崇拜熔于一炉。④

因为在母系氏族制度下，鸟往往又是女性的代表或化身。简狄有时又成为燕子女神。这种鸟与妇女或母亲相通的观念同样保存在以鸟为图腾的埃及人的民俗和语言里。保罗·拉法格说："据普鲁塔克说，莱斯（Neith），这母亲之神——'天上的女皇'……她的名字在其余的字形中是用兀鹰和母亲（Mou）的第一个字母当作象征来标示。荷拉波龙（Horapollon）的象形字也使我们知道埃及人相信兀鹰中没有雄的，而雌的靠风力就能受孕……由于它的奇怪的种族繁殖能力——成为母亲之神莱斯的鸟，它也一样不需要男性的协作而生殖子女。埃及人使这种鸟成为母亲的象征，而后来又成为母性之道的象征。"⑤

古埃及的太阳神拉最初也是一个蛋。

> 世界开始时，是一片茫茫大海，唤作"努"（Nu，水神）。这一片海水就是天神的住处。这天神就叫作"努"，他是海水，他生出太阳神

---

① 参见［苏］阿甫基耶夫：《古代东方史》，王以铸译，生活·读书·新知三联书店，1957年，第112页。
② ［英］巴兹尔·戴维逊：《古老非洲的再发现》，屠尔康、葛佶译，生活·读书·新知三联书店，1973年，第432页。
③ ［英］巴兹尔·戴维逊：《古老非洲的再发现》，屠尔康、葛佶译，生活·读书·新知三联书店，1973年，第432页。
④ 龚维英：《从殷商玄鸟图腾的衍变论图腾崇拜和生殖器崇拜的兴替》，载《贵州文史丛刊》1986年第2期，第108—109页。
⑤ ［法］拉法格：《思想起源论》，王子野译，生活·读书·新知三联书店，1978年，第59页。

来。太阳神说:"我的名字在破晓时叫克佩拉(Khepera),白昼时叫赖(Ra),傍晚时叫塔姆(Tum)。"这位光明之神起初是一个发光的蛋,浮在水面上。①

所以这位太阳英雄神后来的象征或形象是一只鹰。著名的不死鸟——涅槃的凤凰据说也是他的一个化身。

吞卵生子型故事或所谓高禖仪式里,往往要涉及某种神秘的处所或建筑:宫、室,尤其是台。《吕氏春秋·音初篇》:"有娀氏有二佚女,为之九成之台,饮食必以鼓,帝令燕往视之,鸣若谥隘。二女爱而争搏之,覆以玉筐,少选,发而视之,燕遗二卵,北飞,遂不反,二女作歌一终,曰'燕燕往飞',实始作为北音。"《楚辞·离骚》:"望瑶台之偃蹇兮,见有娀之佚女。……凤皇既受诒兮,恐高辛之先我。"《天问》:"简狄在台,喾何宜?玄鸟致诒,女何喜?"《九章·思美人》:"高辛之灵盛兮,遭玄鸟而致诒。"这些说的都是这种让图腾动物自由出入的秘密居室或楼台。《魏书·高车传》说,匈奴王为二女建高台择偶,后有狼"昼夜守台嗥呼",实在也是这种"淫"醼之"台"。这又同于略晚于此的高禖献身仪式举行的禖社建筑。闻一多指出:"此云帝喾仪简狄于台上,亦斥祭高禖之事。台即高禖之台也。"② 较晚的高禖仪式包含着男女的欢会和性的放纵。③ 学者们认为,这仍属于"春天的典礼"④,即繁殖与播种相结合的一种秘密仪式,而图腾的交媾、赐孕或感生,自然也会带来两种生产的大丰收。

像《玄鸟》故事所描述的那样,神祇或图腾化形进入某种神秘的建筑物,和圣处女、王后、公主等交配的传说、风习,可以远远地推源于埃及。古代埃及人曾为王后建造密封的居室,有如我国简狄的瑶台、姜原的閟宫,只在顶上开着天窗,以备图腾神鹰一年一度飞入与之交配,从而获得图腾真裔。所以,无论是古埃及还是古中国,鸟图腾族的酋长以及后来的王都必须设法证实自己为图腾真裔——太阳鸟的儿孙。"[埃及]国王则以'鹰'之称号自称,在 Hiera Koupolis 尚养着此种图腾鸟。'此图腾鸟到一定之时期,应与一选定之妇女——多为国王之后——交合。据晚近的研究的结果,则说埃及王后和鹰交合后,方生第二代的王,因此每代国王皆自号为鹰'。"⑤ 这也许有助于揭示"天命玄鸟,

---

① 丰华瞻编译:《世界神话传说选》,外国文学出版社,1982年,第9页。
② 闻一多:《天问疏证》,生活·读书·新知三联书店,1980年,第82页。
③ 参见[日]小林太市郎:《高禖考》,载《中国学》1932年特刊。
④ 参见[日]桐本东太:《中国古代的台》,载《史学》1985年第55卷第1号,第86页。
⑤ [法]倍松:《图腾主义》,胡愈之译,开明书店,1930年,第69页。

降而生商","简狄在台,訾何宜?玄鸟致贻,女何喜"的秘密。阿拉斯加的德林克特人传说,是"雌雷鸟"生下他们,并且帮助他们建造居室的。①

埃及的鹰是太阳神拉与荷尔的动物化身,于是埃及的法老们也就自认为是太阳的子孙。利普斯说:"古埃及鹰神荷拉斯(Horus)明确具有太阳的性质,荷拉斯是王朝时期和前王朝时期国王们特有的称号。"②他认为,这跟古埃及人崇拜神鸟并且认为灵魂会变成鸟的信仰有关,而"鸟和太阳的结合本身,就表明了他那超越于人和灵魂之上的超自然力量"③。朱天顺也说:"在古埃及,太阳神最初是靠鹰运行的,鹰又是太阳神的化身,太阳神的形象是圆太阳两侧长着鸟翼。④他又说:"五千多年前,作为古埃及南部地区王国的主神荷鲁斯(Horus),是来源于鹰图腾和太阳崇拜,他是鹰神和日神的合一神,因此人们把太阳和鹰都当作荷鲁斯神的神体加以崇拜。"⑤古代与现代后进部落里都有拜鸟为图腾的风习,可供参照。例如《太平广记》卷八一引《梁四公记》说,漆海、乳海间有"大鸟生人,男死女活,鸟自衔其女,飞行哺之,衔不胜则负之。女能跬步,则为酋豪所养。女皆殊丽,美而少寿,为人姬媵,未三十而死"。又,《洞玄本行经》说:"西方卫罗国王有女,字曰配媖,与风共处。灵风常羽翼扇女面。后十二年,女忽有胎生女。"这就暗示了风与王女之媾合生子,"翼扇女面"与彝族故事里大鹏鸟拥抱姑娘如出一范。

婆罗洲达雅克人(Dayaks)则把鸟与酋长之妻结合起来。据说,有一位名叫 Siu 的酋长"与一位美丽的女子结婚,她为鸟的变形",酋长不知道,但这个氏族全都被禁止射鸟。酋长有一天忘记规约捕杀了鸟,他的妻子一去不复返。后来酋长在灵魂世界的支配者家中找到了妻子。"灵魂世界的支配者,便教他们以后要恭敬神圣的鸟类"。⑥

也有些美拉尼西亚土著"不自认为(是)那些鸟类的后裔,而以另一方式来说明这种神秘的亲属关系。例如鹦鹉氏族,说是从前这个氏族中有一个女子嫁给鹦鹉,生下小鹦鹉"⑦。这当然也体现着图腾意识。

我国台湾地区高山族一则神话说,太古荒无人烟之时,有两只美丽的燕子

---

① 参见岑家梧:《图腾艺术史》,商务印书馆,1936年,第32、59页。
② [德]利普斯:《事物的起源》,汪宁生译,四川民族出版社,1982年,第342页。
③ [德]利普斯:《事物的起源》,汪宁生译,四川民族出版社,1982年,第342页。
④ 朱天顺:《中国古代宗教初探》,上海人民出版社,1982年,第13页。
⑤ 朱天顺:《原始宗教》,上海人民出版社,1978年,第97页。
⑥ 岑家梧:《图腾艺术史》,商务印书馆,1936年,第40页。
⑦ [美]罗维:《初民社会》,吕叔湘译,商务印书馆,1935年,第143页。

飞到日月潭边，各从水里衔出一颗晶莹璀璨的鹅卵石（这当然是燕蛋的异文），这两颗石子把"深山密林照射得金光闪亮"——这不但证明燕子的太阳神性，而且证明石卵本身也是太阳的一种具体而微的象征。

> 一只燕子口一松，只听得轰隆隆一阵巨响，五彩的鹅卵石滚下山，裂成两半，里面走出一个头扎红罗巾、身穿五彩裙的清秀美丽的小姑娘来；另一只燕子也把口一松，石儿隆隆滚下山裂成两半，里边走出一个青布束腰、身佩宝刀的英俊少年来。①

他们就是高山族的祖先。这可以与前引高山族卵生英雄或先祖的神话相参照。

白族传说，有个姑娘吞下龙珠变成的绿桃而致孕，这时有一只凤凰飞来，如"鸟覆翼之"，以其彩翼庇佑孩子的诞生，②犹如杨亿生时有"鸟翅交掩而蠕动"（《山带阁楚辞注》）。龙珠孩子由一条蟒蛇奶大，以后变成小黄龙，战胜了危害人民的大黑龙。

西藏也有类似玄鸟生商的传说。牧羊女娜玛遇到一只银鸟，爱上了他。"银鸟紧紧地偎依着她，她感到内心产生了一种莫名其妙的强烈感情"③，于是他们结了婚。这只银鸟是一位白衣少年变的。巫婆告诉娜玛说，只要把鸟皮烧掉，他就永远是白衣美少年。这当然是羽衣神话或天鹅处女型故事的重要关目，只不过神鸟的原形由女性变成了男性。这说明，羽衣神话、天鹅处女，本质上表现的仍是图腾机制、图腾意识。玄鸟（或凤凰）本来跟简狄是二而一的鸟图腾祖先，不过后来逐渐变异罢了。所以，她们的故事里往往都要出现沐浴的场面，这也正是天鹅处女故事的重要情节。这在一系列东夷、东北夷吞卵生子故事里表现得更加明确，只不过男性由鸟来代表，而且出现了鸟的血裔，即卵生的射手英雄。

玄鸟与圣处女交合生英雄神的故事，还可以在我国西南边疆民族风习、民间故事里找到更好的解释和印证。彝族保存群婚时代习惯的"鹏鸟会"就极像"天命玄鸟，降而生商"。

> 一年一度的鹏鸟会开始了。四方的鹏鸟都飞到介台山来。介台山的姑娘都穿上鲜艳的裙子，象雉鸡一样的满山飞。鹏鸟拥抱着姑娘，

---

① 陈炜萍、刘清河、汪梅田搜集整理：《台湾高山族传说与风情》（上册），福建人民出版社，1983年，第1—3页。
② 贾芝、孙剑冰编：《中国民间故事选》（第1集），人民文学出版社，1958年，第411页。
③ 田海燕编著：《金玉凤凰》，少年儿童出版社，1980年，第79页。

姑娘偎依着鹏鸟。①

结果有姑娘怀孕了，其中"心灵手巧的普么列日姑娘"生下英雄支格阿鲁（阿龙）。②

大凉山彝族史诗《勒俄特衣》说，是四支神龙鹰授孕给美女蒲莫列依的。"蒲莫列依啊／要去看神鹰／要去玩龙鹰／龙鹰掉下三滴血／落在蒲莫列依的身上／这血滴得真奇怪／一滴中头上／发辫穿九层／一滴中腰间／毡衣穿九叠／一滴中下部／裙褶穿九层。"③ 鹰血像玄鸟卵一样使浦莫列依受孕，生下弃儿、英雄射手支格阿龙。他跟后羿一样射日，像二郎神一样捉日。

　　射掉六日七月者，

　　是支格阿龙。

　　拿到大地上，

　　压在黄色石板下同。④

他还把"地坎一样粗"的毒蛇"打成手指一样粗"，把"米囤一样大的"蛤蟆"打成手掌一样大"，把巨大的蚊蝇、蚂蚁、蚱蜢打成今天的样子，完成许多神迹。⑤

整理本里只简单说"一只神鹰在掠过她（蒲么列日女神）的头顶时，掉了一滴血在她身上"，就生下英雄弃儿尼支呷洛。⑥ 另一文本里则更带暗示性地说，是"一只岩鹰，滴了一滴血在她的裙子上"，使她致孕。⑦ 研究者们认为，这表示龙鸟图腾的融合："知其母而不知其父的支格阿龙，应当是以鹰为图腾的氏族的男子与以龙为图腾的女子相结合而生的。"⑧ 可供参校的，如《文献通考·四裔考·多摩长》条说："其王之先，龙子也，名骨利。骨利得大鸟卵，剖之得一女子，容色殊妙，即以为妻。其王尸罗勋傭伊说，即其后也。"这同样表现的是龙子和卵（鸟）生相联结的混合图腾观念。

---

① 参见《支格阿鲁寻父》，见陶立璠、李耀宗编：《中国少数民族神话传说选》，四川民族出版社，1985年，第129页。
② 参见《支格阿鲁寻父》，见陶立璠、李耀宗编：《中国少数民族神话传说选》，四川民族出版社，1985年，第128页。
③《勒俄特衣》，见《凉山彝族奴隶制社会》编写组：《凉山彝文资料选译》（1），1978年，第42页。
④《勒俄特衣》，见《凉山彝族奴隶制社会》编写组：《凉山彝文资料选译》（1），1978年，第51页。
⑤《勒俄特衣》，见《凉山彝族奴隶制社会》编写组：《凉山彝文资料选译》（1），1978年，第51页。
⑥ 贾芝、孙剑冰编：见《中国民间故事选》（第1集），人民文学出版社，1958年，第363页。
⑦《英雄支格阿龙的传说》，见李德君、陶学良编：《彝族民间故事选》，上海文艺出版社，1981年，第1页。
⑧《凉山彝族奴隶社会》，人民出版社，1982年，第27页。

尼支呷洛的诞生有点像尧母庆都的传说。纬书《春秋合诚图》云："尧母庆都，有名于世，盖大帝之女，生于斗维之野，常在三河东南，天大雷电，有血流润大石之中，生庆都，长大，形象大帝。常有黄云覆盖之。蔑食不饥。"只是尼支呷洛故事中鹰图腾授孕的机制十分明确而已。孔令谷说，古人以血代表灵魂（实是生命），"血流大石之中，而生庆都，意谓血润大石，石就有灵，因而即能生子，石润血有灵，与古树伐之有血的神话，出于一源"①。他认为，此石此树是社石、社树。尼支呷洛生于石缝里，也可以理解为广义的石生神话。

而石生与卵生神话，又确实相互渗透、粘连。它们往往因形态（圆形）相同而引起母腹或子宫之联想。后稷就曾被怀疑是连胞衣一起生出，像个肉蛋而被弃。而且，古人认为，石头跟鸟卵一样可能内含着人类的胚胎或某种灵性（mana，马纳）或某种生命。孙悟空不是从石头蛋里蹦出来的吗？

这首先让我们想起从涂山氏所化巨石里爆裂而出的夏启。有人还把夏启与孙悟空做了详尽的比较。可惜夏启没有猿猴化形神迹，二者在根本点上缺乏整体和规律的对应性。夏禹"出于石纽"（《蜀王本记》）。禹母鯀妻"有莘氏之女"女嬉或女狄属西部的羌人集团，子从母姓，所以《吴越春秋》说禹"家于西羌，地名石纽，石纽在蜀西川也"②。这是接近天竺的地方。王孝廉说："石头在许多民族的古代信仰里是和生殖有关的，这种信仰在太平洋文化圈的各民族中尤其明显。"③ 是的，台湾高山族便有不少此类神话。兰屿耶美人传说，他们的男性祖先是由天神（taudu-to）降下的巨石里诞生的。④

四川洛县羌语支耳苏人创世传说更明白宣称，人类是从大海里的一块白石里爆裂而生出的——有如后来住进水帘洞的孙悟空的诞生。"耳苏"之意便是"石头生的"。

明人费信《星槎胜览》说，爪哇（Java）有鬼国，鬼子魔天与罔象配合而生百余子（这跟罗刹、方良之类一样是猿猴的异化或怪化），"常食啖人血肉"，跟《西游记》里的许多妖怪相似。"忽一日雷震石裂，中坐一人"，被推为国主而驱逐鬼魅。这也是环太平洋文化区的典型石生英雄故事。

从蒙古高原到中亚这一广阔的游牧文化带的英雄史诗里，特别多石生情节。蒙古史诗《额真·乌兰·宝东》的一种文本里，英雄和楚·勃尔和是"从一块

---

① 孔令谷：《禹生石纽与禹为上帝辨》，载《说文月刊》1940年第2卷第2期，第41页。
② 孔令谷：《禹生石纽与禹为上帝辨》，载《说文月刊》1940年第2卷第2期，第36页。
③ 王孝廉：《中国的神话与传说》，联经出版事业公司，1981年，第52页。
④ 参见［日］鹿野忠雄：《台湾土著民族人类学图谱》，1936年。

在九十条白色河河流的/源头之上的黑色岩石里进出来",就好像耳苏人的祖先以及孙悟空那样。蒙古史诗《海尔图哈拉》《汗·哈冉贵》《七岁的英雄顿金·莫里金·额尔德尼》等也都有英雄或勇士自石头生出的关目。甘肃肃北县卫拉特人史诗《胡德尔·阿尔泰》里,勇士米勒·乌兰也"从一块大岩石中降生出来/天生我去刹碎蟒古斯的根"①。德国学者W. 海希西说,人生于岩石这一母题"在中亚流传很广",岩石裂缝"被看作是子宫"。② 这种习俗还跟山神崇拜有关。

藏族的伟大史诗英雄格萨尔王,也有卵生的传言。贵德分章本《格萨尔王传》载,王的母亲尕擦拉毛生下一颗"象羊肚子一样的圆肉蛋",她妹妹说要把它划开。母亲说,她在去上沟的路上拾了一支箭,可以用箭头划开。"一划开,只见里面有一个小孩。……好象天上的仙童。他的食指向上指着,站起身来,作拉弓的样子,说道:'我要作黑头人的君长,我要制服凶暴强梁的人们。'"③ 这是"以箭破瓜",却直接出现了胞衣,属于卵生类型。

古代美洲的卵生英雄神话

前面说过,古代美洲也有宇宙卵观念,这里再简介一下他们的卵生英雄神话。

北美印第安祖尼人(Zuñis)创世神话说:"造物主阿俄纳韦洛纳(Awouawilona)把他自己的肉放在海里作种子,用他自己的热来孵化它"④,就好像孵卵一样孵出各种生物来。秘鲁印第安人传说,洪水之后的"无王时代","在一个高山的顶上出现五个很大的蛋。华提阿库里(Huathiacuri)的父亲巴里卡卡(Paricaca)就是从其中一个蛋里生出来的"⑤。后来,"山顶上剩下的四个蛋开开了,四只鹰飞出来。这四只鹰变成了四个伟大的战士。四个战士创造了不少奇

---

① [德] W. 海希西:《从岩石里诞生和对山的崇拜》,赵振权译,见《民族文学译丛》(第2集),中国社会科学院少数民族文学研究所编印,1984年,第165页。
② [德] W. 海希西:《从岩石里诞生和对山的崇拜》,赵振权译,见《民族文学译丛》(第2集),中国社会科学院少数民族文学研究所编印,1984年,第166页。
③《格萨尔王传》(贵德分章本),王沂暖、华甲译,甘肃人民出版社,1981年,第17页。
④ [美] Lewis Spence, *The Myths of the North American Indians*, 转引自丰华瞻编译:《世界神话传说选》,外国文学出版社,1982年,第197页。
⑤ [美] Lewis Spence, *The Myths of Mexico and Peru*, 转引自丰华瞻编译:《世界神话传说选》,外国文学出版社,1982年,第215页。

迹"①。这表示，英雄华提阿库里及其父亲的化身也是一只鹰。

阿拉斯加西岸有一对兄妹，妹妹吞吃了清溪旁一颗像卵石的鸟蛋（或如鸟卵的白玉），不久就怀孕生下一个男孩。哥哥痛恨小孩子，她只好把孩子隐藏起来——这是以丢弃为形式的磨炼或考验仪式的隐蔽说法。这孩子跟多数弃子英雄那样，"长得特别快"，如后稷的"牛羊腓字之"，"鸟覆翼之"，连"飞禽走兽都乐意来帮助他，非但给以乳养，而且给以教练，使他长大成人"。他的伯父要用泛滥的洪水淹死他，用种种方法折磨他，他却都平安度过。他是太阳鸟族的精英，据说，"他给世界（印第安人的世界）带来月亮、星星和太阳，也带来光。有些地方传说，印第安人也是他造的，比如 Tlingit，Haida 等地"②。

这位太阳鸟神兼创造者、文化英雄，跟"美洲的后羿"射日英雄戈约达（Coyote）一样，是准太阳神。戈约达曾经变成树叶子，让"关闭三光"的圣处女吞下怀孕，再从她腹里生出，并且偷出了她肚子里的太阳。

有一根原来竖立在阿拉斯加东南方的图腾柱上有一大鸦——太阳神的形象。它刻于19世纪中叶，是为了纪念大鸦族的基宁怒克家族（Kininook Family）的一位妇女而作的，但仍保存着强烈的图腾意识，其物象是太平洋文化造型艺术里常见的重叠式："自上而下为大鸦，抱子之母蛙（已人形化），俯伏之公蛙，水貂，大鸦，鲸鱼，其腹部有大鸦和水貂，口衔海豹，最下为代表大鸦氏族之祖之大鸦（'Raven-at-the-Head-of-the-Naas'）。"③

玛雅人以鸟象征天，代表太阳和光明（鸟像太阳一样在高空飞行），以蛇象征地，代表泥土和黑暗（蛇在黑暗的地洞里生活），天地、鸟蛇结合才有人类。这同样包含太阳鸟化生人类之意。

阿兹特克人的太阳神托纳季乌"以羽蛇为相"，据阿兹特克人称，"羽蛇是象征天地的结合，羽毛——鸟，代表太阳，蛇代表大地，天地结合才养育了印第安人"。④

墨西哥太阳神、雨神、创造大神和灵智英雄魁扎尔科亚特尔（Quetzalcoatl）是一条有羽翼的飞蛇，有如应龙，但啄木鸟也是他的象征，朱谦之就曾拟之于

---

① [美] Lewis Spence，*The Myths of Mexico and Peru*，转引自丰华瞻编译：《世界神话传说选》，外国文学出版社，1982年，第217页。
② 文崇一：《亚洲东北与北美西北及太平洋的鸟生传说》，载《"中央研究院"民族学研究所集刊》1961年第12期，第63页。
③ 陈奇禄：《台湾排湾群诸族木雕标本图录（五）》，载《考古人类学刊》1961年第17、18期，第118页。
④ 宋宝忠、王大有：《阿斯特克太阳石（历）及其文明》，载《社会科学战线》1985年第5期，第143页。

中国的日中三足乌。①

羽蛇，或鸟翼蛇、蛇身鸟，都是鸟图腾与蛇图腾相结合而产生的新种（或说"混合图腾"），也是天空－光明崇拜和大地－生殖崇拜相结合的产物。所以中国、印度和印第安大鸟巨蛇（或巨鱼）神话里，鲲鹏、鸟蛇之间既斗争又融洽，还可以互相转化，或发生交合，诞生"翼蛇""翼鱼"之类新种。特别重要的是，"玛雅人的日神庙与乌鸦的故事有关，他们也传说日神是一只乌鸦变成的"②。

美洲太阳鸟族的英雄神话与古代中国如此相似，不由人不考虑太平洋东西两岸的古代文化是否存在因子水平上交流的问题。这在太古时代，即前文明的旧石器时期是毫无问题的：大多数学者都承认，亚洲北部蒙古人种群，曾经跨过白令海峡或古陆桥到达美洲，或为印第安人的祖先。但是，夏商周三代历史时期两洲之间是否存在人员的交往和文化的交流呢？回答这个问题恐怕还为时过早。本书也不拟介入哥伦布以前是谁发现新大陆这一争论，只想说，从趋同性、类缘性的神话传说、民俗文物的某些因子来看，交往和交流的概率是颇高的。③ 房仲甫说："近期考古发现表明，距今 15000 年前在白令陆桥中断很久以后，即新石器时代中期出现在我国黄淮下游、东部沿海、渤海湾周围，以及东南沿海的青莲岗文化（约距今 6500—6000 年前后）系统，竟与北美洲的文化体系一致。鸟和太阳的图腾崇拜，北太平洋两岸几乎一样。"④ 其前一语有待证实，后一句却是事实。

张小华认为："由于夷人和越人对太阳的强烈崇拜心理，很可能导致他们为寻找太阳出生地而举行一定规模的向东航海活动。"⑤ 这种对光明及其源泉的热爱、追求和信仰，很可能成为太平洋地区太阳神鸟文化交流的共同心理背景。

据报载，墨西哥城东南 850 公里左右科马尔科玛雅文化遗址发现中文和古缅甸文碑文，某些砖画上"有大象、船或带有黑人或东方人特点的脸谱"⑥。这则消息如果得到证实，许多争执当迎刃而解。

---

① 参见朱谦之：《扶桑国考证》，商务印书馆，1941 年，第 90 页。
② 刘敦励：《古代中国与玛雅人的祈雨与雨神崇拜》，载《"中央研究院"民族学研究所集刊》1957 年第 4 期，第 106 页。
③ 参见萧兵：《在广阔的背景上探索——兼谈〈楚辞〉与中华上古文化四大集群文化及太平洋文化因子的关系》，载《文艺研究》1985 年第 6 期。
④ 房仲甫：《殷人航渡美洲再探》，载《世界历史》1983 年第 3 期，第 47 页。
⑤ 张小华：《中国与大洋洲、美洲古代交往的探讨》，载《中央民族学院学报》1984 年第 1 期，第 51 页。
⑥《玛雅文化遗址发现中、缅文的碑文》，载《新华文摘》1984 年第 9 期，第 220 页。

罗荣渠是反对所谓"中国人发现美洲"的说法的，但他也承认："根据现有的研究成果来看，（哥伦布以前）来自亚洲、非洲、欧洲几方面的影响都是存在的。这些影响不只是偶然的、次要的，而且一般只能是间接的，即通过很长时期、经过很多中介的过滤而逐渐渗透到美洲某个局部地区。"① 这就是说，不管是间接、直接，不管采取什么形式或手段，哥伦布以前，太平洋东西两岸的神话传说、民俗文化在因子或细胞水平上的交流，是现实的，至少也是可能的。

三、东夷酋长和英雄的鸟化身

夷殷的鸟身王

太阳和鸟图腾崇拜在太阳子孙的国度里融为一体。中国的东夷也是兼祀鸟图腾和太阳神，并且常常让二者融化在一起。玄鸟、燕子或凤凰飞进日轮就成了太阳鸟——阳离和三足乌。"天命玄鸟，降而生商"，可以理解作太阳神鸟繁衍了它的后裔。杨公骥指出，这里的玄鸟即日中之乙，系太阳神鸟；东夷吞卵生子型神话的基本结构是一致的，"即日神（凤、玄鸟、神鹊）和河神的女儿（也是神鸟，雌凰）结婚，于是产生了商——是一个'人'，也是全族。这说明在当时人的观念中，认为太阳和河水是人类的父亲和母亲"②。胡厚宣也说，三足乌实即玄鸟，"玄鸟生商即太阳生商"③。所以，太阳的子孙们多有一个鸟的化身：帝俊化为俊鸟，即鹔鸡（母型为锦鸡）；太皞风姓，甲骨文风、凤同字，风姓表明其为凤凰族裔；少昊名挚，挚或通鸷，就是鸷鸟（鹰鹫之类）。契称"玄王"，即鸟蛋王（纬书称"契之卵生"）。昭明化身为焦明鸟，王亥在甲骨文里写作"鴍"，从鸟，他有吃图腾肉的特权。如《山海经·大荒东经》说王亥"两手操鸟，方食其头"④。《易·旅》说："鸟焚其巢，旅人先笑后号咷。丧牛于易，凶。"顾颉刚、闻一多、余永梁等先生认为，这里写的是王亥服牛、丧牛事，而"鸟焚其巢"实是一种原始而简略的凤凰涅槃故事，其与王亥事迹的秘密联系还有待发现。闻一多说，这里"盖以鸟喻殷人"，大致不差。《天问》的

---

① 罗荣渠：《扶桑国猜想与美洲的发现——兼论文化传播问题》，载《历史研究》1983 年第 2 期，第 58—59 页。
② 杨公骥：《中国文学》（第 1 分册），吉林人民出版社，1980 年，第 96 页。
③ 胡厚宣：《楚民族源于东方考》，见《史学论丛》（第 1 册），北京大学潜社，1934 年，第 23 页。
④ 参见金祖同：《剖面的殷代社会举例》，载《说文月刊》1940 年第 2 卷第 1 期，第 39 页；朱芳圃：《殷周文字释丛》，中华书局，1958 年，第 130 页。

"昏微遵迹，有狄不宁；何繁鸟萃棘，负、子肆情"，也是以鸱鸮之类怪鸟隐指商人之先公。①

更重要的是，殷商的先公多以与太阳有关的时辰符号为名字。例如，喾为昊、为皓，如日中天；契为契开黑暗，故云"玄王桓拨"（杨公骥说）；昭明系日色辉煌；昏、微为日光曦微；昌若为阳光灿烂；等等。甚至到了历史时期，殷商的先王成汤还被说成"臂四肘，是为四翼"而具鸟形（参见《古微书》引《礼别名记》《雒书·灵准听》《春秋元命苞》等）；汤、旸字通，日出之旸谷亦称汤谷（见《天问》等），商汤原来也以鸟身而领有太阳神格。

东来的秦王族 "吞果生子"

《史记·秦本纪》有跟简狄生契故事完全同型的祖先推源传说：

> 秦之先，帝颛顼之苗裔，孙曰女脩。女脩织，玄鸟陨卵。女脩吞之，生子大业。

他的子孙多有鸟的化身。如大费、柏翳（二者略同柏益），为鹭风；大廉为鸟俗氏（略同风神飞廉）；若木为太阳神鸟之树；孟戏中衍为鸟身人言；蜚廉为飞廉，即"凤"或"风"的析音，鸟形风神。

太阳神帝颛顼，本为东北夷（太阳鸟族）的先祖，为南楚、西秦所共奉（犹如他们同尊太阳神巫"巫咸"为大神）。据近报道，秦文物里出现"高阳用灵"字样，有力地证明，上古秦文化同样属于太阳神文化系统，与东夷有血缘关系。

顾颉刚说："秦为嬴姓，嬴姓之族徐、葛、江、黄均在东土，秦之先世又久事殷商。自为承袭商人之观念而构成之故事，否则亦为与商人共同承袭东方民族之观念而构成之故事。"② 秦之王族祖先主干来自东夷而与西戎接触融合，东方的浪漫加上西方的严峻，养成一种特别雄鸷刚强的混合文化。林剑鸣也详尽地列举鸟生故事论证秦人来自东方。《左传》昭公十七年，郯子说，其高祖少昊挚之立也，"凤鸟适至，故纪于鸟，为鸟师而鸟名"。而"这个郯子就是与秦人同源，也为嬴姓，其所说的爽鸠氏、少昊就是在齐鲁"③，所以秦的祖先英雄多具鸟形、鸟性（或说为图腾鸟之人格化、人态化）。段连勤说："秦人崇拜玄鸟

---

① 参见萧兵：《〈天问〉"负（妇）、子肆情"新解》，载《文史哲》1979 年第 5 期，第 60 页。
② 顾颉刚：《史林杂识》，中华书局，1963 年，第 290 页。
③ 林剑鸣：《秦史稿》，上海人民出版社，1981 年，第 17 页。

是渊源于极遥远的少皞氏时代的。"① 秦文公所拜雄鸡状的陨石——陈宝，即源于少皞氏所尊的雉鸟，"这个神话故事反映了秦人在远古时代他们还未从东方迁来西方时就存在的对雉鸟、玄鸟崇拜的'最初的宗教观念'，这也说明了秦人的祖先是我国东方的夷族"②。刘庆柱则认为，作为整体的秦文化有本土根源，就考古学言，其序列大致为：马家窑文化—齐家文化—辛店文化—春秋秦文化。③但他绝不否认秦人以鸟为图腾，这种崇拜还"可以上溯至我国新石器时代"，"鸟、蛙、鱼等动物纹饰在关中和甘肃东部的彩陶中流行，尤其是在甘肃东部，继庙底沟类型而兴起的马家窑文化、齐家文化、辛店文化中鸟纹饰更为普遍，延续时间比较长久"。④

不能抹杀出现丰富鸟形彩陶纹饰的甘肃东部、陕西北部新石器文化里的鸟图腾文化因子或痕迹，但是从吞卵生子等传说、姓氏和祖先名字等更重要的文化特质看，更无法否认秦文化与夷文化的血缘纽结。较为可能的是，秦王族先民最强大的一支来自东夷，保留着东方人粗犷、浪漫的作风；如上所说，他们与土著结合后，更发展了鸟图腾文化的特质，并且大量接受西北羌戎集团的血液和文化，所以秦人和秦文化又特具骑射民族强悍、勇武、严峻的性格和风致。至于他们的祖先是太阳鸟族的英雄则无可怀疑。

与"燕"同音的"嬴""偃""郯"诸姓

这里顺便把东方太阳神族射手英雄羿（偃）、大业和伯益（嬴）、徐偃王（偃）、皋陶（偃）等的共同姓氏做一综合论证，以证实其为鸟图腾后裔，而都有鸟（燕）的化身。

《说文解字》卷十二女部："嬴，少昊氏之姓，从女、嬴省声。"清段玉裁《说文解字注》："按秦、徐、江、黄、郯、莒，皆嬴姓也。嬴，《地理志》作盈，又按伯翳嬴姓，其子皋陶偃姓，偃、嬴，语之转耳。如娥皇、女英，《世本》作女莹，《大戴礼》作女匽，亦一语之转。"《史记·秦本纪》索隐也说："《左传》郯国，少昊之后，而嬴姓盖其族也，则秦、赵宜祖少昊氏。"此与

---

① 段连勤：《关于夷族的西迁和秦嬴起源地、族属问题》，见《先秦史论文集》（《人文杂志》1982年增刊），第173页。
② 段连勤：《关于夷族的西迁和秦嬴起源地、族属问题》，见《先秦史论文集》（《人文杂志》1982年增刊），第173页。
③ 刘庆柱：《试论秦之渊源》，见《先秦史论文集》（《人文杂志》1982年增刊），第180页。
④ 刘庆柱：《试论秦之渊源》，见《先秦史论文集》（《人文杂志》1982年增刊），第178页。

《说文》说同。"郯"古音"炎",亦可通"燕"。如前所说,少昊氏名挚,挚即鸷,是鹰鸷一类猛禽;"昊"为日行长天,或大人冠日,所以少昊氏是小太阳鸟神,神格相当于吞卵而生的契(也许还涉及其子昭明)。所以他的子孙以燕(玄鸟)为姓。

《后汉书·东夷传》李贤注引《博物志》说:"徐君宫人娠而生卵,以为不祥,弃于水滨,孤独母有犬名鹄仓,(持)〔得〕所弃卵,衔以归母。母覆煖之,遂成小儿。生而偃,故以为名。"徐偃王显然卵生,《博物志》说他"生而偃",徐旭生说他得了软骨症,实是望文生义,也是"语言疾病"的例证。"偃""燕""嬴"可通,徐偃王跟偃姓的后羿、嬴姓的大业一样是太阳神鸟(玄鸟)的子孙。他也跟后羿那样得到神赐的"矢弓失",只是因为"仁不忍斗",没有建立他的兄弟们那样煊赫的功业而已(所谓"仁",又是从古"夷""人""仁"同字推演附会)。龙犬衔卵事又绝似槃瓠,可能江淮靠近苗人地域,受了影响,就好像东方的太皞氏(营)后来也跟南方的伏羲氏合流一样。

"嬴"可通"偃","偃"可简作"匽",金文、经典、史籍皆与"燕"通(《后汉书·冯勤传》"祖燕"一作"祖偃",今言"赴谦"即"赴宴")。闻一多说:"燕、鷖音同(并影纽寒桓部),燕之通鷖,犹经传之以宴、燕、谦通用。金文燕国字作匽(《匽侯旨鼎》、《匽公匜》),若郾(《鷖侯库彝》)也。"① 所以,《九歌》的湘夫人女匽(女英)就是从东夷南下湘江的燕子女神。《楚辞》叙写玄鸟生商故事,《离骚》作"凤皇既受诒兮",《天问》作"玄鸟致诒女何喜",《九章·思美人》作"遭玄鸟而致诒",说的都是太阳神鸟的授孕,所以衔卵的玄鸟可以"尊化"为凤凰、鸾鸟(即长离、火离、炎离、阳离——太阳里的神鸟)。《尔雅·释鸟》:"鷖,凤,其雌皇。"邢疏:"凤,一名鷖。郭云瑞应鸟。"《说文》卷四鸟部:"鷖(燕),鸟也;其雌皇。从鸟,匽声。一曰凤皇也。"这些都是燕、郾、凤可通之证。所以,羿偃姓即以"燕"为姓。但更重要的是"羿"与"翼"有关,"羿""翼"今音全同,上古音声纽略同,韵部却距离较远,羿在质部(et),翼在职部(ək),但都是闭音节。《说文》卷十一飞部"翼"字从飞,异声,篆文则从羽。而羿,《说文》卷四,羽部羿作"羿",说"羽之开风"也。段注借用《庄子》形容大鹏腾飞的语言解释"羿"的本义说,"谓抟扶摇而上之状",正是大鸟利用空气升力直上重霄的样子。朱骏声《说文通训定声》也说羿"羽骞风而上也"。羿的化身是巨翼鸟,是展翅万里的大鹏的

---

① 闻一多:《古典新义》(下册),古籍出版社,1954年,第308页。

一种,这还可以从甲骨文得到佐证。甲骨文四方方名、风名都是凤属神鸟的名字,也都是大鹏、大凤、大风的孳变。这是因为方名和风名本是对应的,可以易位、互作。《尚书·尧典》讲到四方鸟名时都用了"民"字,仲秋(西方)是"厥名夷"。"夷"自然可通"彝",正是"夷羿"之"夷",而"夷""雉"也能通转,指鸟。《左传》昭公十七年"五雉为五工正,夷民者也",服注:"雉者夷也。"孔疏:"雉声近夷,雉训夷,夷为平。"《汉书·扬雄传》"列新雉于林薄",新雉就是辛夷,甲骨文"彝"象"两手捧鸡之形"。雉鸡正是凤凰母型之一,是"天鸡",跟日中三足乌等太阳神鸟可以易位互作。汉墓出土陶扶桑树上端之鸟可以是日鸟,也可以是天鸡。《玄中记》说,桃都树上天鸡鸣,"群鸡皆随之鸣",实亦太阳神鸟,与羿之神性相合。所以,夷羿可能就是"彝雉",兼为西风之神(江林昌也论证过夷羿曾化身大凤鸟)。

夷羿以巨翼鸟、准日神兼为西风之神,这在比较神话学上是很有兴味的事。原始思维的具象性反映在风的神话里就是四方的风都各有专名,各有尊神。① 拉丁文的 Solanus 一词源于太阳(Sol),指炎热的东风,如四方风里东风或名俊风,暗示其以太阳神兼摄东风,就好像"握执诸风"的新西兰主神毛瑞(Mauri)有时"自己又是东风"一样。② 西诗常用杰费尔为典借代西风(希腊文为 Zephyros,英文为 Zephyr),但它却是最温和的风,跟中国肃杀的西风、猛鸷的彝雉大不相同(北风却凛冽而狞猛)。然而,同属太平洋文化区的美洲,却有极重要的西风之神,与大翼鸟的后羿可比之处甚多。他恰恰也是自然力(风)的人格化和英雄的自然神化。

在美国诗人朗费罗(H. W. Longfellow)笔下,印第安英雄麦基凯威斯用军棍或战棒打死了恶熊弥歇-莫比瓦,"从此他就成为西风之神,从此一直到永远,他在天上成为四个风神的至尊!"③ 这个西风神是从北方来的。"他从北风的领域归来,他从'瓦巴沙'的王国归来,他从白兔之乡归来。"④ 美洲也有月中仙兔和月中美女神话,这里的白兔之乡如果暗指月亮,那就跟准太阳神后羿与月神嫦娥曾为夫妻太相似了。麦基凯威斯从熊脖上偷来用贝壳、数珠串起来的宝带(Belt of wampum)戴在自己身上,就好像后羿以帝俊所赠"彤弓素矰"作为光荣标志一样。像赫拉克勒斯那样,麦基凯威斯的武器是战棒(后羿死于桃

---

① 参见[英]柯克士:《民俗学浅说》,郑振铎译,商务印书馆,1933年,第144页。
② 参见[英]柯克士:《民俗学浅说》,郑振铎译,商务印书馆,1933年,第144页。
③ [美]朗费罗:《海华沙之歌》,王科一译,新文艺出版社,1957年,第21页。
④ [美]朗费罗:《海华沙之歌》,王科一译,新文艺出版社,1957年,第17页。

棒）。弓箭则传给美丽的儿子东风神瓦本，"他用银白色的箭，在山头谷底把黑暗驱逐出境"①，就好像巨翼之神后羿曾经射杀大风（大凤、大鹏）一样。赫拉克勒斯曾经用雅典娜铜铍赶走而后射落斯廷法罗斯湖的铁翼怪鸟——这种怪鸟和大鹏、凤凰一样是世界性神话巨鸟的分身，曾经飞遍太平洋、大西洋、印度洋两岸。而赫拉克勒斯本身也像偃（燕）姓的后羿化为大翅鸟、阿波罗变成乌鸦一样，可能有一个巨鸟的化身。因为他的父亲宙斯本身既是老太阳神，又能化身为鹰鹫、天鹅，还曾化为一阵金雨（象征太阳光线）飞入塔里与达那厄公主媾合，生下英雄珀耳修斯。珀耳修斯的化身也是一只大鸟。他曾如鸷鹰一般落在水怪背上，用剑刺它。"但他的翅膀濡湿，他不敢再信靠他的水淋淋的羽毛"②，所以他跟后羿一样是巨翼之神。从这些资料里又可以反推出赫拉克勒斯曾化身为大鸟。

在一般讲述神话故事的通俗著作里，珀耳修斯仅是穿着女仙的飞鞋就能飞翔。《变形记》（*Metamorphoseom*）却说他像天帝使者赫耳墨斯一样把"翅膀绑在两只脚上"，可见他也有鸟翼，不过不生于两胁罢了。所以他夸耀说："我能振起翅膀，敢于乘着天风飞翔。"他向海怪进攻，"就像神鹰看见有花斑蟒蛇在田野里晒太阳一样，嗖的一声从后面飞下去抓它"。

四、东北亚鸟图腾与英雄故事

殷商创世和推源神话保存较少，而且经过长期的合理化与历史化，真相已不可得见；前举殷商始祖如契（挚、鸷）、昭明（焦明）、亥（鹫）、汤（四臂六翼）等虽然有明确的鸟化身，却没有卵生的记载，而在他们邻族的同格神那里，太阳鸟的孵育和卵生神话却明朗而又丰富。

[北夫余] 邹牟（朱蒙）

《好大王碑》已明确地说北夫余，"始祖邹牟王之建基也，出自北夫余天帝之子，母河伯女郎，刮（剖）卵降出……"③《后汉书·东夷传·扶余》说天上有气"大如鸡子，感生东明"（《论衡·吉验篇》《三国志·魏书·东夷传》《梁

---

① [美] 朗费罗：《海华沙之歌》，王科一译，新文艺出版社，1957年，第21页。
② [德] 斯威布：《希腊的神话与传说》，楚国南译，人民文学出版社，1978年，第58页。
③ 参见刘节：《好大王碑考释》，见《古史考存》，人民出版社，1958年；王健群：《好大王碑研究》，吉林文史出版社，1984年。

书·高句丽传》《隋书·东夷传》《搜神记》等略同），暗示天鸡（太阳神鸟）之卵化为东明（朱明、邹牟、东蒙、朱蒙）。《魏书·高句丽传》明确地说朱蒙之母为"河伯女"，"被日所照"而致孕，"生一卵，大如五升"，弃之犬豕而不食，剖之即得男儿（《北史·东夷传》《周书·异域传·高丽》《隋书·东夷·高丽传》等略同）。

高丽李奎报《李相国文集》更直接地说，朱蒙原是从鸟卵产出，其母"怀牖中日影"，所以"卵上恒有日光"。金富轼《三国史记·高句丽本纪》说是解慕漱（天帝子、太阳神）与河伯女媾合，女"为日所炤"，有孕生卵，孵而生出少年射手英雄。《朝鲜实录·本纪》也说河伯女"怀牖中日曜"以娠生卵，"云阴之日，卵上恒有日光"。天王郎解慕漱不但是天光与太阳的人格化，而且以鸟羽为盛饰，显然跟后羿、阿波罗一样有一个太阳鸟的化身，小射手朱蒙当然是太阳神鸟的子孙了。

［鲜卑］ 檀石槐

朱蒙诞生传说，在东北夷系统里流播颇远，影响很大。鲜卑先祖檀石槐事迹颇似朱蒙，极可能是朱蒙卵生的一种变异。清赵翼《陔馀丛考》引《晋书》："鲜卑檀石槐，其母闻雷仰视，而雹入其口，因吞之，遂有娠，生檀石槐。年十四五，勇健异常，后遂为鲜卑大人。"《三国志·魏书·鲜卑传》裴注引《魏略》："投鹿侯从匈奴军三年，其妻在家，有子。投鹿侯归，怪欲杀之。妻言：'尝昼行闻雷震，仰天视而电入其口，因吞之，遂妊身，十月而产，此子必有奇异，且长之。'投鹿侯固不信。妻乃语家，令收养焉。号檀石槐，长大勇健，智略绝众。年十四五……遂推以为大人。"檀石槐诞生神迹与《论衡》等书所述朱蒙（东明）母"有气大如鸡子，从天而下……故有娠"云云如出一辙，盖鸡子形之气及冰雹、球形闪电之类皆圆物，实鸟卵、朱果之讹变。这都属于东夷（东北夷）系统的英雄神话。其父"怪欲杀之"，表明檀石槐是实质上的弃儿。鲜卑属古东北夷文化系统，其始祖事迹值得注意。

日本学者三品彰英曾以新罗、加罗的始祖传说为首而列举了降下卵生型、鸟卵型、化生型、人态出产型等五十二个例子，认为这些加上箱舟漂流型而成为南方系统的故事。卵生族祖故事之中，属于中国的，除了殷的玄鸟故事之外，还有徐偃王的故事，南蛮多摩苴国的故事，海南岛黎族、安南的始祖王的故事等，西藏也有此类的故事。其分布的范围，三品氏认为古时从印度尼西亚到中南半岛、中国沿海地域、朝鲜等一连串的地区中，都有卵生神话的要素，沿海地区因为与大陆文化相接触而发展为人态型,其他的故事也是各有各的地域性。①"这个卵生故事虽然广布于韩族之间,可是值得特别注意的是这种形态的故事没有传到我国(日本)来"②。他还详细论证古代朝鲜和中国东北地区、蒙古地区的太阳崇拜及其祭祀仪式。③ 王孝廉也指出,朱蒙等射手英雄的感日而生或卵生,"是起源于古代满蒙朝鲜诸族的太阳崇拜的仪礼"④。

三品彰英还指出,"夫娄""扶娄""朱蒙"等都是古代扶余族始祖的同神异名,都有"太阳"或"太阳之子"之义⑤。王孝廉比较了《旧三国史》和《三国史记》的朱蒙传说系谱,扶娄—金蛙—朱蒙—类利,天帝—解慕漱—朱蒙—利,指出他们之间是同位关系,而且都具太阳神性。⑥

文崇一的看法略有差异,他比较了不同的朱蒙以后做出了三个结论:(1)朱蒙与天有密切的关系;(2)朱蒙是卵生,但这个卵是鸡卵或雀卵,鸡、雀属鸟类,所以也即鸟生;(3)感日神话是后来附会上去的,起初与朱蒙无关。⑦ 前两条是对的。但是天和日在朱蒙神话里是联系在一起的。鸟也是太阳神鸟,其卵因阳光的孵育而生出太阳子孙或准太阳神。所以,正如王孝廉所说,感日绝不是后附的。

[新罗] 赫居世王

王孝廉指出,朱蒙神话里的"感日影"与"卵生"是一致的。韩国始祖神话中的新罗王("琉璃"与"类利"同音),其名赫居世(光明理世之意),扶余高句丽王朱蒙,又称东明王,其子则是琉璃明王。这些始祖的神名原来都是太阳或日光的意思。另外,《旧三国史记》中记述天帝之子解慕漱是"首戴鸟羽之冠,腰带龙光之剑,朝则听事,暮即升天,世谓之天王郎"。明显可见,这位天帝之子有如中国《楚辞》中的太阳神东君,天王郎解慕漱是太阳神,这一点完全正确。但是,王孝兼又把"感日"和"鸟图腾的授孕"割裂开来,说"鸟类并不是朱蒙的祖先";他甚至暗示,玄鸟生商也不是鸟图腾崇拜机制,"玄鸟

---

① [日] 三品彰英:《论文集》,平凡社,1971—1974年。
② [日] 白川静:《中国的神话》,中央公论社,1977年,第157—158页。
③ [日] 三品彰英:《神话与文化史》,平凡社,1971年,第505页。
④ 王孝廉:《神话与小说》,时报文化出版公司,1986年,第149页。
⑤ [日] 三品彰英:《建国神话的诸问题》,平凡社,1971年,第291页。
⑥ 王孝廉:《神话与小说》,时报文化出版公司,1986年,第149页。
⑦ 文崇一:《亚洲东北与北美西北及太平洋的鸟生传说》,载《"中央研究院"民族学研究所集刊》1961年第12期,第35、92、136、138页。

是受天命而生商，即暗示着受天命而生的商是天之子，也即说是天生商，玄鸟只是执行天命的使者"①，鸟完全可以是太阳的一种化形，即太阳鸟；太阳崇拜、图腾崇拜、祖先崇拜三者在此毫无冲突。

[高句丽] 金蛙

《三国史记·高句丽本记》里还有朱蒙之父金蛙神话，表现出太阳鸟文化一致性、趋同性之间的多样性和丰富性。

> 始祖东明圣王，姓高氏，讳朱蒙。先是，扶余王解夫娄老无子。祭山川求嗣，其所御马至鲲渊，见大石相对流泪，王怪之，使人转其石，有小儿，金色蛙形。王喜曰："此乃天赉我令胤乎？"乃收而养之，名曰金蛙。及其长，立为太子。……及解夫娄薨，金蛙嗣位。于是时，得女子于太白山南优渤水。问之，曰："我是河伯之女，名柳花，与诸弟（或作'娣'）子出游。时有男子，自言天帝子解慕漱，诱我于熊心山下鸭绿江边室中私之，即往不返。父母责我无媒而从人，遂谪居优渤水。"金蛙异之，幽闭于室中，为日所炤，引身避之。日影又逐而炤之，因而有孕。生一卵，大如五升许。……有一男，破壳而出。

高句丽李奎报咏史诗《东明王篇》云：

> 城北有青河，河伯三女美。
> 擘出鸭头波，往游熊心涘。
> 锵锵佩玉鸣，绰约颜花媚。
> 初疑汉皋滨，复想洛水沚。
> 王因出猎见，目送颇留意。
> 兹非悦纷华，诚急生继嗣。
> 三女见君来，入水寻相避。
> ……
> 长女曰柳花②，是为王所止。

陈梦家曾据《东明王本纪》等指出，高丽祖先故事与殷商始祖传说同型，尤其是与蛙崇拜有相似处。"玄鸟故事，亦行于夫余国。……以金蛙为始祖，与商人之祀蛙似乎有关；又同书记朱蒙之母'坐石而出'，与金蛙之出于石，其事

---

① 王孝廉：《神话与小说》，时报文化出版公司，1986年，第135、136、138页。
② 原注："长曰柳花，次曰萱花，季曰苇花。"

同于《淮南子》记涂山氏化为石，石破生启。"①

石生本质上与卵生相通——启、金蛙、孙悟空都是如此。徐中舒说：殷代王族，其开祖传说与东夷北狄为近，而《史记·宋世家》《汉书·地理志》《后汉书·东夷传》均称殷亡，箕子逊于朝鲜，而朝鲜夫余之风俗又多同中国。② 他也注意到了天王郎、朱蒙父子等的图腾感生故事与殷商的相同处。

王孝廉认为，金蛙故事里的鲲渊，"或许即是中国神话中鲲（鲧）死，化为黄熊、入于羽渊的'羽渊'，羽渊在神话上是指太阳落下去的地方（即虞渊、昏渊）。扶余王解夫娄于日落之鲲渊得子，暗示着此子与太阳的关系"③。这虽非必定之论，但蛙蟾崇拜确也是东夷文化的一个重要因子，它可能与太阳鸟崇拜结合，所以以太阴神的常仪（嫦娥）进入月宫以后可以变成蟾蜍——有人说金蛙可能标志着太阴崇拜融入太阳神话，殷器里常见"大黾"字样（或释天鼋、天蟾）就是蛙族族徽。东夷（乃至太平洋文化）常见的蛙蟾形或蹲踞式人像即蛙蟾-蛙人崇拜的弱形式表现。还有两点必须强调：一是蛙与鸟都是卵生的，鸟卵能够生人，蛙卵同样能够孵出文化英雄；二是蛙蟾能够反复冬眠、再生，生命力特别强大。

王孝廉又进一步把金蛙和太阳崇拜联系起来，而以铜鼓蛙纹作为中介，"铜鼓上每见金色蛙的铸像，这些金色像通常是被包围在四射的阳光之中"④，是颇具只眼的。

白川静解释铜鼓上的蛙纹说："蛙是冬眠，而又随着春天一起苏醒的，也可以看作是预报春耕的动物。鼓面上的蛙饰，恐怕也表示着和春耕的礼仪有关，也就是表示所有的生物，由死而重新复活的意义。在鼓面的中央，有星形的太阳和太阳放射出来的十数条光。新出土的铜鼓上有象征大地生成力的蛙在放射状的太阳光里跳跃而舞的图形，这也许是因为在当时有伏羲女娲首创天地，女娲一日七十化的女娲复活仪式等行事而来的。铜鼓是南人在稻作仪礼中所使用的乐器，其鼓音唤醒和发动所有生物的复活。"⑤ 这是有道理的。再则，铜鼓上的累蹲蛙，应是交配蛙，以其繁育力诱导万物特别是庄稼与族裔的繁盛。这里还不说蛙能唤雨的巫力。

---

① 陈梦家：《商代的神话与巫术》，载《燕京学报》1936 年第 29 期，第 495 页。
② 参见徐中舒：《殷代兄终弟及为贵族选举制说》，载《文史杂志》1945 年第 5 卷第 5、6 期。
③ 王孝廉：《神话与小说》，时报文化出版公司，1986 年，第 149 页。
④ 王孝廉：《神话与小说》，时报文化出版公司，1986 年，第 149 页。
⑤ ［日］白川静：《中国神话》，王孝廉译，长安出版社，1983 年，第 61 页。

所以，鸟以外的图腾（如鱼、蛙、马、熊等）加入"主干"的太阳族祖先推源神话，是很正常的事情。这并不妨碍东北夷系统属于东夷太阳-鸟文化大系统的性质，要紧的是其间的联系。我们可以考察一连串古代朝鲜卵生或感生故事，从而证明它们也属于大东夷太阳文化系统，并且尽可能揭示其间作为中介的环节。

古代朝鲜高丽朝中叶僧一然在《三国遗事》中述新罗始祖赫居世王的诞生，就既包含卵生故事，又表现出某种马图腾崇拜的机制，但也透露出太阳文化的潜在意识。

> 前汉地节元年（公元前69）壬子三月朔，六部祖各率子弟，俱会于阏川岸上……乘高南望，杨山下萝井傍，异气如电光垂地，有一白马跪拜之状。寻检之，有一紫卵（一云青大卵）。马见人，长嘶上天。剖其卵，得童男，形仪端美，惊异之。浴于东泉，身生光彩。鸟兽率舞，天地振动，日月清明，因名赫居世王，位号曰居瑟邯。

赫居世王生下时"身生光彩"，如前电光感生的童男，可见也是光明神授孕感生的卵生儿，其事颇似朱蒙。赫居世，《三国遗事》注云："盖乡言也，或作'弗矩内王'，言光明理世也。"当亦为太阳子孙。白马跪拜、旁有紫卵，似又暗示为马所生——马之长嘶上天，遗卵于人间，也可以解释为隐蔽的丢弃，这当是白马氏族加入太阳鸟大图腾部落在传说上的反映。

接着，它叙述赫居世王之婚姻。"是日，沙梁里阏英井（一作娥利英井）边，有鸡龙现，而左胁诞生童女（一云龙现，死而剖其腹得之①），姿容殊丽，然而唇似鸡嘴。将浴于月城北川，其嘴拨落，因名其川曰拨川。营宫室于南山西麓，奉养二圣儿。"嘴如鸡喙，此与天王郎妻、河伯长女柳花"唇长三尺"相同，当然是鸟图腾崇拜痕迹构造。"男以卵生，卵如瓠，乡人以为朴，故因姓朴②。女以所出井名名之，二圣年至十三岁，以五凤元年甲子，男立为王，仍以女为后，国号徐罗伐，又徐伐，或云斯罗，又斯庐。初王生于鸡井，故或云鸡林国，以其鸡龙现瑞也。一说，脱解王时得金阏智而鸡鸣于林中，乃改国号为鸡林，后世遂定新罗之号。"

前引李奎报《东明王篇》诗述此"河伯责厥女，挽吻三尺迤。乃贬优渤中，唯与婢仆二。渔师观波中，奇兽行駓騃。乃告王金蛙，铁网投溪溪。引得坐石

---

① 此则似鲧剖腹而黄龙出故事。——笔者
② 此又与葫芦孕生相粘连。——笔者

女，姿貌甚堪畏。唇长不能言，三岁乃启齿。"这位柳花姑娘似是长吻鱼的意象，但如果结合鸡龙及生卵视之，又像是长喙鸟（有些部落模仿图腾鸟，以栓塞逐步延扩其唇，长达数寸）。

《三国遗事·纪异篇》又说，脱解王时代，驾洛国人乘船自海中来。朝鲜首露王与臣民鼓噪而迎，将欲留，而船乃飞走，至于鸡林境落下。这里显然又羼进了漂流型的弃子故事，而又不脱"鸟覆翼之"的图腾救护。"寻之，鹊集一舡上，舡中有一柜，长二十尺，广十三尺。曳其船置于一树林下，而未知吉乎凶乎，向天而誓尔。俄而乃开，见有端正男子并七宝、奴婢满城（实）其中。"男子自称"龙城国人"，其父母无子，祷祀求息。"七年后乃生一大卵。于是大王会问群臣，人而生卵，古今未有，殆非吉祥。乃造柜置我并七宝、奴婢。载于舡中，浮而视曰：'在（载）到有缘之地，立国成家。'便有赤龙护舡而至此矣。"这分明是卵生弃儿。乘船求国当然是与满族先祖布库里雍顺之乘小舟漂流同出一范。

[新罗] 阏智

金富轼《三国史记·新罗本纪》叙其事，则略而隐曲："九年春三月，[脱解]王夜闻金城西始林间有鸡鸣声，迟明遣瓠公视之，有金色小柜挂树枝，白鸡鸣于其下。瓠公还告，王使人取柜开之，有一小男儿在其中，姿容奇伟，上喜谓左右曰：'此岂非天遗我以胤乎？'乃收养之。及长，聪明多智略，因名阏智。以其出于金柜，姓金氏。改始林名鸡林。"

另一则记载略有异。"初，其国王娶'女国'王女为妻，有娠，七年，乃生大卵。王曰：'人而生卵，不祥也。宜弃之。'其女不忍，以帛裹卵并宝物，置于椟中，浮于海，任其所往。初至金官国海边，金官人怪之，不取。又至辰韩阿珍浦口。……时海边老母，以绳引系海岸，开椟见之，有一小儿在焉。其母取养之。"可注意的是，有神鹊翼辅护卫："初，椟来时，有一鹊飞鸣而随之。"

这一组东北夷（朝韩先民）神话的核心是卵、卵生。其形态虽然各异，但卵或卵形的内外结构基本上是蕴含着生命种子的圆形物（可以跟子宫或胎胞发生互拟）。可以举出：鸟卵与鸡蛋，蛙卵与鱼卵/爬虫卵/虫卵，马卵与熊卵（睾丸），冰雹与球形电闪/气团，果实与种子，葫芦与朴，瓠与瓜，卵石与树瘤等。

它们都从太阳获得热量或生命，所以大体仍像太阳鸟信仰之系谱。虽然它们不一定都具有太阳鸟或太阳卵孕生神话的各项元素，但大都触涉其一个或多个重要义项。只是有的已经冥昧或者失落，需要民俗考古学家的细心发掘、爬剔与再发现。

日本有些学者试图把它纳入东方金鸡传说、风水传说系统来考察。① 但须注意东北夷的一支也多卵生故事，而且是太阳卵。

金富轼《三国史记·新罗本纪·论赞》又云："新罗朴氏昔氏，皆自卵生。金氏从天入金柜而降，或云乘金车，此尤诡怪不可信，然世俗相传，为之实事。"《图书集成》引《朝鲜事略》也说："初，驾洛……[众]得金盒于龟岸，开视之，有六金卵，皆化为男，奇伟长大，众推始生者为主，姓金氏，因金卵为姓，以始见为首露。国号大驾洛，又称伽耶。"此与《三国遗事》所载略同。金者，太阳之金光也。在新罗传统中，"金"是跟"日"联系在一起的。

朱云影指出："《三国史记》差不多完全根据《魏书》之文，不过补充了扶余王解夫娄转动大石得金色蛙形小儿云云，和避天帝之子解慕漱迁徙东海之滨云云，以及金蛙嗣位后得河伯女柳花云云。"②

[高丽] 檀君

当然，高句丽系统里的推源神话还有许多异变，而且，经过充分的综合化、系统化，有的已超出太阳鸟图腾文化的范围，资料匮乏，不能一一讨论。这里只略举其在比较文化学上兴味特大且在许多要点上又与作为古高丽祖先传说主流的天王郎－朱蒙故事相关者。例如，高丽的檀君王俭是天神桓雄与熊女所生的开国英雄。高丽僧一然的《三国遗事》卷一引《古纪》云，昔有桓因（原注"谓帝释也"，桓因为 devaindra 之省译），命庶子桓雄下凡，"授天符印三个"。桓雄"率徒三千，降于太伯山顶神檀树下，谓之神市，是谓桓雄天王也"，主管人间百事，此与天神授彤弓素矰或宝物予英雄，命其下凡，是同类情节，只是与后来的佛教信仰相粘连。"时有一熊一虎，同穴而居，常祈于神雄，愿化为人。时神遗灵艾一炷，蒜二十枚，曰：'尔辈食之，不见日光百日，便得人形。'熊虎得而食之，忌三七日，熊得人身，虎不能忌，而不得人身。熊女者无与为婚③，故每于檀树下咒愿有孕，雄乃假化而婚之，孕生子，号曰檀君王俭，以唐尧即位五十年庚寅，都平壤城，始称朝鲜。"这个后起的故事，却残留着熊图腾崇拜的机制，与中国维吾尔族的库尔班以及鄂温克族、达斡尔族的熊生英雄等

---

① [日]大藤时彦：《金鸡传说的形成及其研究》，白希智、金天一译，见《民间文学论集》（第2集），中国民间文艺家协会辽宁分会，1984年，第323页。
② 朱云影：《中国文化对日韩越的影响》，黎明文化事业公司，1981年，第332页。
③ 此又与熊图腾崇拜相关矣。——笔者

故事，希腊的阿塔兰塔（Atalanta）、帕里斯（Paris）十分相像。

《东国通鉴·外纪·檀君朝鲜》记此事则较平实："东方初无君，见有神人降于檀木下，国人立为君，是为檀君，国号朝鲜，是唐尧戊辰岁也。初都平壤，后徙都白岳，至商武丁八年乙未，入阿斯达山为神。""檀木"云云，虽有望文生义或语讹之嫌，但也可能是神树崇拜的潜移。入山为神更是英雄升天的常道，只是史家多对此记载怀疑耳。

白鸟库吉《朝鲜古传说考》说，《三国遗事》本作"坛君"，李朝史家才改称"檀君"，是将佛经里"栴檀"的精灵加以神化并附会到"坛君"上来。① 小田省吾则以为，"檀""坛"均系表音，即朝鲜语之Tan，与祭坛、栴檀无干，朝鲜语"檀君"音Tangun，为山神之意。② 这倒切合"入阿斯达山为神"的传说。朱云影据以称，"檀君传说本出妙香山的山神传说"，而"王俭亦作王险，原为平壤的古名，韩国民间一向流行平壤仙人的传说"，所以把二者拉在一起，当作开国祖先。③

朱云影又说："檀君开国传说，是以中国历史文化为背影，穿插以韩国氏族社会的酋长传说而制作的，制作的目的是为了昂扬民族精神。朝鲜民族本是我国扶余族的一支，扶余族普遍流传神兽交婚的神话，所以檀君传说谓天神桓雄与熊女结婚而生檀君。"④ 他据李丙焘之说认为，此传说与高句丽始祖天王郎故事有一脉相通之处——这是一个重要的发现。"高句丽自古相传天帝之子的北夫余王解慕漱（天王郎），与河伯之女结婚而生朱蒙，据韩国史家李丙焘引安廓之说，谓在韩语中，'桓'与'解慕'语音相似，'雄'与'漱'字义相同，河伯可作韩语Koma或Kaima的借字，在高句丽可代以熊字或貊字。这样说来，河伯女与熊女实同为一人。"⑤ 而僧一然《三国遗事·高句丽》更明确地指出："坛君记云：君与河伯之女要亲，有产子名曰夫娄［之语］。今按此记则解慕漱私河伯之女而后产朱蒙。坛君记云产子曰'夫娄'，夫娄与朱蒙异母兄弟也。"其实，可作式如下：

夫：解慕漱≈坛君
妻：河伯女（柳花） ｝ 子：朱蒙≈夫娄

---

① 参见朱云影：《中国文化对日韩越的影响》，黎明文化事业出版公司，1981年，第322页。
② 参见朱云影：《中国文化对日韩越的影响》，黎明文化事业出版公司，1981年，第322页。
③ 参见朱云影：《中国文化对日韩越的影响》，黎明文化事业出版公司，1981年，第322页。
④ 朱云影：《中国文化对日韩越的影响》，黎明文化事业公司，1981年，第323页。
⑤ 朱云影：《中国文化对日韩越的影响》，黎明文化事业公司，1981年，第323页。

此乃一事之分化。另一式亦可通：

夫：解慕漱 ≈ 桓雄
妻：河伯女（柳花）≈ 熊女 } 子：朱蒙 ≈ 坛君

高贵的河伯女、天王郎妻、朱蒙母为什么会存一个俗气的汉名——柳花？这也许跟柳、柳叶相关。满－通古斯语族里，柳（或柳叶）读为"弗弗"（fefe），兼义为"女阴"，也许是用它标识自己重要的先妣，近于满人所称"佛托妈妈"也。

傅朗云等则以为，檀君应指古朝鲜族的檀弓，原指英雄射手之神弓，以证实其与天王郎、朱蒙等同是太阳鸟族的射手英雄。他们还认为，檀君之"相传托生于熊"，与"我国古代人说陆上的熊即水中的能"有关，所以古朝鲜以"鲜"（鲜鱼）为图腾。① 这倒不见得。因为从整个故事看，熊仍然是陆兽。在图腾发展和解体时期，混合图腾和联合图腾颇为多见，像古代朝鲜，本以太阳神鸟为图腾，但加盟氏族以鱼图腾、蛙图腾、马图腾、熊图腾等故事渗入主体传说，是毫不足奇的，不必强为捏合。

韩国学者姜承哲在其博士论文《中国太阳英雄神话与韩国檀君、朱蒙神话的分析》中就这一组神话及其历史背景做过综合研究，认为它们是不同经济类型融合以后的复合神话，但内部具有统一性。②

叶舒宪指出："古朝鲜神话中存在着与阿尔泰语系满－通古斯语族的各个民族相同或者相通的要素……檀君神话作为熊女祖先类型的故事，和我国鄂伦春、鄂温克人的熊图腾神话如出一辙，其文化渊源上的同源性质十分清楚。"③

[维吾尔族] 库尔班、铁木儿

维吾尔族，除了艾力·库尔班是由熊父人母生下来的"力大如熊"的准弃子英雄之外，还有一位英雄铁木儿是被人遗弃以后，为母熊所救并且养大的英雄。④

---

① 傅朗云、杨旸：《东北民族史略》，吉林人民出版社，1983 年，第 20—21 页。
② 叶舒宪：《熊图腾：中华祖先神话探源》，上海文艺出版总社、上海锦绣文章出版社，2007 年，第 197 页。
③ 叶舒宪：《熊图腾：中华祖先神话探源》，上海文艺出版总社、上海锦绣文章出版社，2007 年，第 198 页。
④ 热依罕：《维吾尔族的熊图腾崇拜觅踪》，见仁钦道尔吉、郎樱编：《阿尔泰语系民族叙事文学与萨满文化》，内蒙古大学出版社，1990 年，第 238 页。

热依罕认为,此类熊儿故事发生于贝加尔湖畔。①

据说,维吾尔族用"熊"称呼某种职官或者勇士。在《瓦什城》故事中,熊用指甲挖出一个泉眼,使人有水喝,可以定居。其他的故事,还有《秦铁木尔勇士》《熊勇士》《勇士艾力苏里坦》《熊伯克》《熊勇士伊斯拉木》《熊苏里坦》《勇士熊库顽》等等②。

[满族] 鹊果孕生神话

满族的先民肃慎、靺鞨等原属东北夷,也有东夷集群所共有的图腾鸟授孕和卵生之类祖先神话。乌丙安等编《满族民间传说选》前言引《满文旧档》天聪九年(1635)五月初六的记录说:"叫穆克什克的人报告说,我的父、祖世代生活在布库里山边的布尔和里池。我们地方没有档子(文字)。古来传说,在布尔和里池的三个女子恩古伦、曾古伦、佛库伦来沐浴,最后的女子获得神鹊衔来的果实,含在嘴中进入咽喉就受孕了,生下布库里雍顺。他的同族正是满洲国。"③ 据称,"这是用满文记载的最早的始祖传说"④,"恩古伦、曾古伦、佛库伦,在记载当时尚不是作为仙女的形象出现的;……比较接近原型"⑤,而在萨满教神话里,无论是鹰神阔里,还是 Tängri(天)之神鹰,都曾被看作神鹊天女佛库伦的化身。这跟简狄又是玄鸟女神完全一致。所以,东北亚的鸟崇拜和鸟生神话在萨满教的原始信仰里也表现得比较充分。"布里亚特人传说最初有一只大鹰,它受善神的派遣来到人间与布里亚特女子婚配,生一子,为最初的萨满。……雅库特人也传说萨满系神鹰之后裔。"⑥ 这当然是很标准的"天命玄鸟,降而生商"神话的再生态,而为宗教所传袭。

张碧波也对这一卵生故事群做过综合研究,他认为:"鸟卵、朱果 – 玄鸟、

---

① 热依罕:《维吾尔族的熊图腾崇拜觅踪》,见仁钦道尔吉、郎樱编:《阿尔泰语系民族叙事文学与萨满文化》,内蒙古大学出版社,1990年,第240页。
② 海热提江·乌斯曼:《维吾尔族动物崇拜初探》,见白庚胜、[匈]米哈伊·霍帕尔主编:《萨满文化辩证——国际萨满学会第七次学术讨论会论文集》(下册),大众文化出版社,2006年,第380—381页。
③ 乌丙安、李文刚、俞智先等编:《满族民间故事选》,上海文艺出版社,1983年,前言第10—11页。
④ 乌丙安、李文刚、俞智先等编:《满族民间故事选》,上海文艺出版社,1983年,前言第10—11页。
⑤ 赵志辉:《〈三仙女的传说〉与〈玄鸟生商〉比较研究》,载《民间文学论坛》1986年第1期,第24页。
⑥ 伍韧:《萨满教中的"萨满"》,载《内蒙古社会科学》1982年第2期,第101页。

神鹊均为太阳神的化身。玄鸟－凤皇－神鹊即日神、太阳神。"① 神鸟降卵实即太阳神授孕。他还认为，这类故事都出自颛顼高阳氏。羽民之国即指殷商、高句丽、满等"以鸟为图腾的古族古国"②。颛顼是东北方的太阳神，但与鸟（图腾）的关系却是不明确的。

有一个重要意见是，沐浴三姐妹佛库伦、恩古伦、曾古伦都有个鸟称（或鸟的化身）"阔里"，即鹰（或说指鸦）。这就为简狄与鹰的一体化，提供了一个良好的参照系（简狄，或作简翟，翟为短尾雉，但也有人说是鹰）。所以满族的杆子（索罗、族杆），至今还栖着鸟（鹊、鸦、鹰等）。

"锡伯族和达斡尔族也有同样传说。人们传说鹰是'腾格里'的神鸟，它的力量无比，能用右边的翅膀遮住太阳，用左边的翅膀遮住月亮，萨满神帽顶的铜制小鸟就是鹰神的象征。萨满每当请他的神灵降临吃血时，要模仿大鹰俯冲下来的动作。"③ 鄂伦春、鄂温克、达斡尔和赫哲族萨满的神帽、衣裙、披肩上，也饰以鹰的形象和图案；他们的跳神动作常模仿鹰的飞翔，做出象征鹰降临的举动。④

马可波罗说，忽必烈花园里养着许多大鹰，这当然是骑猎生活的习惯，但通行金牌上刻着鹰或狮⑤，就有些图腾徽饰残余的迹象。《多桑蒙古史》说，宗者都等权贵"常戴鹰羽碧玉或其他宝石"以避雷⑥。秋浦等指出："蒙古统一前后，萨满教在蒙古统治集团中占有不可忽视的地位。在军队中和宫廷中大量养鹰，把鹰象、鹰羽等视为吉祥之物，甚至在完者都业已改信伊斯兰教之后，仍然把鹰羽视为可以避雷之物。应当说，这和萨满起源的传统影响是不无关连的。"⑦

现在转回来再看满族的鹊鸟图腾感生故事。《清太祖武皇帝实录》云：

> 长白山山高地寒，风劲不休，夏日环山之兽俱投憩此山中。山之东北布库里山下一泊，名布尔瑚里。初，天降三仙女浴于泊，长名恩

---

① 张碧波：《殷商、高句丽、满族"三仙女"族源神话的比较研究》，载《满语研究》2000年第1期，第51页。
② 张碧波：《殷商、高句丽、满族"三仙女"族源神话的比较研究》，载《满语研究》2000年第1期，第53页。
③ 伍韧：《萨满教中的"萨满"》，载《内蒙古社会科学》1982年第2期，第101页。
④ 蔡家麒：《中国北方民族的萨满教》，见宋恩常编：《中国少数民族宗教初编》，云南人民出版社，1985年，第20页。
⑤ 参见《马可波罗游记》，张星烺译，商务印书馆，1959年，第21页。
⑥ [瑞典] 多桑：《多桑蒙古史》（下册），冯承钧译，中华书局，1962年，第383页。
⑦ 秋浦主编：《萨满教研究》，上海人民出版社，1985年，第58—59页。

古伦，次名正古伦，三名佛库伦。浴毕上岸，有神鹊衔一朱果置佛库
伦衣上，色甚鲜妍。佛库伦爱之不忍释手，遂衔口中。甫着衣，其果
入腹中，既感而成孕。……佛库伦后生一男，生而能言，倏而长成。

《东华录·天命》略同。从民间文艺类型学看，它本质上是天鹅处女型故事。小妹告二姐曰："吾身重，不能飞升，奈何？"便是因为与神鸟交媾而得孕，吞果实际上是吞卵（龚维英认为，朱果或指枣子——与早生贵子谐音①）。《满洲源流考·部族》引《发祥世纪》也大体相似，后文还有孔雀开屏、雀集人首等灵迹，都属于图腾鸟的庇护。而布库里雍顺当然也是创业开国的射手英雄，并且是隐藏的漂流型弃儿。

神鹊所衔之果，跟玄鸟所衔之卵都是内含胚胎的圆物，本质相通，初民的类比思维不但把植物、动物与人类的繁殖行为比附为一事，而且把饮食与男女混同。郑振铎《汤祷篇》曾指出，原始人有时把怀孕当成吞食了某种含有胚芽或生命的种子的结果，所以食卵、吞果（甚至吃了外表与之相似的石头、冰雹、球形电闪、气团等等）都会致孕生子。② 日本著名的民间英雄桃太郎，跟我国南方的绿桃少年等一样，也是某种果子变的③，其实是吞果生子的简化型。

芬兰民族史诗《卡勒瓦拉》说，圣母玛尔雅塔以无比纯洁之身吞下一颗蔓越橘，"忽然怀了孕，身子时刻都在膨胀"④，她深信："我会养出强大的英雄，养出一个高贵的后人；他将变成强大的征服者，甚至象维亚摩能一样地出色。"⑤ 这孩子像耶稣那样生在马槽的干草上，却忽然从她膝盖上消失。太阳告诉她，她的圣婴在沼泽里，"那里隐藏着你的金苹果，他的下身埋没在沼地里，泥沼一直埋到他的胳肢窝"⑥。这是所谓丢弃的隐蔽说法——这个吞果而生的小英雄是个漂流型的弃子。

在满族民间传说里，不但小英雄，他的母亲佛库伦也"能射一手好箭，所以弓箭总不离身"⑦。她吞下喜鹊红果致孕生子之后，把她的弓箭送给乘小桦木

---

① 龚维英：《由"感生"到食枣生子》，见中国民间文艺研究会上海分会编：《民间文艺集刊》（第5集），上海文艺出版社，1984年，第225页。
② 郑振铎：《汤祷篇》，古典文学出版社，1957年，第36页。
③ 参见［日］坪田让治：《日本民间故事》，陈志泉译，人民文学出版社，1979年，第111页；［日］关敬吾编：《日本民间故事选》，连湘译，上海文艺出版社，1983年，第1页。
④《芬兰民族史诗〈卡勒瓦拉〉》（下册），侍桁译，上海译文出版社，1985年，第928页。
⑤《芬兰民族史诗〈卡勒瓦拉〉》（下册），侍桁译，上海译文出版社，1985年，第931页。
⑥《芬兰民族史诗〈卡勒瓦拉〉》（下册），侍桁译，上海译文出版社，1985年，第940页。
⑦ 乌丙安、李文刚、俞智先等编：《满族民间故事选》，上海文艺出版社，1983年，第57页。

排筏漂流的弃儿——犹如天神之授予后羿、徐偃王们以彤弓素矰。

但是盗去这位隐蔽形态的天鹅处女衣裳者，却是象征黑暗和罪恶的天狼星。最后"布库里雍顺用额娘留给他的神箭，一箭便射中了恶狼的脖子，一溜火光，它就不见了"①。一如东君与阿波罗之"举长矢兮射天狼"。

众所周知，满族为古肃慎、靺鞨之后，在宋为女真（金），属游牧骑射民族，草原文化。《史记·夏本纪》"鸟夷皮服"正义引《括地志》说"其国南有白山，鸟兽草木皆白"，常年积雪之谓也。其族"多勇力，善射"。肃慎贡楛矢石砮十分有名，可见他们在新石器时代便擅射猎。傅朗云等认为"肃慎"与"肃爽"音近，肃慎可能以鹔鹴鸟（雁的一种）为图腾——此鸟名音转为鹔鸠。"《左传》昭公十七年注'鹔鸠'即'鹰'，满语称猎鹰海东青为'宋昆'，正是汉语鹔鸠的译音。以鹰为偶像的不仅是六千多年前新开流文化创造者的习俗，近代史上的赫哲族、鄂温克族和满族也还保留此种习俗。宋、爽、慎是同字的转译，源于鹔鸠名。汉语鹔鸠——鹰，满语译作宋昆，再汉译为海东青。猎鹰海东青是辽代的一种重要贡品，现代汉语称雁为雁鹅，可知肃爽既是雁名又是鹰名。"②此可备一解，其说如果成立，便可构成东北夷主要以鸟为图腾的一个有力证据。

赵振才《从民族名称看赫哲族的起源》还从语词、族称详细地论述了东北民族崇拜太阳神鸟与东夷文化的一致性，并说："黑龙江的高里－特、嘎鲁－翟，与中原的孔鸾－翟、鹑翟、玄鸟、简狄之间，是既同名又同实的一种关系。……（赫哲族）人格化的图腾神鸟、女性美的典型'阔里'，显然就是中原孔鸾、和鸾、简易（狄）的同一名号。"③该文虽有对音不严密或牵强之处，但东北许多族称、语词与东夷的鸟名、神名确实十分近似。在其他民俗神话证据支持下，将东北许多民族地区纳入东夷太阳神鸟文化区是有道理的，尽管它们有相当一部分表现出山原－草原骑射游牧文化的特色，且以与猎牧有关的四脚兽（如鹿、马、熊、犬等）为神物，而与狄人集群有相当的联系。

又，在蒙古的传说记录里，满族的发祥圣地跟太阳崇拜是有关系的。"考长白山高二百里，周五百余里。山上有池名塔蒙特。有仙女三人浴于池。季者有感而孕，遂生满洲始祖。池通于鸭绿、混同、爱罅三江。其发祥之地在山上曰

---

① 乌丙安、李文刚、俞智先等编：《满族民间故事选》，上海文艺出版社，1983年，第60页。
② 傅朗云、杨旸：《东北民族史略》，吉林人民出版社，1983年，第13—14页。
③ 赵振才：《从民族名称看赫哲族的起源（续完）》，载《求是学刊》1981年第2期，第104—107页。

出之方。"① 看来，布库里雍顺也是太阳神裔。

不但长白山，朝鲜族青年学者金宽雄提出，布库里等山也是太阳神山。② 不儿罕山、不咸山、布库里山都是"光明之山"，略同于《山海经》中常见的日月相为出入之山，与大汶口陶尊所见日出"火山"的汤谷、沃焦遥遥相应。满族始祖布库里雍顺以"光明山"为名，"雍顺"犹言"英雄"③，证明他也是光明之子、太阳的子孙、太阳文化的精英，而授孕的喜鹊也是太阳神鸟，均与整个崇日祀鸟的东夷集群群体意识相一致。

赵振才揭示，东北的一些民族族称与太阳、太阳神鸟有明显的关联，某些与太阳有关的语汇也和中原类同。例如太阳神树与太阳升起之地的"榑桑"（扶桑）。"在黑龙江：满语称'日旸'为[fɔ-sɔ-l-lʜɯɴ]（福索耳昏），称'日光'为[fɔ-sɜ-an]（佛涉安），称'日照'为[fe-sə-k]（佛涉科或作佛涉贺）。这'福索耳昏''佛涉安''佛涉贺'与中原所说的'榑桑'音义都相合。可见，从中原到黑龙江，在日出榑桑这种观念形态方面确属一致。"④ 他又从日语"赫哲""赫真"的发音（汉字作"发善"）推出"赫哲、赫真、黑津与榑桑、发善本是同义语"，与汉语的日光"慧羲"（见《玉篇》）读音亦相似。而"满语称'黎明'为[ge-r-ʃi fe-r-ʃi]（格尔希、弗尔希），这显然是中原所说的'赫曦'、'榑桑'的同源语"⑤。

赵振才认为，"赫哲一称是以日光'赫羲'以及居于日出之方（扶桑）自喻"，而且"赫哲、赫金、黑津、黑斤、黑真、黑哲这一名称就是中原'鶾雉'的同音同义语"（"鶾"《唐韵》作"干侯切"，指天鸡)⑥。他还强调，崇日和拜鸟在这些民族的风习和语言里是一致的，赫哲先世名号"纳特－基"就表现"日""雄"的融合、统一。"这个名称的含义，同样是和这个集团对太阳、鸟图腾崇拜的意识形态体系有关，同我国中原古代尊崇日、鸟的群团密切相关。"⑦ 他举出，藏语"日光"为[ni-o-t]（尼澳特），蒙语"日"[o-do-r]（澳多尔）为"纳特"音转；藏语"鸟"为[dʒia]（贾），汉语"雉"与"基"接近，

---

① 《蒙古逸史》，陈任先译，广文书局，1976年，第58页。
② 参见金宽雄：《中朝两国神话传说比较研究》，中国比较文学学会成立大会论文，1985年，第5页。
③ 参见赵志摩：《〈三仙女的传说〉与〈玄鸟生商〉比较研究》，载《民间文学论坛》1986年第1期，第24页。
④ 赵振才：《从民族名称看赫哲族的起源》，载《求是学刊》1981年第1期，第115页。
⑤ 赵振才：《从民族名称看赫哲族的起源》，载《求是学刊》1981年第1期，第116页。
⑥ 赵振才：《从民族名称看赫哲族的起源》，载《求是学刊》1981年第1期，第117页。
⑦ 赵振才：《从民族名称看赫哲族的起源》，载《求是学刊》1981年第1期，第117页。

"可知,'纳特-基'名称,是日和鸟的复合语词。实质上,就是'阳鸟'的同义语"。① 这些对音和构拟不一定全部确切,但赫哲等族称,实在表明它们与太阳神鸟崇拜有密切关系。

现在来简略考察一下鸟祖和卵生故事的起源与分布。有些日本学者认为,卵生传说源于印度。"林泰辅氏《加罗之起源》(《史学会杂志》第25号),《加罗之起源续考》(《史学杂志》第5编第3号)认为,朝鲜古代诸王卵生之传说,系传自印度,并列举《贤愚因缘经》、《法苑珠林》、《唐书·南蛮传》、《大越史记全书》、《山海经·大荒南经》、《博物志》、《明一统志》(广东琼州府条、山西平阳府条)卵生传说,证明印度人与东方交通渐次东来,其交通路线系由后印度地方入中国南部,并假定古印度人与东方交通系越过马剌加(马六甲)海峡,沿中国南部而传播了朝鲜半岛。"②

弗雷泽认为,太阳生卵或太阳神鸟、太阳神蛇生卵化人一类神话,源于古代缅甸地方各部族的太阳信仰与祭祀。③ 这也没有多少文献和考古学的证据。南亚固然有太阳鸟-卵生传说和信仰、仪式等,但是见于有确切年代记载者都较晚起。

瓦特伯里(Waterbury)则以为,"鸟神的传说系起源于太平洋地区,然后才散布到各地去";又说,"中国的商、周以及夏威夷的鸟舞似乎都与祖先有些关系"。④

文崇一认为:"亚洲东北的鸟生传说,这个地区是从中国的山东算起经朝鲜而至西伯利亚。朝鲜的传说与中国的几乎同一形态,从各方面看,应该是属于同一来源,其起源地点可能系渤海湾。"⑤ 他还认为,这主要因为他们都以鸟为图腾。"他们都是把鸟当作自己的祖先却是千真万确的,这一点,无论是西伯利亚、阿拉斯加、哥伦比亚、夏威夷、朝鲜或是中国,全一样。这个我想就是未开化民族的想法,他们总以为,人和其他动物是渊源于一个共同的祖先。"

张光直则除了同意傅斯年《夷夏东西说》里关于玄鸟故事的分布说法外,还指出:"《商颂》与《楚辞》虽然都是东周的文学,其玄鸟的神话则颇可能为

---

① 赵振才:《从民族名称看赫哲族的起源》,载《求是学刊》1981年第1期,第117页。
② 汪诒荪:《箕子朝鲜考》,载《学原》1947年第1卷第1期,第69页。
③ J. G. Frazer, *The Worship of Nature*, London: Macmillan and CO., 1929, I, p. 636.
④ 转引自文崇一:《亚洲东北与北美西北及太平洋的鸟生传说》,载《"中央研究院"民族学研究所集刊》1961年第12期,第98页。
⑤ 文崇一:《亚洲东北与北美西北及太平洋的鸟生传说》,载《"中央研究院"民族学研究所集刊》1961年第12期,第99页。

商代子族起源神话的原型。"① 特别是前引于省吾、胡厚宣等先生从古器物徽识和刻辞上以铁的证据证明了玄鸟神话的可靠性和古老性。

这些都是较为近期的考古、民族与文化学者的看法,他们是比较广泛地调查了西太平洋和南亚、东南亚鸟图腾崇拜遗迹和仪式、习俗以后做出这些结论的,不是仅据文献的推论。

太阳－神鸟感生和卵生传说是东夷、东北夷最重要的文化特征,史家对此大致无疑,各学派的前辈学者早已做过严密论证,兹不赘语。

20世纪80年代以来,我国东北红山文化遗址有丰富的文化遗存出土。干志耿等人力主:"商先文化的源头,应是广被于幽燕之域的红山文化。只有在红山文化遗存中,才能看到商先传说的踪影和商殷文化的本源。"② 杨公骥还进一步认为:"始祖卵生的传说是古代北方种族的神话。古商族、周族和高句丽、满族、朝鲜都有着极类似的神话。……由上引[高句丽]神话中可以看出在主要情节上与《生民》是相同的。"③ 他也注意到,"卵生祖先是射手这一点虽与《生民》不同,但《楚辞·天问》中却有如是记载:'稷惟元子,帝何竺之?投之于冰上,鸟何燠(温)之?何冯弓挟矢,殊能将之?'由此看来,古神话中的后稷,生下来即能'冯弓挟矢',惟此说已失传。"④ 此点可谓发前人之所未发。

这样,除了神鸟的庇护之外,弃儿后稷也可能是卵生的。清魏源《诗古微》说后稷生时胎胞未破,"浑沌包裹,形如卵然"。他按照《礼记·内则》"鱼卵谓鱼子",推出"居然生子"的"子"就是卵。清顾镇(栋高)《虞东学诗》援据陶元淳之说也以为,后稷生时"胞衣完具"而如羊子。清姜炳璋《诗广义》补充道,有人亲见有些孩子是连胞衣一起生的。杨公骥则更明确地提出后稷也是经过太阳神鸟之孵育而卵生的,"'姜嫄,孕育的'稷'本是带壳的,于是经过鸟的孵育,稷才破壳而出。"⑤ 此说言之成理。至少(结合着"鸟覆翼之"考察)东夷的太阳神鸟－卵生儿的神话可能对起于西方的周人有所影响。而"冯弓挟矢,殊能将之",后稷也是射手英雄。

---

① 张光直:《中国青铜时代》,生活·读书·新知三联书店,1983年,第277—278页。
② 干志耿、李殿福、陈连开:《商先起源于幽燕说》,载《历史研究》1985年第5期。
③ 杨公骥:《中国文学》(第1分册),吉林人民出版社,1980年,第76页。
④ 杨公骥:《中国文学》(第1分册),吉林人民出版社,1980年,第76页。
⑤ 杨公骥:《中国文学》(第1分册),吉林人民出版社,1980年,第76页。

五、太阳神或光之授孕

日光崇拜和授孕

上面讲的主要是东夷文化及其展延区属于太阳鸟崇拜系统的卵生英雄及其神话,这又不能不牵涉到与东北夷接壤的蒙古草原直到整个大北亚的太阳崇拜和感生性质的英雄神话。这些神话虽然较为晚起,多属再生态或新生态,而且经过充分的世俗化、平凡化、人态化,其图腾机制和宗教意识显得极其模糊和隐蔽,但是经过缜密的剖析、探掘、比较和还原,还是多少可以看出其原始性内涵或背景的。

北亚-东北亚游牧民族之崇拜太阳(和以太阳为核心的"天"),史不绝书。《史记·匈奴列传》:"单于朝出营,拜日之始生,夕拜月。"单于还常自称"天所立","天地所生,日月所置"。何星亮甚至认为,"匈奴""胡"等字样都是"古突厥语、撒拉语谓'太阳'之 k'yn、k'un"之义①(我们认为,"胡"是"混沌"合音)。《周书·突厥传》:"牙帐东开,盖敬日之所出也。"《隋书·突厥传》引隋炀帝诗"毡帐望风举,穹庐向日开",正咏此俗。《多桑蒙古史》也说:"鞍鞯民族之信仰与迷信,与亚洲北部之其他游牧民族或蛮野民族大都相类,皆承认有一主宰,与天合名之曰腾格里(Tengri)。崇拜日月山河五行之属。出帐南向,对日跪拜。"②

陈序经承认匈奴拜日,但对其来源,抱谨慎态度。他说:"古代中亚的祆教(拜火教),以为太阳是光的来源,把太阳当作神。匈奴之拜日,是受了中原或教的影响,抑或是他们自古就有这种风俗,不得而知。"③

至于"匈奴"这个名称,是否即近世欧人所说的 Huns,还有不同意见。格鲁塞说:"这一名词近似于罗马人和印度人所称同一个野蛮民族的浑或浑尼与胡那。"④ 其本身是什么意思,他也没有交代。

根据内田吟风的介绍,德国学者夏德(F. Hirth)较早指出,匈奴大体就是进入欧洲的匈人(Huns)。

内密提(K. Nemäti)在《匈奴即匈人的历史地理证据》一文中提出:依据公

---

① 何星亮:《匈奴语试释》,载《中央民族学院学报》1982年第1期,第6页。
② 《多桑蒙古史》(上册),冯承钧译,中华书局,1962年,第29页。
③ 陈序经:《匈奴史稿》,中国人民大学出版社,2007年,第88页。
④ [法]勒尼·格鲁塞:《草原帝国》,程英邦译,青海人民出版社,1991年,第40页。

元7年8月制作之罗马地图绘制的伊朗语地图（约成4世纪末5世纪初，现藏大英博物馆），在 Seresoppidum（Sera motro polis）附近有 Huniscite，在中国附近则有 Huniscythae（匈奴斯基泰）。这可以证明公元前欧洲人已知道匈奴（Huni）①。

斯特拉波曾引公元前200年阿波洛多诺斯（Apollodorus）之佚书记载：巴克特利亚（大夏）势力已达塞鲁人（Sarun）处以及"法宇诺伊（Faynoi, Frynoi）——专家们认为后一个词即指匈奴②。他还举出一些西文例子，证明匈奴就是匈人。

何震亚介绍说："在公元前3世纪中原出土的古物'匈奴相邦印'是匈奴自己称为'匈奴'，故希腊史之匈纳（Huner）之 ner 与奴字音相近，是匈奴到欧洲前亦自称为匈或匈奴。"③ 是则"匈奴"及其尾音"奴"最初并无贬义。

齐思和也说胡或匈奴等"这些名称都是同一个原音的对音"④。

根据《史记·匈奴列传》正义等，匈奴古称猃狁、薰鬻、荤育、荤粥、浑窳。其中都有一个字（或其异写）与"匈"上古音通，如下所示。

允、狁（余文）：入 iwən

薰、熏、獯（晓文）：Xǐwən

荤、昏（晓文）：Xǐuən, Xuən

匈（晓文）：xǐwong

浑（匣文）：ɣuən

还有一个混夷（又作昆夷），尚不能最终确认其与他们同义，但有较大可能。（只是鬼方或西落鬼戎或鬼羌主要活动在西北，跟猃狁、匈奴恐非同族，王国维《鬼方昆夷猃考》把他们混而为一，造成许多误解。）

混（匣文）：ɣuən

浑（匣文）：ɣuən

昆（见文）：Kuən

---

① [日] 内田吟风：《匈人、匈奴同族论研究小史》，转引自《北方民族史与蒙古史译文集》，余大钧译，云南人民出版社，2003年，第187—188页。
② [日] 内田吟风：《匈人、匈奴同族论研究小史》，转引自《北方民族史与蒙古史译文集》，余大钧译，云南人民出版社，2003年，第187—188页。
③ 何震亚：《匈奴与匈牙利》，载《中外文化》1937年第1卷第1期。
④ 齐思和：《匈奴西迁及其在欧洲的活动》，载《历史研究》1977年第3期，第127页。

白鸟库吉曾经认为："胡者，匈奴（Hung-nu）之原名，为汉所省略，蒙古语'人'之义也"。① 匈奴之"奴"或为译音，或为词尾，并无奴视之义，就好像鬼方之"鬼"，只是面有"十"字刻纹的狒族人，并没有贬义。而如果混（昆）夷确亦匈族的话，"昆"音 Kuən 而近 Kun、K'un，后者有日之意，那么，混（昆）夷、匈奴也许便是"太阳人"。

"胡"的原义是混沌，状其面目模糊，似含贬义；但溯其源是指浑茫广漠，与"夏""华夏"相关。所以匈奴也用"胡"作为自称，例如单于曾说"胡者，天之骄子"。天的中心是太阳。所以他们"朝出营，拜日所生，夕拜月"与突厥等之"牙帐东开"同一意趣。

而冯家昇云，"大抵'胡'系'匈奴'之急读"。虽然"胡"不一定就是"匈奴"的约等式，但其初义为"混沌人""大人""强大的人（骄子）"是可能的。

陆思贤说，"匈奴单于也是以日为名的"，例如所谓"撑犁孤涂"便与太阳有关；"由《史记·匈奴传》说的'天地所生，日月所置匈奴大单于'一语推断，匈奴是苍天和大地的儿子，与太阳和月亮也都是'亲属'关系"。②

谢剑说，除了常为人们引用的《史记》和《汉书》之《匈奴传》外，"匈奴之拜日尚东，又可以从老上单于致书汉文帝自称'日月以生，天地所置'；进军时月满则攻，月亏则退；又其两分官制中，以较尊王将封于东方等事实证明"③。他还举出《后汉书·乌桓传》，《周书》与《隋书》的《突厥传》，以及《辽史》有关章节等指出："匈奴以后，北方民族中极多日月崇拜及尚东之俗……乃至晚近的厄鲁特蒙古，亦'户必东向'等皆是。"④

在民间传说里，蒙古族的祖先是"天地分开以后"太阳的两个女儿。⑤ 同样属于北亚游牧文化的辽人习惯也可以证明这些草原民族大都崇拜太阳。《说郛》卷九七引《辽东志略》说契丹"五代末，称太阳契丹"。其他资料略同。《新五代史·四夷附录》卷七二："契丹好鬼而贵日，每月朔旦，东向而拜日。其大会聚、视国事，皆以东向为尊。四楼门屋，皆东向。"《辽史·礼志》记契丹"拜

---

① 转引自何建民编撰：《匈奴民族考》，中华书局，1939 年。
② 陆思贤：《匈奴族名原义探源》，载《内蒙古师范学院学报》1982 年第 2 期，第 40、35 页。
③ 谢剑：《匈奴宗教信仰及其流变》，载《"中央研究院"历史语言研究所集刊》1971 年第 42 本第 2 分，第 573 页。
④ 谢剑：《匈奴宗教信仰及其流变》，载《"中央研究院"历史语言研究所集刊》1971 年第 42 本第 2 分，第 574 页。
⑤ 苏赫巴鲁：《成吉思汗的故事》，中国民间文艺出版社，1984 年，第 1 页。

日仪",是"皇帝升露台,设褥,向日再拜"。《辽史·仪卫志·腊仪》云:"皇帝降舆,祭东毕,乘马入猎围。"《辽史·国语解》云其国俗,"凡祭皆东向,故曰祭东"。所以,契丹的开国英雄耶律阿保机也是其母"梦日堕怀中,有娠"而生的,是标准的太阳子孙、射手英雄。

恩格斯在《自然辩证法》中指出:"首先是天文学——游牧民族和农业民族为了定季节,就已经绝对需要它。"① 这就是亚洲和其他地方许多原始族群崇拜太阳、注视天空的根本原因。冯家昇也就北亚民族拜日敬东,"莫不皆然",揭示其原因说:"人民常依地理之顺势,太阳出没,定其屋庐之方向。""野蛮民族不识不知,每随自然而分配时间,此亦崇拜太阳原因之一。"②

《史记·匈奴列传》说:"其坐,长左而北向。"突厥牙帐东开,契丹门屋东向,华夏汉族也多东向或南面。顾炎武《日知录·东向座》举《史记》《汉书》《唐书》等为例说:"古人之坐,以东向为尊,故宗庙之祭,太祖之位,东向。即交际之礼,亦宾东向,而主人西向。"这也都因向往太阳。

希罗多德说到游牧民族的宗教时说:"他们只向太阳和月亮奉献牺牲,这就是说,全体利比亚人都是这样做的。"③ 据斯特拉波说,活跃在西亚和中亚的骑射民族玛萨该塔依人和斯基泰人一样,"只认为太阳是神,而把马当作牺牲献给它"④。他们居住在花剌子模,义为"太阳的土地"。"花剌(Xвар)义为太阳,子模(зем)义为土地"⑤。而"索格底亚那是'火地'(Fire-land)的意思"⑥。因为骑射民族需要猎鹰作为助手,他们在崇拜太阳的同时也尊祀鸟,如前所说,有时还把太阳与鸟的信仰整合为太阳神鸟崇拜,从而加入所谓太阳文化的系列。

铁木真之父也速该,在民间传说里曾化身为白色的海青鸟(猎鹰),这里也包藏着鸟图腾机制的痕迹。据说,也该速的亲家,翁吉剌惕部的智者德薛禅曾经梦见这只大鹰双爪捧着天上的"那仁"(太阳),就是英雄射手铁木真;德薛禅梦中在天上摘下的"萨仁"(月亮),就是自己女儿孛尔帖,以后日与月就配成了夫妻。⑦ 此与鸟族的太阳英雄神话是颇为相似的。就跟突厥以狼头为纛那样,成吉思汗的大军打的是白色鹰旗,追本溯源,实在也是图腾徽识。

---

① [德]恩格斯:《自然辩证法》,人民出版社,1971,第162页。
② 冯家昇:《太阳契丹考释》,载《史学年报》1931年第3期,第167页。
③ [古希腊]希罗多德:《历史》,王以铸译,商务印书馆,1985年,第338页。
④ [苏]阿甫基耶夫:《古代东方史》,王以铸译,生活·读书·新知三联书店,1956年,第624页。
⑤ [苏]阿甫基耶夫:《古代东方史》,王以铸译,生活·读书·新知三联书店,1956年,第624页。
⑥ 王治来:《中亚史》(第1卷),中国社会科学出版社,1980年,第25页。
⑦ 苏赫巴鲁:《成吉思汗的故事》,中国民间文艺出版社,1984年,第8页。

应该注意，拜日敬东的突厥人也崇拜鹰。"在西方，突厥人长期以来，甚至在接受伊斯兰教以后，'他死了'的意思，还用 sung-ar boedy（即他变成鹰了）一词来表示"①。这一点又与从北非到南美、从东夷到南楚，人死灵魂变鸟的观念一致。

阿阑豁阿感光而孕

蒙古族天光（或日月之光）授孕的神话，当然也是太阳族的古老观念——它跟世界神话传说里太阳神化作金光、金人、金鸟或金色的光雨授孕给人间少女的故事出奇的相似。

明译《元朝秘史》记述了最著名的阿阑豁阿故事。

> 朵奔篾儿干死了的后头，他的妻阿阑豁阿又生了三个孩儿：一个名不忽合答吉，一个名不合秃撒勒只，一个名孛端察儿。朵奔篾儿干在时生的别勒古讷台、不古讷台两个儿子背处共说：俺辈母亲无房亲兄弟，又无丈夫，生了这三个儿子，家内独有马阿里（黑）伯牙兀歹家人，莫不是他生的么？道说间，他母亲知觉了。因那般他母亲阿阑豁阿说：别勒古讷台、不古讷台，您两个儿子疑惑我这三个儿子是谁生的，你疑惑的也是。您不知道，每夜有黄白色人，自天窗门额明处入来，将我肚皮摩挲。他的光明，透入肚里去时节，随日月的光，恰似黄狗般爬出去了。您休造次说。这般看来，显是天的儿子，不可比做凡人。久后他每做帝王呵，那时才知道也者。

清译《蒙古秘史》里也有一段类似的记载，"朵奔篾儿干殁后，阿阑豁阿无夫而产三子矣"，前二子疑之。母曰：

> 汝等疑之固是。每夜，明黄人，缘房之天窗、门额透光以入，抚我腹，其光即浸腹中焉。及其出也，依日、月之隙光，如黄犬之伏行而出焉。汝等何可造次言之耶？以情察之，其兆盖天之子息乎？汝等何得比诸黔首之行而言耶？俟为天下之主时，下民方得知之耳！②

《多桑蒙古史》也复述了此事。说是光自穹顶入，变为淡黄色少年。冯承钧译注道："此种故事，亚洲凡开国之主类多有之，契丹建国主阿保机，在872年

---

① [苏] 威廉·巴托尔德：《中亚突厥史十二讲》，罗致平译，中国社会科学出版社，1984年，第16页。
② 参见道润梯步：《新译简注蒙古秘史》，内蒙古人民出版社，1979年，第11页。

诞生之前，其母即见日入怀而受孕。"①

《元史·太祖本记》《蒙古源流》所记此事大致略同。拉施特《史集》亦述及此。② 在《阿阑-豁阿纪》里，拉施特转述蒙古人传说道："阿阑-豁阿在丈夫死后过了一段时期，有一天，在家里睡觉。一线亮光从帐庐的［烟］孔上射进来，射入她的腰里。这个情况使她感到惊奇，她惊吓得不得了，没有对任何人讲起这件事。过了一些日子，她知道自己已经怀孕了。当分娩的时日临近时，她的兄弟们和丈夫的族人们聚在一起说道：'一个没有了丈夫的妇人私下勾引男子怀了孕，这怎么行呢?!'阿阑-豁阿回答道：'我没有了丈夫却有了孩子……的确，我每夜都梦见一个红发蓝眼的人慢慢地向我走近来，然后又悄悄地转了回去。我看得很真！你们对我的任何怀疑都是不对的！我所生的这些儿子，都属于特殊种类。他们长大了要成为万民的君主和汗，到那时，你们和其他合剌出部落才会明瞭我这是怎么回事！'"③ 部众根据各种迹象相信了她的话。

按照《蒙古源流》，豁阿（Qa'a）义为美丽、肤白；豁埃（Qo'ai）义为灰白。在《元史·太祖本纪》《圣武亲征录》等中，阿阑豁阿作阿兰-果火。

阿阑豁阿感光而生的三个儿子的氏族称为"尼伦"，尼伦（nirū'\<u\>n），意思约为贞洁之"腰"。"尼伦则指出自贞洁之腰，即出自阿阑-豁阿之腰和氏族者。……此贞洁之腰表明他们［三子］起源于［灵］光。"④ 他们以诞生神话证明自己比其他部族尊贵。《多桑蒙古史》介绍说："尼伦（Niroun），质言之，'胁'也。示其来源纯洁，与其他诸蒙古种诸部有别。剌失德谓其与普通蒙古部落异者，犹之珍珠之于介壳，果实之于树木。"⑤

这三个光明之子，当然也是这个以骑射为生的草原太阳民族的射手英雄，所以不但有兄弟比箭的故事，紧接着还有著名的折箭寓言（在民间传说里，这些都转移到铁木真兄弟身上⑥）。作为光明之子，他们的这种特性或专长必须被加以注意。例如，他们与"鸟"、与"射"、与"日"的粘连，都是他们作为太

---

① ［瑞典］多桑：《多桑蒙古史》，冯承钧译，东方出版社，2013年，第33页。
② ［波斯］拉施特主编：《史集》（第1卷第1分册），余大钧、周建奇译，商务印书馆，1983年，第249页。
③ ［波斯］拉施特主编：《史集》（第1卷第2分册），余大钧、周建奇译，商务印书馆，1983年，第12—13页。
④ ［波斯］拉施特主编：《史集》（第1卷第1分册），余大钧、周建奇译，商务印书馆，1983年，第249页。
⑤ ［瑞典］多桑：《多桑蒙古史》（上册），冯承钧译，东方出版社，2013年，第24页。
⑥ 参见苏赫巴鲁：《成吉思汗的故事》，中国民间文艺出版社，1984年，第22—28页。

阳文化精英所特具的灵性，并且使他们能够跟其他更古老、更明确的太阳族英雄相比较。

例如，作为狩猎民族的英雄，孛端叉儿的特长或发明之一是驯鹰。《元史·太祖本纪》说他"食饮无所得，适有苍鹰搏野兽而食，孛端叉儿以缗设机取之，鹰即驯狎。乃臂鹰猎兔禽以为膳，或阙即继，似有天相之"。这就证明，孛端叉儿与鹰有一种神秘的沟通或默契。他的鹰是天赐的，或者是主动降临成为他的助手，并且与他共食，这不能不看作远古图腾机制的构造痕迹。

他们的"贵胄""武士"或称"篾儿干"（mergen）。例如，巴塔赤罕之孙正名"豁里察儿篾儿干"，蒙古语"篾儿干"义为善射。吕思勉指出："《秘史》又说巴塔赤罕的孙儿名叫'善射'（篾儿干），'善射'正是发明弓矢的传说反映。而弓矢的发明，又正是这种（由图腾制到氏族制）过渡期的主要标志。"① 侯外庐以"篾儿干"作"善射"解，"后来才有'贤明''多能''智哲'诸义"，推论中国古代的"贤"原来也是善射之义，"从贝是说有所获得，从手是个好射手，臣是臣僚，因此贤是狩获多中的臣僚的美称"。② 姑不论其训释是否望文生义，古之贤士首先应是勇士和特等射手则可肯定。

又比如，他们的神"黄白色"，这分明是太阳色，而且还有灰睛。吕思勉《白话本国史》根据《蒙古秘史》《元史》《史集》《元史译文证补》《蒙古源流》《蒙古人种考》等叙述此事较详，且有重要细节。"别勒古讷台弟兄，疑心母亲和家里一个兀良孩的奴隶私通。阿阑豁阿说：天天夜里，总有个黄白色灰色目睛的人，来按摩我的肚子；光明直透到肚子里，所以生这三个儿子。你们看，这三个孩子，将来一定有个把贵的。后来蒙古人就称三个人之后为'尼伦'，意义就是'絜清'；其余的支派为多儿勒斤，译义就是寻常人。"吕先生译注，阿阑豁阿小儿子"孛端察儿之后为孛儿只斤氏，异译作博尔济锦，就是'灰色目睛'。"③ 柯劭忞《新元史·太祖纪·序纪》也说："孛儿只斤，突厥语译义'灰色目睛'，蒙古以灰睛为贵种也。"清代屠寄《蒙兀儿史记》说："今蒙兀儿尚以目睛灰色者为贵种焉。"

灰睛的来源还不大清楚，这不仅是血统的一种标志，遗传基因的某种再现，可能还埋藏着某种神秘的文化意识。或以为，他们的灰睛是光明神的一个特征，

---

① 吕思勉：《中国民族简明史》，生活·读书·新知三联书店，1950年，第75页。
② 侯外庐：《中国古代社会史论》，人民出版社，1955年，第295页。
③ 吕思勉：《白话本国史》，商务印书馆，1933年，第529页。

阳光闪烁使蒙古人的黑眼睛透明浅淡而略显灰白；或以为灰是天的颜色，灰睛是天眼；或以为灰睛是狼眼在阳光下的变色，草原民族多崇拜犬狼，这则传说里就有黄狗隐约出现。所以，灰睛或是生理性的图腾印记残迹。疑莫能明，有待阐发。

《蒙兀儿史记》注引《蒙古源流》则又以土伯特同型传说证其事，而且出现了关键性的卵生情节：

> 土伯特智固木赞博汗之福晋云：我从前生博罗咱时，夜梦一白色人同寝。迨后产一卵。此子出卵中，观此，当是一有福佳儿。

这则重要记载，再次证明这黄白人就像化作金雨或金光进入高塔与达那厄公主交合的宙斯一样，本质上是太阳神。太阳光（所谓"光明透腹中"）孵化了太阳神鸟之卵，催生出太阳族的射手英雄。这种类型的故事也散布到西藏地区。古代的吐蕃或图伯特人作为游牧骑射民族跟蒙古文化有着千丝万缕的联系。

《蒙兀儿史记》叙其事虽简而明白，"我常夜见白黄色人穿穹庐顶孔入，摩挲我腹，光明透腹中"，而更明确地说此人具犬狼形"吾窃视之，如黄犬然"。①

所谓有光或有神人从天窗（或穹庐顶孔）入，与王后或圣处女交配，这种机制（不管它用什么形式流传记载）本质上与埃及的太阳神鸟从密室的窗孔里飞临与太阳族妇女交媾，与高句丽神话日光从窗牖入与河伯长女柳花相遇，与"天命玄鸟，降而生商"的图腾感生传说一致，何况所生孩子还可能也是卵生的太阳鸟后裔。

太阳契丹也有天神授孕的神话。《契丹国志》引《纪异录》：

> 契丹主德光尝昼寝，梦一神人，花冠，美姿容，辎軿甚盛，忽至天而下。衣白衣，佩金带，执骨朵。有异兽十二随其后，内一黑色兔入德光怀而失。

入怀即暗示赐其神裔。黑色兔，或说象征月亮。而辽太祖耶律阿保机系其母梦日而生。

这种太阳感生型的故事，还保留在藏族民间文学里。格萨尔王之母龙女既与凡人交合，又与太神光明之神交媾（这属于双重父亲，同样托词于梦），而生下这位太阳英雄儿子。

> 在四月初八这一天夜里，龙女同僧伦同居，又做了一个梦。她梦见一位身穿黄金铠甲，容貌俊伟非凡的人来到身边，情意缠绵地同她

---

① 屠寄：《蒙兀儿史记》，中国书店，1984年。

共枕交欢，难舍难分。①

另外，起了助力的还有可能象征男阴的金刚杵。"待到黎明时分，有前次梦中见到的喇嘛放在自己头顶的金刚杵的光辉、彩虹的光辉、玛瑙的光辉，一齐并入顶门"，依然是太阳般的光明的神力，使她感到"从来没有过的愉快遍及全身"，从而受了孕。太阳神仍在庇佑着龙女。

> 这时候，身穿黄金铠甲的宁神格卓和吉玛僧诺尔布（即制敌战神畏尔玛）等，以太阳和光明不可分离的情状，为姑娘体内的无量宫加持祝福，使之在九个月零八天里面，生活在任运自然三摩地状态之中。②

龙女分娩之际，"虎年的腊月十五日"，太阳神再次显示出威力，"她觉得身子轻若棉团，体内体外透明透亮，没有一点隔阂。随着早晨太阳出升，她的头顶也涌出月亮一般的白光"，生出"一个白人长着大鹏鸟首"。他宣称："我是世界人类的大阳，去到何方完全由自己。"③

更值得重视的是，这位太阳之子、弃子英雄格萨尔王的化身也是鸟——大鹏。白梵天王的小儿子顿珠尔尔保下界托生为格萨尔王之前，他的母亲用神力把他变成鸟。

> 这只鸟儿，上身是黄灿灿黄金做成的，下身是绿油油的绿松儿石做成的，腰是雪白雪白的白海螺做成的，四个爪子是漆黑漆黑的黑铁做成的，两只眼睛是花花的花玛瑙做成的。④

生下来的格萨尔王，跟一般的太阳神鸟之子一样，也是一枚肉蛋。⑤ 在分卷本《格萨尔王传·花岭诞生之部》里，他是太阳神赐孕给龙女诞生的。"鹏鸟蛋壳的小鹏雏，在未到破卵出世时，大鹏心中着急也无用，一旦出壳就可展双翅"，他出生时，"长着大鹏鸟首，手持白色绸结"。⑥

太阳神后裔的鸟身英雄往往跟化身为牛的水怪作对。天母巩冏姐毛教格萨尔"变成一个大鹏金翅鸟，落在黄霍尔王的野牛角上，砍掉了一个犄角"，黑白霍尔王野牛同样被砍掉了角。⑦ 角正是勇猛、丰殖和威权的象征。这则神话极可

---

① 《格萨尔王传·花岭诞生之部》，王沂暖、何天慧译，甘肃人民出版社，1985年，第45页。
② 《格萨尔王传·花岭诞生之部》，王沂暖、何天慧译，甘肃人民出版社，1985年，第46页。
③ 《格萨尔王传·花岭诞生之部》，王沂暖、何天慧译，甘肃人民出版社，1985年，第46—47页。
④ 《格萨尔王传》（贵德分章本），王沂暖、华甲译，甘肃人民出版社，1981年，第2页。
⑤ 《格萨尔王传》（贵德分章本），王沂暖、华甲译，甘肃人民出版社，1981年，第16页。
⑥ 《格萨尔王传·花岭诞生之部》，王沂暖、何天慧译，甘肃人民出版社，1985年，第44—46页。
⑦ 《格萨尔王传》（贵德分章本），王沂暖、华甲译，甘肃人民出版社，1981年，第268页。

能受到印度影响。

类似的感孕假托

再来看一些古老的光明神授孕故事。据《婆罗门毗婆多往世书》(Brahma-vaivarta Purana)记载：雪山神女（Parvati）曾与湿婆（即大自在天）结合，婚后无子，举行斋戒求子仪式，寄望于毗湿奴。有一天，她从恒河返家时，忽见大黑天，即克利须那（Krishna），化作一团光焰降临，旋即变成一个老婆罗门闯进她的房子。这时，她听到一个声音促她迅速回房，如此便可得到一个儿子。果然如愿以偿。这是光明和光明神的投胎——她生下的是战神或智慧之神。

又据印度史诗《摩诃婆罗多》，敝衣仙人曾教苏罗（黑天的祖父）之女贡蒂一个可以召唤天神并赐子的秘咒。贡蒂年轻好奇，便召唤太阳神苏利耶，"立刻，彤云密布，天色黑了，太阳神在云的遮蔽之下到了美丽的贡蒂公主面前，太阳神站在那里用热烈的炙人心灵的赞赏眼光望着她"①。这位太阳神跟上述的金光神人太相像了。结果，"赐给全世界以光明和生命的太阳神使贡蒂怀了孕"，生下太阳之子、美丽非凡的迦尔纳。② "他是太阳光的一份，太阳就是他的父亲！"③

古希腊希罗多德的《历史》里记载着一个类似的故事，其情节也十分耐人寻味，斯巴达的阿里司通的妻子"在不满十个月的一个较短的时期里"为他生了一个孩子——戴玛拉托斯。"他便屈指计算并发誓说：'这不会是我的儿子。'"因为这孩子至多是怀孕七个月就生下来的。那女人辩解说："在阿里司通把我带到他家的第三个夜里，有一个象是阿里司通的幻影到我这里来与我交合，然后把他的花环给我戴上。"④ 这件事情的伪托相当明显，但是当妻子为这件事发誓的时候，丈夫"便认识到这乃是神的所作所为了"。而作为证据的花环（它使人不由自主地联想到《勘皮靴单证二郎神》中假二郎神伪托的带子）却被认为"显而易见是从那在大门口旁边、他们称为阿司特罗巴科斯神殿的那座英雄神殿里来的"⑤。可见，古代人相信，神喜欢下凡与民间的妇女交合，哪怕那明显是

---

① [印度] 拉贾戈帕拉查理：《摩诃婆罗多的故事》，唐季雍译，中国青年出版社，1959年，第33页。
② [印度] 拉贾戈帕拉查理：《摩诃婆罗多的故事》，唐季雍译，中国青年出版社，1959年，第34页。
③《腊玛延那 玛哈帕腊达》，孙用译，人民文学出版社，1962年，第270页。
④ [古希腊] 希罗多德：《历史（希腊波斯战争史）》，王嘉隽译，商务印书馆，1959年，第593、595页。
⑤ [古希腊] 希罗多德：《历史（希腊波斯战争史）》，王嘉隽译，商务印书馆，1959年，第595—596页。

私通的伪饰。

种种掩饰或伪托常见于此类人神授孕的传说中。一则英国传说中亚瑟王之生也有以此讳饰私通的嫌疑。传说公爵死后三个多小时,由士王便依魔灵之计,化装成公爵的样子,睡在公爵夫人茵格英的身旁,"共圆好梦,当夜成孕,有了亚瑟"①;以后由士王与她正式结婚,才十三天("十三"在西方是不吉的数字),亚瑟就生下来了。于是不得不将孩子交给魔灵转托爱克托骑士夫妻抚养。②这是一种经过遮掩的实质性捐弃。所以,当亚瑟拔出教堂神剑,将成为英国国王时,有的贵族就骂他是出身低贱的私生儿。

由士王与茵格英成婚之夕,她已将临盆,她对丈夫说:"就在我丈夫死去的当夜……我就同这个和我丈夫一模一样的人同床了,也就在这夜里,我有了这个孩子;如今就是面对着上帝,我也只能这样说。"③ 由士王于是自承他就是那个伪装的公爵。王后的托词与阿里司通之妻的狡辩何其相似!可谓欲盖弥彰,疑窦丛生。

类似的太阳神或英雄神之授孕假托,也许还可以远溯至古埃及。阿莫斯王后曾无夫而孕,也像阿阑豁阿、阿里司通之妻、亚瑟王之母那样遭受非议。

傣族史诗《兰戛西贺》里,叭兰戛侦得天神叭英打开宫门的咒语,冒充叭英奸污了其妻嫡苏坦玛。后者听从夫嘱,在冒名者背上划了一道线,使"他背上的石灰永远也洗不掉"④,以后遭到天神的报复。这是一种更大胆的伪托——人冒充了神占有了神妻。

《白国因由·天生细弩罗王白国篇》说,美女茉莉蜣未婚而寡,见江中有木逆流而上(龙神化木托孕,如沙壹-九隆故事),"遂惊迷若梦",梦中"见一美貌男子与之言语,既醒,痛苦而回";以后在洗菜池边"又见前日梦中男子,是夜忽至房中,因而怀孕",好像是从梦里回到了现实,但后来对人辩解,却以梦中神人来会为托词,当然也是一种讳饰。

可见西南民族也有类似的故事和表现手法。而大北亚太阳光或太阳神授孕传说在亚洲的极东部似乎也可以找到类同而又隐蔽的再现。

如波斯杜戈达娃(琐罗亚斯德之母)的神圣授孕。据元文琪等介绍,帕拉维语经典《丁·卡尔特》第七卷记载,第六层天的光源经过祭火台进入弗拉希

---

① [英] 马罗礼:《亚瑟王之死》,黄素封译,人民文学出版社,1960年,第5页。
② [英] 马罗礼:《亚瑟王之死》,黄素封译,人民文学出版社,1960年,第7页。
③ [英] 马罗礼:《亚瑟王之死》,黄素封译,人民文学出版社,1960年,第6页。
④ 苏万达:《兰戛西贺》,见《云南少数民族文学资料》(第4辑),1981年,第209页。

姆怀孕的妻子腹中（这是"天光授孕"的隐晦说法），生下美艳绝伦的杜戈达娃。她遍体闪耀灵光。由于妖魔的蛊惑和煽动，弗拉希姆误以为杜戈达娃"中了妖邪"，将她赶出家门（"丢弃"的婉转表达）。她辗转来到斯皮塔曼部落驻地，与酋长之子普鲁沙斯布成婚。拜火教教主琐罗亚斯德（或译"查拉斯图特拉"，因尼采著作而在世界扬名）之"躯体分子"与雨点混合，进入圣草胡姆（Hom，一称 Hoama，相当于古印度之 Soma），再掺进牛乳，为杜戈达娃所饮，与其身体里原有的灵光融汇成孕，生下人间的圣人琐罗亚斯德，"伊朗的第一位先知"①。这是连环式结构的天光赐孕与弃子英雄相结合的再生态英雄神话，时光使其隐晦变形。

顺便交代，希腊的天光赐孕，或以倒反的形态出现。忒拜第一任国王屠龙者卡德摩斯，有个美丽绝伦的女儿塞墨勒，宙斯为其所倾倒，夜夜以人形与她同寝。公主要求他以诸神统治者面目与其相会。"当宙斯在塞墨勒的请求下做出让步，以闪电霹雳似的光辉出现时，塞墨勒被她情人的闪耀的神光所烧毁。"②她肚子里已经有神的血裔狄俄尼索斯（后来的酒神），宙斯只能将其救出，藏在自己腿肚里继续生长。这个故事，除了表明宙斯原来是太阳和雷电之神外，也可能表示人神之恋的危险，神光的二重性。

与狼图腾机制相融合

韩儒林引畏兀儿文《乌护汗史诗》片段，证明作为大北亚文化特征之一的光明感孕神话在维吾尔族中也有流传。

> 乌护可汗在一地祈神，天黑，苍光自天降，较日月更亮，乌护汗（向之）行走，见光中现一少女。伊独坐，美且柔……及乌护见之，遂失理性，爱而纳之，彼与伊共枕席，满其欲……久后，伊病目。生三男，长名日（Gun），次名月（Ai），季名星（Yulduz）。③

虽然神变成了女性，但也是天光之所化，正是太阳神文化的体现。下文说"黎明有亮似天光，射入乌护可汗之帐。一苍毛苍鬣雄狼由此光出"，则天光又与大北亚游牧文化之图腾兽、引导兽融合矣。

乌古斯可汗征讨乌鲁木可汗途中有苍狼为其引路。黎明时刻，乌古斯牙帐

---

① 参见《波斯神话精选》，元文琪译，中国少年儿童出版社，1991 年，第 40—43 页。
② [法] 让-皮埃尔·韦尔南：《众神飞飏：希腊诸神的起源》，曹胜超译，中信出版社，2003 年，第 148 页。
③ 韩儒林：《穹庐集——元史及西北民族史研究》，上海人民出版社，1982 年，第 284 页。

突然射进来一道日光般的亮光,亮光里出现一只苍毛苍鬃的大公狼,它开口说道:"嗨,嗨,乌古斯/你要去征伐乌鲁木/嗨,嗨,乌古斯/让我在前面来带路!"①

韩先生指出:"《元朝秘史》《元史·太祖本纪》《史集》《蒙古源流》《蒙古宗教史》诸书所记成吉思汗十世祖母阿阑豁阿感光生子之事,与夫余、鲜卑、畏兀儿之传说,显然有关。"② 所以,应该把大北亚的祖先英雄光明感生传说当作一个整体来把握和研究。

金宽雄在《中朝两国神话传说比较研究》论文里综述诸家研究成果说:"这类'族祖天降'型神话传说,在其他北方阿尔泰语系民族中也能发现,如,拓跋鲜卑祖先传说……蒙古族也有类似的祖先神话,其中杜尔伯特祖先的古老神话就与拓跋鲜卑的族源传说很相类似。"他认为,蒙古先妣阿阑豁阿的天光神人感生故事略属此类。"这个传说是所谓'感光而孕'的'日月神'的传说。蒙古族的祖先认为自己是'天神'或'日月神'的后裔。这种'天命观'同蒙古人的原始宗教萨满教的'天神'信仰相联系。"他还联系苍狼、白鹿孕生族祖故事指出,蒙古人尚白,实际上是光明崇拜的表现。③

这类不夫而孕的始祖传说或英雄故事是世界性的,显然蒙古诞生故事还带着原始氏族图腾制度的机杼。神秘和野性的感生或图腾主义的意识,还深植于部众的头脑,不然阿阑豁阿怎样巧辩和诡语都不可能说服他们。更重要的是,这里还有几重集体无意识隐约地透露出来:

第一重:天、天神和光明崇拜,白光(或日、月光)化人或授孕,犹如宙斯化金雨媾合人间少女,本质上仍是太阳和太阳神崇拜;

第二重:比金色天神为黄狗,仍然是狄人集群犬狼图腾机制的残余,与苍狼、白鹿始祖传说暗合;

第三重:金色、黄白色、白光及灰眼睛等等,都表现着原始色彩的神秘,与蒙古人的黄色皮肤也分不开,又与北方及东北方的太阳神系、光明崇拜相一致;

第四重:其卵生之异文,则又证明北亚草原的太阳神文化亦曾与鸟图腾机制相融合。

以伪托和讳饰的巧辩所透露出来的太阳光或太阳神或太阳兽的感孕故事,

---

① 《乌古斯传》,载《新疆文学》1979 年第 5 期。
② 韩儒林:《穹庐集——元史及西北民族史研究》,上海人民出版社,1983 年,第 281 页。
③ 金宽雄:《中朝两国神话传说比较研究》,中国比较文学学会成立大会论文,1985 年,第 4 页。

不仅可以在大北亚文化区发现许多同型异体的表现,甚至远播于日本列岛(例如所谓三轮山型故事)。以那托词的内容和形式而言,甚至也可以在世界神话传说里找到极其微妙的趋同。

异类婚:三轮山型、老獭稚与天子地

日本有所谓三轮山型神话,本质上也是一种神人化身授孕的类型。据流传在高知县土佐郡的《蛇婿》说,"有位英俊的公子,不知从哪儿来的,每天晚上都来找［高贵的独生］小姐玩,风雨无阻,每晚必到,夜夜前来",小姐的母亲让她用带长线的针别在公子头发里,借以跟踪追迹,发现他是水底的蛇精。母亲按照蛇妈妈露出来的妙法,"让女儿喝了三月三的桃花酒、五月五的菖蒲酒、九月九的菊花酒,把怀着的蛇儿给融化了"。从此,女子都喝这些应时的酒,以保重身体。① 这里的神人已反面化,但基本结构仍是神人私通(有人试图把这则故事与中日都流行的蛇郎故事联系起来),复卑化为异类婚媾。

又据钟敬文的归纳,标准的三轮山型故事主要内容如下:

> 有一个女子,每天晚上,跑来了一个男子和她同睡,后来,事情给父母晓得了。父母便吩咐她,等他晚上再来的时候,把穿了线的针,给刺在衣上,看他究竟回到哪里去。后验出那男子是来自三轮神社的,始知道他是一位山神。不久,女子遂生了一个孩子。②

这种神人之间带掩饰的私通,与前述天神、天光赐孕故事极其相似,只是那太阳神卑化为蛇、獭、龟,再提升成山川之神罢了。布库里雍顺,义为太阳山,是把他比附为太阳神兼山神,不知三轮山与太阳有否有关系?最受民间文艺学家重视的系线情节,不但见于古希腊的米诺斯迷宫故事等等,还被《勘皮靴单证二郎神》等巧妙地利用和改造。

所谓老獭稚传说,暗指满族努尔哈赤的建国故事,按照钟敬文等先生的分析,包含"獭女夜媾"(或亦归入三轮山型)、"天子地"、"得剑称王"等母题。这"獭女夜媾",当然又是异类通婚或天人结婚型传说里的一个卑化子题,但除了夜降者的身份殊异之外,与天神(或天光)授孕故事极其相似——所谓老獭云云,实际上是獭图腾授孕的一个遗制,本质上跟鸟图腾、龙图腾等的授孕一致。在文化比较学上,更饶有兴味的是基本结构上的相似性或趋同性。钟敬文

---

① ［日］关敬吾编:《日本民间故事选》,连湘译,上海文艺出版社,1983年,第300—301页。
② 钟敬文:《钟敬文民间文学论集》(下册),上海文艺出版社,1985年,第132页。

录朝鲜崔基南《云渊实迹》〔作于韩隆熙二年，明治四十一年（1908）刊行〕前半情节如下：

> 咸北会宁郡西十五里地西村（即鳌池岩也），有土豪李座首者，年老无子，只有一女子，绝代姿容。长养深闺，父母极爱之。一日，其母审视其女，则孕胎弥月。大惊，急告其夫。……女儿曰："小女生长深闺。果无犯罪。而但夜夜五更，枕睡之间，有何许四足兽，潜入闺内，密解里衣，□□而归。"

老獭稚故事里，其父教女以"明绸细丝一缲丸"系其足，"翌日，由丝寻迹，则入于附近小泽矣"。竭泽得獭，丝犹在足。"于是，捕获打杀，埋于泽畔。其女子弥月解胎，即黄头小子①也。不忍杀之，使母子即为别产，名其儿曰'老獭稚'。"此故事又有侯庸氏汉译之《朱蒙传说与老獭故事》在早年流行。上海文艺出版社1983年版《满族民间故事选》中的《努尔哈赤的传说》，却没有收这则重要的故事，可能别有原因。

这水獭当然是水滨族团崇拜的图腾祖先，但也跟金蛙一样摄水神格。

日本学者极其重视这个流行于亚洲东部和南部的传说。据说，鸟居龙藏《有史以来的日本》(1928) 一书有三篇论文把老獭稚传说、朱蒙传说和三轮山传说做了比较。今西龙发表在《内藤博士颂寿纪念史学论从》(1930) 里的《朱蒙传说》及《老獭稚传说》对此做了详尽的比较。他认为，现代尚在流行的老獭稚型传说是朱蒙传说的原始形态。松本信广又在1933年12月号《民俗学》上发表《老獭稚传说的越南异传》，认为其事与越南丁部领出生故事基本相同。他认为，人獭通婚情节是两地的固有传承，后半的天子地母题则是本源于中国而分传两地。

所谓丁部领故事见于越南汉文文献《公余捷记》卷五：

> 丁先皇，华间洞人也。世传洞中旧有深潭。其母为驩州刺史丁公著媵妾，常于潭边洗濯。适见一巨獭，胁与之交。归而有妊。居期生一男子，丁公甚钟爱之。母独知其为獭所生。未几，丁公卒，而獭寻为人所获。洞人烹而食之，弃其骨。母闻之，候众人散去，拾骨以归，封裹置之灶上。尝嘱儿曰："尔父骨在此。"

以后，小獭儿（丁部领）听堪舆家的话，潜入水中，把父亲的骨头包上草，推到水底"神马之口"里去，"既而人多摄服，推为众长"，"每战必克，号万

---

① 指努尔哈赤。——笔者

胜王"——这就是钟敬文所谓天子地母题,暗含争霸因素。这里的人兽(獭)通婚显然与前引朝鲜故事同型,只是经过文明的洗涤,蛮荒色彩已无多,巨獭也妖气十足,被目为怪异了,是卑化加上怪化。

顺便补充一下,类似所谓天子地母题,在中国南方民族故事里也可发现。例如,壮族英雄莫一大王因为父违帝命被冤斩,抛尸于深潭。他入水找到岩洞,"洞里住着一只神牛",耍弄着发光的珠子。他正准备战斗,神牛却说自己是他的父亲,送给他珠子。他误吞珠子,却从此长足神力,能用伞尖在拦河的山腰上捅出大洞,引出河水,避免了两地的旱涝,而被奉为"头领"①。住着神牛(或神马)的潭穴,便是所谓天子地;英雄送骨或得宝,都属于祖先(尤其动物祖先)的佑护;得到推举或竞赛的胜利,则是常见的争雄母题。

类似的神怪授孕故事,还有流传在江苏灌云的宋太祖赵匡胤的獭父传说。钟敬文录孙佳讯搜集的资料,略云:"一天晚上,(赵姓)船上忽然来了一只大水獭。它打一个滚,变成白面书生,跑进赵姑娘所住的舱里,说自己和她有缘分。"赵女怀孕后被发觉,便依母命用细麻绳系獭精之衣,其父乃得发现獭精,将其劈死。后面就是类似的天子地故事(赵女将獭骨灰送进海中龙嘴里,其儿得为天子)。钟敬文除指出这几个故事的趋同性并认为其属于播化类之外,还强调了中国民间故事的原始性。钟敬文还挖掘并比较了一些同型故事。其中浙江海盐传说里,与姑娘媾宿的是黑衣少年,他也被姑娘插上缝针,最后现形为乌龟(与獭同为水栖动物,最初可能以图腾神兼摄水事)。人獭婚媾而无缝针情节的还有《通幽记》的楚州沈女故事等,其中刘敬叔《异苑》里所记张道香故事,獭精"夜作一物,假作其婿",来就其所,与所谓讳饰有些牵连。

如果我们再把眼光扩大一些,这样以水栖动物化作男人(或男神)与民女交合的神怪授孕或异类婚媾型故事,还可以举出二郎神许逊所斩的蛟精或蜃精。《太平广记》卷一四《许真君》条说,蜃精曾"化为美少年,聪明爽隽,而又富于宝货",得与潭州刺史贾玉之丽女婚配,为许真君察觉,"复变本形,宛转堂下",其子亦"化为小蜃"。《滇系·杂载》也说:"大德间,昆明池有蛟化美少年,淫妇女",后为赵伽罗遣大黑天杀之。这就涉及英雄神杀水怪的故事了。

钟敬文对此型故事做了精密详细的分析比较以后,得出结论:"老獭稚型的传说,除朝鲜和越南之外,在中国境内,也一样地流传着。我们从(一)传说中所保存的原来的形态的多量;(二)传说所由组成的主要情节的独立存在;

---

① 蓝鸿恩编:《壮族民间故事选》,上海文艺出版社,1984年,第101页。

(三)风水思想的主要流行地;(四)传说诸流传地的文化的历史的关系;以及(五)传说诸流传地的地理位置、传说中主人公的政治关系诸点,推断这三个流布于亚细亚东南部的同型传说,它发生的境域大概在中国境内。"① 这意见是很精彩的。如果从基本结构看,无论三轮山型还是老獭稚型故事(前部)则都可以归纳到神祇(或图腾)化人授孕或异类婚媾这一大类里去——天人或人兽婚媾而来的后裔在较古老的故事里则大都是这种创业或除害英雄,大部分还是太阳族的子孙。

这种讳饰或伪托,埋藏着极深的历史真实和诗歌真实。有的学者借用类似"事实"来解释图腾感生之秘密。章太炎在他的演讲里说《诗经》记后稷的诞生,颇似可怪。但经毛公注释,训帝为皇帝,即人王,就等于平常的事实了。他引用《史记·高祖本纪》刘媪与龙交而生刘邦的记载说,这类故事无非一种巧妙伪装的私通案。"记得湖北曾有一件奸杀案。一个奸夫和奸女妇密议,得一巧法,在雷雨当中,奸夫装成雷公怪形,从屋脊而下,活活地把本夫打杀。高祖底事,也许是如此。他母亲和人私通,奸夫饰做龙怪的样儿,太公自然不敢进去了。"② 所以《玄鸟》《生民》之类也无非此类通奸案的伪饰。这种大胆怀疑古书的批判主义、怀疑主义精神是清季疑古发伪的朴学作风的一种趋向极端的发展,也是五四前后反对好古、泥古、颂古的学风一种比较偏激的表现,但在当时的史学界却是可贵的。简狄、姜嫄、阿阑豁阿、达那厄公主、阿里司通之妻、亚瑟王之母、阿莫斯王后之流从"事实"说,当然是与人野合私通致孕而生子,但初民却真诚地相信这是由于图腾或神物的赐孕而生出图腾或神的后裔。所以,此说仍然不能揭示历史本质的真实。

通奸案的有意伪托神圣、遮人耳目,最佳的描写无过于我国古典推理小说《勘皮靴单证二郎神》,章太炎的见解很可能受其启发。这类事情不大可能发生在传说时代或成文史的早期。但是,神人或神物化作金光潜入深闺与人间女子媾合,无论如何,总有天人通婚或神怪授孕、异类婚媾的框架或遗迹,可见其本事源流。

---

① 钟敬文:《钟敬文民间文学论集》(下册),上海文艺出版社,1985 年,第 148 页。
② 章炳麟:《国学概论》,曹聚仁记录,商务印书馆,1930 年,第 3 页。

第三章　大鸟英雄

一、大鸟、巨鱼和英雄神

　　大鸟和巨鱼神话是世界性的，研究者极多，一般都承认它是游走性、播化性的，对它的起源地则没有一致、明确的看法。这组神话令人感兴趣的地方是：大鸟和巨鱼（或巨龙、巨蛇）的母型是什么，它们为什么成为死对头？鸟鱼之争反映了什么样的观念？大鸟、巨鱼为什么会互相转化？特别是大鸟、巨鱼怎样人格化并且和英雄神话相结合，并终于加进传说的祖先英雄系列？

　　这样，讨论太阳文化射手英雄的卵生和鸟形化身之后，就必须研究其更典型、更奇特的形态：象征光明的太阳英雄化身大鸟，并且常常与代表黑暗和死亡的巨鱼、恶蛇或毒龙做殊死的斗争。

　　凤凰，或凤凰化的玄鸟、阳离，曾引起自然与人间巨变，并与祖先神、英雄神帝俊、离朱、后羿以及羲和、简狄等相结合，其伟大可知。雨神鸟屏翳（鹭凤）像大鹏一样遮天蔽日，它曾与东夷的猎神、牧神伯益结合。风（凤、鹏）的"分读"（或析音）飞廉能发动大风（它曾与秦人先祖善走的蜚廉相结合）。与后羿斗射的逄蒙也能危害世人和英雄。从这个角度看，古希腊宙斯所化的鹫，阿波罗所化的乌鸦，珀耳修斯等所化的大鸟，也都可以组合进世界性巨鸟神话的系列。

　　反过来又可以说，这些象征自然力的大鸟既曾人格化并与祖先英雄崇拜相结合，而祖先英雄又可以自然力化（或自然神化），并且与图腾（鸟）崇拜相结合，这样我们又有了英雄化大鸟与神怪化巨鱼战斗的神话，或者说有了大鸟巨鱼搏斗与英雄杀怪相互渗透融合的神话。

　　在英雄救美杀怪而成婚的故事里，魔鬼或海妖来杀害人民，国王不得不以公主祭妖。英雄珀耳修斯勇杀恶龙，救出安德洛墨达，这是著名的杀怪成婚型故事。而珀耳修斯恰又曾化身为大鸟。也有人说这条恶龙是鲸。麦尔维尔《白鲸》说：英国英雄圣·乔治和大龙的著名故事里，"这条龙，我却认为就是一只大鲸；因为在许多古代历志中，都奇怪地把鲸和龙混淆一起，而且往往互为顶替。'你如同江河的狮子，也如同海里的龙'，以西结说（《旧约·以西结书》）；这就是明显指着大鲸；事实上，有若干《圣经》的译文就径用鲸这个词儿。"①

鲸鲲人格化为海神、禺强，又跟治水英雄鲧等结合，鹏凤是否也经历了这样一个过程呢？是的，如上所说，凤是东夷图腾，东夷的祖先英雄神都有凤的化身，兼司日、月、风、雨等等，甲骨文四方凤（风）名多与殷商先公、英雄相叠合便是证明。

鹰击长空，蛇居地底，鲸处深渊，所以以鹰为主要母型的大鸟便代表光明和生命，大蛇或巨鱼往往就象征黑暗与死亡。古埃及化身为鹰的太阳神拉杀死居于地下的蛇怪阿普苏就是最典型的光明与黑暗的斗争。

人蛇的冲突是历史性的，甚至是宿命的冲突，所以，几乎一切神话英雄（尤其是太阳鸟族的英雄）都要屠杀恶龙或毒蛇，其事迹的类似点、趋同性也极大。

龙、蛇、鱼、鲸等有时又成为洪水的象征。鲲鹏战斗神话又表现为治理洪灾的人水之争。例如，纳西族民间故事说，人与龙本系同父异母兄弟，龙却独占了祖传的夜明珠，大鹏鸟为人复仇，用巨爪把有三节身躯的孽龙"提出一节，海水干下去一截；拉出来两节，海水干下去两截；提出三节，海水全干了"。大鹏先绑龙于神树，后来命它"住在远离人世的黑山黑岩间"（实是让它复还于黑暗），人感恩大鹏，"把那颗传家的夜明珠送给大鹏"（此珠疑即大鹏木难宝珠之异变）。②而治水英雄往往有（准）太阳神特性以及鹰鹏之化形。

纳西人崇拜的格尔美为有羽之神，当是大鹏的本土模样。旱魃为虐，"鹰神从天而降，把主持雨水的'意母古'（龙）抓住，训斥一番，惩罚龙变为蛇"③。这当然是治水英雄神话的动物故事化，且可能有图腾意识残余。据说，丽江东巴经文献、永宁达巴的口述，对此有基本相同的描写。④

所以，鱼鲸龙蛇之类在与鲲鹏搏斗的变体故事里常以反派面目出现。而与龙蛇、鱼兽搏斗的鹰鹫，却高高地翱翔于天空，雄伟、武勇、崇高，是许多太阳神鸟的原型，象征着光明和生命。鹰鹫除了掠食小家禽、小家畜之外，对人

---

① [美] 麦尔维尔：《白鲸》，曹庸译，新文艺出版社，1957年，第529页。
② 中共丽江地委宣传部编：《纳西族民间故事选》，上海文艺出版社，1981年，第90—91页。
③ 严汝娴、宋兆麟：《永宁纳西族的母系制》，云南人民出版社，1983年，第195页。
④ 参见云南省民族民间文学丽江调查队编写：《纳西族文学史（初稿）》，云南人民出版社，1960年，第76页。

类不构成多大的危害，不像毒蛇那样威胁人的生命（中国古代穴居患蛇，见面打招呼是"无它乎？"，就是问"没碰到蛇吧？"）。鹰雕还是猎人的助手，草原和山地的游牧人多崇拜雄鹰，主要是他们把有不同本土基础和特色的大鹏鸟传说播散到世界各地去。中国各民族大量的鹰与蛇（或神鹰与妖蛇、恶龙）搏斗的故事都蕴含骑射、畜牧民族的传统和群体意识，赞美雄鹰（实际上也是自己）勇敢、坦诚、向往自由和光明的性格，多以恶的失败、善的高扬为结局。

二、雷神鸟

雷公卵与鸟形雷神

前文交代，太阳与雷电是自然界最受崇拜、敬畏的天体或天象。它们不但互渗，而且可能相互转换。它们都发光，产生强烈的力或能，而且以火的形态出现。所以雷电英雄也跟太阳英雄一样能够斩妖灭怪，建立殊勋。

例如，广东雷州雷神传说，早在民间流传。《太平广记》卷三九四引唐人《救荒杂录》说，牙门将陈义是雷的子孙。"昔陈氏因雷雨昼冥，庭中得大卵，覆之数月，卵破，有婴儿出焉。"雷似乎还为之哺乳。后世民间传言：

> 陈文玉公，隋时古合州（雷州在隋朝以前为古合州，详后）人。相传公之父陈叟，以猎为生，蓄一猎狗，有九耳……狗在一丛林中乱吠，以脚爬地深尺许，叟异之，趋观，见一大卵，重可十斤，奇之，抱归家。……卵裂而得一儿，叟喜，巫抱而育之。及长，富英姿，有奇才。掌纹左有一雷字，右有一州字。①

陈义以后建功立业，兴利除弊，"事迹见于《雷州志乘》，更有《雷祖志》以详之（二书均存），雷州无论男女老少，均能津津道之。陈叟获卵处，其迹至今犹存"②。这当然也是一位卵生英雄。九耳龙犬掘卵，则似徐偃王故事，但也证明雷神在民间口传里也是卵生、鸟形。

《三教源流搜神大全》有五雷神事，情节略有更异，可与文献、传说参校。略采其事，云：

> 雷神庙，在广东雷州府之西南八里。昔乡人尝将麻布造雷鼓、雷车置庙中，有以鱼鳖肉同食者，立为震震。旧记云：陈天建初，州民

---

① 洪钟医：《雷祖陈文玉公故事》，载《民俗》1929年第47期，第19—20页。
② 洪钟医：《雷祖陈文玉公故事》，载《民俗》1929年第47期，第20页。

陈氏者，因猎，获一卵，围及尺余，携归家。忽一日，霹雳而开，生一子，有文在手，曰"雷州"。后养成，名文玉。乡俗呼为雷种。后为本州刺史，殁而有灵，乡人庙祀之，阴雨则有电光、吼声自庙而出。

可见，中国的雷神也曾是卵生的英雄，暗示给予其生命者也具鸟形。汉族的雷公便具有鸡形，尖嘴有翼而鹰爪。雷公之子如《封神演义》中的雷震子，就鸡首人身而有翼。

黎族和高山族的鸟形雷神，跟卵生神话关系特大。据海南岛的一则民间传说，思河的峒上有高山，雷公觉得可以繁殖人类，便带来一颗蛇蛋；接着，"雷公把蛇卵轰破，就从卵壳里跳出一个女孩子来"，雷公名之黎母。以后，她与大陆来的男人结婚，便繁衍出当地的黎族来。① 这实际上是说雷神赐孕给蛇，卵生出人类祖先，是一种鸟蛇相媾合的感生始祖神话。

兹事亦见于文献。《古今图书集成·职方典·琼州府》云："安定县故老相传，雷摄一蛇卵，在黎山中，生一女，号为黎母，食山果为粮，巢林木为居。"吴任臣《山海经广注》注引《广志绎》云："黎人之先雷，摄一蛇卵，中为女子，是生黎人，故云黎姥之山。"杜而未据上列资料推测说："蛇卵生女，陈（义）家的卵生男，所以不是蛇卵。雷神来陈家'乳哺'小儿，《尔雅·释鸟》：'生哺鷇。'注：'鸟子须母食之。'可见来乳哺的是雷鸟。《夏小正》春正月：'雉震响。'传曰：'正月必雷，雷不必闻，唯雉为必闻之。何以谓之？雷则雉震响，相识以雷。'（见王筠《夏小正正义》）那么，神话的雷鸟似以雉为根据。但孔雀也似和雷的神话相关，《五侯鲭》云：'孔雀出条支，又出滇南国，因雷而孕。'"② 而雉和孔雀都是较后的凤鸟的模样。

传世铜鼓里有一种铸着"半似鸟半似人之人物图形，各人物执斧凿"。罗香林说："余疑其本为象征雷神子孙而作，今日广东高、雷、钦、廉一带，尚有嫁女于雷公，生子如雄鸡一传说。而福建漳泉一带，民间至今仍以雷公为鸡头人身，手臂兼有二翼，两手并执金锤，与半人半鸟之图形，正相吻合。"罗香林又引美国人艾略特·史密斯（G. Eliot Smith）所著《龙之演进》中中国之雷公（The God of Thunder）的插图，正口作鸡嘴，背负二翼，一手持斧，一手持凿，

---

① 广东民族学院中文系编：《黎族民间故事选》，上海文艺出版社，1983年，第12页。
② 杜而未：《古人对于雷神的观念》，见古添洪、陈慧桦编著：《从比较神话到文学》，东大图书公司，1977年，第38页。

足作鸡爪之形。① 这些说法，时代虽然较晚，却有原始宗教之基础。铜鼓也确实与祭雷祈雨有关系。《广东新语》载，铜鼓"雷人辄击之，以享雷神，亦号之为雷鼓云。雷，天鼓也"。《岭南杂记》："诗传，雷州府有雷公庙。每岁，乡人造雷鼓、雷楔、雷车送入庙。"

徐松石指出，"今铜鼓表面确多鸟喙形象"，"南丹县城，有僮人所拜的铜制雷神像，他的面部与铜鼓上的鸟头形十分类似"。②

石钟健说：越人"每当遇到危难之时，总是拜求祖先图腾——'雒鸟'和'鳄鱼'，还有各种神灵，如雷公之类"③。他也认为，铜鼓与鸟、鳄及雷神崇拜有关。"雷公是越人崇拜的神灵之一。广东南海有雷神庙，塑雷公形象，其形鸟喙雉翼。日本住友氏所藏铜鼓和新发现的崇阳铜鼓，盖纽上铸的都是鸟喙雉翼的雷公像。传说雷公司雨，崇拜雷公，意在向他祈晴求雨。东山式铜鼓上主要刻划几何形的云雷纹，想是借此表示崇拜雷公之意。"④

潘世雄更认为，铜鼓图纹的中心思想是"镇雷求雨祈丰收和镇雷止雨消灾"，"雷鼓上的云雷纹与风云雷雨有关"。⑤ 徐松石说，铜鼓上的孔雀纹，有的像鹰，有的像雉，"实在即是鹏鸟"；而这些鸟纹"与许多印第安灵鼓和灵袍上面所绘的雷鸟一式一样"。⑥

南方多雷雨而民惧山洪，雷公常被认为是发动大水的恶神，但有时他也以英雄神面目出现。黎族传说，雷公为民除害，把象征风暴横行的螃蟹精杀死，其肚里黄水流了七天七夜才形成洪水。雷公指点洪水遗民的兄妹结为夫妻，以繁衍人类。最后，妻子生下一个肉团（实是雷公卵的暗示），丈夫把它剁碎。"有一群乌鸦飞来，把一些肉块衔上山来"，成了黎家、苗族（顺水流到平原的则成汉族）⑦。这又渗进了鸟图腾救护的故事因子，而我们知道，南方（包括黎族）的雷公多是鸟形的。所以，人们又认为雷公是创生神、始祖神，带着鸟图

---

① 罗香林：《百越源流与文化·古代越族文化考》（上册），台湾编译馆《中华丛书》编委会，1978年，第143、162页。
② 徐松石：《粤江流域人民史》，世界书局，1963年，第216页。
③ 石钟健：《铜鼓船纹中有没有过海船》，见中国古代铜鼓研究会编：《中国古代铜鼓学术讨论会论文集》，文物出版社，1982年，第178页。
④ 石钟健：《铜鼓船纹中有没有过海船》，见中国古代铜鼓研究会编：《中国古代铜鼓学术讨论会论文集》，文物出版社，1982年，第184页。
⑤ 潘世雄：《广西铜鼓纹饰的意义》，见中国古代铜鼓研究会编：《中国古代铜鼓学术讨论会论文集》，文物出版社，1982年，第186、189页。
⑥ 徐松石：《华人发现美洲考》（上册），东南亚研究所，1981年，第114页。
⑦ 参见广东民族学院中文系编：《黎族民间故事选》，上海文艺出版社，1983年，第3—4页。

腾崇拜的成分。

壮族的民间信仰和传说里,"住在天上的雷王,生就一对灯笼眼,眨起眼来骨碌骨碌地闪绿光。他背上长了一对翅膀,抖动起来就刮风暴。他那双脚呀,重得很,走起路来轰隆轰隆直响。手上还拿着板斧和凿子,发起脾气来,就这里凿凿,那里劈劈"①。

他的形象和特性,都有些像古代玛雅的雨神（Chac）和印第安人的雷鸟。不过这位雷公往往跟洪水相连,多以反面形象出现。"青蓝色的脸,鸟的喙,背上长一双翅膀"的雷公,左手招风,右手引雨,"他的舌头象蛇信一样,前头开岔,从嘴里一吞一吐伸出来缩进去,就发出一小串一小串火花"②。有一次他伸舌吐舌,"嘴里便喷出一丝丝蓝色的、绿色的火焰来",用以吸引好奇的伏依兄妹。③ 以鸟舌或蛇信为闪电,这确实极像非洲和美洲雷雨之神的特征。这也许还可以为环太平洋文化器物上常见的吐舌形象补充一个有力的解释。

胡仲实也说:"在《布伯》的神话里,雷王的形象则是一位蓝脸、鸟喙、蛇舌、鸡足、背生肉翅、左手招风、右手唤雨的兽首人身的天神。显然,这是一个以鸟图腾为基础,同时还融化进有蛇图腾和鸡图腾在内的一个新的民族联合体（部族）的图腾的神化。"④ 可以说,这依然是一只多少有些人形化了的雷神鸟。

美洲雷神鸟

中国鸟形的雷公和玛雅雨之神趋同与可比之处实在太多。刘敦励说:"中国人的另一重要雨神,是雷神雷公,他常被形容为鸟首人身,或象首蛇身,手执电光或火把的人物,其神体亦多变,或四或五,且亦与四方、四季、四色、四种特性有关,每一方有一雷神把守,他们被称为句芒、祝融、蓐收、冰夷等名。雷公不但被尊为雨神或雷神,且被尊为风神、农业神或创生神。"⑤ 前面说过,作为雨神的魁扎尔科亚特尔是冠戴羽毛、长着鸟翼又化身为蛇的雷雨之神。虽然玛雅人的专职雨神没有明确的鸟化身,但"也与雷公同样有人首蛇身或象首

---

① 蓝鸿恩编:《壮族民间故事选》,上海文艺出版社,1984年,第25页。
② 兰鸿恩:《广西民间文学散论》,广西人民出版社,1981年,第11页。
③ 蓝鸿恩编:《壮族民间故事选》,上海文艺出版社,1984年,第32页。
④ 胡仲实:《试论雷神形象的历史演变》,载《南宁师范学院学报》1984年第4期,第13页。
⑤ 刘敦励:《古代中国与马耶人的祈雨与雨神崇拜》,载《"中央研究院"民族学研究所集刊》1957年第4期,第104—105页。

蛇身的形体，也常手执电光或火炬，也被尊为雷神和创生神，也同样的有四个神体代表四方、四色和四种特性"①。这种雷（神）鸟，跟生物学上的雷鸟（Thunder Bird）有所不同。

特别值得注意的是，美洲的雷鸟也跟英雄神（或太阳英雄）化为一体，"据说它是大神马尼突（Manitu）的鸟，或者便是他的化身"。古时候有四只这种雷鸟（类似中国有四方风神或四种凤鸟），它们以鲸鱼为食。太阳神兼雨神魁扎尔科亚特尔，有时会跟雷鸟作对，有意"依附在一只鲸的身上"（这实在是说化身为大鸟的他，也能转化为巨鱼，犹如中国的禺强既是人面鸟身又是海里的巨鲸），引诱雷鸟紧紧地抓住它，然后便猛地往水底一沉，"将三只雷鸟淹死了，只有一只逃脱存留至今"。林惠祥以为，这段神话是要表达"雷是四方的一方发生的"②。这也说明，鸟鱼斗争的一种形式是鸷鸟捕鱼，而鱼类跟蛇一样有时也能反抗，把鸟拖下水。

我国广西壮族也有四位雷公分管四方云雨的神话。"广西壮族聚居的地区，大抵属亚热带气候，每年四至十一月为台风季节，台风来时，狂风暴雨，电闪雷鸣。七八月间洪水泛滥，经常酿成水灾，故壮族地区普遍敬奉雷王，且有雷王和龙王是两兄弟的传说。"③ 他们多居住在四面高山的洼地（坝子）之中，特别容易受到雷雨和山洪的威胁。他们的雷公神话特别丰富而复杂。跟苗、瑶、黎等族一样，壮族雷公一般是恶神，但有时又与英雄神相粘连。

壮族民间传说《雷公的故事》说："天上有四个雷公，它们管理着地上的一切。"《雷公的传说》则谓："天上有四个（雷）神，姓赵、邓、马、关，奉玉帝之命，每年轮流值天堂，并监视凡界。"④ 这跟美洲的四方雷神颇为相似。潘世雄还据以推论："天上有四个雷公。雷公和蟾蜍是互相对抗的，雷公怕蟾蜍，蟾蜍能压制雷公。因此，铜鼓上的四蟾可能与天上的四雷公有关，就是四蟾分管四雷。"⑤ 这不一定准确。但壮族四雷公与玛雅四雨神确实很相像。

广东雷州地区传说雷神有十二位。"雷州英榜山有雷神庙，神有十二躯，相

---

① 刘敦励：《古代中国与马耶人的祈雨与雨神崇拜》，载《"中央研究院"民族学研究所集刊》1957年第4期，第104—105页。
② 林惠祥：《林惠祥人类学论著》，福建人民出版社，1981年，第109页。
③ 胡仲实：《壮族文学概论》，广西人民出版社，1982年，第43页。
④ 参见广西壮族自治区壮族文学史编辑室编：《壮族民间故事资料》（第2集），广西壮族自治区文学史编辑室，1957年。
⑤ 潘世雄：《广西铜鼓纹饰的意义》，见中国古代铜鼓研究会编：《古代铜鼓学术讨论会论文集》，文物出版社，1982年，第188页。

传雷王应十二方位，这与铜鼓表面中心所列十二芒的太阳，和铜鼓原始形式十二圆圈意义相合。"① 十二方位与十二月观念有关，但如果每三方位分配给四季或四方，也与四雷公吻合。

中国的雷电之神跟 S 和 ⊕ 两个符号关系紧密。前面说过，古申字以 S 为基干，上下弯中滋生出两物，是闪电的形象，以后从"申"（电）字引申出（或生长为）一切的神。"雷"字，古或从三田，或从四田，后来省变为从田。《说文解字》卷一一雨部说，雷字所从之田"象回转形"；又说："回，雷声也"。所以"吴回"又写作"吴雷"，《楚辞·天问》中雷神、水神共工又称为康回。《楚辞·九歌·山鬼》："雷填填兮雨冥冥。"雷或从三田。五臣注："填填，雷声。"洪兴祖补注："填，音田"。所以，"田"可象雷声。《九歌·东君》："驾龙辀兮乘雷。"洪补引《淮南子》曰："雷以为车轮。"注云："雷，转气也。"所以，"雷"下之田（尤其四田）又可以是雷车之轮，以象雷声或所谓球形闪电。还有人说"田"是象征雷鼓的，如《论衡》所谓连鼓之形。而铜鼓上的回纹也就是雷纹。有趣的是，"在今日海南岛的黎族，也常以这两种符号代表雷神或创生神。在玛雅画典（Codex）中⌒和⊕常互相关连，并且特别用以代表（雷神）雨神 Chac"②。

---

① 徐松石：《粤江流域人民史》，世界书局，1963 年，第 216 页。
② 刘敦励：《古代中国与马耶人的祈雨与雨神崇拜》，载《"中央研究院"民族学研究所集刊》1957 年第 4 期，第 105 页。

第二篇

弃子英雄：磨炼与考验

第一章　履迹生子和图腾授孕

一、履迹生子的解释

从《诗·大雅·生民》"履帝武敏歆"所反映出来的姜原履迹而生后稷这一独特的感生传说，是中国最典型的弃子英雄故事。要解释弃子的原因，就必须从它开始。诸书中，以《史记·周本纪》讲得最明白：

> 周后稷，名弃。其母有邰氏女，曰姜原。姜原为帝喾元妃。姜原出野，见巨人迹，心忻然悦，欲践之，践之而身动如孕者。居期而生子……

这显然包含着一种授孕图腾机制（Conceptional totemism）：通过圣处女与图腾某一部分的感触而实现。其关键情节（履迹）比较独特。但无论是履迹生子，还是从而引起的三弃三收，都有极多的异解和争论。如清人成瓘《读诗随笔》所说："诸家聚讼，莫多于《生民》之诗。"而如果弄通了上述两大史谜，那么不但有助于释读《生民》，解决中国上古史的某些疑案，对世界性的弃子英雄故事的研究也有助益。所以我们选择其为突破口。

《毛传》：现实化

《诗·生民》的《毛传》试图给予履迹现实化的解释：

> 生民，本后稷也。姜，姓也。后稷之母，配高辛氏帝焉。……古者必立郊禖焉，玄鸟至之日，以大牢祠于郊禖，天子亲往，后妃率九嫔御，乃礼天子所御，带以弓韣，授以弓矢于郊禖之前。

《毛传》试图把履迹纳入古代的高禖祭祀仪式去解释。所谓"帝"本指天神，《毛传》把它说成高辛氏之帝（帝喾），意思就是在祭祀高禖神求子的时候，姜原践履着帝喾的足印，亦步亦趋，执行了一道仪式手续，便感觉如怀了孕，"从于帝而见天将事齐敏也"——这也许可以算是中国式神话-仪式起源理论吧。

要之，《毛传》以为是帝喾率领其妃姜原祈子于高禖，姜原履足迹而行祭

祀，求子而得子，根本不是什么践履天帝或怪物的足印而受孕。但由于是祭郊
禖神而得子，所以依然是天赐神授——"天生后稷，异之于人，欲以显其灵也。
帝不顺天，是不明也。故承天意而异之于天下"。

唐孔颖达疏把《毛传》的意思传达得更加明白："禋祀高禖之时，其夫高辛
氏帝率与俱行。姜原随帝之后，践履帝迹，行事敬而敏疾，故为神歆飨……；
于是天神所美大，为福禄所依止，即得怀妊，则震动而有身。……燕以此时，
感阳气来集人堂宇，其来主为产乳蕃滋。"宋马端临《文献通考》卷八五《郊社
考》评述此说曰："其说颇附会玄鸟生契之意。如《诗》言'绳其祖武'，传言
'夫子步亦步、趋亦趋'，皆继踵相因循之意。'履帝武敏歆'，犹言帝喾行禖祀
之礼，姜原踵而行之，疾而不迟；故上帝所歆，居然生子，以见视履考祥，其
应亦速，而后世弗深考经旨、传注，怪诡机祥，并为一谈。"《毛传》确实想在
《生民》《玄鸟》两个系统之间进行比较，寻找联系，这一点很有理论意义。他
们所述的高禖仪式也为上古禖祀之制提供了重要的材料。但《毛传》有许多扞
格难通之处。清皮锡瑞抨击《毛传》最力："以诗义推之，《毛传》必不可通。
帝既弗无子，生子何又弃之？且一弃再弃三弃，必欲置之死地？作此诗者，乃
周人尊祖以配天，若非实有神奇，必不自诬其祖。有夫生子，人道之常，何以
铺张生育之奇，乃至连篇累牍？孙毓谓：自履其夫帝喾之迹，何足异而神之？
其说甚通。……不知周、鲁之人作诗以祀祖宗，叙述神奇，并无隐讳，何以后
人少见多怪，必欲曲为掩饰？依古纬说，自华胥生皇羲，以至简狄、姜原，皆
有感生之事。……且据《诗》而论，无论事之有无，而诗人所言，明以为有。
如必断为理之所无，则当起周、鲁与宋作诗之人，责以诬祖之罪，不当谓三家
说《诗》为误，责以诬古之罪也。"① 其评自汉至清各种属于《毛传》系统的臆
解新说，更加淋漓尽致。所谓"纷纭异说，无一可通；即解《生民》诗可强通，
而解《玄鸟》《长发》《閟宫》三诗皆不可通"，真是一针见血、入木三分的老
吏断狱之谈。

清姚际恒《诗经通论》也不同于《毛传》高禖求子之说，比较平实地指出：
"岂有从需禋祀所求而得之子，如此多方以弃置之乎？庶民之家尚不如此，奚况
帝子！盖弃子者怪之也，怪之者以其非人道之所感也。……大抵上古世事本多
奇异，而诗人形容或不无过正，如后人作文，喜取异事妆点，使其文胜耳。"②

---

① 皮锡瑞：《经学通论》，中华书局，1954 年，第 41—42 页。
② 转引自尹荣方：《神话求原》，上海古籍出版社，2003 年，第 25 页。

中国古代确实存在与社祭紧密关联的高禖祈子仪式。郭沫若、陈梦家、闻一多、姜亮夫、孙作云等先生对此已有详尽的论证。高禖的主要特质是求得神孕，其具体内含随着时代而发展。除了秦汉以后的"遗迹"性表现以外，主要有三个阶段或者说三种内容。

（1）最初是让代表氏族、部落的圣处女到秘密地点（例如简狄的瑶台、姜原的閟宫）等待图腾或神祇来媾合，以求得图腾或神圣的血裔。这就是圣婚。《玄鸟》故事较明确地有此内含，姜原虽有閟宫之祀，却没有参加此类活动的明确记载。如果这閟宫所在地确实有图腾足印的话，那么姜原就是到这高禖社祭圣地去践履图腾足迹，以取得其真裔。但是绝没有殷商的先祖或上帝营的介入。

（2）高禖的另一形制，是圣处女以献身为赎身的仪式。这跟作为周族女祖先的姜原所处的时代和身份都不相同。

（3）在原始社会末期或略后，部落（有时是邦国、侯国或王国）的酋长和圣处女（或圣王、圣后）一起到高禖社祭圣地寝宿，这样也可以通过灵性马纳的某种神秘传递使他们获得一个具有神性的后裔。这倒有些符合《礼记·月令》和《毛传》所说的高禖祭的情形，后世的高禖求子活动大致与之相似，但是宗教的因素已大大削弱乃至消失。但这与姜原的时代并不相符。特别是，这样就很难解释履迹和三弃三收的背景、性质和含义。所以闻一多才别出心裁地提出一个"舞蹈说"来调和《毛传》派解释无法自圆的矛盾："履帝迹于畎亩中，盖即象征畯田之舞，帝（神尸）导于前，姜原从后，相与践踏于畎亩之中，以象耕地也。"① 此说虽新颖，却仍然不是履迹生子的真相。

郑笺的履天帝足迹说

解释《生民》的第二大派是郑笺系，即"履天帝之迹而得子"说。《生民》郑笺："周之始祖，其生之者是姜原也。姜姓者，炎帝之后，有女名原，当尧之时，为高辛氏之世妃。本后稷之初生，故谓之《生民》。姜原之生后稷如何乎？乃禋祀上帝于郊禖，以被除其无子之疾，而得其福也。帝，上帝也。敏，拇也。……祀郊禖之时，时则有大神之迹，姜原履之，足不能满，履其拇指之处，心体歆歆然，其左右所止仕（住），如有人道感己者也。于是遂有身，而肃戒不复挥（御），后则生子而养长，名之曰弃。舜臣尧，而举之，是为后稷。"他主履天帝之足迹而怀孕生子说，但仍试图把祀于郊禖以求子之说组合进去。相对来

---

① 闻一多：《神话与诗》，中华书局，1956年，第76页。

说，这个解释是比较合乎原始性社会的实际和观念的，虽然也有人反对。

清马瑞辰《毛诗传笺通释》评毛传派之失，而证郑笺姜原无夫而生子之说曰："按此诗毛郑异说，尝合经文及《周礼》观之，而知姜原实相传为无夫而生子，以姜原为帝喾妃者误也。《周官·大司乐》'享先妣'郑注：'周立庙，自后稷为始祖，姜原无所妃（配），是以特立庙而祭之。'使姜原为帝喾妃，不得言无所妃。一证也。'守祧奄八人。'贾疏谓守七庙及姜原庙，使姜原为帝喾妃，不得有原庙而无喾庙，二证也。《诗》言'履帝武敏'，而下言'上帝不宁'。《閟宫》诗曰：'上帝是依。'是知帝为上帝，非高辛氏之帝。三证也。武，迹也；敏，拇也。见于《尔雅·释训》。则履迹之说，相传已久。四证也。《诗》曰：'克禋克祀，以弗无子。'许氏益之曰：'弗无'之为言'有'也。故'莫匪尔极'者，皆是'尔极'也；'求福不回'者，求之正也；'方社不莫'者，祭之早也；'其则不远'者，则之近也。戴氏震曰：如许氏说，无庸破弗为祓；然不直言有子，而曰'以弗无子'，反言以见其非理之常。又二章'居然生子'，亦出于意外之词。若有夫而生子，人道之常，何以言'以弗无子'，又何以言'居然生子'？五证也。《楚辞·天问》：'稷惟元子，帝何竺之？投之于冰上，鸟何燠之？'王逸注（略）。六证也。古言履迹生者三：一为伏羲，一为帝喾，合后稷而为三。又言吞卵生者二：一为契，一为大业。世代荒远，秦汉间已莫可考。殷周之视唐虞，犹秦汉之视周初。盖周祖后稷，以上更无可推，惟知后稷母为姜原，相传为无夫履大人迹而生。又因后稷名弃，遂作诗以神其事耳。"

清惠周惕《诗说》批评郑笺调和上帝感生与从帝喾祀高禖二说之弊，曰："其言秽亵不经，不必言，即如其说，稷非帝喾之生，则直祀姜原，祀上帝足矣，乃更禘喾，而以祖配，不亦多事乎？推其说之弊，必至杨墨之无父无君，禄山之先母后父而后已，岂不悖于礼而背于教哉？郑氏之意，不过借是以文其'感生帝'说耳。乃附会纷纷，转辗加甚，傍姜原于房后，比上帝于丹朱，侮圣亵天，煽惑后世，而'感生帝'之说，至宋不改。当时人臣无敢讼言其非是者，亦可慨也夫！（郑玄之说本于史迁，迁亦附会汉高五帝之意，特未有感生帝之说耳。）"惠周惕在《答薛孝穆书》里又申述己说曰："足下谓姜原配合生子，人道之常，何以名之曰弃？何以置之隘巷、平林、寒冰？仆则谓姜原之弃后稷，盖以'不坼不副'之异（按：此近'易生说'），非以感上帝之异也。郑庄寤生，姜氏恶之；芮司徒生女，赤而毛，弃之堤下。若此类者，亦将谓之有感而生邪？……子文之贤，虎且乳之，则鸟之覆翼、牛羊之腓字，未足为后稷怪也。乌得以郑氏安诞秽亵之论，诬上帝以及姜原哉！"这里不少是迂腐之言。

清汪龙《毛诗异义》亦反对郑笺之说:"笺言人道之感,谓构精耳。姜原何以即知于此有身?后以此异弃稷,前又何故肃戒不御?惧人不信而原实有夫,则弃稷之故,求之笺说,亦复难通。"

这些批评虽然也有一些道理,但总的说来,旧式学者对于原始性社会风习、制度,原始性思维结构、特征一无所知,所以无法给不夫而孕、感天而生、履迹而孕等以科学的解释,对基本正确的郑笺多有非难。不过,他们认为,既说履天帝之迹而孕,就不必仍然把帝喾云云牵扯进来,这是很正确的。又,胡玉搢《诗履帝武敏歆辨》专评郑笺用纬书之误曰:"纬书或谓起于哀、平,或谓七十子之微言,西汉时无有援以说经者。自后汉世祖尊用图谶,朝廷引以定礼说经。郑君意在尊王,解经遂多从纬说。此读书论世,可见感生之说,作诗时所未有。即使纬书起于周季,而毛公不取,最得其正,最合诗人本旨。"又从逻辑上指责郑君之未当:"倘如郑说,无人道而生子,心怀疑惧,亦当秘不令宣,抑或别有处置,而乃置隘巷、平林、寒冰,显暴其事,试问弃者何人,知其神异而收者又何人乎?"①

纬书确然后起,郑氏杂采纬说以解经也难免有失当之处,但纬书并非绝不可用,它也保存着相当的原始材料,有些说法也"不幸而言中",有时倒比正统的经学能说出更多的真话。芟除其迷信、荒诞和糊涂的成分,批判地使用未尝不可。

要之,总的看来,履天帝之迹而受孕比践高辛之迹而得子要合理得多。

质疑或证伪

还有许多古代学者对这些传说整个儿地表示怀疑或进行批判。

对于后稷之被弃,屈原在他的《天问》中首先提出质问:

> 稷维元子,帝何竺(毒)之?投之于冰上,鸟何燠之?
>
> 何冯弓挟矢,殊能将之?既惊帝切激,何逢长之?

这里包含着被误解的重要历史真实。

王充《论衡·奇怪篇》从生理学的观点提出:"烁一鼎之铜,以灌一钱之形,不能成一鼎,明矣。今谓大人天神,故其迹巨。巨迹之人,一鼎之烁铜也;姜原之身,一钱之形也。使大人施气于姜原,姜原之身小,安能尽得其精?不能尽得其精,则后稷不能成人。"王充还从语音学证明此事的虚假:"姜原履大人迹;迹者基也,姓当为'其'下'土',乃为'女'旁'臣',非基迹之字,

---

① 胡玉搢:《许庼学林》,中华书局,1958年,第35页。

不合本事，疑非实也。"（《诘术篇》却又承认其真实性："古者因生以赐姓，因其所生赐之姓也。……周履大人迹，则姬氏。"）这一点，闻一多有很好的辨正。① 神话不能证实也不必证伪，硬去证伪神话，自落呆板。

御手洗胜则认为，"稷"字与周姓之"姬"也有语音关系，稷是姬族之谷物神。② 他甚至进一步论断，"稷""姬"等均与表示田地种植的"周"字有语言文字学上的关系③，标示着周人农稼经济的初兴。这些都可供参考。

宋代洪迈《容斋随笔》"姜原简狄"条也不信履神迹致孕之说，谓《毛传》"其说本自明白"，郑氏笺云姜原履大人迹生子，"其说本于《史记》"，却属不当。"夫适野而见巨迹，人将走避之不暇，岂复故欲践履，以求不可知之机祥；飞鸟堕卵，知为何物，而遽取吞之？以古揆今，人情一也；今之愚人未必尔，而谓古圣人之后妃为之，不待辨而明矣。"④

朱熹《诗集传·大雅·生民》云："巨迹之说，先儒或颇疑之。"而为之辩曰："周公制礼，尊后稷以配天，故作此诗，以推本其始生之祥，明其受命于天，固有以异于常人也。……而张子曰：'天地之始，固未尝先有人也，则人固有化而生者矣。盖天地之气生之也。'苏氏亦曰：'凡物之异于常物者，其取天地之气常多，故其生也或异。麒麟之生，异于犬羊；蛟龙之生，异于鱼鳖。物固有然者矣。神人之生，而有以异于人，何足怪哉？'斯言得之矣。"⑤ 这是用迷信来解释神话，在科学上是退了一步；但说《生民》诗之作是推源本祖"始生之祥"而使异于常人，"明其受命于天"，制造君权神授、天人感应理论，却是符合其实际的。欧阳修《诗本义》也说："无人道而生子，与天自感于人而生之，在于人理皆必无之事，可谓诬天也。"

还有一些具有唯物主义倾向的思想家如杨慎、李时珍、顾炎武等，都从史实和反迷信的角度批判了帝迹-神授说，但是他们同样无法透过表面现象发现其中更高层次的秘密。

王夫之《诗经稗疏·生民篇》说："后稷无人道而生子，其说甚诞。"他试图以儒家正统派的政治眼光揭示履迹生子和神授说的迷信本质、欺骗作用："乱

---

① 参见闻一多：《神话与诗》，中华书局，1956年，第78页。
② ［日］御手洗胜：《古代中国诸神》，创文社，1984年，第245页。
③ ［日］御手洗胜：《古代中国诸神》，创文社，1984年，第252页。
④ 参见洪迈：《容斋随笔》，上海古籍出版社，1978年，第92页。
⑤ 朱熹：《诗集传》，上海古籍出版社，1980年，第190页。

臣贼子伪造符命，如萧衍菖花、杨坚鳞甲、董昌罗平之鸟、方腊衮冕之影，以惑众而倡乱，皆俗儒此等之说为之作俑。又况其云无人道而生者，尤罗瞕指腹、宝志鸟窠之妖论。彼西域者，男女无别，知母而不知父，族类原不可考，姑借怪妄之说，以自文其秽，而欲使堂堂中国之帝王圣贤比而同之，奚可哉！"王夫之虽然很好地批判了天命论、符瑞说，却连《生民》诗里所包含神话传说合理的内核也一概扫除了，跟前举的思想家们一样难免于时代和认识的局限。

梁玉绳《史记志疑·殷本纪》说："当毛公作《传》时未有迁《史》也，迁《史》出而乃有吞、践之说。其说起于周、秦间好事者，是以屈原《天问》言'简狄在台'，'元鸟致贻'，《列子·天瑞》言'后稷生于巨迹'。夫毛公岂不知吞践之说哉，亦鄙弗道耳。至史公信其说，而汉儒如康成，宋儒如朱子，并援以为据，遂有谓稷、契无父而生者，毋乃诞欤？行浴、出野，淫佚孰甚，稷、契之母，不宜若此，鸟卵、巨迹，惊避不遑，吞之践之，殊非情事。圣人之生，虽异于众庶，然不外气化形化之常，宁妖僻如是耶？前贤辟之详矣。甚至转相传述，《吕氏春秋·音初篇》以燕遗卵在简狄为处女时，《诗疏》引王肃解以姜原寡居生子，尤属乖妄。盖史公作《史》，每采世俗不经之语……一似帝王豪杰俱产于鬼神异类，有是理乎？"① 这种批判就未免充满封建主义的气味了。

郭嵩焘《史记札记》说近梁玉绳："毛公生秦、汉间，尚在史公之前，其《诗》传自荀卿为周末大儒，于二《诗》但举'郊禖'之祀言之而已，不闻有异说也，史公《五帝纪》于黄帝、颛顼之生，所传奇异削而不书，殷、周《本纪》乃反创为异说，亦谓《毛诗》可以附会而取信也，是亦好奇之过也。"② 顾栋高《春秋大事表·禘祭感生帝说》则谓："以《生民》之诗考之，以姜嫄为帝喾元妃者尤大谬。自古帝王祈求子嗣，必躬祷天地山川，嫔妃不得与。……步行草野，至足履大人迹，此乃村姥里媪所为，岂谓帝王之妃而出此。且以无人道而生子，亦宜秘不令宣，抑或别有处置，而乃置诸隘巷，置诸寒冰，且显名之曰'弃'，尤非帝王行径。"③ 这些批评虽然不免有些迂腐拘执，但排除帝喾之参与，客观上却是对的。

---

① 梁玉绳：《史记志疑》（一），中华书局，1981 年，第 45 页。
② 郭嵩焘：《史记札记》，商务印书馆，1957 年，第 19 页。
③ 顾栋高：《春秋大事表》，中华书局，1993 年，第 1479—1480 页。

二、足迹崇拜及其由来

辨识足印的重要

就履迹生子而言,这里的关键在于这种巨迹到底是什么东西的脚印,以及为什么践履这种神秘的足迹便会怀孕。所以不能不从圣足迹母型、象征及其崇拜讲起。

圣足迹的根源与所谓多手足、手印画一样是人类对自己劳动器官的崇拜——不过还得加上动物脚印对狩猎的重要意义。脚,对于初民来说,绝不仅是"行动器",它还兼具许多被"文明人"丢失的功能。例如热带地区的土著能够用脚荡桨、缝衣、拾物。俄国人类学家 H. H. 米克路霍-马克莱看到巴布亚人"能用足拿各种各样的东西,把东西从地上提起来,用足在水中捕小鱼,而且能执鱼叉捕较大的鱼,甚至会剥香蕉的皮"①。

初民重视劳动器官的手脚,有时超过心和脑。《后汉书·南蛮传》注引《南州异物志》说,乌浒人"以人掌、趾为珍异,以食长老"。南美洲图帕利族最喜欢吃人的手和足,"因为他们认为一个人的精华在于手和脚。他们知道不论狩猎者、播种者、卫士和男巫没有手和脚是不行的"②。马克萨斯群岛(Marquesas)土著要把所杀的人的手脚和肋骨给酋长吃。初民认为,人的灵魂分散在身体的许多部分,包括手和脚。纳西族火葬后拾骨,包含许多重要骨骼,其中腿骨、趾骨也被认为"象征灵魂所在"③。南非土著的投骨卜(throwing the bones),也以家禽趾骨代表村人,以野兽趾骨代表森林里的精灵。④

特别是,狩猎生活中的兽迹更是初民注意的焦点。斯宾塞和吉伦注意到大洋洲土著惊人的记忆力,"土人不但能分清每种动物和每种鸟的足印,而且在查看了什么兽穴以后,能立刻按照最新足印的走向告诉你这里有没有动物",他们甚至"能认出他的每个熟人的足迹"。⑤ 无论是一个非洲的向导,还是澳大利亚的土著,他们都比任何一个"文明人"善于辨识足印的所有者,特别是各种动物的足印,他们深知足印在丛林生活里的作用。

---

① [苏] M. Ф. 涅斯图尔赫:《人类种族》,邵象清译,商务印书馆,1963 年,第 63 页。
② [南斯拉夫] 帖波尔·西克尔:《我的冒险生活》,载《旅行家》1957 年第 3 期。
③ 宋兆麟:《云南永宁纳西族的葬俗》,载《考古》1964 年第 4 期。
④ 参见林惠祥:《民俗学》,商务印书馆,1934 年,第 38 页。
⑤ [法] 列维-布留尔:《原始思维》,丁由译,商务印书馆,1981 年,第 104 页。

日本学者鸟居龙藏说:"当时人类以狩猎为生活,大部分之食料皆为兽类。故对于兽类之足迹,甚为注意。此等动物足迹即促进其描绘动物像之原动力也。当时人类在柔软的地面,发见有种种特征之足迹,知马之足迹与骏犎、犀类、猫族之足迹不同。又游禽类与涉禽类、鹑鸡类之足迹亦有别。"① 所以这种对足印的观察、辨识和表现,又推动着人类思维能力的发展,刺激着图画和文字的产生。

作为符号,催生文字的足迹

卡西尔说,人是符号的动物。人的手印和足印有时是标志,是族徽,是占有的象征和传达信息的符号。文字的起源跟人迹也有关系。这些标记,"有的可以称为'所有权标记',有的仅仅代表个人短时的占有"②,但既作为符号,就是人类性和文化性的。它刺激着文字的发生。墨西哥某些土著就用足印编组成某种符号语言来表达自己的所欲所思,而使其接近于"文字画"。有的部落,"需要表示道路,就画上脚步的痕迹等等"③。

普列汉诺夫甚至认为,兽迹可能是文字的原型:"在原始猎人的生活中,动物用脚印所写的可能就是文字的原型。在尤加基尔这样的狩猎部落那里,'踪迹'的意义也反映在语言中。……当人们彼此从远方交往的时候,踪迹可以用来作为使用有意识的标记的范型(维·伊·约赫尔说)。"④ 至少,这种足迹语言是有可能在一定程度上诱发文字之创造的。

中国也有类似的说法。许慎的《说文解字》序就说:"黄帝之史仓颉,见鸟兽蹄迒之迹,知分理之可相别异也,初造书契。"四川彝族传说,少年比阿西拉吉看见栖息在龙头山的神鸟阿凤布侬在沙滩上跳舞,留下足迹,就仿以创造彝文(另一种说法是,毕摩阿西拉吉死后变鸟,在树叶上呕出血丝,曲折成字)。

有些足迹画,跟所谓手印画一样表现为厌胜巫术的手段而见于原始洞穴壁画之上。例如旧石器时代人们把自己的手、足印在洞壁上,或"模制之成意识的纹象",赋予其神秘的意味。⑤

---

① [日] 鸟居龙藏:《化石人类学》(第3册),张资平译,商务印书馆,1951年,第668—669页。
② 汪宁生:《从原始记事到文字发明》,载《考古学报》1981年第1期。
③ [苏] 阿·尼·格拉德舍夫斯基:《原始社会史》,东北师范大学历史系翻译室译,高等教育出版社,1958年,第121页。
④ [俄] 普列汉诺夫:《论艺术(没有地址的信)》,曹葆华译,生活·读书·新知三联书店,1973年,第137页。
⑤ [日] 鸟居龙藏:《化石人类学》(第2册),张资平译,商务印书馆,1951年,第670页。

有些氏族用自己的足印做图徽或象征占有，在某地踩上几个或一圈脚印，就表示"我来过了"，"这是我的"，他人不得染指，否则就触犯习惯法，而引起惩罚或报复。这种脚印有如签名、打手印。至今民间还常说，这要"打上手模脚印才算数"。恩斯特·卡西尔说："占有一个物或人——占有一片土地或同一个女人订婚——的最初方法，就是靠一个禁忌符号来标志他们。"① 这也是周人视为生命线的圣足印为什么可能处于秘地，成为一个禁忌、一个灵物［音译"费提秀"（Fetich）］，而绝不能让外人（尤其外族女人）来践踏的原因。

这种习惯一直延续到历史时期或青铜时代。中国殷周青铜器的某些纹饰、铭文常发现这种表示特定标识的足迹文，有的还是族徽。宋吕大临《考古图》说卢江李氏"在洹水之滨亶甲墓旁"所获的足迹罍，有"足迹文一"，可能就是氏族徽号。所谓父已足迹彝、父已足迹卣等，也是在作器人名字之后缀以足印。

甲金文里许多从"止"的字如"正""步""武""延"等，最初都可能起于足印、足印文或足印画。父癸牧正尊的"正"字，作一椭圆形，下有二"止"，即二足印。正，证也，征也，打上二足印证明其所有或曾来，亦所以指示、证明其所占有地物位置之正确。《积古斋钟鼎彝器款识》收毋彝，铭曰"正"，亦椭圆形下二"止"，阮元说是"两手奉器，所以承祭也"，那是误识，分明是两足印打在椭圆形框下，表示签押。

"武"的原意绝不是望文生义的"止戈为武"，它是表示我已在此地打上脚印，还插上武器（戈），谁敢来侵犯我就要动武。"履帝武敏歆"之"武"正是"步武"之武，从戈从止，止者趾也；敏者拇也，突出其大拇指。亚形文多表示族徽，《积古斋钟鼎彝器款识》有《子执旗句兵》，亚形框里正有人执旗插地，身后有三趾之足迹（止），亦表示征服、占有，与"武"字的意匠全同。

清人钱坫在释𠭢遽中觯时，说宋《宣和图》有"足迹形器"，可能指的是器有足迹文。实在不知道足迹形器究何所指。岑仲勉据以立论云，足迹是周人的图腾。"余独疑足迹者周人之图腾也，践帝足迹，诗歌咏之，子史谶纬传之，则必当日民间甚信奉且流行之传说。刊诸彝器，一以表示族徽，二以望子孙蕃衍，初民理想，度应如是。"② 于省吾也认为，伏羲和周人以大迹为图腾。"'大迹'可能是伏羲先世和周人远祖的图腾，因为原始氏族的图腾名称时常有重复的例

---

① ［德］恩斯特·卡西尔：《人论》，甘阳译，上海译文出版社，1986年，第138页。
② 岑仲勉：《两周文史论丛》，商务印书馆，1958年，第10页。

子。"① 周人确实很重视其先妣所履践、先祖所从出之圣足印。除《大雅·生民》外,《小雅·下武》:"绳其祖武。"《毛传》:"武,迹也。"郑笺:"戒慎其祖考所践履之迹。"即尊重其图腾神(或祖先神、自然神)之脚印。但似乎不能把图腾之脚印说成就是图腾,虽然二者紧密联系。器铭上的人迹,有时只是签名或族徽,甚至连图腾足印都说不上,遑论图腾。例如殷商,并没有履迹传说,也没有足迹崇拜的明确记载,但有以足迹签名或作为族徽主体者(见于前引《续殷文存》等)。殷商时,有"沚"族之活动。此字从水从止。罗振玉释为"洗"②;丁山释为"涅"③;王襄、郭沫若、陈梦家等释为"沚"④,疑即典籍常见之有侁(洗)、有莘。⑤ 其主体为足趾,是以足印名族无疑。其族或崇拜圣足迹。

特别重要的是,古希腊海神波塞冬(Poseidon,他曾化身为马,号称"马之主")与美女堤洛(Tyro)交合,生下两个孩子被弃于河滨草地,后来为牧马人所救。那小儿子珀利阿斯(Pelias)额上有马蹄印,或说为被弃于草地时为马所踏⑥。其实这也是一种圣足迹,一种图腾标志,表明他是马图腾的后裔。

有人说古代中国和印度都以为神人或仙人是高大无比的巨人。所以姜原履巨迹而生子一类的感生传说之中,"所记'巨人',大都信为'即系天神,以巨人形体,出现于人世'者"⑦。这个看法倒还比较实事求是,但不论是所谓巨人或巨兽的大迹,都必须推求出它在现实或者说自然界的原来面目。任何神谭、异俗、奇事总是程度不同地具有现实依据。

又者,《三代吉金文存》收子父己尊,铭有一图形文字:卅。

罗振玉释为"子"。两旁似翼。康殷《古文字形发微》联想到后稷被弃,"鸟覆翼之",认为此图形"像鸟的双翼夹覆"——稚子(幼儿)之形,由《生民》可知此子即弃——后稷。⑧ 上古文字之"子",不一定是幼儿。殷人"子"姓,"子"是什么?如果仅仅看图识字,那也可以说此人有双翼,是原初羽人;

---

① 于省吾:《诗"履帝武敏歆"解》,见《中华文史论丛》(第2辑),中华书局,1962年,第117页。
② 罗振玉:《殷墟书契考释》(中册),文求堂,第28页。
③ 丁山:《商周史料考证》,龙门联合书局,1960年,第198页。
④ 参见王襄:《簠室殷契类纂》,河北第一博物院,1925年,第49页;郭沫若:《殷契粹编》,科学出版社,1965年,第1317片考释;陈梦家:《殷墟卜辞综述》,科学出版社,1956年,第297页。
⑤ 参见杨树达:《积微居甲文说 卜辞琐记》,中国科学院出版社,1954年,第45页。
⑥ 参见郑振铎:《希腊神话》(上册),生活书店,1935年,第49页。
⑦ [日]白鸟库吉:《塞外史地论文译丛》(第1辑),王古鲁译,商务印书馆,1938年,第120页。
⑧ 康殷:《古文字形发微》,北京出版社,1990年,第57页。

有些像燕子，或者在试验扑翼飞行——更可以模拟大鸟有翼。康殷说是周的族徽，至少证据不足；至于说周人姬姓，"臣"也像羽翼之形①，那就连望文生义都说不上了。

三、圣足迹之缘来

圣足迹的崇拜及其原因已如上述，现在再来看文献和传说里它可能是什么东西。据专家和笔者研究，这类足迹大概有下列几种情况。

自然剥蚀之凹坑

有些风雨泉流剥蚀所造成形似足印之凹坑，很容易被古人（尤其是以足迹为神祇或图腾"垂迹"来崇拜的族体）附会为图腾足印或神迹。这种足迹与脚印极难鉴别，太似者倒可能是伪作，不似者则当是自然剥蚀，疑似者又在两可之间。

例如，《后汉书·南蛮传》注引《武陵记》云："山高可万仞，山半有槃瓠石室，可容数万人。中有石林、槃瓠行迹。"石林是喀斯特地貌的一种，在这种景观里极容易发现岩溶所造成的凹坑而形似某种现实物象者。锡兰有著名的佛足印或圣足迹。《明史·外国传》却称之为"盘古遗迹"："王所居侧有大山，高出云汉，其颠有巨人足迹，入石深二尺，长尺余，云是盘古遗迹。"深达二尺，恐非动物足印。

关于圣足迹其他的记载则多述斯里兰卡亚当（Adam）峰之佛迹。明马欢《瀛涯胜览》"锡兰国"条说："（别罗里）海边山脚光石上，有一足迹，长二尺许，云是释迦从翠蓝山来，从此处登岸，脚踏此石，故迹存焉。中有浅水不干，人皆手蘸其水洗面拭目，曰佛水清净。"②（明费信《星槎胜览》所记此海边佛迹略同，所谓"有浅水不干"，恐皆自然剥蚀之痕迹，因形似而附会之。）这是一种。《瀛涯胜览》又述佛迹云："王居之侧，有一大山（Adam's Peak），侵云高耸，山顶有人脚迹一个，入石深二尺，长八尺余（冯校：吴本作深一尺、长八尺余，黄录作二尺许），云是人祖阿聃（Adam）圣人，即盘古之足迹也。"③这大概就是《明史》所据以述的"深二尺"的"盘古行迹"了。《星槎胜览》

---

① 康殷：《古文字形发微》，北京出版社，1990 年，第 57 页
② 冯承钧：《瀛涯胜览校注》，商务印书馆，1935 年，第 34—36 页。
③ 冯承钧：《瀛涯胜览校注》，商务印书馆，1935 年，第 35—36 页。

纪录汇编本，则但叙海边"盘石土印足迹"，即"长三尺许"的释迦足迹。①

据说，释迦牟尼说《楞伽经》时，曾在锡兰坎第的牛湖岛最高峰亚当峰上留下一个长150厘米、宽80厘米的大足印，事实上"乃是岩石的一个陷迹"②。至今善男信女们还在鸡鸣时节攀登此峰，膜拜佛迹，以获福佑。如此巨大深陷的凹坑，又非伪造，当为剥蚀所致。

南亚佛教国家把这当作佛迹，峰被称为亚当，则与《旧约·创世记》之人祖亚当有关；中国文献又称之为盘古行迹。但是很明显，不同的宗教文化背景都试图把它附会为创世大神或教主的遗迹，以加强其神圣性和神秘性，而其非真非伪之性质则很明显。

我国文籍上佛迹记载至多，仅举其要。晋法显说，佛至北天竺乌苌国，欲化恶龙，"遗足迹于此，迹或长或短，在人心念，至今犹尔"③。乌苌（Udyāna），义为"苑囿"④。《水经·河水》注引《佛国记》亦云乌长国，佛遗足迹，"其迹长短，在人心念，至今犹尔"，可见其神秘之极。唐玄奘《大唐西域记》记佛迹至多，述此曰："阿波逻罗龙泉西南三十余里，水北岸大磐石上，有如来足所履迹，随人福力，量有短长，是如来伏此龙已，留迹而去。后人于上积石为室，遐迩相趋，花香供养。"⑤季注本云："遗址在斯瓦特河上流西岸Tirāt村，石高1米，宽0.87米，厚1.3米，足迹下部刻有佉卢文题铭'释迦牟尼足迹'。"⑥这佛迹倒也可能为人工制作。北魏杨衒之《洛阳伽蓝记》述《宋云行纪》云：乌长国，"王城北八十里，有如来履石之迹，起塔笼之。履石之处，若水践泥，量之不定，或长或短"。这就较为清楚而不大神秘，原来这个凹坑或有水或泥，所以度量时或长或短，边界不清，记载多歧，就被说成"在人心意"或"随人福力，量有短长"。《洛阳伽蓝记》说，于阗国有寺，"其中有辟支佛靴，于今不烂，非皮非缯"⑦。《西阳杂俎·物异篇》略同。《北史》卷九七记于阗国，"城南五十里有赞摩寺，即昔比丘卢旃（Vairocana）为其王造覆盆浮图之所。石上有辟支佛（Prātyekabuddha）跣处，双迹犹存"⑧。范祥雍认为，这里的佛靴、佛

---

① 冯承钧：《星槎胜览校注》，商务印书馆，1964年，第30页。
② [英]柯克士：《民俗学浅说》，郑振铎译，商务印书馆，1933年，第238页。
③ 章巽：《法显传校注》，上海古籍出版社，1985年，第33页。
④ 章巽：《法显传校注》，上海古籍出版社，1985年，第34页。
⑤ 玄奘：《大唐西域记》，章巽校点，上海人民出版社，1977年，第60页。
⑥ 玄奘、辩机：《大唐西域记校注》，中华书局，1985年，第277页。
⑦ 范祥雍：《洛阳伽蓝记校注》，上海古籍出版社，1978年，第272页。
⑧ 范祥雍：《洛阳伽蓝记校注》，上海古籍出版社，1978年，第273页。

迹讲的大致是一回事。① 唐王勃诗云,"年长金迹浅,地久石文疏",所写甚似自然剥蚀。《水经·河水注》亦记此云:"于阗……有利刹寺,中有石鞾,石上有足迹。彼俗言是辟支佛迹,法显所不传,疑非佛迹也。"《周书·异域·于阗传》:"城南五十里有赞摩寺……石上有辟支佛趺处,双迹犹存。"《大唐西城记·屈支国》云:"东昭怙厘佛堂中有玉石,面广二尺余,色带黄白,状如海蛤。其上有佛足履之迹,长尺有八寸,广余六寸矣。或有斋日,照烛光明。"此佛迹见于玉石,人工制作可能较大。至今南亚、东南亚国家还可以发现许多所谓大自在天、佛陀等的圣像足印。②

西方也有这类大脚印,被说成巨人、巨灵神或大力神、大英雄的圣足迹。希罗多德《历史》说:"他们指给我一个海拉克列斯(Heracles)的足印,这个足印是印在杜拉斯河河畔的岩石上,形状和人的足印一样,可是却有两佩巨斯长。"如此之巨大,当非人或动物之足印。若非伪造,诸如此类的凹入处应该是因水剥蚀而成的。

这类圣足迹,古代的宗教往往将其归结为自己所尊奉的神祇的遗留和"确证":"在婆罗门教徒看来,这是西瓦(Siva)的足迹;在佛教徒看来,这是释迦牟尼佛的足迹;在回教徒看来,这是亚当被逐出乐园时所走的地方;而基督教徒则将此足迹属之于圣汤麦斯(St. Thomas)或依西奥辟亚(Ethiopia)的王后康地斯(Candace)的优纳旦(Eunuch)。圣汤麦斯还留下他的足迹在美洲呢。在萨摩亚,一块岩石有两个近二公尺长的空洞,他们指为系底底(Tütü)将天推离于地时所站的地方。"③

古代西亚的一个护符上也刻着一对方向相反的大足印,或说它与大自在天毗湿奴的足迹是同类,可以辟邪、镇妖④。后世由此发展而来的以释迦牟尼足迹为中心的神符、法器、佛画更多得不胜法枚举。

这种方向相反的双足迹,被看作圣迹的历史十分古老。罗尔斯顿介绍说:

在埃及神话中,奥西里斯(Osiris)的身体被割成不同的部分,他的双脚作为其中的一部分被认为是神灵附身或神灵现身的象征。《亡灵书》第17章写道:"我是图姆(Tum)。我来到人间,以我的双足作为

---

① 范祥雍:《洛阳伽蓝记校注》,上海古籍出版社,1978年,第277页。
② 参见[英]温斯泰德:《马来亚史》,姚梓良译,商务印书馆,1958年,第8页。
③ [英]柯克士:《民俗学浅说》,郑振铎译,商务印书馆,1933年,第22页。
④ 参见[捷]赫罗兹尼:《西亚、印度和克里特上古史》,谢德风、孙秉莹译,生活·读书·新知三联书店,1958年,第235页,图96。

显圣。"……在印度，那被认为是佛陀的脚印；在布列塔尼半岛的史前墓石牌坊上也雕刻着这类符号；在斯堪的纳维亚半岛的石刻上亦然。在爱尔兰，这类符号被看作圣帕特里克或圣高隆巴（St. Columba）的脚印。①

岩画等人工制作之足迹画

世界上有许多地方都发现古老的足迹画，尤其是岩画。我国的内蒙古地区发现尤多。盖山林报告说："在狼山上，还发现多处凿刻很深的驼蹄印，马蹄印，飞禽足印和人足印，如凿刻在哈日出鲁地方的禽足印是刻在大岩盘上的，面积约20米×20米，很像是飞禽踏在泥土上的样子，形象十分逼真。《水经注》河水条说：'今晋昌郡南及广武马蹄谷盘石上，马迹若践泥中，有自然之形，故其俗号曰天马径。夷人在边效刻，是有大小之迹，体状不同，视之便别。'这些记述，与我们看到的阴山岩画是一致的。关于凿刻各种动物印迹之习几遍于古代世界各地，一直到明朝初年，永乐皇帝率师北征时，在今内蒙古锡盟苏尼特左旗昌图锡勒山顶上，还刻下了马的足迹，以表示曾北征至此。"②

盖山林在另一篇文章里也介绍说："岩画中的手掌印，人脚印和各种牲畜的蹄印也很多，有些蹄印刻成一串，似乎行走痕迹。凿刻手印脚迹，也许是一种古老的习俗，其他地区的岩画中蹄印也很多。"③ 他着重描述乌兰察布草原上的足迹岩画："人足印只有一处，凿刻在达茂联合旗乌花敖包一块不甚引人注目的石崖中，从人迹特征看，似是未成年的儿童足印。各种动物的蹄印，散刻于乌兰察布草原辽阔的区域内，据初步鉴定，计有马、牛、羊、驼、鹿等蹄印，马蹄形最多，蹄形的一端突出，另一端则有凹档，其形状正是与奇蹄类动物，亦即马蹄印迹相类似。"④

这位辛勤寻觅、研究内蒙古岩画并为笔者提供了大量有关资料的学者，结合姜原履迹等神话传说指出，这是一种神足印崇拜，在姜原故事里则"显然将人足印与古人的增殖思想以及多产魔法的思想联系在一起"，而且可能是一种感

---

① ［爱尔兰］托马斯·威廉·黑曾·罗尔斯顿：《凯尔特神话传说》，西安外国语大学神话学翻译小组译，黄悦、王倩校译，陕西师范大学出版总社，2013年，第44页。
② 盖山林：《举世罕见的珍贵古代民族文物——绵延二万一千平方公里的阴山岩画》，载《内蒙古社会科学》1980年第2期。
③ 盖山林：《内蒙阴山山脉狼山地区岩画》，载《文物》1980年第6期。
④ 盖山林：《乌兰察布草原上人迹动物蹄印岩画初探》，载《乌兰察布文物》1982年第2期。

应巫术。①

动物蹄印，尤其是马蹄印、马蹄铁，具有蕃庶或繁殖的功能。霍莉《民俗学词典》引用奥布里《遗风》说："它源于占星学的基本内容，即战神马尔斯（Mars）与农神沙特恩（Saturn）为敌，而巫婆则隶属于沙特恩神。"沙特恩是跟潘神或萨提尔相似的半羊半人的淫欲的农神，跟人、动物、庄稼的繁育有关。所以人们（例如伦敦西区）把马蹄铁用在新建筑上抵御巫婆和小妖。但最初却是直接割下母畜的牝器来赶鬼，作为生殖器避邪的一种形式。由于马蹄铁或马蹄印的形状有些像母马和牝牛的外生殖器，所以被当作生殖崇拜或魔力的意象。这样，内蒙古阴山一带的马蹄印岩画，就可以得到一个合理的诠释：它是繁殖巫术信仰的一种表现。这跟履迹生子在观念上的相通。

《韩非子·外储说》："赵主父令工施钩梯而缘播吾，刻疏人迹其上，广三尺，长五尺，而勒之曰：主父常游于此。"陈奇猷引《淮南子·道应训》高注"疏，徒跣也"，认为是"刻跣足之人迹于其上"。② 这跟原始人打脚印以表示经历或占有相同，却非有意作伪。

盖山林举《水经注·河水》云："今晋昌郡南及广武马蹄谷盘石上，马迹若践泥中，有自然之形。故其俗号曰天马径。"这当然是古动物足印化石。但"夷人在边效刻，是有大小之迹，体状不同，视之便别"，则为人工仿刻无疑。今重庆市大足区，因其地有大足印得名，人工制作可能性亦大。唐长安元年司刑寺囚伪作大人迹，五尺，武则天为之改元"大足"。

著名的赵州桥有张果老骑驴过桥留下驴迹的传说。③ 1955年发现一块桥面石，上面有一个"直径约13厘米"且很光滑的圆凹坑。④ 胡道静认为，这是标志桥板次序以便接合、逗榫的符号。⑤

特别是有一种人工制作的足印，踩之居然能得孕。彝族（云南哀牢山）崇拜能够授孕的龙石；"有时在岸边岩石上刻足印，妇女也要踩着"，据称能够致孕生子。⑥ 这就跟姜原履迹生子的观念十分接近了。

---

① 盖山林：《乌兰察布草原上人迹动物蹄印岩画初探》，载《乌兰察布文物》1982年第2期。
② 陈奇猷：《韩非子集释》（下册），上海人民出版社，1974年，第643页。
③ 参见贾芝、孙剑冰编：《中国民间故事选》（第1集），人民文学出版社，1958年，第78页。
④ 参见余哲德：《赵州大石桥石栏的发现及修复的初步意见》，载《文物参考资料》1956年第3期。
⑤ 参见胡道静：《赵州桥传说的解释和记录》，载《人民日报》1964年4月26日。
⑥ 宋兆麟、黎家芳、杜耀西：《中国原始社会史》，文物出版社，1983年，第469页。

动物的足迹或其化石

《水经注》记载了很多远古动物遗留下来的足印化石或半化石。例如,《水经注·河水》晋昌郡南及广武马蹄谷盘石上有马迹;鹿蹄山西石上"有鹿蹄自然成著,非人功所刊";泌水西孔山上石穴有车辙牛迹;颖水箕山有犊泉,"是巢父还牛处也,石上犊迹存焉";沔水旬阳县北,"出下有石坛,上有马迹五所,名曰马迹山";等等。

有些神话传说记载里的神迹,可以从其形状细节鉴定其为太古动物,尤其是恐龙类足印化石。《史记·封禅书》说,公孙卿托言"夜见大人,长数丈,就之则不见,见其迹甚大,类禽兽云",这就很可能是以恐龙足印来冒充仙迹。但也有可能是传言为高大的野人或雪人的脚印［魏咸熙二年(265),亦有"大人"见襄武县,足长三尺二寸］。关于这类野人,"最多的消息是关于喜马拉雅山区的'雪人',中亚地区的'阿尔玛斯'和太平洋沿岸——美国和加拿大——的'沙斯夸支'(Sasquatch)"①。他们往往在雪地上留下神秘的足印。有些脚印,可能是四脚兽例如牦牛或熊之类脚印的变形、误解或误会,"然而,有些脚印,还是难作解释,特别是锡普顿1951年在高里三喀山脉的门隆冰山上发现的脚印"②。而"很有意思的是,在神农架林区龙洞沟发现的奇异动物脚印与锡普顿发现的雪人脚印有不少相似之处"③。这些奇异脚印的共同性"表现在功能上都具有一定的直立行走能力;但从脚型分析,它们的直立能力似乎又都不是很完善;而在结构上几乎都兼有人和猿的特点"④。

这类人形奇异动物的确留下了许多有趣的巨迹,但是没有任何积极的证据可以支持姜原践履的是野人脚印的假说(传说帝喾固然曾化身为大猴子,但周人文献从来没有这样暗示)。

《文选·西京赋》:"缀以二华,巨灵赑屃,高掌远蹠,以流河曲。"李注引古语云,河神以手擘开华山,以足踏离其下,"中分为二,以通河流"。薛综注说,那里"手足之迹,于今尚在"。《水经注·河水》也说"手足之迹仍存"。

---

① ［法］E. 比菲都、［法］P. 塔西:《"雪人""野人"或尚未知晓的"灵长类"》,见周国兴、周文斌主编:《待揭之谜》,河南人民出版社,1980年,第53页。
② ［法］E. 比菲都、［法］P. 塔西:《"雪人""野人"或尚未知晓的"灵长类"》,见周国兴、周文斌主编:《待揭之谜》,河南人民出版社,1980年,第56页。
③ 周国兴:《狼孩·雪人·火的化石》,天津人民出版社,1979年,第52页。
④ 周国兴:《狼孩·雪人·火的化石》,天津人民出版社,1979年,第53页。

《搜神记》言之凿凿:"今观手迹于华岳山上,指掌之形具在;脚迹在首阳山下,至今独存。"可见其大而明晰。而从其托以龟形巨灵(此龟母型应为象龟之属)所为而言,可判断其为动物爪印而非人迹。其他如《华阳国志》之元马迹,伏牛山"刘秀饮马槽"之马蹄印,恒山果老岭之驴蹄印,杨慎《南诏野史》巍山盘石之"牛、象、马之迹",三门峡鬼门石山大禹跃马留下的马蹄印等,都明说是兽迹,还很可能是史前动物足印之化石。

《大唐西域记》说,摩揭陀国"精舍中有大石,如来所履,双迹犹存,其长尺有八寸,广余六寸矣。两迹俱有轮相,十指皆带花文,鱼形映起,光明时照"。《大唐三藏慈恩法师传》作"……十指端有万字华文及瓶鱼等,皎然明著"。《法显传》摩揭提国(摩揭陀)亦述及于此,只简单地说"此塔前有佛脚迹"。表面上看,这是常见的佛足印雕刻而有各种花纹装饰者,但所谓"鱼形映起"却极像是化石,很可能是在一块附有鱼化石的石块上加工和雕刻的。由此可证这类半真实半加工的化石足印确实存在。

古生物学家非常重视此类古动物化石足迹,因为可以由此推测古动物体型、行为模式及生活环境等等。据说,发现的多是所谓坚头类(Stegocephali)的遗留。德国斑沙统地层曾发现恐龙化石足印,形如人手,有五趾,曾被误为所谓"手兽"(Cheirotherium)的遗迹,现在已被鉴定为窝龙足印——所以怀疑华山顶上所谓河神手印可能也是窝龙足迹化石。因此我们不能不怀疑姜原所履的大足迹很可能就是这一类恐龙足印化石。

孙作云在《周先祖以熊为图腾——〈诗经·大雅·生民〉、〈小雅·斯干〉新解》里认为姜原所履的是熊迹,周人称熊迹为大人迹、大迹、帝迹的原因是对于图腾动物熊的讳避。[①] 然而,讳称龙迹而谓大足印,不一样适合于这个理论吗?孙先生的主要证据是周奉黄帝为先祖,而黄帝有熊氏以熊为图腾。在更早的时候,黄帝只是一个小氏族,它可能以熊为图腾,但更可能以蛇龙或双首蛇虺即所谓璜龙为图腾。奉黄帝为祖先之一的周部落,无论是姬族或黄帝族都出现多图腾的情形,而其中显然是以龙蛇为主。黄帝、鲧、禹乃至姬周化的帝喾,都有个龙化身。何况,众多的证据指向恐龙足印遗留而非熊迹。至于《小雅·斯干》以熊罴喻男、蛇虺喻女,那是后世一种偶然性的象征或譬喻,顶多说带有图腾制度痕迹,很难由此推出全周族的统一图腾来。

---

① 孙作云:《诗经与周代社会研究》,中华书局,1979年,第15、17、18页。

古人类足印半化石

除了在火山灰或新石器时期前后遗址里偶然发现的人类足迹之处,最有价值的是旧石器时期人脚印的半化石或其他形态的遗留。一般旧石器时代考古学著作多有此类足印照片。例如,"布鲁伊氏在尼洞穴,布古安氏在狄克多都比尔洞穴皆发现有玛格达勒尼安之人类足迹"①。法国阿尔德迈洞穴发现的旧石器时代人遗留在黏土上的脚印②也很有名,那跟现代人的脚印简直没有什么差别。特别是玛丽·D.李基女士在坦桑尼亚北部莱托利尔地层灰色的石化火山灰里发现了"人科动物足印",它们处在"今天的象、鬣狗、野兔的已经灭绝的祖先的脚迹之间",时间竟达360万年!这证实,"在360万年之前的上新世,人类的直接祖先已经以自由的步态,用两脚完全直立行走了。其次,这些脚的外形,恰恰和我们自己的一样"。③这已经被用为"人类起源于非洲"这一观点的重要证据。

要知道,在姜原所处的石器时代,伪造或制作圣足印的可能较小,那大人迹很可能是某种动物的足迹。那么最可能是什么动物呢?《生民》"履帝武敏歆"笺云,"敏,拇也。……祀郊禖之时,时则有大神之迹,姜原履之,足不能满",可能其较人迹为大;只得"履其拇指之处,心体歆歆然",她的一只脚(她是原始女性,脚不会太小)能够履进这多趾的足印,更可见其巨大而非人迹矣。所以有的著作直说"大迹""巨迹"(参见《列子·天瑞篇》《路史》注等)。天然剥蚀者,"拇指"云云,又不大可能如此分明。看来,以恐龙类遗留下的足印化石概率为高。

其发现地点,《周本纪》说在野外,《尔雅》舍人本说是"畎亩之中",隋杜宝《水饰》(《太平广记》卷二二六引)说"于河滨",《春秋元命苞》(《太平御览》卷一三五引)说"其地扶桑"或"平林"之中。这些地点都可能发现恐龙化石足印。《路史·后纪》罗苹注云:"今齐之章丘县龙盘山上有神迹祠焉。《皇览》云即姜原所履者,亦见《十道志》及《述征记》。"据他说,有的统治者还利用它来装神弄鬼,"伏琛《齐地记》:'宋(刘宋)济南太守萧承之立祠于山,妻学(姜原)履之,是生齐帝。'亦见本史"。今本《南齐书》似无此

---

① [日]鸟居龙藏:《化石人类学》(第2册),张资平译,商务印书馆,1951年,第670页。
② 参见《世界考古学大系》(第12册),平凡社,1959年,插图64。
③ [英]玛丽·D. 李基:《三百六十万年前火山灰中的脚印》,毛昭晰译,见中国古代史研究会编:《世界古代史研究》(第1辑),北京大学出版社,1982年,第104页。

事。《资治通鉴》但云："旧俗相传，晋州城西石上有圣人迹，（齐）淑妃欲往观之。"说的也不是此事。然而地名龙盘山，很可能发现过恐龙化石，所谓神迹，可能便是其足印遗存。恐龙绝种亿万年，但是原始人却比我们有更多可能发现恐龙及其足印化石。南美洲和非洲不是盛传有巨大的史前动物的踪迹吗？至少它们成为龙神话的触媒或一种龙母型总是可能的。

清俞正燮《癸巳类稿》说，安徽黟县石印山石燕洞西"有产龙石，石分列，一在山上，一在山下，有凹龙形"。这分明说的是因身躯腐蚀、风化而印迹石化的阴式恐龙化石。原始人、古人是很可能被这类化石激发出巨龙的幻想。

所以，姜原所履的最可能是已被周人祀为图腾龙母型的恐龙足印化石。在可靠而古老的姜原履迹得孕的传说中，不会出现殷人祖先神帝喾、天神，而较可能是某种图腾动物及其大脚印。《生民》诗里至多也只出现帝而无喾。《閟宫》《大濩》《万舞》以享先妣也不及于帝喾。姜原所处的"只知其母，焉知有父"的母系氏族后期，图腾主义旧习依然十分昌炽，图腾动物依然可授孕给部落的圣处女。所以无论从理论从历史说，姜原所履都只能是动物图腾的足印。

履迹生子型传说，一般只局限于龙图腾族，无论南北。东方鸟图腾的夷人集群，西方、正北方、东北方的四足兽图腾的狄人集群，都没有这类故事。只有后稷和被改头换面的"后稷之父"帝喾与此传说有涉。

帝喾母履神迹而孕生喾事，仅见于《路史·后纪》卷九引《帝王世纪》等书[①]，时代是很晚的。那恐怕是"由子及父"，从后稷推想、比附其父当亦感迹而生，是极不可靠的。《路史》是最喜欢堆砌、组织材料并且予以信史化、合理化的。它说帝喾之父"侨极取陈丰氏曰裒，履大人迹而侸生喾"。这些名字，即令不是胡编乱造，也不见经传，很难信任。其他就是《山海经·海内东经》郭注引《河图》、《太平御览》卷七八引《诗含神雾》、《潜夫论·五帝德篇》、《礼记·乐记》疏引《孝经钩命诀》、《易·系辞》注、《太平御览》卷三六〇、《礼记·月令》疏、《艺文类聚》卷十等引《帝王本纪》，皆言大迹出雷泽，华胥履之，而生伏羲，时代也晚得很。

闻一多《姜原履大人迹考》说，伏羲之伏字从犬，"伏羲、盘古、槃瓠本一人"，所以可能是"犬戎之祖"，"犬戎与周或本同族，故传言伏羲画八卦，文王演之，而《易》称《周易》"，所以才被附会上后稷式的周人感生传说。这跟他《伏羲考》所说伏羲为苗人祖先自相矛盾。伏羲人首蛇身，是南方蛇图腾集团的

[①] 参见徐宗元：《帝王世纪辑存》，中华书局，1964年，第32页。

传说先祖，后来又与犬图腾集团传说融合，跟犬戎的关系是间接的、疏远的。

伏羲跟周人拉上关系有两条途径：一是他们都以龙蛇为图腾，虽分处南北，却被后人硬拉在一起。二是在春秋战国正统派史家对上古传说进行组合或累积之时，一方面把伏羲拉进五行系统称为太皞，而太皞本帝喾，以至羲、喾混淆；另一方面，又把帝喾拉进周人史迹和世系，以组成黄帝—颛顼—帝喾—尧舜稷契，万世一系的大一统世界，以致帝喾、伏羲不但不分，而且都有了感迹而生的故事。简言之，帝喾即伏羲生周弃，周弃感迹而生，那么他的父亲们当然也感迹而生，这就是他们的创作逻辑。

令人感兴趣的是这出大迹的雷泽及雷兽。《山海经·海内东经》："雷泽中有雷神，龙身而人头，鼓其腹（则雷）。"郭注引《河图》："人迹在雷泽，华胥履之而生伏羲。"这雷神或雷兽，主要是龙形的。《史记·五帝本纪》引《山海经》作"龙首人颊，鼓其腹则雷"。《淮南子·地形训》："雷泽有神，龙身人头，鼓其腹则熙。"既然此泽所出的雷兽为龙形，那么其大迹当亦是龙迹——恐龙足印化石。

《大荒东经》说东海流波山，"其上有兽，状如牛，苍身而无角，一足，出入水则必风雨，其光如日月，其声如雷，其名曰夔"，这也是雷兽，其身却如牛。二郎神化身斗法，夔有牛、龙、猿三形，可以奇妙地转化，所以有夔龙之说，其形多见于殷周彝器。《说文》卷五亦称夔为"神魖"，如龙而一足。故雷泽中所见夔或夔龙之足印，可能系恐龙足迹化石也。

范明三非常注意这个雷泽之神的足印的具象，并且把它与古文字里的雷、电来比照，认为"那S形所裹的二D形可能代表足印，亦即雷神步履之形"，从而猜测这是雷神足印，"这'巨人迹'就是周族图腾的原始形象"。他还把雷、电字样与太极图的初始可能形象作了比附。① 叶舒宪也有类似看法。笔者认为，原始的雷电字样S形所裹二物或作钩形，或作圆状，大多不像足迹，此说较难成立。但是前举古代西亚、古代印度的大神足迹护符或印章大都作S形而裹着两个大脚板的样子，与雷字的某些形体（S裹二D）却极为接近，不能不引人再思之。而且，华胥所履雷泽大迹肯定是雷神足印，只不过这足印更可能是以恐龙足印化石为母型的雷兽或说夔龙的足迹罢了。夔既是龙形，这样，本来就是人首蛇身又感夔龙迹而生的伏羲，被组合进五行系统成为太皞氏，而具有龙形，

---

① 参见范明三：《纹样系谱学初探——从瑞果纹等论及中外民族艺术交流》，载《活页文史丛刊》1986年第239号，第6页。

就是意内之事了。《左传》昭公十七年郯子就说这似乎已伏羲化的"太皞氏以龙纪，故为龙师而龙名"。《太平御览》卷二九引《帝王世纪》也说："太昊氏庖牺氏风姓，有景龙之瑞，故以龙为官。"

姜嫄母家所属姜（羌）族，以羊为图腾，她生的孩子应该有羊的动物化身；但因为她又是踩周人图腾龙脚印而生后稷，那么这位周弃就应该以羊和龙的双重化身象征着姜族与周族的联姻、联合。那么，后稷是不是也像周族的先人黄帝那样有一个龙蛇的化身呢？

汉代以灵星祠后稷。《史记·封禅书》："（高祖八年）或曰周兴而邑邰，立后稷之祠，至今血食天下。于是高祖制诏御史：'其令郡国县立灵星祠，常以岁时祠以牛。'"集解引张晏曰："龙星左角曰天田，则农祥也，晨见而祭。"正义引《汉旧仪》云："五年，修复周家旧祠，祀后稷于东南，为民祈农报厥功。夏则龙星见而始雩。龙星左角为天田，右角为天庭。天田为司马，教人种百谷为稷。灵者，神也。辰之神为灵星，故以壬辰日祠灵星于东南，金胜为土相也。"《续汉书·祭祀志》："言祠后稷而谓之灵星者，以后稷又配食星也。"

祠后稷的灵星亦称龙星。汉蔡邕《独断》："灵星，火星也。一曰龙星。"雩祭（祈雨之祭）就祭的是龙星。王充《论衡·明雩篇》："《春秋左氏传》曰：'启蛰而雩。'又曰：'龙见而雩。启蛰龙见'。皆二月也。……故灵星之祀，岁雩祭也。"《祭意篇》更说灵星"乃龙星也。龙星二月见，则雩祈谷雨；龙星八月将入，则秋雩祈谷实"。又说："灵星者，神也；神者，谓龙星也。"龙能赐雨，所以龙星（后稷也一样）也司理雨旱之事，而成为祈雨的雩祭之对象。有如《左传》桓五年所说："龙（星）见而雩，雨祭也。"《汉书·郊祀志》：高祖五年，初置灵星，祀后稷也。殴爵（雀）簸扬，田农之事也。作为农神的后稷也能调节雨旱，所以灵星、龙星之祭也都祭他。

纬书又称后稷为苍神或苍神后裔。《春秋元命苞》："苍神精，感姜嫄而生（后稷）。"《中候稷起》："苍耀稷生感迹昌。"苍神就是苍龙之精，就是龙星（灵星）。《史记·天官书》："东宫苍龙。"索隐引《文耀钩》云："东宫苍帝，其精为龙。"所以后稷所感苍神之迹就是这苍龙之神或苍帝之迹。在五行系统里，伏羲化了的太皞氏，也"其兽苍龙"（《淮南子·天文训》），或"其精苍龙"（《白虎通·五行篇》）。这里，苍帝、苍神（后稷父）、苍精、苍耀稷（周弃），与苍龙（星或兽）、苍龙之精、龙星基本上是一致的、对应的，足以证明后稷有龙化身，所履为龙脚印。

这也与周族以夏族为先民，自以为继承夏统相一致。《国语·鲁语》说：

"昔烈山氏之有天下也,其子曰柱,能殖百谷百蔬;夏之兴也,周弃继之,故祀以为稷。"夏周都起于西北而以龙为图腾者,闻一多《伏羲考》论之甚详。

动物足迹崇拜确是图腾机制的一个重要方面。这足迹可能被当作图腾的马纳。这足迹如果发现在(或刻制在)一块石头上,那么这石头便成为一件灵物(fetich),或巫术品"丘林噶"(珠灵卡,Churinga),构成所谓的灵石(Stone fetich)及其崇拜的重要内含,而与所谓高禖石相照应。发现、存放、祭祀这圣足迹的地方就成为一种秘密处所或禁地(马帕图,即 Mapato 之类)。后稷第二次被丢弃,"会伐平林",就因为有人冲撞了这禁地。

四、履迹致孕的原因

那么,践履足迹为什么会致孕呢?

有人就蒙古北方德勒格尔-穆莲和特斯河谷岩画里动物蹄形论述说:"应当注意这种'蹄子'图形的凹裆,仿佛表示阴道。在某些图形上有似乎无关紧要的横带,把'蹄子'从中间分为两半……短的垂直带子象征性地反映男人与女人的结合,即代表男子性行为的开始。"① 这跟前举马蹄铁、马蹄印引起的联想是一致的。

弗洛伊德说过,足迹是古老时代性的象征。足迹的凹陷与女阴容易发生类似联想、随机对位。佛经常说佛迹有莲花,步步生金莲——莲花正是性器的传统象征。但是,据陈炳良介绍:"澳洲土人认为足迹代表男子性器,因此,'履迹'便代表交合。此外,足迹还可以代表神灵的降临;'履迹'便代表神灵降临在崇拜者身上。"②

江林昌更把帝之武敏具体化为太阳神之步武、足迹,提出:"姜原郊禖'履帝武敏',应当是太阳'帝'降临神圣的植物花'蒂'给大地授精的时候",姜原践履太阳神足印,在高禖仪式中载歌载舞,"如此,则'太阳与大地的神秘的交合'在姜原与代表太阳帝的神尸于代表花之蒂的桑林里进行的性爱歌舞中戏剧性地体现出来了"。③ 此说包含新意,但没有直接证据表明此处之帝是太阳神

---

① [苏] A. 奥克拉德尼科夫:《德勒格尔-穆莲和特斯河谷的岩画》,见《蒙古考古学与民族学》诺沃西北斯克,1978 年,转引自盖山林:《乌兰察布草原上人迹动物蹄印岩画初探》,载《乌兰察布文物》1982 年第 2 期。
② 陈炳良:《"生民"新解》,见《神话·礼仪·文学》,联经出版事业公司,1985 年,第 116 页。
③ 江林昌:《履迹生子观念源于太阳崇拜考》,载《东方丛刊》1994 年第 3—4 期;江林昌:《楚辞与上古历史文化研究》,齐鲁书社,2002 年,第 293—294 页。

（张舜徽先生曾论证"帝"字出于太阳，闻一多曾说履迹是一种农耕舞蹈）。并非所有的帝均涉太阳，我们认为帝源女阴，但此处之帝已较抽象了。《离骚》"及前王之踵武"，踵武犹言业迹，也并不是具体的足迹了。

足、足印，在性生活仪式或习俗中，具有某种中介性作用。因为足在原始性心理中具有生殖力量，或性及生殖的暗示（足恋变态心理暂且搁下）。最明显的，如民间俚语"有一腿"；同恋一个妓女，称为"同靴"。而女性"放荡"，即被骂为"破鞋"。

王政详细论述腿脚为性与生殖的象征符号，引出履迹生子的精彩解释：

> 弗洛伊德说，在美拉尼西亚，"男孩若在路上认出其姊妹的足印，他便不再顺着那条路走。女孩亦然"。因为他们害怕踩上足迹，导致感孕。他们必须防止乱伦。……广西靖西壮族民间，一个男人要想得到一个女人，简单的方法是把女人脚印找到。随着她们的脚迹踩上三步，再念上一段咒语……①

他认为，"出现在生殖交媾形象的一旁"之内蒙古、新疆足迹岩画，也是"可以感孕生殖的物体的一种反映"②。

许多民族有与履迹相关的仪式与巫术行为。

基诺族有踩脚舞，带着某种性意味。他们祝贺新房落成的刹锅克舞，歌词云："马鹿的脚印豹子跟着走，鹿子的脚印豺狗跟着走，妹妹的脚印哥哥跟着走。"显然近于咒语，最后一句就是以踩脚印隐言交好。

他们的播种舞，男女成双作对，男的以长竿戳地成坑，女性则表演撒种其中；男的以足扫土埋种，女性则踏而实之。这跟姜原履迹被闻一多看作一种农作舞颇为契合。更重要的是，这是播种也是欢会，男女都是兴高彩烈、调笑谑浪。戳窟、撒种、脚扫、足踏……"《易》之咸（感、撼），见夫妇"，那既是生产动作，也是生殖行为。

陈炳良不反对《生民》诗牵涉高禖仪式。他认为，《生民》第一章是说"我们的祖先最初是由姜原生下来的。这是怎么一回事呢？首先，姜原跑去祭祀高禖，参加了像古代罗马（Bacchic orgy）的增殖仪式（fertility rite）。等到狂欢过后，果然有了身孕。于是她过着严肃的生活；最后，生下了后稷"③。这对于

---

① 参见王政：《腿脚：一个跨民族意义的生殖人类学符号》，载《民族艺术》1998 年第 4 期。
② 参见王政：《腿脚：一个跨民族意义的生殖人类学符号》，载《民族艺术》1998 年第 4 期。
③ 陈炳良：《生民新解》，见《神话·礼仪·文学》，联经出版事业公司，1985 年，第 116 页。

后来介入生民故事的高禖仪式的解释是很有意义的；但是，履迹生子事件本身却有更古老的背景。

前面说过，图腾主义跟母系氏族的发展往往基本同步。由于生产和科学水平的限制，初民并不认为怀孕都是性交的结果。食必果腹而交不必孕，所以这二者似乎没有完全的联系。他们认定，即令男女交合能够致孕，那也有神力的干预或者支配，从而认为，儿女之孕育，氏族之蕃庶，基本上决定于氏族祖先（从图腾到自然-祖先神）的意志和行为。图腾可以是无生物、植物，但较多的是动物。有时是氏族的妇女（尤其是其代表性人物）与图腾动物进行或实际或幻想或模拟的交媾。有时甚至只要图腾经过身旁或出现在梦中，都能使妇女怀孕。但更常见的是，与图腾身体或其附属品、派生物发生或实际或幻想或模拟的神秘接触就可能致孕。这种派生物从影像、气味、呼吸、目光、排出物到足迹，几乎无所不包，有效接触的概率几乎是百分之百。因为妇女们往往是怀孕以后才去回忆、追想、确定其原因和接触经过，事先的、有目的的、有意识的接触也允许多次进行。这样，除了不孕症，任何一个育龄妇女只要得孕都可以把它归于某次神秘的接触。像姜原这样举行仪式，自觉或不自觉地按照周姜二族联姻—交往—联合的要求，有意去践履周人的图腾龙迹，应是母系图腾制晚期之事，有时可能出现双重父亲，但终究是一种可能达到预期效果的神秘接触。

这种以履迹为手段的接触致孕事实，还见于中国诸族之民俗。云南独龙族传说，弄力腊卡山下有美女名妮泰者，采笋口渴，寻水不得，"最后找到象的脚印中有一窝水，清亮亮的，能照得见人的影子。妮泰高兴极了，急忙用身上披的独龙毯擦了擦手，捧来象脚印中的水，喝了个痛快"，慢慢地，"身子感到一天比一天不舒服"，终于生子，名"马葛棒"，独龙语义为"大象的儿子"。[①] 这显然也是圣足迹的象图腾授孕机制。

彝族的龙足印崇拜与履迹生子更为相似。宋兆麟揭示，彝族"认为河或水塘里的岩石为龙图腾的象征，简称'龙石'"，妇女不育或生怪胎，便设法得龙石，或坐，或拴以衣（《论衡》说姜原与帝喾同坐，且"衣帝喾衣"，才生下后稷），特别是要"脚踩龙石"，才能孕育后裔。"有时在岸边岩石上刻足印，妇女也要踩着，这样才能生育子女。"[②] 因为足迹代表灵性、精魂，带着巫术特质或

[①] 参见谷德明：《中国少数民族神话选》，西北民族学院研究所，1983年，第591页。
[②] 宋兆麟：《原始的生育信仰——兼论图腾和石祖崇拜》，载《史前研究》1983年第1期；宋兆麟、黎家芳、杜耀西：《中国原始社会史》，文物出版社，1983年，第469页。

元素（magic property），所以这些神秘的生命线、生命点能够赐予生命，也能够夺去生命。有些黑巫术（black magic），就是用刀或箭刺仇人的足迹。猎人用标枪刺野兽足迹，也带有这种目的。"在东南各部落中还有另一种接触式的巫术——即通过仇人在地上留下的足迹。在它上面放上一块锐利的石英石、骨头、煤和其它东西，认为这样就会引起风湿病。"① 而用脚践履别人的影子也会伤害其人。古代阿拉伯人相信，"如果有一只土狼踏在一个人影上，那个人便会喑哑"②。弗雷泽《金枝》述此甚详。③

作为这种黑巫术的对立效应，足迹等也可能成为某些马纳或巫术特质传递的中介或来源。④ 大洋洲土著妇女认为，践履某人的影子、足迹等身体衍生物，将来她的孩子便会获得他的某些特质。南斯拉夫少女认为踩着意中人的足迹（或影子）便会得到他的爱情。这可以看作履得孕的弱形式或蜕化态。作为其对立的补充，"南斯拉夫的斯拉沃尼亚南部农村的姑娘，把对她们不忠实的情人的足印泥土挖起来，在其中种一棵'永不凋谢'的金盏花，她的情人的爱情便将像这花一样盛开而且决不凋零"⑤。这也是《金枝》介绍过的。"你可以用伤害一个人的脚印来伤害其本人。这种巫术尤其广为流传，几乎已成为一种全球性的迷信。"⑥ 东非戈拉人见到乌龟时便要踩它的脚印，认为这样可以使自己的脚背变得像龟甲那样坚硬。

对于弗雷泽所举践踏龟迹能使脚背强健的报告，孔令谷评论说："践踏龟迹，费氏（指弗雷泽）谓所以使脚背强健，恐非确论。践其足迹，乃以龟为神灵，意可因之而得其灵感。这事恰可说明姜原履帝武（大人迹）故事所由来。履帝武即是践踏龟的足迹（以龟为图腾），履龟迹是此故事的原始形式，践大人迹是小小的变了一下了。"⑦ 陈志良赞成其说，并且确认："姜原到社地祭祀，而

---

① ［苏］C. A. 托卡列夫、［苏］C. П. 托尔斯托夫主编：《澳大利亚和大洋洲各族人民》（上册），李毅夫、陈观胜、周为铮等译，生活·读书·新知三联书店，1980年，第298页。
② 郑振铎：《汤祷篇》，古典文学出版社，1957年，第77页。
③ ［英］詹·乔·弗雷泽：《金枝》（上册），徐育新、汪培基、张译译，中国民间文艺出版社，1987年，第67页。
④ 参见 L. Frazer：*The Leave from Golden Bough*, London: Macmillon and Co., 1929；［英］丽莉·弗雷译《金叶》，汪培基、汪筱兰译，上海文艺出版社，1997年；［英］弗兰柔：《交感巫术的心理学》，李安宅译，商务印书馆，1931年。
⑤ ［德］利普斯：《事物的起源》，汪宁生译，四川民族出版社，1982年，第339页。
⑥ ［英］詹·乔·弗雷泽：《金枝》（上册），徐育新、汪培基、张泽石译，中国民间文艺出版社，1987年，第67—68页。
⑦ 孔令谷：《原始民族咒术与我国习俗的比释》，载《说文月刊》1939年第1卷第7期。

独受图腾的灵感而受孕。姜原履了大人之迹而得孕，这个'大人迹'当为图腾物的象征。"① 履图腾之迹当然是对的，但不能用东非戈拉人践履龟迹使脚背坚硬的民俗来确定姜原所履者必是龟迹，确定周人必是崇拜龟图腾。因为类似的风俗和观念也并不是某地所特有。

  足迹还是某种神秘活动的代表。怒族传说，有猎人与女猎神交好并且同居生子，但是女猎神要照看满山的禽兽和牲畜，只能一年来看他们一次。但是"她每次还（家）来看望孩子，猎人和孩子都不能见到她，只是在羚羊群走过的地方，在羚羊的蹄印的后边，人们见得有女人的脚迹，猎人料想这神秘的脚迹便是妻子的脚迹，就怀念起自己的妻子。"② 可见，即令是神，她也会留下不可超脱的人间的印记——脚迹，脚迹能成为神的代表。而任何脚迹也是逃不过猎人敏锐的目光。这也可以视为圣足印崇拜的一种痕迹构造。

  用足印代表本体及其灵性，这可以看作心理学和修辞学上的借代律，即以部分代整体的，有的民俗学家称之为象征律或象征原理（Priciple of Symbolism）。践履足迹而能怀孕生子，这当然是一种与模拟巫术相对的感触巫术（Sympathetic Magic），其心理依据是所谓感应律或感应原理（Sympathetic Law）。而从其整体来说，当然也可以说是图腾机制或授孕性图腾仪式（Totem Conceptional Rite）的一种特异表现。

---

① 陈志良：《始祖诞生与图腾主义》，载《说文月刊》1940 年第 2 卷第 3 期，第 37 页。
② 参见谷德明：《中国少数民族神话选》，西北民族学院研究所，1983 年，第 580 页。

第二章　弃子英雄的神迹及其解释

神话学上的弃子型（exposed child type），以周人始祖弃或说后稷最为典型。《诗·大雅·生民》等材料所描写的中国最著名的弃子英雄——周弃或后稷，他的一生充满了谜。最神秘的除前述的感迹而生外，就是他生下来被屡弃屡收。其事迹大致如下：

> 厥初生民，时维姜嫄。生民如何？克禋克祀，以弗无子。履帝武敏歆，攸介攸止，载震载夙，载生载育，时维后稷。诞弥厥月，先生如达。不坼不副，无灾无害，以赫厥灵。上帝不宁，不康禋祀，居然生子！

> 诞置之隘巷，牛羊腓字之；诞置之平林，会伐平林；诞置之寒冰，鸟覆翼之。鸟乃去矣，后稷呱矣！实覃实訏，厥声载路。诞实匍匐，克岐克嶷，以就口食。

通过所谓三弃三收的图腾考验仪式后，他接受了羌人的农作技术，成长为农业发明家、周人的始祖，后来还被祀为稷，即庄稼神。

一、古代学者对弃子的解说和研究

此事充满了谜和神秘。争论之大，异说之多，在中国经学里，无有出其右者。这里集中讨论神秘感生和降生所引起的一系列仪式性行为：似乎恶意的抛弃和理由不明的回收。

《诗》说得很清楚。周人的先妣姜嫄（没有提她的丈夫，可见是无夫而孕的圣处女）因为未曾怀孕得子，便到某一神秘地点（有人说是高禖社祭之地）去"克禋克祀，以弗（被除）无子"，在那里发现一个大足印，她以为那是天帝的圣迹，便去踩那凹陷的大拇指痕，却感到一阵欣喜和激动，于是怀了孕，生了孩子。既然求子而得子，为什么又要把他丢掉呢？过去的经学家、史学家们提出了以下观点。

贱弃说

贱弃说从表面看相当平实。郑笺已说,姜原"心犹不安之,又不安(于)徒以禋祀而无人道,居默然自生子,惧时人不信",盖谓恐时人贱之也。鲁诗则明倡残弃之说。《史记·三代世表》引《诗传》(指汉申培《鲁诗故》):"姜原出见大人迹而履践之,知于身,则生后稷。姜原以为无父,贱而弃之道中。"汉刘向《列女传》也说:"(姜原)当尧之时,行见巨人迹,好而履之。归而有娠,浸以益大,心怪恶之。卜筮禋祀,以求无子。终生子,以为不祥而弃之。"清冯登府《实事求是斋经义》指出:"此与毛异。盖鲁诗说也。"

这种贱弃,只说是由于无夫感物而生引起的怪恶、惊惧和不祥之感。但有的学者(如汉王肃)大胆提出姜原是寡居而生子;有的学者(如邓潜谷、季明德等)以为姜原做姑娘时行为不轨,与人苟合,养下私生子,所以不能不贱弃之,后来发现其神异,才予以收养。

清李惇《群经识小》"姜原"条则比较婉曲地猜测姜原"合之不以正",很明确地说,后稷因私生被弃:"窃谓周人有妣而无祖,故周与鲁皆特立姜原之庙(《周礼》守祧八人,祖庙七,合姜原庙为八也)。而《生民》《閟宫》皆特言姜原之神灵,有妣而无祖也。其无祖何也?其祖盖微者也。微者亦祖,而不以为祖,何也?曰:其名失传也。姜原之名著,而其夫失传,何也?曰:姜原者,有邰氏之女,诞生后稷,育而长之。继封于有邰,其夫或早卒,有邰之国或亦绝,而周之基,实开于此。故姜原之名特著也。后稷既长,而姜原不以告之,何也?曰:讳之也。其讳之何也?曰:合之不以正也。姜原贤妃,而不以正何也?曰:此与楚子文之母相类,亦古之常有也。男女,人之大欲,少偶越礼,长而悔之,因而讳之,托为神异之说以告其子,亦情也。邓氏之女终归伯比,而姜原不归其夫,何也?曰:绝之也。邓子女不绝伯比,而有邰绝之,何也?曰:父母情性不同,古今风尚亦异。子文之弃,一闻虎乳之异,而即收之。姜原之至再至三,必欲置之死地,其情亦异也。姜原讳之,而后稷终不有父,何也?曰:不可得知也。其不可得知,何也?曰:或早卒也,或不容于有邰氏而不知其所终也。……周公作诗,亦托于荒诞之说,何也?曰:立言之体当然也。帝王之兴,每称符瑞,既求其祖而不知,而神灵之说相传已久,非周公之造为诡异也。"

清俞樾《群经平义》则以为姜原乃帝喾次妃,就是妾,那么,后稷为侧生,所以为人所鄙而弃之。语下似亦有姜原行为不谨之意,否则妾生子亦为常事,何必弃子?

也有的说,姜原本民间女子,与人野合生子,贱弃之,而后三弃三收此子,帝喾闻其神异而纳之为妃。

清蒋骥《山带阁注楚辞》引《真源赋》:"帝喾时,有姜原履大迹生男,耻之,三弃草野,有异。帝闻其有圣子,乃诏取为妃,赐名弃。"此说已启绪,然犹未敢点明野合私生。清王舟瑶《默龛集·释生民诗义》引用并赞同刘中垒之说曰:"案此《传》(《列女传》)单言某之母、某之女而不言某之妃,则姜原实为未嫁而有子,骇人听闻,故必弃子,后觉其异而始收之也。"此说则不涉履迹,但言未嫁有子。而清江藩《隶经辨·姜原帝喾妃辨》曰:"姜原之夫,因无人道而生后稷,疑非己子,乃弃子隘巷、平林,而后稷不死;高辛氏必欲其死,又置之寒冰。姜原不忍其子之死,而收养之,遂携其子之有邰矣。"此论固然大胆,但是不符《诗》义,亦无内证。

颂诗、史诗是不能表现这种丑事的。蒋骥说得好:"无人道而有娠,姜原宜先弃于君,奚俟生子而弃之?"即从《生民》所反映的由母系氏族向父系过渡的社会背景来看,"谁是某一个孩子的父亲(依然)是不能确定的",既无羞耻心可言,也就无所谓贱弃了。

或据《列女传》释"克禋克祀,以弗无子"云,"祓有求义,未嫁有身,故求无子"①,以为"贱弃说"张本。清王先谦《诗三家义集疏》引黄山说《列女传》"正此《诗》四句之义",所谓"禋祀以求解,本求无子而终生子,故曰'不康禋祀,居然生子'也。"《毛传》:"弗,去也。去无子,求有子。"郑笺:"弗之言祓也。……乃禋祀上帝于郊禖,以祓除其无子之疾。"朱注:"弗之言祓也;祓无子,求有子也。"可谓文从字顺。冯登府所谓"因无子而祈祷也"。毋庸更释。于省吾旧著引殷墟卜辞以证曰:"弗犹言不能,言用不能无子也。《邺中片羽》载甲骨文,有'余弗其子'之语,与此反,正可互证。"② 而且,初民有杀婴之事,却很少有避孕和堕胎的好办法。正如岑仲勉所说,从来只有求子之祭,却没有求无子之祀。③ 看来这些说法都不能自圆,便有人提出遗腹说。

遗腹说

汉马融《毛诗马氏注》(见《生民》孔疏引)首先提出后稷为遗腹子之说:

---

① 参见岑仲勉:《两周文史论丛》,商务印书馆,1958年。
② 于省吾:《双剑誃诗经新证》,莱薰阁刻本。
③ 参见岑仲勉:《两周文史论丛》,商务印书馆,1958年。

"帝喾有四妃。上妃姜原生后稷,次妃简狄生契,次妃陈锋生帝尧,次妃娵訾生帝挚。挚最长,次尧,次契,下妃三人毕已生子。上妃姜原未有子,故禋祀求子。上帝大安其祭祀而与之子。任身之月,帝喾崩,挚即位而崩,帝尧即位,帝喾崩后十月而后稷生,盖遗腹子也。虽为天所安,然寡居而生子,为众所疑,不可申说。姜原知后稷之神奇,必不可害,故欲弃之,以著其神,因以自明。"撇开其脱离当时社会背景不谈,也不论那些假想的世系序次的混乱而不可信,即以姜原"任身三月,帝喾崩,挚即位而崩,帝尧即位,帝喾崩后十月而后稷生"而论,也只是一连串无法证明的臆想和推测。所以汉王肃《毛诗奏事》以及马融、马昭、王基、孙毓等都加以驳斥,毋庸赘评(详见《毛诗正义》)。

在经学兴盛和垄断的汉代,学者很难摆脱传统偏见或师说家数去解决社会历史性质的疑难。但是,学术发展有助于挣脱传统的禁锢,特别是在被称为"汉学复兴"的清代,对经典的考据、解释都更趋细致和深入。对《生民》一诗的解释也出现了一些新鲜的意见。这些意见虽然因为缺乏近代的民族学、人类学知识而无法深入上古时代的历史纵深,但是却精见迭出,意趣盎然,即令不能用来解释《生民》之弃子,也有助于其他文献、史实的考释。由这些解释所引起有关世界性弃子英雄和其英雄的神迹,更可以供比较民俗学、比较神话学之参考,而绝不仅限于《生民》诗之争论。这里仅略做介绍。

有人据《诗》之"载震载夙""弥月不迟"云云提出速孕说。

速孕说

清胡承珙《毛诗后笺》解《生民》曰:"'不迟'即'载夙'之意,谓其适值祀归、心动之后而速已怀妊生子。姜原虽心知其异,而究以震动在先,不无疑惧,特弃之以试其吉凶。乃至兽腓鸟翼,屡见异征,然后决知上天灵异,收养无疑。"

然而,即便就事论事,求子的目的就是得孕,自然会产生心理的预期和敏感。载震载夙,求子得子,并无可惊之处。而且,"载生载育"也必须"诞弥厥月",并非妖异。此说在字面上也说不通。但速孕、早产、晚产等英雄诞生奇迹,确实在许多类似故事里有发生,与英雄的早熟、早长、早慧相照应,并非纯属向壁虚构,只是难以用来解释《生民》罢了。

早产说

清臧琳《经义杂记》据《初学记》所引《说文》"达,七月生羔,"认为:

"'先生如达',谓后稷如'达'之七月生也。上文'诞弥厥月',言无待满其月也。以未满十月而生,惧其难育。故下言'不坼不副,无灾无害',以美异之。"

清庄述祖《五经小学述》近之:"《传》:'达,生也。'如遇而通,言姜原之子先凡人之生而生也。……《说文》:'羍,小羊也。从羊,大声。读若达。'《初学记》引《说文》作'……羍,七月生羔。'是唐时《说文》本如此。稷盖七月而生,故曰如达。……不待十月而生,故曰先王圣人神灵,得天独厚。其孕之月而终,故曰(诞)弥厥月。凡人不及月而生者,多有所坼副灾害也。"

但这明显违背《诗》意。清胡承珙《毛诗后笺》驳得好:"经文'诞弥厥月',传云:'弥,终。'笺云:'终人道十月而生。'若七月,安得云'终厥月'乎?且七月生子,未见不育;既恐其难育,当更保护之不暇,何以反再三弃之?"

早生还有一种解释,后稷确实"诞弥厥月",但是姜原之夫却疑其受孕在婚前,因为结婚七月后稷便如七月之羔(达)而生,顿启疑窦,于是乎弃之。这跟后面的"杀长说"有联系,即疑姜原婚前淫乱而受孕。《史记·夏本纪》集解引《尚书》说禹"娶于涂山,辛壬癸甲,启呱呱而泣,予弗子"。《本纪》亦及此(旧注家对此有曲解,断句亦不同),载"禹曰:予辛壬娶涂山,癸甲生启,予不子!"有人就说,因为涂山氏提前产儿,夏禹不予承认,并且据以称姜原和涂山氏一样婚前受孕,所以后稷未及期而生,其父不以其为子而弃之。

希罗多德说阿里司通赚取斯巴达妇人希伦(Helen)为妻,"在不满十个月的一个较短的时期里,他的妻子就给他生了一个孩子,这就是前面所说的戴玛托玛斯。……他便屈指计算并发誓说:'这不会是我的儿子。'"① 与此倒有些接近。

古代印度贡蒂公主跟太阳神交媾而生的弃子英雄迦尔纳也是早产和易产的。"神的儿子是一怀孕就出生的,用不着像人类那样经过九个月漫长而又苦痛的妊娠期。"② 这位英雄"神采奕奕,美丽非凡,就象太阳神一样。他生下来时披着神甲,还戴着一对耳环"③。所以,早生应该跟英雄的早长、早慧联系在一起考虑。

---

① [古希腊] 希罗多德:《历史(希腊波斯战争史)》,王嘉隽译,商务印书馆,1959年,第593页。
② [印度] 拉贾戈帕拉查理:《摩诃婆罗多的故事》,唐季雍译,中国青年出版社,1983年,第34页。
③ [印度] 拉贾戈帕拉查理:《摩诃婆罗多的故事》,唐季雍译,中国青年出版社,1983年,第34页。

晚生说

清邹汉勋《读书偶识》说，后稷"十二月而生"，并且把它与遗腹说联系起来："《诗》'诞弥厥月'为过月，'不迟'为'大迟'……姜原高辛氏帝崩之月而妊身，崩后十二月而生，故帝挚谣诼之……不以姜原为康大于禋祀，为天所右，而以为徒然生子，非高辛氏之帝嗣，故弃之。迨至灵异显见，但畏天威而不敢杀稷，而姜原犹然携稷以大归于邰。"这当然又是一种臆测和杜撰。

《史记·周本纪》说"及期而生子"（"及期"见《诗》疏引，今本作"居期"）。有人就认为此"期"为"大期"，是一年的意思。《史记·吕不韦传》："姬，自匿有身，至大期而生子。"正义引蜀谯周《古史考》云："人十月而生，此过二月，故曰大期。"《生民》孔疏也以为："人十月而生，此言终月，必终人之常月。《周本纪》云'及期而生子'，则终一年矣，马迁之言未可信也。"

明周婴《卮林·说孔·人十月生》驳斥此说道："人十月而生，往往有不然者。颖达《诗·白华》疏曰：'《帝王世纪》以为幽王三年嬖褒姒，褒姒年十四。则其生在宣王三十六年。自宣王三十六年上距流彘之岁为五十年，流彘时童妾七岁，则生女时母年五十六，凡在母腹五十年。其母共和九年而笄，年十五而孕，自孕后尚四十二年而生，作为妖异，不与人道同，此妇人之最异者。'孔氏信五十年处胎之褒姒，而不信离里之邰公，何欤？"他还引用许多材料证明古帝王多被传说为晚生。少数民族也有类似传说。例如景颇族说，东瓜吉甲米玛所生的男孩宁管在母腹中孕育了九年，出世后便开始开天辟地的事业。一般超过数年者则更多。这本是英雄的一种神迹，不能忽略。①

但无论《生民》还是《周本纪》，文意都很明白：周弃是如期足月而生的。清马瑞辰《毛诗传笺通释》从训诂学角度驳斥了牵强附会的"早产说"和"晚生说"："按《诗》中凡言诞者皆语词。……《閟宫》诗云：'弥月不迟。'则此诗'诞弥厥月'，宜从传笺，谓终十月而生，但不得训诞为大小之大。《大戴礼》及《春秋元命苞》皆云：人十月而生。则十月为人生之期，过期者始曰大期。《史记·吕不韦传》……则以如其期为终期、为及期矣。《史记·周本纪》云：'姜原践大人迹。身动如孕者，及期而生子。'正谓及十月之期而生子也。《诗》正义以'及期'为终一年，读'期'为'期年'之'期'，误矣。"现代生理学

---

① 中国科学院民族研究所云南民族调查组、云南省民族研究所民族社会历史研究室编：《云南省德宏傣族景颇族自治州社会（概况景颇族调查材料之九）》，1963年。

证明，过期二三月生子是可能的，过四五月则死胎矣。

易生说

《生民》诗云："诞弥厥月，先生如达。"郑笺："达，羊子也，大矣。后稷之在其母，终人道十月而生。生如达之生，言易也。"这是在字面上解释"如达"为如母羊生羔一样容易，是说得通的。汉王充《论衡·奇怪篇》也说："《诗》言'不坼不副'，言其不感动母体也。"唐孔颖达《毛诗正义》进一步说，这是赞美头胎生子意外顺利："达生者，言其生易如达羊之生。……又解言'先生'之意，以人之产子，先生者多难。此后稷是姜原之子最先生者，应难而今易。故言'先生'以美之。"宋苏洵《訾妃论》以后稷"不坼不副，无灾无害"而生，犹郑庄公之寤生，致惊其母。此实亦"易生说"。

宋朱熹《诗集传》并没有采取《论衡》所引"禹、离逆生，闾母背而出"那样解释"坼副"，而只是平实地说这个头胎子没有造成严重阴裂或大出血之类痛苦："凡人之生，必坼副灾害其母，而首生之子尤难。今姜原首生后稷，如羊子之易，无坼副灾害之苦，是显其灵异也。"清赵翼则仍采剖腹产（坼副）与后稷易生比较："《诗》所谓不坼副者，或正因修已、简狄等之背坼胸剖，系同时之事，故相提并论也欤？"[①] 清段玉裁《诗经小学》云："按郑笺易（达）字为奎，似大牒矣。……传云：'达，生也。'以《车攻》传'达履'之义求之，盖是：达，达生也。达、沓古通用。姜原首生后稷，便如再生、三生之易，故足其义云。先生，姜原之子先生者也。"这是释"达"为生。清冯登府《实事求是斋经义》说："以达释沓，是其理也。"

清陈奂《诗毛氏传疏》在训诂学的基础上将易生与弃置联系起来，提出易生而有意展示其灵异的说法："是其易生之状异乎常人，此其中有天道焉。……故置隘巷、平林、寒冰，皆承天意而异之。"

初民的迷信和忌讳特别多。生小孩超乎寻常的容易和困难都可能引起疑惧。因为这也是一种变异，一种不正常。庄公"寤生"而"惊姜"，就有难产或易产等异解。《太平御览》卷三六一引崔鸿《南燕录》云，慕容德母"昼寝生德，左右以告，方寤而起，既生似郑庄公"；而《十六国春秋》则明确地说，"此儿易生，似郑庄公"。《左传》隐元年传杜注，"寐寤而庄公已生"，亦似状其易生。清梁履绳《左通补释》引王若虚《史记辨惑》即谓："如《左氏》说，庄

[①] 赵翼：《陔余丛考》（一），中华书局，1963年，第31页。

公之生盖易矣。"此皆解"寤生"为"易生"而惊姜。但是这不符合《生民》诗的情况。"不坼不副,无灾无害",是一种赞词而绝无惊怛之意。《诗经》和其他史料都没有暗示他的被弃,是因为"易生"或"异生"。"如达"是样子像小羊,并不是说像小羊那样容易地生出来。"易生致弃说"之不近情理,正如清陈启源《毛诗稽古编》所说:"夫以不坼副、无灾害谓不祥,则必坼副、灾害,方谓之祥也? 恐无此人情。"(他从毛郑"欲验其灵异"之说。)

"寤生"还有一种解说,1981年版《辞源》据《太平御览》卷三六一引汉应劭《风俗通》云:"俗说,儿堕地便能开目视者,谓之'寤生'。举寤生子,妨父母。"《辞源》解释"寤生"是胎儿生下来便能张目而视。张碧波用以解释高句丽王"宫"生即能视、国人恶之的原因。《后汉书·东夷传》:"后句骊王宫生而开目能视,国人怀之。及长,勇壮。"张碧波释"怀"云:"归来、归向,因其脱出常规,敬畏而怀归",盖"心怀疑虑"之意。《三国史记·高句丽本纪》:"太祖大王讳'宫'……王生而开目能视,幼而岐疑。"《三国史记·高句丽本纪》:"山上王,讳'延伏'……今王是大祖曾孙,亦生而视人,似曾祖宫。"婴儿刚娩出,眼是近视的,看物模糊;但有的胎儿生下来就睁眼东张西望,那是趋光性使然,即令像注视某人,也并不奇怪。但是,古人往往多顾虑,以为异常、不吉。这属于生育禁忌。张碧波引《台湾民间禁忌》说:"寤生子,指婴儿一坠地,即能睁开眼睛看人,属不正常现象。"可见民间亦有此。盖缘于神秘感。①

难产说

宋苏洵《嬖妃论》说:"稷之生无灾无害,或者姜原疑而弃之乎? 郑庄公生(?)寤生,姜氏恶之,事固有然者。吾非恶夫异也,恶夫迁之以不祥诬圣人也。"

这里苏洵承认后稷之生无灾无害,以为郑庄公之寤生为易生,因过易而致疑。但他认为后稷"如庄公寤生之类,故恶而弃之",把后稷和庄公联系在一起,被人当成后稷为难产而惊姜了。《左传》隐元年:"庄公寤生,惊姜氏。"《史记》:"武姜生太子寤生,生之难,夫人弗爱;后生少子叔段,段生易,夫人爱之。"清朱骏声《说文通训定声·豫部》、清沈钦韩《春秋左氏传补注》等,皆读"寤"为"牾",解为庄公足先出,难产而惊姜氏。改字读经而文从字顺、

---

① 参见张碧波:《东北民族与疆域论稿》(下卷),黑龙江教育出版社,2002年,第25—28页。

顺理成章,洵为难能。1981年版《辞源》以此为"义长"。初民或古代人遇到难产,有时会认为是讨债鬼、琵琶鬼之类投胎,有意危害双亲,因此有弃儿乃至杀子之举,这是不容否认的。但《生民》诗明明说"不坼不副,无灾无害",实在是美其顺产易生,而绝无暗示其为难产,不能以臆测翻案。又者,庄公寤生也可以解释作其母做噩梦,梦见仇敌投胎而生之,并不一定就是难产。①

但是,难产确实也是一些史诗英雄诞生的特色。例如哈萨克族民间长诗里的英雄,出生时总是特别困难,生出来以后又出奇的早慧。"他们的母亲分娩时的阵痛不是一天、两天,而要持续整星期、整月的时间。母亲们分娩时口渴难忍,竟能喝一囊马奶。未来的英雄,降生割脐时,接生婆的手顿时麻木不止。这些英雄刚刚降生人间,就会思维,就能为民着想。一睁开双眼便立即长大成人,脚一落地能走路,还能骑马上阵冲杀,为自己的父母报仇雪恨,为黎民百姓伸冤"。② 他们的难生与早熟互为表里,他们未出世时的捣乱,无非出世后骁勇的一种准备罢了。

怪胎说

清汪龙《毛诗疑义》据《生民》诗云,后稷"克岐克嶷",以及子书纬籍所载帝王多奇表异相,以为后稷生而畸形而见弃。清姜炳璋《诗广义》也说,"先生如达",稷形如羊,如庖牺牛首蛇身,怪异致弃。清蒋骥《山带阁注楚辞》也带有疑稷为怪胎之意:"昔人以达为羊子,稷之如达,岂生时形与之类,故恶而弃之欤?先生,谓初生也,异物之生,恒厄其母。故又言'无灾无害'以著其灵,明非不祥之物也。"③ 陈子展《雅颂选译》也说:"原来他(后稷)是感天而生的怪胎。"④

古人多迷信。畸形儿不是被视为恶鬼妖魔之类来投胎,就是被当作神奇的伟人。巫觋多由跛、尪、驼、秃等有残疾者来充当,就是例证。《荀子·非相篇》说:"徐偃王之状,目可瞻焉。"《博物志》说徐偃王是卵生的弃儿,"覆暖之,遂孵成儿,生时正偃,故以为名"。《后汉书·东夷传》唐李贤注引《尸子》:"偃王有筋而无骨,故曰偃。"现代学者或以为他得了软骨病(实是带胞衣

---

① 参见萧兵:《〈左传〉释疑三则——兼释〈诗经〉〈楚辞〉有关疑义》,载《扬州师院学报》(社会科学版)1981年第4期。
② 乌拉赞巴依:《哈萨克族民间长诗概述》,校仲彝译,载《民族文学研究》1984年第1期。
③ 蒋骥:《山带阁注楚辞》,中华书局,1958年,第214页。
④ 陈子展:《雅颂选译》,古典文学出版社,1957年,第342页。

生而如卵）——这倒可能是他生时被弃的一个原因。实则，偃之言燕，偃王如玄鸟王，属鸟图腾团，语讹而为偃蹇、曲背。古希腊人以为经期行房，可能造成胎儿畸形。天后赫拉经期不谨，所生赫淮斯托斯即为跛子，被扔到海里去了。我国西南地区少数民族，过去就有抛弃畸形儿、残疾婴儿之习。畸形胎儿的成因，现代科学已证明多是父母遗传密码发生偶然的"编译"错误所致。初民和古人当然无法了解这些原因，却因为异常、畸变而产生疑虑、恐惧、迷信、禁忌。古典面相学的产生就和这种迷信、恐惧心理有关。我国古代颇重骨相之学，其源可溯至史前，而特盛于汉魏六朝，甚至连王充这样大胆的现实主义思想家都有《骨相篇》之作，无遑论《新论·面相》之愚妄矣。《荀子·非相》是对"时尚"的英勇反扑。但不仅是传闻、纬书，便是经籍、史册也是常见帝王之奇表异相的。胡承珙说："后稷异状，不独书传未见，此诗亦绝无一字及之，而突言诞置，无此文义。"（《毛诗后笺》）这个批评基本上是对的。《史记·周本纪》说，周弃儿时，"伀如巨人之志"，可能暗示他生长迅速，幼如巨人。《路史·后纪》："弃惟元子，披颐象亢。"《潜夫论》云："后稷厥相披颐。"（《宋书·符瑞志》作"枝颐"）《御览》卷三六八引《春秋元命苞》："后稷歧颐自求，是谓好农。盖象角亢，载上食谷。"王宗炎云："按《诗·大雅·生民》，'克岐克嶷'，'岐嶷'即'岐颐'也。岐者，头骨隆起而岐出，嶷嶷然高，故象角亢。"清马瑞辰《毛诗传笺通释》："《周本纪》弃为儿时，屹如巨人之志。屹即此诗之'克嶷'，岐嶷通作歧颐。《春秋元命苞》：'后稷歧颐自求，是谓好农。'王符《潜夫论》曰：'姜原履大人迹，生姬弃，厥相披颐，为尧司徒。'皆即《诗》'岐嶷'之转借。或本三家诗。"这暗示后稷可能异相。但"岐嶷"或说是言语聪慧。宋国大夫芮司徒之女生下来即因赤而毛被弃，属于怪胎或畸形歧视的一类。她被"弃诸堤下"以后，"共姬之妾，取以入，名之曰'弃'，长而美"，后为共姬之子平公所纳。原因和结果都是世俗的。

卵生说

清魏源《诗古微》说，后稷生时，可能胞衣未破，如卵而出。"古人未知后世剪胞之法，故见其混沌包裹，形如卵然，则以为小产未成形而弃之。居然生子者，古人谓卵为子（引《礼·内则》疏'鱼卵谓鱼子也'，又《鸱鸮》诗'既取我子'，即取卵为证——笔者）。'居然'，惊遽词，惊其胎生如卵。是以初弃诸隘巷，再弃诸平林，皆不知其中有婴儿也。"清顾镇《虞东学诗》引用并赞同清陶元淳之说曰："人之初生，皆裂胎而出，骤失所依，故堕地即啼。惟羊连胞而下，其产独异，故《诗》以'如达'为比。又，常熟陶太常元淳曰：'凡婴儿在母腹中，皆有皮以裹之，俗所谓胞衣也。生时其衣先破。儿体手足少舒，故生之难。惟羊子之生，胞衣完具，堕地而后，母为破之，故其生易。后稷生时，盖藏于胞中，形体未露，有如羊子之生者，故言如达。'……下言'不坼不副'，盖其胞衣之不坼裂也。"清胡承珙《毛诗后笺》说："使果如所言，则胎胞混沌，且不知为何物，而何以下文言'居然生子'乎？"此"子"读"卵"，究竟是孤证。"如达"，是说后稷"形如羊羔"，并非如羊羔之易生或卵生，而且羊羔一般也跟婴儿一样先破胞衣而出，胎盘后下。前提无据，推论不能成立。

但此说不仅在诸说中较为近理而优越，而且在比较神话学、比较人类学上还颇有启发意义。因为它跟太阳神鸟赐孕而卵生英雄的故事发生了有趣的联系，可供对照。杨公骥引据此说且有重要的发挥①，他的引申，启示人们也许可以把卵生的后稷编入太阳文化精英的序列。

不哭说

"不哭说"本无独立必要，但《诗经》学者多视为一种解释（如皮锡瑞《诗经通论》云"有谓'后稷呱矣'，可见初生不哭，以其不哭而弃之者"），又与现代人之假死说有关，故特为表出之。

清顾镇《虞东学诗》谓："盖人之初生，……骤失所依，故堕地即啼……稷生未出胎，故无坼副灾害之事，而啼声亦不闻也。……姜原惊疑而弃之，辗转移徙，屡见异征，至于鸟去乃呱，则胎破而声载于路矣。"此"不哭说"之嚆矢。清马瑞辰《毛诗传笺通释》亦据其说，推出后稷初生不哭而致弃："据《诗》于'鸟乃去矣'之下始言'后稷呱矣'，盖至此始离于胞，故有啼泣之声，则其初生时如达羊之藏在胞中，其无啼声可知，其前之疑而弃之，或以此耳。"若"卵生说"无根据，则此说亦失去其依托矣。

假死说

后稷初生，《诗》未写其哭声，"鸟覆翼之"而后才"呱矣"，前人曾疑其因不哭而致弃。郭沫若略采其说，认为这是医学上的所谓假死（Syncope）。后稷起初是被当成死胎或肉蛋抛弃了。他又说："这后稷生下地来的时候，女酋长

---

① 参见杨公骥：《中国文学》（第1分册），吉林人民出版社，1980年，第76页。

不要他，把他丢在狭隘的路上。当时是牧畜蕃盛的时候，以为牛羊可以踏死他，但是牛羊都规避了。又把他丢到山林里面去让他饿死。不料又遇着打柴的人把他救了回来。又把他丢在野地的冰块上让他冻死，饿了的大鸟大约以为他是死尸，展起翅膀飞下来啄他。把他啄哭了，把鸟也就吓飞了。"① （此说本应入下节，因与上节同类，故附此。）

如果把《生民》诗按照现实生活里一个普通事件来解释的话，后稷因假死而被弃，吃惯了尸体的大鸟扑下把他啄得呱呱大哭，这种说法算是比较畅达而合理的。但是诗歌的真实是基于而又高于生活的真实的，表面的合情合理不一定就能够提示历史的本质。用生理学、病理学知识来解释历史现象，这是一种新鲜而重大的尝试。但是作为一种方法，它至少有一个限度：不能代替对诗歌、历史和神话做社会性、哲学性的研究与阐释。殷高宗亮阴三年，也许真是害了失语症。② 贾宝玉、王熙凤中了赵姨娘等的魔法发高烧，说不定确是得了斑疹伤寒。③ 但是，仅仅用所谓生理学的解释是很难揭示历史和诗歌隐藏在根底里的本质和秘密的④。

阴谋说

明朱朝瑛《读诗略记》谓后稷被弃并非为姜原而是因为宫廷政变、兄弟阋墙、后稷以嫡子当继，而为阴谋家所弃害，一弃不成再弃、三弃，必欲置之死地而后甘，幸得神助天佑，乃得不死。以后诗人惧丑闻播散乃作《生民》以讳饰之。

此说出于主观臆测（朱朝瑛为宗室皇裔，或因明代宫廷继统斗争剧烈而激发此论），正如《四库书目提要》所评："求弃之由而不得，乃援后世'绿绨方底'之事以证之，则未免反失之附会。"

避乱说

清王夫之《诗经稗疏》假设："帝挚者，无道之君也。帝命不佑，宗祀不康，国内大乱，诸侯代而废之，迎尧而立。当是时也，必有兵戎大举。"然而苦于无据。"特典籍亡存，莫从考证。所幸传者，正赖此诗耳。"他根据这个没有

---

① 郭沫若：《中国古代社会研究》，科学出版社，1964年，第90页。
② 参见郭沫若：《青铜时代·驳说儒》，科学出版社，1954年。
③ 参见郭沫若：《〈红楼梦〉第二十五回的一种解释》，载《文艺月报》1957年第3期。
④ 参见萧兵：《论贾宝玉生病和赵姨娘发愤》，载《文艺月报》1957年第6期。

经过证明的谬误前提推论:"居然生子者,不先不后,恰于不康不宁、大乱之际而免身也。挚既失守,后妃嫔御蒙尘草莽,姜原不能保有其子,而置之隘巷,或自隘巷收之,知为帝妃之所生,而送之平林。"他的唯一根据是,"平林"是专指名词。"平林者古诸侯之国也。《逸周书》曰:'挟德而责数日疏位均,而争平林以亡。'古有此国,在河北隆虑之虚,而后亡灭。"它们本是姜原或帝挚的盟邦。"伐者,国为人所伐也。"后面的故事是:"送者,方至而平林受兵,不遑收恤,捐之于寒冰焉。逮夫乱之稍定,乃于飞鸟之下收养之。于时天下渐平,尧已定位,而姜原母子乃得归唐,而稷受有邰之封。此则后稷历多难以得全之实也。"

《逸周书》有"平林"二字,只是巧合,即令无此巧合,"平林"也可能会被说成是伯林、伯陵、北林之类的通假。这连孤证也说不上。《史记·周本纪》已经把《诗》里的"会伐平林"解释得很清楚,不容曲解:"徙置之林中,适会山林多人,迁之而弃渠中冰上。"非但没有遇乱之事,也"非谓已为人收取,复夺于人,而弃之也"。

因遇难或避乱而弃子是有的。《史记·大宛列传》《汉书·张骞传》《论衡·吉验篇》记载,乌孙国王昆莫就是因匈攻破其国而被弃于野外、置于草丛的。《路史·后纪》宋罗苹注云:"韩郎伯奇生弃荆棘,数日兵散,乃收养之。"《云龙记往·阿倡传》所记,英雄早慨亦因蒲蛮袭杀其父、掳获其母,紧急中被弃置于空树腹中。吴王阖闾(阖闾)幼离(罹)散亡,或说亦因战乱。巴比伦英雄吉尔伽美什,或说因为外族侵略而被遗弃。然而,这些都不是《生民》诗所述的情形。"避乱说"的主要缺陷是没有证据。四库馆臣评其说曰:"至于《生民》一篇,谓姜原为帝挚妃、后稷为帝挚子,平林为帝挚时诸侯之国,推至见弃之由,则疑为诸侯废挚立尧之故,即以不康不宁为当日情事。无论史册无明文,抑与《祭法》禘喾郊稷之说异矣。"[1]

二、近世学者对弃子的研究和解说

古代的经学家、史学家一个共同的缺陷就是不大了解原始性社会的结构、背景或历史特征。而离开了这些就无法解开弃子之谜。辛亥以来的新学家,就以文化人类学的理论与方法开始对上古史的许多秘密进行崭新的拓殖。

---

[1]《四库全书总目》,中华书局,1965年,第131页。

如新学家们所提示，原始社会生产、科技水平低下，食物无法满足氏族或部落全体成员的需要，所以常常发生弃婴、杀婴的惨剧。"事实上，杀婴孩的现象在澳洲土人中间是很流行的。1860 年，纳里那耶里部落的新生幼儿有三分之一被杀死；被杀的幼儿全是生在已经有孩子的家庭里的；所有身体长得不好的幼儿都被杀了；双生子等等也都被杀了。"① 从保护和发展劳动力出发，被杀的多是女婴（近世中国农村尚有此恶习）。麦克伦南（MacLennan）《古代史研究》甚至认为："在蒙昧人中间广泛流行的女孩出生后立即杀死的习俗……使各个部落内发生男子过剩，其直接后果便必然是几个男子共有一个妻子——即一妻多夫制。由此又造成……母权制。"恩格斯指出，"事实是和他的说明方法显然矛盾的"，因为麦克伦南自己说过："奇怪的是，据我们所知，在外婚制与最古的亲属关系形式并存的地方，从来没有杀婴的习俗。"② 可见杀婴不只跟严格的氏族制度联系在一起，抢婚也不仅是因为氏族内部女性的绝对人口下降（因为婚姻禁忌和戒律越来越多）。

杀婴最主要的原因是生产不发展，食物困难以及触犯了某些禁忌。但是也不尽然。"（南美亚马孙河西北威士人）畸形儿、私生子和迟生下来的那个双生子经常遗弃在丛林里死掉或者浸在河里溺死。如果母亲死了，而又没有其他的妇女愿意收养这个婴儿，那么就将他丢在森林里或者活埋在他母亲的坟墓里。"③ 所以杀婴问题不能仅仅从经济上去解释。

列维－布留尔也用其独特的集体表象理论解释杀婴问题。"看来在许多原始民族中间以各种形式如此普遍流行的杀婴风俗的最主要根源，正应当从这些集体表象中去寻找。遭到杀害的有的是女婴，有的是男婴。有时，两个孪生子都杀死，有时，又可能只杀死其中的一个；如果孪生子是一男一女，则有时杀死男婴，有时杀死女婴。"④ 可见杀婴问题还要结合当时的具体社会历史条件以及适应这种条件的传统心理、观念来考察。单纯的重男轻女或爱女贱男说不能适合所有的情况。有人还认为，妇女杀婴是因为哺乳期过长（阿比朋人需三年之久），容易失去丈夫的宠爱；有人说是因为妇女劳动负担太重，不能带两个以上

---

① [俄] 普列汉诺夫：《论艺术（没有地址的信）》，曹葆华译，生活·读书·新知三联书店，1973 年，第 86 页。
② 参见 [德] 恩格斯：《家庭、私有制和国家的起源》，人民出版社，1972 年，第 13 页。
③ [美] 乔治·彼得·穆达克：《我们当代的原始民族》，童恩正译，四川省民族研究所，1980 年，第 295 页。
④ [法] 列维－布留尔：《原始思维》，丁由译，商务印书馆，1981 年，第 334—335 页。

的孩子。①

列维-布留尔还试图从原始思维特征来解释杀婴的举动。原始人认为，初生儿只具有部分的、不完整的生命，杀掉他不等于杀掉一个有完整生命的成年人；杀掉他可能只是个"临时措施"，他很快就会再生或转世投胎的。② 这只是弃婴的一种心理原因，不能解释所有的情况，尤其是不能解释中国上古时期弃婴的缘由。

但这些大致就是初民捐弃婴儿的重要原因。新学家们多知道，必须在这背景之前探究弃子的理由。

跟其他民族一样，中国历史上也有杀婴行为。甲骨文里的"弃"字，其形状像一双手用畚箕把一个带着羊水（或垃圾）的初生子抛弃掉（但亦有异说）。可见当时育婴问题竟严重到要反映并凝固于文字形体之中。

甲金文"弃"字作：

（《前》6.18.6） （《后》2.21.4） （《散盘》） （附《说文》古文） （《说文》籀文）

罗振玉《殷虚书契前编》释《前》6.18.6等为"弃"。《说文解字》卷四苹部：弃捐也。从廾，推而弃之。从𠫓，去逆（倒？）'子'也。"（而，宋刊本作"𦫳"）李孝定《甲骨文字集释》4.1399说："字象纳子'甘'（箕）中，弃子之形。古代传说中常有弃婴之记载，故制'弃'字象之。"

但也有人说，置婴儿于簸箕之中，不单是为了捐弃，而可能是为了保护，或表示贱弃，或欲贵故贱的习俗行为。丽莉·弗雷泽《金叶》说，"在爪哇，民间风俗或习惯把新生婴儿放在竹筐里"，拍打筐沿，以训练婴儿的胆量。还向两位神灵祈祷："请不要把您的小孙孙带到大路上去，以免马匹踩着了他，也不要把他带到河边去，以免他掉进河里。"③ 这恰巧是"置之隘巷"和"置之寒冰"的反面。放在簸箕里，神"将永远随时随地护佑这个婴儿"④。在印度的旁遮普

---

① 参见［法］列维-布留尔：《原始思维》，丁由译，商务印书馆，1981年，第335页。
② 参见［法］列维-布留尔：《原始思维》，丁由译，商务印书馆，1981年，第336页。
③ ［英］丽莉·弗雷泽：《金叶》，汪培基、汪筱兰译，上海文艺出版社，1997年，第113页。
④ ［英］丽莉·弗雷泽：《金叶》，汪培基、汪筱兰译，上海文艺出版社，1997年，第113页。

邦，连续出现夭殇的家庭，往往把新生婴儿放在旧簸箕里或垃圾堆中，这样，可以"蒙骗那夺走过婴儿兄姊的魔鬼"，这孩子，"像狄俄尼索斯那样，今后一生就被叫作簸箕或累赘"①，就跟叫最珍贵的孩子为狗丢一样。这个说法值得注意和考虑。不妨从两个方面去考虑这种仪式化的装簸箕习俗。一方面，抛弃甚至杀害婴儿确是古习，部分也可在考古遗址骨骼中发现。这跟当时婴幼平均寿命短促的现象一致。当然也不排除"弃"字是抛弃活婴的神秘仪式的图像符号或象征，但可能性不大。

陈志良曾提出，弃子英雄故事的发生，多是原始社会弃儿之风的反映。"按弃儿之风，在原始社会中，非常盛行。其原因为粮食的关系，而对于人口有所限制，如安南有限制二儿的现象。南洋的加雅族及爱斯基摩（因纽特）人，更有弃老之风。"②

另一方面，王孝廉引用韩国人金烈圭的意见证明，在一定情况下，弃子通过仪礼（过渡仪式）可能是幼儿遗弃的一种蜕变、一种痕迹、一种纪念。"弃子的神话也源于古代诸民族'幼儿遗弃'的风习事实，金烈圭教授采集韩国智异山麓的庆尚南道清郡油坪部落的弃婴风习，说至今当地的人，在婴儿出生以后不久，就把小孩装在一个小笼子中放置到外面去，或者把婴儿装入笼中置于林中实相寺的城隍神石象之前，他们相信这样做可以使得孩子躲过灾难而长命富贵。另外在韩国河阴有'奉哥池'，传说是河阴奉氏始祖奉祐，生下来以后即被弃于此池。"③ 这是前举弗装簸箕仪式的必要补充。

轻男说

有人把后稷之被作为弃儿处置，归因到他的性别。郭沫若就认为，"后稷生下地来的时候，女酋长不要他"，"这是当时贱男贵女的倾向"。④

但是，姜原不但不是女儿国的酋长，而且，后稷的诞生，标志着母系开始向父系的过渡，狩猎经济向农耕经济的过渡。周族此时的生产已有一定规模，从《生民》《绵》《公刘》等诗里已经透露出当时牛羊繁庶、牧草丰殖，并没有发生什么特别的天灾人祸，毫无必要杀弃婴儿。而且其时农业经济已渐次萌生，正需要大量男性劳动力，后稷恰是应运而生的时代宠儿，后来还享祀农神、地

---

① [英]丽莉·弗雷泽：《金叶》，汪培基、汪筱兰译，上海文艺出版社，1997年，第114页。
② 陈志良：《始祖诞生与图腾主义》，载《说文月刊》1940年第2卷第3期。
③ 王孝廉：《神话与小说》，时报文化出版公司，1986年，第150—151页。
④ 郭沫若：《中国古代社会研究》，科学出版社，1964年，第90页。

神、社神、庄稼神，爱护之犹恐不及，为什么要丢弃、杀害他呢？

必须承认，在一定条件和情况下，我国上古时期残杀女婴的恶习确实是存在的。《韩非子·六反篇》就说："父母之于子也：产男则相贺，产女则杀之。"然而，有人认为，在母系氏族的一定发展阶段，男婴的重要性远远次于女婴。被丢弃或杀害的多是男婴。一些关于女儿国的记载，就把弃杀男婴的信息用奇闻异俗的形式透露出来。例如《山海经·海外西经》及《大荒西经》有女子国。郭注云："若生男子，三岁辄死。"《图赞》说："乃娠乃字，生男则死。"《御览》卷三九五引《外国图》云："方丘之上，暑湿生男子，三岁而死。"《新唐书·西域传》则谓"西女"之国，"俗产男不举"。《大唐西域记》亦说："西女国，皆是女人……其俗产男皆不举也。"《梁书·扶桑国》所载"女国"也是重女轻男。经过《梁四公记》的"象征重述"，便是大鸟生儿，男则弃死，女由其地妇女哺育长成。南怀仁《坤舆图说》也介绍亚马逊人说："其地生子，男则杀之。"表露了母系氏族或杀弃男婴的风俗。荷兰学者施古德（G. Schlegel）《女人国考证》以为女人国略在日本之八丈岛，解释所谓"产男不举"之俗云："日本昔日多妻制盛行，或以古时女子过多，日本容有一国，以舟载过剩之女，弃之孤岛之中。"① 有些地方的女酋长或女王，甚至不准生育后代。例如："在龙达（Lunda）的领袖，是 Muata-Jamvo，或王，和一个女的，称为 Lukokesha。……（她）不得成为母亲，因为她是王族的一个象征的女祖宗。万一她怀了孕，孩子一生下来就杀了。"② 这些都与轻男致弃说有些关系，但都不能解释周弃的被弃。

近世西方有些人类学家，不去争执弃子英雄与弃婴残习（不问所弃为男为女）是否有必然联系，而集中讨论神话内部结构的秘密。

例如，德国学者瓦尔特·伯克特（Walter Burkert）在《神圣的创造》里提出少女悲剧模式，把弃子归于少女出走，被神或有力者施暴、致孕，生下孩子只能丢弃的故事套子里的一个环节——孩子经过重重磨难、考验之后，得到神谕，掌握权力，救出母亲。这至多能够诠释部分英雄神话。至于为什么弃儿多是男性？奥托·兰克（Otto Rank）《英雄诞生的神话》说，这反映出男孩寻求独立自主的愿望。这实在无法解释这些神话的大部分情节。

如上，女孩也有被丢弃的。阿耳忒弥斯-戴安娜（Artemis-Diana）可能跟她的哥哥阿波罗一起诞生后就被丢弃（或说初民以双胞胎尤其龙凤胎为妖异）。其

---

① [荷] 希勒格：《中国史乘中未详诸国考证》，冯承钧译，商务印书馆，1928 年，第 192 页。
② [德] F. Müller-Lyer：《家族论》，王礼锡、胡冬野译，商务印书馆，1937 年，第 231 页。

原因并不纯在性别。

爱德华·泰勒早就告诫说，不要用狭隘的观点，即单元化的办法对待表面纯一而实质复杂的神话。希罗多德《历史》把居鲁士诞生历史化，说他是被牧人的妻子带大的，他的名字与波斯语"狗"相似，就被讹传为由狗喂养（其实，正是牧人或其妻在"文明"进步之后才置换了狗母并被讳饰）。罗马创立者的乳母鲁巴的意思是"牝狼"，正是后人讳饰，用来遮蔽狼祖神话的诗歌真实。合理化反而造成不合理。"研究神话最需要广泛的知识和多样的方法。"① 不能固执于一定时代的一定习俗，也不要被语言疾病现象迷惑。

杀长说

这里要强调，近代的学者，接受民族学、人类学洗礼，而提出诸如杀长说之类令人耳目一新的见解，其意义不该仅局限在对后稷故事的再解释。章太炎很早就引用《墨子·节葬篇》"越东有輆沐之国，其长子生，则解而食之，谓之宜弟"（解或作鲜），以及《庄子·盗跖篇》"尧杀长子"等，指出：《天问》"稷维元子，帝何竺之"反映了原始社会杀长之风，盖其时婚前妇女多有外好，婚后其夫每疑其为他人之裔，是以长子多被杀害。②

一般学者都认为是刘盼遂首倡此说。他很可能并没有听到章太炎先生已有是说，乃于《天问校笺》里提出这个新鲜而富有创造性的见解："按古者夫妇制度未确定，其妻生首子时，则夫往往疑其挟他种而来，媢嫉实甚，故有杀首子之风。《史记·夏本纪》：'禹曰：予辛壬娶涂山，癸甲生启，予不子！'此不认启为子也。《汉书·元后传》：'王章上封事云：羌胡尚杀首子，以荡肠正世。'颜师古曰：'言妇初来，所生之子或他姓。'《墨子》亦云：越东有輆沐之国，食其长子，谓之宜弟。知古代于元子所最毒视，不如周世之重嫡长子也。"③ 这也就是所谓次子继承制（secondogeniture）形成的一个原因。

此说成理有据，影响巨大，许多楚辞学家都采之以释《天问》。④ 还有一些人援引西南边疆某些民族从前的习尚，婚前妇女性生活相对自由，婚后则"恪

---

① ［英］爱德华·泰勒：《原始文化：神话、哲学、宗教、语言、艺术和习俗发展之研究》，连树声译，广西师范大学出版社，2005年，第230页。
② 参见陈晋：《龟甲文字概论》，上海中华书局，1933年。
③ 刘盼遂：《天问校笺》，载《国学论丛》1929年第2卷第1期，第287页。
④ 参见姜亮夫：《屈原赋校注》，人民文学出版社，1957年，第356页；刘永济：《屈赋通笺》，人民文学出版社，1961年，第138页；闻一多：《天问疏证》，生活·读书·新知三联书店，1980年，第103页。

守妇道",每有"带腹"结婚之事,其夫疑莫能明,虽不一定杀死首子,但多不喜之,每云:"谁知道是哪个的种。"文献上也还有一些杀长的记载,其原因不外嫉妒和怀疑。

陈炳良据刘盼遂杀长及次子继承之说提醒道,应该分外注意《天问》"稷惟元子,帝何竺之"的"元子",这是很对的。他认为,这里"暗示稷的对手就是他的弟弟。由于古代有'次子继承'的习俗,所以《天问》作者要问:稷只是长子,上帝为什么要特别厚爱他?他继续问:上帝为什么给他的弟弟舞刀弄棒的特殊才能呢?这是'既生瑜,何生亮'的看法。此外,他弟弟出生时既令上帝不高兴,为什么最后他的子孙却繁昌呢?"① 这虽然提供了一个新的解释,但是在文献上却找不到多少根据。陈炳良认为,"后稷兄弟相争的故事和《旧约圣经》中该隐(Cain)和亚伯(Abel)的故事相似"②。只是希伯来上帝偏爱牧人亚伯,农人该隐则因此而杀死亚伯。"在中亚也有同样的故事。女神伊南娜(Inanna)选了以农为生的恩基都(Enkidu)为夫;那以畜牧为生的情敌杜木智(Dumuzi)终于和他们和平相处。"③ 这些比较固然很有意思,可惜后稷故事只表现从畜牧向耕稼的过渡而缺乏二者的对立。

但是,因嫉妒和怀疑的杀长,多发生在父权兴起而群婚制度和所谓母系式微之时,而不适合于姜嫄生后稷,因为那时群婚风习还有相当的残余,母亲声威依然煊赫。后稷之兴,虽然标示着父系氏族制度之萌始,但是连他的实际父亲都很难确定(帝喾只是后人的附会),根本就不会发生怀疑其真实血统的问题。"嫉妒是一种较后发展起来的感情。"④ 有争议的只是后稷的图腾族属,即他是否图腾真裔的问题。

另外一种杀首子的异俗,跟以婴儿为牺牲来献祭有关系,与某些敌国杀害被压服者的婴儿(特别是长子)的暴行也有牵连,那原因却主要是宗教的。

凯伦·阿姆斯特朗介绍说:

> 以人献祭神祇在异教徒世界是很平常的仪式。头一胎所生的孩子,通常被认为是神透过所谓神的律法而使母亲受孕的结晶。在怀胎的过程中,神的能量因此而虚耗。为了补充能量和确保既有神灵的循环不

---

① 陈炳良:《神话·礼仪·文学》,联经出版事业公司,1985 年,第 119 页。
② 陈炳良:《神话·礼仪·文学》,联经出版事业公司,1985 年,第 121 页。
③ 陈炳良:《神话·礼仪·文学》,联经出版事业公司,1985 年,第 122 页。
④ [德] 恩格斯:《家庭、私有制和国家的起源》,人民出版社,1972 年,第 32 页。

竭，第一个孩子得回归他的神灵父母。①

由这种迷信而延及家畜：第一胎生下的牛犊、马驹等，都得奉献给神（据说，这能够保障此后更多的繁育）。这跟后稷的生、弃均无多少关系。

宜弟说

杀长的一个目的，是牺牲长子以宜于弟弟们的顺利生长。除上引《墨子·节葬篇》外，尚有一些材料触及此事。《列子·汤问篇》："越之东有辄（輆）沐之国，其长子生，则鲜（解）而食之，谓之宜弟。"《后汉书·南蛮传》："交趾……其西有啖人国，生首子，辄解而食之，谓之宜弟。味旨则以遗其君，君喜而赏其父。取妻美则让其兄。今乌浒人是也。"晋张华《博物志·异俗》："越之东有輆沐之国，其长子生，则解而食之，谓之宜弟。"原始性社会卫生条件较差，妇人生子多不育，婴幼死亡率比现代要高得多，看西安半坡等新石器时期墓葬遗址特多儿童葬迹就可明白。妇女或习惯性流产，或难产，或孕育时见异兆，或分娩前做怪梦，或生子而幼殇，他们就认为，这是妖魔、怪物、琵琶鬼、讨债鬼之类来报仇、讨债，只有把他残酷地杀害，他下次才不敢再来投胎，这样才宜于其弟之生养。尼日利亚的作家就曾描写过这种因宜弟而杀活婴的奇俗："这孩子被说成是一个死了以后又钻进母亲的子宫里重新出生，来折磨他母亲的琵琶鬼，而且已经四次重复这种邪恶的生死循环。把尸体剖开是防止他再回来。"② 对于非正常死亡的幼殇所实行的割体葬仪，本质上也属于这类厌胜巫术或禁咒巫术（charm magic）。③

费尔巴哈引用迈涅尔《一般宗教批评史》说，过去越南的东京，人们往往为了祈丰、求雨、祭祀等目的，把"一个（活）小孩劈成两半；为的使神柔和下来，不再祸害其余的小孩"④。

杀掉讨债鬼有种种淡化措施或弱形式。

> （非洲）某些地方，特别是阿散蒂族居住区，孩子出生后做父母的要冷淡他几天，因为怕他是鬼孩，是来骗父母的。如果他经受住了这无情的冷遇，那就证明他是人。⑤

---

① [英] 凯伦·阿姆斯特朗：《神的历史》，蔡昌雄译，海南出版社，2001年，第29页。
② [尼日利亚] 钦努阿·阿契贝：《瓦解》，高宗禹译，载《世界文学》1963年第2期。
③ 参见萧兵：《略论西安半坡等地发现的"割体葬仪"》，载《考古与文物》1980年第4期。
④ [德] 费儿巴赫：《宗教本质讲演录》，林伊文译，商务印书馆，1948年，第78页。
⑤ [英] 帕林德：《非洲传统宗教》，张治强译，商务印书馆，1999年，第101页。

而对不断来讨债或作怪的恶鬼,得有防范措施。"如果母亲生的孩子连续死掉,她会认为这是同一个孩子死而复生,生而复死,是恶鬼在害她。于是在将死的孩子身上作一个记号,以便再生时可以辨认出来。"① 那么,这带记号的孩子的命运就很可怕了——幸好这种符合的概率不高。如果孩子健康,人们就会说,不像那旧记号,或者新旧不在一个地方,父母就会继续养育他。

这还是一种萌芽形态的轮回观念。初民往往认为,每一个来投胎的孩子,都可能是神灵或妖怪,是本氏族或异氏族成员的转生,是氏族的朋友或敌人。列维-布留尔曾经分析原始的转世观念说:"当孩子生下来时,这就是某个确定的人再度出现,或者更正确地说就是再度赋形。任何一次出生都是转生。'有许许多多的黑人、马来人、玻里尼西亚人、印第安人(苏兹人、阿尔工金人[Algonguin]、易洛魁人、西北各系的蒲埃布洛人)、爱斯基摩人(Eskimo)、澳大利亚人,在他们那里,死者转生和在家族或氏族中继承他的名字已经成为定规。在西北美洲各部族那里,个人生下来就带着自己的名字、自己的社会职能、自己的纹章……氏族就其起源来说,是被理解成与一定的空间区域联系着,与图腾灵魂的列祖列宗的老家联系着,与这样一些山岩联系着,那里是祖先们埋葬的地方,是那些能够坐胎的婴儿出来的地方,最后,也是那些以其繁殖保证着氏族的生活的图腾动物的灵魂出来的地方。'"②

出生的有害或有利,婴儿自己的命运,对父母或氏族的影响,都是冥冥之中决定了的,但人们可以干预。往往一个征兆、一个怪梦、一个异常,就会决定婴儿的命运。郑庄公"寤生",就可能因为其母梦见妖怪或仇敌来投胎,以致"惊姜"而厌恶之,这就是因凶兆而弃子的遗迹。③《天问》:"勋(阖)阖梦生,少罹散亡;何壮武厉,能流厥严?"其中就可能暗含着一个弃儿故事。吴国的阖闾(即吴光,又称勋阖或阖阖)像郑庄公一样,是他母亲在梦中或梦醒以后就生下来的,可能这个梦是个坏梦或怪梦(例如,梦见仇敌、妖怪投胎),所以为其父母所弃,所谓"少离(罹)散亡"是也。但他成长壮大以后,却能蹈厉扬威,建立武功,使国家的庄严得以恢复发扬,流芳百世。屈原把"吴光争国,久余是胜"的勋阖与弃于云梦、为虎所乳的楚子文放在一起叙述,就因为他们

---

① [英]帕林德:《非洲传统宗教》,张治强译,商务印书馆,1999年,第101页。
② [法]列维-布留尔:《原始思维》,丁由译,商务印书馆,1981年,第330页。
③ 参见萧兵:《〈左传〉释疑三则——兼释〈诗经〉〈楚辞〉有关疑义》,载《扬州师院学报》(社会科学版)1981年第4期。

都是弃儿。①

有些因宜弟被杀的嫡长（先前并没有连续性的死亡，即不因讨债或复仇而来），就多因为其母妊娠或生产时遇见恶兆。这也跟首生子的神秘性有关。然而这些都不是《生民》诗所描写的情况。

犯禁说

方孝岳提出外婚犯禁说，他认为，简狄、姜原所处的，正是从族内婚向族外婚过渡的时刻。有的族团传统上对婚，有的族团间却严禁通婚，存在一种禁忌。这种婚制的过渡、异族间的通婚，是要付出血的代价的。"我认为简狄和姜原的事情是当时婚姻禁忌中一种避讳的说法。大概他们男女两方的族姓本来是不许通婚的。所以只好隐瞒已成的事实，假托一种神话，为他们的后人装点面子。我们看后稷生下来已惨被遗弃，后来虽然又被收养，但还是跟着母亲在母家养的。《诗经·生民》里很明白地说出'即有邰家室'。姜原是有邰氏之女。这一方面说明了当时女系为主的家族制度，一方面又说明姜原的对方一定是她族中不许通婚的　姓，犯了禁忌，所以始终隐秘起来，独自收养了后稷。群婚时代本是血缘杂交。血缘的婚禁，是有的。后稷被弃，无疑是有所避讳，但决不是后人所谓的讳淫佚之行。至于附会姜原为帝喾之妃，又说尧封后稷于邰，这是汉朝古文家有意将它信史化，完全靠不住的。"② 方孝岳在《尚书今语》里，也提出了类似的说法。③

此说在理论上很有价值。它把弃子之事放在比较准确的社会背景之前加以考察。但它也有很大困难，例如要确定姜族的对婚族和禁婚族都不容易。另外，它把弃子故事的核心"三弃三收"仅仅看作讳饰和假托，也是离开了问题之关键的。

触忌说

于省吾认为，后稷之生，可能触犯了当时的某种惯例或禁忌，所以被丢弃。"各原始民族由于生活困难和属于宗教上某些禁忌的关系，弃子是时常见到的事。根据各原始民族志所记，有的只养二男一女，过此则杀之；有的以双生子

---

① 参见萧兵：《〈天问〉"勋阖梦生"句新解》，载《天津社会科学》1983年第2期。
② 方孝岳：《关于屈原"天问"》，见作家出版社编辑部编：《楚辞研究论文集》，作家出版社，1957年，第117页。
③ 参见方孝岳：《尚书今语》，古籍出版社，1958年，第47—49页。

为不祥，因而杀之；有的投诸野外，或置之路旁，有的溺而毙之；有的投诸水中，浮则取之，沉则弃之。"① 他特别提出关于"五月五日，生子不举"的禁忌。"又古人以五月五日生子为不祥，故田文、王镇恶以是日生（见《御览·时序》），其亲属皆欲弃之；纪迈、胡广以是日生，已被弃而为他人所收养。"以上所引，只是原始社会一种禁忌习惯的残余。总之，原始社会的弃子并不稀奇，但是，如果被弃者为后世统治阶级的远祖或始祖，则多神化其事，显示他们来历的非凡。"（后稷）被弃后的一些神异灵迹，则是属于姜原后世子孙的周人'踵事增华'以附会之者。"②

此说指出，原始社会多发生弃子事件，非常正确；许多弃子行为，确实也因为种种迷信、忌讳、惯例、误会而起。其中"不举五月五日子"是一项值得单独分析研究的禁忌。

如，端午弃儿，兹先举出因五月五日生而致弃或险弃的人物。

（1）战国孟尝君（田文）。《史记·孟尝君列传》："初，田婴有子四十余人。其贱妾有子名文，文以五月五日生。婴告其母曰：'勿举也。'其母窃举生之。……婴曰：'五月子者，长与户齐，将不利其父母。'"

（2）汉王凤。《西京杂记》："王凤以五月五日生，父欲不举。"

（3）晋胡广。《世说》："胡广本姓黄，以五月五日生，父母藏之葫芦，投于河。有人收养之。及长，有盛名。"（此从《陔余丛考》引。《太平御览》卷三一引作"……父母恶之，置瓮中投于江。胡翁闻瓮中有啼声，往取之，养为子。遂七登三司。"）这显然是一个新生态的漂流型弃儿故事，又跟瓠生或卵生有隐蔽的联系。

（4）刘宋王镇恶。《宋书·王镇恶传》："镇恶以五月五日生，家人以俗忌，欲令出继疎宗。猛见，奇之，曰：'此非常儿，昔孟尝君恶月生而相齐，是儿亦将兴吾门矣。'故名之为镇恶。"《南史·王镇恶传》略同。镇恶者镇恶月，取名似脱俗，实仍从俗也。

（5）北齐高纬、高绰。《北齐书·南阳王绰传》："（绰）以五月五日辰时生。至午时后主乃生。"后二人皆遇害。参见《北史》。

（6）晋纪迈。《太平御览》卷三一引《孝子传》："纪迈五月五日生，其母弃之。村人纪淳妻养之。年六岁，本父母云：汝是我儿。迈涕泣，佣所得辄

---

① 于省吾：《诗"履帝武敏歆"解》，见《中华文史论丛》（第6辑），中华书局，1965年，第119页。
② 于省吾：《诗"履帝武敏歆"解》，见《中华文史论丛》（第6辑），中华书局，1965年，第120页。

上母。"

（7）梁萧衍（武帝）。明冯梦龙编《古今小说·梁武帝累修成佛》云，梁武以五月五日"忌生"。不知所据。《梁书·高祖本纪》但谓："高祖以宋孝武大明八年甲辰岁生于秣陵县同夏里三桥宅。生而有奇异，两骻骈骨，顶上隆起，有文在手曰武。"《六朝事迹编类·总叙门·六朝兴废·梁武皇帝》采其神异，且谓"初为儿时，能蹈空而行"，而无五月五日生之事。

（8）唐崔信明。《旧唐书·文苑·崔信明传》："信明以五月五日正中时生，有异雀数头，身形甚小，五色毕备，集于庭树，鼓翼齐鸣，声清宛亮。"《新唐书·文艺传》略同。这是几乎唯一以五月五日生而无灾祸感者。

清赵翼《陔余丛考》"五月五日生子"条除引上述所谓正史材料外还说："《癸辛杂识》谓：屈原以五月五日生，投汨罗江而死。近世翁应龙亦五月五日生，后被刑。《涌幢小品》谓：'宋徽宗五月五日生，改天宁节于十月十日，终有五国城之厄。辽懿德皇后五月五日生，改坤宁节于十二月，后亦以《十香词》被乙辛谮死。'岂恶月之说果有验耶？"①

五月五日，是个很古老很神秘的节令。其与生死有关者，尚有如下记载。《风俗通》："俗说五月五日生子，男害父，女害母。"《论衡·四讳篇》："古人不举正月、五月子。"《西京杂记》引俗谚："举五日子，长及户则自害，不则害其父母。"《后汉书·张奂传》："（武威）其俗多妖忌，凡二月、五月产子，及与父母同月生者，悉杀之。"《荆楚岁时记》："俗谓五月曰恶月。"

岑仲勉对于五月五日之禁忌曾提出一个解释："《切韵》音读之，忤逆 nguo ngiak，与五月 nguo ngiwet 几无别。又粤语读忤逆如 ng jik，与五日 iet 又甚近。然则就肖音而论，'五月五日'生者实'双料忤逆'，一之为甚，宜乎人之不愿举也。"②

清汪远孙《国语发正》已有近此之说。《楚语》："启有五观。"汪引《周礼·壶涿氏》云"五、午古通"，而"午又读为迕"（《礼记·哀公问》午其众，释文：王肃作迕，迕、违也），说："迕子即《国语》所谓奸子也。"

五月五日的禁忌，虽然可能与谐音之类错误联想、数字神秘观念等有关，但一个传统或禁例的形成，绝非一朝一夕之功。节庆往往与农业耕稼畜收的季节性活动相对应，而节庆的对立性表现——凶忌或恶辰——却常常跟某种灾难

---

① 赵翼：《陔余丛考》，中华书局，1963 年，第 862 页。
② 岑仲勉：《两周文史论丛》，商务印书馆，1958 年，第 378 页。

的恐怖记忆联系在一起，其偶然性、随机性往往要大于节庆。五月五日即所谓端午，时在春末夏初的转变时刻，还寒乍暖，百虫蠢动，疾疫流行，可能有某种瘟疫、灾难于端午在一定地区、一定部落发生，悲惨和恐惧的记忆、传说、迷信造成并扩大为范围愈来愈大的禁忌、传统和风习，所以跟饮雄黄酒、挂菖蒲、划龙船、吃粽子、扎五色丝绳、清扫宅第、张贴符咒等厌胜性、禳祓性活动黏结在一起。

闻一多说："我们可以推测，端午可能最初只是长江下游吴越民族的风俗，自从东汉以来，吴越地域渐被开辟，在吴越文化与中原文化的对流中，端午这节日才渐渐传播到长江上游以及北方各地。"① 这是很有见地的。闻一多又说："五行简直就是五方，因之上引《鬼谷子》陶弘景注'五龙，五行之龙也'，便等于说'五方之龙'，《遁甲开山图》荣氏解'五龙……为五行神'，也等于说'五方神'。……一方面龙的数既是五，所以在图腾社会的背景之下，'五'便成为一个神圣个数，而发展成为支配后来数千年文化的五行思想，一方面作为四龙之长的中央共主是第五条龙，所以'第五'便成为一个神圣的号数，至今还流行着的五月五日的端午节，便是那观念的一个见证。"②

端午很可能是南方龙图腾部落的节日，但对于异图腾部落来说却很可能变成凶忌。而且即令在图腾部落内部，吉凶祸福也很可能是互渗互转的。一旦端午成了凶日，一切不幸和灾祸都可能与之相黏附，屈原那谜一样的悲剧性死亡被说成发生在五月五日就是著名的例子（生于吉日、卒在凶忌，未免过巧）③。而一切发生在五月五日的不幸或可能的不幸也就会更深一层地充实并证明它的极恶穷凶。

然而既不能证实后稷生于端午或其他凶日，也无法证明他的诞生究竟触忤了何种忌讳。把弃子仪式核心的"三弃三收"说成踵事增华、涂饰夸美，就好像说它是有意的讳隐和伪托一样，是回避并脱离了诗歌和历史关键的。

不宁说

郑笺释"上帝不宁"曰此乃姜原"心犹不安"，以为无人道而生子，"惧时人不信"。《毛传》："天生后稷，异之于人。欲以显其灵也；帝不顺天，是不明

---

① 闻一多：《神话与诗》，古籍出版社，1956 年，第 224 页。
② 闻一多：《神话与诗》，古籍出版社，1956 年，第 231 页。
③ 参见萧兵：《屈原卒日之谜》，载《西南师范学院学报》1979 年第 4 期。

也,故承天意而异之于天下。"唐孔颖达《毛诗正义》申郑之义曰:"人不当共天交接,今乃与天生子,子虽生讫,其心不宁。故言'上帝不宁'也。"按照此说之意,并非上帝震怒(如《天问》之"惊帝切激")而令其弃子,而是姜原主动弃子,以试验上帝是否不宁,是否真心赐子。朱子《诗集传》即改此为问句:"上帝岂不宁乎?岂不康我之禋祀乎?"近人之论著如北京大学中国文学教研室《先秦文学史参考资料》、余冠英之《诗经选》与《诗经选译》、陈子展《雅颂选译》、高亨《诗经今注》及岑仲勉《周初生民之神话解释》等,说多近此。唯清俞樾《俞楼杂纂·读楚辞》将"上帝不宁"与《天问》之"惊帝切激"联系起来,言后稷之生"赫然若有神灵",而"使帝惊惧"为近是。这里包含着人类的光荣代表、文化英雄与残暴的天神的矛盾,体现着人权与神权、人类与自然的重大冲突。

以上诸说,各具千秋,大都成理有故,它们所涉及的史实和理论对于弃子英雄和其他神话传说、民俗文化研究有相当的参考价值,但是仍然无法解开《大雅·生民》三弃三收之谜,也无法揭示作为弃子英雄的后稷的经历特征;而如果破译了其间的密码,就能引起连锁反应,为一系列弃子英雄与相关民俗的比较研究提供理论预设和相当的助力。

第三章 弃子英雄与图腾考验仪式

一、姜原生稷故事的背景

中国的弃子英雄传说相当丰富。这里以最重要的后稷故事为典型标本做微观分析,以收到突破一点、推动全盘之效。

从弃子传说可以抽绎出以下特点:

(1) 较古老的传说多称弃儿无父感天象或感动物灵迹而生,带着母系氏族图腾崇拜的色彩。

(2) 即令是经过文饰的晚期材料也多说弃儿为动物所救援或庇护,更隐蔽些,便说为与动物密切相关的猎户、牧人所救。

(3) 那些屡弃屡收的情节往往构成一个考验性的过渡仪式,而与图腾主义制度、风习联系在一起;

(4) 这些弃儿不是创业祖先、族长、酋长、后妃、王侯,就是贵胄、英雄(所谓弃儿多贵)。这说明:唯其贵显,才需要通过复杂的考验,而唯其通过复杂的考验,才能成为显贵。

(5) 其中原始性社会的材料多含有丰富的现实内容以及可贵的溯源神话色彩,是人类认识自己和自然界必经的桥梁,而阶级社会的记载则颇加油添醋、踵事增华,以为君权神授之张本。

王克林大体采用神话历史化的办法把姜原履迹说成是"古代中国北方游牧民族的氏族或氏族长'大人',与姜姓女姜嫄婚媾而生后稷",因为"巨人"实是"大人"之意[1],《后汉书·南匈奴列传》说,匈奴俗称首领为"大人";《乌桓鲜卑列传》也说,"有勇健能理决斗讼者推为大人"。但是,不能因为有人称巫酋为"大人",就把古籍上的"巨人"都解为"大人"("大人"确有尊称意),再推其为戎狄王称。姜原属姜戎(参见《左传》襄公十四年),倒是基本

---

[1] 参见王克林:《姬周戎狄说》,载《考古文物》1994年第4期。

对的。但不能由母系一方便推出"创周的族源当是戎狄或戎狄化族系"①。

入社：考验与长生

如果把种种对新生儿或将成年者的"折磨"乃至"迫害"扩大开来看，那就是生命周期（包括青春期和成年礼）常见的仪式性考验，或者这种考验的预习。

吉尔伯特·墨雷介绍说，在西方目前仅存的最早的有关戏剧的米南德纸草文献中，几乎每一部著名的早期剧作中都有一位未婚妻婚前生下的婴儿被丢弃或者走失，最后才确认身份。"在神话里，春神常以婴儿为代表，他被抛弃在田野和兽群之中，为人发现，最初被认为神之子。"② 这就包括了弃儿宙斯与狄俄尼索斯。

这同时体现着宇宙生命之周期性循环。但这种生命周期性循环，并不都是顺利的，而常常伴随着危险、苦难或考验。种种考验，不但有助于新生命顺利通过转换仪式，也有利于它的循环和延续。

例如，非常典型的，希腊大神对工匠或冶金之神赫淮斯托斯或者捣蛋鬼酒神狄俄尼索斯的丢弃，德尔库特（Marie Delcourt）等曾经揭示，"在'受迫害的孩子'和'邪恶的婴儿'这两个主题之间具有相似性；在这两种情形下，这个孩子都经历了严酷的考验。与狄俄尼索斯及忒修斯跳入波涛之中相比较"，赫淮斯托斯被父亲宙斯或母亲赫拉丢进大海，更加无疑是一种入会礼的考验。伊利亚德补充说，这更像是萨满特有的入会，也就是成年礼考验，乃至断身仪式，或者巫术。③ 即令是普通人，从出生到成丁，在软弱与危险之中挣扎，还往往伴随一连串的转换仪式，内容以考验为中心，演出着生—死—生的戏剧。丢弃不过是一种仪节。

> 男孩子的成长之旅也包含着"死亡"和"重生"两个部分：男孩必须让他的童年死去，再进入成人的责任世界。参与仪式的男孩们要先被埋葬到地下，或者进入一座坟墓，被告知他们将被妖魔吞噬，或

---

① 王克林：《周族、周文化的起源及有关问题》，见《周秦文化研究》编委会编：《周秦文化研究》，陕西人民出版社，1998年，第241页。
② 参见［英］吉尔伯特·墨雷：《古希腊文学史》，孙席珍、蒋炳贤、郭智石译，上海译文出版社，1988年，第6、65页。
③ 参见［美］米尔恰·伊利亚德：《宗教思想史》，晏可佳、吴晓群、姚蓓琴译，上海社会科学出版社，2004年，第225页。

者被鬼怪杀死。他们必须忍受强烈的生理痛苦和黑暗。①

丢弃的故事不过是其中某一片段的象征讲述。

如果说,丢弃暗喻着小生命的死亡或从死亡到复活的扮演,那么,他的被救或者回归故土,就是他的再度降生。"二度降生仪式在大半个'野蛮'世界都极为盛行,可谓司空见惯。"有时,这用丢弃-捡拾或其仪式来体现。"第一次降生,使他投身人间,而第二次降生,则让他进入社会。第一次降生之后,他属于他的母亲和女性亲眷,而第二次降生则让他长大成人,成为男儿和战士中的一员。"②

前引那些对于弃子故事的解释除个别纯系臆测之外,多数不适于此、则适于彼,有不同程度的理论和应用价值。但它们的共同点是:仅仅着重形式、枝节的偶合、类比,不是过分拘泥于字面,就是完全脱离《生民》的特定情节;既缺乏一种民俗理论的推导和抽象,又忽视具体时代和社会背景的考察。所以不能把握事件的实质,给出问题的答案。特别是它们大多只把三弃三收看作消极的抛弃,而没有看出它是一种积极的图腾考验仪式(totem ordeal rite),一种白巫术(white magic)③。这里仅提出一种新的假说。

姜原是姜水平原的人格化,又是羊图腾、母系制姜族的老祖母兼大女神。在《生民》里,她的身份是女酋长或圣处女。姜(羌)族属于我国西北地区狄人集群羌族集团,最初活跃于黄土高原,而和原始的姬周之族为邻,而且是对婚族。

姜人还有周人在姜原时代大概已在狩猎业、畜牧业繁荣的基础上开始了早期的作物栽培,从而由游牧经济逐步过渡到半定居或"游农"的农业生活。后稷作为稷神(庄稼神)、土神(社神)就是这种转变的标志。

"厥初生民,时维姜原。"从姜原无夫特享庙祀和后稷无父感天而生的情况看来,姜原时代还处在母系氏族晚期。而后稷诞生并成为周代的传说先祖则标志着父系氏族制度的初建。

那个时候,图腾主义作为一种传统力量还统治着氏族的意识形态。姜(羌)氏族"以动物的名称命名"就是个证明。姜就是羌,从女或表示其为母系民族。

---

① [英] 凯伦·阿姆斯特朗:《神话简史》,胡亚豳译,重庆出版社,2005年,第36页。
② [英] 简·艾伦·哈里森:《古代艺术与仪式》,刘宗迪译,生活·读书·新知三联书店,2008年,第66页。
③ 参见萧兵:《姜嫄弃子为图腾考验仪式考——〈诗·大雅·生民〉〈楚辞·天问〉疑义新解》,载《南开大学学报》(哲学社会科学版)1978年第4期。

如王献唐所说:"西方炎族初时所居之地,因其产羊,黄族呼名其地曰羊;人居羊地,更呼其人为羊人,族为羊族,女为羊女。迨后专以羊属牛羊之羊,别以羊人状貌造为羌字,以当羊人;更造姜字,以当羊女;而地名之羊,以为羌人聚族所居,改书为羌;族名之羊,依羌人本字,亦改书为羌。此地名之羌、族名之羌所从出也。"①

"羌"在甲骨文里,像一个人戴着羊角或羊头,是羊与人的结合。这是图腾扮演的形象,和"美"字的构造意匠相同(大是正面立人,羊人为美,后来变成羊大则美)②。姜族崇拜圣羊为祖先,就好像古埃及人崇拜阿蒙-拉、古希腊人崇拜宙斯及其羊乳母一样。姜族认为,只有羊图腾祖先和本族的妇女,尤其代表人物(例如女酋长、女祭司、圣处女)交配生下的羊儿才配作为本族的正式成员,或担任重要职务。当然这种交配不一定要实际进行,只要通过或直接或间接的神秘接触就可以,否则就会引起麻烦或惨祸。

例如,姜族集团的圣处女可能与图腾羊或其衍生物、排出物进行某种接触而致孕来繁衍族裔(至于她跟部落内或外的哪一个男人发生野合,那在民俗学、传说学上是极其次要的事情,没有理论意义)。甚至有可能曾采用履迹的办法——这在文献和传说上都没有根据。那践履的也只能是神羊的脚印,这样才能保证部落血液的纯正和传统的绵延,保证后裔具有更多的神性与灵性。

但是时代在发展,人类在进步。姜原时代姜族跟邻近的姬族交往、联系、通婚频繁了、加速了。《国语·晋语》说:"昔少典娶于有蟜氏,生黄帝、炎帝。黄帝以姬水成,炎帝以姜水成。成而异德,故黄帝为姬,炎帝为姜。"③可见姬、姜两族本来就是兄弟。兄弟不免吵架。所以《史记·五帝本纪》等书又说黄帝"与炎帝战于阪泉之野,三战,然后得其志"。这是原始氏族战争的反映。但他们有时也通婚(是否抢的,还在次要)。像黄帝的元妃西陵氏嫘祖,"西陵"音近"先零",可能是汉代先零羌的前身,属姜族集团。

随着原始经济和家族制度的发展,不但在氏族内部,而且在部落内部,婚姻禁例日益错综复杂,群婚就越来越不可能,于是出现对偶婚制的萌芽,而随着对偶婚的发生,便开始出现抢劫和买卖妇女的现象。

姬姜或友好或攻战,在某一时期,他们的异族妻子,安知不是抢来的呢?

---

① 王献唐:《炎黄氏族文化考》,齐鲁书社,1985年,第228页。
② 参见萧兵:《从"羊人为美"到"羊大则美"》,载《北方论丛》1980年第2期。
③《国语》(下册),上海师范大学古籍整理等校点,上海古籍出版社,1978年,第356页。

《周易·睽》卦上九："睽孤，见豕负涂。载鬼一车（按：指鬼方部众），先张之弧，后说（脱）之弧。匪寇，婚媾。往遇雨则吉。"可能就是描写姬周、鬼羌两族之间抢婚（marriage by capture）的戏剧场面。

周族如果抢夺姜族妇女，姜族当然要反抗和报复。这部分是因为群婚末期部落内部婚姻禁忌越来越多，因而女子显得稀少起来，妇女被抢走得太多，在经济和社会生活方面都造成许多困难；另外，也因为双方传统和风习都有很大不同，不管是暴力的还是非暴力的联姻都可能发生冲突。这一次，可能是姜原被周族男子抢掠而去，可能是姜原与周族男子发生了某种形式的关系，甚至可能什么事情都没有发生，只是被周族或姜族认为二者间发生了两族间史无前例的惊人事件。这就是：姜族的圣处女"原"（她后来还被祀为姜水平原女神），居然践履了周人的圣足迹！

上面说过，这种以恐龙化石足印为母型的龙迹，它寄托着周族图腾（龙）的灵性，是周族的灵物，它的所在地是周族的圣地、禁地，是周人图腾和族体的生命线（line of life），对外族是绝对保密、严禁进入和触碰的。可是姜原却践踏了它——不管是主动的，还是无意的。

这对于周姜两族都是生死攸关的事情。通常的方式，是残酷地处死这胆大包天的异族妇女，甚至惩罚她所属的族团，引起械斗也在所不惧。但是，这一次却违背常规：只要姜原能证明她确因履迹而怀孕，所生的儿子又具有相当的神性，并且能通过某种考验的仪式，那么周人就将接受、承认这个孩子，让他成为英雄，成为神，成为周姜两族更亲密联合、团结的象征。之所以能够如此和平而反常地处理这偶然事件，那当然是因为周姜两族不管是抢婚还是联姻，通好已是既成事实。那么，姜原履龙迹生子并通过考验。这个超现实事件，这个神话，便是周姜两族通婚这个事实的形象反映，便是周姜两族走向更大联合的起点或标志。这也是中国史前史上的一个里程碑：它不但标志着从母系到父系、从游牧到游耕、从图腾制到祖先崇拜的伟大转折，而且标志着周族因联合姜族而将取得种族上、经济上、社会生活和风习上的大发展。

但要成为光荣标志也不容易，这得通过严酷的考验才成。而且既然事涉周姜两族，这种考验必须周姜两族都赞同、都满意才成。通得过，姜原就以姜族圣处女成为周族的"大母亲"（Great mother），甚至成为两族共同尊奉的高原神（大地女神）、母神（生殖女神）、农牧神（丰收女神），兼美神①。她的孩子，

---

① 参见萧兵：《美·美人·美神》，见《美的研究与欣赏》（第1辑），重庆出版社，1982年。

首先必须证明他兼具两族图腾的特征或神性，这样他将成为大酋长（新王）、英雄和大神（社神，庄稼神）。可要是通不过，母子都得处死，族体团结将对立转化为严酷的冲突。

前述对于弃子的理论解释，不过是对成丁－入社仪式的象征讲述，或者说，这是用传统的祖先英雄奇迹对成丁－入社仪式的神圣性诠释。这种仪式，跟高禖一样，多在深山密林中举行——"会伐平林"，一旦被"冲撞"，甚至于"圣林"被侵入、被砍伐，那仪式便失效，只好放弃，或易地运作。普罗普说：

> 授礼仪式与树林的联系是如此牢不可破，倒过来看这种联系依然是正确的。主人公无论以何种方式落入树林，都会引起这个情节与一系列授礼仪式现象的相关问题。①

首要的问题便是能否以"平林"的封闭性、隔离性保证其神圣性与合法性，这决定仪式的成败。仪式为什么必须在密林中举行？或说，与"山林崇拜"相关。但"现实"的理由依然是："树林提供了秘密举行仪式的可能性，它将秘密的宗教仪式隐蔽起来。"② 一旦达成"公开性"，宗教便面临危殆。

二、三弃三收：图腾的鉴别与救援

因为姜原是姜族的妇女，所以她必须首先证明自己和孩子是羊族的伟人而具有神性。这样，第一场考验就不能不是让姜族的羊图腾祖先来鉴定一下后稷是否真的"先生如达"，是否"货真价实"的羊图腾后裔，以平姜族之怒，而周族也希望他兼具羊图腾的神性，这样他们将获得对婚族在血液和文化上的优越禀性。

置之隘巷，牛羊腓字之

这就好像原始习惯法，让作为图腾的獬豸、神羊、猛虎、大鳄来审判嫌疑人一样，让羊祖先来表态：踩死了，就是杂种；不害他，就是真裔。先看"腓""字"的解释。《小雅·采薇》："四牡骙骙，君子所依，小人所腓。""腓"《毛传》仍读"辟"。郑笺："腓当作芘。"（《生民》笺云："天异之，故姜原置后稷

---

① ［俄］弗拉基米尔·雅可夫列维奇·普罗普：《神奇故事的历史根源》，贾放译，中华书局，2006年，第55页。
② ［俄］弗拉基米尔·雅可夫列维奇·普罗普：《神奇故事的历史根源》，贾放译，中华书局，2006年，第58页。

于牛羊之径，亦所以异之。"）《诗》何氏古义读同厞隐之厞，钱坫等读如庇护之庇。清马瑞辰《通释》、清李富孙《诗经异文释》等，皆读《生民》《采薇》之"腓"如郑意，云庇护之也。马瑞辰《通释》还进一步说："《说文》：'字，乳也。'字、乳、育三字同义，《广雅》并训为'生'，是也。'牛羊腓字之'，盖犹虎乳子文之类，与'鸟覆翼之'相对成文。《史记》言'马牛过者，皆辟不践'，非《诗》义也。"《广雅》："字、乳，生也。"清王念孙疏证："乳者，《众经音义》卷二引《仓颉篇》云：'乳，字也。'《说文》：'人及鸟生子曰乳，兽曰产。'《月令》云：'雉雊鸡乳。'"清戴震《毛郑诗考正》说："腨谓之腓，胫后也。字，如《春秋传》'使字敬叔'之'字'，养也。牛羊以乳就养之，则婴儿在其胫腨间。故曰'腓字'。殆犹子文虎乳之之事。"于省吾述为："牛羊遇弃子后稷而庇荫，慈爱之。"① 高亨说："字，养育，指给他乳吃。"② 余冠英译为："把他扔在胡同里，牛羊一齐来喂乳。"③

"腓""字"也有不同解释。《毛传》说："腓，辟；字，爱也。"朱注采其说。王肃云："辟"，"所以避患"也，即"辟（而）不践"之意。《史记·周本纪》："弃之隘巷，马牛过者，皆辟不践。"《史记补·三代世表》："贱而弃之道中，牛羊避不践也。"《列女传》："弃之隘巷，牛马避而不践。"

这跟上面庇护、哺乳的解释并不矛盾——它是打开《生民》秘密的钥匙。类似的民俗，马达加斯加土著部落也曾实行过，以牛为图腾的族众往往要把新生儿撂在大路上让牛来踩，没有被踩死的才抱回去当宝贝养大。法国人倍松介绍过这种风俗："牛在马达喀斯加的经济生活中，占极重要的地位，因此有许多著作家，认牛为许多部落所崇奉的图腾。例如有一种风俗：当小孩初生时，便放在牛群经过的路上，借以征验此小孩之是否有利于部族；如此小孩被牛践踏过了，则必弄死他，因为这是表明部族的祖先不许此小孩加入部族。"④

过去中国康藏地区的彝族生下孩子，往往要拜寄给牛、马、猪、狗之类做干儿女，其仪式为：先向这些爹妈敬酒，再把婴儿从牛马之类肚子下面（腓）穿过去，然后取名为"牛儿""马仔""羊孩""猪娃"之类。这不也是"牛羊腓字之"最生动的活注解吗？

姜原所属的姜（羌）族以羊为图腾。但《诗经》却牛羊并举，《史记》别

---

① 于省吾：《诗"履帝武敏歆"解》，见《中华文史论丛》（第6辑），中华书局，1965年，第124页。
② 高亨：《诗经今注》，上海古籍出版社，1980年，第403页。
③ 余冠英：《诗经选》，人民文学出版社，1979年，第264页。
④ ［法］Maurtiee Besson：《图腾主义》，胡愈之译，开明书店，1932年，第50页。

说马牛。实在不足为奇。这些记载都是后人的追述和踵饰,当然会有异文。这里,"羊"是最重要的图腾,"姜"(羌)和"达"母子都指向"羊"。

而且,有人认为姜族也崇拜牛为图腾。刘节就说:"牛实姜姓的族神,所以姜原是有邰氏女,而有邰又名斄,这斄就是犁牛。……这姜姓的戎,就是殷代的'来羌'……而来羌以牛作图腾。"① 炎帝或神农氏是姜人集团后起传说中的宗神,是后稷高级的神话前身,记载中也多说他牛首龙颜。但是更多的材料证明姜族主要以羊为图腾。

古代于阗瞿萨旦那王国有祈子得子、神赐地乳的故事,有人以为与后稷之神迹有相通处。唐玄奘《大唐西域记》说,瞿萨旦那老王"未有胤嗣,恐绝宗绪,乃往毗沙门天神所祈祷请嗣,神像额上剖出婴孩……神前之地忽然隆起,其状如乳,神童饮吮,遂至成立"②,后来即以"地乳"(Kustana)名国。此为于阗建国传说,但尚无弃子情节。《大慈恩寺三藏法师传》叙此云:"(瞿萨旦那)其王雄智勇武,尊爱有德,自云毗沙门天之胤也。王之先祖即无忧王之太子,在怛叉始罗国,后被遣出雪山北,养牧逐水草,至此建都,久而无子,因祷毗沙门天庙,庙神额上剖出一男,复于庙前地生奇味,甘香如乳,取向养子,遂至成长。王崩,后嗣立,威德遐被,力并诸国,今王即其后也。先祖本因地乳资成,故于阗正音称地乳国焉。"③

上述故事值得注意的是两个关目或情节要素:一个是神像额上剖出婴儿,属于神赐后嗣,但又不同于一般的神孕,这是男神直接孕出他的分身(雅典娜女神也是从她父亲宙斯额上全副武装地跳出来的);另一个是大地生乳,证明这个神婴(潜在的弃儿)曾被置于大地之母腹,而得到土地之滋养,从而象征着天与地的交通——这一点跟作为庄稼神的周弃同时是大地之子颇为接近。

周连宽叙《于阗古史》瞿萨旦那王被弃事云:"达摩阿输迦(Tharmāsoka,即无忧王、阿育王)之治世第十三年,其皇后生一男,占者多以此儿有伟大之相,其父王在生时,此儿亦当为王。王虑此儿将夺其王位,遂下令弃之。母后想若不弃此儿,王将杀之,勉从其命。然王子被弃之时,地上出一乳房,乃以乳养之,得不死。由是呼此儿为瞿萨旦那(Kustana),即地乳之义也。"④ "适有大菩萨——中国(Rgya)之王者住此,彼有子九百九十九人,欲得一子以满千

---

① 刘节:《古史考存》,人民出版社,1964年,第275页。
② 玄奘:《大唐西域记》,章巽校点,上海古籍出版社,1977年,第297页。
③ 慧立、彦悰:《大慈恩寺三藏法师传》,孙毓棠、谢方点校,中华书局,1983年,第120页。
④ 周连宽:《大唐西域记史地研究丛稿》,中华书局,1984年,第230—231页。

人之数"，毗沙门天（Vaiçravana）赠以此子，后来率万人赴西方而至于阗（Li-yul）境得建王国。这就证明：小王子确实是个弃儿，而且像许多新王威胁着老王的权位，从而蕴含着一个圣王迭代的仪典旧俗——而这新王又确实像后稷一样得到大地的哺育。

岑仲勉据此神迹证明后稷为"牛羊腓字之"，"即地乳涌出之意"，并以为汉族部分西来之证。① 这只是枝节之字面偶合，而又不顾"牛羊"二字。但所引《河图》（《艺文类聚》卷七引）："岐山在昆仑东南，为地乳，上为天糜星。"（《太平寰宇记》卷三〇引《河图括地象》略同）可能暗示女地神姜原曾乳养后稷之意。

如果说"牛羊腓字之"确实指牛羊庇护遮蔽后稷，并且用奶来喂他的话，那比消极的"避而不践"更能积极地表达图腾祖先对它的真正后裔热爱、保护、养育之意。"先生如达"，达是七月生羔，"后稷出自姜姓，谓如羊子之生"②，而羊妈妈用奶喂他，不是更能证明其为羊图腾的血裔吗？看来，这场考验是比较顺利地通过了，姜族比较满意。后面就主要是满足周人要求了。

涂元济在批评"图腾考验说"时提出"图腾断狱说"："我认为这不是考验仪式，而是图腾断狱，诗中记叙的置后稷于平林、寒冰，或且由别的神话故事掺入，或且是神话在流传过程中，后人为增强故事情节的曲折性而添加上去的，也不必咬住三弃三收强为分析。'置之隘巷，牛羊腓字之'才是断狱的核心内容。"③

这抓住了问题的重心所在。本书正是以马达加斯加民俗来解释这个核心，以为这是请出图腾祖先来辨认后稷是否真的"先生如达"，是否羊图腾真裔。因为"每个老祖宗（图腾）当然知道谁是它的儿孙，认识他们的相貌，和声音"（闻一多语）。只不过因为断狱容易跟獬豸定罪之类图腾审判仪式混淆起来，才使用了"图腾考验仪式"这个术语，意思仍指图腾的选择和承认。

对后稷的第二场考验见下文。

置之平林，会伐平林

《毛传》："牛羊而辟人者，理也；置之平林，又为人所收取之。"《周本纪》

---

① 详见岑仲勉：《两周文史论丛》，商务印书馆，1958 年，第 29—31 页。
② 李玄伯：《中国古代社会新研》，开明书店，1948 年，第 39 页。
③ 涂元济：《从母系制过渡到父系制的一场夺子之争——关于周初生民神话的解释》，载《民间文学论坛》1982 年第 2 期。

作"徙置之林中，适会山林多人"。马氏《毛诗传笺通释》据以为《毛传》不确："是会伐平林，特言适值林中多人，不便弃置，非谓已为人收取，复夺于人而弃之也。《传》言为人所收取，失之。"而《史记补》却作"抱之山中，山者养之"，不涉及伐木之事。那么，这很可能是弃子故事里常见的弃于山林（这样才便于让图腾动物来鉴别、考验、选择、喂养）。子文本"弃之梦泽，虎乳之"，《搜神记》大概因为水中无虎（或指云梦泽中湿地或岛山），便改为"弃于山中"。民间故事里的项羽也被"丢在山里"，为虎乳大。后羿也曾被捐于山中。朱蒙故事也有说"弃于深山，百兽皆护"者。朱耶赤心系在深山雕巢中被发现。沙恭达罗曾被弃于林中，为鸟所护。姓音被弃于"南浮桑之阿，空山之中"，引月服精，靠瑜伽式气功存活。居鲁士大帝特别被丢到"山中野兽最多的地方"，为牧妇斯帕卡（母狼）奶大。古希腊的医神也是被舍弃于荒山，吃山羊奶长大。女英雄阿塔兰塔和风流王子帕里斯，也都曾被弃于深山，为熊所乳。阿波罗的私生子伊翁（Ion）被藏在岩洞。俄狄浦斯被丢在山上，后来由牧人收养。这些弃子传说因此可简称为山野-物异型。

所以"会伐平林"或"抱之山中"，本来也许可以统一地解释在另一种传说里：后稷是被丢弃在山林之中，让野山羊（图腾祖先）来优选他。但是这比较牵强，也缺乏更加直接而坚强的证据。所以，这个情节还是解释为：把他抱到山林中氏族或部落最神秘的禁地里去举行有关诞生的过渡仪式（参见前举普罗普论山林秘境）。

这平林，极可能便是氏族禁地的圣林。"云南傣族、景颇族、哈尼族村落都有一片树林，称为神林。在傣族村落里，一般都种植一棵大青树，其下用树枝搭一个小房子，象征树神所居。这可能是人们对远古巢居的一种记忆。"① 如果这神林是在山原之上，那么它就更是氏族部落的圣地。"山林隰险阻"，不但常成为高禖社祭之所，有如商、宋之桑林，而且多是供奉图腾神或图腾圣物的秘地。"我国许多居住山区的民族崇拜山神，云南沧源县班洪地区的佤族认为，阿佤山区最大的山'鹿埃姆'和'鹿埃松有'是最大的神。布朗族崇奉名叫'雅'的山神，说它是一条龙，住在山上，掌管山林，人们四时奉祀。"② 而作为龙迹感生的山原民族庄稼神的后稷，因为后来的山死，也曾被认为是山神之子，或兼为山原之神，有如姜原之成为姜水平原女神。

---

① 宋兆麟、黎家芳、杜耀西：《中国原始社会史》，文物出版社，1983年，第464页。
② 林耀华：《原始社会史》，中华书局，1984年，第408页。

《千面英雄》的作者坎贝尔曾以弃子英雄萨尔贡（Sargon）为例，提出世界神话传说里面目依稀的英雄出生事迹的模子或母题（motif）：（1）变相的处女生子；（2）关于其父是山神的暗示；（3）婴儿被弃在水滨；（4）由种植者（或动物）收养婴儿；（5）弃儿以后成为农艺方面的伟人；（6）被弃者为天神所爱。①

陈炳良指出，后稷故事恰与之相合。其他数点大略无异（履迹较罕见），唯其父为山神一点有待证明。圣足迹属于龙，龙则主要是水神。或引《尔雅·释山》"山如堂者密"，而姜嫄恰在"閟（密）宫"求子。闻一多、陈梦家所提示的高堂、高唐、高密、高禖相通的事实，可证閟宫（即密宫）应在山上②。此亦可备一说。只可惜其他山林弃子英雄没有感迹而生的本事。

而无论是丛林，还是山原，都可能发现圣足迹，都可能设置氏族、部落的禁咒品或灵物。

初民的图腾灵物或珠灵卡多放在丛林里。如前所说，他们的圣地、社、求子的高禖等也多设在"山林隩险阻"之中。古埃及人称之为马帕图，太平洋群岛土著则多称之为哇德（Ward），义为秘所、圣地。平时严禁进入，只有氏族或部落举行重大秘密仪式之时，由酋长兼巫师带领参加仪式者进入参拜。尤其是举行少年正式加入氏族、部落作为成员（战士）的青春期仪式时，要进入圣地，参拜、触摸灵物（通常是涂色石块、木牌、编织物、偶像之类）。③

这种珠灵卡，首先是一种图腾圣物。"据斯宾塞和吉伦的记述，'丘林噶'（即Churinga）一词总的表示一切秘密的和神圣的东西。但主要是称呼各种尺寸（8—15厘米和更长）的椭圆形石片和木块，上面通常饰有由同心圆和半圆、螺旋线、平行线和点构成的独特图画。这种图案具有神圣的神话意义，它象征地表示着图腾祖先和关于他们的故事的个别情节。"④ 例如，足印文或印有类足迹文样的石块、泥巴，或化石、半化石等，就可能成为珠灵卡，在巫师和长老嘴里，这就是一则具有推源性质的图腾授孕和感生故事。"根据这些故事，'祖先们'在流浪期间停留在各处与'孩子的胚胎'有关的丘林噶（按：如足印）上。'孩子的胚胎'进入妇女的身体就使她怀了孕，而丘林噶遗留在被假定受孕的地点（按：如平林）。当孩子出生时，他的父亲或其他男子在这个地方'找

---

① Joseph Campbell, *The Masks of God: Occidental Mythology*, New York: Viking Press, 1964, p. 73.
② 陈炳良：《神话·礼仪·文学》，联经出版事业公司，1985年，第121页。
③ 参见［法］拉法格：《宗教和资本》，王子野译，生活·读书·新知三联书店，1963年，第25页。
④ ［苏］С. А. 托卡列夫、［苏］С. П. 托尔斯托夫主编：《澳大利亚和大洋洲各族人民》（上册），李毅夫、陈观胜、周为铮等译，生活·读书·新知三联书店，1980年，第277页。

到'丘林噶（实际上是从公共储藏处拿去的或重新做的），并认为它从此同这个人终身有了秘密的联系。"①

又据倍松介绍："澳洲部落人民——尤其是中部的部落——至今还保存着一种用以作仪式典礼的东西，名叫'楚令茄'……这些东西或是用木头做的，或是用磨光的石头做的，形式有各种的不同，但大多是椭圆形或长形的。"② 最重要的是，"这些东西大多是秘密地藏着。遮着楚令茄的窟洞，树枝，树叶，都成为禁地。……澳洲人相信在这些木石中间，隐藏着他们祖先的灵魂"。而且，"连那四周邻近的地方，都要郑重保护着"。③ 这就更像"会伐平林"之"平林"了。这种禁地是与图腾祖先的精灵、精魂或灵性马纳紧紧联系在一起。

珠灵卡本来是澳大利亚奥伦达（Orenda）族的语言。"他们视此为图腾仪式必需之用具，多用木片或磨石，制成卵形或椭圆形，小者长约一英尺，大者五六尺不等，表面概作图腾动物及代表其神话传说的纹样。阿龙泰人信此物是图腾祖先寄托之所，故常将其放在秘密的场所，除长老外，部族成员绝对不知其所在。妇人及未入社的青年，也不许接触。"④ 但也有在氏族成员初生时就抱进去参拜的，例如西南兄弟民族之拜木石为过房爷。最重要的是，"埋藏'止令茄'（Churinga）的场所，就成为不可侵犯的圣地，称之为'阿特那顿加'（Ertnatulunga）"⑤。如果有外人，尤其是外族人看见或冲撞，仪式便告失灵，甚或引起杀身灭族之祸。周人天帝的圣足迹或亦隐蔽在神圣的山林或平林之中，是禁地。

中国的记载，也有这类关乎英雄祖先诞生的圣地兼禁地。传说为大禹诞生地的四川汶川广柔石纽山刳儿坪，是人们不敢居、不敢牧的神秘地带。常璩《华阳国志·蜀志》："汶川石纽山中，夷人以其地为禹生处，共营其地，方百里内，今犹不敢牧。"《水经注·沫水》："（广柔）县有石纽乡，禹所生也。今夷人共营之，地方百里，不敢居牧。有罪逃野，捕之者不逼，能藏三年，不为人得，则共原之，言大禹之神所佑之也。"这跟上古西方的神庙一样是避难所，是赦罪地。《汶志记略》也说，其地"有羌民数家，地可种植，相传圣母生禹处；

---

① ［苏］C. A. 托卡列夫、［苏］C. П. 托尔斯托夫主编：《澳大利亚和大洋洲各族人民》（上册），李毅夫、陈观胜、周为铮等译，生活·读书·新知三联书店，1980年，第277—278页。
② ［法］Mauriee Besson：《图腾主义》，胡愈之译，开明书店，1932年，第16页。
③ ［法］Mauriee Besson：《图腾主义》，胡愈之译，开明书店，1932年，第17—18页。
④ 岑家梧：《图腾艺术史》，商务印书馆，1937年，第95—96页。
⑤ 岑家梧：《图腾艺术史》，商务印书馆，1937年，第96页。

有地数百步,羌民指为禹王庙,又称启圣祠"。陈志良指出:"石纽是羌民的社地,祭祀之处,祭祀禹王之所,所以成为禁地(Taboo),加以崇视,不敢樵牧了。"① 这样,稷弃平林而被樵伐者冲撞,当然也就丧失其仪式性意义。

至于其地成为罪人之逋逃薮,那当然是因为社地或神庙具有神秘性、禁忌性和超越法律和行政干预的性质,有如古希腊人之以神庙为免罪所(Asylum)。这一点海内外学者已予以阐述。② 陈炳良还据以推论,那是"由于桑林是圣地,所以封豨可以把它作为免罪所"③,羿在桑林里擒获野猪,故为上帝所不容。

西南民族也有类似的平林式禁地。宋恩常介绍说:"在佤族和景颇族的村落都有一片神林,有关生产性质的宗教活动在神林里举行,神林最初可能起着村落中天然庙宇的作用,是村落保护神的居住场所。景颇族的'嫩木商'(社神)和佤族进行血祭的人头柱都设在神林里,因此神林成了村落中的圣地,禁止砍伐和在其中从事狩猎,许多已经经进入阶级社会的民族,如彝族、傣族、僮族和哈尼族……的村落中也有神林。"④

这部落最神圣的秘密,却给姜原发现并"玷污"了。如今把那个"野种"抱到圣足迹(或灵物、珠灵卡)那里让它决定一下是否允许喂养长大,岂不合理之至?这有点像古罗马新生婴儿要绕圣火,见家神⑤;又有点像苗、瑶、畲等族小孩子要拜大树、门槛、石包或禽兽做过房爷。看来这一场考验主要是对周人的。

但是,不巧得很,"会伐平林","徙置之林中,适会山林多人,迁之而弃渠中冰上"。这考验仪式被外人冲撞了、破坏了,也不灵了。后稷、姜原的生命又岌岌可危。但是最后的决定性戏剧场面还在第三场考验。

置之寒冰

这个关目必须与"牛羊腓字""鸟覆翼之"联为一体才能揭示其意义。因为《周本纪》说:"迁之而弃渠中冰上。"《补史记》说:"捐之大泽。"

可能在另一种传说里,周人的祖先曾被抛弃水中,所以必须与有关弃儿的

---

① 参见陈志良:《禹生石纽考》,载《说文月刊》1939 年第 12 期;陈志良:《禹与四川之关系》,载《说文月刊》1943 年第 9 期,第 34 页。
② 参见[日]冈崎精郎:《石纽林与禹之诞生》,载《古代学》1952 年第 1 卷第 4 号,第 296—305 页。
③ 陈炳良:《神话·礼仪·文学》,联经出版事业公司,1985 年,第 9 页。
④ 宋恩常:《略论云南边疆山区民族的原始宗教》,载《学术研究》1963 年第 9 期,第 57—58 页。
⑤ 参见[法]古朗士:《希腊罗马古代社会研究》,李玄伯译,商务印书馆,1930 年,第 35 页。

漂流故事做一番比较研究。在民间传说里，后稷的"置之寒冰"，就是指抛进水中淹死。"相传姜娘娘当女子时，有一年冬季雪后，她独自个到场里去拖柴；但是大雪之后，场里是一片雪，她就无处下足。适有新从雪中走过的一行很大的足迹，似属可践，或不致于使雪没足，故她即履其迹而行。因为那是神人的足迹，从此她遂身怀有孕。……她生产后即将胎儿抛在池中。时值六月，池水忽结成冰，儿得不死，还有些鸟儿下来，护着胎儿。这胎儿就是现在的稷王爷。"①

有人认为，后稷第三次被弃的"置之寒冰"，是一种斯巴达式的对初生婴儿体质的考验和磨炼，这就是有名的暴露法（infant exposure）。斯巴达人只留下强健端好的婴儿，培养做战士。"如果孩子是不健康和畸形的，他们就把他丢到一个所谓亚波息泰（apothetae，弃婴场）的地方去，那里就是塔吉佗山脚下的一个似陷坑的地方；因为他们确信，从最初起就在健壮方面有着天然缺陷的生命是既无利于他自己又无利于国家的。"②

这种习俗，确实在一些生活困难、勤劳勇敢的民族里实行过。例如，旧时某些西南边疆少数民族曾把婴儿丢在森林里让蚊子叮、毒虫咬。等到他能够抗得住病害或取得某种免疫机能以后，才抱回来抚养。中国古籍里也有类似的记载。晋张华《博物志·异俗》："荆州极西南界至蜀，诸民曰獠子，妇人妊娠七月而产。临水生儿，便置水中。浮则取养之，沉便弃之，然千百多浮。"《太平御览》卷三六〇引《蜀郡志》："诸山夷獠子，妊七月生。生时必临水。儿出便投水中，浮则取养，沉乃弃之。"

希腊神话说，大英雄阿喀琉斯生下后，他母亲抓住他的脚后跟，把他浸在海水里，从此除了脚后跟这处致命伤之外，他全身刀枪不入。这实在是在水里浸泡初生婴儿这种洗礼或磨炼法的神话反映。

世界上一些地方存在《博物志》说的西南民族用浮或沉来试验或磨炼幼婴的风俗。弗雷泽还试图用以解释萨尔贡一世、摩西等河海–漂流型丢弃的原因。"该习俗的方法是把孩子放进水里，看他们是游是沉，开始游水的孩子被认为是合法的，而往下沉的孩子就作为私生子被抛弃。"③ 通过这种试验的婴儿就带上一层超自然的色彩，他的出生也许就高贵或神圣起来。他举例说："凯尔特人把

---

① 崔盈科：《姜嫄之传说和事略及其墓地的假定》，见朴杜：《古史辨》（第2册上编），景山书社，1930年，第102页。
② ［古罗马］普鲁塔克：《希腊罗马名人传·吕库古传》，见齐世荣：《世界通史资料选辑》，商务印书馆，1974年，第266—277页。
③ ［英］弗雷泽：《〈旧约〉中的民俗》，童炜钢译，复旦大学出版社，2010年，第326页。

所生的孩子合法与否的问题交给莱茵河来裁决。"①

现存部落也有类似办法。"在中非,探险者斯皮克同样听说,'在乌尼奥罗的一个省乌鲁利,著名统治者基梅齐利用珠子装饰他的孩子,并把他们放进尼安萨省的维多利亚湖里,想证明他的亲生子女。'"② 如果沉下去,那就是他人的孩子。

王孝廉除了承认弃子神话是古代民族弃婴习惯的遗迹式反映之外,也强调了"磨炼说"。"希伯来神话、日本神话以及中国和韩国的弃子神话,都是为了说明一个民族的建国始祖的神圣性而成立的,诞生是神子最初所必经的通过仪礼,神子必须从出生开始即接受最初的试炼。"③ 这种磨炼当然是双重的:一种是实际的、功能性的,像前引实例以及西南某些民族之将婴儿置于丛林让蚊子叮、毒虫咬,以取得免疫效果;另一种则是作为前者的曲折反映的民俗,是仪式性和结构性的,旨在使新生儿获得更多的灵性与神性。这样的弃子神话传说,便进一步使英雄增加神秘而又神圣的"光晕"。

徐华龙曾以西南民族弃子故事为例,证明"融于人物传说之中,构成人物具有灾难性的出生历史,也正是这一历史决定了他以后成为英雄的必要条件。白族《绿桃村龙母的传说》中的孩子被母亲弃之茅草丛里,却得到蛇的喂养(而)长大,正是这一因素,使他具有无穷的神力,能治好龙王的病,并能战胜兴妖作怪的恶龙"④。这就是说,丢弃作为一种考验,是某些英雄的必要经历,可以加强英雄生命或灵性的力量。徐华龙也承认,图腾的救援或抚养是弃子故事的关键:"(弃子)一般为动植物或其他无生命东西所抚养,而这些生物或非生物均是这一民族的图腾。"实例如绿桃村和支格阿龙故事的蛇。"所以说,图腾的出现是弃子神话关键性的一环。"⑤

弗洛伊德则认为,漂流——孩子生下便被投入水中——是对胎儿在羊水里浮动的一种回忆、一种纪念,是关于婴儿出生幻想的一种改装。"不管是在梦或神话中,孩子由羊水中生产经常是用孩子投入水中的改装来表现;这些例子中较为人熟悉的是阿多尼(Adonis),贺悉里(Osiris),摩西(Moses)及巴克斯

---

① [英] 弗雷泽:《〈旧约〉中的民俗》,童炜钢译,复旦大学出版社,2010 年,第 327 页。
② [英] 弗雷泽:《〈旧约〉中的民俗》,童炜钢译,复旦大学出版社,2010 年,第 327 页。
③ 王孝廉:《神话与小说》,时报文化出版公司,1986 年,第 150 页。
④ 徐华龙:《西南少数民族弃子神话研究》,见田兵、陈立浩编:《中国少数民族神话论文集》,广西民族出版社,1984 年,第 177 页。
⑤ 徐华龙:《西南少数民族弃子神话研究》,见田兵、陈立浩编:《中国少数民族神话论文集》,广西民族出版社,1984 年,第 177 页。

(Bacchus)的出生。在水中浮沉的头使病人想起她自己怀孕时所经验到的胎动。"① 这在下文讨论漂流型弃子故事时还要详说。

上述的解释比较贴切、平易、现成，但是不够圆满。居住在水滨的原始民族从摇篮到坟墓的过渡仪式（生命中的转折点的风俗化、制度化）多围绕着水展开和举行。弃子扔到水里，是为常见的溺婴。跟磨炼紧紧联系在一起的水中祓禊或洗礼（baptism）便是有关诞生的最重要仪式。

这一方面从三月上巳祓禊活动求子于水滨可以窥见消息。例如汉武帝因"即位数年无子"，便"禊霸上"。《史记·外戚世家》集解引徐广曰："三月上巳临水祓除，谓之禊。"《西京杂记》说："高祖与戚夫人正月上辰出百子池边，灌濯，以祓妖邪。"既然祓于"百子池"畔，自然也是为了"以弗无子"。另一方面，"三月上巳"也可以成为恶日，是婴儿的凶忌，所以必须加以祓除。《后汉书·礼仪志》引一说云："后汉有郭虞者，三月上巳产二女，二日中，并不育，俗以为大忌。至此月日讳止家，皆于东流水上，为祈禳自洁濯，谓之禊祠。引流行觞，遂成曲水。"这种招魂续魄，祓除不祥的厌胜性禳解祓禊仪式在后世还以遗迹形态保存下来。例如《梁书·太祖张皇后传》："初，后母寻阳公主方娠，梦当生贵子。及生后，有赤光照于室内，器物尽明，家人皆怪之。巫言此女光采异常，将有所妨，乃于水滨祓除之。"

有时这种祓除用更严重、更可怕的对立形式来进行：用丢弃来更新孩子的生命。宋徐铉《稽神录》："瓜村有渔人，妻得劳瘦疾，转相传染，死者数人。或云，取病者生钉棺中，弃之，其病可绝。顷之，其女病，即生钉棺中，流之于江，至金山，有渔人见而异之，引之至岸，开视之，见女子犹活，因取置渔舍中，多得鳗鲡鱼以食之，久之病愈，遂为渔人之妻。至今尚无恙。"这有些像所谓送瘟神式的替罪羊典礼，同某些祓禊仪式和漂流故事也有些相似。上说为帝王权贵所不喜，亦不为学者所重视，但是却有一定的民俗真实性和研究价值。

无论是森林的记忆，还是母腹之眷恋，羊水的回想，都确实经常以改装或艺术化或准审美形式出现在梦和神话里。漂流故事，可能多少表达着此类的前意识。但是，当它不仅仅是一种改装、一组意象或一串半巫术半艺术的言语链，而是一种地地道道的现实行为（如前引民族志材料所提供的）的时候，那就必须承认它是一种实际的而又带着巫术意图的考验和磨炼。何况，无论是改装还是映象，都得有现实的生活行为做依据，尽管它常常以宗教观念体现出来。

---

① ［奥］佛洛伊德：《梦的解析》，赖其万、符传孝译，志文出版社，1972年，第321页。

所以，有人企图把弃诸河中、泽畔的风俗跟河流崇拜联系起来（这还可以在某一点上有助于把"牛羊腓字之"和"置于渠中冰上"有机地结合着来理解）。"日耳曼人古昔的风俗，婴孩初生时，便放在莱茵河中，视其上浮或下流，定其是否为种族的父——莱茵河——的嫡子。此种占卜法又与马达喀斯加岛上所见者相同。"① 这些都是可以很好地解释"置之寒冰"的，但是它带有片面性，不能全面地、理论地、规律性地解释后稷三次被弃复被收的根本原因。

有时候这种由磨炼发展出来的考验，竟蜕变为用脐带代表婴儿来举行（脐带联系着婴儿胎胞和母体，是婴儿生命的象征，各民族都有处理脐带的复杂仪典和风习）。在乌干达的干达人（The Ganda of Ugande）的幼儿命名式上，"孩子的祖母取出他的脐带，将之放进一个装着啤酒、牛奶和水的不透水的篮子里，如果脐带浮起来了，这个孩子就是合法的，氏族酋长就用这种混合液为他行洗礼，从他母亲的脚上跳过，并且宣布自己是他的父亲，用这种方法表示接受他加入氏族。如果脐带沉下去，这孩子就要弃掉，母亲要挨一顿鞭打。"②

初民朴素地以为，生和死具有一定的连续性和统一性，葬于水、弃于水便也可能生于水、成于水。语云"靠山吃山，靠水吃水"。水跟他们的生产和生活关系是如此密切，也就跟生和死紧密相连。既然生于水、死于水或弃于水，却又能因弃而新生，由水得到崭新而坚强的生命，那么，弃子传说多有漂流型情节也就顺理成章了。这只要参看下章"世界性的弃子故事及其类型"里从迦尔纳、摩西、萨尔贡、珀耳修斯、赫淮斯托斯、罗慕路斯和瑞摩斯（Remus）兄弟、水蛭子到楚子文、胡广、玄奘、淌来儿等一系列东西方漂流型弃子故事就可以得到参证，前举瞿萨旦那王子也是被置于地，才能吸到地乳。

除了水的浮沉试验之外，还有土与火更严酷的测试与磨炼。上面说将病儿置于水，中国还有把垂危的婴儿摆在地上的风俗。一种解说是：让他回归土地；决不能让他死在床上，因为他还是不完整的生命（参看列维-布留尔的说法）还没有寿终正寝的资格，不然将危害父母或者未来的弟妹。另一种解说似乎积极一些：让他吸收地气，重获生存。这是丢弃的委婉说法。

希腊也有在形式上颇为相似的置地（déposition）仪式。"婴儿与家庭土地的直接接触使他最终融入了这个家庭，就婴儿来说，这种融合是在围绕灶的转动

---

① ［法］Mauriee Besson:《图腾主义》，胡愈之译，开明书店，1932年，第81页。
② ［美］乔治·彼得·穆达克:《我们当代的原始民族》，童恩正译，四川省民族研究所，1980年，第342—343页。

中实现的。"① 这就汇入了火的锻炼。

> 有关永生的神话实际上强调了两种新生儿仪式的对比关系：一方面要把孩子放在灶火上面，一方面又把他放到灶旁边的地上。第一个仪式中保留着有关灶火中举行的一种永生化仪式的记忆；第二个仪式与此相反，它标志着永生尝试的失败（按：成为家庭普通一员他有生就有死），是一种普通仪式的复归。②

这样，弃子的故事就可以成为水火试炼仪式的象征讲述，是寻求生命安全、转换乃至永生的尝试或演习。

初生的德墨菲（Démophon）的乳母德墨忒尔（Demeter，大地女神）把他隐藏在烈焰之中，仿佛他是烧焦的木柴。孩子的母亲大为震惊，斥责了她。大地女神却气得把孩子抱出来，"他本来可以成为不死之神的"，如今只好当个有生有死的凡人。

阿喀琉斯在被浸在大海里，取得刀枪不入的金刚不坏之身之前（只有他母亲抓住的脚后跟成为"致命点"），母亲西蒂斯（Thétis）女神也曾把他放到火中烧毁纯属人类的血肉，却被父亲拦住了，从此有生也有死（根据阿波罗尼乌斯的记载）。③

萨满就职前虚拟的断身仪式，与之有几分相似。某些弃子英雄也确实经过种种或虚拟或真实、或象征或历史的锤炼。当然，不能依靠它诠释一切的弃子因由或弃子仪式。

但这跟弗雷泽所注重的用沉浮的漂流来试验婴儿是合法还是私生的措施是一致的。"这一仪式的价值在于检验婴儿的合法性。"无论是置地还是绕灶，"安费多罗密仪式是让婴儿融入家庭和父方谱系的习俗，与此相反，在另一些习俗中，婴儿被家灶拒绝，被排除出封闭的家庭空间。"④ 维尔南也将此与弃子的田野型、河海型联系起来。"英雄传说就是围绕遗弃在荒野上的孩子而展开的。英雄的父母不让自己的孩子混迹在这个喧闹的世界中，而是把他托付给牧羊人，

---

① ［法］让-皮埃尔·维尔南：《希腊人的神话和思想——历史心理分析研究》，黄艳红译，中国人民大学出版社，2007年，第197页。
② ［法］让-皮埃尔·维尔南：《希腊人的神话和思想——历史心理分析研究》，黄艳红译，中国人民大学出版社，2007年，第197页。
③ 参见［法］让-皮埃尔·维尔南：《希腊人的神话和思想——历史心理分析研究》，黄艳红译，中国人民大学出版社，2007年，第197页。
④ ［法］让-皮埃尔·维尔南：《希腊人的神话和思想——历史心理分析研究》，黄艳红译，中国人民大学出版社，2007年，第199页。

让他在荆棘丛中放牧,并孤身在荒山野岭中接受磨炼。"① 当然弃子的原因与动机是多样的,试验与磨炼只是其中一种。

鸟覆翼之

"鸟覆翼之"的一种训释是《毛传》:"大鸟来,一翼覆之,一翼藉之。"朱注:"覆,盖;翼,藉也。以一翼覆之,一翼藉之也。"这个解释很古怪,但是表现着传说特具的荒诞性。《楚辞·天问》但作:"投之于冰上,鸟何燠之?"王注:"燠,温也。言姜原以后稷无父而生,弃之于冰上,有鸟以翼覆荐温之。以为神,乃取而养之。"《周本纪》作"飞鸟以翼覆荐之",此王逸所据(《史记补》作"鸟覆席食之",有飞鸟喂饲后稷的意思)。

有一些再生态后起传说(乃至附会之谈),也近于"鸟覆翼之";或者说,它们对"鸟覆翼之"秘密的揭开大有启发。清蒋骥《山带阁注楚辞》说:"杨亿之生,其母见鸟翅交掩而蠕动,令弃之。祖母迎视,两翅忽开,婴儿在焉。"《三教源流搜神大全》宝志禅师条云:"宝志禅师,宋元嘉中,见形于东阳镇鹰巢中。朱氏闻巢中儿啼,遂收育之。因以朱为姓,施宅为寺焉。"白族传说,有个小丫头吞了一颗龙珠变成的绿桃子,生下一个男孩。"孩子临降生的时候,不知从哪儿飞来了一只凤凰,落在草棚棚的外面,张开了它的五光十色的翅膀,象五彩屏风一般,把草棚棚遮得风雨不透;等姑娘把孩子包扎妥帖以后,凤凰飞得无影无踪了。"② 这不是"鸟覆翼之"的一种典型形态吗!

这就暗示,这些被弃的主人翁,跟鸟或鸟图腾有些关系。朱蒙(东明)故事极像后稷。所以杨公骥曾据魏源、顾栋高、陶元淳等"卵胞"之说认为,后稷也是卵生,甚至也是经过太阳祖先(神鸟为其代表)的温燠而孵出来的。世界性弃子故事里也有不少类似"鸟覆翼之"的关目。

然而周族与鸟之关系,以及后稷卵生,目前还缺乏更加积极有力的证据("如达"还是解释为像小羊的样子较为合适)。而且鸟是东方夷人集群的图腾,而不是属于西北夏人集群的周人的图腾,所以很难说后稷是鸟的后裔,或从鸟卵中孵出,"鸟覆翼之"也不能解释为图腾的呵护。这里也只能做些试探。

《卜辞通纂》有"帝史(使)凤,二犬"之文,可见殷人把凤鸟当作天帝

---

① [法]让-皮埃尔·维尔南:《希腊人的神话和思想——历史心理分析研究》,黄艳红译,中国人民大学出版社,2007年,第200页。
② 《小黄龙和大黑龙》,见贾芝、孙剑冰编:《中国民间故事选》(第1集),人民文学出版社,1958年,第443页。

的使者。周、羌等族以鸟为神使，可能是受了强大而先进的夷人文化影响，这和后人把商族先祖帝喾假托为祖先神一致，也证实我国古代各大部落集群文化交流、联系之繁密。而且，周人虽不崇拜鸟图腾，尊祀某种神鸟却是可能的。周代青铜器特多鸟凤纹饰，甚至比殷商者还多。《国语·周语》："周之兴也，鸑□鸣于岐山……是皆明神之志者也。"韦注据"三君"谓此神鸟为"凤之别名"，且引《诗》云："凤皇鸣矣，于彼高冈。"说"其在岐山之脊乎？"可见，凤凰已被周人看作报喜的神鸟、天使，与帝使凤之观念略同。《诗经·大雅》已发育出天帝观念，龙图腾足迹被说成是帝之武敏。那么，这里覆翼后稷的大鸟是否也意味着天帝之使者表达明神之志，来肯定后稷作为周人族裔或族神的真实性、合法性与神圣性呢？

至于神鸟，可能与姜族也有关系。姜原所属的姜人有天葬之俗：把死尸切割抛掷，或将死尸扔在野外，让神鸟鹰鹫之类啄食，吃得越干净就越有神气，否则要倒霉。姬姜族众很可能也把大鸟当天神或者使者。大鸟吃死尸吃惯了，看到后稷被丢到冰上，便以为是死尸，扑下啄食，把后稷啄痛了，这强健的婴儿，大哭大喊起来（"后稷呱矣""厥声载路"），姬、姜族众便以为是群鸟来暖他（此处参用郭沫若说）：啊，这不但是图腾血裔，而且是天神，是圣子，是未来的大酋长！此解亦可通。

姜原与周祖通婚（以履迹为象征，实际当然是野合），生下后稷，并胜利通过严峻的考验。如前所说，这是中国原始社会史上的一场大事件，是社会制度的变革，是氏族史的转折点。它带来了以下或直接或间接的重大后果，说明如下几个重大的理论问题。

第一，姜原教子耕稼，后稷成为稷神、土神，证明姬姜两族随着通婚、混血、交往的频繁，生产方法和技术的交流也大大加强，先进的农耕经济逐步加强。"实颖实粟，即有邰家室。"后稷等在母家、姜族地域半定居，并学习、发展农业，使姜水、渭水流域和岐山地区成为周族的发祥地，从而大大提高了中华民族的生产力。

第二，由于姜原践履周人上帝足迹的勇敢行动，以及他们母子在改进农业生产技术、改革氏族制度等方面的重大贡献，她被姬、姜两族同时奉为"确定的女祖先"[1]，以纪念母系氏族制度的历史功勋和悲剧性的衰落。这也证明妇女在更快地扩大部落之间通婚范围，加速种族的混血、改良（所谓杂交优势）方

---

[1] ［德］恩格斯：《家庭、私有制和国家的起源》，人民出版社，1972年，第83页。

面也起了巨大的作用。

第三，所谓帝喾在姜原履迹生子传说里的出现，说明氏族世系里"除了生身的母亲以外，还确定了确实的生身父亲"①。后稷成为周族的祖先而不从姜原姓姜。这说明"女性成员的子女应该离开本氏族，而转到他们父亲的氏族中去"的父系氏族制度开始建立了。这是"人类所经历过的最激进的革命之一"②。周弃成为姬族庄稼神、土地神，姬族又名为"周"，这都与父系制、农耕业之新建大有关联（在甲金文里"周"字大致作方块田里播种或施肥之貌）。

第四，导致图腾制度的式微和瓦解，促进了家族、氏族制度的进步和认识水平的提高。后稷之"如达"，姜原之可能化身为羊，上帝或帝喾之圣迹为恐龙足印，这些事实或观念都冥昧或被篡改了。就像摩尔根说的那样："当希腊人与拉丁人的世系转变为男系时，或在此以前，氏族的动物名称即被废弃，而代之以个人名字。随着社会的进步，随着财产权的扩大，个人地位将越来越突出，以致用祖先中的某位英雄来命氏族的名。"③ 弃之成稷，迹之为姬，姬之称周，便透露了这消息。从此开始的姬姜通婚、混血的频繁，为未来汉族的构成提供了一个重要骨干或者基础。

以上是复原历史真实或谓社会学背景的尝试。当然远远不够。那么，为什么后稷既是龙迹或天帝足印所生，又有个世俗的父亲帝喾呢？

伊利亚德说，英雄或超人（suigeneris，此词有"天才"义，不限于superman）往往有神与人双重父亲，遭弃或被逐、冒险、救世，并且经历神婚，从而成为圣王。

> 他们是神的后代，但有时却有着双重的父亲［例如，赫剌克勒斯既是宙斯的儿子，同时又是安菲特律翁（Amphitryon）的儿子；而忒修斯则是波赛冬和埃勾斯（Aegeus）的儿子］。④

所以，契与弃（后稷）既是天帝或玄鸟之子，又有个世俗的父亲帝喾（多见于史书）。

> 他们的出生是不合常规的［埃癸斯托斯（Aegisthus）是堤厄斯忒

---

① ［德］恩格斯：《家庭、私有制和国家的起源》，人民出版社，1972年，第79页。
② ［德］恩格斯：《家庭、私有制和国家的起源》，人民出版社，1972年，第52、53页。
③ ［美］路易斯·亨利·摩尔根：《古代社会》（下册），杨东莼、马雍、马巨译，商务印书馆，1977年，第344页。
④ ［美］米尔恰·伊利亚德：《宗教思想史》，晏可佳、吴晓群、姚蓓琴译，上海社会科学出版社，2004年，第242页。

斯（Thyestes）与他自己女儿乱伦的结果］。他们出生后不久便遭遗弃［如俄狄浦斯（Oedipus）、珀耳修斯（Perseus）、瑞索斯（Rhesus），等等］，是被动物养育成人的①，在遥远国度的旅行中度过了他们的青春年华，在无数次的冒险中使自己声名远扬（尤其是竞技与战功），还有与神灵的婚姻［其中最著名的有珀琉斯（Peleus）与忒提斯、尼俄柏与安菲翁（Amphion）、伊阿宋（Jason）与美狄亚（Medea）］。②

在精神－心理分析学派看来，像耶稣基督这样的弃子英雄，不但有神圣和世俗的两个父亲（天父和木匠），而且有双重母亲。弗洛伊德在分析达·芬奇的一幅圣家族油画（祖母圣·安妮、圣母玛利亚与儿童耶稣）时就说，这暗示基督有两位母亲。

荣格更说，双重母亲是神话民俗与比较宗教的常见母题，构成若干群体表象的基础。这体现着圣、俗的双重血统。

> 所谓"双重血统"是指同时从人（例如帝瞽、木匠）的和神（天帝、圣父）的父母那儿获得的血统，就像（人间公主生下的）赫拉克勒斯一样，因受天后赫拉的抚养而获得了神性。③

常常被称为"牛眼睛"的天后赫拉，喜欢这个强壮的婴儿，特意亲自喂奶，谁知道认生的小淘气一口咬住她的乳房，痛得天后赶紧拔出奶头，井喷般雪白的乳汁划过太空，成为银河——西文称 Milk Way，鲁迅讽刺一位教授的误译，所谓"迢迢'牛奶路'"，原文即典出（化形牝牛）天后的"喷奶"成银河。赫拉克勒斯之名，就有得自圣母赫拉的意思。（或说，这暗示赫拉克勒斯娶母，就好像后羿娶了嫦娥是侵犯其母辈帝俊之妻常仪，同样是俄狄浦斯杀父恋母情结的显现。）

> 在希腊作为神话的东西在埃及却成为了一种仪式：埃及法老的本质就是人神合一的。在埃及神庙的出生室的墙上就描绘着法老的第二次的、神圣的孕育和诞生，他经历过"两次诞生"。这一观念隐伏在所有的再生神话之中，基督教同样也包括在内。④

---

① 原注：帕里斯是被熊养大的，埃癸斯托斯是被山羊带大的，而希波托厄（Hippothous）则是由母马抚养成人的，等等。当然，这种入会礼的主题流传甚广。
②［美］米尔恰·伊利亚德：《宗教思想史》，晏可佳、吴晓群、姚蓓琴译，上海社会科学出版社，2004年，第242页。
③［瑞士］荣格：《心理学与文学》，冯川、苏克译，生活·读书·新知三联书店，1987，第97页。
④［瑞士］荣格：《心理学与文学》，冯川、苏克译，生活·读书·新知三联书店，1987，第97页。

这样，前述的入社，即考验与生长的理论，就有了与双重血统相关的意旨：在圣与俗的递嬗或消长中，丢弃更像是使其遗忘或降解对世俗亲生父母的迷恋和依赖。因为成年礼往往含有"青年男女被迫与（亲生）父母分离"（这种分离可以由仪式来复演）。这样，新的社员、战士，才能真正融入集体，忠实于部落或群团以及它们的神（由祖先或酋长、巫师来代表）。"在儿童世界出现这种分离时，最初的父母原型就会被破坏。这一破坏必须以与集体生活同化来治愈和改善（集体和个体的同一化，通常以图腾动物为象征）。因此，集体完成了被破坏的原型的要求，而且，成为年轻人第一次被象征地做为牺牲品的再生父母，只是为了在新生活中再出现"[①]。同时，跟新的再生父母同步神化的酋长（如帝喾）更加巩固了在群团特别是群团新成员中的地位。假如这个群团、部落或酋邦能够壮大为国家，那么它的王或君主便可能进入历史。

[①]［瑞士］约瑟夫·汉德逊：《古代神话与现代人》，见［瑞士］卡尔·荣格等：《人类及其象征》，张举文、荣文库译，辽宁教育出版社，1988年，第109页。

第四章　世界性的弃子故事及其类型

一、从东夷到南苗的物异性弃子

卵生儿种种已在鸟族英雄里介绍，这里着重于该系的弃子。《诗·大雅·生民》等文献所记载的周弃或后稷，是中国也是世界最典型的弃子英雄。它的殊异之处在受孕的独特（感迹而生）以及由它所引起的一连串丢弃与回收的仪式性行为。它的影响可能还广见于亚洲东部和东南部。

与后稷格位相当的吞卵而生的殷商开国祖先契，没有被弃的事迹。这是中国太阳文化精英而不兼为弃子英雄的一个例外。这可能跟契本身的事迹极少得到保存有关。或者可以进一步证明，他们原属两大文化系统而互不相伴。但是，东夷集群里的许多射手英雄都是弃子，这就不能归因于他们接受周弃影响，而应该承认：夷人集群原先也有弃子英雄，只是后来在故事情节或因子上受了周弃事迹的某种感染罢了。现在来看夷人集群的弃子。

［徐族］　徐偃王

晋张华《博物志·异闻》引《徐偃王志》云："徐君宫人娠而生卵，以为不祥，弃之水滨。独孤母有犬名鹄苍，猎于水滨，得所弃卵，衔以东归。独孤母以为异，覆暖之，遂鲋成儿，生时正偃，故以为名。徐君宫中闻之，乃更录取。长而仁智，袭君徐国。后鹄苍临死生角而九尾，实黄龙也。偃王又葬之徐界中，今见狗垄。"

又《搜神记》亦载其事，而较略："古徐国宫人，娠而生卵，以为不祥，弃之水滨。有犬名'鹄苍'，衔卵以归，遂生儿，为徐嗣君。后鹄苍临死，生角而九尾，实黄龙也。葬之徐里中。见有狗垄在焉。"事并见《水经注》卷八引刘成国《徐州地理志》。

古代"匽""燕"同字，偃王就是燕子王，就好像商代开国祖先，其母简狄吞卵而生之的契称玄王，就是鸟蛋王、玄鸟王一样。如前所说，鸟族英雄后羿也"偃姓"。秦的始祖大业也是其母吞燕卵而生的，所以姓嬴，嬴、偃、燕一音之转，他们都是燕子王。这是东方崇拜鸟图腾的夷人集群共同的溯源神话。

从其事迹来看，徐偃王是卵生的射手英雄，这是他的主要特征。但被弃于水滨而又得到龙犬的救护，则似后稷式的图腾鉴别。他的性质多少是复合的，因为九尾而有角的龙犬的出现、狗的衔卵，很像南方犬图腾的英雄故事，不得不让人想起槃瓠族的犬王。可能是东方的传说影响了南方（槃瓠卵生而被弃的记载是比较少的），徐偃王故事以特别的方式"变态"为南方苗人集群的槃瓠故事里的卵生（槃瓠－神犬传说本身是在亚洲东南部独立生长起来的）。

[苗族] 槃瓠

唐樊绰《蛮书》卷二："按王通明《广异记》云，高辛时人家生一犬初如小特。主怪之，弃于道下，七日不死，禽兽乳之，其形继日而大，主人复收之。当初弃道下之时以盘盛叶覆之，因以为瑞，遂献于帝，以槃瓠为名也。后立功，啮得戎寇吴将军头，帝妻以公主，封槃瓠为定边侯。公主分娩七块肉，割之有七男。长大各认一姓，今巴东姓田、雷、冉、向、蒙、文、叔孙氏也。"①

据说，槃瓠传说发生地区还保存着这位"犬王"的皮毛和骨殖。有人认为，这是东南亚文化区洗骨葬的神话表现②，而且是太平洋文化区犬图腾崇拜及犬祭的一个有机内容。③ 还要注意，槃瓠实在也是个卵生儿，槃瓠身化宇宙的故事是跟宇宙卵神话紧紧联系在一起的。④

槃瓠故事，见于《后汉书·南蛮传》《搜神记》等，诸书多无明确的捐弃、兽乳、被收的情节，这可能是后人的牵合增饰（以"盘壶""壶"释"槃瓠"名字便是明显的附会而极似一种语言疾病），但也可能是某系槃瓠传说原有的一项古老内容，或者是因为与长江以北的集团发生交往而增生。这有待进一步证实。至于其图腾主义色彩，则固不待言。

这还有一个很有力的证明。刘锡蕃《岭表纪蛮》中记录瑶族的一个传说：他们的始祖，生下不到十天，父母双亡，家养的母狗为他哺乳，雄犬替他驱兽，"儿有鞠育，竟得生长；娶妻生子，支裔日繁"⑤。江应梁也记录了广西瑶族的相

---

① 樊绰：《蛮书校注》，向达校注，中华书局，1962年，第256页。
② 参见凌纯声：《中国边疆民族与环太平洋文化》（上册），联经出版事业公司，1979年，第777页。
③ 参见凌纯声：《中国边疆民族与环太平洋文化》（上册），联经出版事业公司，1979年，第759页。
④ 参见萧兵：《楚辞与神话》，江苏古籍出版社，1987年，"十一、女娲考"。
⑤ 刘锡蕃：《岭表纪蛮》，商务印书馆，1934年，第82页。

同故事:"这生未十日的小孩,竟由二犬的养育而长成。"① 这显然跟"牛羊腓字之"一样是图腾的救护与哺育,亦与《蛮书》所说"禽兽乳之"相合。实际上,瑶族还有槃瓠被放逐的传说。据江应梁记录,神犬为皇帝治毒疮得娶公主以后,"帝乃用大船一只,满载粮食,载公主与狗于其中,放之海中,任其所之"②。这显然是漂流型弃逐的变形,其事衍化纷繁,而结构则隐蔽而确定。现代瑶族还广泛流行以龙犬为主角的《盘王的传说》③,可惜没有看到盘王被弃与犬乳的记录。

陈志良已注意到槃瓠故事与徐偃王事迹的相似乃至相关联。"据孔令谷先生研究之结果,狗图腾是龙图腾中分出来的,这话很对。所以槃瓠是条狗,但名'龙期'(何联奎的记录及故事节目),与龙有关;又称'龙犬',则龙与犬混杂不分;又称'龙孟'(《狗皇歌》),孟通猛,当为凶猛的龙;更称为龙,金龙(史图博的记录),则直认犬为龙了。《路史》引《地理坤鉴》云:'盘古龙首人身。'而何联奎在《畲民的图腾崇拜》一文后的附图,槃瓠的头,就是龙头。而东方的徐国传说:以为徐偃王的得生,由于鹄苍犬,此犬乃黄龙所化。"④ 以犬为龙,或龙可化犬,乃是两支图腾故事的融合。但弃儿-犬乳式的槃瓠故事,显然与前引徐偃王故事同型。弃儿-犬乳和犬图腾的救护像一座桥把东方和南方的传说再次连接了起来。从整体看,犬应在其先称。龙犬等是一种尊化或捏合。

[拉祜族] 札依

拉祜族传说,娜依为了寻找失散的丈夫,不得不狠心"将熟睡的孩子放在石头旮旯里",天神札帕派天狗下界,照看这个叫作札依的孩子,并且用乳水奶他⑤——这分明是个被弃的狗孩,并且暗含着狗图腾崇拜的机制,与槃瓠故事趋同。

如上文所说,亚洲东南部的一些卵生弃儿故事,也可能自槃瓠-偃王卵生故事集合或杂交。例如,前引《太平广记·陈义》说陈氏在雷雨晦冥之中得

---

① 参见江应梁:《苗黎传说中狗的崇拜》,载《古代文化》1937年第21期。
② 参见江应梁:《苗黎传说中狗的崇拜》,载《古代文化》1937年第21期。
③ 参见《盘王的传说》,见苏胜兴、刘保元、韦文俊等:《瑶族民间故事选》,上海文艺出版社,1980年,第1—9页。
④ 陈志良:《槃瓠神话与图腾崇拜》,载《说文月刊》1940年第2卷第4期。
⑤ 参见谷德明:《中国少数民族神话选》,西北民族学院研究所,1983年,第445页。

"大卵，覆之数月，有婴儿出焉"，后来，像许多弃儿故事里动物哺乳情节那样，雷入其户中，"就于儿所，似若乳哺者"。而在民间传说里，却是"九耳猎狗"扒地而得大卵，"卵裂而得一儿"，长为名将。① 这又跟徐偃王故事奇似。

越南古籍《岭南摭怪·列传》云，貉龙君与帝宜爱妾妪姬交合，"期年而生一胞，以为不祥，而弃诸原野"，则有明确的丢弃关目。后来胞出百卵，一卵一男，俱皆智勇。这可能也属于槃瓠式卵生的南方祖先传说系统。

不但槃瓠，就连伏羲、女娲等洪水遗民传说里所生下的胎儿（尤其是卵形物）都可能被丢弃。例如，徐华龙认为，动植物形的异胎被丢弃，在得救或收养后又长成俊美的男女，是中国西南少数民族弃子故事的重要内容。"它的原始要素已淹没在神奇故事中，不过，只要仔细地观察一下，也还不难发现"②，像各式各样的青蛙孩子、瓜果仔、蛋形儿等等，都包含着丢弃—救助—蜕变这种弃子英雄故事必要的关目。这确实是一种潜在型的弃子英雄故事。徐华龙试图把洪水遗民、兄妹成婚生下瓜卵形怪胎的常见故事与弃子习俗结合起来考察，认为"这类弃子神话中所说的肉球，并非真的现实生活里的肉球，而是一种隐喻性的东西，犹如神话中所说及的葫芦、冬瓜孕育人类一样。在这里，肉球象征着兄妹婚后所生的儿子。神话中说的剁肉球，是弃子最原始的消灭肉体的方式之一"③。这是个颇富启迪的创见。兄妹触犯伦理禁忌以后所生下的怪胎，往往必须加以破坏性处理，这确实是最广义的丢弃。但是，只有具备丢弃—救助这样从考验到成功的一系列必要关目，才是以一种典型的弃子英雄传说，才能进入我们的比较系列。

这样，从卵生或果生看，还可以举出一例。

[白族] 绿桃少年

大理白族民间传说，绿桃村有龙母，"在古代的某一天，她去山中砍柴，看见一个绿桃，她摘了下来，吞下喉去，就有孕了，生下一个男孩。她把他抛在山中，不久去看，孩子已长大了，原来有一条大蛇，衔食物哺养他。她把小孩

---

① 参见洪钟璧：《雷祖陈文玉公故事》，载《民俗》1929年第47期，第19页。
② 徐华龙：《西南少数民族弃子神话研究》，见田兵、陈立浩编：《中国少数民族神话论文集》，广西民族出版社，1984年，第173—174页。
③ 徐华龙：《西南少数民族弃子神话研究》，见田兵、陈立浩编：《中国少数民族神话论文集》，广西民族出版社，1984年，第175页。

收了回来。"① 这也是把简狄、商契型的吞卵生子型故事和姜原、周弃型的履迹弃子型故事融为一体的感生传说，基本属物异 - 山野型。蛇的哺养，又暗示这绿桃少年与蛇图腾祖先有血缘关系，有如尼支呷洛吃龙蛇的奶长大。所以，这孩子在偷穿龙袍之后，变成了一条黄龙（蛇的尊化），勇斗黑龙，为人民平息了洪水，他自己则变为小蛇，人民建大理神祠祀奉他。② 白族民间故事《小黄龙和大黑龙》也歌颂了他的神迹。③

还有一种异文，除了说这孩子被"丢到深山里"，有一条大蛇"盘在树上，含着食物，垂下头来喂养这个娃娃"之外，还写了他三四天后，已"长得像两三个月那样大"，不到三年，就长成十一二岁的样子，他割过草的地方，第二天便会长出草来（这表示他带有谷神性）。他还用仙草为龙王治病，戏穿龙袍，才变成了龙。④ 每遇龙母生日，他就回绿桃村拜寿，届时就会下雨。可见他以水神格而施雨，而"五月五日那天，海边有红灯向绿桃村远远地漂浮过来，那是黄龙来看他的妈妈了，海水也就随着红灯上来。这时，乡亲们就会说：'龙王来绿桃村拜寿，快栽秧了。'"⑤ 他又成催耕的农神了。

还有像杨梅仔、椰子儿一类微型婴儿，也有粘附上弃子事迹的，具体情况如下。

[黎族] 椰子壳

黎族故事《椰子壳》说，有母生五子，前四个都漂亮、健全，"第五个孩子生下来却是个椰子壳，没有脚，没有手，走起路来打翻滚。母亲讨厌他，把他当作废物丢进大河去。椰子壳随波漂流，后来被一个农民捡到了"⑥。这显然属漂流型，而其事迹、形象却与杨梅仔、绿桃少年、桃太郎等颇为相似。以后从椰子壳里跳出来一个漂亮青年，为农夫操劳，并和他的女儿结了婚。⑦ 这似乎又是螺蛳姑娘故事的一个"变态"（性别转换）。

与后羿、后稷尤为相像的有彝族创世英雄尼支呷洛。

---

① 徐嘉瑞：《大理古代文化史稿》，中华书局，1978年，第203页。
② 参见徐嘉瑞：《大理古代文化史稿》，中华书局，1978年，第203页。
③《小黄龙和大黑龙》，见贾芝、孙剑冰编：《中国民间故事选》（第1集），人民文学出版社，1958年，第443—447页。
④ 参见大理白族自治州文化局编：《白族民间故事选》，上海文艺出版社，1984年，第130—132页。
⑤ 大理白族自治州文化局编：《白族民间故事选》，上海文艺出版社，1984年，第132页。
⑥ 广东民族学院中文系编：《黎族民间故事选》，上海文艺出版社，1983年，第113页。
⑦ 广东民族学院中文系编：《黎族民间故事选》，上海文艺出版社，1983年，第113—115页。

[彝族] 尼支呷洛

彝族传说祖先神、创造万物的巨人尼支呷洛的母亲，是蒲么列日女神，"一支神鹰在掠过她的头顶时，掉了一滴血在她身上"，遂致孕而生尼支呷洛。这分明是鸟图腾之授孕。女神把尼支呷洛丢弃在石缝里（石缝是女阴的象征），他却吃着石缝里的青苔露水而成长为文化英雄。① 他跟朱蒙、后稷、赫拉克勒斯等一样是神箭手，像后羿那样射下天上多余的六个太阳、六个月亮。他首先是太阳鸟族英雄。

尼支呷洛或称支格阿龙。另一种记录为："传说他的母亲有天在屋檐下织布，忽然天空飞来一只岩鹰，滴了一滴血在她的裙子上，后来，她怀了孕，生了支格阿龙。支格阿龙生下来，一年不吃妈妈的奶，两年不和妈妈睡在一起，三年不听妈妈的话。妈妈想：这一定是个怪物，我不能留他。她把他扔在山沟里去了。小孩在山沟里天天和蛇住在一起，一住住了三年。"② 这就暗示他又是由蛇娘带大的。

四川凉山彝文长诗《勒俄特衣》，叙述支格阿龙的诞生，是因为"龙鹰掉下三滴血，落在蒲莫列衣的身上"③；他生后第一夜"不肯吃母乳"，第二夜"不肯同母睡"，第三夜"不肯穿母衣"。于是被"说是一个凶煞儿"，被母抛到岩下去"。④ 那里是龙的住所，支格阿龙懂龙话，自称也是一条龙。"饿时吃龙饭，渴时吃龙乳，冷时穿龙衣。"⑤ 说明他是龙（蛇之尊化）的后裔，由龙养大。

[彝族] 糠宝

支格阿龙或尼支呷咯，在云南滇池地区更名为糠宝。

萨咪（即撒梅，彝族支系）故事说，三姑娘丽丽因为在土主庙里嬉戏，梦见男神与她媾合致孕，生下阿龙。同样第一夜不吃母乳，第二夜不随母睡，第三天"爬起来走路"。外公把他埋在糠里（丢弃的戏剧化），五天后却发现他在打呼噜，于是准备将此孽种丢到山沟里喂豺狗。走到龙潭边，雷响处，"一条有

---

① 《创造万物的巨人尼支呷洛》，见贾芝、孙剑冰编：《中国民间故事选》（第1集），作家出版社，1958年，第363页。
② 李德君、陶学良编：《彝族民间故事选》，上海文艺出版社，1981年，第1页。
③ 《凉山彝族奴隶制》编写组：《凉山彝文资料选译》（1），1978年，第42页。
④ 《凉山彝族奴隶制》编写组：《凉山彝文资料选译》（1），1978年，第45页。
⑤ 《凉山彝族奴隶制》编写组：《凉山彝文资料选译》（1），1978年，第45页。

鳞片的大蛇拦住去路"，只好把他扔下。"龙潭里住着一条母龙，它从水面伸出头来，变成一只山羊，把小孩叼进草丛中，用羊奶喂他。"① 阿龙吃龙羊奶长大，"能听懂龙说的话"，逐渐成长为除害英雄。

东方鸟族卵生的弃子英雄还有天王郎和河伯长女所生的朱蒙。

[高句丽] 朱蒙

《好大王碑》已述北夫余始祖邹牟（朱蒙）感生之异："始祖邹牟王之建基也，出自北夫余天帝之子，母河伯女郎，刮（剖）卵降出。"而未见丢弃事。邹牟即朱蒙，亦称东蒙，转为东明、朱明。其事迹实皆出一人，合观各书可知，有以为二人而分述之（如《隋书》），则传说分化之例也。

汉王充《论衡·吉验》述东明感气而生被弃事："北夷橐离国王，侍婢有娠，王欲杀之。婢对曰：'有气大如鸡子，从天而下，我故有娠。'后产子，捐于猪溷中，猪以口气嘘之，不死；复徙置马栏中，欲使马藉杀之，马复以口气嘘之，不死。王疑以为天子也，令其母收取，奴畜之，名东明，令牧牛马。"此明确为弃儿。虽未明说其为太阳之子，但所谓"有气如鸡子"，实日光之异变。《后汉书·东夷传·扶余》《梁书·高句丽传》《三国志·魏书·东夷传·夫余》《隋书·东夷·百济传》《搜神记》所叙，俱称东明，事迹基本相同。《魏书·高句丽传》述朱蒙事，明确其为河伯外孙，太阳赐孕而生。"高句丽者，出于夫余，自言先祖朱蒙。朱蒙母河伯女，为夫余王闭于室中，为日所照，引身避之，日影又逐。既而有孕，生一卵，大如五升。夫余王弃之与犬，犬不食；弃之与豕，豕又不食；弃之于路，牛马避之；后弃之野，众鸟以毛茹之。夫余王割剖之，不能破，遂还其母。其母以物裹之，置于暖处。有一男破壳而出。及其长也，字之曰朱蒙。其俗言'朱蒙'者，善射也。"这里已经将东明被弃事迹综合了进来，可见朱蒙、东明原系一人之分化。《北史·东夷传·高句丽》《周书·异域传·高丽》《隋书·东夷·高丽传》皆称，朱蒙有太阳赐孕神迹，母为河伯女，卵生，与《好大王碑》所载"母河伯女郎，刮（剖）卵降出"全合。朱蒙、邹牟一声之转。事属高丽（或高句丽），朱蒙（邹牟）出于夫余（或北夫余）。其被弃事，则与东明一致。这是一个相当完全的弃子-射手英雄：太阳赐孕、卵生、鸟图腾。一方面它保存了契-昭明-羿某些失落的事迹；另一方面从屡弃屡收的图腾考验仪式来看，它又分明蒙受后稷的强大影响。它是几个系

---

① 张福：《彝族古代文化史》，云南教育出版社，1999年，第572页。

统的弃子故事的中介或联结点。

金毓黻引《魏书》并指出，这是高句丽最古老的传说，东明、朱蒙实一人。

> 按：《魏略》及《后汉书·东夷传》，载夫余国先祖东明之事，正与此同。东明音近朱蒙，当为一事。自其纪载之顺序言之，自宜从记载在前之《魏略》《后汉书》。然考晋末所立之高句骊好大王碑，所记悉同《魏书》，此必为高句骊最古之传说。且《三国·魏志·东夷传》，亦谓东夷旧语，以高句骊为夫余别种。是知二者必有一误，又以后说为可信也。①

那珂通世则云，诸书多以东明为夫余国之始祖，实则系夫余国之亡人，乃高句丽国之始祖。但他又说，朱蒙与东明同为一人，两个传说实是一个。② 这话却是不错的。

传闻异辞，民谭常见，东明、朱蒙应出于同源，故事古老而可靠，殆可无疑。

朱云影却认为，东明与朱明传说，本属二事："前者反映扶余族自北方南下建国，后者则反映高句丽族自我东北更南迁入朝鲜建国。"③ 从传说学角度看，实在很难说二者有多大区别。但朱先生也承认，它们共属东夷（或东北夷）创世开国传说范围。"我东北及渤海沿岸，自古普遍流行卵生的传说（下举《诗·玄鸟》及《满洲源流考》等资料为例）。《李相国文集》中收有东明王篇长诗，注明东明之母河伯女本有三人，名叫柳花、萱花、苇花，当系据古老传说，此尤与满族三天女传说相酷似。"④ 也确实应该把东北夷的始祖神话作为一个子系统纳入东夷文化的母系统，并以西北方夏人后裔周人的弃子故事为参照系进行考察，才能够给出其本质联系和内在的意义。

后羿

以后稷－朱蒙故事为样板，我们就可以来谈东夷射手英雄后羿。《太平御览》引《括地图》："羿年五岁，父母与入山，其母处之大树下，待蝉鸣还欲取

---

① 金毓黻：《东北通史》（上编），五十年代出版社，1944年，第29页。
② [日] 那珂通世：《外交绎史·高句丽考》，见《那珂通世遗书》，大日本图书株式会社，1915年，第99页。参见朱云影：《中国文化对日韩越的影响·中国文化对日韩越开国传说的影响》，黎明文化事业公司，1981年。
③ 朱云影：《中国文化对日韩越的影响》，黎明文化事业公司，1981年，第333页。
④ 朱云影：《中国文化对日韩越的影响》，黎明文化事业公司，1981年，第333页。

之。群蝉俱鸣，遂捐去。羿为山间所养。羿年少，能习弓矢，仰天叹曰：我将射远方，矢至吾门止。因捍即射，矢摩地截草径至羿门，随矢去。"

宋罗泌《路史·后纪·夷羿传》也说他"五岁得法于山中"。宋罗苹注引《括地象》云："羿五岁，父母与之入山，以待蝉鸣，还欲取之，而群蝉俱鸣，遂捐而去。羿为山间所养。年二十，习于弓矢。仰天叹曰：'我将射四方，矢至吾门止。'因捍即射，矢靡地截草，径至羿之门。乃随矢去。"

此与前引《括地图》略同。这就是说，后羿也曾被弃于山中。这个故事民间色彩颇强，比较古朴，而又有些奇突，不会纯属后人假托。《吴越春秋》云："楚有弧父。弧父者，生于楚之荆山，生不见父母。为儿之时，习用弓矢，所射无脱，以其道传于羿。"此言"生不见父母"，已暗寓"少嚳散亡"乃至被弃之事。弧父疑为弓之人格化，系弓神，作为名射手，他跟后羿传说最可能发生转移或互换。所谓"为儿之时，习用弓矢"，即后羿之"五岁得法于山中"也。只是苦于某些细节还疑莫能明，例如捐弃与蝉鸣到底有什么关系。

程憬也注意到，这里暗藏一个被弃的关目："古传后稷是姜原和上帝所生的，后启是大禹之妻涂山氏化石而生的。后羿和他们一样也是天降的人物，《天问》曾说：'帝降夷羿'；由此推想后羿的降生，在古代亦必有其故事的。据《括地象》记……这和《诗》所说后稷为母所弃，'置之寒冰，鸟覆翼之'，不是性质同样的故事吗？大约《括地象》所记当为古昔相传的羿的降生故事之一种残迹。"①

后羿的西方同格神赫拉克勒斯，不但曾被弃于野外，幼时还因为凶猛打死了老师，被养父放逐到喀泰戎山去，而亦为山间所养，简直像人猿泰山②。

满族也属于古东北夷文化系统，始祖也由神鸟赐果感生。按照上述故事的启示，也可以发现漂流型的弃子。

[满族] 布库里雍顺

满族有和"天命玄鸟，降而生商"类似的天鹅处女兼吞卵生子型的祖先传说，显然属于东方夷人集群的系统。《东华录·天命》《清开国方略》《清太祖皇帝实录》等书俱称三天女浴于长白山下布尔湖里池中，有神鹊衔朱果置季女

---

① 程憬：《后羿与赫克利斯的比较》，载《国立中央大学文史哲季刊》1943年第1卷第2期，第140页。
② [西班牙] 卡洛斯·纳达尔·加亚编：《世界各国神话与传说》，齐明山译，中国民间文艺出版社，1985年，第363页。

佛库伦衣，女吞果有身，寻产一男。"及长，天女告以故。因赐姓爱新觉罗，名之曰布库里雍顺。与之小舠，顺流至长白山东南鄂谟辉之地。有三姓争雄长，见布库里雍顺自称为天女所生，以为天生圣人，遂推为主，奉为贝勒。居长白山鄂多哩城，建号满洲。"（《满洲源流考·部族》引《发祥世纪》）《东华录·天命》则说："与小舠乘之。母遂凌空去。乘舠顺流下，至河步，登岸。折柳枝及蒿为坐具，端坐其上。"后为取水步河者所见，归告争雄长之三姓，共推为主。《满洲实录》这一段记载大意是："她（佛古伦）把他的降生经过详细地讲给儿子后，便给了他一条船，对他说：'你乘船顺水去吧！'说完，她就升上天去了。这个男孩乘船顺水而下，来到一个人们取水的渡口边。他上了岸，用柳条编了一个凳子形状的东西，坐在上面。"① 美国学者斯蒂芬·杜兰特也认为，这里包括一个弃儿故事："一个日后成为英雄的人在出生后被抛弃的故事（类似于摩西的故事）在远东的文学中是很常见的。在《史记》记载中最早的一个例子是周朝建立者出生后的经历。他一出生就被母亲抛弃，但近乎离奇地被许多动物抚养活了。见《诗经》P. 241 - 242（纽约，格罗出版社，1960 年版）。在夏威夷大学莱瑞·福斯特教授目前正在编写的《中国六朝文学》一书的作品主题索引中，有八个相似于摩西类故事的例子。相同类型的故事在中亚史诗《盖萨》中也能找到（见于亚历山大·戴维尼尔与秧丹喇嘛合写的《凌人盖萨非凡的一生》。纽约，克劳德·坎塞尔，1934）。"② 之所以没有明确的丢弃记录，可能是因为文明程度提高以后做了讳饰。天女生子后，与小舠乘之，顺流而下，到岸竟窘至以柳、蒿为坐具，这不分明是一种遗弃吗？乘船浮水事与摩西、萨尔贡、居鲁士、珀耳修斯等被置于箱、弃于水基本上是同型的。他也是一个江流儿啊。这虽然是一种漂流型的准弃儿故事，但因为属于东夷鸟族弃子序列，所以叙述于此。

这则传说至今还在满族人民中间流传。"与小舠乘之"的情节符合当地的民间风习："佛古伦在山上扒下了桦树皮，给儿子做了一只小桦皮船，把儿子放到小船里，又给他采些果子，还有鲜花，然后把船轻轻地放到水上，就把她怎么怀孕怎样生的，都告诉了孩子。她说：'这是天意，愿上天保佑你，平安地长大

---

① [美] 斯蒂芬·杜兰特：《满族起源神话故事中的重复现象》，胡冬朵译，载《民族译丛》1982 年第 6 期。
② [美] 斯蒂芬·杜兰特：《满族起源神话故事中的重复现象》，胡冬朵译，载《民族译丛》1982 年第 6 期。

去做一番事吧！'"① 另一则传说《布库里雍顺》与之大同小异。②

满族故事《天女浴躬池》将天鹅处女型改造为天狼星偷走佛库伦（佛古伦）之衣，白发老人授以"桦木小排筏"；佛库伦吞下喜鹊衔来之果，得孕生儿后："她让孩子坐在那个小排筏上，把弓箭放在孩子身边，然后对孩子说：'让额娘金子一般明亮纯洁的心，做你的姓吧，记住，你就姓爱新（满语'金子'）觉罗。你生在布库里山下，布库里雍顺就是你的名字。带着额娘的弓箭，你去寻找一个吉祥地方落脚吧。额娘在这里盼望着你早日长大，为人间除害造福。'说完，把小排筏向上一托，这小桦木排筏，在空中由五色祥云围绕着，忽忽悠悠地向北飘去。飘呀飘，飘到一个大山岭里，落到了虎尔哈河（即牡丹江，满语'围网'）上，顺水又流到鄂多哩城。"③ 这种从空中到水面的飘浮，显然象征他被弃后漂泊无定、寻找新地的艰难生活。最后，天女自己则化为长白松，即美人松。布库里雍顺带着她的弓箭，落在虎尔哈河（今牡丹江）上，漂流到鄂多哩城（敖东），为城主收养、招赘，平息三姓战乱，成了满族始祖。④ 寻找到圣地之后，他当然便由弃子成为新王（部落联盟的建立者或邦酋）。

后来满族罕王、清太祖努尔哈亦，也承袭了他先祖的出生传说，也讲"三个仙女在长白山天池洗澡，天鹅把一颗红果投到三仙女的衣服上。三仙女吞后生一男孩，她把这孩子放在木排上，顺江漂流而下。下游有两个妇女在河边洗衣，其中一个姓王的尚未生育，见漂来一男孩，便用镐头搭上岸收养起来。因是用镐头搭上来的，便起名叫王镐。"⑤ 其丢弃（漂流）和收养的关目更加明确。

拉施特《史集》说，蒙古第三代祖先塔马察有五子。长子豁里察儿篾儿干继承王位。"据传，仿佛他的其余四个儿子想离开自己的营地（maqām）与地方到别的地区去。途中有一条河的支流流过。他们便拣了许多枯枝，编了一只我国［伊朗］称做'客列克'（kalak）的类似筏子的［东西］，坐在上面，渡过河进入到别的地区。据说，朵儿边部就起源于他们的氏族。"⑥ 这里便包含着以船筏为逃亡工具并可以建立新地、创建部落的观念。

---

① 隋书金：《东北少数民族民间故事选》，春风文艺出版社，1982年，第104页。
②《满族民间故事选》（第1集），春风文艺出版社，1981年，第4页。
③ 乌丙安、李文刚、俞智先等编：《满族民间故事选》，上海文艺出版社，1983年，第59页。
④ 参见汪玢玲：《天鹅处女型故事研究概观》，载《民间文学论坛》1983年第1期。
⑤ 金洪汉：《罕王传说与民族意识》，载《民间文学论坛》1986年第4期。
⑥ ［波斯］拉施特主编：《史集》（第1卷第2分册），余大钧、周建奇译，商务印书馆，1983年，第6—7页。

我们很快就会看到，类似的弃子故事是世界性的，这种弃子故事可以粗疏地分为两大类型：漂流型和物异型（或者说河海型和山野型，后稷为二者综合型）。它们有时独立，有时有交集，却大都体现着英雄和世界的诞生、成长、危机、死亡和重生。许多弃子英雄一生的经历，还跟太阳（或日月）的运行同步。

法国宗教学家沃尔内和杜毕伊说，古代宗教所崇奉之神祇与英雄，"无一不是日、月以及其他天体现象的化身"。

按照荣格与弗莱的原型批评理论，英雄的生命历程不但跟植物的萌长枯荣相对应（根据丁山、杨公骥等的学说，后稷被弃是播种与萌长的寓言），而且跟四季的循环变换同节拍，而四季的变换是与太阳的运动相当的，弃子英雄们，从赫拉克勒斯、后羿到后稷常常被看作人间的小太阳，或者具有太阳（神）的某种性格。弗莱说：

> 一天日出、日落的循环，一年不同季节的循环，以及人的生命的有机循环，其中都具有同样意义的模式；依据这一模式，神话环绕某个形象（figure）构成了具有中心地位的叙述。①

这一形象，可以是最具典型性的太阳英雄、弃子后羿与赫拉克勒斯，并且兼及具有草木或禾稼特征的后稷。他们"一部分是太阳，一部分是茂盛的草木，一部分是神或原型的人"②。

这里讨论的是英雄的诞生与捐弃。

"黎明、春天和出生方面：关于英雄出生的神话，关于万物复苏的神话，关于创世的神话，以及关于黑暗、冬天和死亡这些力量的失败"③。这一组神话"四部曲"是对应的，却又不那么机械。诞生后的捐弃是重现死亡，但这是播下种子（种子死亡，却萌出新芽；英雄被救或经过考验后更健康地生存），连接着冬天与春天；又像太阳从地底或水中升起一样，兆示黑暗、冬天、死亡的失败。

这实质上象征着宇宙或宇宙生命的规律性运作或节奏性循环，以及它的更新与再生。数理哲学家怀特海在《数理导论》指出："整个大自然的生命都取决于周期性事件的存在。"英雄的生—死—再生就映写大自然生命这种周期性

---

① [加] 弗拉亥：《文学的若干原型》，庄海骅译，见伍蠡甫主编：《现代西方文论选》，上海译文出版社，1983年，第344—345页。
② [加] 弗拉亥：《文学的若干原型》，庄海骅译，见伍蠡甫主编：《现代西方文论选》，上海译文出版社，1983年，第345页。
③ [加] 弗拉亥：《文学的若干原型》，庄海骅译，见伍蠡甫主编：《现代西方文论选》，上海译文出版社，1983年，第345页。

运动。

汤因比已经认识到这一以弃儿的遭难—振兴为叙事框架的死亡—再生过程，具有（原始性）宇宙循环论性质。

> 这一个退隐和变容引导到荣耀和富有权力的复出的主题，可以表现在神秘主义的精神经验里，表现在植物界的物质生活里，也可以表现在人类的死亡和不朽的转变里，以及表现在从低等生物中创造出更高一级生物里。这显然是一个属于宇宙范围的主题；它为神话的最初形象提供了一个内容，它同时也是了解和表达普遍真理的一种直觉形式。①

易言之，宇宙——生命宇宙的宇宙生命——也跟弃子一样经历着死亡（遭弃）—再生的过程，通过凤凰涅槃般的焚烧、锻炼，蜕变出更为新鲜与美丽的生命，实现着永恒回归或永久循环（eternal return）。弗莱揭示：

> 神的世界中核心的过程或运动是某一个神的死亡与复活，消失与回收，隐退与重现（按：这就是汤因比所谓的"隐退与复出"）。……由此而联想到自然界的循环过程。②

联系上述"中心形象"之太阳（弃子）影响，可见"这个神可以是太阳神（即阿波罗、后羿、赫拉克勒斯），夜晚死去（捐弃）而黎明重生（复出），或是在每年的冬至重生一次。这个神也可以是植物神（后稷、阿多尼斯），秋天枯萎而死，春来又重新复生"。③ 其间反复回响着的动机或母题便是人（原型之人）、神（自然或宇宙）的生—死—生，或者说复活或永生。

二、北亚的弃儿和狼图腾机制

中国北方民族祖源传说里也有类似关目。我们就可以从东北夷文化的展延区伸入北亚草原地带，考察那里更为隐蔽简略的弃子祖先英雄故事，再结合前述"天光感孕"传说，把从北亚到中亚草原的以犬狼为图腾的准太阳神文化和天降神裔故事组合为一个系统，从而发现这一独具特色的草原骑射游牧文化的整体性和交叉性。

---

① ［英］汤因比：《历史研究》（上册），曹未风译，上海人民出版社，1986年，第280页。
② ［加］N. 弗莱：《原型批评：神话理论》，见叶舒宪选编：《神话-原型批评》，陕西师范大学出版社，1987年，第192页。
③ ［加］N. 弗莱：《原型批评：神话理论》，见叶舒宪选编：《神话-原型批评》，陕西师范大学出版社，1987年，第192页。文中括号为作者所加。——笔者

中国文献里最有名的北方弃儿有两位。

（1）［乌孙］昆莫。《史记·大宛列传》："闻乌孙王号昆莫，昆莫之父，匈奴西边小国也。匈奴攻杀其父，而昆莫生，弃于野，乌嗛肉蜚其上，狼往乳之。单于怪以为神，而收长之。"《汉书·张骞传》："大月氏攻杀（乌孙）难兜靡，夺其地，人民亡走匈奴。子昆莫新生，傅父布就翎侯抱亡置草中，为求食，还，见狼乳之，又乌衔肉翔其旁，以为神，遂持归匈奴，单于爱养之。及壮，以其父民众与昆莫，使将兵，数有功。"这多少经过了合理化。

这位弃子是在民族斗争兵荒马乱之际被丢弃的，不因其诞生之神异，本不是典型的弃儿，但狼乳、乌哺证明，它有这一类型故事里最重要的环节：动物之救护。狼的哺乳，本是狼孩传说的神化，但如果置之于整个中亚－北亚－西亚游牧地带的犬狼图腾文化序列，就可以发现这也是个狼图腾救子的故事。而乌的衔肉，则是另一系传说的羼入。如果考虑到这是中国文献记载的话，恐怕也不能排除后稷故事的影响（还有人说它与罗马始祖传说有关，详后）。

（2）［突厥］阿史那父。《隋书·突厥传》："或云，其先国于西海之上，为邻国所灭，男女无少长尽杀之。至一儿，不忍杀，刖足断臂，弃于大泽中，有一牝狼，每衔肉至其所，此儿因食之，得以不死。其后遂与狼交，狼有孕焉。"这个弃儿"与狼交，狼有孕焉"，明确为图腾交配传说。由狼妻生子，则证明其尚处母系氏族社会。《隋书》又说："彼邻国者，复令人杀此儿，而狼在其侧，使者将杀之，其狼若为神所凭，欻然至于海东，止于山上。其山在高昌西北，下有洞穴，狼入其中，遇得平壤茂草，地方二百余里。其后，狼生十男。其一姓阿史那氏，最贤，遂为君长，故牙门建狼头纛，示不忘本也。"如此说来，这只图腾狼竟又成保护族裔的神母兼引导兽。

"阿史那"，或说古代译例，首音"阿"被看作词头，可省，"史那"音近蒙古语的"赤那"，义即"狼"。此说为塞诺等专家所极力反对。或说，"阿史那"应即古塞语Asāna的音译，义为"价值"，引申为"高贵"，如狄仁杰所语，为"阴山贵种"。其语近印欧语系东伊朗语支。① 白鸟库吉认为，"阿史那"音近土耳其语 Ašin，它本身就是具有"跳跃"之义，与上述事迹相符，盖以功业命名。但他又认为"阿史那"（Ašina）可能是"乌孙"（Ašn, Ašän）的"同意

---

① 参见刘义棠：《维吾尔研究》，正中书局，1977 年，第 34 页。

异译"①。而苏联学者古利休都尼（Klyaštorny）则认为阿史那"可能与塞语之 āsāna（有价值的、名门的、高贵的）等语有关"②。薛宗正说近之。

《周书·异域下·突厥传》还记载了另一种传说："或云突厥之先出于索国，在匈奴之北。其部落大人曰阿谤步，兄弟七十人，其一曰伊质泥师都，狼所生也。……既别感异气，能征召风雨。娶二妻，云是夏神、冬神之女也。一孕而生四男。"此虽与前述有异，但"狼所生也"，仍然表示他们是狼图腾的后裔。正如马长寿所指出："突厥远祖'伊质泥师都，狼所生也'，与此说（指阿史那氏）一儿'长与狼合……'虽不合，然其因与以狼为图腾之女相配，乃以狼为图腾，则不相抵触。"③

"索国"，薛宗正《突厥史》认为就是《史记》《汉书》说的塞种（Sacae, Saka，粗疏地说，就是斯基泰东支）。《北史·突厥传》说："突厥者，其先居西海之右，独为部落，盖匈奴之别种也。姓阿史那氏。后为邻国所破，尽灭其族。有一儿，年且十岁，兵人见其小，不忍杀之，乃刖足断其臂，弃草泽中。有牝狼以肉饵之，及长，与狼交合，遂有孕焉。……遂生十男。十男长，外托妻孕，其后，各为一姓，阿史那即其一也，最贤，遂为君长。故牙门建狼头纛，示不忘本也。"史学家列为"海右遗黎"的一类。

这证明突厥确实以狼为图腾。狼头纛则是其图腾标志、图腾旗帜。类似记载还见于成书较早的《周书·异域下·突厥传》："突厥者，盖匈奴之别种，姓阿史那氏。别为部落，后为邻国所破，尽灭其族。有一儿，年且十岁，兵人见其小，不忍杀之，乃刖其足，弃草泽中。有牝狼以肉饵之，及长，与狼合，遂有孕焉。彼王闻此儿尚在，重遣杀之。使者见狼在侧，并欲杀狼。狼遂逃于高昌国之北山。山有洞穴，穴内有平壤茂草，周回数百里，四面俱山。狼匿其中，遂生十男。十男长大，外托妻孕，其后各有一姓。阿史那即一也。"

高昌北山指的哪里？《北史·突厥传》云："于时若有神物，投狼于西海之东，落高昌国西北山。"俄罗斯学者俾丘林注："指阿尔泰山中央，楚河流经阿尔泰山西北部。"④ 薛宗正据《隋书·高昌传》高昌"北有赤石山，山北七十里

---

① 参见林恩显：《突厥文化及其对唐朝之影响》，见中华文化复兴运动推行委员会主编：《中国史学论文选集》（第1辑），幼狮文化事业公司，1983年，第474页。
② 参见林恩显：《突厥文化及其对唐朝之影响》，见中华文化复兴运动推行委员会主编：《中国史学论文选集》（第1辑），幼狮文化事业公司，1983年，第474页。
③ 马长寿：《突厥人和突厥汗国》，上海人民出版社，1957年，第6页。
④［俄］俾丘林：《俾丘林〈古代中亚各族资料汇编〉第一卷中对汉文史料所作注释摘录》，见［日］内田吟风等：《北方民族史与蒙古史译文集》，余大钧译，云南人民出版社，2003年，第312页。

贪汗（汗）山，夏有积雪，此山之北，铁勒界也"，以为即突厥祖先所藏匿处①。清李光廷《汉西域图考》以为即今吉木萨尔南山。松田寿男《突厥勃兴史论》是之，并且具体落实于今"水西沟"②。薛宗正认为，"所谓'洞穴'实指峡谷"③。但若相信狼故事，此地应有洞穴。

丹尼斯·塞诺特别强调见于前引《周书》卷五〇等处的"先窟信仰"。突厥先窟——显然是一种民族圣地——就在东突厥的领土上。《隋书》进一步证实了先窟的存在和每年一度的祭祀活动。《隋书》称："岁遣重臣向其先世所居之窟致祭焉。"伯希和（Pelliot）称："这个'先世所居之窟'就是突厥祖先与他的狼妻避难的地方。"④游牧民族常有这种先世曾居并供奉图腾圣兽的洞穴，原是母腹的象征，例如近年才发现的祭祀鹿祖先的鲜卑石室。他认为，狼祖先－先窟，已成为他们的官方神话，或突厥帝国国家宗教。

旗徽、护卫都称狼

这当然是图腾意识在语言里的残留。狼旗也是一种图腾徽识。《资治通鉴》卷一八三元寿十二年关于"狼头纛"史炤释文："突厥先为邻国所破，有一儿弃泽中，与狼交合，生十子，其一最贤者为君长，于牙门建狼头纛。"《新唐书·常山王李承乾传》："又好突厥言及所服。……张毡舍，造五狼头纛，分戟为阵，系幡旗，设穹庐自居。"这跟罗马军旗上的狼头图案不是一样的吗？

弗雷泽曾经指出，罗马军旗上绣着狼、马、野猪、牛头人身怪物等，本来就是各部落的图腾标识。⑤盛行狼人迷信的古代爱尔兰人也以狼头为徽识。

戴友苏更直截了当地把突厥和罗马的狼头纛联系在一起，以为其本是一事。"当我国北朝时代，大部分突厥（土耳其）族人，是受东罗马帝国统治的。……《北史》所称之'突厥'，当是东罗马帝国的突厥佣兵无疑……至于罗马的军旗上面绘画狼头，其来历是很古的。据李维的《罗马通史》上的记述，有'卡米拉斯每当出师之际，必先亲率祭师，恭祭狼旗，以祝胜利，典礼至为严肃'云。"⑥

---

① 薛宗正：《突厥史》，中国社会科学出版社，1992年，第68页。
② 参见［日］松田寿男：《突厥勃兴史论》，樊圃译，载《西北史地》1982年第2期，第2页。
③ 薛宗正：《突厥史》，中国社会科学出版社，1992年，第68页。
④ ［美］丹尼斯·塞诺：《突厥的起源传说》，见《丹尼斯·塞诺内亚研究文选》，北京大学历史系民族史教研室译，中华书局，2006年，第65—66页。
⑤ 参见岑家梧：《图腾艺术史》，商务印书馆，1937年，第10页。
⑥ 戴友苏：《罗马建国故事埋藏在中国史乘中》，载《学原》1948年第1卷第12期。

《周书》又说："侍卫之士，谓之'附离'，夏言亦'狼'也。"沙畹（Chavannes）《西突厥史料》说："突厥以狼为国徽。相传突厥之祖与狼交而生十男。……旗纛之上施金狼头。侍卫之士谓之'附离'（burit），夏言亦狼也。"① 这一点，史料说得非常明白而肯定。

《汉书·西域传》中乌孙官名亦为拊离。韩儒林指出："此拊离一名，当与唐代史籍中之'附邻''步离''附离'，及元代史籍中之'播里''不里'等（按：《旧唐书·西突厥传》作'步利'），同为突厥文 böri 之对音。böri 一字在突厥文《阙特勤碑》东南第十二行已著录，其义为'狼'。《通典》卷一九七亦早已言之。然则王以狼名，殆亦与乳养其先祖之神兽有关欤？"②

据说，德国人冯加班认为，böri（附离、狼）一语出自古波斯。

丹尼斯·塞诺举出蒙古高原布古特发现的一块六世纪末的粟特文石碑，上面浅浮雕着"一只狼，也许是一只牝狼，在它的腹部下方，有一个形状古怪但却刻画得非常清晰的人的形象"③，这件实物可以证实狼与它的突厥子孙的密切关系。塞诺批评克劳森（Clauson，1964）的反对意见，肯定地说：附离（'biulie，侍卫）等于突厥语 böri（狼），"没有理由怀疑负责保卫突厥统治者的人被称作'狼'"。日本的松田寿男亦曾据汤姆森（Thomsen）之说，云侍卫之士的"附离"为突厥语 böri、büri，其义为"狼"④。这些重要的细节，都证明着这个北亚民族的狼图腾机制。

匈奴的狼婚

突厥、乌孙狼孩传说系北方、西北方狄人集群所共有的犬狼图腾感生故事，所以《说文》卷一〇犬部"狄"字条，"赤狄本犬种"，其字从犬，最初并无蔑视污辱之意。匈奴却没有多少犬狼图腾授孕的事迹。而《魏书》《北史》等之《高车传》咸谓匈奴有女，将以与天，乃置二女于高台（这"台"相当于简狄之瑶台，姜嫄之閟宫，古埃及让神鹰飞来与王后媾合的密室）：

……复一年，乃有一老狼昼夜守台嗥呼，因穿台下为空穴，经时不去。其小女……下为狼妻而产子。后遂滋繁成国。故其人好引声长

---

① [法]沙畹：《西突厥史料》，冯承钧译，中华书局，1958年，第194页。
② 韩儒林：《穹庐集——元史及西北民族史研究》，上海人民出版社，1982年，第275页。
③ 参见[美]丹尼斯·塞诺：《突厥的起源传说》，见《丹尼斯·塞诺内亚研究文选》，北京大学历史系民族史教研室译，中华书局，2006年，第66页。
④ [日]松田寿男：《突厥勃兴史论》，樊圃译，载《西北史地》1982年第2期。

歌，又似狼嗥。

虽无狼孩事迹，然而人与狼交，生民立国①，以狼为图腾，则无二致（北美印第安人某支也认为人类是野狼的后裔，学者咸认其寓图腾机制焉）。这又反过来证实乌孙、突厥确是属于北亚－中亚草原猎牧文化的犬狼图腾崇拜系统。有人则说，这里讲的是突厥之一族高车的狼婚，被误解为匈奴事迹。

关于突厥族源，大抵有"海右遗黎"，属于"匈奴别种"（《北史》卷九九）；漠北索国（《周书》卷五〇，参见《酉阳杂俎》卷一六）；"海神胤裔"，出自海东阿史德窟（《酉阳杂俎》卷四）；"平凉杂胡"（《隋书》卷八四）；狼引阿史那至"高昌北山"（《周书》卷五〇），"盖匈奴之别种"等几种说法。

据说，西方与土耳其学者特别推崇突厥来源于匈奴，这是泛突厥主义的理论支柱。

薛宗正坚决反对此说，他认为："突厥的父系远祖阿史那氏本为 Saka-Tigra-hauda 的一支（指《汉书》塞种之一支），原居西海（咸海）之右，东迁漠北而为汉、魏之呼揭、呼得，与 Dil（狄，丁零）部落进行了初步的结合，衍生出另一系始祖阿史得氏。"② 松田寿男《突厥勃兴史论》，马长寿《突厥人与突厥汗国》等，则以为突厥出于丁零。丁零为狄（Dil）系统。

突厥支系祖先传说，有的虽与犬狼无关，但也颇富图腾意识，附录于此。

有神鸟介入的北亚－中亚弃子英雄还有沙陀突厥的朱耶赤心。《五代史补》："沙陀之先，出于雕巢中。酋长以其异生，诸族传养之，遂以诸爷为氏，言非一父所养也。其后言讹，以诸为朱，爷为耶。"宋钱易《南部新书》："朱耶赤心者，或云：其先塞上人，多以骑猎为业。胡人三十辈于大山中，见飞鸟甚众，鹄鸠于一谷中。众胡就之，见一小儿，约才二岁已来，众鸟衔果实而饲之。众胡异之，遂收而众递养之。成长求姓。众云：'诸人共育得大，遂以诸耶为姓。'言朱耶者，讹也。"

朱耶赤心虽无明确的被弃记录，但他"出于雕巢中"，暗示其或被弃于鸟窠，或为雕所感生，众鸟衔果饲之，又与"鸟覆翼之"大似，故录供比较。至于"诸爷"，清俞正燮《癸巳类稿》已指出，类于"乌孙"，原系译音，后人望文生义，妄加比附耳。这过分强调了语讹。他出于高树或大山，又有鸟之救护，

---

① ［日］护雅夫：《关于古代突厥族（高车族）的一个始祖传说》，载《北方文化研究报告》1953年第8卷；［日］护雅夫：《游牧骑马民族国家——苍狼的子孙们》，讲谈社，1967年。

② 薛宗正：《突厥史》，中国社会科学出版社，1992年，第45页。

当亦属于物异－山野型弃子英雄。

东西方这一组含有狼图腾救护、哺乳的物异－山野（或兼河海－漂流）型弃子英雄传说相似至此，的确是值得进一步挖掘其源流衍变以及潜在联系的。

关于我国北方狄人集群（包括北方蒙古先民或猃狁、荤粥、匈奴一系，以及东北夷、东胡和西北戎狄集团，直至突厥－阿尔泰诸族）始祖传说的趋同性、整体性，日本学者曾做大量研究，而且把他们的视野一直扩大到北亚、中亚、西亚，从大兴安岭到喀尔巴阡山的游牧地带，甚至远达东欧、南欧和北非一线。其中有些结论虽然未免耸人视听，给人匆促粗疏之感，但是上古文化史的比较研究本来就应该具有开阔的眼界、坦荡的心胸、恢宏的气度，而宏观和微观的结合是尤其必要的。可以发现这一系列的祖先传说有三个最重要的关目或情节：（1）图腾狼的赐孕、救援或"引导"；（2）狼育弃子英雄祖先；（3）天神或"天光"赐孕（它有时与犬狼图腾授孕融合）。其中第三项已于"英雄的卵生与鸟身"的光明神赐孕初涉，这里主要探讨相关联的前两项。

狼（形）人迷信

首先，犬狼图腾机制，确曾广布于从大兴安岭、燕山、阴山、祁连山、昆仑山、天山到兴都库什山、高加索山、托罗斯山、喀尔巴阡山一线之游牧文化地带。希罗多德说，游牧民族相信有一种狼形人。"斯奇提亚人（Scythians）和住在斯奇提亚的希腊人都说，每年每一个涅乌里司人都要有一次变成一只狼，这样过了几天之后，再恢复原来的形状。"① 斯宾塞说过："爱尔兰人每人每年变狼一次。"狼人是英语文学有名的典故和传奇，仅近年就有多部小说、电影反复再创作。这显然是狼图腾崇拜的遗迹。哈萨克族《乌热勒的故事》里，也出现过一个善于变形的狼女，忽狼忽人，神通广大。中世纪的草原英雄史诗，依然保留类似的观念，他们常用草原上的灰狼来譬喻英雄和将士。例如俄罗斯基督教英雄史诗《伊戈尔远征记》说，符塞斯拉夫在夜晚"像狼似的奔突，鸡叫前从基辅跑到特穆托罗康，像狼似的跑过伟大的霍尔斯的道路"②。这霍尔斯（Хорс）是古斯拉夫异教太阳神，在他出来（日出）之前，符塞斯拉夫都像狼，以狼的形体奔跑。"编年史或人民口传，说符塞斯拉夫是个狼形人和幻术家。"③

---

① [古希腊] 希罗多德：《历史》（上册），王以铸译，商务印书馆，1985年，第306页。
② 《伊戈尔远征记》，魏荒弩译，人民文学出版社，1983年，第23页。
③ 《伊戈尔远征记》，魏荒弩译，人民文学出版社，1983年，第47页。

这种广布草原文化区的狼形人，不过是犬狼图腾机制之一端耳。

正因为狼人体现着狼崇拜意识，所以不像狼那样贪馋凶残。法国传说《狼人》载，布列塔尼有个年轻男爵是个狼人，每七天必须有三天在森林里变成狼生活，他把他的外衣（他的马纳、他的生命的中介）藏在旧教堂灌木丛一块空心石里（这是他的秘地，他的马帕图）。有一次，他不慎将这秘密告诉他老婆，这妇人却伙同奸夫骑士偷走了他的外衣，男爵便只好永远在原野里过狼的生活。亏得国王的帮助，侦出真相，他得到外衣，变成男爵，"收复了他的城堡和封地"①，这个细节跟羽衣型故事极为相似。

北狄与罗马狼祖同源理论

现在再来看实行狼图腾崇拜的游牧民族之间是否确实存在文化的血缘。林恩显说，初期实行狼图腾崇拜之突厥与北亚、中亚一些崇拜犬狼的民族有渊源关系。"突厥（Türküt）族源于丁零、坚昆、高车、铁勒。其居地初似在西伯利亚（Siberia）中部，而南移至贝加尔湖（Baikal）、娑陵水（Selenge）、鄂尔浑河（Orhon）、独洛河（Tula）、再至金山（Altai）。"② 钱锺书也曾据普鲁塔克（Plutarque）记载指出："古罗马人始祖（Romulus）兄弟弃于野，狼往乳之，群鸟嗛食饲之，与昆莫事尤类。"③

戴友荪认为，《史记·大宛列传》《汉书·西域传》所记的昆莫之父乌哺、狼乳的故事系传自罗马。他以"昆莫"（混莫）为 Romus 的对音，"因为雅利安语系里'R'这个字母，是我们中国语音所独缺的。倘若我们将'罗马'这两个字音倒译作拉丁语，则'Roma'便变成'Loma'了"，而"在拉丁语，Romus（昆莫）与 Roma（罗马）本是一字"。他的对音公式大略为：昆莫≈混莫（Home），Romus≈Roma。

"靡"的音义

但是，"昆莫""罗马"第一字的发声究竟相去太远。戴友荪又以为，《汉书》之"难兜靡"系"难靡兜"之误倒，为罗慕路斯先辈努米托（Numitor）之对音，可惜这个关键性的证据也不大准确。

---

① [英]巴巴拉·利奥涅：《法兰西传奇》，朱洪国译，中国民间文艺出版社，1983年，第55、59页。
② 林恩显：《突厥文化及其对唐朝之影响》，见《突厥研究》，台湾商务印书馆，1992年，第104页。
③ 钱锺书：《管锥编》（第1册），中华书局，1979年，第374页。

"靡"是专用称号，乌孙称"靡"者凡八见，如难兜靡、猎骄靡、泥靡、翁归靡、元贵靡、星靡、雌栗靡、安犁靡。《汉书·西域传》："昆莫死，岑陬代立。岑陬者，官号也，名军须靡。昆莫，王号也，名猎骄靡。后书'昆弥'云。"颜注："昆莫本是王号，而其人名猎骄靡，故书云'昆弥'：昆取昆莫，弥取骄靡。弥、靡，音有轻重耳，盖本一也。后遂以昆弥为其王号也。"清钱大昕《廿二史考异》说："昆弥即昆莫，弥、莫音相转。……莫之为弥，译音有轻重，而名号未改，非取王名之一字，而沿以为号也。"其说甚是。徐松《汉书西域传补注》："按，乌孙人名，多有靡字，是其语音如此，昆弥亦仍其语音，未必取意昆莫、骄靡也。"此意不确。丁谦《汉书西域传地理考证》："余按昆莫、昆弥乃译音之转，非有他意，班氏不知，故从而为之辞。"此说亦不确。二者意见虽略有分歧，而于"莫""弥""靡"三字通转，系人名后缀之通用尊号，则略无疑义焉。

薛宗正的说法独特。他一方面承认，突厥"母系奉狼图腾，固有狼妻、狼母的传说"；另一方面又说其"父系图腾"为牛。其部酋的固有称号为"步"。"步"与"靡（莫）"等约略同音，步，bəg，匐/靡，原为突厥语。[①]

白鸟库吉以为乌孙属突厥人种，证明之一，"乌孙之王号曰昆莫，此为Turk（突厥）语，译曰大君，又各代王名多用'靡'字，此亦为Turk语，译曰君长，即bai、bi之音译也"[②]。《史记·西南夷列传》："西南夷君长以什数，夜郎最大；其西靡莫之属以什数，滇最大；自滇以北君长以什数，邛都最大。""靡莫"（或"靡/莫"）与"君长"互文，可证其确有"君"义。

他又说，《隋书》有阿辈鸡"弥"（或amagimi，或opo-gi-mi），而"《唐书·黠戛斯传》有'某辈'一语，显为Turk语帝王之义bai、bi之音译，由是观之，唐季'辈'字读若pai、bai可知。"[③]

但是mi（靡）与bi（辈）对音并不严密。《魏书·倭传》有倭女王"卑弥呼"及狗奴国王"卑弥弓呼"，"卑弥"与"辈/弥（莫）"音却切近，值得注意。马伽特（Marquart）与伯希和对"昆莫"语义有所讨论。丹尼斯·塞诺只是简单地说："昆莫不是人名，而是一个衔号。"岑仲勉说："靡，《切韵》

[①] 薛宗正：《突厥史》，中国社会科学出版社，1992年，第41页。
[②] ［日］白鸟库吉：《匈奴民族考》，何健民译，见林幹编：《匈奴史论文选集（1919—1979）》，中华书局，1983年，第213页。
[③] ［日］白鸟库吉：《匈奴民族考》，何健民译，见林幹编：《匈奴史论文选集（1919—1979）》，中华书局，1983年，第195页。

mjwie。按《寰宇记》一九九黠戛斯（按：即坚昆）渠帅以'辈'为号，《西域闻见录》言，哈萨克及布鲁特（Kara Oïrqïz）呼其君曰比，白鸟（库吉）云，'靡'即突厥语君主尊称之 bi，又引蒲达哥夫（Budagoff）《突厥字典》，黠戛斯语称王为 bij，阿尔泰语作 pii，凡此皆当由 b-转 m-，故得'靡'之译音，乌孙为突厥族，准是可以多得一证也。"① 看来，"靡"为"王"之类尊号可能性是很大的。

昆、君、犬

岑先生又认为"昆莫"之"昆"也是"君"一类尊号："昆，《切韵》kuən，乃西南民族首长之称（见引《南中志》），其实此一名号推行极广，近而汉语之'君'（《切韵》kiuən），远而哥德语之 Kuni 等等，甚至突厥本族之 qan（q 与 u 相联系，拉丁及英法文均同）或 khan（汗），寻前文所比定，可信语根同出于一源。简言之，qan-bäg 是合乎事实之还原，连两个尊号而为之（如皇帝天可汗），历史上常有其例。"② 这可能进一步证实。"昆"字没有"靡"字出现的频率高，但很重要。

关于"昆"字的读音和含义，有个有趣的现象。史籍记载有昆夷（混夷）、犬夷（畎夷）、犬戎。《诗·大雅·绵》"混夷駾矣"，《说文》卷一○马部引作"昆夷"，口部却引作"犬夷"。《汉书·匈奴传》颜师古注："畎夷即畎戎也。又曰昆夷。昆字或作混，二字并音工本反昆、绲、畎声相近耳，亦曰犬戎也。"《史记·匈奴列传》："周西伯昌伐畎夷氏。"索隐引韦昭云："《春秋》以为犬戎。"又引《山海经》云："有人面兽身，名曰犬夷。"贾逵云："犬夷，戎之别种也。"现代语音学家所拟上古音，大致上"昆"在见纽文部，"犬"在溪纽元部，相当接近，所以"昆莫"之"昆"与"昆夷"之"昆"同样可通犬。兹对照如下：

表 2-1 昆与犬读音比较

昆	犬
Kən（王力）	K'an（王力）
kwən（周法高）	K'ewan（周法高）
kūn（唐作藩）	K'an（唐作藩）
kuən（岑仲勉）	K'əm, K'iwen（岑仲勉）

---

① 岑仲勉：《汉书西域传地里校释》（下册），中华书局，1981 年，第 372 页。
② 岑仲勉：《汉书西域传地里校释》（下册），中华书局，1981 年，第 372 页。

王国维说："畎音工犬反。昆。混、绲并工本反。四字声皆相近。"① 声纽、韵部相去不远，例可通转。岑仲勉也承认："若犬，《切韵》kʻiwen，又依颜读，畎 kʻiwen，昆、混、绲 kuən，无非元音变换。"② 信哉！

犬狼同类，如果"昆莫"之"昆"跟"昆夷"之"昆"一样可以音转为"犬戎"之"犬"的话，那么就为昆莫出于中国北方、西北方戎狄犬狼图腾集团提供了一个有力的旁证。犬族文化与名称的研究当然有助于犬狼图腾机制之阐发，而甲骨文有"犬方"焉。杨树达说"殆即昆夷"，又作畎夷，"又或作犬戎：《国语·周语》记穆王伐犬戎，是也"③。"犬方"又省称"犬"。陈梦家指出，其即昆夷或犬戎："《孟子·梁惠王下》'文王事昆夷'。《左传》襄公卅一年《正义》引《尚书大传》文王'四年伐畎夷'，《西伯戡黎》的《正义》引作犬夷；《周本纪》文王受命之'明年伐犬戎'，又'穆王将征犬戎'集解云'徐广曰一作畎'。"④

犬夷犹言犬人，音转为"昆夷"，正《说文》犬部所谓"赤狄本犬种"者也。《史记·匈奴传》索隐引《山海经》："白犬有二牝牡，是为犬戎。"匈奴、突厥直至乌孙均有犬、狼授生或哺养传说，正是它曲折的证明。

王国维甚至认为犬戎（犬夷、昆夷）与猃狁、獯鬻、荤粥、匈奴也是一族："考《诗》、《书》、古器，皆无犬戎事。犬戎之名，始见于《左传》《国语》《山海经》《竹书纪年》《穆天子传》等，皆春秋战国以后呼昆夷之称。而獯鬻、猃狁亦被此名。"这说法固然不必准确，但它们可以同归一个大集团，而且有图腾制度的趋同性，则可肯定。

突厥、乌孙、匈奴等有犬狼图腾授孕或哺育传说的族体是可以视为这一大集团的后期构成乃至后裔的。它们的祖先英雄故事应该当作整体来考察（又者，"昆"与"太阳"读音关系，也值得探讨）。

这样，乌孙先祖"昆莫"（"莫"读为"靡"，有"王"义）就很可能是"犬王"一类尊称，上译意，下译音，传播记录过程中被隐讳或丢失了真意，亦犹槃瓠王、犬戎王、戎宣王尸之类，指犬狼之类赐生也，而绝不是什么罗慕路斯或可汗王。

一般中亚史专家都指出，"坚昆"就是"黠戛斯"（吉尔吉斯）。丁谦曾谓：

---

① 王国维：《观堂集林》（第 2 册），中华书局，1959 年，第 593 页。
② 岑仲勉：《两周文史论丛》，商务印书馆，1958 年，第 28 页。
③ 杨树达：《积微居甲文说 卜辞琐记》，中国科学院，1954 年，第 42 页。
④ 陈梦家：《殷墟卜辞综述》，中华书局，1988 年，第 294 页。

"黠戛斯为坚昆之转音。"笔者曾指认,《山海经》郭注引《六韬》及《淮南子·道应训》之神马"鸡斯"盖 Kirghiz、Kirgis 之对音,"我国史书称黠戛斯(或讹为结骨),学者谓即汉之坚昆,元译吉利吉思"①。而吉尔吉斯人有传说云,有王女与四十女侍一起漫游,国为人破,"详察四周,仅发现一条红狗。此狗愿意相随,女郎们也愿意接受。后来在此小天地人口倍增"②。"四十女郎"的意思是对祖先的纪念。这里显然也含有犬狼图腾机制和观念,只是说得更含糊。

由于具有上述的种种背景和理由,戴友苏郑重提出罗马弃儿故事曾传入中土,其时间和路线大致如下:"远古时代,原始自中亚分殖到北欧的雅利安民族,因遭受气候加寒与粮刍减少的驱迫,逐渐地复朝着较暖的方向,作扇形的与波状的迁徙,去寻觅较舒适的生活空间。……其扇形的左股,自西徂东,随畜移徙,度着艰苦的游牧生活。其中有一支,在元前第三世纪,约当嬴秦的末造,经渡过葱岭之后,侵入我国新疆、甘肃的境内,建设他们的行国,号曰乌孙。乌孙民族,可拟之为拉丁民族的从父兄弟。"③

这还需要进一步的证据,不过此意至要,也并非毫无可能。因为两个相距甚远的民族的祖先传说距离颇近,差别很少,这实在发人深思。这样我们就得转首西顾,看一看古代罗马的弃子英雄祖先传说。

古代罗马的狼孩

继承了希腊文化的罗马人的开国祖先是一对狼孩,是山野-物异型兼河海型的弃儿:(古罗马)罗慕路斯和瑞摩斯。古罗马阿庇安《罗马史》第一卷说,阿穆利乌斯(Amulius)王强迫哥哥努米托的女儿瑞亚·西尔维亚(Rhea Silvia)作维斯塔(Vesta)神庙的女祭司(Vesalis),使她不能生儿育女。

> 西尔维亚违反法律,身怀有孕之后,阿穆略把她投入牢狱,以示惩罚;当她生了两个儿子的时候,他把两个婴孩交给一些牧人,命令他们投入附近的台伯河中。这两个小孩是罗慕路和勒莫。在他们的母系方面,他们是伊尼阿斯的后裔,而他们的父系家谱则没有人知道。④

这显然援引狄奥克勒斯(Dioclés)和普鲁塔克的材料。谢德风译注:"传说,这两个小孩漂流到一个沙滩上,为一母狼乳哺,后为一牧人抚养成人,最

---

① 参见萧兵:《文马与鸡斯之乘》,载《社会科学辑刊》1981年第3期。
② 陈庆隆:《坚昆、黠戛斯与布鲁特考》,载《大陆杂志》1975年第51卷第5期。
③ 戴友苏:《罗马建国故事埋藏在中国史乘中》,载《学原》1948年第1卷第12期。
④ [古罗马]阿庇安:《罗马史》(上卷),谢德风译,商务印书馆,1979年,第22—23页。

后为其外祖父恢复王国。以后母狼一直为罗马人所崇拜，是为罗马原始社会之图腾。"①

普鲁塔克名著《希腊罗马名人传》中有《罗慕路斯传》，取材于希腊人狄奥克勒斯的著作，叙述罗马建国故事甚详。按照狄奥克勒斯的叙述，丢弃的原因不仅是政治斗争与阴谋，还有乱伦的成分：罗慕路斯和瑞摩斯原来是篡位的阿穆利乌斯跟侄女淫通的私生子；破坏维斯塔贞女贞操、触犯禁忌的正是这位暴君。普鲁塔克则仅作为"或说"处理："阿穆利乌斯既设计使她单身独宿，尝自披甲戴胄，浑身戎装，擅入她的居处，破坏了她的贞操。"

弗雷泽根据另外的一些略有不同却极为重要的内容补述：篡位者阿穆利乌斯下令杀了他哥哥唯一的儿子，并"劝说或迫使（哥哥）努弥托耳（合法的王）的女儿瑞亚·西尔维亚献身于维斯太（灶神）崇拜，让她发誓永远保持自己的贞洁"②，可暴君自己却奸污了她，并且任她生下两个私生子。更重要的，弃儿的母亲西尔维亚公主却声称战争之神马尔斯（Mars）"是孩子们的父亲"③——正是那位"披甲戴胄，浑身戎装"的神明临幸了她。（暴君）不问分晓，下令溺杀那两个可能成为祸根的双生子。

要知道，北亚的英雄诞生故事，往往出现或伪托、或讳饰的太阳人天光受孕的情节，无怪乎有人怀疑欧、亚弃儿故事有交流之处。

普鲁塔克继续写道：

> 这个人（牧人 Faustulus）就将这两条小生命放在一只摇篮里，打点投入台伯河里去。当他到达河边的时候，正值涨潮，水势极其汹涌，他即不敢向迩，随便将摇篮弃置在河滨上，反身就走。后来，潮水越涨越高，摇篮徐徐浮起，随波逐流，余到一处平坦而又柔软的地方搁住。这个地方现在是叫做 Cermanum，但是，早年是叫做 Germanum，显然是因为拉丁人称昆弟为 germani 的缘故。④

这就是此类故事较为稳定的结构：漂流。但令人惊奇的是，跟古埃及奥西里斯（Osiris）漂流故事一样，出现了生命树——这树据说曾为这对被弃的孪生儿哺乳而被崇拜为神树，它是母性——子宫或乳房——的象征。

> 在这个地方的左近，有一株野无花果树，人家都叫它为 Ruminal。

---

① [古罗马] 阿庇安：《罗马史》（上卷），谢德风译，商务印书馆，1979 年，第 23 页。
② [英] 弗雷泽：《〈旧约〉中的民俗》，童炜钢译，复旦大学出版社，2010 年，第 322 页。
③ [英] 弗雷泽：《〈旧约〉中的民俗》，童炜钢译，复旦大学出版社，2010 年，第 322 页。
④ 戴友苏：《罗马建国故事埋藏在中国史乘中》，载《学原》1948 年第 1 卷第 12 期。

> 据大多数的意见，这是因 Romulus 而得名的；然亦有人说是因牛羊时常于日中憩息在树荫底下反刍的缘故——反刍在拉丁语为 rumināre；或有人说是因这双婴儿尝在其地吮乳的缘故——古时拉丁人名乳为 ruma，而且他们现在还称号一尊女神为 Rumilia，她就是保婴娘娘，他们祭她的时候，降神是以乳汁当清酒灌地的。①

鲁米莉亚（Rumilia）是罗马的少司命，婴儿保护神兼夭殇女神，这跟后稷母亲姜原兼为高禖赐子女神完全一致。

而无花果树常为性、生命尤其独立繁殖的象征。亚当和夏娃就是在无花果树下获得知识并且犯罪的。遮羞的无花果树叶和梨形的果都常被用来代表性。

接着就是牝狼的哺养——还羼进了啄木鸟的庇护。

> 据说这双婴儿，就是在这个地方的时候，出来一头母狼给他们哺乳，还有一只斫木鸟飞来相帮喂食与看护。这两种动物，现在俱是供养战神的；拉丁人对于斫木鸟，尤其特别致敬。有这种种因由，那是不难教人相信他们的母亲的话，称他们的父亲就是战神。②

另一种说法，两个孩子的母亲也同时被扔进特维雷河淹死了，但是，"河神把希尔瓦拉到自己的身边，她刚刚淹死，就成了河神的妻子"③。这样说起来，在古老的神话里，这一对狼孩像小朱蒙一样是战神（战神往往兼为日神）和女河神的孩子，是南欧太阳神文化的精英。

戴友荪不但指出其狼乳情节与乌孙昆莫故事类同，还注意到《史记》《汉书》里衔肉哺儿之乌与罗马弃儿故事里协助母狼的啄木鸟有对应关系，这确实是不可忽视的关键性细节。"斫木鸟亦作啄木鸟，即是《尔雅·释鸟》的'鴷'。它是生活在温带里的一种漂鸟。在我国……寒冷的塞北，那是绝对没有它的踪迹；匈奴的语言中，当然没有它的名目。就它的姿势来讲，在缘木的时候，固然是别致的，但是飞翔的时候，倒有几分像老鸦。沈氏《异物志》称：'山斫木亦名火老鸦。'以其顶上有红毛故也。王禹偁的诗有'淮南斫木大如鸦'之句。"④ 如果联系到上文沙陀突厥祖先朱耶赤心出于雕巢而"众鸟衔果哺之"，故事里也出现鸟的救护，这个关键性的细节，就更引人注目了。

---

① 戴友荪：《罗马建国故事埋藏在中国史乘中》，载《学原》1948 年第 1 卷第 12 期。
② 戴友荪：《罗马建国故事埋藏在中国史乘中》，载《学原》1948 年第 1 卷第 12 期。
③ ［西班牙］卡洛斯·纳达尔·加亚编：《世界各国神话与传说》，齐明山译，中国民间文艺出版社，1985 年，第 224 页。
④ 戴友荪：《罗马建国故事埋藏在中国史乘中》，载《学原》1984 年第 1 卷第 12 期。

然而，乌孙等的狼祖传说，跟罗马推源故事是否有亲缘关系，是个大问题，我们当然无法介入，只是介绍些不同的意见。

蒲立本（Pulleyblank）谨慎地说："那位被牝狼哺乳的弃婴立刻就会让我们联想到罗穆路斯和瑞摩斯。"至于那只乌鸦却是由乌（之）孙臆想出来的细节。① 这依然过分使用了语讹理论。如上所说，神鸟的佑助是这一故事的重要关目，跟犬狼祖先并无冲突。

丹尼斯·塞诺既肯定了狼祖故事的统一性，也指出其明显的区别："乌孙神话中的狼只是救了民族的祖先，而不是像突厥神话那样，自己成为了民族的祖先。"②

至于它们跟罗马故事的关系，塔吉克斯坦北部发现一幅中世纪壁画（公元7世纪，拜占庭对此地区有强烈影响，东罗马的钱币上也常发现此种画面）：内容是两位罗马建国者和狼。1952年，在巴卡巴德（Bakabad）城发现一个男人和小孩骑狼的雕像。然而，"是乌孙（和突厥？）的狼的传说来源于罗马呢？还是罗穆卢斯的故事与乌孙狼的主题出自于同一种传说呢"③，目前还不能简单作答。

现代考古学证明，这一类型的诞生－丢弃——创业神话是有史实根据的。以罗马事言，"帕拉丁属公元前八世纪中叶的墓葬和小茅屋村落遗址的发现在一定程度上证实了传统的关于罗慕路在帕拉丁始建罗马城的故事是有根据的。不管有没有罗慕路其人，但公元前8世纪中叶有人在帕拉丁山岗上建立居住地是确凿的"④。可见任何神话传说都决不会仅是空中楼阁。罗马驱狼节，也曲折地证实这个狼孕弃子故事的真实性。"在罗马有一个很著名的宗教节庆名叫卢波卡里亚（Lupercalia），或译'驱狼节'。李维提到直到他的时代还举行这种节庆。所祭祀的是名叫卢波库斯（Lupercus）的林猎神，目的是祈神帮助驱散野兽，保护牧养的牲畜。"⑤

Lupercus语源应出于Lupa（鲁巴，是"狼"一词的词根）——喂养罗慕路

---

① [美] 丹尼斯·塞诺：《突厥的起源传说》，见《丹尼斯·塞诺内亚研究文选》，北京大学历史系民族史教研室译，中华书局，2006年，第68页。

② [美] 丹尼斯·塞诺：《突厥的起源传说》，见《丹尼斯·塞诺内亚研究文选》，北京大学历史系民族史教研室译，中华书局，2006年，第70页。

③ [美] 丹尼斯·塞诺：《突厥的起源传说》，见《丹尼斯·塞诺内亚研究文选》，北京大学历史系民族史教研室译，中华书局，2006年，第69页。

④ 李雅书：《关于罗马城起源的几个问题》，见中国世界古代史研究会编：《世界古代史研究》（第1辑），北京大学出版社，1982年，第75页。

⑤ 李雅书：《关于罗马城起源的几个问题》，见中国世界古代史研究会编：《世界古代史研究》（第1辑），北京大学出版社，1982年，第75页。

斯和瑞摩斯兄弟的母狼的名字（这个词还兼有"荡妇"和"乳母"的意思）。这个节日的主要作用是祷祝农畜和人丁两兴旺，"每年2月15日在帕拉丁举行：先由祭司（也称卢波库斯）在帕拉丁西侧一个叫做卢波卡尔（Lupercal）的洞穴举行仪式，奉献一只公羊为牺牲"①，这个洞穴据传正是母狼鲁巴喂养双弃儿的秘地。然后由赤身露体的赛跑青年"一路用（牡羊皮）皮条触击途中所遇的妇女，认为这样可以使人丁兴旺"②。著名历史小说《斯巴达克斯》对这个淫猥的准沙特恩节有淋漓尽致的描写。而"这个起源很古的仪式单独围绕帕拉丁一个山头赛跑已说明帕拉丁是最早占据的山头。按传说这里是罗慕路所建的罗马方城（Roma Quadrate），按考古材料就类似在帕拉丁凯马卢斯山头发现的小茅屋村"③。

而狼乳弃儿故事在西方文学里影响甚大，已成故实。例如莎士比亚剧本里，"安提更讷奉君主的命令抛弃皇后的时候慨叹地说：'人都说豺狼遇到危难的婴孩，就舍弃他们平素的凶恶，来怜悯而保护小孩子……'这种说话在Cape Finisterre 和 Cape Comorin 地方最普通"④。瞿秋白在《鲁迅杂感选集》序言里也曾用"吃狼奶长大"来象征鲁迅那一往无前、义无反顾的反封建、反传统的战斗精神。可见这故事影响之大、播扬之广。

蒙古的狼鹿生民

《元朝秘史》里的狼鹿生民祖先推源传说，跟前举匈奴－突厥的狼祖故事也有神秘之关联。"当初元朝人的祖，是天生一个苍色的狼与一个惨白色的鹿相配了，同渡过腾吉思名字的水，来到于斡难名字的河源头，不儿罕名字的山前住着。产了一个人，名字唤作巴塔赤罕。"⑤ 洪钧《元史译文证补》卷一云："《秘史》谓狼鹿生人，为蒙古鼻祖，亦显拾突厥唾余。"⑥

陈寅恪也认为，这里的狼祖事略，本是"高车突厥之民族起源神话，而蒙

---

① 李雅书：《关于罗马城起源的几个问题》，见中国世界古代史研究会编：《世界古代史研究》（第1辑），北京大学出版社，1982年，第75页。
② 李雅书：《关于罗马城起源的几个问题》，见中国世界古代史研究会编：《世界古代史研究》（第1辑），北京大学出版社，1982年，第75页。
③ 李雅书：《关于罗马城起源的几个问题》，见中国世界古代史研究会编：《世界古代史研究》（第1辑），北京大学出版社，1982年，第75页。
④ 李贯英：《"莎士比亚的英国"中的"民俗"》，载《民俗》1928年第37期。
⑤ 陈彬龢选注：《元朝秘史》，商务印书馆，1928年，第1页。
⑥ 田虎：《元史译文证补校注》，河北人民出版社，1990年，第4页。

古人袭取之无疑也"①。马长寿亦谓："蒙古此说乃袭自突厥，且蒙古人述其祖先居地为'山中壤地宽平，水草茂美'，此与《突厥传》所述的'平壤草茂'，颇为相同。"②

北方的狄人集群，不仅突厥体系，匈奴也有狼婚故事。《北史》《隋书》的《高车传》，不能因为前有"俗云"二字，就否认其相对独立性与真实性，也不能简单否认匈奴有犬狼图腾信仰。

蒙古的狼鹿生民可以组合进北亚的狼图腾机制或系统（它还反映狼、鹿二集团的融合），但有其相对独立的来由或特色，简单说成抄袭、拾人唾余，不免有文化歧视之弊。

日本学者白鸟库吉《乌孙考》亦曾将古代乌孙、高车与突厥族的狼图腾崇拜联系起来。③松田寿男亦联之于蒙古始祖故事："以蒙古语写成的《蒙古秘史》，即通称为《成吉思汗实录》的开卷第一页中所看到的孛儿帖赤那。这是根据那珂博士的著名译著，据说'由上天之命的苍狼'，伴同'其妻惨白色的牝鹿'……这个狼种传说也可能是从突厥传来的，但把狼作为图腾这件事本身，应该承认是把森林生活的传说，有力地保存了下来。"④

现代学人也有持此种看法者。"北方游牧民族中普遍信奉的'鹿狼生人'、'狼生十男'的图腾，在我国许多民族的创世纪、人类起源的神话中也都出现过。"⑤

此事有关人士讳莫如深，对关键语汇"狼""鹿"异说纷纭。叶德辉译《元朝秘史》用音译法："奉天命而生之孛儿帖赤那，其妻豁埃马兰勒。渡腾汲思而来，营于斡难河源之不峏罕哈勒敦，而生者巴塔赤罕也。"道润梯步《蒙古秘史》注云："其实这不过是传说中的两个人名罢了。"⑥否认其图腾授孕性质。蒙古著名学者策·达木丁苏隆亦用音译："成吉思合罕的祖先是承受天命而生的孛儿帖赤那，他和妻子豁埃马阑勒一同渡过腾汲思海子来到斡难河源头的不儿罕山前住下，生子名巴塔赤罕。"⑦注云："旧译'孛儿帖赤那'作苍色的狼，

---

① 陈寅恪：《金明馆丛稿二编》，上海古籍出版社，1980年，第119页。
② 马长寿：《突厥人与突厥汗国》，上海人民出版社，1957年，第7页。
③ 参见［日］白鸟库吉：《乌孙考》，载《史学杂志》1904年第12卷第2号，第17—20页。
④［日］松田寿男：《古代天山历史地理学研究》，陈俊谋译，中央民族学院出版社，1987年，第275页。
⑤ 齐道木吉、梁一孺、赵永铣等：《蒙古族文学简史》，内蒙古人民出版社，1981年，第11—12页。
⑥ 道润梯步：《新译简注〈蒙古秘史〉》，内蒙古人民出版社，1979年，第1、4页。
⑦［蒙］策·达木丁苏隆编译：《蒙古秘史》，谢再善译，中华书局，1956年，第29页。

'豁埃马阑勒'作惨白色的鹿,竟成为狼、鹿,其实是人名。"① 此或受语讹说之影响,用语言疾病来掩盖神话传说的诗歌真实。

清人屠寄早在《蒙兀儿史记》里说:"北族制名,好取物为义,而世俗附会,以为是真狼鹿相配者,妄也。"②

拉施特《史集》叙蒙古起源较为简略:"关于蒙古人最初生活的详情,诚实可靠的讲述历史的突厥讲述者说,所有的蒙古部落都是从[某时]逃到额儿古涅-昆来的那两个人的氏族(nasl)产生的。那两人的后代中有一个名叫孛儿帖-赤那(būrteh-čneh——苍色的狼)的受尊敬的异密,他是若干个部落的首领,朵奔伯颜与妻子阿阑-豁阿以及若干其他部落都出自他的氏族。他有许多妻子[哈敦]和孩子。名叫豁埃-马阑勒(A.S 本作 qūī-mrāl;贝书作 qūā-mrāl——惨白色的鹿)的长妻为他生了一个在诸子中最有出息、后来登临帝位的儿子,这个儿子名叫巴塔赤合罕。"③ 即令是人名,原始气息浓的仍然有背景,像鲧、禹、羿、浇(敖)等都带着图腾残余机制,不可也不必抹杀。只有缺乏文化自信,才顾忌祖先与神圣动物的象征关系。

《蒙古源流》又羼进土伯特(吐蕃)世系,称智固木赞博汗为色持赞博汗子,为奸臣所弑,三子出亡,而"布尔特齐诺"为幼弟,纯化为人名(义仍为"苍狼"),其所娶之"郭斡玛喇勒"(义仍为"惨白色的鹿")也彻底人化。正如陈寅恪所说:"糅合数民族之神话,以为一民族之历史。故时代以愈推而愈久,事迹亦因愈演而愈繁。"无论历史的真实抑或诗歌的真实,都丧失殆尽。

陈寅恪把蒙古旧史里世界创造及民族起源观念分为四类:(1)最初者,为与夫余、鲜卑诸民族相似之感生说;(2)稍后乃取之于高车、突厥等民族之神话;(3)迨受阿拉伯、波斯诸国之文化,则附益以天方教之言;(4)而蒙古民族之皈依佛教者,以间接受之于西藏之故,其史书则掇采天竺、吐蕃二国之旧载,与其本来近于夫余、鲜卑等民族之感生说,及其所受于高车、突厥诸民族之神话,追加而混合之。④ 陈寅恪认为,蒙古族源神话是混合的、多元的。他对于蒙古推源传说的发展、衍变、孳生的途径有许多精辟论述,(3)(4)二项尤为准确而又带着相当的指导意义与启发性。它不但告诉我们,宗教(包括外来宗教)对固有神话传说之改造,而且揭出:北方民族的某些后起祖先传说或新

---

① [蒙]策·达木丁苏隆编译:《蒙古秘史》,谢再善译,中华书局,1956 年,第 29 页。
② 屠寄:《蒙兀儿史记》,中国书店,1984 年,第 1 页。
③ [波斯]拉施特主编:《史集》(第 1 卷第 2 分册),余大钧、周建奇译,商务印书馆,1983 年,第 6 页。
④ 陈寅恪:《金明馆丛稿二编》,上海古籍出版社,1980 年,第 115 页。

生态神话，既可能羼入若干外来或附会的因素，应予澄清或排除；又能够与他族故事相比较，从而发现各个时代交通、交往、交流的情况。但是，陈寅恪把蒙古狼鹿图腾感生归于乌孙、突厥、高车神话之影响，恐非公允之言，而阿兰 - 豁阿感天光或天神赐孕故事由于有人的参与，讳饰的成分也极大，虽可能亦起于本土，却不一定晚于（2）项之图腾授孕故事。有较大可能者倒是：同属北狄集群后裔的蒙古族，本来也有狼鹿或犬狼授孕生民故事，而与乌孙、突厥、匈奴同属犬狼图腾系统，略后又产生与东北夷太阳感孕相似的日光 - 天光授孕故事，且渐与犬狼图腾机制融合，所以后者也出现黄犬的形象。

清洪钧《元史译文证补》也说，蒙古酋长"孛儿特赤那"，"长妻曰郭斡马特儿，《秘史》蒙文作孛儿帖赤那，豁阿马阑勒，为狼鹿相配而生人。蒙古谓狼曰赤那，据此则以狼鹿为名，非即兽也，辨见《秘史注》。《蒙古源流》作布尔特齐诺，音亦类"。① 此也是从语讹立论。

雷纳·格鲁塞说："孛儿帖赤那与豁埃马阑勒，即白鹿相结合。他们的儿子名巴塔赤罕，便是成吉思汗王朝的第一代祖先。"他承认，这"和突厥人的狼的图腾相似，突厥人的'乌古思纳默'也是以苍狼'柯克不儿里'为其祖先。"②

据科瓦列夫斯基的辞典如下：

孛儿帖＝斑点，花斑，有点的，虎斑；

孛儿帖赤那＝花斑的狼，苍色的狼；③

[蒙古语] börte činua（苍狼）；

豁埃马兰勒（《元史·太祖本纪》《圣武亲征录》等作阿兰果火）；

[蒙古语] qoo-a maral（未孕的牝鹿）。

以后的史书中它们"完全被人化了"④。喇嘛罗布桑丹津于大约 1655 年完成的《黄金史》（Altan-Tobchi）⑤ 中，孛儿帖赤那还带些神性，被称为"天之子"，但已很难看到其原为苍狼。他的叙述是："（幼子）孛儿帖·赤那，由于诸子反目，孛儿帖·赤那向北过了腾吉思海，来到了一个有人烟的地方，他娶了一位名叫豁埃·马阑勒（qoo-a maral，牝鹿）的尚未出嫁的姑娘，于是在 Jat 人的地

---

① 田虎：《元史译文证补校注》，河北人民出版社，1990 年，第 5 页。
② [法] 雷纳·格鲁塞：《蒙古帝国史》，龚钺译，商务印书馆，1989 年，第 19 页。
③ [法] 雷纳·格鲁塞：《蒙古帝国史》，龚钺译，商务印书馆，1989 年，第 19 页。
④ 参见 [美] 丹尼斯·塞诺：《突厥的起源传说》，见《丹尼斯·塞诺内亚研究文选》，北京大学历史系民教研室译，中华书局，2006 年，第 71 页。
⑤ 参见札奇斯钦译注：《蒙古黄金史译注》，联经出版事业公司，1979 年，第 1 页。

方安顿了下来，成了蒙古的氏族。"①《蒙古源流》（1662）也大抵如此。

前面说过，东北亚的弃子故事跟北亚、中亚的某些弃子故事是可比的，"射手英雄篇"里的光明神感孕节也已详尽地讨论过东北亚、北亚具有趋同性的有关传说。那么，把两者联系起来，就更加证明它们作为古代中国狄人集群、夷人集群及其展延区的文化构成是有内在和必然联系的，骑射游牧民族的神话传说具有更大范围的游走性，他们的文化不仅是交叉的、互渗的，而且是叠合的、相通的。

陈寅恪就曾指出："《元史》所记阿兰果火不夫而孕事，乃民族起源之感生说。"② 他且根据日本学者内藤虎次郎、今西龙等的比较研究，论述云："此种感生说，与夫余高勾丽百济鲜卑契丹日本满洲等民族所传者极相近似（详见内藤虎次郎、今西龙两博士论文），或者即为蒙古民族最初所固有者，亦未可知。"③这是一个重要的提示。似乎应该先确定这类故事的结构或框架，然后推定其母源或原始形式，再逐渐发现其辐射和分布的详情（如上所说，其中心结构系犬狼授孕、太阳感生和弃子英雄三者的分立与揉合）。陈先生论此类有关蒙古族源史料的性质和价值也颇准确："如《元秘史》及拉施特《史集》之所载者，姑不论其经后世史官删削与否，要为尚不尽失其简单之原始形式。而《秘史》所记世系较《元史》为多者，乃由采用突厥等民族神话，追加附益于其本来固有者之所致。故孛端叉儿以前一十一世之事迹，乃蒙古民族起源史后来向上增建之一新层级，较《元史》之简单感生说，恐尤荒诞不可征信。"④ 应该说明，狼鹿、天光二事还是较为原始而真实的，不论其如何讳饰、增删、演变，其基本和深层的结构依然稳定。

还必须注意，阿尔泰突厥语系民族也有相当近似的犬狼故事，见诸维吾尔族英雄史诗《乌古斯传》等。可汗向臣民发布诏令有云："我们的族标是'吉祥'，我们的号令是'苍狼'。"⑤ 这只狼一直跑在大军的前面，时隐时现，时止时前，乌古斯可汗的军队完全依其指挥而行止，终于取得胜利。这只狼显然是以保护神兼引导兽身份出现的图腾。它在日光中显出，恰恰表现其与太阳崇拜

---

① [美] 丹尼斯·塞诺：《突厥的起源传说》，见《丹尼斯·塞诺内亚研究文选》，北京大学历史系民族教研室译，中华书局，2006年，第71页。
② 陈寅恪：《金明馆丛稿二编》，上海古籍出版社，1980年，第120页。
③ 陈寅恪：《金明馆丛稿二编》，上海古籍出版社，1980年，第120页。
④ 陈寅恪：《金明馆丛稿二编》，上海古籍出版社，1980年，第120页。
⑤ 参见胡振华：《乌古斯传》，载《新疆文艺》1979年第3期。

的融合（正如东夷的日中三足乌），这是中亚草原太阳文化融进图腾机制的证明。

"在有关《沙土克·布格拉汗的传说》中说，在他们出门征战的时候，有一只猎犬为他领路，跟引路狼一样。甚至在喀什噶尔博什克然木与阿图什之间的山中开出一条道路。此后，这条路就被称为'狗路'。"①

韩儒林述畏兀儿文《乌护汗史诗》（Oughouz Namé），与之略同。② 显然，这苍狼不但是图腾之遗子，而且是一种引导兽，有如鲜卑族所敬礼的四不像状神兽。刘义棠《维吾尔研究》改译苍色为蓝色，说："此狼之故事，或与《周书》《隋书》《北史》等所记突厥之祖先有关狼之故事有关，因我人切不可忘却维吾尔与突厥乃兄弟民族也。"③ 刘义棠跟韩儒林、陈寅恪等一样，指出其同出一系。他又认为："前引残诗中所用之蓝色皆不作蓝色解，而应译作'天的'或'神的''神圣的'。"④ 据说，"十七世纪中亚史学家阿不勒哈孜在他的《突厥世系》一书中，也有关于狼引导战败后的维吾尔人从黑暗中走向光明，把维吾尔人从死亡线上拯救出来的故事。这些记载，无疑都源于古代突厥人关于狼的神话"⑤。

在维吾尔民间故事《神树母亲》里，妖怪吃掉牧羊老人并追赶其女，牧羊姑娘逃进神树母亲的怀抱。大树虽然合拢，姑娘的红头巾却露出一角在树外，妖怪拔牙为斧砍树，神树痛得流泪。此时，"天上闪过一道光亮，一只苍狼从空中落到离妖怪不远的地方"，吓跑了妖怪（后来又一次的救援中它出现在月光之中）⑥。这显然也是光明崇拜与图腾崇拜的融合。"这里的苍狼，完全是一个天神的形象，和《乌古斯传》里的苍狼很相似。"⑦ 维吾尔族人出远门时，衣袋或装狼骨以辟邪。

韩儒林特别注意到这一系统感生传说里的三个授孕的主体——狼、树木、天光，并且把三者联系起来。志费尼《世界征服者史》及元人虞集《道园学古录》所记高昌史料有言天光降于树而成瘿生儿者。韩儒林认为："此说来源，或

---

① 海热提江·乌斯曼：《维吾尔族动物崇拜初探》，见白庚胜、［匈］米哈伊·霍帕尔主编：《萨满文化辩证——国际萨满学会第七次学术讨论会论文集》（下册），大众文艺出版社，2006 年，第 379 页。
② 参见韩儒林：《穹庐集——元史及西北民族史研究》，上海人民出版社，1982 年，第 284 页。
③ 刘义棠：《维吾尔研究》，正中书局，1977 年，第 72 页。
④ 刘义棠：《维吾尔研究》，正中书局，1977 年，第 73 页。
⑤ 郎樱：《论维吾尔英雄史诗〈乌古斯传〉》，载《民族文学研究》1984 年第 3 期。
⑥ 参见《神树母亲》，载《民间文学》1985 年第 9 期。
⑦ 张越：《〈乌古斯传〉与突厥神话》，载《民族文学研究》1987 年第 6 期。

可上溯至夫馀民族之大气感生说。"这就跟陈寅恪等先生一样把此类传说联为一个有机的整体（当然其间的内在联系或递嬗衍化关系和异同点还要进一步推敲）。

马长寿也认为，突厥为铁勒部落之一，与畏兀儿有密切关系。"而且突厥文《阙特勤碑》上说：'九姓乌古斯，吾之同族也。''九姓乌古斯'便是'九姓铁勒'，乌古斯也就是《隋书·铁勒传》里的乌护，可见突厥与铁勒同源，是没有问题的。"①

前面说过，朝鲜族学者金宽雄曾细致比较阿尔泰突厥语系、西北和北方某些民族天光感孕与卵生故事，指出其有共同性。特别是突厥人认为其祖乌古斯有两个妻子，一个是天上蓝光变成的少女，他俩结合，生了三个儿子，分别叫太阳、月亮、星星；另一个妻子是湖水中树洞里的少女，他俩结合，生了三个儿子，分别叫天、地、海。金宽雄和张越认为，这跟《拾遗记》里游于西海之滨，扶桑树下的仙女皇娥、白帝子少昊颇有类同之处。但是这一点较难成立，因为树洞与树下所反映的神话观念截然不同。

现在把世界上有关犬狼图腾授孕或哺养英雄或弃子英雄的事迹附述于下，借供比照（太阳神阿波罗，也有故事说是狼孩）。

（1）［斯拉夫人］华里高尔与威尔维杜勃。据说他们是由母狼或母熊喂大的，都是大力士。华里高尔移走高山，威尔维杜勃把橡树连根拔起，他们"后来成了人民英雄"②。他们跟库尔班等同样是熊孩或狼孩。

（2）［德意志］吉特里赫。他被弃后由狼奶妈喂大。其绰号"沃尔夫吉特里赫"就由母狼而得。沃尔夫（wolf）的意思是狼。

（3）［印度］萨塔瓦干与辛格-巴勃。萨塔瓦干被弃，由母狮奶大。辛格-巴勃被弃由牝虎喂大。

（4）［土耳其］布尔塔-齐诺。他生下来就被扔到湖里，为母狼所救，长大后成了土耳其国的创建者。

现在让我们再回过来看蒙古民族那些或隐或显的弃子英雄故事。

（5）［蒙古族］铁木真。元太祖成吉思汗即铁木真幼时可能曾被遗弃于牧地，而为人所收养。《元史·太祖本纪》《蒙古秘史》叙其婴幼时事未及于此。但《蒙古秘史》中塔儿忽台乞邻秃黑在回忆往事时曾说：

---

① 马长寿：《突厥人和突厥汗国》，上海人民出版社，1957年，第5页。
② 参见［英］爱德华·泰勒：《原始文化：神话、哲学、宗教、语言、艺术和习俗发展之研究》，连树声译，广西师范大学出版社，2005年，第231页。

>帖木真是不会杀我的。当帖木真被遗弃在无人的牧地里的时候，我看他的眼睛有光，面上明亮，是一个聪明的小孩子，我把他带回来。我像教三二岁马驹似的教养他。在那个时候我很容易把他害死，但是我慈育了他。现在帖木真心里也会记着那回事吧？帖木真不会杀我的。①

这可能是一种冥昧了的传说。"像教三二岁马驹似的教养他"，既包含着"牧人的收养"的暗示，又给人以"先生如达"的联想。"眼睛有光，面上明亮"而又被遗弃，更证明他曾作为北方太阳文化的精英而接受过某种磨炼或考验。

在一则蒙古历史传说里，铁木真更被说成系其母履迹而孕生：

>先是佛祖有言曰：将来世上有十二暴汗，以淫威踩蹋百姓，天必遣神道降生，夷灭暴汗，以救百姓也。也速该把阿秀儿大妻诃额仑一夕忽梦在雪中寻觅马迹，有足印一行，履之有感而醒。是时红光烛天，遂生一子，生时手握血团，知为瑞征（按：此事亦见于《元史·太祖本纪》）。时壬午年正月也。其父也速该把阿秀儿适俘其仇铁木真归，大喜，遂以铁木真名其儿，以志功也。②

此记载成书甚晚，显系捏合周人及印度传说而成。但其观念甚古，如以敌酋为儿名，盖欲获得其灵性与勇气也。此亦暗示铁木真曾为弃儿，而此足印极可能为马迹，包含马图腾文化之思想，与前述如马驹似的长大暗合。这就使他与中国乃至世界各族物异型弃子联系了起来。

蒙古早期还有许多弃儿和收养弃儿的故事。据拉施特《史集》，成吉思汗曾经把"一个掉在路边的婴儿"送给长妻孛儿帖旭真抚养，"长大时起名叫失乞-忽秃忽，又被称为忽秃忽那颜"③，他成为一位伟大的法官。忙忽惕部有归顺成吉思汗者被兄长射杀，他留下的乳婴为母方亲人藏在羊毛里，伯父们用叉子插到羊毛里都没有找到他，后来又被藏到锅底下，"他的寿命是[上天]注定的"。他也曾为成吉思汗所收养。速合讷惕部有首领与女奴（Kanizak）私通，有了私生子，其母将其用丈夫袄上的貂皮包裹，"抛到了柽柳丛里"。其夫认出毛皮，

---

① ［蒙］策·达木丁苏隆编译：《蒙古秘史》，谢再善译，中华书局，1956年，第126页。
② 蒙文原：《蒙古逸史》，陈任先译，广文书局，1976年，第6—7页。
③ ［波斯］拉施特主编：《史集》（第1卷第1分册），余大钧、周建奇译，商务印书馆，1983年，第174页。

乃拾回抚养，以后繁衍出速合讷惕部。① 因为蒙语称柽柳为"速海"，暗示其从柳丛生出。这就又与后稷之被"置于平林"以及其他游牧民族弃子英雄被置于树洞，或从树丛里寻获，有了些微联系。

跟格萨尔完全同格的蒙古族史诗弃子英雄还有格斯尔。

（6）［蒙古族］格斯尔。法国学者鲍里斯·希克洛试图用萨满教的再生仪式来解释北亚一些史诗里英雄幻化和奇异诞生的原因。他们介绍说，蒙古族英雄格斯尔曾经诞生三次：第一次出生在天上，到三岁还睡在摇篮里；第二次诞生于赞比，生时装成一个魔鬼、黑乌鸦精，钻进一个老太婆的肚子，重新出现时变成一只肮脏的癞蛤蟆，三次战胜他的敌人，然后回到他自己的黑色的铁摇篮；第三次生在一座顶部平坦的山上，"格斯尔被他地上的父亲带进了山中的一个洞穴，然后命令父亲把他送回到黑色的铁摇篮里去，那里有他的奶瓶——也是用黑铁制成的——他的母亲会用自己的乳汁把它装满"②。

这第三次诞生，暗含着一次丢弃。那是常见的弃于山间洞穴，属于山野型。类似的三次诞生多见于阿尔泰史诗英雄的事迹。"这位英雄最初是由一个住在地上的老太婆生出来的。几天之后，他的父亲、老人玛达依-卡拉把他送到一座黑山顶上的摇篮里，放在一棵长着四根树干的桦树下面。"其原因是避乱，隐藏起来以免为敌人所得。"所以在离开之前，他仔细地把一根120米长、装满母亲乳汁的大管子绑在桦树上，使乳汁一滴一滴地落到婴儿的嘴里。他还另外绑了一根管子，使孩子可以直接喝到桦树的树汁。"③ 这里显然又羼进树生儿、生命树哺乳的重要关目，可与前述罗马故事相参照。这个生长奇速、力大无穷的小英雄像在摇篮里扼杀两只巨蟒的赫拉克勒斯，挣断捆绑的皮带和铁圈的沙逊大卫，用小弓箭射蝇的朱蒙那样，"拔掉了两只靠近摇篮的乌鸦的铁喙和铁爪，代之以角质的喙和爪"；又"用一根软的螫针代替了一只黄色巨蚊的骨质螫针"。④

应该注意到，蒙古开国英雄铁木真也有类似的树的庇护和摇篮神迹。在民间传说里，他的母亲像摩耶夫人生释迦牟尼那样"在一棵蔽风的龙爪树下"生

---

① ［波斯］拉施特主编：《史集》（第1卷第1分册），余大钧、周建奇译，商务印书馆，1983年，第308页。
② ［法］鲍里斯·希克洛：《史诗英雄的幻化》，吴岳添译，见《民族文学译丛》（第1集），中国社会科学院少数民族文学研究所编印，1983年，第271—272页。
③ ［法］鲍里斯·希克洛：《史诗英雄的幻化》，吴岳添译，见《民族文学译丛》（第1集），中国社会科学院少数民族文学研究所编印，1983年，第272—273页。
④ ［法］鲍里斯·希克洛：《史诗英雄的幻化》，吴岳添译，见《民族文学译丛》（第1集），中国社会科学院少数民族文学研究所编印，1983年，第272页。

出他的，割脐带用的是"有刃的石头"（对石刀的纪念）。相士欣哲奇说："这童子不能睡在尘土污秽上，应在空中才好。"这样就只好"在火上烫弯了河边的紫柳，把二九一十八个柳环绕在两棵柳干上，用四根牛皮吊绳系在帐幕的套淖（天窗）上"，这样摇篮就制成了。① 其入篮仪式十分隆重。欣哲奇弹奶酒祝福道：

> 一张洁白的羊皮，
>
> 表示银白的大地，
>
> 四根金色的吊绳，
>
> 表示四方的天极。
>
> 十八个柳环的摇篮，
>
> 预兆着十八个义弟；
>
> 五种谷物的摇篮，
>
> 将能收聚五方贡礼。②

他即位以后，还做了一个金柱银边的摇篮传给后代。

希克洛还试图用雅库特萨满三度再生的信仰说明格斯尔诞生的依据："雅库特人相信萨满会再生三次。所以他们说有个萨满二十岁时他病了，死后不久又再生了。这个萨满说他在被埋葬之后，又被取出来放在一棵落叶松树顶的一个鸟窝里，由兽母——样子是一只长着白色翅膀的驯鹿——喂养。他在窝里一连呆了三年，吃驯鹿的乳汁，以后他的身体愈来愈缩小，变得像一根顶针。"③ 在这个意想里，却实实在在地包含着山野-物异型弃儿故事的典型情节，动物的救护和喂养。弃于鸟巢也是常见的弃子关目。所以不论格斯尔的诞生抑或萨满的追忆，都埋藏丢弃-考验这个神话英雄最重要的神秘经历。

（7）杜尔伯特始祖。杜尔伯特人的推源神话《天女之惠》采用的是天鹅处女型故事的不完全框架。猎人在纳德山湖里发现了一群沐浴的天女，用套马的皮索套住了一个，并且和她结了婚，生下了一个孩子。"但是她不能在人间常住，只得自编一只小小的摇篮把孩子挂在树上，又加派一只黄色小鸟昼夜为孩子唱歌，然后悲痛地回到天上去了。"④ "挂在树上"云云，自然是弃置的婉曲

---

① 苏赫巴鲁：《成吉思汗的故事》，中国民间文艺出版社，1984年，第3—5页。

② 苏赫巴鲁：《成吉思汗的故事》，中国民间文艺出版社，1984年，第5页。

③ ［法］鲍里斯·希克洛：《史诗英雄的幻化》，吴岳添译，见《民族文学译丛》（第1集），中国社会科学院少数民族文学研究所编印，1983年，第273页。

④ 齐木道吉、梁一孺、赵永铣等：《蒙古族文学简史》，内蒙古人民出版社，1981年，第13页。

说法或讳饰。树上的摇篮更是格斯尔、铁木真等北亚创业英雄的圣物，也许是母亲子宫的同义语。小鸟的唱歌则是"鸟覆翼之"一类神鸟庇护的淡化和美化。"后来，孩子很快长成一名身材魁梧的伟丈夫，创立了伟业，并成为绰罗斯家族的祖先。"① 可惜，这故事失落了太多的真实。

藏族伟大英雄格萨尔王跟格斯尔一样是个综合型弃儿，因其与西北方、北方文化有亲缘关系，故附述于此。

（8）[藏族] 格萨尔王。这个号称世界最长的诗篇《格萨尔王》的主人公，是由天国里的白梵天王第三个儿子顿珠尕尔保托胎降生的。顿珠尕尔保变成一只神鸟，飞下凡间寻找投生的地方。这里当然也暗含鸟图腾机制。母亲尕擦拉毛向大王之神和大梵天求子之后，见到"一位天神的儿子，身穿锦绣的衣服，佩戴着珠玉的装饰，光辉耀眼，从天空摇摇摆摆，缓缓而下"②，这又有些像蒙古先祖的神孕。怀孕以后十个多月（过了产期），生下几种动物，最后"生下来一个象羊肚子一样的圆圆的肉蛋"③（因为投胎的神曾化为一只鸟），箭头割开后跳出一个做拉弓样子、会说话的婴儿，就是格萨尔。这当然是个标准的卵生弃子、射手英雄。

他的叔叔超同极其嫉恨他，把这个早长、早慧的小英雄抢走了，"挖了一个九层的深坑，里面放上刺鬼，把孩子放在刺鬼上，四肢都钉上一个大木橛子，心口上用刺鬼点成灯，用大石头把脑袋压上，最后，用土把深坑填平"。④ 然而才转身，孩子便跳了起来，而且，速长早慧，"已长得象八岁孩子那样大了"。这当然是一种隐蔽形式的弃，也可以理解为一种获得英雄性的磨炼，一种现实而又能加强其神性的考验。

这位自称世界人类的太阳的弃子-射手英雄正是太阳神授孕给龙女而生的。他是大鹏的化身。他生下时如"光明"一般洁白，"长着大鹏鸟首，手持白色绸结"，对妈妈说："我是白盔上面的保护神……我是哥哥白螺大鹏鸟，永远不离岭国丈夫身。"⑤

可以说，在格萨尔的降生神迹里，集中而又完满地组合进了古代中国及有关游牧文化区的许多弃子英雄诞生的故事及其常见关目。他虽然是新生态、再

---

① 齐木道吉、梁一孺、赵永铣等：《蒙古族文学简史》，内蒙古人民出版社，1981年，第13页。
② 《格萨尔王传》（贵德分章本），王沂暖、华甲译，甘肃人民出版社，1981年，第9页。
③ 《格萨尔王传》（贵德分章本），王沂暖、华甲译，甘肃人民出版社，1981年，第16页。
④ 《格萨尔王传》（贵德分章本），王沂暖、华甲译，甘肃人民出版社，1981年，第18页。
⑤ 《格萨尔王传》（花岭诞生之部），王沂暖、何天慧译，甘肃人民出版社，1985年，第46页。

生态的神话英雄,却具有相当的典型性、代表性。在某种意义上,他作为中介,把许多弃子英雄联系起来。所以,这是一个综合性的弃子英雄。他是西藏人民根据某些史实、中原等地的神话所独立创造的民族英雄形象,但他又有西藏本土宗教(苯巴教)和西藏佛教(喇嘛教)相结合而产生的独立性、组合性英雄。南受印度文化的影响,北接萨满教文化的播扬,自我组织成一个既有本土基础又融和外来艺术因素的伟大史诗英雄形象,还把自己的威力远远地传播于整个亚洲,至今毫无衰歇之态。这真是亚洲乃至世界传说文化史上的一个奇迹。

现在先看和我国夷夏两大集群弃子传说基本趋同的物异型(或山野型)的主要特征。此型传说大致上可表述为:某英雄祖先在孕育或诞生时表现灵异或怪变,被弃于山间或田野,为动物或牧人、猎户所救。

三、东西方山野 – 物异型弃子

泛西方的物异型弃子英雄

古代巴比伦的伟大史诗英雄就是个弃儿,属山野 – 物异型。

1. [巴比伦] 吉尔伽美什 (Gilgamesh)

在所谓世界第一部史诗《吉尔伽美什》里,"英雄季尔加米士,或称以斯杜巴(Izdubar),是洪水神话的英雄西纳比斯(或作 Utnapishtim)的后裔。据说季尔加米士(即吉尔伽美什)原来是历史人物,后来辗转相传,渐失真相,遂变成神话的人物"。据古老的民间传说,"他原本是天潢华胄,其父为加尔底亚(Chaldea)伊勒克城(即今之华尔卡,Warka)之君,季尔加米士继立为王,不幸为巴比伦东方的伊兰族侵入,把伊勒克城夷为平地,瓦砾无存。季尔加米士抵敌不住,仓皇出走,无处投奔,就在旷野居住。他终日在野外打猎为生,苟延残喘,但后来却变成一个强悍粗暴的猎人,历尽千辛万苦,终于起兵反攻,赶走伊兰族人,恢复伊勒克的故业,邑人遂奉之为王"①。

这只是说他幼遭战乱,壮罹散亡。然而,"有的传说里,吉尔伽美什不过是乌鲁克城守军的一个弃婴。而在另一传说里,却说巴比伦有一习俗,他们为祈求五谷丰登,每年祭神时选一婴儿作为牺牲,或杀之或弃之山谷。吉尔伽美什当选,便被从悬崖投向山谷。此时为一大鹫所救。它将吉尔伽美什驮在背上,

---

① 黄石:《神话研究》,开明书店,1927 年,第 143 页。

飞至高空，又安然无恙地将他掷落在一家居民的院落里。这家人发现后，将他抚养成人"①。牺牲或献祭本来就是弃儿的一种理由或解释。大鹫的援救有如"鸟覆翼之"，暗示这个伟大的史诗英雄跟巨鸟有血缘关系，也是苏美尔、巴比伦鸟图腾和太阳神鸟崇拜的一个痕迹。

这个英雄跟后稷一样是智慧的化身，文化奇迹的创造者：

此人见过万物，足迹遍及天〔边〕；

他通晓〔一切〕，尝尽〔苦辣甜酸〕；

……

他跋涉千里，〔归来时已是力尽〕筋疲，

他把一切艰辛全都〔刻〕上了碑石。②

"吉尔伽美什"的含义是"火与斧的人"。赫罗兹尼认为，他是普罗米修斯的原型，是最古老的灵智英雄。"根据爱斯奇里斯的记载，普洛米修斯暗中把火给予人类，教人类建筑砖屋，伐木，造船，开矿，冶金。他是第一个驯服牡牛和马而以轭驾驭牛马的人，他教人类计算和书写文字，观察天星，医治疾病，预言未来和其他技术。根据以后的传说，他是第一个教亚述人以占星术的。这个记载把他和亚述-巴比伦尼亚人密切联系起来了。"③ 关于此说有不同意见。

吉尔伽美什像后羿一样是准太阳神，体现着光明崇拜与太阳崇拜的统一。他跟弃儿兼英雄赫拉克勒斯和后稷一样"仡如巨人之志"。

自从吉尔伽美什被创造出来（？）

大力神〔塑成了〕他的形态，

天神舍马什授予他〔俊美的面庞〕，

阿达特赐给他堂堂丰采，

诸大神使吉尔伽美什姿容〔秀逸〕，

他有九〔指尺〕的宽胸，十一步尺的〔身材〕!④

巴比伦有一位女王也属物异型弃子。

2. ［巴比伦］ 塞米拉米斯 （Semiramis）

塞米拉米斯也曾作为弃儿为鸽子和牧人所呵护。其名义为"鸽子"。"在亚

---

① 《吉尔伽美什》，赵乐甡译，辽宁人民出版社，1981年，第109—110页。
② 《吉尔伽美什》，赵乐甡译，辽宁人民出版社，1981年，第15页。
③ ［捷］赫罗兹尼：《西亚西亚、印度和克里特上古史》，谢德风、孙秉莹译，生活·读书·新知三联书店，1958年，第72—73页。
④ 《吉尔伽美什》，赵乐甡译，辽宁人民出版社，1981年，第16页。

细里亚那个地方，有一个叫德克尔多的美人鱼。她有一个女儿。众位巨神命令她把女儿扔在一座山的山顶上。"① 岩穴里的鸽子们照拂小姑娘的冷暖，为她叼来吃的东西。牧人们发现并救了她。她嫁给大臣奥涅斯，并跟随丈夫出征。出征时她穿着戎装，身先士卒，鼓舞了士气。后来她被国王强占，再后来继位为王。当得悉儿子要阴谋篡位时，塞米拉米斯伤心至极。"她变成了一只鸽子，在众目睽睽之下飞走了。"② 有学者说她像中国那以三青鸟为使以得饮食的西王母（当然没有多大根据）。

德国考古学家西拉姆说，这位空中花园（Handing Garden）的建造者塞米拉米斯，生平"材料大部分来自台西亚斯，而台西亚斯是以善于杜撰著称的"③。但就传说学而言，狄奥多鲁斯的记载颇为有趣。据他说："赛米拉米斯出生以后被弃，由鸽子喂养，长大成人嫁给一位朝臣"，"她穿的衣服'分不清是男是女'。最后把王权交给儿子，化为鸽子飞出宫闱，成仙而去"。④ 依照此说，她是主动离位的，事实也许是被阴谋逼宫。

鸽子或斑鸠，跟玄鸟一样，从来都是性与生殖的力量。她由鸽子——也许暗示着一个秘密的父亲或母亲——喂养，既是鸟（祖灵或图腾）崇拜的余绪，又是神圣化的暗示（建造神奇宫室的圣女主），所以复归为鸽子，回归天界。

古希腊神话里更有非常丰富的物异型弃子故事，比如宙斯。

3. ［古希腊］ 宙斯

提坦（Titanes）神族的幼子克洛诺斯（Cronus）有三个孩子，神谕说他最小的孩子宙斯一定会杀父自立为王。这是典型的叛子弑父母题，是永恒的继位者非法接班，或所谓抢班夺权政治斗争或宫廷政变的神话映象。克洛诺斯就把宙斯丢弃在山谷里，亏得一只母山羊阿玛尔忒亚（Amalthea）做了他的乳母，把他喂大，就跟后稷故事里的"牛羊腓字之"一样。所以宙斯的化身是一只山羊。据希罗多德说，"在宙斯的祭日里，他们（希腊人）只宰杀一头牡羊，把它

---

① ［西班牙］卡洛斯·纳达尔·加亚编：《世界各国神话与传说》，齐明山译，中国民间文艺出版社，1985年，第285页。

② ［西班牙］卡洛斯·纳达尔·加亚编：《世界各国神话与传说》，齐明山译，中国民间文艺出版社，1985年，第286页。

③ ［德］C. W. 西拉姆：《神祇·坟墓·学者》，刘迺元译，生活·读书·新知三联书店，1991年，第305页。

④ ［德］C. W. 西拉姆：《神祇·坟墓·学者》，刘迺元译，生活·读书·新知三联书店，1991年，第305页。

的皮剥去，把这皮来披到神像上面，就如同宙斯神曾给自己披上羊皮一样"①。宙斯的罗马后身朱庇特跟大地之子巨人堤福俄斯（Typhoeus）作战失败，只好"把自己变成了领队的雄绵羊，因此直到今天在利比亚他的显相还是双角弯弯的绵羊"②。至于宙斯作为羊图腾后裔、化身为羊，是跟他的东方来源分不开的，他的埃及的前身阿蒙神的化身就是公羊，或称羊头神。③

后来，正是这个阿蒙羊首神的承袭者宙斯变作一个羊形的牧神，伪装山林神萨提儿，在绿荫掩蔽之下，跟美如天仙的安提俄珀（Antiope）媾合，生下一对双生子。

叛逆与篡弑贯穿在希腊诸神（前）几代的谱系之中：克洛诺斯杀乌拉诺斯（Uranus）；宙斯杀克洛诺斯。这是代际间的利益与观念的冲突。

由生物学观点看来，雄狮常常吃掉幼崽，为的是让母狮提早发情，以便与其交配，更多更快地播撒自己的种子，母狮则舍命保护幼狮。血统不明的幼狮一旦长大，就会威胁父王的地位，提前取而代之。父王也可能因年高德劭而退居二线，成为退位神（就好像阿波罗的父亲宙斯，后羿的父亲帝尧，小二郎神的父亲李冰）；他的合法或者非法的继承人往往会抢班夺权，希望赶快取得统治地位，因而发动宫廷政变。父王们对此了如指掌，存有戒心，不是食子、杀子，就是将其隐匿、丢弃。希腊代际天神残酷食子或杀子，是小英雄与天帝冲突的强形式。

在赫西俄德《神谱》里，"天"之神乌拉诺斯跟地母该亚生下几个凶猛的孩子，"他们一开始就受到父亲的憎恨，刚一落地就被其父藏到大地的一个隐秘处，不能见到阳光"④——丢弃的婉曲说法——护崽的母亲则用灰色燧石做了一把巨大的镰刀待用。诸子中最勇敢的克洛诺斯趁着天神"覆盖"大地带来的黑暗——"从埋伏处伸出左手，右手握着那把有锯齿的大镰刀，飞快地割下了父亲的生殖器……把它扔进翻腾的大海……"⑤

哺乳期中的母兽也有反抗、抵御父兽不断进犯的极端行为，这不仅是去势而断绝其亢进的性欲，更重要的是保护自己和后代。长大的幼兽当然更会反叛（尽管多是失败）。自然主义神话学的经典说法是：镰刀代表新月，割开了黑暗

---

① [古希腊] 希罗多德：《历史（希腊波斯战争史）》，王嘉隽译，商务印书馆，1959年，第295页。
② [古罗马] 奥维德：《变形记》，杨周翰译，作家出版社，1958年，第58页。
③ 参见萧兵：《从"羊人为美"到"羊大则美"》，载《北方论丛》1980年第2期。
④ [古希腊] 赫西俄德：《工作与时日　神谱》，张竹明、蒋平译，商务印书馆，1991年，第31页。
⑤ [古希腊] 赫西俄德：《工作与时日　神谱》，张竹明、蒋平译，商务印书馆，1991年，第31—32页。

的乌云；大海则接受并且更新天空的生命力，那落进浪涛的命根子除了溅出一些强壮的男女神，还生出了爱神阿佛洛狄忒（维纳斯），这"爱阴茎的"浪花女神。天之神被阉割，天地从此分开，光明和黑暗也有了明确的界限。

天道好还，天神受到同样的报应（阉割等于篡弑）。

克洛诺斯与瑞亚（Rhea）交合，生下包括宙斯在内的一群杰出的子女。"每个孩子一出世，伟大的克洛诺斯便将之吞食，以防其他某一骄傲的天空之神成为众神之王。"① 这种吞食子女的行为，自然学派解释为乌云遮盖了星星。瑞亚定下计策保子杀夫。

> 在她快要生下最小的儿子、强大的宙斯时，他们把她送到吕克托斯——克里特岛上的一个富庶的村社。广阔的大地从瑞亚手里接过宙斯，在广大的克里特抚养他长大。在黑暗的掩护下，地神首先带着他迅速来到吕克托斯，抱着他在森林茂密的埃该昂山中找到一处偏僻的秘密地下洞穴，把他藏在这里。②

这是为了救护的积极型丢弃。瑞亚把一块大石头包在襁褓里，让贪暴的父王吞食，以后克洛诺斯被"叛子"打垮。

维尔南说："这一聪明智力、机警奸诈（智慧）的主题，像一根红线，贯穿于关于君权的希腊神话整个织面的始终。"③ 但他试图用政治智慧——兵不厌诈的策略或权谋——来解释代沟或代际间冲突，解释从宙斯以来父子们权力斗争的结束，却是远远不够的。

为了保持天界或奥林匹斯山相对的安定，也为了自身的权威，保证不再被叛子篡弑，狡猾的宙斯采取了各种政治措施和手段。按照维尔南《众神飞飏》的重溯，他吞吃了已经怀孕的第一任妻子墨提斯，由他自己（从头部）生出女战神雅典娜，避免了因恋母而杀父，以及首子反叛的危险［所谓代孵制（covada）就是这种生育权转移的微弱残留］。他消弭提坦巨人族的反抗，把他们压在山穴里，又跟盗火者普罗米修斯达成严惩之后的必要妥协。他用潘多拉怀柔与迷醉人类，让他们受尽苦楚却又保留希望，还把必死性与暴力争夺的本性转移给人类。在天界，宙斯尽力保持利益均衡，以及相对的正义和公平，允许神们争吵却不互相残杀。他巧妙地"进行权力分配，不再通过暴力强加于人，而

---

① ［古希腊］赫西俄德：《工作与时日 神谱》，张竹明、蒋平译，商务印书馆，1991年，第40页。
② ［古希腊］赫西俄德：《工作与时日 神谱》，张竹明、蒋平译，商务印书馆，1991年，第41页。
③ ［法］让－皮埃尔·维尔南：《神话与政治之间》，余中先译，生活·读书·新知三联书店，2001年，第300页。

是通过所有奥林匹斯神之间的共同协议完成"①。于是他取得最高统治权,并保持了有条件的平衡和稳定。

4. [古希腊] 安菲翁(Amphion)和仄托斯(Zethus)

他们俩一生下来,就被其母安提俄珀的弟弟兼未婚夫吕科斯(Lycus)丢弃在路旁,被一个牧羊人救护。②无论是宙斯化形萨提儿授孕,还是牧羊人的救护,都表示这跟后稷的诞生一样是羊图腾族的感生神话。这也证明宙斯一系的弃子故事是有序列性、承袭性和连续性的(Lycus 有"狼"的意思,正是羊的大敌)。

在这个序列里,更有名的弃子是英雄珀耳修斯。

5. [古希腊] 珀耳修斯

太阳和雷电之神宙斯曾化作一阵金雨(这金雨便是精液和太阳光的象征)进入幽闭着阿耳戈斯国王阿克里西俄的女儿达那厄的高塔,使她怀孕,生下了英雄珀耳修斯。神谕说阿克里西俄的外孙将要夺他的王位,谋他的性命(后来他果然无意中杀害了外祖父),他才把女儿关在塔里和人世隔绝,但是她却因宙斯赐孕生了孩子。③阿克里西俄只好把他们装在大箱子里丢进大海。"宙斯引导着这只箱子穿过大风浪,最后,潮水将它运送到塞里福斯岛。"④塞里福斯(Seriphos)岛国王波吕得克忒斯(Polydectes)的弟弟狄克提斯(Dictys)救援并收养了他们。一说,是他带着他的两个仆人去打鱼时捞到那个大箱子的;一说是他自己在捕鱼时发现的。总之,这是一种渔人的收养,又涉及漂流。

这个故事本来属于标准的漂流型,但是它在一整套序列性的弃子故事里具有承前启后、继往开来的作用,所以暂述于此。

珀耳修斯故事进入罗马世界以后也有它的改型。意大利比萨地区民间传说,星相家预言一个公主将成为太阳的妻子。国王和王后只好把她幽闭在塔楼里,让她看不见阳光,她到了二十岁时爬上窗口,阳光爱上了她,照了她一下,就使她有孕并生下一个女儿。她用金丝褓裸裹好女儿,扔在蚕豆地里,为邻国国

---

① [法]让-皮埃尔·韦尔南:《众神飞飏——希腊诸神的起源》,曹胜超译,中信出版社,2003年,第45页。
② 参见郑振铎:《希腊神话》(上册),生活书店,1935年,第273页。
③ 参见郑振铎:《汤祷篇》,古典文学出版社,1957年,第43页。
④ [德]斯威布:《希腊的神话和传说》(上),楚图南译,人民文学出版社,1982年,第55页。

王所救。① 这个孩子长大后以后做出了许多奇迹，并和王子结了婚。这个弃儿不过由男性变成女性，由河海转到田野罢了。

跟珀耳修斯及其本事有血缘关系的还有圣·乔治等，顺带介绍于此。

6. ［古罗斯］ 圣·乔治 （Saint George）

珀耳修斯曾经杀死水怪救出美丽的公主并和她结婚。这个故事进入基督教世界以后就被改造成为圣·乔治杀死巨蛇，救出作为牺牲的少女，后者当然不能和圣者结婚，便做了女修道士。

在古罗斯传说里，勇士圣·乔治有神一般的仪表，他有一双金色的手和银色的脚。他跟他的前身太阳王子珀耳修斯一样是太阳神（例如宙斯）之子，所以"他的额角上有一颗太阳放射着红光，而他的后脑勺则有一个月亮在泛着光亮"②，表示他是日月大神和上帝的后裔，跟他的前身祖先一样是欧洲太阳文化的精英。他跟后稷、后羿一样，幼小时便能骑马射箭、舞枪弄棒，而且也幼遭丧亡、少遇离乱，父亲为入侵的异邦人所杀，母亲带着他躲进岩洞（这是被弃传说的改装），他"在岩洞里生活了八年，只有林中野兽是他的伙伴"③。

7. ［亚美尼亚］ 沙逊的大卫

希腊英雄珀耳修斯被弃和杀怪成婚的神迹也曾经"转移"到亚美尼亚史诗英雄萨纳沙尔及其子孙的身上，当然都得到创造性的发展。萨纳沙尔的母亲喝了海滨卵石上涌出的清泉便怀孕生下他，暗示他们三代英雄都是海神的后裔（密斯拉-麦立克曾经说大卫是个蛇儿子，暗示他是龙蛇的后代）。萨纳沙尔的孙子、穆格尔的儿子大卫也曾经被丢弃。大卫婴幼时期跟赫拉克勒斯、后稷、后羿们一样具有惊人的神力，在摇篮里就挣断捆绑他的皮带和铁圈。国王麦立克猜忌他，要把他丢弃在深山，还叫"两个武士绑了他的两手和两脚，好教他安静地在山上坐着"④。结果当然没能制服他。他们祖孙四代建立了许多殊勋。

从宙斯到珀耳修斯序列性弃子故事里很重要的一环是赫拉克勒斯。

8. ［古希腊］ 赫拉克勒斯

他是雷雨兼太阳金雨之神宙斯与珀耳修斯的孙女阿尔克墨涅媾合的私生子。

---

① 参见［意］伊塔罗·卡尔维诺：《意大利民间故事选》，陈秀英、任宜、刘黎亭译，外语教学与研究出版社，1981年，第108页。
② ［苏］阿基穆什金：《自然界奇闻怪事》，宋东方译，科学普及出版社，1981年，第110页。
③ ［苏］阿基穆什金：《自然界奇闻怪事》，宋东方译，科学普及出版社，1981年，第111页。
④ 《沙逊的大卫》，霍应人译，人民文学出版社，1957年，第238页。

宙斯的妻赫拉仇恨她的情敌阿尔克墨涅，并嫉妒她有一个宙斯预言将来有着光荣前途的儿子。所以当阿尔克墨涅生下赫拉克勒斯时，因为恐惧万神之母的嫉恨，阿尔克墨涅将他放置在田野里，那地方后来人们仍然称为赫拉克勒斯的田野。在这里，假使不是一种神奇的机会使雅典娜和赫拉看见他躺在大路上，他真的会不能生存。雅典娜惊奇地看着这个生得美好的孩子，很可怜他，并劝诱她的同伴赫拉用她神圣的乳哺育他。他贪馋地吸食乳汁，不像一般婴儿，咬痛了赫拉，她的乳汁溅到太空，变成银河。"所以她粗暴地将他放回地上。雅典娜将他抱起来，带到附近的城里，作为一个可怜的弃儿，要求王后阿尔克墨涅代为养育。"① 赫拉的化身是母牛（希腊人常说"牛眼睛的天后"），赫拉克勒斯吸赫拉之乳，暗示他是吃牛奶长大的，一如后稷的"牛羊腓字之"。但更重要的是，赫拉克勒斯跟他的前辈太阳王子珀耳修斯一样也是太阳神的后裔。他曾经像太阳神阿波罗、后羿、天王郎一样与河神冲突、斗法，曾经折下化身为牛的河神阿刻罗俄斯之角，这就是那著名的丰饶之角（Corucupia），象征着代表人类的文化英雄治伏水患和水怪，使土地丰收。

赫拉克勒斯虽然没有履迹感生的灵迹，但是古希腊却有这个巨人和大力神的圣脚印。希罗多德《历史》说，他的大足印"是印在杜拉斯河河畔的岩石上面，形状和人的足印一样，可是却有两佩巨斯耐人寻味的。

宙斯之子、年轻一代的太阳神阿波罗后裔中也有一位弃子兼文化英雄，成为太阳族序列性弃子故事的一个分支。

9. ［古希腊］ 医神阿斯克勒庇俄斯（Asclepius）

古希腊菲里济斯王（King Phlegyas）美丽的女儿柯罗尼丝（Coronis）为阿波罗所爱，但是她却不忠实于这个风流好色的青年神。阿波罗一箭将她射死，悔恨之余从她腹中救出了一个婴儿，但又把他"弃舍在山里，让他去自生自死。在那里有些母山羊找着了他，给他奶吃，有一只狗看守着他，直到后来一个牧羊人来了，把他拾去了"②。这里跟宙斯故事一样，是图腾羊亲自来哺乳，有如农神后稷的"牛羊腓字之"，而且也有牧人出现，暗示这位医神是羊图腾的后裔。后来这孩子又被交给半人半马的喀戎（Chiron）去抚养，总之和动物分不开。他继他作为医神的太阳父亲而成为西方的医药之父和医生的保护神。

医神旁边这只狗，也令人注目。狗守护着他，就是哺养了他。有人说，他

---

① ［德］斯威布：《希腊的神话和传说》（上），楚图南译，人民文学出版社，1982年，第145页。
② ［英］劳斯：《希腊的神与英雄》，周退寿译，文化生活出版社，1950年，第129页。

是个犬孩,"一只母狗哺育了他"①,后来才被猎人发现。有人说,猛犬作为守护神,帮助他驱除疾病和灾害。有人说,这种匹配,有其东方渊源。巴比伦的"伟大的女医师(神)"依辛城的古拉(Gula of Isin)有犬相随;祭拜她要用犬,她的神庙里发现了"整整一系列的狗墓地"②。祈愿与医神,都要兼祭"狗和领狗人(猎户)"。

10.〔古希腊〕达弗涅斯(Daphnis)

这是西西里岛的一位有名的诗乐之神,据说田园诗体是他创造的。他是神的使者和竖琴发明者赫耳墨斯跟山林小女神所生。"达弗涅斯"这个名词带有"月桂"的意思,是诗人与音乐家的荣誉。他就生在月桂树下,由天然的艺术家尼姆菲(Nymph,山林女神,义曰新娘子)抚养长大。因为私生,母亲才把他遗弃在山林之中,为牧羊人所救护。③ 他生得十分漂亮,天生一副好歌喉,神们都乐意教他音乐。可惜天年不永,天地为之低回哀叹。"他的英年早逝以及天地对其去世的悲痛之情,都让我们想到达弗涅斯是一位植物神,他象征着自然界植物在冬季的枯萎与死亡。"④

另一个弃儿是著名的杀父娶母的悲剧主角俄狄浦斯。

11.〔古希腊〕俄狄浦斯

古希腊英雄时代忒拜城国王拉伊俄斯(Laius)到德尔斐向太阳神阿波罗卜问子嗣。阿波罗答应给他一个儿子,但预言他将死在这个儿子手里。他妻子伊俄卡斯忒(Iokaste)为他生了个儿子。三天后,他就把儿子丢在喀泰戎(Kithairon)山上,并在他左右脚跟上各钉进一颗钉子(或说用皮带穿过其足跟⑤)。负责抛弃孩子的仆人可怜他,将他送给科任托斯的牧人。科任托斯王波吕玻斯和王后墨洛珀将其收养为子,名之为俄狄浦斯,义为伤足。以后他果然杀父娶母,应了阿波罗的预言。这也是个山野型弃儿故事。

---

① 〔德〕瓦尔特·伯克特:《东方化革命——古风时代前期近东对古希腊文化的影响》,刘智译,上海三联书店,2010年,第72页。
② 〔德〕瓦尔特·柏克特:《东方化革命——古风时代前期近东对古希腊文化的影响》,刘智译,上海三联书店,2010年,第72页。
③ 〔希腊〕索菲娅·N. 斯菲罗亚:《希腊诸神传》,〔美〕黛安·舒加特英译,张云江译,国际文化出版公司,2007年,第110页。
④ 〔希腊〕索菲娅·N. 斯菲罗亚:《希腊诸神传》,〔美〕黛安·舒加特英译,张云江译,国际文化出版公司,2007年,第111页。
⑤ 参见〔德〕斯威布:《希腊的神话和传说》(上),楚图南译,人民文学出版社,1982年,第219页。

马丁·尼尔森说:"英雄的名字描述了英雄本身拥有的某些特征。"① 所以,像赫拉克勒斯、后羿等等的名字,都不能轻轻放过。"因为名字本身的结构形式,我们能够断言,俄狄浦斯的被抛弃与他娶母的故事在一个比历史时期还要早的时期与一个民间故事结合在一起,这个民间故事即一个年轻人猜中了斯芬克斯的谜语赢得了王后与王位。"② 他认为,这个情节可以远推至迈锡尼时代。

让-皮埃尔·维尔南就俄狄浦斯论述希腊弃子英雄的特征与背景:

> 弃婴可能会是一个人人嫌弃的废物,畸形怪物或卑贱的奴隶,但也可能是一位为命运非凡的英雄人物。他死里逃生,战胜了自从出世便落到头上的种种艰难险阻,"放逐者"表明自己是天神的"选民",被赋予非凡的能力。③

跟中国弃儿多贵一样,俄狄浦斯胜利还乡,甚至成为绝对君主,统治从前厌弃他的臣民。歌队暗示,被弃的俄狄浦斯可能是某位天神的后代;或他的母亲是仙女;父亲是潘神、阿波罗、赫耳墨斯或狄俄尼索斯(有趣的是,他们生下时也曾被弃)。

维尔南以为,直到公元前5世纪,弃儿情节"仍再现于某些僭主的形象塑造中"④,就像中国那些似乎不合法、幼罹散亡的帝王将相那样。

加拿大学者哈恩(Johann George Von Hahn)曾举出类似《遗弃与回归》的14个弃子英雄,说其故事大致上都有相同的关目:(1)非法出生;(2)预言其将成为伟人(威胁到父亲),被其父抛弃;(3)被动物或底层民众(按:多为猎户、牧民、渔夫、樵夫)救护;(4)长大后南征北战,建功立业,或打败父王;(5)凯旋故里,救出母亲;(6)成为城市、国家建造者,或国王。⑤ 这些故事都属于雅利安系统。

奥托·兰克不区分山野、湖海二型的弃子,主要根据西方的材料,概述其主要情节与义项:英雄的出身比较显贵,一般都是国王的儿子。而英雄的诞生

---

① [瑞典]马丁·佩尔森·尼尔森:《希腊神话的迈锡尼源头》,王倩译,陕西师范大学出版总社,2016年,第73页。
② [瑞典]马丁·佩尔森·尼尔森:《希腊神话的迈锡尼源头》,王倩译,陕西师范大学出版总社,2016年,第73页。
③ [法]让-皮埃尔·威尔南:《〈奥狄浦斯王〉谜语结构的双重含义和"逆转"模式(1968)》,杨志棠译,见陈洪文、水建馥选编:《古希腊三大悲剧家研究》,中国社会科学出版社,1986年,第512页。
④ [法]让-皮埃尔·威尔南:《〈奥狄浦斯王〉谜语结构的双重含义和"逆转"模式(1968)》,杨志棠译,见陈洪文、水建馥选编:《古希腊三大悲剧家研究》,中国社会科学出版社,1986年,第512页。
⑤ 王倩:《20世纪希腊神话研究史略》,陕西师范大学出版总社,2018年,第45页。

要经历一些困难，比如性禁忌，延长不孕期；或者英雄的父母知道性禁忌，但是二者却私自结合了。英雄是危险的。"在英雄的母亲怀孕前，一般都有一个梦或者预言式的神谕，提示英雄的诞生要对父亲造成威胁。"① 弃儿被救长大后，获得成功，杀父救母，并且继续他的伟业。兰克试图用精神分析与象征理论诠释漂流型故事。

12. ［古希腊］ 阿波罗与阿耳忒弥斯

考虑再三，我们本来没有把这一对名满寰宇的英雄兄妹列为"弃子"。但是他们确实"幼罹散亡"，用伊利亚德的话来说，提坦女巨人勒托（Leto）跟宙斯私生的孩子，"承受了最悲惨的人的命运，甚至被剥夺了出生的权力"②，应被视为隐蔽型弃儿。

勒托找不到一个地方生下自己的孩子。嫉妒的天后赫拉时刻在威胁着他们母子，不许他们降生于陆地，生下来也没有谁敢收留他们。只有德洛斯（Delos）岛接纳了她们。德洛斯岛是按宙斯与海神波塞冬的意旨自动由海里浮出的——Delos 的意思就是"我出现"③。勒托在棕榈树下生下孪生姐弟阿耳忒弥斯和阿波罗，棕榈也就成了圣树。④ 海神也曾以巨浪屏蔽母子。

由于赫西俄德《神谱》说事过于简单，"勒托也在恋爱中与神盾持有者宙斯结合，生下喜欢射箭的阿波罗和阿尔忒密斯，他们是宙斯所有子女中最可爱的两个"，我们搞不清他们怎样生下和被隐藏（丢弃的含糊说法）。

神话的一种版本说，勒托为了躲避赫拉的追捕，曾变身为一只母狼，到德洛斯岛上生下两个孩子。他们到了利比亚（非洲）在一处泉水（或湿地）旁停下，为自己和孩子沐浴，却被牧羊人追逐，因为她还是狼的形样。"他们（孩子）立即变成了青蛙，而勒托则在一群狼的引领下抵达了克桑托斯（Xanthus）河边，她将这条河献给了阿波罗，为了表示对群狼的救命之恩，她给这块土地起名为'吕基亚'。"⑤ "吕基亚"的意思是"狼"。希腊语中 Lycia 为吕基亚，

---

① Otto Rank, *The Myth of the Birth of the Hero: A Psychological Exploration of Myth*, Baltimore, Md: John Hopkings University Press, 2004, p. 48. 转引自王倩：《20 世纪希腊神话研究史略》，陕西师范大学出版总社，2018 年，第 46 页。
②［美］米尔恰·伊利亚德：《宗教思想史》，晏可佳、吴晓群、姚蓓琴译，上海社会科学院出版社，2004 年，第 227 页。
③ 参见鲁刚：《世界神话词典》，辽宁教育出版社，1989 年，第 357 页。
④ 参见鲁刚：《世界神话词典》，辽宁教育出版社，1989 年，第 357 页。
⑤［希腊］索菲娅·N. 斯菲罗亚：《希腊诸神传》，［美］黛安·舒加特英译，张云江译，国际文化出版公司，2007 年，第 93 页。

而 Lycos 是狼，Lux（lycos 的词根）则是光，阿波罗姐弟/兄妹又是日、月神。

由 Lycos（狼）衍化出阿波罗的一串称号，如希腊语中的 Lyceius（勒科乌斯）、Lycoergus（勒科古斯）、Lycoctonus（勒克特诺斯）、Lycegenis（勒科吉尼斯）等等。这些都含"狼"的意思。狼本来是羊的灾星，但本是狼孩的牧者阿波罗，又转化为牧神（Lycos），"也正因如此，他便被转变成了牧羊人的保护神，也就成为了狼的敌人"①。他还曾"举长矢兮射天狼"。

有材料说，他们生下来为牧人或猎人收养（上文交代，牧人或猎人往往是牲畜的文明表达）。他们以佑助畜牧者来报答他们幼时的救护者。阿波罗不仅是牧人的神，《俄耳甫斯教祷歌》说他"主掌播种耕作"。他还是家畜的保护神。在这种对立转化中，尤可窥见其原为狼孩。

阿耳忒弥斯除了兼司丰殖之外，更以赤牝鹿自随，这也许暗示母鹿曾是她的哺乳者。《荷马颂歌》说："她在女猎手的陪伴之下，在深山野林中度过时光。"或说，她自身曾化形牝鹿或母熊。在阿提刻，她的女祭司身披熊皮，举行仪式跳舞，尊她为熊神——熊也许是她的养母。由于自身体验过不许出生和被丢弃的痛苦，武勇的弓箭手、月亮女神阿耳忒弥斯"庇护分娩女人，尽管你自己不曾分娩过。你解开腹带，爱疯狂的神圣，驱散苦楚"②。据说她一生下来就帮助母亲收拾、照拂紧接着生下来的小弟弟。伊利亚德注意到这位童贞的母亲神对动物的特殊关爱：

> 这位女神的远古特征明显。她首先是独一无二的"兽之女王"（potnia therōn）（《伊利亚特》21.470 以下），即是说，她曾经既是一个充满激情的猎手，又是一个野生动物的保护者。荷马也叫她"野兽的女主人"（Agrotera）。而埃斯库罗斯则称她为"山之女神"（《片断》342）。她尤其喜欢在晚上打猎。狮子和熊是她喜欢的花纹动物，这让人想起亚洲的原型。③

自然（主义）神话学派说，小日神与小月神生时被隐藏或被丢弃，是日、月初升时被乌云屏蔽的寓言。

跟阿波罗同格的太阳神赫利俄斯（Helios），曾"被（巨人族）提坦诸神沉

---

① ［希腊］索菲娅·N. 斯菲罗亚：《希腊诸神传》，[美] 黛安·舒加特英译，张云江译，国际文化出版公司，2007 年，第 103 页。
② 吴雅凌编译：《俄耳甫斯教祷歌》，华夏出版社，2006 年，第 73 页。
③ ［美］米尔恰·伊利亚德：《宗教思想史》，晏可佳、吴晓群、姚蓓琴译，上海社会科学院出版社，2004 年，第 236 页。

入大海，后飞升天宇，成为光辉四射的太阳"①。这是被弃的象征讲述。

丢弃—回归—振兴，也曾被赋予宇宙论：这至少是模拟太阳降落与复升，植物的落种和萌生，体现着宇宙和宇宙生命的死亡与复活的循环。

阿波罗后裔里的弃子还有伊翁。

13. ［古希腊］ 伊翁

雅典国王厄瑞克透斯（Erechtheus）美丽的女儿克瑞乌萨（Creusa）和这位风流好色的太阳神阿波罗偷偷生了一个孩子，就是伊翁。"由于畏惧父亲的愤怒，她将这孩子藏在一只篮子里，放置在她和太阳神神秘幽会的岩洞。……为使这新生的孩子有一些身份证明，她给他带上一根她做姑娘时所带过的由许多小金龙联成的项链。"②后来阿波罗命交通之神赫耳墨斯把这个孩子救出，他以后被生母及其王夫克苏托斯收养，但母亲不承认他，险些被杀。亏得女祭司皮提亚（Pythia）带来了篮子和项链等证物，才得以母子团聚，他长大后成为伊俄尼亚人光荣的祖先。欧里庇得斯悲剧《伊翁》叙写的就是这个故事。这个故事基本属于漂流型，但它也是太阳族弃子传说序列里的一个分支，姑叙于此。

古希腊还有一些物异–山野型的弃儿。

14. ［古希腊］ 阿塔兰塔

跟后羿一样勇杀封豨的古希腊女英雄阿塔兰塔是一个熊孩。她是伊阿索斯和克吕墨涅的女儿，生后被弃在山里。有一个母熊走过来，见了这奇怪的小东西很中意，给她吃自己的奶。不久，有几个猎人经过这条路，找着了她，救她回来，把她养育大了。③这故事的生活基础是确实有兽孩事件，其文化背景则是图腾熊的血裔，跟古罗马的开国者狼孩罗慕路斯一样。据说她是月神、猎神、处女之神阿耳忒弥斯的亲密伴侣，"长得很美，但却厌恶男人，喜欢在山林狩猎"。阿耳忒弥斯是宙斯的女儿、阿波罗的孪生姊妹，所以这也属于太阳神族神话。

或说阿耳卡狄亚王是因为阿塔兰塔是个女孩子才把她丢弃的。

"一个女孩儿有什么好处？"他说，"她什么也不会，只会唱唱歌，纺纺线，花花钱。要是个男孩，他就能学会很多事情——骑马呀，打猎呀，打仗呀；以后还会成为阿耳卡狄亚的国王。可是这个女孩当不

---

① 魏庆征编：《古代希腊罗马神话》，北岳文艺出版社、山西人民出版社，1999年，第312页。
② ［德］斯威布：《希腊的神话和传说》（上），楚图南译，人民文学出版社，1982年，第61页。
③ ［英］劳斯：《希腊的神与英雄》，周遐寿译，文化生活出版社，1950年，第208页。

了国王啊。"①

那只母熊是因为小熊被猎人偷走才爱上这个女婴的。"当孩子的一双明亮的黑眼睛看着它的时候，它轻轻地哼起来，用温暖的舌头舐了舐孩子的脸，然后挨着孩子躺下，跟躺在自己的崽儿旁边一个样儿。"② 这倒很可能是一种现代的解释，就好像母狼因为婴儿吮吸乳头而被诱发了母性一样（此似维吾尔族的熊子英雄库尔班）。

这让我们想起另一个熊孩。

15. ［古希腊］ 帕里斯

古希腊著名的风流王子、拐走美女海伦、引起特洛伊战争的帕里斯，也是一个弃儿。埃萨科斯（Aesacus）曾预言他的后母将生下一个导致本国城池毁灭的婴儿。他的后母就让丈夫把初生的帕里斯交给奴隶阿革拉俄斯丢在荒山里，"但一只母熊却哺乳这个幼儿，五天之后阿革拉俄斯再到原地方去，看见幼儿仍然躺在草地上吃得饱饱的"③，就把他抱回抚育。郑振铎曾经十分优美地描写他的被弃，但没有说他为熊所乳，只是说他为牧羊人所救："这新生的孩子躺在伊达山五天五夜，夜间冷露落在他身上，白天太阳晒在他身上，却并不死去。带他到山上的牧羊人这时经过那里，又去看他一下，见他正酣睡着，一如别的有幸福孩子睡在柔暖的丝床上一样。"④ 牧羊人将其带回养大，孩子健壮耐劳轻捷，美貌和勇力都无人可及。

古希腊还有一些弃儿故事属于山野型和河海型的中间型或过渡型。

16. ［古希腊］ 涅琉斯（Neleus）与珀利阿斯

古希腊英雄涅琉斯和珀利阿斯是一对孪生的弃儿。他们的父亲是海神波塞冬，母亲是堤洛公主。"她秘密的生了两个男孩子，为了惧怕国王知道，她将这两个孩子抛弃在河边的草地上。……国王的牧马者到草地上来……发现了两位孩子，便抱回家给他的妻。"⑤ 这里不但有弃儿故事里常见的牧人的救护（而且是牧马人发现他们于水滨的草地），而且在弟弟的前额上有马蹄印——这正是马图腾的标记。⑥

---

① ［英］詹姆斯·鲍德温：《希腊神话故事》，陈兆林译，云南人民出版社，1981年，第88页。
② ［英］詹姆斯·鲍德温：《希腊神话故事》，陈兆林译，云南人民出版社，1981年，第89页。
③ ［德］斯威布：《希腊的神话和传说》（上），楚图南译，人民文学出版社，1982年，第286页。
④ 郑振铎：《希腊罗马神话与传说中的恋爱故事》，外国文学出版社，1982年，第158页。
⑤ 郑振铎：《希腊神话》（上册），生活书店，1935年，第49页。
⑥ 郑振铎：《希腊神话》（上册），生活书店，1935年，第49页。

波塞冬的化身和他的坐骑都是奔马。汹涌的海浪确实会使初民联想到万马奔腾（有一幅表现希腊神话的名画就把海浪巧妙地绘成一群飞奔的白马，常见于希腊神话著作）。海啸有时会把岸边的马匹卷进浪涛，初民就误以为马是水神的化身。中国的龙马或龙首如马观念的发生也与此有关。波塞冬与堤洛公主交配生子，实质上就是马图腾之授孕，犹如姜嫄履大迹（恐龙足印）而生后稷是龙图腾的授孕。额上的马蹄印是图腾神马的徽识，那么姜嫄所履的龙脚印也可以视为龙图腾的神圣标记。这两个故事在许多细节上叠合，只不过一个是图腾马化为马形之海神来授孕留下印记，另一个则是图腾龙通过其印记来授孕罢了。

17. ［古希腊］ 厄洛斯

古希腊以婴儿形体出现的爱神厄洛斯是个极古老的神。按照赫西俄德的《神谱》，他是太初之神卡俄斯和地母该亚（又是混沌之子）的儿子，代表着原始的亲和力与结合力①，实际上是肉欲之爱的象征。所以他在罗马的后身小丘比特与阿摩耳既是手持弓箭、背生肉翅、小天使一般的爱神（或说他是"小瞎子"，因为爱情是盲目的），又是情欲之神（拉丁语 amor，义为"爱情"，拉丁语 cupido，便是"肉欲"）。或说厄洛斯是天与地（即乌拉诺斯与该亚）之子，或说他是巨人族首领、诸神之父克洛诺斯所生。后来又把他说成是爱神阿佛洛狄忒与其父宙斯或战神阿瑞斯所生。"厄洛斯出生后，宙斯想杀死他，但为阿佛洛狄忒所救，把他藏入密林，由母狮哺养。"② 所以他是个狮孩，作为弃子英雄属于物异-田野型，有典型的动物救援关目。这位小爱神跟蒲赛姬恋爱的故事十分有名，从阿普列乌斯（公元2世纪）的《金驴记》到郑振铎的《希腊罗马神话与传说中的恋爱故事》都有酣畅淋漓的描写。

古希腊罗马各地流行的古老的厄洛斯崇拜，实际上是以圣婴崇拜形式体现的繁殖力信仰。西谚云："爱情与饥饿统治着世界。"有如中国先哲所言："饮食、男女，人之大欲存焉。"这是以朴素的语言肯定着"两种生产"对社会生活和个人心理的决定作用。爱和欲是狂暴的，甚至不顾法律与正义。"在厄洛斯的威力面前，无论是神还是人都只能屈服。"③ 这种力量之所以在婴儿体内保存并体现出来，是因为婴儿元阳未泄，保存着图腾族体的精髓、精华、精血，具有

---

① 参见［苏］B. C. 塞尔格叶夫：《古希腊史》，缪灵珠译，高等教育出版社，1957年，第200页。
② ［苏］M. H. 鲍特文尼克、［苏］M. A. 科甘、［苏］M. Б. 拉比诺维奇等：《神话辞典》，黄鸿森、温乃铮译，商务印书馆，2015年，第108页。
③ ［苏］M. H. 鲍特文尼克、［苏］M. A. 科甘、［苏］M. Б. 拉比诺维奇等：《神话辞典》，黄鸿森、温乃铮译，商务印书馆，2015年，第108页。

丰富的灵性或灵力（亦即原始之德与性）。所以圣婴具有无比强大而神秘的生命力与亲和力。他超越生与死，无法抵御，也不能伤害，不可战胜。阿波罗形容他是"被毒视的可怕的蛇"：

> 他展开双翼，飞过繁星的天空，
> 他迅速的飞着，降伏了一切的东西。
> 无所不知的天神们
> 在恋爱时也要服从他的权力。
> 黑色的河，死色的苦痛之洪流，
> 也是隶属于他的。①

即令被抛弃，他也不会被杀死或摆脱。而且，作为爱和亲和力，他能引导世界万物的运行。

> 他与不死的神族和会死的凡人们嬉戏。
> 双重天性，异常灵敏，掌握世界之匙。②

更要强调的是，这位创世兼创生的爱神，也是卵生，而且应该是宇宙卵所出。阿里斯托芬喜剧《云》（693—702）写道："一开头只有混沌……从冥荒的怀里黑翅膀的暗夜首先生出了风卵，经过一些时候渴望的情爱生出来了，他像旋风一般，背上有灿烂的金翅膀；在茫茫幽土里他与黑暗无光的混沌交合，生出了我们，第一次把我们带进光明。"③

《老子》第 55 章说："含德之厚者，比于赤子，蜂虿虺蛇弗螫，攫鸟猛兽弗搏，骨弱筋柔而握固。"婴儿有这样大的威力或灵力，就像后世修炼童子功之类的得道真人，便因为其保存着族团精血而未外泄。几乎所有物异－田野型的弃子都具备这样的神秘与伟力，"蜂虿虺蛇弗螫，攫鸟猛兽弗搏"，赫拉克勒斯更是"骨弱筋柔而握固"，在摇篮里便扼死了两条巨蟒。然而，只有爱的精灵才是真正的"含德之厚者"，因为他直接掌握着图腾精华——"未知牝牡之会而朘怒（阴茎勃起），精之至也！"民俗神话学有时确能帮助我们揭开哲学史上千载不解之谜。

18. ［凯尔特人］麦斯布哈拉（Messbuachalla）

爱尔兰乌尔斯特国王康马克怨恨王后伊腾，不为他生养男儿而只生女婴。

---

① 郑振铎：《希腊罗马神话与传说中的恋爱故事》，上海书店出版社，2006 年，第 43 页。
② 吴雅凌编译：《俄耳甫斯教祷歌》，华夏出版社，2006 年，第 107 页。
③ 吴雅凌编译：《俄耳甫斯教祷歌》，华夏出版社，2006 年，第 107 页。

他下令将出生的女婴扔到坑中（这明显是因重男轻女被弃）。这个险些被扔的女婴，突然对奉命丢弃的奴仆嫣然一笑。他们于心不忍，将她交给塔拉之王埃特斯拉的牛倌抚养。她成了极其可爱的绣花女，又称为麦斯布哈拉，意思是"牛倌的女儿"，这也许暗示她是被牛养大的（事实上，她小时也只能喝牛奶）。她被关在一个只有屋顶开口的柳条房里（这是达那厄公主密室的凡俗化），被国王随从窥见，推荐给了国王。①

此时，太阳鸟天光授孕的奇迹发生：就像宙斯曾经化作金雨或者飞鸟进入天窗一样，一只鸟飞进来，脱掉羽毛，变成一个光彩照人的青年。"正如达娜、丽达和巴洛尔的女儿恩雅一样，小伊腾（按牛倌的女儿）也爱上了神。"② 她被带到国王那里，她生下的依然是神鸟之子，诸王之王康纳瑞·摩尔（Conary Mor）。

19．［北欧］ 阿司劳乌格（Aslaug）

北欧神话英雄西格德（即后来德意志英雄史诗《尼伯龙根之歌》里的西格弗里德）与仙女堡格希尔德（Borghild）结合。在他出去漫游行侠之前，她生下一个美丽的女婴。"这个女孩名为阿司劳乌格，由外祖父抚养长大，三岁时藏在琴身里，逃难在外。半途上，外祖父宿于农家。农人以为琴中藏有金子，因谋害了那老人，打开琴来一看，却是好看的女孩子。阿司劳乌格在农家长大后，非常美丽，后嫁一尾金为妻。"③ 这个故事较难归型，但和类似的希腊罗马故事可能有血缘关系，爱述于此。

20．［英国］ 亚瑟

英国的传说中英雄亚瑟王实质上是个高贵的弃儿。据英国人马罗礼（Thomas Malory）《亚瑟王之死》的描写，英格兰王由士·潘左干按照魔灵的吩咐，跟死去丈夫的公爵夫人茵格英同床，办法是装扮成才死去三个多小时的公爵的样子，"共圆好梦，当夜成孕，有了亚瑟"。以后国王与她正式成婚。成婚才十三天，孩子生下来了，"国王就命令两个骑士和两个宫女捧着婴儿……交给了魔灵，魔灵就把他带给爱克托骑士，在那里请了一位教士为他受洗，取名亚瑟，

---

① ［爱尔兰］托马斯·威廉·黑曾·罗尔斯顿：《凯尔特神话传说》，西安外国语大学神话学翻译小组译，黄悦、王倩校译，陕西师范大学出版总社，2013年，第103页。
② ［爱尔兰］托马斯·威廉·黑曾·罗尔斯顿：《凯尔特神话传说》，西安外国语大学神话学翻译小组译，黄悦、王倩校译，陕西师范大学出版总社，2013年，第103页。
③ 茅盾：《神话研究》，百花文艺出版社，1981年，第342页。

此后就由爱克托的妻子亲自喂哺抚养"①。此事较难归类，但亚瑟王是欧洲英雄神话序列里重要的一环，故附叙于此。其事本身则近于一种私生的讳饰。交给化成穷汉的魔灵，转由骑士夫妻哺养，不但可以加强英雄出生的神秘性、传奇性，而且可能是对原来丢弃故事的一种掩盖和美化。

21.［冰岛］卡尔亚拉王

传说为圣母玛利亚化身的姑娘玛尔雅达（Marjatta），同样是处女母亲，她吞下一颗自动滑行的蔓越橘，怀孕生子（吞卵生子的改型）。父亲愤怒地责备道："荡妇走得远远的，走到熊的岩洞里，躲在熊的巢穴里，在那里把孩子生，在那里生下野种！"② 这是一个暗示：她的孩子将由熊哺养为熊孩。"圣洁的美姑娘"在马喘息的热气里洗了个桑拿浴，像耶稣生在马槽里一样，未来的英雄诞生了。"婴儿从膝盖上消失／他从围裙上不见。"暗指被弃。弃儿的母亲在旷野里询问星星、月亮，他们都说自己是这孩子的创造者，却不说他去了哪里。太阳只说：他在没胸的沼泽里。一位长老为他施了洗礼，"尊为最高统治者，为卡尔亚拉国王"③。

典型的山野型 - 物异弃儿还有居鲁士。

22.［古波斯］居鲁士大帝（Cyrus）

希罗多德《历史》写道："占梦的玛哥斯僧在占梦的时候预言说，（按：米泰国王阿司杜阿该斯）他的女儿的后裔（按：居鲁士）将会代替他成为国王。"这同样是叛子杀父母题的变形。因为"他梦见从她的子宫里生出葡萄蔓来，这葡萄蔓遮住了整个亚细亚"，这象征居鲁士将要代替他的外祖父统治亚细亚世界。于是米泰王命令一个奴隶把小居鲁士丢到"山中野兽最多的地方去"。这个奴隶却用自己妻子所生的死婴换掉了居鲁士。居鲁士后来为一个牧人所救，"这个牧人的名字叫做米特拉达铁斯，他的妻子和他一样，也是国王的奴隶；她的美地亚语的名字是斯帕卡"④。而"斯帕卡一词是希腊语的母狼的意思"！⑤ 这等于说居鲁士跟古罗马的罗慕路斯兄弟一样是由狼喂大的狼孩。学者们已经注意到这一点。"据说居鲁士与萨尔贡一世相似，他是一个由牧人抚养起来的弃儿，

---

① ［英］马罗礼：《亚瑟王之死》（上册），黄素封译，人民文学出版社，1960年，第5—7页。
② ［芬］伦洛特：《卡莱瓦拉》，张华文译，译林出版社，2000年，第856页。
③ ［芬］伦洛特：《卡莱瓦拉》，张华文译，译林出版社，2000年，第866页。
④ ［古希腊］希罗多德：《历史》，王以铸译，商务印书馆，2017年，第66页。
⑤ ［古希腊］希罗多德：《历史》，王以铸译，商务印书馆，2017年，第66页。

或者说他与埃及的法老或传说中的罗马城的建立者罗慕路斯和列慕斯相似,是被善良的野兽以超自然的方式抚养起来的。"①

古代波斯,除了居鲁士之外,还有些物异型弃子。

23. [波斯] 法里东

祭司告诉蛇王佐哈克,他杀死的阿梯宾将有个遗腹子(法里东),是未来的国王,佐哈克画影图形搜寻他。"他像翠柏一样向上成长,他头上闪耀着皇室的灵光。他继承了贾姆希德的灵光,光明磊落行事如光灿的太阳。"② 他实质上是遭遇时变、动乱与迫害的物异型弃子,只是没有点明而已。他是由著名的"身壮奶足"的牝牛巴尔玛耶奶大的,如同奶娘。"那放牛人整整三年如同生父,用那牛奶把孩子喂养哺乳。"③ 神牛,乃至所有"林中四条腿的野兽"都被蛇王杀死。孩子由山民收养,后来复仇登基。

24. [波斯] 扎尔(Zal)

波斯大臣、掌管印度斯坦的萨姆(Sam)有个儿子,"太阳般金黄色的面庞,但头发却雪白如老人",因为怪相被弃于深山。高尚的神鸟西木尔(Simurgh,或译赛鲁姆)听到孩子哭,便把他抓起带到厄尔布士(Elburz)自己的窝里喂养。孩子长成"像高高的柏树般的男子汉,他的胸膛像银山,他的腰像苇杆"。父亲在梦中受到警告,便接回孩子,取名扎尔,为他祝福。④ 他也被称为达斯坦,其事迹见于《列王纪》(王书)。他跟侯王女儿露达比恋爱的故事被写得非常华美。他们的儿子就是战无不胜的英雄鲁斯塔姆(Rostam、Rustem)。⑤ 祭司们传言英雄鲁斯塔姆之父扎尔乃是魔鬼所生。

> 世界上还有谁比这更出身不正?
> 当那婴儿出生时人们对萨姆隐瞒,
> 都认为对萨姆那是一场灾难。
> 那孩子全身发黑面孔头发呈白色,
> 萨姆一见心中便感到十分恼火。

---

① [俄] 阿甫基耶夫:《古代东方史》,王以铸译,上海书店出版社,2011年,第134—135页。
② [波斯] 菲尔多西:《列王纪全集》(1),张鸿年、宋丕方译,湖南文艺出版社,2001年,第69页。
③ [波斯] 菲尔多西:《列王纪全集》(1),张鸿年、宋丕方译,湖南文艺出版社,2001年,第71页。
④ 参见 [法] G. H. 吕凯、J. 维奥、F. 吉朗等:《世界神话百科全书》,徐汝舟、史昆、李扬等译,上海文艺出版社,1992年,第465页。
⑤ 参见 [法] G. H. 吕凯、J. 维奥、F. 吉朗等:《世界神话百科全书》,徐汝舟、史昆、李扬等译,上海文艺出版社,1992年,第466页。

> 立即下令把此子抛到海边,
>   让鱼与鸟把他身体啄碎撕烂。①

有些像后稷被弃水滨寒冰之上,"鸟覆翼之",更像朱耶赤心,"那鸟便把婴儿叼回鸟巢";但老鸟、小鸟都不吃他不洁的身体,把他抛在一旁。孩子只好靠死兽尸体活命。"众鸟把他赤身拖到锡斯坦"②,老耽的父亲萨姆收留了他。这是敌对者的转述,自有不恭或不实之词。但这改变不了他弃子英雄的神奇经历。"所有人将臣服在他剑下,他的王威将高耸入云。"儿子的勋业证实着父亲的伟大。

25. [波斯] 赫罗

阿斯蒂亚赫斯王梦见女儿生子篡夺其王位,遂命令仆人把他杀死——于是出现了仆人违命的关目、牧人救援的套子。"这个仆人不愿意执行国王的残酷的命令,就把孩子放进森林里,以便让牧人抱走。"③ 这当然是隐蔽的山野型,是俄狄浦斯故事的波斯版。"当他长到十几岁时,就露出了王族血统的本色。每逢他和其他孩子玩耍的时候,大家总推他为国王。如果有的孩子不承认这种权威,他就下令鞭打。"④ 后来他被外祖父认出,便施罚于老仆(命令他吃下亲儿子的肉)。老仆鼓动赫罗报仇。赫罗便策反老王军队,打败了老王并且将他流放。

26. [波斯] 查拉图斯特拉

这个名字原义为"野骆驼"。这位波斯祆教(拜火教)教主,由于尼采《查拉图斯特拉如是说》而名闻天下。传说他曾被弃。伊利亚德说得极简:"他经历了四次考验,都顺利通过,其入会礼的特征显而易见(他被抛进火堆,被丢到狼窝中,等等)。"⑤ 这都是极为激烈的抛弃和考验仪式。苏鲁支(即查拉图斯特拉)的考验、胜利和神迹,都是典型的神化救世主的过程。⑥

希腊作家埃克索杜斯、亚里士多德和赫尔蒙朵里约等认为,查拉图斯特拉

---

① [波斯] 菲尔多西:《列王纪全集》(1),张鸿年、宋丕方译,湖南文艺出版社,2001年,第126页。
② [波斯] 菲尔多西:《列王纪全集》(1),张鸿年、宋丕方译,湖南文艺出版社,2001年,第127页。
③ [西班牙] 卡洛斯·纳达尔·加亚编:《世界各国神话与传说·赫罗逸闻》,齐明山译,中国民间文艺出版社,1985年,第183页。
④ [西班牙] 卡洛斯·纳达尔·加亚编:《世界各国神话与传说·赫罗逸闻》,齐明山译,中国民间文艺出版社,1985年,第183页。
⑤ [美] 米尔恰·伊利亚德:《宗教思想史》,晏可佳、吴晓群、姚蓓琴译,上海社会科学院出版社,2004年,第262页。
⑥ [美] 米尔恰·伊利亚德:《宗教思想史》,晏可佳、吴晓群、姚蓓琴译,上海社会科学院出版社,2004年,第262页。

的时代比摩西约早 5000 年，跟摩西一样是弃子英雄。母亲的受孕与圣子的诞生总是神奇的。"他诞生在'历史的中点'以及'世界的中心'。"① 他出生前后，光芒遍布。他笑着生下时，遍体发光。"在降生前，他就受到魔鬼的攻击，但他以马兹达教的神圣咒语赶走了他们。"②

查拉图斯特拉也是王室之胄，但被从母亲怀中抢走和遗弃。他年满 30 岁之后，成为一个新宗教的先知。③

研究英雄出生的西文著作很多，主要的有：[德]约翰·乔治·冯·哈恩的《雅利安人被逐与返回模式》（1976），[英]奥托·兰克的《英雄诞生的神话》（1909），[英]拉格兰的《英雄》（1936），[美]约瑟夫·坎贝尔：《千面英雄》（1949），[美]阿兰·邓迪斯：《英雄模式与耶稣传生平》（1980）。我们所接触的只是两三种。

英雄以一千个面孔出现，模式却只有一个。坎贝尔认为英雄生下被弃，是一种流放，也是考验，他必然要回归，由无意识的深处和历史的混茫之中回归到现实或当下，以再生与升华的形式再造历史。

> 命运之子必须面对一段漫长的晦暗期。这是极度危险、充满障碍或羞辱的时刻。他被内向抛入自己的心灵深处，或被外向抛到未知的领域。不论是哪个方向，他所接触的尽是未知的黑暗。④

他必须与动物或它们卑贱的代理人或精怪为伍。但这也是他的学校。他早慧、速长，具有非凡的能力，终于通过磨难与锻炼成为英雄、圣贤或君王。

一般将他们归类为弃子型英雄（Hero Exposed Childtype）。但这不能用来否认各个民族、各个地区（弃子）英雄故事的个性，独特性，与占支配地位的独立起源。

调包型： 狸猫换太子

这类故事里有个固定情节：仆人或奴隶之违命（例如同情弃儿而没有将他抛弃）。这个情节在许多民间传说里都有。例如，前举希腊的俄狄浦斯、波斯的

---

① [美]米尔恰·伊利亚德：《宗教思想史》，晏可佳、吴晓群、姚蓓琴译，上海社会科学院出版社，2004 年，第 262 页。
② [美]米尔恰·伊利亚德：《宗教思想史》，晏可佳、吴晓群、姚蓓琴译，上海社会科学院出版社，2004 年，第 262 页。
③ [美]米尔恰·伊利亚德：《宗教思想史》，晏可佳、吴晓群、姚蓓琴译，上海社会科学院出版社，2004 年，第 262 页。
④ [美]约瑟夫·坎贝尔：《千面英雄》，朱侃如译，金城出版社，2015 年，第 298 页。

赫罗等等。又,维吾尔族故事《下金蛋的母鸡》说樵夫的两个儿子误把神鸡吃掉,店主人命令仆人把他们领到戈壁里杀死(这是丢弃的强化态或极端形式),以心为证;他们三人却用狗心代替人心(这又有些狸猫换太子型故事的因素)①。

这种类型的故事实际上包含着弃子的关目(用动物调包,而真身被伪弃)。希罗多德《历史》说,好心的奴隶用自己的死孩子调换将要被弃害的居鲁士,即可视为调包型故事的源头。

《杂宝藏经》已有王后用面团调换小鹿夫人的五百肉卵的故事。(时大夫人,捉五百面段,以代卵处,即以此箧,封盖记识,掷恒河中。王问夫人言:"为生何物?"答言:"纯生面段。")此事在我国有相当古老的源头,似为诸家所忽视。东汉张衡《思玄赋》:"子有故于玄鸟兮,归母氏而后宁。"唐李贤注《后汉书》云:"有故于玄鸟谓卜得鹤兆也。《易》曰:'鹤鸣在阴,其子和之;我有好爵,吾与汝縻之。'言子归母氏然后得宁,犹臣遇贤君方享爵禄。"唐李善注引《古文周书》曰:"周穆王姜后昼寝而孕,越姬嬖,窃而育之,毙以玄鸟二七,涂以虺血,置诸姜后。遽以告王。王恐,发书而占之曰:'蜉蝣之羽,飞集于户,鸿之戾止,弟弗克理。重灵降诛,尚复其所。'问左史氏。史豹曰:'虫飞集户,是曰失所。惟彼小人,弗克以育君子。'史良曰:'是谓阙亲,将留其身。归于母氏而后获宁。册而藏之,厥休将振。'王与令君册而藏之于椟。居三月,越姬死;七日而复,言其情曰:先君怒予甚,曰:'尔夷隶也,胡窃君之子不归母氏?将置而大戮,及王子于治。'"今传《逸周书》及《穆天子传》俱无此事。此处的《古文周书》自是伪书,惜不知其所出耳。但是看《思玄赋》,其事之流传不会晚于东汉。

如果深入一些看,调包型最初很可能起源于图腾血裔的争议和鉴定。某族的妇女生下幼儿,有人认为生下的是异图腾的杂种(例如猫狗、鸟兽之类),所以致弃或遇害;后来逐渐演化为母亲或其支持者说生下的是真图腾儿,不过为仇人用他图腾的异物所调换罢了;最后才融进嫉妒和复仇的故事之中。元曲《抱妆盒》、坊间小说《三侠五义》里的狸猫换太子,不过是此类传说的再生态,却更加有名。小说总是比文献有力。《宋史·后妃传》、王铚《默记》等并无李宸妃之调包案。但《抱妆盒》里,刘皇后已仿效古代传说,命寇承御"将那孩子或是裙刀儿刺死,或是搂带儿勒死,丢在金水桥下",成了一个极端式的弃儿故事。事虽未遂,却完全是文明时代的弃子阴谋。严敦易引清褚人获《坚瓠集》

---

① 《下金蛋的母鸡》,见刘发俊编:《维吾尔族民间故事选》,上海文艺出版社,1980年,第261页。

所谓黄锦"保养孝宗最有功,及登极,赐赍甚厚。世所传陈琳《妆盒记》,乃其事也",又据《曲海总目提要》卷四云"而其情节,大类明弘治事,详见《金丸记》中。此剧在前,《金丸》借其情节敷演,大略皆仿佛",遂疑《抱妆盒》非元人所作。① 但其事朴质,严说根据不足。

鲁迅早已指出,明人杂记《包公案》及据以改编扩大的《龙图公案》是《三侠五义》的蓝本。② 胡适则据《包公案》中的《桑林镇》已有"六宫大使郭槐"将刘妃之女换去李妃之子的事,认为它是《三侠五义》换太子事的雏形。③ 郑振铎则述巴黎图书馆所藏《绣像呼家后代全传》情节,略谓庞贵妃"乃于产前预属产婆将刘妃所生太子换去,而将外面带来的一个女孩填充,同时,并嘱寇直将太子抛于河中溺死"④,而为陈琳所救。陈琳救主一段,则似为近来流行之狸猫换太子之传说所本。这就是准弃儿故事在我国戏曲说部里衍变的大概。

云南大理白族传说祖先重光实质上也是个弃儿,只是介入更神秘的埋而复生的关目而已。他的诞生里也暗含狸猫换太子式的关目,值得注意。《三灵庙记》云,蒙诏神武王偏妃之子厥诞生时,"中宫无出,阴谋以猴儿易而废异,埋于太和城之道旁,密遣能女,夙夜视之。冢生一苇,而畅茂,群毕往复,有一猳牸,先来爱护。一旦斑犊忽食之,女遂报于宫中,宰犊割腹,出一男子,披戴金盔甲,执剑,恨指,腾空而北往吐蕃。后率兵伐太和,至德源城,蒙诏乞和而归。……迄异牟寻孝桓王追封号元祖重光鼎祚皇帝,圣德兴邦皇帝,镇子福景灵帝"⑤。这里丢弃的情节被活埋遮蔽了起来,中间还插进了化成芦苇、被吃进牛腹的关目,但是这本质上等于说他被弃,而后遇救复活。"以猴儿易而废异",表示这也是一种狸猫换太子型故事。

傣族史诗《兰戛西贺》里,朗玛王怀疑其妻西拉被抢走后与十头王奉玛加有染,命令其弟腊戛纳将怀孕的西拉杀死。好心的弟弟用狗心代替人心瞒过了朗玛,放走了嫂嫂。⑥ 也属类似关目。

达斡尔族也有个类似的故事。猎人哲尔迪莫日根有三个老婆,大老婆、二老婆嫉妒小妻生下一个"金背银胸的男孩子",把他掐死、煮烂,喂给乳牛吃,

---

① 严敦易:《元剧斠疑》(上册),中华书局,1960年,第304页。
② 鲁迅:《中国小说史略》,人民文学出版社,1973年,第243页。
③ 胡适:《中国章回小说考证》,上海书店,1980年,第410页。
④ 郑振铎:《中国文学研究》(上册),人民文学出版社,1957年,第1291页。
⑤ 引见徐嘉瑞:《大理古代文化史稿》,中华书局,1978年,第323页。
⑥ 参见潜明兹:《试论傣族英雄史诗〈兰戛西贺〉》,载《中南民族学院学报》(人文社会科学版)1982年第1期,第98页。

又扔给小妻一个狗崽子陷害她。之后乳牛生下一个金背银胸的小牛犊，山神爷白那查将它变成一个男孩子。男孩子非常聪明，设法回家和父母团聚。① 这些弃儿或准弃儿故事，都是山野-物异型的新生态、再生态，含有动物换婴儿的关目，是可以放在一起比较的。

现代部落的弃子故事

现存后进群团，也有弃子英雄。由于注意较少，此处略举数例。例如美洲原住民印第安人里便有类似传说。

巴西尤卡拉雷人（Yuracares）的领头者、超人英雄，被弃后为母豹所救并且哺育长大。

印第安霍皮人一位似乎患了忧郁症的姑娘，参加猎兔以后，意外地生下孩子，害怕父母责备，便把他藏在废弃的獾洞里，孩子被一只衰老无乳的母狼救出并送给羚羊人。他吃羚羊奶，便与羚羊一样长得快——四天就能走路，四个星期后外出玩耍，不久就跑得跟羚羊同样快了。他被猎人发现。羚羊人帮他找到母亲，以及那隐匿的父亲。父亲虽爱他，却常责骂他。他逃回羚羊群——结尾与弃儿必贵不同，他变成了一只羚羊。② 如果按照图腾机制或理论来诠释，这位物异型弃子是回归图腾了（虽然狼救、羊乳、猎人发现这些要素全都具备，他却有明确的生父；可见是一种进步的改型，虽然回归极为古老）。

波利尼西亚的玛乌伊是一个早产儿，被遗弃在灌木丛中（或说丢在海里）。直到长大，才找到父亲与兄长，他们仍歧视他。"他的主要功绩是从海底捞起了一个渔岛，捕捉到了太阳，从女始祖那里获取了火种。"③ 这是一位夸父-普罗米修斯式的盗火英雄，还像鲧那样得到准息壤（捞土-潜水创世型神迹）。这是现存部落社会罕见的弃子故事，弥足珍贵。

上述世界性的弃子故事都有整体的规律性对应表现，反映出一种有序的多次性重复，所以是可比的。宙斯和他直系的儿孙（例如珀耳修斯、赫拉克勒斯等等），以及他们在东方的对应人（例如圣·乔治、沙逊的大卫等，或后稷、后羿、朱蒙），他们被弃事迹的类似性，表现出前后嬗袭、历史衍化的轨迹，可以

---

① 孟志东编：《达斡尔族民间故事选》，上海文艺出版社，1979年，第85—89页。
② 引自 [美] 威廉·A.哈维兰：《当代人类学》，王铭铭等译，上海人民出版社，1987年，第533—539页。
③ [俄] E.M.梅列金斯基：《英雄史诗的起源》，王亚民、张淑明、刘玉琴译，商务印书馆，2007年，第24页。

称为纵向的趋同，应对其做纵剖面的研究；后羿、后稷、朱蒙与珀耳修斯、赫拉克勒斯、圣·乔治、沙逊的大卫等等，他们被弃事迹的类似性，则表现出平行性、层次性的谐和，可以称为横向的趋同，应对其做横断面的研究。至于其间到底是相互交流影响的传袭授受关系（所谓播化或交叉），抑或是人类思维和心理发展模式在某一阶段或层次上的符应偶合关系（所谓进化或平行），则应进行定向、定区、定时、定点的艰苦研究，不宜匆促做结论。

比较文化学的目的在于揭示两项以上事物的异同、优劣和可能的交流、影响，从而探索其间的本质联系和发生发展的规律。规律性对应是其第一要义。列宁说："要真正地认识事物，就必须把握、研究它的一切方面、一切联系和'中介'。"① 这是比较法的灵魂。从一切方面分析事物或对象，寻找其联系，如果其间某些中介表现出系列性、多次性、有序性重复，那就是整体性对应或规律性趋同，它们之间就具有可比性，否则就不可比。上举弃儿具有三个共同点：他们都在婴幼期被丢弃过（原因、目的、手段、经过或同或不同）；他们都被援救并成长为杰出人物；被弃或被收过程都各有灵异之处。

这些共同点都不是偶然的，而具有一定的必然性，即规律性。英雄被弃就是这些故事可以给出的母题。如果只是事迹表面上的偶同，那就不能成为比较科学的对象。孔夫子和耶稣都可能是私生子，但是他们神异的出生并不能作为比较文化学的母题。

这是因为进入比较科学的对象，往往是一种多层次、合节奏、有韵律的谐振性立体交叉结构。这个宏大而完整的结构，每个部分之间的关系既盘根错节，又井然有序。它们在各个方面、各个层次上表现出或平行、或交叉的趋向。然而不管是从事平行（无影响、进化）研究，还是进行交叉（影响、播化）探索，都希望进入比较的对象各个部分之间具有尽可能多的平行线。以世界弃儿神话传说言，它们在横断面和纵剖面上都具有多层次的平行性：（1）这些英雄故事多以溯源神话（Aetiological Myth）、祖先传说面目出现（体裁性平行）；（2）这些故事的背景多在原始社会末期母系氏族式微、父系氏族兴起之际（时代性平行，这一项最重要）；（3）这些故事大部分蕴藏着图腾授孕和考验仪式的要素或秘密（内含性平行）；（4）这些弃子及其祖先或后辈往往建立类似的奇迹或勋业（传承性平行）；（5）这些故事大都表现出初民探讨过去、颂扬勋绩、战胜灾害、

---

① 中共中央马克思恩格斯列宁斯大林著作编译局编译：《列宁选集》（第4卷），人民出版社，1972年，第453页。

克服困难、寻觅领袖、发展文化的积极倾向，而到了阶级社会则往往被篡改为君权神授、天人感应的证明（思想性平行）。

就比较科学而论，平行线越多，趋同性、类似性、对应性越强，可能性越大，比较也就越科学、越可靠。

对象的结构或层次之间较多的平行或趋同，当然易使比较处于佳妙状态，但如果它们的各个细部、某些因子又最大程度地契合，那么比较的可能性和现实性就更大。特别是有些很特殊、很有趣的细节，如果也表现出微妙的密合无间，那么对象之间的可比性、趋同性就是无可怀疑的，这种细节也就成为所谓"不可替代"的证据（古人称之为"铁板注脚"）。

例如物异型的弃子往往发生在野外密林深山（这种局部趋同使我们得以将其归型分类，称为山野型），而且大都与动物或动物的"关系户"（如猎手、牧人、渔夫、樵子等）有瓜葛，这就是一种文化因子或民俗背景的叠合（所以称为物异型）；这种叠合使这组进入比较的故事群及其母题不但具备整体对应性和多重平行性，而且获得殊异细节最大限度的密合性。

历史越发展，时代越晚近，文明越进步，人们就越不愿意宣扬自己的祖先或英雄是由图腾祖先（尤其动物）授孕或哺养、救援的，盖"羞与禽兽为伍"，所以文献记载里此类故事的内涵和背景都相当隐晦而冥昧，有的则仅有痕迹构造，动物的救援被改造为跟动物关系密切的猎户、牧人、渔夫、樵子的救助。但是许多材料都以活化石或遗迹的形态残留并体现着原始社会图腾主义或氏族制度的历史真实，值得进一步比较、鉴别和挖掘。

以上还只是从山野物异型弃子故事里抽绎出动物的救援这一关目或细节做综合的比较和论述。如果从更多的角度或层次来考察，就会发现这一系列的弃子故事里还有许多情节的聚合点也表现出规律性的对应和趋同。比如：有的弃儿是由图腾鸟（多通过卵形中介物）来授孕和救助、哺养的，有的则是卵生的；或系太阳神的后裔；或体现多图腾的混合或斗争（这是氏族和部落兼并冲突的神话反映）；或曾杀怪成婚；或悲壮的死亡（例如后稷"山死"，后羿与赫拉克勒斯都被坏人谋害，等等）。这些关目或因子式、细节群都可以做独立而又有联系的考察和比较。

拉格兰曾经从世界英雄传说里归纳出 22 种原型或模式[①]，其中第六种至第十种分别是：英雄出生后，往往为其父或外祖所加害（例如丢弃）；英雄总是被

---

① L. Raglan, *The Hero*, New York: Vintage Books, 1956, pp. 173-185.

援救；英雄为一远方国家所收容，成为养子；他神秘地死亡；他往往是死于山巅。

这些原型在弃子英雄故事里表现得较为突出而典型。它们到底是出于同源，由某一文化的轴心辐射或播化到其他文化区域里去，或者仅仅是某些因子经历这种传递和授受的过程，还是仅仅因为人类思维模式在某一层次或平行线间表现出惊人的巧合和趋同性？这些重大而微妙的问题只能由事实来回答（事实不但必须再发掘，而且应该再认识）。比较文化学首先要"求同"，找出对象间的共同点、聚合点、对照点，用对应性证实可比性，以密合性保证确切性。在"求同"前提下"存异"，在分析基础上综合。这种"同"当然是规律性之"同"，这种"异"必须是趋同之余的"异"。独木不成林，无同不可比，有异才有同。客观事物总是多样而复杂的，往往同中有异，异中有同；比较文化学的任务之一便是异中求同、同中见异。它首先要求异中之同，然后再发现同中之异。无异之同不必比较，无同之异不可比较。有谁去比较赫拉克勒斯和猪八戒呢？

偶然或巧合的细节在比较文化学上往往只有趣味而没有秩序。列宁说："辩证法要求从相互关系的具体的发展中来全面地估计这种关系，而不是东抽一点，西抽一点。"[①] 这里，殊异性细节的密合往往有举足轻重的作用，它丰富着对象的多层次平行性，加强着对象的整体对应性，正像后二者也往往交错地容纳、控制、调节着前者一样。它们之间成正比，互为补充而不会互相排斥，互为犄角而不能互相脱离。本书举出的动物的哺乳、禽鸟的翼护，以及漂浮的工具、救援的办法等，都可以视为这种细节或关目。这种细节往往是关键性的、权威性的，不可替代、无可猜疑，又不容回避。

汤因比认为，弃子英雄实际上是人物隐退—复出的另一种讲述方式。

> 一个帝王家里的嫡出婴儿在襁褓时期被遗弃了——有时是被他自己的父亲或祖父遗弃的，因为他们做了一个梦或者听到了一个神谕说这个孩子将来要推翻他（如俄狄浦斯和伯尔修斯的故事）；有时是被一个暴君遗弃的（如罗慕路斯的故事），因为他篡夺了这个婴儿父亲的王位，免得将来孩子长大了要来复仇；也有时是被朋友们遗弃的（如伊阿宋、俄瑞斯忒斯、宙斯、荷拉斯、摩西和居鲁士的故事），因为他们

---

① 中共中央马克思恩格斯列宁斯大林著作编译局编译：《列宁选集》（第4卷），人民出版社，1972年，第449页。

想拯救这个孩子的生命,不让他遭到坏蛋的阴谋杀害。①

弃子们必定被救,复出,成为英雄或圣王。

这些弃儿都由于出现了奇迹而保全了生命,然后到第三段也是最后一段里,这些命运不凡的孩子都长大成人,而且还由于艰难生活的经历锻炼成了英雄性格,最后既有权力又有光荣地重得了他的王国。②

伊利亚德以居鲁士的被弃证明其具有入社考验的仪式功能:他从而创造了一个新的小宇宙、小世界。

(1)居鲁士从被抛弃在荒野开始所经历的考验,就相当于军事组织的入会仪式;

(2)在象征意义上,这位未来的国王是(或成为)米特拉(Mittra)神的儿子(他的养父名叫米特拉达铁斯,其义为"米特拉的礼物");

(3)战胜米底亚的国王后,居鲁士建立了新的帝国和王朝;

(4)这也就意味着他创造了一个新的世界,开启了一个新的时代,换言之,他完成了一个"小宇宙的创造";

(5)因为宇宙的起源被新年庆典仪式地重复着,由此我们可以合理地推测,王朝建立的神话和仪式情节也是新年(Nawrōz)庆典的一部分。③

所以,丢弃—复兴也可以看作宇宙自我更新或永恒回归的人类模式。

四、东西方的河海-漂流型弃子

许多河海-漂流型的弃子故事也相似得令人瞠目。前面说过,石器时期的氏族、部落为了取水方便,在发明井以前,喜欢住在水滨(当然又不能近到容易被淹)。世界的古老文明多发源于大河名川流域。有些则充分利用中小河流,发展所谓"小河谷文化"。海滨河畔的原始民族生活的历程和所谓"生命仪典"(或称"过渡仪式")往往离不开水。这些民族与幼儿诞生有关的磨炼、献祭、牺牲,以及祓禊、洗礼、水葬等巫术和半巫术仪式也多在水边举行。漂流型的

---

① [英]汤因比:《历史研究》(上册),曹未风译,上海人民出版社,1986年,第280页。
② [英]汤因比:《历史研究》(上册),曹未风译,上海人民出版社,1986年,第280—281页。
③ [美]米尔恰·伊利亚德:《宗教思想史》,晏可佳、吴晓群、姚蓓琴译,上海社会科学院出版社,2004年,第272页。

弃儿就是一种溺婴、水葬的变形，或其程式化、仪式化，所以又可称为"河海型"。

后稷三弃三收仪式，第二项是"置之寒冰"。《周本纪》云："迁之而弃渠中冰上。"《补史记》则作"捐之大泽"。可见漂流型故事亦已渗入后稷传说。山野和河海二型有时相互渗透，实在也很难截然分开。楚子文是被"弃之梦中"，芮司徒女因毛而赤被"弃诸堤下"，徐偃王曾被弃于水滨。《世说》："胡广本姓黄，五月［五日］生，父母恶之，乃置之瓮，投之于江。"这是漂流的标准型。

彝族有"淌来儿"，皇帝将其装进铁箱，丢进大河。① 满族始祖布库里雍顺生后，其母"与之小船"，令游他处，也可视为漂流型的弃儿。

刘守华曾举藏族有关漂流型弃子之《取杜鹃花的故事》为例，指出它是某些民族过渡仪式风俗习惯的曲折反映。"它讲一个坏人将皇后生的三个孩子装在一个坛子里丢下河去，后被人救活，历经种种磨难，终于大团圆。故事的搜集者特地注明：将死了的孩子装在坛子里投入河中，是藏族的风俗。这样看来，童话故事里以'淌来儿'作主人公，就和我国西南地区一些民族的'水葬'习俗有关了。"②

胡万川进一步分析这一类型故事里水的象征意义：

> "水"不只是生命的源泉，千百年来，更已成为人类思想观念象征的聚合体，它可以代表生命的滋润，可以象征大地之母哺育众生的乳汁。水的浸润洗涤更可以象征去腐生新，去死再生。③

他强调水的死亡—再生象征功能是很有意义的。

藏族的水葬，据说就是促其再生。弃之于水，在某一时空里，可能出于一种仪式，像下文要说的耶稣和基督教洗礼一样，表示一种高贵的再生。但这跟许多水弃的直接目的不同：有的是考验，有的是净化，更多的是置之于死地绝不是为了后生。

这里预先交代一下漂流型故事两大必需元素（水和容器）及其可能具有的象征符号内涵。

奥托·兰克《英雄诞生的神话》略采弗洛伊德的象征分析举例，诸如业已

---

① 参见李德君、陶学良编：《彝族民间故事选》，上海文艺出版社，1981年，第251页。
② 刘守华：《民间童话之谜——一组民间童话的比较研究》，见张隆溪、温儒敏选编：《比较文学论文集》，北京大学出版社，1984年，第298页。
③ 马昌仪编：《中国神话学文论选萃》（上篇），中国广播电视出版社，1994年，第746页。

成为惯例的诸项，容器（篮、箱、船……）象征母腹（子宫），水象征羊水，河海（或洪水）象征诞生（解破－流淌）。这对于理解此型故事是很有理论价值的。当然，他更强调英雄艰难地从诞生到成长的独立性追求的含义，所有的象征元素都不能脱离丢弃与成功这一英雄性的故事中心。

再则，精神分析学派的象征符号诠释是有道理的，尤其是对梦境与丢弃情节相对应的深层含义的解析。但是它缺乏普遍性，脱离了神话的具体语境，尤其是社会历史背景。

再说，弃子还有物异型和山野型，动物象征代母还是原父呢？山野又代表什么呢？像楚令尹子文，因其母与斗伯比私通，生而被弃于云梦泽中，似是漂流型，但跟羊水象征、过渡或水葬仪式无干，甚至也不是考验，却有"虎乳之"，属于山野－物异型。兽乳勉强可说是代母，但大泽滩涂却无所象征——并非所有历史叙写，甚至神圣讲述都能找出象征来。

批评家们把盒子、竹筒、小船之类看作母腹，就好像中国西南民族洪水故事常见的暗喻子宫的葫芦，暗示着羊水的河水或洪水。普罗普进一步指出，这类容器跟蛇妖、恶龙或鱼精的肚子一样，吞吃进主人公（英雄），就是仪式地再现成年礼的进入再逃出兽腹以获得再生与灵力。"装在桶里的主人公的母题与主人公在鱼腹中的母题相似，而且是由后来脱胎而来。……在桶中的逗留与在鱼腹中的逗留是相一致的，后来与别的男孩子们一起所受的神秘教育也与在长者领导下被授礼者的共同生活时期相符，而这一切都是获得做领袖所必需的能力的条件，都是登基为王的条件。"[①] 这跟"弃儿必贵"的说法相一致：通过考验，通过选择，通过磨炼，走向成功，并达成圣俗二重的合法性与权威性——从而成为后来的天予神授理论之张本。

1. ［巴比伦］ 萨尔贡一世

据说，公元 2600 年前，出现过萨尔贡一世的自述：

> 我，强大无比的萨尔贡王，阿卡得的国王。我的母亲是穷人，父亲我没有见过（按：暗示知母不知父），我父亲的兄弟住在山上。我的城邦阿苏比兰努，坐落在幼发拉底河岸边。我可怜的母亲怀上了我，她秘密地把我生了下来（按：暗示私生－贱弃），把我放进一个芦苇编的盒子里，用胶泥封上口以后就把我交给了河水……

[①] ［俄］弗·雅·普罗普：《神奇故事的历史根源》，贾放译，中华书局，2006 年，第 319 页。

这就是见诸文字的最早的西亚漂流型弃子。

  当时河水托着我,把我送到了一个浇水工阿吉那里。……他把我当儿子收养,培养我……

  当我作为园丁的时候,伊什塔尔爱上了我,逍遥自在了四年。①

摩西故事在观念上与之一致。

萨尔贡一世,这位著名的建国者与显赫的国王(或说其在位,约当公元前2400年)曾经被置于槲树船里。或说是灌溉者阿歧救了他,并且教给他"耕种的技术"②。他是西亚的后稷,农业专家和生产能手。他曾经像弃儿伊尹一样成为克什城国王乌尔-萨马马的厨夫,以后夺取了政权,"自称为全苏美尔之主,乌尔和拉格什诸城市之主"。专家指出:"他的出生充满了神秘。后来巴比仑尼亚的传说对他的生平发生兴趣,把许多传说故事都放在他的身上。"③

萨尔贡一世被看作世界性(漂流型)弃子英雄的范型或祖本。塞顿·劳埃德:"萨尔贡卑贱的身世成为后来文学中常见的主题:他是一个被仁慈的农民收养的孤儿,后来被基什王雇佣为持杯人(按:酒童),最后终于夺得了基什的王位。"④ 哈利特·克劳福德说:"他成了伟大英雄的原型之一,后来的许多君王都以其为榜样,许多传奇和故事都是围绕着他的名字积累起来的。"⑤

萨尔贡一世是西亚漂流型弃子英雄的第一位,弃子英雄的源头,研究者甚多。其跟中国的同型故事有什么瓜葛或牵连,目前还不清楚。这有待于对苏美尔人及其语言来源,以及与原始汉语关系的研索与澄清。

  2. [希伯来] 摩西

《旧约·出埃及记》第2章第1节:"有一个利未家的人,娶了一个利未女子为妻。那女人怀孕,生一个儿子。见他俊美,就藏了他三个月。后来不能再藏,就取了一个蒲草箱,抹上石漆和石油,将孩子放在里头,把箱子搁在河边的芦荻中。"男孩被丢弃的原因是埃及的法老要设计杀尽以色列的婴儿,然而正是法老的女儿将他收养,起名"摩西",意思是"因我把他从水里拉出来"(指

---

① [俄] 弗·雅·普罗普:《神奇故事的历史根源》,贾放译,中华书局,2006年,第317页。
② [捷] 赫罗兹尼:《西亚细亚、印度和克里特上古史》,谢德风、孙秉莹译,生活·读书·新知三联书店,1958年,第90页。
③ [捷] 赫罗兹尼:《西亚细亚、印度和克里特上古史》,谢德风、孙秉莹译,生活·读书·新知三联书店,1958年,第90页。
④ [英] 塞顿·劳埃德:《美索不达米亚考古》,杨建华译,文物出版社,1990年,第123页。
⑤ [英] 哈里特·克劳福德:《神秘的苏美尔人》,张文立译,浙江人民出版社,2000年,第33页。

"从水里捞出来的"孩子），或简单的"拉出来"。

前述古希腊英雄珀耳修斯等是被装进箱子抛进大海的，属漂流型。

从表面看，这个丢弃－收养的故事，是世俗乃至平凡的。可以将其纳入动乱与迫害的历史波折，但其原因并非不可深究。其被救看起来偶然，但为敌人的公主所救，却暗示正是古埃及人法老自我制造的潜在危险。"这样的插曲很可能在大多数情况下被当作讲故事人的虚构润色，是他认为简朴的故事还够不上他的主人公的伟大高贵，为了给它增强效果而添加的生动笔墨。"①

摩西的蒲箱漂流，如果跟传说中的耶稣被弃联系在一起，若干"史事"与细节的意蕴，就会明朗一些。

3. ［吉尔吉特］ 特拉坎王

喜马拉雅山中部，吉尔吉特王国国王特拉特拉坎赌马球得胜，按照事先约定，杀死三个对手：他妻子的兄弟。妻子为给兄弟报仇，毒死了王，自己掌权；还把王的遗腹子特拉坎装在木箱中，扔进河里。特拉坎当然获救（照我们看，类似的丢弃，都不一定是成心杀害——杀死一个婴儿太容易了——而多暗含考验、试验的目的在内），后来认母并且为王（在女王病重之时）②。弗雷泽将其归入摩西式的浮沉测试。所以暂附于此。

4. ［犹太］ 耶稣

小耶稣是一位很典型的被崇拜的圣婴，又是个隐蔽形态的弃子英雄。他无父而生，由圣母玛利亚感圣灵而孕，是上帝耶和华的独生子，幼罹灾厄，后来成了教主，"犹太人的王，拿撒勒人耶稣"。《新约·马太福音》说，木匠约瑟的未婚妻玛利亚"从圣灵怀了孕"，主的使者托梦给他说："她所怀的孕，是从圣灵来的。她将要生一个儿子，你要给他起名叫耶稣。"这是弃子故事里很常见的仙圣托梦情节，不过有些变形而已。希律王为耶稣之降生极度不安，派人寻找他，被博士欺瞒之后，他"就大大发怒，差人将伯利恒城里并四境所有的男孩，照着他向博士仔细查问的时候，凡两岁以里的，都杀尽了"。这几乎是摩西故事的复演，也是几乎所有弃子英雄所必经历的劫难。

大卫·施特劳斯指出："正如在希伯来民族故事中，把他们所视为神圣的经书中所记载的一系列这类神迹归之于最杰出的先知之一摩西一样，他们要求凡

---

① ［英］弗雷泽：《〈旧约〉中的民俗》，童炜钢译，复旦大学出版社，2010年，第322页。
② ［英］弗雷泽：《〈旧约〉中的民俗》，童炜钢译，复旦大学出版社，2010年，第324、326页。

自称为先知或者甚至为'人民的最后救主'（摩西为最早救主）即弥赛亚的人也行神迹就是很自然的事了。"① 应该说，在出生—丢弃—遇难的事迹上，两个救主也有类似之处（只是一个属漂流-河海型，一个属物异-田野型；一个明确，一个模糊罢了），而绝不仅仅表现在奇迹之上。

所谓"信经说"认为，"他为拯救我们世人而降临，成了肉身的人，受难，第三日复活，升天"②。他的受难绝不仅从钉在十字架上开始。法国数学家和《旧约》象征论信徒白晋曾将耶稣基督与后稷的被弃与受难做比较。据佳娃丽（Javary）女士介绍："他企图证明基督确实是复活过（后稷的墓位于西方的一棵树上），赞扬后稷为'天地之主'，并试图解释清楚他与上帝（的）关系。"③ 他甚至"希望证明后稷确实是耶稣基督的形象"④，这当然徒劳无功。但作为弃子，耶稣和后稷之间确实有某些相似与可比之处。

《路加福音》所记天使托梦的情节更加显豁，只是比神圣直接通过梦遇而授孕多了个曲折而已。

> 天使进去，对她（童女玛利亚）说：蒙大恩的女子，我问你安，主和你同在了。玛利亚因这话就很惊慌，又反复思想这样问安是什么意思。天使对她说：玛利亚，不要怕，你在上帝面前已经蒙恩了。你要怀孕生子，可以给他起名叫耶稣。……玛利亚对天使说：我没有出嫁，怎么有这事呢？天使回答说：圣灵要临到你身上，至高者的能力要荫庇你，因此所要生的圣者，必称为上帝的儿子。

这跟前述希腊天神梦中授孕给圣处女的事迹有些相似。

《路加福音》又说："玛利亚的产期到了，就生了头胎的儿子，用布包起来，放在马槽里。"这可能有古老的传说依据，而重要情节却失落或隐讳。这很像后稷、朱蒙们被弃于马厩、路旁，牛马避而不践而且为之哺乳。下文还提到天使告诉牧羊人，"一个婴孩，包着布，卧在马槽里"，那便是救主的记号。牧羊人去寻找这婴孩，并将天使的话传开。这其实也是弃儿传说里常见的牧人救援。这些都可归属于物异型。

---

① [德] 大卫·弗里德里希·施特劳斯：《耶稣传》（第1卷），吴永泉译，商务印书馆，1981年，第358页。
② [美] G. F. 穆尔：《基督教简史》，郭舜平、郑德超、项星耀译，商务印书馆，1981年，第85页。
③ [法] 佳娃丽：《白晋对中国神话中稷神的解释》，转引自耿昇：《尚蒂伊国际汉学讨论会综述》，载《中国史研究动态》1987年第6期。
④ [法] 佳娃丽：《白晋对中国神话中稷神的解释》，转引自耿昇：《尚蒂伊国际汉学讨论会综述》，载《中国史研究动态》1987年第6期。

圣经学者 A. 罗伯逊指出，此事确有古神话蓝本。"《路加福音》中所记述的关于婴儿耶稣卧在马厩中的故事，可以溯其源于牧羊神赫梅斯（Hermes）的传说；这个传说被画在一个希腊古瓶上和写在荷马的一篇赞美诗中，据说这神初生时是被放在一个篮子中，有许多牡牛围绕着。"①

幸德秋水认为，基督教义与柏拉图的思想有相通之处，《福音书》的事迹与教义都有从古希腊抄袭而来的嫌疑。他认为圣母的受孕有些像柏拉图的传说："不但它的教义相同，基督诞生的故事，也和柏拉图的诞生极为相似。传说柏拉图是一个叫做伯里克蒂奥涅的处女，接触到阿波罗的神灵而生出来的，神把这件事告诉了处女的许婚阿里斯顿。这是在柏拉图死后数百年间，一直到基督生时，为人们所相信，他的弟子有把他当作神子来崇拜。"② 然则《新约》故事里确实有不少希腊神话传说的素材。又者，《马太福音》第3章写耶稣在约旦河受洗的故事。这洗礼有如祓禊，又有些像置诸寒冰、弃于河海的试炼。这个情节在耶稣诞生圣迹上占有较大比重（而且可能与摩西的出生神迹有一定传承关系），我们将其叙述于河海－漂流型故事群中。

> 耶稣受了洗，随即从水里上来，天忽然为他开了。他就看见上帝的灵，仿佛鸽子降下，落在他身上。从天上有声音说：这是我的爱子，我所喜悦的。

一般认为，清洗初生儿是一种祓禊，为了洗掉他从某种生命带来的血污乃至罪孽。水跟火同样具有清洁或净化功能。③ 然而，这往往被看作一种死亡后的再生，从此以后，就像阿喀琉斯被他母亲抓住足后跟倒提着在海水中浸泡一样，可以百病消除，刀枪不入。"圣水无论是在希腊教会还是在罗马教会都大量采用。好像神恩通过这圣水降临到进入寺庙的信徒身上，圣水仿佛治愈疾病，让人和动物不受损伤，从中魔者身上将恶魔赶走。"④ 等于更换并且强化了生命。

洗礼是一种复杂的民俗或仪式，研究与解释极多，要专门讨论。这里仅仅简介与丢弃、再生相关的学说。基督教认为："人若不重生，就不能见到神的国。人若不能从水的圣灵出生，就不能进神的国。"

---

① [英] A. 罗伯逊：《基督教的起源》，宋桂煌译，生活·读书·新知三联书店，1958年，第92—93页。
② [日] 幸德秋水：《基督何许人也——基督抹煞论》，马采译，商务印书馆，1982年，第56页。
③ 参见 [英] 爱德华·泰勒：《原始文化：神话、哲学、宗教、语言、艺术和习俗发展之研究》，连树声译，广西师范大学出版社，2005年，第744—746页。
④ [英] 爱德华·泰勒：《原始文化：神话、哲学、宗教、语言、艺术和习俗发展之研究》，连树声译，广西师范大学出版社，2005年，第747页。

汤因比说,这种退隐—复出等于死亡—再生。其象征之一是洗礼。

> 当耶稣在约翰手里接受洗礼,他觉察到了他自己使命的时候,他就退隐到荒野里去,在那里住了四十天,然后在他经受了旷野的考验复出的时候,他的精神力量非常旺盛。①

这种退隐—复出一再表演,说明他不断获得并且加强着新的生命。这样,"基督自己就有过'两次诞生':约旦河中的洗礼赋予他以新的生命,使他从水与精神之中再生了"②。教堂里,平民婴儿的受洗不过是简化地摹写丢弃—死亡—再生的过程,仪式地再现弃子英雄在惊涛骇浪中灵肉的冒险罢了。

埃利希·诺伊曼《大母神》说:

> 前基督教的全身沐浴意味着重返大母神神秘的子宫及其生命之水中。全身浸浴在犹太教中至今仍保留着它的仪式意义,而在基督教中,变形的洗礼沐浴是重返鸿蒙之初的原始之卵。③

让我们看坎贝尔所描述的教堂里洗礼吧。执礼的神父祝咒洗礼盘里的圣水,这被称为"教会之腹"(子宫)。"最后,由圣灵孕育的天国子孙,会从神圣洗礼盘的清净子宫中浮现,新生的受造物及所有的一切,虽然有性别或年龄的区别,都可因他们心灵母亲的恩典,而拥有同样的婴儿期。"④ 在这里,三者是对位的:洗礼盘"圣水"、子宫/羊水、漂流(弃子)的河海或洪水。他必须回到子宫经历死亡—再生,或者说以漂流再现死和生。

> 女性之水与圣灵的男性之火结合产生的精神果实,是所有神话意象系统中为人熟知的转化之水在基督教中的对等部分。……当水倒在受洗婴儿的头上时,它已象征性的经历了这个旅程。……他的目标是造访自己"永恒真我"的双亲,也就是"上帝之灵"和"恩典的子宫"。然后他再回到肉身双亲那里。

耶稣受洗以后,"他在旷野四十天,受撒旦(Satan,魔鬼)的试探,并与野兽同在一处,且有天使来伺候他"。这是耶稣传奇里很重要的一个情节。据说贾士丁·马特尔(约公元2世纪)福音书还描写了一些不见于《新约》四福音书的古老情节:他说耶稣诞生在伯利恒城里的一个洞里,后来帮助他父亲做木

---

① [英]汤因比:《历史研究》(上册),曹未风译,上海人民出版社,1986年,第281页。
② [瑞士]荣格:《心理学与文学》,冯川、苏克译,生活·读书·新知三联书店,1987年,第97页。
③ [德]埃利希·诺伊曼:《大母神:原型分析》,李以洪译,东方出版社,1998年,第338—339页。
④ [美]约瑟夫·坎贝尔:《千面英雄》,朱侃如译,金城出版社,2012年,第156页。

匠和车匠的工作，在约旦河受洗时燃起了一把火，同时有天上的声音响起了《诗篇》第2篇第7节的话，"你是我的儿子，我今日生你"。这就把神圣授孕、梦境跟奇异诞生点得很清楚。

陶思炎把一些弃子传说归为水难英雄的弃儿型，以为他们"少小蒙难，历水不死，通魔术，有才武；长成后，不畏艰险，除害布利，为民族、为社稷建功立业"①。他把耶稣归入受洗类，以为他经此洗礼，"获得神爱和奇勇"。而如果把耶稣的河中被禊与他的神秘诞生、被弃联系起来，则似乎此英雄故事与河海－漂流也有关系，就好像后稷的诞生综合与累积了几种神迹一样。

丢弃或漂流，不过是救世（主）英雄一系列受难的开始。它导致重生与勋业的辉煌。"基督在受难日的受难，初看起来似乎属于重生象征模式，与此相同，在这模式中还可以通过诸如欧赛利斯，塔姆兹（Tammuz），俄耳甫斯（Orpheus）和巴尔德（Balder）等'救世主'的仪式，找到同样的象征。他们也是神性或半神性的诞生，充满生机，被害，然后再生。事实上，他们属于神王（god-king），死与再生，成为永远出现的神话的循环宗教。"②

也有人认为，把婴儿丢进水里或在火上炙烤，象征着一种牺牲或献祭。

关于用婴幼作为牺牲，爱德华·泰勒介绍说："在一个盛大的仪式上，每个［秘鲁］部落都把一个儿童作为牺牲去向神赎罪，'他们把这个孩子养壮，首先让他吃喝，以便他不致成为神不满意的和饥饿的鬼'。"③

迦太基人曾经购买并且养肥外族的孩子来献祭给天神克洛诺斯，这种旨在节省的替换触怒了神，他们不得不用更贵重者来补偿。"国内高贵家族中的200个孩子曾被奉献给偶像作牺牲。"④

汤因比《历史研究》综合中世纪以来的史料总结说："耶稣本是一个帝王家里的婴儿——是大卫的一支幼苗或上帝自己的儿子——他在婴儿时期被抛弃了。"⑤ 不管是圣父抑或是圣灵的苗裔，他总是圣子，却成为弃儿。

  他是从天上下降的，出生在地上；他诞生在大卫自己的伯利恒城，

---

① 陶思炎：《论水难英雄》，载《民间文学论坛》1987年第4期。
② ［瑞士］约瑟夫·汉德逊：《古代神话与现代人》，见［瑞士］卡尔·荣格等：《人类及其象征》，张举文、荣文库译，辽宁教育出版社，1988年，第87—88页。
③ ［英］爱德华·泰勒：《原始文化：神话、哲学、宗教、语言、艺术和习俗发展之研究》，连树声译，广西师范大学出版社，2005年，第712页。
④ ［英］爱德华·泰勒：《原始文化：神话、哲学、宗教、语言、艺术和习俗发展之研究》，连树声译，广西师范大学出版社，2005年，第720页。
⑤ ［英］汤因比：《历史研究》（上册），曹未风译，上海人民出版社，1986年，第281页。

但是由于在旅舍里没有地方，只能降生在马棚里（按：诞生处所往往是决定性的"暗示"），像摩西生在船舱里或珀尔修斯生在橱里一样（按：这些都是漂流的容器，具体而微的"挪亚方舟""羲娲葫芦"）。①

再就是动物或其收养者的救护。"耶稣在马棚里受到了动物（按：马、羊）的友好守卫，象罗慕路斯受到了狼的哺乳和居鲁士受到猎犬的保护一样；他也受到了牧羊人们的照看，而且受到一个出身低贱的义父的抚养，象罗慕路、居鲁士及俄狄浦斯王一样。"②

然后他又被偷偷地送到了埃及，才逃脱了希律王的杀害阴谋，象摩西躲藏在苇丛里才避免了法老的杀害、伊阿宋被藏在珀利翁山中使珀利阿斯王无法捉住他才逃出了性命的情况一样。

然后，到了故事的结尾时，耶稣也象其他英雄的凯旋一样，重新出现占领了他的王国。他走进了犹大王国，当他骑驴走过耶路撒冷的时候，他被成千上万的人群欢呼为大卫的儿子。他在升天的时候，他进入了天国。③

所以，从拉格兰的《英雄》到坎贝尔的《千面英雄》，都把耶稣列入弃子，认为他是较为隐蔽的曾经被弃的神子、英雄、圣王或素王。而邓迪斯更有《英雄模式与耶稣传》之作。

5. ［古希腊］ 火神赫淮斯托斯

古希腊火神、锻冶之神赫淮斯托斯是个跛子，跛脚据说是天后赫拉经期不谨，与宙斯交媾受孕所致。所以一生下来，其母就不喜欢他，把他扔到海里去了。亏得美惠三女神之母欧律诺墨（Eurynome）跟女海神忒提斯（Thetis）把他救在海中一个石洞里，整整养了九年。在那里，他一直制造着奇巧的工艺品，还造出了用金石铸成的"机器人"女仆，她们具有人的形象和智能，"有着青春美貌，灵巧而强健，会思想且有声音"。

除了天后经期交媾并受孕使婴儿残疾以外，学者还列举了赫淮斯托斯致残并且致弃的种种说法。比如："她那时对宙斯十分生气，与他吵了架"（《神谱》）；或者，"不是一次爱的结合，而是因为生气，对她的丈夫怨恨在心"（结合了阿波罗多洛斯之说）；"这一残疾是他掉到列姆诺斯岛上的结果。因为他站

---

① ［英］汤因比：《历史研究》（上册），曹未风译，上海人民出版社，1986年，第281页。
② ［英］汤因比：《历史研究》（上册），曹未风译，上海人民出版社，1986年，第281页。
③ ［英］汤因比：《历史研究》（上册），曹未风译，上海人民出版社，1986年，第281页。

在母亲赫拉一边，宙斯一怒之下将他从奥林匹斯山顶摔了下来"（参见《伊利亚特》1·500）；"正是赫拉在其出生时，因羞于他的畸形而将他抛入了大海"（参见《伊利亚特》18·394）。

《俄耳甫斯教祷歌》赞颂这位火神兼锻冶神赫淮斯托斯说：

> 高贵强大的赫淮斯托斯，不倦的火！
> 火光中灿耀的精灵，为凡人而发亮，
> 你带来光明，双手坚实的永生工匠，
> 火的主人，宇宙不可指摘的根本元素，
> 至高的神，你吞噬、征服、消耗一切。
> 天宇、太阳、星辰、月亮和明澈的光，
> 无不向凡人显示赫淮斯托斯的一份额。①

有的学者把类似的浮沉试验看作一种隐蔽的入社仪式。伊利亚德结合希腊几位弃子英雄所受的严酷考验，特别是锻冶之神的被砍割与丢弃，论述其为成丁－入社仪式之神话映象，说：这是一种巫术及萨满式的入会礼，它解释了赫淮斯托斯的残疾。玛丽·德尔克特（Marie Delocourt）将赫淮斯托斯被砍断的脚踵或反转的脚面与未来萨满的入会考验相比较，认为像其他巫师－神祇一样，赫淮斯托斯以他身体的残缺为代价，换取铁匠和工匠的知识。② 他似乎暗示，这是一种类似萨满断身的考验仪式的曲折反映。腿部残疾者可担任铁匠或巫师兼铁匠，而铁匠在那时是神秘的巫师般的职业。他的入社与就职往往严格，包括种种考验；但这不足以解释他一生下来就被弃。

有一种少年入社仪式，除了以较轻微的肉体伤残（例如文身、拔牙等等）加以磨炼之外，还有的用想起来都可怕的杀伤对少年掏心挖肺、砍手断足，表示"旧的已经死去，新的即将生出"，生命的过渡等于身心的转换，一个新的社员、新的战士在革故鼎新或新陈代谢中产生。对待那种被认为是琵琶鬼、敌人、妖怪或者讨债鬼来投胎的婴儿（不论是活着还是死去的），更加残酷，那仪式就不是虚拟的而是实际的了。这曲折地反映在萨满巫的入行或就职的考验与磨炼中，就是断身仪式或献身仪式。

献身时，年轻的萨满要承受自己身体的"肉体的消灭"。神灵将肉

---

① 吴雅凌编译：《俄耳甫斯教祷歌》，华夏出版社，2006年，第119页。
② ［美］米尔恰·伊利亚德：《宗教思想史》，晏可佳、吴晓群、姚蓓琴译，上海社会科学院出版社，2004年，第225—226页。

体分成几块，几天的时间里他躺着，"没有呼吸"，直到神灵将肉体的各个部分重新连接起来。①

有些是通过迷幻剂或酒导致的幻觉（迷幻，trance），有的是通过梦，有的是通过萨满病（自然或人工的昏迷），实现与死亡的交流，从而得到新的肉体，或新的超自然的品质。例如，塔兹萨满加夫里尔·曼达科夫自述病梦经历道：

> 我被带到了山上。他们放下我，开始唱歌。我动弹不得，很害怕。神灵是不能怕的。有一个神灵，最主要的一个，走近我，往我的身体里插上了一些箭。另一个神灵开始切我。十个神灵开始撕扯我的身体。我的骨头被洗净接合。然后倒上了些什么。我也不知道是什么。我的身体很疼，燃烧起来。头被取下，脑子被掏出来吃掉。内脏被掏出、切开，然后重新放进去。……②

他的感觉就像在清醒中被做了一次几乎整个的更换脏器的复杂手术。"这是在经历弥留状态和肉体的痛苦时获得认识生与死秘密的经验。"③ 只有获得这种经验和身心变化，亦即以断身为献身，他才能抛弃旧的身体，获得新的生命和新的观念，才能成为合格的萨满。

有的学者认为，新生儿的被丢弃，就是一种入会或入教式的献身，是一个仪式化的断身，一次新旧交替的生命历险与考验。这并非无据，但至多能说明某些伴随类断身的巫术仪式的丢弃，而不能解释更多的无仪式抛弃（尤其是在萨满文化圈以外的非巫术丢弃）。

某些非神职候补人的少年，有时也要亲历这种断身-死亡的仪式考验。印尼摩鹿加群岛的斯兰岛，"祭司把男孩们带进木屋，一次只能进去一个。木屋中立刻传出砰然砍斫的闷响，随之是一声尖叫，一把锋利的剑刃穿出屋顶，上面还滴答着鲜血。这象征男孩子的脑袋已经被砍了下来，魔鬼把他带到了另外一个世界，随后他将会从那里归来。象征着他的新生。"④ 这就跟即将就职的萨满差不多了。

---

① ［俄］里昂纳德·拉尔：《萨满培训之路》，见白庚胜、［匈］米哈伊·霍帕尔主编：《萨满文化辩证——国际萨满学会第七次学术讨论会论文集》（上册），大众文艺出版社，2006年，第51页。
② ［俄］里昂纳德·拉尔：《萨满培训之路》，见白庚胜、［匈］米哈伊·霍帕尔主编：《萨满文化辩证——国际萨满学会第七次学术讨论会论文集》（上册），大众文艺出版社，2006年，第52页。
③ ［俄］里昂纳德·拉尔：《萨满培训之路》，见白庚胜、［匈］米哈伊·霍帕尔主编：《萨满文化辩证——国际萨满学会第七次学术讨论会论文集》（上册），大众文艺出版社，2006年，第50页。
④ ［英］简·艾伦·哈里森：《古代的艺术与仪式》，刘宗迪译，生活·读书·新知三联书店，2008年，第69页。

种子也一样，入地以后，必须粉身碎骨，才能萌蘖新的生命。"种子被播进大地，为了开花结果，而进入'死亡'状态；对种子而言，这是一次充满痛苦和创伤记忆的死亡仪式。"①

耕种近于暴力，被开垦的处女地要经过苦难的历程，播种以后要不断地耨作、修补，才能有更为危险的诞生。"耕地的工具形如武器，五谷杂粮必须先碾成粉末，葡萄在酿成美酒之前必须被踩成难以分辨的果浆——这一切在母神神话里都有所折射，她们的配偶几乎无一例外地都会遭受被撕碎、肢解或者残忍损伤的命运，然后他们与五谷一起重生，获得新的生命。"②

也有经历毒蛇猛兽的可怕考验。

6. [古希腊] 厄里克托尼俄斯（Erechtheus）

那位瘸腿的煅冶之神赫淮斯托斯，冒昧追逐处女神雅典娜，她及时逃脱，但精液污染了她的大腿，她把揩拭物丢弃，导致大地孕育。也有材料说，他泄精于地（或说他把交媾对象转移到小土地女神身上），不久，土地中的"种子"便萌生出一个可爱的男孩。雅典娜发现后，十分喜爱这个男孩，便收养了他。为了一生都保守这个秘密，雅典娜将婴儿放在篮子里，交给刻克洛普斯的女儿们抚育，但不允许她们打开篮子偷看。姊妹中只有一个遵守神意，另两个好奇心切，打开篮子一看，惊呆了：一条巨蛇缠绕着孩子！这暗示，是蛇（或说蛇是雅典娜的一个化形或部属）喂大了这个孩子。蛇的缠绕表示权力的归附，就像神使赫耳墨斯有双蛇杖，而大力神赫拉克勒斯在摇篮里就扼死两条（赫拉派来害他的）蟒蛇。违背神的命令的姊妹被雅典娜激疯，由雅典卫城跳下赎罪。"厄里克托尼俄斯长大后，成为雅典王，他在那儿创立了雅典娜的庄严祭礼。"③

弃子英雄厄里克托尼俄斯在婴儿时期就经历猛兽毒蛇的考验，但什么都不能伤害他。相反地，蛇成为他的守护神与（可能的）哺养者。

7. [古希腊] 海神波塞冬的儿女们

海神波塞冬风流成性，到处招蜂惹蝶，生下一堆孩子，有的只好"丢弃"。他跟玻瑞阿斯之女喀俄涅生下欧摩尔波斯，喀俄涅为了遮羞，只好把孩子丢进海里。海神把他救出，送到埃塞俄比亚，交给自己的女儿本忒西库墨照管，本

---

① [英] 凯伦·阿姆斯特朗：《神话简史》，胡亚豳译，2005 年，第 51 页。
② [英] 凯伦·阿姆斯特朗：《神话简史》，胡亚豳译，2005 年，第 51 页。
③ [法] G. H. 吕凯、J. 维奥、F. 吉朗等：《世界神话百科全书》，徐汝舟、史昆、李扬等译，上海文艺出版社，1992 年，第 164 页。

忒西库墨后来把女儿嫁给了他，他也成了显贵。

海神跟刻耳库翁的女儿阿罗珀生下一个孩子，阿罗珀将其用袍子裹起后丢弃，婴儿由一匹母马哺乳（亦属物异型），牧人发现后，将其送给刻耳库翁，老人由袍子上发现真相，立即将女儿处死，再次扔掉孩子。忠诚的母马，又来喂养他（或说马是海神的化身，奔马象征大海的巨浪），从此他被称为希波托俄斯（Hippothous）。后来英雄忒修斯（Thethus）杀了老王，希波托俄斯继承了外公的王位。波塞冬还单恋仙女堤洛，变成她热爱的河神厄尼剖斯，诱奸了她，生下双胞胎涅琉斯和珀利阿斯，只好抛弃。双胞胎被牧人们救起，在马群中长大。这暗示是马哺育了他们，而波塞冬化形之一正是马。双胞胎后来成为英雄。① 他们前额上还有马蹄印。

8. ［古希腊］ 基克诺斯及其子

特洛伊英雄基克诺斯（Cycnus）名字的意思是皮肤洁白，或说 Cycnus 来自 Kiknos（天鹅），他曾受天鹅抚养，看来他是个（物异型）弃子。一说，他也是海神波塞冬之子。

基克诺斯有过两个孩子，提奈斯（Tenes）和赫米塞，他们的继母菲罗诺墨对他们的出处提出责难。他"就将他们锁进一个箱子之中，扔进了大海"②，成为河海－漂流型弃子。这个箱子漂到一座岛屿，孩子们才得救，这个岛也因提奈斯得名提奈德斯（Tenedos）。他们的父亲基克诺斯也被英雄阿喀琉斯杀死在这座岛屿上。

海神跟风神埃俄罗斯（Aeolus）的女儿墨拉尼珀（Melanippe）私生下两个孩子，小埃俄罗斯和玻厄俄托斯（Boeotus）。风神挖出女儿的眼睛，把两个孩子扔到野外，为牧羊人所救。③ 后来两个孩子成为国王养子，经历险难后得救。波塞冬也使可怜的墨拉尼珀复明。

9. ［威尔士］ 葛温·巴哈 （Gwion Bach）

葛温·巴哈舔了女巨人卡内德温仙药锅里的神液，能知未来，与她化身斗法，最后变成麦粒，被她吞下，致其怀孕。孩子生下后俊美异常，母亲舍不得

---

① 以上参见［法］G. H. 吕凯、J. 维奥、F. 吉朗等：《世界神话百科全书》，徐汝舟、史昆、李扬等译，上海文艺出版社，1992 年，第 204—205 页。
② ［希腊］索菲娅·N. 斯菲罗亚：《希腊诸神传》，［美］黛安·舒加特英译，张云江译，国际文化出版公司，2007 年，第 44 页。
③ ［希腊］索菲娅·N. 斯菲罗亚：《希腊诸神传》，［美］黛安·舒加特英译，张云江译，国际文化出版公司，2007 年，第 39 页。

杀死他，只好包起丢进大海，为年轻的捕鱼人艾尔芬（Elphin）网到。"多光辉的容貌（taliesin）啊——就叫他 Taliesin（泰里艾辛）吧。"在怀抱里，婴儿便诵起诗来："你受困之日，我对你将比三百条鲑鱼还有用……"① 后来他以孩子气引起国王的注意，并用诗歌证明自己超越时间的存在和内在的不灭本性：

  我从造物主登基日起便在银河……
  我曾被光辉牧杖的守护神以双翼飞载；
  我在会说话前便多嘴好辩。
  ……
  我是来源不详的奥秘。……
  我曾是所有智者的老师，
  我能指导整个宇宙。
  我将活到世界末日的那一天，
  而我是肉身或鱼身却未可知。②

  坎贝尔说，"英雄是生成而非已成事物的斗士"。他不断地变化、生长、死亡、再生，他是"是"（Being），即当下性的存在。"先于亚伯拉罕的是，'我是'。"他不管"存在的永恒"，而与时俱在，与时俱化，与时俱进；他也不怯于以变化摧毁永恒，而永远前进在下一时段。"没有事物能永久保存它的形态；然而大自然的伟大再生力量，却使形态转变生生不息。它要使宇宙万物不致消灭；它确实做到了这点，只是要变化更新它的形态罢了。"弃儿诗人哲学家（葛温·巴哈－泰里艾辛）以其经历与睿智如此表示。③

  10. ［丹麦］ 希尔德（Seyld）

  丹麦暴君海勒摩倒台之后，全国大乱，民不聊生。忽然，大海漂荡来一叶扁舟，载着一个婴儿，头枕麦穗，所以叫作麦束之子（seefing）。他是种子，也是从海上漂流来的麦子，将在丹麦大地上茁壮生长，兴国救民。这个故事似乎暗示丹麦进入农耕时代。

  英国史诗《贝奥武甫》引子便写他的生与死：

  ……威镇众酋，他本是孤苦零丁

---

① ［美］坎伯：《千面英雄》，朱侃如译，立绪出版公司，1998 年，第 254 页。
② ［美］坎伯：《千面英雄》，朱侃如译，立绪出版公司，1998 年，第 257 页。
③ ［美］坎伯：《千面英雄》，朱侃如译，立绪出版公司，1998 年，第 258 页。

一个弃婴，自己赢来的后福。①

另一种译本较为含糊：

　　想当初他孤苦零丁，如今

　　却威震四方酋长；他已如愿以偿……②

最后，小舟又堆满珍宝，他回归大海（是为海葬）。

这部古英语史诗还写到丹麦王公们的征战。

　　多少次，向敌军丛中

　　"麦束之子"希尔德夺来酒宴的宝座。（冯象译）

　　斯基夫之子希尔德，常常从敌人手中，从诸多部落那里，夺得领土。（陈才宇等译）

古代欧洲流传着这位英雄的传奇："麦束之子"长大以后平定四方，为丹麦带来了王位的继嗣和数不清的贡物。他因此叫作希尔德，意即丹麦之盾。③

译者冯象介绍说，在《英国国王传》中，希尔德的父亲海勒摩被叫作"麦束"，他"幼时乘一无桨小舟漂到一小岛，枕一束麦。居民惊异，遂将他小心收养。后来他统治了那个地区，即盎格鲁人在欧洲大陆的故乡"④。

从自然主义神话观点看来，麦束在大海中被浪推上小岛，为人收养，这是谷物种子传播漂流的一个途径，于是麦束被人格化为传播作物、改善民生的文化英雄。

11.［意大利］教皇葛利高里一世（Pope Gregory the Great）

魔鬼挑唆一对孪生兄妹乱伦，生下一个孩子。母亲忏悔，把这私生子放在篮子里，让他漂流于大海，樵夫拯救并抚育他，取名葛利高里。葛利高里六岁时进了修道院，但他一意习武。有次，他上了一条船，被带回自己双亲的国度，并得到皇后——他的母亲的怜爱。葛利高里把自己锁在海中的岩石上，忏悔十七年。铁链的钥匙已被抛进大海，表示永远不能归还；但多年后，钥匙却在被捕到的大鱼腹中发现。这是天意、神兆。打开锁链的忏悔者被引回罗马，时机到来，他被选为教皇。这是再生态神话或新传说。

---

① 《贝奥武甫——古英语史诗》，冯象译，生活·读书·新知三联书店，1992年，第1页。
② 佚名：《贝奥武甫　罗兰之歌　熙德之歌　伊戈尔出征记》，陈才宇、马振骋、屠孟超等译，译林出版社，1999年，第17页。
③ 《贝奥武甫——古英语史诗》，冯象译，生活·读书·新知三联书店，1992年，第1页。
④ 《贝奥武甫——古英语史诗》，冯象译，生活·读书·新知三联书店，1992年，第164页。

事实上，葛利高里只是在担任大罗马长官时因无法养活一个奢侈成性的巨大消费城市，只能急流勇退。"他的退隐象保罗一样也有三年之久，在三年过去以后他准备亲自接受他后来以代理人身份接受的任务（按：担任教皇，公元590—604 年）"①。

12. ［阿拉伯］ 亚伯拉罕

犹太暴君宁录（Nimrod）夜观天象，发现有颗即将下凡投胎的新星会反抗他的暴政，并拆穿他的宗教谎言。宁录召集亲贵，议决建造一所大房子，收罗天下的孕妇严加看守：生女重赏，生男即杀。当时杀了七万名男婴。上帝耶和华告诉报信的天使说："我既没有打盹也没睡觉。我看到也知道秘密的事和外显的事，你们将亲眼见证我怎么处置这个罪人和冒渎者，因为我将着手惩罚他。"此时，他拉（Terah）娶了怀孕的亚伯拉罕之母。即将生产的她满怀恐惧，逃进沙漠，找到一个山洞躲藏。母亲生下孩子，孩子的容光立即照亮了洞壁，宛如灿烂的太阳。母亲在惊喜之余，却不得不将孩子包裹并弃置于洞内，让上帝来决定他的生死。上帝派来天使，使孩子右手小手指流出牛奶，可以吮吸十年。孩子大一些便走出洞穴（再生）。他看到升起的日、月、星星，以为它们是神，它们有序的升降使他感悟出：原来是伟大的唯一者（one、太一）在支配它们。他信仰了耶和华，并拯救万民。他就是希伯来人英雄先祖与开国者亚伯拉罕。

13. ［阿拉伯］ 司麻烟 （Ismael，Ismaël）

或说，亚伯拉罕进入阿拉伯世界，成为先祖，派生出伊斯梅尔（Ismael），即司麻烟。这里主要征引中文材料。《天方典礼》卷八说：

> 昔易卜剌圣（Abraham，即亚伯拉罕）、圣后哈哲娴（Hagar）氏初生易司马（即司麻烟）不得水，觅于两墩之间，奔趋往复七次，终不得，乃归，见流水自仪（司麻烟又译称司马仪）足下涌出，即今渗渗泉也。②

元周致中《异域志》"默伽国"（Mekka）条云："古系荒郊，无人烟，因大食国祖师蒲罗吽娶妻，在荒野生一子，无水可洗，弃之地下。其子以脚擦地，涌出一泉，甚清澈。此子立名司麻烟，砌成大井，逢旱不干，泛海遇风波，以此水洒之即止。"③ 事参见《事林广记·方国类》《三才图会·人物篇》等。默

---

① ［英］汤因比：《历史研究》（上册），曹未风译，上海人民出版社，1986 年，第 287 页。
② 赵汝适：《诸蕃志校释》，杨博文校释，中华书局，1996 年，第 87 页。
③ 耶律楚材、周致中：《西游录 异域志》，向达、陆峻岭校注，中华书局，1981 年，第 52 页。

伽，亦作麻嘉，即今沙特阿拉伯之伊斯兰圣地麦加，此处略指阿拉伯。明马欢《瀛涯胜览》载天方国有圣人司马仪之墓①，陆峻岭云，即此司麻烟墓。今通译伊斯梅尔。此条基本属山野型，但无动物介入。事又见《岭外代答》《诸蕃志》等，大同小异，今不备录。

日本也有类似的漂流型弃子神话传说。

14. ［日本］水蛭子

日本传说，伊邪那岐神和伊邪那美神兄妹结婚，生了个孩子，却是个水蛭子，就是蚂蟥（按：暗喻发育不全的婴儿）。他们"把这个孩子放进芦苇船里，任其顺水流去"②。跟摩西、布库里雍顺等一样，水蛭子被放在船里漂流，实际上也是一个弃儿。而据王孝廉等介绍，"蛭儿"的原意是"太阳之子"（因为水蛭浑身充血，似注满阳光），这就又可以纳入日本太阳文化的范畴了。

日本传说《樵夫和月亮姑娘》说，樵夫赞岐造"发见在一丛芦苇中躺着一个很纤美的小女孩。这小女孩只有四英寸长。……只能放在篮子里养起来"。③小女孩生长神速，成为美丽的赫夜姬。这位赫夜姬实质上跟水蛭子一样也是个弃儿，其诞生跟我国的夜郎竹王、九隆故事等极为相似，应做专题研究。

五、古印度及周边的弃子故事

以古印度为文化核心区的南亚次大陆，弃子故事相当丰富，无论是山野－物异型还是河海－漂流型。为了便于看清其间的关系和脉络，独立出来叙述。婆罗门教、佛教典籍和雅语文学、俗语文学，记载着大量这类弃子故事，它们跟西方的英雄神话有血缘联系，又遥遥地感应着东方世界其他古老民族神话传说的影响，因为古印度是最古老的东西方文明的交接点。嗣后，古印度借着宗教的力量，把一些经过改造或再生处理的新神话，远远地传播于东南亚洲、中部亚洲和北部亚洲，连东部亚洲都遥感着它的热力。这是文化史专家早已证明过的事实。河海－漂流型弃子故事对其周边，包括中国南方民族的影响尤其显著，但因为它更鲜明地连接着东西方的同型故事，所以集合介绍。一般的山野－物异型弃子故事，则多分散到有关段节里叙述，以便近切对较。

印度大史诗《摩诃婆罗多》主角之一迦尔纳便是个古老的弃子英雄。

---

① 马欢：《瀛涯胜览校注》，冯承钧校注，商务印书馆，1935年，第70页。
② ［日］安万侣：《古事记》，邹有恒、吕元明译，人民文学出版社，1979年，第5页。
③ 丰华瞻编译：《世界神话传说选》，外国文学出版社，1982年，第103页。

1. ［古印度］ 迦尔纳

黑天之祖苏罗的女儿贡蒂，召来太阳神苏利耶，与之交媾，生下太阳一般的英雄迦尔纳。"她为了掩盖错误，把孩子放在一个封了口的匣子里，放在河上，任它漂流。"① 孩子恰好为一个无儿无女的车夫所救，他跟他的妻子一起把他抚养大。另一说是装在篮子里扔到河中。

据金克木介绍，《摩诃婆罗多·初篇》里福身王和恒河女神生下了英雄毗湿摩，毗湿摩的弟弟般度生下五子。"这五兄弟的母亲在出嫁前还有一个私生子，名叫迦尔纳。迦尔纳一生下来就被抛弃，一个车夫收养了他，他成为车夫的儿子。"② 史诗歌颂他：

> 披挂着黄金的铠甲，佩戴着黄金的耳环，
> 这武士来到了场上，像一座活动的山岩；
> 举世无双的射手，勃利塔结婚以前所生，
> 他是太阳光的一份，太阳就是他的父亲！
> 像勃然大怒的雄狮，像耀武扬威的大象，
> 像焚毁一切的烈火，像时当中午的太阳，
> 像狮子一样壮健，又像棕榈树一样堂皇，
> 一个完美的大丈夫，行动勇敢，举止安详！③

他无疑是亚洲南国太阳文化的赫拉克勒斯、后羿式射手英雄。而太阳神的授孕云云，又多少有些像带着讳饰或假托的欧亚草原的太阳人天光授孕之情节。

佛教典籍里的著名弃儿，则有贤劫千佛。

2. ［古印度］ 贤劫 （Bhadra-Kalpa） 千佛

东晋法显"自记游天竺事"之《法显传》云："（毗舍离）城西北二里，有塔，名放弓仗。以名此者，恒水上流有一国王，王小夫人生一肉胎，大夫人妒之，言：'汝生不祥之征。'即盛以木函，掷恒水中。下流有国王游观，见水上木函，开看，见千小儿，端正殊特，王即取养之。遂使长大，甚勇健，所往征伐，无不摧伏。"④ 遂即打到生父之国，小夫人主动上城认子，"以两手构两乳，

---

① ［印度］拉贾戈帕拉查理改写：《摩诃婆罗多的故事》，唐季雍译，中国青年出版社，1983年，第34页。
② 金克木：《梵语文学史》，人民文学出版社，1980年，第91页。
③ 《腊玛延那 玛哈帕腊达》，孙用译，人民文学出版社，1962年，第270页。
④ 章巽：《法显传校注》，上海古籍出版社，1985年，第93页。

乳各作五百道，堕千子口中。贼知是我母，即放弓仗"①。这一千个孩子就是所谓"贤劫千佛"。贤劫，谓现在之"住劫"中有千佛出世而多贤圣。② 贤劫千佛之母，亦称鹿脚夫人或莲花夫人，所以这故事也称"鹿母夫人本生"。

唐玄奘《大唐西域记》述此事曰："昔有仙人，隐居岩谷，仲春之月，鼓濯清流，麀鹿随饮，感生女子，姿貌过人，惟脚似鹿，仙人见已，收而养焉。"千子之母本人就是牝鹿所生，脚犹似鹿，其后代自是图腾鹿之血裔。"其后命令求火，至余仙庐，足所履地，迹有莲花，彼仙见已，深以奇之，令其绕庐，方乃得火。鹿女依命，得火而还。时梵豫王畋游见花，寻迹以求，悦其奇怪，同载而返。相师占言，当生千子。余妇闻之，莫不图计。日月既满，生一莲花，花有千叶，叶坐一子。余妇诬罔，咸称不祥，投殑伽河，随波泛滥。乌耆延王卜流延观，见黄云盖乘波而来，取以开视，乃有千子，乳养成立，有大力焉。恃有千子，拓境四方，兵威乘胜，将次此国。"结果也是"鹿女手按两乳，流注千歧，天性所感，咸入其口。于是解甲归宗，释兵还族，两国交欢，百姓安乐"。这个故事把木函换成莲花（莲花是子宫和阴器的象征），更明显地表示鹿图腾的授孕。足迹中有莲花，不仅是"步步生金莲"，也暗示足迹具有生殖的力量。

《杂宝藏经》卷一《鹿女夫人缘》第九与此相同，惟地作波罗奈国。据季羡林《大唐西域记校注》介绍，《长阿含经》卷十一、《大般涅槃经》卷上等所载略同，《根本说一切有部毗奈耶杂事》所述则有异。《杂宝藏经》卷一《莲华夫人缘》有一些地方颇不雅驯，但倒可能保留了一些故事的原始面目：

> 此婆罗门（按：名提婆延）常石上行小便，有精气流堕石宕，有一雌鹿来舐小便处，即便有娠。日月满足，来诣仙人窟下，生一女子，华裹其身，从母胎出，端正殊妙。

另一故事云：乌提延王娶鹿女为妻，"其后不久，生五百卵，盛著箧中"。大夫人用狸猫换太子的办法，"捉五百面段，以代卵处，即以此箧，封盖记识，掷恒河中"。以后为萨耽菩王及其彩女发现，"遣人取箧，五百夫人，各与一卵，卵自开敷，中有童子，面目端正，养育长大，各皆有大力士之力，竖五百力士幢"。这是鹿图腾感生故事渗入卵生弃子传说。下文由仙人补叙，这是"莲花所生之子"，与《西域记》亦合。结尾也是莲花夫人"按乳，一乳作二百五十岐，

---

① 章巽：《法显传校注》，上海古籍出版社，1985年，第94页。
② 章巽：《法显传校注》，上海古籍出版社，1985年，第99页。

皆入诸子口中"①。

这故事基本上仍属于鹿图腾系统，只是其卵生却介入了鸟族传说（与连胞产也有关系，而且还有类似狸猫换太子的关目）。敦煌莫高窟唐代壁画里所谓"报恩经变"的"论议品"里就包含了鹿脚夫人与小千佛的优美故事。②

3．［古印度］嬉姑

史诗《摩诃婆罗多》说，天女美那迦与犍达缚王广慈相好，生下天神般发吉祥光辉的女婴，后女婴被弃，为一位婆罗门所发现。

> 神光璀灿的大仙浓发，
> 发现了那位初生的女孩。
> 她被亲人遗弃在河岸，
> 一处荒凉僻静的所在。③

女孩以后出落成美惠的淑女，取名"嬉姑"，羚羊仙人爱她并且要娶她。她却不幸被毒蛇咬死，"依然现出优婉的形象"④。羚羊仙人将一半寿命转移给她，她复活或再生了。以后羚羊誓灭毒蛇。

古印度另一部史诗《罗摩衍那》的女主角也是一个弃儿。

4．［古印度］悉多（Sitā）

原作里没有明确的丢弃情节，但是，据悉多（即傣族婻西拉的前身）的养父遮那竭王说：

> 有一次我用犁犁地，
> 在清理土地的时候，
> 捡起从犁里跳出的女孩，
> 起了个名字就叫犁沟。
> 把她从地里捡了起来，
> 让她当我的女儿长成，
> 她是我用力量换来的，

---

① 参见常任侠选注：《佛经文学故事选》，上海古籍出版社，1982年，第114—116页。
② 参见潘絜兹：《敦煌莫高窟艺术》，上海人民出版社，1981年，第76—77页。
③ 金克木编选：《摩诃婆罗多插话选》，金克木、赵国华、席必庄等译，人民文学出版社，1987年，第41页。
④ 金克木编选：《摩诃婆罗多插话选》，金克木、赵国华、席必庄等译，人民文学出版社，1987年，第42页。

>我女儿不是母亲所生。①

既然是从犁沟里拾来的仙女（犁沟隐喻女阴），就暗示她原来曾被丢弃在犁沟里，属于模糊的或简化的田野型。

值得注意的是，成书较晚的《罗摩衍那·后篇》中有悉多怀孕后被遗弃于恒河对岸的故事。悉多被救归来以后，谣传她曾与魔王罗波那共枕而怀孕（此情节似乎影响了印度电影《流浪者》）。罗摩心生疑虑，命令罗什曼那"把她丢在无人丛莽中"②。这似乎是对悉多出生时被弃这一重要关目失落的一种补偿、一种追认、一种证实。这次丢弃发生在河滨，又处于丛莽，后来她在丛林静修，过深山生活，所以是田野、河海的过渡型。"悉多真贞女/洁身守志愿……无人空林里，孔雀相和鸣。"③ 以后悉多生下一双王子。在罗摩王举行马祭时，救援者蚁垤仙人让他们朗诵《罗摩衍那》，罗摩王认出了自己的儿子。蚁垤带来悉多，说："十车王子！这悉多/忠于誓言行达磨；/无罪为你所遗弃/来我静修林中过。"④ 贞洁的悉多祈愿大地裂开，"意外奇迹真出现：无上天上狮子座，地中涌出现眼前"⑤，悉多在花雨之中投入地缝，罗摩则陷入大苦痛。悉多义为犁沟，她是从犁下跳出来的，犹如后稷、该亚等人，实际上是人地之子。如今投下地缝，可谓返本归元。而真实的事件却可能是：她原为从田野拾来的弃婴，结婚后又曾被遗弃。只是这个故事与图腾机制没有明确联系（但她可能化身为牛）。"罗摩和悉多有人以为便是犁耙与犁沟底拟人人物，'罗摩'此言'犁沟'，'悉多'此言'犁耙'。"⑥ 悉多应为犁沟，象征女性及其器官（如被开垦的处女地）；罗摩如系犁耙，则系男性及其根器的代表（开沟者、破贞者）。这是古代神话仪式里常见的廋辞词或意象。而农稼垦殖跟人类的繁衍这两种生产在原始民俗里从来都是互渗或对位的。

巴黎出版的《敦煌藏文选编》第1辑有《罗摩衍那》篇，王尧、陈践曾将其选译为汉文。⑦ 其中有一位"水渠里获得之女"是一个典型的河海－漂流型弃儿。

>达夏支瓦之妃，生下一个女婴，看相人相出她是一个消灭父亲和

---

① ［古印度］蚁垤：《罗摩衍那·童年篇》(1)，季羡林译，人民文学出版社，1980年，第357—358页。
② ［古印度］蚁垤：《罗摩衍那·后篇》(7)，季羡林译，人民文学出版社，1984年，第341页。
③ ［古印度］蚁垤：《罗摩衍那·后篇》(7)，季羡林译，人民文学出版社，1984年，第345页。
④ ［古印度］蚁垤：《罗摩衍那·后篇》(7)，季羡林译，人民文学出版社，1984年，第519页。
⑤ ［古印度］蚁垤：《罗摩衍那·后篇》(7)，季羡林译，人民文学出版社，1984年，第523页。
⑥ 许地山：《印度文学》，商务印书馆，1931年，第58页。
⑦ 参见王尧、陈践译注：《敦煌吐蕃文献选》，四川民族出版社，1983年。

罗刹部众的人。于是，放在有盖的铜盒内随水漂走了。天竺的农民，从水渠里获得此铜盒，打开一看，有一个长得很好，美貌无比的女婴，双目清澈，就把她抚养大。由于是从灌田的水渠中获得的，取名为"水渠里获得之女"。①

她实在就是悉多，后来与罗摩结了婚。在云南西双版纳傣族史诗《兰戛西贺》里，十头王怕自己的女儿婻西拉长大复仇，遂将她"绑在筏子上，丢进大海企图淹死她，幸为帕拉西救起，抚养成人"②。

蒙文本《罗摩衍那》也有这一情节："在魔国，一老妇人生一女，预言者说：如果此女活着，国家将覆灭。他们将女孩盛入盒子，投到海里，盒子漂至阎浮提洲，一农民拣到，把女孩抚养大，嫁给罗摩。"③ 新疆古和阗文有关"本生故事"残卷里，也有这个故事的片段："Daśagrīva 长后生了一个女儿，给她算了命，预言者说，她将毁灭全城。魔王命令把她放置盒中，投入大江里。盒子顺流而下，没有沉没。一仙人把她捡起，抚养成人。"④ 这里，悉多变成了魔王之女。季羡林指出，梵文《罗摩衍那》从垄沟里捡起的悉多为十车王儿媳、罗摩之妻，这个说法虽正统却并非唯一。"巴利文《本生经》第 461 个故事，说悉多是十车王的女儿，与罗摩和罗什曼那是兄妹关系。"⑤

这个故事还说，悉多与罗摩结婚后，"他们划了一个圈。鸟也飞不过这个圈，让大鹫守护她"。这大鹫似乎就是《罗摩衍那》里与十首魔王搏斗的大鹏鸟，却出现在罗摩、悉多结婚故事中，这里好像暗示神鸟也曾呵护被弃的悉多。

季羡林介绍说："早在《梨俱吠陀》中，悉多已经被认为是农业女神而被祈祷。《夜柔吠陀》《瓦阇娑尼夜本集》中，犁沟（Sītā）也被人格化。《惟提利耶梵书》中，悉多被认为是莎维德丽。《波罗娑伽罗家庭经》中，悉多被称做'因陀罗妻'。在大史诗中，悉多成为罗摩之妻，遮那竭王女。还有一些神话说悉多是吉祥天或优摩的化身。"⑥

据亚戈比的看法，悉多的形象和故事都有更古老的神话背景。"在《梨俱吠陀》中能够找到悉多的踪迹，她在那儿以犁沟的化身而出现，作为一位女神而

---

① 王尧、陈践译注：《敦煌文献选》，四川民族出版社，1983 年，第 111—112 页。
② 高登智、尚仲豪：《〈兰戛西贺〉与〈罗摩衍那〉之异同》，载《思想战线》1983 年第 5 期。
③ 季羡林：《〈罗摩衍那〉在中国》，载《中国比较文学》1986 年第 1 期。
④ 季羡林：《〈罗摩衍那〉在中国》，载《中国比较文学》1986 年第 1 期。
⑤ 季羡林：《〈罗摩衍那〉在中国》，载《中国比较文学》1986 年第 1 期。
⑥ ［古印度］蚁垤：《罗摩衍那·童年篇》（1），季羡林译，人民文学出版社，1980 年，第 441 页，注 449。

受到崇敬。在有的《家宅经》里，她又是耕地的保护神，人们赞颂她美貌无双，认为她是因陀罗或雨神的妻子。"① 这样，悉多作为农耕或土地女神，生于田野，弃于犁沟，又复归大地就顺理成章了。从较深层的象征结构来看，她跟庄稼神、农神后稷一样，又体现着耕稼的复杂循环或其仪式：生长—折磨—茁壮—死亡（复归）—再生。据这位专家的考据，悉多的丈夫罗摩在吠陀神话里的前身正是雷雨之神因陀罗（Indra）。农稼与雷雨结合就能得到丰收。因陀罗之杵像罗摩之箭一样象征男根，犁沟（悉多）则象征女阴。

但是，雷雨与农稼之间有个障碍：恶神或旱魃弗栗多（Vrtra）。它封锁着雨水。因陀罗（罗摩的前身）必须制服弗栗多才能解放水，赐予丰收。罗摩"与魔王罗波那的冲突大概就是《梨俱吠陀》里因陀罗与恶神弗栗多彼此冲突的神话的再现"，而"劫夺悉多是罗波那干的最著名的一件事业，这个故事的原型就是盗牛，然后因陀罗又夺回了被盗的牛"。② 这样，就有了两个对应的图式：

因陀罗（雷雨）—战胜—弗栗多（旱）—解放—牛（农业和水）；

罗摩（英雄）—战胜—罗波那（魔）—解放—悉多（农耕女神）。

那么，悉多就相当于牛。众所周知，牛是农业、水和丰收的象征，这也和悉多的农耕－犁沟女神身份相当，何况犁沟正是牛耕所造成的。所以，悉多可能有个化身——母牛。罗摩与悉多夫妻兼兄妹的关系则多少有些像宙斯（雷雨－太阳之神）与牛眼睛的赫拉（母牛－农业女神）的关系。

5. ［傣族］ 婻西拉

傣族长诗《兰戛西贺》，基本上是根据印度史诗《罗摩衍那》再创作的。其中说到婻西拉（悉多的傣族对应者），前生本为天女，因兰戛国十首王逼婚未遂，自焚而死，转世后又被鬼怪捉去献给十首王。后者在大臣西纳劝说下把她放在筏子上投入大江（自然亦属漂流型）。小仙女漂流到勐甘纳戛国，被国王收为女儿。长大后美艳绝伦，演出了开弓择婿等精彩的活剧。

> 金棺材很快就做成，
> 他们把美玉一般的神女，
> 把刚刚诞生的西拉装在里面，

---

① 参见［英］阿·麦克唐奈：《梵语文学史·史诗》，王邦维译，转引自季羡林、刘安武编选：《印度两大史诗评论汇编》，中国社会科学出版社，1984年，第544页。
② 参见［英］阿·麦克唐奈：《梵语文学史·史诗》，王邦维译，转引自季羡林、刘安武编选：《印度两大史诗评论汇编》，中国社会科学出版社，1984年，第545页。

把棺材丢进波浪翻滚的江里。①

这多少有点令人想起奥西里斯一类众多的漂流-丢弃故事。

岩罕译本《兰戛西贺》里，天神叭英妃姐苏坦玛，遭假冒者叭兰戛王之辱，愤而投胎为嫡西拉复仇。她变成空气，投进叭兰戛王后嫡戛西之腹为其女，摩古拉（预言者）算出了她要为王国带来大难。叭兰戛国王只好把这个"森林里的魔鬼"放上竹筏，任其漂流于大海。②修行者帕拉西将她救护、收养，取名嫡西拉。"嫡西达同帕拉西在深林里吃了十八年的野果，她走遍了茫茫无际的原始森林，大箐小沟都有她的足迹。"③她终于长成绝代佳人。

勐海县康郎庄的讲述情节不同，且有发展："朋麻渣把嫡西达放到竹筏上时，连着妻子一齐放下去，竹筏被浪打了分开，母亲被冲到江那边，母亲找不到小孩，就在深山老林游窜，在一棵大树洞里面住（此又牵涉树生），天天哭，痛恨朋麻渣，疯猴来和她玩，最后结婚，生有两个小孩，一个是哈腊曼，一个是昂戛，又叫摩迷，后来妻子死，哈腊曼在森林中游窜，昂戛是个人，被另一个帕拉西拣去。"④这里好像在弃儿之外又加进猿婚-猴娃娘故事，疯猴与王后交合生下神猴哈奴曼（Hanuman）等，倒也颇合情理。

有人指出，类似的情节在傣族的一些长诗里也可以发现："如息达被逐出宫，而置于竹筏在江中任其漂流的情节，既见于《兰戛西贺》，又见于《珍达萨朵》的苏文纳的被逐和《瞎子阿銮》两位太子的被遗弃中。"⑤这样，悉多的漂流就不是孤立的，它可能还影响了傣族的其他故事。

泰国民间史诗《拉玛坚》（《罗摩衍那》的衍生态）也写到喃细多（悉多的移植本）的诞生与被弃——她变成了魔王之女。"魔王住在拉戛岛上。她的父亲叫大沙甘萨暴君，膝下有一女儿叫喃细多，生下时巫师认为是不祥之物，会给国家带来灾难，于是父王把喃细多装进瓮内，放到河中漂走，被一隐士打捞救上岸。"⑥在《拉玛坚》里，神猴哈奴曼的母亲竟也是个漂流型弃儿，相当于傣

---

① 苏达万：《兰戛西贺》，见《云南少数民族文学资料》（第4辑），1981年，第147页。参见李子贤：《傣族文学史略》，载《西南民族历史研究集刊》1984年第3集；潜明兹：《试论傣族英雄史诗〈兰戛西贺〉》，载《中南民族学院学报》1982年第1期。
②《兰戛西贺》（异文本），岩罕译，见《云南少数民族文学资料》（第6辑），1981年，第203页。
③《兰戛西贺》（异文本），岩罕译，见《云南少数民族文学资料》（第6辑），1981年，第205页。
④《云南少数民族文学资料》（第6辑），1981年，第260页。
⑤ 杨丽珍：《〈罗摩衍那〉对傣族叙事长诗的影响》，载《云南师范大学学报》（哲学社会科学版）1986年第3期，第74页。
⑥ 李沅：《从印度的〈罗摩衍那〉到泰国的〈拉玛坚〉和傣族的〈兰戛西贺〉》，见张隆溪、温儒敏编选：《比较文学论文集》，北京大学出版社，1984年，第284页。

族嬬西拉之母，而且可能借用了悉多的某些事迹。"一个和尚不甘心佛寺的寂寞，爱上了一个美女，因而还俗与美女结为夫妻，婚后有一女孩，后来他的妻子又与另一男人私通而生下另一女孩，和尚心中怀恨，把女孩溺于水中冲走，后被风神叭鲁救出，让其喝尿而怀孕，后来生下了哈鲁曼。"① 可见这位风神之子、智猿的母亲是感神尿而生的弃儿。至于这只智猿、这只除害救世的神猴，李沅认为，不但是印度哈奴曼的移植，而且还可能受到《西游记》的反影响。"[他]除带有反佛教性质外，其性格和创造的英雄事迹，尤其在火烧拉夏岛，和十头王大战，救出喃西多一段，颇像我国《西游记》中孙悟空三打白骨精；又另一猴王巴力莫之子，泰文叫翁空，《兰夏西贺》中译为旺果，与悟空同音。由此看出，泰国和我国傣族民间文学也借鉴我国的《西游记》，而《西游记》又是直接描写唐玄奘到印度取经之行。"② 哈奴曼、孙悟空虽然不是弃儿，但他们的诞生同样是奇异的，一个是感风神之尿而育，一个是自石中爆出，都不是人或猿正常交媾的产物，都保留着各自民族的神话传统或特征。

更奇怪的是，传为《罗摩衍那》编纂者的蚁垤仙人竟也是一位山野型弃儿。蚁垤，梵云"Vālmīki"，音译"跋弥"，意译"蚁垤"，据说他打坐修行数年不动，蚂蚁就在他身上造成窝，所以得名。传说他是古代仙人，或语法学家；有的说他是大鹏金翅鸟的儿子——这就有点儿"天命玄鸟，降而生商"式的图腾鸟授孕的意思了。另一则传说，"他出生于婆罗门家庭，幼时被父母遗弃，山中野人收养了他，教他偷盗，他终于精通此道，以抢劫杀人、危害商旅为业"。后来他遇仙教他念诵"marā"一词（这是 Rāma 的倒置）。他站在原地反复诵吟"摩罗"，"站得时间是这样长，站得又是这样稳，以致最后身上堆满了蚁垤。正在这时候，那个仙人忽然又出现了，解放了他"，他从此成仙。③ 值得注意的是，他的业绩有一项是救护麻鹬鸟。"有一天，他正在祭祀，看到一双麻鹬被猎人射死，他脱口念出了一首输洛迦（Sloka，短颂）。大梵天从天而降，让他吟成《罗摩衍那》。"④

6. [古印度] 罗摩（Rāmo）

作为悉多被弃的对应或陪衬，罗摩也有一段近于被弃的流放生活——就好

---

① 李沅：《从印度的〈罗摩衍那〉到泰国的〈拉玛坚〉和傣族的〈拉夏西贺〉》，见张隆溪、温儒敏编选：《比较文学论文集》，北京大学出版社，1984 年，第 282 页。
② 李沅：《从印度的〈罗摩衍那〉到泰国的〈拉玛坚〉和傣族的〈拉夏西贺〉》，见张隆溪、温儒敏编选：《比较文学论文集》，北京大学出版社，1984 年，第 282 页。
③ 季羡林：《罗摩衍那初探》，外国文学出版社，1979 年，第 10 页。
④ 季羡林：《罗摩衍那初探》，外国文学出版社，1979 年，第 10 页。

像汤因比说的为了复出而退隐似的。《后篇》第49章回叙了这段情节：

> 从前奉了父亲命，
>
> 住在弹宅迦林中；
>
> 林中无人真艰苦，
>
> 一住一十四秋冬。

佛本生故事里有一则《十车王本生》，人物名字及某些情节与《罗摩衍那》有相同处，但是却说十车王正宫王后生二子一女，长为罗摩智者（佛菩萨托生），次曰罗什曼那，悉多是妹妹。因为害怕后娘的陷害，十车王把三个孩子送到喜马拉雅山躲藏。"他们在一个水源充足、果子丰盛的地方，盖了一间隐居室，靠吃野果维持生命。"① 十车王驾崩后，后娘生的婆罗多公子接他们回来，让罗摩登位，并且"立悉多为正宫王后"——这等于说他们是兄妹结婚。这个故事隐蔽地证实罗摩夫妻幼时都曾遭到放逐或遗弃。

7. ［傣族］ 白蚌壳阿銮

勐巴拉纳西的王后梦星致孕，生下白蚌壳（这是女阴与月亮的象征）。国王大怒，命杀母子。大臣派人将蚌壳置于漂流的木筏上，王后则藏在偏僻寨子头人处暂避。

天神昆西置红书于筏子里，在金纸上写明：经三年三月三日三时，蚌壳将变成阿銮。筏子流到龙女沐浴处，她在第二张金纸上写道：她实是未出世阿銮的母亲，孩子有难，可到勐拉戛找她。筏子再流到魔女婻琵排沐浴处，她在第三张金纸上写道：她是蚌壳阿銮的母亲，可为他排忧解难。阿銮如期出生，后来得到龙女、魔女帮助，与公主结婚，并且当了国王，与人间的母亲相认。

8. ［傣族］ 苏领达

傣族故事《章响》云，章响公主梦遇天神，生下苏领达，被国王派人放在木筏上漂流，后来与龙女及勐西丙的公主结婚，接掌了外公的王位。

9. ［傣族］ 海罕

王子海罕生下后被弃。后来娶婻崩公主，成为勐景哈国王。

10. ［傣族］ 苏文纳

傣族长诗《苏文纳和她的儿子》说，巴拉拉西地方公主苏文纳私自跟天上的月亮公子婻合得孕，为她父王所驱逐。

---

① 《佛本生故事选·十车王本生》，郭良鋆、黄宝生译，人民文学出版社，1985 年，第 283 页。

竹筏已经放在水里，

　　让公主一个人走了上去。①

以后她生下英雄珍达萨朵（月亮阿朗）。这当然属于漂流型的弃逐。

现在回到许多同型故事的源头——印度。

11. ［古印度］ 梵尼玛库它·拉耶 （蛇王）

巨蛇变成婆罗门学经，与老师的女儿帕瓦蒂成婚，不得已向她坦白了真相，而后永遁。帕瓦蒂生下遗腹子之后，自焚而死。一位婆罗门路过看到"那被弃的婴儿躺在一条颈部膨大的巨蛇（按：眼镜王蛇）盘蜷之内，受其庇护"②。蛇说，他将成为"拉格浦尔邦的统治者——拉杰（土王）"③。后来应验。土邦邦主从此在胸前戴着蛇的造像，以纪念这位蛇王。

丽莉·弗雷泽认为，这属于美女与野兽型故事——但是其身后的蛇孩更让我们感兴趣。

12. ［印度］ 旃陀罗笈多王 （Chandragupta）

公元前4世纪，印度孔雀王朝的创立者旃陀罗笈多王，生下就被弃置在牛棚门口的陶罐里（陶罐在这里象征母腹）。一个牧人发现并收养了他。稍大后，他跟玩伴们做国王审判罪犯的游戏。他下令，罪大恶极者应该被砍断，这话就会实现。但是如果他再次说话或下令，离断的手足就会复位。路过的一位王子看到这神奇的游戏仪式，便用一千枚钱币买了他。后来发现他身上的胎记，原来他是孔雀王朝的皇族。

佛教创始人释迦牟尼出生王家，从无被弃之事。然而令人惊讶的是，释迦的化身数次为四姓所弃，极像后稷故事，而且具有其几乎所有的关目，所以附叙于此。

13. ［古印度］ 释迦

据《六度集经》卷四五所叙佛本生故事，菩萨降生在一户穷人家里，穷人养不起孩子，就把他用破布裹起，乘夜深丢弃在十字路口，在他头旁放了一千枚钱，结果被一个孤老婆子抱走，又被求儿心切的四姓用钱换了去。但后来他老婆也怀了孕，四姓又在深夜把菩萨投胎的孩子丢弃在土坑里。

---

① 《苏文纳和她的儿子》，云南人民出版社，1978年，第9页。
② ［英］丽莉·弗雷泽：《金叶》，汪培基、汪筱兰译，上海文艺出版社，1997年，第184页。
③ ［英］丽莉·弗雷泽：《金叶》，汪培基、汪筱兰译，上海文艺出版社，1997年，第184页。

又是一个"牛羊腓字之"的故事。菩萨像后稷和宙斯们一样,"家羊日就而乳",得以不死。最后也是牧羊人"取归育之以羊湩乳"。四姓之妻生下男孩后,他又把菩萨丢在车辙里。正如后稷"弃之隘巷,马牛过者,皆辟不践",商队里拉车的牛为之止步不前①。商人见到弃婴,惊呼:"天帝的儿子怎么丢在这里?"他把孩子放在车中,牛才肯前进。又一个孤老太太把孩子抱了去。四姓忽生忏悔,又将孩子要回抚养了几年。但这位幼小的菩萨聪慧过人,才华横溢,压倒了四姓的亲生孩子。四姓复起恶念,又"裹裹入山",把他遗弃深山竹林丛中,不留食物,要把他活活饿死。孩子"辗转至其水侧","会伐平林",为山林中打柴人所救。以后孩子还经历了一些危难。

尽管丢弃的动机、目的、时间、过程不同,但是其三弃三收的基本情节却与后稷故事十分相似,令人惊诧、发人深思。这故事是印度旧有,还是中国的僧徒按照后稷故事添枝加叶,踵事增华?中印两个故事之间的关系如何?这些问题是值得进一步思索和考证的。至少这个故事可以作为后稷故事最好的参照系,而又可能反映出这位东方典型弃子英雄神迹的许多潜在信息。

这则故事,本来属于印度佛教系统,但由于跟后稷故事趋同点太多,所以特别提请注意其混合性,以及中国神话文化对印度的可能反影响。

中国的藏族也有河海-漂流型弃子,或说曾受印度佛教故事影响,姑附叙于此。

14. [藏族] 聂赤赞普(王)吾百惹

相传藏人第一代赞普(国王)是一位河海型弃子。

波密地区,有妇女甲莫赞,生九子,最小的名吾百惹,貌美而手有蹼(骈指畸形,暗示其为水鸟或蛙等化形),家人以为不祥,置于铜锅,弃之于水,漂至下游雅隆地区,被人救起,尊为国王。②

15. [藏族] 角生

李勤璞介绍了藏族一则典型的河海型弃子故事。

巴德萨拉(Bad-sa-la)城之王"能现"之子百兵王的王后桑玛(Mchog Dzangma,义曰"御美子")生下一儿,有殊异之相。

> 眼像 bya(鸟,鸡)眼,下眼皮向上覆,头发褐色,长着 g·yu

---

① 参见常任侠选注:《佛经文学故事选·四姓害子》,上海古籍出版社,1982年,第3—4页。
② 参见中央民族学院藏族文学史编写组编著:《藏族文学史》,四川民族出版社,1985年,第26页。

（绿松石）[色]的眉毛。牙齿像一圈儿海螺，手像鸟王 ngang-ba（雁，鹅）的蹼，指指相连。按照预言，他在牛角山出生，故名角生（ru-ba skyes，音译汝拉杰）。①

其父以为恶兆，命杀之。大臣以为不应用武器，就把他装进"有盖可启的铜匣子"（zangs-kyi gavu kha-sbyar）抛进恒河，并未淹死，于广严城河边（chu-khavi rka-mgo）被农民五能人（zhing-pa lnga-thub-can）拾得，于林中抚养。

> 当时一切 bya 都安慰这个小孩子，一切食肉兽都送肉来，树的荫影为之蔽日，使光不炙热。这样慢慢长大。②

观其容貌，以及鸟的安抚，似乎是鸟生儿。

藏语文学传统中匣子象征神秘，保护③可以代表母腹（参见诺伊曼《大母神》等），河海则可联想及羊水。

16. ［唐］玄奘（江流儿）

明吴承恩《西游记》第九回写陈光蕊妻殷小姐为盗所占，遗腹生儿，"正欲抛弃，忽见江岸岸侧漂来一块木板，小姐即朝天拜祷，将此子安在板上，用带缚住，血书系在胸前，推放江中，听其所之"。后来，孩子为金山寺长老法明和尚所救，取名江流，亦即三藏法师玄奘。这当然出于民间口传，而且综合进了中印的有关传说，特别是置板漂流之点疑有印度的影响。

此事已见于南戏《陈光蕊江流和尚》④，元人杨景贤《西游记》杂剧第二出也已写道："我有一个大梳匣，将孩儿安在里面，将两三根木头儿，将篾子缚着，可以浮将去。"匣儿搁浅沙滩，似有火起，为渔夫发现所救。这故事大概还受了笔记、轶闻的启发。俞樾《茶香室丛钞》卷十七"漆盒盛儿浮江"中条引宋人周密《齐东野语》云："有某郡倅，江行遇盗，杀之。其妻有色，盗胁之，曰：'能从我乎？'妻曰：'吾事夫十年，仅有一儿，才数月，吾欲浮之江中，庶有遗种；吾然后从汝。'盗许之。乃以黑漆圆盒盛此儿，借以文褥，且置银二片

---

① 参见李勤璞：《铜匣（Zangs-Kyi Gavu）漂流记——聂赤赞普和支贡赞普》，载《中国社会科学》1997年第1期。
② 参见李勤璞：《铜匣（Zangs-Kyi Gavu）漂流记——聂赤赞普和支贡赞普》，载《中国社会科学》1997年第1期。
③ 参见李勤璞：《铜匣（Zangs-Kyi Gavu）漂流记——聂赤赞普和支贡赞普》，载《中国社会科学》1997年第1期。
④ 参见钱南扬：《宋元戏文辑佚》，古典文学出版社，1956年，第165—172页。

其旁,使随流去。"后为僧所救,与母相会,僧为报官,杀盗。正如俞樾所说:"《西游演义》述玄奘事,似本此也。"

当然,这都不是有意的考验式的抛弃,而是被迫的机动措施。但后稷等被弃,本就有遇险履难不得不弃之一说。而且此事分明带着漂流型弃儿故事之影子,是再生态的英雄传说。它的深层含义仍然是:必须经历层层的磨难和考验,才能成为英雄。所谓"吃得苦中苦,方为人上人"是也。

正如杜德桥所说:"用箱、篮、木板一类之物把婴儿抛到水上,使他浮到安全的地方,这类的故事,不但中国,就在西方的神话中也常常出现。许多例子可以使我们怀疑神话中,超人的出生往往会牵连到'篮子浮江'的故事。"①

其他在佛教影响下的神祇、英雄或伟人也有类似的漂流事迹。

17. 华光

跟大黑天、二郎神、哪吒、沉香等英雄神沾亲带故的三眼神华光大帝也是个河海-漂流型的卵生弃儿。《南游记》第八回,光佛命华光"为个肉球样",投胎南京徽州府婺源县萧家庄,"安人怀胎二十个月未见分娩。……[生卵后]长者大惊,自入看时,果是一个牛肚样"。长者命弃河中,它又滚上岸来,如此数次,无法可想。光佛化僧告知长者,此肉球内有五子,用刀划开,果然。这跟哪吒等的诞生极为相似。

《三教源流搜神大全》写灵官马元帅"以五团火光投胎于马氏金母,面露三眼,因讳三眼灵光",也与此接近。

18. [彝族] 窝查

哈尼族迁徙史诗《雅尼雅嘎赞嘎》说,加滇的女子在河边捞鱼时,忽听得婴儿的哭声。

> 他像汉人的小儿
> 又像彝人的小儿
> 还像傣家的小儿
> 不管是谁家的男孩
> 我不能丢下他不管
> 先带回村里再说②

---

① [英]杜德桥:《〈西游记〉祖本考的再商榷》,载《新亚学报》1934年第6卷第2期,第502页;刘世德编:《中国古代小说研究——台湾香港论文选辑》,上海古籍出版社,1983年,第198页。

② 参见景洪县民委编:《雅尼雅嘎赞嘎》,施达、阿海译,云南人民出版社,1992年,第138页。

像众多弃子英雄一样，窝查"八岁就会放牛了/十三岁就会犁田/十五岁就会串姑娘"，娶了加滇最漂亮的姑娘侏沙沙为妻。事实上，窝查被弃是彝人的"阴谋"（注意：必须历史地对待民族间的纠缠或偏见）。这是吕不韦式的故事，是外敌有意的丢弃。窝查分去哈尼人的许多田地，还通风报信，使外族军队攻陷了加滇城，俘虏了加滇王。①

19．［唐］ 黄巢

在坊间说部里，农民起义英雄黄巢也是卵生弃儿（田野型）。《新编五代梁史平话》说："黄宗旦妻怀胎，一十四月不产。一日，生下一物，似肉毯（球）相似，中间却是一个紫罗袱裹得一个孩儿；忽见屋中霞光灿烂。宗旦向妻道：'此是不祥的物事！'将这肉毯（球）使人携去僻静无人田地抛弃了。"柳存仁等指出，这跟哪吒等的出生有相似处，"凡此皆早于哪吒出世故事而略示其端倪者也"②。

20．［梁］ 钱镠

南朝时，所谓吴越王钱镠在民间传说里是将弃未弃、为邻媪所救的待弃儿，所以小名"婆留"。《湘山野录》卷中："盖初生时，光怪满室，父惧，将沉于了溪，此媪苦留之，遂字[婆留]焉。"《西湖游览志余·帝王都会》《西湖梦寻·西湖南路·钱王祠》所记同于《湘山野录》③。《曲海总目提要·金刚凤》记载更详细一些："杭州有婆留井，志书云：'吴越王生时，父母见火光满室，惧而欲弃之，邻母劝留，故小字婆留。'"又："稗史皆言镠生时，有红光透屋，邻人以为火，其父母亦欲弃之，邻母劝留，遂取小名曰婆留。今杭州有婆留井。见《府志》诸书。"

明冯云龙编《古今小说·临安里钱婆留发迹》采其事而略有不同："其母怀孕之时，家中时常火发，及至救之，又复不见，举家怪异。忽一日，黄昏时候，钱公自外而来，遥见一条大蜥蜴，在自家屋上蜿蜒而下，头垂及地，约长丈余，两目熠熠有光。……[镠生]被钱公劈手夺过孩儿，按在浴盆里面，要将溺死。慌得王婆叫起屈来……"这可能是另一种民间传说，以为他是大蜥蜴所生或所化。小说家俱以为他是弃儿，所以下文引周弃、楚子文事为解。

---

① 参见景洪县民委编：《雅尼雅嘎赞嘎》，施达、阿海译，云南人民出版社，1992年，第148页。
② 参见柳存仁：《毗沙门天王父子与中国小说之关系》，见《和风堂读书记》（下册），龙门书店，1977年，第299页。
③ 参见谭正璧：《三言两拍资料》（上册），上海古籍出版社，1981年，第105—111页。

各民族、各地区、各时代所发生的弃子故事都有其独特的思想意义、社会内容、历史背景和艺术风格，但主要是一种有关祖先和文化英雄诞生的推源神话，或者说氏族起源传说。大部分的物异型故事都和母系氏族时期的图腾制度有关，并主要表现为图腾授孕和图腾考验仪式。漂流型故事也有暗含图腾机制或痕迹者，且与山野－物异型故事互相渗透。用比较民俗学和比较神话学的眼光看来，这些传说具有极大的规律对应性、整体趋同性、细节密合性，在古代中国各部落集团之间、邻国之间约略同时发生的弃子故事很可能互相影响或传播交流；在世界各古族之间分别出现的弃子故事的文化关系，则有待深入挖掘和研究。

第五章　准弃子和树生英雄群

一、树生儿与弃子故事

弃子英雄中有一类是跟植物崇拜连锁着的树生、竹生、果生儿,姑且称之为树生英雄群,它们的事迹在广义的文化比较上具有相当的意义和价值,所以单独列为一章来描述。这些植物的儿孙仅在出生 – 丢弃一项上的表现便颇为复杂,有的是潜在的漂流 – 物异事迹的准弃子,有的却与弃子毫不相干,只是因为其同为树生或事迹上有关联才把它们组合在一起讨论。专家们特别重视弃子英雄"诞生于树腹"这个殊异性关目和细节,认为它的重要性有如卵生和漂流,应当研究它的源流、分布、影响和特征。

这是原始图腾制度或植物崇拜,尤其是圣树(或神丛)崇拜、果实崇拜的一种产物或遗迹。树生儿传说在古代或现存原始部落里并不少见。例如,新不列颠岛土著传说,有两人得一黍树,将其栽种长大,树忽然裂开,产出一个女子。他们两人强迫她和他们结婚,于是生下部众。又,澳洲原始部落也相信,"最初的人类是从橡皮树的枝与瘤节所变成"[1]。中国的独龙族也认为人是由树变来的。

这种神树,还表现为生命树、宇宙树、太阳树、知识树、不死树等等,像生出巴比伦英雄神塔姆兹(Tammuz)的神树就被称为大世界树(Great World tree)。有时世界树又兼为生命树、繁殖树,是万物之母。满族创世神话或以为人生于柳叶树——这树同时是女阴(柳叶形似牝器)。"满族人把大水里最初的生命想象为来自水中漂浮的柳叶形物质,或横过来形容为'威呼'(小舟),它在水上漂浮,永不沉没,风能吹走,逐浪而行。它越变越多,长成了'佛多毛'(柳叶树),或叫'佛佛毛'。……'佛多毛'中生万物,生人,生花果树木,鸟兽鱼虫。'佛多毛'是什么?是柳叶,也象征女性生殖器。"[2] 河伯女儿、小

---

[1] 岑家梧:《图腾艺术史》,商务印书馆,1930 年,第 28 页。
[2] 汪玢玲:《论满族水神及洪水神话》,载《民间文学论坛》1985 年第 4 期,第 16 页。

朱蒙之母名"柳花",也许可以从此得到解释。这就把神树崇拜与女阴崇拜融合起来。许多英雄或祖先生于树穴、树洞——女阴和子宫的喻言。满族这则神话提供了一个极好的理论根据。龚维英还曾将类此的"植物生人"神话与原始生殖观联系起来,认为:"先民之所以有'植物生人'这种幼稚认识,盖渊源于远古的生殖器崇拜、图腾崇拜和灵物崇拜,而且和原始人的'感生'观念有关。"① 但是,这种崇拜,首先跟某些植物强大的生长力与繁殖性紧密相关。

[古埃及] 奥西里斯

古埃及的稷神、河神奥西里斯虽然缺乏明确的弃儿事迹,但是他曾因为弟弟塞特嫉妒其政绩,而被骗到箱子里闷死,被抛进尼罗河支流丹乃（Tanite）里②。这实际上是一种隐蔽的漂流。

> 奥西里斯的棺材（就是那美丽的箱子——引者）被波浪冲到叙利亚的比勃洛斯（Byblos）,搁在海滩上。那儿长出一棵神圣的树来,在棺材的周围生长,把已死的君王的身体包含在它的巨大的树干中。③

这树干便是母体和子宫的象征,说明这位庄稼神也是个树生儿。后来奥西里斯的生命从树干里复苏,确实使人想起许多弃儿的出生:伊尹之生于空桑,后稷之弃于平林,景颇英雄早慨之生于空树腹中,其母体均为树干。

简·艾伦·哈里森说奥西里斯:

> 他是所有复活之神的原型,这些复活之神死去,只是为了再一次复活。在阿拜多斯（Abydos）地方,表现俄西里斯受难、死亡和复活的神秘戏剧每年都要上演。在这出神秘戏剧中,首先开场的是他跟对头塞特的战斗,接着是他受难的故事,依次表现了他的受挫、失败、负伤、死亡和葬礼,最后,否极泰来,皆大欢喜,俄西里斯死而复生,而且还有了传宗接代的孩子荷鲁斯（Horus,小太阳,鹰神）。④

如上所说,这也是种子落地（弃）、死亡、萌芽、苗长过程的人间化。

[巴比伦] 塔姆兹

巴比伦繁殖之神、爱之女神伊什塔尔（Ishtar）的情人,本身也是生殖神。

---

① 龚维英:《原始人"植物生人"观念初探》,载《民间文学论坛》1985年第1期,第85页。
② 参见黄石:《神话研究》,开明书店,1931年,第88—90页。
③ 丰华瞻编译:《世界神话传说选》,外国文学出版社,1982年,第26页。
④ [英] 简·艾伦·哈里森:《古代的艺术与仪式》,刘宗迪译,生活·读书·新知三联书店,2008年,第5—6页。

"据宗教家的稽考,搭模斯这个名字(或译塔慕兹、旦穆子等),由素美连(Sumerian)语的 Dumuzi 抽绎出来,本含有'真实的孩子'的意思。他是繁殖之神,因此一般人都称他为'青春的搭模斯'(The youthful Tammuz)。据古老的传说,他是盘缔勃拉(Pantibla)的牧人,其母和生父野合所生。搭模斯产生之前,其母的父亲很不满意,百般逼害,务必置之死地而后快。"① 这是弃儿英雄传说里常见的"外祖的迫害",照例是母亲被迫将他抛弃,但是这个重要情节失落了。塔姆兹像弃儿伊尹、早慨以及奥西里斯一样诞生(或复活)于树腹之中。"其母颠连无告,祷告神祇,神感于其遭遇的可悯,遂令她变成一棵树,即由她的树干,产生出这温文韶秀的孩子。"② 此时又出现了弃儿故事一再出现的装箱的关目,只不过这个箱子未被抛于水中,而是暂存于地府罢了。从装箱这个特异性细节可以推出其曾被弃。

以后塔姆兹为冥后所私留,每半年一次回到人间,使大地回春。这显然跟奥西里斯的复活一样,是关于季节和收获的寓言。及至他和爱神伊什塔尔恋爱,死而复生,生而复死。他跟奥西里斯一样主管阴冥,伊什塔尔像伊西丝一样仍在天上人间传播爱情和欢乐。这个生命与死亡、春天和冬天冲突、转化的主题,就交响得更加华丽了。

从北非沙原、西亚平原到中亚高原,都流行这种生命树的崇拜,以及由母亲树里生出英雄祖先、神祇或弃子的故事。丰腴的水原、草原地带,树木当然是农业、家畜和部落丰庶繁盛的象征。在严酷的沙原、山原地区,"艰难度日和行旅的人们对水源、绿洲的渴望,形成了人们对'生命之树'的神往"③,也是很自然的。有时它还和生命之源——太阳的崇拜结合起来(树生儿奥西里斯就兼为太阳神),变作太阳树,成为太阳文化的重要内涵。④ 正如中国古代有太阳栖于扶桑树上的神话一样,伊朗高原中焦渴、饥馑的初民在现实中感谢自然馈赐的甘美硕果,在观念中也就臆造出神圣的生命之树——太阳树(Arbre sol,Sun-tree)。"在太阳树生长的地方,阳光永远明媚灿烂,甘泉美果取之不尽,用之不竭。"⑤

---

① 黄石:《神话研究》,开明书店,1931 年,第 130 页。
② 黄石:《神话研究》,开明书店,1931 年,第 130—132 页。
③ 范明三:《纹样系谱学初探——从瑞果纹等论及中外民族艺术交流》,载《活页文史丛刊》1986 年第 239 号,第 17 页。
④ 参见萧兵:《楚辞与神话》,江苏古籍出版社,1987 年。
⑤ 范明三:《纹样系谱学初探——从瑞果纹等论及中外民族艺术交流》,载《活页文史丛刊》1986 年第 239 号,第 17 页。

[古希腊] 阿多尼斯 （Adonis）

希腊传说中密特拉（Myrtla）因为恋父怀孕，变成了一棵没药树（Myrtl-tree）或番石榴树（Myrtle），"树爆开了，树皮胀裂"（或说被野猪咬破树皮），生下为维纳斯所爱的阿多尼斯①。像许多弃子英雄一样，"一转眼，可爱的婴孩早已变成了少年，竟已成人，比以前出脱得更加俊美"。

有人认为，阿尔尼斯的故事是从东方传播进来的，他像奥西里斯那样生于树腹。在较古老的神话里，爱神阿佛洛狄忒曾把这孩子藏在箱子里，交给冥后珀尔塞福涅（Persephone）抚养，却被她藏匿，就像种子深埋于泥土一样。这实在是这位树生英雄兼庄稼神、种子神曾被丢弃的一种隐晦说法。如上，奥西里斯也曾被装在箱子里丢弃。埃及人用一个名叫奥西里斯苗圃的大陶罐装麦种和沙子，"用一个金水罐从尼罗河汲来新水浇灌它，让大麦生根发芽"②。奥西里斯就是被弃入土的麦种。"这个仪式象征俄西里斯的死而复活，'因为花园的生命就是神的生命'。"③ 阿多尼斯被冥后"扣留"，阿佛洛狄忒告到父王宙斯那里，宙斯做出裁决：一年之中，阿多尼斯四个月跟爱神在一起（指春天和初夏），四个月跟冥后在一起（指晚秋和冬天），其余四个月属于他自己。这实际上是一个关于季节仪礼和死亡-再生相融合的神话，跟奥西里斯冬入冥府、春返大地基本一样。或说，阿多尼斯死后，爱神哭感冥神，就让他上半年与爱神生活，下半年转入地府。

所以，从小亚细亚到希腊到埃及，每年夏季都要庆祝阿多尼斯节。阿多尼斯在叙利亚的异名即前举的塔姆兹，而塔姆兹也是生于树腹的庄稼神。弥尔顿《失乐园》歌唱道：

> 他一年一度在黎巴嫩受伤，
> 每当夏季来临时，吸引叙利亚的处女
> 成天唱着情歌来哀悼他的命运，
> 那时奔流的阿多尼斯河水变为红色，
> 传说是塔模斯伤口的血所染成的，

---

① 参见郑振铎译：《希腊罗马神话与传说中的恋爱故事》，外国文学出版社，1982年，第83页。
② [英] 简·艾伦·哈里森：《古代的艺术与仪式》，刘宗迪译，生活·读书·新知三联书店，2008年，第6页。
③ [英] 简·艾伦·哈里森：《古代的艺术与仪式》，刘宗迪译，生活·读书·新知三联书店，2008年，第6页。

从河源的山崖上奔流到海。(朱维之译)

夏雨让这条河挟着黎巴嫩山上的红土奔流而下。民众便说这是阿多尼斯－塔姆兹被野猪咬死时流的鲜血。妇女们为他的惨死悲号,又因他的复活狂欢。

莎士比亚写道,阿多尼斯的血泊里:

> 长起朵红花,点缀着白格子花纹;
> 那朵花儿啊,就像他苍白的脸颊,
> 上面散布着一大滴一大滴血斑。①

他生于春之树腹,在度过盛夏之后,却死于猪牙(野猪往往象征黑暗、死亡或者严冬),又于来年复活在鲜花或谷物里。叙利亚妇女在哀悼他时,要到山间采花,意在搜集这位美少年的遗骸(这有点像中国南方民族的踩花山,祭祀花婆少司命),实际上是祝祷庄稼和爱情、农业和人类两种生产大丰收。古希腊妇女在阿多尼斯节栽培草花(称为 Adonis Gardens),把它跟代表阿多尼斯的小雕像扔入水中,也暗寓此意,并且重演着阿多尼斯(与奥西里斯、莱敏克亚能一样)被弃于河水中漂流的往事。

仪式学派、人类学派的神话学家们,精神分析学家们,非常重视诸如塔姆兹、阿蒂斯、阿多尼斯一类树生准弃儿故事的潜在意义,这甚至成为汤因比历史哲学的根喻或元象征。这些新生一代的青年神,多构成对年老一辈神的威胁并将代替老王即退位神的地位。弗雷泽名著《金枝》有专门的篇章讨论他们的神话。新王和老神的冲突贯穿着这一类神话,这些新王大多生于母亲树之腹而不是尘世的父亲明确的血裔,他们通常都经历并战胜代表老神势力的外祖或父亲的迫害而生长为新生力量的王(巫酋)或英雄。弗洛伊德说:"儿子们希望取代父亲——神——的地位所作的努力逐渐明显。尤其,由于农业社会的到来使他们在家庭中的地位更趋重要。因此,他们开始用一种象征性的方式来表现出他们那些具有乱伦倾向的原欲。"② 其间,被牺牲的首先是妇女,她们往往化为石块、木头而死亡——象征着母权的式微和衰亡。她们有的还表现出一种恋父的倾向,阿多尼斯之母密特拉,就因为爱上父亲而变成一棵没药树。新王或小英雄也有恋母的表现——他们跟母亲都出奇地亲密。这一方面可以视为血族群婚的神话反映,另一方面又必须看作是从旧的血缘家庭制度蜕变出来的新的社会制度所产生的伦理－心理悲剧。新制度和新王的诞生总是带着血污的。弗洛

---

① [英]莎士比亚:《维纳斯与阿董尼》,方平译,上海译文出版社,1985年,第107页。
② [奥]弗洛伊德:《图腾与禁忌》,杨庸一译,志文出版社,1975年,第187页。

伊德说："基于这个理由（乱伦性的原欲：Libido），于是像 Attis，Adonis 和 Tammuz 等神的观念开始产生，有些更为了违抗他们的父亲而与母亲有亲密的关系。"① 在新的社会制度和伦理原则之下，这些新王必须因某种旧的行为受到惩罚，成为促进和巩固新制度新原则的牺牲。"我们可以在这些神话中看到了罪恶感的成份，因为，那些年轻的神与母亲间的关系都非常短暂，同时，他们也都由震怒的父亲将其变为动物而给予一种惩罚。Adonis 被野猪所杀，它是 Aphrodite 的圣物。Attis，Cyble（小亚细亚母神）所喜爱之人，他最后因去势而死。"② 他们虽然都有一个悲剧的死亡，但其所代表的新的社会力量、新的伦理和新的繁殖原则却逐步取得胜利。

作为稷神的奥西里斯、阿多尼斯的神性与某些神迹，确实有些像周弃。丁山说，姜原"可能是周人所祀的社神，也即原始'地母'（Gaia）"，而后稷恰当于罗马神话的谷神克瑞斯（Ceres），简狄所生之契相当于埃及神话里的地神兼谷神奥西里斯。丁山说："后稷死于西土，不是史实，乃是时届深秋谷实告成的寓言。……弃之为弃，是象征寒冬之初，将麦类种籽播散在田地里，仿佛人们捐弃废物似的。"③ 杨公骥也有类似的看法："[《生民》]它将自然人格化，为自然现象披上人的外衣，而且它对物与物的联系，作了拟人的解说。例如'稷'的母亲是'姜原'，而'稷'是五谷，'姜原'是姜水平原。这显然是'田地生庄稼'这一认识在人们幻想中的虚妄反映。例如'姜原'孕育的'稷'本是带壳的，于是经过鸟（即玄鸟或日乌/太阳神）的孵育，稷才破壳而出。这显然是'太阳使种子发芽'这一认识在当时人幻想中的表现。"④

凯伦·阿姆斯特朗说，当种子被埋葬入土而蠢蠢欲动的时候，当孩子被弃在地上而哭声震天的时候，早期的种植者体验着种种神秘。他们"注视着种子打破黑暗的束缚，带来不可思议、气象万千的生命形态；种植者会意识到，在生命背后隐藏着某种令人敬畏的力量。种植成为一种'显圣'活动——它揭示出孕蓄其中、生生不息的神力"⑤。他们享受丰收与饮食的快乐，如伊利亚德《神话、梦和神秘仪式》所说，同时体验着生命的神圣。"大地就像富有生命力

---

① [奥] 弗洛伊德：《图腾与禁忌》，杨庸一译，志文出版社，1975 年，第 187 页。
② [奥] 弗洛伊德：《图腾与禁忌》，杨庸一译，志文出版社，1975 年，第 188 页。
③ 丁山：《中国古代宗教与神话考》，龙门联合书局，1961 年，第 26—27 页。
④ 杨公骥：《中国文学》（第 1 分册），吉林人民出版让，1980 年，第 58—59 页。
⑤ [英] 凯伦·阿姆斯特朗：《神话简史》，胡亚豳译，重庆出版社，2005 年，第 45 页。

的子宫一般,维系着所有的生命——植物、动物,还有人类。"①

为了保护这一神奇力量不致枯竭,人们用种种方式保护资源,回馈土地,包括举行各种各样的献祭仪式和报本返始的讲唱或展演。特别令人注目的是:第一批种子要举行"抛弃"仪式;第一批果实被留在枝头不可采摘,以保持神圣力量的循环往复②;头胎羔羊和头胎儿女的牺牲或埋祭。

从哲学观点看,古代神话确实带有譬喻的象征或寓言的性质。从神话里推导出来的哲理,有时与其形象内涵比较一致、比较切合,可以视作神话文学的客观效果,从文本到本文,从能指到所指,这种分析、推导、演绎是积极而合理的,上引丁山、杨公骥等人的见解就是如此。但即令是这种与神话形象相统一的哲理,也不一定就是神话本身的内容或含义,这里往往表现出形象的意义和读者的认识的矛盾。还有一些推导,则往往带着更大的随意性乃至神秘性。例如,汤因比在分析类似后稷、克瑞斯、奥西里斯这一类死而复生的神祇的形象的时候,认为他们跟宗教史上的受难者、牺牲者(例如耶稣基督)的行为是一致的,它们所表达的共同意义是:大自然的神灵必须为造福人类而死亡(《国语·鲁语》云:"稷勤百谷而山死。"这里就可能包含着后稷为人类谋利益而英勇牺牲的悲剧)。"化身尽管不同,实际只有一位甘为世人受难的真神。他出现在人世舞台上虽有十几种面貌,但最后赴汤蹈火的精神、受难和死亡的悲剧表现,则完全是一致的。如果我们拿起人类学家的神棒,我们可以追究出这出永不改变的戏剧的历史根源。'他在耶和华面前,生长如嫩芽,象根出于干地。'这个不避死亡的神的最古老的形态正是体现了植物的精灵,因为植物在春天为了人们而生,到了秋天又为人们而死。大自然神灵的死给予人类利益;如果这位降福者不为人类而死亡,那么人类便要毁灭。"③ 这是不能离开受难或考验这情节核心的。

以上分析是新鲜独到的,但对于后稷、奥西里斯这些主要经历考验而再生的人神来说,不免偏于主观的随想,有点像"借题发挥""以意逆志"。神话学上的原型理论、譬喻说和象征学派虽然时见精彩,但是往往陷入过度诠释而不切实际的推衍。仅仅用寓言、譬喻的推导不能代替神话内涵和背景的分析,特别是弃与收这种仪式行为的发现。

---

① [英]凯伦·阿姆斯特朗:《神话简史》,胡亚豳译,重庆出版社,2005年,第45页。
② [英]凯伦·阿姆斯特朗:《神话简史》,胡亚豳译,重庆出版社,2005年,第45页。
③ [英]汤因比:《历史研究》(中册),曹未风、徐怀启、庆泽彭等译,上海人民出版社,1962年,第382页。

以农立国的中国各民族的土地生子、树生儿故事，内涵非常丰富。虽然像奥西里斯、阿多尼斯那样象征着庄稼死亡到复活的神话较少而模糊，但是众多的植物英雄却反映着农主牧副的中华民族先民对于人与植物、人与土地的能量交换关系，以及英雄受难与再生的幻想性解释与关心。

这里重点介绍我国诞生在树腹里而又卵生的弃儿伊尹。

［商］ 伊尹

《楚辞·天问》曰：

成汤东巡，有莘爰极；
何乞彼小臣，而吉妃是得？
水滨之木，得彼小子；
夫何恶之，媵有莘之妇？

这里包含着一个树生弃儿的故事。伊尹生于空桑之中，"桑"谐"丧"音（甲骨文桑、丧通作），有莘族以为不吉，遂阉割伊尹而为宫廷奴隶，即小臣，后来成汤巡游到了有莘，娶得姞国的妃子，伊尹就成了陪嫁媵臣。①"桑"与"丧"虽然通作，但桑的死亡意味着蚕的再生，哭丧棒也能殴逐鬼魔，引导并保卫新的生命。《天问》王注云："小子谓伊尹。媵，送也。言伊尹母妊身，梦神女告之曰：'臼灶生蛙，亟去无顾。'居无几何，臼灶中生蛙。母去东走，顾视其邑，尽为大水。母因溺死，化为空桑之木。水干之后，有小儿啼水涯，人取养之，既长大，有殊才。有莘恶伊尹从木中出，因以送女也。"宋洪兴祖补注引《列子》曰："伊尹生乎空桑。"清蒋骥《山带阁注楚辞》引《吕氏春秋·本味篇》以证，又引《尚书大传》云："伊尹母行汲，化为空桑。父寻至水滨，见桑穴中有儿，取归养之。"这就是从旧生命的丧亡中诞育出新的生命。

伊尹母化空桑，自空桑生出，暗示她个人（或其小氏族）以桑为图腾。有莘部落却以桑（丧）为忌讳，甚至认为是伊尹母子触发了洪水，所以贱弃之。殷商以桑为生命之意象，所以视空桑为神树，以桑林为祺社。而桑与其共生的蚕同样又是循环再生之象征。

《吕氏春秋·本味篇》亦载此事："有侁氏女子采桑，得婴儿于空桑之中，献之其君。其君令烰人养之。察其所以然，曰：'其母居伊水之上，孕，梦有神告之曰："臼出水而东走，毋顾"。明日，视臼出水，告其邻，东走十里，而顾

---

① 参见萧兵：《天问新解·姞妃和小臣》，载《求是学刊》1980年第1期。

其邑，尽为水，身因化为空桑。'故命之曰伊尹。此伊尹生空桑之故也。"这空桑以后成了圣地，与殷商旧地的曲阜空桑相应。

陈奇猷指出："此叙伊尹得姓的神话正与殷契得姓子氏相类似。'命曰伊尹'亦犹殷契之'赐姓子氏'。"① 不期然将伊尹诞生故事纳入东方夷人集群传说系统。梁玉绳、范耕研等曾辨空桑为地名而否认伊尹生于空桑之中，其母殁于空桑非化为桑。陈先生力辟其非，指出此神话"正表现古代社会文化之特色"②，良是。

《尚书大传》《吕氏春秋》等都说，生于空桑的弃儿伊尹出生于洪灾之际。《吕氏春秋·本味篇》说"有侁氏之君命烰人"收养伊尹。烰人，高注："烰犹庖也。"《墨子·尚贤》云"使为庖人"。《庄子·庚桑楚》："汤以庖人（按：或作胞人）笼伊尹。"看来这里的烰人可以指庖人。马叙伦说："烰，《说文》'烝也'，此借为庖。《说文》'捊'之重文为'抱'，是孚声、包声相通之证。"陈奇猷校释其说，云："古无轻唇音，故'烰'、'庖'双声通假。"但也可能"烰"读重唇，义仍为"烝"，高诱等因伊尹曾为庖人而比附养之者亦为庖人。沈祖绵说："《毛诗·大雅·生民》'烝之浮浮'，传云：'浮浮，气也'，《鲁诗》作'烰烰'，谓火气上行之貌。此句当作'其君令人烰养之'，是恐婴儿寒，倚人身取暖尔。"是则卵生而炕烰之，如暖房之孵小鸡，亦可备一说也。如果把"烰"都读作"庖"，那么，"庖之"易误读为煮了吃，而不是烰之使出壳得养之也。

吕微认为，伊尹和九隆、竹王的故事都有洪水的背景，感生物或中介都是避水工具，而又是一种性象征："避水（育人）器物象征了母体，它就应当具有女性的性格，不少个例当中正有这样的暗示：空桑是女性身体所化；空桑、竹筒和沉木均为一女子所发现（按：把竹筒和沉木当作男性象征而与女性发生感触也还合理）；竹筒甚至流入女子足间而不去（按：这是媾合的暗示），这些都暗示了避水（育人）器物本为女性。"③ 他还举出洪水遗民故事里最多见的葫芦（一般都认为象征母腹、子宫或女阴，但有时依语境变化，苗族有时以之象征射精的男根。象征并非凝固或机械的，有时会相互转化）。这些象征或意象或深层

---

① 陈奇猷：《伊尹的出身及其姓名》，见《中华文史论丛》（第3辑），上海古籍出版社，1981年，第121页。
② 陈奇猷：《吕氏春秋校释》（第2册），学林出版社，1982年，第744页。
③ 吕微：《中国洪水神话结构分析》，载《民间文学论坛》1986年第2期，第64页；吕微：《神话何为——神圣叙事的传承与阐释》，社会科学文献出版社，2001年。

结构的分析，确实颇精彩。但其确指，要视上下文而定。

龚维英曾提出："桑树既然是伊母所化，桑树的空洞即等同于女性生殖器。"① 覃桂清也持此说。他将其与苗族"枫树心里头孕育着蝴蝶妈妈（苗族始祖）"相比较。② 这里确实是有可比之处的。原始性思维里类似联想或互渗，往往将植物、动物及其形态与人的生殖器官做只取一点、不计其余的随机对位，葫芦（瓜）与子宫、女阴（或男阴），树洞与母腹、女阴，树干与男阴，鸟（卵）与女阴（或男阴），等等。这些都可以因其形态或某一功能的相似而发生比附，由语境而确定含义，但不能因此抹杀植物图腾崇拜或英雄（始祖）树生机制的客观存在。

钟敬文曾结合中国水灾故事，详尽探讨空桑传说的诸方面。他还引用铃木虎雄的研究结果——后者是把颛顼"生自若木，实处空桑"的记载都列为桑生故事的（这一条中国学者多以为仅叙发祥地望，忽视其神话面）。希伯来《圣经》与《旧约·创世记》中亚伯拉罕祈求发怒降灾的耶和华饶恕所多玛城的十个善人。天命叮咛十人中的罗得说："逃命吧！不可回头看！也不可在平原站住，要往山上跑，免得被剿灭！"他们便向近处小城奔逃。刚离开了那里，硫黄与火便从山上降下，把所多玛及蛾摩拉二城和全平原及其间所有的一切物类都毁灭了。罗得和家人逃跑时，妻子落在后边，她因回头一看变成了一根盐柱。③ 罗得家族无人嗣续，他的两个女儿灌醉父亲与他同宿，得以受孕繁衍后代。这跟中国洪水遗民故事中羲、娲兄妹结婚一样，是血族群婚旧事的反映，只不过换了父女而已。阿马克托瓦咏罗得之妻化柱诗云：

> 她回头转望，她不觉心伤；
> 她思慕如渴的眼睛已不能再张；
> 她的身体成了白盐，她的血流已僵，
> 地球将她摆定，就像一株木桩一样。④

除了水火表面的不相容以外，其实属于所谓劫难-人类毁灭神话，这与伊尹母"东走十里，而顾其邑，尽为水，身因化为空桑"云云简直同出一辙。正像钟敬文先生所说："这和伊母的不守神谕，回头一顾，变成空桑，是何等令人

---

① 龚维英：《原始人"植物生人"观念初探》，载《民间文学论坛》1985 年第 1 期，第 84 页。
② 覃桂清：《苗族古代的生殖器崇拜》，载《民间文学论坛》1986 年第 3、4 期。
③ 钟敬文：《钟敬文民间文学论集》（下册），上海文艺出版社，1985 年，第 187、188 页。
④ 钟敬文：《钟敬文民间文学论集》（下册），上海文艺出版社，1985 年，第 186 页。

惊异的吻合啊！"①

我国少数民族也有被弃于树腹的英雄诞生神迹。

[景颇族] 早慨

《云龙记往·阿倡传》记阿倡族（景颇先世）英雄早慨初生时，父母俱被蒲蛮人底弄裔碟。"方［其母］奴六被获时，弃子空树腹中（按：比较伊尹等之被弃于树腹）。次日，早（其父）有妹来访，闻泽畔啼声，知为兄子，抱归乳之，名曰早慨。……年十二龄，力能搏虎，走可追禽，能上直木。与人较弩，射悬海贶，中其心；植刀，中其刃。一日，见底弄过山冈，其子在。慨出不意，杀其子。"②

"弃于树腹"本质上是"生于树腹"之意，发现于泽畔表明他属于漂流型。他因为战乱被弃，后来为众推为酋长，又"掘地得铁印，夷众益畏服，以为天授"，从他开始了世袭制。他发明揲占法，"用箸三十三，茎九揲，以通其变，以卜吉凶。夷人服其神明，呼为'阿弥'；阿弥者，汉言'天人'也"③。

这些都可能与以树为图腾的风俗有关——而这一点是神树崇拜的古老依据之一——又与以山林为灵物、秘室、圣地的迷信粘连。上述某些西南兄弟民族生下孩子要拜大树为过房爷，便是其证明。

[蒙古族] 其哈拉格

蒙古族的英雄其哈拉格虽然不是确定的弃儿，但他是被老猎人在大树上发现的，"用宽带子缚着"，"在一旁不远的草地上还躺着一个血肉模糊的女人"④。

当玛达依-卡拉（婴儿在天上的父亲）抛弃他的孩子时，他说出了这样的话：

> 漂亮的独子啊，你是我们的孩子，
>
> 现在你有一座黑山作你的父亲，
>
> 今后你的母亲是一棵长着四根树干的桦树。

---

① 钟敬文：《钟敬文民间文学论集》（下册），上海文艺出版社，1985年，第186页。
② 中国科学院民族研究所云南民族调查组、云南省民族研究所民族社会历史研究室编：《云南省德宏傣族景颇族自治州社会概况·景颇族调查材料之九》，1963年，第2页。
③ 中国科学院民族研究所云南民族调查组、云南省民族研究所民族社会历史研究室编：《云南省德宏傣族景颇族自治州社会概况·景颇族调查材料之九》，1963年，第3页。
④ 内蒙古语言文学历史研究所文学研究室编：《蒙古族民间故事选》，上海文艺出版社，1979年，第39页。

玛达依-卡拉自己不会忘记这些话。后来他宣告：

> 桦树汁哺育我，
>
> 我变得强健有力。
>
> 我的父亲是一座黑山，
>
> 我成了一个英雄。①

在阿尔泰语系史诗和传说里的弃子英雄常被假托有一个神树母亲。

[维吾尔族] 英雄五子

维吾尔族也有树生始祖的传说。志费尼《世界征服者史》曾记其事。据说斡尔寒河岸宫殿遗址一口古井里发现有铭石碑，由一契丹人释读它的内容："当时，哈剌和林有两条河，一名秃忽剌（Tughla），一名薛灵哥，汇流于合木阑术（Qamlanchu）之地；两河间长出两棵紧靠的树；其中一棵，他们称为忽速黑（西伯利亚杉），形状似松（nāzh），树叶在冬天似柏，果实的外形和滋味都与松仁（chilghūza）相同；另一棵他们称为脱思（toz）。两树中间冒出个大丘，有条光线自天空降落其上；丘陵日益增大。"② 译注引马迦特《志费尼对畏吾儿人转变的叙述》说："这条降落树上，使树受孕并长五瘿的奇异光线，实际是摩尼教的。"③ 此光可以视作蒙古-突厥祖先起源故事里极为多见的授孕的太阳光，树瘿是女阴或乳房的象征，两树间的大丘便是"大地的子宫"。"眼见这个奇迹，畏吾儿各族满怀惊异；他们敬畏而又卑躬地接近丘陵：他们听见歌唱般美妙悦耳的声音。每天晚上都有道光线照射在那座丘陵三十步周围的地方，最后，宛若孕妇分娩，丘陵裂开一扇门，中有五间像营帐一样分开的内室，室内各坐着一个男孩，嘴上挂着一根供给所需哺乳的管子；帐篷上则铺有一张银网。部落的首领们来观看这桩怪事，畏惧地顶礼膜拜。"④

紧接着就是常见的弃儿的早长、早慧："当风吹拂到孩子身上，他们变得强壮起来，开始走动。终于，他们走出石室，被交给乳姆照管，同时，人们举行

---

① [法] 鲍里斯·希克洛：《史诗英雄的幻化》，吴岳添译，见《民族文学译丛》（第1集），中国社会科学院少数民族文学研究所编印，1983年，第275—276页。

② [伊朗] 志费尼：《世界征服者史》（上册），波伊勒英译，何高济、翁独健译校，内蒙古人民出版社，1981年，第63页。

③ [伊朗] 志费尼：《世界征服者史》（上册），波伊勒英译，何高济、翁独健译校，内蒙古人民出版社，1981年，第63页。

④ [伊朗] 志费尼：《世界征服者史》（上册），波伊勒英译，何高济、翁独健译校，内蒙古人民出版社，1981年，第68页。

种种崇拜的典礼。他们断了奶,能够说话,马上就询问他们的父母,人们就把这两棵树指给他们看。他们走近树,像孝子对待父母一样跪拜;对生长这两棵树的土地,也表示恭敬和尊敬。"① 树也出声祝福他们。

这个故事有多种文字的著作记载。拉施特《史集》说到卜古(或不古)可汗(Bùgù Khan)时,说他是"古代一个伟大的君王,受到维吾尔和[其他]很多部落的敬重,他们说他是一棵树生的"。该书讲到钦察(q⟨i⟩bjāq)部落时,也叙述了一个同型的故事,不过经过了现实化(除无洪水背景外,极像伊尹空桑传说)。"当乌古思同亦惕一巴剌黑(aīt-b⟨a⟩rāq)部落作战,被他们打败时,他退到两条河形成的一个岛上,停留在那里。这时有个丈夫战死的孕妇,爬进一颗(棵)大树的空洞里,生下了一个孩子。有人将这件事告诉了乌古思。他很可怜她,便说道:'既然这个妇人没有了丈夫,这个孩子就是我的儿子。'他[确实]被当作乌古思的孩子;乌古思称他为钦察。这个词由'合不黑'(q⟨a⟩bùq)一词派生来。'合不黑'为突厥语'空心树'之意。所有钦察人都出自这个幼儿。"②

洪钧《元史译文证补》叙"钦察"(或乞卜察兀)之始谓,相传为二解,其一义即为"空树"。"一谓突厥族派凡五,一为奇卜察克,与蒙古同属乌古斯汗之后。乌古斯汗与亦脱巴阿部战,败退至两河间。有阵亡将士弃妇,怀孕临蓐,军行仓卒无所,就空树中生子。乌古斯汗收育之,名以'奇卜察克',义谓'空树'。"又说:"一谓荒野平地之民……语出波斯。俄之波罗物次同解。"此与《史集》略同。

据说,马可波罗也知道这个故事。他说:"他们(维吾尔人)称,最早统治他们的国王,不是人生的,而是树浆在树皮上所结的,叫作 esca 的一个树瘿所生。"元虞集《道园学古录·高昌王世勋之碑》据高昌王世家所述几乎完全相同,元陶宗仪《辍耕录》撮述其事也大同小异。维吾尔英雄史诗《乌古斯传》也说:无夫的处女阿衣可汗所生的英雄乌古斯可汗出猎时,见湖水中有一树,树有一洞,其中坐着一位少女——这就是"树洞姑娘"。乌古斯与她成婚,生了三个儿子。③ 张越认为,乌古斯与树洞姑娘结婚,类似于中原少昊与娥皇在扶桑

---

① [伊朗]志费尼:《世界征服者史》(上册),波伊勒英译,何高济、翁独健译校,内蒙古人民出版社,1981年,第68页。
② [波斯]拉施特主编:《史集》(第1卷第1分册),余大钧、周建奇译,商务印书馆,1983年,第137页。
③ 参见秀库尔、郝关中:《〈乌古斯传〉译注》,载《新疆文艺》1979年第3期。

树下恋爱的故事，两者"都在西方水边的树下，这是偶然的巧合呢，还是故事同出一源，只是在不同民族中流传，后又经不同文字记载下来，才有如今的差异？也许乌古斯就是白帝之子，就是天神"①。这两者的不同在于：一个是树生儿，一个不过在太阳神树下嬉游罢了。

关于树神的神话，在突厥语诸民族中是广泛流传的。"维吾尔人在古代曾信仰过萨满教。萨满教是一种古老的原始宗教，它崇拜树木。在中外史书中，都有突厥语诸民族崇拜树木、以树为始祖的记载。"②但是东夷的少昊及其妻娥皇却不属于这个树生儿系统。他举出的一则维吾尔族民间传说《神树母亲》，一个牧羊姑娘为了逃脱妖怪扑食，逃进大树的怀抱，而得以找到"雪山之父"③。据说，古代维吾尔族人都崇拜千年老树，称之为神树母亲，将其视为妇女和儿童的保护神，有如壮族人民之崇拜花婆，楚人之赞颂"秋兰青青"的少司命，叙利亚人和希腊人之祭祀塔姆兹和阿多尼斯，他们同样以树为母亲。这种含着图腾机制的信仰，的确属于古代突厥、古代中亚的原生神话-宗教体系，但同样必须承认，它与世界性的植物英雄有共同之处。

二、沙壶与九隆

《华阳国志·南中志》载古哀牢王九隆故事云：

> 永昌郡，古哀牢国。哀牢，山名也。其先，有一妇人，名曰沙壶，依哀牢山下居，以捕鱼自给。忽于水中触一沉木，遂感而娠。度十月，产子男十人。后沉木化为龙，出谓沙壶曰："君为我生子，今在乎？"而九子惊走，惟一小子不能去，陪龙坐，龙就而舐之。沙壶与言语。以龙与陪坐，因名曰九隆。犹汉言"陪坐"也。

> 沙壶将九隆居九龙山下。九隆长大才武。后九兄曰：九隆能与龙言，而黠有智，天所贵也。共推以为王。时哀牢山下复有一夫一妇，产十女，九隆兄弟妻之。由是始有人民，皆象之，衣后着十尾，臂胫刻文。九隆死，世世相继，分置小王，往往邑聚，散在溪居，绝域荒外，山川阻深，生民以来，未尝通中国也。南中昆明祖之，故诸葛为其国谱也。

---

① 张越：《〈乌古斯传〉与突厥神话》，载《民族文学研究》1987年第6期。
② 张越：《〈乌古斯传〉与突厥神话》，载《民族文学研究》1987年第6期。
③ 参见阿布都拉搜集，姚宝瑄整理：《神树母亲》，载《民间文学》1985年第9期。

《后汉书·西南夷列传·南蛮》卷八六所叙略同。这则传说，自佛教西来以后，经过改篡和增删，但基本结构未变，而见于云南大理白族史料《白国因由》。它的后代还有称为"九龙氏"的。不过《白国因由》里插进神物感生传说常见的变人、托梦——既带着文明的讳饰，又现出神话的合理化。"［梦中］见一美貌君子，与之言语。既醒，痛苦而回。自后常往龙泉池，洗菜浣衣于池边，又见前日梦中男子，是夜忽至房中，因而怀孕。"后来的故事中，她又对父母及"金齿演习"辩解，讳饰的因素反而加大，甚而可以解释为伪托。但她的证实手段很有民间色彩："令九子用衣襟取沙往西山堆，则成九冈。"她所生的是九子而不是十子。这不但符合南方多九数、以九为神秘数字的习惯，而且跟所谓"九龙"（九隆）更为切合。紧接着就是《茉莉姣送子与黄龙》故事，略同前引。

《南诏野史》所载与《华阳国志》等略同，唯首云："哀牢蛮蒙伽独，捕鱼易罗池，溺死，其妻沙壹往哭之水边，触一沉木……"此为《后汉书》等所无。而与《白国因由》接近。又说世隆之母佑妃"本鱼家女，喜浴。为妃后仍常泛舟西洱河，屏人潜浴于水，感金龙与交，生世隆"。《三灵庙记》则说段宝珑夫人"浴灈霞移江，见木一段，逆流，触阿妹足，乃知元祖重光化为龙，感而有孕"。《云南通志·杂志》略采其事，说："［蒙伽独］妻摩梨羌，名沙壹，世居哀牢山下。"皆大同小异。这里的"触木而孕"跟"感金龙与交"不过是一件事的两种说法：木是植物图腾化的龙，龙是更古老的动物图腾而与后起的植物图腾相融合。

《三教搜神大全·昭灵侯》亦说，张路夫人石氏生九子。张路自称为龙，与孽龙郑祥远水斗（此如李冰故事），欲九子助之，"明日九子以弓矢射青绡者（郑祥远），中之。怒而去。公亦逐之，所过为溪谷（按：此似'应龙画地'），以达于淮，而青绡者投于合淝之西山以死，为龙穴山。九子皆化为龙"[①]。这显然也是九隆神话的一种变形，与所谓龙生九子皆为龙、又不似龙的故事也有关系。其属于九神崇拜系统则更显露无遗，只是组进了别的许多因子和故事罢了。

据刘锡蕃介绍，九子传说仍保存在苗族文化中。"《南诏野史》谓'哀牢国民，为九龙氏之后，出自三皇'，今黔苗自述其祖先，则谓'昔有山岩爆裂，由裂缝中生出男女二人，结成夫妇，后生九子，各以门前九树为姓，从此滋生日

[①]《绘图三教源流搜神大全》（第3卷），联经出版事业公司，1980年，第2页。

繁,遂歧为九种苗人'。"① 这里渗进石生神话,但指树为姓,则仍保留触木而孕的图腾机制。

更重要的是,云南保山城东石洞里曾发现九尊似佛非佛、不道不佛的石像(现仅残存一头像),所刻何神有待鉴定(从发式上可以看出男女长幼的不同,俨然是一个凶神世家在此聚叙的情景,最奇者口部有三对獠牙露出)。但"据当地群众说,这群神像是'九隆传说'中的九尊神龙,当中的一位就是古哀牢夷始祖九隆"②。其数为九,同于九坛神、九歌神,也有祭祀仪式:"每逢阴历四月初八,散居各地的彝族人民就要远涉山林到这里祭祀,祭祀时要杀十八头猪,耍十八条龙,祈求九隆保佑天下太平,风调雨顺。"③徐嘉瑞说:"九隆神话,疑与《楚辞·天问》中之'女歧无合,夫焉取九子'有关系,恐九隆神话,本西北羌族神话,传于哀牢。"看来九隆跟彝族的关系特别密切。

又,沙壶(或沙壹)触木(龙)怀孕生子,汪宁生认为,这跟《天问》"水滨之木,得彼小子"相合:"每个民族都有自己的始祖神话,楚人与哀牢人相隔甚远,而始祖神话竟如此相似,这决不是偶然的。"④据《天问章句》及《吕氏春秋》等记载,"水滨之木"云云说的是洪水遗民故事,伊尹母溺死化空桑中有婴儿与苗族等的洪水传说有相似处,而与九隆神话有所不同。这一点应有所保留。沙壹,壹亦壶象,作沙壶更明白:壶与壹都是母腹和子宫意象。

徐嘉瑞注意到《白国因由》里的茉莉姚与湖南辰阳传说中之茉莉夫人有关,引清许缵曾《东还纪程》中"善卷山之东半里有大石,在竹林中,曰茉莉夫人。……[山]下为枉渚,即《楚辞》所称'朝发枉渚,夕宿辰阳'者也",认为"滇楚神话有相通者存,近代如此,古代亦然也"。这倒是值得注意的。

王族龙种或蛇裔之传说在南亚、东南亚确实相当普遍。⑤ 中国龙生九子或九龙的记载都比较古老。值得注意的是,亚洲南部或所谓环太平洋文化区里,有较多的九子、九王、九神的故事,它们不但有助于解释《楚辞·九歌》和许多神话传说产生的民俗背景,而且有助于亚洲南部历史、文化的研究。中原记载里的九龙,可以为这个神话提供一个参考性解释。《淮南子·泰族训》:"阖闾伐楚,五战入郢,烧高府之粟,破九龙之钟。"高注:"楚为九龙之簴,以悬钟

---

① 刘锡蕃:《岭表纪蛮》,商务印书馆,1935年,第7页。
② 史军超:《九隆石雕初识》,载《云南社会科学》1981年第2期,第102页。
③ 史军超:《九隆石雕初识》,载《云南社会科学》1981年第2期,第102页。
④ 汪宁生:《滇楚关系初探》,载《民族研究》1982年第1期。
⑤ 参见周达观:《真腊风土记》,夏鼐校注,中华书局,1981年,第74页。

也。"庄逵吉集解："《太平御览》引此，下许慎注云：'刻簴为九龙悬钟也。'《贾子》云：'毁十龙之钟也。'"可见楚文物里很早就有"九龙"的形象。《天问》："焉有虬龙，负熊以游？"丁山就读虬龙为句龙、九龙，且以九隆神话释之。① 所谓"小子名九隆"，丁山则以为实即九龙。② 唐宋以后的文献，如前引《白古通论》《白国因由》《万历云南志》《南诏野史》等则附益或改篡以佛教故事，出现了龙的形象。例如《白国因由》说茉莉羌与龙交配生九子，送子归黄龙，八子化龙与父齐飞，独留幼子细奴罗为白王。其中处女所生为九子，"八子皆现龙象，蒙迦（龙王）亦现龙形，金光烁烁，真一条黄龙也"，龙图腾授孕机制保存得清楚一些。白族民间传说，大理傅员外之小姐触龙王所化大柴疙瘩，孕生九子，八子随父去，小儿子后来变成了白王③，这也把沉木与龙的叠合关系点得很明白。

闻宥曾根据"九隆"之读音等，论证哀牢夷为今"怒子"之祖先④。松本信广以暹罗语来解释"九隆"之"背－坐"义："把'背'称为'九'，这跟摩伊族的 Ku（Boloven）、Kou（Niahon）以及马来半岛山地居地的 Ki-ah、Kiah 是类似的。拉乌乎儿路把'gu'作为'九'的古音，以此同藏、缅语相比较，结果没有发现任何相通之处。另外把'背'称为'隆'（古音 luong）可以释为暹罗语中具有'坐'的意义的'lang'或'lung'，但也不能说它与具有相同流动音首字母的 Vong（Bahnar·Jarai）、hongrong（sedang）、horong（Halang）、Krong（Tar-eng, Sue）无关。"⑤ 松本信广承认，"像这样，仅以语言类比的方法来判别其是否属哀牢夷是有些困难的"，需要更确切的证据和综合论证。但是，他又说："相传哀牢夷以龙的图案文身，这和今日泰人的文身之风是相符的。"⑥ 不过，以龙为文身主要图案，这是几乎整个百越都盛行的。

事实上，很难以孤立的证据来判定某一古族的确切归属。还有的日本学者以为"九隆"是猛里傣语 Kan-nang 的对音，义为"坐在肩背上"，与上书记录相合。也许有人采用语言疾病理论解释说，傣语之"坐在肩背上"，Kan-nang，

---

① 丁山：《中国古代宗教与神话考》，龙门联合书局，1961 年，第 31 页。
② 丁山：《中国古代宗教与神话考》，龙门联合书局，1961 年，第 34 页。
③ 李星华记录整理：《白族民间故事传说集》，中国民间文艺出版社，1982 年，第 65—71 页。
④ 参见闻宥：《哀牢与南诏》，载《边政公论》1941 年第 1 卷第 2 期。
⑤ ［日］松本信广：《印度支那的民族》，尹绍亭译，见云南省民族研究所民族考古研究室编辑：《民族考古译丛》（第 3 辑），云南省民族研究所，1983 年，第 13 页。
⑥ ［日］松本信广：《印度支那的民族》，尹绍亭译，见云南省民族研究所民族考古研究室编辑：《民族考古译丛》（第 3 辑），云南省民族研究所，1983 年，第 13 页。

汉语记其音为"九隆",隆、龙音通,乃衍生出九龙故事来。这并非全然无理。但原始资料都说,沉木化为龙,龙体与树干容易发生类似联想,对于既崇拜植物又信仰龙图腾的某些南方民族来说,既龙且木,是很符合情理的。在故事类型学和发生学上,任何的比较都要抓住触木得孕—木化为龙—龙生九子这一基本结构或模子来进行整体性的比较,否则都会导致片面和支离。

据芮逸夫介绍:"拉克伯里氏(Terrien de lacouperie)尝从语言考证哀牢为泰族(Tai),而巴克氏(E. H. Parker)又考证为越南之老挝(Lao)。伯希和氏(Paul Pelliot)……认南诏为乌蛮之一支,并谓乌蛮之真正代表者为倮㑩(彝族)。"① 戴裔煊则以为,"哀牢"原称"牢","哀"为汉译所加之助音,以"哀牢山"可称"牢山"为证,认为"牢"指僚族:"哀牢即牢,与上述骆、陆、梁、里(俚)、黎,及本文所欲说明之僚,从民族名称之读音上观之,俱出于译音之同一系统。"②

董作宾却以为哀牢为爨人之祖先。③ 尤中把"九隆"的哀牢夷归入汉"昆明族"系统:"沙壹捕鱼之处,一直在滇西的传说中保留了下来,明、清时期云南的地方志书中,把它搜集起来作了记录,说是在保山县西郊的易罗池中。易罗池又名'九龙池',即'九隆池'。哀牢部落的祖先在九隆之前已经居住在滇西,他们是滇西最古老的土著居民,而西汉初年滇西的昆明部落群中,有很大一部分是从原来的九隆氏族中繁衍出来的。"④ 所以《南中志》说"南中昆明祖之"。尤中又说:"哀牢部落是从过去的九隆氏族中繁衍出来,可以说是九隆氏族的嫡系。"⑤ 九隆族早就居于滇西,逐渐形成"滇西的许多氏族、部落"⑥。所以,"九隆不仅是哀牢部落,而且是滇西昆明各部落的始祖"⑦,其历史地位是很重要的。

前引拉克伯里说到,哀牢部落可能发源于川北、陕南之九龙山。

古陇山"其坂九回",有"九陇"之称(后周置九陇郡和九陇县,唐代还有九陇村)。向达说:"因为氐族羌族原来以陇山为其居住的中心,所以陇山以及陇坂九回几乎成为他们的一个象征,一般行役对于陇头的流水、陇坂的九回,

---

① 芮逸夫:《中国民族及其文化论稿》(上册),艺文印书馆,1972 年,第 333 页。
② 戴裔煊:《僚族研究》,载《民族学研究集刊》1948 年第 6 期。
③ 参见董作宾:《爨人谱系新证》,载《民族学研究集刊》1946 年第 2 期。
④ 尤中编著:《中国西南的古代民族》,云南人民出版社,1980 年,第 36 页。
⑤ 尤中:《中国西南民族史》,云南人民出版社,1985 年,第 55 页。
⑥ 尤中:《中国西南民族史》,云南人民出版社,1985 年,第 55 页。
⑦ 尤中:《中国西南民族史》,云南人民出版社,1985 年,第 56 页。

也不胜其幽怨之情。"① 这样就可能滋生出九隆故事来。"如若把沉木化龙等等神秘的外衣剥去，九隆故事便只说明这一民族（哀牢夷）系出陇山。九隆者九垅也，与汉人姓氏之有河内河东等郡望同一意义，并无何等神秘之处。"② 这是标准的语言疾病理论。但是九隆为龙-木所生，这种历史诗歌的真实是怎样都不能抹杀的。"九龙"跟"九陇"是偶合还是必同，也还值得商榷。

九隆神话之族源，哀牢夷之族属，与九隆得名之原因，说法如此纷纭，实在很难得出一个肯定的结论。戴裔煊有一段评论是比较公允的："远古茫昧无稽，神话传说，最易采借。如盘古开天辟地神话及司马贞补撰《三皇本纪》之种种传说，谁敢谓其非采借而来？因民族之接触混合，各个民族本身之传说，亦随之而混合。……对于后来哀牢夷之传说，本人作如是观。《华阳国志·南中志》称永昌郡，古哀牢国，南中昆明所祖，《旧唐书》卷九《张柬之传》则称姚州古哀牢之旧国。由今云南保山至姚安皆其地。地方如此辽阔，其后裔与多族混合，盖未尝无可能。"③ 由此也可以看出，古代西南民族血液与文化交流之频仍，而龙蛇之崇拜又隐然为其趋同之重要契机。但从最初记录里所说的"昆明"来看，此神话当在洱海周遭发生。因而，几中的"昆明族说"较为可信。又如李缵绪等人所说，后世云南之白族、彝族跟它的关系要紧密一些，而且它们保存的九隆式故事较多。

陶学良据徐嘉瑞"南中，盖包括叶榆、隽唐"之说，认为，"昆明族是彝族在汉魏时代的称谓"④。他以彝族史诗《勒俄特衣》、滇西彝文史诗《查姆》等以龙为祖先证明九隆故事为彝族先民的神话。⑤ 彝族及其某支先民崇拜神龙可以肯定，但从比较学的角度看，没有由九隆故事里触木得孕—断木化龙—孕生九（十）子—小子为王这样的重要关目所组成的模子，所以缺乏整体和规律的对应。彝族可能跟九隆故事发生的地区关系很大，但它又是一个较大的人类共同体，文化和传统、风习、宗教构成已相当驳杂。彝族不但崇拜龙，还崇拜虎、鸟、猿猴等等，且与许多南方民族共有葫芦神话，目前还较难肯定其最早以龙为图腾，较难肯定彝族的龙崇拜与九隆崇拜有什么样的血缘关系。

尽管后世统治者喜欢模拟制造类感生神话以证明其权位乃是天授神与，但

---

① 向达：《唐代长安与西域文明》，生活·读书·新知三联书店，1979年，第166页。
② 向达：《唐代长安与西域文明》，生活·读书·新知三联书店，1979年，第168页。
③ 戴裔煊：《僚族研究》，载《民族学研究集刊》1948年第6期。
④ 陶学良：《九隆源流探索——彝族神话研究之一》，载《民间文学论坛》1984年第2期，第48页。
⑤ 陶学良：《九隆源流探索——彝族神话研究之一》，载《民间文学论坛》1984年第2期，第50页。

没有残余的图腾意识（或所谓集体无意识）的暗中推动，历史的渊源和民俗文化及传统心理的某些依据，凭空捏造是无济于事的，是得不到群体认同的，也建立不起来族体之信仰的合法性、一致性和凝聚力。大理国的段氏"自己已经造出一篇感生的神话，思平之母触沉木而生思平，和哀牢夷的九隆故事如出一辙"①，就是因为其活动在九隆神话产生和流行的地区，从此又可反证这个神话与白族、彝族的先民确有文化因缘。

三、竹王与竹崇拜

《华阳国志·南中志》首记竹王诞生传说："有竹王者，兴于遯水。有一女子浣于水滨，有三节大竹，流入女子足间，推之不肯去；闻有儿声，取持归，破之，得一男儿。长养有才武，遂雄夷狄，氏以竹为姓。捐所破竹于野，成竹林，今竹王祠竹林是也。"

《后汉书·南蛮·西南夷传》亦载有此夜郎竹王故事。"夜郎者，初有女子浣于遯水，有三节大竹流入足间，闻其中有号声，剖竹视之，得一男儿，归而养之。及长，有才武，自立为夜郎侯，以竹为姓。"《通志·四夷传》略同。

这两条资料都说，竹王被残杀后，族众俱以"竹王非血气所生"，求立后嗣。汉天子遂封其三子，后来成了"竹王三郎神"。那一带竹王祠确实颇多，香火连绵不绝。

《太平寰宇记》卷一六二"桂州阳朔县"条亦载此事，而略有变化。"竹皇祠。《[元和]郡国志》云：竹王者，女子浣衣，水次有三节竹入足间，推之不去。中有声，破之，得一男儿，养之，有材武，遂雄诸夷地。今宁州始兴三狼乌浒，即竹王之遗裔，故有竹王三郎祠于此地。"

壮族传说，英雄莫一大王屋后的竹子生长极快，"一天标笋，二天长叶，三天就成竹林了"，待砍下竹子，"每一节都有一个人，有的拿刀，有的拿枪，但眼睛都还闭着"。② 搜集整理人蓝鸿恩认为，这跟竹王故事有血缘关系。"据刘介的《广西土神简辑》中说：'今阳朔、三江、凌云等县，尚有竹王庙。'这更说明莫一大王这类故事由竹王衍化而来了。"③

徐嘉瑞则认为，竹王故事属于贵州苗族洪水神话，又引吴泽霖《贵州花苗

---

① 向达：《唐代长安与西域文明》，生活·读书·新知三联书店，1979年，第186页。
② 蓝鸿恩编：《壮族民间故事选》，上海文艺出版社，1984年，第106页。
③ 兰鸿恩：《广西民间文学散论》，广西人民出版社，1981年，第229页。

中的传说》云："洪水时代，一个从天降下的老妇，叫长兄藏铁桶内，叫兄弟把树身挖空，匿身其中。洪水来时，铁桶沉没，而树随波流，水落，堕悬崖上。一母鹰筑巢其上。"他认为空竹、空树与伊尹空桑故事有相同处，而与南方洪水神话"都是一件故事的演变"；"所不同者，只花苗传说，空树由人挖空；而《天问》传说，空桑为人死所化"。① 从整体或基本结构分析，它们与古哀牢九隆故事歧异甚多，缺乏规律性的对应。

石钟健以为，九隆和竹王传说基本上体现龙图腾崇拜："九隆传说的中心是：奉一个由沉木变成的龙为民族的图腾——祖先崇拜的对象。同类传说，或以大竹，或奉蛇郎，或尊一个战胜者（男子），做为民族的图腾，作为祖先崇拜的对象。"② 他也认为，九隆与竹王传说相同处甚多，甚至同源。"竹王传说是以三节大竹作为图腾崇拜的对象，九隆传说则以沉木作为图腾崇拜的对象。前者从大竹中抱得一男孩，长大很有才干；后者沉木变为龙，生了十子，小儿子长大很有才干；前者立为夜郎王，又称'竹王'；后者立为'哀牢王'。从传说的核心看，两者是极为相似的。这种相似处，似乎反映两个传说出自一个共同的来源。"③

这两个传说确实有许多近似之处，都属植物或植物图腾感生的创业英雄型故事。但它们有更重要的不同点：九隆是水中树段化龙而感生的，表现着龙图腾与树图腾糅合的趋向（树干与龙身可发生类似联想），而且九隆为王，是所谓幼子继承权的体现；竹王故事却单纯是竹生或竹之感孕（"竹流足间"即交媾之隐语）。这就缺乏一种整体的对应性，较难做规律性的比较。

石钟健还想把它们与蛇郎故事、扶南混填王故事联系起来当作同型传说来考察。这种力求全方位地把握南方古代祖先传说的意图是好的，可惜其间的趋同性更少，不符合前述的比较三原则。倒是石先生介绍的一则古代占婆故事与竹王传说有些相似：

> 古代，有一妇女名叫婆沙诺（Po Sha no）。一天，她去捡沉香木，路遇山泉，喝了一口水，因此怀孕。后来生了一个男孩，名叫婆可隆戛赉（Po Keaun Garai）。这个孩子长大，成了一尊保护神。④

虽是饮水得孕，但前面说沉香木，就暗示这是沉香木通过水的传递让她感

---

① 徐嘉瑞：《大理古代文化史稿》，中华书局，1978 年，第 36 页。
② 石钟健：《百越史研究》，中南民族学院民族研究所，1983 年，第 174 页。
③ 石钟健：《百越史研究》，中南民族学院民族研究所，1983 年，第 175 页。
④ 石钟健：《百越史研究》，中南民族学院民族研究所，1983 年，第 177 页。

孕的。

徐中舒不但把竹王与九隆故事联系起来，而且认为它们与伊尹生空桑传说有血缘关系，因为"后者实为西南夷族传说之母题"；而"水中空木仍与空桑大竹为近，仍当属于同一母题"。他还认为："说此沉木化龙，与伏羲女娲人首蛇身之说亦有关联。"① 这更加缺乏整体和规律的对应性，故事的基本结构有较大的差异。

吕微也试图将伊尹桑生、竹王竹生、九隆（龙）树生故事纳入洪水神话做结构分析："从空桑故事到竹王故事，从竹王故事又到沙壶故事，我们可以看到三者之间逐步演变的痕迹。空桑是女性的（伊尹母所化），竹筒已无性别，到了沉木则男性化为龙。发现水中物体的三个女子，采桑女和浣衣女都不具备生育的功能，而捕鱼女则因水中物体的男性化而承担了生育功能。当然竹王故事、沙壶故事比起空桑故事要简单得多，它们只是截取了空桑故事中的一个母题，即水中物体生人的母题（沙壶故事是这一母题的异化），从严格的意义上讲，它们已不属于洪水生人神话，但它们或许可称之为'水生人'神话。"② 这种尝试是极其可贵的，但跟上述的比较一样，问题也是显见的，即缺乏密切的对应性。

如果使用基本结构的分析法，即暂时省略那些次要的、修饰的、衍生的或变动的、外加的、层积的因素，而摘取相对稳定不变、不可再删除的核心性故事（或说基本情节、贯穿动作），那么我们就可能抽绎出上述三故事在主人公之诞生这一项上的图式或模子来。

伊尹桑生：母避洪水—化为空桑—桑出伊尹。
九隆木生：母触水中沉木—孕生十（九）子—沉木化龙—龙生九子。
竹王竹生：母触水中竹筒—竹中得儿。

可以明显地看出，它们的基本结构差异极大，缺乏整体的、规律的对应性。除了在时代上大致都属于母系氏族晚期（或者说向父系氏族转变期）而具有相当的平行性外，它们不论在具体背景还是在关目、细节上，都缺乏比较学所要求的趋同性和密合性。如果要比较或归类，顶多只能说它们都属于植物感生儿（或称树生英雄群），且多少与水相关。它们都存在着明显的图腾意识（异物感孕），而且都以植物（桑、断木、竹）为感生源或中介。但即令如此，它们之间还有极大的不同。除"伊尹空桑"外，其他两则洪水故事的背景并不明确，甚

---

① 徐中舒：《跋〈苗族的洪水故事与伏羲女娲的传说〉》，载《人类学集刊》1938年第1卷第1期。
② 吕微：《中国洪水神话结构分析》，载《民间文学论坛》1986年第2期，第60页。

或阙如（洪水生民并不是水生儿，他们都不是由水来授孕，而是由水中或水滨的植物里出生或感生的）。空桑故事是桑生儿——桑树洞象征母腹（或说女阴），虽有女性出现并由她化身为桑，但其基础仍然是桑图腾机制——这时仍是母系图腾制度后期，不但没有父亲，而且没有感生源。九隆故事是断木致孕，树木图腾与龙图腾相融合，而以水（不一定是洪水）为其活动场所，葫芦（母体）授孕，标志着"水原文化"的固有特征（或以漂流说明其系外来）。断木或龙的确可以象征男性，说明男人（父亲）地位和意识的兴起，这跟伊尹、女歧九子等完全无父而生也是不同的。竹王故事也有感孕的因素，竹筒或说象征母腹，或说象征蛰龙，或说象征男阴，"竹流足间"是性接触的隐语，而以竹为姓明确反映了竹图腾的意识。这是既不同于空桑的无男性、无接触，也不同于断木或蛟龙的隐男性、有接触（竹与龙关联过分隐蔽）。但在"竹木触孕"这一点上是基本同构的。

苗族洪水神话，涉及常见的兄弟或英雄祖先与雷公的斗争。一说：哥哥名A-Fo（Fo，苗语"雷"），弟名A-Zie者。马长寿认为："几（Zie）之意在苗语为竹，盖言地上之竹王。……按《安顺府志》苗语呼竹为'找'。'竹'、'找'、'Zie'音同，原为一物。又按黑苗洪水故事歌辞，谓阿几邀其妹返告其母，母命之宰牛与豕，挂肉'Zan'枝之上。'Zan'盖苗族之图腾树（Totemic Tree）也。'Zan'之音与'Zie'及'找'皆相近，盖即为竹。竹者即此原始苗族之图腾树也。"① 马长寿认为，竹是苗族图腾的一种，洪水的开端是竹王与雷神的战争。这竹王便是生于大竹的竹王。"余按汉武帝时之夜郎侯名'多同'，神话中之竹王乃多同之祖，非即多同。竹王之子孙，仍称竹王，如清田雯《黔书》所云，'杨老黄丝驿有竹二郎、三郎祠，郡志称之为竹王'是也。郑永禧《施州考古录》云：'施州城东北有竹王祠。'陈鼎《黔游记》云：'杨老驿有竹王祠。'《南诏野史》称云南通海县有竹王祠。可知竹王非一人，吾人所论者，乃原始传说中之竹王。"② 马长寿又比较竹王故事与苗族洪水传说："苗族相传阿几（竹）避洪水时乘一木鼓或巨瓠；竹王故事则云，竹王在三节大竹中，循河而下。苗族神话中有一木鼓（或瓠）、一兄、一妹，竹王故事中有一竹、一王、一浣女。浣女在故事中似为阿几一脚色所演变。又《华阳国志》云：'捐所破竹于野，成竹林。'甚似象征洪水神话中所云兄妹产一婴儿，砍而散之，成为众苗也。最奇

---

① 马长寿：《苗瑶之起源神话》，载《民族学研究集刊》1940年第2期。
② 马长寿：《苗瑶之起源神话》，载《民族学研究集刊》1940年第2期。

者，竹王故事亦以洪水为背景，故吾疑此乃洪水神话之演变。"①

遗憾的是，这两则始祖诞生故事跟前述九隆－竹王故事在整体上差异甚大，细节也不密合：竹王故事缺乏明确的洪水内容，苗族洪水遗民神话又没有感竹而生的由头（只是主人公名"竹"这一点值得重视），竹跟葫芦（或木鼓）虽都象征母腹，但形态并不相似，正像它们跟九隆的断木与蛟龙并不同类。它们之间的关系，还有待澄清。

有人也以为夜郎属古苗族，从苗语、苗俗上探讨夜郎及竹王的由来，且认为"多同"亦即"竹王"："《史记·西南夷列传》记载这一带地区的部族和部落首领十余人，都没有姓名。就是夜郎侯'多同'，也并非姓名，而可能是苗语'果雄'的汉译音。'多同'就是'竹王'的意思，是夜郎濮人对各部族和部落中大小首领的一般尊称。"② 一说"果雄"之意，是"法力无边的神奇竹筒"，"宝筒"则是"最高超力或'权威'的象征"③。而"果雄"又是苗族的自称。④ 苗语"果雄"（Koycion）之义为"竹"。凌纯声说："严如熤《苗防备览·风俗考》云：'呼苗曰果雄。'作者在湘西调查时所记苗自称为'KoShong'。……按红苗自称的'KoShong'，'Ko'为字头，'Shong'为其名称。而'KoShong'之另一意义为'竹'。因此作者又疑'Shong'之一名，与竹王有关。"⑤ 他认为，古夜郎在今之川南，以后渐入黔中，与髳（苗）之由越嶲而黔中，迁徙路线相同。这不一定可靠，但他所述红苗白帝天王三郎传说确实有与竹王故事相通者。"今日红苗之所最敬畏之神为白帝天王，亦为兄弟三人。据《泸溪县志》云：《后汉书·西南夷传》剖竹中得小儿，长为夜郎侯，汉武诱杀之。子三人皆蛮夷所推，而第三子尤雄勇。后人以竹王非气所生，有神灵，为立庙以祀。今庙中神状三郎尤猛烈，为苗所畏，当即此也。"⑥

竹王的影响，确实从西南到中南都至巨。《湖南通志》载王阮亭咏竹王祭赛诗可见一斑：

---

① 马长寿：《苗瑶之起源神话》，载《民族学研究集刊》1940 年第 2 期。
② 张英志：《古夜郎国是我国苗族先民建立的——试论夜郎族属问题》，见贵州省哲学社会科学研究所编：《夜郎考》（讨论文集之一），贵州人民出版社，1979 年，第 216 页。
③ 张英志：《古夜郎国是我国苗族先民建立的——试论夜郎族属问题》，见贵州省哲学社会科学研究所编：《夜郎考》（讨论文集之一），贵州人民出版社，1979 年，第 223 页。
④ 张英志：《古夜郎国是我国苗族先民建立的——试论夜郎族属问题》，见贵州省哲学社会科学研究所编：《夜郎考》（讨论文集之一），贵州人民出版社，1979 年，第 223 页。
⑤ 凌纯声：《苗族名称的递变》，见中国民族学会编：《中国民族学会十周年纪念论文集》，1943 年。
⑥ 凌纯声：《苗族名称的递变》，见中国民族学会编：《中国民族学会十周年纪念论文集》，1943 年。

竹公溪畔竹茫茫，溪上人家赛竹王。

铜鼓蛮歌争上日，竹林深处拜三郎。

马学良指出，《华阳国志》中"以竹为姓"颇具图腾意义，"云南夷族则传谓古代洪水泛滥时，其始祖浽阿普经太白仙指示，挖木为筒，避身其中，随水漂流，其后水退，竹筒漂至悬崖，幸为山林挂住，祖人得免坠崖，自是后人奉祀山林，故人死后，即以山竹制灵牌，盖以山竹可以保护后裔。故事传说，虽不全同，但崇拜竹子，信竹子与祖人有特殊关系，及竹能保护族裔，则各地夷族皆然"①。他还引证陈宗祥来信说傈僳族与彝族等都有植物图腾机制：

傈僳族→姜梓树、羊桷树

水田族→黑竹子、柏树

彝　族→黑竹子、白竹子②

马学良认为傈僳、水田二族，与彝族同一支系；而"水田与夷族崇拜竹子，疑与竹王故事有关"③。

据说："在滇、桂边界的白彝中有一个'阿槎的故事'与此相近。这个故事的大意是：古代在一条'汉'水上，浮着一个兰竹筒，这个竹筒流到岸边爆裂了，从里面出了一个人来。他叫做阿槎（atsa），生出来就会说话。他住在地穴里，过着采拾和狩猎的生活。有一天他到麻达坡去打猎，看见梨树下睡着像狗的母猴。后来他俩配成夫妻，他们的子孙就是'傈僳'。"④ 这里又插进了彝族固有的猿猴图腾传说：人猿结婚。

但是，有的学者并不认为竹王故事起于彝族，说："阿槎的故事如果真的脱胎于竹王传说，那也可能是受了古代僚族的影响。"⑤ 马学良则说："这个神话，流传很广，和我们上述的［彝族］洪水神话，可能是一个来源的演变。"⑥ 他认为，这里的兰竹筒，竹王故事里的空竹，跟彝族崇拜并用作巫术法具的竹筒有密切关系。他引《宣威州志》为证："［彝族］以竹叶草根，用必磨（即巫师），

---

① 马学良：《云南彝族礼俗研究文集》，四川民族出版社，1983年，第12页。
② 陈宗祥：《西康傈僳水田民族之图腾制度》，载《边政公论》第6卷第4期。
③ 马学良：《云南彝族礼俗研究文集》，四川民族出版社，1983年，第11页。
④ 刘琳：《夜郎族属试探》，见贵州省社会科学院历史研究所编：《夜郎考》（讨论文集之三），贵州人民出版社，1988年，第242—243页。
⑤ 刘琳：《夜郎族属试探》，见贵州省社会科学院历史研究所编：《夜郎考》（讨论文集之三），贵州人民出版社，1983年，第243页。
⑥ 马学良：《云南彝族礼俗研究文集》，四川民族出版社，1983年，第53页。

因裹以锦,缠以彩绒,置竹筒中,插篦篮内,供于屋深暗处;三年附于祖。"①

何耀华介绍彝族的竹崇拜说,广西隆林等地村庄种兰竹于空地,以栅围之,称为"种的场","平时严禁砍伐或毁灭此竹。村人每逢农历四月二十日举行祭竹大典。……祭者相信这丛兰竹的荣枯象征族人的兴衰。……他们认为自己的族人与竹有血缘关系,故当一个妇女快要分娩的时候,她的丈夫或兄弟就砍一根长约二尺的兰竹筒,于孩子生下之后,把胎衣胎血放一些进筒里去,然后塞以芭蕉叶子,拿到'种的场',吊在兰竹枝上,以显示他们是兰竹的血裔"②。把胎胞的一部分塞进竹筒,表示子嗣对母体的回归,的确可以证明最初人们确信胎胞或婴儿是在竹筒里孕育的。这确实是一种图腾主义的机制。

卫聚贤据《西南夷列传》等材料里关于竹王三郎的传说,试图将竹王故事归入治水英雄系列,并以此解释"二郎"称呼的由来。他以"夜郎自大"的典故解说"夜郎即大郎,本身就是'大'",还说"竹王有三个儿子,大儿子为大郎,二儿子为二郎,三儿子为三郎"。③他并且引证了湘西的古迹和传说:"湘西麻阳县,在其城外东北二里有三王庙(《麻阳县志》云为竹王庙),有泥塑的三位神像,自右至左,一为白脸,一为红脸,一为黑脸。当地人云:'三王分年值岁,如逢大王值岁则无灾害、不敬神,二王值岁要小祭,三王值岁则大祭——杀猪宰羊演剧。否则必有灾害。三王最灵,尤其在凤凰一带苗民中更为灵验。'按《华阳国志》云:'夜郎县有三郎庙,甚有灵响也。'"④ 卫聚贤还报告说,广西白夷奉祀孟获、孟优、孟伶三兄弟(卫氏以孟优当"二郎"),在二月初十、四月初十、十月初十祭祀他们,祭祀时"要杀七十二头鸡,二头狗"。他们特别重视竹,"孟获是衣服的发明者,那衣服是用棕皮及麻皮把竹壳及竹皮编串起来的,女子到现在,腰间尚有竹壳围着。孟优发明乐器与耕种。孟伶发明契约(即刻竹筒为契约),及划分田地的方法"⑤。"兰竹(按:Mewadei,兰竹香炉)的荣枯盛衰,象征着他们一族的命运,故爱护敬仰备至。"特别是"当一个妇人快要分娩的时候,她的丈夫或他的兄弟,便去砍一根长约二尺的兰竹筒,到了孩子生下来,把胎衣胎血和在狗身上扯下来的三根毛儿放在筒里去。然后塞以

---

① 马学良:《云南彝族礼俗研究文集》,四川民族出版社,1983年,第53页。
② 何耀华:《彝族的图腾崇拜》,见宋恩常编:《中国少数民族宗教初编》,云南人民出版社,1985年,第90—91页。
③ 卫聚贤:《二郎》,载《说文月刊》1943年第3卷第9期。
④ 卫聚贤:《二郎》,载《说文月刊》1943年第3卷第9期。
⑤ 卫聚贤:《二郎》,载《说文月刊》1943年第3卷第9期。

芭蕉叶，拿到种场，吊在兰竹枝上，让它永远悬在那里"①。这习俗显然与竹王崇拜有血肉联系，可与前引何耀华文、马学良文等相参照。

他们还有个典型的图腾祖先传说。"开天辟地的太古时代，在一个兰竹筒里面爆出一个人来，他的面貌像猴类，初生出来就会说话。他叫做亚槎（Aca），过着很苦的生活，住在地穴，穿的是芭蕉叶子，食的是野鼠和果类。"② 有一次，亚槎遇到一只母猴，就与它在郊野丛草间配成夫妇，生下儿孩便叫"罗罗"。"罗罗"有"犬"义；又，彝语称猴为 nou，即猱——广西的某支苗族亦称彝族为"Manglei"，"lei"义为"犬"。一个较为进步的传说里，则说其先祖生下时父母双亡，吃狗奶长大，则又是"牛羊腓字之"一类的兽乳故事，是一种准弃儿传说。

彝族支系阿细人创世史诗《阿细的先基》说，洪水遗民兄妹二人乘坐的木柜快要被水冲到岩洞里去了，"洞边有棵老野竹，小儿子在柜子里叫道：老野竹呀，救救我们的命。我们要是活下来，就认你作爹爹，认你作妈妈"③。野竹果然以根遮住洞口，兄妹说："你救了我们的命，我俩认你作父母。"④

贵州青彝，至今还流传一则类竹王的故事：

> 古时，有个耕牧之人，于岩脚边避雨，见几筒竹子从山洪中飘来，取一筒破开，内有五个孩儿，他如数收养为子。五人长大之后，一人务农，子孙繁衍成白彝；一人铸铁制铧口，子孙繁衍成红彝；一个编竹器，子孙发展，成为后来的青彝。……由于彝族从竹而生，故死后要装菩萨兜，以让死者再度变成竹。⑤

这也是回归于图腾，再次证明：竹筒跟葫芦、盒罐乃至舟船等同样是母腹、子宫或胎胞的象征。这些显然组合进了竹木崇拜的内容，都证明彝族及其先民之一支极可能曾以竹为图腾。

从所引材料看来，学术界已开始就竹的崇拜和竹生神话做整合性研究之尝试，有的力图在东南亚、南亚或南太平洋文化区的广阔天地里寻找源头、流播和不同的表现。

《史记·西南夷列传》："西南夷君长以什数，夜郎最大；其西靡莫之属以什

---

① 卫聚贤：《二郎》，载《说文月刊》1943 年第 3 卷第 9 期。
② 卫聚贤：《二郎》，载《说文月刊》1943 年第 3 卷第 9 期。
③ 云南省民族民间文学红河调查队搜集翻译整理：《阿细的先基》，云南人民出版社，1978 年，第 53 页。
④ 云南省民族民间文学红河调查队搜集翻译整理：《阿细的先基》，云南人民出版社，1978 年，第 54 页。
⑤ 陶学良：《彝族文学杂俎》，云南民族出版社，1986 年，第 69—70 页。

数，滇最大；自滇以北君长以什数，邛都最大"。

有人认为，"靡莫"合音近于"缅"（mien）。哈威《缅甸史》姚氏译注云："缅甸之英名为 Burma，掸名为 Man，华人昔称为缅（Mien），盖均自梵名 Myamma 转出，而 Myamma 一名，当自 Brahma 一字而得。"① 而民族学家都知道，南方"苗蛮"集群的族名多以 M 发音。Mien（缅/民）俱有"人"义，"靡莫"合音为"弥"、为"母"，复有"君长"义，而"缅"或说"man"有"人"义。

专家介绍，"竹"英语为 bamboo，德语为 bambus，法语为 bambou，据说都来自荷兰语 bamboe，而 bamboe 又源于马来语 bambu，"据说这是模拟竹林着火时竹子的爆裂声造出的词汇"（君岛久子）。沈彙认为苞满即蒲、即濮，与英语 Burma 同音。"因此不论苞满（蒲）、靡莫、卑弥都是 bamboo 相当准确的记音，而 Burma 则不过是由 bamboo 分化而出的同源、同义词。"② 他们都崇拜竹或有竹生神话。

《魏书·倭传》："倭女王卑弥呼与狗奴国王卑弥弓呼素不和。"沈彙认为，"卑同靡、同苞，弥也应为满与莫之比"，而"卑弥呼或义为竹王、竹女王。卑弥呼或义为竹王子"。③ 日本有丰富的竹神话，"日本民间还有对竹的社树崇拜的习俗"④。这对研究日本的《竹取物语》、"丹矢传说"（贺茂说话）等神竹感生故事极有意义。前说昆莫或昆靡有"王"义，或转化为黠戛斯之"辈"（bi），此"卑弥"或与之相关，录供参考。

《水经·叶榆河注》有"蜀王子因称为安阳王"之说。蒙文通据以称："交趾所传之安阳王，当即先秦蜀国之开明王。"⑤ 沈彙认为：蜀王子者，竹王子也，安阳王者，哀牢王也。因为"蜀（diuok）之于竹（tiuk），安阳（ngan-ang）与哀牢（ngai-nau）音位很近"⑥。《水经注》又说交趾有雒田，其民为雒民，设雒王、雒侯、雒将。沈彙据《逸周书》路人献大竹的记载，认为雒与竹也有关系。⑦ 这些说法，虽然还有待进一步验证，但这种从整体、从比较民族学的角度研究竹生神话的源流与分布是有助于许多重大问题之解决的。

---

① [英] 哈威：《缅甸史》，姚枬译注，商务印书馆，1957 年，第 47 页。
② 沈彙：《哀牢文化新探——倭奴即哀牢说》，载《社会科学战线》1985 年第 3 期，第 132 页。
③ 沈彙：《哀牢文化新探——倭奴即哀牢说》，载《社会科学战线》1985 年第 3 期，第 138 页。
④ 沈彙：《哀牢文化新探——倭奴即哀牢说》，载《社会科学战线》1985 年第 3 期，第 138 页。
⑤ 蒙文通：《越史丛考》，人民出版社，1983 年，第 65 页。
⑥ 沈彙：《哀牢文化新探——倭奴即哀牢说》，载《社会科学战线》1985 年第 3 期，第 134 页。
⑦ 沈彙：《哀牢文化新探——倭奴即哀牢说》，载《社会科学战线》1985 年第 3 期，第 135 页。

四、竹生故事

跟竹王故事有重要类似点与联系的是亚洲东部和南部特有的竹中生儿的民间传说,最著名、争议也最大的是或出于同源的日本《竹取物语》和中国藏族《斑竹姑娘》。其中可列入树生英雄群竹生儿诞生神话的是这两个传说的开头。

> 朗巴抱了楠竹回家,小心劈开楠竹一看,竹筒里竟有一个漂亮的女孩。①

> [伐竹翁赞岐造麻吕] 去伐竹,看见有一枝竹,竿子上发光。他觉得奇怪,走近一看,竹筒里有光射出。再走近去仔细看看,原来有一个约三寸长的可爱的小人,住在里头。②

西村真次等日本学者很早就指出,这很接近夜郎竹王的诞生传说。③

君岛久子女士指出,竹取姑娘、斑竹姑娘等竹生故事本质上是一种植物生民型传说,在中国少数民族地区大量流行,例如"苗族的《香蕉崽崽》,讲的是孤苦零丁的老人种的香蕉树生出男孩帮助老人的故事;壮族的《草鞋妈妈》,讲一个绝后的老太婆,月亮老人送她一粒玉米种,经她培育后生出一个男孩;海南岛黎族的《椰姑娘》,其中说椰子树生出一个姑娘,为了报答帮助过她的青年,和他结婚了。此外还有槟榔树生美女的故事,等等"④。

这当然都属于本章所论列的树生故事,但更令人神往的是那些符合比较三原则的故事,即其基本结构为"竹子里生出月亮姑娘"同型、乃至同源的传说。严绍璗介绍说:"《竹取物语》最原始的型态是称之为'竹取说话'的民间故事,流传于福岛县一带的'竹取说话'是说一个老人在伐竹时拣到一仓蛋,从蛋中长出了一个男孩,使老夫妇大吃一惊。这个男孩就是'刘竹太郎',他善于钓鱼。一天,他依靠念佛与神仙的帮助,击退了大蛇,钓了许多鱼来供养双亲。"⑤

---

① 参见田海燕编著:《金玉凤凰》,少年儿童出版社,1980年,第144—154页。
② 参见《落洼物语》,丰子恺译,人民文学出版社,1984年,第3页;《竹取物语》,金福译,载《世界文学》1983年第5期。
③ 参见[日]伊藤清司:《赫奕姬的诞生——古代说话的起源》,讲谈社,1982年,第22—23页。
④ [日]君岛久子:《关于金沙江竹姑娘的传说——藏族传说与〈竹取物语〉》,龚益善译,载《民间文学论坛》1983年第3期,第32页。
⑤ 严绍璗:《日本古代小说的产生与中国文学的关联》,见张隆溪、温儒敏编选:《比较文学论文集》,北京大学出版社,1984年,第259页。

可见这原来是一个除害救世的鸟身英雄和卵生弃儿式的奇异感生故事。

在另一种文本里，这个纤小的新月般的竹取姑娘只是在竹林里芦苇丛中被樵夫发现，并不生于竹筒①，这却和日本的水蛭子非常相像（"水蛭子"日文的原义是"太阳之子"，正与竹取姑娘是"月亮仙子"相对）。她们共同的特点是准弃儿（都在芦苇中生存、被发现，暗示其被漂流或丢弃），初生时体型纤小，发育不全，像初生的太阳，尤其是像竹笋般的月牙儿，但生长极其迅速，一如春笋。这也是弃子英雄特有的早熟或速长。

流传在福建地区的一则黎族竹生姑娘的故事，也像藏族的《斑竹姑娘》那样与《竹取物语》有整体的趋同性和规律性的对应。故事大意是，广东雷州地方偏僻的乡村里有一对樵夫夫妇没有孩子，每天晚上都向月亮祈祷。有一天，听到大竹里有人声，剖开来一看，是个可爱的女儿。樵夫夫妇喜出望外，把她养到十几岁，便为这个漂亮聪明的月姬找女婿。她出了三个难题，分别让前来求婚的书生、猎手、耍猴人去完成：读书人默写全部《论语》，猎手射落庭院里桐树上的所有叶子，耍猴人到雷州山雷神庙里拿来大鼓。可是当他们极力去完成使命之时，姑娘对养育她的父母说：她是月宫里的仙子，天使要来迎她上天，她在人世的缘分到期了。于是，她向高高的天空飞去。②

如专家们所指出的那样，《竹取物语》包含五个情节要素：（1）竹里生出女婴（月亮姑娘或莺姬）；（2）她提出求婚难题，难倒了求婚者；（3）天皇巡幸；（4）姑娘留下羽衣；（5）她飞回月宫。

除"天皇巡幸"（求婚）一节中国的故事阙如（或转移）外，其他要素大体相同。百田弥荣子等对这组故事有突破性的比较研究③，她还曾画出求婚难题的比较表，以标明它们的异同④。现在将她的表格简化，并补入黎族故事，以见它们之间整体的对应性和个别的差异点。

---

① 参见丰华瞻编译：《世界神话传说选》，外国文学出版社，1982 年，第 103 页。
② 参见［日］伊藤清司：《〈开花爷爷〉的源流》，1978 年。
③［日］百田弥荣子：《〈竹取物语〉形成的一项考察》，载《亚非语言学院纪要》1972 年第 3 号；［日］伊藤清司、百田弥荣子：《〈竹取物语〉源流考》，载《中国大陆古文化研究》1971 年第 5 集、1972 年第 6 集；［日］君岛久子：《藏族的〈斑竹姑娘〉故事和〈竹取物语〉》，载《说话文学研究》1972 年第 6 号。
④［日］百田弥荣子：《〈竹取物语〉与〈斑竹姑娘〉的五位贵公子难题求婚谈比较表》，见［日］野口大：《从传承到文学的飞跃——〈竹取物语〉和〈斑竹姑娘〉》，斯英琦译，少年儿童出版社，1983 年，第 79—82 页。

表 2-2 竹生姑娘的事迹

项目	诞生	与月亮的关系	与鸟的关系	与不死药的关系
日本《竹取物语》	生于发光竹节	来自月宫	或说生于莺卵，又名莺姬；升天前留下羽衣	升天前吃不死药
黎族《竹生姑娘》	生于大竹	来自月宫		
藏族《斑竹姑娘》	生于楠竹	斑竹与月神女英（湘夫人）故事有关	女英（女匽）曾化为燕子	女英（嫦娥）曾偷饮仙药

表 2-3 竹姑娘的"结婚难题"

项目	求婚难题1	求婚难题2	求婚难题3	求婚难题4	求婚难题5	结局
日本《竹取物语》	取来菩萨的石钵盂	取来蓬莱山银根金干珠实的宝树	取来大唐烧不坏的火鼠皮袍	取来龙颈下发五色光的宝珠	取来燕子的子安贝	飞进月宫，留下不死药在富士山顶燃烧
黎族《竹生姑娘》	默写全部《论语》	射落庭院桐树上的所有叶子	取来雷神庙里的大鼓			飞进月宫
藏族《斑竹姑娘》	取来缅甸边境打不破的金钟	取来通天河打不碎的玉树	取来雪山古庙烧不烂的火鼠皮袍	取来海龙王颔下的分水珠	取来摩天台上燕子的金蛋	与穷汉朗巴结婚

乌丙安曾撰长文详细地介绍日本学者对号称日本最古老的传奇小说《竹取物语》的形成或源流的精深研究，特别是君岛久子、百田弥荣子、伊藤清司等对《斑竹姑娘》《竹取物语》同源的严谨论断。① 是的，我们在这个故事里可以找出两位数的中日古老神话传说的类同点，更不否认上述两故事及其与竹王故事的趋同性——尽管这些故事都有本土的根源、特色或背景。赫夜姬是月亮女神，民间传说竹子是在月亮照耀之下逐月逐节成长的，所以竹子崇拜跟太阴崇拜可以融合在英雄或天女的神秘诞生或降临之中。如果更多地从比较神话学角度着眼，就可发现赫夜姬显然与中国的常仪（嫦娥、宵明）或女和（女英、女

---

① 乌丙安：《藏族故事〈斑竹姑娘〉与日本〈竹取物语〉故事的原型研究》，见中国民间文艺研究会上海分会编：《民间文艺集刊》（第4集），上海文艺出版社，1983年，第36—61页。

匽）同格乃至同源，俱属光明神系。日本的月神月读命性格和形象都极其模糊，赫夜姬可能是从嫦娥汲取了一些神性和事迹。伊藤清司等先生注意到了这一点。①严绍璗前文也说，赫夜姬"在八月十五日升天，并且留下不死之药"，这些情节是从嫦娥窃药奔月的情节里敷衍出来的。

从表面看，《斑竹姑娘》与月亮毫无关系，但是她所生的那根"秀劲的楠竹，斑点长得很多，很好看"，穷小伙子朗巴因为还不起债，"天天到竹林里去哭"，楠竹也"随着他的泪珠增长着美丽的斑点"。这显然来自湘妃竹的传说。《博物志》卷八："尧之二女，舜之二妃，曰湘夫人。舜崩，二妃啼，以涕挥竹，竹尽斑。"这就是所谓"斑竹一枝千滴泪，红霞万朵百重衣"。湘夫人最初只是一位，就是见于《大戴礼·帝系》的女匽（燕子女神），即女英，其神格相当于常仪（嫦娥、宵明），是月亮女神。②她的灵性注入随月而节长的斑竹，那么斑竹化成月亮姑娘也就不足为怪了。"盖初民相信月亮对于植物有极大影响，使之生长迅速，且产量丰饶。"③

君岛久子女士也注意到湘妃竹传说与《斑竹姑娘》的明显类同："西藏的《斑竹姑娘》中也说斑竹是由母女二人滴在竹上的泪痕变成的。但是……最有名的是吴国湘妃竹的故事。那里是满山满谷、一望无际的斑竹之林。"④可惜她没有发现它与月亮女神的潜在联系，因此没有在更深的层面上将其与竹子姑娘（赫夜姬）的生、逝做交叉性的比较。

作为故事核心的求婚难题，属世界性（尤其是亚洲东部、南部）的婚姻考试仪式，其中与中国各民族类似仪节里的因子趋同者甚多。例如，第一项考试所要取得的"菩萨的石钵盂"是佛教宝物，但中国人早已知晓。《大唐西域记》卷八载四大王献珍宝钵，佛祖不受，乃改奉石钵，"绀青映彻，重以进献。世尊断彼此故，而总受之，次第重垒，按为一钵，故其外则有四际焉"。季羡林说，其事见《佛本行集经》卷六一、《五分律》卷五，《水经注》也提到它。对于这个"绀青映彻"的石钵，月亮女神要求的是具有宝光，"佛钵应该有奇光异彩呀"，这样才能与她的灵性交相辉映。她一眼就看出求婚者拿出的是膺品的问题，"连朝露那样的闪光也不见，还谈得上什么真正的佛钵"？民俗学上有所谓

---

① 参见［日］伊藤清司：《赫奕姬的诞生——古代说话的起源》，讲谈社，1982年，第146页。
② 参见萧兵：《〈楚辞·九歌·二湘〉新解》，载《福建论坛》（文史哲版）1984年第3期。
③ 苏雪林：《屈原与九歌》，（台北）广东出版社，1973年，第329页。
④ ［日］君岛久子：《关于金沙江竹娘的传说——藏族传说与〈竹取物语〉》，龚益善译，载《民间文学论坛》1983年第3期，第33页。

"月石"（Lunar Stone），系将具有某种性状的石头略加镌刻而成，是太阴崇拜与灵石崇拜（Stone Fitech）相结合的产物。跟月亮同具圆形和绀青之色的石钵，应视为再生态的月石。

求婚的王子写了一首美妙的诗回答赫夜姬的责备：

日月出兮，爝火无光。

美人艳艳，照耀四方。

小钵在旁，顿失辉煌。

若移他处，必生光芒。

佛土真物，岂同寻常？①

诗作得再好也换不来爱情，但是这首诗却暗示赫夜姬希望得到佛钵本是希望与它相映增辉，融为一体，从而寄托并增进自己作为发光体的生命力、生殖力。

欧洲人常在月夜去接触或膜拜月亮石，就像汉族人认为祈求高禖神石，白族人认为触摸女阴石阿姎白可以求得子嗣。而钵、臼、下磨盘等又常为女阴的象征物，所以怀疑这里的石钵跟子安贝、阿姎白等同样暗含着性象征——因为它也蕴含着月亮高禖女神生命力或繁殖力之精华。

赫夜姬索取的神燕的子安贝，实际上就是她生命的代表和性的精华（贞操）。日本人以为燕子具有神秘生命力，很可能来源于玄鸟能衔卵而赐生，而高禖婚媾求子仪式也要在二月春分玄鸟降临时举行。《斑竹姑娘》要的燕子的金蛋，就是玄鸟衔来的生命之卵。而卵常是生殖和生殖器官的代词。上面说过，赫夜姬和斑竹姑娘的神格相当于月亮女神常仪（常娥、宵明）、女英，女英即女匽（燕），也就是燕子女神、玄鸟女神。所以燕子就是赫夜姬，即夜光女神。乌丙安曾介绍日本学者对《竹取物语》里羽衣部分的研究，他们认为："赫奕姬飞升前得到了羽衣，和伊香刀美之妻找出羽衣飞升等情节一样，使人联想到女主人公的本质暗含着天空飞翔的鸟类特点，因此推测鸟变人形可能是伐竹翁从竹中取出三寸小女儿的素材来源。"② 乌丙安又介绍橘纯一的看法说："像镰仓时代初期《海道记》的故事，就是出自莺卵的说法之一。这则故事的开头就说：从前有个采竹翁，女儿叫赫奕姬。老翁在家里的竹林中看到黄莺巢中有莺卵变成

---

① 丰华瞻编译：《世界神话传说选》，外国文学出版社，1982年，第107页。

② 乌丙安：《藏族故事〈斑竹姑娘〉与日本〈竹取物语〉故事的原型研究》，见中国民间文艺研究会上海分会编：《民间文艺集刊》（第4集），上海文艺出版社，1983年，第55页。

了女孩模样，翁收养为自己女儿。这里既称赫奕姬，又说出自莺卵，在故事中又反复称呼'莺姬'，据此，他强调故事原系'白鸟姑娘型'故事。又如藤原为家辑录的《古今集注》中也有镰仓初期流传下来的《竹取》故事，记载伐竹叟从竹林莺巢中得到了美貌女孩的几则情节也值得注意。又以《卧云日件录》中所录卖竹翁在富士山村莺巢中得一小卵化为美女取名'加久耶姬'的故事做证，橘纯一强调莺姬出生自竹林是最为贴切的说法。"① 可见赫夜姬最初曾化身为神鸟，并且也是卵生英雄，跟玄鸟故事有千丝万缕的联系。

据伊藤清司介绍，柳田国男重视竹生故事与卵生故事的联系，尤其重视卵生故事作为本来面目的性质。关敬吾认为：莺在竹林或丛林里做窝，竹取老翁在深山里伐林，这都跟日本的文化背景有联系。婴儿从植物里诞生，或从小鸟卵里出生，作为原始信仰也不是不能统一起来的。② 伊藤清司认为，竹里生儿是否植物图腾原始信仰的残留，它和卵生传说的关系，还要多多从比较民俗资料里去验证。③ 他举出的一些东南亚洲民间故事证明，这二者是有密切关系的，有些还是被紧密地组织在一起的。例如，菲律宾群岛苏鲁族有个传说讲，混沌初开、人类还没有出现之时，有一只大鸟飞到岛上生蛋。有个中国贵人乘船带来的女孩被恶魔夺走，因禁在该岛南部竹林的一根竹子里。巨鸟卵里孵出来一个男孩，他用飞临的鸟母给他的腰刀劈开大竹，发现了这个美丽的女孩，他们结了婚，并成为苏鲁族的始祖。菲律宾另一个族团的传说，更说海岸边漂来了两根竹子，是鸟把竹子啄开，出现了一男一女，他们成为人类始祖。这些糅合进卵生传说的故事跟《竹取物语》、《斑竹姑娘》、竹王传说等确实非常相像，只是人化的鸟已男性化。

日本学者也多少看出这一节与《诗·商颂·玄鸟》等的关联。野口元大引证了《玄鸟》《史记·殷本纪》《史记·秦本纪》以后，说："在古代中国流行着'燕禖'这样一种祭神求子的仪式，因为燕子感于阳气产卵，所以这种仪式于燕子飞来的春分这一天举行，这也是事实。"④ 他也举出在竹取故事的古老文本里，"都有一个共通的要素，即赫夜姬不是在竹身中，而是在竹林中的莺巢里

---

① 乌丙安：《藏族故事〈斑竹姑娘〉与日本〈竹取物语〉故事的原型研究》，见中国民间文艺研究会上海分会编：《民间文艺集刊》（第4集），上海文艺出版社，1983年，第55—56页。
② [日] 关敬吾：《传说的历史》，至文堂，1986年，第234页。
③ 参见 [日] 伊藤清司：《赫奕姬的诞生——古代说话的起源》，讲谈社，1983年，第103页。
④ [日] 野口元大：《从传承到文学的飞跃——〈竹取物语〉和〈斑竹姑娘〉》，斯英琦译，少年儿童出版社，1983年，第60页。

被发现的,她是杜鹃下在莺巢里的蛋化生所成"①。所以她被称为莺姬,在《竹取物语》中,仍被抚养在小竹篮(原文为"竹笼")里。

至于所谓燕子的子安贝,白川静说:"[殷墟]甲骨文的贝字,及属于贝的字都是子安贝之形,这是一种咒具,也是一种宝器。我国(日本)也有子安贝的信仰,柳田国男氏晚年所著的《海上之道》书中,提出我国的祖先为求南岛的子安贝[族团],而由南方北上的说法。"②

子安贝指在非洲及印尼等地当通货使用的一种贝壳(以可可树叶置水中诱蜗牛移居而取之),最早可能源于东非的马菲亚(Mafia)岛及印度西南的马尔代夫(Maldive)岛。

而子安贝形似女阴,更是生殖力的象征,日本人用其作生命和生育的护符(妇女生育时手握子安贝,便可生出聪明漂亮的孩子)。张光直以为,中国仰韶文化陶器里有子安贝纹,"两头尖,中间凸,纵看有一线分开",而这是跟"华北仰韶期彩陶装饰图样中的女阴纹样"相一致的③,其意义在祈求两种生产双丰收。可见,中日原始的性观念和性象征的沟通点。所以,无论燕子的子安贝或金蛋,都跟玄鸟卵一样,是赫夜姬-女匽(英)们的灵性、生命和性的象征。她的要求等于说:你获得燕子的生殖物,便能占有我。

赫夜姬要求库特的皇子取得蓬莱仙山(或作东海野良居山)上以白银为根、黄金为干、珍珠为实的树骨上的珠枝。这当然出自《山海经》《拾遗记》《述异记》《十洲记》一类图籍。蓬莱山是昆仑的海上映象。这些宝树也出自作为月窟即月神山的昆仑山,又跟月中桂树与不死药有关,实际上也是赫夜姬生命或灵性的象征。赫夜姬飞返月宫之前要穿上羽衣(或说这不但跟白鸟神话,而且跟盛唐的月宫霓裳羽衣曲有关),还要服用壶中的不死药,因为"这些年你饮食着尘世秽物,把慧眼都蒙蔽了"。这一切当然都跟嫦娥(赫夜姬形象的母型之一)盗得后羿由西王母那里取得的不死药一致。不死药也是世界性的太阴神话的重要因子之一,例如有名的苏摩酒。"嫦娥应悔盗灵药,碧海青天夜夜心。"赫夜姬故事正是它的一个变体。而富士山之被当成不死山和最接近天空的山或月亮山,可能也是受了昆仑(不死仙山)神话的影响(日本有人认为,真正的灵芝

---

① [日]野口元大:《从传承到文学的飞跃——〈竹取物语〉和〈斑竹姑娘〉》,斯英琦译,少年儿童出版社,1983年,第76页。
② [日]白川静:《中国的神话》,中央公论社,1977年,第40页。
③ 张光直:《中国远古时代仪式生活的若干资料》,载《"中央研究院"民族学研究所集刊》1960年第9期,第113、258页。

或不死草出自富士山)。

其他,如大唐的火鼠皮袍,当然是多见于中国文献的火鼠皮或火浣布,又称不灰木,其母型为石棉(Asbestos),取其历火而愈白。龙头上的玉或龙头里发光的宝石或龙颔下的宝珠更是中国许多民间传说里的宝物。它的形象也许可以溯源于《山海经》里的烛龙。《大荒北经》的烛龙是烛九阴,是光明神,从它又名"烛阴"看来,可能白天是太阳神,晚上又转化为月亮神,这就跟夜之光明女神有些牵连了。《海内北经》曰:"舜妻登比氏(按:或指女匽、女英)生宵明、烛光,处河大泽,二女之灵能照此所方百里。"宵明为常仪(嫦娥)之女,是赫夜姬母型之一;烛光是小太阳,烛龙正有烛以照九阴。《大荒北经》郭注(藏经本)及《文选·雪赋》引《诗含神雾》都说:"有龙衔火精以照天门中。"《淮南子·地形训》:"龙衔烛以照太阴,盖长千里。"太阴或指月,太阳照月而生光明,正是古人对日、月关系的朴素认知。可这烛龙所衔的火精不正是"龙颔下一颗五色光华的宝珠"之原初形态吗?原来它也是光明神灵性的象征。

至于竹中生儿这一母题,有的日本学者认为源于印度。① "契冲最早在他的随笔《河社》中提出《广大宝楼阁住秘密陀罗尼经》的《序品》似乎是《竹取物语》的素材依据。这个佛经故事记载说,古时候,在三位得了佛法的神人舍身的地方长出了三根奇异的竹子,根用七宝作成,竹干和叶是黄金作成,枝上结着美丽的珍珠,放出异香,闪着奇光。过了十个月,竹自动裂开,从中生出三个童子,童子再修行悟禅,炼成了金身。"②

应该说,以佛教为媒介的印度文学,很可能对中国(尤其西南)以及日本等施加广泛影响,但这里只有竹生一项趋同(当然这是关键,其他辅助性、引申性情节也多见于佛典,但都缺乏整体的对应),泛印度的播化论在此类故事的比较上证据也不足。

松本信广在他的《竹中诞生传说之源流》里详细地收集了东南亚类似竹取的故事。其中,伊藤清司搜集的所罗门群岛的竹生神话尤其令人感兴趣。他还就此做了分析和评论。③ 他在松本材料基础上着重介绍亚洲东部、南部(包括马

---

① 详见〔日〕伊藤清司:《赫奕姬的诞生——古代说话的起源》,讲谈社,1982 年,第 17—18 页。
② 乌丙安:《藏族故事〈斑竹姑娘〉与日本〈竹取物语〉故事的原型研究》,见中国民间文艺研究会上海分会编:《民间文艺集刊》(第 4 集),上海文艺出版社,1983 年,第 48 页。
③ 参见〔日〕伊藤清司:《〈开花爷爷〉的源流》,1978 年。

来半岛、我国的台湾岛等地）类似的竹生传说，以及中国文籍里有关的片段记载。①

看来这是最有前途、最有兴味的研究。它把田野调查、书面文献、固有传承结合起来，不但可以从此看出竹生传说最古老的型样与源头，或者还可以发现，这是东部、南部亚洲热带、亚热带地区具有交叉性和游走性的文化因子，从而有助于对太平洋文化的整体把握与研究。

松本信广在广泛的调查基础上指出，东亚、东南亚的广阔地带和岛屿上，相当普遍地流传着英雄、始祖、酋长从南瓜、葫芦或竹子、树木或鸟卵里诞生的传说，这大概跟他们都属于古老的栽培作物文化有关系。伊藤清司则谨慎地指出，中日以外的东南亚洲传说里竹生（以及竹生姑娘给养父母带来财富和幸福），确实跟《竹取物语》等有密合之点，但是它们没有求婚难题、升天等要素；要确定哪一种是祖型，还要求对更明显、更密切同型构造或传承的比较研究。

君岛久子曾根据松本先生的报告，介绍印度尼西亚系统的竹取故事说："苏门答腊巴塞伊土史中的《拜桐公主》……叙述一位从一株名为拜桐的巨竹竹笋中出生的公主；马来半岛的曼托拉族的竹娘是由'一寻（1.8米）粗的巨竹'中生出的；其他例子也大致相同。"② 结合下文要提到的高山族竹生姑娘传说等等，似乎可以推论：竹子崇拜和竹生女子故事是西南太平洋文化的一个重要因子。

君岛女士还介绍了杉浦明平的说法，他认为，"装点京都、色调柔和的孟宗竹林是在近百年内为了产笋才栽种的。在此以前，京都有苦竹和淡竹。赫夜公主大概就是从苦竹中出生的"③，正因为这两种竹根都很细，所以生出的月光姑娘个子极小："于彼竹林中，有竹若闪光者。颇异之。前视之，见光出自竹腔。再视，有一女子，长仅三寸。"④ 所以，她像初生的太阳水蛭子姑娘那样纤小，象征着嫩笋般的新月和处女。

我国台湾高山人的竹崇拜、竹竿祭和竹生神话，作为南太平洋文化的一个

---

① 参见［日］伊藤清司：《赫奕姬的诞生——古代说话的起源》，讲谈社，1982年，第103—107页。
② ［日］君岛久子：《关于金沙江竹娘的传说——藏族传说与〈竹取物语〉》，龚益善译，载《民间文学论坛》1983年第3期，第33页。
③ ［日］君岛久子：《关于金沙江竹娘的传说——藏族传说与〈竹取物语〉》，龚益善译，载《民间文学论坛》1983年第3期，第33页。
④ ［日］君岛久子：《关于金沙江竹娘的传说——藏族传说与〈竹取物语〉》，龚益善译，载《民间文学论坛》1983年第3期，第33页。

枢纽或中心站，在比较上有举足轻重的意义。台湾南端兰屿的耶美人传说，他们的祖先是由天神降下的巨石里出生的男子，跟由竹子所生的女子婚配生下来的。① 上面说过，石生和卵生传说在许多方面是趋同的、相通的（如禹启父子和孙悟空的诞生等），而卵生的男子跟竹生的女子婚配成为人类或族团的始祖正是东南部亚洲许多传说的特征。它们以痕迹构造的形式把鸟卵崇拜、灵石崇拜跟竹木崇拜有机地结合起来。如果还能发现月亮崇拜的融入，那么它们的源头、交流和分布，就更加清楚了。

---

① 参见沈彙：《哀牢文化新探》，载《社会科学战线》1985年第3期，第136页。

国家出版基金项目
NATIONAL PUBLICATION FOUNDATION

"十四五"国家重点出版物出版规划项目

神话学文库
叶舒宪 主编

萧 兵 著

太阳英雄神话比较研究（下）

A COMPARATIVE STUDY ON THE MYTHS OF THE SOLAR HERO

陕西师范大学出版总社　西安

第三篇

除害英雄：异禀和勋迹

第一章　英雄的早慧及其与天帝的矛盾

各民族英雄故事（包括英雄神话、祖先传说和史诗）里的英雄，不但诞生时出现一系列的灵异或奇迹，往往要通过复杂的考验，而且多数在婴幼期有超常的表现，例如早慧、速长、力气和食量过人，迅速掌握语言文字、生活技术、劳动技巧，等等。比较这些灵迹，不但能够深化英雄故事的研究，而且有助于破译我国古代文献里的一些历史谜题，还可能对这些故事之间的平行、交叉现象有总体性认识。其在哲学上的启示更是无穷：人们不但将神拉到地面上来，让神人化，而且努力把自己提高为神。如希腊哲人所说，不是神创造了人，而是人创造了神。在最优秀的神话中，他们还要驯化神，改造神，要神为人服务。

马克思盛赞过盗火者普罗米修斯的一句独白："说句真话，我痛恨所有的神灵。"他接着指出："这是他的自白、他自己的格言，借以表示他反对一切天上的和地下的神灵，因为这些神灵不承认人的自我意识具有最高的神性。不应该有任何神灵同人的自我意识并列。"① 这就是人神、人天冲突母题最古老也最雄伟的表现。人的自我意识具有最高的神性，这就是说，人具有实现自我的能动本质的自觉和意志行为。而要实现人的本质或自我意识，就必须克服神（神秘化了的自然）的桎梏和障碍，实现人向神的运动。这就开罪了神，构成人神、人天冲突的基础或背景。英雄们的诞生对天帝及其权威构成潜在的威胁，因为英雄是人的伟大代表，本质上就是与神的最高领袖上帝及其利益相对立的。所以英雄诞生之际，天帝往往震惊或愤怒，有时还要采用狠毒的手段来妨碍、阻滞英雄的诞生；一旦生下，英雄又要受到神或天帝的诅咒或危害。小英雄与老上帝的矛盾，构成神话史上一个重要而有趣的母题。

这种英雄与上帝的冲突，在许多带着浪漫精神的作家和诗人（像屈原、李白、弥尔顿、拜伦等）的笔下有酣畅淋漓的描写，这些当然不是本书的研究范围，但必须说明这是有传统的，是远古神话、民间文学滋润哺养的结果，也是优秀作家对这一光荣传统的创造性继承、改造和发扬。在神话里，这种矛盾在

---

① ［德］马克思：《马克思博士论文》，贺麟译，人民出版社，1961 年，第 3 页。

英雄将生未生与既生之时就已露出端倪并迅速展开。

一、英雄的早熟与速长

后稷为什么"惊帝切激",而让"上帝不宁"?《诗·大雅·生民》写后稷之生曰:"诞弥厥月,先生如达。不坼不副,无灾无害。以赫厥灵,上帝不宁!不康禋祀,居然生子!"

"不坼不副,无灾无害",及期生子,显示其灵异吉祥,那为什么说这种灵异会引起"上帝不宁"呢?上帝既然"不康禋祀",而姜原"居然生子"——这明明隐藏着疑团和秘密。分析小英雄与老上帝的矛盾有助于解开这个疑团和秘密。我们先检讨前人的工作。

《毛传》:"不宁,宁也。不康,康也。"简直等于说"不敬就是敬,打就是不打"。郑笺用了个遮眼法,说这是姜原无人道而生子,以为"上帝不宁""不康禋祀",所以要一而再再而三地丢弃,以彰显其灵异。近人多采此说。①

清俞樾《俞楼杂纂·读楚辞》很敏锐地将《生民》该节与《楚辞·天问》一段文字联系起来,突出"惊帝切激"一语。

> 稷维元子,帝何竺之?(后稷是上帝的长子,上帝为什么要把他害死?)
>
> 投之于冰上,鸟何燠之?(把他扔在寒冰上,鸟儿为什么用翅膀暖他身子?)
>
> 何冯弓挟矢,殊能将之?(他操起硬弓搭上利矢,谁能指挥谁能控制?)
>
> 既惊帝切激,何逢长之?(既然把天帝吓得半死,为什么又蕃庶扩延他的后嗣?)②

俞樾指出:"言后稷始生之时,赫然若有神灵,致上帝为之不宁而不康禋祀。本篇'惊帝切激',即此之谓也。言后稷之生,既使帝惊惧如此,宜为帝所不祐,何竟令其子孙强大,享国长久乎?"

---

① 参见北京大学中国文学史教研室选注:《先秦文学史参考资料》,中华书局,1978年,第180页;余冠英注译:《诗经选》,人民文学出版社,1979年,第75、261页;陈子展:《雅颂选译》,人民文学出版社,1957年,第328页;陈子展:《诗经直解》(下册),复旦大学出版社,1983年,第912、913页;岑仲勉:《两周文史论丛》,商务印书馆,1958年,第17页;李长之:《诗经试译》,古典文学出版社,1956年,第153页;高亨:《诗经今注》,上海古籍出版社,1980年,第402页。

② 萧兵译注:《楚辞全译》,江苏古籍出版社,1998年,第77页。

种种添改、曲说，可以强说《生民》之"上帝不宁"，却没有办法臆解《天问》之"惊帝切激"。此中必有一大秘密在，后稷之生，必有危害、震惊上帝之灵异，而绝不仅仅是"不坼不副，无灾无害"，及月而生也。

后稷幼具异禀、少便善射，自然是人民对杰出人物的一种赞颂，一种构想。然而，为什么婴儿后稷能够冯弓挟矢会"惊帝切激"？难道他会跟帝乙一样射天，像宙斯那样善战，对天帝构成某种威胁吗？

上帝的卑化

在一定历史时期的神话传说里，在相当多的口头创作中，在先进的思想家、诗人笔下，天帝的形象不同程度地显得反覆、贪婪、冷酷而又糊涂。伯鲧治水，"顺欲成功，帝何刑焉"？原来他夺了为天帝所霸占的神土息壤来为民治水，因而被害。这令人想起普罗米修斯（可能还有追日的夸父）因为替人类盗取火种而被天帝残害的悲剧。这些上帝都是自私、残暴的。"何冯弓挟矢，殊能将之"，犹言心怀疑惧的上帝怎么会特殊照顾，把弓矢交给曾被他毒害过的弃儿后稷呢？这样，谁又能控制他呢？后稷可能曾用此弓矢完成某种勋业，因而"惊帝切激"。这些到了温柔敦厚、怨而不怒的史诗整理者手里，却被涂抹成更加模糊的"上帝不宁"了。《诗》始言"克禋克祀"，此云"不康禋祀"，终因"其香始升"而"上帝居歆"，最后是"后稷肇祀，庶无罪悔，以迄于今"，用贿赂赎罪祈福获佑，周祚以永，此即"何逢长之"的答案，秩序可谓井然。

古希腊的主神宙斯，曾经被他的父亲克洛诺斯丢弃。因为神谕说，他将杀父自立。后亏得母山羊阿玛尔忒亚将宙斯奶大。这更是一种典型的"惊帝切激""上帝不宁"。

《旧约·出埃及记》说，古埃及法老害怕以色列人多起来会过分强盛。"法老吩咐他的众民说：'以色列人所生的男孩，你们都要丢在河里；一切的女孩，你们要存留她的性命。'有一个利未家的人，娶了一个利未女子为妻，那女人怀孕，生一个儿子，见他俊美，就藏了他三个月。"后来又将其藏在草箱里弃于河畔苇丛中。这个男孩就是漂流型弃儿摩西，颇像被置于渠中冰上的后稷。这又是一种"惊帝切激"。法老害怕以色列人"后嗣逢长"。

希罗多德的《历史》说，米泰国王梦见从他女儿的子宫里生出葡萄蔓，遮住整个小亚细亚，这象征着他的外孙将要代替他统治小亚细亚世界，所以当未来的波斯皇帝居鲁士出生后，就被丢弃到"山中野兽最多的地方"，① 后来被一个奴隶之妻（名叫母狼）带大。这是一个"惊帝切激"，使"上帝不宁"的弃儿，只是这个不宁者是世俗的国王。

《居鲁士文书》一开始就写道："我是居鲁士，宇宙的王，伟大的王……永久王国的种子——这个王国的政府是恩利尔神和那布神所喜爱的，他们期望把它统治得令他们称心悦意。"② 恩利尔（Enlil）是苏美尔最高神，土地之神，那布是智慧和文字之神。这跟后稷为天帝之裔，是谷神、土神、社神兼智慧之神相似。

这种震惊上辈、异族的未来天帝或人王的诞生，大部分牵涉权力的继承和争夺。后稷由于被怀疑是否图腾血裔而被三弃三收，是被举行所谓图腾考验仪式的弃儿。这当然也与部落领导权、继承权的原始政治斗争相关联。但《生民》《天问》所言"惊帝""不宁"还有更深刻、更隐蔽、更神秘的背景。

希腊的大力神赫拉克勒斯睡在摇篮里就扼死了天后赫拉派来绞杀他的两条巨蟒。这可能有东方渊源。两河流域就有英雄或巫师手控二蛇的形象，可能有避邪的作用。所以，"在日常生活中，赫拉克勒斯当然是驱邪者（alexikakos），他的护符被用来消灾避邪"③。赫拉克勒斯本来也会构成对天帝的危害，但是宙斯巧妙地利用他打败劲敌提坦巨人族，允许他完成十二功绩，并在他悲惨死亡以后，吸收他到天庭做了一个神。

技艺的可畏

天帝授英雄后裔以神矢名弓，多见于擅长射猎、崇日祀鸟的东夷集群，后羿、徐偃王、朱蒙等皆是。

闻一多指出："秉弓挟矢，在婴儿为难能，若成人，皆无足异。故知此为后稷初生时事。《诗经·生民》曰：'诞实匍匐，克岐克嶷，以就口实。'亦言后稷生有异禀，不类常儿也。"④

金富轼《三国史记》说太阳神天王郎赐孕的卵生弃儿朱蒙"破壳而出，骨表英奇，年甫七岁，嶷然异常"，睡的摇篮周围有苍蝇，他"自作弓矢射之，百

---

① ［古希腊］希罗多德：《历史》，商务印书馆，1959 年，第 223 页。
② 林志纯主编：《世界通史资料选辑·上古部分》，商务印书馆，1974 年，第 175 页。
③ ［德］伯克特：《东方文化革命——古风时代前期迈东对古希腊文化的影响》，刘智译，上海三联书店，2010 年，第 82 页。
④ 闻一多：《天问疏证》，生活·读书·新知三联书店，1980 年，第 78 页。

发百中";《李相国文集》更说:"卵终乃开,得一男,生未经月,言语并实,谓母曰:'群蝇嘈目不能睡,母为我作弓矢。'其母以筳作弓矢与之,自射纺车上蝇,发矢即中。"这与后稷之生能言语,且挟弓矢若合符契。这说明,西北方的周人史诗已大量吸收东夷的神话(或说帝喾为稷父),我国古代四大部落集群的文化交流跟混血一样频繁密切。

后羿是东夷族最著名的射手,他跟朱蒙、后稷那样幼擅弓矢,而且还可能被弃过。《路史》所谓后羿"五岁得法于山中",就是儿时能够"冯弓挟矢"的一种含糊说法。这样,早慧或速长的小英雄,在婴幼时期掌握射箭技能,便成为这一故事丛里具有趋同性和可比性的重要关目。这可以从各民族的英雄故事里得到印证。

作为英雄射手,后羿的事迹转移至楚之弧父(弓神,弓的人格化)。《吴越春秋》说其母吞卵孕生,他"为儿之时,习用弓矢,所射无脱",犹后稷之幼能"秉弓挟矢"。事迹和周弃、商契都有些相似的满族先祖、准弃儿布库里雍顺,也是"生而能言,倏忽长成",而且很快成长为武士和射手。据说,他母亲把他弃在小排筏上,顺水漂流之时,就把自己的宝弓神箭放在他的身边。

四川凉山彝族史诗《勒俄特衣》说英雄支格阿龙长到一岁时,就能"跟在牧人后面,竹片做弯弓,草秆做箭弩;长到两岁时,跟在牧人后面,扳起竹弓行;长到三岁时,跟在出门人后面,扳着木弓走,作战知进退,射箭懂其则"①。而且,他也是个创业神,"寻找田产是天空,寻找地业是地面"②。还应该注意到,这个彝族创业英雄,跟后羿一样射落过多余的太阳。

英雄婴幼期奇迹

藏族《格萨尔王传》的主角、降魔英雄格萨尔是白梵天第三子投胎所生,他在娘胎里就会唱歌安慰母亲:

有好马要骑上,

有好玉要戴上!

妈妈生我不远了,

就在下个月十五那晚上。③

---

① 《勒俄特衣》,见《凉山彝族奴隶制》编写组编:《凉山彝文资料选译》(1),1978年,第46页。
② 《勒俄特衣》,见《凉山彝族奴隶制》编写组编:《凉山彝文资料选译》(1),1978年,第47页。
③ 《格萨尔王传》(贵德分章本),王沂暖、华甲译,甘肃人民出版社,1981年,第15页。

格萨尔生下时是个肉蛋，用箭头划开后，才显出仙童似的一个孩子。"他的食指向上指着，站起身来，作拉弓的样子，说道：'我要作黑头人的君长，我要制服凶暴强梁的人们。'"① 他是个天生的射手和除害英雄，而且也是弃子。

蒙古族著名史诗英雄、受尽人间痛苦的孤儿江格尔也是早慧和速长的，有诗云：

  江格尔刚刚三岁，

  阿兰扎尔骏马也只有四岁，

  小英雄跨上神驹，

  冲破三大堡垒。

  征服了最凶恶的蟒古斯——

  高力金。②

江格尔四岁便冲破四大堡垒，降服黄魔杜力栋；五岁活捉五魔鬼，却成为大力士的俘虏；六岁又冲破六大堡垒，打断千百枝枪，降服强敌；七岁便打败东方七国。③ 江格尔的一个孩子，落地才三天便能骑上神马阿兰扎尔"上山打猎供养父母"，父母为他取名"少布西古尔"（布谷鸟）。④

很明显，这里还包含一种模式数字的神秘感，一种类似文字游戏的兴味。在另一种本子里描写江格尔等艰苦创建宝木巴部族的殊勋时，这一点看得更清楚。

  他三岁的时候冲破了三大堡垒，

  四岁的时候砍断了四十杆大旗，

  冲破了四大堡垒，征服了黄色魔鬼。

  五岁的时候砍断了五十杆大旗，

  冲破了五大堡垒，征服了五大魔王。

  六岁的时候砍断了六十杆大旗，

  冲破了六大堡垒，征服了荣耀的朱拉汗。

  七岁的时候砍断了七十杆大旗，

  冲破了七大堡垒，打败了东方的七大恶魔。⑤

---

① 《格萨尔王传》（贵德分章本），王沂暖、华甲译，甘肃人民出版社，1981年，第17页。
② 《江格尔》，色道尔吉译，人民文学出版社，1983年，第2页。
③ 《江格尔》，色道尔吉译，人民文学出版社，1983年，第3页。
④ 《江格尔》，色道尔吉译，人民文学出版社，1983年，第246页。
⑤ 乌冉：《试论史诗〈江格尔〉的崇高美》，载《民族文学研究》1984年第1期，第39页。

藏族传说《驯虎青年》说，有一个怀孕的王妃因失明被王后赶出宫殿，住在山谷，生下伦竹王杰。这孩子七岁时，"阿妈找了一根竹子，拔下一根头发作弦，制成了一张弓，捡了一把草，制成了几支箭"，他就用这竹弓草箭练出百发百中的本领，射来鸟兽，养活母亲。①

蒙古族除害英雄乌恩，"到十岁时饭量已经超过了大人，一顿就能吃掉半个羊，并且力气很大，一巴掌就能打倒一头犍牛"②。他跟后羿一样曾经射死妖龙，射落多余的太阳，损害了天帝的威严，被天帝压在大山底下；他死后变成药草，治好了天帝播向人间的瘟病。③ 这显然是个与天帝势不两立、自我牺牲的悲剧英雄。

《多桑蒙古史》记维吾尔族祖先树生五婴儿，"此五婴儿与空气接触，即能行动，已而出室。畏兀儿人命乳妇哺之，及其能言之时，索其父母。人以二树示之，五儿对树礼拜"④。

壮族的后羿——射落十一个毒太阳的特康，也是个小小大力士、射神。

　　妈刚生下特康，特康学走路；

　　爹养特康三朝，特康练工夫。

　　妈养特康三月，特康上山射虎；

　　爹养特康九十天，特康下水射龙。⑤

景颇族史诗《穆脑斋瓦》说，混沌初开，阴阳二天鬼生下智慧天鬼潘瓦能桑。还在母亲肚子里的时候，他就长了牙，会说话。还在母亲怀着的时候，他就会点头微笑，容光焕发。他还没有生下地来，就能挺直腰，摇晃腿。世界上所有的知识，早已在他的心里装下。⑥ 潘瓦能桑虽然只是早慧或速长，但从根本上说，跟后稷等小英雄神的灵迹有许多相通之处。

我国达斡尔族许多传说中的后羿式杀怪英雄，都是在年幼时就能够"冯弓挟矢"，或力大无穷、才能卓著。例如，其母感山泉怀孕而生的阿波卡提莫日

---

① 中央民族学院少数民族文学系藏语文教研室藏族文学小组编：《藏族民间故事选》，上海文艺出版社，1980年，第47页。
② 内蒙古语言文学历史研究所文学研究室编：《蒙古族民间故事选》，上海文艺出版社，1979年，第21页。
③ 内蒙古语言文学历史研究所文学研究室编：《蒙古族民间故事选》，上海文艺出版社，1979年，第30页。
④ 《多桑蒙古史》（上册），冯承钧译，商务印书馆，1972年，第180页。
⑤ 《读"特康射太阳"》，载《民间文学》1960年第11期，第81页。
⑥ 段胜鸥、徐琨、周兴渤：《景颇族文学概况》，见《云南少数民族文学资料》（第1辑），1980年，第122页。

根,"精明可爱,长到五六岁,就帮他妈妈提水烧火。他还拿着妈妈给做的小弓箭,也不怕狼熊虎豹,从早到晚出没在山林里,射获的小鸟小雀,前后两个大摆都装得满满的"①,他还曾得到山神爷白那查所赐给的宝马和神弓②;库楚尼莫日根十岁就张弓射鸟③,他也曾得到天赐的飞马、大刀④;洪都勒迪莫日根很小也能单骑射猎,他跟后羿一样射杀过公野猪,射死能攫走大牛的猫头鹰和巨蟒⑤;阿勒坦噶乐布尔特,"年方五岁,就有了惊人的本事:他拿着自制的弓箭,把那飞空的大雁,跑在原野上的黄羊,都快射得精光啦"⑥,他七岁就钻到花公猪的肚子里,扛着它的心脏跳了出来⑦;英雄"阿勒坦嫩博和孟贡嫩博姨表兄弟长到七岁,就有射杀大雁、野鸡、兔子的本领了"⑧。

这些英雄的早慧和速长,可以与国外的一些故事参较。有个说法,阿波罗不过四岁,就射杀了一条神蛇。而交通之神赫耳墨斯还睡在摇篮里时,就会偷偷爬出来盗走阿波罗的一群牛,还晓得把牛足印抹平,把劣迹抵赖得干干净净。作为弃儿,为牧人养大的印度大黑天也早熟、强壮,在他"还是个乳婴的时候,就做出了令人惊愕的奇迹"⑨,就像赫拉克勒斯一样。"有一天,黑天睡着后,养母耶雪达把他放在一辆大车下,过了很长时间还没来给他喂奶。黑天等得不耐烦了,他开始拳打脚踢地发脾气,最后一脚把整个大车蹬翻了。"⑩ 小东西无法无天,惹是生非,养母只好把他拴在石臼上,谁知他拖跑了石臼,顺带连根拔起了两棵巨树。七年以后,他跳进深水湖里,勇斗喷火毒龙迦梨耶和他的爪牙。他"迅速甩开龙军,把龙王的五个头全都按在地下,然后又以千钧之势跳到龙王中间的脑袋上"⑪,龙王只好狼狈逃走。这个情节跟《封神演义》里的哪吒闹海显然非常相似。

---

① 孟志东编:《达斡尔族民间故事选》,上海文艺出版社,1979年,第45页。
② 孟志东编:《达斡尔族民间故事选》,上海文艺出版社,1979年,第47页。
③ 孟志东编:《达斡尔族民间故事选》,上海文艺出版社,1979年,第63页。
④ 孟志东编:《达斡尔族民间故事选》,上海文艺出版社,1979年,第66页。
⑤ 孟志东编:《达斡尔族民间故事选》,上海文艺出版社,1979年,第75页。
⑥ 孟志东编:《达斡尔族民间故事选》,上海文艺出版社,1979年,第122页。
⑦ 孟志东编:《达斡尔族民间故事选》,上海文艺出版社,1979年,第122页。
⑧ 孟志东编:《达斡尔族民间故事选》,上海文艺出版社,1979年,第131页
⑨ [德]莫·温特尼茨:《民族史诗和往世书》,胡海燕译,见季羡林、刘安武编:《印度两大史诗评论汇编》,中国社会科学出版社,1984年,第379页。
⑩ [德]莫·温特尼茨:《民族史诗和往世书》,胡海燕译,见季羡林、刘安武编:《印度两大史诗评论汇编》,中国社会科学出版社,1984年,第379页。
⑪ [德]莫·温特尼茨:《民族史诗和往世书》,胡海燕译,见季羡林、刘安武编:《印度两大史诗评论汇编》,中国社会科学出版社,1984年,第379页。

作为降魔护法的再生态的小英雄神，我国通俗文学里的哪吒三太子是卵生的。《封神演义》第十二回写李靖原配殷夫人生金吒、木吒以后，怀孕三年零六个月（这是弃子故事里常见的久孕，与速长相辅相成），梦见道人送来一物……"只见房里一团红气，满屋异香，有一肉球滴溜溜圆转如轮。李靖大惊，望肉球上一剑砍去，划然有声，分开肉球，跳出一个小孩儿来，满地红光，面如傅粉，右手套一金环，肚腹上围着一块红绫，金光射目。这位神圣下世在陈塘关，乃姜子牙先行官是也，灵珠子化身。"这孩子一生下来就满地乱跑，"年方七岁，身长六尺"，惹祸闹事，打死野叉，震动龙宫，后来还打死骄横的龙王三太子，痛打和戏弄东海龙王敖光，不让他到玉皇大帝那里告状。

柳存仁引《佛国记》贤劫千佛卵生故事以及《撰集百缘经·百子同产缘》做比较："（迦毗罗卫国）有一长者……其妇怀妊，足满十月，生一肉团，时彼长者，见其如此，心怀愁恼，谓为非祥。"他指出："我国之话本，既为承袭俗讲经变系统而来之民间俗文学产物，自难摆脱此类诞生故事之痕迹，而不免为哪吒事迹著其先鞭。"[1]

由印度史诗《罗摩衍那》移植、改造而来的我国傣族长诗《兰戛西贺》，描写十首王奉玛加（即魔王罗伐那，Rovana）兄弟们的诞生时，特别渲染他们的早慧和速长。十首王"刚会坐稳就学走路，才学走路就会讲话"。他的二弟漆黑的滚纳帕，"生下样子就象披雅（魔鬼），不到三个月身子长得比老象大"[2]。整理本里奉玛加的诞生更加神奇：

> 四个头象节节砌高的金塔
> 最大的一个头才会说话
> 刚刚才脱离母体
> 嘴里已长满洁白细密的乳牙
> ……
> 刚刚落地就会走路
> 刚刚落地就会说话[3]

原本的《罗摩衍那》没有这样神妙，可见《兰戛西贺》已对它做了创造性的改编和极大的发展。

---

[1] 柳存仁：《毗沙门天王父子与中国小说之关系》，载《新亚学报》1985年第3卷第2期。
[2] 苏达万：《兰戛西贺》，见《云南少数民族文学资料》（第4辑），1981年，第37页。
[3]《兰嘎西贺（傣族神话叙事长诗）》，刀兴平、岩温扁、高登智等翻译整理，云南人民出版社，1981年，第12页。

日本著名传说《竹取物语》的女主角，是从竹筒里诞生（或在竹林芦苇丛中发现）的月光姑娘赫夜姬，初生时"只有四英寸长"，像一弯新月，跟日本的水蛭子、中国的拇指英雄一样。可是，三个月之后，她"身材突然长高了，长得和一般的成年少女一样高。她的头发过去一直是披散在两肩的，现在既然人忽然长大了，为了配合这件可喜又可惊的事，她把头发扎了起来"①。这象征竹子的速长。"孩子在养育中一天天长大起来，正像笋变成竹一样。三个月之后，已经变成一个姑娘。"② 这也是月亮从月牙儿长成满月的暗示，她的相貌"越长越漂亮，使得屋子里充满光辉，没有一处黑暗"③。

在哈萨克民间史诗里，英雄们出生极其艰难，出生后却超常早熟。他们一离开母腹就会思维，一眨眼便长大成人，一落地就骑马杀敌。"譬如，长诗《阔布兰德》中的阔布兰德，六岁上就能手持兵器上阵冲杀。长诗《喀巴尔勇士》里的喀巴尔，十四岁就为遭受饥饿的本部族的人们狩猎救荒。长诗《哈班拜》里描写的英雄哈班拜，十五岁穿戴起被仇敌打死的哥哥叶散拜的铠甲，拿起哥哥留下的武器，上阵杀敌报了仇恨。"④

北欧史诗《卡勒瓦拉》里的准弃子英雄库莱沃（Kullervo）也是个早熟的幼儿。翁塔摩拉、卡莱沃兄弟大战，卡莱沃一族被屠杀殆尽，只留下一个孕妇，生下小英雄库莱沃。这个婴儿像赫拉克勒斯一样力大无比，他把襁褓撕得粉碎，"打断了菩提木的摇床"。翁塔摩拉知道他要长成巨人，"当个仆人可抵一百个，一千个仆人都可以敌得过"。这三个月的孩子宣称：

> 不久我会长得更高大，
> 我的身体会更强，那时候
> 我就要报杀父的冤仇，
> 不叫我母亲的泪空流。⑤

库莱沃像几乎所有的弃子英雄那样早熟、聪智、凶猛。于是人们只好把他丢弃，让他漂流（尽管没有直说），让他通过水与火的磨炼。

> 人们把他塞进了木桶；
> 人们又把桶推到水中，

---

① 丰华瞻编译：《世界神话传说选》，外国文学出版社，1982年，第104页。
② 《落洼物语》，丰子恺译，人民文学出版社，1984年，第3页。
③ 《落洼物语》，丰子恺译，人民文学出版社，1984年，第3页。
④ 乌拉赞巴依：《哈萨克族长诗概述》，校仲彝译，载《民族文学研究》1984年第1期，第60页。
⑤ 《英雄国——凯莱维拉》，侍桁译，上海译文出版社，1963年，第621页。

在波浪上推送出木桶。①

但是，过了两三晚，他却从桶里逃出，"安然端坐在波浪上"。

翁塔摩拉又叫积聚大批树木，"树皮装满了一千辆雪橇，秦皮树足有一百吋高"，要活活烧死小英雄，可是他连毫毛都没有烧坏。众人又想在树上吊死他。但他却像个艺术家似的，在橡树上雕满图画，"有人的形象，也有钢刀，图中的人凭依着长矛"②。终究无法把他杀死——让他做出许多怪事和奇迹。如果这不是善意的锻炼的话，至少也是考验。

北欧的夏日之神伐利（Vali），是天神奥丁（Odin）和林达所生的孩子。"伐利是生长得很快的，在一天之内，他就已长成，没有洗过脸，也没有梳过头发，就拿了弓箭，射杀了黑暗的盲日神霍独尔（Hodur）。"③

亚美尼亚民间史诗《沙逊的大卫》说，索维娜尔公主在海边看到一个大卵石，上喷清泉，她啜饮一掬半水便怀了孕，生下一对大力的双生子（那"半掬水"形成的弟弟力气比他哥哥小一半）。

他们刚满周岁，
就像五岁的小孩。
……
过了五六年，
萨纳沙尔和巴格达沙尔——
已经是两个强壮有力的人。④

以后哥哥长成一个巨人、大力神，经历一些危难，完成许多奇迹，像珀耳修斯那样杀死巨龙，救出作为牺牲的少女。他跟赫拉克勒斯和后羿一样，是个神箭手，使用一根巨棒。

萨纳沙尔的儿子穆格尔也很快长成一个巨人和大力神。而他的孙子大卫也很神勇。

大卫是那样有气力，
他挣断了摇篮的皮带子。
人们用铁圈把他圈起。
但大卫是那样有气力，

---

① 《英雄国——凯莱维拉》，侍桁译，上海译文出版社，1963年，第621页。
② 《英雄国——凯莱维拉》，侍桁译，上海译文出版社，1963年，第624页。
③ 茅盾：《神话研究》，百花文艺出版社，1981年，第285页。
④ 《沙逊的大卫》，霍应人译，人民文学出版社，1957年，第21页。

> 铁圈缚不住他，也被挣断。
> 不管用什么把他缚起来，他把一切都挣断。①

大卫吸一口气，牛筋编的大网便膨胀，呼气就缩成一团。幼小时，他能把高大的白杨树的树梢压在地面上。而大卫之子穆格尔刚生下时也是力大无穷。

> 从犁头上解下一根绳子，
> 用这绳子把他捆结实。
> 但小儿一哭，在摇篮里一伸展，
> 绳子已被挣断，
> 断成了许多截，简直无法计算！②

一般的孩子按年生长，穆格尔却按日、按时生长。

波斯英雄鲁斯塔姆之子苏赫拉布，初生即有异禀，力气奇大，善于驯马：

> 这儿子才一个月就有周岁光景，
> 生着鲁斯塔姆那样宽阔的胸肩。
> 他在十岁那年，简直力大无比，
> 谁都不敢出来，跟他搏斗厮拼。
> 他能策马疾驰擒捉草原骏马，
> 一举手就抓住他们的鬃毛。③

后羿也善于驯马，繁育牲畜——草原上的孩子，三岁骑马不是奇事。

据拉施特的《史集》记载，突厥史诗英雄乌古思（据说是维吾尔等二十四部落的祖先），出生时不愿吸母乳，他母亲梦见孩子要她信奉真主。他母亲皈依之后，"婴儿抓着母亲乳房，开始吮奶。年方一岁，他已是一个非常清秀的孩儿，在他的前额上闪耀着成熟的智慧和指导宣阐真教的征候"；于是商议为他命名，孰知"这个一周岁的孩子却开口说道：'管我叫乌古思吧！'"④ 乌古思是经历许多战乱和艰险的史诗英雄。

印第安人传说英雄海华沙（Hiawatha）掌握医药、魔术和自然界的秘密。在诗人朗费罗笔下，这位英雄在童年时代就会说犬话并且是说故事的能手。他用伊阿歌送的弓箭射死一头长着叉角的名贵的雄鹿，全村的人都"夸他人小心不

---

① 《沙逊的大卫》，霍应人译，人民文学出版社，1957年，第229页。
② 《沙逊的大卫》，霍应人译，人民文学出版社，1957年，第477页。
③ ［波斯］菲尔杜西：《鲁斯塔姆与苏赫拉布》，潘庆舲译，上海文艺出版社，1964年，第20页。
④ ［波斯］拉施特主编：《史集》（第1卷第1分册），余大钧、周建奇译，商务印书馆，1983年，第132—133页。

小，夸他这个小伙子真勇骁"①。

这些都可以与弃子英雄、射手英雄出生时的异禀和奇迹对照研究（所谓弃子、射手与除害、治水等英雄的分类是粗略而带假设性的，目的仅在便于行文，事实上他们的性格、经历和勋迹都是互通的，相连的）。

二、英雄与天帝的冲突

神灵的顾忌

据苗族故事《龙女配召赞》，龙女生下一个男孩子，她兴风作雨，把孩子送回人间（弃子的一种婉曲的说法）。这孩子哭了一夜，第二天"已经会跑路了，他正在那里跑来跑去蹚水玩哩"，六七岁时，"上午先生教他，下午他就反过来教先生了"。②他上天之后，就把龙王的三根顶天玉柱弄断了，又用唾沫粘好，这种神奇的本领让神震惊："这个孩子本事太大，得想法子把他除掉，要不，二天我全家都得作他的奴隶。"③从此便开始了外公和外孙间的有趣斗法。这就把小英雄与老上帝冲突的核心内容或意义点得很明白了。

瑶族故事《五彩带》《坚美仔斗玉皇》也说，阿古和七仙女生下的孩子坚美仔"十六岁成为数百里瑶山闻名的猎手和伐木手"，还会用竹箫吹出禽兽的叫声。他幼时曾被憎恨人类的玉皇"从高高的天门口"推到人间（如前所说，这也是弃子的隐蔽说法），以后却沿着由母亲泪水化成的五彩带（虹）爬上天堂，吓得他外公以为他"吃了灵丹妙药，长生不死"。他必须通过三项考验，其中一项是拣谷种④，反映了人类为了掌握农业技术必须克服重重困难，特别是必须克服神（自然的人化和神化）所设置的障碍。这些都可以看作一种典型或标本。

后稷掌握种植技术恐怕也不会是一件轻而易举的事，很可能"惊帝切激"，与天帝发生冲突，因而得到悲剧的下场。《周颂·思文》："思文后稷，克配彼天。立我烝民，莫匪尔极。"郑笺："后稷之功能配天。昔尧遭洪水，黎民阻饥，后稷播殖百谷，烝民乃粒。"援引鲧"咸播秬黍"而"疾修盈"之例，这可能伤害了天帝的利益和尊严。《逸周书·作雒篇》甚至把后稷与"三光"并列：

---

① [美] 朗费罗：《海华沙之歌》，王科一译，新文艺出版社，1957年，第45页。
② 燕宝编：《苗族民间故事选》，上海文艺出版社，1981年，第413页。
③ 燕宝编：《苗族民间故事选》，上海文艺出版社，1981年，第416页。
④ 苏胜兴、刘保元、韦文俊等编：《瑶族民间故事选》，上海文艺出版社，1980年，第136页。

"乃设邱兆于南郊，以祀上帝，配以后稷，日月星辰。"功高震主，位极惊天，上帝不宁，良有以也。所以"稷勤百谷而山死"很可能暗示着后稷悲壮而英勇的死亡。这又是一个伯鲧、一个夸父、一个普罗米修斯，可以列入为人类牺牲的悲剧英雄，可惜这方面的史实冥昧而又模糊了。

《山海经·西山经》："西望大泽，后稷所潜也。"郭注："后稷生而灵知，及其终，化形遁此泽而为之神，亦犹傅说骑箕尾。"在另一种传说里，后稷是跟"冥勤其官而水死"一样，是死于水的。《思文》郑笺说，后稷对治水之后的民食有决定性贡献，所以天怒神怨，置之于水。袁珂注云，此"犹鲧潜羽渊也"，可谓得其神妙。这样，后稷以土地神、社神又兼为山水之神（应该注意到，朱蒙也是登高之神、山神）。所以，《海内西经》说："后稷之葬，山水环之。"其遁身稷泽所化之形，《淮南子·地形篇》已予揭示："后稷垄在建木西，其人死复苏，其半鱼在其间。"他可能跟伯鲧一样化为神鱼。人民想象、祝福他们心目中的创业英雄永生不朽，死而复苏；至少也会向某种图腾或神圣动物回归，变成充满生机和繁殖力的神鱼。须知，西安半坡和姜寨新石器遗址里出现许多象征农牧副渔丰收和族裔繁衍的鱼形，绝非无因。而后稷葬地，据《海内经》描写，俨然乐园："西南黑水之间，有都广之野，后稷葬焉。爰有膏菽、膏稻、膏稷，百谷自生，冬夏播琴。鸾鸟自歌，凤鸟自舞，灵寿实华，草木所聚。爰有百兽，相群爰处。此草也，冬夏不死。"有人说，这隐指后稷身化宇宙万物，庄稼生于他的尸体。从这个角度看，后稷之死确实像古埃及的稷神、水神奥西里斯一样，像一颗种子栽下地而又发芽，回响着人和庄稼死亡—复活—再生的母题。

雨果说，古希腊的多神教"用同一种黏土来塑造种种创造物，因而就缩小了神明而扩大了人类"。人与神、人与自然的冲突是永恒的，英雄的出现就是这部漫长历史上光辉的一瞬。"荷马的英雄差不多和神同样高大，阿雅克斯（Ajax）敢于冒犯朱必特（Jupiter），阿喀琉斯比得上马尔斯（Mars）"[①]。

张光直认为，春秋中叶以后文献里的英雄神话中，人与神的世界已经分立，人的意识逐渐觉醒和高扬，逐渐敢于与神周旋。"祖先与人的世界和神的世界，不但分开，而且常常处于互相对立冲突的地位。神的世界，既有至尊的上帝在内，又控制人间依以求生的自然现象，乃有超于人间世界之上的权威与神力，但是在东周的神话里，已经表示对上帝或其神仙世界的权威加以怀疑或甚至挑

[①] [法]雨果：《雨果论文学》，上海译文出版社，1980年，第28页。

战的思想。"① 在人神之争里，夸父、刑天、后羿、后稷、窫窳、鲧禹和"贰负之臣"危等英雄都代表着人，他们遭到一定的失败，"但也有的时候人能取得相当程度的胜利"。而"不论胜负的结果如何，东周神话中之有这种思想出现，便在本身上是件极其值得注意的事实"。②

人类掌握文字而天雨粟、鬼夜哭

除了功勋和业绩，英雄们还有什么对上帝构成威胁呢？恐怕就是后稷的"生而灵异"，"仡有巨人之志"了。到了一定时期，上帝是害怕人类掌握文化和知识的，尤其是关于用火、农耕、冶铸、射击、语言、文字之类关键性的知识。"民可使由之，不可使知之"，如果人类有了认识和发展自我的文化及能动性的自由，岂不要跟全知全能、操纵一切的天神平起平坐，甚至要超乎其上？这就是英雄或英雄神与天帝矛盾的核心。哪怕后稷可能真是天帝或其化身（例如神龙）的血裔、元子，只要他掌握的太多、太好，因而威胁上帝的文化和智能，上帝就要震惊，不宁，要毒害他，制裁他。那么什么是后稷智能里最可怕的东西呢？除了生而"冯弓挟矢"，幼而播种植稼，那就是初生时就掌握了语言，具有超人的智慧。《生民》诗云："诞实匍匐，克岐克嶷，以就口食。"岐，嶷，或说即头角峥嵘、骨表清奇之意，清马瑞辰说"岐嶷，谓渐能起立也"，说法过于纤曲。《毛传》说："岐，知意也；嶷，识也。"郑笺："能匍匐则岐岐然意有所知也，其貌嶷嶷然有所识别也。"《说文解字》卷二口部："嶷，小儿有知也。从口，疑声。《诗》曰：'克岐克嶷'。"看来此处可指较高的智力。上下文贯穿起来，就是在暗示后稷还在地上爬的时候就会讲话，张口就讨东西吃。类似的记载可举出，《大戴礼·五帝德》云："（高辛）生而神灵，自言其名。"《帝王世纪》云："（帝喾）生而灵异，自言其名曰夋。"帝喾或帝俊都是后稷的传说父亲，生而能言这种神性为什么不能父子相沿呢？这正是英雄们"惊帝切激"的伟大灵异啊。奇妙的是，后稷的同格神朱蒙也骨相奇特，生而能言。《三国史记》："（朱蒙）骨表英奇，年甫七岁，嶷然异常。"《朝鲜实录》："啼声甚伟，骨表英奇。"《李相国文集》："生未经月，言语并实。"

"天子失官，学在四夷。"少数民族的古老传说、民间故事，往往保存着更多、更可贵、更坦率的历史真实。在满族民间传说里，准弃儿的清太祖布库里

---

① 张光直：《中国青铜时代》，生活·读书·新知三联书店，1983 年，第 272 页。
② 张光直：《中国青铜时代》，生活·读书·新知三联书店，1983 年，第 272 页。

雍顺，除了跟商契一样，为其母吞食神鸟所赐朱果怀孕所生而外，也是一生下来就会说话。《满洲实录》也说："这孩子一生出来就会说话，并且很快就长大了。"①

《论傣族诗歌》说："帕召（佛祖，有福之王）是福人，生下来就会讲话。"② 凉山彝族英雄、弃儿支格阿龙似乎也生下就能说话。他被母亲抛到岩下龙窝里去。"阿龙懂龙话，自称'我也是条龙'。"③

《路史·后纪》说，炎帝神农氏"生三辰而能言，五日而能行，七朝而齿具，三岁而知稼穑般戏之事，必以黍稷"。这虽是后出记载，但不会全无传说根据。神农跟后稷都是农业创始神，这个传说可能是一源之分化。《路史·后纪》又说黄帝"生而神灵，弱而能言"，虽属假托，但生即能言，确是神圣人物或英雄祖先的异禀之一，于此可知。

掌握语言，就能交流信息、文化、经验和思想，增进知识，这就会危及上帝的特权。文字则更加神秘，一向为神所垄断。人类一旦获得使用语言文字的能力，上帝和天庭的权威就岌岌可危。特别是那些过渡性的半人神、发明家、劳动能手、文化英雄，作为从神到人的桥梁，他们最可能利用并通过语言文字掌握上天越来越多的秘密，因而对上帝和神鬼危害最大。文字创造之神仓颉的惊天泣鬼就是例子。不识字，是睁眼瞎。有两只眼，就该识字。那么像仓颉那样有四只眼，当然能够创造文字了！（一般说，四面、四目者多属太阳神——太阳能创造有文化的光明。）

《论衡·感虚篇》："传书言：'仓颉作书，天雨粟、鬼夜哭。'此言文章兴而乱渐见，故其妖变，致天雨粟、鬼夜哭也。"《春秋元命苞》："（仓颉）龙颜侈哆，四目灵光。……创文字，天为雨粟，鬼为夜哭，龙乃潜藏。"《淮南子·本经训》："昔者仓颉作书而天雨粟，鬼夜哭。"这不是很像"惊帝切激""上帝不宁"吗？于是就有了类似洛书、河图之类的天书传说，也有了许多关于半人神、祭司、巫酋创造语言文字的故事。

例如，纳西族的《东巴经》说，古代有圣人，创制汉、藏、纳西三种文字，这三位聪明人所写的经书是供在神座上的；又说有特殊才干的手创造了文字。《木氏宦谱·阿琮传》说阿琮"生才七岁，不学而识文字，及长，旁通百蛮各家

---

① 谷德明：《中国少数民族神话选》，西北民族学院研究所，1983年，第1页。
② 祜巴勐：《论傣族诗歌》，岩温扁译，中国民间文艺出版社，1981年，第18页。
③《勒俄特衣》，见《凉山彝族奴隶制》编写组编：《凉山彝文资料选译》（第1集），1978年，第45页。

之书，以为神通之说，且制本方文字"。《元一统志·人物传》也说麦宗（即阿琮）"不学而识文字"。这颇像后稷的幼有灵异、生而能言。

彝族传说中，彝文是英雄阿苏拉吉创造的。他死后变成洛龙歌布曲鸟，"鸟高声唱歌，又吐出丝丝的血滴在阔叶上，阔叶上立刻现出了笔划美丽的字来"，启示他的哑巴儿子拉吉格楚学会彝文和说话。① 四川彝族传说，文字是由少年比阿西拉吉根据龙头山森林中神鸟阿凤布依在沙滩上舞蹈留下的足迹创造的。② 据杨成志调查，传说一个哑巴牧童从牡猴和牝雉处学会彝文。③ 佤族神话故事《司岗里（葫芦）的传说》说，人类刚刚诞生时还不会说话。"因为不懂道理，所以要求说话。"后来，"在阿维寨的河水里洗了脸和手脚，咱们就会说话了"④。后来人类跟禽兽去向神索取各自所缺乏的东西时，神说："没有什么可给你们的，我给你们话。"人问："我要那个干什么用呢？"神说："你要了以后好种田吃饭。"⑤

这首史诗还保存着文字起源的传说。"人类有了火种，大地无比广阔。不能挤在西岗，要分开过生活。……这是最难过的时刻，大哥为兄弟分籽种；这是最痛苦的时刻，二哥为兄弟分火种。三哥含泪分文字，文字要牢牢记住，今后各在一方，全靠文字联络。……佤族把文字画上牛皮，牛皮不怕风吹雨湿；景颇把文字画上鹿皮，鹿皮不怕挤压擦磨。傣族把文字画上竹片，竹片上的花朵千载难脱。"⑥ 其中，佤族却因为不慎，将火种落在茅草上，烧光了牛皮；然而他们说："不要把牛皮丢弃，吃了牛皮度饥荒，文字留在肚子里，知识记在心坎上。"⑦ 可见初民对于文字的重视，以及文字得来之不易，也可见没有文字的民族对于文字的渴望。

拉祜族则传说，天神厄莎命名了九个民族，并各发给文字。汉族文字刻于竹片，傣族刻于贝叶，佤族写于牛皮，拉祜族则把文字藏在粑粑里，肚子饿吃掉了，所以没有文字，"无论什么事都只有记在心里"⑧。基诺族也说，女始祖尧

---

① 李德君、陶学良编：《彝族民间故事选》，上海文艺出版社，1981年，第62页。
②《云南省小凉山彝族婚姻和宗教习俗》，云南省历史研究所，1979年，第8页。
③ 杨成志：《云南民族调查报告》，中山大学语言历史研究所，1930年，第16—17页。
④《云南佤族历史社会经济调查材料》（七），中国社会科学院民族研究所，1980年，第110、126页。
⑤ 中国哲学史学会云南省分会编：《云南少数民族哲学、社会思想资料选辑》（第1辑），1981年，第209页。
⑥ 尚仲豪、刘允褆：《佤族文学概况》，见《云南少数民族文学资料》（第1辑），1980年，第26页。
⑦ 尚仲豪、刘允褆：《佤族文学概况》，见《云南少数民族文学资料》（第1辑），1980年，第27页。
⑧ 杨铜：《拉祜族文学概况》，见《云南少数民族文学资料》（第1辑），1980年，第189页。

白请人造字,基诺人记不住,便把文字写在牛皮上,过河时牛皮浸湿,用火一烘,字就看不清了。他们便把牛皮吃了,以便把文字记在心里。①

祜巴勐《论傣族诗歌》引经书《尼赕坦帕召》里的故事《摆贺哆喃帕召》(即向佛祖讨文字)说:"听说帕召(佛祖)从天上来到人间,带来了福气、智慧和文字。于是,大家就去向帕召乞求文字。不同的民族,带着各自的装文字的工具,汉族带纸,傣族带贝叶,哈尼族带牛皮。"② 讨得文字,泅水回来,纸被浸湿,汉字成了鸡爪形;哈尼族因肚子饿,把牛皮吃了,所以无文字;只有贝叶不能吃、不变形,保存了绣花般的傣文字体。③

独龙族也传说,英雄彭根朋跟独眼仙女木美姬设法取得天神木崩格的稻种,还带走一本写满文字的兽皮书,后来兽皮被他们子女煮熟吃掉,"只用脑子记事,因此没有文字留下来……只会讲故事,唱调子"④。

北欧的天神奥丁曾经创造文字。"因为奥定是一切智识之神,所以北欧古文字即鲁纳文(Rune),也说是他的发明。在发明鲁纳文字的当时,奥定曾自悬于生命之树伊格特莱息尔(Yggdrasil)的巨枝上,凝视着深不可测的尼夫尔赫姆,用心深思,并以矛自刺;这样凡有九日九夜之久。既发明了这种神秘的文字以后,奥定乃刻在他的矛上,又刻在他的马的牙齿上,熊的爪上,以及无数生物与非生物的身体上。因为他受过九日九夜吊身体的痛苦,所以吊罪在北欧人中算是重罪。"⑤

摩西跟后稷一样是个弃儿。《圣经·出埃及记》说,摩西是从上帝耶和华那里得到文字和律条的。"耶和华对摩西说……我要将石版并我所写的律法和诫命赐给你,使你可以教训百姓。"埃及人认为,他们的文字是德特神赐给的,"希腊人也把传说中的文字创造者腓尼基人卡德穆斯说成为神"⑥。古印度经典《梨俱吠陀》(Rigveda)说,语言是母牛,呼吸是公牛,它们结合起来便是心,思想也就是神。

这是所谓语言文字的"天启神授说"。但是当人类或其代表主动要掌握文字的秘密时,神们就不宁了。《圣经》记载,人们要造一座巴别塔以登天,引起

---

① 陈平、赵鲁云:《基诺族文学概况》,见《云南少数民族文学资料》(第1辑),1980年,第214页。
② 祜巴勐:《论傣族诗歌》,岩温扁译,中国民间文学出版社,1981年,第31页。
③ 祜巴勐:《论傣族诗歌》,岩温扁译,中国民间文学出版社,1981年,第31页。
④ 谷德明:《中国少数民族神话选》,西北民族学院研究所,1983年,第612页。
⑤ 茅盾:《神话研究》,百花文艺出版社,1981年,第248页。
⑥ 高名凯:《普通语言学》,东方书店,1954年,第166页。

"上帝不宁",就不让他们说共同的语言,这样他们就不能交流协作,塔就造不成了。

目前,虽然没有发现后稷发明文字的记载,但他是足迹派生的灵性诞生的,而足迹却跟文字的起源联系在一起。汉许慎《说文解字叙》说:"黄帝之史仓颉见鸟兽蹄迒之迹,知分理之可相别异也,初造书契。"梁刘勰《文心雕龙·练字篇》:"鸟迹明而书契作。"《尚书序》云:"古者伏羲氏之王天下也,始画八卦,造书契,以代结绳之政,由是文籍生焉。"《易·系辞》谓:"上古结绳而治,后世圣人易之以书契。"此将书契(文字)之创造归于伏羲,而伏羲是除了喾、稷父子之外有感足迹而诞生的传说人物(参见《诗含神雾》《河图》《孝经钩命决》等),这一点是颇引人注目的。所以有关后稷与语言文字起源关系的传说,值得进一步挖掘。

基诺族故事传说:"神把基诺族的文字写在牛皮上,给傣族的文字写在芭蕉叶上,给布朗族的文字写在麦面粑粑上。回去的时候,有九条江拦住了大家的路,等到渡过江后,大家才发现文字被打湿了。于是就摊开晒。晒了一下午还没干,布朗族饿了,就把粑粑吃了,所以今天布朗族就没有自己的文字。傣族的芭蕉叶被鸡扒烂了,非常伤心,这时正好飞来一只绿斑鸠,在芭蕉叶上拉了一泡屎,傣族马上高兴起来,照着绿斑鸠的屎来造字。于是现在傣族的字就像绿斑鸠的屎一样又细又弯。基诺族……就把牛皮吃了。于是,基诺族也失去了文字。"[①]

这同样反映了初民对文字起源的解释,反映了初民掌握文字的困难。当然,最可怕的是人类掌握火,掌握制造工具的技能与智慧,这才从根本上威胁天帝的专横统治。

《云龙记往·阿昌传》说,景颇人传说祖先、英雄弃儿名早慨者"能撰占法,用箸三十三,茎九揲,以通其变,以卜吉凶。夷人服其神明,呼为阿弥;阿弥者,华言天人也"。这是把发明占卜归于始祖,就好像把发明八卦归于伏羲一样。《生民》写后稷收获之后,"载谋载惟,取萧祭脂,取羝以軷。载燔载烈,以兴嗣岁"。《毛传》:"尝之日,莅卜来岁之芟;祢之日,莅卜来岁之戒;社之日,莅卜来岁之稼。所以兴来而继往也。谷熟而谋陈祭而卜矣。取萧合黍稷,臭达墙屋。既奠而后爇萧,合馨香也。"这就暗示,后稷也善于卜筮。而卜筮,尤其是其中的草卜、绳卜、竹木卜等跟文字的产生关系极为密切。卜筮预知未

---

① 阿立璠、李耀宗编:《中国少数民族神话传说选》,四川民族出版社,1985年,第117—118页。

来，暗示着概率论的产生。充满智慧与神秘的八卦跟文字的起源关系也极大①。如果后稷是卜筮的带头人，那么他就很可能参与文字之创造，因而就更可能"惊帝切激"。这些都值得研究。

人类学家古迪（Goody）与瓦特（Watt）于1963年宣称："文字应对希腊古风时代的绝大多数变革负责，为走向民主、逻辑和理性思想的发展、怀疑论、个人主义的滋长和个体的异化，以及在解释过去时，以批判的史学取代原始的神话产生方式等方面负责。"② 神，尤其是上帝，最不喜欢人类使用和奢谈文字，因为这意味着"危险的知识"的层积与倍增，以及神灵信仰的减弱与衰微。

英雄的悲剧性

古代的英雄总是跟悲剧难解难分。既然是英雄，就不但要建树、贡献、除害、消灾，而且要经历悲哀、不幸、痛苦和考验，还要为负担原欲、原罪而牺牲。英雄最大的罪恶便是反叛旧神（天帝）所代表的传统、权威和原则，因而必须受到惩罚；他是族众利益和罪孽的集中代表者，但他却因为负担历史使命和族众罪恶而为心存恐惧和服从旧神、传统、权威的族众所牺牲——尽管英雄正是代表族众的利益和愿望去动摇、推翻旧神、旧传统和旧势力的。这是神话传说所常见的更深刻的英雄悲剧。正像鲁迅先生所说，人们把英雄贡献出去作为牺牲的时候，剩下的事情就是分胙了。献祭者和祈祷者喝的往往是英雄的血，正像基督教的圣餐是耶稣的血肉。被煮成肉酱的英雄后羿，遭到儒者的痛责。

弗洛伊德说，希腊早期"悲剧中的英雄注定必须受苦，这也是构成悲剧的中心。他必须背负那些被认定的'悲剧性罪恶'；那些罪恶并不容易为人所发觉，因为，就现在眼光看来，它已并不构成罪恶"③。上面说过，英雄与上帝的冲突是英雄悲剧的核心。所以，英雄的受难，"都是起源于反抗某些神或权威（此指人类之权威）；在此时，群众和英雄都极感关切，于是，他们将他抓起来警告他，并且在他受到应得惩罚后，人们才又开始哀悼他"④。

弗洛伊德认为，英雄受难的原因往往被遗忘或曲解。"他的必须受苦只是因为他是原父，他的原始悲剧被人以曲解的方式导演出来；他所以必须背负悲剧性罪恶主要是因他要替众人受罪。因此，这幕戏剧的出现，可以说是一种经过

---

① 汪宁生：《从原始记事到文字发明》，载《考古学报》1981年第1期。
② [英] 奥斯温·默里：《早期希腊》，晏绍祥译，上海人民出版社，2008年，第91页。
③ [奥] 弗洛伊德：《图腾与禁忌》，杨庸一译，志文出版社，1975年，第191页。
④ [奥] 弗洛伊德：《图腾与禁忌》，杨庸一译，志文出版社，1975年，第192页。

有系统的曲解所形成——或者，我们也可以说是一种由伪善而刻意造成的。我想，在最早期一定是群众的行为成了英雄受苦的因素，不过，由于年代久远，他们逐渐对此失去关心终至于忘怀，甚至开始认为英雄的受苦是由于他咎由自取。那些由胆大妄为和反抗权威而造成之罪恶实由群众所犯，可是，英雄（主角）却必须担负这些罪恶。因此，即令违反了自己的意愿，悲剧英雄也只有替群众背负起这种罪恶。"① 然而，不管群众怎样遗忘，怎样曲解，怎样批评，那不断上演、永久流传的英雄悲剧，仍然是对负担族众意愿、利益和罪恶的英雄的最好纪念。恶棍是没有悲剧的。英雄死亡了，英雄悲剧却是不朽的；英雄因自己或群众的过失而被毁灭，要求时代创造英雄的呼声和努力却是永恒的。

---

① ［奥］弗洛伊德：《图腾与禁忌》，杨庸一译，志文出版社，1975 年，第 192 页。

第二章 英雄们的竞赛和婚姻考试

一、英雄得宝与神赐武器

神赐弓箭

英雄,尤其是太阳-鸟族的除害英雄都以善射著称。他们是人间特等射手的神化,所以他们多以射神兼猎神、战神。他们的异禀和业绩也主要体现在射击技术和成果方面。他们除害杀妖的主要宝物和武器也是弓箭。

旧石器时代后期的人类已发明了弓箭,弓箭已见于这一时期洞穴壁画上的集体狩猎场面,未经磨制的石镞也间有出土。摩尔根说中级蒙昧社会有了弓箭的发明。① 恩格斯说:"弓箭对于蒙昧时代,正如铁剑对于野蛮时代和火器对于文明时代一样,乃是决定性的武器。"② 弓箭是人手足的延长,力和智慧的聚变与伸展。"会挽雕弓如满月,西北望,射天狼。"弓箭使人对自然的作用放大了好几倍。对射手英雄及其武器的歌颂,就是对人类自我及器官的赞颂。

贝尔纳说,弓是人类关键性的发明,"这是人们利用通过机械储存起来的能量的第一例,用拉力逐渐弯弓的储能,随即纵弦放箭,很快地耗去能量"③,这样需要的生命能耗小得很,而集聚和释放的机械能又大得多,它比原始性社会任何的冷兵器都具有更大的射程、能量、准确性和杀伤力,使人类更快和更大地征服时间与空间。弓箭可以说是史前的"导弹"。它提高了人类的分辨力、观察力,使人眼和人脑都更敏锐、更灵活,这样才会产生穿杨、贯虱、射雀、中目等一系列有关射箭的神话与故事。它又使战士可以远距离而又隐蔽地杀伤更多凶恶的敌害,尤其是飞鸟和猛兽,从而提高了人的生存竞争能力,所以射手英雄成为神话里最大量、最重要、最活跃的人神,几乎每一个古老民族都有关

---

① [美] 摩尔根:《古代社会》(上册),杨东莼、马雍、马巨译,商务印书馆,1957年,第9页。
② [德] 恩格斯:《家庭、私有制和国家的起源》,人民出版社,1925年,第21页。
③ [英] 贝尔纳:《历史上的科学》,伍况甫等译,科学出版社,1959年,第46页。

于射手英雄的神话。

贝尔纳说:"弓箭的使用好像很快就布满全世界。"李约瑟说,中国"在弓弩的制造上则似乎比其他任何地方都早"[1]。中国的后羿、东君,跟希腊的赫拉克勒斯、阿波罗一样有名。

较古老的典籍如《山海经》《天问》等多称后羿为"夷羿",说明他原来是善射的东方夷人集群的酋长(称为夏羿是因为他主要活跃在先夏时期,华夏族将要形成,即将进入从"野性"到"文明"的过渡时期)。《说文解字》卷十大部说:"夷,平也。从大,从弓。东方之人也。"段注指出,"大象人形","从弓者,肃慎民(东北夷)贡楛矢石砮之类也"。夷就是"弓人",以特长名族,犹如鄂伦春是"驾驯鹿者",因纽特是"吃生肉的人"。甲骨文"夷"字作箭矢缯缴之状,与后羿"缴大风于青丘之泽"相符。总之,"夷"是发明或善用弓箭的族体无疑。

据说,羿是弓矢和战盔的发明人。《墨子·非儒篇》:"羿作弓。"《吕氏春秋·勿躬览》:"夷羿作弓。"银雀山汉墓出土竹简《孙膑兵法》也说:"羿作弓弩,以势象之。"[2] 文物出版社影印本中"羿"作"笄"[3]。张震泽说:"由篆变隶,羽头之字往往讹为竹头,如春秋时公子翚,马王堆《春秋事语·鲁桓公少章》作公子笙。"[4] 而《世本·作篇》:"挥作弓,夷牟作矢。"张澍注:"《荀子》注及《说文》作'夷牟',《山海经》注引《世本》作牟夷。"《说文》卷五矢部:"古者夷牟初作矢。"《路史·后纪》亦云:"(黄帝)命挥作盖弓,夷牟作矢。以备四方。"这"夷弁"当是"羿"的一个异称。张震泽也说:"夷弁恐亦为夷笄、夷羿(羿)之讹变。"[5]

《山海经·海内经》说:"少皞生般,般是始为弓矢。"又说:"帝俊生三身,三身生义均,义均是始为巧倕,是始作下民百巧。"这位巧倕(义均)是太阳神系的第三代,也是个工艺能手、创造英雄。《荀子·解蔽篇》说:"倕作弓。"倕、般、后羿在作弓这一关键性细节上趋同。

问题在"羿"为什么又称"弁"?弁,《说文》卷二牛部云:"牛鸣也,从

---

[1] [英]李约瑟:《中国科学技术史》(第1卷第1分册),《中国科学技术史》翻译小组译,科学出版社,1975年,第201页。
[2] 银雀山汉墓竹简整理小组编:《孙膑兵法》,文物出版社,1975年,第64页。
[3] 《孙膑兵法》,文物出版社,1975年。
[4] 张震泽:《孙膑兵法校理》,中华书局,1984年,第81页。
[5] 张震泽:《孙膑兵法校理》,中华书局,1984年,第81页。

牛，像其声气从口出。"此于羿无义，恐"牟"系"弁"字之讹。《说文》卷八有"昇"字，云"冕也，周曰昇，殷曰吁，夏曰收"，"昇"或作"弁"，最初是战盔之类。《文选·东京赋》李注引《汉书》："羿为髦头。"髦头就是有毛饰的战盔。"髦"通"旄"，音亦近"牟"。所谓"夷牟"或"牟夷"就标明夷羿是发明弁旄之箭手，犹《说文》卷十二弓部"弫"，字从双手持弓，以表示善射的羿发明弓。关于髦头，还有个故事。《史记·秦本纪》："（文公）二十七年，伐南山大梓，丰大特。"正义引《括地志》据《录异传》云："秦文公时，雍南山有大梓树，文公伐之，辄有大风雨，树生合不断。时有一人病，夜往山中，闻有鬼语树神曰：'秦若使人被发，以朱丝绕树伐汝，汝得不困耶？'树神无言。明日，病人语闻，公如其言伐树，断，中有一青牛出，走入丰水中。其后牛出丰水中，使骑击之，不胜。有骑堕地复上，发解，牛畏之，入不出，故置髦头。汉、魏、晋因之。武都郡立怒特祠，是大梓牛神也。"

可见披头散发似的髦头，对妖物是有威慑或厌胜作用的。这里的牛是水怪，由神树化出。而后羿、赫拉克勒斯等与太阳有关的英雄神往往都能制服水怪——水怪恰又多化身为牛。后羿是否利用其所创制的髦头威吓水牛，书阙有间，不可得而闻矣。

赫拉克勒斯的第一功绩便是披着狮皮用大棒打死涅墨亚狮子，用狮爪剥下这刀枪不入的怪狮之皮，"为他自己做一面盾，用它的上下腭为自己做一具新的战盔"。此似髦头。

太阳文化族体多射手英雄和弓箭神话，而太阳光如箭射人目，所以古老的神话里，太阳神几乎都善射且兼斩妖杀怪的射神、猎神、战神，而且多与英雄化、神灵化的人间特等射手融为一体。

西亚创造大神马尔杜克（Marduk）原具日神格，他杀死女水怪、妖龙蒂阿玛特（Tiamat，Tiawath）后，以其躯体创造天体和地上万物，最后把自己的宝弓掷向空中，成为一个光辉的星座。更标准的太阳神夏玛什，也以善射著称。古希腊的阿波罗，像我国的东君"青云衣兮白霓裳，举长矢兮射天狼"一样，射杀过天狼。

太阳的光线和箭的飞驰确实容易引起类似联想，这是太阳神多兼射神、战神的自然原因之一。茅盾就认为东君的长矢象征光线，天狼象征蔽日的阴霾，说："把太阳神想象为一个善射者，或者想象他的武器是弓箭，也是常见的事；

因为太阳的光线射来便容易使原始人起了弓箭的想象。"① 徐嘉瑞说，云南大理有个本主是太阳神，能驱除云雾，促成禾稼丰熟，近于《九歌》的东君。② 北欧的夏日之神伐利一生下来就用箭（象征阳光）射杀了黑暗的盲目神霍独尔。这些精力充沛的男性太阳神多是父系氏族社会中后期的产物，身上多有人间的部落军事酋长（Basileus，巴赛勒斯）的投影，所以既贪杯好色，又能歌善舞、杀怪除害、驰骋沙场、箭无虚发。老一辈的太阳神，如宙斯、帝俊、颛顼、东皇太一，多已升格为天帝，作为退位神，高踞宝座，不大事必躬亲，所以大都面目模糊、神性冥昧，但是许多天帝还保持了战神的身份。最为巧合的是，帝喾太皞氏东方属木，东皇太一或说兼为岁星（木星）是战神，而宙斯（朱庇特）也兼为木星。阿波罗是射神、乐神、战斗之神，还是医药、瘟疫、暴死之神。他除射天狼以外，还曾经射死神蛇皮同（Phyton），为民除害，有如珀耳修斯、赫拉克勒斯杀水怪，后羿断修蛇、射河伯（白龙）。后羿、天王郎、朱蒙、赫拉克勒斯俱以英勇善射闻。

我们已经知道，太阳英雄们常有鸟的化身，他们的族团多崇拜神鸟。鸟的疾飞跟箭的飞驰可以发生联想。鸟羽是制作箭矢的重要材料，羽箭在各民族发明都较早，羽使箭的飞行稳定平衡，提高命中率。神话里有神鸟以自己的羽翎为箭射击敌人的妙想，这又反过来说明射手英雄为何多化身为鸟，而射箭的神话在太阳鸟族里又为什么如此丰富。赫拉克勒斯所射的斯廷法利得斯（Stymphalides）湖铜翼、铜爪、铜啄大鸟，就用翎管射人。古希腊那盗取金羊毛的阿耳戈英雄们，在荒岛上遇到"一只本地的鸟（即斯廷法利得斯怪鸟）鼓翼向他们飞来。当它正飞临船上，它抖擞它的两翼，落下一根尖锐的翎管，它射入俄琉斯的肩膀"，如同利箭。彝族故事说，夜猫精变成巨大的鹰嘴铁人，他能"拔下身上的羽毛当箭射太阳"③。达斡尔族射手英雄阿勒坦噶尔布尔特，曾按照仙人指示，以西海三宝树为弓箭，"把巨凤的羽毛贴为箭翎，拿花公野猪的筋做成弓弦"，射杀恶兽与魔鬼④，实在也暗含鸟羽可作神箭的意思。

佛教保存了古代雅语文学、俗语文学里许多太阳文化射手英雄的故事。佛本生故事曾宣扬释迦牟尼是太阳族后裔。《佛本行集经》说，昔有大茅草王，误为猎者射杀，其血滴处，为日炙开，一生童子，一生童女，育于宫中，长大成

---

① 茅盾：《神话研究》，百花文艺出版社，1981年，第186页。
② 徐嘉瑞：《大理古代文化史稿》，中华书局，1978年，第202页。
③ 李德君、陶学良编：《彝族民间故事选》，上海文艺出版社，1981年，第37页。
④ 孟志东编：《达斡尔族民间故事选》，上海文艺出版社，1979年，第125、128页。

人。以自蔗生，名甘蔗王；以自日炙，又名日种。《智度论》云："昔有日种王，王有四子，第一名净饭。"净饭王者，释迦之父。《佛本行集经》更说，佛母"摩耶夫人梦白象、日轮右胁而入"，乃生"转轮圣主"。是以佛陀，传自日裔；太阳赐孕，日入腹生。而佛陀也善射，有赛弓斗射的荣迹。《过去现在因果经》等说他与众斗射，嫌诸弓弱，独取祖庙转轮圣王弓（此犹后羿、徐偃王之得彤弓朱矢，赫拉克勒斯之得金箭），"以放一箭，彻过诸鼓，然后入地。泉水流出，又亦穿过大铁围山"。《学武本行经》作："太子年十五，与诸释种斗射，一箭穿透七金鼓，又一箭彻七铁猪。其箭透出，着地入土，幽泉迸涌。"这使人想起后羿之射能贯革（参见《天问》）。《左传》成公十六年传："癸巳，潘尪之党与养由基蹲甲而射之，彻七札焉。"《大唐西域记》也说："太子（佛陀）与诸释引强校能，弦矢既分，穿鼓过表，至地没羽，因涌清流，时俗相传，谓之箭泉。人有疾病，饮沐多愈。"射箭成泉跟击石出水是同类的英雄业绩。其事又见《因果经》卷二，《佛本行集经》卷十三，《方广大庄严经》卷四等。更加奇妙的是，《六度集经》卷四十五说，佛陀生下也曾被屡弃屡收：丢在土坑里，有如后稷的"牛羊腓字之"，宙斯之食山羊奶，羊为之乳；弃于车辙中，则如后稷"弃之隘巷，马牛过者，皆辟不践"，拉车的牛为之不前；弃于竹丛，又如后稷"置之平林，会伐平林"，为樵夫所救。所以连佛陀都可以加入射手英雄赛弓斗射的故事序列，成为比较神话学的重要对象。

这里必须强调，释迦之被托为太阳族的子孙，并成为再生态的射手英雄，与《罗摩衍那》的太阳文化的精英、神射手罗摩王一脉相承，这是南亚次大陆光明和光明神崇拜的多层次体现。

金克木曾论述印度的光明神文化东西二系的分布及其特征："一个是在东方恒河流域为王的'日族'的始祖传说，一个是在西方印度河流域的'月族'的始祖传说。《吠陀》出于西方，所以只有阎摩传说，是太阳神的后代，本来也应是'日族'，可能由于较早，却无其名。东方的传说认为自己是摩奴的后代，也是太阳神所生，是'日族'，把摩奴的儿子甘蔗王定为第一代王，统治阿逾陀国。那在西方统治的就被认为摩奴的女儿嫁给月亮的儿子所生，成为'月族'。"① 他们都是光明的子孙，都是射手英雄世家，史诗的主人公。"东方的'日族'出了一部史诗《罗摩衍那》，歌颂统治阿逾陀的英雄罗摩。释迦牟尼佛也由其信徒宣传为'日族'甘蔗王的后代。他本来是在东方一带活动的。西方

---

① 金克木：《比较文化论集》，生活·读书·新知三联书店，1984年，第104—105页。

的婆罗多族的一次战争被编成另一部史诗《摩诃婆罗多》。这些自相残杀而灭亡的部族被认为'月族'。史诗中主角，夺得天下的坚战王，据说是阎摩的儿子，正义的化身，'法王。'"① 而不论东系或西系，这些南部亚洲的光明英雄，如迦尔纳、罗摩、悉多、释迦，多曾经历种种磨难和考验，特别是与其他太阳文化的精英一样被弃、被救、被选择，终于成为救世主和伟人。

在《佛本行集经》里，释迦之化身作为太阳族的英雄射手，曾经拉开硬弓，独占鳌头。卷十三《捔术争婚品》下记此甚详：

> 悉达太子即便问言："此之城内谁有好弓，堪我牵挽，禁我气力？"时净饭王心怀欢喜，即报言"有"。太子问言："大王言有，今在何处？"王报太子："汝之祖父名师子颊，彼有一弓见在天寺，常以香花而供养之。然其彼弓，一切城内释种眷属乃至不能施张彼弓，况复牵挽？"太子语言："大王速疾遣取弓来！"是时使人将彼弓来；既至众中，先持授于一切释种诸童子辈。所执之者，不能施张，况复欲挽？其后次将付与摩诃摩那大臣。时彼大臣，尽其所有一切身力，不能施张彼弓之弦，况复牵挽？然后乃将奉进太子。太子执已，安坐不摇，微用少力，不动身体；左手执弓，右手张弦，以指才挽而拼作声。彼声遍满迦毗罗城，城内所有一切人民悉皆恐怖，各各问言："此是何声？"

柳存仁认为，这影响了《四游记》里《北游记》玄明太子射鼓故事（这种赛射许多民间故事和说部里都有）。真武投胎变化的玄明太子能射透西番所进厚十二寸的铜鼓。满朝文武都不能射透，只有他张弓搭箭，"看定铜鼓一箭射去，其箭没羽"。柳先生又以为《封神演义》中"哪吒射震天箭一段，固又来自《北游记》而加以渲染者"②。

《封神演义》第十三回写哪吒看见兵器架上乾坤弓、震天箭——他"不知此弓箭乃镇陈塘关之宝，乾坤弓，震天箭，自从轩辕黄帝大破蚩尤，传留至今，并无人拿得起来"。他却拿弓取箭，"望西南上一箭射去。响一声，红光缭绕，瑞彩盘旋"，正射中骷髅山白骨洞石矶娘娘的碧云童子，惹下大祸。这实际也包含得宝、赛弓、斗射等英雄神话的身影。

但是，由于幼稚的人类还不能摆脱自然的统治和羁绊，他们还需要神的援

---

① 金克木：《比较文化论集》，生活·读书·新知三联书店，1984 年，第 105 页。
② 柳存仁：《毗沙门天王父子与中国小说之关系》，载《新亚学报》1958 年第 3 卷第 2 期。

助和慰藉，还不得不把自己的创造荒谬地归功于虚幻的造物者，把自己的创作说成神的恩赐。但是，这也是对自我和自我的自由能动本质及创造的一种褒扬，对主体和主体性的一种错位的肯定：把人的创造说成神的创造就暗藏把自我等同于神。工具和武器成了神物，这种人工物的灵化和崇拜是所谓拜物教的积极形式，更多的是对功绩和功勋的赞颂。

于是在英雄制器故事之外，还有神赐宝物的神话（这里着重讨论有关弓矢天赐神授的情节并突出其可比性）。

奥德修斯之弓是欧律托斯之子伊菲托斯赠送的。格萨尔王的弓箭是天神阿老查日干的。赫拉克勒斯，"赫耳墨斯赠给他一口剑，阿波罗给他神矢，赫淮斯托斯给他黄金的箭袋，雅典娜给他青铜的盾"。至于后羿，"帝俊赐羿彤弓素矰，以扶下国"。而徐偃王也"得彤弓朱矢，以己得天瑞，自称偃王"。他们都是神（主要是太阳神）的子孙，都具有神的力量。

在印度史诗《摩诃婆罗多》里，英雄阿尔朱那以苦行和礼拜感动上天，从因陀罗的天宫里得到神圣的武器。湿婆乔装成猎人为他祝福，赐他兵器。他对胆怯的王子乌达腊说，叶子暗黑稠密的萨米神树里，能找到"出色的硬弓和利箭，旗帜、刀剑，还有铠甲；那里有一把弓，连最强的武士也不能挽，挽着这弓，就能使国家的疆土更加开展；是武士的宝物，像棕榈树一样细长、柔韧、坚实、光润的木材，两头饰着灿烂的黄金！"① 他们得到的那束"灿烂的弓像毒蛇嘶嘶地响着"——这里很可能包藏神蛇化弓的神话。这些宝器都出自名工巧匠之手，有精美的珠宝为饰，"太阳的光辉闪耀"；特别是"伟大的武士的神弓甘底瓦"，系"仁慈的天神赐给射手阿尔朱那的恩典，挽着这弓，就能使国家的疆土更加开展"。②

据《罗摩衍那》第一卷《童年篇》，悉多之父遮那竭王曾对国王们说：

有个国王叫提婆罗多，
是第六个儿子，父是尼弥。
世尊呀！高贵的父王
就把这一张弓交到他手里。
古时候，有大精力的湿婆，
破坏达刹的祭祀，拉开了弓。……

---

① 《腊玛延那 玛哈帕腊达》，孙用译，人民文学出版社，1962年，第367—368页。
② 《腊玛延那 玛哈帕腊达》，孙用译，人民文学出版社，1962年，第370页。

他内心里异常喜欢，
　　把弓赠给高贵的神仙。
　　神中之神（指湿婆）高贵尊严。
　　这张宝弓原是他的。
　　尊者呀！他就把弓
　　送到我祖先手里。（季羡林译）

以后这张湿婆赐给的弓便成为婚姻考试的道具，只有罗摩像湿婆那样把它拉开。

英雄的宝器

中世纪的史诗英雄都有他们引以为豪的神赐宝器。法兰西英雄罗兰在悲壮地罹难之前，要毁坏自己的武器，以免落入敌手；但是他的宝刀怎么也砸不断，只能跟英雄偃卧在一起。临终的壮士歌颂它道：

　　啊，杜伦达，你多么雪白明亮好看，
　　在阳光下你闪耀璀璨；
　　查理王当时在摩利安山谷进兵，
　　上帝派天使送来命令，
　　要他把这把宝刀赠给一位将军；
　　那好国王、伟大的查理就给我这把剑，
　　我用这剑打下了昂儒和不列坦，
　　用这剑打下了贝都和麦安。
　　……
　　为了这把剑我悲伤痛苦，
　　不能让异教徒占有它，我宁愿死去，
　　天父啊，决不能让法兰西蒙受耻辱。①

在《沙逊的大卫》里，神母托梦向英雄萨纳沙尔赠送宝器，首先是"战斗的十字架"，挂在右腕，"就能所向无敌"。还有海马嘉利，神骏无比，身上还"挂着电光宝剑，那是由天而降"。

　　你看这里有只秘密的柜子，
　　柜子里藏着铁制的外衣，

---

① 《罗兰之歌》，杨宪益译，上海译文出版社，1981年，第124—125页。

还藏着一双战靴,

柜子里有一副铠甲,

还有刺不透的军兜,

它里面又有坡格鲁尔的号角和盾牌,

形状吓人的狼牙棒。

弓箭、短剑和长矛,

这一切你都可以在柜里找到。(霍应人译)

以后这些就成为这"愤怒的民族"(沙逊)英雄们的传家宝。

东亚和东南亚的天赐神器、英雄得宝的故事尤具可比性。日本创业文化英雄神话里,有斩蛇得剑情节。《古事记》说,高志地有八头八尾大蛇,吃了地方神大山净见神之子的几个女儿,天照大神同胞兄弟速须佐之男命(Susannoo)见义勇为,把即将成为牺牲的少女栉名田比卖变成多齿爪形木梳插在头上,诱蛇醉酒,用十拳剑斩蛇,在蛇尾处得到草薙剑(knsanagi),并将此异宝献给天照大神;后来他跟救出的少女结了婚。这当然是标准的珀尔修斯式或说后羿式的杀怪成婚型故事。但这里表现的也是得宝除害,完成功业。

另一则同型故事是素盏鸣尊在出云国簸之川诱杀八歧大蛇,救出履难少女稻田姬。他在蛇尾发现著名的天丛云剑(后改名草薙剑),献给太阳女神(天照大神)。此剑与八咫镜、八坂琼曲玉合称日本三神器(三宝)。天照大神以三宝授其孙琼琼杵尊(好像帝赐后羿彤弓素矰,神母授朱蒙弓矢)说:"丰苇原瑞穗国是吾子孙可王之地也,尔宜就而治焉,宝祚之隆,当与天壤无穷矣。"暗示只有掌握了宝器,才能保持和巩固神圣的权位。琼琼杵尊乃降于日向高千穗峰——此即天孙降临神话。

中国纳西族英雄神丁巴什罗(东巴教教主)专为降魔而生。他应人们请求去"革孽下民","每个天神送什罗一件法宝,九十九部经典,白铁的神叉神冠,黄金的板铃、顶扇,洁白的海螺,绿松石般的法鼓,铁的笃知,以及神弓、神箭、宝刀等东巴教法器,还送一笼锦缎叫他做帐幕"。[①]

越南的龟爪神机

古交趾安阳王的神弩,为神人皋通所制。《水经注·叶榆河》卷三七引《交州外域记》叙交趾传说云:"交趾昔未有郡县之时……后蜀王子将兵三万来讨雒

[①] 谷德明:《中国少数民族神话选》,西北民族学院研究所,1983 年,第 474 页。

王雒侯，服诸雒将，蜀王子因称为安阳王。后南越尉佗举众攻安阳王，安阳王有神人，名皋通，下辅佐安阳王，治神弩一张，一发杀三百人。"南越王遣太子始为间，而安阳王不知皋通是天神，遇之无道，皋通离开他之前，宣称宝物便是英雄的命脉所关："能持此弩王天下，不能持此弩者亡天下。"而"安阳王有女名曰媚珠，见始端正，珠与始交通。始问珠，令取父弩视之，始见弩便盗以锯，以锯截弩讫，便逃归报南越王。南越进兵攻之，安阳王发弩，弩折，遂败，安阳王下船径出于海。"诸记以此独详，且富戏剧性与合理性。

《太平御览》卷三四八引《日南传》载此事而较简："太子始降安阳王……安阳王女媚珠悦其貌而通之，始与珠入库锯截神弩，亡归报佗。佗出其非意（攻）安阳王，弩折兵挫，浮海奔窜。"《旧唐书·地理志》引《南越志》作："尉佗在番禺，遣兵攻之。王有神弩，一发杀越军万人。赵佗乃与之和，仍以其子始为质。安阳王以媚珠妻之。子始得神弩，毁之。越兵至，乃杀安阳王，兼其地。"

《太平广记》卷四八二引《南越志》仅言南越民"看神人适下，辅佐之，家为造弩一张，   放，杀［尉佗］越军万人，二放，三万人"，尉佗遣子为质，请通好焉；并无骗取媚珠父弩之事。《太平寰宇记》卷一七〇引《南越志》下有："后安阳王遇皋通不厚，皋通去之。安阳王之女曰媚珠，见始风姿闲美，遂私焉。始后诱媚珠，求看神弩，请观其妙，媚珠示之，因毁其机。"安阳王以弩射尉佗复来之军而弩散众奔。"安阳王御生文犀入水走，水为之开。"看来安阳王也兼摄水神格。

成书较晚的越南史籍《岭南摭怪·金龟传》踵事增华，更富神话色彩。这神弩是治水英雄金龟脱下其爪给安阳王做弩机的（名曰"灵光金龟爪神机"）。尉佗子仲始与安阳王女媚珠通婚，"诱媚珠，观神机弩，潜作别机，代金龟爪，而诈归看父母"。媚珠说她带着鹅毛锦褥，"到处，即拔毛置歧路，以示之"。战，弩坏兵败。"众奔溃，置媚珠于马后，与王南奔。仲始认鹅毛追之。王到海滨，途穷，无舟楫。王大呼曰：'天弃予！江使何在，速来救我。'金龟跃水上，叱曰：'马后人者，即贼也，何不杀之。'……王竟斩之。媚珠死于海滨，血流水上，蚌蛤服之，入心化为明珠。王持七寸明珠，文犀、金龟开水，引王入海。"仲始封葬珠尸，"化为玉石"。而"仲始怀惜媚珠，还至妆浴处，悲想不自胜，竟投身井底死"。这真是一种情感与责任冲突的大悲剧！

其他如《越史略·国初沿革》言"始诱媚珠求看神弩，因毁其机"，《越史通鉴纲目》说"仲始因媚珠窃观灵弩，潜易其机"，都很简略。而后者注文云

《旧史·外纪》叙"灵光金爪神弩","事属荒诞,今削之",乃指《大越史记全书》外纪卷一《蜀纪》,它也基本采用《岭南摭怪·金龟传》,兹不复引。

据陶维英介绍:"法国史学家J. 普齐吕斯基(J. Przyluski)以金龟传说与扶南国的'鱼腥公主'传说相比较,而认为它的渊源出自古时居住在南海地区人们的共同传说。另一法国史家E. 嘉斯巴东认为:还可以找出许多其他的来源。"①

成书于16世纪的《越峤书》,把这个神话世俗化、平凡化:"南越古洞蛮,秦时最强,顾尤善弩,每发铜箭贯十余人,赵佗畏之。蛮有女兰珠,美而艳,制弩尤精,佗乃遣子赘其家,不三年,尽得其制弩破弩之法。"陶维英《越南古代史》认为,这"比较真实地反映了实际情况"。也许可以把它看作一项背景材料吧。

至于神龟以爪制弩的传说,陶维英说:"这是我们人民的远古传说中非常普遍的题材。后世赵光复的传说(参阅《越甸幽灵集》一书)就受了这个题材的影响:赵光复得诸童子赠龙爪以插于兜鍪顶上,方能战胜中国梁朝军队。"②

这些都可以看作英雄得宝故事在后世的遗存或支脉。

金龟神爪故事,在壮族传说里几乎完全变形,变成了一个女英雄杀怪成婚型故事,金龟也成了害人的王八精。"他蛇头、兔尾,矮墩墩的,还背着个斗篷似的甲壳",气得公主一刀把它砍死。但是,金龟的生命线在于神爪。"如果爪子还在,不久仍可恢复原形。所以公主就把那王八精四个爪脚斫下来,割下爪子,用来作弓弩的扳手。"从此公主成为神箭手。这里以神秘的金龟爪为弓弩扳手的基本结构未改变。公主后来与奉着"和辑百越"宝剑的西瓯国王子成婚。婚后王子回国探视父病,王八精却变形伪装为王子,骗取公主神弓和龟爪扳机,再化鹊逃走。这就引起南越与西瓯间的误解与冲突。真王子为拯救公主自刎。公主则以"和辑百越"剑杀死王八精。公主之泪化为蚌珠(解释媚珠之得名),王子血化清泉,洗得珍珠特别洁净光莹③。这就把民族间因误解、利益而导致冲突的历史悲剧改成了一个哀感顽艳的民族团结故事。

古代扶南也有神巫混填梦神赐弓的故事,见《晋书·东南夷传》。《梁书·东南夷传》较详:"徼国,有事鬼神者字混填,梦神赐之弓,乘贾人舶入海。混

---

① [越] 陶维英:《越南古代史》(上册),刘统文、子钺译,商务印书馆,1976年,第161页。
② [越] 陶维英:《越南古代史》(上册),刘统文、子钺译,商务印书馆,1976年,第237页。
③ 蓝鸿恩编:《壮族民间故事选》,上海文艺出版社,1984年,第131—138页。

填晨起即诣庙，于神树下得弓，便依梦乘船入海，遂入扶南外邑。柳叶人众，见舶至，欲取之。混填即举弓射其舶，穿通一面，矢及侍者。柳叶大惧，举众降混填。……遂治其国，纳柳叶为妻。"《南齐书·东南夷·扶南传》所说略同："其先有女人为王，名柳叶。又有激国人混填，梦神赐弓一张，教乘舶入海。混填晨起于神庙树下得弓，即乘舶向扶南。柳叶见舶，率众欲御之。混填举弓遥射，贯船一面通，中人。柳叶怖，遂降。混填娶以为妻。恶其裸露形体，乃叠布贯其首。遂治其国。"国外有的学者认为，这故事可能出自印度："这个故事显然脱胎于印度传说中的婆罗门徒侨陈如与蛇王之女那吉·索马的故事。关于这个印度传说的正确叙述在占婆的眉山发现的一块碑铭中有记。上面说道，婆罗门徒侨陈如自德那罗之子阿斯华达门外接受神矛，掷之于地，以便为新都选择地点。他后来娶蛇王之女索马并建立了一个帝王世系。南印度康志唯南的婆罗伐统治者的后裔也以一个类似的传说来解释他们自己的宗源。后来这个传说为高棉人所袭用，蛇便成了高棉族源的神圣标志。"① 照我们看，其异大于同。

《真腊风土志》说，吴哥王朝的国王们每个晚上都要进入"金塔"跟一个女性九头蛇精"同寝交媾"，这个蛇精像柳叶一样原是"一国之土地主"②。一夜不往，必获灾祸，蛇精不见，王则必死。这就成了一个糅杂着人蛇通婚图腾机制和洁身禁忌的巫术仪式。夏鼐引戈岱司说，影响古代柬埔寨的这一"扶南王室龙种之传说，与印度巴拉凡王廷之传说（指皇族乃蛇王女后裔），实不可分"③。但我们更有兴趣的是英雄混填接受神赐弓矢，其神箭能够射中龙女使其降服——有如后羿射涂山氏、玄妻、月神嫦娥，都象征着性的征服。

刀剑的神奇取得

再则，藏剑之水底往往就是天子地，就像伏尔松屠龙得剑的深潭，英雄必须蒙骗或制服卫宝的圣动物，才能得到神器，成为统治者：英雄或真命天子。那宝物便是他权力的特权证明。

得到神赐宝器便可以为王争霸，这也是英雄初建勋绩时必经的考试关目。除上引神授弓箭故事，还有与争霸英雄命运攸关的刀剑来源传说。这种神秘武器已化成英雄灵性和神性的一部分，往往决定着英雄的成败存亡。

---

① [英] 丹·乔·艾·霍尔：《东南亚史》，赵嘉文译注，云南省历史研究所，1979年，第36—37页。
② 周达观：《真腊风土记》，夏鼐校注，中华书局，1981年，第64页。
③ 周达观：《真腊风土记》，夏鼐校注，中华书局，1981年，第74页。

北欧勇士、英雄西格弗里德曾经得到尼伯龙根族人奉献的"尼伯龙根的宝剑"①，还用巴尔蒙（Balmang、Balme，即岩石、岩穴）之剑，即从岩穴里取出的宝剑，使那些战士心惊胆战②。

《海录碎事·百工刀剑》："林邑国王死，奴文篡立，文常放牛于山涧，得鳢鱼二，化为铁，因以铸剑，剑成，向石誓曰：'若斫石破者，我当王。'因斫石，如断菀藋。"

《水经注》说："文为奴时，山涧牧羊，于涧水中，得两鳢鱼，隐藏挟归，规欲私食，郎知检求，文大惭惧，起托云：'将砺石还，非为鱼也。'郎至鱼所，见是两石，信之而去。文始异之。石有铁，文入山中，就石冶铁，锻作两刀，举刀向鄣，祝曰：'鳢鱼变化，冶石成功，斫石鄣破者，是有灵神，文当冶此，为国君主；斫不入者，是刀无神灵。'进斫石鄣，如龙渊、干将之斩芦苔。由是人情渐附，今砺石尚在，鱼刀犹存，传国子孙，如斩蛇之剑也。"

《新唐书·西域传》说："隋大业中，有波斯国人牧于俱纷摩地那山，有兽言曰：'山西三穴，有利兵，黑石而白文，得之者王。'"

这种神剑宝刀的获得建立了英雄的权威和地位，正是葛兰言（Granet）所说的波尔打吃（poltach，即争霸或夸富）必须具备的宝器。这种武器往往由形似的神秘动物变成——这也是很有比较意义的一种关目或母题。

蒙古族民间小英雄特古斯在取得开山金钥匙的途中，遇到一条青龙向他猛扑。"机智勇敢的特古斯忙侧身躲过，顺势用双手抓住了龙尾巴，使出全身力气，朝着一块大石板摔去。只听得一声巨响，火星四射，仔细一看，原来手里握着的是一把光闪闪的宝剑。"③ 就这样，他得到能辟水火的斩魔剑。他还像许多英雄一样杀死九头赤斑蛇。

英雄乌恩幼时追逐赤兔，突然，"一条亮闪闪的大蛇分开草丛直扑过来。乌恩手急眼快，一闪身用手抓住蛇尾，抡起来往身旁的一块石头上砸去，只听'咔嚓'一声响，火星四射，石头两半"④，手上抓的却是一把宝剑！《说岳全传》里的岳飞也是这样得到蟒蛇变的金枪的。

---

① 《尼伯龙根之歌》，钱春绮译，人民文学出版社，1959 年，第 23 页。
② 《尼伯龙根之歌》，钱春绮译，人民文学出版社，1959 年，第 24 页。
③ 内蒙古语言文学历史研究所文学研究室编：《蒙古族民间故事选》，上海文艺出版社，1979 年，第 17 页。
④ 内蒙古语言文学历史研究所文学研究室编：《蒙古族民间故事选》，上海文艺出版社，1979 年，第 22 页。

崔基南《蹠实记事》载，满族老獭稚（暗指努尔哈赤）故事说："郑忠信……一日出游四望，城下有瑞气亘霄，往视之，有小井，而瑞气浮焉。公知井内有异物，即修井求之，得一宝剑，其光彩凛然射人，其上有文曰'天子剑'。"此剑为老獭稚父子所得，故得王天下。而卢镒氏之《记事》更富民间色彩："郑忠信为巴镇金使时，知其对岸有阴养士马，恐为国患，常自闷忧彷徨。一日，夜自龙泉（指药水）叙气，往视之，一蛇入穴，因掘得剑，刻曰'天子剑'。"他见到老獭稚之子，"心动身战，不敢举手；彼问来故，则因献剑"。郑换得瘦宝马而逃。这本质上是"得宝称雄"型故事，其深层里埋藏着杀怪或争霸的内容。

《蒙化志稿》记载云南大理风物说："古石祠在庙街外，昔张氏让国于细奴逻。祝曰：'如当王，剑如此石。'砍之，果入。后人建祠祀之。今石即在祠内。"

据杨毓才等调查，大理地区城北三十里外有古石祠，祠中有大石一块，石上剑砍的缺口还在。这当然是附会。现在江苏镇江甘露寺也有一块试剑石。按照《三国演义》的描写，刘备招亲之时，暗中祝告苍天，"日后如果能成帝业，剑中此石"，拔剑砍向石头，石头裂缺；孙权也占卜说，能当皇帝，剑破此石，一剑砍去，石头也裂了一道口。后来果然都应验。到现在，彝族、羌族、藏族等还有刻石为盟的风俗，就是由当年剑刀砍石为卜、为誓的习惯的遗留。这种试剑石，多得不可胜数。据《中国的水神》记载，仅仅斩蛟的许逊（旌阳真人）的试剑石在江西就有十处左右，有的转化为镇蛟石、缚蛟石、磨剑石或斩蛟处。试剑石遗存，除与关羽有关的最多，还有与秦王、马援、尉迟恭等有关的，"竟好像中国境内每一座（略有由头的）山石，每一间泉井都可以供人们的附会似的"[①]。

就其多数看，王孝廉说："此处我们应该注意的是剑与蛇及水的相连关系（刘邦亦是斩白蛇而王天下）。"龙蛇常代表水患，得剑斩蛇可能隐喻着"人类对水害的克服"[②]。钟敬文述崔基南《云渊实迹》略去了这个情节。

这不但可以视为英雄争霸或夸富的一种简化的仪式手续，而且也可以看作天赐武器的一种嬗变。《新唐书·高句丽传》就说，他们拥有这种天赐的神物："城有朱蒙祠，祠有锁甲、铦矛，妄言前燕世天所降。"王孝廉曾以朱蒙故事为

[①] 黄芝岗：《中国的水神》，上海文艺出版社，1988年，第73页。
[②] 王孝廉：《神话与小说》，时报文化出版公司，1986年，第157页。

例,分析始祖或英雄的历难或试炼事迹说:"这类的神话内容,是在说明建国始祖在成业之前,都必经的种种试炼,这种试炼是各民族的英雄传说所不可缺的构成要素,如求黄金羊毛或金苹果的希腊神话,'阻穷西征,岩何越焉',西上昆仑求不死之药的中国后羿的神话等等,都是神子通过迷路、试炼、放逐、受难的历劫而到自我完成,神子必须通过这样的过程才能取得神助或天(神)的认可。所以当朱蒙经过这些试炼,行至淹滞水、欲渡无梁的时候,有'鱼鳖浮出成桥'的神助,这种神助是因为他是'天帝之子河伯外孙'的神圣血统的缘故。"①

英国史诗英雄亚瑟王,最有名的圣迹就是祭坛拔剑。据马罗礼《亚瑟王之死》的记述,教堂高高的祭台上有一方形巨石,"在这座石台的中央,立着像钢砧模样的东西,约有一尺高,上面插着一把尖端向上的宝剑,四面镌着金字",文曰:"凡能从石台砧上拔出此剑者,乃生而即为英格兰全境之真命国王。"(黄素封译)许多骑士和贵族都来一试身手,谁都拔不出来。出身微贱的弃子英雄亚瑟却轻而易举地把它拔了出来,以后果然成了英格兰的王。

同样的拔剑争雄母题,在《亚瑟王之死》第十三卷里又出现了一次。河上漂来一块石头,上插宝剑,刻有:"无人能令我走动,取我者即佩我在身侧之人,此人乃天下最优秀的骑士。"骑士高明翰登上危险座,还拔出了众英雄拔不出来的宝剑。

古代冰岛歌集《萨迦》里,瓦尔士国王伏尔松女儿婚宴上,闯进一位独眼老人(主神奥丁所化装),在大厅中央的巨树上插进一支宝剑,声称:只有剑的主人才能把它拔出。英雄西格德像亚瑟王一样轻易地将剑掣在手中。主神奥丁要向世界展示这位第十王子的威灵,当时他还很小——这事极像亚瑟拔剑。这种灵智往往在英雄幼年时显示(中国民间说部里的岳飞也是幼时从山洞里拔出白蛇,使之变为银枪的)。

在英格兰史诗《贝奥武甫》里:
　　他的名声远远传播,人们称颂
　　这位勇敢的武士杀死毒龙——
　　那财宝的卫士。……
　　(他)孤身进入山洞,创下那桩奇功。
　　他的宝剑刺穿了晶莹闪耀的毒虫,

---

① 王孝廉:《中国的神话世界》(上册),时报文化出版公司,1987年,第117—118页。

闪光的武器深深扎进它背后的石壁……①

这些都属于天子剑。"名贵的铁刃"不但能刺穿"斑斓的毒龙",还能"深深插入石崖",这个细节为此类母题所常有。亚瑟王之剑,贝奥武甫从水底取得的宝剑,本来都牢不可拔地插在大石里。巴人廪君中穴之剑则能插进岩壁,高悬其上。石南王范文用石鱼锻成的铁剑,能够斫破石鄣(参见《水经·江水注》等)。

西格蒙德在北欧神话和史诗里地位显赫。他属于伏尔松太阳家族,也隶属于伊尔芬部落。他娶堡格希尔德为妻,生下小英雄海尔吉,自己成了法兰克兰国王。在冰岛史诗《埃达》②里,他还经历了一次可怕的试炼:喝下毒酒而不死。他最小的儿子西格德也是史诗主角,曾经屠龙。在神话里,他从母亲那里得到父亲宝剑的碎片,才得以锻成折不断的利刃,用它杀了毒龙,取到它的心。他是父亲勋业的真正继承者,原因之一就是他重新获得父王的天子剑(神赐之尚方宝剑)。

这些都应该看作他们的权力、地位在圣和俗两方面合法性和权威性的证明。

西格蒙德与西格琳德所生的儿子西格弗里德是日耳曼史诗《尼伯龙根之歌》的主角。父亲为他授爵赐剑(想来跟那把天子剑相关)。他还接受尼伯龙宝剑。

他曾经亲手杀死一头凶猛的巨龙,

皮肤因沐浴过龙血变得像鳞甲一样坚硬,

从此刀枪不入。③

他还用从岩穴取出的巴尔蒙之剑,使战士们"心惊胆战"④,证实着自己继位和掌权的合法性。

自然(主义)学派的神话学家认为,上述几位伏尔松家族英雄全是北欧太阳崇拜的产物,他们那天与神授的宝剑或利刃象征着太阳光,被杀的毒龙实是寒冷与黑暗。严寒地带的阳光像神剑一般珍贵而稀有,英雄们经过严酷的锻冶和试炼才能跟光刀化为一体(亦即在竞赛中获得除害和救世的尚方宝剑)。

拔剑是一种圣俗兼具的竞争,投剑、击剑等,也可以成为争夺荣誉、财富和权力的比赛。这些都暗示着宝物与优越武器的控制使用权。其方式当然多种

---

① 佚名:《贝奥武甫　罗兰之歌　熙德之歌　伊戈尔出征记》,陈才宇、马振骋、屠孟超等译,译林出版社,1999 年。
② 参见佚名:《埃达》,石琴娥、斯文译,译林出版社,2000 年。
③ [德] 佚名:《尼伯龙人之歌》,安书祉译,译林出版社,2000 年,第 23 页。
④ 《尼伯龙根之歌》,钱春绮译,人民文学出版社,1959 年,第 24 页。

多样，最重要的是要看神奇的得剑达成了什么样的惊人效果。

得剑也可以世俗化。英雄忒修斯的父亲雅典王埃勾斯，本来无嗣，旅途中与朋友的女儿埃特拉有了一夜情。他怕未来的王子可能不被承认，就预先把宝剑和鞋子藏在一块巨石下面，作为未来继承人合法性证明。争执果然发生，忒修斯（也许是按照父母的暗示）拔出了天子剑，平复了堂兄弟们的纷争。① 忒修斯的血统本就成问题，一说，他是海神波塞冬的子嗣。他母亲在受孕的当夜糊里糊涂不知道是谁做出了这事。父王也就以天子剑为凭证了。

击石出泉

击石出泉，最有名的是希腊神话中的飞马柏加索斯（Pegasus）用它的坚蹄在岩石上踏出了甘泉——缪斯们就在这里跳舞、嬉戏、唱歌或赋诗，诗人们称之为"灵感的源泉"。奇怪的是，神马是从珀尔修斯所砍掉的蛇发女怪美杜莎（Medusa）的头颈涌出的污血里生出来的。有人用自然主义的方法解释说，这表示所有的水泉都来自大海（美杜莎是水怪），肮脏的东西可以转化为极度清洁的东西。也有人说，这暗示艺术和诗歌都跟淫欲一样是一种思维的奢侈，一种罪恶——就像柏拉图对诗歌与神话的谴责。也有人说，这是在象征讲述海水到了内地，苦咸就会变成甘甜。在海滨或者干旱的岩石沙砾地区，人们自然觉得淡水比咸水重要。

在刻克洛普斯统治"世界第一个城市"雅典期间，海神与战神雅典娜争着要用自己的名字命名这座城市。宙斯说，看谁给它最有价值的礼物吧。波塞冬用他的三叉戟击打一块岩石，"一口咸盐井露出来"②。雅典娜把她的长矛插在地上，橄榄树就长了出来。③ 就好像汉字"武"所表示的那样，真正的和平（由橄榄树来象征），要由军事实力来提供和保证（橄榄油对希腊人极为重要）。雅典娜获胜，这座城也就叫作雅典。

前述释迦的神箭也曾穿鼓射地出泉，夜郎的竹王能以剑击石引出水泉。

我们注意到，英雄们所拔的剑都是深深地刺入坚固的巨石或橡树里，入难，

---

① ［希腊］索菲娅·N. 斯菲罗亚：《希腊诸神传》，［美］黛安·舒加特英译，张云江译，国际文化出版公司，2007年，第199页。

② ［希腊］索菲娅·N. 斯菲罗亚：《希腊诸神传》，［美］黛安·舒加特英译，张云江译，国际文化出版公司，2007年，第192页。

③ ［希腊］索菲娅·N. 斯菲罗亚：《希腊诸神传》，［美］黛安·舒加特英译，张云江译，国际文化出版公司，2007年，第192页。

出更不易。而《华阳国志·南中志》说，夜郎人的竹王来到大石之上，下令烧汤喝，部下说这里都是石头没有水，"王以剑击石，水出"——就好像印度神话里雷神因陀罗或大黑天劈开山岩，让困于石穴的大水奔泻而出一样。郑德坤在《水经注故事略说》里指认，这跟《旧约·出埃及记》中英雄摩西以剑或杖击石，敲出了清泉，解决了在沙漠的干热里煎熬的部众无水痛苦的故事太相似了。① 摩西的这个神迹，自然和历史学派的圣经学家认为是有根据的。在沙碛或风化的石灰石上敲击找水，是沙漠行旅的经验。20 世纪 30 年代，一支西奈骆驼队就用摩西的办法，砸开干涸河道的石灰岩壳，让地下的暗流奔涌而出。雅罗斯拉夫斯基《〈圣经〉是怎样一部书》认为，这讲的是在沙漠里掘井，"凡是能想出办法在沙漠里掘出水井的人，在游牧者的眼中，大概都被看成真是创造奇迹的人"，他们最可能在竞赛里被推举或赞颂为领袖、英雄或神。摩西的手杖是蛇变的，蛇作为神秘的智者，是巫师的魔棍，对水的感受力特别强，常常成为土地、阴性和水的象征；它能劈开石岩引水，甚至让海水分开，当然也能借以找水。

又《水经注汇校》卷二载，有梁晖者，入羌为师。干渴的部众向山神乞求饮水，"晖以所执榆鞭着地，以青羊祈山林，泉涌出，榆木成林"，跟摩西击石得水故事也十分相似。斩蛟治洪的旌阳真人许逊，曾在江西奉新罗潭试剑，"透石迸泉为井"；又在靖安东江击剑于石，得泉饮马；其徒甘战则在武宁拔剑插地，泉水涌出。②

二、竞赛或争雄

英雄的一生必然是苦难和克服苦难的一生。他时刻生活在紧张、奋斗和种种严酷的考验里。这不但是他生存的需要，也是他性格的要求。英雄的命运必然是痛苦、折磨、危险、锻炼、战斗、贡献和牺牲。但是他不但安之若素，而且甘之如饴，流汗流血而不流泪，带着伤口和欢笑去战胜一切困难险阻，直到奉献出生命。英雄终其一生都在追求人性的复归和人格的超越。

郑振铎曾特别介绍了一个英雄面对命运选择的故事。当赫拉克勒斯因为别人可以安逸享乐而自己却不得不艰苦卓绝而心灰意懒、愤愤不平之际，遇到了两位仙女。一位温柔和善的仙女说，如果选择了她，那么他的道路"既没有重

---

① 郑德坤：《水经注故事略说》，载《华文学报》1942 年第 1 卷。
② 黄之岗：《中国的水神》，中国文艺出版社，1988 年，第 68 页。

重叠叠的风波之险苦恼你，又没有操心愁虑的事惊扰你。你将永远听闻不到战争与决斗，疾病与痛苦也永不会降临到你的身上来。但你将终日的坐在盛宴的席上，静听着行吟的歌者的唱奏。你永不会缺乏了晶莹的美酒，柔软的衣袍以及愉快适体的床榻。你也将不会没有恋爱的欢乐"①。另一位热情鲜丽的爱莱特（Areta）则告诉他，醇酒妇人、肥马轻车并不足贵，"如果你要求地上的果子，则你必须耕种它，灌溉它"。她责难前面那位仙女说："当一个人的心上不自禁的赞颂着他时，那才是一切声音中的最甜美可爱者，然而你却不之闻，当一个人欣羡的望着他的伟大的工作时，那才是一切眼光中的最温柔动人者，然而你却未之见。他们，那些匍伏于你之前者，皆是些少年便柔弱不禁，老境皆凄楚难堪的凡庸下流的人们。"②她深深打动了赫拉克勒斯。"他便站起身来，高高兴兴的去做他的苦工，去担负他的痛苦。他知道他自己该选择了哪一条路走去。"③

这不禁令人想起《孟子·告子》里一段为过去中小学课本必选的一段话："舜发于畎亩之中，傅说举于版筑之间，胶鬲举于鱼盐之中，管夷吾举于士，孙叔敖举于海，百里奚举于市。"英雄从来出贫贱，纨绔子弟无伟男。故"天将降大任于是人也，必先苦其心志，劳其筋骨，饿其体肤，空乏其身，行拂乱其所为。所以动心忍性，曾益其所不能"。这也是我们中华民族文化和性格深层结构里所特具的坚忍、勤苦、奋发和勇敢。但它也是民间传说、英雄故事这一特殊文化传统内涵的长期积淀与高扬的结果。这样富有责任感、使命感和英雄感的民族是不可战胜的。

英雄所经历的痛楚、困难和考验是多种多样的，不论是他的争雄，还是他的竞选，他的婚姻考试，他的杀怪除害，都可以视为一种考验、一种试炼。

多样化的争强斗胜

这里先介绍英雄们的争雄或竞选——主要通过神奇的竞技来进行。

作为原始社会末期杰出酋长或军事领袖的理想映射，英雄面对的种种磨难、危机和考验里，有一项至为重要的，那就是领导地位和支配权力的获得。有人归诸圣王或巫酋地位的确立、竞赛和更替，并且认为这一类神话无非圣王登基和交替典礼在语言层次上的复现。但这种竞赛、争雄，一般都是英雄建功立业

---

① 郑振铎：《希腊神话与英雄传说》，上海书店出版社，1985年，第362页。
② 郑振铎：《希腊神话与英雄传说》，上海书店出版社，1985年，第362页。
③ 郑振铎：《希腊神话与英雄传说》，上海书店出版社，1985年，第363页。

的结果，有时还是发挥力量的准备或前提。"'波尔打吃'——这是一种由竞赛的交换方式而互争雄长的办法，或用破坏的方式，或用建设的方式。Poltach 是一种极复杂的社会建设（Institution Sociale），他同时有宗教的意义，法律的意义，又有经济的意义，又有社会和政治的意义。"①不仅仅是夸富或散财，还要求宝器的炫耀，奇迹的证实。

这里不想介入这种政治性的争雄道霸性质的争论，只想说一点：典型的英雄多产生在原始社会的末期，"野蛮"向"文明"的过渡阶段，英雄们身上多带有人间巴塞勒斯，即所谓军事酋长的影像，奴隶制家长和早期统治者，甚或可能蜕变为早期奴隶制的王。所以西文 Hero 一词既有半人半神，还有统治者、主角的意思。他们多是史诗和悲剧的主人公。争胜者的生存圈、英雄时代（或史诗时代），被认为是英雄们的创造。史诗里的人间英雄大半不是神祇的子孙，就是英雄的后代。这样，他们之间就必然发生半现实半幻想、半技术半巫术的竞赛，或广义的"波尔打吃"，以争得部落联盟的支配权。这是跟雄性争夺雌性同步的、相连的，所以军事、政治、巫术、宗教的竞争往往夹杂着婚姻考试或求婚难题的内容。这里只简单介绍一些中国史籍上带着巫术性的、以神奇竞技和斗胜来竞选王位或互争雄长的故事。

除了舜象、后羿、寒浞等较古老的事迹外，这些竞赛和争雄多发生于少数民族。鲜卑英雄檀石槐幼时就能单骑夺回牛羊，"遂以为大人"。突厥王阿史那子通过跳高比赛竞选为王。《周书·异域·突厥传》："讷都六有十妻，所生子皆以母族为姓，阿史那是其小妻之子也。讷都六死，十母子内欲择立一人，乃相率于大树下，共为约曰：'向树跳跃，能最高者，即推立之。'阿史那子年幼而跳最高，诸子遂奉以为主，号阿贤设。此说虽殊，然终狼种也。"《北史·突厥传》所述略同。②

《后汉书·南蛮传》记廪君事甚为详细，盖出于《世本·氏姓篇》。"巴郡南郡蛮，本有五姓：巴氏，樊氏，瞫氏，相氏，郑氏。皆出于武落钟离山。其山有赤黑二穴，巴氏之子生于赤穴，四姓之子皆生黑穴。未有君长，俱事鬼神，乃共掷剑于石穴，约能中者，奉以为君。巴氏子务相乃独中之，众皆叹。又令各乘土船，约能浮者，当以为君。余姓悉沉，唯务相独浮。因共立之，是为廪

---

① [法] 葛朗特：《古代中国的神谭与跳舞》，李璜译述，商务印书馆，1929 年，第 27—28 页。
② 参见林恩显：《突厥文化及其对唐朝之影响》，见《中国历史论文选集》（第 1 集），幼狮出版公司，1976 年，第 471—474 页。

君。"他似乎还经历婚姻考试，结局以战胜与杀害为胜利。"乃乘土船，从夷水至盐阳。盐水有神女，谓廪君曰：'此地广大，鱼盐所出，愿留共居。'廪君不许。盐神暮辄来取宿，且即化为虫，与诸虫群飞，掩蔽日光，天地晦冥。积十余日，廪君（思）[伺]其便，因射杀之，天乃开明。廪君于是君乎夷城，四城皆臣之。廪君死，魂魄世为白虎，巴氏以虎饮人血，遂以人祠焉。"这里的掷剑中穴是这类竞赛常见的节目，与前举英雄得剑故事是纠缠在一起的。这位廪君能与盐水女神成婚，当亦兼摄山川之神格。邓少琴曾据徐松石之说，云："壮傣语谓水为廪，故廪君即水君，能乘土船不沉者也。"① 或说，土船指陶船，当然不沉。

袁珂则说："在这些民族中，巫师的职权最重，疑廪君原本也是巫师，是以前面有'廪君之先，故出巫诞'之语。"②

但是，这里的盐神（可能以虫为图腾）象征着阴霾和淫雨，"掩蔽日光，天地晦冥"，廪君则可能领有太阳神格，如羿、启等，所以他能射杀盐神，"天乃开明"。射者，如上所说，似太阳光箭之划开云雾，它还暗指对盐水母系氏族军事和性的双重征服。

廪君与诸姓争胜，很重要的一项是投剑中穴（或以矛著穴）——如前得剑或比剑是这类英雄斗胜故事极常见的一项。《太平寰宇记》卷一四七引《世本》则更为神奇："廪君五姓皆往登呼，蹁穴屋，以剑刺之，剑不能著，独廪君剑著而悬于穴屋。"穴者常为女阴或母腹之象征，所以此各姓皆生于赤穴或黑穴。而刺剑（或矛）入穴，本有"交媾"之义。华昌地（Wachandi）族的卡罗（Kaaro）舞是以标枪捣刺凹地，"凹地和灌木是他们做成类似的以代表女性的器官，同时男子手中摇动的枪是代表男性的器官"③。弗洛伊德也说，谷、穴等常为女性之象征。④ 巴氏务相独能中穴者，疑所中为四姓之黑穴，象征着他对这四个母系氏族军事和性的征服，从而较早地进入父系制度而为廪君。

廪君能以土为船而王，也是很有特色的一种竞赛。凌纯声认为，土船的原型是"泥土烧成的𩰿瓮"⑤，证明廪君族有很高的制陶工艺水平。邓少琴也说，

---

① 邓少琴：《巴蜀史迹探索》，四川人民出版社，1983年，第106页。
② 袁珂：《古神话选释》，人民文学出版社，1979年，第67页。
③ [德]格罗塞：《艺术的起源》，蔡慕晖译，商务印书馆，1984年，第164页。
④ 参见[奥]弗洛伊德：《梦的解析》，赖其万、符传译译，志文出版社，1973年，第295页。
⑤ 凌纯声：《中国远古与太平印度两洋的帆筏戈船方舟和楼船的研究》，载《"中央研究院"民族学研究所专刊》1970年第16期，第30页。

这不仅说明船棺葬制与巴人、廪君有关，也证明那时的陶器已"入水不沉，且能载重"①。《太平御览》卷三七引《世本》："廪君名务相，姓巴，与樊氏、瞫氏、相氏、郑氏，凡五姓俱出争神，以土为船，雕文画之，而浮水中，其船浮，因立为君。他船不能浮，独廪君船浮，因立为君。"此后他又创造了一些奇迹。《北堂书钞》卷一五八引《风俗通义》："廪君乘土船，下至夷城，石岸曲，水亦曲，廪君望之，如穴状，曰：'我既道穴中，又入此，奈何？'石岸为崩，广三丈余，陛级之。廪君行至上岸，上岸有平石，广长五丈，休其上，投算，投算处皆有石，因立城其旁。"《录异记》亦记廪君争霸事，一是出丹穴的巴姓务相与出黑穴的瞫、樊、柏、郑四姓争为廪君。"于是务相以矛刺穴，能著者为廪君；四姓莫著，而务相之剑悬"。二是"以土为船，雕画之，而浮水中"，务相船又独浮，"于是遂称廪君"。后乘土船率士卒至于盐阳，射死盐神。三是竞赛的余绪，夷城岸曲有穴难登，廪君叹而"岸即为崩，广三丈余，而阶陛相承。廪君登之，岸上有平石，长五尺，方一丈，廪君休其上，投策计算，皆著石焉，因立城其旁，有而居之"。此与《晋书·李特载记》略同："夷城石岸曲，泉水亦曲，廪君望如穴状。叹曰：'我新从穴中出，今又入此，奈何！'岸即为崩，广三丈余，而阶陛相乘。"古代越南金龟筑城故事与此有相似处。鲧、禹等都有类似的筑城凿岸神迹，这大概跟治水英雄的修筑堤防、开凿水道不无关系吧。

又《太平寰宇记》载，临汾的平阳城屡筑不就，由巨卵牵扯出的幼孩橛儿，四岁，对其养母韩媪说"我能成之"，乃变为蛇，蜿蜒前进，让母亲随着它撒灰成迹，"凭灰筑城"，果然成功。越南史乘《岭南摭怪》有《金龟传》，说金龟除怪，暗示筑城办法，"一月而就，其城延广千尺，盘旋如螺形"，多少与之相似。《太平御览》卷九三二引《华阳国志》就明白说出"依龟行"而筑城，才筑成久建不果的成都城。

争雄的严酷与艰危

不管是拔剑、投剑，还是击剑（劈石取水），对于候选的英雄们，都是严酷的考验。武器的掌握、创造和利用是这类比赛和竞选最重要的内容。除了弓箭，刀剑最为初民所关心。所以廪君投剑入穴便先声夺人，注定要取得胜利。

互争雄长和权位竞标的方式，有时还要展示宝器和种种奇迹，因时代和地区的不同而迥异，但往往相当激烈而残酷。当时的竹王或摩西，如果不是熟谙

---

① 邓少琴：《巴蜀史迹探索》，四川人民出版社，1983年，第5页。

寻找地下水的技术，没有砸开岩礓的坚器，找不出水来，饥渴与愤懑交加的部众会把他们撕成碎片，喝他们的血。

同样，拔剑为王也是很危险的，那剑往往意味着威胁或危机，因为武器总是要用来对付妖魔或强敌的。神剑是神鬼的克星，神鬼当然要秘藏它、守卫它（有时它们就是妖怪所变化，制服妖怪就能取得武器）。

在《贝奥武甫》里，贝奥武甫好不容易得到宝剑，与蛇并断，连英雄也同归于尽。

> 自己的荣誉，他挥舞宝剑，
> 使尽全部气力砍向毒龙的脑门。
> 贝奥武甫的宝剑"尼格林"，
> 这柄古老的、灰色的名剑砸断了，
> 辜负了它的主人。①

史诗说，"在伤口的鲜血中淬硬的武器，没有一件经得起他挥舞"（冯象译）；其实，在民间文学里，武器往往跟英雄融为一体，失去武器等于失去生命和灵力。《埃达》中，雷神索尔遗失宝锤，就跟关羽失去关刀、孙悟空丢了金箍棒、典韦被盗双戟一样，无所施其技，损坏武器就是死亡。更重要的是神剑的来历。

> 这时，他在大厅四壁挂着的武器中间一眼看到一口胜利保佑的神剑，一支古代巨人锻造的兵刃之王，战士的骄傲——它远比世界上任何英雄所挥舞的兵器都大都重都高贵不凡——真正的神匠手艺。于是希尔德子孙的力士握住那带环的剑柄……抽出饰着波纹的宝器，豁了性命，狠狠砍去，正中那妖母颈项。②

> 这时他发现挂着的甲胄后有一把古代巨人锻造的神剑，它是武士的光荣，兵器中的极品，比任何武士战场上所使用的兵器都大了许多，巨人的杰作既珍贵又美观。贝奥武甫提剑在手，这位为丹麦人而战的武士……挥舞着神剑，怀着满腔怒火，一剑击中女妖的脖颈，砍断她

---

① 孟昭毅、黎跃进主编：《外国神话史诗民间故事鉴赏辞典》，上海辞书出版社，2010年，第901页。"尼格林"冯象译作"灰芒的古剑"。
② 《贝奥武甫——古英语史诗》，冯象译，生活·读书·新知三联书店，1992年，第81页。

的肩骨。①

贝奥武甫实际上是像亚瑟王那样抽出了女妖洞壁上的宝剑——假如他抽不出来，亦即宝剑在命中不归他所有，那么他就要死在宝器保卫者或化身的神怪手中，或竟命丧剑下。

就是一般的争强斗胜竞赛，也充满危险，往往要用生命做赌注。地中海克里特岛米诺斯宫壁画上有青年跳牛场景，学者指出，如果不能从牛背上飞跃而过，那只能死在牛角之下，比西班牙斗牛还可怕。在原始时期，没有单纯的游戏或竞技。游戏（play）不但是冲突尖锐的戏剧（drama），而且是你死我活的战争；所以，游戏规则被认为是最古老也最文明的战争规则。

三、婚姻考试和赛射

英雄神话里常见的一项竞赛或考验形式为婚姻考试，或被称为求婚难题。其主要模式是：英雄为了娶得某一身份高贵、特殊的姑娘，不得不去经历一系列常人难以想象的艰险，完成一系列人力所不能及的勋业。考验的倡导者和主持人往往是圣处女的长辈或保护人（常为父亲，即英雄未来的岳父）。他们和英雄之间通常要发生激烈的戏剧性冲突，通常以英雄的胜利告终。

这种考验一般发生在原始社会中期稍后，母系氏族的风习依然昌炽，被考验的英雄往往是实质上的赘婿，必须为他所"嫁"的女家服役效劳；但是，故事已经标志着母系氏族向父系氏族的迅疾过渡，这不但表现在"可恶"的岳父掌握无上的权威，而且男性的英雄总是要获得胜利和颂扬。

求婚难题

这种考验也是艰难困苦的原始经济生活和生产劳动所必需的。雌性需要强大的供应和保护来满足自己和后代的实际需要。这只要略举一些保存在后进部落里有关婚姻考试的习俗就可以明白。"在英属圭亚那（British Guiana）的阿剌瓦克人中，候选的女婿必得证明他的射术，要他从驶行的船上射中啄木鸟的窠，还得证明他的勇力，要能在指定时间之内清除一块田并且捕蟹满若干篮。这些事情底里的深意自然是试验这位候补者有无养家活口的能力。在北美印第安人

---

① 佚名：《贝奥武甫　罗兰之歌　熙德之歌　伊戈尔出征记》，陈才宇、马振骋、屠孟超等译，译林出版社，1999年，第77—78页。

诗歌及故事中,本领最好的猎人才是理想的女婿。"①

日本学者把表现这一类婚姻考试的故事归纳为求婚难题式。君岛久子把它与羽衣传说(天鹅处女)结合起来论述道:"难题型故事几乎遍布全中国,达斡尔族、内蒙古的汉族、山东、江苏、浙江以及海南岛的黎族,江西的壮族、彝族、苗、瑶族都有不少。如果再调查一下西双版纳的傣族、纳西、藏族,还会发现有更多的人在传讲。"②(此处族属不免错乱)她认为,所出难题多与当地生产、生活活动相应呼,但也不尽然,"居于山地的民族所讲的难题倒是充分反映了其生存方式,比如砍一大片树,烧好田,播种、收获等"③。

君岛久子还就羽衣神话和《竹取物语》里所包含的难题论述道:"就羽衣故事的难题而论,北方汉族流传的若干故事中,往往给男方出些如何驱除虫蛇之害一类的难题(与出云神话中大国主所出的难题同属一类)。在南方少数民族中,在从事烧荒开地的苗、瑶血统的人的传说里,净是些一天之内把森林伐光,烧荒后就地耕作、下种、收获之类的农耕方面的题目。从事水稻栽种的傣、壮血统的人的传说里,则是些如何挑选出大米和别的东西,以及反映人们生活的题目。因此,难题中也有反映各个民族生活体验的内容,这些内容赋与民间传说以种种个性。"④ 这种论述本身确实也抓住了南北方民族经济生活的特征。这里只能择要论述。

土族叙事诗《格萨里》包含典型的婚姻考试情节。三姑娘桑加愿意嫁给穷光棍格萨里,其父桑斯加不准。在赛马大会上,倒骑着尕驴儿的格萨里夺得了彩红旗,又在场子里转一圈,把酒敬到大家左手上,把油馍散在大家右手里。桑斯加变成一只小蜜蜂藏进格萨里的鼻子里,要他寻找(类似的细节亦见于云南的一些民间传说,但不是钻进鼻孔,而是变成小物躲进针盒之类),被后者用马尾拦腰捆住。桑斯加又把格萨里剥光扔进阴房,格萨里抱起磨石,跑得满头大汗;又把他放进马圈,让野马驹吃,格萨里再次逃脱,终于娶得桑加。诗中考验的关目在现实生活里的本来面目,应为试验女婿是否具备骑射、交际、寻物、御寒、驯马之类的本领。

---

① [美] 罗维:《初民社会》,吕叔湘译,商务印书馆,1935年,第27—28页。
② [日] 君岛久子:《羽衣故事的背景》,刘晔原译,见中国民间文艺研究会上海分会编:《民间文艺集刊》(第8集),上海文艺出版社,1986年,第288页。
③ [日] 君岛久子:《羽衣故事的背景》,刘晔原译,见中国民间文艺研究会上海分会编:《民间文艺集刊》(第8集),上海文艺出版社,1986年,第288页。
④ [日] 君岛久子:《关于金沙江竹娘的传说——藏族传说与〈竹取物语〉》,龚益善译,载《民间文学论坛》1983年第3期,第26页。

贵德分章本《格萨尔王传》也有类似的婚姻考试，不过极简化而已。小头人夹罗顿巴的三个姑娘招亲，二女儿赛罗找了班达霍尔王，三女儿冬罗跟了古古玉王。大女儿珠毛走到大食财王等跟前，要求他"贵手上的五指""红绸子般的舌头""金瓶般的嘴唇""白螺般的牙齿"都别碰到金瓢，但要把美酒喝下去，三个王都不会，只有化成穷孩子的台贝达朗（即格萨尔王）能用鼻孔吸尽泼上天空的美酒，结果得到了珠毛。

在许多神话传说和民间故事里，婚姻考试常采取英雄（或英雄神）与对手化身斗法的形式进行（双方或一方变为某种动物或异物，在变化里斗智或斗力）。这将在下文专门论述。

《马可波罗游记》记载了海都王为他的女儿明月公主——艾尔吉姆（Ajgiarm，鞑靼语，义为"明月"）举行婚姻考试的故事。考试形式是与公主摔跤：胜者得到她，输的罚一百匹马。公主赢了一万匹以上的马，连最富裕、最漂亮、最强健的帕马（Pamar）王之子都被这位女巨人摔倒。据说，最后她冲入敌阵，"抓走了一个青年骑兵，带回到她自己的家里"[①]，结束了罕见的没有夺魁者的婚姻考试。

对舜的婚考

困难而又平庸的考试，在神话里幻化为惊险而又华丽的冲突。这种冲突在汉族的舜娶尧女的故事里有典型而又曲折的表现。"尧之试舜，可谓多术哉。"有争论的"纳于大麓，烈风雷雨弗迷"，就是考验作为猎手（虞）的舜，能否冲破雨雾、开山标道、识别路径及降服猛兽（包括狩猎技术和狩猎巫术，所以《论衡·乱龙篇》说舜入山"虎狼不犯，虫蛇不害"）。正像《路史·发挥》说的："所谓'纳于大麓'，历试诸难之谓。"朱熹《书集传》引苏氏说此表现舜"度量有绝人者，而天地鬼，亦有以相之欤"，朱则赞其"聪明诚智，确乎不乱"。他与尧之二女娥皇、女英结婚之后，还要接受其他考验："焚廪"，就是看他作为农夫会不会修缮谷仓，放上一把火还抽去梯子，则是看他能否紧急应变；"浚井"，是看他作为工匠有多大本领，"落井下石"，旁通而出，则暗示他还懂一些坎儿井的掘法。这种种可怕的折磨和恶作剧无非证明：婚姻前后的考验艰巨而复杂。[②]

[①]《马可波罗游记》，陈开俊、戴树英、刘贞琼等译，福建科学技术出版社，1982年，第256页。
[②] 参见萧兵：《〈楚辞〉与原始社会史研究》，载《淮阴师专学报》1980年第3期。

伊藤清司认为："尧让舜学习五典，并命令他跋涉于山野之间。……即使雷电轰击，舜也安然无恙。舜经住了这样严峻的考验，证明他是圣人。我以为让舜跋山涉水，可以看作是对舜进行'成人仪式'的 Ordeal 考验。而考验的结果是尧帝将琴、弧、干戈等授予了舜。这些赏赐物，恐怕是一种授予帝位的标记。这同日本神话中大国主命做国王时所具有的琴、刀、弓等宝器非常相似，正因为舜得到的琴等是帝位的标记，所以他弟弟象那样地想去抢占。我推测，焚廪、填井等迫害恐怕也是舜登上帝位之前所施行 Ordeal 的考验。正因如此，舜不但不回避这种种危险的考验，而且还能心甘情愿地去接受。"[①]尽管在是否为成人仪式这一点上还有商榷之外，他的许多见解与拙意不谋而合，而且更为精彩。

在舜和尧之二女结婚以后的几场考验里，有舜的弟弟象的介入。从社会史的观点看，这错综地表现着收养、入族的仪典及亚血族群婚（punalua）制度的推行。但是两个以上的男性争夺女性，如同象那样地要求"二嫂，使治朕栖"（《孟子·万章篇》），或"眩弟并淫"（《楚辞·天问》），那么就可能构成所谓婚姻考试，从而展开英雄和他的对手在各方面的竞赛或斗争。这些内容在中原文献里已经变得非常隐晦，似乎舜一个人在那里经受折磨，修仓、浚井；但是，象喜爱琴、弓、干戈，说明他的武艺和音乐才能较高，而且更善于耕作（象为舜耕田的情节就自此衍出）。事实上，他也参加了对舜的迫害和磨炼。例如《史记·五帝本纪》正义引佚史曰："（舜）入井，瞽叟与象下土实井，舜从他井出。"又如《列女传·有虞二妃》："瞽叟又速舜饮酒，醉，将杀之。二女乃与舜药浴汪，遂（或作'注豕'）往，舜终日饮酒不醉。"这很可能是让舜跟象拼酒，赛酒量，在初民心目中，英雄、酋长都应该是豪饮不醉的勇士。这样看来，婚姻考试里往往夹杂着竞赛等内容，也是题内应有之义。

在这种考验或竞赛里，未婚对象或妻子总是私通关节、暗中帮忙，表现出似乎太多的爱和热情。古希腊的金羊毛故事里美狄亚援救伊阿宋，迷宫故事里阿里阿德涅暗助忒修斯，都有踪迹可寻。这实在是因为这种婚制的改革和进步，归根到底对妇女有利。恩格斯说："古代遗传下来的两性间的关系，愈是随着经济生活条件的发展，从而随着古代共产制的解体和人口密度的增大，而失去素朴的原始的性质，就愈使妇女感到屈辱和难堪；妇女也就愈迫切地要求取得保

[①]［日］伊藤清司：《中国、日本民间文学比较研究（在华学术报告集）》，辽宁大学科研处，1983年，第20页。

持贞操、暂时地或长久地只同一个男子结婚的权利作为解救的办法。"① 所以，尽管以男性英雄神的昌盛为标志之一的父系氏族的建立，意味着女性统治世界历史的失败，但是女性对可以自由选择英雄夫婿的婚姻考试或竞赛还是兴高采烈地予以拥护和欢迎，并且想方设法使自己所选定的英雄胜利地通过或完成这种考验。这种婚姻喜剧里埋藏着巨大的历史悲剧：人类的婚姻和家庭制度虽然随着社会经济的发展而不断得到进步和发展，然而妇女却为这种进步和发展付出了血和泪的代价。英雄得到妇女的帮助，通过了考验和竞赛，也征服并奴役了妇女。正如恩格斯所说："妇女的这种被贬低了的地位，在英雄时代，尤其是古典时代的希腊人中间，表现得特别露骨，虽然它逐渐被伪善地粉饰起来，有些地方还披上了较温和的外衣，但是丝毫也没有消除。"② 然而婚姻考试总的看来却充满喜剧和英雄诗的光彩，它的时代跨度也很大，从原始社会、奴隶社会到封建社会，都发生过类似的故事。这些故事的背景、内容、形态，应该另加具体分析。不过从根本上来看，这些神话性的婚姻考试故事，总是表现或残留着原始性的意识（或者说痕迹构造）：女方家族对于夫婿的选择，以及男性的英雄对于妇女和女方家族越来越多的胜利。

伊藤清司指出，婚姻难题还应该放到整个人生"从摇篮到坟墓"的"过渡仪式"（rite de passage）的民俗背景里去考察。这是一种带着"神判"味道的考验，也是一种教学。这里最重要的是成丁典礼（中国称"冠礼"，西南民族或称"穿裤子""穿裙子"）。"在各地的调查报告中我们也能看到如下的例子。比如，有的小伙子被抛弃在深山老林忍受孤独的煎熬，有的被迫在山野游荡以考验其胆量，还有的故事里小伙子被毒虫咬伤以致肉体毁损、流血过多、并昏迷不醒等。古代朝鲜有这样的故事，在年轻人后背的皮肤上穿上绳子，拽着很沉很沉的石头爬坡。在南太平洋的新赫布里底群岛上过去甚至还可以看到让年轻人从筑在丘陵上的高达数十米的望楼上摔下山坡。这些带有死亡危险的残酷做法是为了年轻人在进入成年时经受预备锻炼，验试勇气与耐力等等。"③

婚姻考试也具有类似的功能。"在'难题求婚'故事中有这样一类考验，故事的主人公需要经受肉体上的痛苦而残酷的考验，特别是经受'死亡'考验，然后才被允许结婚等等，这类考验实际上是与上述成人仪式的考验非常相似的。

---

① [德]恩格斯：《家庭、私有制和国家的起源》，人民出版社，1972年，第49页。
② [德]恩格斯：《家庭、私有制和国家的起源》，人民出版社，1972年，第54页。
③ [日]伊藤清司：《中国、日本民间文学比较研究（在华学术报告集）》，辽宁大学科研处，1983年，第8—9页。

如果我们把民间故事中出难题的姑娘之父放到部族长老或长者的位置上,那就能立即发现,所谓'死亡考验'的难题就是那种以获得结婚资格为前提的成人仪式考验的反映。"①

武求婚

武士们的求婚——包括婚姻竞赛——充满危机与陷阱。有时,通不过待嫁"公主"的测试,求婚的武士就得死掉。竞试者之间的争斗更加激烈。《奥德赛》第二十一卷里就有这样的竞赛和屠杀。英雄的妻子说,"求婚的人们,既然现在你们都要为我竞争,你们就来吧";谁能拉开奥德修斯留下的大弓,她就嫁给谁(拉弓本身就是一个婚赛母题)。结果谁都拉不开;化装归来的英雄却拉开了硬弓,"射出致人死命的箭"(杨宪益译),把求婚者全部射杀、刺死。

> 在所有还活着的仍坚持战斗的求婚者中,
> 这些人是卓越超众的几位勇士。
> 已经有不少人死在奥德修斯的利箭之下了。
> ……
> 奥德修斯和帮手们如同秃鹰,四处追杀仓皇的求婚者,
> 追上一个杀一个,到处是惨叫声,
> 到处是汩汩流出的黑血和破碎的头颅。(袁飞译)

陈中梅《伊利亚特译序》认为:"在这里,荷马巧妙地结合了为了赢得新娘的竞赛和抢夺新娘的决斗,使二者有机地衔接并糅合起来"②。这两者(抢婚与婚赛)在那时都是充满暴力和鲜血的。

日耳曼史诗《尼伯龙根之歌》里,求婚同样是性命攸关的事情——危险来自待嫁的女王。她"拥有无穷的力量,谁向她求婚,都得首先同她比赛掷枪"。

> 比赛外掷枪,她再将一块巨石投向远处,
> 紧接着,她纵步高跳,将那块巨石追上。
> 无论谁向她求婚,非要三(种)赛三(次)胜不可,
> 只要输掉一次,他就得将性命赔上。(安书祉译)

这使我们想起《周书·突厥传》,阿史那师兄弟争胜,"向树跳跃,能最高

---

① [日]伊藤清司:《中国、日本民间文学比较研究(在华学术报告集)》,辽宁大学科研处,1983年,第9—10页。
② 陈中梅:《荷马史诗研究》,译林出版社,2010年,第62页。

者,即推立之"。掷标枪、投巨石,则跟投矛掷剑相似,目的不同,却都是生死之争。如果将禀君故事看作婚姻考试的话,那么,盐水女神就是因为失败而被杀,无辜陷入悲惨的结局。这是男性的霸权话语。

竞赛: 拉弓

在这许许多多的试题里,最常见的是比赛射箭——弓箭本来就是摩尔根所谓"野蛮时期"最锐利的武器,谁能掌握这原始的"导弹",谁就占有利益、光荣和胜利。

俄卡利亚(Oèchalia)国王欧律托斯(Eurytus)宣布,谁能与他和他的儿子赛射而得胜,谁就能得到他美丽的女儿伊俄勒。赫拉克勒斯便"与他们比箭,结果是他的箭术比他们都强"①。

希罗多德说,赫拉克勒斯与人首蛇身的女怪交媾,使她怀了三个孩子,女怪问怎么处理他们,赫拉克里斯回答说:"不管是谁,如果你发现他这样地拉弯了这张弓并且用这个腰带这样地系在自己身上,那就要他居留在这里,凡是做不到我所吩咐的事情的,就把他们从这个地方送出去好了。"② 这是很古老的以拉弓来试验人才的记载。只有最年幼的司古铁斯达到了其父的要求,实现了少子继承权,并且成为斯基泰人王族传说的祖先。

《荷马史诗》里,也有这样典型的婚姻考试内容。例如,英雄奥德修斯之妻潘奈洛佩曾经用拉弓的办法,来考验那些求婚的子弟。"求婚的人们,既然现在你们都要为我竞争,你们就来吧,我把英雄奥德修斯的大弓放在这里;如果有人能够容容易易的用手把弓弦拉上,再射箭穿过这十二把铁斧的环,我就跟着他去"③。结果是所有的求婚者都拉不开,只有化装成乞丐的奥德修斯拉上了弓弦,试了试乐音,并且射死了那些无耻的食客里最坏的安提诺,还把所有的求婚者全杀掉了。婚姻考试有时就是生死对决。

类似《奥德赛》的拉弓关目(加上化装为穷人或乞丐)在中亚史诗里也常常出现。"乌兹别克的两个内容稍有变化的史诗中,'穷小伙子'的母题再次得到体现。英雄阿尔波米斯离家多年后返回了故乡。一个老牧民告诉他,他的同父异母兄弟即将娶他的妻子,为了探明谁是他的朋友,谁是他的敌人,他乔装

---

① 郑振铎:《希腊神话与英雄传说》,(香港)商务印书馆,1985 年,第 424 页。
② [古希腊] 希罗多德:《历史》,商务印书馆,2009 年,第 341—342 页。
③ 《奥德修纪》,杨宪益译,上海译文出版社,1979 年,第 269 页。

打扮，安上假胡子，穿着那老牧民的衣服，骑着老人的马去参加婚礼。婚礼上举行了一场竞赛，谁能拉开谣传已死去的阿尔波米斯的硬弓，谁便获得优胜。在高加索民间神话《帕斯孔齐》中，有一个片断与这部史诗极其相似。国王的幼子被两个哥哥谋害，被放逐到了地狱。数年之后，他才返回家乡。途中他遇到一个牧猪人，此人哭着告诉他，国王的长子正在举行婚礼。'他们害死了他们的小弟弟，而大哥现在却要娶小弟弟的未婚妻。'王子于是穿上牧猪人的衣服，向王宫走去。正当人们打赌看谁能拉开已死的小王子的硬弓时，他出现在宫廷里。由于没人有拉开那张弓的气力，'牧猪人'便接过弓，一箭射死了两个哥哥。接着，盛大的婚礼开始了，小王子终于同他的未婚妻结合，并继承了王位。……这种情况在土族英雄神话《古南·查拉·巴蒂尔》中也有，不过英雄却是以'穷小伙子'的面貌出现。英雄古南·查拉化装成一个穷人闯入敌人的阵营，他的死敌正好在举行婚礼，要娶他的母亲为大老婆，他的妹妹为小老婆。以穷小伙子形象出现的英雄于是参加了为婚礼而举行的射箭比赛。他拉开好几张弓，但每张弓都折断了。人们把传说已死去的英雄的弓递给他，穷小伙子拉开弓，射死了他的敌人，这才恢复了本来面目。"[1] 研究者也注意到这些片段"同《奥德赛》中英雄还乡的场面非常相似"[2]。

后羿（河伯）为了雒嫔（河神），后羿（寒浞）为了纯狐（玄妻），斗胜杀逐（包含抢婚或武求婚在内），可以采用射革等方式，就好像天王郎（河伯）为了柳花姑娘展开争夺，酿成流血冲突。

印度史诗《罗摩衍那》里也有和《奥德赛》拉弓颇为相似的情节。大自在天湿婆有一张神弓送给了国王遮罗竭的祖先（前面已交代过，《奥德赛》里的那张大弓也是"仪表如永生天神的尤吕陀之子伊菲陀，送给奥德修的"），许多国王都向遮罗竭的养女悉多求婚，遮罗竭便用拉弓来考试他们，他们没有一个拉得开。国王说：

牟尼呀，如果罗摩
能够把那弓弦装上，

---

[1] [美]伊尔塞·洛德－西尔托特斯：《以贫苦小伙子形象出现的英雄——蒙古、土耳其史诗和神话中的变形术题材及其表现形式》，田守玉译，见《民族文学译丛》（第1集），中国社会科学院少数民族文学研究所编印，1983年，第399页。

[2] [美]伊尔塞·洛德－西尔托特斯：《以贫苦小伙子形象出现的英雄——蒙古、土耳其史诗和神话中的变形术题材及其表现形式》，田守玉译，见《民族文学译丛》（第1集），中国社会科学院少数民族文学研究所编印，1983年，第408页。

> 我将把无母的悉多，
>
> 送给十车王的儿郎。①

结果，罗摩不但拉上弦，而且把弓都拉断了，娶了悉多。

由《罗摩衍那》改编移植而来的傣族长诗《兰戛西贺》保留了拉弓婚姻考试的情节。美丽的西拉（相当于悉多）将要出嫁，一百零一个王子来求婚。天神英达赐给她的养父一张神弓：

> 明天您让王子们来试，
>
> 谁能拉得动神弓，
>
> 并把三枝箭射出去，
>
> 你就把漂亮的西拉交给他。②

所有的王子都不能挽动这"弓臂坚如十九万斤岩石"的神弓，连"力气抵得十八条大象"的兰戛十首王也只能提起这弓，却不能挽上弓弦。《罗摩衍那》没有这个细节，这是傣族人民创造性的改动，为后来十首王抢夺西拉提供了更合理的依据。在这场婚姻考验里，只有"修行和尚"召朗玛王子取得了胜利。有人也指出："傣族长诗中几乎每篇都有的那些神弓上弦、张弓折箭的比武招亲择婿的情节，显然都是《罗摩衍那》中情节的演化。"③

中国景颇族叙事长诗《凯诺和凯刚》《腊必毛垂与羌退必波》都写到挑选女婿的考试性舞会（后者写到考验之一的挤虎奶，是云南同型故事里常见的）。前者包含着如舜、象那样两兄弟争婚的情节，而在考试性的筒戛舞会上，最主要的项目是拉弓比赛：谁能拉开龙王献的大弓弩，女主角扎英就嫁给谁。哥哥凯刚是个坏蛋，拉不开弓；英雄弟弟凯诺一下就把弓拉开了：

> 弩弓朝着东边射，
>
> 弩箭却向西边钻，
>
> 狠毒的凯刚正在西边站，
>
> 弩箭飞来把心射穿。④

像《奥德赛》一样，失败的恶棍求婚者受到了惩罚。诗中拉弓的关目，很难排除有《兰戛西贺》的影响。

---

① ［古印度］蚁垤：《罗摩衍那》，季羡林译，人民文学出版社，1980年，第360页。
② 苏达万：《兰戛西贺》，见《云南少数民族文学资料》（第4辑），1981年，第154页。
③ 杨丽珍：《〈罗摩衍那〉对傣族叙事长诗的影响》，载《云南师范大学学报》1986年第3期。
④ 段胜鸥、徐琨、周兴渤：《景颇族文学概况》，见《云南少数民族文学资料》（第1辑），1980年，第135页。

在《摩诃婆罗多》的续篇《河利世系》里，刚沙王让黑天、大力罗摩与他最优秀的角斗士比武。"黑天一到摩吐罗，就创造了惊心动魄的奇迹和战果。他拉开了刚沙王的巨弓，这张弓连天神都未能拉动，黑天膂力过人，随着嘎嚓一声巨响，神弓断成了两截。"① 这部大战书还说，潘查拉斯（Panchalas）国王为公主召开选婿赛会。造大弓一张，谁能射中指环或鱼眼就可以成为驸马。各路国王、王子都射不中，最后是坚战五兄弟里的有修射中鱼目，得到美丽的公主。

西藏英雄史诗《格萨尔王》多少也受了《罗摩衍那》的影响②，拉弓的关目却转换场景，移到天国里去，作为下凡的条件（优胜者必须转世投胎，下界临凡，斩妖除怪）。比赛项目为射箭、抛石头、掷骰子。贵德分章本《格萨尔王》写得极简单："三弟兄先比射箭。比的结果，下界的事，落到小弟弟顿珠尕尔保的头上。"③ 由《格萨尔王》移植过去的青海土族叙事诗《格萨里》这一段就具体一些了。天神阿老查日干为了除掉茶窝郎地方的妖精，让不愿当拉千神的三个儿子比赛，看哪个有资格下凡去（贵德分章本则说三神子都不愿下凡）。天神说：

> 我有一副甲盔，看谁穿得最合适，
> 我有一副弓箭，看谁拉得动，射得准，
> 我有一匹神马，看谁骑得住，跑得稳。
> 三件东西谁合适，谁去！④

结果是小儿子中选了：

> 尕日马屯穿甲盔最合适，
> 不大不小不宽不窄，
> 两手拉开弯弓射直箭，
> 箭矢如风嗖嗖响，
> 他跨上马儿坐得稳，
> 扬起马鞭马疾奔。⑤

---

① ［德］莫·温特尼兹：《民族史诗和往世书》，胡海燕译，见季羡林、刘安武编：《印度两大史诗评论汇编》，中国社会科学出版社，1984年，第381页。
② 参见潜明兹：《〈格萨尔〉与〈罗摩衍那〉比较研究》，见《格萨尔研究集刊》（第1集），中国民间文艺出版社，1985年，第16页；降边嘉错：《〈罗摩衍那〉在我国藏族地区的流传及其对藏族的影响》，载《中央民族学院学报》1985年第3期。
③《格萨尔王传》（贵德分章本），王沂暖、华甲译，甘肃人民出版社，1981年，第2页。
④《青海民族民间文学资料·土族文学专集》（二），中国民间文艺研究会青海分会，1979年，第70页。
⑤《青海民族民间文学资料·土族文学专集》（二），中国民间文艺研究会青海分会，1979年，第71页。

婚姻考试虽然变成了下凡比赛，但是拉弓这个重要关目依然保存，证实着它们之间的血缘联系（这个关目在许多文艺作品里都有，民间戏曲《铁弓缘》就是利用《奥德赛》《兰戛西贺》式的拉弓展开戏剧纠葛的）。

四、射鸟取谷

撒种与收种，鸟的介入

与婚姻考试赛射或开弓具有比较学趣味的是"射鸟取谷"。它像一根红线把我国南北方一些民族类似故事的"珍珠"奇妙地串连在一起。

纳西族史诗《创世记》（《人类迁徙记》）说，英雄从忍利恩向发动洪水的天神（水神的尊化）子劳阿普求娶他的女儿衬红褒白命。但他必须在一夜之间砍伐九片森林，种上九片火地，捉拿岩羊和鲤鱼，挤来三滴虎乳，还要跟未来的岳父进行化身斗法才能如愿。这种斗法将专节论述，其中与射鸟取谷相关者，先述于此。

考验里最常见的项目是迅速地播种、收种或藏种。丈人要求把撒下的种子全部收回来，一粒都不能少，但在收获粮食时斑鸠吞了两粒（或三粒），蚂蚁吃了一粒，从忍利恩像朱蒙那样射下斑鸠，用马尾勒出蚂蚁所吞谷种。"斑鸠落地上，三粒种籽已找齐。"

用纳西象形文字写的《东巴经》里还保存着这故事的半图像记录。那即将中箭的斑鸠嗉囊部分有一些斑点，可以看作被吞下的谷粒。和志武译解这一关键性片段云：

> 第二天早上，斑鸠不会停，
> 停到丽恩园子里头来。
> 崇则丽恩呀，带上弓和箭，
> 想射瞄三次，犹豫了三下；
> 衬恒布白命，正织布当儿，
> 黄梭狠触丽恩手拐肘，
> 说时迟，那时快，
> 刚好射中斑鸠胸脯上，

找出剩下三颗粮。①

纳西族支系摩梭人洪水故事里,有个英雄锉治路一苴为了人类的繁衍,去向天王求亲。天王要他用一把柴刀砍完九架山的树子烧好荒,用三升苦荞种出三十三石,用两升花荞种出二十五石。他在天王大女儿彩红吉增米暗助下都完成了,收成后却有几颗谷粒被野鸽子吃掉,他又在彩红吉增米帮助下射落鸽子,取出荞麦,并且与天王三公主成了亲。② 这个故事显然与纳西族《创世记》同出一系。

藏族的同型故事则说,英雄少年求婚于天帝,不得不在天女帮助下,一天内砍完种四斗青稞种子的火地,耕好,撒上油菜籽,然后又一颗颗地拣回。但是其中三颗菜籽被鸽子吞进嗉里,少年只好"冯弓挟矢",射落飞鸽,取回了菜籽。③

苗族牧猪娃子召赞跟龙女结婚(有如天王郎与河伯女相配)生下一个小英雄(有如朱蒙),跟他外公(龙王)斗法,躲猫猫,龙王变成一头大水牯牛,被他骑在脖子上,拿石头狠敲它的角;他自己被龙女变成绣花针,插在线团里,龙王却找不着。爷儿俩比赛烧海,却烧不死小外孙。龙王又派雷公电母等来劈孩子,却被他用宝扇扇飞了。④ 这里虽然只有简化的斗法,但是也还有一点化身的痕迹,而且是婚姻考试的延续。

苗族还有一则同型传说《阿秀王》,婚姻考验很明确,很典型,化身斗法的关目却更隐蔽、更简化。阿秀要娶小公主,皇帝"要他今天晚上搓一根能围我这个大房子三圈的灰绳子;还要他找一头角儿有两尺长的水牯牛",他都办到了。皇帝又要"三斗鸡肫子和三升鱼眼珠儿",阿秀设法逼迫野猫和水獭为他搜集。皇帝要他拣回乱撒在山坡上的三斗黄豆,阿秀便用弓箭迫使乌鸦们为他衔回来;其中三颗被仓雀吞在嗉里,被阿秀拧出。他又为皇帝拿来了龙王的三根胡子,皇帝才不得不把小公主嫁给他。⑤ 从旁的同型故事看来,阿秀们所驱使的禽兽最初很可能是由他们自己变的。这里包含着种子神话的典型内容(鸟衔籽种)。

瑶族也有同型传说。《五彩带》里瑶山青年阿古娶了化成天鹅的玉皇大帝的小女儿七仙女(这是所谓天鹅处女或羽衣型故事),玉皇大怒,派雷公来打他

---

① 方国瑜编撰、和志武参订:《纳西象形文字谱》,云南人民出版社,1981年,第508页。
② 谷德明:《中国少数民族神话选》,西北民族研究所,1983年,第489—491页。
③《藏族民间故事选》,上海文艺出版社,1980年,第41页。
④ 燕宝编:《苗族民间故事选》,上海文艺出版社,1981年,第416—418页。
⑤ 燕宝编:《苗族民间故事选》,上海文艺出版社,1981年,第302页。

们，强迫七仙女飞回天宫。七仙女用彩带（虹）把阿古拉上天，玉皇就化身为青面獠牙的大公猪来咬他，被他认出；玉皇带阿古烧山，却没有烧死他；翁婿两人去照蚂（捉青蛙），玉皇无法把阿古踢下山崖。但是，他们所生的坚美仔（相当于朱蒙和苗族龙女之子）却被玉皇从天门口推下凡间了。① 坚美仔爬上云端见母，玉皇要他把九九八十一颗小米种全播在天堂山上。玉皇用绊马索绊了坚美仔一跤，种子抛撒，亏得百鸟帮他叼回，但有四十九颗被小米雀吞在嗉里，被凤凰查出（这里又遇到了鸟衔籽种这个典型细节）。玉皇又命坚美仔到月宫砍伐会自动愈合伤口的桂树，坚美仔用尖石楔进口子，得以成功。玉皇又命坚美仔烧地（刀耕火种的反映），百兽都来相帮。玉皇派风神、火神来烧坚美仔，他却从母亲所送的神竹里放出银龙咬住火神的舌头。玉皇只好认输。② 这故事显然与上引者同型，从玉皇变野猪、银龙制火神等细节里可以看出其中也可能包含着化身斗法，而这又跟射鸟取谷的考试紧紧相连。

羌族传说，羌族青年斗安珠（冉必娃）爱上了天神木比塔的三女儿木姐珠，天神用滚木礌石打他，他藏在凌冰槽下躲过；他又为天神在一天里砍完九沟火地，并将九条牛皮口袋的菜籽全撒布下去，天神又要他把全部种籽收回。斗安珠靠山神帮助，调动千鸟万禽收回籽种，但被鸽子吃了几颗，无法交差。群鸽为其所感，几只食谷者撞死在山崖，鸽王让他剖腹取籽应命。天神乃成全他们，并且赐给他们各类种子、衣服和牲畜。③

彝族故事《吹笛少年与龙女》的连锁性化身斗法，以及跟婚姻考试有关的藏种关目就明确得多。牧羊少年爱上了鱼公主巴丝呷维。鱼王要他一个晚上砍完九座大山的树木并烧地，一天之内开好翻好耕好，第三天则要撒播九斗秈米。少年在鱼公主暗地帮助下完成了这些考验。鱼王又要他把种子捡回来，但种子被斑鸠吞下三粒，少年乃射鸠破嗉取种。而鱼王还要比变化。他跟鱼后变成水晶柱和珊瑚树，被少年在姑娘指点下认出，"摇得现出了原形"；鱼王、鱼后又变成石臼、石手磨，仍被认出；于是鱼王"变成了一只大牯牛，鱼后变成了一只沙牛"（牝牛，牛是水神们最常见的化身之一），又被认出。少年则被鱼公主先后变作小木梭、橄榄、绣花针，鱼王、鱼后都无法认出，只好答应他们的婚事。④ 这故事虽然只是比变化、比辨认，没有直接斗胜、相克，却是一种化身斗

---

① 苏胜兴、刘保元、韦文俊等编：《瑶族民间故事选》，上海文艺出版社，1980年，第130页。
② 苏胜兴、刘保元、韦文俊等编：《瑶族民间故事选》，上海文艺出版社，1980年，第135页。
③ 谷德明：《中国少数民族神话选》，西北民族学院研究所，1983年，第272—276页。
④ 李德君、陶学良编：《彝族民间故事选》，上海文艺出版社，1981年，第210—215页。

法，而且是连续性的，是婚姻考验仪式所含的化身斗法比较典型、比较完整的形态，且以射鸟取谷为核心。

佤族叙事诗《岩惹惹木》和故事《岩惹与龙女》等说，孤儿岩惹救了一位龙女变成的小鱼，为了跟龙女成婚，他不得不替龙王开荒种地，龙王又要他把撒在地里的三箩黄豆拣回，其中有三颗为斑鸠所吞，他在龙女帮助下射死斑鸠，如数拣回黄豆。岩惹又认出了变成黄牛的龙王和变成大鱼的龙母，但是他缩小身子躲在龙女针盒里龙王却找不到，龙王只好让他们完婚。① 这个故事显然也包含着单向化身斗法和婚姻考验，藏种关目也较突出。

鸠、鸽的双重繁育功能

这些故事不但在婚姻考试、化身斗法这些基本情节上平行或趋同，而且在某些典型性细节（例如神鸟偷吃种子）上还严密对应，不能排除其间有播化或交叉的可能。例如，《朝鲜实录·本纪》说："朱蒙自切生别之心，忘其麦子，有双鸠来集。朱蒙曰：应是神母使送麦子。乃引弓射之，一矢俱举，开喉得麦子，以水喷鸠，更苏而去。"要之，上述藏族和云南、贵州、四川等地兄弟民族同型婚姻考验传说里都有英雄拣回的种子里有少量为飞鸟所吞，不得不设法从其嗉中取出的关目。飞鸟的种属兹列出，以见其大同小异。高丽族：斑鸠；纳西族：斑鸠、鸽子；彝族：斑鸠；佤族：斑鸠；藏族：鸽子；苗族：仓雀；瑶族：米雀；羌族：布谷鸟、鸽子。

周代有关文献里可能也隐藏着神鸟送谷故事，为王献唐所开掘。《诗·周颂·思文》："贻我来牟。"郑笺："武王渡孟津，白鱼跃入王舟，以浇以燎。后五日火流为乌，五至，以谷俱来，此谓'贻我来牟'。"《臣工》："于皇来牟，将受厥明。明昭上帝，迄用康年。"郑笺亦谓："于，美乎赤乌。以牟麦俱来，故我周家大受其光明，谓为珍瑞，天下所休庆也。"纬书也有类似记载，《书·泰誓》孔疏引马融《书序》曰："《泰誓》后得，案其文似若浅露。……及火复于上，至于王屋，流为雕。至五（按：或作五至），以谷俱来。"所举虽是伪书，但应有其传说之依据。王先生指出："《思文》之诗，本美后稷，所云遗牟，指遗后稷以牟……武王得谷，只为一种珍瑞。……其云以谷俱来，盖当四月麦黄之时，风飏熟麦，不期落至武王舟次，其时适有乌鸦，误以乌鸦带来，亦或乌鸦偶取

---

① 参见《云南少数民族文学资料》（第1辑），1980年，第36页。

熟麦为食，含以俱至，亦未可定。"① 参见所引各族谷种神话，这不正是神鸟赐谷于周祖的铁证么？而况神鸟啄谷，携与俱来，正是这类故事的关目，所谓不可替代之细节者，可证明其为同型传说无疑。"来""牟""麦"一音之转，都指麦子，其称"来"，表示其从西亚移植而来。

壮族民间故事说，创世英雄曾派斑鸠、山鸡和老鼠渡海去讨谷种。找到谷米以后，它们拼命吞吃，以致无法交差，只好匿藏起来。"布洛陀把它们的嗉囊全翻出来了，但只有三颗旱谷和四颗稻谷能做种"②，从此人类才获得谷米。这也体现出初民对鸟的矛盾心情：一方面，鸟类象征着丰殖和蕃庶，能够将各种作物的种子传播到各地；另一方面，鸟类又能盗食稻谷，给落后的农业生产带来损失。广西那坡彝族传说，祖先开垦了土地，却没有谷种，只好到云南普弥去讨。"他们把谷种扛到肩上，来到半路，在一个小山坳里，被鸟发现了，鸟群拦住他们的去路，把肩上的谷种抢吃完，一粒不留。他们只好又去要第二次，第二次把谷种装在金竹筒里，鸟儿看不见，才拿得回来。"③ 这流露着早期农稼民族对鸟类的敬畏心理。

又者，斑鸠之所以在谷种神话里地位、作用如此重要，可能是因为它多在播种季节出现，叫声"咕咕"如"谷谷"，人们喜欢并将它视为农业丰收之象，逐渐也就认为谷种和它有极密切的关系了。

《尔雅·释鸟》云：鸤，鸠。郭注："今之布谷也，江东呼为获谷。"杜诗有"布谷处处催春种"之句。《礼·月令》郑注："鸠，搏谷也。"《尔雅翼》《埤雅》《本草纲目》等则谓之"郭公"。贾祖璋共得其二十四个异名，指出多是拟其鸣声，而西语鸠名也与"郭公"声近。"例如拉丁语为 Cuculus，英语为 Cuckoo，法语为 Coucou，德语为 Kuckuk，荷兰语为 Koekkook 等是。"④

《左传》郯子说少皞氏以鸟名官，有五鸠鸠民之说。鸠在民间传说里也是很有地位的。⑤ 哈尼族尊称布谷鸟为"合波妈妈"。据说，她是受天神阿波摩米的派遣，从遥远天边的岩洞里飞出来报春的。当它飞过"巷阿窝尼崩崩麻"大海时，险些落入水中，幸有龙尾翘出且化为树，让她歇息。每当山茶花盛开的三月，无论男女老少，"只要第一次听到布谷鸟的鸣啼，人人都会报以一声'听见

---

① 王献唐：《炎黄氏族文化考》，齐鲁书社，1985 年，第 376 页。
② 蓝鸿恩编：《壮族民间故事选》，上海文艺出版社，1984 年，第 10 页。
③ 方士杰：《那坡彝族跳公节》，载《广西民间文学丛刊》1982 年第 5 期。
④ 贾祖璋：《鸟与文学》，上海书店，1982 年，第 71 页。
⑤ 贾祖璋：《鸟与文学》，上海书店，1982 年，第 77 页。

了'为回答,表示对春天的欢呼。据说,这一声回答,可使勤劳善良的哈尼族农家五谷丰登、六畜兴旺,终年和平康泰"①。

鸠或鸽在神话里还象征丰殖和人类的蕃庶,比其他的鸟更能体现生殖的力量。这当然是两种生产相结合的反映。爱神维纳斯的化身之一就是斑鸠,她还用鸽或斑鸠驾车。所谓"鸠车"在世界各地新石器时代、青铜时代遗址里都间有发现,意义和源流至今不明。有人认为,它可能象征某种神秘的力量。

屈原的《离骚》曾以鸠为媒,"雄鸠之鸣逝兮,余犹恶其佻巧"。游国恩《离骚纂义》引谢济世说:"鸣鸠,雄者尤善鸣,人常养为媒,以诱他鸠。"《九歌·湘夫人》也有"鸟何萃兮苹中"之暗语。苏雪林说:"鸽为象征爱情之鸟类也。……易士塔儿(Ishtar)有时也作鸽形显现。……西亚大女神:婆,葛兰,都与鸽有若干关系。腓尼基阿士旦特,手中常抱一鸽,发际则镶新月一钩。希腊的委娜斯以鸽曳东,而阿弗罗蒂德所爱之鸟为燕子,麻雀,鸽亦居其一。此类女神属于同一型式,神话学上名之曰'鸽女神'(Dove goddess)。"②

杨牧曾以 E. 斯宾塞的长诗《仙后》(*The Faerie Queen*)里的斑鸠与《离骚》之雄鸠做比较:"在'提贝支节'(Timias-Belphoebe Episode)中现身媾合提密阿士和他的恋人贝尔费比(《仙后》主角)的鸟媒是斑鸠(turtle dove)。……提贝两人因斑鸠的同情和协助重拾旧欢。……屈原〔求爱〕失败与鸟〔却〕极有关系。"③

可见无论中西,鸠、鸽之类都可以象征爱情、繁殖与亲和力。这与初民以鸟为媒的习惯分不开。潘岳《射雉赋》及注有以雉为媒的记载。④ 凉山彝族至今还用鸡媒招引"山上的野公鸡来斗争"⑤。庄稼丰盛和爱情繁殖的力量在神秘的鸠、鸽身上得到了融合。

除了标准的杀鸟取谷故事之外,其他还有一些大体近似却略有变形的传说。黎族故事《仙人湖》包含着射鸟得种的改型。英雄射手阿郎为了杀妖并娶得仙女,跳进大湖,却无法打开神秘的房门。有金丝雀自认:"我肚里的蛋藏着开门的钥匙呢!""阿郎听了,搭起弓箭,对准那只金雀鸟的翅膀,把它射落下来。他剖开金雀鸟的肚子取出鸟蛋,蛋里面果然有一把精巧的钥匙。阿郎拿了钥匙,

---

① 毛佑金:《哈尼族"里玛主"节》,载《山茶》1982 年第 6 期。
② 苏雪林:《屈原与〈九歌〉》,武汉大学出版社,2007 年,第 261 页。
③ 杨牧:《传统的与现代的》(V),志文书局,1977 年,第 98 页。
④ 参见闻一多:《古典新义》(下册),古籍出版社,1954 年。
⑤ 宋兆麟、黎家芳、杜耀西:《中国原始社会史》,文物出版社,1983 年,第 154 页。

又找些草药把金雀鸟治活了。"① 这不过是把稻种换成宝钥罢了。

在哈尼族故事《英雄玛麦》里，拉弓和盗谷种两个关目奇妙地糅合在一起。由白猴变来的小英雄骑着天上的小金马去向天神讨粮种。天神说："粮种由我的十二个女儿保管着，她们一个人保管着一种，不过我这儿有个规矩，不管谁来选粮种，先要拉开我的千斤铁弩，并用它射死天上的九只鹫鹰。"玛麦顺利完成了这个考试，那金色的稻种忽然变成了稻谷仙姑——这是天神最小的一个待嫁的公主，从而又搅进了婚姻考试的老母题。不过其结尾却是悲剧的：玛麦为了尽快给百姓送去种子，哄骗了仙姑，被她用神剑杀死。至今，五六月间，哈尼人还要祭玛麦，以纪念这位为人类牺牲的化身为白猴的英雄。②

珞巴族传说，英雄阿巴达尼射下水鸟兴阿，将其腹剖开，"见到兴阿的肚子里（有）很多鸡爪谷、稻谷和玉米"③，将其带回交给其子，洛渝地区才逐渐有了庄稼。

西藏著名的《说不完的故事》（即《尸语故事集》）里的一则《穷汉和龙女》的故事，也有类似而多少有些移位的婚姻考试和种子的项目。穷汉从鹰嘴救出小蛇（龙王小儿子），从海龙王处要来小哈巴狗，狗原来是公主（螺蛳姑娘式的狗皮姑娘，有如羽衣天女）。他们结婚以后，国王要用比试的方式霸占穷汉这美丽的妻子。第一次比谁的哈达长，第二、三次比谁的马快、牛凶，穷汉都在龙女帮助下得胜，第四次就是比赛拾种子。

> 在国王的广场上，国王把他的奴隶全叫来排成一排，把一克青稞倒在地上，让奴隶们拾；穷汉把一克青稞倒在地上，把〔海中借来的〕鸟雀箱子打开，从箱子里飞出来成千上万的鸟雀去衔青稞。一会儿工夫就把青稞全拣了起来，重量刚好还是一克。④

这"一克"当然不是西式计重单位。穷汉和龙女胜利了。这里虽然没有最重要的射鸟取种的细节，但利用鸟雀衔回种子，以取得婚姻考验胜利的基本结构却没有大改变。

日本民间故事《天女下凡》（流传于鹿儿岛县大岛郡），也有类似的考验。米库郎跟羽衣天女结婚以后，父王（岳丈）要他开千亩地，播上冬瓜子，收回全部的瓜，等等。这些任务全都在妻子的私通关节之下完成。只是切瓜时中了

---

① 广东民族学院中文系编：《黎族民间故事选》，上海文艺出版社，1983 年，第 50 页。
② 谷德明：《中国少数民族神话选》，西北民族学院研究所，1983 年，第 355—359 页。
③ 谷德明：《中国少数民族神话选》，西北民族学院研究所，1983 年，第 263 页。
④ 王尧编译：《说不完的故事》，青海民族出版社，1980 年，第 64 页。

天帝的计策，诱发大水，涌成银河，米库郎变成牛郎，羽衣仙女成了织女，只能在七夕相会。① 这个日本化了的牛郎织女型故事，渗进了农业文化的婚姻考试的内容，也证明了它本来就属于天鹅处女或羽衣型故事，可以纳入所谓天人通婚或异类婚姻的大母题，而以玄鸟故事为其总源头。

这些情节反映了初民对于农业的重视和探索，以及得到种子的困难。表面上虽与本题无干，但是却像一个小小的褡扣，把我国一些兄弟民族的婚姻考试、化身斗法的故事或紧密或松懈地联结起来。总之，从上面可以看出，这些故事在本质或整体上是趋同的、一元的，还极可能有共同的源头，但都经过各民族人民的大量改造、增删、润饰、加工，各有特色、别具千秋。考验、考试、变形、藏种这些重要关目，极可能随着时间的流逝、文明的提高、风俗的进步变得越来越隐蔽、越简单、越间接，但是其遗迹却或隐或显，无法抹杀，既体现着人民战胜灾害、利用禽兽、改造自然、提高生产、改善生存的美好愿望，又以痕迹构造的形式反映了原始图腾氏族的生活和斗争，成为原始文化和艺术珍贵的活化石。

而在藏种故事里，起转折作用的总是斑鸠一类的鸟，这很可能是万物有灵、神鸟崇拜乃至鸟图腾崇拜的对立的表现。属于东夷文化系统的高句丽当然跟殷商一样以鸟为图腾、为神，衔卵或衔果赐孕跟衔种在意义上可以沟通。前引《朝鲜实录》说神母（柳花）派双鸠在嗉子里藏着种子送给小朱蒙，这里鸟神本身虽已从人祖降格化为神使（类同于殷墟卜辞的"帝使凤"），但仍应视为神鸟藏种故事的原始形态。而在其他民族同型而晚起的故事里，神鸟则已对转为捣乱的害鸟而被箭射——但它们能够未死或不死，有如朱蒙双鸠开喉后得水便可复苏一样。救鸟复生，是人类初步认识到爱护动物、保护生态平衡的重要性。

这些民族也崇拜某种神鸟，或以鸟为图腾。彝族某支图腾就是绿斑鸠，偶有误杀，便惶恐万分，口称"老祖公，得罪，得罪"。傈僳族雀家亦禁烧香柱，以免烧坏雀翼。②

佤族崇敬各种神鸟。他们传说，人类创造后被关闭在岩洞或司岗（葫芦）里。各种神都来帮他们出来，其中鸟类最多，如"猫头鹰，鹦鹉神，小米雀神，画眉鸟神，黑头公鸟神，布谷神，加九各鸟神，各饶鸟神……绿斑鸠神、斑鸠

---

① ［日］关敬吾：《日本民间故事选》，连湘译，上海文艺出版社，1983年，第168—170页。
② 张旭：《白族图腾漫笔》，见中国少数民族文学学会云南分会编：《云南少数民族文学论集》（第1集），中国民间文艺出版社，1982年，第174页。

鸟神，老鹰神"，但最后只有小米雀才啄开了葫芦。① 据田野调查，"在他们信奉的各种神灵之中，鸟类占一半以上。乌鸦、画眉、布谷、斑鸠、麻雀，被认为是神。……扫哈（一种长嘴大鸟），被认为是世界上最早出现的动物"②。而佤族的大房子、铜鼓和沧源崖画上都出现了形体相似的神鸟，绝非偶然。上举佤族叙事诗《岩惹惹木》说三颗黄豆为斑鸠所吞，英雄和龙女不得不杀斑鸠取豆，这是送种故事的异化或对转无疑。因为云南至今也保留着一些神鸟送种神话。

又例如，西双版纳傣族传说，天帝知道景洪坝子无粮，"就命各种飞鸟——老雕、孔雀、喜雀……飞到很远的地方去找寻谷类、芝麻以及各样水果，将其吃在肚内带回，撒在勐泐的各个地方生长出粮食来"③。这是简化的送种鸟媒传播或鸟耘传说（多流行于百越地区）的变型，是又一种形式的"诞降嘉种"。

百越有大量的鸟耘传说（例如说群鸟为舜耘田，食虫去秽等），崇拜雒鸟一类神鸟。陶维英说，越人铜鼓上的候鸟即是雒鸟，"疑为图腾形象"④。后魏阚骃纂辑的《十三州志》说："上虞县有雁集民田，春拔草根，秋除其秽。是以县官禁民不得妄害此鸟，犯者有刑无赦。"石钟健说："由于'雒'鸟助耕（所谓'雒田'），所以雒越人民感怀此鸟，便把它奉为图腾，从而他们自称为'雒民'，而他们的首领便称为'雒王''雒侯'和'雒将'。"⑤ 陈龙说："（越人）把'百鸟佃于泽'，跟'凤凰栖于树'……同视作风调雨顺、五谷丰登的'瑞象'。在'鸟田'的过程中，越族先民认为鸟是自己祖先或亲属的保护者。他们的脑子中逐渐形成一种与鸟之间的超自然的亲属关系的概念。于是他们把鸟作为本民族神化了的崇拜对象。"⑥ 这些神鸟都与稻谷有关，不能忽视。这也是所谓生物防治、保护生态的萌芽。⑦

林河等认为，马王堆汉墓帛画群集于嘉禾上的长颈神鸟是雁，反映的是"鸟耕"习俗。⑧ 据他们说，侗族故事《雁鹅谷》云：谷米本是天神食物，雁鹅

---

① 《云南佤族社会经济调查材料》，中国社会科学院民族研究所，1980年，第108页。
② 汪宁生：《佤族铜鼓》，见中国古代铜鼓研究会编：《古代铜鼓学术讨论会论文集》，文物出版社，1982年，第204页。
③ 《云南省傣族社会历史调查材料》，见《西双版纳傣族史料译丛》（6），1963年，第4页。
④ [越]陶维英：《越南古代史》（上册），科学出版社，1959年，第195页。
⑤ 石钟健：《试证越与骆越出自同源》，载《中南民族学院学报》1982年第3期。
⑥ 陈龙：《鸟田考》，见百越民族史研究会编：《百越民族史论丛》，广西人民出版社，1985年，第270页。
⑦ 彭世奖：《中国古代技术的优良传统之一——生物防治》，载《中国农业科学》1983年第1期。
⑧ 林河、杨进飞：《马王堆汉墓飞衣帛画与楚辞神话、南方民族神话比较研究》，载《民间文学论坛》1985年第3期，第17页。

为神使，它衔穗飞过，落一粒于大地，人类才能种谷——这当然是神鸟赐谷故事的简化型。南岳衡山炎帝传说谓，这位大神（后世文献或谓炎帝即神农）以金鞭追赶口衔金色嘉禾的朱鸟于回雁峰，朱鸟落地化为衡山，嘉禾便在江南繁殖。湖南瑶族春耕前，犹以粑粑塑朱鸟形，祭于田间，求其除草啄虫、保佑丰收。林河等以为，此朱鸟即离朱、雒鸟，帛画所见即此"百越人所崇拜的神鸟"①。这些对理解神鸟赐谷、破嗉取种神话的背景和由来是很有意义的。

鸟卜与取种

杀鸟取种故事还可能与占筮巫术里的鸟卜有极大关系。《史记·封禅书》说，汉武帝既灭南越，"乃令越巫立越祝祠，安台无坛，亦祠天神上帝百鬼，而以鸡卜。上信之，越祠鸡卜始用焉"。《孝武本纪》亦记其事，正义云以鸡骨卜。《通鉴》元封二年注引《桂海虞衡志》："鸡卜，南人占法。"《岭外代答》卷十："南人以鸡卜。"说的多是鸡骨卜。今佤族等多行之。这仍然表现出对禽鸟灵性的神秘感。但另外有一种鸟卜是取嗉观谷。

《隋书·西域传》女国以人（或猕猴）为祭，"祭毕，入山祝之。有一鸟如雌雉来集掌上，破其腹而视之，有粟则年丰，沙石则有灾。谓之鸟卜"。《新唐书·西域·东女国传》略同："巫者以十日诣山中，布糟麦，咒呼群鸟。俄有鸟来如鸡状，剖视之，有谷者岁丰，否即有灾。名曰鸟卜。"这跟前述杀鸟取种故事遥遥相应，可以说类似故事是这种巫术或占卜仪式在语言层次上的审美表现。

越人不但有鸟耘传说，而且也以鸟为卜。《博物志》说："越地深山有鸟如鸠，青色，名曰冶鸟。……越人谓此鸟为越祝之祖。"这可以与《史记》越巫鸡卜相参照。《吴越备史》还进一步说："有罗平鸟主越人祸福，敬则福，慢则祸，于是民间悉图其形以祷之。"只是目前还不清楚南方有哪些民族采用杀鸟观嗉占卜年岁的办法罢了。

但种种鸟卜技术，大致都起源于鸟神或神鸟崇拜。赫罗兹尼介绍说："胡里特人是一个居于山地的民族，所以熟悉以鸟的飞翔和尖锐叫声来占卜吉凶的技术。胡里特人喜欢这种占卜术，在菩加斯科伊发现的许多文献可以证明这点。很有趣的，我发现了代表占卜吉凶的鸟的 Vâtaya 一字就是在原始印度的铭文中也曾见过。……沙库什（Shakush）一方面使人想到怒西的胡里安名字沙库雅

---

① 林河、杨进飞：《马王堆汉墓飞衣帛画与楚辞神话、南方民族神话比较研究》，载《民间文学论坛》1985 年第 3 期，第 18 页。

(Shakuya)，另一方面使人想到古印度鸟的名称撒库纳（Shahuna）……意为'一种较大的鸟，一种占卜的鸟'以及山泽女神Śakuntalâ的名字，她的名字是随着喂养她的众鸟撒昆塔（Śakunta）而来的。"① 弃子英雄里提到由鸷鸟饲养长大的沙恭达罗，可能跟这山泽女神和她的神鸟有关联，就好像简狄、柳花、佛库伦是神鸟变的一样。神母、神鸟、神谷三者的紧密联系更是一项颇有民俗意义的资料。

栽培作物的籽种，在人类文化史上有极重要的作用。世界各民族也有许多与英雄神相黏附的谷种神话、庄稼神故事。古代波斯人认为"播种谷类的人便是播种善行并且协助普及对善神阿胡拉玛兹达的崇拜的人"②。佤族《司岗里的传说》云，慕依吉大神控制谷种，后将种子置于水中，许多动物植物都取不出，只有蛇为人类"将尾巴插入水中卷起谷种"③（蛇在一定情况下象征蕃庶）。布朗族《沙卡呃》说，太古时谷子大如南瓜，满天飞翔，被一老寡妇打碎，化为金鱼入海，后来又变成老米涛（老妇）。"原来她是谷神'牙班豪'。牙班豪把被敲碎的谷子撒进地里，所以现在的谷子细粒细粒的。"④

有的民族说是老鼠把飞散的谷子衔到地里，才长出粮食。有个神话说，能人帕亚萨木低与帕亚猛拉上天向虹神讨粮食而不得，下地向鳄、象、鸡讨粮食亦未得，最后是老鼠给了一粒谷子，人才能种粮食吃。⑤

彝族支系阿细人的史诗《阿细的先基》说，宇宙初开之时没有树种、草种，后来"天爷爷给一把种子，天宫娘娘给一把种子"，这是"诞降嘉种"的意思。后来，人类的祖先要种庄稼，没有种子，于是：

> 天上的银龙神，天上的金龙神，
> 有柜子十二个，有种子十二堆。
> 西尾家四弟兄，拿十二根竹竿，
> 从云彩中戳上去，粮种就掉下来了。

这是向天神夺取籽种的大胆行为，是人类及其光荣代表（英雄神）的一大业绩。

---

① [捷] 赫罗兹尼：《西亚细亚、印度和克里特上古史》，谢德风译，生活·读书·新知三联书店，1958年，第278、232页。
② [苏] 阿甫基耶夫：《古代东方史》，王以铸译，生活·读书·新知三联书店，1956年，第586页。
③《云南佤族社会经济调查资料》，中国社会科学院民族研究所，1980年，第113—115页。
④ 中国社会科学院云南少数民族研究所：《云南省少数民族文学资料》（第1集），1981年，第63页。
⑤ 王国祥：《布朗族文学概况》，见《云南少数民族文学资料》（第1辑），1980年，第63页。

正是因为得到良种极其困难，所以就产生了克服种种困难险阻，发明或改善农业技术，并且勇于与自然（或天神）斗争的英雄的故事与诗歌。在前引纳西族史诗和传说里，忍利恩夫妇顺利通过婚姻考试，取得了对天神的初步胜利。忍利恩夫妇下凡时，天神不得不送他九样种子之类做嫁妆，可是就不给芜菁种。衬红褒自命将它藏在指甲缝里带到人间，却被阿普咒骂芜菁"不能当饭吃"。天帝们就是这样"自私"，人类要得到粮种就是如此困难。纳西族民间史诗《创世记》还描写了凶神可兴可洛抢夺他们的谷种，天神阿普"不愿给她三种种子到了世间"，让自己的外孙成了哑巴。丽江纳西族另一种《创世记》却只是说天神打开九十九个天库，挑选出天上新栽的种子，给女儿做嫁妆。"我愿将万物的种子送给你，带到地上去繁殖播种。"① 正是"诞降嘉种"之意。

　　我国周族的始祖和文化英雄后稷发明农业。《诗·大雅·生民》大半篇幅歌颂的就是他的稼穑之功。种子，可能也是被天帝垄断的一项秘密。所以英雄神往往为了获得种子或农业技术与天帝发生冲突。《天问》："咸播秬黍，莆雚是营。何由并投，而鲧疾修盈？"这可能就包孕着伯鲧们因掌握农副业的技术秘密而受尽迫害的事迹。《生民》："诞后稷之穑，有相之道。"《毛传》："相，助也。"郑笺："大矣，后稷之掌稼穑！有相助之道，谓若神助之力也。"与其说是得神助，不如说从神那里取得了稼穑之道。《逸周书·商誓解》就夸耀说："在昔后稷，惟上帝之言，克播百谷，登禹之绩。"所以，后稷成了人间的、人性的农神、土神、社神和庄稼神。原始人发明农业是很艰苦、很伟大的事情，从而也诞生许多所谓创业神话（包括得种、盗种、藏种、运种），许多英雄神也兼为农神。这也是对于他们或巧妙或勇敢地从天帝（大自然最高的宗教代表）那里取得良种或农业技术的歌颂。

　　苗族有一个很像神农氏和后稷的农艺之师、医学之祖居诗老（见《则嘎老》），他为子孙万代开田辟土，种谷酿酒，还挖了千种百样的草和药，"挖了一棵尝一种"，治疗百种病。《苗族文学史》指出："传说神农生后，三岁就知道庄稼的事，是个很聪明的人，《管子》上说：'神农作树五谷其山之阳'；《本草经》上也说：'神农乃从尝药以救人命。'又如《孟子》上说：'后稷教民稼穑，树艺五谷，五谷熟而民人育。'都与《则嘎老》的情节相似。"②

---

① 中国哲学史学会云南省分会编：《云南少数民族哲学、社会思想资料选辑》（第1辑），1981年，第23页。

② 贵州省民间文学工作组：《苗族文学史》，贵州人民出版社，1981年，第76页。

神格、神性、神迹都与商契、周弃趋同的朱蒙及其母，也有稷神的潜在身份。《朝鲜实录》云，朱蒙离母时，"其母曰：'汝勿以一母为念。'乃裹五谷种以送之"。《大雅·生民》云："诞降嘉种。""降"指神降。《毛传》："天降嘉种。"郑笺："天应尧之显后稷，为之下嘉种。"《说文解字》"秜"字条引此诗为说，云："天赐后稷之嘉谷也。"《列女传》将其世俗化为好种稼穑的姜原教子种树桑麻，其实质仍然是神母赐种。《孔丛子·执节篇》："魏王问子顺曰：寡人闻昔者上天神异后稷，而为之下嘉谷，周遂以兴。"王献唐指出："《孔丛》虽为伪书，所引类有所据，魏王所云，殆亦相传古说。"① 以朱蒙事例之，此"天神"可能指神化的姜原。言"神异后稷"，当指后稷之灵异震动或感动上苍，所以才得到发展农耕的神种。然而，事实很可能是游农的羌人通过其圣处女向周人传授农业技术。

据御手洗胜等先生介绍，日本学者对后稷作为谷灵的缘由与衍变有精细的研究。例如，出石诚彦认为具有神秘性的后稷出生、速长等故事跟原始民族的谷灵祭典有关系。② 三品彰英等指出，像后稷、朱蒙诸故事所表现的谷物种子起源于上天，或化为谷灵，由天神降赐给特定族团或王家的始祖，这一类神话在日本、中国、朝鲜等地都有类似的传承。③ 特别是以婴儿形象神秘地降生的后稷跟谷灵的生长同步，符合上古的信仰，"后稷肇祀，庶无罪悔，以迄于今"等，还表明周初的郊祭里有祈求天神和谷灵免除灾害、赐予丰收的仪典。④ 御手洗胜更指出，稷黍等小米群作物是中国北方最早、最重要的食物，跟太阳和水一样是生命泉源，谷灵信仰发生极早，可以理解。⑤

---

① 王献唐：《炎黄氏族文化考》，齐鲁书社，1985年，第368页。
② 参见［日］出石诚彦：《中国神话传说研究》，中央公论社，1970年。
③ 参见［日］三品彰英：《谷灵信仰的民族学基础研究》，东京，1970年，第100—140页。
④ 参见［日］三品彰英：《谷灵信仰的民族学基础研究》，东京，1970年，第231—236页。
⑤ ［日］御手洗胜：《古代中国诸神——古代传说的研究》，创文社，1984年，第243、256页。

第三章 英雄除害和取宝

古代中国,"国之大事,唯祀与戎"。这是决定人民的生存、温饱和发展的战略。所以,《国语·鲁语》云:"夫先王之制祀也,法施于民则祀之,以死勤事则祀之,以劳定国则祀之,能御大灾则祀之,能扞大患则祀之。非是族也,不在祀典。"鲁人展禽在这段话以后所举出的明君贤臣,实际上都是有功于国、有利于民的半神话半历史的文化英雄。他所提到的"能殖百谷百蔬"的烈山氏(炎帝)、柱(夏前的后稷)和周弃等都是栽培农业的文化英雄兼作物神,"能平水土"的共工、后土(句龙)等也是整理、改造国土的灌溉农业的文化英雄与治水世家。

《礼·郊特牲》说:"万物本乎天,人本乎祖,此所以配上帝也。郊之祭也,大报本反始也。"孔疏:"天为物本,祖为王本,祭天以祖配,此所以报谢其本。"所以,有贡献的祖先和英雄是可以跟天神一样享受祭祀的。

《淮南子·氾论训》说,祭祀日常器物如井、灶、门、户、箕、帚、臼、杵者,"非以其神为能飨之也",是因为它们能减免人们的烦苦,提高生活和生产水平,"是故以时见其德,所以不忘其功也"。人们之所以崇拜或祭祀山神、河伯、江妃之类,是因为他们能调节、平衡风雨水旱。

它又从牛马有功于人得到重葬,推及传说祖先和文化英雄死后被尊祀为神的缘由:"此圣人所以重仁袭恩。"万物对于人类的利益、价值和功能,决定其在神话、宗教和文化史上的地位。所以"炎帝于(作)火,死而为灶,禹劳天下,死而为社,后稷作稼穑,死而为稷,羿除天下之害,死而为宗布。此鬼神之所以立"。这跟《国语·鲁语》展禽所说,"法施于民""以死勤事""以劳定国""能御大灾""能扞大患"便可列于先王祀典是一致的,跟他所举出的文化英雄的"光荣榜"也遥相照应。

高尔基说:"宗教的思想并非产生于对自然现象的观照中间,而是产生于社会斗争的基础上面。"他以为,这才是神人同型的真实基础。接着,高尔基提出关于神话英雄的著名论断:"在原始人的观念中,神并非一种抽象的概念,一种幻想的东西,而是一种用某种劳动工具武装着的十分现实的人物。神是某种手艺的能手,是人们的教师和同事,神是劳动成绩的艺术概括……这是一种纯粹的艺术概括。"① 他认为神话英雄和英雄神话都是人类对自己创造能力的理想化,而且体现着"人们想减轻自己劳动的愿望"②。他以为这是神话发生、发展的推动力。

H. 斯宾塞也说过:"凡超乎寻常的东西,初民都认为超自然或神圣的;都认为是其本族中的一个非常人物。这非常人物,也许只是一个被认为该族之创业远祖,也许只是一个有力气、有勇气的头目,也许只是一个有名的医病的人,也许只是一个发明了某些新事物的人……也许只是战争得胜的外来氏族之一员。"③ 久而久之,这种英雄崇拜不但凝固为仪式,而且成为祖先崇拜的核心,而"祖先崇拜可以说是一切宗教的根源"④。

为人类而贡献和牺牲是神话英雄最重要的质素和功业。这是东西方思想家都承认的事实,虽然他们的立场、视角与历史观有根本的不同。但同样是射手英雄,他们的勋绩却由于自然、社会背景的不同,表现出迥异的性格。赫拉克勒斯所杀、所擒的恶物除了象征某种自然力、道德概念或心态以外,大部分跟旅途的障碍、艰难有关,有的还是某种宝物的保卫者。这跟航海与商业较为发达的古希腊人生活状况和心理是相符的。

后羿则主要是为民除害,替天行道。他所杀的恶物大部与水旱灾害有关。这是因为农主牧副的上古中国,生活艰辛而灾害频仍,人民渴望精英能够为民请命或降临救世。它的意图更加实际,集中表达了原始人的幻想与愿望。

后羿杀怪事以《淮南子·本经训》的记载较详尽具体。

> 逮至尧之时,十日并出,焦禾稼,杀草木,而民无所食。猰貐、凿齿、九婴、大风、封豨、脩蛇,皆为民害。尧乃使羿诛凿齿于畴华之野,杀九婴于凶水之上,缴大风于青丘之泽,上射十日而下杀猰貐,断脩蛇于洞庭,禽封豨于桑林。万民皆喜,置尧以为天子。

以下我们有选择、有重点地分项讨论,并与赫拉克勒斯等西方英雄的事迹略做比较。

---

① [苏] 高尔基:《高尔基文学论文选》,人民文学出版社,1959 年,第 322 页。
② [苏] 高尔基:《高尔基文学论文选》,人民文学出版社,1959 年,第 322 页。
③ [英] 斯宾塞:《社会学原理》,周谷城译,商务印书馆,1934 年。
④ [英] 斯宾塞:《社会学原理》,周谷城译,商务印书馆,1934 年。

一、射日

在后羿上述的驱除灾害的事业里，最雄伟、最重要的莫过于射日。因为太阳的运行和变异跟农业有直接关系。烈日高悬于空，一旦失控，或是剧烈爆发，或是黑子活动过于活跃（用神话语言说就是"阳离爰死，大鸟何鸣"，或是"十日并出"），就会造成温带地区的酷热、干旱和种种气候异常，人类可以对太阳加以控驭、调节或选择、平衡，这是一种极其宏伟的想象和天才的预测。赫拉克勒斯只是萌动过射日的念头而为阿波罗所赞叹（这是他射过烈日的暗示），而后羿却以"上射九日"而成为世界神话历史上最有名的射日英雄。这则为革命思想家所热烈称赞的最好的神话，当然首先反映了中国古代的气候有一段时期（例如殷商前期）较为炎热，这与自然科学家的观察基本一致[①]，也反映出中国人控制气候、改善环境的努力与信心，以及人与自然关系上的积极平衡观。这样，富于民族特征和特殊背景的后羿射日神话，在比较文化学上，就更显得意义重大。中国古代（尤其南方）有繁复的多日月与射日月神话资料可挖掘、探究，但这里只能就射日月的射手英雄的勋绩略做考察和比较。我们最关心的是它们自身以及与域外神话的可比性。

中国多民族的神话里，创世大神、伟大祖先也射过日。《尹子·盘古篇》说："女娲补天，射十日。"布依族故事说，伏羲、女娲兄妹射多余的十个太阳，留下一个照白天，另一个变成月亮照夜晚。[②]傈僳族也说，古时候有九日、七月，是人类始祖兄妹二人（未交代名字，很可能暗指伏羲、女娲兄妹）用龙弩、龙箭射落多余者，各留一个最亮的照日照夜。[③]

后羿以准日神格射落九日或九鸟，反映崇拜太阳的东方鸟图腾族内部的兼并与冲突，但是有些记载却说不是尧命羿射九日，而是尧亲自射日。这说明尧作为东夷的大酋长和主神之一，原先也曾以太阳神兼射神，亲自执弓射日。云南沧源崖画第七地点四区，太阳中有一手持弓，一手持短兵的"太阳人"，汪宁生说它"使我们想起了后羿射日故事"；他"疑射日传说，原为南方民族神话，'太阳人'或是对这一神话中英雄的描绘"[④]。窃以为，此即佤族天神兼太阳神

[①] 参见竺可桢：《中国近五千年来气候变迁的初步研究》，载《考古学报》1972年第1期。
[②] 参见谷德明：《中国少数民族神话选》，西北民族学院研究所，1983年，第656页。
[③] 参见《天、地、人的形成》，载《山茶》1981年第2期。
[④] 汪宁生：《云南沧源崖画的发现与研究》，文物出版社，1985年，第87页。

慕依吉，他像帝尧，既是高踞日中的太阳神，又可以持弓待射那些异化的太阳。

《论衡·感虚篇》："儒者传书言：尧之时，十日并出，万物焦枯。尧上射十日，九日去，一日常出。"《论衡·说日篇》："《淮南书》又言烛十日，尧时十日并出，万物焦枯，尧上射十日，以故不并一日见也。"这证明，作为最高神的帝尧射日与羿事同样在流传（或以为此抹杀后羿曾经射日，那是以偏概全；或以为这是尧命羿射日记载的省文或误脱，似乎也不甚确切）。

较古的神话主神都有具体神格或职司，如掌管太阳和射猎等，后来升格为最高神，或成为退位神，不再事必躬亲，而由年轻一代的神（多为其子嗣或部属）来代他履职。

袁珂的意见是，王充或有所据，《淮南子》古本或与今不同，"因疑射日除害原有两种民间传说，一属之羿，一属之尧。而属之羿的一种更占优势，后人因改属之尧的古本《淮南子》使属之羿而成今本的状态"①。可谓持平。

"射十日" 的象征与实际意义

以"十"为模式数字，当然与以"旬"计日的历法相关（何新说，"射日"与改良历法有关）；射十中其九，九表示最高个位数字，代表多或是极多，也应予以注意，但不是这里主要关注的。

郭沫若说："所谓'十日并出'正反映着十个氏族或部落的首领同时称王，（后羿所射）那些毒蛇猛兽也都是氏族的名称。"② 王夫之《楚辞通释》早已及此："（射日）当亦喻言。或尧承挚乱，天下僭为帝者不一，羿灭其九。《庄子》谓尧伐丛枝、胥敖是已。"

李玄伯《中国古代社会新研》说，这"表示当时十个集团以日为图腾者，羿曾灭其九"③。孙作云《后羿传说丛考》说略近之④。

江林昌赞成"羿乃是以太阳凤鸟为其图腾的"，"羿射九日，或许是羿灭掉了其中的九个。这是部落内部氏族的兼并"。⑤

叶舒宪从幼子继承权之视角，探索羿射九日的历史社会学内涵。"小儿子射

---

① 袁珂：《古神话选释》，人民文学出版社，1979 年，第 269 页。
② 郭沫若：《中国史稿》（第 1 册）人民出版社，1976 年，第 19 页。
③ 李玄伯：《中国古代社会新研》，开明书店，1948 年，第 208 页。
④ 孙作云：《后羿传说丛考》，载《中国学报》1944 年第 1 卷第 3、4、5 期。
⑤ 江林昌：《楚辞与上古历史文化研究——中国古代太阳循环文化揭秘》，齐鲁书社，2004 年，第 195、196 页。

落了他的哥哥（或姐姐），独立继承了母亲羲和的太阳神籍。"① 这是幼子继承制（uleimogeniture）的曲折反映。但这需要着力证明后羿作为小太阳，而以九日为兄或姐。

以袁珂为代表的神话学者提出，十日本来是天帝的儿子（帝俊之妻羲和生十日）②，而属天帝所派遣的部属（乃至子嗣）。后羿居然敢于射日，因而开罪了天帝而为天帝所惩罚。③

这些也可以作为后羿死因的一种解释——可惜不大准确。因为帝俊并不等于天帝，正如帝尧也带着天神性（甚至与帝俊同格）却又命羿（或亲自）上射十日。原生神话群带有相当的分离性、独立性、矛盾性，不能仅以形式逻辑和理性来推求。袁先生在另外一个地方也说，是因为从人间到神国都有了"骚动的现象，帝俊觉得再不能纵容孩子们胡闹下去"，就派羿下凡让"这些坏孩子（十日）吃些苦头"④，羿不过执行了天帝的命令。这又走向了另一端，抹杀了羿的主动性，以及气候、环境的客观作用。

众多的射日英雄

赫拉克勒斯跟后羿一样射过或试图射落太阳，同样反映太阳族等部的冲突。他在大西洋上建立两根著名的顶天石柱之后，为烈日所炙，竟想"射落太阳神"⑤，连阿波罗都为之惊讶不已。正因为他本质上是准太阳神，是阿波罗在人间的一个分身（正像后羿跟羲和、跟东君有叠合之处），所以他有资格控制、驯服太阳，箭射多余或疯狂的太阳而不受天谴。神话学家多已注意到，这是东西方遥相辉映的射手英雄业绩趋同或相合的铁证。可惜资料匮乏，本书还不能对这方面的古希腊神话进行更深入的考据。

苗族的射日英雄很多，兹列举其英雄名字与伴出的多日、月的数量（见表3-1）。

瑶族射手英雄叫格怀，他为民除害，"打死了三万条毒蛇，杀死了三万只猛兽"之后，站在最东边的大山顶上射落了九个太阳。⑥ 另一位射手英雄叫雅拉，

---

① 叶舒宪：《英雄与太阳》，上海社会科学院出版社，1991年。
② 袁珂：《古神话选释》，人民文学出版社，1979年，第269页。
③ 参见袁珂：《神话论文集》，上海古籍出版社，1982年，第81页。
④ 袁珂：《中国神话传说》（上册），中国民间文艺出版社，1984年，第285页。
⑤ ［德］斯威布：《希腊的神话与传说》，楚图南译，人民文学出版社，1977年，第164页。
⑥ 参见苏胜兴、刘保元、韦文俊等编：《瑶族民间故事选》，上海文艺出版社，1980年，第29页。

音与"羿"近,他把七棱八角的热月亮射得圆圆的,吓得凉凉的;他有个妻子尼娥飞进了月亮,自然是嫦娥式的女月神。① 还有个壮族故事,创世英雄密洛陀命令三节手郎正(约如羿之修臂善射)站在东山之巅,射落十七个太阳,留下一个当太阳,一个做月亮。② 这如尧之命羿。另一个瑶族射日英雄称棉花王,射落多余的九个太阳、九个月亮。③

表3-1 苗族射手英雄与伴出的日月数

射手英雄	太阳数目	月亮数目
杨亚	8	8④
阳雀	9	8⑤
札	12	12⑥
挪亚	7	7⑦
桑札	12	12⑧
倮(或羊又)	9	9⑨
张果老(或张古老)	12	12⑩
某弓手	10(或6)⑪	

壮族射日的是巨人侯野,射落雷公制造的十一个恶日⑫;或说这十一个太阳原是雷王制作的雷鼓,为英雄特康以青冈木弓、大南竹箭所射落。⑬

彝族射日英雄名叫支格阿龙(或尼支呷洛、什加尔)。这是个跟后羿相似的巨人——大力神,或说天上的六个太阳、七个月亮和星辰本来就是他用揉碎的神草在天上撒出来的(看来这种草,就像北欧的槲寄生、北美的羊齿形植物一样是太阳神草),可见他也兼为太阳神。他跟后羿、赫拉克勒斯一样是神鸟(鹰)的后裔,生下便被弃。另一则异文是说岩鹰后代小英雄吉智高卢爬上麻桑

---

① 参见《射月亮》,载《民间文学》1955年第5期。
② 参见农学冠:《壮族的布洛陀与瑶族的密洛陀》,见《中国少数民族神话讨论会论文集》(中册),1984年,第128页。
③ 参见徐松石:《华人发现美洲考》(上册),东南亚研究所,1981年,第184页。
④ 参见《杨亚射日月歌》,载《民间文学》1960年第11期。
⑤ 参见谷德明:《中国少数民族神话选》,西北民族学院研究所,1983年,第621—622页。
⑥ 参见贵州省民间文学工作组:《苗族文学史》,贵州人民出版社,1981年,第40页。
⑦ 参见燕宝编:《苗族民间故事选》,上海文艺出版社,1981年,第19页。
⑧ 参见田兵编选:《苗族古歌》,贵州人民出版社,1979年,第112页。
⑨ 参见容观琼:《试谈长沙马王堆一号、三号汉墓的族属问题》,载《民族研究》1979年第1期。
⑩ 参见凌纯声、芮逸夫:《湘西苗族调查报告》,商务印书馆,1947年,第248页。
⑪ 参见徐松石:《粤江流域人民史》,世界书局,1963年,第32页。
⑫ 参见蓝鸿恩编:《壮族民间故事选》,上海文艺出版社,1984年,第43页。
⑬ 参见《特康射太阳(僮族民间古歌)》,载《民间文学》1960年第11期。

树梢，射落太阳。① 而马桑树和铁茎草是六月、七月太阳晒杀地上一切生物时的幸存者，所以能用来扫除孽障。②

彝族还有丰富的多日月、射日月神话，射日英雄则有洛伊大帝③、格滋天神④，以及阿细人那跟二郎神一样埋太阳的英雄阿拉⑤。这个名字像瑶族的羿——雅拉。还有一位射日的英雄是夜猫精化身的鹰嘴铁人⑥。奇怪的是，这故事也在哈萨克族中流行。⑦

纳西族大力神桑吉达布鲁在玉皇那里拉开谁也拉不动的射日、射月之弓，用十四支神箭射落多余的八日、六月。⑧ 另一则故事则说是善神北时三东命令雪龙把旱魔制造的八个假太阳（或即所谓幻日）吞了下去，把其中一个衔冷了作为月亮。⑨

布朗族射落多余太阳的是创世大神兼文化英雄顾米亚。⑩ 哈尼族传说天上有九个太阳，被英雄俄普浦斯射落八个。⑪ 拉祜族故事略同，射太阳的则是札弩札别。⑫ 侗族则说，伏羲式英雄姜良顺着上天梯（即马桑树）用矢竹箭射下了多余的十个太阳。⑬ 另一异文则说是姜良派获救的"螺嬴"用腰刀砍落多余之日月的。⑭ 布依族《古歌》或说英雄卜丁射落九日中的七日，把第八个变成月亮⑮；或说是创造者补杰制造了十二个太阳，让他们轮值，谁知他们贪玩，同时出来，只好由他用樟木弓、金竹箭射落。⑯

据林衡立介绍："非洲 Bana Lulua 族有'以网捕日与月'之故事，北美印第安人间有以网捕'夜日'或月本身，及'太阳过多而光热极大'，'太阳焚烧人

---

① 参见谷德明：《中国少数民族神话选》，西北民族学院研究所，1983 年，第 308 页。
② 参见马学良：《云南彝族礼俗研究文集》，四川民族出版社，1983 年，第 105 页。
③ 参见中国哲学史学会云南省分会编：《云南少数民族哲学、社会思想资料选辑》（第 1 辑），1981 年，第 137 页。
④ 参见云南省民族民间文学楚雄调查队：《梅葛》，云南人民出版社，1978 年，第 20 页。
⑤ 参见云南省民族民间文学江河调查队：《阿细人的先基》，云南人民出版社，1978 年，第 43 页。
⑥ 参见李德君、陶学良编：《彝族民间故事选》，上海文艺出版社，1981 年，第 37 页。
⑦ 参见贾芝、孙剑冰编：《中国民间故事选》（第 2 集）人民文学出版社，1962 年，第 359 页。
⑧ 参见谷德明：《中国少数民族神话选》，西北民族学院研究所，1983 年，第 461 页。
⑨ 参见中共丽江地委宣传部编：《纳西族民间故事选》，上海文艺出版社，1981 年，第 263 页。
⑩ 参见贾芝、孙剑冰编：《中国民间故事选》（第 2 集），人民文学出版社，1962 年，第 259 页。
⑪ 参见贾芝、孙剑冰编：《中国民间故事选》（第 1 集），人民文学出版社，1958 年，第 499 页。
⑫ 参见贾芝、孙剑冰编《中国民间故事选》（第 2 集），人民文学出版社，1962 年，第 465 页。
⑬ 参见杨通山、蒙光朝、过伟等编：《侗族民间故事选》，上海文艺出版社，1982 年，第 15—16 页。
⑭ 参见王胜先：《试就姜良姜妹与莎岁浅谈侗族神话和人物传说》（油印本），第 146 页。
⑮ 参见贵州省社会科学院文学研究所编：《布依族古歌叙事歌选》，贵州人民出版社，1982 年，第 72 页。
⑯ 参见贵州省社会科学院文学研究所编：《布依族古歌叙事歌选》，贵州人民出版社，1982 年，第 94 页。

衣'及'太阳被杀后，月变得更寒冷'的故事。新西兰人则有'以网捕日后，破损其光线'，新不列颠岛人则有'捕捉太阳或其相似物，因其不夜故'等。"①

日本学者森三树三郎《中国古代神话》，曾经介绍原英属马来亚、苏门答腊（Sumatra）和我国高山族、苗族等的多日月故事。奥古拉尼可夫的《黄金驯鹿》一书也介绍中亚阿姆河流域奈内族有天出三日的神话，"最初的巫师用弓箭射落了两端的太阳，于是天空留下了中间的太阳而恢复了平静"②。苏联学者也介绍过，黑龙江岩画里曾出现三个太阳，他们认为："这些图形属于神话时代。当时，有三个太阳，黑龙江岸上的岩石和整个大地一样，非常松散（熔化）。由于这个缘故，上面提到的物体和生物便在岩石上留下了痕迹。后来，（神巫）射落了两个太阳，太阳冷却变硬，这些痕迹也随着变硬，因而一直保留到现在。"③

台湾地区高山人有丰富的射日神话，射日英雄也有好几位。④ 贝冢茂树曾指出它与古代中国大陆的射日故事有血缘关系。⑤

或说，藏族史诗英雄格萨尔王曾射过天上的七个太阳。土族长诗《格萨里》描写这位伟大的英雄"身高九丈三个眼"，他射落的太阳变成一只大乌鸦落下地来，"哮天狗把乌鸦吞吃了"。⑥ 这里很明显地有着从后羿到二郎神等射日英雄的身影。他的形象跟蒙古族射日英雄乌恩也非常相像，特别是除后羿外，他们都有三只眼。兹将其他少数民族的同型故事诸要素列举如下。

表3-2 其他少数民族射日英雄故事要素

民族	射日英雄	太阳数目	月亮数目
仡佬	老者者、老公公	7	7
阿昌	遮帕麻	2（一个为假太阳）	
黎	大力神	7	7
蒙古	乌恩	12	
珞巴	究究底乌（虫）	9	

---

① 林衡立：《台湾土著民族射日神话之分析》，载《"中央研究院"民族学研究所集刊》1962年第13期，第113页。
② [日]白川静：《中国的神话》，中央公论社，1977年，第145页。
③ [苏]斯特仁堡：《果尔特人》，见郭燕顺、孙运来编译：《民族译文集》（第1集），吉林省社会科学院苏联研究室，1983年，第126页。
④ 参见林衡立：《台湾土著民族射日神话之分析》，载《"中央研究院"民族学研究所集刊》1962年第13期，第99—110页。
⑤ [日]贝冢茂树：《龟卜与筮》，载《东方学报》1947年第15卷第4期。
⑥ 参见《青海民族民间文学资料·土族文学专集》（二），中国民间文艺研究会青海分会，1979年，第98页。

南美洲射日英雄的故事跟上引中国各民族的故事有奇妙的趋同之处。

墨西哥神话说，太阳是巨人那那霍忒辛（Nana-huatzin）所变，它把大地烧成一块黑炭，人们不得不用箭射它。"阿兹忒克人（Aztecs）以为太阳曾被一猎者所逐，而且被他的箭所重伤。"① 这猎人显然是后羿式英雄。印第安黑脚人神话说，星童（Starboy，亦即木星）曾杀死"七只威胁晨星的大鸟"，亦即太阳神鸟。② 南美洲人跟中国人一样认为乌鸦是太阳的化身③，称之为"那斯河头之鸦"（Nassha Kiyel），它的房子里关着太阳、星星、月亮或太阳光。④ 星童射死七只大鸟，犹如后羿射日中神鸟而落其九。

印第安瓦斯口人传说，有时候，"太阳是固定不动的，总是火辣辣地直射在人们的头顶上"，有一对古怪的弟兄，奉了母亲之命，制造弓箭去射太阳。他们住在月亮家里，由月亮老头和他残疾的女儿招待。兄弟射中太阳之后，那些炽热的光线消逝了。哥哥当了太阳，杀了月亮以后，弟弟便跟月亮女儿结婚。"从此，月亮弟弟跟着太阳哥哥日夜不停地环游太空。"⑤

有一则故事和中国的十日神话、后羿射日故事简直不差厘毫。"加利福尼亚州的沙士太印第安族（Shastas），他们普遍传说，昔日有十个太阳，日间轮流照耀，又有十个月亮，晚上轮流出来。后来太阳由于不再忍让而同时并出。十个月亮，晚上亦不再忍让而同时并升。这样，白天极度的热，世人和生物受了焦灼灾殃；晚上极度的寒，世人和生物受了冻馁之害。狗酋达（Coyota）看见人民悲惨，于心不忍，马上出来射杀了九个太阳和九个月亮，然后社会民生，得以恢复常态。"⑥ 这里的狗酋达不活脱脱地是一位后羿吗？

二、杀怪

除了射击"直接的自然"（十日）之外，后羿们还更多地与象征、代表自然力的物害做英勇的抗争。"信仰和科学的目的，恐惧和好奇的目的，不是去体验生活，而是去认识作为自然的世界。……宗教的知识同样也是力量——人们不

---

① 参见茅盾：《神话研究》，百花文艺出版社，1981年，第45—46页。
② 参见林惠祥：《林惠祥人类学论著》，福建人民出版社，1981年，第132—135页。
③ 参见张小华：《中国与大洋洲、美洲古代交往的探讨》，载《中央民族学院学报》1984年第1期。
④ 参见林惠祥：《林惠祥人类学论著》，福建人民出版社，1981年，第132—135页。
⑤［美］杰罗尔德·拉姆齐编：《美国俄勒冈州印第安神话传说》，史昆、李务生译，中国民间文艺出版社，1983年，第100—101页。
⑥ 徐松石：《华人发现美洲考》（上册），东南亚研究所，1981年，第184页。

仅确定因果关系，还掌握它们。"①《西方的没落》一书作者斯宾格勒（O. Spengler）说，神话的发展大致可划分为两大阶段：前一阶段的神由物衍化而出，后一阶段则是力的形象化；前者起于对事物的恐惧，后者则起于征服那些事物的企图。作为人类能动本质原始幻想反映的神话本质上就具有积极性：对自然和自然力的认识、征服和斗争。这一点在后羿、赫拉克勒斯杀怪除害故事里表现得最为强烈和集中。乐蘅军也就此指出："后羿的'除天下百害'乃成为一个象征动作，它象征着整个人类心智成熟的一次力进；它是使人与兽有别，善与恶可分，是把荒古冥顽神灵，大胆地堕坏为物，是把人力加之于神，总之，它是宣称着一个真正的精神文明时代的到来。"②但是，更具体地说来，后羿射杀恶物妖怪仍然反映着农牧民族与水旱灾害的自然斗争和内部兼并冲突的社会斗争。

大风、大凤、大鹏及其所指

现在来看后羿们所杀恶物及其可能的象征。首先是弋射大风。曾经化身为大翼鸟的后羿却曾"缴大风于青丘之泽"，跟准日神又射日一样反映着太阳鸟族内部的兼并与冲突。但就神话的原意看，却仍然是一个除害和救世的母题：鸷鸟危害家禽幼畜，风雨威胁农稼和人类安全。

后羿所射的大风即大凤、大鹏，《淮南子·本经训》："（羿）缴大风于青丘之泽。"高注："大风，风伯也，能坏人屋舍。"清俞樾《诸子平议》云下脱"一曰鸷鸟"，"《文选》刘孝标《辨命论》注引高诱曰：大风，鸷鸟"。《禽经》云："风禽，鸢类。越人谓之风伯，飞翔则天大风。"

风有时会成为破坏和凶恶的力量，所以甲骨文常见宁风之祭。《尔雅·释天》云："祭风曰磔。"《说文》则说："磔禳，祀除厉殃也。"磔，按照汪宁生《古俗新研》所说，是"剥张狗皮以御恶害"。风能造成厉殃。《天问》的伯强，闻一多、姜亮夫等都说，指禺强（海神兼风神）。《淮南子·地形训》："隅强，不周风之所生也。"而《史记·律书》说："不周风居西北，主杀生也。"《吕氏春秋·有始览》也说："西北曰厉风。"《天问》王注说伯强是"大厉疫鬼"③。所以大风、飞廉、风伯伯强会成为后羿射击缴弋的对象。伯强在天成风，入水

---

① [德]奥·斯宾格勒：《西方的没落》（下册），齐世荣等译，商务印书馆1991年，第455页。
② 乐蘅军：《古典小说散论》，(台北)纯文学出版社，1976年，第61页。
③ 参见闻一多：《古典新义》（下册），古籍出版社，1954年，第336页。

司海，称禺强，居陆则又成了虎神强良，是凶杀和狂暴的象征。而《易》曰"云生从龙，风生从虎"，虎跟风也是联系在一起的。所以，即令是神风也可能转化为风怪。后羿射大风就是为抗御风灾、风怪。

大风与台风，泰逢与提丰

前面已经说过，世界神话里的风神多具鸟形。西亚有暴风雨之神称为恩利尔，他长着巨翅有"呼啸的风暴"（Crying Storm）之称，很可怕，"恩利尔"义曰"魔头"（Chief-demon）。又有风神修（Zu），更与大风、飞廉等一样化形为鸟，既称"风鸟"（Storm-bird），又称"鸟神"（Bird god）。他又名朋丹（Banda），成为马拉德（Marad）的主神。这位修神，曾经上天偷窃天神弥罗岱，亦即马尔杜克之命运牌，为天神所追捕，最后由太阳神夏玛什布置网罗将其擒拿。苏雪林《天问正简》曾拟之于后羿"缴大风于青丘之泽"。

程憬也认为，大风、大鹏、大风原来指的都是一种鸷鸟，而"大风即'广莫风'，即北风。故大风当是北风的象征。羿缴射大风于青丘之泽，乃是古人对于那冷厉的北风所起的反抗心理之反映"①。不周风既是西北风，又可视为北风。《史记·律书》云："不周风居西北，主杀生。"则"大风在古人所想象中，确为'杀生'的物怪"，后羿射北风象征大风或大风杀怪拯援生民，仍属于救世母题。

程憬注意到，古代希腊四风神里北风蒲里士（Boreas、Aquils）最为凶暴。"北风蒲里士是居在冰冷的北方，背有双翼。他来去都是鼓动着双翼而行，故异常神速。他那一双大翼，一鼓动，便生起一阵阵的狂风，吹到大地之上。……他能驱使黑云，降落冰雹，他能撼动大海，拔起巨树。不必说人们，便是鬼神也都惊恐的。"他生着棕黄的双翅，所以，"大约在最初，希腊人对北风的想象正与吾先民同，恐怕也以为是一种鸷鸟罢"②。又者，大风音转为"泰逢"。前述希腊有蛇龙形巨怪提丰，有翼，某些学者认为它可能对转为鸟形，读音恰好跟古汉语"大风""泰逢""台风"相似。古代没有"飑"这个字，据说来自英语 typhoon，是粤语方音"大风"的英语汉译；或说，中间还有个阿拉伯语 tifen 的中转。我们认为，近现代汉语的"台风"应该来自上古汉语的"泰逢""大风"，而这个词的中古音恰好跟希腊风怪提丰（后转为英语 typhoon）相对应。

---

① 程憬：《后羿与赫克利斯的比较》，载《国立中央大学文史哲季刊》1943 年第 1 卷第 2 期。
② 程憬：《后羿与赫克利斯的比较》，载《国立中央大学文史哲季刊》1943 年第 1 卷第 2 期。

事涉专门，愿历史语言学家有以教之。《山海经·中山经》："和山……吉神泰逢司之，其状如人而虎尾，是好居于萯山之阳，出入有光。泰逢神动天地气也。"郭注："言其有灵爽能兴云雨也。夏后孔甲田于萯山之下，天大风晦冥，孔甲迷惑，入于民室。见《吕氏春秋》也。"《水经·河水注》引此，云和山"吉神泰逢司之"，皇甫谧《帝王世纪》"以为即东首阳山也"。

《吕氏春秋·音初篇》："夏后氏孔甲田于东阳萯山，天大风晦盲，孔甲迷惑，入于民室，主人方乳……"今本《竹书纪年》："（孔甲）田于东阳萯山，天大风晦盲，孔甲迷惑，入于民室，主人方乳……"① 俱未言"泰逢"，但都说萯山有大风，可见这跟不周山之类是风穴，而且如人、虎尾、有光的吉神泰逢便是大风的神化与人化。如上，它恰好跟希腊的大风怪提丰读音接近。有人说，这才是今语"台风"的来源。它们都是动天地气的大风、怪风。

《山海经·中山经》："凡萯山之首，自敖岸之山至于和山，凡五山，四百四十里。其祠泰逢、熏池、武罗皆一牡羊副，婴用吉玉。"《左传》襄公四年云武罗、伯因、熊髡、龙圉为羿之部属，吕思勉谓龙圉或即逢蒙，逢蒙即大风（泰逢）之类（也可能与《离骚》"驱蛩廉而从敦圉"相关），那么，《中山经》萯山以下三神有二与《左传》暗合。神熏池在敖岸之山，不知所指。是山"有兽焉，其状如白鹿而四角，名曰夫诸，见则其邑大水"，鹿本风旱之神，此鹿司水，是水鹿，但总是跟水旱灾害有关，所以后羿也能管理或制服它。至于青要之山的神武罗，"其状人面而豹文，小要而白齿，而穿耳以鐻，其鸣如鸣玉"，袁珂、施淑女等疑为《九歌》山鬼之类，不知确否。《淮南子·天文训》："青女乃出，以降霜雪。"清吴任臣《山海经广注》引《淮南子》作"青要玉女，降霜神也"。可能跟天象异变有关，为风神的部下司霜雪的神。

为羿所弋射的顽敌大风（泰逢）在英雄死亡的传统母题里可能又转化为杀害英雄的凶手（或克星）逢蒙，从而演出了一场部落联盟内部带有报冤、复仇色彩的权位竞夺与斗争的悲剧。

这还可以从风神飞廉兼为旱怪得到证明。这又涉及英雄的射鹿。

鹿、狐等的象征

飞廉是"风"（凤）的析音，是大鹏式的大风之神。但飞廉另一种化身是鸟和鹿的结合。《离骚》："前望舒使先驱兮，后飞廉使奔属。"既言"奔"，就可

---

① 方诗铭、王修龄：《古本竹书纪年辑证》，上海古籍出版社，1981年，第210—211页。

能已具鹿身。楚墓常见长着鸟翼的神鹿，一般都认为那是飞廉的造像。《汉书·武帝纪》注引晋灼说，飞廉"身似鹿，头如爵（雀），有角而蛇尾"。《三辅黄图》："飞廉鹿身雀头，有角，蛇尾豹文，能致风号呼也。"《淮南子·俶真训》："骑蜚廉而从敦圄。"高注："蜚廉，兽名。长毛有翼。"

飞廉作为风神（大风）当然有关霖雨，因为风雨相依；雨神屏翳（鹥凤）有时也管风，《洛神赋》说"屏翳收风"，《诘咎文》也说"屏翳司风"。但是雨旱能够转化，热风更能造成干涸。《周礼·春官·小祝》掌"宁风旱，弥灾兵"，"风旱"连称，构成"灾咎"。所以雨神、风神的鹿有时又能象征干旱。"鹿被东南亚许多居民认为是象征干旱的动物。在越溪掘获的铜缸上就刻画有化装成鹿跳舞人。最近在芒族和越族的许多村子里祭祀时还有祭鹿的痕迹。"① 旱神有时会化身陆地动物（如虎、牛、马、鹿等）施灾。例如波斯的妖厉（提婆，apaoša，义为"干涸"）曾化为黑马与水星得悉神（雨神，Tištrya）在水里作战②，有如江神化牛与李冰搏斗。

据朝鲜开国传说，射手英雄朱蒙的对手松让王，曾把一头白鹿倒挂在悬崖上，诅咒道："如果天不下大雨把沸流王的都城淹没，我就不放你，你要想走，就向上天哭诉吧。"③ 这鹿应该是掌管水旱风雨的神兽。悬鹿呼雨等于曝巫、晒社神、打龙王庙之类，是武求雨。"白鹿对天哀鸣，鸣叫的凄苦声响彻天空。果然，大雨下了七天七夜，把都城淹没在洪水之中。"④ 后来，朱蒙以鞭退水。

在萨满教神怪里，"长着马头和翅膀的怪鹿"——既是风（蜚廉），又象征"天界（这里是指风）和中界（地）的融合"⑤。"在最接近雅库特人的兽母 iye Kil 的人物中，我们可以举出萨满教最可怕的神灵之一……是一个有蹄动物和水生动物，像一只驼鹿和一条鱼"⑥。

萨满教文化里这种象征天地交接的怪鹿，曾出现在《英雄格斯尔可汗》里，它是十二首魔王的化身，黑色，有花，"它右角顶天，它左角触地，形象十分可怕"。格斯尔王用箭射它，"沿着地球边陲"，"沿着海洋堤岸，追踪了大半世

---

① ［越］文新等：《雄王时代》，梁红奋译，越南科学出版社，1976年，第168—169页。
② 岑仲勉：《两周文化史论丛》，商务印书馆，1958年，第176页。
③ 谷德明：《中国少数民族神话选》，西北民族学院研究所，1983年，第13页。
④ 谷德明：《中国少数民族神话选》，西北民族学院研究所，1983年，第13页。
⑤ ［法］鲍里斯·希克洛：《史诗英雄的幻化》，吴岳添译，见《民族文学译丛》（第1集），中国社会科学院少数民族文学研究所编印，1983年，第275页。
⑥ ［法］鲍里斯·希克洛：《史诗英雄的幻化》，吴岳添译，见《民族文学译丛》（第1集），中国社会科学院少数民族文学研究所编印，1983年，第297页。

界"。晚上，魔鹿偷偷靠近英雄，舔掉神马的毛，缩小了神弓，还"照准圣主的面颊，拉了一堆屎团"，格斯尔摔掉了它，却弄得"满山遍野布满了粪块"。后来，依靠神姐的帮助，宝马的神通，格斯尔王才射中魔鹿的脑心，又"拉住魔鹿的尾巴，用刀割下三节，放进嘴里吞下"。这样，大概就能获得强敌的若干神力。

格萨尔曾杀死魔王的怪鹿（或金角野牛）。赫拉克勒斯用了整整一年时间，追逐刻律涅亚山上红色的牝鹿，它有着金角铜蹄，可以视为太阳火与干旱的象征。他追得精疲力竭，干渴如焚，险些像夸父那样渴死在北海之滨。最后才在邻近阿其忒弥斯山旁拉冬河岸追上它，射中它的脚，将其捕获。注意：这里是傍水依山的河岸，不愁饥渴，阿其忒弥斯山是清凉如水的月亮山，以月之处女神阿其忒弥斯命名。这只赤牝鹿原是她习猎的五只鹿的仅存者，仍有烈日与酷旱之意，而与阴凉的月亮对立。然而，热烈的公鹿，又是这位处女神眷恋的对象。她杀死误见她裸体的猎人阿克泰翁，却又把他变成她最喜爱的鹿。

芬兰英雄"活泼的莱敏克亚能"，曾经为了娶波约拉的美丽女儿去猎取黑西麋鹿。这鹿是神用古怪的材料制造成的："黑西造成一只麋鹿，尤塔制成一只驯鹿；用腐朽的材木造成头，用杨柳枝条编成犄角，用沼泽四边的草绳作成鹿脚；从沼地取出了木条作了足胫，用围篱桩子把鹿背造成，编成鹿筋，用最干燥的草茎；睡莲的花朵是它的眼睛，睡莲的叶子是它的耳朵，松树皮当作它的皮，腐朽的材木当作它的肉。"这些都是芬兰高山丛林生活的反映。但用腐木做成它的头，暗示着它是一股破坏或守旧的力量，而又多少加以喜剧化，表现了北欧那种多少带些严酷的幽默感。它捉弄英雄，撞坏老百姓的坛坛罐罐。只是在森林神的帮助下，英雄才套住了它。实际上，这又表示人类希望能有力量对森林及其物产加以控制。

至于羿缴大风的青丘，在东海文化区，是鸟图腾东夷族的展延带（前面说过，东南百越地区有鸟耘传说和鸟神崇拜，见绍兴 360 号战国墓的灵屋鸠形图腾柱等），所以这也可以视为鸟族中心区对边沿区的一种文化兼并或征服。

《逸周书·王会解》注云："青丘，海东地名。"《吕氏春秋·求人篇》："禹东至……鸟谷、青丘之乡，黑齿之国。"《吕氏春秋·知度篇》有"禹曰：若何而治青北、化九阳、奇怪之所际"，王念孙、孙诒让、陈奇猷等均谓"青北"当作"青丘"。《史记·司马相如传·子虚赋》："秋田乎青丘，彷徨乎海外。"正义引服虔云："青丘国在海东三百里。"郭璞云："青丘，山名。上有田，亦有国，出九尾狐，在海外。"《淮南子·时则训》有"青土、树木之野"，王念孙

《读书杂志》云"青土"应作"青丘"。《山海经》里的青丘国，多在东方，有的说在南，就中原而言它是东南一个部落的名称。所以，后羿用矰矢缴大风（大凤）的青丘在东南方，属东海文化区，是东夷的展延地。这里除大凤之外还有九尾狐，九尾狐即涂山氏，为后羿所射的对象之一，也就是《离骚》《招魂》的千里封狐之属。羿妻纯狐或亦出此。这就要简略地讲一讲英雄射狐的神话学意义。

《山海经·南山经》："青丘之山……有兽焉，其状如狐而九尾，其音如婴儿，能食人。食者不蛊。"郭注："唊其肉令人不逢妖邪之气。"《海外东经》："青丘国……其狐四足九尾。"郭注引《汲郡竹书》："柏杼子征于东海及三寿，得一狐九尾。"《大荒东经》："有青丘之国，有狐，九尾。"《楚辞·天问》："女岐无合，夫焉取九子？"丁山曾以女岐为印度的"九子母"[①]。窃尝以《史记·天官书》"尾生九子"等证明女岐之岐言狐之尾有九岐，而象征其善于交合和繁殖。袁珂《山海经校注》也据《白虎通·德论·封禅篇》云"九尾狐则象征子孙繁息"。九尾狐代表性爱、繁殖和生命的力量是没有问题的。《吴越春秋·越王无余外传》说，禹遇九尾白狐于涂山，其歌曰："绥绥白狐、九尾痝痝；我家嘉夷，来宾来王；成家成室。我造彼昌；天人之际，于兹于行。"说的就是这个女性的对婚族善于繁衍后代。羿射涂山氏、射封狐、娶纯狐（玄妻），也无非这个目的。但青丘之大风是恶风，是旱风，是热风，所以要缴弋它；那么青丘之九尾狐，是否也象征着某种自然力呢？《逸周书·王会篇》："青丘狐九尾。"孔晁注："青丘，海东地名。"《抱朴子·地真篇》："昔黄帝东到青丘，过风山，见紫府先生，受《三皇内文》，以劾召万神。"[②] 可见青丘有风山。雷学淇《竹书纪年义证》据以为青丘"当即纪中风夷之国，三寿盖近之"。看来这青丘的九尾狐与风也有关系，可以象征和风又可以转变为妖风。风也是性爱的廋词，"风马牛不相及"云云可证（风就是风传性信息，连《诗经》的"风"都与其相关）。后羿射狐既为了繁衍族类，也为了镇厌妖风。《东山经》："凫丽之山……有兽焉，其状如狐而九尾、九首、虎爪，名曰蠪姪（郭注作龙蛭），音如婴儿，是食人。"这与《南山经》九尾狐能食人一致，是九尾狐的怪化或异化（郝懿云，《广韵》无"九首"），它要吃人，所以后羿要制服它。而前条"如狐而有翼，其音如鸿雁"的"獙獙"，也"见则天下大旱"。这也是一种灾害的象征。

[①] 丁山：《中国古代宗教与神话考》，龙门联合书局，1961年，第299页。
[②] 王明：《抱朴子内篇校释》，中华书局，1980年，第296页。

后世的狐多化为妖，自然与狐的狡猾有关，但也有其神话学背景。而《说文》卷十犬部狐条，不但称其为"妖兽"，且云"鬼所乘之"。后羿死为"宗布"，像赫拉克勒斯一样过问地狱之事。有人说后羿为万鬼之首，所以作为鬼兽的狐当然畏羿。这也是羿与其妻纯狐冲突的民俗背景。

生擒野猪为的是驯养

再来看后羿们制服野猪。众所周知，羿擒封豕于桑林，跟赫拉克勒斯"从茂密的丛林中逐出"并用"活结套上这疲惫"的野猪几乎同出一辙。这可能暗示，野猪容易驯化为家猪，杀死可惜（现在还有人专门饲养野猪，其肉销路颇佳）。这跟后羿善于驯兽和育种相符。苏雪林《天问正简》云："《淮南》说封豕是'擒'的，希腊神话的野猪也是受命生致（To bring alive），巧合至此，总不是偶然的事吧。"苏雪林还就后羿射死野猪进一步指出："太阳神和野豕每居于敌对地位，为的野豕同蛇一般也是黑暗的象征，羿射封豕，无非光明与黑暗之战。"

就神话学而言，野猪还可能是死亡的象征。《尼伯龙根之歌》里，西格弗里德临死之前，他的妻子克琳希德便"梦见野猪两匹，它们在荒野里追你，鲜血染红了野花"。维纳斯的情人阿多尼斯象征脆弱而难免毁灭的生命，他死在野猪闪电般的獠牙之下。莎士比亚的长诗《维纳斯与安东尼》形容那野猪，"懂什么叫慈善，它鲜血淋淋、杀气腾腾"，"他死了，随着他，'美'被杀害了，'美'死了，黑暗的浑沌随之而来了"。此"浑沌"可与苏雪林"黑暗说"参较。

《佛本行集经》说，善射的释迦一箭"便穿七铁猪过"，"过七铁猪已，彼箭入地，至于黄泉，其箭所穿入地之处，即成一井"。这铁猪可能象征守卫在地狱入口的恶兽。

野猪还是农业的大害，而且往往是天帝或大神派来破坏人类的文化创造的，是天帝与英雄神冲突母题的重要因子，是英雄之死的一个契机。纳西族英雄从忍利恩在东神、瑟神的地里开荒的时候，学会用黑眼公牛，二神大为震怒，"便放出一只凶恶的长牙野猪"，把翻好的田地滚平。从忍利恩用活扣套住野猪。① 这也是生擒野猪。

黎族英雄七兄弟砍山种兰，却"从天上闪出一片白光，接着从那棵天芋（登天树）上跳下一只大天猪，在他们已经砍光的树木杂草地喷出一缕白烟"，

---

① 中共丽江地委宣传部编：《纳西族民间故事选》，上海文艺出版社，1981年，第41—42页。

念动咒语，杂树便"合东灵东灵"（各归其原）了。① 七兄弟射中了它，并找玉帝算账，玉帝只好准许吃了这能让植物无限生长的神猪。这时，猪肉跟猪粪一样能使庄稼丰饶；但当他们把剩下的一瓢肉汤泼向天梯式的天芋树之时，它却缩成了如今"短小的山芋"。② 这又暗示野猪能危害农业。

丁山认为，封豨是水神，"羿禽封豨，即杀淫雨之神"。羿杀窫窳"是祈雨或祷晴的喻言"。"充类言之，羿之诛凿齿、杀九婴、缴大风，都是呼风唤雨的神话"。③ 这些猛兽或怪物，都象征着暴戾和疯狂的自然力。

野猪象征雨旱之类灾难是很可能的。后羿擒封豕于桑林之社，这里本来就是商王祈雨的圣地，汤祷桑林的故事众人皆知。

闻一多指出，"封豨""屏翳""冯夷"三者不过一声之转。在天为雨神屏翳，在地为灾害野猪，在水为河伯冯夷。他引用《易·睽》《易林·履之豫》《诗·渐渐之石》《述异记》《史记·天官书》等把猪和雨水、沟渎联系起来。《楚辞·天问》："帝降夷羿，革孽夏民；胡射夫河伯，而妻彼雒嫔？冯珧利决，封豨是射；何献蒸肉之膏，而后帝不若？"闻先生以为："上言河伯，下言封豨，是河伯即封豨。"④ 古人认为神猪能够赐雨。例如，孙光宪《北梦琐言》说，唐天复四年，蜀城天旱，守宰到"母猪龙湫"求雨而如愿，那里常"见牝豕出入"⑤。所以，要在祈雨的圣地擒取神猪，才能迫使它赐雨。

玄妻是黑人么？

后羿所射的野猪也曾被人格化、历史化。《左传》昭公二十八年："昔有仍氏生女，黰黑而甚美，光可以鉴，名曰玄妻。乐正后夔取之，生伯封，实有豕心，贪婪无厌，忿颣无期，谓之封豕。有穷后羿灭之，夔是以不祀。"这封豕，当然就是后羿擒于桑林的封豨。《山海经·海内经》："有嬴民，鸟足。有封豕。"郭注："大猪也，羿射杀之。"扬雄《上林苑令箴》说："帝羿射封猪。"只是这里的对抗自然力的斗争，被世俗化、伦理化为芟除人间的凶恶罢了。这也是中国原生神话，大多被历史化、伦理化的具体表现之一。《艺文类聚》卷五九引郭璞《山海经图赞》就把杀猪和杀人统一得相当和谐："有物贪婪，号为封豕，荐

---

① 广东民族学院中文系编：《黎族民间故事选》，上海文艺出版社，1983年，第19页。
② 广东民族学院中文系编：《黎族民间故事选》，上海文艺出版社，1983年，第20页。
③ 丁山：《中国古代宗教与神话考》，龙门联合书局，1961年，第268、269页。
④ 闻一多：《古典新义》（上册），古籍出版社，1954年，第49页。
⑤ 孙光宪：《北梦琐言》，中华书局，1960年，第179页。

食无餍，肆其残毁，羿乃饮羽，献音效技。"这"献音效技"很难解，或指羿在桑林擒杀封豨之后举行庆祝歌舞。

那"顬黑而甚美，光可以鉴"的玄妻也很奇怪。古人想不通那时怎么会有黑人，就用《诗经》上的"鬒发如云"来描绘她。这里明明不是说头发。蒙古人种都黑发黄肤，没必要特称其为"玄妻"。所以有可能指的是尼格罗（Negro）人种的黑美人。美国黑人学者杜波依斯（W. A. B. De Bois）曾引述赫·安贝特鲁之说云："远在中国历史的最早时期，在当时的几部经典著作中就讲述过这些黑皮肤的矮人。例如在周朝时代编纂的《周礼》一书中，曾经记述这些具有又黑又亮的皮肤的人。"① 他可能指非洲黑人种俾格米人（Pygmy），或尼格利陀（Negrito）。但玄妻更可能是辗转来到中原的黑种人。也可能是来自非大洋洲的海洋尼格罗人种。

人类学家、民族学家极其重视大洋洲文化与东南亚文化的联系。据苏联学者介绍："研究大洋洲岛民起源问题的新老学者们，绝大多数都支持西来说，即亚洲起源的观点。18世纪的旅行家布根维尔、拉佩律斯等人就已提出了这个观点。俄国考察队的参加者博物学家沙米索第一个为这个观点提供了科学的基础。……语言的事实首先指明了大洋洲人同西面即东南亚的历史联系。"②

维也纳的罗伯特·海涅·革尔登等考古学家揭示，东南亚的三大石斧文化——轴状斧、有肩斧、四棱斧——与大洋洲文化都有联系，它们又都与中国的石器文化有血缘关系。海涅·革尔登认为这种文化的策源地，"这个民族和文化迁移的潮流具有空前的扩张力量。这个潮流在新石器时代后期传布于东亚之后，奠定了中国文化的基础，创造了中南半岛和印度尼西亚的文化，并包括了从马达加斯加到新西兰和东波利尼西亚，还可能直达美洲岸边这样一个巨大的岛屿世界"③。这就不仅揭示了大洋洲和亚洲人种、文化的某种古老联系，而且为太平洋文化在上古时代的交往、交流提供了器物学基础（虽然他不免夸大其词）。

《山海经·海内经》朱卷之国，"有黑蛇、青首，食象"，这当然是后羿所断巴蛇；下文为"赣巨人"（猩猩之类）；"又有黑人，虎首鸟足，两手持蛇，方啖之"，这"黑人"有些像吃蛇的虎神方良，但上文为巴蛇、猩猩，下文即"有

---

① [美] 杜波依斯：《非洲》，世界知识出版社，1961年，第106页。
② [苏] C. A. 托卡列夫、[苏] C. П. 托尔斯托夫主编：《澳大利亚和大洋洲各族人民》（下册），李毅夫、陈观胜、周为铮等译，生活·读书·新知三联书店，1980年，第462页。
③ [苏] C. A. 托卡列夫、[苏] C. П. 托尔斯托夫主编：《澳大利亚和大洋洲各族人民》（下册），李毅夫、陈观胜、周为铮等译，生活·读书·新知三联书店，1980年，第464页。

嬴民，鸟足（嬴与羿姓之偃通）；有封豕"，几乎都是与后羿有关的事物，那么黑人是否隐指化装了的海洋尼格罗人种或尼格利陀人种，是可疑的。张小华就将他与"为人黑"的雨师妾，"为人面目手足尽黑的"劳民国等都列为太平洋人种里的"澳大利亚、美拉尼西亚的黑色人种"（有学者称为澳大利亚－尼格罗人种）。①

李济说过："在中国有记录历史的早期、中期，尚有若干黑色及短小的人种，徘徊于中国境内。"② 他注意到殷周彝器上所见人像或人面种属之鉴定。例如他认为，著名的饕餮食人卣猛虎所抱"小童的面貌与小黑人的面貌绝肖"③。凌纯声也说："美拉尼西亚人曾分布在中国大陆东南一带，其居留早，迁徙也早。"④

后羿娶过玄妻，又射过凿齿人（他们可能向太平洋诸岛迁徙），其部落及整个夷人集群与黑色人种的混血、交往、冲突是颇值得钩稽的。但是，从民俗学角度看，这玄妻可能化身为黑色狐，即《楚辞·天问》"浞娶纯狐，眩妻爰谋"的纯狐。"纯狐"与"眩（玄）妻"连举，错落有致，却实指一人。这就把后羿的射狐、娶狐融合到一起来了。羿族可能与狐族对婚。《穆天子传》说："羿射于涂山。"涂山氏是九尾白狐，涂山是狐族根据地之一。"射"是交合的隐语。有人甚至说，纯狐就是涂山氏。当然也可以说她是后羿所射大狐的人格化。《离骚》："羿淫游以佚畋兮，又好射夫封狐。"这封狐有千里那么长（《招魂》有"封狐千里兮"），是大翼鸟猎捕的对象，就好像奇大无比的封豕一样。吕思勉说："（《左传》）玄妻，即纯狐。《楚辞》言羿射封狐，疑夔之族尊豕，禹之族尊狐。羿射封豕、封狐，实戕二族图腾之神。神话中谓狐为浞妻以报羿也。"⑤ 顾颉刚等说："纯狐，就是黑色的狐狸，也就是玄妻。"⑥ 姜亮夫甚至以为："常娥、纯狐实一声之转也。"⑦

刘盼遂进一步说，她们即河伯之妻洛神："河伯斥伯封言，洛嫔即伯封之母、后夔之妻，名玄妻，又作眩妻，而浞所贪之纯狐氏也。"⑧ 林庚也说，洛嫔

---

① 张小华：《中国历史上的太平洋人种》，载《学术研究》1984 年第 4 期。
② 李济：《中国民族之始》，载《大陆杂志》1950 年第 1 卷第 1 期。
③ 李济：《中国文明的开始》，万家保译，台湾商务印书馆，1970 年，第 4 页。
④ 凌纯声：《边疆文化论集》（第 1 册），台湾商务印书馆，1954 年，第 4 页。
⑤ 吕思勉：《吕思勉读史札记》（上册），上海古籍出版社，1982 年，第 107 页。
⑥ 顾颉刚、童书业：《夏史三论》，见《古史辨》（第 7 册），上海书店，1941 年，第 236 页。
⑦ 姜亮夫：《屈原赋校注》，人民文学出版社，1975 年，第 70 页。
⑧ 刘盼遂：《天问校笺》，载《国学论丛》1928 年第 2 卷第 1 期。

亦即纯狐："羿曾经射过纯狐氏（也即河伯）而掠了那里的女子为妻（也即洛嫔），这女子或者由于报仇的心理，或者由于其他的缘故，于是勾结了羿的手下一个名字叫做浞的把羿害死。"① 袁珂则谨慎地说："后羿射封豕霸占封豕的母亲玄妻作妻子和羿射河伯夺取河伯的妻子雒嫔做妻子的传说，与寒浞杀后羿和逢蒙杀羿的传说，两两都各相似，疑当是同一传说的分化。"② 郭沫若译《天问》"白蜺婴茀，胡为此堂"句云："嫦娥披着白色的霓裳，有着美妙的梳妆，为何她也是后羿之妻，与妖妇纯狐相当？"③

她们的等式大致为：玄妻（眩妻）＝纯狐＝涂山氏＝嫦娥＝雒嫔。其实，除玄妻或即纯狐外，其他还是有区别的。后羿作为英雄射手，射杀野兽，救世除害，从此生长出扫荡人间凶徒的传说；图腾族团之间的兼并、融合的冲突，也可能与除害杀妖联系、比附；神话就是这么分分合合、扑朔迷离。

而擒野猪的猎手还是牧人。《左传》襄公四年引《虞人之箴》说："芒芒禹迹，画为九州，经启九道。民有寝庙，兽有茂草。各有攸处，德用不扰。在帝夷羿，冒于原兽。忘其国恤，而思其麀牡。武不可重，用不恢于夏家。兽臣司原，敢告仆夫。"前文魏绛也说后羿"不修民事，而淫于原兽"。杜注："淫放原野。"语莫能明。但所谓"思其麀牡"云云，分明是说作为猎手的羿向牧人转化，学习和掌握了配种的技术，进一步驯服了"原兽"，比如生擒野猪驯化其为家猪。而英雄驯马是一系列神话、史诗和小说常见的母题。

驯服劣马

我们知道，射手赫拉克勒斯也会驯马。他的第八件功绩是把战神之子的吃人牝马制服。方法是以毒攻毒，拿残暴的国王的肉给它吃，野马就变得温顺了。后来，这些马生育繁衍出神骏的马驹，据说马其顿王亚历山大骑的一匹马就是它的后代。这当然是"思其牝牡"、选种育优的结果（希腊人极重培育良马）。或说后羿所杀窫窳，有一个变形是"人面而马足"，它也吃人，相当于野性的牝马，比说亦可通，但窫窳主要是龙首，更可能是藏獒。

英雄驯马的母题在中世纪的东西方史诗和传奇、小说中不厌其烦地被重复，甚至连孙猴子都以弼马温职而驯马。这里仅略举数例。

---

① 林庚：《诗人屈原及其作品研究》，古典文学出版社，1957年，第148—149页。
② 袁珂：《中国古代神话》（修订本），中华书局，1960年，第186页。
③ 郭沫若：《屈原赋今译》，人民文学出版社，1954年，第69页。

《卡勒瓦拉》里"刚强的老人英雄维亚摩能"就曾制服黑西的红鬃烈马。它"马嘴吐出火焰如闪电，鼻孔的火光辉煌耀眼，马蹄子全部用铁打成，马蹄子全部用钢包装"。连中世纪发明的马蹄铁都被神化了。

《沙逊的大卫》里英雄萨纳沙尔还与海之神马嘉拉利斗智斗力斗口，才把它制服。

　　嘉拉利："我把你投进太阳，用烈火烧你。"
　　萨纳沙尔："我是海所生的，我会伏在你的肚底。"
　　嘉拉利："我把你摔在地上，将你抛到土里。"
　　萨纳沙尔："我是海所生的，我会跳上你的脊背。"

几经折腾，海马才承认："你是我的主人，嘉拉利是你的。"

鲁迅先生曾称赞古代波斯骑士的坦率。骑士们说："人间的乐园在哪里？在圣贤的经典里，在马背上，在女人的胸脯上。"这确实是封建骑士的美学理想。这反映在史诗里就是大量驯马的神话（如同抒情诗那样把名马喻作"我的美人儿"）。

波斯巨人英雄"宇宙之花"苏赫拉布，把许多强壮的骏骑的脊骨都压断了。只有一匹拉可升的后代，才能经受英雄的重压：

　　由于它那铁蹄的恣意踩蹦，
　　托地而行的海鲸也要战栗。
　　它的身体，可比作一座大山，
　　它奔驰如飞鸟，跳跃如电闪。
　　它如同乌鸦在高山深谷飞掠，
　　鱼儿一般在怒海骇涛里翻跃。①

也只有英雄能制服劣马。"他跨坐马鞍，如同比苏通山稳重，他手中的矛枪，好像帐营的支柱。"② 宝剑、名马、醇酒、妇人是中世纪骑士所热切追求的神圣事物。驯服神马不过是这种习俗的美化和神化——但是古代的传统及其痕迹构造在这里并没有消失殆尽。

匈奴人是用俘获的马匹为主计算战利品的。在西班牙英雄史诗《熙德之歌》里，他们掳掠摩尔人的一切财物，但主要是五百一十匹马。其中"五分之一的

---

① [波斯] 菲尔杜西：《鲁斯拉姆与苏赫拉布》，潘庆龄译，上海文艺出版社，1964年，第28页。
② [波斯] 菲尔杜西：《鲁斯拉姆与苏赫拉布》，潘庆龄译，上海译文出版社，1964年，第28页。

战利品归熙德，共合马匹一百整"①，这位西班牙的英雄——

> 熙德骑着骏马在前，
> 他头戴防护帽，上帝啊，衬托着一口美髯的面容！
> 兜帽掀在背后，宝剑握在手中。②

这正是堂吉诃德梦寐以求的骑士风采。那些骏马却不得不随着骑士制度的衰落，在这位愁容英雄座下受到一次喜剧性的揶揄。

格萨尔王这样对待他的战马："叫出马童白雪神，拉出神智赤兔马，要用金盆盛鲜奶给马喝，要用玉盆装草料给马吃，垫上我的红绒方垫好鞍鞯，备上我的光辉灿烂金鞍子，我雄狮大王骑在骏马上，上天下地谁能比？"在土族长诗《格萨里》中，天神阿老查日干欲选择斩妖英雄，除了要拉开神弓外，还要比试谁能制服神马，最后只有尕日马屯"穿甲盔最合适"，拉开宝弓，"骑上骏马好威风"。

英雄格斯尔汗则有神赐的枣红马。

> 它有山一般高的身躯，
> 它有湖一样大的眼睛，
> 它有沙原似的阔背，
> 它有五百丈长的疏尾。

在《江格尔》里，老英雄阿拉谭策吉夸耀自己的大红马说：

> 大红马的两耳前后剪动，
> 好像雕刻精美的金刚杵；
> 大红马的两眼左顾右盼，
> 好像闪耀的启明星；
> 大红马抬头远看，
> 能望穿七千座山峰。

这真是草原牧民特有的情思、才智和语言。

黑格尔论赫拉克勒斯时，说他体现着希腊人"原始英雄道德的理想"："他本着他个人意志去维护正义，与人类和自然中的妖怪作斗争，他的这种自由的独立自足的道德并不是当时的普遍情况，而只是他独有的。他并不是一个道德上的英雄，他在一夜里强奸了第斯庇乌斯的五十个女儿的故事可以为证；如果

---

① 《熙德之歌》，赵金平译，上海译文出版社，1982年，第47页。
② 《熙德之歌》，赵金平译，上海译文出版社，1982年，第47页。

我们记起奥吉亚斯牛栏的故事，他也不是什么上流人物。他给人的一般印象是维护正义与公道的战士，具有完满的独立自足的能力与膂力，为着实现正义与公道，他出于自己意愿的自由选择，承担了无数辛苦的工作。"① 后羿和赫拉克勒斯的驯马也是一件非上流的粗笨劳动，但这正是高尔基称赞这些人神为劳动英雄的重要原因。他们以苦为乐，并没有把贱役看作耻辱。黑格尔时代，文化人类学、民俗学都不发达，他只能以"文明的偏见"来看待神话和英雄。

至于英雄或神在道德和行为上的缺憾，正是他们性格的有机构成，"文明"的凡夫俗子对此可以用道学家的资格说三道四，但这从来无害于英雄的伟大与崇高。当初，柏拉图就假苏格拉底之口说："我们不能让诗人使我们的年轻人相信：神可以造祸害，英雄并不比普通人好。"② 色诺芬更说过："荷马和赫西俄德把人间一切羞耻和不光彩的行为都给了神：盗窃，通奸，欺诈。"这却只能反过来证明神话和史诗的历史真实性。正如斯太尔夫人所说："（史诗）诗人善于以最激动人心的方式描绘外界事物，可是他们从来不刻画那些能把道德的美清白无瑕地保持到诗歌或悲剧终了的人物，因为这些人物在现实世界中无范例可寻。"③ 恩斯特·卡西尔《人论》也说："正是希腊人格神的这种缺点和不足使得人们能够在人性与神性之间架起相互沟通的桥梁。……人在他的神祇中所描绘的正是他自己，在神的一切中所表现出来的正是人的千姿百态、喜怒哀乐、气质性质，甚至于癖好。"④

举长矢兮射天狼

天狼（代表黑暗、邪恶）和太阳（代表光明、正义）是老敌人。后世盛传的天狗吞日实际上是天狼食日的一种蜕变。狼与狗同类。中外神话里也有不少天狗吃太阳类型的故事。《周礼》等书"枉矢救日"记载的本来面目，很可能是太阳用弓箭与天狼（或天狗）战斗，后来才变成人类以弓箭帮助太阳或月亮与恶兽或妖神搏斗。这在我国少数民族神话传说和文献里还有保存。这里只略举一二。

纳西族象形文字东巴经《净水经·迎净水》篇说："太阳失踪了，到底逃避

---

① 朱光潜：《朱光潜全集》（第13卷），安徽教育出版社，1990年，第238页。
② [古希腊] 柏拉图：《文艺对话集》，朱光潜译，人民文学出版社，1980年，第45页。
③ [法] 斯达夫人：《论文学》，徐继曾译，见古典文艺理论译丛编辑委员会：《古典文艺理论译丛》（第2册），人民文学出版社，1961年，第65页。
④ [德] 恩斯特·卡西尔：《人论》，甘阳译，上海译文出版社，1986年，第126页。

到什么地方去了呢？逃避着的太阳啊！是谁看见太阳在避？是被天狗看见的。"①这暗示天狗追赶并威胁太阳，太阳不得不逃避。

据《易林》，准太阳神后羿曾勇射天狼。与后羿同格的太阳神东君也"举长矢兮射天狼"。古希腊的太阳神阿波罗也杀过天狼。劳斯（H.J.Rose）的《希腊神话手册》记载，作为牧神而且可能曾经化形为狼的阿波罗又称为"杀狼者"（Slayer of Wolves）。这只天狼被巨蟒皮同召来作为黑暗与暴风之神提丰的助手，天狼和皮同都先后为阿波罗射杀，所以提丰才被光明神宙斯用雷矢殛毙。提丰是黑暗，是暴风，他的助手天狼当然也可以象征黑夜、阴霾。法国德查美（Decharme）在《古希腊神话》里云，狼也代表冬天的暴风雪，是温暖太阳的对立面。苏雪林据以指出，东君、后羿、阿波罗等太阳神都射过狼、狐等，或出于同源。"太阳夜间在天则为猎人星座，那天狼和弧星正在猎人星座东边脚旁，援弧以射狼为事甚易。"②《易林·井之大过》正说："羿张乌号，彀射惊狼，钟鼓夜鸣。""乌号"是弓名，夜射天狼（星）。

前面说过，满族英雄射手、创业祖先布库里雍顺用他天女母亲留给他的神箭，"一箭便射中了恶狼的脖子"，这恶狼便是偷去羽衣仙女佛库伦沐浴时脱下衣裳的天狼星。它代表着黑暗和罪恶。"左牵黄，右擎苍……会挽雕弓如满月，西北望，射天狼"（苏轼词），这从来都是除害英雄的本色。

朝鲜民间故事《三胎星》说，某日忽然天昏地暗，人们以为天狗吞下了太阳，但是"太阳若是果真被天狗吞了下去，会烫得它马上吐出来的"③，原来这次是被黑龙吞到腹中（看来黑龙也是黑暗或夜晚的象征），最后是三兄弟箭杀黑龙，救出了太阳。④

侗族传说，恶魔商朱"最怕见太阳，因为太阳光射到他身上，他就一步也走不动了，什么东西也看不见了"，他似亦代表黑暗、冥土。他打断了挂太阳的金钩，制造黑暗，英雄兄妹广和捆救亮了太阳，杀死了商朱。"朱""猪"同音，可惜不解侗语，也不知商朱是否有动物化身。

袁珂《中国神话传说辞典》云："《协纪辨方》卷四引《枢要历》：'天狗者，月中凶神也。其日忌祷祀鬼神，祈求福愿。'又引《历例》：'天狗者，常居

---

① 中国哲学史学会云南省分会编：《云南少数民族哲学、社会思想资料选辑》（第1辑），1981年，第48页。
② 苏雪林：《屈原与九歌》，广东出版社，1973年，第414—417页。
③ 延边民间文艺研究会：《朝鲜族民间故事选》，上海文艺出版社，1982年，第12页。
④ 延边民间文艺研究会：《朝鲜族民间故事选》，上海文艺出版社，1982年，第15页。

月建前二辰'。"这跟民俗所谓"天狗吃月亮"是一致的。

很值得注意的是，南美洲也有天狗吞月型的神话。例如，南美奇奎托人（Chiquitos）说，月蚀是因为月被大狗咬噬，其红光便是流出的血，人们须大声喊叫，箭射天空方能赶走大狗。"同州的卡立勃人（Caribs）和秘鲁土人都有相类的神话。"①

北美印第安阿尔衮琴人传说，太阳神、文化英雄格鲁斯卡普（Glooskap）跟恶狼马尔塞姆（Malsum）是一对孪生兄弟。"在印第安人的心目中，格鲁斯卡普是代表'善'的神，而马尔塞姆是代表'恶'的神。他们的母亲在生下他们的时候就死去了。格鲁斯卡普用他母亲的身体来造成了太阳和月亮，走兽和鱼群，以及人类，而那心怀恶意的马尔塞姆造出了山、谷、蛇和一切他认为可以使人类不方便的东西。"②

我们知道，山谷和蛇都是代表地底与黑暗的。孪生兄弟间的斗争，象征光明与黑暗的交替和冲突。格鲁斯卡普一碰代表黑暗的猫头鹰羽毛就会死去，狼弟就用它打死了哥哥，但是哥哥又像太阳一样死而复生。③ 结局是，哥哥用羊齿植物的根打死了恶狼弟弟，光明战胜了黑暗。这个神话有助于解开太阳神木的桃棒打死后羿准太阳神的秘密。

由大汶口新石器文化等遗址里大量"拔牙"人骨的发现而确知，后羿所杀"凿齿"为东夷文化区内的一个重要的部落——拔齿人。这是一项遍布亚、非、美三洲的奇特风俗（凿断或拔掉齿床上的某些牙齿——通常是对称的犬牙或门齿——以模仿某种鱼、鸟图腾，并作为成丁仪式里重要的考验关目），尤其是太平洋文化区的一项极有特色的风俗。④《楚辞·大招》里"靥辅奇牙，宜笑嫣只"，可能就反映了这种以凿齿为美的奇习。古本《初学记》引《帝王世纪》也说，帝喾"断齿有圣德"，《楚辞新探·二招新解》对此有详细的讨论。这样，后羿之杀"凿齿"，当然更是东夷集群内部部落战争的神话反映。

---

① 林惠祥：《林惠祥人类学论著》，福建人民出版社，1981年，第104页。
② 丰华瞻编译：《世界神话传说选》，外国文学出版社，1982年，第200页。
③ 丰华瞻编译：《世界神话传说选》，外国文学出版社，1982年，第201页。
④ 参见萧兵：《〈楚辞〉民俗神话与太平洋文化因子——在香港的学术演说稿》，载《淮阴师专学报》1985年第1期。

三、人蛇冲突

天地明暗之战争

西方人认为，人类和蛇从神话和《圣经》开始就有宿命式的世仇。美国宇宙学家卡尔·萨根说："很多文明国度的传说寓言中，龙的神话盛行可能不是偶然的。人和爬虫相互间不可调和的敌意，正如在圣乔治（英国守护神，能降龙伏虎）神话中所证实的那样，西方是最为强烈的。《创世纪》第三章，上帝注定人和爬虫是永恒的敌人。但这不是西方别出心裁的行为，而是遍及全球的现象。当普通人命令肃静或为引起注意发出的声音似乎奇妙地模拟爬虫嘘嘘声，难道这仅是偶然现象吗？是否有可能因为爬虫向几百万年前的原始人类摆出难题，引起恐惧造成死亡，而这一切反过来倒促进人类智力进化了呢？是否蛇的隐喻指的是新皮质发展后仍然保留着爬虫复合体的进攻、礼仪行为等功能呢？仅有一个例外，就是在《创世纪》中记载了伊甸园内爬虫对人的诱惑。这是在《圣经》中人理解动物语言的唯一例子。当我们怕龙时，是否我们也惧怕一部分猿人呢？不管怎么说，在伊甸园里是有恐龙的。"① 萨根认为，残存的恐龙可能跟最早期的人类在一起生活过，而成为龙的一种母型（我国学者叶玉森等也有类似看法，见于《说契》《殷契钩沉》等）。人类跟残存恐龙的生存竞争以隐晦的形式反照在最古老的人龙之战的神话里。

古添洪曾用荣格的原型理论解释赫拉克勒斯的杀怪，尤其是擒蛇。他认为，许德拉（Hydra）等"狗蛇复合的身躯，正象征着兽性，象征着人类心理上的欲念本能"，战胜所谓"怪兽"（Bad Animals）正是制服潜意识里犯罪的冲动。"在远古的传统里，龙一面被认作是破坏力的化身，同时也被认作是像水一样能给予生命。龙和蛇，那些黑暗与邪恶的有力的象征，也同时是黄金、隐藏的宝藏和圣水的保护者。在拉冬（Ladon）神话中，龙里达本身一方面作为邪恶的象征，一方面也是金苹果的看护者，金苹果则是美好的象征。英雄需要把那龙、那邪恶的象征杀死，以便能获得那金苹果，那美好的象征。这神话似乎暗示着战胜了潜意识中的'Bad Animals'，才能获得心灵的健康与幸福。当然，英雄与'Bad Animals'的战斗，不但象征着意识与潜意识的冲突，同样表现着光明与黑

---

① [美] 卡尔·萨根：《伊甸园的飞龙——人类智力进化推测》，吕柱、王志勇译，河北人民出版社，1980年，第105—106页。

暗诸种相对的冲突的原始类型。"①

在众多的神秘动物里，蛇是最具性格分裂与多义性的了。

柯克斯（Cox）在《民俗学浅说》里说："对于它的自附于人居的习惯，可追迹到它的友情与保护者的概念。"而这又因为蛇的许多独特习性和怪诞体态得到加强。"它的制克较低动物们的魔力，它的致命毒液以及它的别的性质与作用"，都使它成为"魔力的伴侣"。②

袁鹤翔说："早期的英国史诗《屠龙记》（按：《贝奥武甫》）把口吐火焰的妖龙影射为自然灾害（旱），而中国的后羿射日的神话，也未尝不可作此解。"③所以修蛇或巴蛇不但能隐喻水患，经过对立转化，在一定情况下，也可以象征干旱。总之，它们能够作为某种灾变的代表。

苏雪林则介绍说，英雄杀龙为光明战胜黑暗的神话式寓言。"神话学者谓神明之战胜毒蛇毒龙，乃雅利安民族之传统说法。印度《韦陀》（Veda）颂歌常言群神领袖因陀罗曾战胜亚希（Ahi）毒蛇。又有毒蛇名弗栗多，因陀罗曾碎其首。米特拉为纯天光之神，亦曾与阿利曼毒龙战而杀之。因为毒龙无非是黑暗象征，太阳神则为光明之象征，光明与黑暗照例有一番激战云云。但我们读西亚神话，始知屠龙之事渊源极古，似同出一源。"④

蟒蛇除了威胁人畜外，在神话里往往象征土地、性、水、冥界乃至死亡。但中国的巨蛇有时却是自然灾害，尤其是水旱风雨之不时的象征，巨蛇腾空或蛟龙戏水，有时是龙卷风的曲折映像或幻想体现。吴任臣《山海经广注》引《闻奇录》便说："番阳（《山带阁注楚辞》引作'番禺'）有书生经山中，见气高丈余如烟。乡人言：此冈子蛇吞象也。"以后他们还找到站立着死去的大象，"而肌骨已化为水。咸针破取水，云：过海，置此舟中，能辟去蛟龙"。这巨蛇跟蛟龙一样联系着风雨。《山海经·北山经》："幽都之山，浴水（黑水）出焉。是有大蛇，赤首白身，其音如牛，见则其邑大旱。"然则巨蛇出现又意味着干旱。《西山经》太华之山有肥遗之蛇，"六足四翼，见则天下大旱"。

王孝廉说："在神话中，龙蛇经常是水神或水害的象征，许多英雄的传说，

---

① 古添洪：《希拉克力斯和后羿的比较研究》，见古添洪、陈慧桦编著：《从比较神话到文学》，东大图书公司，1977年，第270页。
② 参见［英］科克斯：《民俗学浅说》，郑振铎译，商务印书馆，1933年。
③ 袁鹤翔：《从国家文学到世界文学——兼谈中西比较文学研究的一些问题》，载《中外文学》1982年第11卷第2期。
④ 苏雪林：《屈原与九歌》，广东出版社，1973年，第403页。

即是通过征服龙蛇的内容来隐喻人类对水害的克服而得的胜利。"① 他还进一步指出,代表洪水的龙蛇还象征破坏与死亡。"我们在各民族神话所常见的英雄征服大蛇(龙)的故事,这类神话隐喻着古代人对水的胜利,是透过对水神(龙蛇)的杀伐而取得再生,神话中的洪水以及代表洪水的水神龙蛇,是象征着破坏与断绝的死亡,人类即是必须通过死亡而取得再生,如同宇宙必须经过破坏而始能复旧。"②

弗洛伊德说:"男性性器最重要的象征则是蛇。"③ 它那便于穿洞入穴的细长身躯常被比附为男阴,它在地下的生活及强大的生命力、繁殖力又使它成为女性和土地的象征。"希腊神话里,蛇还象征着生育、繁殖,因为蛇既象征男性生殖器,又穴居地下。"④ 它在伊甸园里教唆人们"犯罪"(获得知识和性知觉),从而成为性和生命秘密的启蒙者。它的冬眠、蜕皮,又常被认为具有再生的能力,从而成为生死和轮回的象征。这样,蛇就以其大地、繁殖乃至生命之神的资格受到人的膜拜。有的海外学者认为:"中国的性神后土或上帝,以蛇(按:应为龙)的形式受到崇拜。中国的龙是蛇的美化。伴随着男性崇拜,产生了祈求人类不断繁衍和得子愿望的男性仪式。"⑤ 伏羲、女娲等故事就是这种仪式的语言表现。王孝廉也说:"蛇在许多原始民族中又是咒术、巫术和一切魔力的象征。原始人崇拜蛇多半与图腾社会中以蛇象征男性生殖器的生殖器崇拜有关。"⑥ 不过这种种关于蛇的迷信、神秘感、崇拜等等,都主要是原始信仰的内容,或者说主要是一般宗教观念,跟蛇图腾崇拜虽有联系,更有区别。把非人或超人之物当成幻想的祖先是图腾机制的主要特质,它有自己的一套思维模式和观念特质,与一般信仰不大一样。

而从总的趋向看,无论是中国的蛇,还是西方神话里的龙,大部分代表凶恶、破坏和黑暗的力量,与自由、能动的人类追求恰相反。人类要追求光明(负熵)和自由就必须克服前进道路上的困难和障碍,亦即所谓通过破坏来建设,这就必须战胜黑暗和守旧势力的代表者,快乐、财富、光明的禁锢者,所

---

① 王孝廉:《神话与小说》,时报文化出版公司,1986年,第157页。
② 王孝廉:《神话与小说》,时报文化出版公司,1986年,第109页。
③ [奥]弗洛伊德:《梦的解析》,赖其万、符传考译,志文出版社,1973年,第278页。
④ [英]丹尼斯·赵:《中国人信仰中的蛇》,王骧、方柯译,见中国民间文艺研究会上海分会编:《民间文艺集刊》(第7集),上海文艺出版社,1985年,第280页。
⑤ [英]丹尼斯·赵:《中国人信仰中的蛇》,王骧、方柯译,见中国民间文艺研究会上海分会编:《民间文艺集刊》(第7集),上海文艺出版社,1985年,第283页。
⑥ 王孝廉:《中国的神话与传说》,联经出版事业公司,1977年,第162页。

以原始人们就希望自己的代表和精英能够把人类的力量集中起来对付魔怪和邪恶，人蛇之战、杀怪取宝、英雄屠龙的故事就在这样的心理背景之下有声有色地展开。

人和蛇、龙的敌对，集中反映于英雄杀龙、斩蛇的故事里。几乎所有著名的英雄都杀过龙或蛇（或各式各样的水怪）。

巨蛇和宇宙蟒

现在先看后羿之杀修蛇。后羿在洞庭所断之修蛇，见于《山海经·北山经》："大咸之山，无草木，其下多玉。是山也，四方，不可以上。有蛇名曰长蛇，其毛如彘豪，其音如鼓柝。"郭注："说者或云长百寻。今蝮蛇色似艾绶文，文间有毛如猪鬣，此其类也。"《楚辞·天问》："一蛇吞象，厥大何如？"《山海经·海内南经》："巴蛇食象，三岁而出其骨，君子服之，无心腹之疾。其为蛇青黄赤黑。一曰黑蛇青首，在犀牛西。"郭注："今南方蚒蛇吞鹿，鹿已烂，自绞于树腹中，骨皆穿鳞甲间出，此其类也。"《海内经》："巴遂山……有黑蛇，青首，食象。"《说文》卷十四："巴，虫也。或曰食象蛇。象形。"相关资料甚多。古人一般把蛇当怪恶看待。郭氏《图赞》即谓："长蛇百寻，厥鬣如彘；飞群走类，靡不吞噬；极物之恶，尽毒之厉。"封豕修蛇，在《左传》等书里已用作典故，代非我族类之凶物。

阿拉伯大鹏鸟神话里喂雏鸟用的大蛇也以象为食。《马可波罗行纪》云哈拉章州有巨蟒，"其口之大，足吞一人全身"。冯承钧译注：沙海昂（A. J. H. Charignon）以为即蚒蛇或蟒，H. Imbet 却以为说的是短吻鳄（alligators）。

龚维英认为《天问》"一蛇吞象"，"象"指的是舜弟所属的象氏族。"象氏族盖灭于以蛇为图腾的氏族；此蛇氏族即三苗氏（《天问》或作'巴蛇吞象'）。'一蛇吞象'的传说由此缘起。蛇氏族吞灭象氏族，讹传为自然界的长蛇吞象。"① 田宜超说："所谓'修蛇'，就是指的巴部落。"因为"孟涂族是以蛇为图腾"。② 也有以为长蛇指的是吴越。

后羿杀怪在一定历史条件下（或者说从某一角度考察）可以指氏族部落间的冲突，但也不妨"怪"为某种怪兽恶物，这两者是叠合在一起的；特别是在进行民俗神话学研究的时候，两者的原来面目或背景都必须加以揭示，不可

---

① 龚维英：《〈天问〉"一蛇吞象"新解》，载《昆明师范学院学报》1982年第1期。
② 田宜超：《巴史勾沉》，见《中华文史论丛》（第1辑），上海古籍出版社，1986年。

偏颇。

巨蛇神话遍于世界各地，其母型是森林巨蟒（据说蟒蛇吃鹿、猪、狮偶或有之，食象绝无可能）。章太炎《文始》谓："《说文》无蟒，盖本作莽；古音莽如姥，借为巴也。"这是试图捏合蟒与巴。古代印度神话说，有宇宙蟒名婆苏吉（Vasuki），缠绕着世界大山须弥（Sumeru，相当于昆仑），诸神用须弥山做搅动牛乳海之棒，婆苏吉便成了牵动带，其目的在制造不死的灵液（Amrita）。据说盛产巨蟒的南美洲，也有表现此神话的神庙浮雕。我国的《玄中记》也记载了这一神话：昆仑西北有山，周回三万里，巨蛇绕之，得三周。蛇之长九长万里。蛇长居此山，饮食沧海。

北欧神话里也有环绕大地的巨蛇，程仰之曾将相柳拟之于这条巨蛇。"这个'九首，蛇身，自环'而'食于九土'的水怪，颇像北欧神话中的俞尔芒甘特耳。俞尔芒甘特耳是一条大蛇。它潜伏在海洋中，蟠绕着大地。当巨人们奋起而与神们争斗之时，它也发怒助威，激起巨浪狂涛，冲击大陆，凶恶异常。最后，还窜上岸来，帮助巨人们扰乱世界。"① 学者认为，斯堪的那维亚这条环绕世界的宇宙蟒是生命无限和宇宙永恒的体现者。"蛇的圆形象征永恒和作为传统表示时间的方法，与神的永恒的无穷无尽的创造力有着血缘联系，就像一位身上携蛇的神。"② 这条环绕大地的巨蛇，跟围着神山须弥的婆苏吉可能同源。

九首雄虺的真容

赫拉克勒斯还杀死过古希腊的九首雄虺许德拉，它是风怪百首巨龙提丰和女首蛇身怪厄喀德那（Echidna）交配生下来的。或说许德拉是巨怪帕拉斯（Pallas）与冥河（River Styx）女神结合而生的。它生活在阿耳戈斯海湾的勒耳那（Lerna）地方的水中，称为勒耳那的水蛇（Hydra of Lerna）。它吞食人畜，蹂躏田地，无恶不作。它那九个头中间的一个头是不死的，其他也能断而复生。神话学家指出，这显然是航海民族对章鱼巨大触手的夸饰。

苏雪林《屈原与九歌》说，"西亚石刻有大神持戈戮多首蛇，希腊神话英雄赫丘利（Heracles）诛九头虺（Hydra），即由此衍出"，大禹杀九首雄虺相柳，

---

① 程仰之：《古蜀的洪水神话与中原的洪水神话》，载《说文月刊》1943年第3卷第9期。
② [英] 丹尼斯·赵：《中国人信仰中的蛇》，王骧、方柯译，见中国民间文艺研究会上海分会编：《民间文艺集刊》（第7集），上海文艺出版社，1985年，第280页。

也与之有渊源关系。

后羿所杀的九婴可能是一种九头的怪物。《说文解字》卷六贝部："赗，颈饰也。从二贝。"这当然是原始人以贝壳为项链的意思，早在山顶洞人遗址里就发现了这种"贝链"。《说文》卷十二女部也说："婴，颈饰也。从女、赗；赗，其连也。"（各本有异文，此从《四部丛刊》影岩崎氏藏宋刊本；段注云应作"婴，绕也"。）《荀子·富国篇》："处女婴宝珠。"杨注："婴，系于颈也。"因为"婴"（颈饰）联系于颈，所谓"九婴"就可能暗指"九颈"。《山海经·中山经》"蛟"郭注："似蛇而四脚，小头细颈，（颈）有白瘿，大者十数围，卵如一二石瓮，能吞人。"或以湾鳄说之，或以为是蛇颈龙的活化石。《说文》段注卷十三"蛟"字条引作"颈有白婴"。江绍原说："这白婴是想象蛟所戴的一个白颈圈，还是颈上自然长着的一圈白鳞？"①他甚至想象古人以为"蛟龙皆有颈饰——蛟之白婴即白色的（按：玉质的？）颈圈"②，虽然他自己都怀疑，但从此可推出九婴有九颈，有九颈就有九头，总是顺理成章的吧。

程憬也以"九""句"字通，言"九""象其屈曲究尽之形"；而婴有颈、喉之义，认为"句婴当是曲喉或曲颈的意思"，"九婴可解为九喉九颈或多喉多颈"③，却没有说出它是什么样的怪物（楚的某些龙形镇墓兽确是曲颈的）。他据《淮南子》高注"北狄之地有凶水"，"九婴，水火之怪，为人害"，提出："以凶水之意度之，九婴当为水怪。大约这种曲喉曲颈或九喉九颈的水怪，当和上面的凿齿一样，是一种半人半兽的怪物"④。九婴，也可能指九头鸟，但此处可能鸟、蛇互转，九头鸟变成九头蛇。

九婴为九颈九首，此意颇为新颖精到。然则九婴有可能暗指像水蛇许德拉那样的九首雄虺。因此，后羿所射修蛇虽不是九头，但九婴却不是九头鸟便是九头的水蛇。"雄虺九首，倏忽焉在？""雄虺九首，往来倏忽些。"这是描述它的迅疾与诡秘。

希腊的许德拉是暴风神提丰的后裔，口喷毒气，作家形容它像"暴风雨中的树枝"那样摇晃。神话学家们都知道，雄虺音转为"庸违"（康回即共工），又即共工之臣相柳。它的特点如《海外北经》所写是"九首人面，蛇身而青"，依《大荒北经》是"九首，蛇身，自环"，像章鱼触臂一样扭缠在一起。许德拉

---

① 江绍原：《中国古代旅行之研究——侧重其法术的和宗教的方面》，商务印书馆，1934年，第28页。
② 江绍原：《中国古代旅行之研究——侧重其法术的和宗教的方面》，商务印书馆，1934年，第28页。
③ 程憬：《后羿与赫克利斯的比较》，载《国立中央大学文史哲季刊》1943年第1卷第2期。
④ 程憬：《后羿与赫克利斯的比较》，载《国立中央大学文史哲季刊》1943年第1卷第2期。

在阿耳戈斯的勒耳那"沼泽中长大",或说居于湖中。相柳不但如应龙,其"所抵,厥为泽谿",而且"其所歑所尼,即为源泽",被杀死后,"其地多水,不可居也"。这是比较神话学家认可的确定无疑的类同性。它比许德拉还要贪馋狞猛,九首"以食于九山",或"食于九土",郭注:"头各自食一山之物,言贪暴难餍"。《招魂》里的雄虺还能"吞人以益其心些"。这些都是海蛇、章鱼之类多力、善食的写照。"沼泽"云云,则可能把它移到湖沼或滩涂上来描写。

许德拉难于被杀死(赫拉克勒斯是先射它、斩它,再用火炙,才致之于死地的),死后还可能作祟。所以要埋尸于通途,且以巨石镇压(或说深埋于大崖之下)。中国神话中,杀死九头蛇相柳(雄虺)的勋迹则从后羿转移到治水英雄夏禹身上,他杀死这毒物后建立神坛以镇伏、厌胜之。《海外北经》说:"禹杀相柳,其血腥,不可以树五谷种。禹厥之,三仞三沮,乃以为众帝之台。"《大荒北经》说:"禹湮之,三仞三沮,乃以为池,群帝因是以为台。"他的血是极毒的,"腥臭,不可生谷"。苏雪林等俱已指出,赫拉克勒斯用许德拉的黑血浸他的箭矢,使许多凶恶的中箭者无药可医,或说连他自己也死于此毒血。而许德拉的毒气还曾使勒耳那湖严重污染,而被称为"瘟疫沼泽",这多像相柳"所歑所尼"因而"多水",不可居止、不能栽种的"源泽"。苏雪林《天问正简》还进一步怀疑这个同型故事可能有西亚的共源:"两河流域的神台照例筑于环水之中,便是我国汉代什么'渐台',什么'昆仑'(人造雏形的)也是如此。"

郭璞将三仞三沮的缘故,归之于血膏浸润坏地,"其地多水,不可居也",又解作"膏血滂流,成渊水也",也还有点根据。就是西亚神魔之战,"神屠魔后,魔龙血溢为洪水"。

至于英雄们所杀的龙的母型,有一种说法是指鲸。英国护国神圣·乔治所杀的龙,有人说是鲸。但贝奥武甫所杀的龙一般认为是蛇形怪物。照《大英百科全书》"Dragon"条的描述,这条形如大四脚蛇的怪龙浑身披满鳞甲,甩着带倒刺的尾巴,背上生着蝙蝠那样的肉翅,嘴里喷出烈火,是残暴和恐怖的动物,有如中国那异化或怪化的龙——蛟或孽龙(中国的英雄所杀的孽龙多是蛟)。西方的龙后来有些像三角的犀牛(更像剑龙),但最初仍以蛇为骨干。"dragon"一词源于希腊文"dracones",据说原意是"明眼所见",希腊人用以称呼巨蛇。古希腊、罗马生物学家也用此词称呼蟒蛇。普林尼在《博物志》里说,龙隐藏在印度热带丛林里,往往从树上猛冲向猎物,用身体把它卷缠至死。这说的显然是大蟒。

公元 11 世纪,斗龙勇士圣·乔治的传说流传到古罗斯。他实际上是杀怪成婚的珀耳修斯和英国同名英雄的化身，只是被基督教化（圣·乔治用十字架降龙）。他所杀的龙也是混合性的，"它是印度蟒蛇和爪哇飞蜥相结合的产物，尔后在从地下发掘出来的巨兽骨骼影响下成为有翅怪物，最后在口头传说中又变成了神话般巨大而凶残的怪兽"①。

中国较为原始的龙是一种以蛇为基干的混合型神物，有时它更像鳄鱼、鲸、蜥蜴、蝾螈乃至海马，后来还让长着马首、猪头、牛角、鹿叉等等，所以其母型说法至多。

四、屠龙者

解破混沌蛇

从这杀蟒降龙的故事可以看出一些深藏的秘密。

马尔杜克是太阳神兼创造大神。他的化形一半是鹰，一半是蛇。巴比伦阿卡德人的创世史诗《埃奴玛·埃立什》里，出现了蛇蟒形的水怪，为便理解，一般英译为"Dragon"，汉译为"龙"。欧洲的德拉贡基本上就是综合各种特征而成，七首雄虺可能就是下文的毒龙。

还有近东世界常见的风暴或雷雨之神斩蛇的神圣讲述。这些风暴神（或太阳神）的名称与辈分都常常变易。他们实质上是屠龙英雄往往兼太阳神，如巴比伦的尼努塔（Ninurta；马尔杜克亦具一定风暴神性）、埃及的赛特（Seth）、赫梯的特苏伯（Teshub；新赫梯语为"珊塔什"，Shantash）、迦南的乌伽特语为巴力（Baal，Bali）、叙利亚-黎凡特为拉什普（Reshep）、希腊宙斯（其子屠龙者阿波罗亦具一定风暴神性）。

南诺·马瑞纳托斯指出："风暴神的一个职责就是保护宇宙的秩序，通过与妖魔、野兽以及各种混乱力量（Chaoskampf）斗争而捍卫自己的统治。在这个层面上，风暴神是文明化的中介，使得世界免受妖怪与各种野兽的伤害。"②

混沌与混乱是太阳的大敌，因为其本质为黑暗，太阳要通过风暴或雷雨扫除反叛者与破坏者之黑暗，恢复光明与秩序。所以在传统的偏见里，这是正义对邪恶的惩治——其实反抗者是有充足理由对抗他们的专横与凶暴。这仍然是

---

① [苏] 阿基穆什金：《自然界奇闻怪事》，宋东方译，科学普及出版社，1981年，第121页。
② [美] 南诺·马瑞纳托斯：《米诺王权与太阳女神——一个近东的共同体》，王倩译，陕西师范大学出版总社，2013年，第219页。

耶和华与撒旦冲突的稍稍有些改动的形态。

1. ［赫梯］风神特苏伯

特苏伯与巨龙战斗，首战败北，只好求助其他神祇。女神伊那拉（Inaras）定计宴请巨龙，让它胀得（或醉得）回不了洞穴，被凡人胡帕斯亚斯捆住，风暴神或雷雨神就轻易地杀了它。龙名伊卢延卡（Illuyankas，或译依鲁雅克）可指蛇。可见它跟早期龙一样同样以蛇蟒为母型。这个"卑化"的混沌神话，在新年仪礼里被诵读或再现，说明它原来也有解破混沌、更新万象的意蕴。正如伊利亚德所说：

> 神的胜利确保了国家的稳定与繁荣。我们可以认为，在这个神话成为民间传说之前，表现了巨龙统治下的"混沌"时代和对生命之源的威胁——巨龙不仅象征着"虚拟性"（潜在性）与黑暗，也代表着干旱，规范的丧失和死亡。①

但在民间口碑与演出里，人的势力与自我意识已开始觉醒。仅就杀龙者为风雨之神、庆祝屠龙的普鲁利节旨在祝祷丰饶而言，杀龙的目的是解放水雨、祛除旱馑。

在赫梯文本类英雄史诗记述的这则屠龙故事中，龙便被转译为魔鬼撒旦。

> 撒旦依鲁雅克和他的儿子们走出洞口，
> 他们吃啊！喝呀！
> 喝光了所有的酒，
> 迷离大醉，
> 以至于无法再回到他们的巢穴。
> 此时，胡帕什亚来了，
> 他用带子捆绑住依鲁雅克，
> 雷雨之神也来了，他杀死了撒旦依鲁雅克。②

屠龙故事还有一种异文：

> 雷雨之神最初亦为妖龙所败。妖龙将他的心和目挖出。后来，雷雨神同一位尘世的姑娘、贫苦人家的女儿结婚，并生一子。此子长大

---

① ［美］米尔恰·伊利亚德：《宗教思想史》，晏可佳、吴晓群、姚蓓琴译，上海社会科学院出版社，2004年，第126页。
② 李政：《赫梯文明与外来文化》，江西人民出版社，1996年，第29—30页。

成人，一心一意要娶妖龙的女儿为妻。①

这又是古老的龙女异类婚恋神话。

  雷雨神要其子在未婚妻进门时索取曾失去的心和目……要求得到了满足，雷雨神复旧如初，终于又可一战。②

结果是妖龙及其妖婿（雷雨神之子）一起被杀。

雷雨兼暴风之神，可能又名叫"扎斯哈普纳"，赫梯语义为"众神中的至大者"，可能已像宙斯那样升格为最高天神。此则屠龙故事的历史解释为：风雨神所保护的内里克城"暂被北方的加斯加人（妖龙）从赫梯人手中夺去，而后又为赫梯人收回"。③ 这显然是试图把神话世俗化、政治化、信史化。

2．[苏美尔-巴比伦] 马尔杜克

"创造者"、太阳神马尔杜克以网套住蒂阿玛特，让恶风胀大其腹（可能亲入其腹），以箭破开，直取心脏，"像干鱼似的将其劈成两半，将其一半扯起，作为天拉满四周"，另一半做了地。也有学者赞成从社会学视角历史地解释马尔杜克屠龙神话。刘卿子说，这"突出和宣扬了古代巴比城的中心地位"④。于殿利、郑殿华说："这则神话似乎具有庆祝巴比伦尼亚统一的政治色彩。巴比伦尼亚的（马尔都克的）统一是通过对海地（提亚马特）的胜利及其有效的安抚政策实现的，这种有效的安抚政策在胜利之后永久地影响着这片土地。"⑤

被杀者是混沌蛇或混沌龙。如前，它的被杀、解体，意味着太阳或光明破解了混沌之黑暗。蒂阿玛特造出了十一种怪物，其中有毒蛇（毒虺）、飞龙（蛟龙，日译本作"火焰龙头"）、沙索利（蝎）人、马怪（半人半马怪，日译本作"海怪哈拉木"），另有蛇妖、暴风雨、鱼人等。跟龙相关的怪物，可以看作龙性之分解。最重要的，这还是"泛起大洪水的龙"⑥。饶宗颐译本是：

  彼乃剖裂之若蚌蛎之甲，分为两半，

  其一立之以为苍穹，

---

① [美] 居特博克：《赫梯神话》，见 [美] 塞·诺·克雷默等：《世界古代神话》，魏庆征译，华夏出版社，1989年，第128页。
② [美] 居特博克：《赫梯神话》，见 [美] 塞·诺·克雷默等：《世界古代神话》，魏庆征译，华夏出版社，1989年，第128页。
③ [美] 居特博克：《赫梯神话》，见 [美] 塞·诺·克雷默等：《世界古代神话》，魏庆征译，华夏出版社，1989年，第129页。
④ 刘卿子：《两河文明——逝去的辉煌》，百花文艺出版社，2004年，第83页。
⑤ 于殿利、郑殿华：《巴比伦古文化探研》，江西人民出版社，1989年，第140页。
⑥ 《吉尔伽美什——巴比伦史诗与神话》，赵乐甡译，译林出版社，1999年，第190页。

> 设闸遣戍卒坚守自固，
> 复令毋许其因水而潜逃。①

鱼与贝蚌在这里都可以看作女性及其生殖力量的象征。

或说，中国也有类似混沌龙被太阳英雄破解的故事。吕微认为，鲧一方面以鲲鱼或玄鱼（潜水鱼）入水盗取可以无尽生长的息壤以堙塞洪水，再造大地；另一方面又像蒂阿玛特式混沌龙，被光明神帝舜（甚至还有其子禹）屠戮与破解。英雄杀死象征前创世无序状态的混沌海怪并用海怪的尸体创造大地同样意味着世界的开端（鲧正是此类浑沌海怪——北冥之鲲），而杀死海怪的英雄在神话中则往往是具有创世能力的、黑暗之神的儿子太阳－光明之神（例如舜）。②

《归藏·启筮》说："鲧殛死，三岁不腐，副之以吴刀，是用出禹。"吕微甚至解释类似神话为："握有吴（音羽，或禹）刀的大禹潜入洪水底部或者钻进浑沌海怪——鲧的腹中，然后从中再生，是用神话语汇描述了光明之神太阳沉入西方大海然后浮出东海之际的宇宙景观，这也就是光明代替或凿破黑暗之创世主题的象征表达。"③ 这有待讨论，其中若干环节有待证明。

我们认为，西方屠龙故事应该追溯到苏美尔太阳英雄马尔杜克剖杀女怪蒂阿玛特，她以蛇形或怪鱼形龙出现，象征着水体混沌之被解破。在此之前，杀死水怪（或说蒂阿玛特之夫阿普苏）的是深渊之神埃阿（Ea），他还因此获得"屠龙者"的光荣称号。他们是有承袭性的屠龙英雄、杀妖壮士。埃及的太阳英雄故事似乎与其有关。也有人认为埃及神话出现在其前。

3. ［古埃及］ 太阳神拉

古埃及的太阳英雄神拉，曾杀死地底的蛇怪阿普苏（埃及人又称 Apopts，Apop）。或说，这蛇怪实在就是恶龙。《死者之书》写道："他刺穿你（蛇妖）的头，他劈开你的脸，他把你的头分扔在他的土地上延伸的道路两边；你的骨头被砸得粉碎，你的四肢被从你身上砍下来。"

像马尔杜克对蒂阿玛特，像因陀罗对弗栗多，像黄帝对蚩尤，太阳神解体了蛇妖，基本上是所谓二元对立结构。另则异文是，拉化形火红色的猫，在赫利奥波利斯城的圣树西科摩尔之下用刀杀死阿波普（Aapep，Aapop），或把它的头咬掉。

---

① 饶宗颐编译：《近东开辟史诗》，辽宁教育出版社，1998 年，第 44 页。
② 吕微：《神话何为——神圣叙事的传承与阐释》，社会科学文献出版社，2001 年，第 264 页。
③ 吕微：《神话何为——神圣叙事的传承与阐释》，社会科学文献出版社，2001 年，第 265 页。

《金字塔文书》讲述：

> 赖奋发神威，
>
> 荷拉斯（太阳神）拉开十张弓，
>
> 驱除那来自地下的妖魔，
>
> 割下头，
>
> 斩掉尾！
>
> 啊，妖蛇杰塞尔，
>
> 滚回去，滚回地下去！……
>
> 舒神（大气之神）站在你的躯体上。
>
> 滚回去，滚回地下去！

这鲜明地呈现天空（太阳）与地下的对立。

被追杀的巨蛇，常居地底。阿波普一到午夜，就把"地下尼罗河"的水全部吸干，阻碍太阳神舟的前进，并且危害拉神。拉神也有一条神蛇（梅亨）以及众从神的呵护，他们共同鏖战妖蛇，用长矛刺穿阿波普身上之"约"，或每一蜷曲且有皱褶之处，使其将水吐出——或说这反映了尼罗河在夜间的快速涨落。

> 你额上的巨蛇（眼镜神蛇），
>
> 驱除作恶多端的妖蛇，
>
> 绞断它的脊梁，
>
> 灭除它的毒焰，
>
> 圣火将它焚烧。
>
> 伊西丝（Isis）追击它，
>
> 奈芙蒂斯（Nephthys，女神）使它受伤，
>
> 托特（Thot，月神）的剑刺中它，
>
> 终于将它降服。（《金字塔纸草文书》，魏庆征译）

阿波普有起死回生的能力，每晚太阳与蛇都要展开一次激战。

4. ［迦南］ 巴力，阿娜特（Annat）

叙利亚-巴勒斯坦地区的迦南人（含闪族，如古犹太人、腓尼基人等），信奉主神、暴风雨之神巴力曾杀死恶神雅姆（Yam）麾下的七首妖龙。"七"这个神秘数字在迦南意味着七年一度的丰歉周期性循环。巴力死去，七年后复生。所杀妖龙也有七只头。

或说，是大母神阿娜特杀死雅姆及其妖龙洛坦（Lotan）或坦宁。所谓乌加

里特泥板，记载了她的自白：

> 难道不是我杀死了雅姆，埃尔的心上人，
> 难道不是我杀死了河神？
> 难道不是我杀死了巨龙，
> 难道不是我战胜了机巧的蛇，
> 难道不是我降除了七首妖魔？①

神话学家多认为："大海王子"雅姆≈河神≈智蛇≈巨龙、洛坦≈七首妖魔。

雅姆本是河川之神，与天空诸神素有矛盾，只不过忽合忽分罢了。伊利亚德说：

> 耶姆同时被描写成神灵和魔鬼，他是"厄勒所钟爱的"儿子，作为一个神，他像其他神灵一样接受牺牲。另一方面，他又是一个水怪，一条有七个头的大蛇，"大海王子"，是水底世界的本体和显现。②

这一场人龙或神怪之战，意义是多重的，对其他屠龙事件也有启示。"一方面，从季节和农业上的比喻来说，巴力的胜利意味着雨水战胜了大海和地下水；代表着宇宙规范的雨水取代了大海贫瘠的浩瀚以及灾难性的洪水。巴力的胜利标志着对秩序的把握与季节的稳定。另一方面，与水怪巨龙的战斗表明了一个年轻神灵的胜利，万神殿新的统治者的脱颖而出。"③ 这后一点，极像继李冰而起的子辈小二郎神。老一代的神隐退为退位神，青年神应时而生，诛杀孽龙，掌控了统治权、话语权和受祭祀权。

凯伦·阿姆斯特朗同样指出：雅姆代表的是海洋与河流常以洪水威胁土地的不友善一面，而暴风神巴力则使得土地肥沃。④ 雅姆的同类或分身是洛坦。

> 在同一神话的另一版本中，巴力斩杀了七头龙——罗腾（Lotan），在希伯来语中称作巨灵利维坦（Leviathan）。几乎在所有的文化中，龙所象征的都是潜伏、未成形和未分化的力量。巴力因此以极具创造力的行动，阻止了世界退化回到最初无形的混沌状态，众神建造了一座

---

① [美] 戈登：《赫梯神话》，见[美] 塞·诺·克雷默等：《世界古代神话》，魏庆征译，华夏出版社，1989年，第180页。
② [美] 米尔恰·伊利亚德：《宗教思想史》，晏可佳、吴晓群、姚蓓琴译，上海社会科学院出版社，2004年，第133页。
③ [美] 米尔恰·伊利亚德：《宗教思想史》，晏可佳、吴晓群、姚蓓琴译，上海社会科学院出版社，2004年，第134页。
④ [英] 凯伦·阿姆斯特朗：《神的历史》，蔡昌雄译，海南出版社，2001年，第20页。

奉祀他的美丽宫殿以为报偿。①

所以，最早的屠龙就是破解混沌，就是启蒙和走向创造。雅姆、洛坦、利维坦，三者合一。

泥板之外的乌加里特文献干脆用利维坦指称巴力所杀的龙。它的七首，C.H. 戈登指出，跟《旧约·诗篇》（74.14）赞美上帝砸碎鳄鱼"七头"相合。②《新约·启示录》（12.3）里，邪恶意象为海中七首妖魔（大红龙）。戈登说，利维坦母型是（咸水）巨鳄（或说海蟒、巨鲸）。迨至较晚期，法碗上的阿拉米铭文（公元 5 世纪前后，巴比伦）中，术士提及上帝解除利维坦（鳄鱼），以驱除主顾们家宅中的邪祟。③

这上可追溯至阿卡德英雄杀七首魔，旁能勾连赫拉克勒斯棒打七首雄虺，下则演变为《圣经》主神、天使或圣徒镇压魔鬼撒旦（蛇）或杀灭水怪。

> 有关善与恶两种力量争衡的神话，早在前犹太时期即深深植根于迦南。……希腊神话中也有与之相应者（相近似者）；这便是有关七首或九首魔怪许德拉（后为赫拉克勒斯所杀）的传说。这一神话最早的佐证，为公元前 3 千年代美索不达米亚的楔形文典籍（锲刻于圆柱体上），属阿卡得王朝时期，上面载有关于战胜七首魔怪之英雄的描述。④

水的解放

1. ［古印度］ 雷神因陀罗

婆罗门教（后来称印度教）的蛇或龙（即后世之那伽）是掌管、阻滞或发动水雨者，有时像共工氏（黑龙、句龙、雄虺）那样造成灾难。雷神因陀罗像西亚与欧洲的英雄那样降龙或杀蛇。《梨俱吠陀》颂曰："我现在欲赞颂因陀罗的业绩；金刚杵的据有者最先付诸实现的为：他殛杀巨龙，他为河流打开通道，他将山峦那坚实的腰部劈开。"

> 他（因陀罗）殛杀栖身于山腹中的巨蛇……

---

① ［英］凯伦·阿姆斯特朗：《神的历史》，蔡昌雄译，海南出版社，2001 年，第 20 页。
② ［美］戈登：《赫梯神话》，见［美］塞·诺·克雷默等：《世界古代神话》，魏庆征译，华夏出版社，1989 年，第 181 页。
③ ［美］戈登：《赫梯神话》，见［美］塞·诺·克雷默等：《世界古代神话》，魏庆征译，华夏出版社，1989 年，第 181 页。
④ ［美］戈登：《赫梯神话》，见［美］塞·洛·克雷默等：《世界古代神话》，魏庆征译，华夏出版社，1989 年，第 181 页。

你（因陀罗）殪杀蛇中最先出世者……

因陀罗殪杀最可怕的、无肩臂的敌对者，以杵这一无与伦比的兵器杀死弗栗多。犹如树木被利斧砍去枝条，巨蛇弗栗多俯地而亡。①

弗栗多，还像原人或神我（purusa）那样被代表光明的英雄神解体（分尸），"抛掷四方"：

无足、无臂的它，与因陀罗搏斗。他以杵击其脑部。弗栗多曾经阉割，希冀成为牡牛之楷模，被抛掷四方，散布之地不胜枚举。②

这也正是盘古式身化宇宙的创世神话的简化版（被动型）。既像被太阳英雄马尔杜克肢解的蒂阿玛特，又似为太阳神黄帝所脔割的螭龙或水虫之蚩尤，胜利者把它的头颅、肢体弃置各地。"它像被割刈的芦苇，卧倒在地，摩奴之水越过其体，滚滚流去。弗栗多曾以其庞大身躯予以阻遏，——如今，蛇妖横卧于其脚下。"③

作为水和雨的掌控者，怪蛇或凶龙又被看作干旱的制造者，"弗栗多之母的生命之力已告枯竭。因陀罗以致命的兵器向它猛袭。生育者在上，其子在下。达努卧倒在地，犹如牝牛与牛犊"④。

然而，弗栗多之母是水和生命的载体（尽管在削弱中），"其体隐没在奔腾不息的水流中。大水冲洗弗栗多的秘密处所。因陀罗的敌对者坠入漫长的幽暗中"⑤。可见，弗栗多及其母又是生殖力体现者，正如中国的龙也是繁育的象征一样（其母亲也许隐喻土地）。

所以，因陀罗也是在解放大自然的生育能力。他不但"用金刚杵掘开了水渠"，水渠可理解为大地的阴道或血脉，而且"又打开了大山的阻塞的乳房，使泉水流出"⑥。所以，他又是创生者。

因陀罗杀死的类那伽蛇怪很多，《梨俱吠陀》提到的如弗栗多（黑魔，或乌里特拉）、亚希（蟒魔）、阿尔部昙（Arbuda，蛇怪）等。因陀罗曾被称为"杀弗栗多者"，有如阿波罗荣称"杀皮同者"。

大家都知道，这跟所谓罗刹等一样，一方面是可畏的自然力的神话映象，

---

① 魏庆征编：《古代印度神话》，北岳文艺出版社、山西人民出版社，1999 年，第 26 页。
② 魏庆征编：《古代印度神话》，北岳文艺出版社、山西人民出版社，1999 年，第 26 页。
③ 魏庆征编：《古代印度神话》，北岳文艺出版社、山西人民出版社，1999 年，第 26 页。
④ 魏庆征编：《古代印度神话》，北岳文艺出版社、山西人民出版社，1999 年，第 26 页。
⑤ 魏庆征编：《古代印度神话》，北岳文艺出版社、山西人民出版社，1999 年，第 26 页。
⑥ 金克木：《梵语文学史》，人民文学出版社，1999 年，第 34 页。

另一方面是古印度原居民如达罗毗荼、那伽族等的丑化形象①。伊利亚德也承认："因陀罗的战事，成为雅利安人对抗达体（也称作 vrtani）战斗的模式。"②

  英雄因陀罗，美名传四方，
  降伏一个个，可怖之顽敌。③

较为独特的是，弗栗多、那伽及亚希，在《梨俱吠陀》经里不仅是农牧民族渴求的水、雨之控制者，还是雨、水的封闭者与垄断者。因陀罗用金刚杵闪电一般劈刺开被封锁的洞穴，水与繁殖力量才得到解放，滋润了大地。这再次证明，屠龙的目的之一，是解破混沌（子宫），释放龙所蕴含的生命水或繁育力。

战神、雷电之神因陀罗，是发雷者（Vajri）、云之驭者（Meghavahana）、天之主（Svargapati）、帝释天之神（Mahendra）。他具有宇宙之力。他杀除妖魔，包括巨蛇弗栗多、挡路者等，他解放了水和雨（它们像饥渴的牛被弗栗多关闭在洞穴里）。

《梨俱吠陀》认为："海风吹来的云是敌人，其中藏有财富的渴望，须有其降甘霖于旱地前借助神力战胜之。"④ 印度的土地被热带的骄阳暴晒数月，板结坚硬皲裂，没有大雨，连耕种都不可能，遑论收获。没有雨只能饿死。因陀罗杀死弗栗多，就意味获得水雨、粮食、财富和快乐。

因陀罗战胜旱魃妖龙弗栗多，也潜藏着世界创造或再创造的意蕴。

伊利亚德警告说，只是"沉溺于自然主义的诠释之中"，并不解决问题。例如，对此故事，仅仅说"雷电交加，大雨倾盆，或是泉水从山中涌出"［奥登伯格（Oldenberg）之说］，或仅仅说"是太阳战胜冰冷且'禁锢'水源的寒冬"［希勒布兰特（Hillebrandt）之说］，都是不够的。这位杰出的罗马尼亚裔宗教史家、神话学家，承认"神话是多义的"。"自然"成分当然存在，除了前文所陈述的，他也赞成"因陀罗的胜利，就是生命战胜了因弗栗多阻塞水源而造成的贫瘠和死亡的胜利"，然而"这个神话的结构是宇宙创造论的结构。《梨俱吠陀》

---

① 参见巫白慧译解：《〈梨俱吠陀〉梵文哲学诗选》，见孙晶主编：《月亮国的智慧》，沈阳出版社，1997年，第9页。
② ［美］米尔恰·伊利亚德：《宗教思想史》，晏可佳、吴晓群、姚蓓琴译，上海社会科学院出版社，2004年，第177页。
③ 参见巫白慧译解：《〈梨俱吠陀〉梵文哲学诗选》，见孙晶主编：《月亮国的智慧》，沈阳出版社，1997年，第8页。
④ ［法］G. H. 吕凯、J. 维奥、F. 吉朗等：《世界神话百科全书》，徐汝舟、史昆、李扬等译，上海文艺出版社，1992年，第474页。

(1.33.4)说,由于他(因陀罗)的胜利,因陀罗创造了太阳、天空和黎明。另一首赞歌(《梨俱吠陀》,10.113.4—6)则说,因陀罗一诞生就将天地分开,固定了苍穹,掷出了金刚杵,撕裂了将水禁锢在黑暗之中的弗栗多。现在,天空和大地成了诸神的父母(1.185.6)。因陀罗则是最年轻的神(3.38.11),也是最后一个出生的神,因为他结束了天与地之间的神婚"。① 何况,弗栗多还被因陀罗解体分尸(暗示其将成为创造万物的原料)。

2. [古印度]伐楼那(Varuoa)或太一

既是水神,又能创造万物(或被称为"水体太一"),这是带着水神性的最高神或创世者的特征(有些像郭店楚简《太一生水》之太一的神人化)。我们注意到,古远的水神婆楼那或伐楼那,很快取代天空之神特尤斯(Dyaus)成为印欧人的最高神——宇宙之王和创造大神(见《梨俱吠陀》7.82.2)。

伐楼那跟弗栗多的性格居然有很多的类同点,伊利亚德说:他实质上是创造大神。伐楼那原先是一个太初的神祇,是最强有力的阿修罗,如今则与弗栗多等同了。他统治着世界、诸神(devas)和人类。他"像屠夫撕裂兽皮一样地撒开了大地,这样大地便成了太阳的地毯"。他"将牛奶放在母牛的体内,将智慧放到心里,将火放在水里,将太阳放在空中,将苏摩(soma)放在山上(《梨俱吠陀》5.85.1—2)。作为造物主,他具有天神的某些属性:他是维斯瓦达萨陀(Visvadarsata),义为'天眼清净,澈见一切'(《梨俱吠陀》8.413),他是无所不知的(《阿闼婆吠陀》4.16.2—7),也是永无过错的(《梨俱吠陀》8.413)"。②

这位水天跟阻水者弗栗多竟然都曾经是龙蛇之身——偶尔还被叫作毒蛇。从字源学上看,他们的名字亲缘关系。我们可以恰如其分地认为他们与太初之水相关。特别是"阻挡水流"("伟大的伐楼那把海藏了起来",《梨俱吠陀》9.73.3)、夜(不显现的)、水(潜在的、萌芽的)、超越和无为(至上神的特点)都是相互关联的。③

易言之,水天伐楼那也是一种龙。而且,伐楼那被同化为蛇神亚希和巨龙

----

① [美]米尔恰·伊利亚德:《宗教思想史》,晏可佳、吴晓群、姚蓓琴译,上海社会科学院出版社,2004年,第117页。
② [美]米尔恰·伊利亚德:《宗教思想史》,晏可佳、吴晓群、姚蓓琴译,上海社会科学院出版社,2004年,第171页。
③ [美]米尔恰·伊利亚德:《宗教思想史》,晏可佳、吴晓群、姚蓓琴译,上海社会科学院出版社,2004年,第173—174页。

弗栗多。在《阿闼婆吠陀》（12.3.57）中，他被称为"毒蛇"。特别是在《摩诃婆罗多》中，伐楼那是等同于蛇的。他被称为"海洋之王""蛇（nāgas）王"，而海洋则是"蛇居住的地方"。①

这一切都不妨碍伐楼那（蛇）成为具有无穷创造力的宇宙主，像生水的太一那样；而弗栗多（蛇），作为好的"摩耶之主"（Māyin，大巫），也能"创造形式与万物"②。

麦克斯·缪勒转而用它诠释英雄屠龙神话。

> 那些关于太阳英雄穿云破雾与黑暗搏斗的故事，也都来自同一源泉；在《吠陀》中经常提到的牛，它们被 Vritra 驱走，而被因陀罗带回，实际上，它们是光明之牛，每天早上黎明女神把它们赶到牧场（云霞）——从它们肥大的乳房流出使万物更新和丰产的雨和露水，降落在干渴的土地上。③

这跟杀龙等于解放生殖力毫无抵牾且可相互补充：雨露跟庾词云雨同样隐喻繁育活动，它能让干涸的土地解渴、受孕、生产、丰饶。

古代印度还有一些英雄屠龙神话。毗湿奴第八化身大黑天曾经镇伏、驱逐妖蛇迦梨那；曾进入一蛇妖腹中，将其撑死。然而，妖蛇与毒龙都不是纯粹的邪恶，从特定视角看，它们是牺牲者，提供躯体，成为泥土、水或者养分，正如"落红不是无情物，化作春泥更护花"。

> 提阿马特（Tiamat）、莫特（Mot）和利维坦（Leviathan）并不是邪恶的化身，它们只是履行他们在宇宙中的角色，就是死去并被肢解。生存法则和社会文明都建立在他者的死亡和毁灭之上；无论神或人，除非他们随时准备好自我献祭，否则不可能具备真正的创造力。④

在一定程度上说，被丢弃的孩童英雄、播撒在地的种子、被献祭的第一胎、牺牲的勇士，都是以正面形态出现的被解破者。

---

① [美]米尔恰·伊利亚德：《宗教思想史》，晏可佳、吴晓群、姚蓓琴译，上海社会科学院出版社，2004年，第174页。
② [美]米尔恰·伊利亚德：《宗教思想史》，晏可佳、吴晓群、姚蓓琴译，上海社会科学院出版社，2004年，第173页。
③ [英]麦克斯·缪勒：《比较神话学》，金泽译，上海文艺出版社，1989年，第97页。
④ [英]凯伦·阿姆斯特朗：《神话简史》，胡亚豳译，重庆出版社，2005年，第78页。

永生的太阳

1. ［波斯］ 阿胡拉-马兹达与米斯拉们

波斯以太阳神或大光明神出现的主神阿胡拉-马兹达对魔王阿利曼的善恶、明暗二元冲突具象地体现在太阳英雄斩杀妖蛇的斗争里。

阿胡拉-马兹达像毗湿奴那样有许多别称、化形或分身。屠龙英雄在不同文献里呈现为霍尔莫兹德（Homozd，波斯文）、奥马兹德（帕拉维文）、米斯拉（Mithra，波斯文）、米特拉（梵语）、巴赫拉姆（Bahrām，帕拉维言语；即韦格特拉格纳，Verethragna，"杀弗栗多者"）。

元文琪转述相关神话如下：

> （创世后）第二个三千年伊始，在淫荡女妖贾赫的百般蛊惑下，阿赫里曼总算振作起精神，率领众妖魔气势汹汹地杀向光明世界。他们穿透大地，向苍穹发动猛攻，很快侵占了三分之二的天空。刹那间，整个光明世界被张牙舞爪的群魔搅得天昏地暗，一片乌烟瘴气。阿赫里曼"像一条凶恶的毒蛇"，张开血盆大口朝着霍尔莫兹德的其他创造物扑将过去。①

其恶果立现："受到攻击的江河之水，变得又咸又苦，污浊不堪。地面上举目所见尽是蛇蝎、癞蛤蟆、野兽和鳄鱼，大地之灵悲痛万分。"② 所谓洪水猛兽横行大地，令人想起大禹的敌人九首雄虺相柳，"所歍所尼，即为源泽"，"不辛乃者，百兽莫能处"。经过九十天激战，霍尔莫兹德才把蛇妖赶回黑暗的魔窟。

古代波斯的光明神米斯拉（或米拉特）的一些神话，都有杀龙的神迹。或说，米斯拉与因陀罗同格或同源。《米特拉·亚什特》里，他是"第一位……与乘奔驰骏马的永生太阳相近似之神"。他"赋予肥沃和畜群，他给予威权和子孙，他赐予生命和安居乐业"，并且是"诳惑之惩治者"③——所以有的神话说他杀了狂悖的妖龙，或怪化的公牛。那都是黑暗的暴力。

---

① 元文琪：《〈阿维斯塔〉导读》，见［伊朗］贾利尔·杜斯特哈赫选编：《阿维斯塔——琐罗亚斯德教圣书》，元文琪译，商务印书馆，2005年，第463页；参见《波斯神话精选》，元文琪译，中国少年儿童出版社，1991年，第1—16页。

②［伊朗］贾利尔·杜斯特哈赫选编：《阿维斯塔——琐罗亚斯德教圣书》，元文琪译，商务印书馆，2005年，第463页。

③［美］德雷斯登：《古伊朗神话》，见［美］塞·诺·克雷默等：《世界古代神话》，魏庆征译，华夏出版社，1989年，第328页。

元文琪主要采用群团斗争背景之说（以因陀罗为雅利安人氏族神），也兼及原义指涉：因陀罗的实质是光明神。第 14 篇《亚什特》歌颂的战争与胜利之神巴赫拉姆（Bahrām，帕拉维文），也号称"杀弗栗多者"（Verethragra），亦即"击溃来敌"的意思。巴赫拉姆的形象之一为"尖齿利爪"，"迅速置敌于死命"的公野猪，其"凶猛异常"，确实"令人望而却步"。但他在第 10 篇《亚什特》中只配充当光明与誓约之神米斯拉的急先锋（第 18 章 70 节），其地位和作用远不能同八面威风的米斯拉神相比。①

他们这些屠龙者，都是光明神或太阳英雄则无疑辞。

古代波斯还有一位跟水神相似的斩蛇者，胜利之神韦雷特拉格纳。其来源为：Vrtraghan（韦雷特拉格纳）＝ Vritra（妖蛇弗栗多）＋ ghan（消灭者）。一般认为，他就是印度教雷电之神因陀罗，他的尊号之一就是"杀弗栗多者"。按照麦克斯·缪勒语言疾病神话学理论，Vritra 的语源或本义被误解，才制造出妖蛇被杀的故事。Vritra 原意是敌对、攻略、保卫、告捷。既然是敌对者，那就应该有英雄或圣王来攻略，最终必定是告捷，从而保卫了气候的和谐与田稼的丰饶。逐渐地，就有了妖蛇并以弗栗多为名，就有了因陀罗或"杀弗栗多者"的称号或故事，并且转移到天狼星（Tistar，雨神）身上——英雄屠龙神话就是由语言生了"病"而阴差阳错地产生的。这不是一点道理没有，但现代学者多不取，它很难解释那样多的屠龙故事。

2.［波斯］伽尔沙斯布（Garshāsb）

《阿维斯塔·亚斯纳》说："正是他［击败和］杀死了头上生角的巨龙——那遍体流脓的怪物，喷出的黄色毒液高过梭镖，吞噬的人畜无以计数。"②《扎姆亚德·亚什特篇》说它"有上千个肚子，鼻子和脖子"。伽尔沙斯布中午时刻把锅架在巨龙背上做饭（这是海上巨鲸传闻的常见细节），火燎烟熏得巨龙猛然跃起，掀翻铁锅，热汤四溅。英雄闪身躲过，乘机杀死了它。

《扎姆亚德·亚什特篇》里，还讲述他"力斩金脚踵的甘达尔弗（Gandarv，巨妖）——［那凶恶的巨妖］嘴巴奇大，恨不能把真诚世界一口吞下"。可见其能吃（它有一千个肚子）。帕拉维语帝王传奇《阿尔达希尔·帕帕克的业绩》将

---

① 元文琪：《二元神论——古波斯宗教神话研究》，中国社会科学出版社，1997 年，第 124 页。
②［伊朗］贾利尔·杜斯特哈赫达编：《阿维斯塔——琐罗亚斯德教圣书》，元文琪译，商务印书馆，2005 年，第 87 页。

其历史化，说这位王乔装富商，潜入敌堡，伺机用熔铜液杀死巨龙，平定了叛乱。①

3.〔波斯〕法里东（Farīdōn）

皇家小英雄法里东的父亲被蛇王佐法克杀死，幼罹散亡，吃神牛巴尔玛耶的奶长大。十六岁后，母亲告诉他：

> 佐哈克的双肩生出两条黑蛇，
> 蛇食人脑波斯人备受折磨。
> 他们下毒手取出你父亲之脑，
> 为两条蛇烹制一道菜肴。②

复仇的法里东挥舞牛头大棒，冲进蛇宫，先把警卫的鬼头打烂，"他一只脚踩到佐哈克王座之上，取而代之，把他的王冠戴到头上"，顺便解救了被蛇王霸占的两位美女——圣王贾姆席德（Jamsiad）的妹妹。就好像蛇怪、猿怪洞穴里可怜的宫嫔一样，她们把蛇王逃往印度等秘密告知解救者；在百姓的助战下，法里东制服了蛇王，吊在山中（按：定数已满再死）。当然，他"一手挽住沙赫尔纳兹（公主）无限亲昵，这边亲吻阿尔瓦纳兹（公主）柔情蜜意……卧榻上他头枕美人青丝安眠"③。这本质上仍是英雄屠龙救美成婚。

琐罗亚斯特教圣书《阿维斯塔·亚斯纳》歌颂法里东说：

> 正是他〔击败和〕杀死了三张嘴巴、三个脑袋和六只眼睛的阿日达哈克（Azhīdahāk）——那有上千〔种〕形体变化、异常强大而虚伪的妖魔，使世界蒙受灾难，是阿赫里曼为损害尘世和扼杀真诚而特意制造出来的最凶残狡诈的〔恶魔〕。④

他的名字在史诗中又作特赖陶纳（Thraetona），历史化以后，就是《列王纪》中的法里东。元文琪据《帕拉维语词典》说，恶龙 Azidahaka 或 Azhī-dahak 的原意为：Azhī-dahāk = Azh（蛇龙）+ dahāk（十大缺陷）= 具有"十大缺陷"的恶龙（狞狞可怖的巨蛇）。

它的另一对手是光明神阿胡拉-马兹达的裔属或后身阿扎尔（Ādhar，圣火

---

① 参见元文琪：《二元神论——古波斯宗教神话研究》，中国社会科学出版社，1997年，第151页。
② 〔波斯〕菲尔多西：《列王纪选》，张鸿年译，人民文学出版社，1991年，第71页。
③ 〔波斯〕菲尔多西：《列王纪选》，张鸿年译，人民文学出版社，1991年，第93页。
④ 〔伊朗〕贾利尔·杜斯特哈赫选编：《阿维斯塔——琐罗亚斯德教圣书》，元文琪译，商务印书馆，2005年，第86页。

之神),作为隐蔽型屠龙者,他与阿日达哈克争夺"灵光"①。

阿日达哈克被法里东囚镇在达马万德山(Demavand moun.)。神话传说,袄教教主琐罗亚斯德升天后第二个一千年末,阿日达哈克将挣脱锁链,出山报仇(这跟中国被镇妖魔,如无支祁、孙悟空、泗州水母、白蛇怪、一百零八位罡煞经历五百到一千年灾难周期后复出是同一故事模式,或称误走妖魔型)。届时将杀世间三分之一的人畜。主神阿胡拉-马兹达不得不唤醒沉睡于扎搏尔斯坦原野的英雄伽尔沙斯布,以消弭此次劫难。②

另则异文说,此年,处女韦赫·巴德沐湖得孕,生下小英雄、先知乌希达尔-马赫(Oushidar-Māh),他率领民众杀了吞噬人畜无数的巨蛇。③

波斯或古代伊朗人喜欢把神话历史化、现实化。"伊朗人相信,他们的国王和英雄都曾杀死过恶龙",例如阿尔达西尔(Ardashir)王传说。而且,"神话主题和人物的历史化过程总是有着一个对应的相反过程:国家或帝国的真正敌人总是被想象成怪兽,特别是恶龙"④。

4. [波斯] 萨姆

勇士鲁斯塔姆(Rostam)是弃子英雄,但他盛赞父亲萨姆(Sam 或 Jam)是"博学而有广阔的心胸"的"伟大的勇士",是名王贾姆席德之后。或说他又叫"伊互"(Jemshid),相当于印度的阎摩(Yama,即阎罗),神迹又略同于《旧约》中接受神示打造方舟的挪亚。

> 他在图斯曾经力斩毒龙,
> 那龙十分凶恶谁在它爪下都会丧命。
> 山野里的狗和海中的鲸,
> 遇到他再也休想保命逃生。
> 下海他敏捷地活抓游鱼,
> 高扬起手能捉住飞鸟的羽翼。
> 他大吼一声能吓退巨象,
> 对头们一想起他就黯然神伤。
> 有条龙平日藏在大海深处,

---

① 参见元文琪:《二元神话——古波斯宗教神话研究》,中国社会科学出版社,1997年,第150—151页。
② 参见元文琪:《二元神论——古波斯宗教神话研究》,中国社会科学出版社,1997年,第152—153页。
③ 参见元文琪:《二元神论——古波斯宗教神话研究》,中国社会科学出版社,1997年,第239页。
④ [美]米尔恰·伊利亚德:《宗教思想史》,晏可佳、吴晓群、姚蓓琴译,上海社会科学院出版社,2004年,第273页。

>   海水都黑浪翻滚因为此龙放毒。
>
>   他用大棒把那毒龙击毙,
>
>   天下人都为此而向他欢呼。①

连鲸都能杀死,这毒龙可能暗指传说中的超大章鱼或海蟒。或说,它就是波斯神话里的恶魔迈赫库萨(Mahrkusha),是洪水制造者。

《太阳之歌》编者奥弗认为,包括屠龙在内的希伯来神话或宗教受到了两河平原神话的多重影响,如下示。

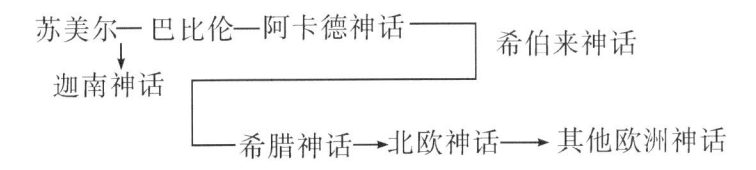

```
苏美尔—巴比伦—阿卡德神话 ┐ 希伯来神话
    ↓                     │
  迦南神话                  │
           └ 希腊神话 → 北欧神话 → 其他欧洲神话
```

仅以英雄屠龙而言:

> 在巴尔(按:巴力)神话的一种形式中,纷扰混乱的力量被描述为把七头龙洛坦杀死。而洛坦在希伯来神话中是作为海中怪兽来描述的一种动物。此外,阿卡得神话中,马杜克杀死"蒂阿玛特龙"也是受到这个迦南神话的影响的。杀死一条龙是巴比伦神话的重要内容,它对西方的许多传说和神话也具有很大的影响。例如,它变成了珀耳修斯和安德洛墨达的传说,赫丘利和许德拉的传说,齐格弗里特和法夫纳的传说,贝奥伍尔夫和格伦德尔的传说,以及基督教的圣乔治杀死龙的传说。②

5. 希腊的斩妖者

(1)阿波罗。化身为金乌的阿波罗,射杀过神蛇或怪龙皮同,它是地母该亚之子,这象征着光明对黑暗的征服。在他杀蛇的地方建起德尔斐神庙,这位光荣的太阳神因而被称为阿波罗·皮提俄斯(Apollo-Pythontos)。

神蛇皮同,"母性蟒怪,大地给了她生命,她是提丰的保姆"③,一般认为是天后赫拉派来杀害阿波罗的母亲勒托,因为天帝宙斯让她怀了孕。由于海神藏匿了可怜的母亲,皮同回到帕耳那索山的洞穴。一种说法,阿波罗出生才四天,

---

① [伊朗] 菲尔多西:《列王纪选》,张鸿年译,人民文学出版社,1991年,第566页。
② [美] 雷蒙德·范·奥弗编:《太阳之歌:世界各地创世神话》,毛天祜译,中国人民大学出版社,1989年,第168页。
③ [法] G. H. 吕凯、J. 维奥、F. 吉朗等:《世界神话百科全书》,徐汝舟、史昆、李扬等译,上海文艺出版社,1992年,第169页。

因为吸的是神酒，便具有超人的力量去寻找建立自己神坛的地点，于是遭遇皮同。

> 巨蟒看见了神，向他冲去。阿波罗射出利箭，"难忍的疼痛使这个魔怪浑身颤抖，在泥沙中翻滚。她投向森林，在地上盘绕，一会这，一会那，口喷毒气，直到她生命的最后一滴血耗尽"。①

小太阳神一脚把它踢到一边，轻蔑地说，"你就躺在这儿腐烂吧"，这个词造成一些典故或其诠释，例如皮同死地之比托（Pytho）在希腊语里就是"腐烂"的意思（后来此处叫作德尔斐），或说连皮同故事也由此词而起。

（2）赫拉克勒斯。希腊太阳英雄赫拉克勒斯，其十二功绩中包括棒打并火烧九首雄虺许德拉。在另外的神话里，他还曾杀死看守金苹果的百首巨龙拉冬（或说即提丰的孳变），以及喀迈拉（Chimaira）等巨怪。他还杀死萨伽里斯河滨的巨蟒。

他杀死海中巨龙，救出被当作人牲的特洛伊王拉俄墨冬的女儿赫西俄涅（一说他娶了她，一说她违约）。他还与河神阿刻罗俄斯化身斗法，争夺公主得伊阿尼拉。河神曾化形巨蟒，被他制服，相当于降龙。这也暗含着英雄救美、杀怪成婚的古老母题。

（3）伊阿宋。以伊阿宋为首的阿耳戈英雄杀死百眼巨龙的传说，历史学派学者认为反映了希腊英雄时代远征异域的史实。也有神话说，这条永不睡眠的巨龙是为赫拉克勒斯或珀尔修斯所杀的。李奭学复述此一历史故事说：

> 信史可征的欧人的第一条龙，我们恐怕得俟诸杰生（Jason）追寻金羊毛的传说。……他率众寻找金羊毛，《阿果号航行记》（Argonautica）中出现过一条"艾欧尼亚之龙"（Aovlolo Spakovotoo），而这位希腊英雄也必须通过忠心看守金羊毛的一条不眠巨龙的考验，方能达成任务。②

这在欧里庇得斯的悲剧《美狄亚》（*The Medea*）结尾里出现：黑龙拉着太阳神赫利俄斯的战车，带着手刃亲子的美狄亚破空而去，因为她是太阳神的孙女。这条巨龙不由得令人想起："时（指太阳）乘六龙以御天！"

（4）珀尔修斯。屠龙者的典型，要数英雄珀尔修斯（或化为大鹏鸟）。他搏

---

① ［法］G. H. 吕凯、J. 维奥、F. 吉朗等：《世界神话百科全书》，徐汝舟、史昆、李扬等译，上海文艺出版社，1992年，第169页。
② 李奭学：《西秦饮渭水，东洛荐河图——我所知道的"龙"字欧译始末》，载《汉学研究通讯》2007年第26卷第4期。

杀妖龙，拯救人牲安德洛墨达公主，获得与篡夺者竞争合法王位的力量。哈特兰（Hartland）为此写了三卷专著。这也是西方画家最喜欢处理的题材。

弗雷泽认为，英雄杀怪以后，救出献给龙蛇的美女，尤其是公主，实际上是得到酬报。① 这是一种强形式的（人、妖之间的）婚姻竞赛。"跟一个姑娘，特别是跟一位公主结婚，常常是体育竞争优胜的奖励。"②

例如，按照英国传说《特里斯丹与伊索尔达》，哥尔努阿耶王国外海出现一条恶龙，它像河伯娶妇那样要求用美女做（生命与性）双重牺牲，占有她以后再把她吃掉，连公主都不能幸免，否则，便掀起风浪，糟蹋庄稼，危害人民生命财产。③ 这里包藏着东西方英雄神话最常见的两个相连的母题：水怪娶妻和杀怪成婚。这就是典型的除害与拯救模式：

A（英雄）+B（恶害）+C（弱者，如公主等）；

后羿+河泊+雒嫔（新妇）；

赫拉克勒斯+海怪+赫西俄涅公主；

珀尔修斯+妖龙+安德洛墨达公主；

特里斯丹+蛇妖：恶龙+伊索尔达公主。

英雄特里斯丹不用常见的长矛，而是徒步挺剑，直取龙的心脏，杀死了它并割下龙舌为证；当然，最后他与被救的公主结了婚。

6. ［北欧］雷神索尔

洛基跟女巨人生下毁灭世界的巨狼芬里尔（Fenrir）、环绕大地的巨蛇（宇宙蟒米亚加德，Midgard）和掌管地狱的女儿海拉。

坎贝尔说："索尔将杀死巨蛇，从现场迈出十步的距离，就因为吹散的（蛇）毒液坠地而死。"惯用大锤的雷神索尔震慑着这条巨蛇。"海岸上的强大风暴就是它造成的"，索尔总想杀死这条"宇宙大蛇"。④ 有人认为，他也是屠龙者。在诸神的黄昏里，中了蛇毒的他跟大蛇在烈火中同归于尽。

日耳曼神话里，这个玉石俱焚——英雄与世界、创造者与破坏者同归于尽

---

① ［英］弗雷泽：《金枝——巫术与宗教之研究》，徐育新、汪培基、张泽石译，中国民间文艺出版社，1987年，第221页。
② ［英］弗雷泽：《金枝——巫术与宗教之研究》，徐育新、汪培基、张泽石译，中国民间文艺出版社，1987年，第237页。
③ 参见［西班牙］卡洛斯·加亚编：《世界各国神话与传说》，齐明山译，中国民间文艺出版社，1985年，第294页。
④ ［法］G.H. 吕凯、J. 维奥、F. 吉朗等：《世界神话百科全书》，徐汝舟、史昆、李扬等译，上海文艺出版社，1992年，第376页。

的场景，确实体现着上古北欧人尚武乃至崇尚死亡、好走极端的民族性格。据说，每当歌剧《尼伯龙根的指环》再现这个惨烈的场面时，沉迷在疯狂旋律里的希特勒总是热泪盈眶。

或说，索尔曾用牛头做钓饵，大瀛海中的"巨蟒立即被这钓饵引诱，一口将它吞下"，拼死挣扎，要将其拖到海底；他有了立足地，便把巨蟒举起，"两眼射着闪电，炯炯目光直逼巨蟒，这个怪物扭头盯着他，口里喷着毒液"，索尔取锤时，它便逃至海洋深处。直到大结局时，它才死在索尔锤下。①

在冰岛史诗《埃达·女占卜者的预言》里，索尔变为维达。他杀死宇宙蟒之后，天崩地裂，日月无光，"雾气腾腾四周一片氤氲"②，烈火烧光天界，似乎重归混沌。然而，世界终要复活。其后，地上的君主荒淫无道，至高神要"把怙恶不悛的众神祇，送交最后审判去发落"。这一来，世界又陷入黑暗——是所谓永劫回归。

> 大蟒蛇周身鳞光闪闪，
> 从尼达山（死神之山）里窜了出来。
> 毒龙尼德霍狂暴乱舞，
> 在平川上空飞来飞去，
> 喷射着毒液残害苍生，
> 翅翼上挂着白骨累累。③

于是，世界呼唤英雄："无畏的勇士今在何方，将来搏蛟屠龙杀掉它。"④

7. ［北欧］ 西格蒙德

古代欧洲屠龙者西格蒙德（又称"胜手"）是北欧瓦尔士国王伏尔松的长子，他曾经像亚瑟王那样，轻轻拔出天神奥丁插在大厅中央的巨剑，成为剑主，业绩主要见于《伏尔松萨迦》。他的杀龙，见于古英语史诗《贝奥武甫》。

> "胜手"西蒙的英雄事迹，
> ……
> 曾挥剑斩绝了整整一族怪物。
> 西蒙死后，得了美名，

---

① ［法］G. H. 吕凯、J. 维奥、F. 吉朗等：《世界神话百科全书》，徐汝舟、史昆、李扬等译，上海文艺出版社，1992年，第399页。
② ［冰岛］佚名：《埃达》，石琴娥、斯文译，译文出版社，2000年，第22页。
③ ［冰岛］佚名：《埃达》，石琴娥、斯文译，译文出版社，2000年，第22页。
④ ［冰岛］佚名：《埃达》，石琴娥、斯文译，译文出版社，2000年，第25页。

> 因为他搏杀了毒龙，宝库的护主。
> 头顶上灰色的绝壁，他，
> 王公的儿子，孤胆的斗士，
> 直扑顽敌（当时费特拉不在身边）。
> 运数既定，宝剑抡起
> 刺穿了斑斓的毒龙。
> 名贵的铁刃，深深插入石崖。
> 大蛇一命呜呼。
> 可怕的英雄施展出勇力，
> 夺来了珍宝尽情享用。
> ……
> 毒龙在烈火中熔化了。①

继承西格蒙德屠龙业绩的，是他大名鼎鼎的儿子们——法兰克人的精神领袖，包括西格弗里德。

恩格斯曾称赞《老埃达》里有迷人的颂歌，尽管它们深受"基督教和古代因素影响"。在《法弗尼尔（毒龙）之歌》里，西格弗里德基本上是用渔民或猎手杀鳄鱼的办法藏在恶龙必经之路的坑中，刺中了它的心。"鳞光闪闪的恶龙，你能喷出疾风骤雨般的毒雾，它来势凶猛有雷霆万钧之力，可是人们的愤怒更势不可挡，就像人人戴上了恐怖的头盔。"② 这里已包含着道德、情感与智慧的较量，不仅仅是力的搏击了。

在冰岛史诗《伏尔松萨迦》里，西格弗里德用的是父亲的"格拉姆宝剑"重铸的利器，"锋刀像烈焰一般通红发光"。一位老人教他挖几个大坑，"好让恶龙的血淌流下去"，然后再用宝剑刺向这条"大蛇的心脏"。

> 恶龙从洞府中爬出来潜入水中，他扭曲身躯蜿蜒禹前进，一路上腥风呼呼，闷雷隆隆，卷起飞沙走石，撼得地动山摇。③

西格弗里德用剑刺穿恶龙左肩，"一直插到只剩下剑柄露在外面"。

屠龙者西格弗里德也出现在日耳曼史诗《尼伯龙根之歌》里，在中古高地德语文本里，即齐格菲（西格弗里德之异译）。

---

① 《贝奥武甫——古英语史诗》，冯象译，生活·读书·新知三联书店，1992年，第46—47页。
② ［冰岛］佚名：《埃达》，石琴娥、斯文译，译林出版社，2000年，第318页。
③ ［冰岛］佚名：《萨迦》，石琴娥、斯文译，译林出版社，2003年，第1074页。

  相传，他曾经亲手杀死一头凶猛的巨龙，
  皮肤因沐浴过龙血变得像鳞甲一样坚硬，
  从此刀枪不入，这一点他已经多次亲自证明。①

  但是，有一枚菩提叶挡住他的肩胛，成为他的致命伤或生命点，并且被做了暗记；趁他喝水时，哈根用标枪由此刺穿了他的心脏，应验了守宝者巨龙与杀龙的夺宝者将同归于尽的诅咒或谶言。他就是歌剧《尼伯龙根的指环》的主角。指环受到小矮人的诅咒：谁得到它，谁将死去。

  冰岛学者和政治家埃·奥格尔逊从社会学的角度论定，西格弗里德象征的是氏族制度，巨龙（浮尼尔）则代表掠夺黄金的罗马帝国和它的文明。"在这种社会的想象中，一方面有氏族公社社员、马上战斗英雄的形象，他手持利剑，英勇高贵，战无不胜，但最后却注定成为败亡的敌人诅咒的牺牲品；另一方面却是大怪物罗马大帝国这个巨龙的形象，它蟠在黄金上，喝着氏族公社的鲜血，它注定要灭亡，可是同时却用黄金的诅咒来毒害获胜的氏族。"② 这是一出历史的悲剧，正义、善良、勇敢的氏族英雄因为代表后退的力量，不得不因"文明的诅咒"和吞蚀而失败、毁灭。但是，先进的"文明"却被具有传统意识的岛民用恶龙来象征，一方面包含对"文明的罪恶"的批判，另一方面也反映古代人对蛇的仇视和敬畏。"西古尔德杀死了蟠在黄金上的龙，浮尼尔（看守宝物的毒龙）的黄金最初本来是神的赐物，他杀死自己的父兄而夺取了黄金，以后这黄金又成为对西古尔德最大的诅咒，终使西古尔德死亡。"③ 这也可以看作人蛇传统冲突在社会斗争上的反映。

  在丛林里长大的准弃儿西格弗里德用神剑刺进龙嘴，穿透咽喉，直达龙心，然后得到它守护的宝藏（或简化为神秘的金戒指），也得到隐身盔。但是，未浸龙血的肩胛成为他的致命点。或说，他"喝了这个怪物的血"，但他仍然因为占有宝藏引起嫉恨，被恶龙杀死——这是蛇（财富、贪欲和罪恶）对人的报复。他的妻子用火来焚烧英雄的尸体。这火烧毁了整个城堡和神殿，连诸神都被烧成灰烬。"这是所有人的归宿，这是暴虐无忌、贪心不已、财迷转向和权力欲的最后结果。"只有龙所守的黄金永在。"莱茵河把它又放回了大自然（淹没了

---

① ［德］佚名：《尼伯龙人之歌》，安书祉译，译林出版社，2000年，第23页。
② ［冰岛］埃·奥格尔逊：《冰岛人民史话——冰岛氏族制度和国家》，何清新译，生活·读书·新知三联书店，1959年，第28页。
③ ［冰岛］埃·奥格尔逊：《冰岛人民史话——冰岛氏族制度和国家》，何清新译，生活·读书·新知三联书店，1959年，第28—29页。

它)。谁也不能从大自然里夺去什么东西。"从人蛇之战到人与自然的永恒对抗，体现着西方天人相分的传统思想感情。

8. ［英格兰］ 贝奥武甫

英格兰英雄贝奥武甫所杀的是看守宝藏的火龙。

> 宝藏的护主四下嗅寻，
> 决意搜出那个趁它熟睡之际
> 侵入了龙穴的逃犯。
> 它心头焦灼，绕着墓冢转来转去，
> 可荒野之中哪里来的人迹！
> ……
> 终于白天离去，遂了它的心愿。
> 不必再逡巡于地府的石壁，
> 它口喷毒焰，腾空而起。①

毒火，害苦了高特的百姓；它还要烧毁包括宫殿在内的人间世界。"大蛇吐出火舌，对准一座座高贵的大厅。赤焰熊熊，恐怖笼罩了大地"②。贝奥武甫在助手、武士威拉夫的救援之下，用短剑斩断了这条喷吐毒焰的火龙。但他被"毒龙留下的伤口，开始燃烧，肿大，溃烂"，扩大至全身。他跟毒龙同归于尽。

托尔金1936年在不列颠科学院演说《贝奥武甫：怪物与批评家》，把英雄屠龙的模式或情节当作研究的重心。

9. 基督教的屠龙天使

（1）［希伯来］耶和华。除了跟撒旦异构同质的毒蛇（妖龙）之外，希伯来人《圣经》里的类龙怪主要有三种："巨龙"（tannin）；拉伯、恶蛇（Rahab）；利维坦（Leviathan），海中巨鳄、鲸或海蟒。

它们跟Dragon、Naga在名称上毫无关系，但正如伊利亚德等所说，还是可以在两河平原或迦南地区找到它们的渊源或影像。《旧约·诗篇》说："你（耶和华）曾用能力将海分开，将海中怪兽的头打破。你曾砸碎鳄鱼的头，把他给旷野的禽兽为食物。"《旧约·以赛亚书》也说："到那日，耶和华必用他刚硬有力的大刀，刑罚海中怪兽，就是那快行的蛇……并杀海中的大鱼。"

---

① 《贝奥武甫——古英语史诗》，冯鲁译，生活·读书·新知三联书店，1992年，第119页。
② 《贝奥武甫——古英语史诗》，冯鲁译，生活·读书·新知三联书店，1992年，第120页。

光辉灿烂的雷电与荒山之神（上帝）成为驱除黑暗的屠龙英雄，天使是他的代表人。有人则把《旧约·约伯记》的大型怪物利维坦看作改型的凶龙；因吞了约拿的大鱼，则被说成鲸形巨龙。《约翰启示录》里有一条"追逐女子"的"古龙"，甚至还因而孕生"人之子"（耶稣）。4 世纪以来，就有人指出此女子应即圣母玛利亚，如此则耶稣是古龙感生的龙子。

（2）法圣·玛沙（Saint Martha）。法国隆河森林里有龙怪塔拉斯克（Tarasque），粗壮的身躯，肉翼，利齿，又有鱼蛇的特征，击沉船只，吞吃旅人，据称由海蟒（Leviathan）跟海驴（Onager）杂交而来。它碰触的每样东西都会起火焚烧殆尽。圣·玛沙拿着十字架，把圣水洒在正忙着吃人的龙怪身上，它立即像绵羊般驯顺。圣女用皮带把它牵到村庄里去，村民用石块与棍棒结果了它的性命。十字架代表太阳与上帝，它先震慑了黑暗却又能煽阴风、点鬼火的妖龙，然后才能用圣水浇灭它的邪火，使它丧失活动能力。

（3）[英]圣·乔治（Saint George）。坎贝尔指出，"英雄屠龙"故事在中世纪以来便为基督教所借用和改装，英雄成了使徒或天使，屠龙成为"所有发动圣战者自我辩护的伟大设计"。天使或圣徒们的屠龙，实际上是对耶和华杀除利维坦海怪的继承。

李奭学说，基督教希望把"正统的"屠龙者都收在其神学系统中。

> 希伯来文中绝无英文"dragon"的对应字。后者所源，我们得由小亚细亚趋回巴尔干半岛，在希腊文化中寻寻觅觅；而其始也，居然还不得以《新约》绳墨，而是得由神话发端，和古典文学与宗教上的关联才属论述正统。所以严格说来，今义所称之"欧龙"，在历史上得迟至《新约》集成，方才见重于世。①

比如，英格兰等地的守护神圣·乔治因屠龙而被看作基督教英雄，就是著名的例子。所以有人把撒旦化身之蛇或蜥蜴看作一种"恶龙"，一种龙的穷凶极恶化。但它跟西亚或埃及的龙既有区别又有联系，它基本上或常常被看作兽身、蛇尾、有角的龙。

10. 美洲的斩蛇者——[印第安] 海华沙

印第安的屠龙英雄是西风之子海华沙。

在美国诗人朗费罗笔下，魔术师麦基苏旺执掌着财富与宝物，"有凶猛的巨

---

① 李奭学：《西秦饮渭水，东洛荐河图——我所知道的"龙"字欧译始末》，载《汉学研究通讯》2007 年第 26 卷第 4 期。

蛇（凯那比克）保卫他的边疆，还有那黑水洋做他的江防"。朗费罗把它们写得很像欧洲的妖龙。

> 栖息在水中，一群庞然大物，
> 在水里蜷曲翻腾，闪闪烁烁，
> 它们盘踞在水里挡住航路，
> 那火焰般的头颅昂然高举，
> 喷出一团团火热的云雾，
> 来往的行人谁也不能通过。①

海华沙用巨大的梣木弓，碧玉头的箭，射杀了它们，还用最后的三支箭射中魔法师的致命点（长发的发根），得到许多战利品。②

西方妖龙在中国的浅淡投影

日耳曼的尼伯龙在中国也许有它的浅淡映象。

中国文籍中有涉及西方龙及斩龙的故事者，除《大唐西域记》外，唐段成式《酉阳杂俎》说，古龟兹（约当今之库车）有龙能窃金宝，使其化炭。国王阿主儿，"能降服毒龙"。阿主儿之子说："龙居北山，其头若虎，今在某处眠耳。"国王"叱龙，龙惊起，化为狮子，王即乘其上，龙怒，作雷声，腾空至城北二十里"。国王欲斩龙，龙愿做王的坐骑。

此龙像西方毒龙，会喷火。杨宪益《零墨新笺》说，此龙所居库车北山即金山（Altai）。传说此山有自燃之火，暗指硫黄，或说指煤炭。杨先生说："因火山而附会出喷火毒龙的传说，金宝化为炭的传说，大概也因此山产炭用以冶铁的事实而来。"③ 突厥祖先阿史那曾奔遁金山，成为蠕蠕铁工。煤、铁和金是此故事的重要元素。杨说颇有见地。他又论述其源流云：

> 这一段故事即是西方尼别龙（Nibelung）故事的来源。这里降龙的王即是西方传说里的英雄 Sigurd。王（阿主儿）降龙时易衣持剑，暗示着某种神异的衣和剑，在西方日耳曼史诗里也有神衣（Tarmkaphe）和神剑（Balmungo）的传说。④

这尚待讨论。他又介绍《尼伯龙根之歌》来源之一：

---

① [美] 朗费罗：《海华沙之歌》，王科一译，新文艺出版社，1957年，第116页。
② [美] 朗费罗：《海华沙之歌》，王科一译，新文艺出版社，1957年，第117页。
③ 杨宪益：《去日苦多》，北方文艺出版社，2015年，第332页。
④ 杨宪益：《去日苦多》，北方文艺出版社，2015年，第332页。

据西方学者考证,西方的尼别龙传说本于匈奴王阿提拉(Attila)的故事,加以附会。这个国王的名字在古日耳曼传说里作 Etzil,同这里王名阿主儿正合。①

阿史那也与"Etzil"及"阿主儿"声近。他怀疑连阿史那诞生传说也是由阿提拉故事辗转化出,唯证据不足。

中国人杀龙吗?中国古代杀巨蛇的勇者并不罕见,然而,已经尊化的龙可以杀吗?北方的狄人集群有杀(四)龙的风俗。《墨子·贵义篇》说,上帝定期定点杀龙:"以甲乙杀青龙于东方,以丙丁杀赤龙于南方,以庚辛杀白龙于西方,以壬癸杀黑龙于北。"

清毕沅据《太平御览》补"戊己杀黄龙于中方"一条,王念孙《读书杂志》说,"中方"的说法不可通,是后人妄补。"五龙"的说法却是有的,如《鬼谷子·盛神法》陶弘景注所说"五行之龙也"。女娲只杀黑龙以济冀州。或谓,杀四龙是"胡俗",不知道是否受中原五行思想的影响。

齐国的"日者"告诫墨子,今天(壬癸)上帝要杀黑龙,先生您"色黑,不可以北",不然,可能(代替黑龙)而被杀。看来,有时龙可以由色泽类同的人牲来代表,杀以祭神。

这种仪式性地杀龙,跟中国曾有过的实际杀龙、食龙(蟒、鳄等)是不同的。从《春秋繁露》等书里祭五龙的仪式推测,这种杀龙可能跟祈求风雨调适、旱涝不兴有关,与藏族、纳西族、彝族等咒龙巫术相似。

杀五龙,在南方的龙舟竞渡里保存着遗痕。龙舟五色,并不鲜见。在偏僻的云贵地区,竞渡失败,那龙(舟)便要被仪式地杀掉(劈或者烧),目的是禳解等。有的则说,五龙(舟)或五(色)木代表五瘟,要分别或轮流地烧掉,如替罪羊。正所谓:"借问瘟君欲何往,纸船明烛照天烧。"

对立面的冲突本来就可能调谐,中国那根深蒂固的"中""中庸""中和"哲学更强调阴阳互补,善恶对转或美丑相生。在水底或地下生存的龙蛇不但能够陆行,而且能够登天;鲲鹏居然可以互化,龙与屠龙者竟然合二而一。传说中的圣王变成退位神,例如黄帝、女娲、大禹,本来都是屠龙者,而自身却又是神蛇或神龙——至迟到秦汉,君王们更自封为龙。他们不再屠龙,养尊处优,无为自治,让臣属或族裔去完成在君王支配下的冲冲杀杀的勋业,包括实质上的屠龙。龙几乎成为唯我独尊的最高统治者的标识或符码,至善至美,再也不

---

① 杨宪益:《去日苦多》,北方文艺出版社,2015 年,第 332 页。

能冒犯、触碰或者应用。那么,被杀的龙呢?不,那不是真龙,而是恶龙、毒龙、妖龙、孽龙,或者是蛟、螭、蜃、蟒等。

马克思说,人们善于用改换名词来改变事物的性质,良有以也。英雄屠龙在民间文学特别是类型学研究里,多称为"勇士斗蛇妖"(西方世界里所屠的龙跟东方一样,多以蛇蟒为母型,但是多加以妖魔化;中国古人的用力处和观念中却着力于蛇蟒的神圣化,重心在龙而不在妖)。斯蒂·汤普森说,"在遍布欧洲和西亚的许多系列故事中,英雄都要与某类超自然的对手相对抗"①,对手多是种种怪物,主要是龙。他的分类里,类型300是"屠龙者"。但是,"两兄弟"(类型303),"框架的常规部分几乎把'屠龙者'全部包含在内",通常结合起来研究。伦克(Ranke)分析了屠龙者368份文本、两兄弟770份文本。其核心或后半部,是英雄救出被奉献给龙为牺牲的少女(多是公主),这又融进了杀怪成婚型。汤普森的《民间文学母题索引》较重于神话,可供参考:B0 – B99. 神话动物,B11. 龙,B11.6.2 龙守护财宝。

P. M. 沃尔科夫(1924)把"15项情节"之第四列为:"(4)关于斗蛇妖勇士。"维谢列夫斯基的母题,是不能再分解的故事学的意义单位,例如"蛇妖劫持国王之女""伊万与蛇妖作战"。维谢列夫斯基在他的情节诗学研究里提出,母题是由情节中归纳提炼出来的:"母题是一种格式,它在社会生活的初期回答自然界到处对人所提出的种种问题,或者把现实生活中的一些特别鲜明的,看来是重要的或者重复出现的印象固定下来。"②

这个理论似乎倾向于神话学里的自然学派。神话侧重于人类对于自然变化的(象征)讲述、反应和解释,包括以想象力或幻想表达征服自然力的愿望——龙或蛇妖就是一种想象夸大的自然力乃至灾难;它所造成的"重复出现的印象",已经逼近心理分析学派的集体无意识或由其集中、提纯的原型意象——龙是生命力与自然力相融汇的原型或神奇动物意象,恶龙、蛇妖则是暴力原型,等等。

维谢列夫斯基紧接着以上引文说:"母题的特征——它的形象的单项的模式化;初级的神话和民间故事的不可进一步分割的诸因素便是这样的母题。"③例如与龙或蛇妖有关的,"乌云不下雨,水源干枯了;敌对势力把水源埋上,把滋

---

① [美] 斯蒂·汤普森:《世界民间故事分类学》,郑海、郑凡、刘薇琳等译,上海文艺出版社,1991年,第27页。
② [俄] 维谢列夫斯基:《历史诗学》,刘宁译,百花文艺出版社,2003年,第588、589页。
③ [俄] 维谢列夫斯基:《历史诗学》,刘宁译,百花文艺出版社,2003年,第588、589页。

润灌溉的渠道封闭起来了，必须战胜敌人"①。传统所谓勇士斗蛇妖或英雄屠龙，便是此类情节中的一个母题。

杀怪成婚及屠龙的意蕴

英雄屠龙神话里黏附着一个极其重要的母题：杀怪成婚。这是此类神话中的重要母题，需专门讨论。这类故事的模式大致是：残害人民的妖物（特别是化身为鱼、龙或牛的水怪），正要吞吃或奸污那作为性和生命的双重牺牲的少女的时候，英雄奋起杀死怪物，救出少女并和她结婚。古希腊英雄神话里此型故事颇多。赫拉克勒斯就曾勇斗海神波塞冬派来的大水怪（或疑即巨鲸）。"跳进它的嘴里，走下它的肚子里去，他在那里有三天三夜，连砍带劈，直至他砍开一条路出来"，救出了险被牺牲的特洛伊公主。一切行动都以赫拉克勒斯为楷模，可以称为他的"后身"或继承者的忒修斯，也曾经杀死每年要吃掉雅典七对童男女的半人半牛怪米诺陶洛斯，还得到米诺斯公主阿里阿德涅的帮助，用放线球的办法走出了迷宫，并和她结婚。赫拉克勒斯的先辈、英雄珀耳修斯搭救了被献祭给海神的埃塞俄比亚公主安德洛墨达，杀死水怪（或亦巨鲸），也与后者成婚，类似的传说还不少。

从杀怪成婚这个角度看，后羿射瞎河伯，夺取雒嫔，也不妨理解为从喜欢强娶民女的河伯淫威之下，解救出被他霸占的美丽的洛水小女神，从而使河洛流域风调雨顺、水平土安、民获其利。这也许是一种没有完全摆脱文化偏见却又渗透入传统的创造性接受。

杀怪成婚故事在世界和中国各民族故事里随处可见，其趋同性和可比性当然也极大。但本书却只是选择最具特色（并且符合比较三原则）的数项置于化身斗法、英雄神与天帝的冲突项下分别加以探讨。

在西方文学传统里，英雄屠龙如果连带杀怪成婚，就"似乎是对一个关于繁殖之神使荒原恢复生命的神话作了传奇性的比拟"②。在这里，龙是邪恶与残暴的力量，是干旱、饥饿与死亡的制造者，被威胁的老王则是衰败、腐朽、丧失了力量与意义的伪权威的代表；英雄则是新生力量与解放者，他杀死旱魃与毒龙，拯救了公主、圣处女、未来的母亲与待垦的田土。英雄不仅向被解放的处女地注入生命之水，而且把龙血当成养料，使荒原得到重建。

---

① ［俄］维谢列夫斯基：《历史诗学》，刘宁译，百花文艺出版社，2003年，第588、589页。
② 叶舒宪选编：《神话－原型批评》，陕西师范大学出版社，1987年，第176页。

这是中心霸权话语。英雄屠杀了暴力与灾害原型的龙（被边缘化了的动物，或竟是人类的宿敌），就可以获得圣俗二重合法性，成为真正的统治者和史诗、悲剧的主角。这跟中国的龙信仰完全背道而驰。中国的龙本身就是生命体和繁育力，它使公主、处女地、未来的母亲受孕，生下英雄或新的圣王，他们一起革旧布新，化雨沐春，使田土永远不丧失地力和繁殖性，使自己的文明不断地延续和生长——只是没有或缺乏迅疾的进步。但在控制自然与暴力便能成为天与神授的统治者这一点上趋同。人类的元语言（metalanguage）客观地涵化着意义、价值或功能——也许孤立的因子（元素）才能相对抽象。维谢洛夫斯基就说"情节的模式化顺理成章地导致人物、类型的模式化"。

如果用因子（元素）的排列与增殖来描写情节之构成，代码似乎可以简便而且抽象。例如：英雄＋龙＋公主，即 A＋B＋C。它们自身可能转换。例如：英雄——骑士/农夫/智者……，A——$a^1/a^2/a^3/a^4$……困难依然在于（联系）动词、功能、行为。＋号只能罗列而不能标识是什么行为（符号化失败）。考虑到因子（元素）间的相互制约或连锁性质的话（例如 B 被 A 屠杀是由于侵害了 C，C 由于被 A 拯救而报恩似的嫁给了 A，A 也正因为关爱 C 而杀害了侵犯 C 的 B），那么其图式可以是：

如普罗普所说，维谢洛夫斯基所谓母题还可以再分解出元素（我们称之为因子），如蛇妖、公主等。[①] 这些元素或因子，作为不可再分割的意义单位，就像语言学里的"词"，却可以被置换。可置换项往往是 n。例如，未被行为（劫持/奉献/斩杀/拯救）联系起来的三项，即 A：英雄——骑士/农夫/智者/王子/动物变成的人……；B：蛇妖/恶龙——妖鸟/猿怪/鱼精/巨魔/坏巫师……；C：公主——农夫的姑娘/骑士的妻子/富家小组/小女神……。

所以，我们说，河伯抢雒嫔本质上也是蛇妖劫持国王之女，而后羿是"以暴易暴"的屠龙者、英雄乃至圣王（夷人之君）。这样，故事的文本及其研究，

[①] 参见［俄］普罗普：《故事形态学》，贾放译，中华书局，2006年，第12页。

实在是以"汗充充栋"也很难形容了（近年有贺学君等的努力，以及陕西师范大学出版社推出的《中国神话母题索引》）。这些著作，我们接触得较少（我们的重点是中国的龙及其相关者），可以参看普罗普前引书里有关蛇妖的文献。

要简单说明的是，英雄、龙、公主都只是因子、元素、词，最小意义单位；英雄屠龙（救美）则有功能性的行为（动词）将它们联系为一起，是句子，事实上已是维谢洛夫斯基的"情节"，普罗普的"故事（梗概）"，或"形态"，A–T法的"类型"。现代比较文化学家或将其归为 pattern，即模式、模子、图式。

此种模式里，必定含有定性（化）成分，或竟言价值预设。例如，公主必定美丽，劫持公主者当然妖恶，那么，屠龙并且拯救公主者的肯定是英雄——哪怕他丑陋、愚蠢、贪心、好色，或者是侥幸成名的智障人士（美学家称此类故事属喜剧形态，修辞学家说是戏拟，现代派叫恶搞）。

这也许是人类中心主义的传统或偏见，哪怕是神奇的动物也会被边缘化，甚至妖魔化。中国龙现在也多成为一种玩具，过去却是生命力原型、权威、征服者、吉祥物，直到最高统治者的专用标志（皇帝的衣物），甚至是文化系统的高贵符号，民族精神的精华，等等。

分类、符码（类型归纳）、模式推绎本来是一种旨在抽象的思维方式，力求像制定数学公式那样排除具体的描写、诠释、评价或价值判断。可是，英雄屠龙离"情绪化"不远。

说来容易做来难。有人为了避免价值预设，主张尽量使用中性词汇或代码（拉丁字母或拼音符号），例如，将"英雄屠龙"改写为 H. PKD 或 HXD 之类，恐怕更加可笑。现象繁复而字母有限，重复与含糊难于避免。只是要申明：第一，这是对过去或已有神奇故事的描写性概括或提要；第二，这还是模式推导的初级阶段，力求抽象却无法提纯。

有的理论家追求一种更高维度的人类思维（发展）普遍模式的概括与推绎，例如，由"蟠蜷龙"、无穷结与太极图等推导出的永恒回归图式（The Pattemrn Eternal Return），就是一种有前途的尝试。有人在探求模式之上的基型（prototype），例如把"英雄屠龙"纳入"除害与拯救"之基本类型，然而同样难于根除价值判断。

也许我们可以用"→"表示伤害、侵犯、屠戮、征伐之类强形式的施予行为，例如：

A ⟶ B

英雄 —杀→ 龙（怪）

马尔杜克 —杀→ 蒂阿玛特

大禹 —杀→ 相柳、句龙、共工

但这不能表示对受益者或被救者（C），例如民众、美女的救助（含成婚），所以只能有限地使用。

使用"→"表示积极性、主动性的施予（含强、弱形式），可能较为宽适，包容度大一些（尽管舍弃了准确性）。消极性、被动性的报答、回应、接受，可以用"⇽"表示。因为受益者、被救者并非完全地受纳，"滴水之恩，涌泉相报"，他们或大或小，或多或少，或自动或被迫，或自为或自发地回报救助者（A），助益救助者——例如美女允婚就不仅是以身相许，而且是"改善"并"提高"了英雄；受益的民众更是知恩必报，拥戴就是支持。

甚至于强形式施予行为下的被伤害者（B）也并非完全地消极接受，他们（尤其是灾害）不仅磨砺、锻炼了施予者（A），他们身上的"精华"助益了、强化了侵犯者（A）。凶猛的敌人（B）可以将自己的勇敢、顽强、聪智，通过被杀转移、传递给猎杀者（所以，原初猎人茹毛饮血、食肉敲髓都不仅是为了果腹，跟装饰猛兽爪牙一样有吸取动物灵性与力量的意图）。西格弗里德用被杀的毒龙之血沐浴，浑身刀枪不入。他钻到蛇蟒、鲸龙肚子里并且杀害它们，就好像孙悟空进八卦炉那样，炼出钢筋铁骨、火眼金睛。如果尝到了鲸油、蛇宝、龙肝、凤髓，那更可能长生不老。这些都可以看作某种形式的再造与新生。

大禹所杀的相柳，虽然其血腥臭，不可以栽种；但是经过帝台的镇压，长期的改造，龙蛇的血肉可能变成肥料（现代则用蛇妖毒汁治病），勇猛的精灵可以用来镇地守土。跟相柳同格或同一的句龙（共工之子属）就被大禹封为社神（土地神）。

连被害者都有反馈，有回应。所以，我们用"⇌"表示这种由恶性进入良性的循环：

A⇌B⇌C

后羿⇌河伯⇌雒嫔

珀耳修斯⇌毒龙⇌安德洛墨达公主

横向排列也可以是：

A→B→C

这个图式的好处是，可以较广泛地提纯诸如（英雄）救世这样的大母题

（基型）：

英雄→水灾→民众

英雄→怪物→民众

英雄→毒龙→美女

然而一旦将符码还原为词语——"英雄（禹）治理水灾拯救民众（夏人），夏人拥戴英雄为圣王"——非抽象的价值判断就不得不出现。维谢洛夫斯基在《历史诗学》中已敏感及此："对于行为的肯定的或否定的评价，已经结合于概括之中。"这是无可奈何的措置。然而，这种寻求类型、因子、模式的努力有助于我们发现神话或故事的结构、语法，有助于我们建构其各个层面、各个维度的功能、价值或意义。

这个模式的功能与结构，成为半个世纪以来争论不休的话题。

就好像大鸟（凤凰、大鹏）捕食蛇龙、英雄屠龙被看作真善与恶丑的二元对立，光明对黑暗、天空对水地、阳对阴的胜利。但这未免一般化。

自然学派神话学家多认为，英雄屠龙隐喻着人对强大自然力及其所造成的灾害的克服；但对于屠龙的直接目的（龙宫夺宝）就不大好这样诠释。于是社会学派的学者，便用群团间利益冲突之暗语来立说。例如说，北欧的恶龙影射罗马帝国掠夺被征服土地的财宝，这显得牵强。心理学派则强调，这里埋藏着人类（对于财富、异性、权力等）掠夺与征服的强烈欲望。在特定历史时期或地域，龙被看作暴力原型；屠龙的武士则是"以暴易暴"的强权话语，是夺取政治合法性、宗教神圣性的凭证或手段。杀龙是一种圣战。这比纯自然学派或机械社会学派深入了一些，但需要进一步讨论。

英雄屠龙如果被看作对自然控制权的争夺，从而涉及对民众命运或国家权柄的掌持的话，龙就被彻底政治化了，社会力量的强大介入使其不再像其母型蛇那样几乎是纯粹自发的自然力。

普罗普就说："与蛇妖作战（屠龙）是与国家的观念一起产生的。"理由是："发达形式的与蛇妖作战在所有古代国家宗教中都可以看到：在埃及、巴比伦、古希腊罗马、印度、中国都有。如奥夫豪泽所指出的，与蛇妖作战进入了基督教，并且不无阻力地被天主教奉为经典。"①

这只说对了部分事实。并不是"在尚未形成国家的部族中不曾见过与蛇妖作战的母题"。部落时期就有后羿斗河神（蛇、龙）抢雒嫔之类故事，而且相当

---

① ［俄］普罗普：《神奇故事的历史根源》，贾放译，中华书局，2003年，第288页。

普遍。普罗普也承认："如果抽象地议论，可以假设这一母题或者最早是与国家观念一起被创造出来的，或者是作为另外一些在它之前存在过的母题的变异而产生的。"① 前史当然是有的，但并非全都要与国家观念一起完备。

普罗普还说："我们所涉及到的任何一个处于阶级社会前的民族中都没有出现龙。"②

> 龙是较晚出现的现象。这类幻想的动物是晚近文明，甚至是城市文明的产物，这时人们与动物的亲密关系已经丧失，尽管混合型动物的萌芽在早些时候已经可以碰到……它在真正的原始民族中不曾出现过。③

也许当时对新石器时期与前国家的群团的田野调查、考古都太少，太不全面。现在我们却能举出许多远在国家或阶级出现之前的龙或类龙体。

由于时代或历史的限制，更由于理论的偏颇，某些作家喜欢把神话现象（例如龙）的出现、发育跟具体特定的社会发展阶段或组织、制度之间建立做机械的对位，其判断又多是全称性的或绝对的，结果至少是顾此失彼、捉襟见肘、吃力不讨好。

荒川纮说，在"有史"或所谓"文明"时期，"龙是'政治化的蛇'。龙不是大河的象征，而是大河哺育的国家权力的象征。这层政治意义决定了西方龙和东方龙的性质，西方龙作为恶魔被英雄或神驱除，而东方龙则作为神兽象征王权"。④ 他认为，西方人以自然为敌，所以多斩龙神话；中国人与自然为友，所以用祭祀的办法来羁縻并利用龙。用河合隼雄的话来说，前者体现父性原理，后者体现母性原理。⑤ 这跟普罗普前举个别判断的性质不无类似。然而，中国，尤其是中国少数民族，并非没有英雄屠龙、杀怪成婚故事，杀蟒故事则更不必说。

有的宗教学者把因陀罗杀戮弗栗多之类故事理解为一种领土争夺战，以为

---

① ［俄］普罗普：《神奇故事的历史根源》，贾放译，中华书局，2003年，第289页。
② ［俄］普罗普：《神奇故事的历史根源》，贾放译，中华书局，2006年，第318页。
③ ［俄］普罗普：《神奇故事的历史根源》，贾放译，中华书局，2006年，第318页。
④ ［日］荒川纮：《龙——大河文明孕育的怪兽》，见［日］安田喜宪主编：《神话 祭祀与长江文明》，蔡敦达等译，文物出版社，2002年，第41页。
⑤ ［日］荒川纮：《龙——大河文明孕育的怪兽》，见［日］安田喜宪主编：《神话 祭祀与长江文明》，蔡敦达等译，文物出版社，2002年，第42页。

这同样适合于大神对魔鬼或妖巫的杀伐——至少是某段历史的变形。① 直接目的是解放水。伊利亚德试图将其推扩于大多数屠龙故事的意旨。他举出：拉与阿普苏，苏美尔神尼努塔与阿萨各（Asag），赫梯风暴神与巨龙，宙斯与提丰，伊朗英雄特雷丹纳与巨龙阿达日哈克。伊利亚德说，"在一些例子中，如马尔杜克与提阿马特的战斗，神的胜利标志着宇宙创造的初始条件形成"，即具有创世的意义；"在其他例子中，则是新纪元的开始或新王权的建立（按：参见宙斯与提丰、巴力与雅姆之间的战斗）。简言之，正是通过宰杀某个蛇怪——虚无和'混沌'的象征，也代表着'土著民'——一个新宇宙或一个社会制度的'局面'才得以建立起来"。② 伊利亚德侧重模式的归纳与推导：屠龙与杀怪被抽象为新宇宙、新权力、新话语的建构。某些观点（例如龙代表原住民）是欠妥的。但认为某些屠龙近于解放混沌或再创世，实在是个大发现。

关于权力斗争，巴比伦阿卡德创业史诗里天神安舍尔对他的子孙、太阳神马尔杜克屠龙使命的效果与政治价值解释得非常清楚。水怪蒂阿玛特任命其夫钦古担任与诸神作战的统帅，"让他坐上打进地里的圆椅"。

> 我（为）你念起咒文，在众神的集会上以你为大，
> 授予你众神中君主的地位。
> 好了，你要成为（一个）有权势的人，我唯一的老伴！③

安舍尔则授马尔杜克以天命，"授予他权杖、宝座、王服，交给（他）打垮敌人的无敌武器"。

> 马尔杜克啊，只有你才是我们的报仇人，
> 我们授你森罗万象一切资财的整个王权，
> 你在集会（席上）就坐时，你的话语至高无上。④

可见，无论是杀怪还是屠龙，主要是财富与权力的争夺（财富也是一种权力）。从此，"阿卡得神殿一切主神的权力，实际上均赋予马尔都克"⑤。胡克《中东神话学》对此有详细讲述。

巴比伦的王，每逢新年庆典的第四天，都要集众于神庙朗诵这首创世杀龙

---

① ［美］米尔恰·伊利亚德：《宗教思想史》，晏可佳、吴晓群、姚蓓琴译，上海社会科学院出版社，2004 年，第 176 页。
② ［美］米尔恰·伊利亚德：《宗教思想史》，晏可佳、吴晓群、姚蓓琴译，上海社会科学院出版社，2004 年，第 176 页。
③ 《吉尔伽美什——巴比伦史诗与神话》，赵乐甡译，译林出版社，1999 年，第 187 页。
④ 《吉尔伽美什——巴比伦史诗与神话》，赵乐甡译，译林出版社，1999 年，第 198 页。
⑤ ［美］塞·诺克雷默等：《世界古代神话》，魏庆征译，华夏出版社，1989 年，第 102 页。

史诗,包括仪式地再现马尔杜克屠戮水怪(再次解破混沌或混沌龙)。

国王带领游行队伍来到位于城外的"新年庆典之屋"。这个游行队伍象征着与提阿马特相对抗的诸神的军队。根据西拿基立(Sennacherib)铭文,我们可以推测,人们是在模仿这场远古的战争,国王化身为阿舒尔(他后来取代了马尔杜克的位置)。①

世俗的王扮演太阳英雄,再现屠龙,是试图取得其统治的神圣性与合法性。新年的屠龙,便是演出混沌的解破,是宇宙创造与更新的循环性重复。② 伊利亚德认为,古印度可能也在新年仪式中再现因陀罗杀戮弗栗多。

这里介绍一则看起来是独立的日本的斩蛇故事。日本英雄神兼暴风神速须佐之男命(《日本书纪》称素盏鸣尊)用十拳剑斩杀了吃人的八头八尾大蛇。

它的眼睛象红灯笼果,一个身体却有八个头八个尾巴,身上长着青苔和桧树与杉松。身体很大,能把八个山谷和八个山岗填满。它的肚子总是血淋淋的,像是糜烂了似的。③

速须佐之男命先让八歧大蛇喝醉了酒,乘其酣睡,将其砍成一段段,从其腹中得到异宝草薙剑,掌握了神圣权力。英雄杀蛇前将献祭给蛇的少女栉名田比卖变成多齿爪形木梳插在头发里,后来便娶了她。这又成了杀怪成婚型故事。

但我们特别注意速须佐之男命得到蛇尾或龙身所藏的草薙,大刀正名"天丛云剑"。龙腹藏剑是龙宫珍宝的改型。这也是天赐神授武器的一种形态(岳飞也曾得到巨蛇变成的银枪)。

武器是暴力话语,强权话语——剑、刀、斧、钺最常成为王权标识(巴比伦早期楔形文,"王"字是一把短剑;吴其昌、林沄等说,甲金文"王"象斧钺之形)。速须佐之男命把宝剑献给姐姐——日本天皇的始妣天照大神(Amaterasu)。另一种说法献的是天皇三宝——勾玉、宝剑和铜镜。其中,剑至今被存放在名古屋附近的热田区(Atsuta)圣殿里。这再次证实屠龙是获得圣俗权柄的神话证明。

---

① [美]米尔恰·伊利亚德:《宗教思想史》,晏可佳、吴晓群、姚蓓琴译,上海社会科学院出版社,2004年,第66页。
② [美]米尔恰·伊利亚德:《宗教思想史》,晏可佳、吴晓群、姚蓓琴译,上海社会科学院出版社,2004年,第66页。
③ [日]安万侣:《古事记》,邹有恒、吕元明译,人民文学出版社,1979年,第23—24页。

五、鸟蛇卫宝与英雄盗宝

肉粘金刚钻

《一千零一夜》所记的钻石谷里布满大得能够吞象的巨蟒，正是英雄神话里神怪守宝母题的来源之一。而取得宝石的办法便是传遍欧亚大陆的剥羊诱鹰奇谭。这也成为大鸟巨蛇故事的一个有机组成部分，并且是英雄杀怪得宝故事极为有趣的缘由。

> 据说出产钻石的地方，都是极深的山谷，人们无法下去采集。钻石商人却想出办法，用宰了的羊，剥掉皮，丢到谷中，待沾满钻石的血淋淋的羊肉被山中庞大的兀鹰攫着飞向山顶，快要啄食的时候，他们便叫喊着奔去，赶走兀鹰，收拾粘在肉上的钻石，然后扔掉羊肉喂鹰，带走钻石。①

这在中国文献上也有记载，是东西文化交流史上很有名的一段公案。

美国人劳费尔（B. Laufer）《金刚钻——中国和希腊化国家民俗的一个研究》有专节"金刚钻山谷的传说"对此加以探讨。

白鸟库吉据劳费尔氏引阿拉伯古籍《金石志》说："此谷在东方'Khorasan'边界，其谷底之深，非肉眼所能达。……此谷之中，有蛇潜伏啮人致死。故亚历山大造镜照蛇，蛇见本身之影而死。亚历山大复得一计，屠羊剥皮，投下谷底，金刚石即附着肉上。鸟因取饵，攫去若干，兵士即追逐鸟后，俟其落下取之。"② 他又引述塞浦路斯岛主教埃皮法纽斯（Epiphanius，约当公元315—415年）所述耶路撒冷高僧专用饰品十二宝石里的风信子石（hyacinth）传说道："地点在大斯基的亚（Scythia）沙漠中的深谷。此谷四方，为耸立如壁的岩山所围绕，自山顶以望谷底，浑沌犹如阴郁浓雾，不能穷其究竟。奉附近国王之命而来此处采取宝石者，首先杀羊剥皮，然后投入浑沌的谷中，宝石即附着肉上。于是飞绕谷边的鹜鸟，闻有肉味，即飞下谷中，攫去啖食。因之，宝石即为带归山上。斯时，业已被判死刑的罪犯，即走往鹜鸟掠归羊肉之处，搜寻宝石而归。此种宝石，颜色各别，均受珍视。……如果置之烈火之上，炭火即行消失，

---

① 《一千零一夜》（第4册），纳训译，人民文学出版社，1985年，第15页。
② 转引自［日］白鸟库吉：《塞外史地论文译丛》（第1辑），王古鲁译，商务印书馆，1938年，第343页。

对于宝石，绝无若何损害。同时群信此种宝石，可供妇人安产之用，颇为有益；又信此石有攘除妖怪的灵验。"① 此即《一千零一夜》钻石传说之所据（中国古代亦有金刚钻或珠玉辟邪的记载）。

《太平广记》卷八一引《梁四公记》云：

> 杰公曾尝与诸儒语及方域，云："西至西海，海中有岛，方二百里。岛上有大林，林皆宝树。中有万余家，其人皆巧，能造宝器，所谓拂林国也。岛西北有坑，盘坳深千余尺。以肉投之，鸟衔宝出。大者重五斤。彼云是色界天王之宝藏。"

这显然是随着西域佛教辗转东来带来的故事，与前引记载一致。

宋人周密《齐东野语》则说："金刚钻相传出西域及回纥高山顶上，鹰隼粘带食入腹中，遗粪于河北砂碛间。"

李约瑟认为，这种传说是东西方所共有的，依照《梁四公记》涉及粟特的情况看来，由西入东的可能性较大。"采集金刚石的故事，在东方和西方，有很多是很相像的。曾经有过这样一个传说，说是只要把一块肉扔到产金刚石的山谷中，鹰和别的鸟就会把这块肉连同粘附在肉上的金刚石一起叼起来，这样就可以得到钻石。"② 李约瑟据劳费尔的介绍探讨其背景云："这一则故事很可能起源于人们在矿坑的入口用动物来祭祀，也可能起源于中国后来所用的一种采集金刚石的方法，即让一些人穿上草鞋在含有金刚石的沙地上来回走动，然后把草鞋收集起来，用火焚烧，并从灰烬中收集金刚石。"③

针对李约瑟前一种说法，白鸟库吉介绍说："印度土俗，每遇开矿之际，对于山神，例供牺牲，此种山神，大概是蛇。每遇此种祭祀，鹫鸟必群飞而来，掠夺供物而去。"鹰谷金刚钻和宝珠传说便因而发生。但白鸟库吉批评此说在梵文、巴利文文献里找不到根据，他跟劳费尔一样认为，它大致起源于希腊化时期的东方、叙利亚一带，所谓"大鹏鸟""木难珠"，则起源于印度。

此类故事还有一些大同小异的变体。《太平广记》卷四六三引《朝野佥载·真腊国大鸟》说：

> 真腊国有葛浪山，高万丈，半腹有洞。先有浪鸟，状似老鹏，大如骆驼。人过，即攫而食之，腾空而去，百姓苦之。真腊国王取大牛

---

① 转引自［日］白鸟库吉：《塞外史地论文译丛》（第1辑），王古鲁译，商务印书馆，1938年，第344页。
② ［英］李约瑟：《中国科学技术史》（第5卷第2分册），科学出版社，1976年，第458页。
③ ［英］李约瑟：《中国科学技术史》（第5卷第2分册），科学出版社，1976年，第459页。

肉，中安小剑子，两头尖利，令人载行，鸟攫而吞之，乃死，无复种矣。

这实在就是西方人、印度人、阿拉伯人用牛肉诱使鹰鹫啄食，以取得牛肉所粘深谷珠宝之故智。所谓"浪鸟"则是西域传入东南亚的一种神话大鸟。

《梁四公记》又述扶南商人言："此色界天王有福乐事，天澍大雨，众宝如山，纳之山藏，取之难得。以大兽肉投之藏中，肉烂粘宝，一鸟衔出，而即此宝焉。"朱谦之曾引此说与前述埃皮法纽斯所记大斯基的亚（朱云指大月氏）投肉粘钻、诱鹰衔出的记载比较，大似，"时代也略相同"①。

元人常德《西使记》也说："金刚钻出印度，以肉投大涧底，飞鸟食其肉，粪中得之。"

钱锺书引黎愧曾《仁恕堂笔记》以为补充："金刚钻若尘沙，出西域，在万山深谷中，非人力可取。土人先驱驼马堕谷中，使其肉溃烂沾濡，鸟鸢飞下食之，人乃取鸟粪淘汰，间有得者。以其得之艰，故换价比于黄金者且倍。"他指出："黎氏所载实出元常德《西使记》；杰公所述则同马哥孛罗。《游记》第一七一章载一国（Muftili）人取金刚石，投肉谷中，鹫衔肉出，驱之得石。《天方夜谭》中一则写此尤详，土克曼童话《宝石山》亦相类。"②

《马可波罗游记》写到麦菲里（Murphili）采集金刚石的故事，与前面的引述也大体相同：

> 据说，山顶上有很深的山谷，满谷洞穴，在悬崖围绕的洞穴里，可以找到金刚石。这里有许多喜欢吃蛇的鹰和白鹳，被蛇所引诱，常在悬崖上筑巢。那些搜寻金刚石的人，站在洞口附近，往山谷投下几块肉，鹰和白鹳立即跟着飞下山谷，把肉衔到岩石顶上。他们立刻追扑上去，把这些鸟类驱走，抢回肉块，发现金刚石粘在肉上。假如鹰来得及把肉吞下去，那么他们就看守住它们晚间栖息的地方，等到第二天早晨就会发现这些宝石夹在它们所排泄的粪便里面。③

这就把拾肉和捡粪两种说法统一了起来。

古希腊希罗多德《历史》里早就有投肉诱鹰、压倒鸟巢、收集肉桂的记载。"据说，有一些大鸟，它们啄取腓尼基人告诉我们称为肉桂的干枝，把它们带到

---

① 朱谦之：《中国古代乐律对于希腊之影响》，音乐出版社，1957年，第11页。
② 钱锺书：《管锥编》（第2册），中华书局，1979年，第678页。
③ 《马可波罗游记》，陈开俊、戴树英、刘贞琼等译，福建科学技术出版社，1982年，第225页。

附着于无人可以攀登的绝壁上面的泥巢去。阿拉伯人制服这种鸟的办法是把死牛和死驴以及其他驮兽切成很大的块，然后把它们放置在鸟巢的附近，他们自己则在离开那里远远的地方窥伺着。于是据说大鸟飞下来，把肉块运到鸟巢去；但鸟巢经不住肉块的重量，因而被压坏并落到山边；于是阿拉伯人便来收集他们所要寻找的东西了。"① 亨利·玉尔（Henry Yule）等学者指出，这是前述投肉诱鹰取钻传说的来源之一，至少它们是同型的。

所谓"肉桂"，波斯人称"达秦尼"（dar-chini），阿拉伯人曰"达锡尼"（darsini），犹言"支那树"（Chinese Wood），盖自中国（China）得名。张星烺说："波斯人及阿拉伯人皆自中国取得肉桂。依宾库达特拔（Ibn Khordadhbah）为最先阿拉伯著作家记中国肉桂者，在当时为中国出口货之一也。"② 这值得注意。

格里芬（Grtffin）及其所守珠宝

大鹏、神鹰或由此卑化而来的鹰鹫等盘桓珍宝谷，并且为人类所愚弄和利用，为人类运送珠宝、钻石，包括大鹏鸟所叶的木难珠，这不过是神怪守珍、英雄盗宝神话的世俗化和喜剧化，但同时是对人类及其精英的智慧和能动本质的极大颂扬。

守卫宝物的神鸟，较古老的要推希罗多德《历史》所记来自东方的狮身鹰首鹏翼的格里芬。据说北方的黄金是由这些怪鸟守卫的。"有些人说（黄金）是叫作阿里玛斯波伊（Arimaspi）的独眼族从格律普斯（Gryps）那里偷来的。"其目的是用黄金装饰头发。白鸟库吉猜测说："'Arimaspi'人每于入深山采黄金的时候，亦与其他国家相仿，有举行祭山的风俗；祭祀之际，敬畏'Griffin'为山神。"③

古罗马普林尼《博物志》说，有独目人住在北方风穴（Ges Clithron，大地的门闩，指"世界边缘"，盖即"不周山"之类）附近，"他们为宝贵的矿跟格立芬进行不断的斗争。格立芬像通常传说的那样，是身生两翼的怪兽。它们看守从矿中挖出的金子，独目人要偷走金子。很多作者记载此事，最著名的是希罗多德和普洛康奈斯人阿里斯帖亚"。

---

① [古希腊] 希罗多德：《历史》，王以铸译，商务印书馆，1985 年，第 243 页。
② 张星烺：《中西交通史料汇编》（第 3 册），中华书局，1978 年，第 196 页。
③ [日] 白鸟库吉：《大秦的木难珠》，转引自 [日] 白鸟库吉：《塞外史地论文译丛》（第 1 辑），王古鲁译，商务印书馆，1938 年，第 347 页。

有的学者用印度掘金蚁故事解释格里芬神话。孙培良认为此类故事的"基本情节是神物或怪兽守护黄金,从中亚南传至印度为掘金蚁,西传至斯基泰亚和希腊为格立芬"[①]。孙培良所引用的波勒呑(J. D. P. Bolton)《普洛康奈斯岛的阿里斯特亚斯》认为,"如虎,有翼,食人从首始"的神狗穷奇相当于格里芬,发音和形象都有些像,但孙先生以为穷奇并不守护什么,也并未与一目人发生关系。"同是一目人的传说,其东传之所以没有与神物怪兽看守黄金的情节相连系,是因为古代中国并不从西北输入黄金。"中国古人更重视西北的玉。这个意见非常精辟。

中国文献如《山海经》《淮南子》里也有一目人。《海外北经》说一目国在烛阴(烛龙)之东,或说即鬼国,大致上就是西方史乘里讲的独目人。就连烛龙都可能是独目的。《大荒北经》说烛龙"直目正乘",可能就是面有纵目,正对其中之意。

所谓独目族或独眼巨人,中国文献直指其为北狄集群的鬼国,长狄的巨人防风氏亦"一目而连眉"。《天问》:"何所不死?长人何守?""长人",注家多以"防风氏"释之。"不死",则指不死药、不死树、不死山之类,长人之守(或释为"封守""官守"之守),也可能指守护此圣物。然神兽之守黄金在中国又可能转化为独目巨人守神物,盗宝者和守宝者很可能发生一个颠倒,这是神话学上常见的神怪易位、善恶对转的具体表现。

烛龙也有它的灵物,它的灵性,它的生命线,它所守卫的宝。《大荒北经》(藏经本)郭注引《诗含神雾》曰:"天不足西北,无有阴阳消息,故有龙衔火精以往照天门中。"这就是《淮南子·地形训》高注所说"龙衔烛以照太阴,盖长千里",即《天问》所问"日安不到,烛龙何照"者也。这些都可以看作龙蛇等神物所守卫的宝物,也可以说这是它们生命的精华、它们灵性之所在。

所以,龙、蛇、鱼、鲸等跟神鸟一样也有宝和守宝故事。除烛龙外,神异的水族也有自己的龙珠、鱼珍、蛇宝,也有它的灵性。《太平御览》卷九八三引崔豹《古今注》:"鲸……其雌曰鲵,大者亦长千里,眼睛为明月珠。"《太平御览》卷八〇三引《裴氏广州记》:"鲸鲵目即明月珠,故死不见有目睛。"《北堂书钞》卷一五八引《拾遗记》云,禹凿龙门,至一空穴,幽暗不可行,禹乃负火而入。"有黑蛇长十丈,头有角,衔夜明之珠,以导于禹。"这显然是烛龙式

[①] 孙培良:《斯基泰贸易之路和古代中亚的传说》,见中外关系史学会编:《中外关系史论丛》(第1辑),世界知识出版社,1985年,第12页。

的含珠守宝神蛇。《拾遗记》通行本则作："有兽状如豕，衔夜明之珠，其光如烛。又有青犬，行吠于前。"后来全变为着玄衣的人形。禹得到它们的引导，才见到蛇身人面的伏羲，得"八卦之图"和"量度天地"的玉简。

至于龙蛇与宝物相联系的自然背景，说法更多。有人说，蛇衔食的是红色野果，为人所得，恰能治病，遂被认为蛇能衔来宝物、灵药。这种宝物、灵药，因而往往为神蛇所守护。《新唐书·西域传》载，天竺"有树名咀赖罗，叶如梨，生穷山崖腹，前有巨虺守穴，不可到。欲取叶者，以方镞矢射枝则落，为群鸟衔去，则又射，乃得之"。蛇更常常与不死药故事纠缠在一起。有人说，蛇容易跟一种蛇形真菌相混。这种真菌从蛇卵形外皮里爆出，长可达 0.5 米，发出蛇腥或尸臭，夜间菌伞能发出绿宝石的幽光，活像蛇顶着蛇宝冒出地面，一到清晨立即消失。传说见到这种长长的钟状菌和它的绿光的人，都要遭遇灾难。英国人说，蟾蜍头上戴着宝石，可能也是这类东西。还有一种更有力的说法是，某种毒蛇头部在夜间会发出生物光，于是被当作携带宝珠夜出巡游。弥尔顿《失乐园》描写撒旦变成的那条蛇，"用尾巴卷成一个圆底，在上面盘起一圈圈高耸的迷塔，头戴高冠，眼似红玉，还有金碧辉煌的头颈，直立在他那在草上波动的塔尖的中心"。而照斯威布的描写，所谓毒龙，那"紫色的龙冠很远就看见闪光，它的眼睛煜耀如同火焰"，都可能与此有关。印度人认为，眼镜蛇能用蛇眼石引诱萤火虫。

西方神话里最常见这种龙蛇之宝。希腊罗马神话所写鱼珠、蛇宝、龙冠，便是此物。这在后世民间故事里也屡见不鲜。法国人以为怪蛇长着蝙蝠般的肉翅，像独目人一样只长着一只眼睛，这只眼睛便是红宝石。它洗澡的时候便把独眼放在河岸上，大得像婴儿头，像小太阳一样放着红光，往往由一条蟒蛇看守它。据说，有穷汉巴尔布洛曾打死蟒蛇，盗走蛇宝，捂在胸前逃跑。开始时它像冰一般冷，逐渐烫得像热煤球，数不清的蛇都跑出来追赶他，拦截他，他"只好解开衬衣，让那颗无价之宝滚到了草地上"①。

有宝物就得保卫。所以，龙蛇往往是宝玉、神珠、钻石的所有者和保卫者。这是它们生命的结晶，灵性的象征。钻石谷故事里常见的毒蛇，就是这样的守宝者。希罗多德《历史》说："（阿拉伯）生长香料的树是有各种颜色的带翼的小蛇守卫着的，每一棵树的四周都有许多这样的蛇。"希伯来《创世记》里的生命树，最初是由蛇来看守的，一幅古老的图像即绘着蛇盘于树，一男一女分列

---

① [法] 贝尔纳·克拉韦尔：《河湖传说》，张泽乾译，北京出版社，1983年，第6页。

两旁。希腊神话里的金苹果，是由百首巨龙来保卫的。希腊神话里的金羊毛由一只毒龙看守着。藏于圣林的金羊毛是战神阿瑞斯的供养人埃厄忒斯王的灵物，"神谕曾告诉他，说他的生命全靠他能否保有这金羊毛"。金羊毛，"如同朝阳映照着的朝霞一样"，象征着阳光、财富和力量。它像宙斯的闪电，"照明了黑夜中的路途"。毒龙"以闪闪发光的鳞甲在地上蜿蜒爬行"，"向来人伸长颈子并如此凶猛地嘘气，以致河边和整个森林都响着它的回声"。其母型显然是巨蟒或眼镜王蛇。因为它被王女美狄亚麻醉，伊阿宋才能率领阿耳戈英雄们顺利取得金羊毛。

包括黄金、宝石在内的尼伯龙根宝物，也由毒龙守卫着。法兰克英雄西格弗里德（在北欧传说里是西格德）杀死毒龙，沐浴龙血，全身刀枪不入。他取得宝物以后便获得神性和权力。

宝物里"最值得宝贵的是一根黄金小杖"，这根权杖像著名的金枝和金羊毛般象征着权力，"谁能掌握住它，那真是幸福非常，全世界的人都会对他俯首听命"①。所以有学者用金枝式圣王更替典礼解释它。

曾作为人类的伙伴和朋友的蛇，有时也以图腾或神属或神的资格来保卫人类的圣地、财宝或某些成员。《山海经》里某些蛇就是一种保卫者，尽管其性质和对象都不十分明确。例如《海内东经》："汉水出鲋鱼之山，帝颛顼葬于阳，九嫔葬于阴，四蛇卫之。"郭注："言有四蛇卫守山下。"这是说以蛇鱼作为图腾的颛顼部属的四蛇保卫着颛顼及其九嫔的神圣葬地。《海外西经》："穷山在其北，不敢西射，畏轩辕之丘。在轩辕国北。其丘方，四蛇相绕。"郭注："缭绕樛缠。"此准四蛇守鲋鱼山之例，这四蛇当亦守卫人面蛇身的轩辕国，如袁注所云："盖护卫此丘也。"这丘肯定是一种禁地，所以人们"不敢西射"。四蛇有如守卫生命树的四面神基路伯。

《海外北经》说，禹杀共工之臣相柳，以为众帝之台。"相柳者，九首人面，蛇身而青。不敢北射，畏共工之台。台在其东。台四方，隅有一蛇，虎色，首冲南方。"这虎色或虎纹的神蛇，看来也是保卫禁地共工之台，以加强其神圣性、不可侵犯性，所以射者更"不敢北射"。

叶德钧指出，中国"民俗认为蛇具有守卫底职务，叫做'看家蛇'或'守

---

① 《尼伯龙根之歌》，钱春绮译，人民文学出版社，1959 年，第 235 页。

家蛇'，便是有蛇守卫禁地这种观念的孑遗"①；而"在欧洲的民谈里，我们也时常看到大蛇或毒蛇守卫某种宝物，或公主底故事"②。

现在再转回来看与烛龙关系密切的不周山及与其密切相关的凤鸾龙蛇等神物。《淮南子·地形训》说："烛龙在雁门北，蔽于委羽之山，不见日。"而"天不足西北"之处是不周山，正有"风穴"。《西山经》有"不周之山"，郭注："此山形有缺不周匝处，因名云。西北不周风自此山出。"《天问》："西北辟启，何气通焉？"洪补据《淮南子》云："不周山在昆仑西北，以纳不周之风。"《离骚》："路不周以左转兮，指西海以为期。"这些记载说的都是这西北部有风穴的高山。普林尼《博物志》说，在独目人附近，"有烈风之山和终年飞雪如羽毛而被称为 Pterophorus（羽毛的）之区；那是被自然判了罪的世界之一角，埋在阴沉黑暗中，毫无生意，只有冰冷的北风之胎（Aquilous Conceoptacula）"。说的颇似委羽之山与不周风穴。而《说文》云凤鸟"暮宿风穴"。《淮南子·览冥训》也说，凤凰"羽翼（或作濯羽）弱水，暮宿风穴"。《文选·辨命论》李善注引《淮南子》许慎注云："风穴，风所从出。"凤就是大鹏，就是东方的格里芬，因为中国北方没有狮子，所以不具狮身。凤凰虽然不保护黄金，但是鸾鸟（就是阳离、离朱）却跟九首开明兽一起守卫昆仑山琅玕之类的宝物。昆仑虽无黄金，但印度化的昆仑须弥山却有。《兴起行经》云："所谓昆仑山者，阎浮利地之中心也。山皆宝石，周匝有五百窟，窟皆黄金，常五百罗汉居之。"

又者，记及不周山的《西山经》多载黄金，尤其是《西次二经》凡十七山，却有八山出黄金。计泰冒之山，"其阳多金，其阴多铁"；数历之山，"其上多黄金，其下多银"；女床之山虽无黄金，而出赤铜、石涅，但有鸾鸟（即离鸟、离朱），"见则天下安宁"；龙首之山，"其阳多黄金，其阴多铁"；薰吴之山，靠多金、玉"；众兽之山，"多黄金，其兽多犀兕"；皇人之山，"其上多金、玉，其下多青雄黄"；中皇之山，"其上多黄金，其下多蕙、棠"；西皇之山，"其阳多金，其阴多铁"；莱山之十神，"皆人面而马身，其七神皆人面牛身，四足而一臂，操杖以行：是谓飞兽之神"。兽而能飞，当然有翼；华北无狮，改作牛形。这倒很像是看守黄金的格里芬的又一异变！

而西亚的格里芬不但看守黄金之类宝物，还跟中国的离朱、凤凰一样保卫

---

① 叶德钧：《〈山海经〉中蛇底传说——读〈山海经〉随笔》，载《民俗》1933 年第 116、117、118 期，第 115 页。

② 叶德钧：《〈山海经〉中蛇底传说——读〈山海经〉随笔》，载《民俗》1933 年第 116、117、118 期，第 116 页。

着生命树。"美索不达米亚曾出土一浮雕版,几乎表现着亚述图案全部主要意匠,即:有翼的守护神、鹫头的守护神、司芬克斯(Sphinx)、礼拜姿态的君王、棕榈叶、睡莲及蓓蕾。而构图的中心是'生命之树',亦即神圣的象征,右上侧有灵神降下,左右上部有鹫头的守护神,图形中有两个人间君王分立左右礼拜祈祝,生命之树上是有翼日轮焕然照临。"① 这生命树,正是由鹫头的格里芬等来守护。

离朱守宝

除与格里芬多少有些相像的故事外,神怪守宝里的大鸟守卫珠玉故事亦见于古代中国。《艺文类聚》卷九〇、《太平御览》卷九一五引《庄子》逸文,老子曰:"吾闻南方有鸟,其名为凤,所居积石千里。天为生食,其树名琼枝,高百仞,以璆琳琅玕为实。又为生离朱,一人三头,递卧递起,以伺琅玕。"离朱为日中阳离(炎离、长离、火离)的人格化或英雄化。作为神鸟,它便是鸾("离""鸾"双声,歌寒旁转),是凤的一种。

这也就是《山海经·海内西经》中"服常树,其上有三头人,伺琅玕树"的三头人。它为木,为鸟,为人,都是太阳族的尊神,一身而三化。袁珂校注说:"(离朱)即日中踆乌(三足乌)。……离为火,为日,故神话中此原属于日,后又象征化为南方星宿之朱鸟,或又称为离朱。……而世传古之明目人,又或冒以离朱之名,喻其如日之明丽中天,无所不察也。日乌足三,足讹为头,故又或传有三头离珠(朱),于服常树上,递卧递起,以伺琅玕也。"长沙子弹库出土《楚十二月神帛书》有三头神,饶宗颐指出就是这三首的离朱。②

三个头的神鸟或人,或说是畸形胎的夸饰。三头怪胎是有的,但极少。这种多头颅的奇物,跟多眼、多手、多身等一样,是初民对自我的身体及器官的迷恋或崇拜,他们对美善和有用的事物总希望多多益善,脑袋越多不是越能发挥它的功能,并且不容易被杀死吗?以量的伟大来代替质的崇高是低级形态的神话夸张的一大特色。从社会学角度说,三头人也可以看作三个氏族的联合。但最重要的却是,它表现了对器官功能增殖的愿望。三首人和百首怪一样是为了便于轮值、守卫以保证安全。赫拉克勒斯所杀的怪物除九首雄虺外,还有冥

---

① 范明三:《纹样系谱学初探——从瑞果纹等论及中外民族艺术交流》,载《活页文史丛刊》1986年第239号,第19页。
② 饶宗颐:《长沙楚墓时占神物图卷考释》,载《东方文化》1954年第1卷第1期,第78页。

王哈得斯（Hades）之国的三头龙尾狗（有点像《招魂》里其身九约的土伯）。神牛之主革律翁（Geryones）是三人合一，不是一人三首，也是一首三身。这些都与后羿所射颇为相像。

离朱又是明目善视的太阳族英雄，显然象征着光明。"离朱"音转为"离娄"（《礼·檀弓》释文曰："邾人呼邾声曰娄"），《孟子·离娄篇》有"离娄之明"。赵岐注云："离娄者，古之明目者，盖以为黄帝之时人也。黄帝亡其玄珠，使离朱索之，离朱即离娄也。能视于百步之外，见秋毫之末。"这段故事见于《庄子·天地篇》："黄帝游乎赤水之北，登乎昆仑之丘而南望，还归遗其玄珠。使知索之而不得，使离朱索之而不得，使喫诟索之而不得也。乃使象罔，象罔得之。"这实在不是离朱的光荣，因为他竟比不过水怪象罔（"象罔"，《太平御览》卷八〇三引作"罔象"，为"水之怪"，李白《大猎赋》"使罔象掇玄珠于赤水"；"罔象"义为迷惘，迷而却"明"，是"难得糊涂"的意思），连玄珠都找不到。也许是像《韩非子·观行篇》所说的那样吧："离朱易百步而难眉睫。"袁珂说，《海外南经》的"三珠树或即（黄帝）所遗玄珠所生的树"①，其母型可能是珊瑚树，亦即离朱所保卫的琅玕树。

窃尝疑：所谓"三珠树""琅玕树""玄珠"，可能都是离朱之生命结晶，是他的马纳，也是太阳之精。《增一阿含经》说大鹏烧死以后，其心结为纯青琉璃，那离朱也可能系焚烧以后所结。离朱有三头，玉树也有三珠。所以黄帝要命离朱去寻找他丢失的生命玄珠。这本质上等于大鹏鸟口沫所结的木难珠（母型为祖母绿或碧琉璃）。而三头神离朱也有责任保卫自己的生命树——琅玕树或三珠树。琅玕树所结的实即此玄珠或三珠，称为离之珠亦无不可。它是凤凰的食物，亦即离鸾生命之所寄。因为鸾、凤可互转。

这是一个退化冥昧了的神兽守宝型的故事，附丽于英雄取宝神话，有如百首巨龙拉冬看守金苹果，百眼恶龙之守卫金羊毛，神鸟革律翁守卫北方黄金，毒龙守卫尼伯龙根的宝物一样。英雄必须战胜或杀死神兽、怪物才能取得后者所保卫（或所外化）的奇珍异宝。这里，射手英雄后羿扮演了杀怪英雄赫拉克勒斯、珀耳修斯、阿耳戈英雄伊阿宋和西格弗里德等的角色。英雄必须经历生死的考验，才能获得他所征服的神怪的生命精华，才能使自己的灵魂得到充实和升华。

后羿要取药得树，不但要登山，而且要制服"瞪视昆仑"的九首开明，可

---

① 袁珂：《中国神话传说》（上册），中国民间文艺出版社，1984年，第173页。

惜这个情节散佚了。《淮南子·本经训》说，后羿曾"杀九婴于凶水之上"，这九婴也是九头蛇或九头鸟，不知道跟九首开明有没有关系。

后羿与伺服琅玕的离朱为敌的神话有保存。羿射十日或日中神鸟中其九，当然也威胁到太阳神鸟阳离。《天问》叙后羿盗仙草之"安得夫良药，不能固臧"之后，下句就说"天式纵横，阳离爰死，大鸟何鸣，夫焉丧厥体"，绝非无因。唐兰指出："阳离者，日也，盖即羿弹日事也。"① 良是。甚至那焚烧阳离的太阳烈火，都可能是后羿射日而引起的爆发。《海外东经》郭注就说："假令器用可以激水烈火，精感可以降霜回景，然则羿之铄明离而毙阳乌，未足为难也。"铄，暗示后羿借阳火而毙明离（明离之死是暂时的）。明离自然指掌握光明的太阳神鸟、神格兼太阳文化精英的阳离，他为准太阳神、大翼鸟后羿所射，这个神话是有多面性或多义性的。一方面，后羿为了控制自然、改善气候、战胜炎热和干旱而射太阳、射太阳神鸟，并且取得太阳之精（或离朱之类鸟宝）以充实和超越自我的生命；另一方面，离鸟或离朱也因为不可更易、无法回避的自然规律和人类利益，贡献出自我的生命及其精华和灵性，在烈火中焚烧、死亡、献身。虽然它可以像涅槃的凤凰一样再生，但是它的燃烧、它的追求、它的牺牲，使它成为一个不朽的悲剧形象。

这里顺便介绍一下英雄（或其他神物）的灵性，亦即马纳的意义。它跟英雄从摇篮到坟墓的整个生命都有关。列维-布留尔在《原始思维》中称它为一切物所具有的"生命和力量的神秘本原的流质"。不同群团称呼各异：波利尼西亚人称马纳，易洛魁人称奥伦达（Orenda），苏人称瓦肯（Wakan），阿尔衮琴人称玛尼托（Manitu），澳洲原住民称阿隆吉他（Arungquiltha）。②

马林诺夫斯基指出，这种能够概括一切神秘力量的马纳已经是一种"粗始的玄学观念所有的赅括之词"了，因为"它包含一切神秘，一切密能，一切神性"③；"在原始脑子里面，它乃是一切现象一切周围的活动所有的主动原因"④。

芮逸夫主编的《人类学》辞典，称之为"灵力"，说"它是指一种具有普通人类体能所不能达成效果的综合力量概念"⑤ 这本辞典也引用柯德林顿（R. H. Codrington）的观点说："他用'精神的力量'、'巫术的力量'、'超自然的

---

① 唐兰：《天问"阻穷西征"新解》，载《禹贡》1937年第7卷第1、2、3期。
② 芮逸夫：《人类学》，台湾商务印书馆，1975年，第319页。
③ [英] 马林诺夫斯基：《巫术科学宗教与神话》，李安宅译，中国民间文艺出版社，1986年，第64页。
④ [英] 马林诺夫斯基：《巫术科学宗教与神话》，李安宅译，中国民间文艺出版社，1986年，第65页。
⑤ 芮逸夫：《人类学》，台湾商务印书馆，1975年，第319页。

力量或影响'等词和'灵力'（mana）一词相对等。……他描写'灵力'是'一种力量或影响'，非体质上的，在某方面却是超自然的；但它可以在体力中表现出来，或者在人所具有的某种力量或优势中表现出来。……所有美拉尼西亚的宗教，事实上都是在使自己或别人获得'灵力'的益处。"①

恩斯特·卡西尔还试图把创造出"整体的交感"（Sympathy of the Whole）这个概念的斯多噶学派的关于"呼吸"（气）的理论跟马纳联系起来。"这种弥漫于整个宇宙之中的呼吸给予一切事物以一种张力，靠着这种张力这些事物被结合在一起——（这）依然非常类似于一些原始概念。"② 卡西尔曾指出，原始人坚信"生命一体化"（Solidarity of Life），一切生命都可以沟通、转换、变形、重出，因而生命与死亡也没有绝对的界限。③ 这几乎充满一切事物的灵性，便是生命的内在动力、内在依据。它不但对于理解斯多噶学派的"呼吸"，而且对于解释古代中国人的气、元气（生命力），以及性的学说都是极有启发的。

在这许多说法中，有两点特别值得注意：第一，灵性存在于人身体的各部分；第二，灵性可能与超自然的禁忌互为补充，互相转化。

英雄，甚至英雄所擒杀的怪物、神物，都有这种马纳，英雄杀怪往往也是为了得到或加强马纳；一旦触犯某种禁忌，或是其生存的秘密（例如名姓、致命点、生命线等）被破译、被侦知，他就可能丧失这种马纳，甚至马纳还会对转为克星，从而导致整个生命和灵魂的丧失。

---

① 芮逸夫：《人类学》，台湾商务印书馆，1975年，第319页。
② ［德］恩斯特·卡西尔：《人论》，甘阳译，上海译文出版社，1986年，第121页。
③ ［德］恩斯特·卡西尔：《人论》，甘阳译，上海译文出版社，1986年，第105页。

第四篇

救灾英雄：济世与抗天

第一章　二郎神的原来面目和递嬗

一、二郎神形象的原始元素

论二郎神者至多，但是几乎没有人注意到这个形象的原始性、古老性，或者说他和原始社会英雄或英雄神的联系。这恰是我们的兴趣重点所在。

元杨景贤《西游记》杂剧第十六出中二郎神的定场诗说：

不周山破戮天吴，曾把共工试太阿。

谁教有穷能射日，某高担五岳逐金乌。

戮海怪、斩共工，前两句似乎是吹牛，但那是"也曾搅海降龙母"、制服水怪孽龙的一种雅化；后两句则更有"历史根据"。他唱的《紫花儿序》也说："闷来时担山赶日，闲来时接草量天。"在无名氏《二郎神醉射锁魔镜》里，二郎神自报家门道：

喜来折草量天地，怒后担山赶太阳。

我是那五十四州都土地，三千里外总城隍。

《二郎神醉射锁魔镜》里的二郎神并非杨二郎、李二郎，而是赵二郎（昱），可见只要是二郎神，就都曾把原始英雄神的业绩附在自己身上。

在近世民间流传的一些有关二郎神的俗曲里，也保留着相当多的原始内容。例如《二郎劈山救母》太平歌词就有：

二郎爷来本姓杨，身穿道袍鹅蛋黄。

手使金弓银弹子，梧桐树上打凤凰；

打了一只不成对，要打两个配成双，

有心打他三五个，怕误担山赶太阳。

十三个太阳压十二，留下一个照下方。[①]

据《中国俗曲总目稿》，北平石印本《开山救母》、上海茂记书庄石印本

[①] 杜颖陶编：《董永沉香合集》，古典文学出版社，1957年，第347页。

《开山救母》、北平宝文堂木刻本《二郎爷劈山救母》，开头部分都有大同小异的介绍（其中尚有北平抄本俗曲小岔《八支腿》，内称"两廊山，路崎岖，上面盖二郎神祠，里面塑双阳公主甚标致，带一顶灰鼠卧兔帽眉齐"云云，好像还有入赘为驸马的情节）。现代民间还流传《二郎捉太阳的故事》，略谓古时七日同出，热杀人畜，有汉子称二郎者决心追日，然而"捉住第一个，没处放，再捉第二个的时候，第一个就跑掉了。……（他）找了一根大扁担，挑起两座山去追赶太阳。这一次，他每捉住一个太阳，便压在山底下。捉来捉去，六个太阳都被他压住了"①。

另一个二郎担山的故事则不提追日，只说他为了挡风沙而移山，结果被压在山下②。

据说，四川灌县至今还有二郎担山赶太阳的故事流传。县南三十里有小土山名横山子，长四里，宽一里，云即二郎担山所留扁担；又有土堆、小山，被说成是二郎担山所遗余土和抖草鞋所掉下来的泥。③ 谭达先认为，这个捉太阳的二郎跟追日的夸父、射日的后羿一样也是个巨人。④

在吴承恩《西游记》里，杨二郎的光荣历史却只剩下"斧劈桃山曾救母，弹打椶罗双凤凰"。弹打凤凰者，实犹后羿之射落太阳里的金乌（在鸟图腾集群神话里，金乌、玄鸟、阳离和凤凰是可以互相置换的）；"椶（棕）罗"者疑"梭罗"（娑罗），本是印度的月亮树、宇宙树，亦兼为太阳神树，梭罗树上双凤凰当为日、月神鸟。其担山赶日事迹，在《西游记》里却奇妙地转移到孙悟空身上："也能搅海降龙母，善会担山赶日头。"《西游记》第三十三回，金角大王调须眉、峨眉二山来压孙悟空。他却两肩"挑着两座大山，飞星来赶师父"，吓得魔头怪叫："他却会担山！"后来才被泰山压倒。而在前引《二郎担山的故事》里，则是二郎被压在山下。

二郎神和孙悟空的神迹常常互相转化，互相渗透。例如，他们都能钻进敌人肚子威胁敌人，都曾假扮女人制伏妖怪，也都曾担山追日，降伏水怪，并且都有腾挪变化之功。陈炳良认为，这孙猴子"是二郎神的对照（Counterpart）。

---

① 金烽原记，震理重写：《二郎捉太阳的故事》，见贾芝、孙剑冰编：《中国民间故事选》（第1集），人民文学出版社，1980年，第46页。
②《二郎担山的故事》，载《民间文学》1961年4月号。
③ 黄芝岗：《中国的水神》，上海文艺出版社，1988年，第7—13页。
④ 谭达先：《中国神话研究》，香港商务印书馆，1980年，第73页。

因为二郎神是水神,所以猴子也是水神"①。其他类似的细节还有:"他和六个朋友(一说七个)号称'梅山七圣'。而在'小说'里,猴子也有六个朋友,他们自己叫做'七大圣'(第四回)。在'杨剧'(杨景贤《西游记》)和'锁齐天大圣'里,猴子也是排行第二。"② 这也正是民间文艺学上所谓"互换"。在地位、品质、性格基本相同的人物身上事迹的游移、转化称为"互换",对立面例如神与怪、人与鬼、善与恶、尊与卑之间事迹的移换、互化则称"对转"。

担山压日事,本质上与后羿相通。袁珂也说:"其所以'赶'者,乃以山将'十三个太阳压十二',则二郎者,亦追日之夸父与射日之羿之伦也。"除后羿射日外,我国许多地方、许多兄弟民族都有英雄射日或擒日神话。

彝族支系阿细人史诗《阿细的先基》说,有个阿拉,看到太阳有七个,便把它拿下来装在篮子里面,但是拿了这个跑了那个,"后来他拿着一个,便把它埋在土里面",一直埋了六个。③ 这个故事很像二郎用山压太阳以免顾此失彼的有趣情节。

四川凉山彝族传说史诗《勒俄特衣》说:

射掉六日、七月者,是支格阿龙,

拿到大地上,压在黄色石板下。④

据整理者介绍,"传说支格阿龙把射下来的太阳月亮用大石板压在最南端的江河末尾处,所以南流的江河水被其吸干,因而江水有去无返"⑤。压太阳的原因大概也是怕它跑掉。彝文经典《古侯·公史篇》也说支格阿龙把多余的日、月射落以后,压在大地之上、石板之下。⑥ 这故事也很像二郎捉太阳,而且都发生在四川,其间的关系诱人深思。但在民间故事《英雄支格阿龙的传说》里却只有射落多余的六个太阳、八个月亮,而没有压太阳于石板下的情节。⑦

较为完整的担山赶日的神迹,还见于蒙古族民间传说《半拉山的故事》。大洪水之后,天上忽然出了十二个太阳,被英雄乌恩射落数个。天帝怒,以山压

---

① 陈炳良:《中国的水神传说和〈西游记〉》,载《国语日报》(台北)副刊《书和人》1971年12月25日第177期。
② 陈炳良:《中国的水神传说和〈西游记〉》,载《国语日报》(台北)副刊《书和人》1971年12月25日第177期。
③ 云南省民间文学楚雄调查队:《梅葛》,云南人民出版社,1978年,第43页。
④《勒俄特衣》,见《凉山彝族奴隶社会》编写组编:《凉山彝文资料选译》(1),1978年,第50页。
⑤《勒俄特衣》,见《凉山彝族奴隶社会》编写组编:《凉山彝文资料选译》(1),1978年,第136页。
⑥ 何耀华:《彝族南自然崇拜及其特点》,载《思想战线》1982年第6期,第69页。
⑦ 李德君、陶学良编:《彝族民间故事选》,上海文艺出版社,1981年,第8页。

他，乌恩用双肩扛住了两座大山。等到剩下一个太阳时，天帝却用第三座大山把乌恩压在底下（注意，二郎神、孙悟空都曾被压在山底下），但是山头上却长出药草，为人民医治天帝散布的瘟病。乌恩成了一个为人类牺牲的悲剧英雄。这个英雄神跟二郎神一样长着三只眼睛。

至于"折草量天地"，则更少被注意。它也是非常古老的观念，透露了初民渴望了解自己所处的世界的范围和构造，是最原始的宇宙测量学。屈原《天问》曾经探究过：

> 九天之际，安放安属？
> 隅隈多有，谁知其数？
> ……
> 东西南北，其修孰多？
> 南北顺椭，其衍几何？

这是探索宇宙时空范围的可贵尝试。古印度的《梨俱吠陀》里，雷神、英雄神因陀罗也曾测量"六方"而造广地及高天。至于制作天地的材料，印度人根据人间造房子的办法，说是用的木头。"而吾先民，则以为作成上天的材料为土石，和下地一样。故相传女娲补天，'炼五色石'，便是这个原故。"①

有些记载甚至说，已经测量出了具体数字。例如《管子·地数》说："地之东西二万八千里，南北二万六千里。"《海外东经》载帝命竖亥步东极至西极之数。《淮南子·地形训》《轩辕本纪》等都有类似记载。纬书《诗含神雾》《春秋命历序》《河图括地象》《吕氏春秋》等也有天地四方的测量数字。这些当然都极幼稚，但总是宇宙学观察和实验的萌芽。《拾遗记》还说，蛇身人面之神"探玉简授禹，长一尺二寸，以合十二时之度，使量度天地"。纳西族《创世纪》也说：

> 白银量杆去量天，满天白云量不成；
> 黄金比杆去比地，洪水遍地比不成。

这与二郎神的"折草量天地"本质相通，只是测量工具的属性贵贱不同罢了。其他如《苗族古歌》、《梅葛》（彝族）、《阿细的先基》、《牡帕密帕》（拉祜族）等少数民歌史诗都有英雄测量天地范围的情节。希伯来史诗《旧约·约伯记》载上帝耶和华也曾向人类提出过太初"是谁定的地的尺度，是谁把准绳拉在其上"的质问。

---

① 程憬：《古代神话中的天、地及昆仑》，载《说文月刊》1944 年第 4 卷合订本，第 955 页。

制服太阳、测量天地当然不可能是秦代蜀守李冰及其子二郎或其他二郎神的业绩，那时代已经不可能产生如此壮美又天真的神话，这只能是原始神话的遗留和黏附。一个受到人们热爱的英雄神，人们尽可能多的把光荣业绩往他身上堆积。而改造山河、为民除害的二郎神也是有资格集纳、接受这样的贡献的。这样就不仅使二郎神这个形象带上了复杂的双重性：既具原始性，又有现实性；既有独特性，又有集成性；既有承继性，也有变化性。二郎神与原始的英雄如后羿、夸父（以及少数民族传说里众多的英雄）之间有着趋同性和可比性，也就使得古今神话（或老、新神话，或狭义神话和广义神话）之间的继承、传袭、发展关系显得更加复杂而多样。英雄（或神）和他的业绩，前者是主体，后者是行为，二者是不同的，对立统一的。在神话传说里，行为或业绩往往并不都是主体的实际经验或者说本事（例如二郎神的业绩本来主要是治水），而常是外附的、层积的。早于英雄本身经验的追加可以称为"前本事"（例如二郎神的"埋日""测宇"等），晚于英雄本身经验的堆积可以叫作"后本事"（例如二郎神的"擒猿""射妖"等）。无论是"前本事"的追加还是"后本事"的堆积（这也许可以借用语言学理论称为"后退的同化"和"前进的同化"），尽管会发生极大的变异或转移，但都必须符合主角（英雄或神）的客观品性或某种特质（也就是说主体形象本身要具备特定的吸引力和可附性），不然就是所谓"无机牵合"（这种情形也不是绝无仅有的）。这些外附和堆积跟主角及其本事经过长期的熔铸和传播，事实上已经凝固为一个不易分割的整体。但是神话学和文化史既必须从整体上把握这种群体业绩集中化、综合化、个体化的结果，又必须从历史角度考察这种群体业绩集中化、综合化、个体化的过程，从而探索它的来源、流变以及组织和层次，以求尽可能达成宏观概括和微观分析的统一。

而作为二郎神对立面的江神或水怪，虽然不像后羿所射的河伯那样著名，却也几乎和他一样古老。从他身上也可以看出李冰故事兼有古神话和新神话的特点。江神原为善神，性别未明，但似乎是阳刚的、男性的。他的化身是龙，但有马首。更有女江神奇相（"奇相"疑"江"之析音）。晋郭璞《江赋》云"奇相得道而宅神"，六臣本良注云："宅，居也。奇相得道于江，故居江为神。"李注引《广雅》曰："江神谓之奇相。"《史记·封禅书》："江水，祠蜀。"索隐引《广雅》："江神谓之奇相。"又引《江记》云奇相为"帝女也，卒为江神"。《蜀梼杌》："古史：震蒙氏之女，窃黄帝玄珠，沉江而死，化为奇相，即今江渎神是也。"又引《黄帝传》云："象罔得之，后为蒙氏女奇相窃之，沉海去为神。"这又跟玄珠、罔象故事牵涉在一起。

这里似乎掺进了一个神怪守宝和英雄盗宝的情节。特别是这位女江神是有动物化身的，并且跟应龙一样帮助英雄治水（大禹、二郎神等俱有类此神物相助）。《一统志》引《山海经》云："神生汶川，马首龙身。禹导江，神实佐之。"今本无。《蜀中名胜记》亦云，她以山水、风雨之神而化身为"龙身"而有"马首"。"《山海经》云：'岷山神马首龙身，祠用雄鸡、瘗用黍，则风雨可致焉。'……陵阳李新诗：'在昔岷峨神，龙文而马首。'"

她的主体应该是龙。龙、蛇本应有珠，然则她与黄帝等的夺珠之争，是一场关于生命灵性或神性的争夺战。她必须获得玄珠，才能成为真正的水神。所以，为了得到马纳，她像河伯冰夷、埃阿一样潜入深渊，她的死也就成为她向神祇世界的超越。民间传说里，凡人因吞龙珠而化为神龙蟄蛟者不知凡几，许多地方有火龙珠、望娘滩等的故事，都是与奇相得玄珠而成水神、化龙身基本一致的。像黄芝岗所叙，四川灌县孝子吞下蛟子变成的红珠，自己也变成蟄龙，下水后舍不得娘亲，频频回头，灌口江中至今留下二十四望娘滩遗迹。

二、李冰化牛斗水传说

都江堰：伟大的工程和工程师

二郎神是形形色色的，同称异人，同质异形。新生神的变化如此之多，牵涉如此之广，或者说有这样多的传奇人物都获得"二郎神"的荣称，这在中国神话史上已属罕事，在世界神话史也并不多见。

但是，这个神称，这个故事，还是有它的确定性的。它的来源非常清楚：在地域上，以四川灌县为核心，向四方辐射，而又吸引着周围（包括兄弟民族地区和域外）的文化因子；在角色上，以李冰为内核；在事迹上，以斗江治水为中心；在神话模子或图式上，则以化牛（或龙）入江斗水怪为主干。坎贝尔"一人千面，千面一人"的英雄神话学说在二郎神故事上倒是可以得到一些积极印证。所以，在讨论二郎神的众多形构之前，还必须从李冰治水传说讲起。他是最古老的二郎神。

《史记·河渠书》说："蜀守冰凿离碓，辟沫水之害，穿二江成都之中。"（"沫水"原作"沬水"，本书姑依俗例仍作"沫水"）《汉书·沟洫志》则指明其姓李，云"蜀守李冰凿离堆"。从历史学的角度看，这当然不会是李冰个人领导的功劳，在此前后的开明、文翁等都起过重要作用。不过李冰是其中最杰出、最真实的设计师、工程师总没有疑问。而都江堰工程的伟大、巧妙、实用,至今还令人赞叹嗟异。据说,同治年间,德国地质学家李希霍芬(Richthofen)游历成都,被都江堰系统工程惊得目瞪口呆,说世界上至今还没有这样巧妙、合理、伟大的水利工程。张其昀说,中国古代两大水利工程,渭北堙废,唯成都者尚存,"岷江自灌县分疏为数十条,至彭山县复合,长九十英里,广四十英里,面积二千四百方英里,中间包有十八县,历代递加修治,引水入渠,派别支分,不可胜纪。灌溉之外,又可行舟。蜀用富饶,号为天府"[①]。

如此伟大神奇的水利工程,经过改造修整,直到今天还在起实际的作用,地受其泽、民蒙其利,怎么能不受到景仰和传颂呢?李冰又是比鲧禹、共工更多一些真实性的历史人物,人民为了纪念他的历史和伟绩,就利用已有的神话传说,加上充满爱和尊敬的想象,世代积累,逐层加工,把他的本事变成了一组绝妙的英雄故事(如上所说,传说的核心是英雄通过化身斗胜镇厌水怪,平复了水患)。

创业英雄的壮丽、艰巨、伟大伟绩,往往超出科学文化水平依然不高的普通百姓的个人经验和认识的范围,但他们的具象性思维和想象力又相对发达,这样,创业者的事迹就容易被神化、幻化,浪漫传说由是诞生,并且经常与通俗宗教合流,产生半神秘、半现实、半神话、半历史的英雄传奇。其中的一部分即使诞生在历史时期,原始性比较强(或者黏附着原始的传说和遗蜕),也依然具有马克思所说的把自然力形象化(或人格化),借助于想象来征服自然力的性质,不妨称之为"新生态神话"或"新神话"(袁珂认为,这是广义的神话)[②]。李冰父子(或二郎神)故事就是个典型。

李冰故事的基本图式:化牛入水斗怪

《北堂书钞》卷一五六引《风俗通义》叙李冰杀江神事最为简略,但是已经略具新神话的特质了。

> 秦昭王得田广之议,伐蜀郡。平之后,命李冰为守,开成都两江,兴迪溉田万顷以上,到秋收阅数百千里。而水有神,借为民害,冰遂刺杀江神,无复水旱之灾,岁常丰熟。

这里的江神是人格化的,可为凡人所刺杀。《太平御览》卷八八二引《风俗

[①] 张其昀:《北方水旱及其善后之策》,载《时事新报·新论》1929年2月。
[②] 袁珂:《从狭义的神话到广义的神话》,载《社会科学战线》1982年第4期,第257页。

通义》则已相当活跃具体，而且首次出现了牛斗的情节，这是二郎神故事的核心，或者说关键情节。所有具备这个关键情节（化牛斗怪治水）的都可称为二郎神型传说。这是二郎神型传说比较基本的结构形态，相对稳定；别的细节会有较大变化，但其关键基本不变。

> 秦昭王伐蜀，令李冰为守。江水有神，岁取童女二人为妇，主者自出钱百万以行聘。冰曰："不须。吾自有女，到时装饰其女，当以沉江。"冰径上神坐，举酒酹曰："今得傅九族，江君大神，当见尊颜，相为进酒。"冰先投杯，但澹淡不耗，厉声曰："江君相轻，当相伐耳。"拔剑，忽然不见。良久，有苍牛斗于岸。有顷，冰还，谓官属令相助。曰："南向，要（腰）中正白，是我绶也。"还，复斗。主簿刺杀其北面者。江神死后，无复患。

《太平御览》卷二六二所引略同，末有"蜀人慕其气决，凡壮健者，因名子曰'冰儿'"。《水经·江水注》引作"凡壮健者，因名'冰儿'也"。

此事《水经注》或又归于文翁。"蜀有回复水，江神尝溺杀人，文翁为守，祠之，劝酒不尽，拔剑击之，遂不为害。"文翁事见《汉书·地理志》《汉书·循吏传》，《华阳国志》《水经注》说他曾兴修水利。上说则与李冰故事相混淆。这说明在较早的时候，已有一些历史或传说人物加入李冰故事的系列，就像后来有那么多人加入二郎神的队伍那样。神话的新生态或再生态是最喜欢认同的，许多的新生态英雄都尽可能地倚靠与他略有关系的著名神人，前述二郎神向后羿、夸父们的靠拢、认同就足以说明此点。而这也证明李冰故事已经像一个强大的磁场那样具有吸引力，无怪乎后代会有那么多的治水人物都来攀附甚至挤夺他的原生二郎神的光荣地位。《风俗通义》故事已相当完整，江水被人格化，英雄可以化兽斗神，具备新神话的特点和规模。江神索女与河伯娶妇相同，源于原始社会的人牺（性和生命的双重牺牲），而又被通俗宗教化。然而这故事很有特色，豪言、劝酒、拔剑、入水、化牛、斗怪，都是具有独创性的。李冰的形象勇健果决，"吾自有女，到时装饰其女，当以沉江"，在尊重民意的巧妙应答中充满幽默和机智，又透出朴实和刚毅。所谓"二牛"，一只是英雄李冰的化身，后来被尊化为犀牛或神牛；另一只是恶的水神所化，后来则卑化为恶牛或怪牛（江神当然也渐渐变成了水怪）。看来这个新神话诞生得较早，是一切二郎神传说的祖型，几乎所有的同型传说都是以其为轴心而展开或播化的。

汉扬雄《蜀王本纪》说："江水为害，蜀守李冰作石犀五枚，二枚在府中，一枚在石桥下，二枚在水中，以厌水精，因曰石犀里也。"《太平寰宇记》卷七三引《蜀王本纪》则说:"李冰以秦时为蜀守,谓汶山(岷山)为天彭阙,号曰天彭门,云亡者悉过其中,鬼神精灵数见。"《太平御览》卷八八二引晋常璩《华阳国志》:"(冰)外作石犀五头,以厌水精。……时青衣有沫水出蒙山下,伏行地中,会江南安,触山,胁溷崖,水脉漂疾,破害舟船,历代患之。冰发卒凿平溷崖,通正水道。或曰:冰凿崖时,水神怒,冰乃操刀入水中与神斗。迄今蒙福。"

诸书引《风俗通》俱云,秦昭襄王使李冰为蜀守,而《华阳国志》则说,秦孝文王以李冰为蜀守(《古今图书集成》卷二七四引《四川总志》也说:"秦孝文王时,灌口孽龙为患"),秦孝文王继昭王后在位仅三天,昭襄王在位五十六年(前306—前251年),童恩正定李冰为蜀守之年在昭襄王三十年左右①,当是。《华阳国志》还说,李冰"西于玉女房下白沙邮作三石人,立三水中。与江神要:水竭不至足,盛不没肩"。此碑旧称誓水碑,今不存。

1974年3月3日,河工在都江堰渠首鱼嘴附近外江里发现李冰石像,"石像头上戴冠,冠带系至颈下。面部肌肉丰满,微带笑容,神态自然。身穿长衣,腰间束带。两手袖在胸前,衣袖宽大下垂。双脚前部露出衣外"②。石人身上有题记:"故蜀郡李府君讳冰"(衣襟中间),"建宁元年闰月戊申朔廿五日都水掾"(左袖上),"尹龙长陈壹造三神石人珍水万世焉"(右袖上)。③"珍"读为"镇",珍水就是镇水。考古学家认为,它跟誓水碑一样起着"水则"的作用。④ 建宁元年即汉灵帝元年(168年)。这个李冰造像的出土为这篇奇妙的英雄诗意外地贡献了一个实证。现在此像展出于灌口伏龙观供人瞻仰,刀工质朴而娴熟精炼。

李冰所造石犀,实际上是李冰以动物化身出现的又一造像。它的作用是镇江,以防江神为祟、兴风作浪。李冰化牛与江神斗,牛本农神而兼为水神,所以有镇压、厌胜水怪的法力。现在颐和园昆明湖畔的铜牛,本来就是为镇水而设。江淮流域堤防上每见铁牛、铜牛、石牛,其意全在镇水,今或辟为名胜,或移入公园,或竟置于水利局大门口,真所谓物尽其用也。《云南通志稿》引陈鼎《滇游记》说:"昔人铸铜牛一以镇水怪,其形独角,卧地昂首视江水,起足作欲斗状。高五尺许。"这就极明确地表现以牛镇水的观念。据说,现在云南漾

---

① 童恩正:《古代的巴蜀》,四川人民出版社,1979年,第155页。
② 四川省灌县文教局:《都江堰出土东汉李冰石像》,载《文物》1974年第7期,第27页。
③ 四川省灌县文教局:《都江堰出土东汉李冰石像》,载《文物》1974年第7期,第28页。
④ 王文才:《东汉李冰石像与都江堰"水则"》,载《文物》1974年第7期,第30页。

鼻等地还有这样镇水的铜牛。

水牛、犀牛或夒牛

牛在古今中外多被视为农业、丰收和水的象征。目前还没有发现河伯化身为牛的直接证据。但是夒、牛、犀之属，却常常被当作水神或水旱之怪。例如《山海经·大荒东经》说夒"状如牛，苍身而无角，一足，出入水则必风雨"。《太平御览》卷九〇〇引晋张华《博物志》说："九真有神牛，乃生溪上里，黑出时共斗，即海沸。"俱可为证。

云南博物馆藏铜鼓和广西晚期铜鼓有牛纹，广西左江地区花山崖壁画上有牛和牛头像，潘世雄认为"都是以牛镇水消灾的"，"说明牛纹与风雨有关"①。据白川静介绍，石田英一郎的《河童引驹考》，搜集了世界上许多与牛密切相关的水神故事。有趣的是，他论证了水神除常化身为马、牛外，还常化身为猿。

甲骨文有奇字，牛身而巨角，董作宾释为"麟"②，唐兰释为"兕"③，商承祚、丁山释为"豕"④，看来是一种大野牛，被殷人视为圣物。可见神牛崇拜在我国历史之古老。

《太平御览》卷二四〇、八九九引前举《论衡》仓光或仓兕事，异文颇多，末有"亦谓之苍雉"云云。因为"雉""兕"古或通，所以闻一多读《天问》"昭后成游，南土爰底；厥利为何，逢彼白雉"，释其为白兕，证之以卜辞"获白兕"及《初学记》卷六引《竹书纪年》"昭王十六年，伐楚荆，涉汉遇大兕"。兕为水怪。

神、怪是可以易位或互转的。神兽犀牛既可能卑化为水牛，也可以怪化为水妖。《西游记》第九十二回就写犀牛为怪，说它们"都是一孔三毛二角，行于江海之中，能开水道"。这跟牛魔王之为水怪而被英雄神孙悟空降服是一致的。

物以稀为贵，事以奇而神。犀牛比较罕见，独角相当古怪，初民尊之为神兽可能性比水牛大得多。所以，有人说，李冰所化的牛其实是辟水犀，他用来镇水的是石犀。古人认为犀是水旱之怪（水旱可以转化，所以水神、旱神可以

---

① 潘世雄：《广西铜鼓纹饰的意义》，见中国古代铜鼓研究会编：《古代铜鼓学术讨论会论文集》，文物出版社，1982年，第190页。
② 董作宾：《获白麟解》，载《安阳发掘报告》1930年第2期。
③ 唐兰：《获白兕考》，载《史学年报》1932年第4期，第119—124页。
④ 丁山：《商周史料考证》，龙门联合书局，1960年，第176页；商承祚：《殷契佚存考释》，金陵大学中国文化研究所，1933年。

互兼)。《抱朴子·登陟篇》:"得真通天犀角三寸以上,刻以为鱼,而衔之以入水,水常为人开,方三尺,可得气息水中。"《太平御览》卷八九〇引《南越志》:"有大犀,其出入有光,水为之开。"引刘欣期《交州记》:"有犀牛通天,向水辄开。"可见犀有辟水之神力。《晋书·温峤传》还说燃犀角可见水怪。因为它是水火或水旱之神,所以它灵光显赫,照夜若火。《论衡·是应篇》还说了一个故事:

> 师尚父为周司马,将师伐纣,到孟津之上,杖钺把旄,号其众曰:"仓兕!"仓兕者,水中之兽也,善覆人船,因神以化。欲令急渡,不急渡,仓兕害汝,则复鮨(鲢)之属也。河中有此异物,时出浮扬,一身九头,人畏恶之,未必覆人之舟也。

这简直是说仓兕是河怪了。犀牛是水牛的尊化,夔牛是犀牛的怪化,它们都曾经被当成水神或水怪(下文要谈到作为英雄神的孙悟空就曾与水怪牛魔王化身斗法)。我国文献里关于水中出神牛或怪牛的记载不胜枚举。这里只介绍与江河水怪及其灾异关系比较大的数则。

六朝刘义庆《幽明录》:"巴丘县自金冈以上二十里,名黄金潭,莫测其深。上有濑,亦名黄金濑。古有钓于此潭,获一金锁,引之,遂满一船。有金牛出,声貌莽壮。钓人被骇,牛因奋勇跃而还潭。锁乃将尽,钓人以刀斫得数尺。潭濑因此取名。"

刘敬叔《异苑》亦载此事而较简。类似记载亦多。《太平御览》卷八九九引袁乔《江赋注》,卷九〇〇引竺法真《登罗山疏》、郭季产《集异记》,《太平广记》卷三七四引《玉堂闲话》、卷三九七引《酉阳杂俎》、卷四三四引《十道记》、卷四六六引《纪闻·王旻之》等所述,都有相近的关目。

文献上有许多牛斗故事,反映着水斗或人神之斗。例如,《太平御览》卷九〇〇引《博物志》说:"九真有神牛……黄或出斗,岸上人家牛皆怖。人或遮捕,即霹雳。号曰神牛。"(《太平广记》卷四三四引《异物志》略同)其他如《太平广记》卷四三四引《稽神录》说"有二青牛,腹嘴皆红,戏于水际",白衣老翁长可三丈,执鞭驱之入水。《古今图书集成》卷二六六引《续酉阳杂俎》说:"勾漏县大江中,有潜牛,形似水牛,每上岸斗。角软,还入江水,角坚复出。"《太平广记》卷四三四引《广异记》说,咸通四年暴雨,水发洛中龙门川,"有二黑牛于水中掉尾跃空而进",又有"二青牛奋勇而出",吓跑黑牛,浪为之平。《太平广记》卷一三九引《广古今五行记》云,周靖帝大象中,河里三兽,"状如牛,一黄一赤一黑者,斗久之。黑者死,黄赤者俱入河"。《古今图书集成》卷一四六五引《云南通志》云，元时禄丰县相传"有二石牛相触，一入黑龙潭，一入河口"。今每年雨水泛涨时"犹隐隐见牛浮沉水中"。《晋书·五行志》《渚宫旧事》《异苑》等书及《太平御览》卷九〇〇所引《嵩高记》《钱塘记》《凉州异物志》等还有以牛为水怪或水神的记载，兹略。湖北民间传说，大禹在三峡用斩龙剑杀了大龙，用锁龙圈镇住小龙，但是恶龙尸骨变成西陵峡的大石山，无法开凿。后来，"突然从峨眉山上跑来一条大黄犊，举起双角，狠触龙头，只一天工夫，就把龙头掀断了"，隐没于深山石壁。"为了表彰黄犊的功绩，人们便把这一带的风物命名为黄牛峰、黄牛岩、黄牛峡、黄牛滩、黄牛泉、黄牛铺……还在黄牛岩下建造了一座金碧辉煌的黄牛庙"①。这黄牛实质上也是水神。

犀牛的怪化为夔，尊化为神，卑化则为水牛。水牛之所以能成为水神，主要因为它的两栖活动引起初民的惊讶、钦佩或疑惧。牛又是最重要的家畜之一，肉既可吃，乳复可饮，牛很早就成为祭神的牺牲（"牺牲"二字并从牛），后来又用以驮物、拉车、牵犁、乘骑。与人类生活的密切关联让它成为图腾或动物崇拜的重要对象。而当它发起野性或惊走、疯狂的时候，又会伤害人畜；特别是当它被洪水卷去在波涛中出没之时，人们又极容易把它当作发动洪灾的水怪或水神。神和怪在民俗上并没有不可逾越的鸿沟，常常互相转化（此即所谓"对转"）。例如蛇尊化为龙，怪化即成蛟，而蛟也可以被祀为神。这样，李冰化身神牛而江神化身为恶牛也就容易解释了。而水神化牛，或牛成为水兽，并且变作江河的象征，这在世界神话史上是常见的。奈特（R. P. Knight）就说："牛在钱币上，永远被用作表示河川的意象。"

还有一个相当奇特的现象：牛、猿、龙这三者在性质与形态上毫无相似之点的动物，竟可以在"皆为水怪"这一点上趋同并且互相转化。"夔"的原义是"牛"（犀牛、野牛、水牛），但是字可写作"夒"（猱），义为"母猴"，即卜辞常见之高祖夒（帝喾、帝俊、帝舜）。《国语·周语》韦昭注就说："夔一足，越人谓之山缫……人面猴身，能言。"这就是古典式的无支祁。如袁珂所说："古夔兼具牛猴二形，故金牛的神话和猴形怪兽无支祁的神话，无非又都是夔的神话的演变。"② 夔又可以转化为独足的龙。前引《东京赋》薛注就说："夔，

---

① 中国民间文艺研究会湖北省分会、湖北省群众艺术馆编：《湖北民间故事传说集》，1980 年，第 120 页。
② 袁珂：《古神话选释》，人民文学出版社，1979 年，第 309 页。

……如龙。"《说文》卷五也说："夔，神魖也。如龙，一足。从夊，有角、手，人面形。"从牛到龙，身子的拉长经历了一个合理化的过程。《艺文类聚》卷八三、《太平御览》卷八五六引《白泽图》说："山之精名夔，状如鼓，一足而行；以其名呼之，可使取虎豹。"《庄子·达生篇》："山有夔。"释文引司马彪说："夔，形如鼓而一足。"肚子圆鼓鼓的像一只牛，但是《山海经·西山经》却说："钟山，其子曰鼓，其状如人面而龙身。"可见鼓一般的夔牛也是可以逐渐拉长变成夔龙的。这样，在李冰传说牛斗之中突然出现由牛形的江神变成的孽龙或蛟，也就不奇怪了。这可以认为是新神话从古神话（或狭义神话）那里零星而又合理地汲取养分，以使自己更古老、更神奇、更有据。《太平广记》卷二九一引《成都记·李冰》：

> 李冰为蜀郡守，有蛟岁暴，漂垫相望。冰乃入水戮蛟，己为牛形。江神龙跃，冰不胜。及出，选卒之勇者数百，持强弓大箭。约曰："吾前者为牛，今江神必亦为牛矣。我以太白练自束以辨。汝当杀其无记者。"遂吼呼而入。须臾，雷风大起，天地一色，稍定，有二牛斗于上。公练甚长白，武士乃齐射其神，遂毙。从此蜀人不复为水所病。至今大浪冲涛，欲及公之祠，皆弥弥而去。故春冬设有斗牛之戏，不由此也。祠南数千家，边江低圻。虽甚秋潦，亦不移适。有石牛，在庙庭下。唐大和五年，洪水惊溃。冰神为龙，复与龙斗于灌口，犹以白练为志，水遂漂下。左绵梓潼，皆浮川溢峡，伤数十郡。唯西蜀无害。

可见，江神跟李冰一样既可以变成牛，也可以变成龙或蛟。下引李冰父子故事中也多说其降龙斩蛟，今灌县犹有种种胜迹焉。

李冰故事百口流传，变化多端，但万变不离其宗，其基本结构是他曾亲自或化身为神兽与水神（化身为怪牛、孽龙）搏斗。这个中心情节曾以种种形式转移、传递在许多治水英雄身上。功垂千古，遗爱在民，关于他的传说和故事实在还有许多，这里再略举数例如下。

《续博物志》："沫水自蒙山至南安溷崖，水脉漂疾，历代为患。蜀守李冰，发卒凿平溷崖。河神虩怒，冰操刀入水，与神斗，遂平溷崖。"此条仅言李冰亲与河神白刃相斗，而未及于其化身。《集古录》载："秦李冰为蜀守，凿山导江，以去水患。其神怒，化为牛，出没波上。君操刀入水，杀之。因刻石以为五犀，立于水旁。与江誓曰：'后世浅无至足，深无至肩。'谓之《誓水碑》，立在彭州。"此条仅言江神化牛，未及李冰化身，当亦后起。杜甫《石犀行》写道：

"君不见秦时蜀太守，刻石立作三犀牛。自古虽有厌胜法，天生江水向东流？"

西亚、南亚化身杀怪的大神

有一个重要的信息提请注意：李冰化神牛入水与水神所化怪牛搏斗，在世界（尤其东方）神话里也有对应的表现。例如印度的湿婆曾经变成大白牛，制服魔怪，他的妻子难近母（Durgā）曾在两个儿子的参与下制服过水怪"牛魔王"（李冰斗牛杀怪也有二郎的协助）。波斯的水神得悉神也曾变成牡牛和马与水旱之怪阿帕萨（Apasha）变成的恶马苦斗，将其制服。而在祭祀得悉神时也要杀许多牛。印度神话跟波斯神话是有血缘关系的，跟中国的类似神话可能亦不无关系。

美善对丑恶，光明对黑暗，（太阳）英雄对水怪，这种二元对立结构，在波斯神话里有鲜明的体现，有时发生置换变形，但其基本结构仍然稳定，如光明神（阿胡拉－马兹达）与魔王（阿利曼），天狼星（蒂什塔尔，水神）与旱魃（阿帕萨）。《阿维斯塔·亚什特》歌唱道："是的，威严的蒂什塔尔给那旱魃套上枷锁，用两根、三根，好几根绳索将它捆牢，就像上千个彪形大汉捆绑一个罪犯。"

《隋书·西域传·曹国》有"得悉神"，白鸟库吉认为就指蒂什塔尔[①]，跟李冰化形为牛亲斗水怪非常相像，他"化作金耳朵的白骏马"，亲自下水跟化形黑秃马的阿普什搏斗并战胜了他。李冰得到观战民众的欢呼和帮助，而蒂什塔尔"如不获人民之歌颂，则无力以击败垄制海水之妖孽"[②]。宋代祭祀二郎神，杀羊动辄万计，或说这是羌人祭奉猎神的旧制。[③] 而《阿维斯塔》说："雅利安人的国家应该像威严的蒂什塔尔奉献祖尔供品，铺好巴尔萨姆枝条，烤制一只纯白或纯黑的绵羊。"羌人或是此事的传递者。

杀怪的阿胡拉－马兹达，是光明神；而二郎神，作为后羿业迹的继承者，也具有准太阳神格。更有一事，《阿维斯塔·亚什特》说，"在阿赫里曼（化形为蛇的魔怪）的煽动下，众女妖妄图阻挠孕育着水胎的星辰（降雨赐福）"；而"威严的蒂什塔尔，它与女妖交手，大获全胜"，盖犹因陀罗击败阻塞水雨通道的旱魃巨蛇弗栗多，"于是，风起云涌，雨水从天而降，预示着好年景"。这再

---

① 参见［日］白鸟库吉：《塞外史地论文译丛》（第2辑），王古鲁译，商务印书馆，1940年，第433页。
② 岑仲勉：《两周文史论丛》，商务印书馆，1958年，第176页。
③ 参见李思纯：《江村十论》，上海人民出版社，1957年，第66—67页。

次证明，屠龙确与祈雨求丰相关，而且关系着生殖力量的解放。

三、形形色色的二郎神

李二郎

李冰的古老传说里并没有其子形象的出现，更无所谓的二郎神。就是到了二郎神大出风头的宋代，范成大《离堆诗序》也只说："上有伏龙观，是冰锁孽龙处。"但也说："民祭赛者率以羊，岁杀羊四五万计。""羊"（杨）二郎的崇拜已经粗具苗头了。其《吴船录》云："庚午，至永康军，崇德庙在军城西门外山上，秦太守李冰父子庙食处也。"已言"父子"矣。

宋曾敏行《独醒杂志》不仅言李冰父子，且称"二郎"，这恐是李冰故事出现二郎神的开始："永康军城外有崇德庙，乃祀李太守父子也。太守名冰，秦时人，尝守其地。有龙为孽，太守捕之，锁孽龙于离堆之下，有功于蜀。人至今德之，祠祭甚盛。江乡人今亦祠祭之，号曰'灌口二郎'。"似说二郎即李冰。

1. 儿子的出现

《朱子语类》："蜀中灌口二郎庙，当时李冰开离堆有功立，今来现许多灵怪，乃是他第二个儿子。"出现李冰二子——李二郎的说法。

袁珂、周明编《中国神话资料萃编》引《宋代蜀文辑存》卷一三张唐英《元祐初建三郎庙记》说："李冰去水患，庙食于蜀之离堆，而其子二郎以灵化显圣。"看来这是较早出现李冰儿子"二郎"的记载，但不像朱熹那样直接提到"二郎神"和"第二子"。

黄芝岗《中国的水神》引《灌县旧志》亦仅言："伏龙观下有深潭，传闻二郎锁孽龙于中，霜降水落时，见其锁云。"不知二郎指谁。锁龙事为许逊铁树镇蛟所本。

《舆地纪胜》引李膺《治水记》也不过多出了个龟："蜀守父子擒健龟，因之于离堆之趾，谓之伏龙潭。"《古今图书集成》卷五八六引元揭傒斯《蜀堰碑》则说："以铁万六千斤，铸为大龟，贯以铁柱，而镇其源。""铁柱"这个因子，明确地介入故事之中。

《古今图书集成》卷五八〇引《四川总志》："灌县离堆山即李太守凿以导江处，上有伏龙观，下有深潭，传闻二郎锁孽龙于其中。霜降水落，或时见其锁。云每有群鱼，游深潭面，仅露背鬣，其大如牛，投以石，鱼亦不惊，人亦不敢取之，盖异物也。"亦未明言二郎者谁，然与李太守异称，殆已暗示为其子矣。

宋洪迈《夷坚志》丙卷一七"灵显真人"条："建炎四年，张魏公在蜀，方秦中失利，密有根本之忧，阴祷于阆州灵显庙，梦神言曰：'吾昔膺受王爵，下应世缘，故吉凶成败，职皆主掌。自大观后，蒙改真人之封，名虽清崇而退处散地，其于人间万事，未尝过而问焉。血食至今，吾方自愧。国家大计，何庸可知？'张公寤而叹异，立请于朝，复旧封爵，且具礼祭告。自是灵响如初，俗谓二郎者是也。"① 可见二郎神在宋代封爵至王，地位、影响均著。他还可能有显圣助克北敌之举，所以主事者要求他过问国家大计。这也就是南宋人《逃禅词》咏二郎所谓"当中兴，护我边陲，重使四方安堵"者也。《夷坚志》支丁"永康太守"条说得更细致："永康军崇德庙，乃灌口神祠，爵封至八字王，置监庙官视五岳，蜀人事之甚谨。每时节献享，及因事有祈者，无论贫富，必宰羊，一岁至烹四万口。一羊过城，则纳税钱五百，率岁终可得二三万缗，为公家无穷利。当神之生日，郡人醵迎尽敬，官僚有位，下逮吏民，无不瞻谒。"

宋赵抃《成都古今集记》提到了李冰子号二郎："李冰使其子二郎，作三石人以镇湔江，五石犀以厌水怪，凿离堆山以避沫水之害，穿三十六江，灌溉川西南十数州县稻田。自禹治水之后，冰能因其旧迹而疏广之。"

其后记载不绝，俱大同小异。如《蜀故》云李冰"见水为患，乃作三石人以镇江水，五石牛以压海眼，十石犀以厌海怪，遣子二郎董其事。因地势而利导之，先凿离堆山以避沫水之害，三十六江以次而沛其流"。宋高翥《菊磵小集》云："辇下酒行多祭二郎神及祠山神。遂为诗曰：'箫鼓喧天闹酒行，二郎赛罢赛张王。愚民可煞多忘本，香火何曾到杜康？'"

清钱茂《历代都江堰功小传》又记载，李冰之子二郎除作石犀厌水怪外，曾"与其友七人斩蛟；又假饰美女，就婚孽龙（或作鳞），以入祠劝酒"。这条材料十分珍贵，曾引起神话学者的注意。也有说辅佐李冰治水为另一人而非其子。例如，"明张自烈《正字通》有王孜其人，谓系佐蜀李冰穿二江者；方以智《通雅》说亦相同；《蜀典》引《姓原韵谱》亦云：'王孜与李冰同穿江。'"② 这大概也可以算二郎神的异传之一吧。

清刘沅《李公父子治水记》综合众说，且作考据曰："公酾二渠，斩潜蛟，

---

① 洪迈：《夷坚志》（第2册），中华书局，1981年，第508—509页。
② 林名均：《四川治水者与水神》，载《说文月刊》1943年第3卷第9期，第80页。

约水神，瘗石犀，皆合幽显；而特著功能，与大禹治神奸、驱蛇龙，先后一辙，非得道于身者安能有是？……公本独龙族子，隐居岷峨，与鬼谷子交。张仪筑城不就，兼苦水灾，乃强荐公于秦而任之。公营郡治，致神龟，立星桥，通地脉，功业非一。"前面还说："且公治水非一处，襄之者亦非一人。若南安、荣经等处，皆尝及之。故离堆之事讹传，而同时若竹氏、毛氏亦赞厥功，二郎其尤著也。二郎固有道者，承公家学，而年正英韶，犹喜驰猎之事，奉父命而斩蛟，其友七人实助之，世传梅山七圣，谓其有功于民，故圣之。"

2. 老神退位

二郎神故事在民间流传尤广。关于二郎神的话本、剧曲、小说甚多，但是出现李冰形象者甚少。《吟风阁》所收《灌口二郎初显圣》（总目称《李郎法服猪婆龙》）略谓：李冰为龙婆龙子战败，二郎纵鹰犬助战，以弹射瞎龙婆左眼（此犹后羿之射瞎河伯所化白龙），命细犬咬下其颔下明珠；复打断小蛟嫩角，用金索把它套住。最后二郎命江神把龙婆锁在离堆之下，命其约束江水，深无至肩，浅无至足；又命小蛟攻开东岸，分水内江，灌溉农田，千里荒地，遂成沃野；还把小蛟装在宝瓶口里，命它看管、控制水门；复命江神上看水面，下看沙平，准量高低，调整蓄泄，永保平安。① 这充满人民美好理想、体现科学要求的故事，主要突出了李二郎的形象，尽管有许多综合乃至杂凑，却保持了李冰父子治水擒妖、为民除害的基本精神。但是这个故事同时表明：年老的神已经衰迈，无力杀怪，成为退位神；年轻的神应运而生，并且成为二郎神故事的主角了。

波斯的阿胡拉-马兹达提升为主神或较抽象的大光明神，像黄帝、东皇太一、老二郎神李冰那样不再事必躬亲、亲临一线、身先士卒，实质上成为退位神。年轻的一代太阳神米特拉继起，承袭他原有的某些职司或神迹。"经过一番圣化后，密特拉回到地上与恶魔战斗，而阿胡拉·玛兹达留在歌之故乡。在玛兹达教中，密特拉特别被提升至与恶魔和不信神的人做斗争的神灵斗士的地位。"② 这跟李冰父子神性、神迹的变化如出一辙。

3. 吞面成链

四川还有将吞珠化龙的望娘滩型故事与李冰父子擒龙、观音锁龙等情节糅

---

① 参见谭正璧：《话本与古剧》，古典文学出版社，1956 年，第 259—260 页。
② [美] 米尔恰·伊利亚德：《宗教思想史》，晏可佳、吴晓群、姚蓓琴译，上海社会科学院出版社，2004 年，第 277—278 页。

合在一起而流传者。略云：灌县有孝子吞珠而化孽龙，"龙因痛恶乡人之相逼也，乃兴水患以为报复。其后李冰降伏此龙，遂与龙斗，其子二郎佐之。龙不胜，化为人形遁去。有王婆者，观音菩萨之幻形也，助冰擒此孽龙，设面肆于路旁。龙饥往食，面化为铁锁，乃将龙锁系于深潭铁桩之上，故今庙名曰伏龙观也"①。

灌县民间又传说，长着三只眼的狩猎英雄二郎曾和梅山兄弟一起跳进岷江，勇斗孽龙，孽龙负伤逃窜，到一个老婆子家讨饭吃，老婆子让他吃面条（或说猪大肠）。被吞进龙腹的面条变成铁链，二郎遂得以擒获孽龙，命他为民谋利。"他就把龙拖到玉垒山，让他滚出一条宝瓶口（按：此颇似《天问》'应龙何画'，禹命应龙划地为沟引水故事），然后把龙丢进宝瓶口上方那个伏龙潭东岸的象鼻石上（即古之'观板'，今之所谓'离堆'），修了一座伏龙观。怕孽龙逃跑，又在宝瓶口上方打了一根铁桩（桩在凤栖窝，是河床深度的标志）。还在宝瓶口下方修了一个栅栏，这就是现在的锁龙桥。"②

这故事的主关节（擒龙方法）极像旧剧《水漫泗州》（或《泗州城》）中观音化老妇骗泗州水母（无支祁后身）食面条，面条化链乃擒伏之的情节。可见，英雄或水神降伏水怪的故事、关目都具有互换性、趋同性和对应性。下面要引到的浙江民间流传之《真君（许逊）全传》也说观音卖面，突然将面条抛向变成肩伕的孽龙，许真君乃得而斩之。这跟《水漫泗州》式的故事也十分相似。

袁珂所节述的民间故事，也有这位老妇和铁链，但却不是观音所化，现实性较强，兹录以为参照："（二郎与七猎人）同至灌县城边一小河，闻茅屋内有哭声，觇之，乃老妪哀其幼孙将往祭水怪孽龙者，知洪水患害，乃在斯耳。"③李冰授二郎擒龙之法：伏神座后伺其攫祭物时降之。经反复较量，"复擒之于新津县童子堰。方返至王婆岩，遇前日茅屋泣孙老妪，持铁锁链来谢赠之。二郎即以此锁链锁孽龙，系之于伏龙观石柱下深潭中，后遂无水患"④。黄芝岗《中国的水神》所记杨四将军的对手"无义龙"也是这样"吞面化链"，被锁在长沙观音寺的。

观音用绳状物诱使怪物吞食，然后绳状物变成链条将怪物擒伏的情节，许多民族民间故事都有。例如，白族传说，观音曾诱骗大理海子水怪罗刹吞下挂

---

① 林名均：《四川治水者与水神》，载《说文月刊》1943 年第 3 卷第 9 期。
② 于权：《二郎擒孽龙》，载《旅游天府》1981 年第 4 期，第 23—24 页。
③ 袁珂：《中国神话传说辞典》，上海辞书出版社，1985 年，第 6 页。
④ 袁珂：《中国神话传说辞典》，上海辞书出版社，1985 年，第 7 页。

面，然后将其变成铁链，拴怪于宝殿的铁柱上。① 这跟四川老妇擒孽龙、浙江观音伏孽龙的民间传说如出一范。

云南白族还有个民间传说，讲"大力士和二楞神"降服制造水灾的"乌龙"。"祖师"给他们一根"数珠线"，乌龙来抢，却被数珠下的金钩挂住，不得脱身。此亦极似《泗州城》观音伏水母及灌县二郎神降孽龙故事（三者俱以线状物钓龙）。大力士、二楞神要把乌龙拖到大理打死，"乌龙怕极了，请求不去，一路上乌龙摆甩，现在漾弓江弯弯曲曲的，就是乌龙经过的地方"②。这又极像《天问》的"应龙何画，河海何历"，以及《易林》的委蛇"画地成河"。"二楞神，相传为秀邑村人。早年丧父，由母抚养。性最孝，力气大。"另一种传说谓他撩衣下水，"将蝌蚪龙拿住，用菩提索子，穿住龙的鼻子。大力士一手拉索子，一手抓着龙角，二楞神拉着龙尾，一摆一甩，拉出龙潭。顺水牵来，摆出一百零八湾，即今漾弓江"③。此二楞神连名称都与二郎神相似，更要重视。

4. 青年神出现的原因

关于突然出现李冰之子二郎的原因，学者们做了可贵的探索。黄芝岗说："神会有他的儿子，可也是唐以来的一种风习；说某郎是某神的儿子，是巫者平空添造出来的。"④ 自然神或英雄神有妻有子、有女有婿，自古而然，并不自唐代始。中国人的家庭、家族观念从来都很强。顾炎武《日知录》有详细论证。问题还在李冰为什么突然有子，而且自李二郎之后，又有赵昱、邓遐、杨磨以至许旌阳、吴猛等一串基本相互嬗袭的同型故事。黄芝岗又说："据李冰、赵昱、邓遐三种传说所得到的结论，便可知二郎神的成因：第一是入水斩蛟，替地方平定水患；第二是这地方的太守，或者是太守的儿子。说这神是李冰第二儿子，或者是赵昱、邓遐，都不过人民的感戴和地方的夸耀各有不同，定于一尊，像又大可不必了。"⑤

"江山代有人才出，各领风骚数百年。"长江后浪逐前浪，这是一般英雄神诞生的现实基础，似乎还不能回答出现父子英雄的原因。

---

① 参见李星华记录整理：《白族民间故事传说集》，中国民间文艺出版社，1982 年，第 80 页。
② 参见中国哲学史学会云南省分会编：《云南少数民族哲学、社会思想资料选辑》（第 2 辑），1982 年，第 261 页。
③ 参见中国哲学史学会云南省分会编：《云南少数民族哲学、社会思想资料选辑》（第 2 辑），1982 年，第 262 页。
④ 黄芝岗：《中国的水神》，上海文艺出版社，1988 年，第 34 页。
⑤ 黄芝岗：《中国的水神》，上海文艺出版社，1988 年，第 41 页。

冯沅君认为，二郎的事迹是士大夫有意转移的结果："士大夫们相信他（李冰）是个人，古代水利专家；田妇野老们相信他是个神，至少是个超人，能伏龙斩蛟。士大夫们不相信李冰斩蛟，却又无抛撒民间传说的勇气，因将这件奇异的事迹归在他的儿子身上。父子同擒健龟，二郎奉父命斩蛟，这两种表面上不同而实际上彼此关连着的传说大可说出个中消息。"① 冯氏看出李冰的天神化、超人化与其具体行为的非尊严性（例如亲自化牛斗蛟）之间的距离，是很可贵的；但把二郎故事看成士大夫有意地移花接木，却不易服人。应该说，这也是故事发展延续的需要。

邓少琴解释"二郎"之称或起于"二王"："汉唐之所记载，或有称为王叕者，曾佐李冰治水，于是有二王之称。是否由此演变而为二郎？都江堰治水之迹，转化而为李冰之子李二郎之功，而秦之李冰为之湮没不彰。所谓李二郎者，竟列入宋代祀典，见之《碑目考》载：平武玉虚观有'宋御制敕封二郎神碑'，得毋即此李二郎乎？二王庙之右又有所谓'杨泗庙'者，或以为《封神榜》中之杨戬，亦为清代帝王所敕封之神，年必祭祀，香火亦盛。是盖由封建帝王之独具权威，任意给以祀典，以讹传讹，有以致之。"②

"二郎神"之"郎"，来源可能有二：一是官称。战国时已有官称"郎"，秦汉后有侍郎、郎中等职。《后汉书·桓帝纪》（建元和年，147 年）贤注云："郎官谓三中郎将下之属官也。"北周、隋唐俱有郎将之职，李白有《与诸公送陈郎将归衡阳诗》。二是称青年男子，尤其是女子称其所欢。"曲有误，周郎顾"的典实已为人熟知。汉魏乐府多"情郎"。但这也可能从官称化出，盖尊称英武少年，犹乡绅之称"员外"，出自"员外郎"也。"郎官""郎君"本也都是官称，后来也用来唤情郎，如称丈夫为"官人"。这都是中国古代官本位文化的语言层体现。所以"二郎"之称，一是因为他武勇善战，能降水怪，有如郎将；二是因为他少年英俊，亲昵而美称之也。《北史·暴显传》云："显幼时，见一沙门指之曰：'此郎子好相表，大必为良将，贵极人臣。'"正可以来说明"二郎"昵称所来的双重缘由。

5. 漂亮的神

传说二郎神貌美，除上引外，其他资料如下。

清王士禛《秦蜀驿程记》云，四川江渎庙有神像，"是一年少，金冠束发，

---

① 冯沅君：《古剧说汇》，商务印书馆，1947 年，第 333 页。
② 邓少琴：《巴蜀史迹探索》，四川人民出版社，1983 年，第 161 页。

似世俗所谓灌口二郎者。左右神女皆南向，不知所指。又云，是神是三闾大夫，尤不经。按成都故有神禹祠，又有秦守李冰祠，当稽旧迹厘正之。"

清翟灏《通俗编》引《蜀都碎事》记"川主"二郎神祠云："其像俊雅，侍从者擎鹰牵犬，盖李冰之子也。"俨然大帅哥。

《史记·河渠书》正义引《括地志》未叙李冰斗江神故事，但引《风俗通》云："神须取女二人以为妇，冰自以女与神为婚，径至祠劝神酒。"或误为《括地志》，而引作"神须娶女二人以为妇，冰自以为女，与神婚"，且推论说："从李冰自以为女与神婚的一点看，则李冰的形貌确为温文的秀士可知，后来的二郎神，便自以为李冰的儿子，也许因为像太文秀，而忘记了他自以为女子的一点啊。"① 这是说李冰曾自以女身与江神结婚，后世传说由此而生。这实在是曲解。容肇祖以为"二郎"之所以称"郎"，也是因为他容貌俊秀，多少有些女性化，像年轻时的赫拉克勒斯，曾自以为女。《历代都江堰功小传》等曾说，二郎曾男扮女装，而"能作女妆，自然是俊秀的少年了"②。

容先生除引用前述常见资料外，还引南宋杨无咎《逃禅词》咏二郎事云："灌口擒龙，离堆平水，休问功超前古。当中兴，护我边陲，重使四方安堵。……看晓汲双泉，晚除百病，奔走千门万户。"他推论道："我以为吴蜀两个二郎神的融合，或者是起于宋代？"并解释以子代父的演变说："由俊俏的郎君，不便说是太守的儿子，这是一种解释；不然则是像东莞的城隍，附祀有称为城隍的儿子或女儿的，后来儿子应验，便大家都崇奉他的儿子了？"③ 这对于解释新神顶替老神，是很有价值的。

袁珂则引用《风俗通》《成都纪》《历代都江堰功小传》李二郎"假饰美女，就婚孽鳞，以入祠劝酒"，以及杀怪除害等材料，提出一个崭新的解释，其说有合理之处。"《风俗通义》说：'江神岁取二人为妇。'二郎的神话可能就从'童女二人'演化出来。起初是李冰'装饰其女'，假说'当以沉江'而从中取计。后来人们也许觉得这样做未免太冒险，于是设想是李冰的儿子二郎（'二郎'，初义或者就是'两位郎君'）假扮了美女，就婚于神，然后父子同心协力和江神相斗，终于制伏了江神。"④ 然而，即令所谓无机捏合（例如"二女"忽然变成"二郎"）是神话民俗上常见的现象，二郎故事产生的原因却相当复杂，

---

① 容肇祖：《二郎神考》，载《民俗》1929 年第 61、62 期，第 72 页。
② 容肇祖：《二郎神考》，载《民俗》1929 年第 61、62 期，第 96 页。
③ 容肇祖：《二郎神考》，载《民俗》1929 年第 61、62 期，第 96 页。
④ 袁珂：《古神话选释》，人民文学出版社，1979 年，第 502 页。

绝不会这样简单而又如此牵强。

刘德馨引用文献证明，其为历代积累而成，有它的历史根据："《元一统志》：'蜀人呼雒口为大郎，灌口为二郎，栅口为三郎。'……《崇庆县志》（宗教）：'毛郎殿在毛郎镇，明刹，祀李冰子大郎二郎毛郎。'……赵曾虽是宋人，所说当自唐代转来，而非臆造，又据上引《元一统志》等，知冰不但有子二郎，且有大郎三郎，或以各所治水区域不同，二郎功又特大，故蜀民称冰之功，必称二郎。灌口为二郎工区发源地，蜀民神之，故与其父庙食至今，然则二郎姓李非姓杨也。"① 此说较为合理。但这些文献都太晚近，无法证成二郎故事的历史真实性，尤其是它的艺术真实性。

卫聚贤据《后汉书·西南夷传》《华阳国志·南中志》《水经注·温水》等书里有竹王三郎神的记载，湘西麻阳有竹王庙而祀三郎，认为"夜郎自大"的夜郎即大郎，其部为汉武帝所灭，"三郎的部落沿江而下至江西名三天子都（见《山海经·海内南经》及《海内东经》《海内经》等），二郎的部落北上至川北以灌县为中心"②。他又把三郎事迹与开明故事联系起来："《本蜀论》说开明为荆人，其尸随水上至于汶山，《华阳国志·蜀志》说开明作的乐名《荆人》，这当是竹王在夜郎，二郎的部落由夜郎北上的传说。"③ 这些都有孤证之嫌，仅因名称有大、二、三郎之偶同，而无事迹及结构之严密对应，是无从把他们牵合在一起的。

6. 新老的递嬗

"二郎"的出现可能有两个极端：一个是李冰确有二子并参与治水，只是史书阙载（据说《四川通志·名宦志·李冰传》就附有《李二郎传》）；另一个是纯粹的创作或捏合。这两极发生的概率都不高。文献不会迟到唐宋才突然冒出一个真实的二郎；而哪怕是纯粹的附会，也不会毫无来由。从现实的角度看，二郎最初可能是李冰治水的一个青年助手或部将，如《风俗通义》一本说的助冰刺神的主簿，然后逐渐被改造成李冰的儿子。当然这纯粹是臆测，在神话发生学上缺乏理论意义。这里仅提出一个推理性的假设。

李冰是比大禹多一些实在性的水利专家，二郎却是比后羿缺许多原始性的传说英雄。李冰化身为牛入水与江神血战，从神话学观点看，具有极大的艺术

---

① 李思纯：《川大史学·李思纯卷》，四川大学出版社，2006 年，第 72 页。
② 卫聚贤：《二郎》，载《说文月刊》1943 年第 3 卷第 6 期，第 127 页。
③ 卫聚贤：《二郎》，载《说文月刊》1943 年第 3 卷第 6 期，第 128 页。

合理性、真实性和可信性。但是，作为退位神，他的地位越高、越神圣，他的神格就越抽象、越空洞、越缥缈，他也就越不能有那些孩子气的行为。他应该高高在上地供在神坛里，做他的川主、他的王，受人顶礼膜拜，而不能再事必躬亲、操刀入水，乃至化身为牛，险斗孽畜。这样，年轻一代的神就应运而生。前引《风俗通》说："蜀人慕其气决，凡壮健者，因名冰儿也。"年轻的二郎就是"冰儿"之一。

而且，这样的青年英雄神是有嬗袭性的。《论衡》记射日事都归于帝尧，他书却多说为后羿——可见最初主神也参加战斗。但后来帝俊（或帝尧）就不能亲自去射日、杀怪、射河，他只能发号施令，赐予羿等彤弓素矰，让他的部属（或儿辈）后羿去建立那些雄伟而又卑琐的功勋。古希腊天帝宙斯，也极少动手杀妖，降怪的总是他的子息、部属。二郎神就是历史时期的后羿，作为年轻一代的神，他的神格相当于高句丽天帝之子天王郎、帝喾之子契、宙斯之子阿波罗或者赫拉克勒斯。① 他的神迹，他的功勋，他的"前本事"的原始性，便是从后羿、天王郎、契这样年轻一代的英雄神那里嬗袭来的，甚至还不能排除其间播化、交叉、影响的可能。所以这个后起的传说英雄却能像原始社会的神祇那样射神鸟，埋太阳，量天地。

宋元时出现的"赵二郎"赵昱更是个年轻的神。宋王铚《龙城录》（假托唐柳宗元）云："昱斩蛟时，年二十六。"清陈怀仁《赵昱传》说赵的形象"与崇德祠二郎像相肖"，就暗示他们都是英俊的青壮年。跟李冰父子斩蛟相似的吴猛、许逊师徒也是长辈与晚辈的关系，《酉阳杂俎》说遇到大蛇之时，"吴年衰，力不能制"，必须由年轻的许逊来仗剑斩蛇。这些都是青年神代替老年神应运而起的例证。前引《灌口二郎初显圣》则不期然地表现了年老的父神李冰已不能战胜龙婆龙子，而不得不由年轻的二郎来降妖。这是个代沟式的历史悲剧。

李二郎代替李冰，许逊代替吴猛，就好像禹继位于鲧并制服水怪和水患那样，也许还可以看作新王与旧神的交替，是金枝和汤祷式的圣王或巫酋的继位典礼在神话里的投影。这种新王继位典礼往往要以屠杀衰老的王为代价。但是中国是血缘伦理观念极强，以孝治国或以家代国的社会，中庸的观念极其强大，这类杀父自立的神话不可能广泛持久地流行，而只能以淡化和趋弱的遗迹形态保存。像大禹有杀父之说，殛鲧之羽山或名"惩父山"，后启更有屠母之举（见于《天问》），就反映着这种新旧交替时期必然产生的带着血污的伦理悲剧。二

---

① 参见肖兵：《太阳的子孙》，载《民间文学论坛》1983年第4期。

郎神故事发生得晚，当然不会有这类情节，但老一代神的泯灭和默默无闻，新王和青年英雄专美于后，不也是新老交替、新陈代谢的一种证明吗？

7. 神迹的转移

至于"假饰美女，就婚孽鳞"事，也是有嬗袭或转移的。这里童女的贡献当然包含着生命和性的双重牺牲。

《搜神记》中的《李寄》是其正剧型。庸岭蛇"欲得啖童女年十二三者"，小小的女英雄李寄以蜜粢诱蛇，借咋蛇犬及好剑杀之。只是李寄乃真身，非假饰耳。而二郎神化身孩子除妖的故事，在民间说唱里还有遗留，只不过有变形而已。清末北京致文堂等刊本太平歌词《新出二郎神劈山救母全段》有二郎神变小孩计伏斧妖的关目：

> 二郎摇身忙变化，变了个小孩在供桌上。……
> 妖精按头咬了一口，人头长出整一双；……
> 妖精回身往外跑，二郎一见着了忙，
> 回手撒开哮天犬，咬住妖精左膀上；
> 咬的妖精把原形现，原来便是斧一张。①

二郎神的这个光荣业绩，又一次转移到孙行者身上。在杨景贤《西游记》杂剧里已有孙行者装成裴女海棠，"穿了她的衣裳，在她房里坐"，诓骗猪八戒的事。"咱是个引不动娇娘，却便是孙猪范霸王。"但最后咬住猪精的还是二郎神的细犬。吴承恩《西游记》第十八回也是："行者却弄神通，摇身一变，变得就如那女子一般，独自个坐在房里等那妖精。"着实胡闹了一番（它的世俗化就是《水浒传》中的花和尚痛打小霸王周通）。但"假饰美女，就婚孽鳞"更明确的喜剧形态，是《西游记》第四十七回的《圣僧夜阻通天水　金木垂慈救小童》，苏雪林早就指出："《西游记》孙悟空和猪八戒变化为童男女，除金鳌怪，恐由此（李冰父子故事）蜕化出来。"② 孙行者变成陈关保，猪八戒变成一秤金。那孽鳞（金鱼精）问道：

> "童男女叫甚名字？"行者笑道："童男陈关保，童女一秤金。"怪物道："这祭赛乃上年旧规，如今供献我，当吃你。"行者说："不敢抗拒，请自在受用。"怪物听说，又不敢动手，拦住门喝道："你莫顶嘴！我常年先吃童男，今年倒要先吃童女！"

---

① 杜颖陶编：《董永沉香合集》，古典文学出版社，1957 年，第 349 页。
② 参见苏雪林：《九歌中人神恋爱问题》，文星书局，1967 年，第 29 页。

有趣的是，古希腊神话里也有类似情节。著名的忒修斯曾经主动担当牺牲品，闯进迷宫，用阿里阿德涅公主送给他的魔剑，斩了米诺陶洛斯（怪牛），救出了祭献给它吃的十三个童男童女。他虽然没有假饰美女，但是他最崇拜的英雄赫拉克勒斯却曾几次装成姑娘，也斩过吃人的九头怪蛇救出美女。这种类型的故事，在世界神话史上常表现为杀怪成婚，就是英雄救出作为牺牲的美女，杀死怪物，最后与她结婚。特别是北欧神话说，雷神索尔丢失了他的宝锤，不得不假扮成美之女神芙蕾雅（Freya），与盗锤的霜巨人首领、暴风雨之神索列姆（Thrym）结婚，骗到宝锤，将他打死。① 这颇像二郎神的"假饰美女，就婚孽鳞"。

杨二郎

李二郎之改姓杨，不知始于何时，但看杨戬故事等，可能宋代以前已有"杨二郎"之称。宋人《醉翁谈录》有《圣手二郎》。《宝文堂书目》有《勘靴儿》话本，或以为即《醒世恒言》之《勘皮靴单证二郎神》。那二郎称"清源妙道"，却不知姓甚名谁。

元剧《燕青博鱼》曲词，有"比及问武陵人，先顶礼二郎神"，亦语焉不详。

杨景贤《西游记》杂剧第七出第四个保官灌口二郎，他身上带着些原始性。其中《越调·斗鹌鹑》云：

> 看了些日月盈亏，山河变迁。灌口把威施，天涯将姓显。郭压直把皂鹰擎，金头奴将细犬牵。背着弓弩，挟着弹丸。濯锦江头，连云栈边。

然而到底还搞不清他姓李、姓杨还是姓赵（此三人皆可称"灌口二郎"）。而《二郎神醉射锁魔镜》《灌口二郎斩健蛟》等古本未发现前，专家们多猜测为写杨二郎，发现后一看，却写的是赵二郎（赵昱），这实在有些令人吃惊。严敦易也因元代北人不熟悉四川的二郎，并疑《西游记》《锁魔镜》都为非元人作品："元人所作神魔怪异剧甚少，更未涉及二郎神。最初描画了二郎神的，是《西游记杂剧》，那是明代作品。以后续有《斩健蛟》《锁魔镜》《齐天大圣》《三变化》等剧，陆续出现，故事已演变得相近，似并受影响于吴承恩的小说

---

① 参见茅盾：《神话研究》，百花文艺出版社，1981年，第264页。

《西游记》了。他们的撰作时期，约当在嘉靖前后。"①

吴承恩《西游记》明白写二郎神姓杨，但戏曲里还写他姓赵，可见赵昱影响并未稍歇，二郎何时姓杨还不能准确判定（正因此，《斩健蛟》《锁魔镜》也以定为元代作品为宜）。

1. 二郎为什么姓杨？

问题还在于李二郎为什么忽然姓了杨。冯沅君认为："说灌口二郎是李二郎的应是士大夫间的传说，说灌口二郎是杨二郎的应是民间的传说。民间传说可以与史籍所记不发生关系。不似士大夫间的传说纵有增饰，终有史事作底子。"②

这仍然不是某一特定传说发生的具体原因。李思纯认为，灌口二郎最初应是氏族的猎神，"李二郎"倒是后起的附会。"羌氏族是游牧而兼狩猎的民族，故他的牧神，也兼为猎神。射猎必须携带弓矢与猎犬，故唐末五代的灌口神，是披甲胄持弓矢的武士，而明代小说的二郎神，却是驾鹰牵犬的。"③"南宋时的祭享灌口二郎神，有一件特殊专用的祭品，便是多用羊为祭。……（一）二郎神本是白马氏杨姓（非李姓），杨与羊同音。（二）氏族的神，是牧羊神。故二郎神牵犬，祭必以羊。"④

这个理由确实有力。羌氏一般以牛羊为图腾，族众通常禁食图腾，但其酋长或祖先神却可以独享图腾，以保持和加强自己的图腾灵性。以羊祭祀羊神，正如殷人先公王亥以鸟为图腾、为化身，可以"两手操鸟，方食其头"⑤，澳洲的因特丘马（Intechum，图腾圣餐）仪式。"羊""杨"同音，杨二郎之"杨"，或与此有牵连。

黄芝岗认为，与二郎神治水有关的地名"羊麻、羊摩、羊膊也当以夷姓得名"，说明杀羊祭神是羌俗。"再证以《博物志》'川西杨姓为羊化子孙'的传说和无义可释的川地羊名，像羊蒙山、羊渠县、羊飞山，又如范石湖《离堆诗序》所称'民祭赛（李冰）者率以羊，杀羊四五万计'的一种祀神习俗，更可推知川中杨姓大都是移入农耕地域的禹裔牧羊民族羌人所改。这样，便给与李

---

① 严敦易：《元剧斟疑》（上册），中华书局，1960年，第47页。
② 冯沅君：《古剧说汇》，商务印书馆，1947年，第336页。
③ 李思纯：《江村十论》，上海人民出版社，1957年，第66页。
④ 李思纯：《江村十论》，上海人民出版社，1957年，第67页。
⑤ 参见金祖同：《剖面的殷代社会举例》，载《说文月刊》1940年第2卷第1期，第39页；朱芳圃：《殷周文字释丛》，中华书局，1958年，第130页。

冰（二郎、赵昱、杨摩、杨戬）即羌先民大禹以最后的证明了。"① 由此，他甚至得出了更极端的结论：无论什么样、什么姓的二郎神，甚至李冰，都不过是大禹一身之繇变，而大禹是氐羌的先人和神。这结论当然不可靠。但二郎故事确实容纳了氐羌游牧文化的因子，则是事实。李、黄等所举理由都颇有力。

这里应该特别注意《十国春秋》称二郎神为"灌口祆神"，《说文新附》卷一示部："祆，胡神也。从示，天声。火千切。"这就是波斯的拜火教神祇。二郎神既称"祆"，在一定历史时期里就可能与拜火教祀典有瓜葛。前文介绍，《隋书·西域·曹国传》："国中有得悉神，自西海以东诸国并敬事之。其神有金人焉，金破罗阔丈有五尺，高下相称。每日以驼五头、马十匹、羊一百口祭之，常见万人食之不尽。"白鸟库吉以为这得悉神就是波斯的水星神兼水神。

水神与旱魃作对的故事，岑仲勉介绍说："《火教经》文有 apaoša，乃提婆（即妖厉）之一种，特别与'水星'Tištrya 神为敌。其字义为'干涸'及'使之干透'，亦曰'破灭水分'，申言之，即夏季干燥或旱魃也。'水星'之徽号曰'水面'，犹云与水同一性质，相传彼自天洋中取水，散诸地上以灌沃土壤，旱燥时必须施行祈祷，彼如不获人民之歌颂，则无力以击败垄制海水之妖孽。"② 所谓歌颂，是要以祭物为支持的。最值得注意的是，这水、旱二物之斗争，像二郎神与水怪的斗争一样，要通过化身斗法。"然苟人民对其敬信，则彼便化形黄耳赤马而入海。于时 Apaoša 提婆又化形为黑耳之黑马，与之抗敌，大战三日夜，水星卒被提婆所败。"③

这跟李冰等二郎神化牛入水与化牛之水怪搏斗可谓同出一辙，唯牛马不同、水旱易位耳。二郎神斗水怪，需人民的具体帮忙，得悉神水被旱魃打败以后，"彼乃向人民号呼，谓人民之敬彼，不如其敬他神，人民于是踊跃歌颂之，因之彼力量增加，再次入海，卒败提婆而止"④。在化兽水斗这一点上，它们是趋同的，极可能出于同源（其源头不一定在波斯）。

莫尔顿（Moulton）称水星得悉为雨师。岑先生认为，提婆（apaoša）之称与秦之"伏日"与"伏"可通。"apaoša 得转为 paok 或 pauk（原文系由 apat uša 组成），与'伏'之读 biuk 只属浊、清之转。"⑤ 这倒不见得可靠。白鸟库吉曾

---

① 黄芝冈：《大禹与李冰治水的关系》，载《说文月刊》1943 年第 3 卷第 9 期，第 75 页。
② 岑仲勉：《两周文史论丛》，商务印书馆，1958 年，第 176 页。
③ 岑仲勉：《两周文史论丛》，商务印书馆，1958 年，第 176 页。
④ 岑仲勉：《两周文史论丛》，商务印书馆，1958 年，第 176 页。
⑤ 岑仲勉：《两周文史论丛》，商务印书馆，1958 年，第 177 页。

引拜火教经典《梵地哈》（Vedîdâah）说，水神得悉"有时化为金爪金角牡牛；有时化为星辰，以示'光明庄严'"①。他能保持水之精华，跟水旱灾荒之怪（Daeve、Pairika）做斗争。恶神阿帕萨等趁得悉神去汲水变成恶马阻拦。得悉神每月十日变青年、牡牛或骏马与阿帕萨搏斗。"战斗激烈之间，如因人类所供供物过少，善神势力即因而渐减，暂时为恶神所挫，雨之不降，即为此种苦斗之结果。"②所以，为了得到甘雨和丰收，人们不得不增加祭品，使英雄神、水神获得力量。前引《离堆诗序》《朱子语类》《夷坚志》等说，四川祭灌口神用羊动辄万计，"庙前积骨如山"，于此或可寻蛛丝马迹。

还可以注意到，古代印度的雷神、英雄神，杀死阻碍者旱魃之怪、巨龙弗栗多的因陀罗，也要求丰盛的牺牲和祭享。"它被描绘为身形庞大、精力旺盛和感情粗野的巨大神祇，它饱餐数百头烧烤公牛肉和水牛肉，它饮酒以湖水计数……"③

印度的大自在天湿婆也曾经化牛，他的妻子难近母曾在两个儿子的协助下，杀死水怪"牛魔王"，在祭祀他们的长达十天的女神节里，也要"杀死许多水牛当作祭品"④。

联系镇锁水怪孽龙的金属柱跟印度神话关系密切等，上述种种细节的趋同，颇为耐人寻味。我国西南方兄弟民族，如羌族、彝族、藏族、白族的类二郎神传说，有许多因子与李冰父子、许逊等杀怪事迹趋同，更值得穷根究底。灌口神之祭，确实与祆教风俗以及氐羌的生活、宗教、民俗有关。但是李冰父子故事的基干是典型的具有历史实在性和乡土根源性的神话，它的主要情节是治水降妖，这和四川历代多水灾而农民渴望制服水患的美好愿望分不开，所以它首先与河域型或水原型的耕稼文化有千丝万缕的联系，而和氐羌族草原型的牧狩文化的关系要松懈得多。说灌口二郎是氐神，特别是说杨二郎出现在李二郎之前，颇难令人信服。

李思纯《江村十论》还认为，杨二郎形象"所依托的，是氐族的英雄人物仇池白马氐杨氏的领袖杨难当"，"他的中心根据地，是甘肃武都的仇池，故宋代有封二郎神碑在四川平武。他曾据有宕昌之地，即今邻近灌口的松潘。并曾

---

① ［日］白鸟库吉：《塞外史地论文译丛》（第2辑），王古鲁译，商务印书馆，1940年，第433页。
② ［日］白鸟库吉：《塞外史地论文译丛》（第2辑），王古鲁译，商务印书馆，1940年，第433页。
③ ［英］查尔斯·埃利奥特：《印度教与佛教史纲》（第1卷），李荣熙译，商务印书馆，1982年，第161页。
④ 蒲剑：《关于印度的牛》，载《旅行家》1957年第8期，第38页。

用兵深入川境。四川本是羌氏族旧地，容易震服于他的兵威。于是由传说而信仰而立庙崇祀，便成为唐宋以来所谓灌口神的起源。至于二郎之称，便因为杨难当是氏王杨盛的第二子，而继承其长兄杨玄之位，故在传说中，称为二郎"。①

理由不为无力，尤其二郎之得称。邓子琴也支持这个意见："他是氏王杨盛的第二子，所以称为二郎。杨难当在刘宋元嘉时期（424—453）两次派兵深入四川，甚至围攻成都，绵延数年。现在查秦陇南部一些方志均载有杨难当的祠堂，而都江堰过去祭李冰与二郎，杀羊四五万。载于稗官，传于民间千余年，可见影响之深远。"②

然而，杨难当并无治水本事。李思纯据清《灌县志·祀典·杨四将军庙》"都江堰口，庙祀李冰及其子二郎并杨四将军"（他"性好治水，殁而为神"）云云，指出："清代官吏为求得解释，只好于李冰父子之外，把黄河工程人员们所崇奉的一个迷离恍惚的历史人物杨四将军借来配享，以求符合于民间传说是杨姓的这一个事实。"③但这仍无法解开最初的二郎为何姓"杨"之谜。刘德馨指出，杨难当于蜀过大功小。杨难当事见《宋书》《南齐书》《梁书》《魏书》《南史》《北史》，但言其自立为大秦王，并无多少神异，仅谓其国曾"大旱，多灾异"而已。故不如以隋末唐初人杜光庭《水记》所载治水英雄杨磨当杨二郎。"《崇庆县志（方舆）》：'羊马河本名羊磨河，秦守李冰之所穿也，郦道元引《益州记》言之。征诸《舆地记胜》引杜光庭《水记》，杨磨有神术，能伏龙虎，于大皂江侧，决水壅田，与龙为誓，光庭唐人，说必有本，意李守施工，磨为辅翼，江得是名，嘉厥续也。'"④

黄芝岗亦曾据《水记》以证二郎忽而姓杨之根由。"二郎神会姓起杨来，必有个杨姓神的力量和李、赵、邓姓的神的力量形成鼎峙；那末，便当再举出个杨姓神的力量来了。"⑤这个道理确实是明白而实在的。但是，杨磨本身就虚无缥缈（说不定他倒是"羊磨江"的人格化，得名于地望），怎么能证明他曾"辅翼"李冰呢？

苏雪林引《河南府志》，隋灌州刺史杨煜尝斩蛟筑堤遏水患，民为之立庙，

---

① 李思纯：《川大史学·李思纯卷》，四川大学出版社，2006年，第68页。
② 邓子琴：《试论四川平武等地区的达布人，为中国古代氏族后裔说》，载《西南师范学院学报》（人文社会科学版）1980年第3期，第83页。
③ 李思纯：《川大史学·李思纯卷》，四川大学出版社，2006年，第66页。
④ 李思纯：《川大史学·李思纯卷》，四川大学出版社，2006年，第72页。
⑤ 黄芝岗：《中国的水神》，上海文艺出版社，1988年，第42页。

即二郎神，杜光庭书记杨磨事，认为灌口二郎姓杨者即此。这理由同于李、黄诸氏。苏雪林又说："小说杨戬疑来自杨煜，而杨煜则又疑来自陶宏景《真灵位业图》的'侍帝东华上佐司命杨君'。"① 从而断定"二郎乃大司命诸子之一，也是一位死神"，他有三昧火眼，而"三目乃死神特征"②。其实这些都只是相互孤立的证据。

因地及人、因事设人、因叶振枝、踵事增华的事例，在民俗学上比比皆是。《河南通志》说："河南府二郎神庙在府城南关，祀隋灌州刺史杨煜。煜尝斩蛟筑堤遏水患，故民为立庙。"这杨煜分明是杨二郎和赵昱的捏合。杜光庭虽记载杨磨，但他在唐宋并无强大的传说气势和感染力量。冯沅君说："灌口杨二郎的故事殆即以此为核心，或者它竟是杨二郎故事的支流"③。然而杨磨绝不可能单枪匹马、独木成林，以单薄的黏附支持起杨二郎这样一个相当强大的传说形象而成为核心。毋宁说，杨二郎是一个综合的多因子的传说典型，无论是"二郎"，还是"杨"，组建它们的力量都是多元的。就杨姓而言，氏族羊神、杨难当、杨磨、杨戬都曾起过作用。劈山救母故事里杨光道的参与，可能是强而有力的，甚至是决定性的。传说总比记载强大而古老啊。而河南、湖南的杨四将军也姓杨，甚至有人径说他就是杨戬。

2. 杨戬

吴承恩《西游记》仅称杨二郎，《封神演义》则径谓其名戬矣："弟子乃玉泉山金霞洞玉鼎真人门下，姓杨名戬。"（第四十回）"曾炼过九转元功，七十二变化，无穷妙道，肉身成圣，封清源妙道真君"（此据《道藏》，封号与李、赵二郎略同）。如上所说，他的本事，常与孙悟空互相转移和转化。一出场，他就被魔礼寿的花狐貂吃进肚里，他却把花狐貂的心一捏，再一撑两段。他跟杨景贤《西游记》杂剧、吴承恩《西游记》中的二郎神一样有哮天犬（第四十七回等）。闻太师打倒三吒的神鞭，"正打中杨戬顶门上，只打得火星迸出，全然不理，一若平常"（第四十二回）。这也很像孙猴子。他打败了梅山七圣（第九十三回等），这七圣都有动物化身，相当质始。其首袁洪正是孙行者的异化或怪化，杨戬与袁洪的化身斗法，正是杨二郎与孙猴子化身斗法的简化和拙劣的摹本（第九十二回）。杨戬即二郎神无疑（古代和现代的民间文学作品里也有"杨

---

① 苏雪林：《屈原与九歌》，广东出版社，1973年，第464页。
② 苏雪林：《屈原与九歌》，广东出版社，1973年，第466页。
③ 冯沅君：《古剧说汇》，商务印书馆，1947年，第335页。

戬"，有待追索）。

很可怀疑，宋代的二郎神已有与杨戬混淆的苗头。《醉翁谈录》有《圣手二郎》，《宝文堂书目》有《勘靴儿》，专家们多怀疑即《醒世恒言》之《勘皮靴单证二郎神》。《勘皮靴单证二郎神》里有"老郎传流"之语，可见宋代已流传此故事。这本可称中国古代反迷信的最优秀推理小说，既牵涉着清源妙道二郎神，又发生在杨戬府里。这就为捏合二者准备了条件（严敦易疑此二郎神为赵昱，却无根据）。

《宋史·宦者·杨戬传》仅说他"少给事掖庭，主掌后苑，善测伺人主意"，"首建期门行幸事以固其权"，"谋撼东宫"等劣迹，在野史和小说里，他却相当古怪。宋陆游《老学庵笔记》说盗入其家，见"床上乃一虾蟆，大可一床，两目如金，光采射人；盗为之惊仆，而虾蟆已复变为人，乃戬也"。可见他能变化腾挪（此条材料承袁珂先生提示）。宋洪迈《夷坚志·杨戬二怪》说："其妻夜睡觉，见红光自牖入，彻帐粲烂夺目。一道人长尺许，绕帐乘空而行。徐于腰间取一盂，髻中取小瓢，倾酒满之，其香裂鼻。"这可能为《勘皮靴单证二郎神》故事提供了一些由头。又，有女子出现在其密闭书室中，寻之，"但见巨蟒正白，蟠屈十数重"，遂异弃之；"未几时，戬死"。这却和二郎神毫不搭界。但亦可见他家常与物怪发生纠葛（"红光自牖入"云云，却与北亚天光人神授孕相似）。

又，《二刻拍案惊奇》卷三四"任君用恣乐深闺，杨太尉戏宫馆客"，事亦出《夷坚志·杨戬馆客》，与二郎神亦了无干涉。

近人已有探索二郎与杨戬结合之原因者。黄摩西《小说小话》云："另出机杼，借题发挥，章回小说家本有此一种。如元人《二郎神》杂剧，因杨戬擅作威福，比之灌口神而作，而《西游记》《封神榜》即以灌口神为杨戬，侈叙其神通。"此语疏漏颇多。元剧《二郎神》种种，皆歌颂其伟力神迹，略无影射、讥刺擅作威福之杨戬者。杨景贤《西游记》杂剧、吴承恩《西游记》也不说杨二郎名"戬"。《中国的水神》引《民间文艺》创刊号云，"胡适说杨戬被认为二郎神是宋时的宦官杨戬被东京人呼为二郎神，到后来二郎神却成了杨戬了"。但不知其据何在。

清袁枚《随园随笔》引《宋史》云："宋徽宗政和七年，诏修神保观，俗所云二郎神者。京师云，倾城男女负土以献，不知何神。""负土以献"，疑从土地崇拜衍生，二郎神曾兼总土地，都城隍。据说，胡适认为，杨戬是括地皮的人物，而祭祀二郎神要负土作礼，从这一点出发，可以把他们联系起来。①《朱子语类》说祭祀二郎神杀"万来头羊"，"州府亦得此一项税钱利路"。容肇祖《二郎神考》也引用类此的说法，因为二郎神祭品为羊，每祭至万多，而"每羊过城纳税钱五百，卒得钱二万千"。这是事实。洪迈《夷坚志·永康太守》曾说，四川祀灌口神"一羊过城，则纳税钱五百，岁终可得二三万缗"。杨戬以聚敛著称，跟二郎神索祭差不多，"羊与杨同音，指二郎神以代杨戬，这是敢怒不敢言的百姓所用的诨号"②。这都有些道理，可是理由不充分。二郎神形象一向正面，杨戬却是权奸。

把两项只有表面牵涉而无本质联系的事象硬凑在一起，叫作"无机牵合"，这在民俗、神话、传说里是屡见不鲜的趣事。最明显的就是，因谐音而讹杜"拾遗"为"十姨"（清沈起凤《谐铎》有一篇就铺衍"十姨"的故事），"伍子胥"为"髭须"（唐李肇《国史补》已言"有为伍员庙之神像者，五分其髯，谓之五髭须神"）。清赵翼《陔馀丛考》引宋高文虎《蓼花洲闲录》云："临海有杜拾遗庙，年久讹为'杜十姨'，塑以女象。又有伍子胥庙，讹为'伍髭须'，遂塽为伍髭须神，以配十姨。"杜甫、伍员地下有知，不悉当做何感想。其他如将汉献帝之封河内"山阳公"比附为淮安都土地之"山阳公"（清吴玉搢《山阳志遗》），因"关锁"而生关羽之第三子"关索"（清顾家相《五余读书廛随笔》等）③，等等，不胜枚举。杨二郎忽得名于奸宦之"戬"，亦"身后是非谁识得"之类，不过有幸与不幸之别耳。这是"语言疾病"现象的庸俗化和极端化。

对于民间通俗宗教里这种"无机牵合""同音讹变""语言比附"现象，元俞琰《席上腐谈》（《说郛》卷七五引）、无名氏《谈选》（《说郛》卷五引）、清尤侗《艮斋杂说》、褚人获《坚瓠集》、梁章钜《浪迹丛谈》、郝懿行《证俗文》等都有所触及。④

孙常叙认为，从"伊尹生于空桑之地"衍出"伊尹生于空桑之中"的神话，也是一种语讹，他提出："传说中语误致变之事，我国早在先秦就已认识到这一事实。'夔一足'，'丁氏穿井得一人'，'晋师三豕渡河'等，《吕氏春秋·察

---

① 樊演：《二郎神的转变》，载《民俗》1929 年第 61、62 期，第 69 页。
② 容肇祖：《二郎神考》，载《民俗》1929 年第 61、62 期，第 84 页。
③ 参见周绍良：《关索考》，载《学林漫录》1981 年第 2 辑。
④ 参见［日］泽田瑞穗：《孙悟空神》，载《中国文学研究》1979 年第 5 期，第 28 页。

传》所记便是其例。麦克斯缪勒说传说出自语言之病，是反映一定事实的。"①但仅仅语讹是不能导致大量新老神话之产生的。儒家将神话现实化，只是用语讹来附会。

3. 杨光道

除了多少有点历史依据的李、杨、邓、赵等二郎外，民间口碑和杂祀里还自有他们的二郎神（吴中近世犹祀杨猛将，因资料匮乏，姑略）。

吴承恩《二郎搜山图歌》（介绍、描述明画家李在所作《二郎搜山图》者）载：

少年都美清源公，指挥部从扬灵风。

⋯⋯⋯⋯⋯

名鹰搏拏犬腾啮，大剑长刀莹霜雪。
猴老难延欲断魂，狐娘空洒娇啼血。
江翻海搅走六丁，纷纷水怪无留踪，
青锋一下断狂虺，金锁交缠擒毒龙。

这位年轻貌美的清源妙道真君，飞鹰走狗，伏怪降龙，虽不著姓名，看来是《西游记》中杨二郎的母型无疑。而这个杨二郎又跟民间流传的杨光道故事纠缠不清。《西游记》第六回观音介绍他："乃陛下令甥显圣二郎真君，见居灌州灌江口，享受下方香火。他昔日曾力诛六怪，又有梅山兄弟与帐前一千二百草头神，神通广大。"

他的赞语中有"斧劈桃山曾救母"，看来其身上民间英雄神杨光道等的光采还颇为耀目。孙大圣一见面，就揭他的底说："我记得，当年玉帝妹子思凡下界，配合杨君，生一男子，曾使斧劈桃山的，是你么？"母亲思凡，养私生子，实在不怎么体面，所以惹得他心中大怒。这一情节现在只有婺剧《三姐下凡》里还略有保留：玉皇第三女（本为三妹）下凡与杨文举结合，生下了二郎神杨光道，所以是玉帝外孙，好似高句丽小英雄神朱蒙是天帝之子天王郎与河伯长女柳花所生的一样。《聊斋志异·席方平》里主持公道的二郎神，也"为帝勋戚"，看来也是这位小英雄神（只是他"修躯多髯，不类世间所传"）。

前引太平歌词《新出二郎神劈山救母全段》叙其事颇详。玉帝三公主下界许配杨天佑，"水淹蓝桥生子，生下你金花太子杨二郎"。有趣的是，这里他和

---

① 孙常叙：《伊尹生空桑和历阳沉而为湖——故事传说合二为一以甲足乙例和语变致误例》，载《社会科学战线》1982年第4期，第269页。

孙悟空的地位恰好颠倒了一下：

>你母生你三天整……天兵天将拿你娘，
>
>天兵天将没拿住，花果山搬来猴子王……
>
>他将你母拿获住，将你母压在了桃花岗。

这里的二郎和他的母亲备受同情，孙悟空却不大可爱。这篇唱词当然深受《西游记》的束缚，玉帝在调解这场冲突时就说："孙悟空他保唐僧把经取，仗着他擒妖把怪降。西路妖魔把仇报，不必前去把他降。"但这也正说明，二郎劈山救母的传说古老而有根据，不然太平歌词不会有胆量别出心裁地与已经形成传统势力的《西游记》故事、沉香故事相抗衡。即令是在《宝莲灯小沉香救母》里，二郎已经成为法海式破坏青年幸福的老顽固，小沉香或者他的妹子三娘，还要针锋相对地问他："你娘若不下凡去，怎生二郎你的身？"应该注意到，《新刻宝莲灯救母全段》里，小沉香也曾和"助纣为虐"的孙行者斗争。这种"宿仇"，如果产生在《西游记》前后，就很可以为《西游记》中二郎神擒孙悟空那段故事提供一种新的辅助性解释。

劈山传说也有其原始性与嬗袭性。《录鬼簿》载：李好古有《巨灵神劈华岳》，张时起有《沉香太子劈华山》（《南词叙录》载宋元戏文有《刘锡沉香太子》，并佚）。有的学者以为写的是同一事①，疑非。"巨灵神劈华岳"本事十分古老。可参见《文选·东京赋》及李注所引之《遁甲开山图》《河东赋》等。宋灌园耐得翁《都城纪胜》及吴自牧《梦粱录》所载傀儡戏中俱有巨灵神。此当为李好古《巨灵神劈华岳》之所本。这个开山引水的英雄神，甚至具有创造山川的开辟神的资格（在《西游记》里，他站在玉帝一边，自然会被喜剧化、漫画化、小丑化，成了与武松对阵的蒋门神，跟大卫作战的哥利亚）。沉香、二郎的劈山传说则晚起得多，可能受其启迪；而沉香之救母，颇疑与目连救母有关。二郎神本事亦当在沉香前，只是救母事不知孰先孰后而已。

而在大量的《沉香劈山救母》和多剧种的《宝莲灯》里，二郎神干涉妹子的婚姻，头脑顽固、语言无味、面目可憎，完全不是那叱咤风云、劈山治水、斩妖除怪、雄姿英发的英雄神了。在这一点上，孙悟空、二郎神、哪吒、巨灵神等都不能例外。请看，《西游记》里"助纣为虐"捉拿闹天宫英雄孙悟空的哪吒、二郎神，还有《封神演义》里两位青年将军那么可爱吗？欺负三圣母的二郎神，还有治水斩妖、劈山救母的二郎神那样可敬吗？

---

① 例如傅借华：《元人杂剧全目》，作家出版社，1957年，第172页。

人民的鉴别、选择和裁判总是明确的，正义的。有些唱本里出现了二郎神和沉香的化身斗法，"二郎七十有二变，沉香七十三变零，二郎杀得无门路，收了驾云动了身"；有些唱本里，二郎和孙行者都被沉香打得狼狈不堪，"沉香取出红绒索，抛在空中似龙行，口内念动真言咒，捆住二郎不翻身"。历史的结论不是很明白的吗？

4. 赵昱

宋元时代还有一个赵二郎，其地位和力量虽然比不过李冰及其子二郎，至少堪与杨二郎相伯仲。他们在文献和稗官剧曲里互见、杂出，令人眼花缭乱。

宋王铚《龙城录》："赵昱，字仲明，与兄冕，俱隐青城山，从事道士李珏。隋末……拜嘉州太守。时犍为潭中有老蛟，为害日久，截没舟船，蜀江人患之。昱莅政五月，有小吏告昱，会使人往青城山置药，渡江溺死者，没舟航七百艘。昱大怒，率甲士千人及州属男一万人，夹江岸鼓噪，声振天地。昱乃持刀入没水，顷江水尽赤，石岩半崩，吼声如雷。昱左手执蛟首，右手持刀，奋波而出。州人顶戴，事为神明。隋末大乱，潜以隐去，不知所终。时嘉陵涨溢，水势汹然，蜀人思昱。顷之，见昱青雾中骑白马，从数猎者，见于波面，扬鞭而过。州人争呼之，遂吞怒。……太宗文皇帝赐封神勇大将军，庙食灌江口。岁时民疾病祷之无不应。上皇幸蜀，加封赤城王，又封显应侯。昱斩蛟时，年二十六。李珏，传仙去，亦封佑应保慈先生。"其本事几乎全同李冰，简直是一个模子拓出来的。

《增修灌县志·人物仙释部》全据《龙城录》，末引《嘉定名官志》云："宋张咏治蜀乱，祷祀得神助。蜀平，事闻，封川主清源妙道真君。"《曲海总目提要》引《方舆胜览》，亦全依《龙城录》。其他记载大同小异。《枣林杂俎》云，清源妙道真君为赵昱，称二郎，未详何代所封。《中国的水神》译述《嘉定府志》，亦不出《龙城录》范围。

《三教源流搜神大全》亦综述诸书而言："清源妙道真君姓赵名昱，从道士李珏隐青城山。隋炀帝知其贤，起为嘉州太守。郡左有冷、源二河，内有犍为老蛟，春夏为害……昱持刀入水，有顷，其水赤，石崖奔吼如雷。昱右手持刀，左手持蛟首，奋波而出。"也提到七圣："时有佐昱入水者七人，即七圣是也。"而被称为灌口"二郎"者是因为他年轻："公斩蛟时年二十六岁。"事迹也几乎全依李、杨二郎为骨干。

而《古今图书集成》引《河南通志》所谓"隋灌州刺史杨煜"，"尝斩蛟筑堤遏水患，故民为立庙"，名"煜"而又姓"杨"，似乎还留着把杨二郎跟赵煜捏合起来的痕迹。

《古今图书集成·职方典·嘉定州部纪事》与《嘉定府志》略同，都已经出现了七勇士（所谓"眉山七圣"的前身）："时州有蛟为害，昱……自被发仗剑入水，有七人亦被发仗剑随之。天地晦暝，少顷，云雾敛收，七人不复出，惟赵昱……奋波而出。……蛟害遂除。"《龙城录》唯言"从数猎者"，此二书则言有七勇士亦下水斩蛟，却牺牲了。

清陈怀仁《赵昱传》则又描写了白犬（哮天犬前身）的事迹："色纯白，骏爽通灵"。七勇士与犬都曾入水助昱杀蛟（未言七人下水后的结果）。值得注意的是，他试图解释赵昱为什么也称为灌口二郎："盖缘习公貌与崇德祠二郎像相肖，故喧传为李二郎再世，合奉公为灌口二郎神也。"这样说来，李、赵两二郎曾经并存、合祀，只不知此说有无实据耳。

赵昱事首见之《龙城录》系宋人王铚假托唐柳宗元之作。所以就"二郎"看，是李先而赵后。然而，在文艺作品里，却是赵昱因有《锁魔镜》《斩健蛟》等专美于前，杨二郎复因说部《西游记》《封神榜》而后来居上，唯独李冰及其子二郎却逐渐寂寂无闻，无怪前人会有"香火何曾到杜康"之叹。至于"梅山七圣"事，倒可能先起于赵昱。梅，元剧作眉，当是。隋有眉山郡，唐初改嘉州，天宝中改犍为郡，后复改为嘉州。今有眉山市，近峨眉，而离灌县较远。七圣事后来又移植于杨二郎。

瑶族曾有所谓梅山教——猎神的祭祀。"流传于邵阳、新宁、安化、隆回等地的'梅山教'，据说是北宋章惇开发梅山之前就流传于该地区的一种巫教。直到解放前，广西、湖南等地的瑶族进行狩猎前，都有先敬梅山神的宗教活动。他们认为，敬了梅山神，才可能获得更多的猎物。"①

梅山教曹神中最重要的盘古大帝，极似原始形态的二郎神，而七郎也很像梅山七圣："根据地方志记载，梅山教敬奉的'曹神'，有'捐山赶日，摘草量天，拈弓打弹，把火烧天'的盘古大帝；有'梅山蛮王'，即'梅山启教圣主上洞梅山砀王天子胡大王，中洞梅山柳大王天子李大王，下洞梅山阔王天子赵大王'；有'修路架桥郎君，犁田耙田郎君，种谷扯秧郎君，行山打望郎君，弹琴歌舞郎君，看牛牧马郎君，挑柴担水郎君，呼鸡唤鸭娘子，喂猪赶狗娘子，送

---

① 韩肇明、陈克进：《瑶族原始社会残余试析》，见中国民族学研究会编：《民族学研究》（第2辑），民族出版社，1981年，第145页。

男送女娘子,看蚕收丝娘子,敲锣打鼓娘子';还有'金花一郎,银花二郎,铜花三郎,铁花四郎,锡花五郎,铝花六郎,锑花七郎'。总之,这些被敬奉信仰的'曹神',有图腾神,有部落长,有男女劳动能手,还有各种金属之神。"①梅山教与二郎神、梅山七圣的关系值得勾索。今湖山新化等地尊祀梅山,傩风颇盛。窃尝疑其出于媒山、禖山,盖犹母亲山也。

5. 哮天犬

这里附带讲一讲哮天犬的由来和模特儿。此犬旧籍一般称白犬,《西游记》谓细犬,《赵昱传》说此犬亦下水啮蛟,颇似《李寄》之咋蛇犬,不知何时变成哮天犬了。

苏雪林《天问正简》曾拟二郎神为西亚英雄神、死神塔姆兹,又疑哮天犬亦来自域外,说赫拉克勒斯"曾下地狱盗出冥君柏鲁托的三头恶狗,巴比伦'特权符'张弓之日神背后亦有一狗,波斯宗教画亦画狗与青鸟与海中大龟战斗"。这些狗大多是看守地狱,埃及、希腊、波斯都有,但哮天犬却不追啮冤魂。

卫聚贤曾暗示二郎神的哮天犬可能和羌族的狗图腾崇拜有关系:"灌县的二郎庙的二郎神是三只眼,旁有一狗,这说是小说二郎使的'哮天犬'。现在松潘东白兰的羌民,每于年初将狗吊在树上,经过若干日视狗之存亡,以占一年之吉凶,因名此处人为吊狗羌。……羌民在古时以狗为图腾,后以狗为灵的神。"②这在探讨二郎神白犬的来源时是应该加以考虑的。

初民,尤其是以狗为图腾的部落,有以狗(尤其是白犬、黑犬)为神的传统。北美印第安人祭大神时,要用白犬③,而马王堆《帛画》下段也画着一对用来厌胜蜮蛊的白犬(穷奇)。二郎神故事里出现白犬,神猴故事里每见白猿,都是很有趣的事情。因为白犬祭是环太平洋文化的一个重要因子。

在土族长诗里,格萨里(即藏族的格萨尔王)也有哮天犬。格萨里像二郎神那样射过金乌,也有三只眼。他射落过天上多余的六个太阳。

太阳落下来了,

又变成乌鸦落到地下来了。

---

① 韩肇明、陈克进:《瑶族原始社会残余试析》,见中国民族学研究会编:《民族学研究》(第2辑),民族出版社,1981年,第145页。
② 卫聚贤:《泰山石敢当》,载《说文月刊》1940年第2卷第9期,第3页。
③ 参见凌纯声:《中国边疆民族与环太平洋文化》,联经出版事业公司,1979年,第685页。

三只四只五只六只乌鸦落地了，

乌鸦落地全被哮天狗吃掉了。①

  从这里也可以发现天狗吞日月传说来源的一些线索。如此看来，这神秘的巨犬来自我国西部可以无疑。《尚书·旅獒》序云："西旅献獒，太保作《旅獒》。"伪孔传："西戎，远国，贡大犬。"孔疏："西方有戎，有国名旅者，遣献其大犬，其名曰獒。"伪孔传又说："犬高四尺曰獒，以大为异。"《说文》采之。《左传》宣公二年，晋灵公驯化灵獒，利用条件反射原理，唆使獒犬杀赵盾未成，用的也是这种西来的良种狗。楚官"莫敖"也可能与之有关，而衔来犬戎王首级的神犬槃瓠的母型也可能是这种巨犬藏獒。广西花山壁画上也出现过这种大狗的形象。这些都是比较文化上有趣的材料。

  任乃强说，灵獒之类指的是藏犬，藏语称Kyi（猤），极难驯化。但"羌人藏人每家都养有藏犬一条或几条。它能识别家人；在牧场捍卫畜群，使牛羊不走失，害敌不敢行近"②。它专咬生人的咽喉，不畏刀棍。看来与羌氐神有文化血缘联系的二郎神的哮天犬，极可能就是藏犬的神化。

  《二郎神锁齐天大圣》亦述赵昱本事，与《锁魔镜》大同小异。于此亦可见二郎神与孙悟空之"宿仇"。所以，吴承恩《西游记》也不能在大情节上过于违背民间传说、剧曲、说唱已经凝固的传统，只好让二郎神活捉孙悟空，所以他的描写充满了内在矛盾。③ 只是他将这段公案做了革命性的改造，并加以喜剧化罢了。

  《灌口二郎斩健蛟》则详演其斩蛟本事。头折驱邪院主云："嘉州太守赵昱，平生秉性忠直，心无邪佞，治民有法，判断无私。今奉玉帝敕令，差天丁接引，正直为神，白日飞升。"其装备，为"跨骑趁日白龙马，手搭三尖两刃刀"；其擒蛟，则"变化青脸红髯"。命郭压直同众拿住"健蛟神、健神、健鬼"，比较平淡无奇。

  此前的杨景贤虽然未指明二郎神是谁，但他自述谓"郭压直把皂鹰擎，金头奴将细狗牵，背着弓弩，挟着弹丸"，从《嘉定府志》等文献及前引三剧看来，也以指赵昱的概率为高。

---

① 《青海民族民间文学资料·土族文学专集》（一），中国民间艺术研究会青海分会，1979年，第99页。
② 任乃强：《羌族源流探索》，重庆出版社，1984年，第26页。
③ 参见高明阁：《〈西游记〉里的神魔问题》，载《文学遗产》1981年第2期。

许逊

唐宋至元明还流传所谓许真君斩蛟故事。《太平广记》卷一四引《十二真君传·许真君》记其事最详，兹摘录其最似李冰及二郎传说者：

> 后于豫章遇一少年，容仪修整，自称慎郎。许君与之谈话，知非人类。指顾之间，少年告去。……蜃精知真君知之，潜于龙沙洲北，化为黄牛。真君以道眼遥观，请弟子施大玉曰："彼之精怪，化作黄牛。我今化其身为黑牛，仍以手巾挂膊将以认之。汝见牛奔斗，当以剑截后。"真君乃化身而去。俄顷，果见黑牛奔趁黄牛而来。大王以剑挥牛，中其左股，因投入城西井中，许君所化黑牛，趁后亦入井内。

其后，还补叙蛟精化身美少年与潭州贾刺史女婚媾，最后被许逊逼变原形，许逊并二子而杀之的事。这很像《滇系·杂载》所记中国化了的印度大黑天神擒杀化为美少年奸淫妇女的蛟精的故事，必须郑重提请注意。

许逊故事虽腾挪跌宕、变化起伏，然而其核心或基本结构却与李冰化身为牛勇斗江神完全一致（从蛟精化牛也可见出作为水怪的龙、牛可以互化）。《青琐高议》前集卷一有《许真君斩蛟蛇白日上升》与此全同而较略。唐段成式《酉阳杂俎》有许逊及其师吴猛的简要灵迹：

> 晋许旌阳，吴猛弟子也。当时江东多蛇祸，猛将除之。选徒百余人至高安，令具炭百斤，乃度尺而断之，置诸坛上。一夕，悉化为玉女惑其徒。至晓，吴猛悉命弟子，无不涅其衣者，唯许君独无。乃与许君至辽江，及遇巨蛇，吴年衰，力不能制，许遂禹步敕剑，登其首，斩之。

这又多么像李冰年老，二郎代其斩龙！年轻一代的神再一次应运而生，大显身手。

《朝野佥载》所记则更简："西晋末，有旌阳县令吴猛者，得道于豫章西山。江中有蛟为害，许旌阳没水剑斩之。后不知所在。顷渔人网得一石甚鸣，击之声闻数十里。唐朝赵王为洪州刺史，破之，得剑一双，视其铭，一有'许旌阳'字，一有'万仞'字，遂有万仞师出焉。"

《曲海总目提要·獭镜缘》引《事文类聚》，全据《十二真君传》而稍有更易。《獭镜缘》则略采蜃精化美男事，杂采民间传说以成篇，姑略。只有《三教源流搜神大全》多出"母先梦金凤衔珠坠于怀中而有娠"的出生传说。

文献记载里铁柱锁蛟的关目列数例如下：

《能改斋漫录·许旌阳作铁柱锁蛟》："晋许真君为旌阳令。时江西有蛟为害，旌阳与其徒吴猛仗剑杀之，遂作大铁柱以镇压其处。今豫章有铁柱观，而柱犹存也。"这里，师徒易位。

《碧里杂存·斩蛟》引白玉蟾《修真十书》："真人既制蛟于牙城南井，仍铸铁柱镇之。其柱出井数尺，下施八索，钩锁地脉，祝之曰：'铁柱若亚，其妖再兴，吾当复出；铁柱若正，其妖永除。'由是水妖顿息，都邑无虞。"

《古今图书集成》卷二五〇引《文献通考·郏亭庙》："先是江中有蛟蜃为害。东晋旌阳令许逊斩之。小蛟逸去，后颇为害，行舟多履溺者。"此条但云小蛟后又兴风作浪，化蟒为怪，无立柱锁蛟事。

《述异记·铁柱宫》："池中有铁柱，乃许真君锁蛟之处。其地居民，每岁制铁锁一条，置殿池内，经宿即有旧锁在池侧，而新锁不在矣。"

《警世通言·旌阳宫铁树镇妖》："驱除邪祟，仗剑斩蛟，绝其种类，以安城邑，被泽者无数。又役鬼神于牙城南井中，铸铁为柱，上出井外数尺，下施八索，钩锁地脉，以镇洪州。由是水怪屏迹，永远无虞。"

在中原的民间传说里，许逊锁蛟完全与大禹擒无支祁融合起来，且地方化和戏剧化。民间故事《玉井龙渊》以为，无支祁是被锁在豫南桐柏山主峰之下。"在太白顶下，现在不仅有锁无支祁的大河花山的玉石八角琉璃井和系在定海针上的大铁链等实景可查，而且……据说，无支祁被锁之前，它在金甲潭和老鳖精一起，还合谋抵抗过大禹的神兵。最后，无支祁被锁入玉井时，还问大禹：'我哪天出井？'大禹回答：'铁树开花之日，就是你出井之时。'当时，无支祁的神色傲慢，毫无恐惧之意。"① 这故事没有着落。在民间，铁树开花、石柱发光，妖怪总有复出之时。

苏雪林说，妖灵被锁在世界神话里颇为多见。"[巴比伦]哀亚（Ea，深渊之神）催眠阿伯苏（Apsu，水怪），锁住分析其脉络杀之。希腊神话盗火者普罗米修斯被天帝宙斯链系于高加索山，使妖鹫日啄其肝脏。北欧神话叛神洛基被天帝链系某山，使毒蛇滴涎其身以楚毒之。我国《山海经》贰负臣'危'被梏山上木。蚩尤被斩前亦为黄帝所械。大禹锁泗州水母，李冰锁孽龙，许旌阳锁蛟，皆从此衍出。"②

这些当然有类同处，同源衍化却还谈不上。更精确的比较应注意哪些妖物

---

① 张振犁：《中原古典神话流变初议》，载《民间文学论坛》1983年第4期，第12页。
② 苏雪林：《屈原与九歌》，广东出版社，1973年，第204页。

是被锁（或被镇）于柱形物者。

只有一点是明白的：许逊铁柱锁妖跟大禹锁无支祁、李冰父子锁孽龙确然是同型传说，其中细节有许多叠合类同之处。湖北民间传说《大禹斩玉龙》说，大禹曾把发动洪水的小玉龙"用一根铁链子拴了，牵来锁在峡（错开峡）东的锁龙柱上"①。《灌县乡土志》记载宝瓶口有李冰锁龙石柱。

铁柱（或石柱），从功能说，本来是测量或标志水位的实用物，其有镇压、厌胜水怪的作用，自然是跟英雄神话、灵物崇拜黏附的结果。其用金属（如铜铁）者，乃是因为初民获得它极不容易，认为凡是金属制品（从刀剑到铜鼓、铁柱）都有镇厌山妖水怪的神秘功能。这跟《西游记》所写孙悟空的金箍棒极为相似，因为那棒原来是大禹的镇海神针，水神、水怪都很怕它。东汉的马援，曾经植柱表界。《梁书·诸夷·林邑国传》说："马援植两铜柱，表汉界处也。"丁谦《梁书夷貊传地理考证》云："援树铜柱二，于象林县南西屠国界上……知所树铜柱在广义省南界。"但是民间传说却以为铜柱有镇压邪魅妖灵的功用。马援被称伏波将军，伏波者伏水害、伏水怪也。屈大均《广东新语》云："山留铜柱水留船，新息威灵在瘴天。"又载铁鼓铁船镇蛟事，说："盖以铁物治蛟，乃金克木之道。龙性畏铁，蛟亦然，是皆属木，故以金制之。伏波制铁船沉于合浦，其亦以铁镇压毒龙而已。"以五行观念做解释当然不足为训，然而古代崇拜金属器具，民间以为金属能够制怪，却是事实。云南铁柱观犹存，柱千年不腐。

印度也有类似的镇蛇铁柱。德里东南郊 15 公里处有一根直径 0.3—0.4 米、长 7 米的铁柱（或说这根"铁柱中既不含磷也不含硫，所以不被大气腐蚀"②，甚至有人怀疑它是一种古代的"不锈钢"），据说它已有两千多年的历史，曾置于摩揭陀王国所在地比哈尔。八百年前，拉吉普特国王阿格帕尔·托马尔把它搬到德里东南水天毗湿奴神庙之前。先知告诉国王说，铁柱是压在大蟒头上的，能够消灾灭祸，保佑王国永存。后来有人擅动铁柱，柱下就渗出血迹，不久拉吉普特王国就灭亡了。这跟许真君镇蛟铁柱十分相似。孙悟空用的金箍棒，跟大禹镇海神针传说、李冰许逊锁蛟铁柱以及印度神话里的搅海须弥山棒，都可能有关系，所以龙宫用它镇海，十分崇敬、畏惧它。

应该注意到，日本创世开国神话国土形成里也有类似搅海的关目。《古事

---

① 中国民间文艺出版社湖北分会、湖北省群众艺术馆编：《湖北民间故事传说集》，1980 年，第 146 页。
② ［瑞士］厄里希·丰·丹尼肯：《众神之车——历史上的未解之谜》，吴胜明、周里五、朗胜铄译，上海科学技术出版社，1981 年，第 27 页。

记》载所谓"国土的形成"云：

> 众天神诏示伊邪那岐命和伊邪那美命二神去修固那漂浮着的国土，并赐给一只天沼矛。二神站在天浮桥上，把矛头深入海中，咕噜咕噜地搅动海水。提起矛时，从矛头上滴下来的海水积聚成岛。这就是淤能基吕岛。①

"天沼矛"指镶玉饰的长枪，《日本书纪》写作"天之琼矛"，功能略似神柱。

至于其他有关许旌阳的材料，明杂剧有《许真人拔宅飞升》（见《古本戏曲丛刊》），颠倒吴猛、许逊之师徒关系。吴猛战蛟精未成，却说："师父，非是徒弟剑挥不中，恐被妖血染坏这百里清波。我纵放妖魔奔走，徒弟跟师父寻踪斩之，永绝湖海舟船之患也。"蛟精则"摇身一变，且化做个黄片大笊角、有病的个芒牛，等那先生来"。大概是后人觉得老神仙变牛不大雅观吧，许逊就剪纸为黑牛，"变成一只黑牛也"；蛟精见"跑将一个黑牛来"，便嚷："我儿也，你死也！敢上来，一笊角顶杀你，送了你豹房里去。"吴猛则"挈出这神锋宝剑来"刺去，伤其左眼。——这真是一个尊卑对转、长幼易位的好例。但动手的总是那年轻的神。整个本事的基干当然是从李冰、二郎那里嬗袭来的，不过多了点仙话性，少了些原始性罢了。最后依然是"因蛟精作害，贫道（许逊）遭天兵，今已擒住。贫道铸一铁柱，可立于井。又用铁索一条，重三千六百斤，共三千六百圈，按一年三百六十日，将此业畜，就锁在这南昌紫霄观井中，永除后患。……'兀那业畜，你直等铁树开花，才放你出世。'"这跟无支祁被锁结果一样。

这个预言暗示了它与另一型（例如误走妖魔型）民间故事的衔接。妖精总有一天会跟无支祁、孙悟空、白蛇、天罡地煞和铜瓶魔鬼们那样重新露面，再演出一场活剧。

《警世通言》有《旌阳宫铁树镇妖》，亦以此本事为骨干写许逊们的奇迹。孙楷第《中国通俗小说书目》说："《新镌晋代许旌阳得道擒蛟铁树记》二卷十五回，一名《许仙铁树记》。……兼善堂本《警世通言》卷四十之《旌阳宫铁树镇妖篇》全收此书。"② 胡士莹《话本小说概论》、谭正璧《三言两拍资料》、赵景深《中国小说丛考》说皆大同，本节略有采择焉。

戴不凡《小说见闻录·真君全传》说，此书全名《新订许旌阳得道擒蛟全

---

① [日]安万侣：《古事记》，邹有恒、吕元明译，人民文学出版社，1979年，第4页。
② 孙楷第：《中国通俗小说书目》，人民文学出版社，1982年，第194页。

卷》，序页称《铁树记引》，内称"适蛟螭肆害……奸旟殆尽，镇以铁树"云云，且介绍浙江建德之民间传说云："孽龙啗毙南昌知府后，化身为知府。每日必备清水九巨缸于密室现形澡身。后为丫环所见。合邑无法可施，乃乞灵于许真君。屡次大战，真君均告败北。最后，孽龙因战后患饥，化而为肩伕，就食于一面摊。摊主为一老妪，于下面时突将面条抛向肩伕，变为铁索，妪亦现身为观音。会真君追赶前来，遂斩孽龙。孽龙有子九，真君杀其八。幼龙伤尾后，再三哀恳，真君体念好生之德，遂以铁树镇之。每年允渠出湖祭祖一次。建德于清明前后每有狂风暴雨，相传即系'孽龙祭祖'经过所致云。"①

观音面条锁孽龙，却用了她收服泗州水母的关目。前引四川灌县二郎传说里也有类似关目。可见三者之间确实具有互换性和可比性。

其他二郎神

1. 吴猛

吴猛为许真君之师，然而有时不但变成他的徒弟，而且还嬗袭他的本事（而许逊事又袭自李冰，吴猛、程灵铣以下可谓"模仿之模仿""嬗袭之嬗袭"矣）。《太平广记》卷一四引《十二真君传·吴猛》并无斩蛟事（盖不便在同一书里互相抄袭，任意移转）。《搜神记·吴猛》《搜神后记·吴舍人》《晋书·艺术传·吴猛》亦无斩蛟事。《太平御览》卷九三四引雷次宗《豫章记》则述其斩蛇故事焉：

> 永嘉末，有大蛇，长十余丈，断道。经过者，辄以气吸引取之，吞噬已百数，行旅断道。道士吴猛与弟子数人，往欲杀蛇；蛇藏深穴，不肯出。猛符南昌社公，蛇乃出穴，头高数丈。猛于尾缘背，而以足按蛇头着地，弟子于后以斧杀之。

此类元剧，颠倒弟子故事于师，杀蛇不过斩蛟之小变而已。

2. 邓遐

还有一位名声和地位仅次于李冰及其子和赵昱的二郎神，这就是有一定历史真实性的邓遐。《晋书·邓遐传》："遐字应远。气力绝人，气盖当时，时人方之樊哙。桓温以为参军，数从温征伐。历冠军将军，数郡太守，号为名将。襄阳城北沔水中有蛟，常为人害，遐遂拔剑入水，蛟绕其足，遐挥剑截蛟数段

---

① 戴不凡：《小说见闻录》，浙江人民出版社，1980年，第266—267页。

而出。"

《襄阳耆旧传》全据之而稍有更动,末写斩蛟,有"蛟绕其足,遐挥剑截蛟流血,江水为之俱赤。因名曰斩蛟渚,亦谓之斩蛟津"云云。

黄芝岗《中国的水神》据《古今图书集成》引《浙江通志》云:"二郎神庙在杭州忠清里。神姓邓讳遐,陈郡人也。(按:其事全据《晋书》本传,略。)……乡人德之,为立祠祀之。以其尝为二郎将,故尊为二郎神。"可见又有一位邓二郎了。黄芝岗还说:"盛弘之《荆州记》(按:《太平寰宇记》引)也曾说邓遐做襄阳太守,斩沔水蛟龙的事情,和本传的记载相同。"蒙职官史专家于北山先生面告,古无二郎将之官称。邓遐斩蛟,事情也平淡无奇,并不超过次非、周处的杀蛟,绝无李冰、赵昱、许逊等本事那样的戏剧性、传奇性,但是侥幸有"二郎神"的荣誉,这只不过说明二郎神事迹影响之重大和广披,从四川(李冰、赵昱)到湖北(邓遐),到江西(许逊),到河南(杨昱),如果不追究姓名的可靠性和历史的真实性的话,甚至几乎可以说全国都有同型的传说。

3. 程灵铣

程灵铣事为李冰、许逊、邓遐传说又一改型。《太平广记》卷一一八引《歙州图经·程灵铣》:"歙州歙县黄墩湖,其湖有鼍,常为吕湖鼍所斗。湖之近村有程灵铣者,卓越不羁,好勇善射。梦鼍化为道士告之曰:'吾甚为吕湖鼍所厄。明日又来,君能助吾,必厚报。'灵铣遂问:'何以自别?'道人曰:'束白练者,吾也。'既异之。明日,与村人少年鼓噪于湖边。须臾,波涛涌激,声若雷霆。见二牛相驰,其一甚困,而腹肚皆白。灵铣弯弓射之,正中后鼍。俄而水变为血,不知所之。其伤鼍遂归吕湖,未到而毙。后人名其死处为鼍滩。吕湖亦从此渐涨塞,今才余寻丈之广。"

蛟鼍可化牛而同为水精,二牛相斗,白练为识,有人助射,同李冰故事。但是这里已有平凡化(或卑化)和现实化的趋向,道士为蛟所化,英雄也不亲化为牛斗怪了。此程灵铣不知所自。《陈书》及《南史》有《程灵铣传》,云:"程灵铣字玄涤,新安海宁人也。少以勇力闻,步行日二百余里,便骑善游。"不知二者之间是否有无机捏合之类的关系。

钱锺书指出,《风俗通》及《太平广记》引《成都记》等叙李冰化牛斗江神,与《太平广记》所述程灵铣、临海人(出《续搜神记》)事类,"特牛斗与蛇斗异耳"。又,"欧阳修《集古录跋尾·张龙公碑》谓撰者唐赵耕,记张、郑二人夺居龙宫,化龙相斗,以绛绡、青绡为辨,苏轼《张龙公祠记》一称《昭灵侯庙碑》转述之,刘斧《青琐高议》后集卷九《梦龙传》又以为宋曹钧事;亦踵李冰之传说者"。① 从母题学的角度看,的确都可以视为同型的再生态新神话。

其他被称为二郎神者尚多,因为没有化牛杀怪的事迹,这里从略。

在民间通俗小说里,还有将水神二郎跟海神天妃娘娘(她就是至今香火不绝于东南海岸的妈祖娘娘)拉郎配一般硬拉在一起的。据刘枝万介绍,坊间有《天妃娘妈传》,其中"关于二郎的部分,即第三回的'黄毛公弃投西番',与自第十回的'黄毛公西番显圣'至第廿六回的'天妃妈上表谢恩'间的故事,是采自吴承恩《西游记》第六回'小圣施威降大圣'为中心的孙悟空的说话,而自由翻案的。"② 捏合他们二人的原因,刘枝万认为在于拿"主为守护海上漕运的妈祖神话配以镇定河川的猖獗的二郎神"。他说:"妈祖与二郎两神特为兄妹而登场的理由,就编校者是江西人,刊行处是湖南地考之,恐是地理的。妈祖的福建是东邻,二郎神的四川是西邻,而将平生熟知的两神连结罢。"③ 当然,这只是一种说法。

四、二郎神故事的余波

四川盛传二郎神话故事,当然首先因为天府之国历代水灾严重而人民又有强烈的战胜洪水猛兽的美好愿望(这很像淮水流域流行无支祁传说),而李冰父子与赵昱们的伟大事迹又为这种流传或创造提供了历史和现实的基础。中外古今都有很多杀龙除怪的英雄,他们当然都是渴望战胜自然力的人类的光荣代表,他们的本事或独立产生,或异地偶合,或播化交流,或嬗袭异变,应该做专门研究。二郎神传说是其中相当特殊、重要而突出的一种类型,可以独立地加以比较。本书反复强调,比较学的基础在于两项以上的事物有或交叉或平行的趋同性,比较法的运用则首先要求同组母题或模子有整体的规律性的对应和尽可能准确多样的细节上的契合。以杀怪除害这个大母题而论,李冰型的斗怪平灾型是一类,柳毅、珀耳修斯型的杀怪成婚型是一类,后羿、天王郎、赫拉克勒斯的斗胜争美型又是一类,孙悟空、奥德修斯的历险成功型又是一类。在每一

---

① 钱锺书:《管锥编》(第2册),中华书局,1979年,第769页。
② 刘枝万:《以〈三教搜神大全〉与〈天妃娘妈传〉为中心来考察妈祖传说》,李孝本译,载《台湾风物》1963年第13卷第2期。
③ 刘枝万:《以〈三教搜神大全〉与〈天妃娘妈传〉为中心来考察妈祖传说》,李孝本译,载《台湾风物》1963年第13卷第2期。

类之中的每一本事、每一模子、每一情节、每一母题、每一关目（要点）之间，不问是平行（独立）还是交叉（播化）的关系，只要进入比较，就要求在群落（宏观）和细胞（微观）的水平上对双方（或多方）加以精确分析，发现其间的异同优劣和变化，寻找其本质联系或发展规律，通过具体材料的考据、分解和综合处理，以尽可能达成理论上的概括。这个任务艰巨而复杂，这里只能就二郎神型故事做些探索。这类斗怪平灾型传说主要有几个关目：

（1）自然物的人格化或神格化（例如某一经常泛滥的河流成了人形的神或精怪）；

（2）自然神或精灵的动物化，且相对确定（例如某一水神或水怪化身为牛、蛟或其他水族）；

（3）某一历史人物或传说人物曾完成被视为超人的殊勋（例如治理洪灾、猎杀恶物、组织工程），并被尊奉为神（英雄神、祖先神）；

（4）英雄神亦曾化身为动物（或曾指令某一神物），与化身为动物的自然神或精灵作斗争（它们往往有不同的体态、性状或标识）——这一点是最重要的、决定性的，无此点一般不能列为本型传说；

（5）他们可能得到部佐或凡人的帮助，终于杀伤或降伏、锁镇了精怪，从而平定了灾情。

二郎神的地方化

上举李冰及子二郎、赵昱、许逊等的本事大都具备以上要点，属于同一母题、同一模子或同一形态，可资比较、分析、研究。

出现这样多的杀怪治水的二郎神型传说，当然有它的历史和社会基础，表现出必然性和偶然性的辩证统一。水患的治理，水利的开发，是产生这种英雄传奇的背景。二郎神传说以李冰父子为轴心，是因为他们的本事力量较大，影响较深，人民为他们所创造的传奇故事又比较生动、有趣、独特；杨磨、赵昱、许逊、吴猛、邓遐、程灵铣等被比附，是因为他们或多或少、或真或幻的有除害治水业绩。这些都是产生统一的二郎神型传说的必然性。治水英雄之被称为二郎，二郎忽而改姓杨（或赵、邓），则带有若干偶然性或随机性。但这在传说学上不很重要，因为就是把二郎改成三郎，只要其主要内容（除害治水）和关键情节（化身入水斗怪）是统一的，它们之间就具有趋同性和可比性，就可能是由一个中心（例如四川灌口）播化或辐射出去的结果，就具有比较民间文艺学的意义。但是那种改名换姓的偶然性也带有相当的必然性：任何附会都要有点根据。称郎行二是因为他们大多是青年神，姓杨是因为治水英雄行列里杨姓的影响逐渐增长，而且可能跟羌族的羊崇拜黏附，只有名戬纯然是无机牵合（杨戬家多怪异且与二郎神发生瓜葛，是产生比附的小小由头）。至于此型故事里某些因子，与我国少数民族和世界某些民族神话传说的趋同或叠合，则需要在广泛收集有关材料之后进一步追索。

赵昱的兴起，原因则复杂得多。他是隋末嘉州太守，曾隐青城山，比李冰父子更晚近、更现实、更亲切一些，他对治水除害有过贡献，对于唐宋时代的四川人也有一定的号召力和吸引力。帝王们或封他神勇大将军，或加他赤城王、显应侯。岁时民疾病，祷之无不应。可谓君臣咸信，上下宾服。这样他才能够以新的灌口二郎神身份与李冰父子争一口之雄长。

许逊是汝南人，蜃精出豫章，斩蜃在江西。吴猛亦家于豫章，斩蛇故事即出于《豫章记》。程灵铣斗蜃则在歙州。他们都和四川没有关系，也不一定被称为二郎神，所以能够与李、杨、赵并存而无冲突。但是他们的事迹中几乎都有化牛下水斗怪的关键性情节，还有诸如神物身有标志、军民助战杀怪等对应相当严密的细节，这种情节或细节具有殊异性，是不可替代的，很难用偶合、略似之类遁词来解释，不能不认为是从一个中心（例如灌口）辐射出来的。

黄河流域有杨四将军（黄芝岗却说在湖南），吴中有杨猛将，他们的事迹或传说都不如李冰、赵昱那样有力，人们也不敢公然声称他们是真正的二郎神，杨四将军只好挤在李冰父子身旁谋一个配享的光荣。再不然只好像前引《河南通志》那样来个和稀泥："河南府二郎神庙……祀隋灌州刺史杨煜。"把杨二郎跟赵昱硬拼在一起，再把它本土化、地方化，称起二郎神来。唯独邓遐，既是个历史人物（《晋书》有传），又不是四川人，他在襄阳沔水斩蛟，而杭州人竟为之立庙，称之为二郎神。这是顶大胆的破例，尽管邓遐的名望和影响永远也不能与李冰父子、赵昱相颉颃。

这种四川以外各自闹"独立"的地方性二郎神，事迹虽或略异于李、赵，传说的核心部分（关键情节），就中国本土范围之内而言却最可能导源于四川。他们之所以要称为二郎神或袭取二郎神的本事，那既出于一种对乡土及邦族杰出人物的热爱和自豪感，也由于二郎神号召力、影响力的强大。他们以自己的乡邦能出现著名的英雄或古迹为光荣为骄傲，不但不承认那些传说是借用、移植或附会来的，而且置各种各样的文献或实证于不顾，总是说自己家乡的古迹和英雄最真实、最古老、最可靠、最伟大。"旅游热"更是在助推。许多争执古已有之。《西游记》一出，许多地方都有花果山、水帘洞；《水浒传》风行，连西湖都有武松墓;《红楼梦》吃香,大江南北都出现"大观园故址""曹雪芹故居"。这种狭隘乡土观念和保守因循的情绪与幻觉,实在无可厚非,根底里还埋藏着爱乡土、爱国家、爱历史的健康感情,但是却给最需要客观和冷静的学术研究带来困难与障碍。这也是像二郎神这种类型的传说在差异性之中表现出趋同性,在统一性之中又暴露出繁多性的原因。

多民族的改型故事

二郎神故事,还有一些可能经过简化的改型,但是其中心关目或基本结构(化身斗怪)却大致不变,其间关系有待阐发。从其整体的趋同性、对应性和细节的契合性、相似性来看,是以李冰二郎神故事为轴心,并辐射到不同时代、不同地方、不同民族。至于其播化的时间、路线和契机则有待进一步研究。姑举数例如下。

《搜神后记》:"吴末,临海人入山射猎,为舍住。夜中有一人长一丈,著黄衣白带,径来谓射人曰:'我有仇克,明日当战,君可见助,当厚相报。'射人曰:'自可助君耳,何用谢为?'答曰:'明日食时,君可出溪边。敌从北来,我南往应。白带者我,黄带者彼。'射人许之。明出,果闻岸北有声,状如风雨,草木四靡,视南亦尔。唯见二大蛇长十余丈,于溪中相遇,便相盘绕,白蛇势弱。射人因引弩射之,黄蛇即死。"《醒世恒言》之《郑节使立功神臂弓》于此取材焉。化身斗怪,各有标识,凡人助战,皆同于李冰故事。

《太平广记》卷三〇二引《广异记·韦秀庄》叙城隍神与河神战:"至其日,秀庄率劲卒二千人登城,河中忽而晦冥。须臾,有白气(河神)直上十余丈;楼上有青气(城隍)出,相萦绕。秀庄命弓弩乱射白气,气形渐小,至灭。唯青气独存,逶迤如云峰之状,还入楼中。初时,黄河俯近城之下,此后渐退,至今五六里也。"化身斗法,各有性状,凡人助战,除怪平灾,皆同李冰。所谓青白二气,当然是龙蛇或龙蛟之象,略有简化耳。

土族长篇民间传说《二郎杨戬》(此二郎名杨戬,可能与《封神演义》之影响有关),描写他与舅父暴君阿库的斗争。早熟的小英雄二郎"一落地就懂语言,通人事,聪明过人"。他拉一堆屎就是一座山("担山"的卑化、喜剧化),把迫害他的阿库压得大叫。他像后羿射"大风"(鹏)一样射杀巨鹰,钻进恶狗肚里置之于死地,终于活捉了坏舅舅。[①] 吴承恩《西游记》也说,二郎神是玉帝

[①] 王殿搜集整理:《土族民间故事六篇》,载《民族文学研究》1981 年第 1、2 期,第 166—168 页。

妹妹的儿子，这里不过是换成皇帝姐姐的儿郎而已。据说，这故事与藏族史诗《格萨尔王传》有血缘关系，其中也许还包含着外甥对传统的舅父权的反抗吧。

徐嘉瑞《大理古代文化史稿》等书记云南传说英雄杜朝选诛杀巨蟒，并救出为其所诱擒的女子且与之结婚①（白族民间故事《蝴蝶泉》即述此事而略有变异）。其事大类后羿、珀耳修斯，与袁珂《古神话选释》所介绍的杜宇杀龙、救龙妹并与之成婚的传说也极为相似，略属于杀怪成婚，但无明确的化身杀怪事。与杜朝选至为相似（同型或竟同格）的段赤城，曾身扎利刃（后来还化为黄龙）入水与发动洱海水灾的黑蟒（或说黑蛟）搏斗，并将其打败。②另一种说法，则是与段赤城同出羊皮乡绿桃村的少年英雄（其母吞绿桃生下并抛弃了他，后来大蛇将他哺大）化身黄龙，战胜了盘踞下关的黑龙，平息了大理洪水。③疑此为段赤城故事的变型，其本事很像李冰。

王叔武《云南古佚书抄》收有元明时代云南佛教神话历史著作《白古通记》，有段赤城事迹。"洱河有妖蛇名薄劫，塞河尾峡口，兴大水淹城。王出示：'能灭者，赏尽官库，子孙世免差役。'有段赤城愿灭蛇，缚刀入水，蛇吞之，蛇亦死。水患息。王建寺以镇之。以蛇骨灰塔，名曰灵塔。每年又有蛇党起风，来剥塔灰。时有谣曰：'赤城卖硬工。'今龙王庙碑云：'洱河龙王赤城。'盖有功为神之报。"《南诏野史》上卷所引与之略同。

传说洱海此次水灾发于唐元和十五年（820）。《古今图书集成》卷五八六"大理府祠庙考·灵塔寺"条云："唐段赤城诛蟒，为蟒所食。人思其功，于蟒腹中，取其骨葬之，建塔其上。"此已转为悲剧型。明谢肇淛《滇略》云："赤城，楪榆人，有胆略。蒙诏时，龙尾关外有大蟒吞人畜，赤城披甲持双刀赴蟒，蟒吞之，刀出于背，蟒亦死。土人剖蟒腹，出赤城骨葬之，建塔冢上，假蟒骨以亚塔。"这镇蟒的圣塔，相当于大禹的镇海神针、锁无支祁的铁链，许逊、李冰们镇蛟的铁柱。

纳西族民间故事说，象山脚下黑龙潭有恶龙，欲夺木三郎未婚妻丹青，三郎以鱼叉刺之，黑龙化成黑蟒卷走丹青及民众，三郎乃"从滚滚洪流中奋力跃出，腾空而起，在闪电雷鸣之中，变成一座指天倚云的白塔，呼拉拉地从九天之上飞落下来，正正地压在黑色巨蟒的头上"④。疑此为段赤城尸骨建塔镇蟒故

---

① 徐嘉瑞：《大理古代文化史稿》，中华书局，1978年，第205页。
② 参见杨毓才：《大理白族自治州历史文物调查资料》，云南人民出版社，1958年，第28页。
③ 徐嘉瑞：《大理古代文化史稿》，中华书局，1978年，第203页。
④ 中共丽江地委宣传部编：《纳西族民间故事选》，上海文艺出版社，1981年，第255页。

事之又一变态，不过改成英雄自身化塔镇妖罢了。

白族民间故事《小黄龙和大黑龙》里，除基本情节略同上述外，还有凡人巧助的关目。"孩子戴上了铜龙头，手脚上都套上了铁爪子，口里衔着一把尖刀，背上缚着三把尖刀，两只手里还各拿一把尖刀"，先用三只草龙斗乏了黑龙，然后勇猛地跳下水与黑龙苦斗。"小黄龙打饿了，海面上翻起了黄水花，它从水里伸出头来，张开嘴寻找食物，大伙就往小黄龙嘴里丢面包子；小黄龙吃了面包子，越打越有劲。大黑龙打乏了，海面上翻起了黑水花，它张开火盆大嘴，四下里寻找食物，大伙就往它嘴里扔铁包子；大黑龙吃进铁包子以后，又饿又肚疼。小黄龙就这样和大黑龙打了三天三夜，大黑龙支持不住了。"①

白族群众遇久旱不雨时，除拜龙求雨外，还要"用柳树扎成柳龙，并点睛挂红，扔置于山上的龙潭中，让人扎的柳龙与潭中'真龙'相斗，认为二龙相斗可以下雨"②。这显然是英雄神与水怪化龙（或化牛）决斗故事的遗蜕，也说明原来的故事与祈求雨水、驯服河流、争取丰饶有关。神话、宗教、巫术在这里互为补充、融成一炉了。

大黑天

白族化了的密教护法神大黑天，也有制蛟理水之神迹。大黑天，梵文作 Mahakalas，译音摩诃迦罗，义为"大黑"（据方国瑜等言，藏义亦为"大黑"）。"迦逻"自梵语 kara 化出，属于"昆仑（喀喇）"文化语音丛。方国瑜考释其称号源流甚详："不空译《仁王护国般若波罗蜜多经》卷下有'摩诃迦罗大黑天神'，宋释净源注曰：'上句梵音，下句唐言翻，大黑天神者，战斗神也。'唐释良贲疏曰：'言摩诃者，此翻曰大，言迦罗者，此曰黑天也。上句梵语，下句唐言。'……经曰'摩诃迦罗'，大黑天神，唐梵双举也。"方先生说："凡此大黑天神，即《孔雀王经》之大黑药叉，为护持佛法之神也。"③ 此国后称之"婆罗奈（Benares）"，即今之巴腊纳西，见于《大唐西域记》卷七："婆罗奈国……天祠百余所，外道万余人，多宗事大自在天。"

赵橹说："摩诃伽罗大黑天神，本来是印度密教所供奉的护法神之一；但自公元 8 世纪中叶以后，经西藏传入南诏，就逐渐中国化了，失去其本来的密教

---

① 李星华记录、整理：《小黄龙和大黑龙》，见贾芝、孙剑冰编：《中国民间故事选》（第 1 集），人民文学出版社，1980 年，第 422 页。
② 宋恩常：《白族本主崇拜》，载《云南宗教问题》1979 年第 2 期，第 13 页。
③ 方国瑜：《滇史论丛》（第 1 辑），上海人民出版社，1982 年，第 229 页。

意味，演化为土主或白族地区的本主神。"① 而作为密教大神的大黑天最重要的事迹是降龙、求雨——解放水。万历《云南通志·大理府风俗》："阿阇黎僧，能咒诵制龙。"今据方国瑜所录，摘其在滇有关异闻如下：

> 赵迦罗，昆明人。世精阿叱力教，尤通梵经。大德间，乡有蛟化为美少年，尝淫妇女，父老请治之，即遣黑貌胡奴擒至，以水噀之，蛟见其形，因斩之。胡奴，曰即大黑天神也。

此则记事亦见于《滇系·杂载》：

> 大德间，昆明池有蛟化美少年，淫妇女，居民苦之。有赵迦罗，世精阿叱力教，尤通梵经，乡人私请治之。伽罗即遣黑貌胡奴擒至，以水噀之，蛟立现形，因斩之。怪绝人间。胡奴为谁？曰：此大黑天神也。

这里最重要的一点是，"大黑天"（摩诃迦罗）原出《吠陀》中的"楼陀罗"（Rudra，梵语义为"咆哮"），本是"风暴神"，兼司战斗与刑杀——这符合西亚、北非最古老的"屠龙者"为风暴或雷雨之神的古老传统。这类高僧或高僧所请、所遣神灵降龙、斩蛇神话，明清以来地方文献颇多见。

白族原有的龙神话、治水英雄故事与密教传说相黏接，就有了本土化的大黑天神制龙、祈雨、理水故事，正如赵橹所说："白族的地方神祇，与其固有的原始巫教有直接关系，形成渊源久远的各种本主神，自成白族的体系，因此，大黑天神也被列入本主神的体系中，作为大理鹤阳村的本主神，而不称之为土主。于是，'大黑天神'之在白族地区，不仅是中国化了的地方神，而且是白族化了的本主神，供养于大理喜洲九坛神庙中，享受白族群众的血食祭祀。"②

从这一点上来说，二郎神身上不管有多少印度的、波斯的或羌族的成分，他仍是以灌县为中心的土生土长的理水英雄。

古代朝鲜也有类似李冰化身斗江神的传说。《李朝实录·太祖实录》云："度祖梦有告之者：'我白龙也，今在某处，黑龙欲夺我居，请公救之。'度祖觉，以为常，而不异之。又梦白龙复来，恳请曰：'公何不以我言为意？'且告之曰。度祖始异之，至朝，带弓矢往视之。云雾晦冥，有白、黑二龙斗渊中。度祖射黑龙，一矢而毙，沉于渊。后梦白龙来谢曰：'公之大庆，将在子孙。'"③

---

① 赵橹：《大黑天神考释》，载《民间文学论坛》1983 年第 4 期，第 27 页。
② 赵橹：《论白族神话与密教》，中国民间文艺出版社，1983 年，第 154 页。
③《李朝实录》（第 1 册），日本学习院东洋文化研究所影印，1953 年，第 6 页。

东北的黑龙江,也有几乎同型的传说。生在山东、直奔东北的"秃尾巴老李"(黑龙),下水勇斗"老是发水、伤人"的白龙,他也得到凡人同样方式的帮助:"江里伸黑手,老头就扔馒头;江里伸白手,老头就扔石头。就这么的,他俩从早晨一直干到晚上,秃尾巴老李才把白龙干败了。"①

从二郎神故事的传播和演化中,也许还可以发现一些民间传说演变的规律。

(1)如果传说有现实的基础和心理的需要(例如渴望根治严重的旱涝灾害),符合人民的理想(例如治水杀妖),就可能广泛和长久地流行。"随着这些自然力之实际上被支配,神话也就消失了。"②但是原来的传说仍然可能"给我们以艺术享受,而且就某方面说还是一种规范和高不可及的范本"③。

(2)这类现实性、历史性和人间性很强的除害消灾故事往往以一位确实为人民建立功勋和业绩的历史人物(例如李冰)为核心展开,并且可能在类似的人物(例如赵昱、许逊、吴猛、邓遐等等)及其故事之上发生转移和扩散。

(3)这种转移如果是有根据、有理由的(例如它们之间确实都有或多或少类似的事迹),那可以称为互换,反之则称为凑合或无机牵合(例如杨二郎之被称为杨戬)。

(4)围绕着某一个盛极一时的传说人物,各种各样的英雄业绩都可以往他身上堆积、层叠,发生所谓"后退的同化",从而使历史时代的英雄也带上了原始性或神话性,对这种现象要加以细致的剖剥、整理、鉴定和分析,找出它们的根源或来由。

(5)随着时代的发展、民智的开发和认识的进步,这一类英雄神话也会发生相应的演化或蜕化。一般说,时代越晚近,神话的现实性、历史性、人间性就越强,合理化、理论化、人工化的痕迹就越明显。例如,老一辈的"退位神"往往退居幕后,年轻一代的神则应运而生。

(6)不管怎样进化、衍变或嬗袭,作为一个组合或一个系统的同类英雄及其业绩总要在几个要点上趋同(或基本结构稳定),在某些特异性的细节上相对应,在背景上则多线平行或多向交叉,总要呈现出某种整体的、规律性的有序重复或对应,必须对其进行或综合或分类、或宏观或微观研究。

---

① 《中国新文艺大系(1909—1966)·民间文学集》(下集),中国文艺出版公司,1991年,第214页。
② [德]马克思:《政治经济学批判导言》,见中共中央马克思恩格斯列宁斯大林著作编译局编译:《马克思恩格斯选集》(第2卷),人民出版社,1976年,第113页。
③ [德]马克思:《政治经济学批判导言》,见中共中央马克思恩格斯列宁斯大林著作编译局编译:《马克思恩格斯选集》(第2卷),人民出版社,1976年,第114页。

第二章 智猿：英雄的化身和朋友

东方的次生态或新生态神话里，有一些以动物形态出现的灵智英雄，他们帮助人类、治水抗灾，或反抗天庭、杀怪除害，是人类的好朋友，或者说是一些带着动物形态和特性的变形人。

其中最有名、最有代表性的，是吴承恩《西游记》中的孙悟空。他出现的时代虽晚（很难早于唐代，因为他主要是跟唐玄奘取经故事粘连在一起的）。但是，跟二郎神一样，孙悟空身上不乏原始性成分，他的前身之一无支祁形象有古老的根源，他的"异域亲朋"哈奴曼是印度大史诗《罗摩衍那》的主角。他们是比较文学上的重要题目，学术价值和趣味都特别强，所以把孙悟空的形象、故事及其中印渊源作为本书的一个章节来讲述。

一、从无支祁到孙悟空

从鲁迅《中国小说史略》以来，中外学术界都不否认水怪无支祁是孙悟空形象的本土重要依据。兹事论述者甚多。笔者亦有专文探讨。[①] 现因篇幅限制，只重点介绍他们在外形与性格行为方面的类同点，其余留待有机会时在他书中重述。

无支祁的事迹，主要见于唐人李公佐假托的《古岳渎经》（我们觉得他肯定有较古老的文献与传说依据，绝非凭空杜撰）。《太平广记》卷四六七引《李汤》是其现存形态。它跟孙悟空可比之处较多，要点如下：

（1）猿猴（无支祁"青躯白首"，跟中国秦汉以来白猿颇有纠葛，傣族长诗《兰戛西贺》中哈奴曼也是白猴，《大唐三藏取经诗话》中猴行者化作白衣秀士）。

（2）反抗，却被镇压（无支祁被锁于水中，孙悟空被压在五行山下）。

（3）肖像（金目电光、火眼金睛）。

---

① 参见萧兵：《无支祁哈奴曼孙悟空通考》，载《文学评论》1982 年第 5 期。

（4）头颈逾常（项伸百尺，头砍不尽）。

（5）敏捷勇武，神通广大（搏击腾踔疾奔，轻利倏忽——筋斗云）。

（6）善应对言语（无支祁能言善辩，与听经猿相关；孙悟空亦偶能谈禅说偈）。

诸多记载中，无支祁被锁于龟山水中，后来有渔者捞出铁链，链穷怪现，此与柱塔镇妖相关，但一般归为误走妖魔型。《太平广记》卷一四〇《汪凤》（出《集异记》）云，因青气现而掘地遇磐石，下有石柜，"以铁索周匝束缚，皆用铁汁固缝，重以石灰密封之"，有缪篆题识，开之得铜釜，揭去其上铜盘，"忽有大猴跳而出……久之，超逾而莫知所诣"。钱锺书《管锥编》指出，《水浒》的"洪太尉误走妖魔"，"似即本此增饰"，且以西方故事"涡堤孩以巨石盖井，使大白人不出为厉"为参证。这跟猴形的无支祁被锁于水中、美猴王被压在五行山下，显属同型关目。注意，民间故事也是讲逻辑的。神信口许下遇时释放的承诺总是要兑现的。孙悟空有唐僧救他。无支祁有渔人捞链。铁树开花的许诺，却是由于有人把红帽子或灯笼挂在树（或井、塔、柱）上使孽龙蠢动（如湖南、四川等地的蛇龙是空欢喜一场，福建者却逃脱成功）。

链完索尽，犹如图穷匕见，险些"误走妖魔"。这在二郎神故事中已讲得很多。要之，水怪或妖魔被英雄神锁在山下、窟内、井中、水底，或镇以神树、宝塔、宫观、台坛、金石、碑碣，但在某一时刻被人发现锁怪链条，不断拉出，终于现出怪物，险些逃脱，或竟至脱逃成功。如前，被镇之怪质问神人：我何时得出？答曰：铁树开花，石柱发光。有时竟无奇迹发生。福州有神谭：大神镇白蛇（非白素贞）于巨井深处，井旁有小石塔镇厌。一夕，打水者将灯笼挂在塔顶。蛇以石塔发光为由，设法让打水者捞出铁链，越拉越多，终于白蛇现身，挣断锁链，腾空而去，惹出许多事端……无论是锁牛、锁猿、锁蛟，都是英雄制服水怪这一母题的不同表现形式，它们之间可以通转。水怪可化牛，可化猿，也可以化龙蛇，三者之间虽大异，在与水相连这本质的一点上却沟通起来。

水猿

无支祁是水猿。孙悟空身上也带着水怪的残迹，例如，住在水帘洞，能捏避水诀，大闹水晶宫，等等。清焦周东生《扬州梦》云："《西游记》有齐天大圣、鹿角大仙，旧城竟建祠同祀。庙主言：'说部多诬。大圣本渔人子。形类猕猴，得奇书成道。因以驺虞为虎，杀伤过多，谪尘世为武官，颇传兵法。'"说自无稽。但是"本渔人子",即暗示其出于水中,当有民间传说依据。《太平广记》卷四四五引唐李隐《潇湘录·楚江渔者》云,楚江滨有一渔者与其子皆化为猿,奔走不知所之。

我国猿猴故事多谓其出没水中。《太平广记》卷二二○引唐李复言《续玄怪录·刁俊朝》云,刁妻颈生一瘿,有猱跃出,自称:"吾本猕猴之精,解致风雨。无何与汉江鬼愁潭老蛟还往,常与舰船舸将至,俾他覆之,以求舟中糇粮,以养孙息。昨者,太一诛蛟,搜索党与,故借君夫人蜍蛴之领,以匿性命。"其显然就是危害人民的水怪。

这很像《灯花婆婆》话本里的莺脰湖猴精。最早记载灯花婆婆怪异的《酉阳杂俎·刘积中》,并没有说她是猴精所化。晁瑮《宝文堂书目》子杂类及钱曾《述古堂书目》卷一○、《也是园书目》卷一○,皆著录《灯花婆婆》话本;后者入宋人词话类,一名《刘谏议传》,又名《龙树王斩妖》[①],疑其已有猴精事。明钱希言《桐薪·灯花婆婆》却未说她是猴精。唯明李日华《味水轩日记》谓:"从沈景倩借得《灯花婆婆》小说,阅之。乃莺脰湖中一老猕猴精也。宋咸淳中搅震泽刘谏议家,遇龙树菩萨降灭。"冯梦龙《三遂平妖传》采其为"入话",略谓:

> 你想,莺脰湖是什么样水?……直待南林庵老僧请出一位揭帝尊神,布了天罗地网,遣神将擒来,现其本形,乃三尺长一个多年作怪的猕猴。

《大藏经》中的《龙树菩萨传》虽记着许多灵异,但是并没有收服猴精事。《西游记》里多次出现的揭蒂尊神,也没有什么了不起的本事,但民间流传其灵迹却颇广。仅举一例。《脉望馆抄校本古今杂剧·太平仙记》叙其降龙之法云:

> 昔闻龙树老师降龙之法。先前自不知禁,被龙飞走。遂谓龙曰:"汝能大乎?"龙曰:"吾能大。"又曰:"汝能小乎?"龙曰:"吾亦能小"。复曰:"汝既能小,可入吾之钵乎?"此龙不识其计,随即化小入钵,被师封钵,以宝珠配之,始得龙降。

这也可以看成英雄制服水怪故事的宗教化或再生态。可知其事传播之久远。《天方夜谭》第一则故事渔夫收怪入瓶,《西游记》孙悟空被收入宝瓶变大变小不能出,皆其翻案式的表现。哪吒也曾命令东海龙王变成小蛇,好让他携带;法海禅师用钵收服白蛇娘子,更是著例。而正因为龙树能降龙制水,所以由他

---

① 参见孙楷第:《中国通俗小说书目》,中华书局,1957年,第17页。

来收服湖中水猴之精，正像要由鱼篮观音或泗州大圣来降服泗州水母（无支祁）、治水英雄二郎神来擒获曾是水怪的孙悟空一样①——从此也可以看出它们之间在传说学上的连续性、一贯性和对应性。

至于水中猿猴的自然基础则可能是有一种猴子能够游泳。例如爪哇有一种猴子很会游水。有人报道南美洲卡约圣地亚哥岛上猕猴群在加勒比海滩边游泳的情景。② 据说，"野生的狒狒、猕猴以及日本猕猴，在一定程度上都纵情嬉水"③。还有报道说，年轻的猴子可以很容易地学会游泳，并以贝类为食。④ 但正因为一般都认为猿猴不爱水，而一旦发现猿会游泳，就很容易地把它当成水怪。

布依族古歌《造万物歌》说，造物者翁杰将岩山炸垮在江海之中：

垮了三天整，江中见小猴。

垮了五天整，海面见猴崽。

猴崽后来变成了人祖先。"小猴游在大江中，猴崽游在大海中，有的仰着水上游，有的扑着游江中。"可见他们认为，最初猴子是生活在水中的。

刘民壮在湖南省通道县考察"野人"，当地群众传说，有一种侏儒型人状动物在水中出没，"个子只有两尺高，手脚如人，面部像猴，也是两脚走路，头发齐腰，身上有毛，像人，毛带红色，不沾水"，民间称之为"水猴"。或以为即清袁枚《子不语·西江水怪》里所说的无支祁一类水妖："（江西大泽）水面涌一物，大如猕猴，金眼玉爪，露牙口外，势欲相攫……声如鸦鸣。"也有人认为是水獭之类的误读。

古人类学界有人提出，猿猴原来是在海里生活的水猿（多数学者以为无稽）。美国的伊莱恩·摩尔根还专门在《水猿》一书中讨论这种据说是南方古猿亚种的水生猿故事。

美洲的"野人"沙斯夸支，也有报道说它可生活于水中。沃伦·库克报道说，印第安人以为它"常常潜入水底找东西吃"。伊凡·马克斯"发现"沙斯夸支多出现于江河湖沼等水源之地，身上有水獭般的长毛。库克强调说："它是一

---

① 参见［日］堀诚：《灯花婆婆话本考》，载《中国文学研究》1980年第6期，第74页。
② ［美］卡罗尔·勃门：《愉快的水中游戏》，见郑开琪、魏敦庸编：《猿猴社会》，知识出版社，1982年，第135页。
③ ［美］卡罗尔·勃门：《愉快的水中游戏》，见郑开琪、魏敦庸编：《猿猴社会》，知识出版社，1982年，第137页。
④ 参见［日］羽仁进：《冒险精神》，张明杰译，载《读者文摘》1986年第7期，第14页。

种能力很强的游泳者，甚至在水下，栖息于潮汐带、河流、湖泊和沼泽的水生植物食谱地带。"① 这至少说明这一类猿猴形的未知奇异动物并不怕水。

泗州水母

无支祁即后世之泗洲水母，民间可能以为它是雌性的，所以《西游记》杂剧等说她是孙悟空的姊妹。古"巫""母""无"三字基本同音，无支祁即母支祁；"祁"通作"歧"，"支"岐者，"肢"岐，似乎形容猿、猱、猩、狒"肢岐""反踵"之状（偶然直立行走时腿部乱摇摆）。

又《山海经·海外北经》："跂踵国在拘缨东，其为人大，两足亦大。亦曰大踵。"郭注："其人行，脚跟不着地也。《孝经钩命诀》曰：'焦侥跂踵，重绎疑塞'也。"《淮南子·地形训》："自东北至西北方，有跂踵民。"高注："跂踵民，踵不至地，以五指行也。"正是猿类肢行、趾行的形象。

《吕氏春秋·谕大篇》有兽名"岐母"，岐母似即"母岐"（无支祁）之前身。《抱朴子·登陟篇》正说，山精（如猿）名"跂"（字或作"蚑"）。可见，无支祁即令与哈奴曼也有牵挂，但它仍然有自己本土之前史。

无支祁故事，除《李汤》以外，唐李肇《国史补》亦及之，云出《山海经》，而《山海经》无此文。宋罗泌《路史·余论》有《无支祁辩》。元陶宗仪《辍耕录》言其事出《异闻录》，不悉所据。宋苏轼《濠州七绝·涂山》云："川锁支祁水尚浑，地理汪罔骨应存。樵苏已入黄能庙，乌鹊犹朝禹会村。"施注节引《古岳渎经》《国史补》，无新材料。观其上下文，此时传说锁无支祁者仍为禹。又，《安徽通志·舆地志下》"龟山"条引苏轼诗有"清淮浊汴争强雄，龟山下阚支祁宫"之句。清冯应榴注苏诗引宋张舜民《画墁集》云："龟山寺后山脚有石穴，以砖塞其户，俗云系无支祁所宅也。"宋朱熹《楚辞辨证》有"僧伽降无之祁"语，禹转变为僧伽；《路史·余论》谓"泗州僧伽之所降水母者"，则无支祁又成泗州水母；《辍耕录》云，"泗州塔下相传泗州大圣锁水母处"，僧伽已称泗州大圣了（此即有关剧曲中之观音，僧伽旧说观音所化）。

水母之称，已见于汉王褒《楚辞·九怀·思忠》："玄武步兮水母。"王注："天龟，水神，侍送余也。"洪补："天，一作大。"其为何物，殊所未详。明朱曰藩《山带阁集》云，姚氏藏有宋代著名画家所作《大圣降水母图》，证之朱

---

① [美]沃伦·库克：《沙斯夸支：北美最难以捉摸的动物》，刘民壮译，载《野人考察通讯》1984年第58期，第11页。

熹、罗泌所言,可见宋代此传说已相当兴隆;又云,元人有《大圣降水母》小说,今佚。《清平山堂话本·陈巡检梅岭失妻》云猢狲精申阳公"弟兄三人,一个是通天大圣,一个是弥天大圣,一个是齐天大圣;小妹便是泗州圣母";而杨景贤《西游记》杂剧第九折孙行者自称"二姊巫枝祇圣母",第十折谓孙"是骊山老母兄弟,巫支祇是姊姊"。明人杂剧《二郎神锁齐天大圣》则称:"吾神三人,姊妹五个。大哥哥通天大圣,吾神乃齐天大圣,姐姐是龟山水母,妹子铁色猕猴,兄弟是耍耍三郎。"从此又可以看到孙悟空确实与无支祁沾亲带故,在演化过程中忽分忽合,忽雌忽雄,忽怪忽神。又,元高文秀有《泗州大圣降水母》,须子寿有《泗州大圣渰水母》,并佚。《高僧传》云,僧伽有弟子名木叉,僧伽又观音所化,所以泗州大圣可指观音,可指僧伽(明剧《二郎神锁齐天大圣》则云,释迦锁龟山水母)。叶德钧引明无名氏《北曲拾遗·双调新水令·春景·得胜令》云:"鲍老将婴孩送,扮一个神灵,锁的是龟山水母精。"所扮神灵能送婴儿,疑指送子观音。又,清人有《升仙传》小说,或云有泗州大圣降妖事。

京剧《泗州城》(富连成演出本)略据《梼杌闲评》,叙泗州虹桥水母娘娘幻化为人,欲与书生乌延玉成婚。乌骗得她的辟水珠,逃出水府。水母怒,水淹泗州。观世音菩萨遣神与斗不敌,乃化一卖面老妇,诱其食面,将其脏腑锁住而擒之(此事与《白蛇传》水漫金山同型,唯水母被冤为淫贱恶妖耳)。这个情节,极像四川灌县流行的老妇以面条诱孽龙助二郎降妖治水的民间传说。

吴承恩《赠郡伯古愚邵公报政序》云:"夫环千里为郡,淮为要。淮之患,莫甚于水;方其未水也,仕者动以要为劳,况水邪?及水之狎至,冒城郭,倾庐舍,人弗能存也。呜呼!淮泗水厄,知之深矣;何况先生故里亦有无支祁传说与旧迹。"淮安宿儒丁晏后代丁志安介绍云:"(淮安)龙窝巷北端,原有一排三间坐北朝南的房屋,栅栏门终年不开。门头上真书'大圣堂'三字。……我幼时听老辈传说,大圣堂里有一口井,井底下锁着水怪(有人说是'水神',即无支祁);如门开怪出,必有大水之灾。所以栅门终年深锁,无人敢开。解放后拓宽马路,此屋拆除,也没发什么大水,倒是到处兴修水利,根除了水患。"[1]淮安七旬退休工人包百龄也曾说过,民间以为当地的大圣堂、大圣桥、龙窝巷都与龙兴寺长老镇压变成小沙弥的水母第九子有关。[2]

---

[1] 丁志安:《淮安的无支祁传说》,载《活页文史丛刊》第26号,补白。
[2] 参见刘怀玉:《琐谈吴承恩、〈西游记〉与淮安》,载《江海学刊》1983年第1期。

表4-1 无支祁之降服及其演化

出处	降妖的仙圣	被降服的水怪	备注
唐李公佐《李汤》及所引《古岳渎经》	大禹、庚辰	无支祁	
唐李肇《国史补》	大禹	无支奇（祁）	云出《山海经》，误
宋苏轼《涂山》诗	大禹（？）	支祁	
宋朱熹《楚辞辩证》	僧伽	无之祁	相传僧伽为观音所化
宋罗泌《路史》	泗州僧伽	水母	宋人话本《灯花婆婆》有龙树菩萨降鸢胭湖猴精，类之
	大禹	无支祁	
宋王象之《舆地纪胜》	大禹	无支祈	
	泗州僧伽	水母	
元高文秀《锁水母》	泗州大圣、木叉	水母	《陈从善梅岭失妻》及杨景贤《西游记》俱云无支祁（巫枝祁）为齐天大圣姊妹
明杂剧《二郎神锁齐天大圣》	释迦如来	龟山水母	
明《一统名胜志》	大禹	水母	
	僧伽大师		
明吴承恩《西游记》	小张太子	水母娘娘	杨景贤《西游记》剧云"巫枝祇把张僧拿在龟山上"，疑张僧即此小张太子。又《西游记》云孙悟空亦曾降龙母
京剧《泗州城》	观音菩萨	泗州水母	

淮安地方文献里，也有关于僧伽镇压水怪的记载。① 例如《淮安龙兴禅寺志》大圣堂条云："唐中宗景龙二年，僧伽大士游市中，见郡城西北坊丰登桥下

---

① 参见刘怀玉：《琐谈吴承恩、〈西游记〉与淮安》，载《江海学刊》1983年第1期。

有古井,俗传井通海,有龙藏其中,当以某年作暴水,郡城沉没。僧伽因架石井上为高台,台上建堂,以制龙怪。后称为大圣堂,亦名其桥为大圣桥。"此云唐时已有此种传说,不知所据。天启《淮安府志》则以大禹为大圣,以其降无支祁事说之。"甘泉井,今名龙窝,在丰登桥侧。水与淮潮消长,上建大圣庙镇之。大圣者,大禹命庚辰锁水怪巫支祁盱眙龟山之麓。唐时僧伽显灵泗州,后人祀之,今冒大圣之号也。详《盱眙县志》。"盖明之淮郡文士已熟知无支祁故事矣。

又,吴承恩的同乡前辈所作《楮室记·淮河水怪》云淮有覆舟巨浪曰"赶浪",有偃卧沙际、倏然入水之神木,实即无支祁,"盖此物锁于龟山,唐时为渔者掣出水,常一现形,计今必尚存",且引《古岳渎经》之说。又云:"今世俗所谓'大圣降水母',岂即此事而后人误传耶,抑有说也?"所谓神木,暗指龙蛇形水怪,可见无支祁也可能像许逊们所锁的蛟一样变形为孽龙之类;大禹锁无支祁,跟二郎神锁蛟的新生态神话一样,表现了英雄对水怪的镇伏。

这样强调无支祁等在孙悟空形象生成发展上的决定性作用,不但是为了说明神话传说上对立转化、错综复杂的演变过程,主要还是想证明:一个伟大民族所创造的文化成果总要带着自己独特的性格和心理,总有自己漫长而遥远的根源和历史。特别是一个雅俗共赏、妇孺皆知的形象,如像孙悟空这样的典型英雄形象,绝不会只是移植、借用的结果。

文化的交流和传播总是盘根错节。尽管有些影响有明确的铁证(例如吴承恩虽不精通佛学,但依然借用了许多的佛经故事和佛教人物),但是大量的影响却是非常隐蔽、零散乃至混乱的。他不一定非要读过哪本经书、哪部史诗,有时仅仅是道听途说的一个小小而有趣的因头,却在著作家头脑里播了种、萌了芽、生了根,不知不觉地在日后的作品里生长为一株枝叶繁茂的大树。民间的口碑、艺人的表演、通俗的著作,比任何经典在传播文化上都更有力量。大量根据佛经故事改写的变文(目前发现的仅一小部分),曾经深刻影响了唐代的传奇、宋代的话本、元代的戏剧、明清的小说鼓词评话等说唱文学,其力量正在于得到民众的传播和欢迎。闹魔宫、闯炼狱、化身斗法、斗智论道,魔怪劫妻、仙圣救人,这些险象丛生、诡奇百出、情节生动、悬念强烈的传说,最容易在各民族、各地区不胫而走、广泛流传,只要有一点点交通的缝隙和线路,它就会攀藤附葛、翻山越岭、渡海过江,这是传说本身的生命力、吸引力、感染力、黏着力所决定的。有时"无主名"的故事本身,甚至比故事的真正主人还有力,还纠缠人。再加上艺人们为维持生计、光大艺术,总要选择那些戏剧性最强、活动力最大的故事来表演，而智慧初开的民众也最乐意接受、欣赏和传播这些引人入胜、过耳难忘的关目（何况这里面含有许多文情并茂、意趣兼具、雅俗共赏的成分）。所以不能光看汉译佛经、玄奘记事、变文传奇、话本、戏曲和吴氏作品里是否提到某人或其姓名。传播过程中产生了许多无名氏的大著（变文里就不乏精彩的篇章），一经大手笔点染，就会成为名垂千古的杰作。不但民间文学里有许多著例，欧洲文学史上浮士德型、唐·璜型、哈姆雷特型故事和著作就是这样或冲积或层叠，纵贯或横通地演变和产生的。

上述那些诡异的传说当然都可能分别在各民族、各地区独立产生——因为在一定文化水平上的人类思维发展和艺术心理有共同的模式、相通的规则，但是传说中个别因素或特殊因子则尤其可能先由某一民族、某一文化集团所创作，然后通过错综曲折的路线，经过千百年的时间在不同地区、不同人类共同体里移植、借鉴、传播、改造、增减、交流。各民族间的文化交流可以上溯到远古人类文明的曙光期，达到洲际的水平。这大多是好事，因为它可以取长补短、互通有无，提高各民族的自信心、求知欲和学习力，以及文化的流通量和生命力。

每一民族的文化，从整体看当然是一元的，但是组成文化的诸因素却往往是多元的、聚合的、活动的，除非是一个绝对封闭、孤立的文化，这种情形一般只在孤岛、危山、荒漠、极地发现。绝对封闭和完全移植一样，是很少见的。在本民族文化主流或传统的基础上，学习他民族的特长、传播本民族的特色，只能说是积极的现象。生搬硬套、机械移植的情形并非绝无仅有，然而毕竟为数不多、寿命不长，大多数的情形是模拟、增删、传递、改变，而创造与改良便在其中矣。文学史，尤其是比较文学的重要任务之一，就是找出文学作品中各种文化因素的构成和来由，分析其源流演变，比较其长短异同，特别是要注意其演化过程中的变态、改型和初态、祖型的关系以及它们对典型塑造的作用，从而给出文学发展、演化、交流的规律和规则。作为一个艺术典型，孙悟空形象的构成，就既是多元的，又是统一的；作为一个文化因素，则既是土生土长、根深蒂固，又是接木移花、枝叶纷繁的。这个猴人形象的来由，不仅有自然的、物种的要素（例如人类对类人猿、猿猴类和所谓"野人"的认识），从文化史看，还应该远溯到我国及别国远古氏族社会对猿猴图腾及其灵迹的崇拜。另外还应该追寻上古英雄传说（尤其是根治洪水、消灭害物的传说）的文化威力及其根源，例如前述由大禹治水派生的无支祁传说就几乎起着是决定性的作用。

二、从哈奴曼到孙悟空

日本学者太田辰夫认为,早在 1920 年南方熊楠就第一个提出哈奴曼传说曾经影响孙悟空的形象。

两只"智猿":试探和争论

俄国人钢和泰(Barror A. Von Statël Holstein)曾提出孙悟空故事可能受到印度史诗《罗摩衍那》的影响。胡适根据他自己的《西游记序》(1921)改写的《西游记考证》(1923),再次强调:"我总疑心这个神通广大的猴子不是国货,乃是一件从印度进口的。也许连无支祁的神话也是受了印度影响而伪造的。……哈奴曼(Hanuman),大概可以算是齐天大圣的背影了。……中国同印度有了一千多年文化上的密切交通,印度人来中国的不计其数,这样一桩伟大的哈奴曼故事,是不会不传到中国来的。所以我假定哈奴曼是猴行者的根本。"[①]

这仅仅是个猜测,缺乏具体的论证和源流衍变的考索。"进口"和"根本"云云,也可能造成误解和反感。陈寅恪《〈西游记〉玄奘弟子故事之演变》以为《贤愚经》中"顶生王升仙因缘"与《罗摩衍那》中猿猴传说横通融贯变化而为孙悟空闹天宫故事。[②] 郑振铎《〈西游记〉的演化》认为:"孙悟空的本身似便是印度猴中之强的哈奴曼。"[③] 林培志也说:"至于人人都晓的《西游记》中的孙悟空,他却宛然是哈那曼的化身。"[④]

巴人也曾说哈奴曼能腾云、搬山,随机应变,调皮捣蛋,"孙行者的许多行为和性格与他颇为吻合"[⑤]。

日本学者内田道夫也是赞成"印度影响说"的。他还引用《佛说师子月佛本生经》等,说孙悟空形象受到佛经里一些猿猴故事的影响。[⑥]

许地山在《梵剧体例及其在汉剧上底点点滴滴》的论文里曾将"我国猴精孙悟空与印度猴王哈奴曼(Hānuman)底神变史迹,孝子董永遇天女与散答奴

---

① 胡适:《中国章回小说考证》,上海古籍出版社,1979 年,第 338—340 页。
② 陈寅恪:《金明馆丛稿二编》,上海古籍出版社,1980 年,第 193—194 页。
③ 郑振铎:《中国文学研究》(上册),作家出版社,1957 年,第 291 页。
④ 林培志:《拉马耶那与陈巡检梅岭失妻记》,载《文学·中国文学研究专号》1934 年第 2 卷第 6 期,第 1148 页。
⑤ 巴人:《印度神话对〈西游记〉的影响》,载《晋阳学刊》1984 年第 3 期。
⑥ [日]内田道夫:《关于〈西游记〉的成书——以佛教故事为中心》,载《文化》1963 年第 1 期,第 23—43 页。

(Shantanu)与天堂河神女殒伽底奇遇",当作中印"两方文学互相影响底史实",亦即"同一种材料在两方的文学中都可以找得出来底事情",这当亦属于印度影响说的看法。袁珂也说过:"大抵哈奴曼既为印度民间艳传之英雄,其事迹复经演为戏剧,则流播中土,作者取以为本书主角造像,亦属可能。"①

这些意见都有其精辟合理之处,但是,它没有考虑中国多民族文化的复杂性、多样性及其相互联系,没有考虑中国西部羌戎集团确然存在猿猴崇拜的事实,特别是没有考虑中国文化所特有的原始性构造始终没有完全清除的事实(鲁迅就说,中国人未脱"原始"思想),以及原始宗教迷信盛行的民间与统治集团相对分离的社会结构和文化特征。

批评此说的首推鲁迅。他的《中国小说史略》发掘出无支祁,说:"明吴承恩演《西游记》,又移其神变奋迅之状于孙悟空。"② 胡适也自承失察。鲁迅还在《中国小说的历史的变迁》里更明确地否定了"哈奴曼说":

> 作《西游记》的人,并未看过佛经;中国所译的印度经论中,没有和这相类的话;作者——吴承恩——熟于唐人小说,《西游记》中受唐人小说的影响的地方很不少。所以我还以为孙悟空是袭取无支祁的。③

然而鲁迅还是做了谨慎的保留:"胡适之先生仿佛并以为李公佐就受了印度传说的影响,这是我现在还不能说然否的话。"④

吴晓铃以丰富的汉译佛经资料和严密的论证补充了鲁迅的意见,结论是:"在古代,中国人民是知道《罗摩延书》的,但是知道的人并不很多;而且,对于《罗摩延书》的故事内容的了解是很不够的。"⑤ 吴承恩又非深谙佛学,所以哈奴曼影响孙悟空形象创造的可能性是很小的。金克木《梵语文学史》也认为:"两个神猴的形象是不同的,而且汉译佛经中没有提到这个神猴和他的大闹魔宫,加以史诗中这一段闹宫又是晚出成分,所以这两个神猴故事还不能证明有什么关系。"⑥

陈炳良在《中国的水神传说和〈西游记〉》一文中评论这场争论道:"事实

---

① 袁珂:《〈西游记〉研究》,见《神话论文集》,上海古籍出版社,1982年,第233页。
② 鲁迅:《中国小说史略》,人民文学出版社,1973年,第69页。
③ 鲁迅:《中国小说史略》,人民文学出版社,1973年,第69页。
④ 鲁迅:《中国小说史略》,人民文学出版社,1973年,第285页。
⑤ 吴晓铃:《〈西游记〉与〈罗摩延书〉》,载《文学研究》1958年第1期,第163页。
⑥ 金克木:《梵语文学史》,人民文学出版社,1989年,第137—138页。

上，胡适在这两本书里只找到了两个类例：一个是主角战无不胜，一个是猴子喜欢在敌人肚子里作怪。但这两个类例并不是有力的证据，第一，并不怎样特别，第二，在别的地方也可看到。……目前，由于知识所限，我们无法肯定或否定胡氏的说法。故此，关于玄奘取经的故事是否受到《罗摩延书》的影响这问题，便只好成一悬案。"

日本学者中野美代子女士的《孙悟空的诞生》，对这个形象发展的途径，中外学者对其演化源流的看法，特别是这些看法跟当时历史背景的关系做了详尽的介绍。

1978年以来，有一些学者认为，孙悟空形象受了哈奴曼和苏格里瓦故事的影响。例如顾子欣认为，我们的猴王事迹许多是"从印度传到中国来的"。"（印度）猴王与孙大圣确有不少相似之处：二者都疾恶如仇，且神通广大。苏格里瓦勇猛无敌，就像孙悟空舞起金箍棒来谁也不能抵挡一样。"[1]

刘毓忱在一篇综合性的论文里对吴晓铃的意见做了条理化的补充。他还具体揭出孙悟空和哈奴曼在形象和历史渊源上的不同点，这就使我们可以在这两个猴神形象的异点上节省笔墨而着重论述其共同点（这也是很难抹杀的）。刘毓忱说："只靠揣测、疑心是不能令人信服的！"[2] 的确，没有内、外、正、反、侧证据的猜度和随感是不能代替真正的科学研究的。争论双方最好都注意这一点。在1982年10月为纪念吴承恩逝世四百周年在淮安-连云港召开的首届《西游记》学术讨论会上，刘毓忱重申了他反对"印度影响说"的意见。[3] 在这次会议上，许多《西游记》研究者对"印度影响说"依然表示怀疑或保留。[4]

另外，苏兴[5]等先生和目前国内通行的文学史也反对"外来说"，而赞成吴承恩参考无支祁形象创造孙悟空之说。

蔡铁鹰的《西游记的诞生》对孙悟空形象与事迹的源流，做了综合性小结和重要补充。

蔡国梁则较持平地提出孙悟空从血统看是个混血猴，既继承了白猿和无支祁，又采纳了哈奴曼的某些影像[6]，可惜具体论证不足。日本学者入谷仙介等也

---

[1] 顾子欣：《孙悟空与印度史诗》，载《人民日报》1978年11月13日。
[2] 刘毓忱：《关于孙悟空"国籍"问题的争论和辨析》，载《作品与争鸣》1981年第8期，第74页。
[3] 参见刘毓忱：《孙悟空形象的演化——兼评"化身"说》，首届《西游记》学术讨论会论文，1982年。
[4] 参见《首届〈西游记〉学术讨论会发言摘编》，载《淮阴师专学报》1982年第4期。
[5] 参见苏兴：《〈西游记〉的地方色彩》，载《江海学刊》1961年第11期。
[6] 蔡国梁：《孙悟空的血统》，见《学林漫录》（第2辑），中华书局，1981年，第195—196页。

采"综合说",不排斥"哈奴曼猿将"的影响①。

季羡林指出,孙悟空"他那种随意变形的广大神通,汉译佛经里可以找到,在《罗摩衍那》里同样可以找到,难道这果然能够是偶然巧合吗?巧合到这种程度的事情在世界上是难以找到的"②,"孙悟空这个人物形象基本上是从印度《罗摩衍那》中借来的,又与无支祁传说混合,沾染上一些无支祁的色彩"③。

《罗摩衍那》在中国多民族中的流传

中国人民是熟悉《罗摩衍那》故事的。《罗摩衍那》等印度故事传到大江南北,促进了中印文化交流。在这一过程中,兄弟民族起了极大的、不容忽视的作用。特别是应该注意吐火罗语的桥梁作用。季羡林早就指出:"最早的汉文里的印度文借字都不是直接从梵文译过来的,而是经过中亚古代语言,特别是吐火罗语的媒介。……这事实告诉我们,在中印文化交流的初期,我们两个不完全是直接来往,使用吐火罗语的这个部族曾在中间起过桥梁作用。"④ 这个事实的确是值得专家们思索和研究的。

在吐火罗文 A(焉耆文)残卷里,《福力太子因缘经》画师对木师赞扬过罗摩,说他"为了悉多的缘故〔越过大海〕包围了我们的楞伽城"等等。这些与《罗摩衍那》故事片段有关,可惜过于简单。⑤

季先生曾强调,"新疆是东西各国文化交流的枢纽,许多国家的文化,包括世界上几个文化发源地的文化,都在这里汇流,有名的'丝绸之路'就是通过新疆",它对于比较文学特别重要。⑥ 他还介绍说,新疆和田地区发现的古和阗文残卷里有与《罗摩衍那》相关的故事。只是这里猴王的名字称为 Nanda。季先生说,它等于那罗(Nala)加上哈奴曼。只是悉多在故事结尾"没入地中",罗摩只能"抑制住忧愁、死亡、悲伤"⑦,带着一定的悲剧性。贝利(H. W. Bailey)曾比较细致地介绍了这个本子所含的罗摩故事,结尾也是悉多因众疑,

---

① 〔日〕入谷仙介:《齐天大圣和孙悟空》,载《中国古典文学全集月报》1960年11月第29号,转引自《活页文史丛刊》1983年第199号。
② 季羡林:《印度史诗〈罗摩衍那〉》,载《世界文学》1978年第2期。
③ 季羡林:《罗摩衍那初探》,外国文学出版社,1979年,第139页。
④ 季羡林:《中印文化关系史论丛》,人民出版社,1957年,第200页。
⑤ 季羡林:《新疆与比较文学的研究》,载《新疆社会科学》1981年创刊号,第35页。
⑥ 季羡林:《新疆与比较文学的研究》,载《新疆社会科学》1981年创刊号,第38页。
⑦ 季羡林:《新疆与比较文学的研究》,载《新疆社会科学》1981年创刊号,第30页。

"投入了地底里";罗摩虽然悲愁,但"最后功德圆满,终于进了极乐世界"。①

敦煌藏文写卷里有好几个藏译本《罗摩衍那》残卷。国外学者对其相当注意。王尧、陈践已译出一些。② 这个极有特色的本子,已包括了罗摩、悉多与魔王罗波那、神猴哈奴曼之间所发生的最重要事件。如季先生所说,这个本子无论情节还是思想,都与梵文本相似。

藏族学者洛珠加措指出,《罗摩衍那》故事曾在我国藏族地区广泛流传。《罗摩衍那》"最早的译本无疑是藏文译本",而且有三种之多。③ 他还说:"藏族学者竹巴·格勒朗杰的《诗镜》注解中说,未校订前的《罗摩衍那》共有十万颂。""宗喀巴弟子象雄·却旺扎巴(1404—1469)于公元1439年(35岁)模仿《罗摩衍那》故事,写了诗著《司伎乐仙女多弦妙音》④。""另有陇钦巴所著《佛宗宝库》中论述遍入天十种化身时,略述了《罗摩衍那》故事。其中将总论形象化为野兽,智慧形象化为哈奴曼陀,实执形象化为魔鬼头,中观形象化为宝剑。这个故事在加木央二世久美旺布的《一世加木央自传注释》中可以找到根据。同样,布敦·仁钦珠、士观·曲吉尼玛、森巴·益西班觉、章加·饶白多杰、五世达赖喇嘛、吉米盼·加央南杰加措、觉昂·杰宗达然纳塌、才旦夏茸·阿旺央丹日白敦觉、宪克巴智巴·格勒南杰等先后许多学者的著作中都有繁简不同的《罗摩衍那》故事。"⑤

大译师仁钦桑布在译注、论述佛教经典时也常提到罗摩王子的事迹。"重要的是学习诗作的人们至少要以上述为据。"藏译诗著中有《罗摩衍那》故事,藏族学者通信"亦有无数以《罗摩衍那》传记的个别内容作为引子的诗作"。⑥

民间更盛传《罗摩衍那》故事。"《罗摩衍那》传记也变为人民群众的口头传说、故事和人的名字,甚至孩子们在放牧时也集中在一起听讲《罗摩衍那》传记的故事,演罗摩和罗刹大战的戏;老人们还一边晒太阳,一边听《罗摩衍

---

① [英] H. W. Bailey:《中亚佛教时期的说讲故事》,许章真译,载《中外文学》1982年第5期,第65页。
② 参见王尧、陈践译注:《敦煌吐蕃文献选》,四川民族出版社,1983年。
③ 参见洛珠加措:《〈罗摩衍那〉在藏族地区的流行和发展》,曲将才让译,载《青海社会科学》1982年第1期。
④ 此书由谢雄·阿旺丹白注解,名为《洁净晶石礼》,穆格散丹校订,四川民族出版社1980年出版。
⑤ 洛珠加措:《〈罗摩衍那〉传记在藏族地区的流行和发展》,曲将才让译,载《青海社会科学》1982年第1期。
⑥ 洛珠加措:《〈罗摩衍那〉传记在藏族地区的流行和发展》,曲将才让译,载《青海社会科学》1982年第1期。

那》传记的故事。"①

据季羡林介绍,蒙古著名学者达木丁苏隆等曾发现四种蒙文故事与《罗摩衍那》故事有关。"蒙古文学中的印度文学成分,都是通过西藏的媒介传进来的,而枢纽则是佛教信仰。"特别是,"罗摩故事也串入蒙古民间传说与信仰中去。蒙古是没有猴子的,但却有猴子崇拜,甚至有专门的讲祭祀猴子的书,讲到如何上供、求财,满足愿望。在流传于藏、蒙地区北方的商跋尔(Shambal)国王的传说中,哈奴曼变成了商跋尔国王的参谋"。② 可见哈奴曼故事传播之深远。

《罗摩衍那》故事,简直覆盖了整个东南亚。据白子介绍,它"传到泰国是在泰国开始有了文字之后(13 世纪前后),从出土的碑文中有罗摩(拉玛)大帝,和拉玛山洞名称出现",而"《罗摩衍那》在泰国和东南亚各国流行甚广,最先传入爪哇、马来亚,后又传入柬埔寨、泰国、缅甸、菲律宾等国。开始都是用口头说唱的形式流传,成为家喻户晓、老幼皆知的作品",在泰国的改编本是有名的《拉玛坚》。到 18 世纪以后,"曼谷王朝拉玛二世皇又根据印度的《罗摩衍那》、中国的《封神榜》、《西游记》等神话故事,创作了泰国有名的、具有自己民族风格的歌舞剧《拉玛坚》,从此,《拉玛坚》风行一时,它在泰国文学史上产生了很重要的影响,出现了很多派生的文学作品"。③ 而我国云南傣族地区的长诗《兰戛西贺》一般被视为《拉玛坚》的姊妹篇。它可能直接导源于《罗摩衍那》,也可能经过《拉玛坚》的传递。"据泰国一位研究少数民族的作家汶垂·西沙瓦称:《兰戛西贺》属于流行于民间的文学作品,有傣族人的手抄本,或佛寺中收藏的贝叶经上都有记载。"④ 其主要情节与主要人物与《拉玛坚》相似。兰戛西贺,就是"十首王"之意,显然就是《罗摩衍那》里的十首罗刹王罗伐那。《拉玛坚》和《兰戛西贺》成书时间虽然很晚,但是不能排除《罗摩衍那》在傣族地区更早期的口头传播,更提醒我们必须注意罗摩-哈奴曼故事南来、北上的可能性。因为每部贝叶经的时间虽难确定,但其总历史却非常古老,有的甚至远达二千七百年。而这部分为 22 章 90 节,长达 4 万多行(译

---

① 洛珠加措:《〈罗摩衍那〉传记在藏族地区的流行和发展》,曲将才让译,载《青海社会科学》1982 年第 1 期。
② 季羡林:《〈罗摩衍那〉在中国》,载《中国比较文学》1986 年第 3 期,第 23、25 页。
③ 白子:《从印度的〈罗摩衍那〉到泰国的〈拉玛坚〉和傣族的〈兰戛西贺〉》,载《外国文学研究》1981 年第 4 期,第 42、43 页。
④ 白子:《从印度的〈罗摩衍那〉到泰国的〈拉玛坚〉和傣族的〈兰戛西贺〉》,载《外国文学研究》1981 年第 4 期,第 44 页。

成汉文为 30800 行）的长诗"是根据三十卷贝叶经《兰戛西贺》改写而成的"。① 特别是写于傣历 976 年（1615 年）的《论傣族诗歌》就已经把《兰戛西贺》当作傣族"骄傲的五百部叙事诗"里的第三大王。该书举出这首诗里召朗玛托白猴阿奴曼带给被劫的王妃悉多的一封信当作情诗的例子。② 这当然是《罗摩衍那·美妙篇》哈奴曼代罗摩之托渡海去会见悉达这一情节精确的翻版（在移植时难免要傣族化）。该书下文还说：

>即使你被劫进铜墙的宫殿，
>朗玛也要把它推倒；
>即使被锁在铁铸的地牢，
>朗玛也一定要把你找到。③

其中的"朗玛"就是"罗摩""腊玛"的对音。这证明早在 368 年（吴承恩诞生后 32 年）前相当一段时期，猴王夏称（实即苏格利瓦）和尊贵无敌的白猴阿（哈）奴曼的神迹就已经在我国傣族地区广泛流传了。④

有的研究者还进一步认为，《西游记》也影响了《兰戛西贺》神猴形象的创造。"孙悟空式的人物阿努曼，比起《罗》诗的哈奴曼来，发展更大，形象更加丰满了。联系到《西游记》在傣族地区也广为流传，很难排除《西游记》对《兰》诗的影响，以致阿努曼被塑造成为具有傣族独特风格的猴子形象，既不同于印度的，也不同于汉族的，难怪傣族人民说：'这是我们傣家的孙悟空！'"⑤

这的确值得刮目相看。虽然《兰戛西贺》成书的准确时间有待确定，但不能绝对排除吴承恩小说对整个《兰戛西贺》流播、增生、变化过程的可能影响。

至于《兰戛西贺》与《西游记》的间接对应关系，云南省内外的一些民间文学工作者已经注意到了。"最近译出的在傣族地区流传的长篇叙事诗《兰嘎西贺》，实际是印度史诗《罗摩衍那》的变种，《西游记》中孙悟空的形象，许多方面和《罗摩衍那》（或《兰嘎西贺》）中的猴王哈奴曼非常相似，不能设想他

---

① 岩温扁、征鹏：《贝叶经——傣族文化的宝藏》，见中国少数民族文学学会云南分会编：《云南少数民族文学论集》（第 1 集），中国民间文艺出版社，1982 年，第 400 页。
② 祜巴勐：《论傣族诗歌》，岩温扁译，中国民间文学出版社，1981 年，第 50 页。
③ 祜巴勐：《论傣族诗歌》，岩温扁译，中国民间文学出版社，1981 年，第 51 页。
④ 参见吴军、岩温扁：《关于〈论傣族诗歌〉的两点探索》，载《云南社会科学》1982 年第 1 期，第 90 页。
⑤ 高登智、尚仲豪：《〈兰嘎西贺〉与〈罗摩衍那〉之异同》，载《思想战线》1983 年第 4 期，第 76 页。

们之间没有渊源关系。"① "两部长诗有着很亲密的渊源关系。《兰》诗是从《罗》诗演绎而来的。有些傣族歌手就说，《兰嘎西贺》是随着佛教传进来的，叙述的故事是毗邻我国的印度和斯里兰卡的事。"②

云贵高原、青藏高原都有关于猿猴变人、猿猴创世传说（如云南彝族有祖先名"古"即猴，傈僳族以猴为创世大神，贵州布依族以猴崽为人祖，藏族有猴祖传说等）。这条"西南路线"是颇值得考索的。

关于孙悟空与哈奴曼故事的关系问题，当然还涉及《罗摩衍那》在我国中原或者说汉语地区传播的情形，这比前引边疆地区材料更直接，更能澄清许多至今争论不休的问题。

前引吴晓铃《〈西游记〉与〈罗摩延书〉》以及季羡林《〈罗摩衍那〉初探》都指出，《罗摩衍那》故事在以汉译佛经为主的中国文献里有所反映。可见，肯定和否定"影响说"的两说都不否认中国人民了解这个故事，只是在影响的范围、程度，尤其是效果方面看法有分歧而已。

赵国华《关于〈罗摩衍那〉的中国文献及其价值》更加详尽地补充了吴晓铃的文章，着重指出："后两书（指《大庄严论经》和《佛所行赞》）中的材料，涉及到罗摩在猴子帮助下，造桥渡海，兵伐楞伽，解救悉多的情节；还涉及到十车王在小夫人的要挟之下，被迫放逐太子罗摩，自己心里又十分矛盾痛苦的内容，以及罗摩出走山林、终于复国的结局。有关文字，过于简略，内容支离破碎，不熟悉《罗摩衍那》故事的人，恐难理解经义。但反过来更加说明，佛门弟子能够不厌其烦地把《罗摩衍那》的某些内容用做典故，写入佛经，可见他们对罗摩的故事是了如指掌的。同时也说明，听其弘法的人们，对罗摩的故事肯定也很熟悉，因为佛教大师们总是借助于众所周知的故事去阐发经义的。"这个意见很值得重视。他还指出："这里，至关重要的是《六度集经》和《杂宝藏经》中的两篇相当完整的记述。《六度集经》中的故事，简直是《罗摩衍那》故事的一个内容提要。"③ 国外学者也很重视这两篇有关《罗摩衍那》最古老的文献。"法国学者西尔万·烈维（Sytlain Lérvui）在他的《中国的〈譬喻经〉中的罗摩故事》里征引了《六度集经》的故事。印度学者罗怙·毗罗

---

① 杨知勇：《民间故事大同小异的由来》，见中国少数民族文学会云南分会编：《云南少数民族文学论文集》，中国民间文艺出版社，1982年，第292页。
② 高登智、尚仲豪：《〈兰嘎西贺〉与〈罗摩衍那〉之异同》，载《思想战线》1983年第4期，第75页。
③ 赵国华：《关于〈罗摩衍那〉的中国文献及其价值》，载《社会科学战线》1981年第4期，第287—288页。

（Dr. Rashu Vira）与日本山本博士（Dr. Chikyo yam amoto）合著的《〈罗摩衍那〉在中国》（Rāmāyana in China）一书中，从汉译佛经里翻译了《六度集经》和《杂宝藏经》的这两个故事。该书一九三八年第一版，一九五五年又出了第二版。他们也认为，这两个故事合而读之，即《罗摩衍那》最早的传说形式。"① 看来，很难说"中国人民……对于《罗摩延书》的故事的内容的了解是很不够的"。

赵国华在另一篇介绍《罗摩衍那》在我国的流传情况的研究文章里，除了表示"完全赞同孙悟空的神猴形象借自《罗摩衍那》的哈奴曼的观点"以外，还指出《西游记》和印度文学、史诗的一些共通点，例如，大鹏金翅鸟与火龙的形象。又，"孙悟空头上那一道引人注目的金箍，恐怕也是来自印度，因为，抛掷出去能箍住敌人脑壳的'天灵盖箍子'（Kāpāla）正是印度古代幻想的一种神奇武器。我们在《罗摩衍那》中可以发现它。……此外，印度古代文学中常见的英雄乔装、除暴安良的故事，也影响到《西游记》中某些情节的组织"。②

另外，日本学者太田辰夫认为，《大毗卢遮那成佛神变加持经序》（《大日经序》）里有个猿猴，可能是《大唐三藏取经诗话》里猴行者的前身。③ 矶部彰则从密教经典里发掘了一些猕猴作为补充，特别是《觉禅钞》里有个申位护法神将安底罗，其形象为"猴头人身，执刀"，或"执弓，白衣"，与猴行者化形白衣秀才相当近似。他认为，宋本《大唐三藏取经诗话》的猴行者有两个任务：取经的向导和法师的护卫。太田辰夫揭出的《大日经序》里的猿猴，只是经典的保管者，不担任向导。护卫者形象的来源，还要探寻。《白宝抄·千手观音法杂集》里有毕婆伽罗王，是山神部，"毕"云"大"，婆伽罗者亦云魔伽罗，此云猕猴，他是观音的扈从。上述《觉禅钞》卷三"药师法"十二神将之一的"申位安底罗大将"为猕猴，也是个护法神。他们在唐代都曾作为密教神祇受到广泛信仰，可能跟观音一起卷进了玄奘取经故事，成了玄奘的猴形护卫。正是"毕婆伽罗""安底罗"和《大日经序》的猕猴，构成了宋本《大唐三藏取经诗话》猴行者形象前身的诸要素④。所以，矶部彰特别强调，"护持玄奘取经的

---

① 赵国华：《关于〈罗摩衍那〉的中国文献及其价值》，载《社会科学战线》1981 年第 4 期，第 288 页。
② 赵国华：《〈罗摩衍那〉和中国之关系的研究综述》，载《思想战线》1982 年第 6 期，第 43 页。
③ ［日］太田辰夫：《〈大唐三藏取经诗话〉考》，载《神户外大论丛》1966 年第 17 卷第 1、2、3 期。
④ ［日］矶部彰：《"元本西游记"中孙行者的形成——从猴行者到孙行者》，载《东洋学》1977 年第 38 期。

'猕猴',是在唐代观音信仰的背景下出现的"[1];他还敏锐地指出,元以后的孙行者形象"又加进中国古来信仰的'雷公'成分"[2]。

李时人则评述矶部彰之说曰:"作为药师如来十二神将之一的安底罗之名,实出《药师琉璃光如来本愿功德经》,该经并没有说他是猕猴(唐代敦煌壁画中的安底罗也不是猴形的),《觉禅钞》所写安底罗形象实际上是混合了《大方等大集经》'西方海中有颇梨山……有一猕猴修声闻兹'中的猕猴,又采用了中国的十二生肖加以演绎的。而且所谓《觉禅钞》是13世纪初(中国南宋时)日本真言宗(密宗)僧人觉禅所著(中国不传此书),成书于晚唐五代的《大唐三藏取经诗话》中的猴行者是断不可能以其中的安底罗为前身的。其他佛教书籍所提到的猕猴、猿猴或带有猴类形体特征的神将,他们往往仅是以一种动物或者动物形体神作为佛、菩萨的附庸而被提及,没有各自的故事经历、性格特征,也不具备成为猴行者具体模特儿的条件。"[3] 这种"佛典起源说"别树一帜,值得进一步研究。

重要情节的趋同

现在在前引诸家研究成果基础上略做补充。理想的办法是,不但以作家笔下的孙悟空与哈奴曼做比较,而且要以整部《西游记》与《罗摩衍那》做比较,甚至要以整部中国古代文学史与佛教文学史、梵语文学史做比较。这个任务太艰巨了。这里只能就诸家所拈出的孙悟空与哈奴曼之间具有的趋同性和可比性做些补充和评述。

郑振铎说:"孙悟空之助三藏法师的往西天取经还不是像哈奴曼之助拉马征魔么?"[4] 这个确实有类同性,民间文艺常见所谓历险得宝或征魔斩怪型故事,如果在它们之间找不到交通的证据或规律性的对应,那是很难断定其间存在影响或传递关系的。这里趋同的因素,只是两个英雄都是猴子(唐僧不像罗摩,救人亦不似取宝)。救妻和取经都要征魔、历险,目的略异,手段全同。但是从《奥德赛》《尼伯龙根之歌》到《封神演义》《镜花缘》,历险克难型的故事太多了。唐慧立《大慈恩寺三藏法师传》已云:"此等危难,百千不能备叙。"若无

---

[1] 允平:《矶部彰对〈西游记〉的研究》,载《文学遗产》1983年第2期,第152页。
[2] 允平:《矶部彰对〈西游记〉的研究》,载《文学遗产》1983年第2期,第152页。
[3] 李时人:《论〈西游记〉的成书过程和孙悟空形象的渊源》,首届《西游记》学术讨论会论文,1982年。
[4] 郑振铎:《中国文学研究》(上册),上海书店出版社,1981年,第292页。

其他证据支持，此条便显孤立，势单力弱。

陈寅恪引《贤愚经·顶生王缘品》"阿修罗王兴军上天，与帝释斗"及顶生王与帝释争雄等等，说它与《罗摩衍那》工巧猿造桥故事黏附，"并合闹天宫故事，与猿猴故事为一，遂成猿猴闹天宫故事"，从而成为《西游记》中孙行者"大闹天宫故事之起源"①。这个说法不甚严密，《顶生王缘品》仅涉阿修罗王或顶生王与帝释争雄，并非"大闹"，而《大庄严经》所谓"昔者顶生王，将从诸军众，并象马七宝，悉到于天上，罗摩造草桥，得至楞伽城"，更难说已形成猿猴闹天宫的雏形。

有人以哈奴曼闹魔国与孙悟空闹天宫相比照。批评者说，《罗摩衍那》这一段大闹罗刹宫的故事是跟前后情节不调和的，是为了夸耀神猴而加上去的，其实却降低了神猴的地位。他的举动是愚蠢的，而十首王更加愚蠢，这已经被证明为后加的成分，而闹天宫的孙行者却是大英雄，所以二者没有关系。《西游记》是一部"惊天动地"的翻案小说，在这里崇高和滑稽、壮美和秀美、悲剧和喜剧、正剧和闹剧、歌颂和讽刺，往往发生交错、移位或对转。正如陈寅恪在《〈西游记〉玄奘弟子故事之演变》中所说："故事文学之演变，其意义往往由严正而趋于滑稽，由教训而变为讥讽，故观其与前此原文之相异，即知其后来作者之改良。"复如鲁迅在《中国小说史略》中所说："作者禀性，'复善谐剧'，故虽述变幻恍忽之事，亦每杂解颐之言，使神魔皆有人情，精魅亦通世故，而玩世不恭之意寓焉。"魔窟可以变天宫，礼数能够化为顽皮，刁猴忽然激昂慷慨，妖怪也会妙语解颐。《罗摩衍那》闹魔宫最重要的关目是猴尾点火烧殿，此事虽不见诸汉译佛经，但是在《西游记》里却可寻着隐藏至深的踪迹。孙猴子每破妖窟，总要斩尽杀绝，放火烧山。他自己也遭过火厄（例如被红孩儿的三昧真火烧得颇为狼狈）。闹天宫时，他曾被老君推入八卦炉中用火煅炼，虽然烟熏得他"老害病眼"，却被他蹬倒丹炉，只差没烧了兜率宫。这都不能不看作残迹。

泉州开元古寺（也称双塔寺），南宋嘉熙元年（1237）所建西塔第四层上有头戴金箍、颈挂念珠的猴形浮雕，腰上挂一卷佛经，右肩上还有个和尚造型，而其他壁上恰有玄奘造像。据季羡林介绍，《孙悟空之诞生》作者中野美代子有《福建省与〈西游记〉》文，曾举出"泉州的一座婆罗门教寺院里，大柱子上有

---

① 陈寅恪：《金明馆丛稿二编》，上海古籍出版社，1980年，第194页。

一个猴子浮雕,尾巴拖得很长很长,手里拿像草似的东西。"① 这草是他盗来的喜马拉雅山仙草,还是哈奴曼用来点燃自己的尾巴以烧毁楞伽(Lenka,指锡兰,今斯里兰卡)城的引火物?中野美代子女士提醒学术界要注意,作为南方海上丝绸之路或瓷器之路重镇泉州在中印文化交流中的中介作用,是很有眼光的。②

矶部彰也曾注意到两宋间福建的野猿故事,"他举张世南《游宦纪闻》(《知不足斋丛书》本)所记福建永福县流传的故事,以及洪迈《福州猴王神纪》所述内容,认为《西游记》故事,以猴行者这个形象在福建地方扎下根来为契机,又获得了新的发展"③。

泽田瑞穗《孙悟空神》一文也详尽地列举中国(尤其福建)民间奉祀神猴和孙悟空神的种种记载,以说明其在孙悟空形象发展和传播过程中的作用。④

当然,闹天宫事绝非全盘移植。"盗蟠桃"已见于汉魏间东方朔故事。《大唐三藏取经诗话》有盗桃受罚事迹。《朴通事谚解》也说,老猴精"入天宫仙桃园盗蟠桃,又偷老君灵丹药,又去王母宫偷王母绣衣一套来,设庆仙衣会"(杨景贤《西游记》杂剧说他"偷玉皇仙酒,盗老子金丹",但盗衣却为了"与夫人穿着,今日作庆仙衣会",这在吴承恩《西游记》里转移为黑风山熊罴怪的"庆赏佛衣会";明人杂剧《二郎神锁齐天大圣》里只剩下偷丹盗酒了)。所以应该特别注意聚合效应和间接影响。

改型的智猿

其来由也绝非单元。郑振铎说:"闹天宫的来历,于华光天王的故事,二郎神的故事,鬼子母揭钵的故事,大约都有所取材吧。"⑤ 而这些故事大都有佛教根源。华光故事和孙悟空入地府跟《盂兰盆经》等大目犍连救母的关系特别大。元剧《听经猿》的老猿为孙悟空改型之一,其不仅偷琼浆、摘仙草、闹蟠桃,而且"赤力力轻攀地府欹,束剌剌紧拨天关落,推斜华岳顶,扯倒玉峰腰",并有巨灵、二郎、沉香之影像矣。

---

① 季羡林:《〈罗摩衍那〉在中国》,载《中国比较文学》1986年第3期,第12页。
② 参见[日]中野美代子:《孙悟空之诞生——猿猴民间故事与〈西游记〉》,玉川大学部,1980年,第175—187页。
③ 允平:《矶部彰对〈西游记〉的研究》,载《文学遗产》1983年第2期,第152页。
④ 参见[日]泽田瑞穗:《孙悟空神》,载《中国文学研究》1979年第5期。
⑤ 郑振铎:《中国文学研究》(上册),上海书店出版社,1981年,第292页。

胡适《〈西游记〉考证》曾谓："《拉麻传》里说哈奴曼不但神通广大,并且学问渊深;他是一个文法大家,'人都知道哈奴曼是第九位文法作者'。《大唐三藏取经诗话》里的猴行者初见时乃是一个白衣秀才,也许是这位文法家堕落的变相呢!"①

猿猱或猩猩能言,是我国自《国语》《逸周书》《尔雅》以来文献素有的观念。无支祁"善应对言语,辨江淮之浅深,原隰之远近"。《补江总白猿传》的白猿还是个文字学家,"所居常读木简,字若符篆,了不可识"。《陈巡检梅岭失妻记》有齐天大圣,亦能"啸月吟风,醉饮非凡美酒",颇兼风雅。特别是那也曾闹天宫、搅地府的听经猿,居然皈依正法,精通佛学,俨然高级知识分子了。

宋罗烨《醉翁谈录》录宋人话本《听经猿》。《咸淳临安志》载僧智一养猿事。事并见《高僧传》《西湖游览志》。清人《西湖佳话·灵隐诗迹》略及之。宋孙光宪《北梦琐言》:"猕猴见僧,即必围绕,状如供养。"可见此说由来已久。《太平广记》卷四四五引唐裴铏《传奇·孙恪》云,南康峡山寺老僧幼为沙弥时曾养一猿,后化女子适于孙恪。元郑廷玉有《孙恪遇猿》杂剧,今佚。此已寓听经猿事迹。明李昌祺《剪灯余话·听经猿》即云,老猿化为"峡州袁秀才来谒",而"山中景物,经其题咏者甚众"。元人杂剧《龙济山野猿听经》云,闹过天宫的野猿,化身袁逊,也自称"峡中人",写了一篇俪青妃白的骈词晋见大师。孙猴子会七十二变,独不会作诗。但是,吴承恩《西游记》第二回,美猴王拜须菩提祖师学法,已俨然听经猿,其故事来源绝不仅止于禅宗之六祖传法。他也道过偈语。第一回,写水帘洞,吴氏还让一首五律出于石猴之口:"烟霞常照耀,祥瑞每蒸熏。松竹年年秀,奇花日日新。"此诗较之吴承恩《西游记》中残留的诗话体文风、沿用民间平话唱词的大量诗赋,要算典雅的了。更重要的是,第三十六回,孙悟空居然能借月谈禅,点拨唐僧,"我等若能温养二八,九九成功,那时节,见佛容易,返故田亦易也",还以诗为证:

前弦之后后弦前,药味平平气象全。

采得归来炉里炼,志心功果即西天。

"那长老听说,一时解悟,明彻真言。"难道这还不能说是文法大师、白衣秀才、听经白猿投下的影子吗?而《补江总白猿传》和《孙恪》等唐人传奇,周楞伽认为,也"受到印度故事的影响。由于佛经中有猴王的故事,流行民间的史诗中也有神通广大的猴子。这猴子的故事传到中国来,于是唐人传奇中就

---

① 胡适:《中国章回小说考证》,安徽教育出版社,1999年,第340页。

有了《白猿传》和《孙恪》……"①

　　从猴精的技能来说，哈奴曼是风神之子，善于跳远，能在空中飞行，能从印度跨海跃达楞伽；孙悟空则"一筋斗就有十万八千里路"；无支祁也"力逾九象，搏击腾趠，疾利倏忽，闻视不可久"。而且，孙悟空与哈奴曼都力能扛山，盗过仙药，如许多灵智英雄之所为。前举《古今杂剧·太平仙记》描写揭谛降龙，龙说它能变大也能变小，尊者哄它变得极小，闭入钵中（《白蛇传》法海揭钵略似之）。哈奴曼曾经被老母怪苏拉萨（Surasa）吞下肚子。他把身子变得极其高大，老怪便也将身子变大，一张嘴竟达几百里阔，哈奴曼却变成拇指大小，从他耳朵里钻出去。《大唐三藏取经诗话》里，猴行者警告白虎精说："你肚中无千无万个老猕猴，今日吐至来日，今月吐至后月，今年吐至来年，今生吐至来生也不尽。"白虎精未伏，"被猴行者化一团大石，在肚内渐渐变大，教虎精吐出，开口吐之不得，只见肚皮裂破，七孔流血"。吴承恩《西游记》中孙悟空，曾被狮驼山老魔、无底洞女妖、铁扇公主、黄眉大王、红鳞巨蟒等吞进肚里，弄得他们死去活来，这不能说跟哈奴曼被吞毫无牵连。第七十五回，他钻进青狮怪腹中，后变成小物，从鼻孔里一个喷嚏打出去，改造得比原样更符合神话逻辑。那变大与变小的关目则被转移到这个老魔的宝瓶里进行：

　　好大圣，捻着诀，念声咒，叫"长！"即长了丈数高下，那瓶紧靠着身，也就长起来；他把身子往下一小，那瓶也就小下来了。

　　何其相似！文化影响往往既有类同，又有转移；如果没有变异、差错，那就用不着去整理和讨论了。

　　而敦煌发现的藏文本《罗摩衍那》里，神猴哈奴曼曾经被魔王达夏支瓦（十首王）的"日光罗索"套住，"但罗索扣眼大了呢，猴子变得很小套也套不住，罗索扣眼小了呢，猴子变得十由旬那么大，套也套不下"②。这跟吴承恩《西游记》里孙悟空能随敌方宝贝的规格随意变大或变小极为相像，实在很难说是纯属偶合。

　　从上举例子看来，《罗摩衍那》和《西游记》确实有大情节、大关目上的类似之处，上举诸项至少也可以供平行研究之参考；但是如果找到了强有力的、确凿无疑的规律性对应的证据，那么势必启发我们，二者之间存在直接或间接的传递、影响关系，能够成为文化交通或因子播化研究的出发点。

---

① 周楞伽辑注：《裴硎传奇》，上海古籍出版社，1980年，第5页。
② 王尧、陈践：《敦煌古藏文〈罗摩衍那〉译本介绍》，载《西藏研究》1983年第1期，第40页。

第三章　英雄神与水怪的化身斗法

一、后羿对河伯、赫拉克勒斯对阿刻罗俄斯

"白龙鱼服，见困豫且"

后羿与河伯争夺洛神的故事，跟赫拉克勒斯与河神阿刻罗俄斯争夺得伊阿尼拉公主的故事十分相像。

《楚辞·天问》："帝降夷羿，革孽夏民；胡射夫河伯，而妻彼雒嫔？"汉王逸《楚辞章句》："羿又梦与洛水女神交接也。"引传曰："河伯化为白龙，游于水旁。羿见，射之，眇其左目。河伯上诉天帝，曰：'为我杀羿！'天帝曰：'尔何故见射？'河伯曰：'我时化白龙出游。'天帝曰：'使汝深守神灵，羿何从得犯汝？今为虫兽，当为人所射，固其宜也，羿何罪欤？'"

古今注家多说此事无据，不见他书。但这明明就是《说苑·正谏》里伍子胥谏吴王欲从民饮酒时所说的白龙鱼服故事的变型。"昔白龙下清泠之渊，化为鱼。渔者豫且射中其目。白龙上诉天帝。天帝曰：'当是之时，若安置而形？'白龙对曰：'我下清泠之渊，化为鱼。'天帝曰：'鱼固人之所射也；若是，豫且何罪？'"

两则故事几若出于一辙，孰先孰后，却难查考，以常理度之，王逸所引，应该发生得较早。白龙、白鱼可以互化，都是河伯化身，鱼不过比龙低一级耳。

东汉张衡《东京赋》："白龙鱼服，见困豫且。"晋潘岳《西征赋》："彼白龙之鱼服，挂豫且之密网。"当然可以认为二者写的是同一件事。河伯有时也化身为鱼。尼罗河神哈比以双鱼为符号。西亚深渊之神埃阿也化身为鱼，它的造像带着鱼尾，或是在背上带着鱼。这跟河伯常常化为大鱼是一致的。鱼是渔猎和农事丰收的象征（我国近世犹以鱼为"年年有余"之隐语）。西安半坡新石器时代遗址出土彩陶盆里的珥鱼人面画，就体现着原始公社成员幻想象征魂灵的

飞头能够驱使鱼群入网以获丰收的巫术观念。① 北高加索、格鲁吉亚、西伯利亚安加拉河和蒙古国都发现过公元前 2000 年左右制造的石鱼②，一般认为这是水神兼丰收神的造像。所以后羿的射河或豫且的射鱼，从神话学的角度看，可以视为夺取渔猎丰穰的一种寓言。

而不论后羿射龙或豫且射鱼都无非原始渔猎部落用弓矢射鱼习俗的神话映写。《春秋左氏传》隐公五年有鲁隐公"矢鱼于棠"，矢鱼就是射鱼。宋王应麟《困学纪闻》引《朱子语类》曰："据传曰：则君不射。是以弓矢射之。如汉武亲射蛟之类。"山东两城山等出土画像石上还有射鱼的场面。我国台湾高山人、南美印第安人、南洋群岛上的"小黑矮人"等等都有射鱼之俗。"沙盖族（Sakai）捕鱼狩猎，用毒流或毒矢；民大威族（Mentaway）用弓矢射鱼。"③ 这是原始渔猎技术的一种，东夷实亦行之。又，《史记·秦始皇本纪》："自以连弩候大鱼出射之。"这可能是我国最古老的"射鲸"记载（下文云"见巨鱼，射杀一鱼"显然是遇到鲸群，鲸要浮出水面呼吸，所以容易射中）。《汉书·武帝纪》："亲射蛟江中，获之。"射河、射潮之类就是用积极巫术来干预灾害、征服怪魅。五代的钱镠就曾命弩手射潮以迫使潮水转向。苏东坡《八月十五日看潮》"安得夫差水犀手，三千强弩射潮低"，正写此也。傈僳族"传说古时还以弩弓射入龙潭，触动龙神，使天下雨"④，性质类同。

"豫且射鱼"这件事在《庄子》等书里又表现为"豫且得龟"。这里的"龟"虽然自称"江使"，但实是河伯的又一化形。《庄子·外物论》："宋元君夜半而梦人被发窥阿门，曰：'予自宰路之渊，予为清江使河伯之所，渔者余且得予。'元君觉，使人占之，曰：'此神龟也。'……（元君）乃刳龟。七十二钻而无遗策。"《史记·龟策列传》："江使神龟使于河，至于泉阳。渔者豫且举网得而囚之，置之笼中。夜半，龟来见梦于宋元王……"事并见《淮南子·说山训》及高注，所叙略同。

这神龟托梦之时，也跟河伯一样人形化、人格化，元王说他梦见的是"一丈夫，延颈而长头，衣玄绣之衣而乘辎车"；及其囚于笼中，仍然神气活现，

---

① 参见肖兵：《西安半坡鱼纹人面画新解》，载《陕西师大学报》1979 年第 4 期。
② 参见［苏］A. B. 阿尔茨霍夫斯基：《考古学通论》，楼宇栋、淘沙、张锡彤等译，科学出版社，1956 年，第 56 页。
③ 陈槃：《射鱼风俗纪闻三续》，载《"中央研究院"历史语言研究所集刊》1965 年第 36 期，第 318 页。
④ 宋恩常：《碧江县第五区傈僳族宗教调查志要》，载《云南宗教问题》1980 年第 4 期，第 27 页。

"云盖其上，五采青黄，雷雨并起，风将而行……身如流水，润泽有光"，跟河伯等水神一样，与风雨相关。

宋王应麟《困学纪闻》已敏锐地觉察二事之同型，引《说苑》与《庄子》《史记》比较，说："豫且事有二。"注引继序曰："豫且，即'渔'之二合音。"此说当是。但"羿"字与"翼""夷""益"等关系字都有可通之处，而后者按王力《汉语史稿》《古代汉语》《楚辞韵读》等的意见，它们的上古音、中古音都在"喻"纽（四等，j），和豫字双声，那么"羿""豫"之间也有通转的可能。而这里的龟虽然转移为江使，但河伯作为水神，也是可以化身为龟。《艺文类聚》卷九六引《符子》："燕相游于鲁津，有赤龟衔夜光而献之。"《拾遗记》也说："玄龟，河精之使也。"这龟跟鱼、龙一样都是河伯的化身，其关系大致如下。

```
河神（人形）
    └白龙（神物）
        └白鱼（水族）
            └玄龟（水族）
```

每降低一级，河伯就越容易为人所制。随着时代的发展，神话也在世俗化、合理化、进步化，人们已经能够根据对物种的粗糙观察，区分它们在进化阶梯上的高下尊卑之差别了。这里，后羿虽然没有化身为动物，但河伯却有多重化身，并且都被人类的光荣代表、射手英雄和渔猎能手降服。所以，这可以看作英雄神与水怪化身斗法的一个祖型或雏形，可称为单方（或单向）断续化身式。

从文化史上说，后羿是祖居黄河下游、渤海湾两岸，以鸟为图腾的东方夷人集群的英雄神［上文说过，偃姓（即燕姓）的羿可能化身为大翼鸟、燕、"彝凤"、金乌］，河伯冰夷则是活动在黄河中下游陕甘晋豫交界地区、以水族为图腾的北方夏人集群的自然神。后羿与河伯战斗并争夺洛神，从历史背景看，这是夷、夏两族争夺河洛地区的神话映象；从文化人类学的角度看，是两种图腾文化的冲突、兼并、融化和交流；就社会史而言，则是对偶婚后期抢掠婚姻的传说表现；而由神话学观点考察，又是人类征服河流和水害，夺取农牧副业丰收的生动反映。所以这也可列于救灾英雄部分来叙述。

后羿的同格英雄、高句丽的天王郎也是天帝派遣的为民除害的射手英雄，兹将有关材料比较如下（见表4-2）。

正如杨公骥所说："天王郎是后羿神话的异文。……天王郎因爱河伯女柳花而与河伯斗法；后羿也曾因爱雒嫔与河伯斗射。"① 而天王郎因追求河伯长女柳花而与河伯连续化身斗法的故事，已经发展得相当完整而典型，不像后羿故事只有河伯单方面在变化了。

表4-2　后羿与天王郎故事比较

帝俊与后羿		天帝与天王郎	
《山海经·海内经》	"帝俊赐羿彤弓素矰，以扶下国，羿是始去恤下地之百艰。"	李奎报《李相国文集》	"天帝遣太子（天王郎）降游扶余王古都，号解慕漱，从天而下，乘五龙车……首戴鸟羽之冠，腰带剑光之剑，世谓之天王郎。"
《楚辞·天问》	"帝降夷羿，革孽夏民；胡射夫河伯，而妻彼雒嫔？"		
《帝王世纪》	"羿……帝喾以上，世掌射正。至喾，赐以彤弓素矰，封之于鉏，为帝司射。"		
《左传》襄公四年疏	"羿之先祖，世为先王射官，故帝喾赐羿弓矢使司射。"		

婚姻考试中的化身斗法

高丽李奎报著《李相国文集》记载：

> 王（天王郎）与女（河伯女柳花）乘车，风云忽起。至其宫。河伯备礼迎之，坐定……河伯曰："王是天帝之子，有何神异？"王曰："惟在所试。"于是河伯于庭前水化为鲤，随浪而游，王化为獭而捕之。河伯又化为鹿而走，王化为豺逐之；河伯化为雉，王化为鹰击之。河伯以为诚是天帝之子，以礼成婚。

李奎报所作叙事诗《东明王篇》亦歌此事云：

> 涟漪碧波中，河伯化为鲤。
> 王寻变为獭，立捕不待跬。
> 又复生双翼，翩然化为雉。
> 王又化神鹰，搏击何大鸷！

高丽僧一然作《三国遗事》，其卷二引《驾洛国记》（此为高丽文宗朝末叶、宋神宗元丰初金官知州文人撰）云："忽有洛夏国含达王之夫人，妊娠弥月

---

① 杨公骥：《中国文学》（第1分册），吉林人民出版社，1980年，第99页。

生卵，卵化为人，名曰脱解，从海而来，身长三尺，头圆一尺。"① 这当然跟朱蒙一样是卵生的英雄。他化身斗法的对象是首露王。这"脱解"简称为"解"，与"解慕漱"或有关。"（脱解）悦焉诣阙，语于王云：'我欲夺王之位，故来耳。'王答曰：'天命我俾即于位，将令安中国而绥下民，不敢违天命以与之位，又不敢以吾国吾民付嘱于汝。'解云：'若尔，可争其术。'王曰：'可也。'俄顷之间，解化为鹰，王化为鹫；解又化为雀，王化为鹯。于此际也，寸阴未移，解还本身，王亦复然。"②

这当然是天王郎（解慕漱）与河伯斗胜的历史化，而且显然渗进了后世的伦理观念。"解乃伏膺曰：'仆也适于角术之场，鹰之于鹫、雀之于鹯获免焉，此盖圣人恶杀之仁而然乎？仆之于王，争位良难。'便拜辞而出，到麟郊外渡头，将中朝来泊之本道而行。王窃恐滞留谋乱，急发舟师五百艘而追之。解奔入鸡林地界，舟师尽还。事记所载，多异于新罗。"③

我国西南边疆少数民族里流传着许多基本同型的婚姻考试传说，例如，纳西族的《人类迁徙记》和同题材史诗《创世纪》，苗族的《龙女配召赞》和《阿秀王》，瑶族的《五彩带》和《坚美仔斗玉皇》，彝族的《吹笛少年与龙女》，佤族的《岩惹惹木》等，都或多或少、或显或隐地包含着婚姻考试的内容，其主要关目大致是天神或人王逼迫未来的女婿完成一连串的艰危任务，然后才准许他与自己的女儿成婚。伊藤清司等称之为求婚难题，前文已有所论述。这里要强调的是，其中有一些也包括变形了的化身斗法，例如，《吹笛少年与龙女》里鱼王鱼后就要求与少年比变化：他们先变成水晶柱和珊瑚树，但鱼公主指点少年将其认出，被"摇得现出了原形"；他们变成石臼、石手磨，仍被认出；于是鱼王变大牯牛，鱼后变大沙牛（牛是水神们最常见的化身之一），又被认出。少年则被鱼公主先后变做小木梭、橄榄、绣花针，鱼王、鱼后都无法认出，只好答应他们的婚事。这故事虽然只是比变化、比辨认，而没有直接斗胜、相克，却也是一种化身斗法，而且是连续性的。这些以婚姻考试为贯穿线索的故事显然是趋同的、一元的，还极可能有共同的源头，但都经过各民族人民的大量改造、增删、润饰、加工，各有特色，别具千秋。"变形"这一重要关目极可能随着时间的流逝、文明的提高、风俗的进步变得越来越隐蔽、越简单、越

---

① 转引自汪治荪：《箕子朝鲜考》，载《学原》1947年第1卷第4期，第68页。
② 《三国遗事》（第2卷），韩国铅印本，第110页。
③ 转引自汪治荪：《箕子朝鲜考》，载《学原》1947年第1卷第4期，第68页。

间接，但是其遗迹却或隐或显，无法抹杀，既体现着人民战胜灾害、制服禽兽、改造自然、改善生存的美好愿望，又以痕迹构造的形式反映原始图腾民族的生活和斗争，成为原始性文化和艺术珍贵的活化石。

有趣的是，古代希腊神话英雄赫拉克勒斯也有跟河神争夺女人的故事。古罗马奥维德《变形记》（*Metamorphoseom*）第9章第1至88行写到，河神阿刻罗俄斯自述他和赫拉克勒斯为了争娶公主得伊阿尼拉而角力，他并变化为蛇、牛，但仍为其所败的往事。

在中国作家里，最早介绍赫拉克勒斯化身斗法故事的是郑振铎（1914年，商务印书馆的《说部丛书》里收了巴德文的《希腊神话》，其中仅提到"赫古利……救脱普米撒者也"云云①，而未及其化身斗法事迹）。郑振铎的《文学大纲》简略地写道："于是赫克士与阿且劳斯开始争斗。阿且劳斯能够自由幻变；最后他变了一只大牛，用角向赫克士冲去。赫克士捉住了牛的双角，把它折断了。胜利终于属之赫克士，于是他与狄安尼拉结婚。"② 他的两大厚册《希腊神话》，更详细地描写了它。③ 1949年后，周遐寿译英国劳斯的《希腊的神与英雄》，黄嘉音译英国古普佛（Grace H. Kupfer）的《希腊罗马神话故事》，楚图南译德国斯威布的《希腊罗马的神话传说》等，俱述及此。

西方作家笔下的希腊神话都突出描述了这段趣味盎然的斗法。德国著名希腊神话学者布尔芬奇（Thomas Bulfinch）《希腊罗马神话》一书里河神自白汉译过简，兹从英译本试译如下：

> 我甩掉我绿色的衣裳，开始这场搏斗。他试图摔倒我，一会儿揍我的头，一会儿又揍我的身子。我仗着身躯庞大，他的攻击一时未能得手。……赫拉克勒斯三次企图把我掼倒，第四次他终于成功。他把我撤在地下，压在我的背上，说实话，那简直是一座山！……
>
> 我发现，我在武艺上决不是他的对手，只好耍旁的花招打败他。我蜷起身子，变成一条大蛇，叉子一般的舌头朝他嗖嗖作响。他轻蔑地微笑着说："打蛇正是我婴儿时代的爱好。"（按：赫拉克勒斯曾在摇篮里掐死两条由赫拉派来害他的大蛇）说着，他就用手掐住我的脖子。我差点儿憋死，好容易才从他手里挣脱出来。这次变形失败了，我只

---

① ［英］巴德文：《希腊神话》，商务印书馆，1914年，第11页。
② 郑振铎：《文学大纲》（第1卷），商务印书馆，1927年，第149—150页。
③ 郑振铎：《希腊神话》（下册），生活书店，1935年，第564—569页。

剩下最后一手：变成一头牛。他又用手臂夹住我的脖子，把我的头按在地上，终于把我掼倒在沙滩上。①

劳斯给孩子们写的《希腊的神与英雄》，则说得比较简单，但头绪相当清楚：

> 卡吕同王有一个美丽的女儿，名叫台伊亚呐拉，有流过那地方的大河亚耳盖洛阿斯之神前去求婚。这求婚的煞是有点可惊，因为他最初现形为一只公牛，其次是蜿蜒光亮的大蛇，末后是一个人而有牛头的。……在赫拉克莱斯与公牛之间发生了一场大战。赫拉克莱斯得了胜，那少女便成了他的妻子。②

古普佛的小册子《希腊罗马神话故事》也只是简略地写道：

> 河神使出了他的魔法，变成了一条大蛇，从他的手里溜走了……（赫拉克勒斯）一把把大蛇抓住，正待要扭断它的头颈，大蛇又不见了，代替它的是一只凶恶的公牛。……他抓住了公牛的两只角，用力把牛头捺在地上。……一只角被拉断了。③

斯威布的大著《希腊罗马的神话传说》则把河神的三次变形写得相当具体。为了便于比勘，仍把他的描述介绍如下：

> 阿刻罗俄斯河曾变为三种形象向她（得伊阿尼拉公主）求婚。最初变形为一只牡牛，其次变形为有着闪光的龙尾的龙，最后则是一个有着牛头的人形，在多毛的面颊上流着泉水。……赫剌克勒斯……将大力气的河神摔在地上。他即刻变形为毒蛇。但赫剌克勒斯正是捉蛇的好手，假使不是阿刻罗俄斯又突然变为牡牛，他真的会将他打死。……他紧握着他的一只角，要他跪下，因用力过猛，这只角折断在他的手里。④

请看，这和后羿、天王郎为了抢掠女人而与河伯斗胜何等相似！对此前人已有所觉察，指出："这个故事和我们的英雄神羿之为'妻彼雒嫔'而射夫河伯的情形，亦很相像的。……这河伯化为白龙，和那希腊神话中的河神变为水蛇，有点相像。大约河伯之被射，当是为了争娶雒嫔。结果河伯是失败了，羿是胜

---

① Thoma Bulfinch, *Myths of Greece and Rome*, Edited by Bryan Holme, London: Allen Lane, 1979, p. 213.
② ［英］劳斯：《希腊的神与英雄》，周遐寿译，文化生活出版社，1950年，第99页。
③ ［英］古普佛：《希腊罗马神话故事》，黄嘉音译，上海文化出版社，1956年，第64页。
④ ［德］斯威布：《希腊罗马的神话传说》，楚图南译，人民文学出版社，1977年，第183—184页。

利了。"① 但是诸家对这种规律性的对应现象论证得还不够。

水利是农业的命脉。然而,"夏日消溶,江河横溢,人或为鱼鳖,千秋功罪,谁人曾与评说?"所以,古人对于河流的利害功过抱着一种朴素的辩证的态度,河神因而也就很容易转化为水怪。神怪易位,善恶互变,这是对立转化法则在民俗神话学领域的具体显现。这样,江河作为神就被崇拜,作为怪则要被征服。

同样有关于婚姻,掌握霸权话语的男人,也要设法对付像水一般善变的女人。女神忒提斯天生丽质,风情万种。同样,"作为海洋女神,她像水一样具有非凡的流动性(变化性),任何东西都不能将她束缚"②。其身份或格位,不过由水怪变成水神,从男性改为女性罢了。她能随意变成狮子、火苗、棕榈树、鸟等等,宙斯与海神波塞冬都争着要娶她,却又怕神神婚合,会生出杀父的叛子。只好把她推给人类,让人类去承担"祸水"吧。于是决定让凡人佛提亚国王珀琉斯必须娶她。谁能抵抗美色呢?可是,善变的忒提斯在他怀抱中,轮番变作野猪、雄狮、火焰、冰水……最后变作会喷吐黑雾的溜滑的墨鱼。神暗示人:男人的力量在于坚持不懈。"要把女神围绕在手臂围成的圆圈里,两只手紧紧地握在一起,无论她变成什么形状。"③ 主动者必须保持实力,"以不变应万变",让对方在限制与遏阻中挣扎,总有黔驴技穷、精疲力竭的时候。当初宙斯对付第一个未婚妻的"单向化身"也用类似的办法,随便她变成喷火的狮子,还是石头、蚂蚁,我自岿然不动,最后让她回归为一粒水珠,正好一口把她吞下。赫拉克勒斯对付变化多端的河神,大致上也是抱住、按倒、等待。坚定与忍耐,是控制水和女人,取得婚姻胜利的好办法。珀琉斯终于征服了海神忒提斯,她后来生下英雄阿喀琉斯。阿喀琉斯让海水浸泡得刀枪不入,只留下致命弱点——暴露的脚后跟。

水神(或河神)化身为某种动物,体现着古老的自然崇拜与图腾崇拜的叠合。例如,那被称为"诸神之长,是创造了一切,为了赋予人以生命而泛滥的尼罗河",就曾被配拟于高级自然神、庄稼神奥西里斯,他的动物化身之一就跟

---

① 程憬:《后羿与赫克利斯的比较》,载《国立中央大学文史哲季刊》1943 年第 1 卷第 2 期,第 155、157 页。
② [法]让-皮埃尔·韦尔南:《众神飞飏——希腊诸神的起源》,曹胜超译,中信出版社,2003 年,第 71 页。
③ [法]让-皮埃尔·韦尔南:《众神飞飏——希腊诸神的起源》,曹胜超译,中信出版社,2003 年,第 71 页。

中国的江神、古希腊的河神阿刻罗俄斯一样是一条牛，就是著名的阿庇斯（Apis）。

关于牛与水神、农神的关系，前文关于李冰的部分已有所交代。现在再来看现代传说里的水中怪牛。

令人惊奇的是，据《青海日报》1984年10月4日报道，青海果洛藏族自治州久治县年宝玉则山哈尔沟的桑错湖里有所谓"湖泊牛"出没。1984年7月23日上午11时左右，该县人大常委会主任与三名基层干部路经该地，目睹离湖边200米左右，有三头色泽"淡青"、被阳光"照得全身闪闪发光"的大牛（大于黄牛，小于牦牛）在走动，见人即"先后跳进湖里，在水里游得很快，就像是鱼在水中一样"。这是不是水牛？高原上的牛并无潜水能力。这里的山区据传有108个大小湖泊，流传着许多神奇的故事。牧民云："这种怪物出现并不稀奇，他们常看见这种东西在湖边、水中。""据说，在达日县桑日麻乡错阿达拉湖泊群里也常发现这种所谓的'湖泊牛'。"甚至有人说它是鱼。——看来，水中有牛，以牛为水神，其现实根据恐怕绝不仅仅是水牛。

丰饶角（Cornucupia、Cornucopia）

而赫拉克勒斯与化身为蛇、为牛的河神的搏斗，学术界一般都认为也是战胜河流、夺取丰收的"产业神话"。赫拉克勒斯折断"河牛"的角，那角便被唤作"丰饶角"。奈阿达斯（Naiads）拿着它，为它插满鲜花，用以献祭。芬提（Phenty）收下它，把它当作丰收的象征（另一种说法是，这只丰饶角本来属于用奶喂大宙斯的山羊女神阿玛尔忒亚，她在角里装满了石榴、葡萄之类佳果，宙斯赋予这只角以神异的力量，拥有这只角便可获得希望得到的任何东西，阿玛尔忒亚把这只角送给河神，现在河神用这只角向赫拉克勒斯赎回自己的角）。布尔芬奇说："古人（按：指古典时代学者）喜欢寻找出深藏在神话故事里的含义。他们对阿刻罗俄斯和赫拉克勒斯这场战斗的解释是：阿刻罗俄斯是一条河，雨季时便溢出河岸。当神话说到阿刻罗俄斯爱上得伊阿尼拉并且想和她结婚时，它的意思就是这条河的河道弯弯曲曲地通过得伊阿尼拉王国的一部分。河流被说成蛇，是因为它的河道弯曲蜿蜒；被说成牛，则是因为它的水流哗哗响，发出吼叫声。河水泛滥，容易改道；所以，它'头'上是带'弯角'的。赫拉克勒斯对付它周期性泛滥和改道的办法是建设运河和堤防。所以，他被说成能够制服河神，并且折断它的角。最后那被河水泛滥淹没过的土地，如今得到了补偿，变得十分丰饶肥沃：这就是'丰饶角'的含义。"

这里的某些属于所谓自然主义神话学"还原论"的说法，虽然过于纡曲，但"降服河流，夺取丰收"却实在是这个故事的主旨。龙蛇是水族，牛是农牧业的重要对象，尤其是水牛常在水中出没，所以它们都容易被当成水神或水怪的化身。

格雷夫斯参照仪式理论，指认赫拉克勒斯与河神之争，实际上也是所谓圣王权位争夺与交替仪式的象征讲述，并且暗示着部落与庄稼的繁殖或灾歉。"公牛和毒蛇静立着，等待着年成盈亏的实现——'公牛是毒蛇的父亲，毒蛇的儿子是公牛'——圣王则控制着公牛和毒蛇（按：指控制着丰殖与灾歉）。从远古时期的繁殖活动来看，公牛的角（象征权力）成了王室候选人争夺的中心。王储要在与一头真公牛或以牛皮蒙面的人争斗时抓住它。巴比伦英雄恩启都（Enkidu）、吉尔伽美什（Gilgamesh）在人间的孪生兄弟，裘诺（Juno）的信徒们，也都曾抓住天上神牛的双角。"① 牛角从来都是丰穰、鼎盛、权力和阳刚的象征。

吉尔伽美什曾杀天牛，献其角给太阳神夏玛什。

> 那牛角的厚度，工匠们不住地称赞，
> 每一只都是三十年那的美玉，
> 两只角里厚约两指的油灌满，
> 将这六古尔的油，
> 给他的神芦加尔班达，作为灌油供献。②

这灌满油用以祭神的牛角，看来也是丰盛和吉祥的象征。北欧神话中力大无比、饮酒如虹吸鲸吞一般的雷神索尔竟然三口喝不干乌特加德王国一只盛酒的"角"③，这"角"自然也是丰盛的象征。这跟牛在农牧经济里的重要地位是分不开的。

范明三也曾说："在（西亚）中亚古代艺术中，牡牛犄角的形象十分普遍，既是力量与权威的象征，又是生殖与繁育的暗示。"他又介绍说："以伊什塔尔（Ishtar，巴比伦母神）为代表的丰穰女神，她们头上戴着'角冠'，手中拿着'角状'的果实盛器，在古老的观念中，'角'代表源源不断的增殖。这类'丰饶之角'的形象，至今在欧洲仍有表现。它也传入了中国，例如《新疆出土文

---

① R. Graves, *Greek Myths*, London, 1958, p.556.
②《吉尔伽美什》，赵乐甡译注，辽宁人民出版社，1981年，第58页。
③ 参见丰华瞻编译：《世界神话传说选》，外国文学出版社，1982年，第152页。

物》即有一幅汉代蜡染的'女神执丰穰之角'图像。"①

二、二郎神对孙悟空，孙悟空对牛魔王

前面说过，作为二郎神祖型的李冰，曾化牛入水斗江神，那江神本身也化为牛，这可以视为英雄与水怪化身斗法的简化型。而吴承恩《西游记》里杨二郎（他的前身是李冰之子李二郎）与孙悟空（他的前身之一是水怪无支祁）的连锁性化身斗法，虽然还不能说是直接从李冰化牛入水斗江神故事里衍化而来，但是从民间传说常具承袭性和对应性这一角度看来，却不能不说两者之间是有千丝万缕的联系的。

挡不住的喜剧性

大约刊于元代的朝鲜古代汉语教科书《朴通事谚解》已经提到"二郎神领神兵围花果山，众猴出战皆败，大圣被执，当死"。而在吴承恩《西游记》里，孙悟空是比二郎神伟大得多的叛逆者和造反英雄，作者既要借鉴或屈从传统里二郎神擒猴怪、降水妖的情节，又要给予传统创造性的背叛，独出心裁、自铸伟词、披沙沥金、移花接木，但又表现出一种内在的、深刻的矛盾。在杨景贤《西游记》杂剧里，二郎神的细犬咬的是猪八戒，然而在小说里却是在孙悟空中了李老君的暗算之后，"立不稳脚，跌了一跤，爬将起来就跑；被二郎爷的细犬赶上，照腿肚上一口，又扯了一跌"。堂堂天宫动员了那么大的力量，集中了那么多的神将，连只猴子都逮不住，竟让一条狗建了头功。难怪孙悟空要骂："这个亡人！你不去妨家长，却来咬老孙！"崇高在这里变成了滑稽，悲剧在这里化作了喜剧。信手拈来，都成妙谛；嬉笑怒骂，皆是文章。而在这个小情节之前的连续化身斗法，实在可以算是中外神话文学同一母题里最富思想、最有情趣、最具特色的戏剧场面。孙悟空先变麻雀，二郎神变饿鹰；大圣变大鹚老，二郎便变海鹤；悟空又变鱼儿，二郎却变鱼鹰；大圣变水蛇，二郎变灰鹤；"水蛇跳一跳，又变做一只花鸨"，被二郎一弹子打个踉跄（这里可注意的是，前身为水怪的孙悟空多变水族，二郎则不失猎神身份）。

   那大圣趁着机会，滚下山崖，伏在那里又变，变一座土地庙儿：大张着口，似个庙门，牙齿变做门扇，舌头变做菩萨，眼睛变做窗棂。

---

① 范明三：《纹样系谱学初探——从瑞果纹等论及中外民族艺术交流》，载《活页文史丛刊》1986年第239号，第30页。

只有尾巴不好收拾，竖在后面，变做一根旗竿。

奇峰突起，妙想天成。表面上开的是齐天大圣的玩笑，实质上却是把严肃堂皇的"天神伏妖"变作一场妙不可言的滑稽戏。天下的神话文学里哪里还找得出比它更富幽默感和喜剧性的描写呢？这还不够。那大圣又"变作二郎爷爷的模样"，径入灌江口二郎庙"乔坐衙"——"鬼判不能相认，一个个磕头迎接。他坐中间，点查香火：见李虎拜还的三牲，张龙许下的保福，赵甲求子的文书，钱丙告病的良愿。"这为神怪的化身斗法平添上一重人间喜剧的光彩。正如鲁迅所说："翻案挪移则用唐人传奇（如《异闻集》《酉阳杂俎》等），讽刺揶揄则取当时世态，加以铺张描写，几乎改观。"① 这段斗法故事与印度佛教文学、高句丽天王郎传说都可能有渊源关系，但无支祁故事里，"禹授之童律，不能制；授之乌木由，不能制；授之庚辰，能制"，几次反复里已潜伏着连续斗法、物种相克的框架，只是还没有生长出化身这一关目罢了。

连锁性的化身斗法

有一种双方面的化身斗法不但是连续性的，而且是连锁性或连环式的。初级形态者，是蓝方"怪"变出甲物，红方"神"即变出较强的乙物，然后，蓝方又变出与甲、乙基本无关系的丙物，再由红方变出强些的丁物压服之（这也可称"断续性化身斗法"）。高级形态者是蓝方变甲物，红方则变较强的乙物，蓝方又变比乙物更强的丙物，红方复变比丙物更更强的丁物，总之红蓝（神怪）双方都要变出比对手更强的某物以战胜之，如此循环上升，往复不已，直达高潮。这可以孙悟空、牛魔王所变为例。这是这类传说最高级、最典型的形态。最后牛魔王现出原身，一只大白牛，然而到底为孙悟空、哪吒等英雄神所制服。如上所说，在东西方的神话系统里，牛往往是水神或水怪的化身，牛魔王也不例外。他住的是乱石山碧波潭。孙悟空说得对："老牛断然下水去了。水底之精，若不是蛟精，必是龙精、鱼精，或是龟鳖鼋鼍之精。"他的坐骑（其实亦即化身）是辟水金睛兽（水犀）。"他的那芭蕉扇本是昆仑山后，自混沌开辟以来，天地产成的一个灵宝，乃太阴之精叶，故能灭火气。"芭蕉扇象征水、雨和凉风，深藏着神秘。

这也是作为水精的牛魔王的灵性的外化——"用芭蕉，为水意，焰火消除成既济。"（"既济"是《周易》水之卦）从神话学观点看，铁扇公主只是芭蕉

---

① 鲁迅：《中国小说史略》，人民文学出版社，1976 年，第 136 页。

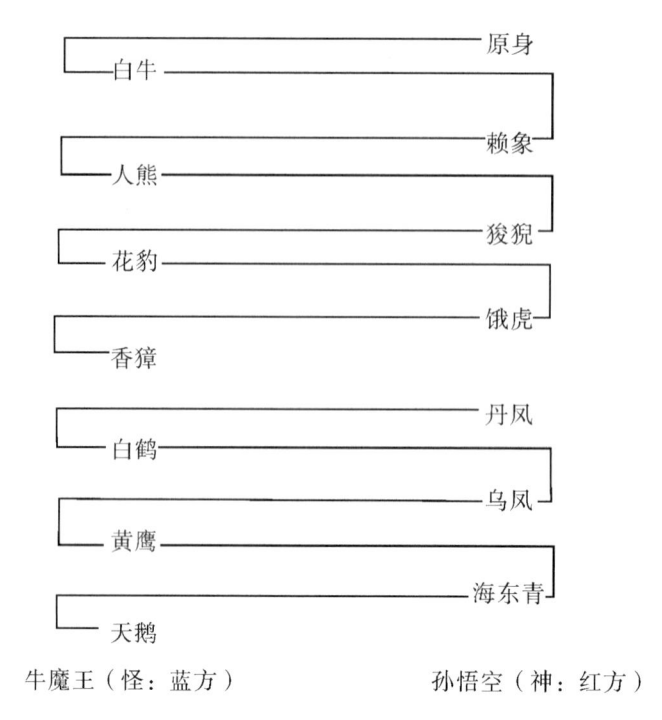

```
          ┌─── 原身
    ┌─白牛─┤
    │     └─── 赖象
    │
    ├─人熊─────── 狻猊
    │
    ├─花豹─────── 饿虎
    │
    ├─香獐
    │           ┌─── 丹凤
    ├─白鹤──────┤
    │           └─── 乌凤
    │
    ├─黄鹰─────── 海东青
    │
    └─天鹅
```

牛魔王（怪：蓝方）　　　　孙悟空（神：红方）

扇的人格化，是水、雨和阴的象征（所以，原来用以祈雨的《九歌》到结尾《礼魂》时，姱女们要"传芭兮代舞"）。孙悟空三调芭蕉扇，制服牛魔王，可以还原为代表人民力量的英雄神利用水来克火（炎热）、利用风雨来制服干旱的伟大斗争。"孙大圣执着扇子，行近山边，尽气力挥了一扇，那火焰山平平息焰，寂寂除光"；第二扇，便"习习潇潇，清风微动"；第三扇，"满天云漠漠，秋雨落霏霏"。这真是人民改善环境、控制气候、战胜自然的社会理想和美学理想的光辉体现。而连扇七七四十九扇之后，"有火处下雨，无火处天晴"，断绝火根，消灭干旱，五谷丰登，这同样是一种战胜灾害、夺取丰收的产业神话，只不过采取了更为成熟、更为有趣、更为戏剧化的形态罢了。

牛魔王的故事跟印度梵文雅语文学、俗语文学，佛教文学有关系。《罗摩衍那》里的十首王罗伐那本是"九头哮吼子"，他把罗摩的妃子悉多掳到楞伽山中，大颔猴王哈奴曼帮助罗摩救回了悉多。季羡林曾经举出罗伐那和牛魔王都有割不尽的头，认为后者是前者的"一部分在中国的化身"①。这罗伐那在汉译佛经《入楞伽经》里有记载，只不过对立转化为善神②。而牛魔王在元剧《二

---

① 参见季羡林：《〈罗摩衍那〉与〈西游记〉》，载《文学遗产》1981年第1期。
② 参见吴晓铃：《〈西游记〉与〈罗摩延书〉》，载《文学评论》1958年第1期。

郎神醉射锁魔镜》里就叫作"九首牛魔罗王"（宋罗烨《醉翁谈录》"舌耕叙"引小说开辟灵怪类有"芭蕉扇"，疑即小说中三盗芭蕉扇故事，惜不知牛魔王作何形象耳；颇值得注意的是，前引《论衡》水兽仓兕也是一身九头的牛怪）。至于哮吼子的"九头"则被吴承恩移植到《西游记》第九十回太乙天尊坐骑九首狮子身上去。

据印度经典《梨俱吠陀》，帝释天兼雷雨之神因陀罗曾杀死巨蛇（龙）弗栗多，"他劈开了大山，解放了水，使水像被困住的一群母牛得到解放一样，奔腾着向大海流去"；"他杀死弗栗多，还获得了母牛、阳光和苏摩酒"。①或说，"它作为大气中的天神，征服各种邪恶力量，尤其是征服旱魃之魔弗利多罗"②。此处弗利多罗即弗栗多，为印度之旱魃。它在山上城堡里关着许多云牛——这些牛便是雨水的象征。帝释天因陀罗找到这龙的蜿蜒身躯的能受刀枪的部分，即生命线，用雷石杀死了它，洪水把它的尸体卷到黑暗的海底去。帝释天唱道："我放出天上的霹雳，雨水便潺潺地降下。"③

就比较神话学立论，这个杀怪得牛、劈山引水的英雄神很像杀死神蛇皮同的阿波罗，制服河神、创造奇迹的赫拉克勒斯、后羿、天王郎，捉拿水怪、斗法制胜的二郎神和孙悟空。这对理解伏牛治害故事也许会有启发。

据印度教神话和《往世书》，善于降魔的毁灭大神湿婆，即佛经里的大自在天，他骑着一头大白牛（或说他的化身也是牛，这可能对牛魔王之初始形象有影响），他曾经完成许多神迹（应该注意到，他跟华光大帝、二郎神一样有三只眼，中眼也能喷出三昧真火）。他的一个妻子叫难近母，她也有制服牛怪的故事。"印度的'女神节'就是'难近母'女神征服阿赫夏索尔（牛魔王）的善恶之战，牛魔王是水牛变的，它的坐骑也是头水牛，都很厉害，'难近母'得到两个儿子的帮助，到了第十天才打死他们。在已往纪念这节日的十天内，是要杀死许多水牛当祭品的。"④ 看来这跟李冰、孙悟空、二郎神、哪吒们收服牛怪的业绩恐怕不会一点关系都没有。

波斯神话里有一个故事，跟雷雨之神因陀罗杀死号称"阻碍者"的巨龙弗栗多，湿婆及其妻子难近母制服"牛魔王"阿赫夏索尔的事迹十分相似，可能

---

① 金克木：《梵语文学史》，人民文学出版社，1980年，第24页。
② ［英］查尔斯·埃利奥特：《印度教与佛教史纲》（第1卷），李荣熙译，商务印书馆，1982年，第160页。
③ 丰华瞻编译：《世界神话传说选》，外国文学出版社，1982年，第56页。
④ 蒲剑：《关于印度的牛》，载《旅行家》1957年第8期，第38页。

也是印度神话传播影响变化的结果。

前举波斯拜火教里的得悉神本是水星之神，后来变为水神，"在'Yacht'经中'Teštar'化为保持水精之神，因之，所有人类以及一切畜类，均渴仰此神，而信其为惩罚降下旱灾荒的'Daeve''Pairika'等恶神的善神"①。恶神提婆本质上是水旱之神，跟弗栗多一样是阻水者，要不断加以驱逐。"'Teštar'神，每月十日变形，初变青年男子，次变牡牛，最后变马。……恶神'Apasha'乘'Teštar'神赴'Voüruka'湖汲水之际，候于途中，加以阻止。此时恶神化为黑马，向之挑战。"② 最后英雄神凭借光明之神太阳神阿胡拉－马兹达的电光和民众不断供奉的祭品与胡麻酒，击败恶神，恶神大叫而逃，雷鸣就是这恶神的喊叫声。③ 这基本上也是一种单向的化身斗法（两马相斗，与李冰故事二牛相斗十分近似）。印度教和波斯拜火教有血缘关系是无可置疑的，只不过神祇及其本事的对位有异说而已。有人认为："我们在《阿吠斯多经》中所见到的伐优和阿巴（神水），形式几乎相同，因陀罗的别号弗利多罗罕（杀害弗利多罗者）则变成了吠利多罗格那。"④

在我国，古老的英雄制服水旱风雨牛怪的传说，是孙悟空们战胜牛魔王故事的源头之一。而李冰父子斗牛治水更可以说是孙猴子斗牛故事的张本。元剧《锁魔镜》最终收服九首牛魔罗王的正是哪吒和二郎神（虽说他的俗名已从李二郎转移到赵昱身上），而不是孙悟空。可见这个故事是有深厚的本土根源或基础的，而绝不是单纯的播化和移植。文化史上的纯粹施受或机械搬运不但发生得不多，就是有，也是短命而无力的。

黄芝岗《中国的水神》载道教故事与民间传说，准二郎神许逊也有跟孽龙（水怪）化身斗法的业迹。

> 孽蛟变一只花蝶，真君用纨扇扑蝶；孽蛟变一条青鱼，真君用鱼叉叉鱼；孽蛟变野鹤冲天，真君用飞鞭打鹤；孽蛟变一条大蟒将真君缠住，真君暗解丝绦将蛟颈锁了。叫神兵将孽蛟悬空吊起，叫五仙童女在蛟旁舞剑。

严格说，这只是单向的化身，庄重的神不过改变了武器，但实质仍是变幻

---

① [日] 白鸟库吉：《塞外史地论文译丛》（第2辑），王古鲁译，商务印书馆，1940年，第432页。
② [日] 白鸟库吉：《塞外史地论文译丛》（第2辑），王古鲁译，商务印书馆，1940年，第432页。
③ [日] 白鸟库吉：《塞外史地论文译丛》（第2辑），王古鲁译，商务印书馆，1940年，第433页。
④ [英] 查尔斯·埃利奥特：《印度教与佛教史纲》（第1卷），李荣熙译，商务印书馆，1982年，第166页。

状态而斗法。

变化越多，本领越大，越见神奇。民间故事中颇见像孙悟空和二郎神这样的转变能手——转变或化身越多，越受钦佩。"七十二变"这个模式数字本身就意味着高超与神奇。像猪八戒，只能变一两样粗笨的东西，那就很可笑了。也许二郎神能胜过孙悟空，但是，民间都把欣赏和同情献给了那个带着叛逆性的喜剧英雄孙悟空。

> 他可以随心所欲地转变成任何形象，无论是动物，动物灵魂还是死人的灵魂。靠转变捉弄人的恶作剧精灵是北美印第安神话中一个受人喜爱的人物，其威力在于能够化为无数个形象。①

埃利亚斯·卡内提认为，这是对统治者或权威"禁止（社会性）转变"的反抗。他们占据高位，绝不允许底层或草根升级到高等阶层（最典型者为印度的种姓制度）。"转变（它往往体现为各种'化身'）成为一条漫长而危险的路，候选人要通过各种可能的考验和恐吓而得不到任何恩赐。"② 印第安精灵或孙悟空挺身而出，用不断的化身挑战诸如人类中心主义之类成见或传统。小孩子觉得自己久久不能转变，处处受到大人的压制和责骂，当然欢迎自由自在、变化自如的孙悟空们为自己颠覆权威，当然视之为捣蛋鬼英雄、大智大勇的叛逆者。

魔幻脱逃 （The Magic Fight）

单向性的化身在现存部落的故事里有所保存。埃利亚斯·卡内提称之为逃跑转变的直线型（追猎）："一个生物追逐另一个生物，两者之间的距离在缩小，就在猎物要被逮住的一瞬间，它转变成另一种东西逃脱了。"③ 重要的是，假如追猎继续，猎物会再变化，如此连续不断。在理论上它是没有结束的——但在故事结束时，绝大多数是被追逐者逃脱。同情多被用于聪明的弱者。儿童游戏的"捉强盗""抓妖怪"，谁都愿意扮演逃跑的一方：因为逃跑者掌握主动性，能够随意躲藏，改装；追逐者却只能茫无头绪地大撒网。机智属于灵活的弱势方，谁都不愿意当傻瓜。

---

① ［德］埃利亚斯·卡内提：《群众与权力》，冯文光、刘敏、张毅译，中央编译出版社，2003年，第268页。
② ［德］埃利亚斯·卡内提：《群众与权力》，冯文光、刘敏、张毅译，中央编译出版社，2003年，第268页。
③ ［德］埃利亚斯·卡内提：《群众与权力》，冯文光、刘敏、张毅译，中央编译出版社，2003年，第240页。

澳大利亚原住民洛利提亚人（Loritja）的不朽图腾祖先特库提塔（Tukutitas）以人形从地底冒出，快乐自在，直到一只黑白相间的巨狗向其扑来，他们在逃跑中变成袋鼠、鸸鹋、山雕……终于有两位更强壮的祖先打败并杀死巨狗。他们恢复人形却保存变形能力。①

这种种化身斗法，常常采取逃脱与追逐、擒拿和反擒拿的方式进行，有的神话学书称之为"魔术逃脱"。

威尔斯人的英雄葛温·巴哈（Gwion Bach）进入"水底地"（Land under waves），为丰产女巨人卡内德温在大锅（鼎）里酿制"知识"与"灵思"的仙茶，他不过舔了一下沾在手指上的仙液，"立刻预见未来将发生的每一件事"，特别是感悟到逃脱女巨人（水怪）控制的妙法，便逃跑了——就好像孙悟空偷吃了能长生不老的蟠桃，进入老君八卦炉吞下仙丹，颠覆了神界的秩序，便要摆脱天神的追捕——他是被追逐者。

> 她跑去追赶他。他看到她，就把自己变成一只野兔逃跑。但是她把自己变成一只灰狗，并使得他手忙脚乱。他跑向一条河，变成一只鱼。而她以母水獭的形体在水里追赶他，直到他不得不把自己变成天空中的一只鸟为止。她变成一只老鹰随后赶上，不让他在空中有喘息的时间。②

他急忙跳进一个谷仓，变成一粒小麦。她变成黑老母鸡，扒拉出他，把他吞下去。故事结尾出人意料而又在情理之中。吞下麦种（英雄）之后，掌司丰饶的水母怀孕了，九个月后生下了葛温·巴哈，他太漂亮、太好玩了。她不忍心杀葛温·巴哈，这位升华为母亲的水怪，便把他包在皮袋里，于4月29日投入大海，"让上帝决定他的生死"——葛温·巴哈成为漂流型弃子英雄。坎贝尔视之为最精彩的魔术逃脱，是回归的英雄必经的考验，它包含着标准型的（英雄与水怪的）化身斗法。

更早的魔术逃脱（单向化身），是俄耳甫斯教英雄狄俄尼索斯-扎格列欧斯（Dionyseus-Zagreus）。天后赫拉派遣巨人们去搜捕情敌生下的婴儿。"扎格列欧斯先后变成了一头狮子、一只老虎、一匹马以及一条鱼想要逃走，但都徒劳无

---

① [德]埃利亚斯·卡内提：《群众与权力》，冯文光、刘敏、张毅译，中央编译出版社，2003年，第240页。
② [美]坎伯：《千面英雄》，朱侃如译，立绪出版公司，1998年，第210—211页。

功。"① 提坦们抓住了他并且将其撕成碎片。他经历多次死亡才等到再生。

化身斗法的另一形式是普罗普定名的变身逃遁,即坎贝尔说的"魔术逃脱"。典型者如《海王与聪明绝顶的瓦西里莎》。王子和妖女在追逐与逃脱中连续变化。瓦西里莎(水神女儿)被劫,她先将追求她的王子的马变成水井;自己变为水桶,王子变成老翁,她再变为破教堂,王子变为老牧师(牧师管理教堂)。第三次,"她将马一转,变出了流着蜜汁和果子羹的河;自己变成灰鸭,王子变成公鸭,企图占有她。这似是单向的、消极的逃避;但她却是主动的,能将追逐的马和王子一再地变形;而且诱使追赶的妖王子上当,让他大喝蜜汁和果子羹,直到撑破了肚子"。瓦西里莎终于摆脱了纠缠。

普罗普更重视历史原则,想理清故事本身的演进脉络,因为"它是在故事本身的土壤中,而不是某种原始关系的土壤中被创作出来的"②。例如,让我们想起孙悟空所变的土地庙,肯定是晚出的。有时追捕者也会化身擒伏他们的敌人。

> 在与蛇妖作战之后,蛇妖家族(他的姨妈、姐妹)追捕逃跑者。为了杀死他,她们变成了在其他故事里是逃跑者所变的那些东西——变成苹果树、水井和水桶。如果主人公吃了苹果或喝了水,那就会丧命。③

有的变身逃遁者,所变是连续性的。例如,被西梅翁七兄弟劫持的公主,逃跑时变成天鹅、鸭子,终于变成了小星星升上天空,却又被射落,逃回船上,竭力摆脱追逐。王子之妻被变成鸟儿,王子抓到她,竭力使其变回人形,她却变成了两栖类或小爬虫。神仙指点说,抓住她所变的鸟的脑袋,她"会变成一只青蛙、癞蛤蟆、蛇和其他的爬虫,然后变成一只箭",必须将其折为两段,她才会屈从。这些都依然是单向的。

埃利亚斯·卡内提由这类故事想到《奥德赛》海神部属、放牧海豹的占卜老人普罗透斯。墨涅拉俄斯想回国,却寻不到归途。普罗透斯的女儿同情他并教会他捉拿她父亲的办法:披上海豹皮,混在海豹群中(这本来是化装动物狩猎的技巧)。墨涅拉俄斯跟普罗透斯发生了化身斗法。墨涅拉俄斯竭力通过控制他的躯体把他的变化限制在可控范围之内。

---

① [希腊] 索菲亚·N. 斯菲诺亚:《希腊诸神传》,[美] 黛安·舒加特英译,张云江译,国际文化出版公司,2007年,第122页。
② [俄] 普罗普:《神奇故事的历史根源》,贾放译,中华书局,2006年,第445页。
③ [俄] 普罗普:《神奇故事的历史根源》,贾放译,中华书局,2006年,第456页。

> 我们大叫一声，对他冲上，将他（普洛透斯）
> 箍在怀里，但长者没忘他的变术勾当。
> 首先，他变作一头虬须满面的狮子，
> 继而变作长蛇，接着是花豹，一头野猪硕大，
> 他幻变流水滚滚，变作大树，枝叶繁茂高扬，
> 但我们心志坚忍，将他紧紧揪住不放。①

终于逼着这位能够预知未来的老人说出让他们回国的方法。

卡内提称之为圆周式转变逃跑。② 因为老人变来变去，还得变回人形，并且服输。前述神话中珀琉斯逼婚仙女忒提斯，后者也采用这种单向化身逃跑：她变成火、水、狮子、蛇……可珀琉斯仍然紧抓住她不放，她最终变成滑腻的大乌贼向他喷吐墨汁——企图把水搅浑，趁机逃跑。可他坚持不懈，逼她成婚。她无可奈何，终于为他生下大足跟的英雄阿喀琉斯。

萨满式生命转化

同样是追、逃，也有"双向"化身而斗。例如，故事《绝技》里师徒追逃：

追者：魔法师→所变：狼、狗鱼、人、鹰（捕食者）；

逃者：学徒→所变：马、梅花鲈、谷粒、公鸡（食物）。

这种化身是相对高级的形态，经常出现在生死关头和死时灵魂的逃逸与变形，不但追、逃双方都会变，而且主动（追）方所变恰能制服被动方（逃）。

普罗普说，鸭子"形象与死亡联系在一起，变回人形反映了复生的观念"，或然，也许没这么复杂。在宇宙生命一体化观念统摄之下，无物不可转变；除了生克相应外，随意性较大。普罗普暗示，这里寓有再生与原始轮回观念。

埃及人以为，如果灵魂不愿意待在冥国，可以住在墓里，接受供奉；也可以回到人间，随意变成鹭鸟、燕子、蛇、鲤鱼神，"愿意变成什么样子就变成什么样子"。非洲约鲁巴人和波波人认为，好人可以根据自己的意愿，随意变成任何一种动物，这是用化身或变形来体现原始轮回观念。在神话思维里，无物不能够相互变化，物种间没有绝对界限，无论生前死后，都可能随意变成任何东西。但这里，我们关注的主要是：不但要化身，还要斗法。

---

① ［古希腊］荷马：《奥德赛》，陈中梅译注，译林出版社，2003 年，第 115 页。
② ［德］埃利亚斯·卡内提：《群众与权力》，冯文光、刘敏、张毅译，中央编译出版社，2003 年，第 242 页。

即使在现存部落社会里，也有灵魂连续地变为各种动物的观念与传说。例如，太平洋群岛有神话说："丈夫想把自己的妻子从死者的世界弄回来，但她躲着他，变成了各种动物的模样"，力图摆脱丈夫的纠缠与追逐。

普罗普说，这种连续化身不但是多灵魂观念的反映，也是正当灵魂可能转生信念的实现，并且是在从死到生的关键时刻出现的。奇特的是，往往发生于亡魂不得不从阴间返回人世的时候，而亡魂一般总是拒绝还阳。例如，西伯利亚有个萨满为儿子招魂，"儿子跑开了，摇身一变化作一只潜鸟腾空飞走了。老人变成一只鹰赶紧跟了上去"，却很难把他追回来。普罗普试图用这种复生时灵魂化形为各种动物来抗拒的现象，来印证并且诠释希腊罗马文学里连续化身的描写。

索福克勒斯失传的悲剧《阿喀琉斯的崇拜者们》的片段中，珀琉斯提到女海神忒提斯时说："她在我怀抱里化作狮子、蛇、火焰、水汽。"她不愿到凡间嫁给凡人，只愿做自由自在的水神——更多的是我们讲的水怪，像水那样多变。普罗普也讲到河神阿刻罗俄斯的化身，说他们多是"水中之物"。姑娘化身，最后一个往往是她的象征物：纺锤。

女性：纺锤　　　　　——（被）折断
男性：利角（或箭）——（被）折断 ｝失去力量，不再变化。

折断意味着丧失主动性，不能够逃跑。普罗普说："在人临死前折断东西的事在很多地方都有，在被死刑者的头上折断长剑，或在临结婚时折断一根小棍保留至今。折断东西伴随着一种状态向另一种状态的过渡。"这说明被动者（或被迫擒者）最后失败了。水是阴，属于幽冥世界，水生者或河神水怪像地下的亡魂一样善于变化——但总的来说，仍是生命一体化的神话映象。然而，一旦使之隔绝或断裂，生命就静止或凝固了，很难再变化。

萨满巫也有改型或遗蜕式的化身斗法。例如，达斡尔族的一则民间故事《德莫日根和齐尼花哈托》，就是两位准萨满派出动物伙伴进行化身斗法。

> 梅花哈托先放出一对梅花鹿，冲向齐尼花哈托。齐尼花哈托迎面放出两只金钱豹，金钱豹毫不费力地吃掉了梅花鹿。接着，梅花鹿哈托放出两条飞蛇，齐尼花哈托放出一条白蛇和一条黑蛇，可是飞蛇穿透了白蛇和黑蛇的肚子。这两局互有胜负。第三次，梅花哈托放出了一只独角水山羊，齐尼花哈托放出一只水鹿。两只奇兽交锋，顶头碰角，相斗不息……梅花哈托急了，放出了一对野鸡。这时，齐尼花哈托看出梅花哈托神灵的拙劣，放出了两只金凤凰。……最后齐尼花哈

托得胜,梅花哈托战败。①

这些萨满的动物伙伴,也是其动物化身(有人认为即其图腾),实际上是萨满们在比试自己的法力。有的学者认为这是化身斗法故事的源头。

有的学者认为,凡人或者病夫,特别是萨满巫的治疗对象,往往会沉入化身幻觉,偏执地相信自己已经变成另一种东西,或者可能化身为各类物种,再也不会为人所控制。进入迷幻通神状态的萨满巫是不动的圆心,"通过转变引来辅助神灵听命于他,他亲手逮住他们,迫使他们助他一臂之力"②。这些不同形象的辅助神,尤其是各种动物助手(鹰、蛇、蜥蜴、蛙……),可以看作一连串的动物化身,与主动者萨满斗法,最后被他降服,为他驱使。他张扬着人或主人的霸权话语。

有时候,在各种形态的降神会上,萨满召来幽灵或动物助手,"还讲他们的语言,变成他们的同类,并且能以他们的方式命令他们。当他升天时,他就变成鸟,他还变成海洋动物潜入海底"③。此时,萨满被信徒或观众看作英雄,充满灵智的超人,哪怕他只是以咒词或者巫歌再现自己上天入地、通灵见鬼、变化多端的经历。

与萨满化身动物(斗法)相类似,也许更古老的瑜伽行者,崇拜湿婆的戈拉克那特(Gorakhnath),他"把自己变成一个苍蝇,一个青蛙以及甚至是铁。经书讲述了一个遁世者的一次战斗,在这次战斗中戈拉克那特把自己变成一个癞蛤蟆,这很奇怪的使人联想到巫师们以动物的形式进行战斗"④,亦即化身斗法。典型而明确者,见于大萨满戈拉克那特的门徒王后(Mayanamati)与阎摩的信使戈达-阎摩(Goda-yama)连续性的化身斗法。戈达-阎摩抽取国王的生命并变为蜜蜂逃避前者的追逐。王后以瑜伽慧眼识破他,追到地狱,抓住他还用铁钩打。他逃脱,她追杀。

Goda-yama 藏身于一堆稻草下,她就变成一条蛇;

他变为老鼠,她就是一只猫;

---

① 《达斡尔族资料集》编辑委员会、全国少数民族古籍整理研究室编:《达斡尔族资料集》(第1集),民族出版社,2007年,第724页。
② [德] 埃利亚斯·卡内提:《群众与权力》,冯文光、刘敏、张毅译,中央编译出版社,2003年,第243页。
③ [德] 埃利亚斯·卡内提:《群众与权力》,冯文光、刘敏、张毅译,中央编译出版社,2003年,第268页。
④ [美] 米尔恰·以利亚德:《不死与自由——瑜伽实践的西方阐释》,武锡申译,中国致公出版社,2001年,第347页。

他变成一只鸽子，她就是一只老鹰；

直到最后她成功的取回她丈夫的灵魂。①

这是有神力者（例如瑜伽行者、苦行人、萨满巫、圣徒）与死神（或其代表）的斗争，试图夺回自己或亲人的灵魂，规避死亡，争取再生，或以另一种形态继续生存，是想由人来控制原始轮回。

三、与化身斗法相关的事实和故事

神话传说所见的连续性化身斗法故事如此近似、如此密合、如此纷繁，它们是否有一个共同而古老的源头？这个问题与我国上古时期是否跟印度、希腊有过文化交流紧紧联系在一起，是个极其复杂、极其艰巨、极其微妙的大问题，本书无法也不想予以完全的回答，只是想引起专家和读者的兴趣和追索而已。不过想指出一点：仅仅用古老的共同心理学说或播化主义理论，已经不能解决现代比较科学、历史科学所提出的大量有趣而困难的问题了。似乎应该艰苦、细致地做定区、定时、定向、定点的研究，在科学理论指导下，应用新方法、新技术、新手段（例如电子计算机等），收集和处理大量资料，依靠集体力量，通过严格而精密的分析、比较，逐层深入，逐步扩大，做出实事求是的结论。有几分证据说几分话，有多少材料做多少文章。哪些因子，什么关目，是播化就是播化，是自生就是自生，是巧合就是巧合；不夸大，不缩小，不附会，不隐瞒，不害怕，不偏激；不谨小慎微，也不海阔天空；既允许认真假设、科学推论，又不要语必惊人，乱发怪论。这样也许会在不远的未来收获一些实际的成果。

变化是绝对的

以化身斗法而言，在人类文明的幼稚时代，在哲学和文化的黎明时期，初民就朴素地观察到一些物种的变化和其间的复杂关系。《周易》的"易"无论释为蜥蜴（变色龙）、日月、阴阳（男女根器）还是其他，都是说有关变化、转换的事象和道理。进步形式的图腾主义思想也包含着混乱的物种转化观念。

恩斯特·卡西尔指出，原始人不是不会观察，不会鉴别，不会分类，但是，"他们的生命观是综合的，不是分析的"；"没有什么东西具有一种限定不变的静

---

① ［美］米尔恰·以利亚德：《不死与自由——瑜伽实践的西方阐释》，武锡申译，中国致公出版社，2001年，第350—351页。

止状态：由于一种突如其来的变形，一切事物都可以转化为一切事物"①。所以他把变形的法则当作神话世界最重要的法则。因为原始人强烈地相信，"有一种基本的不可磨灭的生命一体化（solidarty of life）沟通了多种多样形形色色的个别生命形式"②。这也是图腾机制、英雄幻形和化身观念的重要认识基础。

《庄子·至乐》说："青宁生程，程生马，马生人。"科学家甚至认为这种不科学的"化生说"包含着古代进化学说的萌芽。《山海经·西山经》说，天帝杀了人面龙身的鼓，它就变成鵕鸟；杀了钦䲹鹕鸰，它就"化为大鹗"。这不但有化身，而且有斗胜的表现了。这些幻想的同一性和物种转化、相生相克的原始素材里还包含着一定的辩证法。有的故事，甚至可以说是早期的四大元素学说或阴阳五行思想、轮回信仰，在幼稚形态的生物理论和进化观念上的具体体现。

古希腊米利都学派的阿那克西曼德（Anaximandros）就认为，人类最初系由披着甲壳的"鱼形人"爬上陆地变成的。柏拉图则半讥讽、半玩笑地宣传，有一种动物是由"傻瓜"和"笨蛋"变成的"退化论"思想。亚里士多德认为，全部处在连续的序列中的生物由于灵魂的完善程度不同而分为十一个"梯次"③。以赫拉克勒斯与河神化身斗法为代表的希腊神话中有关变形的故事以形象来表现最为古老的"进化论"，启迪着哲人们的思想（当然许多希腊神话又源于埃及、巴比伦、印度神话）。

古罗马的唯物主义思想家卢克莱修（Lucretius Carus）认为，"有极多的胚种以许多不同的方式移动在宇宙中，它们到处被驱迫着，自远古以来就遭受接续的冲撞打击"，终于达到了万物"伟大的排列方式"。④ 深受这种运动观影响的奥维德在《变形记》的结尾，特别辟出专章宣传"毕达哥拉斯学说"，宣扬"一切事物只有变化，没有死灭"，"灵魂是流动的"，人和牲畜都可能发生灵魂的寄居或转移⑤，试图为他所转述和描写的变形、化身、斗法神话寻找哲学根据。

暗寓着的物种斗争与变化

古代印度神话文学里也有以神物的化身或斗法暗喻物种竞争、转化的片段。

---

① [德] 恩斯特·卡西尔：《人论》，甘阳译，上海译文出版社，1986年，第104页。
② [德] 恩斯特·卡西尔：《人论》，甘阳译，上海译文出版社，1986年，第105页。
③ 北京大学哲学系外国哲学史教研室编译：《西方哲学原著选读》（上卷），商务印书馆，1981年。
④ 北京大学哲学系外国哲学史教研室编译：《西方哲学原著选读》（上卷），商务印书馆，1981年，第200页。
⑤ 参见 [古罗马] 奥维德：《变形记》，杨周翰译，人民文学出版社，1984年，第208页。

除上引材料外，《薄伽梵往世书》里所写的大黑天"不能以神的身份救世人，而必须下凡，出生为人或其他动物，按照所化的身份行动，这才能除暴安良。因此他再三下凡，生做鱼，野猪，半人半狮的怪物，《罗摩衍那》中的罗摩，《摩诃婆罗多》中的黑天，甚至佛陀，一共十次"①。这就是一种连续化身——虽然只是孤立的一方而无对手。后来的轮回（投胎转世之类）观念当与此有关。另一则印度神话："此世界本仅一魂，幻形为 Purusha，Purusha 又自裂身体为两半。一半变为男，又一半变为女，二人成为夫妇，是生一切人类。但女后猛省道：'他把自己身体造成了我，如何又和我交媾呢？'于是女变为母牛。但男亦随即变为公牛，与女变的母牛交尾，是生一切牛。女第二次逃避，变为牝马，男亦变为牡马，复与交尾，是生一切马。如是，女一次一次的变为别的动物，男亦跟着变，由是传下了各种动物。"② 这是与物种的繁殖、发生、分化相联系的积极性的连续化身斗法。

有的学者认为，这种连续变形，跟氏族的分裂、发展、联合、交并有关，其基础则是那越来越复杂的图腾制度。"各种民族的野蛮的祖先却各有其动物的神道；所有的神话都滋生于此。……我们可在与崇祀宙斯（Zeus），阿波罗（Apollo）及狄米托（Demeter）的希腊诸庙有关的各种动物（根据他们的好几次变形），看出图腾制度的遗迹来。因为神道们具有任意变化的神通，如德洛托斯（Droteus）一样。一个流血的野猪，与一个死去的虎，一条鳞甲被体的龙，一只颈毛蓬松的母狮，乃是他所变的许多形状中的几个。……我们也都知道宙斯怎样的为达到自己私欲之故而变形为一只鹅，一只鹰，一只鸽，一个牛与一个蚂蚁。"③

宙斯的变形求爱、交媾不是极像普鲁沙（Purusha）"裂体"自为夫妇的连续化身交配吗？众所周知，古代印欧人种、语言、神话等是同源而且交流的。

在佛本生故事里，释迦牟尼也曾与吃人的恶龙化身斗法。《佛说菩萨本行经》说，佛曾经化为丐者，以洗钵水倾于龙泉中，"龙大瞋恚，即便出水，吐出毒气，吐火向佛。佛身出水灭之。复雨大雹，在于虚空，化成天花。复雨大石，化成琦饰。复雨刀剑，化成七宝、化现罗刹，佛复化为毗沙门王，罗刹便灭。龙复化作大象，鼻捉利剑。佛即化作大狮子王，象便灭去。适作龙象。佛复化

---

① 金克木：《梵语文学史》，人民文学出版社，1980 年，第 205 页。
② 茅盾：《神话研究》，百花文艺出版社，1981 年，第 38 页。
③ ［英］柯克斯：《民俗学浅说》，郑振铎译，商务印书馆，1933 年，第 116 页。

作金翅鸟王,龙便突走。尽其神力,不能害佛。"

这则故事跟《贤愚经·须达起精舍品》以及敦煌《降魔变》里的舍利佛与劳度叉斗胜、化身十分相似。① 季羡林指出它与《西游记》化身斗法的趋同性:"如果说《西游记》猴子与二郎斗法的故事源于佛典,有什么理由可以反驳呢?"② 其中劳度叉、舍利佛的化身斗胜跟《西游记》最为相似。③

印度梵文雅语文学、俗语文学等不但影响了希腊罗马神话文学、中国的变文、传奇、小说和民间曲艺,而且还感染了古老的波斯和阿拉伯文学。著名的《一千零一夜》中《脚夫和巴格达三个女人的故事》第三个僧人所讲的《嫉妒者和被嫉妒者的故事》,里面有一位公主为了解救中魔法的青年,便与魔鬼斗法。魔鬼变成狮子扑来,她将头发变成宝剑,把狮子砍成两截:

> 可是狮子的头刚落地就变成一个蝎子。公主也随着摇身一变,变成一条大蛇,追赶蝎子,剧烈战斗一场。继而前者变成一只鹫,后者变为一只兀鹰;兀鹰向鹫追逐一阵之后,鹫又变为黑猫,兀鹰变为狼,在宫中斗了约莫一点钟。黑猫招架不住,摇身变成一个大而红的石榴……石榴子撒了满地。狼摇身变为雄鸡,啄食石榴子。……但是这粒石榴子落在水中,变为一尾小鱼,游到池底去了。雄鸡立刻变为一尾大鱼,跟踪追了下去。过了一会,突然一声咆哮,吓得我们人人发抖;只见魔鬼象个火把似的窜了出来,它一张口,嘴、鼻和眼里都冒着烟火。随后公主也像个火球似地出现在他后面,彼此用火攻打。④

结果是魔鬼被公主的火焰烧死,化为灰烬。看来这个故事是从梵语文学里移植衍化而来的。

芬兰史诗《卡勒瓦拉》里的化身斗法,是通过类似赛歌的方式进行的。对手们各用自己的咒语性的巫歌唱出一件事物来压倒对方。波约拉伟大的主人先唱出一片池水要英雄钻进去(暗示他与沼泽有关联)。英雄莱敏克亚能却"唱出一头阉牛出现在地板上"。这等于说他化身神牛入水,与敌手搏斗,"巨大的牛,犄角闪着金光;它把污水一口饮下肚,快快乐乐喝干了河流"⑤。可是那位波约

---

① 参见季羡林:《中印文化关系史论文集》,生活·读书·新知三联书店,1982年,第175页。
② 参见季羡林:《中印文化关系史论文集》,生活·读书·新知三联书店,1982年,第175页。
③ 详见萧兵:《英雄神与水怪的化身斗法:从后羿、天王郎、赫拉克里斯到二郎神、孙悟空》,载《中国比较文学》1984年第4期。
④《一千零一夜》(第2册),纳训译,人民文学出版社,1977年,第88页。
⑤《芬兰民族史诗〈卡勒瓦拉〉》(下册),侍桁译,上海译文出版社,1985年,第549页。

拉之主、波雅之子又咒出一头狼，吞下肥牛；英雄唱出白兔，他唱出狗来吞下它；英雄唱出松鼠，他唱出貂鼠捉住它；英雄唱出狐狸杀了貂鼠，波约拉之主则唱出母鸡，"挡住了狐狸的口鼻"（这有点古怪）；然而"年轻活泼的莱敏克亚能，立刻造出了一只老鹰；老鹰的爪子猛然抓过去，把那只母鸡撕得粉碎"[①]。接着他们又比剑。

除上引材料外，我国少数民族还有一些类似的连续化身斗法故事，这很可能是一种锁链反应现象，值得进一步搜集、整理、排比、研究。例如，壮族故事《鹿皮口袋庙》说，少年英雄帕敦为了除掉残害小娃娃的蚂蟥精，去桃源宝山寻找女神三姑郎娘，得宝剑与鹿皮口袋，便与水怪蚂蟥精斗法。蚂蟥精变成鲫鱼，小帕敦便用口袋里的石子变作大鹭鸶；鲫鱼跳上山坪变作蚱蜢，他就用石子变成大公鸡；蚱蜢化为路旁的石头，他就用石子变成老石匠；怪石跃上天空变作星子，他就用石子变成雷公把星子劈下来，现出蚂蟥原形，被石匠、鹭鸶、公鸡杀死了，这些神物重又还原为石子飞进口袋。以后老百姓就修了一座鹿皮口袋庙，塑起帕敦的造像，纪念这位除害小英雄。[②] 这虽然有一方是间接的化身，但在连锁性变幻斗胜这一点上，跟上列故事毫无二致。

以上材料可以大致归为两种类型：第一类是单方（或单向）化身，即英雄神不变化，而怪异多化身，其中最原始、最简略的形式是怪异（如后羿所射的河伯）化身虽多，而不连续；第二类是怪异（如赫拉克勒斯故事中的河神阿刻罗俄斯、海老人涅柔斯）连续地化身，这已经是较进步的形式了。第二类是其标准型态，即仙神和怪异双方都化身，而且多取连续式，即怪异化成一物，仙神化较强的一物降伏之，怪异再化一物，仙神又化更强的一物降伏之，属于强/弱—弱/强式，此型故事多属该类。另一种是这类故事的高级形态，应称连环式，即怪异化成自以为较强的一物来伤害仙神，仙神化成较其为强的一物降伏之，怪异所化之强物相对成为弱，乃复化为更强的一物对付仙神，仙神又化再强的一物降伏之，如此循环往复不已，直到仙神化出最强之物收服怪异为止。此可概括为弱/强/更强式。其代表性故事为孙悟空斗牛魔王。

上述这些，在不同程度上反映古人战胜灾害、控制自然、改善环境的美好理想，体现他们对于世界秩序、物种变化、事物关系的幼稚认识的化身斗法神

[①]《芬兰民族史诗〈卡勒瓦拉〉》（下册），侍桁译，上海译文出版社，1985年，第550页。
[②] 参见萧甘牛编著：《红水河》，上海少年儿童出版社，1956年。此材料系刘守华提供。又参见刘守华：《〈一千零一夜〉与中国民间故事札记》，载《活页文史丛刊》1982年第174号。

话，凝聚着世界各族人民对于真、善、美的热爱和追求。这里有许多片段在相当多的层次上平行或趋同，不仅基本情节相似，而且在细节上也密合无间，表现出一种整体性、规律性的对应，完全可以作为世界文学、比较文学上的一个交点或母题，进行或平行、或交叉的研究。这些故事不但在我国各族人民口头和书面文学里交通、流传，在一些有明显的人种混血、交通往来、语言亲缘、文化影响关系的民族之间相互传递，而且也在目前还没有严格而确定的证据证实其间曾有交际关系的民族之间奇妙的感应和趋同。这个事实启示我们，世界文化史、文学史应该视为一个或松散、或紧密的整体结构。人同此心，心同此理，人类的思维结构形态、发展模式总是有一定规律的，一如作为其基础的社会历史；不然，我们就没有心理学和哲学，也没有人文科学和文化史了。"天涯何处无芳草"。各国、各族人民在历史上和现实里的文化交流是可喜的、积极的、进步的。如果上述某些神话可以确证出于同源，确实存在或直接或间接、或明显或隐蔽、或邈远或近切的相互影响或交流关系，那就有必要进一步去探索它神秘的来源、传播的路线、演进的规律、变化的轨迹和各自的特色；如果有的目前还只能说是独立而平行地产生的，那也应该深入研究其结构的形态、表现的异同、平行的程度、成就的高低和趋同的原因。完全抹杀各国各族人民的文化交流史实和人民的学习力，开展完全孤立和封闭的研究，就跟否认各族人民的创造力的播化主义（尤其是它的极端如欧洲中心说、地中海中心说、埃及中心说等）一样是不足取的，不符合科学发展的规律。而比较广泛、比较错综、比较开放的多层次、跨学科研究——不管它是微观的还是宏观的，则不但能够适应和推动当代科学既分析又综合的发展趋势，而且能使我们的文学史和文化史研究更有系统，更有特色，更有水平，更有内容，更丰富多彩，更生动活泼，更博大精深，更引人入胜。

从心理学看

有的学者试图从群体心理学视角看待化身斗法。

格鲁吉亚一则童话里，专横的师傅把可怜的徒弟禁闭在黑棚子里为其效劳。徒弟从一缕阳光中发现了缝隙，就变成老鼠钻了出去。师傅立即变成老猫扑了上去。于是一场连续性的标准型化身斗法上演了。

徒弟：老鼠←师傅：老猫

徒弟：鱼←师傅：网

徒弟：野鸡←师傅：鹰

徒弟：红苹果←师傅：刀

徒弟：小黄米←师傅：鸡（母鸡、小鸡）

徒弟：针←师傅：线（穿进针孔）

最后，"针突然烧起来，将线烧毁"，针变回男孩，回到父亲身边。"这是一场精彩的追捕，并且正是由于其中的转变而极具跳跃性，其场所同人物一样变换迅速。"①

卡内提认为，这里含有"躁狂症"征象。"躁狂症患者的转变非常容易，既有猎人的直线性与巡逻性，又有猎人在未达目的而又不放弃追猎时转换目标的跳跃性。"② 他始终保持（虚幻的）信心，固执、乐观、斗志昂扬——这是由最初被幽闭时染上的忧郁症对转而来。他由怀疑自己将要被食，转变为饕餮者，他能变成各种动物，并且吃光它们，充实并回归高大的自我。这只是一种假说。

卡内提不免牵强地使用病理学理论来解释诸如此类圆周型或单向式化身斗法（逃跑）。歇斯底里"发作严重时无异于一连串急剧的逃跑转变。如果是女患者，她会觉得自己被一股压倒优势的力量抓住不放，也许是她要摆脱的一名男子，……也可能是一位神甫以上帝的名义将她囚禁，要么是一位神灵或是上帝自己"。她只好连续地化身，转变逃跑甚至变成死尸，像狡猾动物那样装死。等待敌人疏忽或走开。"这种转变是所有转变中最核心的一种：猎物成为圆周的核心，以致不再动弹。"③

如果是两性之间的搏斗，那么它"常由性爱故事过渡到宗教性故事"④——有些单向变形却使我们想到人类中心主义：再狡猾的野物都逃不掉猎人的手，正像孙猴子怎么翻筋斗都翻不出如来佛的掌心。

---

① ［德］埃利亚斯·卡内提：《群众与权力》，冯文光、刘敏、张毅译，中央编译出版社，2003年，第241页。

② ［德］埃利亚斯·卡内提：《群众与权力》，冯文光、刘敏、张毅译，中央编译出版社，2003年，第243页。

③ ［德］埃利亚斯·卡内提：《群众与权力》，冯文光、刘敏、张毅译，中央编译出版社，2003年，第242页。

④ ［德］埃利亚斯·卡内提：《群众与权力》，冯文光、刘敏、张毅译，中央编译出版社，2003年，第242页。

第四章 英雄盗火、移山、寻仙药

一、盗火者：夸父与普罗米修斯

夸父追日的意义

为人类的幸福受尽苦难直到贡献出自己的身躯和生命，这一类神可以称为"牺牲的英雄"；他们的牺牲又必然为人类带来力量、智慧和利益，所以他们往往就是所谓的启蒙英雄或灵智英雄。而从更广的角度看，死后将自己的身体化为宇宙万物的创造神，例如盘古、女娲、木十伟、厄莎、密洛陀和布鲁沙、阿特曼、大自在天、提阿玛特、伊米尔（Ymir）等都可以列为牺牲的英雄，但因为这类身化宇宙型的故事跟宇宙起源、人类起源关系更大，可以放在创世神话或宇宙神话里去讲。牺牲的救灾英雄、灵智英雄则主要指为了拯救人类或为了获得某一伟大成就而遭遇悲剧性的磨难和不幸的英雄神。古希腊的普罗米修斯因盗火给人类而闻名世界，曾被马克思誉为"哲学的日历中最高尚的圣者和殉道者"。学术界一般认为，鲧因盗取息壤治理洪水而被天帝杀害，可以视为普罗米修斯式的牺牲英雄，这当然很正确。但是，我国也有典型的盗火者，他的故事隐蔽在"最好的神话"之"夸父追日"里，需要进一步发明，并且将其纳入世界性的盗火英雄神话系列之中。他们都是高尔基所说的"反抗神的神"。他们都是最伟大的智者、勇者、济世者、抗天者、启蒙者、牺牲者。他们的事迹具有永久魅力，将永远为人类所纪念、传诵和赞颂。

其他学者也有注意到世界各地为人类牺牲的英雄的趋同性和可比性，例如，苏雪林认为，普罗米修斯盗火，西亚风神修上天盗"命运牌"，鲧窃息壤，皆属同一母题，盖"古时欲得天庭之物，必须出以'窃'之一途"。她又说："鲧之被殛，风神修与盗火者之受系，后衍为大禹锁巫支祁，李冰锁孽龙，许旌阳斩蛟，甚至最鄙俚的故事民间传说白娘子之永镇雷峰塔乃由她之水漫金山，而白蛇也有上天盗还魂草救其夫许仙的事。孙悟空偷王母蟠桃、大闹天宫，被压五指山，达五百年之久，《西游记》作者这样写，似乎也曾受上述故事的影响。"①苏雪林的某些看法虽然可能贻"比拟不伦"之讥（本书何尝不如此呢），但这几组故事之间确实有一定的类同点。

王孝廉说："在中国神话中，一种悲剧性的叛逆精神曾经给后世无数辛劳役苦的中国民众，带来无限的希望与信心，明知道追逐太阳的终点是一片日落后的黑暗，却仍有渴死于道的夸父；明知道对方是君临大地的人间君王，却也有常羊山下，断头之后以两乳为眼，以肚脐为口，继续舞干戚而战的刑天；明知道太行王屋两山巍峨险峻，却也有率妻带子移山的愚公……"② 王孝廉提到"在信心与执着之下的叛逆与反抗"的，还有悲剧性的努力以西山之木填海的精卫，并且以日本的雁风吕传说与之相比较（北国南飞的雁渡过津轻海峡时，口衔树枝，以便疲惫时在其上休憩漂浮，明年仍来寻找此枝，衔回北方）。他说："也许同是来自北方而漂浮在海面上的木枝，津轻半岛的古代日本人认为是不归的雁魂，生活凄苦的农民们捡回去做为'风吕'的燃料是焚化以祭不归的雁，'雁风吕'的传说表现出一种日本民族的诗意与美丽的哀愁，是对一种无可奈何的悲剧而产生的妥协性的叹息与悼念。古代的中国人由这些漂浮在东海的木枝而想到含冤而死的女娃和填海的精卫，是在一个悲剧以及痛苦的现实下所建立的一种具有无限信心的反抗，在他们的努力过程中，他们一定相信，与其去哀悼那些填海而死的人间少女，不如更积极地衔木石以填平东海。在这两个不同的传说和神话的深层里，似乎也可以看出两个民族之间的思想不同的痕迹吧！"③

张光直说，夸父、刑天等"都是与神争而败的例子"④，但他们敢于以人的代表、人的精英与神争胜，这本身便"是件极其值得注意的事实"⑤。

英雄的本质是人以超人的行为克服神（自然）和自我（人）所造成的种种障碍，从而超越自己的存在，促进人类自我的自由能动本质的实现。所以克服物质和心理上的障碍而走向自由和解放是人类寄寓于英雄的理想。塞尔格叶夫论普罗米修斯悲剧云："个人的意识和意志——不拘是神的、巨人的或是人类的——总是争取解放，然而在他的奋斗当中往往碰着一些不能克服的因素，譬如，氏族的、地区的、宗教的以及其他的各式各样的传统和偏见，用古代悲剧作者

---

① 苏雪林：《天问正简》，广东出版社，1974年，第333页。
② 王孝廉：《花与花神》，洪范出版社，1982年，第50页。
③ 王孝廉：《花与花神》，洪范出版社，1982年，第50页。
④ 张光直：《中国青铜时代》，生活·读书·新知三联书店，1983年，第272页。
⑤ 张光直：《中国青铜时代》，生活·读书·新知三联书店，1983年，第272页。

的话来说，这一切就是所谓命运。普洛密修斯的形象，乃是反抗过去的、褊狭的、自满的、无理的一切的战争。"①

夸父也遇到这种自然——时间和空间——的障碍，面对着命运的压制和挑战。尉天聪说："古代所谓的神实际上是'人'的扩大力；也就是说，他们都是发挥人的'力'以克服各种灾害的英雄。"②他特别指出，夸父的"所谓'不量力'，正是面对困境时不屈服的奋斗精神，这种精神有人称之为'悲剧精神'，是一种从苦难之中孕育出来的力量。中国先民处身于苦难与忧患之中，凭生命的搏斗建立起自己的天地，故其所体验出来的便也是生生不息的，知其不可为而为之的悲剧情操。对于人，怀有如此的看法，对于其他生命亦莫不如此，这是一看《山海经》中（夸父）精卫鸟与刑天兽的故事，便可以领会到的"③。可见，无论东方或西方哲人，还是海内或海外学者，都深深为英雄神话的悲壮、伟岸所震动、所折服。而夸父最重要的应战命运，或者说向自然挑战的革命行为，跟普罗米修斯一样——盗火。这种盗火的精神千古永垂，历久弥新。

火是人类自由能动本质和文化成就中最伟大和最早的证明。华盛顿曾经为美国某大厦题词云：

火：一切发现中的最伟大的发现

使人类能够生存于不同的气候之中

造出很多的食品并迫使

自然的力量为他们工作④

我们的古人也朴素地认识到火的伟大功用。《礼·礼运》云："未有火化，食草木之实，鸟兽之肉，饮其血，茹其毛。未有麻丝，衣其羽皮。后圣有作，然后修火之利，范金，合土，以为台榭、宫室、牖户；以炮，以燔，以亨，以炙；以为醴酪。"民间传说则用形象证实着掌握了火的人类的无敌力量。例如，苗族英雄阿各林跟雷神、龙王、老虎比本领，只是"用火镰打燃火"，在山上放了一把野火，就吓得雷神上天，龙王下地，老虎入林⑤，表明只有用火的人才是世界的主人。

---

① [苏] 塞尔格叶夫：《古希腊史》，缪灵珠译，高等教育出版社，1957年，第322页。
② 尉天聪：《中国古代神话的精神》，见古添洪、陈慧桦编著：《从比较神话到文学》，东大图书公司，1977年，第245页。
③ 尉天聪：《中国古代神话的精神》，见古添洪、陈慧桦编著：《从比较神话到文学》，东大图书公司，1977年，第246页。
④ [美] 海斯等：《世界史》（上册），生活·读书·新知三联书店，1975年，第18页。
⑤ 参见燕宝编：《苗族民间故事选》，上海文艺出版社，1981年，第7页。

追日而且"入日"的夸父首先是盗火者。夸父故事主要见于《山海经》。《海外北经》说他"与日逐走，入日"，《大荒北经》则说他"欲追日影，逮之于禺谷"。对这个神话的解释很多，例如吕思勉认为，"夸父代表水，太阳代表火，这反映水火二神之争"[①]。王孝廉也认为，它表现"太阳与黑夜之争，亦即水火神之争"[②]。袁珂则说："夸父逐日，应当看作是古代劳动人民对光明和真理的寻求，或者说，是与大自然竞胜、征服大自然的那种雄心壮志。"[③] 太阳既代表光明，又代表必须加以征服的自然力。茅盾曾暗示，夸父跟普罗米修斯一样属于巨人族，夸父与日逐走，"也许是与神争霸的象征"[④]。

林惠祥说夸父是"昼的拟人化"[⑤]。王孝廉就此做了淋漓尽致的发挥，但他认为，夸父是黑暗、冥土和水的代表："太阳是光明和火神的代表。而与太阳对立的黑夜即代表了水神和幽冥地狱。由此而产生了许多光明与黑暗，水神与火神竞争的神话。……夸父逐日神话是由中国古代的幽冥神话而产生的。在神话的原义上是言光明与黑暗，火神与水神，白昼与黑夜之争。夸父之死在神话上是作为光明神太阳的胜利的象征意义。此外由白昼黑夜的循环交替现象而产生了神话中太阳和黑夜皆为不死或死而复活的神话。"[⑥]

夸父为黑暗、夜晚、地狱的代表，目前还没有更积极更直接的证明。但夸父确实和土地、水有密切关系（《东山经》说有兽"状如夸父而彘毛，其音如呼，见则天下大水"似含此暗示）。作为大地上人类的一员，他"与日逐走，入日"之后，必须回到大地上来，像一个在干旱炎热的长途上跋涉的旅人一样在大泽长河里虹吸鲸吞。水和阳光同样是人的生命泉源，但又处在尖锐的冲突之中。"河、渭不足"，是初民对西北高原、黄河流域干旱现象的一种神话解释。这样，夸父神话确实像专家们所指出的那样，跟后羿射日、二郎捉太阳等一样包含着人类战胜炎热、克服干旱、控制气候、改善环境的美好幻想。

王孝廉还进一步认为，夸父是冥王，以水神兼司风雨。"夸父所居的'成都载天'的海中大山，即神话中上通于天、下通幽都之门的天柱，夸父逮日于禺谷，禺谷也就是日落之地的虞渊，夸父北饮大泽的大泽，是委羽之山的雁门，

---

① 吕思勉：《吕思勉读史札记》（上册），上海古籍出版社，1982年，第59页。
② 王孝廉：《夸父考》，载《大陆杂志》1973年第48卷第2期，第11页。
③ 袁珂：《古神话选释》，人民文学出版社，1979年，第148页。
④ 茅盾：《神话研究》，百花文艺出版社，1981年，第177页。
⑤ 林惠祥：《林惠祥人类学论著》，福建人民出版社，1981年，第106页。
⑥ 王孝廉：《夸父考》，载《大陆杂志》1973年第48卷第2期，第17—18页。

雁门是神话中极北终年不见日照的幽都,从这些夸父神话的内容以及夸父的神话系谱,都足以说明夸父是具有幽都之王性格的水神。夸父在其他的记载中又可见具有风神雨神的性格,所以在黄帝与蚩尤的水火神的争战神话中,有黄帝命应龙杀蚩尤与夸父于大荒东北凶犁土丘的故事。"①

神话人物多带有多重性、多面性,正如许多神话带多义性。作为神的英雄可以是某一部落(例如羌人)的酋长、祖先或工匠、发明家(例如测日影者),可以与图腾崇拜、动物崇拜相结合而有动物化身甚至兼为图腾神(例如夸父与猿、鸟、马有关),还可以是天人冲突里某种自然力的代表——夸父可以是与炎热、太阳相对立的水或雨的某种形式的代表,也可能是大地的象征,与他作为后土之子以及人的代表的身份相合。

龚维英说,夸父就是夸娥,"夸娥"音近"羲和","就是常仪、常羲或嫦娥,是月神的另一名称。月神逐日,并且'入日'……那是一种天文现象——日食"②。

郑文光以为,夸父逐日是为了测量日影或测量大地,探索太阳运行的规律。③ 何新在此意义上提出,这也许反映了历法的改革。

高国藩也说,夸父"要观察太阳,认识太阳,战胜太阳,进而掌握太阳"④。

《山海经·海外东经》云,帝命竖亥"步"大地东极至西极之长度,郭注:"竖亥,健行人。"可见测量大地或日影者,非健步之巨人莫办。二郎神等也有"闲来折草量天地"的伟迹。其间或有相通之处。

杨公骥以"寓言说"解释夸父神话,认为"这位'地之子'是在和时间竞走";"只有重视时间和太阳竞走的人,才能走得快;越是走得快的人,才越感到腹中空虚,这样才能需要并接收更多的水(不妨将水当作知识的象征);也只有获得更多的水,才能和时间竞走,才能不致落后于时间"⑤。

关于夸父追日与人类征服时间和空间的努力之关系,乐蘅军指出,"视夸父为荒谬英雄,这究竟是文明后世的眼光,其实以太阳为竞逐的幻象,在那个时代,是和争神的一般的伟壮之举"⑥。他认为:"夸父逐日应是宇宙间展开的一场

---

① 王孝廉:《神话与小说》,联经出版事业公司,1986 年,第 120 页。
② 龚维英:《夸父逐日神话新释》,载《天津社会科学》1983 年第 5 期,第 89 页。
③ 郑文光:《从我国古代神话探索天文学的起源》,载《历史研究》1979 年第 4 期,第 68 页。
④ 高国藩:《夸父神话略谈》,载《南京大学学报》1980 年第 1 期。
⑤ 杨公骥:《中国文学》(第 1 分册),吉林人民出版社,1980 年,第 37—38 页。
⑥ 乐蘅军:《古典小说散论》,纯文学出版社,1976 年,第 47 页。

极其庄严壮烈的竞赛，而夸父并未失败，在终点上追及太阳。"① 夸父的悲剧仅在于：作为人，"他终于无法彻底掌握'时间'这一因素，而扭改自然；当他追及太阳的时刻，也就是他的'完尽'的时刻，因此夸父不得不身死垂成"，而太阳作为自然力的代表在时间上却是永恒的。所以，在这场知其不可而犹为之的悲剧冲突中，神话强调的是他的英勇、他的执着、他的意志、他的耐力，以及"他坚执不死去的信念"。"杖化邓林是夸父信念的持续存在，邓林也是人类生命的长青树林。这是夸父这一悲剧英雄通过他虚死而实生的行动，传达给人类的永恒意象。"②

1983年12月，在成都召开的中国《山海经》学术讨论会上，专家们对夸父神话提出许多新鲜而精彩的解释。例如，有人说，夸父是神话时代的哥白尼，他用他的木棒、也就是"木表"（可能还有刻度）测量日影变化；以后这木棒化为邓林——这木棒是登天棒或天梯，邓林也可以理解为观日点。有人说：夸父山是观测点（我国古人是以太阳运行的赤道来测象的）；邓林（在邓国）无法通过，是为阴地（邓就是橙，是澜沧一带盛产的柚子）。有人说：夸父跟后羿射日一样是为了与旱灾斗争，逐日就是把烈日逐去，还要大造邓林，来涵养水分，滋润土地（可惜，这些貌似信口而发的精彩意见，并未全部公开发表）。陶学良曾提出，夸父逐日是与旱魃作斗争③；涂元济也说，"夸父逐日的原因，是为了战胜炎热、干旱"，"弥漫在整个神话中的对水的渴求，就是干旱区人民对水的渴求"④。

杨超评述会上的一些意见说："我赞成这样的说法：夸父是以木棒测日影，书中已经指明他是'欲追日影'。夸父应该是一位古代的科学家。有同志说夸父是盗火，同西方的普罗米修斯联系起来，这可以备一说。我以为还是依我国自己的文献资料最为切当。寿麻正立无影，也是一个有关天文的记载，寿麻不知究竟指何处，缺乏实际的考证，这与夸父追日有无关系，有待研究。"⑤ 谭达先说，夸父神话"表现了上古人民企图控制太阳、战胜太阳的高尚理想与巨大魄力"，是"讲对炎热斗争的"，很对；但说夸父"终于在禺谷（即虞渊）那里把

---

① 乐蘅军：《古典小说散论》，纯文学出版社，1976年，第48页。
② 乐蘅军：《古典小说散论》，纯文学出版社，1976年，第48页。
③ 陶学良：《试论少数民族的神话史诗》，载《民间文学论坛》1982年第3期。
④ 涂元济：《夸父追日考》，见中国民间文艺家研究会上海分会编：《民间文艺集刊》（第6集），上海文艺出版社，1984年，第41页。
⑤ 杨超：《〈山海经〉及其相关的几个问题》，见中国《山海经》学术讨论会编辑：《山海经新探》，四川省社会科学院出版社，1986年，第10页。

太阳捉住"①，似乎不够准确。"欲追日影，逮之于禺谷"，"逮"是"及"，不是"捉"。捉太阳的目的安在？——怎样处置、管理、控制它？为什么突然又回头呢？

追逐太阳和光明的神话，许多原始集团都有。新西兰神话英雄毛伊（Maui，或译玛依）曾经盗火，他跌入海中时，"太阳第一次西落了，黑暗包盖了大地。当他发现一切都是夜时，玛依便追赶太阳，在早晨将他带回了"，于是太阳才按时起落。②

古代印度神话，大鹏鸟商婆底曾经追逐太阳，被它的火焰烧坏了翅膀。③

古希腊的赫拉克利特说："如果没有太阳，纵然有别的星辰，也还是黑夜。""太阳是时间的管理者和监守者，它建立、管理、规定并且揭示出变迁和带来一切的节季。"太阳的节律性，很早就为初民所感知，但他们还试图解释这种节律及其变异的原因。如赫拉克利特诗句所反映的，"太阳不越出它的限度；否则那些爱林尼神——正义之神的女使——就会把它找出来"④。初民认为她们就是追随太阳并使它维持正常运动规律的女神。这句诗或译作：

不是太阳不逃越他的轨道，

而是 Erinyes 姊妹，正义的使者，

追上了太阳。⑤

但复仇女神（Erinyes）追逐太阳，是为了让它正常地升降、运行，跟夸父逐日有所不同。

据爱德华·泰勒的《原始文化》介绍，北美奥塔瓦印第安人神话英雄 Na-Na-Hon-Jon 也具有太阳神格，他每天追逐他的父亲兼仇敌西方黑暗幽冥的掌管者而追不到。而新西兰盗火英雄毛伊曾被他的祖母暗夜之神吞到肚子里去，人们相信太阳的降落（也许还有日蚀）都是由此引起的。⑥ 这些盗火或驱黑之神都有太阳神的性征，这也是所谓的太阳神文化的重要特色。

---

① 谭达先：《中国神话研究》，台湾商务印书馆，1980 年，第 43 页。
② [英] 柯克斯：《民俗学浅说》，郑振铎译，商务印书馆，1939 年，第 254 页。
③ 参见 [古印度] 蚁垤：《罗摩衍那·猴国篇》（4），季羡林译，人民文学出版社，1982 年，第 3 页。
④ 北京大学哲学系外国哲学史教研室：《古希腊罗马哲学》，生活·读书·新知三联出版社，1957 年，第 28 页。
⑤ Edith Hamilton, *Mythology*, New York: New American Library, 1953, p. 16.
⑥ E. B. Tylor, *Primitive Culture*, Vol. I, London, p. 327.

太阳与光明追求的普遍性

这种对光明的追求,是太阳文化的精英们最重要的动作线。几乎所有中国的高级祖先神和主要英雄,都曾被祀为太阳神,并且以日神、准日神的身份征服着黑暗与罪恶,调节着水旱与风雨。最典型的东方夷人集群太阳鸟神话文化,从帝俊到后羿,从大皞到少皞的祖先神、英雄神们,以太阳为生命,以光明为灵力,以日月为名称,可以不必赘言。西北方、北方那严酷的沙原、山原地带的兄弟民族的萨满教文化也牙帐东开,敬日于东山,以太阳为天神——尽管他们的天神多带着严厉和森严的色彩。"遥想苍梧郡,兹日祀东君。"南方太阳神格位虽然不像长江以北地区那样高越,但是他们也欢天喜地地崇拜、尊祀光明神。仅以《楚辞》言——当然它存在较多东夷文化的意绪或影响——整套《九歌》便以东皇太一为首,他是由老太阳神升格的楚人的天之神或上帝,云中君以轩辕星神兼摄晴、雨、风、云、雷、电等二十四变,湘君(舜)是太阳神、山川之神,湘夫人(女匽)是月亮神、水神,而东君正像阿波罗、后羿等年轻一代的太阳神,兴高采烈地驱除妖恶,纵情歌舞,"应律兮合节",周行不殆,东升西落,永无休止,闪射光明。而一曲《离骚》,也潜藏着一种向光明的冲动,对太阳的追求。"摄提贞于孟陬兮","摄提",即"重华""舜",为太阳神星,"孟陬"指"娵訾",即"常仪"(月神嫦娥),《离骚》诗人便生在日月交会之际,以光明神的精神后裔,展开三次神游,盘桓于太阳行止之所,追求以光明为象征的真理和美政。在这悲剧性的宏伟诗篇的结尾,诗人"抑志而弭节兮,神高驰之邈邈",他追求光明、追求升华、追求高越,"陟升皇之赫戏兮",他居然也像夸父那样追逐着煊赫的烈日,想进入那高悬于西天的太阳。——只是由于他太眷恋乡土,太热爱人生,太钟情于君国,他才"蜷局顾而不行",而以投身于黑暗的浊水,向光明和理想贡献出生命。

《离骚》的歌主当然是屈原,屈原与楚王同族。何新曾提出一个有待验证却极重要的假说:"楚王族三姓——昭,景,屈。昭,《说文》:日光也。景,光也。屈,疑即胐之讹形。而日初之光称胐('爰始将行,是谓胐明',见《淮南子·天文训》)。由此可见,楚王族姓皆以日光为姓。"[1] 如果能进一步证实,那么,南方民族的太阳崇拜,《楚辞》诗人对于光明的不倦追求,就更加可以理解。

---

[1] 何新:《诸神的起源——中国远古神话与历史》,生活·读书·新知三联书店,1986年,第26页。

诸家解释夸父神话各有独到之处，但是总觉得不满足。"入日"，入日干什么呢？《海外北经》有异文，但只有《史记·礼书》裴骃集解引作"日入"。吕思勉批评它"改从后世语法"，或是；但吕氏解为"使日入"，似亦非原意。或据《书·尧典》"寅宾入日"云云，解"入日"为落日，也不顺畅。郭注"言及于日将入也"，先入为主，引起了模糊和穿凿。

夸父追逐太阳或日影，或欲入日，或欲擒之，目的虽在控制太阳或气候，但更重要的是为了取得太阳神火。古人因不明入日的目的，又以为入日为不可想象之险事，所以曲解之，后人也多让它瞒过了。《山海经》虽无直接证据，后世记载却泄漏了天机。《太平御览》卷四七引《郡国志》云："台州覆釜山，有巨迹，云是夸父逐日之所践。"釜者，炊事之器。唐人《朝野佥载》："辰州东有三山，鼎足直上，各数千丈。古老传云：邓夸父与日竞走，至此煮饭，此三山者，夸父支鼎之石也。"这三山（或三石）象征着原始人用来支起容器生火炊爨的三足石。徐嘉瑞说，西北羌人集团盛行三足石（或锅桩石）崇拜，我国特有的鼎、鬲或起于羌人之以三石支釜①，而夸父正与西北炎帝羌戎集团关系密切。

"支鼎"或者"覆釜"，暗示夸父入日取得天火以后，才能用来炊煮食物，从而把用火、熟食、垒石、支锅的习惯和技艺留给了人间（三足石也适用于较古远的"石板烤煮术"）。不蒸、煮、烧、烤，垒起三足石，覆釜或支锅有什么用呢？如果不掌握火，又用什么来烧锅、烤食呢？

> 火是重要的生产工具，可用于狩猎，用于烧荒，火又是食物生产的重要工具。正像有些学者指出的那样，火的使用使人类开始吃熟的食物，熟食缩短了咀嚼和消化过程，分解了坚韧的肉和根茎类的纤维成为氨基酸和糖，使食物柔软和在某些方面更富于营养，并减少了进食的时间和耗费的能力。食物的种类和范围也因之扩大，促进了人类体质的发展。②

在石器时代，如果不用陶釜、石板或木质容器（适用石煮法），还可以使用石釜（古格王朝遗址发现石釜，在今日喀则和山南等地区，还有人喜欢使用石釜③）。

列维-斯特劳斯讲述并且比较了好几个印第安热依人关于"火的起源"的

---

① 徐嘉瑞：《大理古代文化史稿》，中华书局，1978年，第182页。
② 王仁湘：《狩猎、农耕、火食和进化——史前饮食考古四题》，载《中国历史文物》2004年第2期。
③ 王仁湘：《狩猎、农耕、火食和进化——史前饮食考古四题》，载《中国历史文物》2004年第2期。

神话，其中"M₇卡耶波－戈罗蒂雷人"的一则说，遇难的英雄博托克（Botoque）接受花豹（它已全然人格化）的邀请回家，让他"吃了第一顿煮过的肉"。后来他杀死虐待他的花豹之妻，逃回村中，"讲述了自己的故事，让他共享那块熟肉。印第安人于是决心占有火"。他们找到花豹的居处，"烤了猎物，带走了火。于是，村子里第一次在夜间有光，吃烧煮过的肉，在炉旁取暖"。这三个好处，都是火直接给予的。生食是自然，熟食就是文化。博托克们因为火真正成为人。而花豹则为"养子（人）的忘恩负义的激怒，因而对一切动物，尤其人类充满仇恨"。它不再吃熟食，抛弃了火。"今天，它的眼睛只看到火的反光。它用尖牙猎获和撕食生肉，正式与炙烤的肉断绝"①。它退化（或者说回返）为动物。这里的分界线，就在于生食与熟食、文化与自然、人与动物。

我们有意回避或删除与我们的主题无关的细节，不做结构分析，而只是从故事文本中建构出意义的本文，或者说，寻求能指中的所指。这种不免于主观的选择性接受，可能会受到指责。但我们旨在建构意义，突出主题，证明假说。

盗火的神或人

古希腊悲剧中的普罗米修斯说："我把火种偷来，藏在茴香秆里，使它成为人们各种技艺的教师，绝大的资力。"②茴香秆表皮坚硬，晒干后易燃，现代希腊和意大利还有人用它引火。意大利洛古多罗地区传说，养猪奴修炼成的圣者安东尼奥曾以牧猪的葵花秆，藏着地狱里的火种，将它带到人间。③这个故事肯定是普罗米修斯盗火的改型。斯威布十分明确地采用普罗米修斯以茴香秆从太阳那里取火的情节（另一说系从火神熔炉里盗火）：

> 他摘取木本茴香的一枝，走到太阳车那里，当它从天上驰过，他将树枝伸到它的火焰里，直到树枝燃烧。他持着这火种降到地上，即刻第一堆丛林的火柱就升到天上。④

而夸父也带了一根杖子追日。"道渴而死。弃其杖，化为邓林。"这也是丛林啊。《中山经》："夸父之山，北有桃林。"《海外北经》说博父（夸父）国，

---

① ［法］克洛德·列维－斯特劳斯：《神话学：生食和熟食》，周昌忠译，中国人民大学出版社，2007年，第92—93页。
② ［古希腊］欧里庇得斯：《悲剧二种》，罗念生译，人民文学出版社，1979年，第10页。
③ 参见［意］伊塔罗·卡尔维诺：《意大利民间故事选》，陈秀英、任宣、刘黎亭译，外语教学与研究出版社，1981年，第26页。
④ ［德］斯威布：《希腊的神话和传说》（上），楚图南译，人民文学出版社，1982年，第5页。

"邓林在其东,二树木"。郭注:"二树而成林,言其大也。"经文"木"疑有误。毕沅云:"邓林即桃林也,邓、桃音近。"这杖子和桃林都耐人寻味。施梓云谓:"夸父的手杖可能就是他的'火把',在他颓然倒下时,火星溅落一地,化作了灼灼的桃花。"① 其说颇有理致。

有人进一步论证:桃跟扶桑一样是太阳神树。舜与他的分身帝俊、帝喾(太皞氏)都兼摄太阳神格。而舜生桃墟并且姓姚(桃)。"假如舜是太阳神而桃木为太阳神木,舜必然是从桃木爬上中天的,恰巧'舜,东夷之人'生于桃丘(《御览》卷八一引周处《风土记》)。"② 这就为灼灼桃华是太阳神火所化提供了一个过硬的证据。

据说,夸父山被中原地区人民认为在灵宝市,山涧沟还有夸父营村,当地人民极其爱护林木,只许种植,不许砍伐,就好像四川石纽山刳儿坪(禹母生禹处)成为樵牧禁地一样,至今桃林蔚为胜景。张振犁以为:"当地之所以在隋代以前把灵宝叫'桃林',就因为夸父族以桃树为图腾。"③ 这至少是人民对这位盗火英雄勋绩的一种纪念吧。

《列子·汤问篇》的记述显然经过整饰,但是却清楚多了:"夸父不量力,欲追日影。逐之于隅谷之际,渴欲得饮;赴饮河渭,河渭不足,将走北饮大泽,未至,道渴而死。"疑《山海经》之"逮"亦"逐"之意,犹言"及",但是没有抓住它。陶潜说是"俱至虞渊下,似若无胜负"。是否抓住了太阳,是夸父神话跟二郎神捉日、后羿射日的最大区别:一个是悲剧,一个是喜剧,一个是正剧。

夸父故事确实与远古的后羿、后世的二郎神有关系。元剧《西游记》:"谁教有穷能射日,某高担五岳逐金乌。"元剧《二郎神醉射镇魔镜》:"喜来折草量天地,怒后担山赶太阳。"现代民间传说还保留着二郎挑起两座山把多余的六个毒日头压在山下的情节。四川灌县民众相传某丘某山为二郎担山或抖草鞋留下的土石。民间还传说二郎神追杀多余的十一个太阳之时,"一步迈过昆仑,两步跨过渤海,在熊岳歇了一歇,……他脱下靴子一倒,倒出两颗石子,那就是熊岳的望儿山和馒头山"④。而《太平御览》卷五六引《安定图经》也说:"振履堆者,故老云,夸父逐日,振履于此,故名之。"此与二郎担山振履遗石事迹若合

---

① 施梓云:《世界神话里的盗火英雄》,载《淮阴师专学报》1987年第3期。
② [韩]方善柱:《昆仑天山与太阳神舜》,载《大陆杂志》1974年第49卷第9期,第7页。
③ 张振犁:《中原古典神话流变初议》,载《民间文学论坛》1983年第4期,第11页。
④ 李肃立编:《神话传说故事选》,北京出版社,1982年,第6页。

符契。

太阳、火、木

德国语言学家阿达尔贝尔特·库思在《火与神酒的降凡》一书里提出，普罗米修斯的名字来自梵语的"Pramatyas"，义为"钻木的人"。他认为，普罗米修斯盗火神话，必须同钻木取火的原始方法联系起来，才能够认清它的本质。① 事实上，在类似的神话里，往往都出现太阳、火、木这样紧相联系的因子。这是人类对自己的光辉业绩（技术发明和生产力的飞跃）的回忆和纪念，类似的发明创造通过不同的形象反映或象征讲述，在不同的历史阶段以不同形式反照出来，并保存下来。似乎不应拘泥于普罗米修斯或夸父那样晚近的世系，认为他们早已超越发明取火技术阶段，不可能再与钻木取火相联系。

保罗·拉法格说，普罗米修斯"没有必要把火传给史前的希腊人或者教他们使用"，因为雅利安人在此之前很久就会用火了。他解释道：普罗米修斯"从'火的泉源'盗取来的火种不是普通的火，'由爱特拉不断涌出的火'。这是神圣的火，这火使那占有它的凡人有权点燃家庭的炉灶，有权组织从父亲的专制权力解放出来的独立的家庭"。② 这是一种学说，对于解释普罗米修斯盗火的具体历史背景，研究圣火崇拜、家火旧俗的性质极有意义。但是不能从而否定盗火神话里所包含的客观思想：人一定要从自然界那里夺取物质财富，一定有从钻木取火到有控制的热核反应的伟大文明和技术；自然（或神）是不可能永远垄断它们的。人定胜天，哪怕要付出鲜血和生命。

《列仙传》虽然充满胡说八道，但也多少保留一点上古神话。其中有个"啸父"（神仙多善啸，但猿猴更善啸，这跟夸父类动物称"嚣"或"枭"暗合），在曲周市上补履数十年，人皆不识，临上"三亮山"列数十火而升（升遐，即登仙），弟子梁父得其"作火法"。这至少是又一个作火者。他还有个弟子叫师门，"食桃李花，亦能使火"，为夏孔甲龙师，被其杀而埋之野，"一旦，风雨迎之，讫，则山木皆焚"。可见，他们师徒都是火仙。仙火令山木皆焚，也是木和火相生的证明。

陶云逵介绍我国独龙族盗火故事说：

---

① 参见刘魁立：《欧洲民间文学研究中的第一个流派——神话学派》，见中国民间文艺研究会上海分会编：《民间文艺集刊》（第3集），上海文艺出版社，1982年，第26页。
② ［法］保罗·拉法格：《宗教与资本》，王子野译，生活·读书·新知三联书店，1963年，第62页。

木彭哥（Mupongo）乘日光腾升上天，偷取谷种。……虽有了谷，但无火。于是复祷于天神，请求取火之法。当祷告之时，其手中适玩弄藤子，不知不觉将藤子磨于树干，渐渐热起来，冒出火星，乃之取火之法。①

此取火故事里也有藤子和树，涉及木与火，包含着摩擦生火的回忆。

基于上述理由，笔者曾经提出一个假设：夸父追日的神话很可能是歌颂人类的伟大代表入日猎取火或光明的悲壮行动。

夸父或本是"猿人"

入日盗火者夸父，最初可能是一只猿，或类人猿。这具有特殊意义。

《山海经·西山经》崇吾之山，"有兽焉，其状如禺而文臂，豹虎而善投，名曰举父"。郭注："或作夸父。"

清郝懿行《山海经笺疏》说"举""豦""玃"音近，暗指一种类猿。

《尔雅》云："豦，迅头。"郭注云："今建平山中有豦，大如狗，似猕猴，黄黑色，多髯鬣，好奋迅其头，能举石挺人，玃类也。"如郭所说，惟能举石挺人，故经曰"善投"，因亦名举父。举、遽声同，故古字通用；与夸声近，故或作夸父。

善投石，而且喜欢"挑战"人类，似能使用（而非制造）工具。袁珂的《山海经校注》据郝懿行等云："夸父者，猿类之兽也。"似更像"半人半猿"。

《东山经》云，豺山有兽，"其状如夸父而彘毛，其音如呼，见则天下大水也"。似夸父而非夸父，更像水猿。《西山经》瀜次之山，"有兽焉，其状如禺而长臂，善投，其名曰嚣"，像是长臂猿。郭注："亦在畏兽画中，似猕猴善投也。"嚣者，郝懿行、毕沅并谓"嚣""猱"声近，猱或写作"夒"，正是殷墟卜辞"高祖夒"之"夒"，《说文》所说的"母（猕）猴"形者，似乎指其高祖曾化身为猱，或扮饰似猿。

可以理解为：从人猿将要过渡为猿人，或从猿人将转变为人的夸父，通过入日盗火的崇高行为，不但将自己彻底提升为真正的人，而且像普罗米修斯那样为人类带来了便于保存和再生的太阳火。

下文我们就可以看到，中国西部和西南边疆的一些兄弟民族的猿形英雄，正是通过取火、用火，让自己彻底摆脱动物界，成为直立人、能人直到智人。

---

① 李子贤编：《云南少数民族神话选》，云南人民出版社，1990年，第552页。

神话也许只是个暗示，却是个有世界史、人类史意义的暗示。

曾经移山、盗草的印度神猴哈奴曼，也跟半猿英雄夸父一样追逐过太阳：

太阳升起优陀耶山，

绕着它有炽燃的光环；

我能够走近它身旁，

在它落到阿窣陀山之前。①

可惜，他没有入日或者盗火的伟迹。优陀耶（Udaya）是太阳升起之山，相当于我国的汤谷；阿窣陀（Asta）也是神话里日落之山，对应着我国的崦嵫、蒙汜、虞渊、禺谷。哈奴曼在日落阿窣陀之前，走到它身旁，岂不像夸父之"欲追日景，逮之于禺谷"？哈奴曼也是巨人，多力，迅走。他是风神的儿子。

风神能吹碎山峰，

他本是祭火的朋友；

他的力量不可估量，

他能在天空中行走。

这高贵尊严的风神，

行动迅速，威力无双；

我就是他的亲生子，

跳跃的本领同他一样。②

《罗摩衍那》第一篇"童年"就说，这些猴王"都有极大的力量，身躯长得又高又大，有十分可怕的形状"。朱芳圃注意到《北山经》狱法之山的山𤟤，也是夸父的同类："有兽焉，其状如犬而人面，善投，见人则笑，其名山𤟤，其行如风，见则天下大风。"袁珂也说："山𤟤盖即举父、枭阳之类也。"善投，一如举父。山都、狒狒、枭阳等皆"见人则笑"，笑者啸也，枭也，嚣也；其行如风，状其轻捷，迅可逐日。"见则天下大风"，证明山𤟤、夸父类神猿和风也有因缘，就像哈奴曼是风神之子。

掌握了火，猴子真正变成人

我国少数民族神话传说里也有或明或暗的神猿盗火故事。其深层的象征结

---

① [古印度] 蚁垤：《罗摩衍那·猴国篇》(4)，季羡林译，人民文学出版社，1982年，第425页。
② [古印度] 蚁垤：《罗摩衍那·猴国篇》(4)，季羡林译，人民文学出版社，1982年，第424页。

构或意义，比前举故事深邃不知凡几！

四川羌族祖先传说《木姐珠与冉必娃》说，猴子冉必娃为了与天上阿爸（天神）木巴的女儿木姐珠结婚，在一天之内烧好几条沟的"火地"，结果被山火烧掉浑身猴毛，成了美男子（只因烧时略加掩护，所以"至今人的头上和身上还留下少许的猴毛"）。这不但说明人类只有经过火的烧炼，掌握了火，才"第一次使人支配了一种自然力，从而最终把人同动物界分开"（恩格斯），而且暗示这火是猴子（猿人）先行掌握的，所以才受到自然或上帝"愉快的惩罚"。这跟夸父盗火故事结合起来，简直就是一部形象化的早期人类史！

珞巴族也有《人为什么和猴子不一样》的神话解释。他们说，起初有两种猴子：一种白毛长尾巴，一种红毛短尾巴。

> 有一天，红毛短尾巴的猴子们跑到了一座大山上，把自己身上的毛都拔了下来，放到一块大岩石上，各自拿来一块石头狠劲地敲，敲出火来了。
>
> 有了火，这些短尾巴的猴子就把弄来的东西烧熟了吃，不再吃生东西了。
>
> 从此，这些短尾巴的猴子身上不再长毛了，便成了人。起初，人还有点尾巴，但是越来越短了，到后来就一点尾巴也不剩了。①

这个解释何等精确，何等明白？

哀牢山彝文史诗《门咪间札节》也明白无误地说"猴子变成人"，其转变的重要原因是在交流和交际之中发现了火。他们本来只吃生果。

> ……支起平石板，
> 咬不动的果，就用石头敲，
> 击石起火花，树棍已燃着。
> ……从此认得煮熟吃。
> 一天学一样，猴子变成人，
> 树叶做衣衫，树果当饭吃。②

而在《夷棘榷濮》里，也暗示猴子对发现火贡献极大，所以说"祭火如祭猴"。

---

① 谷德明：《中国少数民族神话选》，西北民族学院研究所，1983年，第265页。
② 罗希吾戈：《彝族人类起源神话与云南古人类》（下册），中国少数民族神话学术讨论会论文集，1984年，第135页。

> 学会祭祖竹，代代相传授，
> 祭毕燃祖竹，祭火如祭猴。
> 自从有了火，常把人来伴。
> 夜间有了火，驱毒蛇猛兽。①

彝族学者罗希吾戈指出，彝族初民已用朴素的方式感知了从猿到人的道理，而且描绘了火在人类发展中的决定性作用。

列维－斯特劳斯讲述了印第安博罗罗人传说中猴子发现摩擦生火的故事。猴子得到一条鱼，与花豹分享。鱼要烧熟才便于猴子们进食。花豹问火在哪儿，猴子有明确的目标，它指向正沉向地平线而且沐浴在血色余晖之中的太阳。它设想的办法跟化身猿猴的夸父一模一样。

> 就在远处……那里还是火焰一片通红！跟着它跑，这次要赶上火（太阳），我们就可烧煮鱼了！

故事虽然没有说清楚它获得火与取火的办法，然而，"这猴子发明了摩擦两根枝条产生火的办法"，它不但走向了人，"后来人向它模仿了这种方法"②。

我们可以暂且不管专家们怎样分析这个神话的结构，只顾它提供的启发：猴子知道火来自太阳，追逐太阳是为了取得火和生火的办法。这只猴子不是人，但它太像人了，也有些像夸父。

人工取火的纪念

恩格斯在《反杜林论》里说："就世界性的解放作用而言，摩擦生火还是超过了蒸汽机，因为摩擦生火第一次使人支配了一种自然力，从而最终把人同动物分开。"他在《自然辩证法》里指出摩擦生火是把机械能转化为热能，这可以视为人类历史的开端，并从而在民俗和神话上留下鲜明的印迹。"在实践上发现机械运动可以转化为热是很古的事情，甚至可以把这种发现看作人类历史的开端。即使是工具和动物驯养的发明在先，但是人们只是在学会了摩擦取火以后，才第一次迫使某种无生命的自然力替自己服务。现在还在民间流行的一些迷信表明，这个具有几乎不可估量意义的巨大进步在人类的心灵中留下了多么深刻的印象。……在人们知道其他一切取火的方法以后很久，在大多数民族中任何

---

① 罗希吾戈：《彝族人类起源神话与云南古人类》（下册），中国少数民族神话学术讨论会论文集，1984年，第137页。
② [法]克洛德·列维－斯特劳斯：《神话学：生食和熟食》，周昌忠译，中国人民大学出版社，2007年，第171页。

圣火都还必须由摩擦产生。甚至在今天,在大多数欧洲国家中,民间还流行着这样一种迷信:灵火(例如我们德国的祛除兽瘟的火)只可以由摩擦产生。这样,直到现在,关于人类对自然界的第一个伟大胜利的愉快的记忆,还半无意识地继续存在于民间迷信中,存在于世界上最有教养的民族的残留的异教神话传说中。"① 普罗米修斯、燧人氏和夸父的故事就是这种人类对自然的伟大胜利的一种纪念。贝尔纳也说:"火的维持,火的传引,在最早时必认为是很可怕、危险和困难的事。试看到处都流行关于火的种种神话和传说就可以证实。"②

普罗米修斯不仅是个盗火者,在一个神话里,他还是用泥土造人的创生之神。在埃斯库罗斯《被缚的普罗米修斯》中,他是人类文化的赐予者和教导者:"我为他们发明了数学,最高的科学;还创造了字母的组合来记载一切事情,那是工艺的主妇,文艺的母亲。我最先把野兽驾在轭下,给它们搭上护肩和驮鞍,使它们替凡人担任最重的劳动;我更把马儿驾在车前,使它们服从缰绳,成为富贵豪华的排场。那为水手们制造有麻布翅膀的车来航海的也正是我,不是旁的神。"所以他是一位典型的启蒙英雄和文化英雄。

夸父没有这样多的伟迹,他是个人,不是神。他用他的能动行为证实着人的伟大。跟鲧一样,他(人类的光荣代表)不需要一个神来言传身教,越俎代庖;他自己去追求,去夺取,去创造。这也许是中国民族性里埋藏最深、蕴蓄最厚、贮积最久的精英,代表着华夏民族重人、崇实、务行的性格和文化心理,以及勤劳、勇敢、智慧的高尚品质。神话里主体性和现实性因素的强弱,是以神为人还是以人为神,是神本位还是人本位,也许是中国神话跟埃及、巴比伦、印度乃至希腊神话最大的不同点。而神话从来都是民族的灵魂。

普罗米修斯被缚在高加索山岩上,经受着永恒的痛苦。宙斯派来的兀鹰啄食着他那不断被撕裂又重新生长起来的肝;在埃斯库罗斯的悲剧里,他还因与诸神的使者赫耳墨斯的冲突,引起雷电轰鸣,山崩地裂,以致跌入地牢。而夸父也渴死在遥远而漫长的河渭与贝加尔湖之间的荒原之上。

陶渊明诗云:"夸父诞宏志,乃与日竞走。……余迹寄邓林,功竟在身后。"夸父给人类留下了果实、树荫、牛马、物产、力量和美。《列子·汤问篇》说夸父"弃其杖,尸膏肉所浸,生邓林,邓林弥广数千里焉"。他的血肉滋养了木杖,化作鲜艳的血花。正如杨公骥所说:"他虽然因客观上水分不足而遭到失

---

① [德]恩格斯:《自然辩证法》,人民出版社,1971年,第91—92页。
② [英]贝尔纳:《历史上的科学》,伍况甫等译,科学出版社,1959年,第36页。

败,但仍以自己的血肉灌溉了数千里的大地。"或说,这里还暗示着巨人盘古那样的身化宇宙。《大荒南经》:"有木生山上,名曰枫木。枫木,蚩尤所弃其桎梏,是为枫木。"这跟夸父杖化桃林十分相似。《中山经》:"夸父之山,其木多棕枏,多竹箭,其兽多㸰牛、羬羊,其鸟多赤鷩,其阳多玉,其阴多铁。其北有林焉,名曰桃林,是广员三百里,其中多马。湖水出焉,而北流注于河,其中多珚玉。"郭注:"桃林,今宏农湖县阌乡南谷中是也。饶野马、山羊、山牛也。"

茅盾先生曾经以希腊巨人族提坦、北欧冰巨人伊米尔与作为中国巨人代表的夸父做比较:"这些巨人族都是代表'恶'的,都常与神争权,扰乱世界,而最后为神所征服。……(夸父)'与日逐走'也许是与神争霸的象征。"①"夸"从"大",它的古义正是"巨""大"。夸父确实也有反抗天意、战胜自然的意向;所谓"争胜"或"争权",也许可以视为水火、雨旱,以及天人、人神的冲突。而普罗米修斯正是巨人族提坦的一员。

按照《大荒北经》的叙述,夸父为后土之孙,关系为:后土—信—夸父。夸父是黄土的子孙而领有地神格。而普罗米修斯的祖母是地神该亚,母亲是谨慎信实的法律女神忒弥斯(Themis),她曾在德尔斐神祠颁发神示,预言祸福。其关系是:地母—法律女神—普罗米修斯。

王孝廉特别强调,夸父是地下世界的巨人:"夸父的所在地都是古代中国人观念中的幽冥地狱,夸父是为幽冥巨人无疑。《山海经》所见的博父国,聂耳国之巨人和后来《神异经》所见的巨人朴父都是夸父,由其神话性格或名字的字音字义可以确定。"②而普罗米修斯是地母该亚与天神乌拉诺斯所生的伊阿佩托斯(Iapetos)之子。③诸神的信使赫耳墨斯曾经警告普罗米修斯,说宙斯将把不听话的盗火的贼送入"那幽暗的冥土和漆黑的塔耳塔洛斯深坑","你在那里住满了很长时间,才能回到阳光里来"。

这也许有助于理解为什么夸父要"逐日影,逮之于禺谷"。禺谷,就是蒙汜、虞渊,日所入处。这个处所的异名很多。《离骚》:"吾令羲和弭节兮,望崦嵫而勿迫。"王注:"崦嵫,日所入山也,下有蒙水,中有虞渊。"可见它们是一个地方。这是阴阳、昼夜的分界线。太阳一旦降入蒙汜、虞渊或禺谷,就进入

---

① 茅盾:《神话研究》,百花文艺出版社,1981年,第177页。
② 王孝廉:《夸父考》,载《大陆杂志》1973年第48卷第2期,第18—19页。
③ 参见[英]劳斯:《希腊神话故事》,周遐寿译,天津人民出版社,1958年,第1页。

水底下的幽冥世界，处于半休眠状态，一直要到第二天在东方的汤谷（沃焦）汲取足够的热量以后，才缓缓上升。《九歌·东君》"杳冥冥兮以东行"，写的就是这情景（透露太阳绕地球旋转的朴素认识）。大概作为日御的羲和驾驭太阳神车也就是到崦嵫、蒙水、虞渊为止。夸父，作为后土之孙，幽冥之族，已经在人间生活了，他追求的是光明、热力与火，而不愿再回到阴暗、冰冷、幽深的禺谷里去。所以他必须在禺谷边缘赶上太阳，获得光明与火。然而，当他得到火种归来之时，力驰未及，口渴如焚，结果道渴而死，酿成悲剧。这实在有点像普罗米修斯之陷落地牢（当然，夸父是虽死犹生，膏肉浸润土地而生桃林，把热烈和美丽带给了人间）。那禺谷、虞渊、蒙汜，正像普罗米修斯所陷的"幽暗的冥土和漆黑的塔耳塔洛斯深坑"。《天问》问太阳"出自汤谷，次于蒙汜；自明及晦，所行几里"，这蒙汜就是蒙水、虞渊或禺谷，也就是《书·尧典》中的"日宅西曰昧谷"。"昧""蒙"一音之转，昧者，冥昧、幽暗、漆黑也，谷者，深也。这就是夸父之祖后土所管辖而觉醒了的反抗神的巨人所不愿再回去的地穴、黄泉、深渊。当然，也可能因为他曾是冥神之子，所以他最有希望在冥土的入口禺谷赶上太阳并取得光明，但是他没有成功。他渴死了。太阳却按时进入禺谷，在那里不能得到它发出的"明火"。但是他应已取得火种，或点燃他的桃杖，不然他用什么来炊煮呢？

据林惠祥介绍，"北美洲亚尔贡钦族的神话中曼那薄左（Manabozhe）是一个有太阳性质的英雄，他的兄弟是西方的神 Ning-gah-be-ar-noug Manito 便是西方日落地方死人之国的神曼那薄左曾追逐他的父亲西方，越山过水直至世界的尽头，终不曾追上"[①]。东方太阳（光明）神专门司昼，西方冥土（阴间）之神专门司夜，他们之间有不可逾越的界限，互相追逐而终不相及。"夸父逐日影，逮之于禺谷"就含有这意思。但我国太阳神话似乎是说，太阳每天进入禺谷（虞渊、蒙汜、昧谷）或水底，便失去热烈或光明（明火成了暗火），一直要到第二天在滚热的汤谷（火山口）洗个澡，汲取或补充足够的热量才能照常运行。

多民族的驭火者

我国许多民族都有自己燧人氏式的发明用火技术的英雄和神，只是没有明确的盗火事迹，暂不列为比较的对象。这里仅对取火、驭火、用火者略加介绍。

彝族英雄史慕魁"教（民）点起火，点火避野兽"。

---

① 林惠祥：《林惠祥人类学论著》，福建人民出版社，1981年，第106页。

彝族民间史诗《梅葛》说要放火烧荒地，野兽和鸟都烧不着，"最后来决定：还是人来烧"，说明只有人才能用火。

彝族支系阿细人史诗《阿细人的先基》说，天上的雷火钻进老树里去，"姑娘和儿子们，在旁边的树蓬里，折了些小树枝，拿来撬老树，撬着撬着嘛，撬出火来了"。但没有指明谁是发明人。

云南楚雄彝族史诗《阿普独摩》却传说始祖人王阿普独摩发明以石击火，"有一个人王/有两只眼睛/世界上没有火/他造出火来/他吃不动果子/用石头打/打出火来啦"①。史诗《查姆》说独姑娘以石敲果而得到火："独姑娘出世/石头堆中住/天天去摘树果吃/一种树果软/一种树果硬/咬不动用石敲/石头敲起火/树根燃起火。"

有一个不仅在彝族流传的说法：最初孩子都是哑巴，是爆竹引火，使人类从哑巴变成语言人；"涅浓撒萨歇/帮阿普独摩/想了个好办法/山中砍棵竹/烧在火塘中/轰的一声竹爆炸/火星四散烫着小哑巴/你叫一声'阿子子'/我叫一声'阿抖抖'……一群哑巴说了话"②。这也暗示，人类掌握了火，便发展了语言，逐渐变成真正的人。

布依族古歌《造千种万物》说开辟大神翁戛造火，办法是击石引火。

先拣青石块，再摘艾蒿草，
石块分两半，艾蒿晒干燥。
翁戛拿石块，石块夹艾蒿，
左手和右手，卡查卡查敲，
石块碰石块，迸出火苗苗，
火苗四处飞，艾蒿点着了。
翁戛造了火，拣干柴来烧。
不再吃生肉，用火来烧烤；
不再吃生鱼，拿在火里烧。③

另一种整理本《造万物歌》里，只是说，"原来世上不冒烟，原来大地没有

---

① 《阿普独摩（二）》，见中国作家协会昆明分会民间文学工作部编：《云南民族文学资料》（第7集），1962年。
② 唐楚臣：《彝族火神话与中华火文化——火文化发展史之探索》，见云南社会科学院楚雄彝族文化研所编：《彝族文化研究文集》，云南人民出版社，1985年，第257页。
③ 汛河搜集、整理：《造千种万物》，见《民间文学资料》（第45集），中国民间文艺研究会贵州分会等编印，1980年，第28页。

火",以后祖先打石头冒烟出火,用杉木皮接住,"前人这才有火烤,祖先这才用火煮东西"。①

母系氏族制度残余较多的云南永宁纳西族传说,女神兼先妣柴红吉吉美发明刀子,"用刀在石头上砍三下,冒出了火星,熊熊的大火把树枝烧掉了"②,才有了刀耕火种。这也是把用火纳入生活技术神话(Myths of the Arts of Life)。

拉祜族传说,天神厄莎"分出一点心,放在高山头上",变成雷火,各种动物都来抢火星,却被老鼠抢到,"它把火种带到树上"。人就用本来就有的翅膀跟老鼠换了火,还添上"力甫果"。老鼠长了翅膀便成了蝙蝠。人类有了火,开始了刀耕火种等等,日子就好过了。③ 这里虽然也有动物的中介,但到底还是人类靠智慧掌握了火。

哈尼族传说,"火种是一个魔怪头上的一盏眉心灯,是一颗红色的亮珠"④,犹如烛龙所衔的烛或神龙们所拥有的宝珠。英雄阿扎经历千辛万苦,从魔怪眉心夺下火珠,吞进肚子,但是来不及拔下作为魔怪生命线的头顶金鸡毛。火在他心里燃烧,他一刀扎进胸膛,火珠滚出,给人类带来温暖和光明⑤,人民就把火称为"阿扎",以纪念这位为人类牺牲的盗火英雄。这颗火珠其实就是英雄的心。阿扎的心跟厄莎的心一样化成火,就好像壮族的布伯、美洲英雄魁扎尔科亚特尔的心变成启明星永远为人类照明一样。

满族故事《天宫大战》说,天神阿布卡恩都里酣睡于九层天上,虽然他能呵气成霞、喷火为星,但因为好睡,使得北方冰川覆盖、万物难生——这是北方凛冽威严的太阳神的形象,也是对北方寒冷气候的生动解释。

> (女神)拖亚拉哈见大地冰厚齐天,无法育子,便私盗阿布卡恩都里心中神火下凡。她怕神火熄灭,就把神火吞进肚里,嫌两脚行走太慢,便以手为足助驰。⑥

吞火入腹,这有点像哈尼族英雄阿扎。但这位满族女英雄,不是按照通常的神话逻辑那样,取得天火就从兽变成人,而是从人变成了兽:"天长日久,终

---

① 岑玉清翻译、整理:《造万物歌》,见《布依族古歌叙事歌选》,贵州人民出版社,1982年,第58页。
② 詹承绪、王承权、李近春等:《永宁纳西族的阿注婚姻和母系家庭》,上海人民出版社,1981年,第287页。
③ 刘辉豪整理:《牡帕密帕(拉祜族民间史诗)》,云南人民出版社,1979年,第36—38页。
④ 谷德明:《中国少数民族神话选》,西北民族学院研究所,1983年,第360页。
⑤ 谷德明:《中国少数民族神话选》,西北民族学院研究所,1983年,第364页。
⑥ 富育光:《满族火祭习俗与神话》,载《民间文学论坛》1986年第4期,第30页。

久被烧成虎目、虎耳、豹头、豹尾、豹须、獾身、鹰爪、猞狸尾的一只怪兽。"①可能她原来就有动物化身,暗示其氏族原来以某种怪兽为图腾(综合型)。这是化身为鸟(或兼为猿)的普罗米修斯与夸父故事里都曾发生过的事情。但也可能是说她因为盗火受到天罚,变成兽身,为人类担负痛苦和罪恶,就像许多盗火者的悲剧那样,可惜此意渐因后世理性的再解释而冥昧(这只是臆测,希望能发现新的证据)。不过即令是兽,她也不改英雄本色:"她四爪踏火云,巨口喷烈焰,驱冻雪,逐寒霜,驰如电闪,光耀寒山,招来春天。"②

世界神话里确实有不少盗火者和他们的英雄业绩,但是不像夸父与普罗米修斯之间趋同性如此之大,可比点如此之多。古代埃及有盗火者条土司(Teuthus)。古代印度诗歌总集《梨俱吠陀》里"许多神和仙人都同火的取得有关系","没有单独颂歌而提到二十七次的摩多利首是从天神处取火给人类的。他发现了隐藏着的火,用摩擦的方法取出了火,从天上取来了火,给了第一位仙人,终于他自己的名字也成了火神的别名。诗中多次提到的一些著名仙人中有五个跟取火有关。有的是在水中发现了火,用摩擦生火,使火在人间永住。有的接受了天神的火,在战争中得到火的帮助"。③

动物取火

一些部落的神话里,往往说盗火者曾化形为动物或原本就是某种动物。例如拉祜族从天神厄莎处得到火种的是一只老鼠。温哥华岛(Vancouver)的阿特(Aht)人说盗火者是墨鱼,其英雄神夸提阿特(Quawteaht)虽能尽克险阻,化形异兽,也拥有"圣火",但火却不是他偷来的。智猿取火已见前章,其他最主要的是鸟。例如,特林吉特(Thlinkeet)人的神和始祖耶尔(Yehl)能够化身为鸟,曾经盗火给人类。波利尼西亚的人类祖先兼英雄神、追赶并捉拿过太阳的英雄玛依,如耶尔一样,变成了一只鸟,赐给人类以摩擦得火的艺术。这些不由得令人想起《拾遗记》里那只"以口啄木,粲然火出"的若鹁的神鸟。

利普斯介绍说:"对一些原始的澳大利亚人看来,偷火的贼是鹪鹩———一种很小的鸟,它在尾巴下面带来了天上神圣的火花。另一些澳大利亚部落相信,火是从两个超人那里偷来的,他们企图扣留火不给人类;或者相信,火是渡鸟

---

① 富育光:《满族火祭习俗与神话》,载《民间文学论坛》1986年第4期,第30页。
② 富育光:《满族火祭习俗与神话》,载《民间文学论坛》1986年第4期,第30—31页。
③ 金克木:《梵语文学史》,江西教育出版社,1999年,第31页。

从贞女喀拉卡鲁克的掘土棒尖端抢来的。她是后来被流放到天空的贞女之一，至今仍站在白人所谓'金牛星座'的星群之中。"①

苏联学者描述"鸟"形人物或动物盗火神话说："在这类神话中，最多的题材是从藏起火来不肯给人的那个人那里去夺取火，这是全世界所有的人都知道的题材。往往偷盗者总是鸟类。例如，在吉普斯兰的一个神话中说道，人们曾经因缺火而大受痛苦；两个妇女占有了火种，但奇货可居地藏着它，谁也不给；当时有一个人从她们那里偷了火；现在这个人是一只在尾巴上有红斑点的小鸟。根据维多利亚居民的其他神话，袋鼠掌握了火，它把火藏在空棍子里，谁也不给；苍鹰和鸽子根据大家的愿望去向袋鼠索取火种；当鸽子跳起来去取火棍时，袋鼠把火棍扔向湖里，但苍鹰飞去把它抓住了，扔在岸上，这样就把草烧着了。"②

或说夸父也曾变成一只鸟。《北山经》梁渠之山，"有鸟焉，其状如夸父，四翼，一目，犬尾，名曰嚣；其音如鹊，食之已腹痛，可以止衕"。这便包含着夸父化鸟的暗示（这绝不是泛泛的形似，因为此鸟名"嚣"，可能暗含"鹗"，又恰是夸父所化猿形动物之名，郭注说这里的"夸父"或作"举父"）。这里还点明了它可以用来治病。

台湾高山族传说，大洪水之时，人们逃避到山上，断了火种，乃派"考约伊西鸟"去取火，它怕烫，把火种扔了；遂又派"乌胡同鸟"前去，乃得火种，人们就同意它随时到田中食谷。③

或说，作为灵智英雄而受天罚的普罗米修斯也是鸟神，或者说他有鸟的化身。"他最爱人类。他为人类发明许多科学如天文学、建筑学、算术、医术、航海术、占梦术以及一切卜筮之学。故能知未来，称为'预见者'或'先知者'。文字亦其所创，牺牲祭神乃柏氏（按：即普罗米修斯）所教。他盗火给人类，使人类文化进步及享受各种幸福，而触怒天帝宙斯，被锁系高加索山，且命一妖鹫日啄其肝。他是鸟神。"④ 西亚也有与他相当、化身为鸟的风神。"西亚风神修（Zu）亦是鸟神（Birdgod），有上天盗窃命运牌（Tablet of Destiny）被天神捕捉之事，神话学者谓柏氏盗火实由此衍出。他们既为鸟神，则哀亚（Ea）亦是。

---

① [德] 利普斯：《事物的起源》，汪宁生译，四川民族出版社，1982年，第18页。
② [苏] C. A. 托卡列夫、[苏] C. П. 托尔斯托夫主编：《澳大利亚和大洋洲各族人民》（上册），李毅夫、陈观胜、周为铮等译，生活·读书·新知三联书店，1980年，第325—326页。
③ 谷德明：《中国少数民族神话选》，西北民族学院研究所，1983年，第210页。
④ 苏雪林：《屈原与九歌》，广东出版社，1973年，第229页。

故……哀亚亦具鸟形。"① "据西洋神话学家研究,柏氏(Prometheus)原也是鸟神,他盗火故事,实由西亚风神故事衍化而出。"② 他们都能以灵智英雄、盗火者、取宝者的资格列为"太阳鸟"文化之精英。

北欧民族的盗火神话有些古怪,但是越古怪、越不合常理的故事,越带原始真实性。芬兰史诗《卡勒瓦拉》里就保存着相当多的原生态日月神话。太阳和月亮坐在枞树梢上,倾听老英雄维亚摩能五弦琴弹唱。波约拉的老主妇卢西施展法术,"于是他藏起月亮的光,把它放在斑驳的岩石中,她唱歌叫太阳不再发光,把它埋在坚硬如钢的大山中"③,就好像二郎神们担山埋太阳一样。然后她又偷了火,却是为了不让它发光。

> 当她把月亮运走,
>
> 当她把太阳幽囚,
>
> 深深地埋在波约拉石山中,
>
> 用坚硬如铁的岩石把它们盖住;
>
> 然后她又盗取了光明,
>
> 从维亚诺拉把火焰偷盗,
>
> 家家户户都没留下火,
>
> 房间里不见火光照耀。④

最高神乌克也颇为骇异,只好重新制造日月。"乌克燃起了一团烈火,他用燃烧的剑敲出火焰,从剑刃上火花四射;他的指甲发出了火焰,他的四肢爆裂着火星",制出了新太阳和新月亮。⑤ 当他指派的少女摇晃那制造太阳的火的摇篮的时候,一片火光不慎落到海中,被鱼吞到肚子里。维亚摩能想尽办法追寻这神火——实际上是跟夸父、普罗米修斯一样为人类追寻照亮新的文明的太阳火,终于在鲟鱼肚肠的生命线蓝线团、红线团里"找到了火花一团;它曾经从天空下坠,通过了云端落到下方,从高高的八重天落下来;从九重天的领空下降"⑥。但是英雄们却为此付出代价,尽管带些喜剧性:"烧焦了维亚摩能的胡须,更严重地烧伤了铁匠,因为火烧了他的脸,也把他的两只手烧伤。"⑦ 那火

---

① 苏雪林:《屈原与九歌》,广东出版社,1973年,第229页。
② 苏雪林:《天问正简》,广东出版社,1974年,第333页。
③《芬兰民族史诗〈卡勒瓦拉〉》(下册),侍桁译,上海译文出版社,1985年,第875页。
④《芬兰民族史诗〈卡勒瓦拉〉》(下册),侍桁译,上海译文出版社,1985年,第876页。
⑤《芬兰民族史诗〈卡勒瓦拉〉》(下册),侍桁译,上海译文出版社,1985年,第877页。
⑥《芬兰民族史诗〈卡勒瓦拉〉》(下册),侍桁译,上海译文出版社,1985年,第898—899页。
⑦《芬兰民族史诗〈卡勒瓦拉〉》(下册),侍桁译,上海译文出版社,1985年,第899页。

又惹是生非，烧了一片森林（那是对北欧林火的神话学解释），跟夸父带来的太阳火变成了一片灼灼的桃花恰成鲜明对照。但是，太阳神火终于被这位英雄的铁匠"在枯朽的树桩中找到"，这又回到木中生火的老话题了。然后他"拿火花去充填，用一小段火绒把它装嵌，把它填进桦树的干菌中"，把火包藏起来，带到阴暗的岛屿，去照亮并且改善自我的生存。

人类掌握取火的技术和工具，这是对自然力第一次的控制和利用，构成对天帝专横和垄断的最大挑战与威胁。所以，宙斯不但严惩普罗米修斯，还要派来"祸水"潘多拉来消弭人工火的力量，削弱人类因为用火、熟食、锻造所激增的力量和智慧。这才是人最初的原罪。

有的学者认为，这个故事有其东方渊源。带来混乱和灾祸的潘多拉，跟主动诱劝亚当偷吃知识禁果的夏娃，有趋同之处。"它把罪恶的起源归于妇女的世界，这个说法可能与一个特殊的民间故事主题有关，最著名的是亚当和夏娃被驱逐出伊甸园的故事。"① 不可否认，这些故事，像赫西俄德《神谱》所透露出来的一样，"强调了知识和罪恶来临之间的关系"②。知识、技能与智慧，总是威胁上帝的原罪或潜在的危险。

如果从上帝降罚的后果来看，却是适得其反。不管遭遇什么灾难、什么危厄，人类只要有智慧、有知识、有创造的才能，就有希望（为潘多拉所"偶然"存留的）。希望就是可持续发展，谁都阻挡不住。就像火（或用火）一定会带来对电与核能的掌握一样。

再说，不管是夏娃还是潘多拉，她们都带来（新的）性的启蒙，人类因而能够改良、提高自我的生产与再生。当初，半兽的恩启都由于女性的启蒙，由于经历人道，变成了人。那么，亚当们和普罗米修斯的弟兄们，肯定会从美丽的女人那里取得别样的火和智慧。

印第安盗火者

印第安人著名的射手英雄戈约达（Coyote）不但射过多余的太阳，而且为人类盗来了火。我们知道，射日与逐日在灵智英雄神话里一直是紧密联系着的③。

---

① ［英］奥斯温·默里：《早期希腊》，晏绍祥译，上海人民出版社，2008 年，第 83 页。
② ［英］奥斯温·默里：《早期希腊》，晏绍祥译，上海人民出版社，2008 年，第 83 页。
③ 文崇一：《亚洲东北与北美西北及太平洋的鸟生传说》，载《"中央研究院"民族学研究所集刊》1961 年第 12 期，第 93 页。

"事实上 Coyote 不但能造人,连这条河(Columbia River)也是他创造的。"① 他可以视为美洲的普罗米修斯。化身为大鸦的"Raven,也是一个很了不得的英雄,他给世界(印第安人的世界)带来月亮、星星和太阳,也带来光。有些地方传说,印第安人也是他造的,比如 Tlingit,Haida 等地"②。他还曾经从一个把光明关在三个盒子的女人那里盗出了太阳——事实上就是盗来了火和光明。这跟上述北欧太阳神话也颇为相似。

其他印第安人英雄盗火神话也与中国有极大相似之处。卡犹斯人以为"世界上所有的火种藏在胡德山里,山里面是一片火海,山顶象烟囱似的不断地往外冒着火苗和浓烟"③。这当然说的是火山。创世者赫尼欧特垄断着火山火,"派了一名老妖在那里守卫火种"。当卡犹斯人举行裸体舞会时,创世者派了一只巨鹰——美洲的大鹏——叼走他们的衣服,它的巨翅"遮住了太阳,整个大地一片漆黑"④。人们恐惧而且寒冷,因生食而患病。塔克赫兹布尔和依普斯凯特两位以"勇"和"智"著称的英雄计划盗火。聪明的依普斯凯特用树皮和苔藓把自己伪装得像一捆干柴,混进山洞,偷出了一根燃烧的干柴,递给快腿的塔克赫兹布尔。他奔跑时留下的脚印化成了约翰节河。他钻进河里,被创世主变成了一只河狸。"这只河狸游过哥伦比亚河,把火种播在河岸上的一棵柳木上。这就是为什么柳树被用来做摩擦生火的材料之一的缘故。"⑤ 这柳树,不但使人忆及北欧等地藏火于树、由木生火的神话,也多少让人想起夸父为太阳火所化的桃林。那位造物主虽然垄断火山火,可是对既成事实却不生气,还把追赶英雄们的大小妖魔变成一片松林,"这就是为什么松树长在崇山峻岭上的缘故"。但更重要的是:"造物主把依普斯凯特变成了一只灰色的小啄木鸟。如今,它站在树干上,看起来就像树皮一样。如果它不作声的话,人们很难看出它来。它在树干上到处爬动,捕捉虫子;它用嘴甲在树上啄洞,以证明火种是藏在木头里

---

① 文崇一:《亚洲东北与北美西北及太平洋的鸟生传说》,载《"中央研究院"民族学研究所集刊》1961 年第 12 期,第 93 页。
② 文崇一:《亚洲东北与北美西北及太平洋的鸟生传说》,载《"中央研究院"民族学研究所集刊》1961 年第 12 期,第 93 页。
③ [美] 杰罗尔德·拉姆齐:《美国俄勒冈州印第安神话传说》,史昆、李务生译,中国民间文艺出版社,1983 年,第 11 页。
④ [美] 杰罗尔德·拉姆齐:《美国俄勒冈州印第安神话传说》,史昆、李务生译,中国民间文艺出版社,1983 年,第 11 页。
⑤ [美] 杰罗尔德·拉姆齐:《美国俄勒冈州印第安神话传说》,史昆、李务生译,中国民间文艺出版社,1983 年,第 12 页。

面的。"①

神圣的啄木鸟站在十字架形的宇宙树（或生命树）上，是印第安人先民原始艺术常见的母题。啄木鸟是太阳神鸟，又是雨鸟、水鸟，它跟蛇的结合就是著名的羽蛇，是古代墨西哥太阳英雄兼雨神魁扎尔科亚特尔的化身；代表盗火英雄的神鸟所站立的十字架象征火（这在全世界几乎都一致）。二者的结合，便是人类掌握火或以水克火、以木生火的神话意象。

夸父出自炎羌集团

夸父的族属大致上是西北方的炎帝集团或姜人集团。这一点，专家们分歧不大。因为《山海经》里已经粗略地排出了它的"族谱"，综合一下就是：炎帝—炎居—节并—戏器—祝融—共工—后土（《海内经》）—信—夸父（《大荒北经》）。

还可以补充一些理由：

（1）夸父逐日，渴欲得饮，走的是西北路线，从河渭而大泽（或说即今贝加尔湖）。

（2）"夸父之山"，郝懿行说"一名秦山，与太华相连，在今河南灵宝县东南"，近黄河转折处，也偏于西北。

（3）《大荒东经》："应龙处南极，杀蚩尤与夸父，不得复上"。《大荒北经》："应龙已杀蚩尤，又杀夸父。"夸父非黄帝集团可知，不然不会为黄帝部属所杀。而炎、黄二族曾发生剧烈冲突。

（4）《吕氏春秋·求人篇》说，禹西至"犬戎之国，夸父之野"，夸父与犬戎并举，俱属西北。

（5）西北多名马，造父在夸父山桃林塞得名马。它们熟悉走西王母之邦的道路和艰险。

（6）猿图腾崇拜较早流行于戎族（戎从十、从甲，"十"为猿图腾族特有的劓面花纹或符号，如由、鬼、禺诸字所示），戎可读"犹"，又称"鬼戎"，皆在西北，以后才逐渐南下，入川进藏。

夸父与蚩尤联合，或加入西南方九黎集团成为蚩尤的盟友或部属，并且共同驱使风雨与干旱的西北黄帝集团作战。这段古史传说，似乎还保存在川南苗

---

① [美] 杰罗尔德·拉姆齐：《美国俄勒冈州印第安神话传说》，史昆、李务生译，中国民间文艺出版社，1983年，第13页。

族的口头文学里。

> 传说古代苗族的首领是蚩龙（按：蚩尤化身确为龙螭之属），他被轩辕皇帝打败杀死，"（后来）由大将夸佛（父？）带领苗族人民由北转南，途中又被轩辕大兵一箭射死"，夸佛身边的壮士被选为超度死者的"路师"，歌颂蚩龙、夸佛的功绩；在埋藏蚩龙、夸佛的地方，采用吹芦笙，敲战鼓，吹牛角等方法吓走虎豹，这时候"夸佛的战马闻到战鼓齐鸣，认为出战，战马奔断缰绳，见主人已死，便四足踏地，两眼落泪，不食不饮，不几天，战马也死去"。后来，苗族在祭祖的时候，便采取打死耕牛，以代替战马，以战马随同主人的灵魂，引路回到祖先居住的地方。①

这里虽然加入晚近的内容，但仍然可看出，夸父族确曾随整个西北羌戎集团南迁而向西南方九黎集团靠拢，并与西北的黄帝族裔发生冲突，战马在这个集团里曾立不朽功勋。

夸父为炎帝后裔，也暗示其与水、火（尤其火）有关。水、火正如雨、旱那样在神话学里是可以对立转化，一神可兼水、火（或雨、旱）二职，专司之神更可能对转。如共工，水神也，又可以治水；炎帝少女女娃可能是水鸟（精卫），又能衔木填海（止水）；祝融，火神也，与共工（水神）为敌，但水神共工、司理黄泉的土神（后土）又是他的后裔。夸父入日取火，但又与水神禺疆、玄冥关系密切。炎帝一族除共工外，"炎帝，太阳也"（《白虎通义》），炎居、祝融是明确司火的，从此又可以反过来证明夸父曾经取火、掌火。特别是《淮南子·氾论训》说："炎帝于火而死，是为灶。"夸父的族祖也曾为火而献出生命，跟夸父一样进入为人类而牺牲的英雄神的行列。

二、从夸父化山到愚公移山

开山者

专家们考证，普罗米修斯跟苏美尔人的史诗英雄吉尔伽美什有血缘关系。"吉尔伽美什这个字的意义是'火与斧的人'，表示他是一个精于金工和木工的人。依照传说，吉尔伽美什也是一个杰出的建筑师，他建筑了乌鲁克的巨大城

---

① 陈一石：《川南苗族古代传说试探》，见《民族研究论文选》（第1辑），四川省民族学研究所，1983年，第251页。

墙。这方面，吉尔伽美什可能是希腊普洛米修斯的原型。"① 吉尔伽美什三分之二是神，三分之一是人：

> 大力神〔塑成了〕他的形态，
> 天神舍马什授予他〔俊美的面庞〕，
> 阿达德赐给他堂堂丰采，
> 诸大神使吉尔伽美什姿容〔秀逸〕，
> 他有九〔指尺〕的宽胸，十一步尺的〔身材〕！②

所以，吉尔伽美什和普罗米修斯、赫拉克勒斯、夸父们一样是神性很强的巨人。他又是赫拉克勒斯在东方的一个母型。格莱夫斯（Graves）说："赫拉克勒斯的中心故事是经由腓尼基传入希腊的巴比伦吉尔伽美什史诗的一个古老的变体。"③ 赫罗兹尼也说："吉尔伽美什的其他特点和行为都在希腊的英雄赫丘利（Heracles）身上体现出来了，赫丘利是解放普洛米修斯的。"④

吉尔伽美什、赫拉克勒斯、普罗米修斯，这三个巨人之神确实是有血缘关系的，且都与鸟有关。这三个泛西方的有血缘关系的巨人英雄神，在某些重要事迹上都与夸父具有可比性。例如，他们与山都有密切的联系。

吉尔伽美什曾经做了个梦：山"塌落下来"，他在峡谷里，就像"藤罗草丛之蝇"。他的朋友恩启都为他详解梦说：这座山可能是杉树妖芬巴巴的象征，山崩塌意味着结果芬巴巴的生命，把它抛在野地里。这也许暗示，吉尔伽美什曾经开山，而又险些被压在山底下。吉尔伽美什还曾经"沿着太阳的路"翻越马什山。这座山：

> 它天天瞭望着〔日〕出和〔日落〕。
> 那山巅上〔抵〕"天边"，
> 那山麓下通阴间。⑤

这跟日落之山，通向幽冥的禹谷、虞渊或昧谷何其相似。——吉尔伽美什翻山，一比尔过后，一路上全是"极其深邃的黑暗"，直到十一比尔过去时才"射进来太阳的光线"，十二比尔过去时才看到"石林"。这说明吉尔伽美什是征

---

① [捷] 赫罗兹尼：《西亚细亚、印度和克里特上古史》，谢德风译，生活·读书·新知三联书店，1958 年，第 73 页。
② 《吉尔伽美什》，赵乐甡译，辽宁人民出版社，1981 年，第 8 页。
③ R. Grave, *Greek Myths*, London: Cassell and Co. Ltd., 1958, pp. 450–451.
④ [捷] 赫罗兹尼：《西亚细亚、印度和克里特上古史》，谢德风译，生活·读书·新知三联书店，1958 年，第 73 页。
⑤ 《吉尔伽美什》，赵乐甡译，辽宁人民出版社，1981 年，第 72 页。

服高山和黑暗、追求光明和幸福的英雄。他终于发现"红宝石是结成的熟果，累累的葡萄，惹人爱看，翠玉宝石是镶上的青叶……"而夸父也曾经"追日影，逮之于禺谷"。在"夸父之山"，"其阳多玉，其阴多铁；其北有林焉，名曰桃林"。"夸父之山"，这个名词甚至暗示着夸父死后变成了一座物产丰富的高山（他的尸膏肉浸润着他的杖子化成桃林）。

普罗米修斯被缚在喷着烈火的高加索山岩之上。赫罗兹尼认为："普洛米修斯的故事显然表示与喷火的和富产金属的高加索山有关。"可见，普罗米修斯也曾是与山一体的巨人神。

人担山

吉尔伽美什在希腊的后身之一赫拉克勒斯不但在大西洋上、伽得伊刺湾的对面建立起两根著名的赫拉克勒斯石柱，而且曾经代替阿特拉斯（Atlas）顶过天。阿特拉斯正是普罗米修斯的亲兄弟。

阿特拉斯的母型是西北非面临大西洋的一座高山（在直布罗陀海峡之旁，至今英文中大西洋还叫作 Atlas）。阿特拉斯跟普罗米修斯一样反抗过宙斯，被宙斯贬罚去背负苍天，这显然属于所谓天柱神话。《荷马史诗》说，这是使天地分离的柱子。奥维德《变形记》则说，是珀耳修斯把赫拉克勒斯变成一座石山。《楚辞·天问》："八柱何当？东南何亏？"洪兴祖补注引《神异经》说："昆仑有铜柱焉，其高入地，所谓'天柱'也。"又引《河图》说："昆仑者，地之中央也。地下有八柱，柱广十万里……"共工氏所触不周山，实际上也是天柱。阿特拉斯们顶天立地的形象，是从奴隶负重里升华出来的，古代希腊的人像柱和中国的人形器足等与之一脉相承。

《山海经·大荒北经》："大荒之中，有山名曰成都。载天。有人珥两黄蛇，把两黄蛇，名曰夸父。""成都山"或"成都载天"之山，不分明也是一根天柱吗？而夸父恰出于此，这可能暗示夸父最初也曾载天，所以《中山经》有"夸父之山"。王孝廉说："夸父所居的名叫'成都载天'的海中大山，就是神话中的天柱。"① 王孝廉又说，马王堆《帛画》下段幽冥里的托地巨人是海神禺彊（此与拙见相同②），也就是巨人夸父。又说："支地而立的巨人禺彊（夸父）也类似希腊神话中的支地巨人 Atlas，战国时代铜器以朱儒为支柱，或系是由巨人

---

① 王孝廉：《神话与小说》，联经出版事业公司，1986 年，第 52 页。
② 参见萧兵：《马王堆帛画与楚辞》，载《考古》1979 年第 2 期。

支地而立的神话而形成的制造构想。"① 夸父虽然不一定是禹彊，但二者确实有联系，有共同点。这样，在支撑天地这一点上，中西盗火英雄神话又多了一层可比性。

吉尔伽美什 $\begin{Bmatrix}普罗米修斯\\赫拉克勒斯\end{Bmatrix}$ 阿特拉斯

成都载天 $\begin{Bmatrix}夸父\\禹彊\end{Bmatrix}$ 夸娥氏

夸娥氏见于《列子·汤问篇》的愚公移山节，叙在夸父事前：

> 操蛇之神闻之，惧其不已也，告之于帝。帝感其诚，命夸娥氏二子负二山，一厝朔东，一厝雍南。

茅盾说："'夸娥氏二子'，张湛注说是'古之大力者'，我很疑惑'夸娥'即是'夸父'，所谓'夸娥氏二子'实即巨人族夸父的后代。'夸父'是一个族名，等于希腊神的提坦（Titans）。而夸娥氏二子负山的故事，也令人联想到希腊神话所说巨人族的阿忒拉斯负地而立的神话。希腊神话说巨人族中亦有善者。神既征服巨人族后，命其善者服务，命普罗米修斯造人，命阿忒拉斯负地。那么，在《列子》中做了帝的走卒似的'夸娥氏二子'，大概也是善良的巨人族。"② 夸娥、夸父连名称都有关联。又《列子》叙愚公之妻言曰："以君之力，曾不能损魁父之丘。""魁父"和"夸父"更是一音之转。"魁"之本义如"夸"，应训"大"。疑最初夸娥、夸父、魁父原系一族，都曾化成大山（"魁父"，《淮南子》或作"魁阜"，义转为"小山"）；通过关联效应，通过表象联想，他们又都成了能够背山、载天、负地的大力神、巨人。而正如专家们所指出的，所谓操蛇之神亦应属于夸父族，因为夸父、禹彊（或彊良）们也"珥两黄蛇，把两黄蛇"。夸父逐日这个伟大的神话和愚公移山这个伟大的寓言，无论在意义还是在机制上都有相通的地方。③ 这样，在夸父—操蛇之神—夸娥氏及其二子之间又搭起了一座桥。很可怀疑，这三者最初出于一源，都是英雄载天、负地、肩山神话的分支，其现实基础则是人们的开山辟土、战天斗地。

这种负山的伟迹，还在夸父的后身或同格神那里留下遗构。例如，二郎神故事就把同类神话里担山和逐日两大要素都保存下来。他曾经"高担五岳逐金

---

① 王孝廉：《中国的神话与传说》，联经出版事业公司，1984年，第17页。
② 茅盾：《神话研究》，百花文艺出版社，1981年，第177页。
③ 参见高国藩：《夸父神话略谈》，载《南京大学学报》1980年第1期。

乌",也就是"担山赶太阳"。夸父神话则突出逐日,而失落了担山(只暗示他曾化为夸父山,跟二郎神一样,他追赶太阳以后从鞋子里抖出来的石头也变作两座山)。

董晓萍试图把移山等民间故事纳入所谓迁移型风物传说系统来考察。其文中举出包括夸父、巨灵、大禹、李冰、二郎神、沉香等在内的一系列劈山引水的神话英雄在民间口碑里的再生为例,且加以分型归类,材料较为丰富,足供参照。董晓萍认为,这些新神话与古代大地移动神话相似,而且跟中国地震带发生的山川位移有关。"作为自然物的山川大地,它的地质形成及变化如何,是必然要反映到自然风物传说中来的。特别是山崩地裂,星坠木鸣等与移动有密切关系的特异自然现象,更容易触发古人头脑中'万物有灵''变形'等原始观念的产生,使他们采取溯源的方式,说明这些事物的奇特来历,从而使这些传奇性的情节越传越神,不胫而走。"①

二郎神担山追日的业绩,又很奇妙地转移到他的对手孙悟空身上。《西游记》第六十七回,孙悟空自夸"也能搅海降龙母,善会担山赶日头";第三十三回,他两肩挑着金角大王移来的须眉、峨眉两座大山"飞星来赶师父",后来被泰山压住,被压在五行山下,就是这种担山神话的对立转化,从喜剧变成了悲剧。印度的神猴哈奴曼曾拔起长着还魂草的仙山,此与孙悟空担山可能也有些牵连。这是一个十分典型的英雄移山神话,更重要的是跟英雄盗仙草紧紧黏合在一起。罗刹们用大梵天的法宝"竟杀掉了六十七亿"的猴军。英雄猴哈奴曼,听从阎婆梵的指引,去采草救治。"他站在大山顶上,压住了这最杰出的山。英雄哈奴曼看上去,就像第二座山一般。"他的确能够移山倒海,动地惊天。

中国的巨灵神(巨人族)也曾经劈开华山。《文选》李善注引《遁甲开山图》还说:"有巨灵胡者,遍得坤元之道,能造山川,出江河。"宋代傀儡戏有《巨灵神》(见《都城纪胜》《梦粱录》)。元李好古有《巨灵神劈华岳》,以后又变成《沉香太子劈华山》。这也是英雄负山、开山神话的异变。

或说,这巨灵就是"河神蹩踢"的河水之神,那么,巨灵劈山的神话又可以看作"河水冲开山障"的一种寓言,跟本节所述的一些劈山引水的故事一致。《文选》李注引古语说得再清楚也没有了:"华山本一山,当河水过之而曲行。河之神以手擘开其上,足踏离其下,中分为二,以通河流。"

---

① 董晓萍:《迁移型风物传说类型研究》,见《民间文学论集》(第2集),中国民间文艺家协会辽宁分会,1984年,第76页。

至于英雄或被丑化了的鹰怪负山，像孙行者那样被压在山下受难或死亡的故事，也可以在各民族地区发现。

例如，纳西族东巴教神话说，"一个叫毒苴巴漏的魔王负着一座黑山前来挑战，什罗向魔王念咒语，才念了九个字，那座黑山即刻倒了，毒苴巴漏被压死在山下"①。

傈僳族创世英雄木布帕，"一个人能抬几架大山重的东西"，是他设法以天泥担地来撑天。② 彝族传说，哥自天神为了让贫苦的撒尼人、阿细人种上谷子，吃到大米，"赶着一大群石头，担着一大担土"，"准备把长湖堵起来，让这高山、坡地变成平坝"③，这显然是一位像五丁力士那样能够驱山造田的英雄神——只是经过路南地方，公鸡提前鸣啼，石山不肯再走，赖在那里成了瑰丽的石林。④

在我国兄弟民族的英雄故事里，盗火（或逐日）和背山（或化山）这两个母题，有时分离，有时交叉，这种珍贵的遗存不但有助于理解二者的联系与含义，而且有助于揭开同类神话的秘密（秘密的内涵和秘密的联系），从而使它们成为一个具有鲜明的可比性和趋同性的神话群。裕固族神话说，少年莫拉从东海太阳神那里，取得神火宝葫芦，烧死祁连山下冰洞里的雪妖（盗火），自己也被大火炼成一座红石山（化山）。这个故事表现了北国人民渴望温暖、战胜冰雪的愿望，但其基本情节却是夸父追日—取火—化山故事的一种改型。畲族故事《夺火记》说，三公主的三儿子雷豹从北方天边魔王那里夺回被他锁起来的"世上的火"（盗火），这故事虽无背山母题，但雷豹在夺火前曾帮三婆婆开山三年，这显然是背山的变体。

新西兰毛利人盗火英雄毛伊曾经追赶太阳，用网捉住它，打瘸它的腿，让它只能拐着脚慢慢地走。⑤ 而按照波利尼西亚人的说法，毛伊是人类的祖先，曾经变成一只鸟，"赐给人类以摩擦得火的艺术"⑥。更重要的，毛利人说，他执火在手，被火灼痛，带火跳进大海，却烧着了一座大山。⑦ 这当然跟火山爆发有关，但又暗示"盗火"跟"化山"有联系，正如夸父追日、入日，返回之时丢

---

① 谷德明：《中国少数民族神话选》，西北民族学院研究所，1983 年，第 475 页。
② 参见祝发清、左玉堂、尚仲豪编：《傈僳族民间故事选》，上海文艺出版社，1985 年，第 1 页。
③ 参见李德君、陶学良编：《彝族民间故事选》，上海文艺出版社，1981 年，第 90 页。
④ 参见李德君、陶学良编：《彝族民间故事选》，上海文艺出版社，1981 年，第 90—91 页。
⑤ 参见茅盾：《神话研究》，百花文艺出版社，1981 年，第 45 页。
⑥ 参见［英］柯克斯：《民俗学浅说》，郑振铎译，商务印书馆，1933 年，第 156 页。
⑦ 参见［英］柯克斯：《民俗学浅说》，郑振铎译，商务印书馆，1933 年，第 254 页。

下手杖使"夸父山"长满红烁烁的桃花（或象征火焰）。

移山伟迹

这里要重点研究一下过去影响极大、探索又极少的愚公移山故事。《列子·汤问篇》：

> 太行、王屋二山，方七百里，高万仞；本在冀州之南，河阳之北。北山愚公者，年且九十，面山而居。惩北山之塞，出入之迂也。聚室而谋，曰："吾与汝毕力平险，指通豫南，达于汉阴，可乎？"杂然相许。其妻献疑曰："以君之力，曾不能损魁父之丘，如太行、王屋何？且焉置土石？"答曰："投诸渤海之尾，隐土之北。"遂率子孙荷担者三夫，叩石垦壤，箕畚运于渤海之尾。邻人京城氏之孀妻有遗男，始龀，跳往助之。寒暑易节，始一反焉。河曲智叟笑而止之，曰："甚矣，汝之不惠！以残年余力，曾不能毁山之一毛；其如土石何？"北山愚公长息曰："汝心之固，固不可彻；曾不若孀妻弱子。虽我之死，有子存焉，子又生孙；孙又生子；子又有子，子又有孙，子子孙孙，无穷匮也；而山不加增，何苦而不平？"河曲智叟亡以应。操蛇之神闻之，惧其不已也，告之于帝。帝感其诚，命夸娥氏二子，负二山，一厝朔东，一厝雍南。自此，冀之南、汉之阴无陇断焉。

这里的原生神话，业已经过充分的寓言化，有的则成为新生态神话。而《列子》系伪书，学者多言之。章太炎《菿汉昌言》以为"有取于佛经"，是作注的张湛所伪托（此说杨伯峻等有批评）。据季羡林、杨伯峻等介绍，柳宗元、高似孙、朱熹、叶石林、王应麟、宋濂、何治运、龚自珍、杨文会、陈三立、霍世休、马叙伦等都说，《列子》曾抄袭佛典（刘向《别录》已谓"《穆王》《汤问》二篇，迂诞恢诡，非君子之言也"，尤为可疑）。马叙伦《列子伪书考》说，《汤问篇》里渤海之东大壑里的五山为仙圣所居，等等，"并取资于浮屠之书"。季羡林也证实，《汤问篇》里偃师故事盖出于西晋竺法护所译之《生经》卷三《佛说国王五人经》（按：其事亦见于西藏传说而有所增益），"内容几乎完全相同，甚至在极细微的地方都可以看出两者间密切的关系"[①]。但是经过复原，这里的神话仍可再现。只是对于作为神话的愚公移山及夸娥氏搬山的背景

[①] 季羡林：《〈列子〉与佛典》，见《中印文化关系史论文集》，生活·读书·新知三联书店，1982年，第317—318页。

和来源，国内外神话学界探讨得较少。

掘金蚁与藏獒

古"蛾""蚁"字通。《列子》释文云："夸娥氏，一本作夸蚁氏。"夸有大义，夸蚁就是大蚁。日本学者小川琢治因而认为，力能移山的夸娥氏母型是见于《山海经》和《楚辞·招魂》的大蚁，暗示这则神话与印度的掘金蚁故事有关。"印度也有北方有蚁能掘沙金，印度人行窃时常为蚁所追而丧失生命的传说。……住在沙漠中的这蚁，比犬稍小，比狐稍大。奈亚尔珂斯，曾经在印度目击过掘金蚁底皮；说像土拨鼠（Marmot）什么拨土的兽底皮。……普利纽斯也把这蚁底事载在《博物志》第十一篇中，说称为印度底蚁底角的东西，保存在爱利脱莱（Erythroe）底海尔扣尔底庙中。"①

古希腊也有大蚂蚁故事。它们会变形成人，称为"蚁人"（Myrmidones）。希腊语称蚂蚁为 Myrmex，他们认为，密耳密多涅斯族（即蚁人）是蚂蚁变来的。但它们并不开矿或移山，只是善于搜集和保存粮食。

希罗多德是这样介绍掘金蚁的：在印度的北方住着某一族团，"他们是全体印度人中间最好战的，而出去采金的人也是他们，因为在这些地方是一片沙漠。在这一片沙漠里，有一种蚂蚁，比狗小比狐狸大；波斯国王饲养过的一些这样的蚂蚁，它们就是在这里捕获的。这些蚂蚁在地下营穴，它们和希腊的蚂蚁一样地把沙子掘出来。这种蚂蚁和希腊蚂蚁的外形十分相像，而在它们从穴中挖出来的砂子里是满含着黄金的。印度人到沙漠去便正是为了取得这种沙子"②。他们驱赶着驼队，在清早最热的时候出发，在傍晚最凉快的时候，赶到沙漠采金。"当印度人带着袋子来到这个地方的时候，他们便用沙子装满了这些袋子并且以最大的速度把骆驼赶回。因为，根据波斯人的说法，蚂蚁立刻就会嗅出他们的行踪并追赶而来；它们的速度看来是世界上任何动物都赶不上的，因此，如果印度人不赶紧回来的话，一旦蚂蚁集合起来，他们便谁也逃不掉了。"③

可见这些蚁形的辛勤掘金者，又是勇敢的守金人。关于逃跑的办法，希罗多德说，印度人有意把小骆驼留在家里，母骆驼比公骆驼跑得快，又"忘不了

---

① [日] 小川琢治：《昆仑与西王母》，见《中国文学研究译丛》，汪馥泉译，北新书局，1929年，第199页。
② [古希腊] 希罗多德：《历史》，王以铸译，商务印书馆，1985年，第240—241页。
③ [古希腊] 希罗多德：《历史》，王以铸译，商务印书馆，1985年，第240—241页。

它们留下的小骆驼",于是舍命飞奔,便摆脱了掘金蚁的可怕追逐。①

据孙培良等介绍,麦伽斯提尼《印度志》残篇依照传闻说,这是印度东部大山中达尔迪(Derdae)部落的事迹。他们取得金沙后并非驾着骆驼,而是依靠普通畜力逃跑,沿途扔下许多兽肉,让"不小于野狐"的大蚁吞食,以迟滞它们。

如果夸蛾氏确实是大蚁的人格化和神话化,那么"夸蛾负山"就也带着寓言的性质:最大的东西也会被最小的东西征服。蚂蚁或人可以依靠数量的多和行动时间的长改变那些在时空上基本无大变化的庞然大物的现状,这是一种处于较低层次的人定胜天的思想,跟愚公移山之精神基本一致。但这跟英雄移山的神话意义、结构却不完全一致。

专家指出,古印度本身的黄金产量很低。他们进贡给波斯帝国的金沙可能来自西伯利亚,经由大宛(费尔干纳)和大夏(巴克特利亚)的"黄金之路"输入。掘金蚁也是印度人道听途说来的外来故事,却又深信不疑。但从《摩诃婆罗多》开始,就把黄金叫作"蚁金"(Pipjlika),可见其历史也够古老的了。孙培良指出:"独目人偷盗格立芬看守的黄金,跟上述印度故事是同一故事的两种说法。基本情节是神物或怪兽守护黄金,从中亚南传至印度为掘金蚁,西传至斯基泰亚和希腊为格立芬。"②

掘金蚁母型也有异说。小川琢治介绍说,掘金蚁故事的现实基础据说是西藏古矿工,及其所驯养的灵獒——藏犬③。"这掘金的蚁的传说,据洛林松及西龙底研究,以为是西藏底掘金的坑夫和他的饲养的番犬的传说。又蚁底角,西龙以为是从西藏人所被毛皮上取来的。根据拉伊兹台加氏在拉达克目击农夫用野羊角角做鹤嘴的事,薄尔以为只是坑夫所用的鹤嘴罢了。""大蚁掘土的传说之一,便是《列子·汤问》中愚公移山的寓言。"④ 藏犬比狼狗还要凶猛十倍,让它来保卫金矿和矿工确实对入侵者有极大的威慑力量,它奔跑的迅速更使盗金者亡魂丧胆。但是大蚁神话自有其母型和独立性,只是在盗金故事里可能与藏犬融合罢了。借用藏犬化的大蚁作为夸蛾的一个母型倒是可以的,但是它跟

---

① [古希腊]希罗多德:《历史》,王以铸译,商务印书馆,1985年,第240—241页。
② 孙培良:《斯基泰贸易之路和古代中亚的传说》,见中外关系史学会编:《中外关系史论丛》(第1辑),世界知识出版社,1985年,第12页。
③ [日]小川琢治:《昆仑与西王母》,见《中国文学研究译丛》,江馥泉译,北新书局,1929年,第199页。
④ [日]小川琢治:《昆仑与西王母》,见《中国文学研究译丛》,江馥泉译,北新书局,1929年,第200页。

移山的英雄、英雄神却有极大的不同。

如前所说，愚公移山作为神话是一系列为人类牺牲的灵智英雄的化山神话的有机组成部分，移山跟肩山、负山也只是形态性的差别。愚公家族积年累月的移山，跟蚂蚁啃骨头式的开山确实容易发生类似联想，但是跟属于矿冶劳作神话的掘金蚁却迥然不相同。愚公是用反语表达的灵智英雄、创造英雄乃至开辟英雄，跟负山的夸父、开山的巨灵本质上是同样的英雄人兼英雄神。只有置之于英雄神话序列的联系、比较之中，才能显露出它歌颂人类对抗天帝（自然）、开辟国土的光辉意义。

移山与开山母题

现在先看一些移山母题的故事。

力能移山者还有蜀中的"五丁力士"，事见《世本·氏姓篇》。《华阳国志·蜀志》说："开明帝时，蜀有五丁力士，能移山，举万钧。每王薨，辄立大石，长三丈，重千钧，为墓志，今石笋是也，号曰'笋里'。"其事并见《蜀王本纪》《十三州志》等。这当然是从大石文化化出的神话。四川本有丰富的大石文化遗迹，所谓石笋就是"独石"（Aligment）。冯汉骥、郑德坤、鲍文康、童恩正等都有所讨论。世界各地都有大石文化建筑由巨人或神建造的神话和传说。古人很难想象，普通人怎么能移动和垒叠那些"千人不能动，万人不能移"的巨石。大石文化建造多数与冢茔、祭祀有关。所以五丁力士的任务主要是为酋长、王族建造石冢。他们还为武都那由丈夫变来的美女山精——蜀王之妃作冢，"盖地数亩，高七丈，上有石镜"。以后还发生了一个拽蛇以致山崩的灾难，其结果是力士如许多托山、化山英雄一样被压在山下了。《华阳国志·蜀志》："惠王知蜀王好色，许嫁五女于蜀。蜀遣五丁迎之。还到梓潼，见一大蛇，入石中。一人揽其尾，掣之，不禁。至五人相助，大呼拽蛇，山崩时，压杀五人，及秦五女并将从，而山分为五岭；直顶上有平石。"

《太平御览》卷八八八引《蜀王本纪》亦记其事，略有异，有"五丁共引蛇，山崩，压五丁，五丁踏地大呼"云云。但他们确实也像夸父们那样化成了山。所以，《蜀纪》说"今其山或名五丁冢"，而《蜀王本纪》直说"秦王五女及迎送者皆上山化为石"，《述异记》则说"山崩，五女上山，遂为石"，《华阳国志·汉中志》也说"梓潼县郡治有五妇山"，则是美人化石，如望夫石矣。

袁珂《古神话选释》说："五丁力士无疑是民间五个石工的神话化。丁者钉也，正是石工用以凿石的工具。"大体上是对的。但我们到底还由此而想起那劈开高山的巨灵神、大黑天和撕出直布罗陀海峡的赫拉克勒斯来。五丁不过是多少有些卑化的开山英雄,有如凿龙门的禹,决玉山的开明。

大蛇常常与英雄开山的神话相关。应龙,据说也能开峡(参见错开峡故事等)。这里的蛇可能隐喻大水,蛇入穴而山崩,正是山洪暴发之象,他们肯定面临泥石流或山洪的威胁,不然不会拼死也不让蛇入洞。五丁拽蛇,甚至被压在山底,还"踏地大呼",都暗示人类控制大水或泥石流的欲望和斗争。我们还可以感觉出,山的神话往往跟蛇纠缠在一起,就好像蛇与仙药每每相关一样。印度须弥山被一条大蛇盘绕着。开辟山川也往往对蛇穴构成危害。所以愚公移山首先威胁操蛇之神。而蛇及其代表的山洪泥流又是人之大敌。其间的秘密还有待阐发。

又,《搜神记》说,晋怀帝永嘉中有卵生儿变为蛇,导人筑平阳城,刘渊怪之。此神蛇,"投入山穴间,露尾数寸,使者斩之,忽有泉出水中,汇为池,因名'金龙池'",可见蛇入穴能导出水泉或泥流,与五丁拽蛇尾而山崩有些相像。

蒙古族也有开山传说。据拉施特主编的《史集》记载,"原始"的蒙古人被敌人屠杀,只剩两男两女自成婚配,繁衍生息。起初他们逃进群山之中,只有羊肠小道与外界交通。"这个地方名叫额儿古涅-昆。'昆'字义为'山坡',而'额儿古涅'义为'险峻';这个地方意即'峻岭'。"① 当他们想冲向外间世界的时候,他们找到了铁矿,"宰杀了七十头牛马,从它们身上剥开整张的皮,作成了风箱",以木柴和煤烧熔了山壁。结果,"从那里获得了无数的铁,通道也被开辟出来了"②。这个雄伟的熔铁开山的传说,似乎只能发生在金属被开采利用之后,但是其背景可能要古老些。《多桑蒙古史》、洪钧的《元史译文证补》等,都曾把它当作蒙古族源的辅助材料来研究。

这个传说很可能源于开辟神话。凿山或融山,不过是开天辟地的一部分工作,后来掺进了熔铸的神秘观念,就好像女娲补天神话也糅进熔铸技术的发明神话一样。但移山或开山,仍是这个传说的基本结构,表现出蒙古人民不屈不挠、改造环境、走向世界的雄心壮志,可以与愚公移山比美。但如果从更深的象征层次来看,这可能跟前述故事一样是急流冲开峭壁或英雄神开山引水的一种隐喻式的展述。该地"额儿古涅-昆"义为"峻岭",而开山者名叫捏古斯和

---

① [波斯] 拉施特主编:《史集》(第1卷第1分册),余大钧、周建奇译,商务印书馆,1983年,第251页。
② [波斯] 拉施特主编:《史集》(第1卷第1分册),余大钧、周建奇译,商务印书馆,1983年,第252页。

乞颜（Kiān），后者义为"从山上流下的狂暴湍急的'洪流'"①。那么，整个传说可能就是"激流冲开山壁"这一寓言的展开与人文化。

除了上述的，中国少数民族还有不少英雄移山神话可供比较，而且意义更加明朗。

壮族创世英雄兼取火者布洛陀，曾以神斧砍来能自我愈合的老铁木为顶天柱，撑住了天，还用赶山鞭像五丁力士赶石牛、辟山道那样抽打成群的小山使之分列两旁，复以撬山棍撬开大山，让大洪水顺利通过，"所以有些地方，大山向南面或北面斜歪着"②。这当然跟前引故事一样是一种变体的包含着开山引水的英雄移山神话。

壮族的莫依大王能用伞尖戳进山腰搬山，也能用伞当赶牛鞭赶山。③

黎族也有愚公移山与夸娥负山这样的故事。某日，忽然天摇地动，风雨交加，玉帝命雷公之弟扬叉和法也凝去"压实地基"，以免天崩地裂。这二神有点像操蛇之神属下的夸娥氏之二子。"兄弟两人带了工具匆匆下来，便各顾各去挑土搬石，用堆山的方法，将地压实。……扬叉堆了五座连绵的山峰，这就是五指山。法也凝堆了七座比五指山还高的山峰，这就是七指岭。这些山峰造好后，天地才稳定，灾祸才消除了。"④ 之后，他们兄弟俩比试谁的山堆得结实，结果把七指岭踢得比五指山低了。

白族民间故事《掷珠记》里，牟伽陀与群众一起开山治水，灵山老爷赶来制止，但牟伽陀们到底开出鹤庆坝子，灵山神只好背朝水坝，无脸向西。赵橹认为，"从某种意义而论，是受到《愚公移山》影响的"⑤，灵山老爷略似河曲智叟，"灵山老爷无脸向西"这段故事，"也可能是凭依于类似《愚公移山》一类古老的白族神话"⑥。

这启发我们，愚公移山实际上构成了对天帝的威胁，对神界的挑战。"操蛇之神惧其不已也"，不得不"命夸娥氏二子"替他去移山。这一方面当然反映了尚处在幼稚期的人类不得不依靠神力来改变现状，但另一面，依然是神屈从了人的意志。所以，愚公移山是一种潜在态英雄神与天帝冲突的神话，或者说是

---

① ［波斯］拉施特主编：《史集》（第 1 卷第 1 分册），余大钧、周建奇译，商务印书馆，1983 年，第 252 页。
② 蓝鸿恩编：《壮族民间故事选》，上海文艺出版社，1984 年，第 2—6 页。
③ 蓝鸿恩编：《壮族民间故事选》，上海文艺出版社，1984 年，第 101—102 页。
④ 广东民族学院中文系编：《黎族民间故事选》，上海文艺出版社，1983 年，第 16 页。
⑤ 赵橹：《论白族神话与密教》，中国民间文艺出版社，1983 年，第 142 页。
⑥ 赵橹：《论白族神话与密教》，中国民间文艺出版社，1983 年，第 143 页。

一种弱形式的抗天故事。

当宙斯在奥林匹斯山召集诸神试图剿灭地下的巨人该亚的时候,天上发出一声霹雳,地下的该亚报以猛烈的地震。……巨人们将山岳一座一座连根拔起。他们使俄萨山和珀利翁山,俄忒山和阿托斯山互相重叠,并将洛多帕连同赫布洛斯河的一半河源也拔了起来。这是以反叛者面目出现的、转化为天神对立面的夸蛾氏的一个影子,实际上也就是愚公的原生形态:与天帝争胜。只是在目前所见的寓言里,这方面的内容冥昧而单薄罢了。

希伯来叛逆者撒旦,也像提坦们一样,对抗天帝的意旨。在弥尔顿的《失乐园》里,天庭方面的米迦勒曾拔起群山来攻击并压倒撒旦的军队,粉碎他们的战斗·机器。

> 他们身轻如闪电,奔跑,飞驰,
> 先把群山来去摇摆,从根拔起,
> 连同岩石、泉水、林木都拔起来,
> 还把毛糙的诸山顶托在手里。①

这使魔鬼们吃了大亏。但没有被摧毁的"其余的部队也学用这个武器,把四邻附近诸山连根拔起;于是在半空中,山和山相碰,往来投掷,造成可怕的砰訇,两军在地底阴处交战"②。这显然是大地震的神话夸张。

据马可波罗的介绍,巴格达有位哈里发,要求坚信《圣经》真实性的基督徒们"感动你们的上帝耶稣,把面前这座山移到别处去"③,否则就严刑处罚。有位主教得到天启,让教徒们去找一个独眼补鞋匠替他们祷求。鞋匠曾因看到一位少女的玉腿动了邪念,便剜掉自己的右眼。"这个虔诚的鞋匠,跪在十字架面前,双手高高举起,谦恭地祈求造物主大发慈悲……伴随着他喊声的消失,山移动了,似乎整个地球,在轰鸣声中摇晃起来,果然奇迹出现了"④,感动得哈里发和他的随从们都或明或暗地改宗了基督教。这是一个充分宗教化了的再生神话,奇迹里也是可能包含着原始信仰和神话的。可这却是对神力的赞颂,跟上列神话对立,只是在移山这一点上趋同,证明其为同构异质的故事群的一端罢了。

---

① [英]弥尔顿:《失乐园》,朱维之译,上海译文出版社,1984年,第241页。
② [英]弥尔顿:《失乐园》,朱维之译,上海译文出版社,1984年,第240页。
③ 《马可波罗游记》,陈开俊、戴树英、刘贞琼等译,福建科学技术出版社,1982年,第12页。
④ 《马可波罗游记》,陈开俊、戴树英、刘贞琼等译,福建科学技术出版社,1982年,第14页。

三、英雄驱瘟与窃药

上天播撒的毒虫

蒙古族民间传说《半拉山的故事》里，长着三只眼睛的英雄乌恩跟二郎神一样，曾经射落多余的毒日头，又肩挑两座天帝降下的大山追赶太阳，而被第三座大山压倒（此与《西游记》第三十三回奇似），群众挖山救他（此似愚公移山、巨灵神劈山），连天帝阻止也不睬。"天帝一生气回到天上向人间撒下了许多瘟虫，挖山的人们一个接一个地都病倒了，最后只剩下几个人了。"①

除了追日、射日、担山、化山之外，这个降虫的情节特别使人诧异。我们都记得，普罗米修斯盗火给人类以后，宙斯无法再夺回去，"为抵销火所给与人类的利益"，就让火神创造一个具有一切天赋的美女潘多拉，送给普罗米修斯的弟弟、"后觉者"厄庇墨透斯（Epimetheus），潘多拉从一个随身携带的大盒子里放出一大群灾害，飞到人间传播悲惨和苦难，却把唯一美好的东西希望深藏在盒子里。从此，"各种不同的热病攻袭着大地"。这个故事的另一种说法是：天帝把潘多拉和盒子送给人类，她经不起好奇心的诱惑，打开盒盖，各种各样的毒虫、灾难、瘟疫、悲苦、邪恶……飞满了人间（然而留住了珍贵的宝石那样闪光的希望）。这个故事表面是责难女人及其好奇心，表示天意不可抗拒，疾病和苦难像宿命一样难于摆脱；然而却暗含谴责天帝之意，并且暗示希望是存在的，灾害可能克服。洪水之后，可能流行疾疫、虫害；气候剧变（射日是征服酷热，盗火是获得温暖），也可能伴随虫祸病灾。这一型神话也是这种自然变化的曲折反映。

鲁迅在《别一个窃火者》里介绍了一个非洲盗火英雄悲惨的下场："他从天上偷了火来，传给瓦仰安提族的祖先，因此触了大神大拉斯之怒，这一段，是和希腊古传相像的。但大拉斯的办法却两样了，并不是锁他在山巅，却秘密地将他锁在暗黑的地窖子里，不给一个人知道。派来的也不是大鹰，而是蚊子、跳蚤、臭虫，一面吸他的血，一面使他皮肤肿起来。"②

这跟希腊神话、中国少数民族故事里天帝对盗火行为的恶毒报复是基本一致的，只不过一个是用毒虫惩罚得到火的整个人类，另一个却只处治盗火给人

---

① 内蒙古语言文学研究所文学研究室编：《蒙古族民间故事选》，上海文艺出版社，1979年，第30页。
② 鲁迅：《准风月谈》，人民文学出版社，1974年，第26页。

类的英雄罢了。它们都蕴含着人类对暴虐的大神的仇恨和与自然力抗争的勇气。可天帝撒播毒虫，却是一致的。

独龙族木彭哥是"乘日光腾升上天"，先偷谷种，后求取火之法。这个故事与洪水传说相连，其后也有一个类似潘多拉盒子的情节：

> 天神木别（Mubai）将女嫁给孔庚（Gungeng）。一日，孔庚之子女病，妇乃上天。天神与女以药，并竹筒一个，嘱到家之后再开观。女行至半途，经一湖，不慎，将药落于湖中，水乃成酒。复忍不住将竹筒打开，筒中盛满蜂子，一拥而出，向东飞去，故今在怒江沧江一带，岩上有野蜂也。女乃急以盖掩之。其中尚余若干。携之归家蓄之，乃成家蜂。①

这个神话有许多异文。《坛戛朋》说，坛戛朋是"从树坨巴中爆出来"的巨人，与猛朋天神的独眼四姑娘结婚。"临行时，猛朋天神送给他们一个竹筒，并嘱咐他们，一路上千万不能打开"，但他们"听到竹筒里发出嗡、嗡、嗡的声音，感到十分惊奇，就把竹筒打开，只见一群蜜蜂，一只接一只集为蜂群，铺天盖地地飞走了"。② 后面还说，因为打开另一个竹筒，弄得女人不得不替男人生孩子，等等。

《木彭哥》说，英雄木彭哥"乘日光腾上天，偷来谷种……不料撒手就叫风给吹散，撒落全世界，所以现在各处都有谷子"；他还祷告天神，请教取火方法，无意中将藤子在树干上摩擦出了火。后来，他得病，乘坐蜜蜂上天求药，归来时蜂子把他从天上甩下，"坠落的时候经过一个湖，不小心把药落入湖中，于是这湖的水有了酒味"③。

《彭根朋上天娶媳妇》则说，洪水泛滥之后，彭根朋爬树登天，娶天神木崩格女儿独眼的木美姬为妻。"当彭根朋和木美姬要离开天上回人间时，天神木崩格送给了他俩稗子、甜荞、包谷和燕麦种子，各种飞禽走兽，以及一筒蜂种和一筒药酒。机灵的木美姬发现父亲没送稻谷种，便偷偷地抓了些稻谷种藏在指甲里。"④ 因为他们忘却天神嘱咐，下凡时回头观看，"在忙乱之中，那筒蜜蜂也给放跑了，所以蜜蜂现在只在岩石上做窝。那筒药酒也给倒入水中去了，所以，独龙族过去没有治病的药，只会酿淡淡的酒。幸好五谷种子没有丢，他俩到了

---

① 陶云逵：《几个云南藏缅语族的创世故事》，载《边疆研究论丛》1942—1945 年。
② 谷德明：《中国少数民族神话选》，西北民族学院研究所，1983 年，第 599 页。
③ 谷德明：《中国少数民族神话选》，西北民族学院研究所，1983 年，第 602 页。
④ 谷德明：《中国少数民族神话选》，西北民族学院研究所，1983 年，第 611 页。

人间后，就开始种上了稗子、甜荞、包谷、燕麦和稻谷"①。

说法虽然互有详略或歧异，但是盗谷（或取火）—下凡—逸虫—倾药这条情节线索还是很清楚的。溯源和解释的性质也很明白。

另一种记载里，却是大地上最早出现的人沙·当·明与大女神之女独眼的念坚、双眼的念勒母姐妹结婚，神陪送给他们以五谷、家畜和蜜蜂。"蜜蜂原是装在一个木箱内，并要他们在到家之前切勿打开看，但他们因好奇心切，便在途中拆看了，结果使蜜蜂飞出木箱而至大山石岩的最高处（独龙语'双甲泊拉'），如今人们所养的家蜂则是以后又从高山而捕回来的。"②

西南兄弟民族地区有火把节（或星回节），最初可能是为了拜火驱邪、祭祀火神或者祈雨，对歌里有"什么是火的父亲，什么是火的母亲"之类唱词。《大理县志稿》云，过星回节"用柴竹剖束为火炬，燃之以薰田驱螣"，则又与驱虫有关。彝族传说，天上的大力神斯热阿比被地上大力士阿提拉八摔死，天菩萨震怒，便派大批蝗虫、螟蛾来吃地上的庄稼。阿提拉八乃于六月二十四日领人制作火把烧死害虫，保护庄稼。这里既有巨人和大力神的搏斗，又有天帝为报复人类而播虫，复有以火制虫之事，与上述神话极为相似，唯有盗火一项失落。

从整体看，这些都可以归属于英雄神与天帝冲突的大母题，具体说来，天帝播下虫灾、瘟疫是英雄和人取得火种、改造山川、威胁天帝的结果，而瘟虫的散布又往往引起英雄窃药（盗仙草）的新故事。所以驱虫本身既是独立母题，又要加以有联系的考察。

又，蒙古也有一个虫盒故事，不过变形极厉害。《黄金史》说，西藏喇嘛曾叫蒙古使者带回一只神秘的金匣，"说明须由可汗诸妇之一开启。可汗就叫拖雷之妻（有 Fshi 之尊称的）在一个大宴会中，把它打开。当时从匣中飞出三只金蚊虫，进入她的鼻孔里。后来她就生了忽必烈、薛禅可汗及阿里不哥主公（ejen）三个儿子"③。这就又跟天神赐孕联系在一起，带着相当的原始性，录以备考。

---

① 谷德明：《中国少数民族神话选》，西北民族学院研究所，1983 年，第 611 页。
② 中国哲学史学会云南省分会编：《云南少数民族哲学、社会思想资料选辑》（第 2 辑），1982 年，第 77 页。
③ 札奇斯钦译注：《蒙古黄金史译注》，联经出版事业公司，1979 年，第 107 页。

窃仙药

入日盗火、移山引水，往往引来上帝报复性的播撒瘟虫，而驱虫就必须窃药。最古老的盗仙草英雄，应是神农氏（可惜他的材料零碎、晚近，故事太单纯）。满族神话说，亚神耶路里的灵魂制造了八层的地狱，在人间播撒天花、斑疹、伤寒等多种瘟疫。天神派英雄神纳丹威虎里下凡拯救人民，他像神农氏那样四处采草药，尝草药，配灵方，传徒弟，除瘟疫；后来他亲自寻找并吞吃耶路里播种的七样毒草，但只吃了六种，就悲壮地死去，留下一种至今还在危害人类。[1] 这个新生态的神话，比神农氏传说丰富得多。所以我们绝不能仅仅把目光停留在有文献记载的华夏汉族神话之上。

纳西族有情节更繁复的英雄崇人抛鼎寻不死药的故事。相当于西北神山昆仑的冒米巴罗山，"山上长着延寿草，山下便是盛着回生水的甘泉"[2]，崇人看到吃了毒草的白鹿、喝了毒水的野猪，啃食仙草，略饮神泉以后起死回生，便寻获了它们。他虽然经历艰险，且与垄断水草的天神斗争，但他的结局却是喜剧性的。归途中，他摔了一个大筋斗，泼出回生水使土地草木茂盛，水土滋润，连日月都因溅上仙水而增辉。[3]

蒙古族史诗英雄江格尔，从老鼠那里夺来神树的叶子，治好了自己的伤，又从香檀神树上采来二十片树叶[4]，去救援尸骨变成绿草的朋友洪古尔。

> 江格尔嚼碎了神树吹到白骨上，
> 那白骨立刻长出了肌肉。
> 江格尔又把宝叶嚼碎吹到肌肉上，
> 立刻变成了酣睡的洪古尔。[5]

但我们更感兴趣的是，本母题里那种具有连锁反应或连环式结构的故事。前举蒙古族民间传说《半拉山的故事》的结尾是：被天帝瘟虫传染上恶病的人，被英雄乌恩变成的药草救了。"压着乌恩的那座半拉山的山顶上长出了一种药草，人们吃了它，病就好了。"这里暗示乌恩既变成山，又变成仙草，因而粘连着盗仙草母题，使它成为灵智英雄盗火逐日、开山驱毒神话序列里不可或缺的

---

[1] 参见乌丙安、李文刚、俞智先等编：《满族民间故事选》，上海文艺出版社，1983年，第2—3页。
[2] 中共丽江地委宣传部编：《纳西族民间故事选》，上海文艺出版社，1981年，第63页。
[3] 中共丽江地委宣传部编：《纳西族民间故事选》，上海文艺出版社，1981年，第67页。
[4] 《江格尔》，色道尔吉译，人民文学出版社，1983年，第282页。
[5] 《江格尔》，色道尔吉译，人民文学出版社，1983年，第286页。

一环。

不死的仙药

作为普罗米修斯前身之一的吉尔伽美什，曾跳进深渊取到长生仙草：

> 这草是棵〈非凡的〉草，
> 人们靠它可以长生不老。
> 我要把它带回乌鲁克城，让〔　〕能吃到这草，
> 它的名字叫做西普·伊沙希尔·阿米尔，
> 我也吃它，好重返少年，青春永葆。①

可惜仙草被蛇偷吃了。而普罗米修斯也曾教人类"配制解痛的药，驱除百病"。格雷夫斯还注意到吉尔伽美什的另一分身赫拉克勒斯也跟这位巴比伦史诗英雄一样"寻找过神奇的长生药草"。而与赫拉克勒斯、后羿对应的太阳神阿波罗，不是也兼着瘟疫、暴死和医药之神吗？

神话学家们认为《吉尔伽美什》里的长生草，是最早见于文献的生命树。据说，还有更古老的苏美尔与阿卡德人的神话：牧人埃塔纳（Etana）曾经乘坐巨鹰，升上高空，寻求长生草，以使他的羊群平安、蕃庶、肥大。虽然有天神安努（Anu）及其女儿伊什塔尔的帮忙，却因为神鹰力乏，又掉到地上来。到巴比伦时代，又变成风神鸟修登天，偷窃天神万罗达克（Merodac）命运牌的故事。我们知道，这里的巨鹰有如东方的大鹏鸟，大鸟像蛇龙一样，老是跟长生草药之类纠缠在一起。

长生药的得而复失，或者为某物某神所侵夺、所隔阻，人类因而失去永生的资质，是盗仙药故事的重要母题。吉尔伽美什好容易从海底得到仙草，却为蛇所食，从此蛇依靠蜕皮而长生。此事传到希腊，一变而为：宙斯曾奖赏帮他打败巨人族的人类英雄普罗米修斯，仙草却被驮药的驴子交给蛇去保管，蛇因得到仙草而长生，人却失去这一珍贵的机会。②

故事再变为宙斯亲自阻止人类得到长生药。长生药本来是大地女神该亚准备在黎明到来时采来补偿给巨人（并且惠及人类）的，却被宙斯趁黑摘了下来。"从此，地球上再也没有这种植物了。"③

---

① 《吉尔伽美什》，赵乐甡译，辽宁人民出版社，1981年，第95—96页。
② 参见〔德〕W. 伯克特：《东方化革命：古风时代前期近东对古希腊文化的影响》，刘智译，上海三联书店，2010年，第121页。
③ 〔法〕韦尔南：《众神飞飏——希腊诸神的起源》，曹胜超译，中信出版社，2003年，第36页。

这些也是初民用来解释人类难逃一死之原因。

北欧神话也说，有恶龙尼特霍格（Nidhug），在毒虫的协助下，不断地咬啮不竭之泉旁的生命树伊格特莱息尔（其母型为白杨）之根，威胁着群神的安全。① 这些都是世界性的英雄窃药取宝故事的重要关目。

古添洪论述此类灵智英雄盗药事云："死亡是人类最大的恐惧。后羿寻不死药神话即是对死亡克服的母题呈现。"吉尔伽美什"历尽千辛万苦获得不死药以后，那不死药却戏剧化地给一大蛇所吞噬了。所以蛇是长寿的。不死药为蛇所吞这一回事正暗示着人无法获得长生"。他认为，窃药的"姮娥的原身为蟾蜍"，如此说来，羿所寻到的不死药为蟾蜍所食则与乔贾米殊王（Gilgamesh）的不死药为蛇所吞同趣了"。但"戏剧性的、象征性的处理，使我们的感情（渴望不死）与理智（死亡为必然）得到一平衡"。②

跟巴比伦、希伯来、北欧神树仙草故事同型的，还有古希腊的金苹果故事。金苹果是大地女神送给宙斯与赫拉的结婚礼物。赫拉把她十分喜爱的这缀满金苹果的、永不枯死的树枝栽在她的花园里，就好像西王母的蟠桃树。她命令阿塔斯（Atas）的三个女儿看守它（蟠桃园也有仙女看守）。她们有时竟监守自盗。英雄珀耳修斯也曾从她们手里盗过金苹果。天后赫拉就派了有一百颗脑袋（或说有一千只眼睛）的巨龙拉冬来保卫它，结果大力英雄赫拉克勒斯杀掉巨龙，盗去金苹果——这是他的十二功绩之一。这不是跟后羿越过险阻，焚烧离朱，可能还制服九首开明兽，取得西王母的不死仙药如出一辙吗？

《吉尔伽美什》里的一颗琅玕玉树，本质上也是生命树。吉尔伽美什越过十二比尔的路追逐太阳，好容易看到了光。

在〔他〕前面看到了〈石〉的树木，他就健步向前。

红宝石是结成的熟果，

累累的葡萄，惹人爱看，

翠玉宝石是镶上的青叶（?），

那儿也结着果，望去令人心胸舒展。③

在昆仑神话里也有类此的生命树（不死树）和玉树。《山海经·海内西经》："开明北有视肉、珠树、文玉树、玗琪树、不死树。凤皇、鸾鸟皆戴蒇。又有离

---

① 参见茅盾：《神话研究》，百花文艺出版社，1981年，第243页。
② 古添洪：《希拉克力斯和后羿的比较研究》，见古添洪、陈慧桦编著：《从比较神话到文学》，东大图书公司，1977年，第266—267页。
③《吉尔伽美什》，赵乐甡译，辽宁人民出版社，1981年，第76页。

朱、木禾、柏树、甘水、圣木、曼兑。一曰挺木牙交。"郭注："玗琪，赤玉属也。吴天玺元年，临海郡吏伍曜在海水际得石树，高二尺余，茎叶紫色，诘曲倾靡，有光彩，即玉树之类也。"不死树者，郭注云，"言长生也"，即生命树，跟下文群巫所操，亦即后羿得之于西王母的不死之药实际上是一物之分化。《文选·思玄赋》李注引此云："昆仑开明北有不死树，食之长寿。"郭注："言常生也。"《海外南经》亦有不死民，郭注："有员丘山，上有不死树，食之乃寿；亦有赤泉，饮之不老。"《楚辞·天问》："延年不死，寿何所止？"云云，问的便是这些事物。其他如《吕氏春秋·本味篇》："菜之美者，昆仑之苹，寿木之华。"高注："寿木，昆仑山上木也；华，实也；食其实者不死，故曰寿木。"《淮南子·地形训》："不死树在其（按：指昆仑）西。"这不死树与长生草都属于世界性的生命树崇拜的支脉，可以纳入英雄盗仙草的大母题之内研讨。

昆仑山的生命树，也是有神兽或灵怪守护的。开明兽的任务之一显然是监护仙树。跟看守金苹果的巨龙拉冬一样，开明兽有许多脑袋。《海内西经》还有更明白的记载："服常树，其上有三头人，伺琅玕树。"郭注引庄周曰："有人三头，递卧递起，以伺琅玕与玗琪子。"《艺文类聚》卷九〇、《太平御览》卷九一五引《庄子》作："天又生离朱，一人三头，递卧递起，以伺琅玕。"作为太阳树的三珠树、琅玕树又是生命树、不死树，所以要由太阳神鸟离朱用自己的光明和生命来不断伺服它、充实它。这三珠很可能便是三首离朱生命之结晶。

后羿必须上昆仑山取得这不死树（不死药），才能升华和超越自己的生命。

苏雪林早就看出，此则神话与希腊神话之间有蛛丝马迹的牵连。她说："希腊神话变生命树为不死苹果树，守之者为百头巨龙腊东（Ladon），又有三仙女名系丝辟丽（The Hesperides），在某故事中她们均为极婉丽之女仙，另一故事中则为三老妪，本属姊妹，共一齿一眼一臂，所以永远不能分开。与中国'三头人'的传说，似乎有点关联，可见同一源流所演变。"① 她还指出，晋人王嘉《拾遗记》里九层的昆仑山也有苹果一类生命树或生命果："昆仑山者，西方曰须弥山，对七星之下，出碧海之中。上有九层，第六层有五色玉树（按：此为世界树），荫翳五百里，夜至水上，其光如烛。第三层有禾穟，一株满车。有瓜如桂，有柰冬生如碧色，以玉井水洗食之，骨轻柔能腾空也。"② 《本草纲目》说："柰与林檎，一类二种……一名频婆。"而"频婆"就是苹果。

---

① 苏梅：《屈原天问里的旧约创世记》，载《说文月刊》1944 年第 4 卷合刊本，第 990 页。
② 苏梅：《屈原天问里的旧约创世记》，载《说文月刊》1944 年第 4 卷合刊本，第 991 页。

苏雪林又以《天问》"靡萍九衢"之"萍"为苹果（这当然不对），从而介绍古代世界以苹果为仙物的情况说："《旧约·创世记》并未说生命树所结果子作何形状。希腊人谓此果作无花果状，犹太人则谓其状如葡萄，或云如橄榄，或云即系小麦——犹太人谓地堂小麦高若树，此或我国昆仑木禾之由来——但多数人则谓其状如苹果。故有'地堂苹果'（Apple of Paradise）之说。今日西洋文艺作品关于生命、智慧二种果子，殆无不指为苹果者。而苹果之为仙果，又屡见于希腊神话，北欧神话及阿拉伯人故事。我国亦有'昆仑之苹'及'昆仑之柰'的传说，昆仑即希伯来人的伊甸园。"①

苹果之"苹"，确源于梵语"频婆"（Bimba），李时珍等已言之。但除《拾遗记》外，不知作为仙果的苹果是否更早即与西方神树有传说学上之联系，"靡萍"云云，是很难牵扯上关系的。古籍上的"蘋""萍""苹"大都指的是浮萍。

天后赫拉的金苹果为英雄赫拉克勒斯所得，王母蟠桃为东方朔、孙悟空所盗。昆仑山上开明兽、三头人看守的不死树、生命树之类，是哪一位灵智英雄取得的呢？是后羿，跟赫拉克勒斯地位相当的后羿。《海内西经》："海内昆仑之虚，在西北，帝之下都。昆仑之虚，方八百里，高万仞。上有木禾，长五寻，大五围。面有九井，以玉为槛。面有九门，门有开明兽守之，百神之所在。在八隅之岩，赤水之际，非仁羿莫能上冈之岩。"把这记载整理、补苴一下便可明白，它说的是昆仑山上有木禾之类不死树、生命树（属西王母所有），由开明神（及三头大鸟离朱）看守，只有夷羿才能越过险阻取得这智慧与生命的结晶。所以郭注说："言非仁人及有才艺如羿者不能得登此山之冈岭巉岩也。羿尝请药西王母，亦言其得道也。"《图赞》也说得很清楚："万物暂见，人生如寄；不死之树，寿蔽天地；请药西姥，乌得如羿！"

苏雪林等已经发现中国不死树与巴比伦、希伯来、希腊、北欧的生命树是对应物。她说："这生命树的来源极古，演变极多，而且对于中国，对于全人类的影响也极大，研究起来，非常有趣。"②

我们注意到，《旧约·创世记》耶和华将偷吃智慧果的亚当、夏娃逐出伊甸乐园，立即派了怪物（精灵）基路伯（Gherobine），设了四面转动、闪耀火焰的剑来保卫生命树。这里也深深地埋藏着一个灵智英雄盗仙草的故事，这英雄

---

① 苏雪林：《天问正简》，广东出版社，1974年，第183页。
② 苏梅：《屈原天问里的旧约创世记》，载《说文月刊》1944年第4卷合刊本，第984页。

便是夏娃和亚当,他们在蛇的启发下一起偷吃了辨别善恶的树上的禁果,从此有了智慧、爱情、欲望和罪恶("知识就是罪恶",此"原罪"之所起),从浑茫无知中启开了灵智。不过这故事的关目全被颠倒、埋没、歪曲了而已。

这个故事可以在两河流域找到它的母本。巴比伦创世史诗不过把诱惑者蛇换成深渊之神(灵智英雄的上天映像)埃阿而已。守在仙草旁的蛇也是个旁证。"考古学家们在美索不达米亚的一个城市的废墟中发现了亚当和夏娃故事的原型。在发掘出来的一幅雕刻上有一棵树,树上盘着一条蛇,树两边各有一个人:一个头上长角的男人和一个女人。"①

中国也有作为知识树或智慧树的圣木曼兑,而见于《海内西经》昆仑山上开明之北。郭注"圣木"云:"食之令人智圣也。"《图赞》也说:"醴泉瑨木,养灵尽性,增气之和,祛神之冥,何必生知,然后为圣?"其注"曼兑"未详,却属误分,如袁注所说:"圣木曼兑,当是一物,曼兑即圣木之名也。"窃疑"曼兑"或为印度神树"曼陀罗"(Datura alba)的音译。《阿弥陀经》:"昼夜六时,天雨曼陀罗华。"阿弥陀原指无穷无量之不死,仙液曼陀罗花译义为"悦意花"。据许地山说,我国汉译佛经都是用"悦意花"翻译仙药苏摩的,它们之间肯定是有机联系的。唯"曼兑"为"曼陀罗"只具孤证,聊以备参耳。但圣木曼兑之上有戴盾的凤鸟、鸾鸟(离鸟),以及三头神的离朱出现,则可能暗示它们是像基路伯或开明兽那样保护着那些知识树兼生命树的。只是西洋文学里的曼陀罗花,却是一种不祥的恶草。"俗谓这种花生在绞刑架的下边;如把它拔起时候作尖利的喊叫音声,听到这音声的就要死。所以采取它的时候,系犬于该草上,草拔起以后犬即刻就死,然后人才可以进前取用。"②莎士比亚戏剧《亨利二世》就把它当作"凄惨冷酷的花主",用以称不祥的人。③东西文学习俗里一种花却有如此尖锐的对立,倒是一件趣事。

《天问》:"何所不死?长人何守?"苏雪林认为是暗写神物保卫生命树、知识树之事。"不死树为什么要人守呢?据说,《旧约·创世记》第三章,上帝见亚当夫妇食了智慧果能别善恶,恐其更食生命果则将永生,乃将亚当夏娃赶出乐园,又使基路伯(Gherobine)把守在园的东边,并将一把能旋转的发光焰的剑,以队守生命树的道路。……此语(Gherobine)来自阿迦底语 Karibu,义为

---

① [波]科西多夫斯基:《圣经故事集》,张会森、陈启明译,新华出版社,1981年,第11页。
② 李贯英:《"沙士比亚的英国"中的"民俗"》,载《民俗》1928年第37期,第17页。
③ 李贯英:《"沙士比亚的英国"中的"民俗"》,载《民俗》1928年第37期,第17页。

保护者。巴比伦宫门前常有此种保护神像。天神皆有翅。而基路伯则有四翅或六翅。西亚石刻尚刻带翅天神守神异之果树。我国武梁祠石刻亦有带翅天神守果树图，当与《旧约·创世记》有关。古人想象中之天使身体甚长，屈原《天问》当系根据当时外国传入之图画而作，画中革鲁滨（基路伯）殆甚硕长，故屈原呼为'长人'。"[1] 这虽不一定准确，但东西方均有类同之神物守卫圣树殆无疑（关于长人，希腊有独眼巨人盗黄金事）。

蛇与仙药

《吉尔伽美什》里那条蛇，它传进希伯来便成为《旧约·创世记》里教唆夏娃"犯罪"的蛇，传入希腊又可能变成地母该亚之子神蛇皮同。

《创世记》里，是蛇教夏娃吃生命树兼知识树上的果子。吃了那果子，"你们眼睛就明亮了，就会跟上帝一样能辨识善与恶"。这象征死亡、黑暗和危险的蛇，竟又成为启示光明和智慧的灵物。所谓魔鬼的撒旦，本就是这条蛇。在弥尔顿《失乐园》里它曾化身为蛇，"把他那阴险的诱惑隐藏起，瞒过最锐利的眼光"。他哄骗夏娃说，他攀上一株"结着红色和金色相间的果子"的"宝树"，吃饱了甘美的果实。"不久就觉得自己内部起了奇异的变化，逐步地长出理性，再过不久又会说话了，虽然外形仍保持这个样子"——这样，蛇就紧紧地与仙药、灵草的故事缠绕在一起。古希腊医药之神阿斯克勒庇俄斯手上就持着一根无毒蛇盘绕的仙杖，或说它有起死回春的功能。

蛇与仙药发生关系，又见于佛本生故事。《贤愚经》卷七《菩萨本行经》等载其事甚详。《大唐西域记》有"萨哀杀地"（Sarpau. sadhi），sarpa 义为"蛇"，os. adhi 义为"药草"或"药"，所以注云："唐言蛇药。"据说，"如来昔为帝释，时遭饥岁，疾疫流行，医疗无功，道死相属。帝释悲愍，思所救济，乃变其形为大蟒身，僵尸川谷，空中遍告。闻者感庆，相率奔赴，随割随生，疗饥疗疾。"蛇本身即可化为灵药矣。

夏娃、亚当吃了禁果，便生出智慧、羞耻感和性欲。于是蛇也被当作生命、性和繁殖力的象征，而蛇本身也是一种对许多病症有极高疗效的药。还有人说，有一种真菌形体与蛇相似，这种真菌有一定医疗价值，被认为是仙草；这种真菌就被认为由蛇变出，必须由蛇来保卫。所以蛇就常常跟不死药联系在一起。据说蛇会用某种草药治疗自己的疾病和创伤，从而启发人类去寻找草药。所以

---

[1] 苏雪林：《天问正简》，广东出版社，1974年，第182—183页。

蛇竟成为医药的标志。罗马疾疫流行之时，古希腊医药之神阿波罗之子小医神阿斯克勒庇俄斯居然以一条蛇的样子赶赴罗马，驱除疾病和瘟疫。这只要想想白娘子开中药铺，就明白了。

《抱朴子·登涉篇》把蛇与药的关系讲得再清楚也没有了。"昔圆丘多大蛇，又生好药，黄帝将登焉，广成子教之佩雄黄，而众蛇皆去。"蛇、药共生，取药必驱蛇也。

《太平广记》卷四〇八引《异苑》云："昔有田父耕地，值见伤蛇在焉。有一蛇，衔草著疮上，经日伤愈蛇走。田父取其草余叶以治疮，皆验。"

白族民间故事里还有一个蛇与医药关系的典型实证。洱源西山有一对夫妇得了皮肤病，想去捕蛇来吃以去毒。他们剁断了一条蛇，却发现：

> 有一条蛇衔着一根草，从山坡上爬进了窝棚。蛇抬起头，绕着土锅转了一圈多用尾巴把土锅打翻在地，……它又用衔着的草往蛇肉上擦来擦去……死蛇就复活了。①

这对夫妇便用这蛇衔来的草，治褪了身上的癞皮，还救活了许多人畜。后来，仙草被太阳抢走，再借给月亮。丈夫去要仙草，结果从天上摔下来，夫妇养的黑狗从百节树登上天拼命咬日月，以救跌死的主人，于是常发生日月蚀。②这当然是天狗吞月神话奇特的变异和更奇特的黏附，但仙草故事本身却极生动地证实着蛇、月亮与灵药的神秘牵连。经过处理的蛇毒，确实可治恶疮。

黎族《神药的故事》与此略同。穷人妻阿四用石头砸死蛇以为食，却有另一条蛇"盘到一棵树上去，衔了一些树叶"，只擦了擦便救活了死蛇。阿四夫妻便采下这棵生命树上的叶和果为善行医。③后来神药被太阳盗去一半，"所以太阳永不会老，也不会死"；剩下的一半又为月亮偷走。丈夫以麻秆为梯，上天讨取，不幸摔死，灵药从此绝种。④这里，不死药与日、月的关系尤其带着原生神话的意味。

侗族传说，龙王藏有一种起死回生的龙药。南海龙王之子汉龙曾化巨蟒与侗族姑娘培善结婚。培善五年后回家看望父母，母亲给她用茶麸水洗头，培善不幸死去。龙子向老龙讨来龙药，"掘开坟墓，将龙药往她身上一喷，培善就活

---

① 大理白族自治州文化局编：《白族民间故事选》，上海文艺出版社，1984年，第103页。
② 大理白族自治州文化局编：《白族民间故事选》，上海文艺出版社，1984年，第105页。
③ 广东民族学院中文系编：《黎族民间故事选》，上海文艺出版社，1983年，第18页。
④ 广东民族学院中文系编：《黎族民间故事选》，上海文艺出版社，1983年，第20页。

了过来"①。

壮族传说有九头毒蟒吃人、害民，英雄石良与毒蟒搏斗，同归于尽。"毒蟒的血，化成了米痒；石良的血，变成了一种碧绿的青藤。壮家为了缅怀这位除暴的少年英雄，就把这种青藤叫作'石良'。现在，壮族人在山上碰到米痒，全身中毒起泡，找石良来一治就好了。"② 这本质上仍是英雄化仙药、驱毒害。而且，这里也出现了这类故事里常见的蛇。

佤族传说，有一条带伤的大蛇，"绕着一棵小草转游，使劲地把伤口往草棵上擦去，也怪，那蛇每游动一次，伤口就愈合几分，不一会儿，伤口就没缝儿了"③。这当然也是表现蛇与药（灵芝）的神秘联系。但更重要的是，这棵已为小伙子艾奈所得的灵芝竟被月亮偷走（暗示月有死生），艾奈派豺狗去咬月亮。从此，"豺狗咬了月亮，月亮就蚀了；灵芝擦了伤口，月亮又明了——这就是月蚀的原因"④。

如果扩而言之，作为英雄的白素贞为了救夫，化为白蛇力斗鹿鹤二仙童盗取灵芝草，也可以视为这类故事的晚近型。何况如前所说，在此类故事里，仙草往往与蛇联系在一起。不过这里的蛇却被正面化、女性化，完全成为生命的保卫者和繁殖者。

苏摩与月中仙药

印度的不死仙药苏摩也跟蛇有密切关系，而且是仙圣的争夺对象。苏摩是婆罗门教最重要的一种祭品，也是一种仙药。用它所酿的酒或称为"树血"（blood of trees），饮此血可长生不死。《吠陀》诗里有专门歌咏苏摩酒者（第9卷第112首）："人的愿望各色各样：木匠等待车子坏，医生盼人跌断腿，婆罗门希望施主来。"⑤ 每一节的叠句都是："苏摩酒啊！快为因陀罗（神）流出来。"⑥ 还有一首苏摩颂说：

苏摩，他是一位神。
他治愈人们所忍受的最尖锐的患苦。

---

① 杨通山、蒙光朝、过伟等编：《侗族民间故事选》，上海文艺出版社，1982年，第57页。
② 蓝鸿恩编：《壮族民间故事选》，上海文艺出版社，1984年，第81页。
③ 谷德明：《中国少数民族神话选》，西北民族学院研究所，1983年，第423页。
④ 谷德明：《中国少数民族神话选》，西北民族学院研究所，1983年，第430页。
⑤《印度古诗选》，金克木选译，湖南人民出版社，1984年，第15页。
⑥《印度古诗选》，金克木选译，湖南人民出版社，1984年，第15页。

>……
>
>我们痛饮光辉的苏摩，
>
>这是神仙所长育的灵苗。
>
>……
>
>我们通过你，摆脱忧愁烦恼，
>
>象不死的神明，高翔入云霄。

这种祭物在祭祀过程中像人类的工具崇拜一样也变成了神物，即所谓"祭物神"。"在吠陀时代，印度祭坛的火（Agni）和苏摩酒（Soma）都是大神"①。月天子旃陀罗（Chandra）及日神苏利耶之名均与其有关。

许地山说："苏摩是月，也是一种可以制酒底植物，产于北印度，学者还没断定它是现在的什么植物。古印度底司祝用它来制酒，为祭祀底用处。我国佛书译作悦意花。"②

苏摩草就是月中灵药。苏雪林介绍说："印度古代既相信水气采自月亮，遂想象月中有'生命水'（Water of life），维持着一切天神和大地。神仙之所以永生不死，便是为喝生命水的缘故。印人唤这种水为'阿弥陀'（Amita），即无量无尽之义，也便是'无量寿'（Boundless life）、'无量光'（Boundless light）、'甘露王'（Sweet-dew King）之义，等于我国的不死药及希腊神话之 Ambrosia。"③这种生命水在凡间便由月亮草苏摩来代替。"苏摩，其状类似仙人掌，印人摘其茎，以石榨压得黄色之液汁，装入三个壶中，以指拈去其糟粕，加牛乳麦粉，酿以为酒，名曰'神酒'，敬神后祭师亦以自饮。"④

李约瑟则据德效骞（Dubs）之说云："古代的使人狂醉的圣饮〔印度的'叔摩'（Soma），波斯的'赫劳马'（Hraoma）〕在某种意义是被当作长生不老的药物的。"⑤

苏摩与月亮关系密切。杜而未引琼森（Ad E. Jonsen）论苏摩事云："在印度亚利安人的吠陀宗教中，苏摩是一生命之神，在宇宙万物之内。苏摩是从月亮出来的雨，使植物生长，养育人类和禽兽。举凡一切世界上的生命物，死后即上天去，回到月亮，苏摩在月中供给众神长生的饮料，使他们不死。苏摩也

---

① [美] 摩耳：《宗教的出生与长成》，江绍原译，商务印书馆，1926年，第90页。
② 许地山：《印度文学》，商务印书馆，1931年，第3页。
③ 苏雪林：《屈原与九歌》，广东出版社，1973年，第368页。
④ 苏雪林：《屈原与九歌》，广东出版社，1973年，第368页。
⑤ [英] 李约瑟：《中国科学技术史》（第1卷第2分册），科学出版社，1975年，第328页。

就是月亮本身，他是死人们的神，又是复生之神，苏摩是类生轮回的原因。……有一种草也叫作苏摩（有人说是 Asolepiade 类），把这草压榨出酒来。用压榨出来的汁料（在石头上压榨），当作祭酒。"①

苏摩是一种仙药，本身又是月中仙人。"婆罗门经典中 Soma is identified with the moon god 尽人皆知之，其仙人（Rishi）有曰 Somaka，后世王者每取为名。"② 所以苏摩又是月中仙药。藤田丰八认为，其相当于《九歌·东君》"援北斗兮酌桂浆"之"桂浆"③，即月中仙酒——"吴刚捧出桂花酒"的桂花酒。④ 据饶宗颐介绍，戈登沃森（R. Gordon Wasson）认为，苏摩是某种菌类生物，可酿为药酒。"服 Soma 之汁，即可以长生不死。"⑤ 这是一种与月亮的死而复生、散发光明与仙露有关的印度不死药断无可疑，其母型大约是菌类或某种麻类灌木。

中国灵芝为仙药已为众所周知，它确实也具有极高的药用价值。纬书和各种《符瑞志》、汉墓壁画等都屡屡出现吉祥物的芝草。

《十洲记》有不死草，"形如菰苗，长三四尺，人已死三日者，以草覆之，皆当时活也，服之令人长生"。据说有鸟如乌，以此草覆死人面即活，鬼谷子谓之"养神芝"。郭宪《洞冥记》述东方朔云，三足乌数下食不老之草，"羲和欲驭，以手掩乌目，不听下也"。这跟神鸟（如大鹏金翅鸟）盗草神话当属一个系统。

姚宝瑄曾就昆仑山各个时期包括人参果、灵芝草在内的不死仙药的原来面目做过分析："长生人参果即昆仑地区原有的无花果之臆说，演化应是准确的。仙桃则是中原人之附会。昆仑山顶的仙树之果演化为蓬莱仙山上的炼丹炉，仙药精华蜕变为仙丹，当是流传的成果。"⑥ 他认为，白娘子所盗的昆仑山上的灵芝草不是中原常见的褐色药用植物，而应是雪山上的雪莲。"古来传说，此地雪莲、雪鸡均为人间至宝，补身救命之良药。新疆各民族至今相传雪莲有提气补神去百病，延年益寿之功能"，而蛇变化的龙是吉祥物。以雪莲为某种仙药母型，其意至新；但分布至广的灵芝，既有确名，似仍应为常见之药用菌。这也跟印度苏摩或为某种真菌暗合。至于枝条形仙药，姚君以为可能是新疆古代人

---

① 杜而未：《揭示佛经原文》，台湾商务印书馆，1971 年，第 60 页。
② 饶宗颐：《选堂集林·史林》（上册），香港中华书局，1982 年，第 127 页。
③ 参见［日］藤田丰八：《中国南海古代交通丛考》，何健民译，商务印书馆，1936 年，第 498 页。
④ 参见萧兵：《〈楚辞·九歌·东君〉新解》，载《南京师范学院学报》1979 年第 1 期。
⑤ 饶宗颐：《选堂集林·史林》（上册），香港中华书局，1982 年，第 130 页。
⑥ 姚宝瑄：《中国古代神话——"中原文学"和"西域文学"共同的土壤和始祖》，见《中国少数民族神话学术讨论会论文集》（中册），1984 年，第 81、82 页。

曾用以陪葬的含有生物碱的良药麻黄①，则有可能。

这里最重要的是，这种与蛇和月发生关系的仙药是英雄和仙圣争夺的对象，可以纳入英雄"盗仙草"的母题。而且，无论在基本情节的对应上，还是细节的近似上，苏摩或甘露都可以与中国的昆仑、月宫灵药故事进行比较。

据《摩诃婆罗多》等书里的印度神话，大鹏金翅鸟迦楼罗（Garuda）为了救出赌输为奴的母亲，不得不设法取得苏摩酒或仙药甘露交给众蛇那伽（Naga）。为了这不死药，他被雷电之神因陀罗击落一翮。大鹏鸟把甘露放在 Kusu 草上，告诉众蛇要斋戒沐浴才能饮用。这就使得 Kusu 草沾得仙气，诸蛇也跟盗草有了牵连。不过，当群蛇净身之时，因陀罗又把甘露夺回，归还诸天。

藤田丰八认为，"在 Garuda 的神话里，月与从诸天夺来的 Amita（或 Soma）似无何等的关系"，但整个不死药故事却跟月亮关系很大，他认为，中国月亮仙兔所捣的仙药乃至桂浆都是甘露或苏摩的衍变。偷饮仙药的罗睺则相当于吞月蟾蜍。而嫦娥，也因盗得（后羿取来的）西王母的灵药，才能飞进月宫而长生。

前文介绍，日本《竹取物语》里，那从发光的竹筒里生出的小月亮女神赫夜姬，吃了天人送来的不死的灵药以后，才能解除在地上吃的秽物而升天。悲哀的天皇命使者把药和他的悼诗在"最接近天"的山上焚烧。此山称"不死山"，即富士山；山上的烟，至今还升到月亮里。② 有人称，富士山的灵芝，即徐福所求的不死药。

北欧神话里，月亮里有不死药，狼神哈提（Mánagarmr，Hati）常常追逐月亮而啖食之，引起月蚀，其目的即在窃取仙药。这仙药原在冥土，由仙童（Yack 与 Jill）守护。月神曼尼（Mani）盗之献于天帝奥丁饮用，所以奥丁能够永生并获得无上智慧。

希腊神话里有不死仙药神食（Ambrosia），或说亦与月亮有关。奥林匹斯诸神以仙药为粮，而饮神浆（Nectar）。据说，太阳神阿波罗初生不吮饮母乳，女神忒弥斯用神浆和神食给他品尝，他便挣脱白色襁褓、黄金带，飞越高山峻岭，闪射光芒。或说，这是作为白昼的光明的太阳继承月亮（夜光）的光力而照耀世界的寓言。赫拉克勒斯火化后，也是喝了这种神浆才跟诸神一样得到永生。

大地女神该亚如果要保护她的巨人儿子们不为帮助神的人（英雄）所损害，

---

① 姚宝瑄：《中国古代神话——"中原文学"和"西域文学"共同的土壤和始祖》，见《中国少数民族神话学术讨论会论文集》（中册），1984年，第82页。
② 参见《落洼物语》，丰子恺译，人民文学出版社，1984年，第34页。

就需要一种药草。宙斯的对策是,禁止日月放光,当该亚在黑暗中摸索时,宙斯自己飞快地割去药草,并令雅典娜召来他的儿子赫拉克勒斯参加战斗。

女巫美狄亚不但用草药汁催眠了守护仙草的百眼巨龙,帮助伊阿宋取得金羊毛,她还用各种神药和巫物合成了一种起死回生的长寿草,她所驾的飞龙"仅仅闻到了草香,多年的龙皮竟然脱落"。可见仙草对龙蛇特有效验。

婆罗门教神话认为:除了甘露之外,诸天搅海,还搅出一种灭绝人类的毒液——这是不死药的异化。它还引出了大黑天神舍己饮药救世的故事。"湿婆"(大自在天)毒漫脖颈,以致发黑,由此得名"毒项"。有种神话(包括白族者)却说是摩诃迦罗舍身吞药,全身发黑,才得名"大黑天"。①

另一种异文里,是玉皇人帝误听耳目神谎奏,以为大理百姓很坏,便命天神下凡"散布瘟疫符章让生灵死亡一半"。神遇一妇人背老婆婆,幼儿随行,问之,答曰:"孝敬婆婆,这是人子之道。小孩走路,并无妨害。"神为之动容,"就把瘟疫符章一气吞吃了。霎时,全脸发黑,倒在路旁"。他死后,"湾桥的人们,为他建祠塑像,奉为'本主'。因为脸黑,所以称为'大黑天神'"。② 此大黑天即融汇湿婆与摩诃迦罗于一身的救世英雄。白族的大黑天像刑天、鲧禹、夸父以及浪漫化的撒旦、阿修罗等,具有叛逆正统的摩罗精神,是反抗型的再生态神话英雄。

大黑天不仅是战斗神,而且像阿波罗、后羿那样兼为医药神。《阿吒薄俱修行法仪轨》说摩诃迦罗大神王"能治使人疾病之鬼"。唐释良贲《仁王护国般若波罗蜜多经疏》云:"大黑天,斗战神也。"他据《孔雀王经》谓其是"摩醯首罗变化之身"。摩醯首罗,梵文转写,金克木、方国瑜等作 Mahesyara,季羡林等作 Māhādeva,即大自在天。《翻译名义集》卷二引大论云:"摩醯首罗,此曰大自在,正名摩诃莫醯伊湿伐罗。"《仁王经疏》说他"与诸鬼神无量眷属,常于夜间游行林('尸林')中,有大神力,多诸珍宝",特别是拥有隐形药、长年药,以药与"生人血肉"做交易。他得到的血肉越多,力量越大,越能斗魔杀怪。"若向祀者,唯人血肉,彼有大力,即加护人,所作勇猛战斗等法,皆得胜也。"这跟得悉神、二郎神等得到献祭的牛羊血肉越多,灵力就越大一样。

印度的许多神话英雄也带着为人类牺牲的坚强决心和优秀品质,那跟宗教

---

① 参见《白族文学史》,云南人民出版社,1959 年,第 139—140 页。
② 参见中国作家协会昆明分会民间文学工作部:《云南民族文学资料》(第 9 集),1962 年,第 136—137 页。

的苦行、献身和慈悲心是不同的。贾·尼赫鲁先生曾怀着深情说起："（印度）大多数的神话和故事在思想方面都含有英雄的意味，并且教人谨守真理和诺言而不要顾虑任何后果；忠信至死甚至死后都不改变；勇敢、行善和为公益牺牲。有时故事是单纯的神话，再不然也是实事和神话混合在一起的东西"。但是这已经是民众血肉生动的思想、价值观念、文化心理和性格。"它告诉我们的是：人民所相信为曾经发生过的事，所想象的他们的英勇祖先能够作出来的事，以及何种理想曾使他们发生过灵感。所以，不管是事实或是虚构，它已经变为他们生活中的生动的成份，不断地把他们从日常生活的贱役和丑恶中提到较高的境界，不断地指引出努力争取健全生活的正路，虽然这可能遥远而不容易达到。"①这是跟中国相通处。

窫窳：守药的藏犬或灵蛇

射手英雄后羿的对手窫窳不但曾化为一条蛇，也与仙草发生密切关系。后羿所杀的害物里，就数它的性质、形态、母型、机能最令人迷惑不解。这里只能就它的主体或基干略做些考察，还它为人类牺牲的英雄面目。

专家或说他是"水火之怪"。丁山认为："'猰貐'如非淫雨之神，必为霁神。……羿之诛凿齿、杀九婴、缴大风，都是呼风唤雨的神话。"② 这从整体上看并无大错。任乃强说，猰貐可能指能咬人致死的"藏犬"，藏语称之为"猰"（Kyi）。"犬""狗""猰"，上古音确实接近。"若说羿杀猰貐，就是羌人放出来伤害后羿的藏犬，则羌人驯养藏犬成功，距今至少已有四千年左右。"③ 但"猰"字不一定音"qiè"，它或音"ya"若"压"，其主体躯干也不是狗；其为藏獒，或有可能，但要进一步证实。

跟这个怪物关系最大的是仙草和灵蛇。《山海经·海内西经》："开明东有巫彭、巫抵、巫阳、巫履、巫凡、巫相，夹窫窳之尸，皆操不死之药以距之。窫窳者，蛇身人面，贰负臣所杀也。"窫窳的变形很多，但有种形态是龙蛇。龙蛇，本质上还是龙，可能从蛇身人面变成蛇身龙首罢了。确也可能变成龙狗。

《山海经·海内南经》："窫窳龙首，居弱水中，……其状如龙首，食人。"郭注说它"本蛇身人面，为贰负臣所杀，复化而成此物也"。《海内经》也说：

---

① [印]贾·尼赫鲁：《印度的发现》，齐文译，世界知识出版社，1958年，第116页。
② 丁山：《中国古代宗教与神话考》，龙门联合书局，1961年，第269页。
③ 任乃强：《羌族源流探索》，重庆出版社，1984年，第26页。

"有窫窳,龙首,是食人。"郭注:"在弱水中。"郭氏《图赞》也说它"遂沦弱渊,变为龙首"。它与中国化身玄鱼和龙的鲧、西亚化身为鱼的深渊之神埃阿一样处在弱水之下。弱水深而浮力低,但是这位蛇神或龙狗之神却在其深无比的水下备历艰苦和折磨。

窫窳,作为神物或怪兽,变形大而且多。最奇特的是《北山经》:"少咸之山,无草木,多青碧。有兽焉,其状如牛,而赤身、人面、马足,名曰窫窳,其音如婴儿,是食人。"郭注引《尔雅》:"窫窳似貙,虎爪。"云:"与此错。"郝氏《笺疏》:"刘逵注《吴都赋》引此经云:'南海之外,有猰貐,状如貙,龙首,食人。'"中国神话蛇形可缩短变为兽身,兽身可拉长化成蛇形,但其基本结构却总是稳定的,夔或为夔龙,或成夔牛,就是极端的例子。徐中舒《古代狩猎图像考》说这是因器物装饰或绘画的需要所致(如欲其环绕圆形容器只得拉长,欲绘于一面便要缩短)。这里的主要特征应是从人面蛇身变成"龙首"。这是一个跟大地和深渊(弱水、羽渊)有关的英雄化的神兽(或兽身的灵智英雄),而且是一个被曲解、被怪化的"反抗神的神"。当然也可能指"龙犬",如槃瓠。

它也是个悲剧英雄。《海内西经》说:"贰负之臣曰危,危与贰负杀窫窳。帝乃梏之疏属之山,桎其右足,反缚两手与发,系之山上木。在开题西北。"郭璞《图赞》说:"窫窳无罪,见害贰负,帝命群巫,夹药操守,遂沦弱渊,变为龙首。"

学者们曾将它和盗息壤的鲧,与帝争神的刑天、共工等并列,誉之为"中国的普罗米修斯"。《海内西经》开明东诸巫,"夹窫窳之尸,皆操不死之药以距之"。郭璞注说:"为距却死气,求更生。"所以这里包含着一个死亡—再生—救世的故事,还跟盗仙草的母题相黏附。不死药之类仙草是大地的产物,生命的象征。它常常与蛇相联系。如前所说,蛇作为地母该亚的儿子,又是生命和繁殖力的象征。

窫窳是"不死的英雄",虽然被杀,却可能复活,不然群巫以药"距之"就毫无意义。那么开明东的群巫用不死药来"距"蛇身或龙首的窫窳,倒很可能不像郭璞那样强解为"距却死气",而是为了阻挡这位悲剧英雄取得仙药并复生。所以,后羿与窫窳之间的斗争也可能是为了争夺这不死的仙药。

不死药当然具有灵性和神力,还可能兼为迷幻剂。它能够使具有强大生命力的妖物(窫窳被歪曲为妖物)不能逃脱,又无法靠近,既不会彻底死亡,又不能完全复活,保持一种半死不活、若即若离的麻木状态,是所谓"距",所谓

"夹"。这样才能保持神灵及其仆从（群巫）的永恒统治。这种情况就好像处于羽渊的鲧没有彻底死亡也不能独自再生一样，所以，一说窦窳也"沦于弱渊"。当然，也可能郭注不误。"距""夹"指群巫以不死药复活被杀的英雄（这样解释比较牵强），就像鲧死而复生那样。这倒更符合《天问》"化为黄熊，巫何活焉"之意。所以，窦窳故事极可能是盗窃天帝神物、震动上苍的智者鲧的死亡—复生—救世型传说的异变。《山海经·中山经》："洪水滔天。鲧窃帝之息壤以堙洪水，不待帝命。帝令祝融杀鲧于羽郊。鲧复生禹。帝乃命禹卒布土以定九州。"郭注："《开筮》曰'鲧死三岁不腐，剖之以吴刀，化为黄龙'也。"鲧虽然没有独立地复活，却将永恒的生命转移给他的继承者（禹）而使其灵性和血统得到延续。

《楚辞·天问》："顺欲成功，帝何刑焉？永遏在羽山，夫何三年不施？伯禹愎鲧，夫何以变化？"注家们多引用《海内经》上节解释之。这里跟窦窳事迹类同处极多。他们都被正统势力杀害，但都没有彻底死亡。《天问》说，羿"阻穷西征，岩何越焉"之后，忽说"化为黄熊，巫何活焉"，如果是续说羿事，羿却没有化熊、巫活之事；如果因为鲧有"化为黄熊"之事，下文又紧接着说"咸播秬黍，莆藿是营，何由并投，而鲧疾修盈"，便断之为鲧事，与羿、鲧无干，且鲧仅是尸体三年不腐，剖腹产出黄龙（或黄熊）之禹，是其生命在其子身上复生，反映所谓"产翁制"（covade）的历史真实，也没有"巫何活焉"的明确记载。所以，这里的"化为黄熊，巫何活焉"，似乎说的是已经冥昧和变形了的群巫以不死药"距"被杀的窦窳之事。它为羿所射，故述于羿后；又跟鲧相混，所以叙于鲧前。当然，这只是较软弱的假说。

神话英雄除主干外，每有异变。像鲧主要是黄龙，却又曾化为黄熊、玄鱼、三足鳖、白马；窦窳，龙首蛇身人面，如藏獒，却又异变为若牛似马的怪物。窦窳沦于弱渊，鲧身陷羽山（《史记·夏本纪》正义："鲧之羽山，化为黄熊，入于羽渊。"）。两处实际地望或不同，作为神话地名却有可通之处，不但弱、羽形近易讹也。弱水浮力极低，羽毛也会沉底，所以亦可称"羽渊"。这正是禁锢杀而不死、构成潜在威胁、化身水族的反叛英雄的理想水牢。

罗香林说，《海内南经》居弱水中，龙首，食人的窦窳"似为凶恶水族"；又以其音近夏，猜测它是"夏之分音"，"夏"是此二字之合音。① 他据《海内西经》巫彭等于"开明"中"夹"蛇身人面的窦窳之尸（祭祀祖宗或神时的替

---

① 罗香林：《夏民族发祥于岷江流域说》，载《说文月刊》1943年第3卷第9期，第52页。

身）以舞，推测其为蜀地神话。"开明，《山海经》直指为神或地域。常璩《华阳国志》，则谓是古蜀国丛帝。以决玉垒山，除水害，受望帝禅位为帝。则巫彭等所夹樊窫之尸，当始于蜀地。今蜀涪陵县南有彭水县，或即巫彭旧地。则窫窳与夏族发祥地正合。其所夹人面蛇身以距之尸，正与夏字全部象形相合。《礼记·礼器》：'夏立尸而卒祭，殷坐尸。'立尸卒祭，亦与夹尸以距意合。"① 这虽然牵强，但把窫窳归于夏族的原生神话却与笔者之意暗合。

罗香林在另一部著作里又说，窫窳跟龙的母型鳄有相通处，为其同类之动物，而窫窳为"夏"之析音。②

---

① 罗香林：《夏民族发祥于岷江流域说》，载《说文月刊》1943年第3卷第9期，第52页。
② 罗香林：《中夏系统中之百越》，独立书店，1943年，第21页。

第五章　悲壮的死亡

一、生命线与克星

致命点

民俗学上所谓"生命线"或"生命点",可指特定个人某个秘密的、幻想的生命、灵魂或灵性所寄托的致命部位——它通常黏附着某种巫术或仪典以及这种巫术或仪典在语言层次上的再组织,表现为神话、传说或故事。

最著名也最好懂的,便是"阿喀琉斯的脚后跟",马克思称之为"致命点",恩格斯叫它作"易受伤害的地方",用来比喻资本主义生产的不可停止性。这是西方文学里最常用的典故。神母忒提斯抓住阿喀琉斯的脚后跟,让他全身在冥河里浸泡得刀枪不入,只有脚后跟未沾水,后来,这位英雄被帕里斯暗箭射中此处而死。

还有个保卫克里特岛的机器人似的塔洛斯(Talos),他的身躯用青铜造成,刀枪不入,也不会死亡。"他只有一个弱点那就是他的脚后跟,那里的一条动脉被一个塞子堵着。"① 或说,女巫美狄亚用魔法拔掉了这个塞子,或说赫拉克勒斯的利箭射中了这个致命点。总之,他因此而死亡。②

在古和阗文本有关《罗摩衍那》的故事里,十首魔王的致命点在右脚大拇指上,犹如阿喀琉斯的脚后跟。

> 十头王抱着悉多,飞行空中。人们给他占相,知道他那致命的地方是在右脚大拇指上。他们说:"如果你是好汉的话,你就把右脚脚趾伸出来!"他伸了出来,罗摩用箭射中脚趾,十头王倒在地上,人们把他的脖子捆住,套上两条链子。他想往天上飞,又被打倒。③

---

① [法]维尔南:《众神飞飏——希腊诸神的起源》,曹胜超译,中信出版社,2003年,第144页。
② [法]维尔南:《众神飞飏——希腊诸神的起源》,曹胜超译,中信出版社,2003年,第144页。
③ 季羡林:《〈罗摩衍那〉在中国》,载《中国比较文学》1986年第3期,第30页。

季羡林指出，在梵文本《罗摩衍那》里，十首魔王只能被凡人杀死，"毗湿奴因此化身为四，下凡降生，成为凡人，最后除魔"①。而古和阗文本却创造性地发展了它。

拉祜族原始农业文化的射日英雄扎努扎别，为天神厄莎所嫉恨，却战胜了洪水等灾难，厄莎便以卑劣手段，在牛屎虫角上安了银针，扎弩扎别一脚踩去，便中了毒。于是他的脚板便成了"阿喀琉斯的脚后跟"，只好向天神讨药。厄莎却把苍蝇卵给他，以致他的脚发炎腐烂，他也因毒气攻心而死。②这个多少有些卑俗的生命线故事证明，拉祜族人民已经知道脚底化脓感染可能致命——身体的任何部位只要负伤发炎，都可能导致死亡。这给生命线观念的发生提供了一个十分朴素的半神秘半世俗的解释。

致命点，实际上就是英雄的生命线：他最容易从这里被杀死，他生命的灵性和精华（鲜血之类）也集聚于此并从此流出。英雄西格弗里德"曾经亲手屠戮过一头毒龙；他的皮肤因为浴过龙血，变得象坚甲一样。许多事实证明，任何武器也不能把他杀伤"③；但是正当他浴血之时，"一片菩提树的阔叶落在他的两肩中间：造成他的致命之处"④。他的敌人哈根武士在他饮水时，对准他背上画着"十字暗号"的地方一枪把他刺死了。⑤ 这便是他的生命线。

以色列英雄、力士参孙的力量或生命线是他的头发。他因为把自己的秘密（不能剃发）告诉女间谍大利拉而被非利士抓住，挖瞎眼睛；最后他拉断捆绑他的宫殿石柱，与敌人同归于尽。弥尔顿在诗体悲剧《力士参孙》里让这位英雄追悔说：

> 把阴险娼妇的胸怀当作了安乐窠；
> 把头发和体力的保证完全交给她，
> 任凭她处理；于是我好像驯羊，
> 被她剃光了这丛宝贵的头发；
> 然后她把我赶到敌人的手里，
> 狼狈可怜相，光着头，解除了武器。（殷宝书译）

各种各样异想天开的生命线，当然不能为"文明人"所接受和理解，但是

---

① 季羡林：《〈罗摩衍那〉在中国》，载《中国比较文学》1986年第3期，第34页。
② 参见贾芝、孙剑冰编：《中国民间故事选》（第2集），人民文学出版社，1962年，第466页。
③《尼伯龙根之歌》，钱春绮译，人民文学出版社，1959年，第25页。
④《尼伯龙根之歌》，钱春绮译，人民文学出版社，1959年，第189页。
⑤《尼伯龙根之歌》，钱春绮译，人民文学出版社，1959年，第205页。

却有它坚实的背景与基础。这主要是因为初民不能科学地认识生命和死亡的原因，对人体器官和功能也不能正确地掌握。心脏和头脑对生命的决定意义已经由狩猎活动和动物解剖所启示，但是，为什么有的人或兽，并非要害部位受伤却导致死亡呢？是不是生命或灵魂无处不在或到处游走？是不是每一个人（尤其是伟大的人物），都有自己特有的或公开或秘密的致命部位，即生命线或生命点呢？这一连串的问题和遐想，引发生命秘密及其民俗观念的产生，而真正的生命科学、医药和解剖科学也萌芽于此。它启示人类关心身体的各个部位，常规要害器官和其他一切器官，并且具体分析、鉴别特定个人的特定死因。

云南永宁纳西族人将死亡的人火葬，拾骨的时候，要"把象征死者灵魂所在的地方，如前腭骨、颈骨、臂骨、手骨、肋骨、骨盘、腿骨、腕骨和脚趾骨等灰烬、碎骨装在口袋里"①，再送到氏族公共墓地安葬；"还要把骨灰袋底部剪开，或者抽出底线，使口部和底部均与外间相通"②，以便这些骨殖里所藏着的灵魂走向阴间，避免其在人间乱闯、捣蛋。也正因此，古人对某些非正常死亡的氏族成员实行割体葬仪，将象征各种灵魂的尸块、骨骸分别埋葬、处理，以免异化了的鬼魂在这些东西里复归、作祟。这些不同部位的尸骨，也就可能代表着不同个体的生命线——秘密致命点的观念也由是发生。大洋洲土著，以咒语式的战歌对敌人复仇，唱着"戳他的额，刺他的胸膛，戳他的肝，刺他的心脏，戳他的腰，刺他的肩膀，戳他的腹，刺他的肋髈"，"这样一直数下去，直到身体的各部都交恶运为止"③。因为它们都可能是顽敌的生命线。

英雄有致命点，同样的，英雄的对手魔怪们也有秘密的生命线。只有寻得了这个要害部位——有时还外移到某种灵物身上——英雄才可能杀死魔怪。这在英雄神话、传说、史诗、故事里相当普遍地存在，甚至已构成魔怪生命点的母题。

又如，彝族故事说，妖婆有一处碰不得的地方，那是一块青颜色的疤。④ 从这里刺杀它，它必死无疑。这是致命点，也是生命线。另一个吃人的妖婆的生命线，在"额头中间那块白的地方"⑤，聪明的小伙子一锄头砸中，就把它砸死

---

① 宋兆麟：《云南永宁纳西族的葬俗——兼谈对仰韶文化葬俗的看法》，载《考古》1964年第4期，第201页。
② 宋兆麟：《云南永宁纳西族的葬俗——兼谈对仰韶文化葬俗的看法》，载《考古》1964年第4期，第201页。
③ ［德］格罗塞：《艺术的起源》，蔡慕晖译，商务印书馆，1984年，第179页。
④ 参见贾芝、孙剑冰编：《中国民间故事选》（第1集），人民文学出版社，1980年，第348页。
⑤ 李德君、陶学良编：《彝族民间故事选》，上海文艺出版社，1981年，第149页。

了。普米族洪水故事里，与山神作对的魔王（化成树段）的生命线是胸脯上的一个黑点（这显然是初民在探索心脏的确切位置），英雄老三一箭射中此点，魔王就现形丧生。①

中国古代文献里，也有类似的魔怪生命线或致命点的记载。例如《梁书·诸夷·倭传》："有兽如牛，名山鼠，又有大蛇吞此兽。蛇皮坚不可斫，其上有孔，乍开乍闭，时则有光，射之中，蛇则死矣。"在许多故事里，魔怪往往有这种生命点，或禁忌，或克星。发现这种秘密，才能置它们于死地。

先从较熟悉、较简单的材料看起。《补江总白猿传》是一篇著名的人兽婚媾型故事，内含着杀怪成婚的因子。这只好饮美酒、爱吃活狗的人猿，也有它的致命点："遍体皆如铁，唯脐下数寸，常护蔽之，此必不能御兵刃。"被它强占的美人们，缚其于床头，欧阳纥们"竞兵之，如中铁石；刺其脐下，即饮刃，血射如注"而死。曾慥《类说》引《稽神录·老猿窃盗妇人》事略同，唯言以六匹素练缚之则不能动，而为人所杀，不言"脐下"可刺耳。云南的杜朝选故事则说，这位英雄射伤蟒妖，二女为其洗血衣，杜寻得大蟒与其搏斗，"剑刃断在大蛇腹中"，终将其杀死，并与二女结婚。这当然也是一个杀怪成婚故事，可惜生命线部分失落了。

侗族也有杜朝选式的杀蛇救女故事。银郎之妻妹桃被蟒蛇精劫夺，她用计帮助丈夫，在蛇精脖子上画道圈，银郎"对准它颈脖上那道白圈"（生命线和致命点）砍去，杀死蟒精，发现过去被吃的人骨和许多银首饰，为民除了害。②

哈尼族英雄阿扎，在被霸占的白鹿美女的帮助下，拔了魔怪灵魂或生命所在的头顶"金鸡毛"，吞下"眉心灯"——火珠，砍开自己的胸膛，给哈尼夺来了火（至今哈尼人还称火为"阿扎"）③。这些便是神怪介于体内和体外的生命线。

多灵魂或丛林灵魂

生命线观念还源于初民的灵魂观和死亡观。他们认为，人都有好几种生命，好几个灵魂，只有全部（或主要）的灵魂消灭，人才会彻底死亡。这些灵魂，有时甚至不附着于个人肉体之上，而躲藏在身体外某一神秘东西（尤其动物）

---

① 参见谷德明：《中国少数民族神话选》，西北民族学院研究所，1983年，第574—575页。
② 杨通山、蒙光朝、过伟等编：《侗族民间故事选》，上海文艺出版社，1982年，第67页。
③ 参见谷德明：《中国少数民族神话选》，西北民族学院研究所，1983年，第363—364页。

身上。文化人类学家或称之为"丛林灵魂"或"体外灵魂"。

列维-布留尔介绍金斯黎《西非旅行记》和《西非研究》的报告说："丛林灵魂永远具有林中动物的模样，但从来不具有植物的模样。"①"这个丛林灵魂，可能是在一只野猪里面，也可能是在一只豹子里面，没有一个俗人能看见自己的丛林灵魂。……当丛林灵魂死了，与它联系着的那个人也要死。……另方面，当那个属于某丛林灵魂的人死去时，这个丛林灵魂动物也应当死去。"②中美洲也有类似报道："魔王哄骗许多人相信他们的生命决定于这个或那个动物的生命（他们宣称这动物是他们的守护神）。他们认为，如果这动物死了，他们也必定死；当这个动物被追击，他们的心跳得很厉害；当它们疲惫不堪，他们也疲惫不堪……"③他们的生命与灵魂——这两者往往同一——是流动不拘的，从体内到体外，从人到动物，从植物到无生物，某一被认为神秘的处所，都可能被特殊人物寄托进将生命与灵魂"合二而一"的灵性。"在 Cherokee 地方，土人言酋长在战争时能安置其魂于树上，身即受伤，亦不至死。一日与 Shawano 人开战，酋长站定，任敌人猛射，均不能伤，敌人酋长知其术，即命兵士向树上射去，酋长果死。又非洲 Baila 酋长常言能将生命寄在友人处，该处医生亦言能将一人生命寄在仆人眼中，树上或阴黑之地等等。"④

这种体外灵魂观念，在亚洲古老的神话和故事里也可发现。维吾尔族杀龙英雄、熊孩艾力·库尔班得到吃人魔王两个女儿的帮助，寻找魔王的生命线（这一点很像前述《补江总白猿传》式故事）。他需要克服许多麻烦才能找到它："一块黑石头，上面放着一口箱子，箱子里面装满了水，水里游着一条鱼，把鱼肚子剖开，里面有一个蛋，你拿蛋死劲往地上一摔，摔碎了，里边有一个小盒子，魔王的灵魂就在那里面。"⑤这是中亚、西亚、北亚草原英雄史诗和故事里常见的灵魂盒，就好像《一千零一夜》式的故事结构，环环相套，盒中有盒，一层一层地打开，才能逼近核心的秘密。这种错综复杂、扑朔迷离的生命结构，可能跟游牧、骑射生活里追踪野兽的困难繁复有关。库尔班就这样烧死了魔王的灵魂，割断了它的生命线，最后跟救出的魔王之女结婚，完成了一个标准的杀怪成婚的故事。

---

① [法] 列维-布留尔：《原始思维》，丁由译，商务印书馆，1981年，第81页。
② [法] 列维-布留尔：《原始思维》，丁由译，商务印书馆，1981年，第81—82页。
③ [法] 列维-布留尔：《原始思维》，丁由译，商务印书馆，1981年，第82页。
④ 崔载阳：《野人个体的原素与界限》，载《民俗》1928年第23、24期，第8页。
⑤ 刘发俊编：《维吾尔族民间故事选》，上海文艺出版社，1980年，第313页。

这种体外的套盒式的生命线结构，还可能发源于原始时代作为图腾圣物的"丘林噶"，见于澳大利亚阿伦达部落的原始信仰。"'丘林噶'这个字有时也写作'丘隆噶'（Tjurunga），并把它解释为：丘（Tju）——秘密的、隐蔽的，'隆噶'（runga）——本人的。因而，这是属于某个人的一种秘密形态，好像是他的灵体。但这不是他的'灵魂'：丘隆噶与灵魂的概念毫无联系。按照施特雷劳的说法，澳大利亚人认为丘隆噶是人的第二个身体。'由此可见，每人都有两个身体：一个是血肉的身体，另一个是石块的或木头的身体。'同时，丘隆噶是图腾祖先的秘密身体。这好像是人和他的'祖先'的一个共同的身体，与他有某种秘密联系似的。当首次给献身者观看他的丘隆噶时，有一位长老对他说：'这是你的身体，这是你的灵体（nana unta mburka nama, nana unta iningukua）。'mburka'一词就是表示物质的身体，'iningukua'一词表示灵体，同时也是图腾祖先。"① 这灵体颇似所谓丛林灵魂或体外灵魂（但他们没有明确的死亡观念）。它同样存在于人的物质身体之外，只不过采取某种物化的形式，或木，或石，或骨，复杂些便存在某种套盒之中。它是特定人物真正的生命或灵体所在，毁灭了它，便完全地、确切地夺去了他的生命。

《罗摩衍那·战斗篇》描写罗摩以利刃置弦砍落十首魔王罗伐那的头颅，"头颅滚落大地上，颈上又长一头颅"；"如此射掉一百个，头颅个个差不多"。季羡林等指出，《西游记》里的孙悟空、牛魔王也有这样的本事。这是因为初民认为，神秘生物的器官都有再生能力，其数量特多，其灵力也是多重的；假如不能获得其生命线、致命点的秘密，就不能彻底消灭它的多重灵性或全部生命。天帝御者摩多里提醒罗摩，必须用梵天的传家宝——燃烧箭，才能杀死魔王，就好像赫拉克勒斯必须以火炙才能使九首雄虺许德拉的头颅不再重生一样。史诗这里有一段赋体的铺陈，就好像《伊利亚特》用数百行诗描绘、歌咏英雄的神箭，"箭羽上面是风神，箭头上太阳和火，箭身上面是太空，重似须弥、曼多罗"，只有用太阳文化力量的象征——箭——才消灭了代表黑暗的魔王。

傣族史诗《兰夏西贺》，对此有创造性的发展，召朗玛（类罗摩）用"致命的弓赛宰"神箭才能射落魔王奉玛加的头。这才是魔王的克星——"奉玛加来不及防备，被自己的'弓赛宰'射中"。阿奴曼用宝盘接住它的十个依然能喷火的头，倒进大海，"十个头顿时爆炸变成大火，淼淼的海水沸腾起来"，那血

---

① ［苏］C. A. 托卡列夫、［苏］C. П. 托尔斯托夫：《澳大利亚和大洋洲各族人民》（上册），李毅夫译，生活·读书·新知三联书店，1980 年，第 278—279 页。

肉变成怪龙、恶兽、毒虫，继续危害人间（以上与泼水节的起源传说有关）。

岩罕译的异文本，更加明确地说必须掌握魔王的生命线，才能彻底置之于死亡。

> 兰夏的生命弓留在深渊的海底……
> 保留生命弓的地方有七道门，
> 魔王守在第一道门。
> ……通过了七道门，
> 里面还有一个大箱子，
> 箱子用大金锁锁着，
> 钥匙是龙王掌管。
> 打开了大金锁，
> 里面还有七个小箱子，
> 他的生命弓就放在第七个小箱里面。

这就又出现了套盒式的生命线秘密。英雄们克服重重困难，寻获这生命弓，才制服了魔王。

另一个异文更加单纯且更富民俗意义：

> 哈腊曼变成叭兰夏（魔王）去取生命弓，跟龙王说成是借用。
> 召朗玛拿着生命弓对朋麻渣说："你再不投降，你看看你的心。"
> 朋麻渣不投降，他说：谁也战胜不了他，他是独一无二的王。召朗玛把生命弓割断，朋麻渣就死了。

《格萨尔王传》和它的姊妹篇里有许多征服妖魔的故事，其中也有这样结构繁复、层层相因的生命线结构。只举几个例子。

长臂老魔在暗助格萨尔的妃子梅萨诱使下，说出了他的秘密，就好像《补江总白猿传》、杜朝选故事里被妖物霸占的女性把魔怪的致命点套出来，并告诉杀妖人。

> 我的命根子海，怎么也弄不干的。只有把我库房中那个头盖骨里装的毒药水倒进海内，才能弄干它。就是干了，也不会损害着我。我的命根子树，只有我库房的那个金斧子砍三下，才能砍断，别的什么东西也砍不断它。我的命根子野牛，只有用我库房里的那个宝弓神箭，才能射死，别的东西是打不死它的。我的阿姐卓玛，她的命根子是一个神瓶里的松石蜂儿，弄死了这个蜂儿，她才能死。我的妹妹阿达拉

毛,她的命根子是一条玉蛇,把这条蛇打死,她才能死。①

霍岭大战中,霍尔三王有寄魂野牛,不杀死牛则三王不死。

格萨尔的顽敌祝古更有五个被存寄灵魂的凶物:大黑熊、罗刹鸟、妖头猫头鹰(如中原的九首鬼车)、毒海中的九尾灾鱼、独角饿鬼树。

弗雷泽揭示:

> 他们(初民)把生命理解为具体的物质的东西,有具体的体积,能够看得见摸得着,能够藏在箱子或罐子里,同样也容易受伤、断裂或被粉碎。……只要他称之为他的生命或灵魂的物体不受伤害,这人就活得很好;如果这个物体受到伤害,本人就要受害;如果这个物体被毁坏了,本人就要死亡。②

他举出的例子,如北欧的《心脏不在体内的巨人》。也有一些像中国魔怪抢婚故事那样,劫夺者为被害人或其亲属哄出了灵魂藏匿物,通过毁灭寄魂物的办法予以杀害。

直接受《格萨尔王传》影响的蒙古史诗《英雄格斯尔可汗》里,这位大英雄也得到被魔王劫夺的阿尔勒高姓夫人的暗助,寻找十二首魔王结构更加复杂的生命线。他首先三箭射中三个水兽王的黑心,"从水兽的肚肠里,掏出一个小金盒,从金盒取出金针,由正中将它断折"③,魔王因而痛苦难熬。"从魔王右边鼻孔,游出来一尾金鱼,落在他的左肩上,尽情地在那儿嬉戏",右边亦复如是。④ 这恐怕才是他真正的生命线。格斯尔用利斧把金鱼砍得稀烂。这样,他才能把魔王的十二个脑袋一剑一剑地削下来。即令如此,它还是变成了刀枪不入的金刚铁体,只有刺透它的肚脐之后,它才彻底死亡。⑤ 这也许是它世俗的致命点吧。

埃及杀怪成婚型故事《勇士海森》说,海神每年娶一美女,要杀他就得掌握他的生命线秘密。但这不在他的身体血肉里,而在火井深洞的一个"透明的小盒中,里面有七只绿色的小鸟"。海森在被劫的公主的帮助下寻得此盒,"一下子用手掐住那七只小鸟的脖子。只听海神一声怪叫,就掉进海里去了"。⑥

---

① 《格萨尔王传》(贵德分章本),王沂暖、华甲译,甘肃人民出版社,1981年,第95页。
② [英]詹·乔·弗雷泽:《金枝》(下册),徐育新、汪培基、张泽石译,中国民间文艺出版社,1987年,第942页。
③ 《英雄格斯尔可汗》,琶杰说唱,其木德道尔吉整理,安柯钦夫译,作家出版社,1963年,第164页。
④ 《英雄格斯尔可汗》,琶杰说唱,其木德道尔吉整理,安柯钦夫译,作家出版社,1963年,第180页。
⑤ 《英雄格斯尔可汗》,琶杰说唱,其木德道尔吉整理,安柯钦夫译,作家出版社,1963年,第187页。
⑥ 《勇士海森》,吴绵译,载《民间文学》1981年第8期,第110、112页。

体外生命

除了上举套盒式结构的灵体或生命线以外，初民认为，灵魂或生命不但可能幻化、具形，而且可能寄托或转移到某些生物（有时是殊异的宝物）身上。这也就是所谓本体以外的、寄居的生命线。许多英雄或魔怪的生命或灵魂，就这样被移植在某些灵物、神兽乃至原图腾之中。于是就有了特殊的、异在的命根子和致命点。这种体外生命的血肉具体生动，跟体外灵魂有同有异。

鲍里斯·希克洛认为，萨满教文化里常见的蛙、蟾、蛇等神物，往往不但是英雄或魔怪的生命线、体外生命，而且还象征着、代表着萨满（巫师）本身。他介绍了《英雄格斯尔可汗》的一个情节："格斯尔战胜不了巫婆，当他知道她灵魂的一部分是在一颗金谷里，谷粒藏在黄湖底里一只三岁公牛那么大的癞蛤蟆身上时，他就能因此而成为巫婆两部分灵魂的主人，并进而消灭她。"① 而雅库特人也说："生活在死神的海里的青蛙生出有四个平面的火石。兽母发现了它们，把它们从青蛙肚子里取出来加热，仔细地照料它们。九年之后火石裂开，出来了一只小鸟。经过一系列的考验和幻化，这只小鸟就变成了萨满。"② 换句话说，巫师或魔怪的生命和灵魂，往往融汇在体外某种连套结构的神秘动物（蛙、鸟、蛇等）里面。

蛙蟾是萨满教文化里相当常见的灵物或巫术法具。这可能还带着动物崇拜乃至图腾崇拜的痕迹，不然，萨满们不至于认为祖先、英雄、神灵和自己的生命、灵体会寄寓在这种"阴暗的动物"身上。鄂温克人认为，附近的一个湖水入河口，住有"一条长着两支角的神蛇，这就是他们供奉的'舍卧刻'神。他们的'舍利'神，也以雌雄两条蛇为偶体。鄂伦春族和达斡尔族最古老的神——'玛鲁'神和'霍列尔'神的偶体中，也有龟、蜥蜴等爬虫"③。触犯或伤害诸如此类的神圣动物，就会引起杀身灭族的横祸。

"舍卧刻"（鄂温克语），指"萨满所代表的神灵的意思"，实际上就是萨满的灵性、灵体、灵魂的"基质"。"鄂温克人相信蛇神附着在发现者的身上，使

---

① [法] 鲍里斯·希克洛：《史诗英雄的幻化》，吴岳添译，见《民族文学译丛》（第1集），中国社会科学院少数民族文学研究所编印，1983年，第284页。
② [法] 鲍里斯·希克洛：《史诗英雄的幻化》，吴岳添译，见《民族文学译丛》（第1集），中国社会科学院少数民族文学研究所编印，1983年，第284页。
③ 秋浦主编：《萨满教研究》，上海人民出版社，1985年，第22页。

发现者成为它的代表，也就是它（蛇神）和鄂温克人之间的使者——萨满。"①实际上，这是萨满教群体和个人最神圣的灵体（马纳）与生命线。

土族长诗《格萨里》说，这位大英雄在被妖魔劫夺为妻子的桑加的帮助下，射中乌得妖精丛生黑毛的胸口那忽明忽暗地闪烁着的火球上，"胸口的火球熄灭下来了，妖精痛得忽然惊跳起来，血从胸口如泉涌出"②，斩断了他的生命线（当然这也是心脏的夸饰）。妖精虽然被砍掉喷火的脑袋，却没有全死。桑加叫王把他的脑袋劈开，他这脑袋的套盒式结构活像萨满教那复叠的动物化身的灵体或生命线："脑袋里跳出一个癞蛤蟆，癞蛤蟆跳出蝈蝈蝈叫，嘴里喷出一团团火焰，格萨里一刀破开蛤蟆的肚子，蛤蟆的肚里跳出一只红老鼠，红老鼠吱吱叫，嘴里还放出烈火，格萨里剖开老鼠肚子，里边有一只蛇蛋，桑加一把抓过来，往地上摔下来，蛇蛋打破了，从里边冒出一股黑烟，一股股黑烟散去了，地下的尸首一下都不见了。"③ 这才能够称得上是"完整的死亡"。

蒙古族另一著名民间史诗《江格尔》里，魔王西拉·蟒古斯的灵魂，"藏匿于一只小鹿的胸怀"，"如用刀砍他的皮肉，立即变作一块顽石，如用刀割他的咽喉，鲜血流出立即变作一块红石头"④。看来其又是水旱之怪的化身。"捆绑他的四肢，投入冲天火海，晴空立即乌云密布，降下冰雹和倾盆大雨，冲天烈火顿时被熄灭"⑤。最后，魔王为江格尔、洪古尔诸英雄所俘获并降服，却不知道那藏着灵魂的小鹿结局怎么样。

鄂伦春人心目中的最大恶魔是"九首满盖"（即蟒古斯）。"它脑袋多，眼睛和耳朵自然也多。"⑥ 而"在《喜勒特很》中，满盖是一个十分丑恶的形象（百眼怪），他身躯庞大，目光如电，全身长满黑白两种颜色的长毛"⑦。他的心脏（灵体或生命线）在三棵大树上，还变成三只乌鸦。英雄喜勒特很，"由于妻子的启示，把停在三棵高大树上，变作三只乌鸦的满盖的心脏射穿，才打死这个恶魔，救出了妹妹"⑧。鄂伦春自治旗托扎敏努图克的社会调查证明，要取得这三只乌鸦（魔王的心），过程十分繁复，英雄要射死野猪王，要射落被毒蛇缠

---

① 秋浦等：《鄂温克人的原始社会形态》，中华书局，1962年，第96页。
② 《青海民族民间文学资料·土族文学专集》（二），中国民间文艺研究会青海分会，1979年，113页。
③ 《青海民族民间文学资料·土族文学专集》（二），中国民间文艺研究会青海分会，1979年，114页。
④ 《江格尔》，人民文学出版社，1983年，第474页。
⑤ 《江格尔》，人民文学出版社，1983年，第472页。
⑥ 秋浦：《鄂伦春社会的发展》，上海人民出版社，1978年，第137页。
⑦ 《鄂伦春族简史》，内蒙古人民出版社，1980年，第165页。
⑧ 《鄂伦春族简史》，内蒙古人民出版社，1980年，第165页。

绕卫护的鸟巢，才能抓住乌鸦。喜勒特很捏死了最后一只乌鸦，"百眼怪满盖象一座大山似的倒下去，那庞然大物压塌了整整一半城市的房屋和人马"①。

印度传说，有一个年轻的母亲，因为不从巫师的诱迫，被变成了黑狗。为了帮助儿子杀死巫师，她假装同意嫁给巫师，骗到了巫师生命线的秘密：

> 在热带丛林里，在不曾有过人迹的地方，在两块石头中间，藏着六个盒子，一个藏在另一个里面。在最小的盒子里面长着一棵小小的小树，树枝子上有一个世界上顶小的鹦鹉。这只鸟儿的身体隐藏着我的法力的秘密。我的生命取决于这只鹦鹉。②

儿子在鹰的帮助下，捉到了这只鹦鹉，强迫巫师把变成石头和动物的人复原，然后砍掉鹦鹉的头，巫师也就死掉了。这巫师的套盒式的体外生命跟萨满是一样的。

如上，萨满教深信存在这种多重的体外生命或灵魂，尤其是殊异人物或魔怪多有寄魂的本领。"他们要千方百计把自己的灵魂保存在一个最秘密的地方，令外界对立的力量无法知道。"③女萨满，往往会有一只鹰当作自己的寄魂物。

鄂伦春叙事诗《英雄格伯欠》中，妖魔犸狔（相当于莽盖），"其灵魂是九只巨卵，在一棵树上的鸟巢里，由妖魔和毒蛇把守"。英雄设法去击碎它们，才使它丧命。④

亚美尼亚史诗《沙逊的大卫》里，也有个萨满似的国王的女儿念咒害人。"她那魔法的威力——藏在海底下。在海底龙的口中有一块宝石，只有神通广大的武士才能深入海底，取走那火焰似的宝石"，才能征服她。这是前述龙蛇守宝、英雄盗宝与生命线母题的有机融合。英雄萨纳沙尔接受了婚姻考试，经过重重难关，飞临柱顶，摘取金苹果（象征女性的爱情），拔起碉楼棍棒（可能象征男性威力），远远掷去，"突入那炎夏干硬的土地，深达数尺"；接着取走龙口宝石，打倒六十个武士（得到弟弟巴格达沙尔的援助），还在"绿城"杀了恶龙，救出做牺牲的少女，让弟弟与她成亲，最后制服守护公主堡垒的恶魔阿姆多尔，那有魔力的公主黛赫存才爱上了他。

---

① 《鄂伦春族社会历史调查》（第1集），内蒙古人民出版社，1984年，第155页。
② 《外国神话故事》，李霍甫译，安徽人民出版社，1981年，第130页。
③ 潜明兹：《从萨满教神话窥其生命观》，见白庚胜、[匈]米哈伊·霍帕尔主编：《萨满文化辩证——国际萨满学会第七次学术讨论会论文集》（下册），大众文艺出版社，2006年，第631页。
④ 潜明兹：《从萨满教神话窥其生命观》，见白庚胜、[匈]米哈伊·霍帕尔主编：《萨满文化辩证——国际萨满学会第七次学术讨论会论文集》（下册），大众文艺出版社，2006年，第632页。

寒敖的脖子

古代中原神话里比较明白的致命点或生命线，有寒敖之颈。"敖"或写作"奡""浇"。《论语·宪问篇》说"羿善射，奡荡舟，俱不得其死然"。敖是寒浞之子，也是文化英雄。清潘维城《论语古注集笺》说："古者奡与敖通，亦与浇通。"学者们强分尧子浇、寒浞子敖是没有必要的，就好像把羿分成三四个朝代的人一样，是因为不知道神话学上一人数化、一人多名、忽分忽合、忽前忽后的通例。

这寒敖最有名的事是《书·尧典》所说的"罔水行舟"。孔疏引郑玄注云：丹朱、敖（或说一人，或说二人）见"洪水时，人乘舟，今水已治，犹居舟中嬉嬉，使人推之"。说他像孩子似的贪玩。有人就说他喜欢或擅长陆地行舟。这也是不可行的傻事（参见王夫之的《书经稗疏》等）。如果在舟下加个轮子在陆地上荡着，很可能就是新发明了车子。但车子一般认为不是这么来的。所以他很可能是泥橇、雪橇（王仁湘称为"无轮车"）之类的发明家，后人误解了。

《史记·夏本纪》说，夏禹治水时巡行天下，"陆行乘车，水行乘舟，泥行乘橇，山行乘檋"。《史记·河渠书》据《夏书》曰："（禹）陆行载车，水行载舟，泥行蹈毳，山行即桥。"《汉书·沟·志》略同。阎若璩《古文尚书疏证》云："孟康曰：毳形如箕，擿行泥上。张守节又详释之曰：橇形如船而短小，两头微起，人曲一脚，泥上擿进，用拾泥上之物。今闽越海滨皆有之。泥行之具，必不可易者也。"这就是原始的橇，滩涂作战，亦可用之，而拉橇或更简单的拉棍，对于车的发明是有所启迪的。

或说"荡舟"，指他善于舟战。他可能也是"作法自毙"，死于自身的发明。顾炎武《日知录》说："古人以左右冲杀为荡阵。……荡舟，盖兼此义。"王夫之《四书稗疏》说："所谓荡舟者，谓能乘舟以水战也。古有陆兵，无水师。……奡助羿为乱，肆暴于东海之滨，始作水战，以残过、戈、困寻、灌，荡舟之义，甚为明著。"刘宝楠《论语正义》卷一七引周炳中《典故辨正》，也引此事以说之，云此"即古人以左右冲杀为荡阵之义也"。

寒敖（浇）是东夷集群的滨海渔猎部落首领，他发明泥橇、雪橇（也许还以狗曳引），在滩涂上劳作和打仗，有一次却被强敌打败，所谓"覆舟斟寻"，讲的就是这回事。今本《竹书纪年》："帝相二十七年，浇伐斟寻，大战于潍，覆其舟，灭之。"《楚辞·天问》有一段大致也是问有关这位发明舟橇的文化英雄的不幸的事：

> 鳌戴山抃，何以安之？释舟陵行，何以迁之？
> 惟浇在户，何求于嫂？何少康逐犬，而颠陨厥首？

《天问》"释舟陵行"云云，与"覆舟斟寻""罔水行舟"等都有可比附之处。《天问》所说"汤谋易旅，何以厚之？覆舟斟寻，何道取之"，自然也与此有关。顾炎武即引《竹书》以说之。姜亮夫《屈原赋校注》也说："言浇以绝勇之力，宜其不以覆舟而亡，何因而得覆舟斟寻之事？"其事亦见于前引《左传》襄公四年："浞因羿室，生浇及豷。使浇灭斟灌氏与斟寻氏。"《史记·夏本纪》索隐引《帝王世纪》综说其事云："寒浞袭有穷之号，因羿之室，生奡及豷。奡多力，能陆地行舟。使奡帅师灭斟灌、斟寻。"

从民俗学的角度看，敖跟后羿同样有动物化身。这有两种可能：一种是敖为獒之省。獒是猛犬、灵獒，即"西旅献獒之獒"（或说其母型为藏犬）。狗能拉橇，这很自然；敖化形为獒而袭击敌人，也颇可能。这是神狗槃瓠袭取犬戎将军之首的故智。但它却被更强大的少康砍了头。"何少康逐犬，而颠陨厥首"，说的就是这事（或说逐犬系以犬袭犬，说亦可通）。可惜没有更多证据。

另一更大可能是，居于滨海滩涂的寒敖化身为鳌。《天问》"鳌戴山抃"云云说禹彊遣巨鳌举首曳引海上仙山之事，也与敖事有关。闻一多说："以鳌与浇事连举，知鳌、浇之间必有关系。"① 《离骚》云："浇身被服强圉兮，纵欲而不忍；日康娱而自忘兮，厥首用夫颠陨。"闻先生解释道："鳌即大龟，身有介甲，故及其人化，即以'被服强圉'著称。"② 这样，敖（浇）化身为鳌龟之属也很说得通。

但是，浑身坚甲、刀枪不入的鳌龟，也有个致命的弱点——脖颈。一旦它伸出头来，少康用军犬咬住它那又细又长又软的脖子，它就得"颠陨厥首"，被啮断生命线。这样解释似乎也还合情合理。马斯伯乐说，这"本来是一件鳌与犬争斗的神话"，由于语讹或误传，到了《书经》里却变成尧子的故事③，则有因果倒置之嫌。《天问》此处模糊难解之处甚多，但是却有坚实的历史根据。俞樾即以《论语》及孔注说之："奡多力，能陆地行舟。此云'释舟陵行'，谓置舟于陆地而行之也。"

李慈铭大致同意王夫之、顾炎武的解释，他虽否定《楚辞》《竹书》的历史

---

① 闻一多：《古典新义》（下册），古籍出版社，1951年，第299页。
② 闻一多：《古典新义》（下册），古籍出版社，1951年，第299页。
③ [法] H. Maspero：《书经中的神话》，冯沅君译，商务印书馆，1939年，第6页。

真实性，却也有些好的见解："盖谓羿善用舟师，正以多力能出奇，虽少水处亦纵荡自如，故《书》以为'罔水行舟'，非覆灭敌舟之谓。"① 李慈铭并不否认寒浞的聪智勇猛，但认为，寒浞跟后羿们一样，正毁灭在他的特长里，他的力量里。"尝谓古之羿、浞与蚩尤，皆神力间出之才。始皆立功帝室，而自恃其勇，终取灭亡。故言五兵者本于蚩尤，言射者本于羿，言舟师者本于浞。盖其时，初制弧矢舟楫，其用未广，羿浞以奇杰为帝臣，能尽其利。故南宫以为禹稷之务躬稼也。"② 这是羿、浞的悲剧，也是耕稼民族的悲剧。农民始终怀着对"奇技淫巧"和冒险进取的深深疑惧。

护身符

生命线或致命处还可能外化或物化为特殊形态之护身符。因为二者都是保卫生命的锁钥。宋周密《齐东野语》写的猱形"黄婆"，遇男子"必负去求合"，属人猿异类婚型传说。她被健夫挤跌大壑，断了胫骨，为众刺杀。"至死，以手护腰间不置，剖之，得印方寸，莹若苍玉，字类符篆不可识，非镌非镂，盖自然之义"。其原貌当然是某种结石或癌肿，以手掩之，盖护痛也。有人说，这是耻骨的误解，属恋爱巫术（love magic）的法具，但不如说是由致命点、生命线转化而来的护身符。东南亚有人"在臂膊或胸膛的皮下嵌金属弹丸，迷信为可以不受伤害"③。相传有马来亚艇长，被葡萄牙人"刺到半死，但不见血，直到一件金镶骨制的护身符从他的臂上拿去后，才流血身亡"④。

据人类学家介绍："'护身符'是指人们所佩带的，具有超自然力的实物。目的是为了避邪。人类学家认为，护身符可能是人类最早所佩带的饰物，它们往往是以祖先身体的一小部分所制成，最常见者是以头壳钻孔，串之以绳，系于身边。又除了避邪之外，人们也希望从它获得力量、财富，并带来好运。"⑤ 但我们更有兴趣的是，各种各样变体的护身符对英雄生命的作用，尤其是反作用，它有时能对立转化为英雄的克星。

英雄不但有自己的致命点、生命线，还有他最恐惧的克星。这是生命线的消极形式或对立表现。它们同样构成对英雄（有时是魔怪）生命的威胁。这反

---

① 李慈铭：《越缦堂读书记》（上册），商务印书馆，1959年，第50页。
② 李慈铭：《越缦堂读书记》（上册），商务印书馆，1959年，第51页。
③ ［英］温斯泰德：《马来亚史》，姚梓良译，商务印书馆，1958年，第82页。
④ ［英］温斯泰德：《马来亚史》，姚梓良译，商务印书馆，1958年，第73页。
⑤ 芮逸夫主编：《人类学》，台湾商务印书馆，1975年，第317页。

映出初民对生命和现实世界的各种事物相互制约、相互冲突的朴素认识。在中国的再生态、新生态神话里，这还和阴阴五行学派相生相克的学说掺杂在一起。举一个最明显的例子。《太平御览》卷九三一《异苑》说孙权时，永康有人得到一头大龟，系舟于大桑树下。

> 宵中，树呼龟曰："劳乎元绪！奚事尔耶？"龟曰："吾被拘系，方见烹臞，虽尽南山之樵，不能溃我。"

孙权得龟后便煮之，"焚柴万车，语犹如故"，毫不畏惧。但是，它也有克星。诸葛恪知道它生命的秘密，说："燃以老叶，乃熟。"于是，伐老桑以煮巨龟，马上就稀烂。这证明，龟和桑是相生相克的关系（"今亨龟，犹多用桑薪"）。神桑是龟怪的克星，龟怪又是神桑的祸由。《楚辞·九歌》的大司命（玄冥），化身为龟，而其居地正在扶桑，其伴侣少司命又是桑神，正说明桑、龟之间相依相傍、相生相克的关系——当然这是假想的关系。

《论语·宪问篇》南宫适问孔子说，"羿善射，奡荡舟，俱不得其死然"，这是为什么？一向不语"怪力乱神"的夫子不答，却在背地里称赞说："君子哉若人，尚德者若人！"此已包含对英雄们尚力、尚巧的批判。《盐铁论·论灾篇》说得很明白："羿、敖以功力不得其死。"如前所说，这表明英雄往往毁灭在自己的力量和武艺上。

在某些比较成熟、优异的英雄神话中，这些威胁英雄生命的克星，还反映出英雄性格内在的缺陷，两者交融为英雄不可挽回的悲惨命运的关键或转捩点。这也许可看作英雄悲剧性格的物化（有人称之为"象征"），从而构成命运与性格悲剧的幼稚态，或者说原始形式。如《国语·鲁语》展禽所说，舜之多巡狩而野死，鲧和冥之因水而亡，后稷"勤百谷"、启山林而"山死"，已经包含了这样的悲剧要素。"玩火者自焚"，"善游者溺，善骑者堕"云云，就是它的辩证法升华——但这实在也透露着，农业民族对复杂的技术进步的深深疑惧乃至抗拒心理。善射的后羿却死于射——无论是逢蒙的暗害还是寒浞的毒手。《太平御览》卷八〇五引《隋巢子》："幽厉之时，奚禄山坏，天赐玉玦于羿，遂以残其身，以此为福而祸。"这就极鲜明地表现了这种原始的悲剧观、命运观。玦者缺也，诀也，古人示诀别、决绝、决死以玦。《天问》："冯珧利玦，封豨是射。"玦指的是拨弦的扳指。狩猎为生的鄂伦春人就极重扳指。但这种英雄射手的宝物或护身符，却又成了他的致命伤。后羿即因玦伤身。

桃能辟鬼延年也能伤人

夸父虽没有明确的盗草奇迹，但是他的手杖所化的桃林，却具有极神秘的性质和功能（桃林为夸父尸膏肉所浸，犹如乌恩死后变成半拉山上的仙草）。桃，原产中国北部和西北山区（这跟夸父神话最初诞生于甘青高原炎帝羌人集团是一致的）。陕西、甘肃、青海和西藏东部、河南南部、云南西部等地都发现有野生桃树。①《夏小正》《诗经》《左传》《周礼》《尔雅》等书里都有关于桃的记载。我国好几处新石器时代遗址（如河姆渡、钱山漾、崧泽等）都发现过桃核。《神农本草经》说，桃仁可入药，"主瘀血、血闭、症瘕痕邪气、杀小虫"。河北藁城台西商代遗址发现桃核和桃仁，专家们怀疑其可能曾做药用。可见，作为太阳神树的桃，亦有杀虫、辟邪的功用。

《周礼·春官·丧祝》："王吊则与巫前。"汉郑众注："丧祝与巫以桃茢执戈在王前。"引《礼·檀弓》曰："君临臣丧，以巫祝桃茢执戈，恶之也。"《檀弓》汉郑玄注："桃，鬼所恶。"《周礼·夏官·戎仆》："赞牛耳桃茢。"郑注："桃，鬼所畏也。"孔疏据《艺文类聚·果部》引《庄子》云："插桃枝于户，连灰其下，童子入不畏，而鬼畏之。"《左传》昭公四年："桃弧棘矢，以除其灾。"杜注："桃弓棘矢，可以禳除凶邪。"桃之言"逃"，孔疏引服虔即谓："桃所以逃凶也。"又《荆楚岁时记》云："桃者，五木之精，厌伏邪气，制鬼魅。"可见，"桃"可以制服邪气和鬼魅。据《淮南子·诠言训》和《淮南子·说山训》，淮日神后羿死于太阳神木桃棒之下。高诱注云："由是以来，鬼畏桃也。"《论衡·订鬼篇》引《山海经》佚文曰："沧海之中，有度朔之山。上有大桃木，其屈蟠三千里。其枝间东北曰鬼门，万鬼所出入也。上有二神人，一曰神荼，一曰郁垒，主阅领万鬼。恶害之鬼，执以苇索，而以食虎。于是黄帝乃作礼以时驱之，立大桃人门户，画神荼、郁垒与虎，悬苇索以御凶。""屈蟠三千里"的巨桃实即东方朔、孙悟空所盗蟠桃的前身，可能是一种太阳神树，类似于夸父桃林，亦即西王母灵药。这个故事许多书都引用了，说明《山海经》亦有桃能辟鬼御凶的观念（神荼从工具或武器神化而来，郁垒原为雷神）。马王堆一号汉墓出土桃木人俑33个②，放在内棺盖上，"意在驱鬼避邪，保佑墓主安

---

① 参见李璠：《中国主要栽培植物的起源和传播》，载《世界农业》1982年第6期。
② 参见《长沙马王堆一号汉墓》，载《文物》1972年第9期。

居泉下，不为恶鬼所害"①，或不为毒虫所侵。日本安万侣《古事记》女神伊邪那美命，"派八雷神，率领一千五百名黄泉军"，追杀男神伊邪那岐命，后者从黄泉边界比良坂下"桃树上摘下三个桃子"，便打退了黄泉军。伊邪那岐命赐名它们曰"意富加牟豆美命"，义为"大仙桃神"。严绍璗指出，这跟度朔山桃树一样是"把桃子视为去鬼除邪的祥物"②。它又是夸父追日、入日、盗火、回返人间的支持。

桃木能辟鬼驱虫、治病驱邪是消极巫术，积极的就是能延年益寿，使人不死，跟后羿、亚当、吉尔伽美什、普罗米修斯、赫拉克勒斯、哈奴曼们所欲掌握的灵药仙草本质上是一样的，是生命树之枝、之果。见于《博物志》和汉武帝故事里的西王母、东方朔的仙桃或寿桃，就能使人长生（《洛阳伽蓝记》云其出昆仑山），所以孙猴子要偷它、吃它。它是真、善、美的意象。

桃具有鲜明的二重性。它的枝干促使人子后羿死亡，它的花却象征夸父或火的永生。桃花，作为太阳神木，它开了又谢，谢了又开；它结出的美食，让人和动物长寿；它的核，又能分裂、萌芽、苗长，展开新的生命。

它支持夸父的冒险，是他忠实的植物助手和武器，却又不能永远支撑和延续英雄的生命；它失落于茫茫大地，却又变成鲜活灿烂的桃花，回归它太阳神树的本性。它杀死了后羿，却又让他不朽，让人类永记他的事业和功勋（年年都要更新的桃符上暗写着英雄的业迹）。

射手英雄后羿的命运克星，最重要的当然是玦、箭（据说，他死于逢蒙暗箭之下），但更明显的却是桃棒。这是羿的武器，曾是良药之精，也是羿的致命物，羿的克星。《淮南子·诠言训》："羿死于桃棓。"高注："棓，大杖，以桃木为之，以击杀羿。由是以来，鬼畏桃也。"《淮南子·说山训》也说："羿死桃部不给射。"高注："桃部，地名。"顾炎武《日知录》注《淮南子》条曾批评道："一人注书，前后自异如此。"俞正燮《癸巳存稿》为之譬解云："诱以棓为杖、部为地，盖望文生训。惟'桃棓'下云'子路死于卫'，则有地义；桃部下云'庆忌死剑锋'，则有杖义。盖文义相反矣。诱之失在疏略。""棓""棒"为古今异体字，自作杖为是。庄逵吉云："桃部即桃棓。"《吕思勉读史札记》亦是其说。《淮南子》用"王子庆忌死于剑，羿死于桃棓，子路菹于卫，苏秦死于

---

① 张明华：《长沙马王堆汉墓桃人考》，见《文史》（第7辑），中华书局，1979年，第96页。
② 严绍璗：《日本古代小说的产生与中国文学的关联》，见张隆溪、温儒敏编选：《比较文学论文集》，北京大学出版社，1984年，第251页。

口"，来证明"人莫不贵其所有，而贱其所短"，子路勇，苏秦辩，庆忌武（善剑），后羿力（用棒），他们都死在自己的"所有"、自己的特长、自己的技艺或自己的武器之下——所长和所贵，恰恰成了他们命中的克星。这也是中国人的悲剧观。

顾颉刚、童书业在《夏史三论》中说："按《山海经·西山经》说：'恒山四成，有穷鬼居之。'这有穷鬼似乎就是指羿，羿大概还有鬼雄的传说。据《氾论训》'羿除天下之害而死为宗布'，注又引一说道：'今人室中所祀之宗布是也。'羿许是较早的钟馗神吧？"桃确有辟邪驱鬼功能，神荼、郁垒以桃驱鬼，万鬼畏桃，羿也死于桃，那么后羿死后的确很可能"魂魄毅兮为鬼雄"的。袁珂也说，《淮南子》及注"充分的暗示了羿是天下万鬼的首领；连鬼首领都被桃木大棒杀死，其余大小鬼卒当然要怕桃木了"①。很明显，桃是死亡的因由，却又是生命的象征。

程憬认为，"羿死于桃棒"，实际上是死于某种"魔术"（magic）。"羿是被桃杖所击杀的"，而"古代的巫觋多利用桃木以行使其魔术；或以杀人，或以治鬼。前举《礼·檀弓》记：'君临臣丧，以巫祝桃茢执戈，恶之也。'即此意。羿有擒妖捉怪的能力，岂是平常的箭或棒所能杀害？故他的死是不平常的，他是被魔术所厌杀的"②。必须指出，这里的桃棒，不仅具有一种厌胜巫术的神秘力量，而且正因为桃是太阳神木，跟夸父杖所化桃林一致，故对转为准日神后羿一种可怕的克星。

北美印第安阿尔衮琴人传说，英雄、准太阳神格鲁斯卡普"用他母亲的身体来造成了太阳和月亮，走兽和鱼群"，他的弟弟马尔塞姆却造了山谷、蛇等等象征黑暗和有害的东西。③ 兄弟们之间展开光明与黑暗的斗争，善与恶的斗争。格鲁斯卡普说，他碰一碰猫头鹰的羽毛就会死去，暗示鸥鹗类"黑暗的禽鸟"是他的克星、他的禁忌，这又从反面证明他属于鸟族和太阳族。"那心怀恶意的狼拿起他的弓来，打下了一只猫头鹰。"可见他是一位反英雄的神箭手。他用鹗羽打死了哥哥，可是后者立即复活。"这传说使人想起北欧神话中的巴尔德尔，巴尔德尔只有用一根槲寄生的枝条来打一下，才能死去，而他就被他的弟弟这样地杀死了。像巴尔德尔一样，格鲁斯卡普是太阳神。这一点由他的死而复生

---

① 袁珂：《中国古代神话》（修订本），中华书局，1963年，第205页。
② 程憬：《后羿与赫克利斯的比较》，载《国立中央大学文史哲季刊》1943年第1卷第2期，第162页。
③ 丰华瞻编译：《世界神话传说选》，外国文学出版社，1982年，第200页。

可以看出。"①

北欧这则神话，茅盾介绍得很详细。奥丁二子，分别代表光明与黑暗。万物都已立誓不杀害光明，所以当诸神开玩笑，"把各式各样的武器，矛，刀，石碰，箭"，都向巴尔德尔掷去时，它们却"无故自坠或斜向而去"。② 妒忌的火之女神从光明神之母那里探听得，极其矮小柔弱的"那伐尔哈拉宫外橡树上的寄生草"，才是光明神的克星。她采到它，"用魔法使它变为坚强而粗大，然后削成为一枝小棒"，交给盲目的黑暗神霍独尔，后者一掷，正好杀死了他的哥哥光明神。③ 这则神话确实说明北欧和北美之间上古时代有交通。以借用来解释桃棒杀羿的原因。

在南方民族射日神话里，有一点应予注目：英雄射日往往使用某种太阳神树，如马桑树、岩桑树、麻秧树等制作弓箭；或者说，英雄是站在这类树的顶端（它们往往能不断生长）射落太阳的。有的神话还说，当多日月齐出之时晒死万物，只剩下某种草木不怕太阳。可见太阳神树与太阳之间有一种相生相克的关系。有时，它成为救星，有时却变成禁忌，相互依存，又相互排斥，就好像新西兰的盗火英雄毛伊要用某种魔树把太阳的腿打瘸，让它慢些走一样。这是"原始"性思维所经常发生的矛盾，反映着初民对事物复杂关系的某种犹疑、恐惧和困窘。

从上述可以看出，希腊人景仰神，为善的神往往是超人、半神半人，例如普罗米修斯、赫拉克勒斯；中国人以人为本位而不是以神为归趋，更关注人、信任人、崇拜人。后羿完全是个能吃能喝、有生有死、有善行也有缺点的人。赫拉克勒斯本也是带着神性的人，后来却成了神（希腊人深信，人能够成为神）。普罗米修斯只是个带着人性的神，他身负人类的"原罪"（例如盗窃神的火，又把神制造的祸水潘多拉带给人）；他经历着人类的希望、失望、成功和痛苦，却又神一般不死。他是过渡，是中介，是变动，是循环。

维尔南说，时间有三种：永恒的神的时间、人的不可逆的直线式时间、循环的圆形时间。"第三种时间：这是圆形或呈'之'字形的时间，它让人想起普罗米修斯（被鹰啄尽却又无尽生出）的肝脏。它表现出一种与月亮相似的存在，

---

① 丰华瞻编译：《世界神话传说选》外国文学出版社，1982年，第201页。
② 茅盾：《神话研究》，百花文艺出版社，1981年，第280页。
③ 茅盾：《神话研究》，百花文艺出版社，1981年，第282页。

月亮长大、消亡然后重生，周而复始，无穷无尽。"①

夸父，他本质上是人，所以他会疲累、干渴、死亡；他带着神性，能够追日、入日、盗火；但他也有他创造的"第三种时间"或"圆形时间"的象征——桃花。它有开有谢，结实生子，像太阳那样，落了又升，死而复苏；它让英雄死亡（直线的时间支持不住夸父的奔跑，又致羿于死命），但由其转换而来的"圆形时间"终究让他们的勋业永生。

镇厌敌人的躯体和灵魂

前举多灵魂和套盒式生命线则说明，英雄（有时是魔怪）的生命不同于凡大俗子的生命，它更加复杂，更加坚实，更加神秘，更加多重。英雄或神的死亡不是一次性的，有时要经过多次的重复和烦琐的手续，才能完成一个完整的死亡。当然，这跟所谓复活观念融为一体。

原始森林和动物的生活玄妙莫测。有的动物会装死，有的动物即令昏厥或肢体离断还能生存。某些病人或伤员，会发生生理学的假死。昏厥和假死有时被误解为真正的死亡，而真正的死亡却往往被当成暂时、部分或虚假的死亡。这些都容易导致多次死亡和复活观念的发生。

列维-布留尔论述原始部落战争与巫术的关系说："在军事行动开始时，又有对马、武器、个人和集体的守护神的祈祷，用以迷惑敌人，使他失去防卫能力和使他的努力归于无效的巫术行动和经咒。最后，战斗结束以后，又有一些往往是极其复杂的仪式，战胜者们借助这些仪式或者力图防止被杀的敌人的报复（使尸体残缺或毁尸），或者安抚他们的魂灵，或者清除军人们在战斗时可能受到的污秽，最后，或者以占有战利品（如头、颅骨、上下颌、带发头皮、武器，等等）来永远确立已获得的优势。"②

后羿射杀河伯化身的封豨并将它砍剁、燔烧，可能便带着一层厌胜巫术的目的：使它的生命和灵魂永不再归附其躯体的某一部分而复活。这在后羿被害以后要被"交吞揆之"这一事实里表现得更加清楚。郭沫若《屈原赋今译》译此节云：

寒浞和后羿的妃子纯狐，两人通奸，一道阴谋，

---

① [法]让-皮埃尔·韦尔南：《众神飞飏——希腊诸神的起源》，曹胜超译，中信出版社，2003年，第65页。

② [法]列维-布留尔：《原始思维》，丁由译，商务印书馆，1981年，第236页。

为什么射死了后羿，还把他煮了，吃他的肉？

这当然跟《左传》襄公四年的一节相互呼应：

> 羿犹不悛，将归自田。家众杀而烹之。以食其子，其子不忍食诸，死于穷门。

强迫儿子吃父母的肉，或者反过来，其目的就在于使英雄的生命完全灭亡，永不复生。此还带有厌胜的目的。所以，原始时代或文明初期，部落和国家对敌人的尸体那样残酷、毒恶。

马王堆汉墓出土《黄帝四经》说，黄帝俘虏并屠杀蚩尤以后，"腐其骨肉，投之若醢"，就是怕这位叛逆的英雄不会彻底死亡。这还不够，还要让天下人都来吃他的肉。这种残酷，也引起天帝"不若"："上帝以禁。帝曰：毋正吾禁，毋留吾醢，毋乱吾民，毋绝吾道。"这似乎也可以借来给"何献蒸肉之膏，而后帝不若"做注脚。古籍记载，蚩尤尸体似乎给割得七零八碎，四面八方都有蚩尤之骨、血或冢，这就是一种广义的割体葬仪，目的在于利用四方神力镇压对手，厌胜其肉体和灵魂。

这也可以看作远古食人之风在巫术仪式里的保存。正像恩格斯《家庭、私有制和国家的起源》所说，早在蒙昧中期，"食人之风已在逐渐消失，仅仅当作一种宗教活动或魔法仪式而保存着"。但是作为传统的巫术仪式与民俗的生命力是强大而顽固的，它比实际的生产、生活行为要延续更长的时间。

进一步说，强迫同氏族成员尤其直系亲属吞食亲人的骨肉（及其制成品），那更带有一个黑巫术的意图：让后者触犯禁忌，从而带来灭族的灾祸。家众杀后羿烹其肉，以食其子；殷纣杀伯邑考为羹以赐文王，都带有这样的危害功能。"其子不忍食诸"，实在是宁死也不能吃，吃了不但丧身，还要灭族。古希腊坦塔罗斯之孙阿特柔斯把两个侄子杀了，"作为盛馔，在大宴会上宴飨他的兄弟"，而且还"用孩子们的血液羼混葡萄酒请他们的父亲干杯"，这跟纣王"受赐兹醢"于文王，寒浞杀羿以食其子一样，是要其氏族因为吃自己的血肉触忌而灭亡。但这也可能反过来害了"阴谋家"的自己，阿特柔斯的国家也因此"遭到荒旱和饥馑"，险些不救。

坦塔罗斯本人酬神时还"杀了他的亲生儿子"为祭品，来试验诸神是否明察。而阿耳卡狄亚国王吕卡翁也曾杀死摩罗西亚人质，"把一部还温热的肉体扔在滚水里，一部分烧烤在火上"，并以此奉献给诸神做晚餐。其潜在目的，是让神祇们触犯禁忌而遭受损害。宙斯大为"不若"，因此用天火烧毁了吕卡翁宫殿。

如果河伯或封豨确实与后帝沾亲带故，有血缘联系，而后羿却献上它的肥膘，神的"不若"也更好理解了，这也是后羿死亡的原因之一。

二、阴谋和女人

据记载，后羿死于一场阴谋，其间有女人的介入。《左传》襄公四年，魏绛说羿惨死事甚详：

> 昔有夏之方衰也，后羿自鉏迁于穷石，因夏民以代夏政。恃其射也，不修民事，而淫于原兽，弃武罗、伯因、熊髡、龙圉，而用寒浞。寒浞，伯明之谗子弟也。伯明，后寒弃之，夷羿收之，信而使之，以为己相。浞行媚于内，而施赂于外，愚弄其民，而虞羿于田。树之诈慝，以取其国家，外内咸服。羿犹不悛，将归自田。家众杀而亨之，以食其子。其子不忍食诸，死于穷门。靡奔有鬲氏。浞因羿室，生浇及豷。

真实虽然经过充分世俗化、历史化，却还保存在神话和诗歌中。后羿是死在以寒浞为首的家众手里，表面上是早期奴隶反抗奴隶主的斗争，但更古老的背景，毋宁说是部落联盟中后期加盟部落和酋长们的内部冲突。

再来看这勾结羿室的寒浞的族属与性格。孙作云说，寒浞即韩流，大谬。《楚辞·天问》："浞娶纯狐，眩妻爰谋；何羿之射革，而交吞揆之？"这里的纯狐，相当于眩（玄）妻（或说也相当于嫦娥、雒嫔），也就是《左传》的"羿室"，大体不错，这"寒浞"却不知所自。他是"伯明氏之谗子弟"，其族当亦崇祀光明。后来寒浞流亡在"有鬲"的夏族之"靡"，为斟灌、斟寻二国的余众所灭，且立少康，那么"寒"当属他们的敌国夷（或说地在今山东潍县一带）而与羿同一部落联盟。浞，甲骨文的"沚"或释作从水、从足之象，叶玉森便隶定为"浞"，以为寒浞之国。① 但此字一般认为指沚方或洗方（莘族），指为"浞国"证据无力。

寒浞与逄蒙：内部的敌人

我们注意到《说文》卷三有个字："丵，丛生草也。像丵岳并出也。读若浞。"可能"浞"的原字便作"丵"。

---

① 叶玉森：《殷虚书契前编集释》（第1册），大东书局，1941年，第130页。

甲骨文里许多"凤"字"从举作"，郭沫若等认为是凤凰头上的簇毛，冠羽。① 这正是雉鸡或孔雀头上美丽的簇羽。陈邦怀认为，"凤"字头上所从之"举"，即《说文》卷三"读若浞"之"举"，引段注："吴语不经见者谓举岳。"他认为："卜辞中凤与龙字有从举者，盖以龙凤为不经见之物欤？"② 它实只是象形，并非会意。但从此可证，"浞""举"跟凤凰与孔雀是相对应的。"举"读若"浞"，"浞"也许是"举"的假借，而"举"却是凤凰的特征。

日本学者吉城氏进一步指认所谓"举岳"可能是凤属的鹭鹭③。这真是一个有趣的发现。这种神鸟，见于《说文》卷四鸟部，卓然不与五方神鸟之列，而只说它是"凤属神鸟"。《国语·周语》说"周之兴也"，它"鸣于岐山"，是一种吉祥的神鸟，韦注云"凤之别名"。《禽经》说它是"紫凤"，张华注云"凤之小者"。

朱芳圃也说，甲骨文凤字头上所戴之举，"象辛燃烧时光芒上射之形……声转为鹭鹭……倒之为鹭鹭"，"意谓灵光焕发之鸟"④，意指其亦凤属"光明（太阳）神鸟"。

很可能，这种光明神鸟曾为寒浞的动物化身，是他的个人图腾。"浞""举""鹭"，古音是可通的。

看起来，寒浞化身鹭鹭，而逢蒙也化身鹏凤，他们不是同一鸟族酋长的分化，就是同族团的人物，跟化身为巨翼鸟（彝雉）的后羿，都是鸟图腾部落联盟诸支的军务酋长之类。逢蒙、寒浞因为忘恩负义，杀师弑主，名声很臭，其真相却是兄弟阋墙，原始社会后期必有的兼并融合、争雄夺位之举。他们都为夷人之英雄神。只是后羿英勇绝伦，除害救世，名声远播，更为后人所爱敬罢了。

再来看与寒浞相当的逢蒙。前面说过，鸟族酋长之间常常自相残杀。后羿所缴杀的大风或泰逢，可能又对立转化为杀羿的逢蒙。所以有人试图把它解释作一种相生相克的敌对事物的搏斗乃至归入报冤复仇的母题。

逢蒙或作蓬蒙，诸家皆以作"逢"为是。《吴越春秋·越王勾践阴谋外传》："楚有弧父……习用弓矢，所射无脱，以其道传于羿，羿传逢蒙。"《文选》扬雄《羽猎赋》："逢蒙列眦，羿氏控弦。"李注引《吴越春秋》与上略同。清宋翔凤

---

① 参见郭沫若：《甲骨文字研究》（下册），大东书局，1931年，第13页。
② 陈邦怀：《殷虚书契考释小笺》，1929年，第13页。
③ 陈邦怀：《殷虚书契考释小笺》，1929年，第13页。
④ 朱芳圃：《殷周文字释丛》，中华书局，1958年，第29—30页。

《孟子赵注补正》云："《隶释·跋童子逢盛碑》曰：'司马相如曰：乌获、逢蒙之技。'王褒云：'逢蒙子，弯弓号。'亦即逢蒙。"《庄子》："羿、逢蒙不能睥睨。"《淮南子》："重以逢门子之巧。皆作逢迎之逢。"似已觉察其为记音："恐当读为'鼍鼓逢逢'之'逢'尔。"清周广业《孟子四考》略同，云《庄子》"蓬蒙"字作"逢蒙"，当亦记音。

以上材料中，逢蒙皆以有力、多技、善射面目出现，无害羿事。《孟子》不知何据，但它相当真实，还不能以庄子式寓言视之。《史记·龟策列传》："羿名善射，不如雄渠、蠭门；禹名为辩智，而不能胜鬼神。"似亦暗示逢蒙有胜羿之事。《集解》又云刘歆《七略》有《蠭门射法》，也不以其为恶徒。

吕思勉认为，《孟子·离娄篇》里杀羿的逢蒙，是《左传》所谓"家众"的一员，"羿之死，盖逢蒙实为主谋。逢、厖同字，逢蒙殆厖圉之族乎？"①

关于杀羿事，《孟子·离娄篇》："逢蒙学射于羿，尽羿之道，思天下惟羿为愈己，于是杀羿。"赵注："羿，有穷后羿。逢蒙，羿之家众也。《春秋传》曰：羿将归自田，家众杀之。"这就把逢蒙与寒浞统一起来了，并整合到"家众"里去。这跟前引吕思勉说是一致的。鲁迅《故事新编·奔月》对逢蒙与羿斗射有妙趣横生的描写。

逢蒙，《荀子·王霸篇》作"蜂门"，"人主欲得善射，射远中微，则莫若羿、蜂门也"。此与前引《史记》《七略》同。盖随声用字，不必定于一端，而取其字义也。

《贾子新书·劝学篇》有"虹虺视"，刘师培校补云，此犹言"逢蒙视"，"逢蒙本无定字，故此文又作虹虺"。《荀子·富国篇》有"逢蒙视"。蒋礼鸿说："逢蒙视为微视，虹虺当作风虹，即逢蒙也。轻唇音古读重唇，《庄子·秋水篇》称风蓬蓬然起于北海，蓬蓬然入于南海，明古音风、逢皆如蓬，风虹即逢蒙也。"②"逢""风"可通，逢蒙盖"风"之析音，或叠语，"逢蒙"即风蓬蓬然北起南去之貌。所以，"逢蒙"很可能就是后羿所射之"大风"（大凤、大鹏）。它们都是鸟族的酋长、英雄，兄弟阋墙，师徒火并，发生了冲突。

在后世的记载中，逢蒙是"兔"的代理人。《云窗私志》云："后羿猎获一兔，置柙中失去。夜梦一人谓曰：'我鵷扶也，而何辱我？我将假手于逢蒙。'是日逢蒙弑羿。兔曰鵷扶，自此始也。"不知所据。但兔或月中仙兔，暗指嫦

---

① 吕思勉：《吕思勉读史札记》（上册），上海古籍出版社，1982年，第107页。
② 蒋礼鸿：《义府续貂》，中华书局，1981年，第13页。

娥。嫦娥（常仪）为月母女和，《大荒北经》称之为"鹓"，与"鹓扶"暗合。羿室纯狐曾与寒浞勾结刺杀后羿，这里可能暗指月兔（羿妻）亦曾与逢蒙"狼狈为奸"。月兔相当于纯狐，则逢蒙犹寒浞也。

女人的"可畏"

有学者已经看出，英雄斗争之间每有女人及阴谋的参与。《吕思勉读史札记》早就敏锐指出，纯狐、女歧们的出现，是因为"野蛮时代，十口相传之说，理乱兴亡之事，必以一女子为之经纬。如《蒙古源流考》之洪郭斡拜济，《云龙纪略》之结妈、三姐皆是"。

这也是掠夺婚姻和酋长夺美、群雄争雌的反映，在动物界里就有萌芽。而英雄每被美人所害，这几乎是神话学通例。

母系氏族制度式微或解体之后，女性遭到了"世界意义的失败"：从此不是被当作"性奴"，就是被当作"祸水"。若干英雄的灾难或死亡都被归咎于女人，不管是"英雄难过美人关"，抑或是"冲冠一怒为红颜"（比如特洛伊之战）。美女被当作英雄的器物、玩具、传宗接代者，或者"陪衬"。英雄有权利享用宝剑、骏马、醇酒和妇人，极少受到谴责，女人却常常被当作潘多拉和苏妲己。

有人说，神或半神加上美女，才是英雄。柏拉图在《克拉底鲁》中说："英雄（Hero）这个词与厄洛斯（Eros）这个词只有微小的差别，英雄们都来自爱神。"英雄不但生自爱，而且不能没有爱情故事。英雄身边一定要出现女人，而且必须是美丽的女人。这种说法不免抽象。

格莱夫斯曾以妻子的伤害和朋友的帮助为主干，揭示赫拉克勒斯与吉尔伽美什的渊源关系：吉尔伽美什有他亲密的同道恩启都，赫拉克勒斯有伊欧拉俄斯。吉尔伽美什毁于他的情人伊什塔尔女神，赫拉克勒斯则毁于他的妻子得伊阿尼拉。两个人都有属于神的血统，都闹过阴间。赫拉克勒斯寻找过神奇的永生药草，跟吉尔伽美什所做的一样，他们都曾同样遵循着那环绕黄道巡游的太阳的路线旅行。① 如果让后羿也加入这彼此相参照的神话故事系统，不是也很合适吗？后羿不是也成了敌人的亲密朋友和爱人吗？

程憬曾就性格分析英雄的死因道："大英雄的性格是自信而正直的，故容易为小人的诈慝所欺。赫拉克利斯如此，羿亦如此。……羿之死，虽由于家众，但中实藏一大阴谋的。"他认为，这阴谋指《离骚》里被射的"封狐"化为

---

① R. Grave, *Greek Myths*, London：Cassell and Co. Ltd., 1958, p.451.

"纯狐",勾结寒浞,假手家众而杀羿。"性直的羿,是不知防备的。"①

从原始社会后期抢掠婚姻的角度看,河伯的妻子本来就是从洛伯那里抢来的。后羿娶嫦娥,嫦娥本来是他的母辈,来路也不明不白,所以嫦娥要盗药逃进月宫。后羿还射过涂山氏,就是侵犯禹的妻族(九尾狐)。他的玄妻(或即纯狐),也是他射了其子伯封(封豕)且从后夔那里抢来的;后来纯狐又被寒浞抢走。纯狐介入杀羿的阴谋,自己也会丢了性命。

江林昌说"河伯是白猪图腾,其妻纯狐以黑猪为图腾",是同部族的氏族外婚却属同一血族,"羿霸占纯狐并射杀了她的丈夫河伯……触犯了整个猪部族"。②他据孙作云说,由"豰"等推论,寒浞亦属猪图腾,即"韩流"(此说毫无根据,韩流为颛顼父,"头部人工畸变",也许属鲥鱼或河猪图腾,跟寒浞没有丝毫牵连),同一血族的"他们联合起来,先是'浞娶纯狐',继而联合谋划,最后共同杀死了后羿"③。试图从氏族制度与社会史去解释神话,这无可厚非;但在整合、比对传说人物与氏族机制,特别是图腾族属的时候,往往会出现龃龉、牵附、矛盾乃至混乱,我们也常难免,只希望尽可能谨慎、缜密一些。

恩格斯在《家庭、私有制和国家的起源》里指出:"抢劫妇女的现象,已经表现出向个体婚制过渡的迹象。……要是被劫来的女子背夫潜逃,而被另一个男子捕获,那么她就成为后者的妻子,前者就丧失了他的特权。"嫦娥、纯狐、玄妻、涂山氏等,假如铁下心来逃跑,后羿、大禹、后夔们,都是没什么办法好想的。越到后来,男人对女人的占有欲乃至私有观念越来越发展,男人越要保持并扩大自己的特权,那么抢掠婚姻也就越来越多地带上流血冲突。夫妻和亲子观念越强,家庭制度越发展,抢婚和复仇的斗争就越剧烈、越复杂。不但丈夫要被杀掉,连儿子也得消灭,以免长大了报仇。所以伯封被射,羿子也被杀。这时,社会的进步是要用许多血肉做代价的,特别是要以妇女的种种牺牲为代价的。以父权制为标志的家长制家庭这种社会组织,"表示着从对偶婚向一夫一妻制的过渡"。站在文明门槛上的男人,试图把女人紧锁在"家庭的牢狱"里。"为了保证妻子的贞操,从而保证子女出生自一定的父亲,妻子便落在丈夫

---

① 程憬:《后羿与赫拉克利斯的比较》,载《国立中央大学文史哲季刊》1943年第1卷第2期,第161页。
② 江林昌:《楚辞与上古历史文化研究——中国古代太阳循环文化揭秘》,齐鲁书社,2004年,第206页。
③ 江林昌:《楚辞与上古历史文化研究——中国古代太阳循环文化揭秘》,齐鲁书社,2004年,第206页。

的绝对权力之下了；即使打死了她，那也不过是行使他的权利罢了。"

但是，女人也是要反抗的，即令她面对的是伟大的人物。她要选择，她要挣扎，她要追寻。这样，就有了"浞娶纯狐，眩妻爰谋"之类女性介入英雄斗争的史实。哪怕她残杀的是惊天动地的大英雄，这也是她的抗争；哪怕她新"投靠"的男人，可能是个更残暴的丈夫，她也要"选择"。这样，历史要求的代价也太严重了：多少大英雄在这种家庭和婚姻的冲突里牺牲了生命，而妇女不但可能从不幸走向更大的不幸，而且连名誉和品质都要受到损害——有时甚至还是长达数千年的损害。

这也就是英雄与英雄之间的冲突以及英雄死亡悲剧之中，每每要出现一个"邪恶"或"淫荡"的女人的社会历史原因（有时英雄间的冲突，还以英雄与魔怪的搏斗的改装出现，这时妇女的命运就有好有坏）。可以说，这是最原始的祸水论，也是最古老的爱情伦理悲剧。

赫拉克勒斯故事里也有这样以抢掠婚姻为背景的悲剧。大家都知道，赫拉克勒斯的一个妻子得伊阿尼拉简直是从河神阿刻罗俄斯手上抢下来的，正如后羿从河伯处抢来雒嫔。赫拉克勒斯曾射死调戏他妻子得伊阿尼拉的半人半马怪涅索斯，垂死的涅索斯为了报仇，叫这位河神的女儿搜集他伤口（这里被毒蛇许德拉毒汁浸泡的神箭射中）的毒血，欺骗她说：这可以制成管束她丈夫情欲的灵药。这象征着恶毒的阴谋，也可以看作一种寓言：英雄将要死在自己制造的危机里，死在自己热爱和深信的人手里。她把毒血涂在赫拉克勒斯的紧身服上，让这位大英雄穿着，以免他爱上别人——这种潜在的嫉妒、争宠加上轻信和自作聪明，导致她和她的丈夫的悲剧（最后她也自戕而死）。毒血不能照到阳光，正如一切阴谋。赫拉克勒斯在祭坛上穿着毒衣，痛苦得几乎疯狂，要求用烈火把他烧死。英雄悲剧往往带着这种惨烈乃至恐怖的气氛，以震慑凡夫俗子平庸的灵魂。然而自杀的得伊阿尼拉的鲜血，为她的"错误"和"命运"而奔流的鲜血，不也令人惊心动魄吗？要之，英雄悲剧里妇女的被牺牲和被谴责，一方面是妇女为历史进步付出的代价，另一方面也是女人悲剧的开始。这反映了母系氏族制度的必然衰落。如同恩格斯《家庭、私有制和国家的起源》所说："母权制的被推翻，乃是女性的具有世界历史意义的失败。丈夫在家中也掌握了权柄，而妻子则被贬低，被奴役，变成丈夫淫欲的奴隶，变成生孩子的简单工具了。妇女的这种被贬低了的地位，在英雄时代，尤其是古典时代的希腊人中间，表现得特别露骨，虽然它逐渐被伪善地粉饰起来，有些地方还披上了较温和的外衣，但是丝毫也没有消除。"

至于在中世纪史诗里更常见的对于妇女的侮辱、谴责和诬蔑，那是因为在那时代妇女的地位更低、更无告，她们所采取的反抗形式更扭曲，因而祸水论也更发达，妇女和英雄之间的悲剧也更严酷。

处在文野之间的英雄时代的史诗和较前的英雄神话，在构造英雄悲剧时，往往强调阴谋的关键作用；中世纪英雄（骑士）史诗也经常遇到这种情节，这不仅是两种史诗的影响传承关系所使然，也是社会历史条件的独特反映。中世纪领主和骑士集团之间的斗争相当频繁而残酷，但更带人间性和凡俗性，老实说，比起英雄时代的史诗来显得卑微、庸琐、平淡得多，它已丧失了原始的淳厚、野性和天真，很难比上它的"高不可及的范本"，如《荷马史诗》等。但是，中世纪生活还带着它"祖母"的教诲，还存在相当的原始性生活构造，尤其那些相对稳固和持久的传统文化的深层结构，所以即令是基督教的史诗，都存在原始性的内容、背景和情境，存在与它的"祖母"面目依稀相似的内容、情绪和结构。有男女纠葛的阴谋即其一端。

这样，无论上古还是中世纪史诗都充满阴谋、宿命和神秘的色彩，就可以理解了。例如，德国中世纪的《尼伯龙根之歌》中西格弗里德之死，是由于布伦希尔德王后的爪牙根据英雄之妻克琳希德所泄漏出来丈夫的致命点的秘密情报，由哈根刺中所致的。史诗作者说："他（按：西格弗里德）后来在一座冷泉之旁罹杀身之祸。这是恭太王的妻子、布伦希德策划的阴谋。"但这里充满着神秘。克琳希德梦见象征死亡的野猪在荒野里追赶她的丈夫，"鲜血染出了野花"。这野猪也是罪恶的象征。

当然，这些史诗或传说里，英雄的悲剧，虽然往往都有女人之介入，但是却千差万异，并不完全表现男女情爱和婚姻方面的冲突。只是种种的阴谋往往构成英雄之死的社会或心理方面的原因，表现出相当的传承性和规律性，颇值得注意。下面举一些例子。

以色列人的英雄力士参孙有个名字叫"希姆松"（Samson），义为"太阳的丈夫"，可见"在巴勒斯坦是有古代的拜日教存在的"[①]。学者们认为，"他的某些特点令人想起苏麦尔（Sumer）神话中的基加麦什（Girgamesh）和古希腊神话中的赫拉克里斯（Heracles）"[②]。拉格兰的《英雄》，坎贝尔的《千面英雄》等，都把他列为重点对象。弥尔顿在《力士参孙》里歌颂："他也曾猛力抬起了

[①] ［苏］阿甫基耶夫：《古代东方史》，王以铸译，生活·读书·新知三联书店，1956年，第433页。
[②] ［波］科西多夫斯基：《圣经故事集》，张会森、陈启民译，新华出版社，1981年，第185页。

阿札城门，把门柱和门栅一气扛到哈布朗/城外的山坡上——那古时巨人的住所……真好像外教人传说的托天巨人（指希腊神话里的阿特拉斯、赫拉克勒斯也托过天）。"① 他被捆在地牢里，捆在非利士人宫殿的石柱上，就像普罗米修斯被绑在高加索山岩石上一样。

作为太阳的丈夫，参孙中计被非利士人剜去了双眼，关在土牢里。这光明的丧失表现了太阳的被吞噬，象征着古代以色列人的灾难。腐蚀和欺骗英雄的妓女大利拉，不但代表淫欲对于力量的毁损，而且象征着黑暗，像《旧约》里罪恶和淫荡的蛇象征黑暗一样。弥尔顿《力士参孙》里的歌队就说她"分明是一条蛇，在我们发现它的毒牙后，才不再隐藏原形了"。力士参孙的灾难和死亡的关键原因，跟许多英雄悲剧一样是"女色"、是"祸水"。这反映着父权和夫权建立以后妇女地位的衰落，也表示这是一出典型的性格悲剧：英雄毁灭在自己的缺陷和限制里，毁灭在自己心灵的黑暗里。

弥尔顿在《力士参孙》中让这位痛苦的瞎眼英雄在土牢里诅咒吞噬太阳的黑暗：

哎呀，黑暗呵，光天化日之下的
黑暗呵！不可挽救的黑暗呵！日全蚀
一般呵，再没有一线曙光！②

并且让这位被罪恶腐蚀的太阳英雄歌颂光明，称它是"生命不可缺少的东西"，甚至就是"生命的本身"。

呵，首创的光，伟大的圣言呀，——
"让我们有光，光于是普照一切"，——
为什么剥夺我这神的头一道恩赏！③

当然，这也跟双目失明的大诗人的痛楚经历分不开。

众所周知，法国英雄罗兰之死由于阴谋，但也有些宿命色彩。英国中世纪史诗英雄亚瑟王之死，根本原因当然在于他的外甥莫俊德骑士的阴谋篡位。但也有许多预兆和暗示，表现这是一种命运。他梦见坐着轮椅，跳进毒蛇猛兽的深渊。新死的卡文英骑士托梦警告他。他跟莫俊德的不幸一战（卡文英预言他此战必死），是由于一个武士挥刀砍毒蛇被误会为开战信号而引起的。双方都几

---

① 《弥尔顿诗选》，殷宝书译，人民文学出版社，1958年，第79页。
② 《弥尔顿诗选》，殷宝书译，人民文学出版社，1958年，第77页。
③ 《弥尔顿诗选》，殷宝书译，人民文学出版社，1958年，第77页。

乎全军覆没，亚瑟王刺伤了莫俊德，受了致命伤的叛徒也劈伤了他生父的头颅。这就引进了杀父史诗中常见的母题。他嘱咐将他的"截钢剑"扔进水里，"水面上边登时伸出一只膀臂，张手把剑接着，握得很紧，还挥动了三次，忽然连手带剑，缩进水里，化归乌有了"。这表明他的宝器、他的灵力将和他的生命一起消亡——他原来就是因为能拔出石头里的宝剑而登上王位的。

亚瑟王死在一所教堂的精舍。但他的死因，却众说纷纭、神秘莫测。马罗礼说："亚瑟王之死，我也从没读过绝对可靠史实；只知道他曾经跟随三位皇后，一位是亚瑟王的姐姐美更·拉·费，第二是北卡利斯的王后，第三就是荒地女王。此外，还有恰妙，她是湖上仙女的领袖，曾同著名骑士伯莱斯结为夫妇。"另一种说法是，亚瑟王那成了"女巫刀"的异母姐姐参与了谋害亚瑟王的阴谋（英国电视连续剧《亚瑟王》便如此处理）。于是，这里又夹进了一个女人。

另一个传说是，亚瑟王死而复生。据说，1175—1205 年，英国传教士雷雅的梦境代亚瑟王扬言："有个最好的侏儒，她能医愈我的创伤；由于那里的良药，我可以完全复元了。"这寄托着英雄不死的幻想。

沙逊的大卫之死，是因为他新娶了女勇士汉都特，忘记了他以右腕上"战斗的十字架（个人标记——生命或灵力的象征）"所起的誓，不是"七天"而是七年才去赴约，与旧好秦世契－苏丹决斗。十字纹发黑，预兆着死亡。结果，当他解衣沐浴之时，秦世契－苏丹和大卫生的女儿施放了暗箭，"箭穿入脊背，又透出胸前"。临死的大卫发出"七个水牛的吼声"，把这碧眼的姑娘吓死。他死于女人的暗箭。

"我身体中的精虫，
害我的正是我自己的种！"
大卫说完，
忽然静默，停止了呼吸，
他遗言把自己的太阳留给你们大家的孩子！（霍应人译）

这句临终的忏悔，在这里，指的是自己死于自己的性格：贪色。但它也表示，他是死在自己的女儿之手。史诗还写了穆格尔为父报仇杀死了秦世契－苏丹。

杀猎也有禁例

河伯或雒嫔，都可能与天帝沾亲带故。《九歌》里的河伯可能指的是黄河下游的"九河之神",这是殷商的势力范围,所以殷墟卜辞祭"河"而且以"河"为先公,与夒、岳合祀。而《山海经》《楚辞》之"帝"多指由东方高级祖先神如帝俊、帝尧、帝颛顼等升格的最高天神——作为"先公"的"河",是跟俊、喾、尧等有血缘关系的。作为洛水女神的宓妃或雒嫔,又被说成"东方之帝"(与伏羲粘连)的女儿,那么她跟东方天神也是亲戚。后羿是帝俊部属或子侄,也是上帝派下来"革孽下民"的,他射瞎化身白龙或白鱼的河伯,已得天神原宥,但是他既伤河伯,又夺洛神,再杀封豨,虽说"为民除害",但是这显然动摇了天帝即天界、神界的权威。所以,他作为"叛神的神"或"近人的神",必然陷入悲剧。王孝廉说:"如果后羿不是叛神的神,如果叛神以后的后羿不是具有大地上人类所具有的命运,如果他依然是神而不是人,那么他就不必西上昆仑去求取不死的仙药,如果他仍然是神,他就可以自由地上达天都而不必'阻穷西征,岩何越焉'了,由此可以看出的是后羿是结合神性与人性合一而成的,也就是说叛神以前的后羿是属于神性,而叛神以后的后羿,是人间的强者。"① 这触及后羿悲剧的重要内涵。

天帝跟封豨的关系更不清楚。祭祀天神本来要用豕牲,而且多采取表演性的射豕仪式。像《周礼·夏官·射人》:"祭祀则赞射牲。"郑注:"烝尝之礼有射豕者。"孙氏正义说《逸烝尝礼》三十九篇之一有"射豕"之文。《国语·楚语》观射父曰:"天子禘郊之事,必自射其牲;诸侯宗庙之事,必自射其牛,刲羊击豕。"这是由狩猎巫术礼仪(把猎到的第一头野兽献给天帝或山神)派生出来的"尝新"之礼。后羿射到野猪,把它最好的部位熏蒸出香气来祭天帝,不过履行常规手续,帝为什么反倒"不若"呢?难怪连屈原都觉得奇怪、悖谬之极。这还是一个谜。想必是羿触犯了某种禁忌,侵犯了天帝的神物,才惹起杀身之祸。前文说过,纳西族的东神、瑟神曾放出一头长牙野猪,破坏英雄神从忍利恩的耕种,被后者活捉,似乎也惹出一些麻烦。这可供参照。陈炳良分析说,后羿是在商人的社祀祈雨圣地桑林擒获封豨的,而桑林本是犯罪者和凶兽之逃薮,是禁止凡人进入的免罪所(Asylum),可是后羿闯入禁地并且擅杀封豨,所以天帝是因他触犯禁例而气愤。② 这也可备一说。

珞巴族射手英雄阿宾肯日发明弓箭,惹得兽神贡波茶布和畜神欠永布大为恼火:"这样下去,我们还有什么权力了呢?"于是阴谋策划陷害英雄。"(阿宾

---

① 王孝廉:《神话与小说》,联经出版事业公司,1986年,第79页。
② 参见陈炳良:《神话·礼仪·文学》,联经出版事业公司,1985年,第9页。

肯日）在山林中碰巧扑杀了一头白野猪，可他哪里知道，这头白野猪，原来是祖父阿巴达尼的妻子，是贡波茶布（兽神）有意安排让阿宾肯日扑杀的。"① 这样他就触犯了禁忌，等于射杀了自己的祖母（虽然仅是其化身）。阿宾肯日将有着四指长獠牙的野猪头挂在胸前炫耀，猪头掉下，獠牙伤腿，英雄因而致死。② 这也许可以提供某些启发。前引黎族故事也说，有大天猪从天上降临，破坏七兄弟的种植生产，为七兄弟所射。七兄弟找玉帝交涉，玉帝也痛快，说："既然它犯了天规，私下凡间而被你们猎中，万界（玉帝）我现在交给你们处置。"③ 这些野猪可都是来自天庭！

塔西佗说，住在斯维比海东岸的伊斯替夷人（Aestii），"他们崇拜诸神之母，这种迷信的标识为一只牝野猪的形象。这个标识被视为法力无边的护身符，女神的信徒们要是带上了它，即使在敌人包围之中也不会有危险"④。

北欧神话说，"神的野猪"散赫列姆尼尔（Saehrimnir）身上的肉是"神宫的珍品"，它最大的特点是"刚割下了它的肉，它立刻又生满了一身肥肉"⑤，天帝奥丁常常用它招待北欧的勇士。但天帝岂肯让人妄取禁脔？

这些都说明：天帝及其臣属河伯（冯夷、封豨）等，代表的是古老的部落长老制、巫酋制，代表的是传统的宗教、神和神巫的力量，而又渗进了早期奴隶主的野蛮和专横。而青年一代的英雄却是新兴的人的力量的体现者，是通过竞争而当上部落联盟长和新王的革新家。而当后羿们夺得权力之后，又可能引起别的部落联盟首长或候选人的竞争和抢夺，因而又难免于悲剧的厄运。所以，关于后羿之死，还有些神话史学家提出，除了上述寒浞、逢蒙、后羿之间存在着权位之争，可能体现着金枝式圣王竞选、更替的仪典风范之外，作为新兴的青年一代的人神（后羿们）跟古典的老年一代的天神（帝俊们）可能也存在代沟和代间冲突，跟后稷神话一样体现出英雄神与天帝的矛盾这一传统母题的新意。在这场悲壮的天人之争里，人神虽然由于传统的强大、新质的稚弱而暂时毁亡，但是新兴和前进的力量却是不可战胜的，而且以过渡态神话的姿势，将神话引向"人话"（英雄神话是标准的文野交替时期的过渡态神话），引向人对

---

① 谷德明：《中国少数民族神话选》，西北民族学院研究所，1983 年，第 258 页。
② 谷德明：《中国少数民族神话选》，西北民族学院研究所，1983 年，第 258 页。
③ 广东民族学院中文系编：《黎族民间故事选》，上海文艺出版社，1983 年，第 20 页。
④ [古罗马] 塔西佗：《阿古利可拉传·日耳曼尼亚志》，马雍、傅正元译，商务印书馆，1977 年，第 78 页。
⑤ 茅盾：《神话研究》，百花文艺出版社，1981 年，第 247 页。

神的最后胜利。这也是英雄悲剧的历史背景和深层含义。

更替与救赎?

古添洪试图利用以弗雷泽、威斯顿（Weston）、哈里森等为代表的剑桥仪式学派的神话学理论来解释后羿与赫拉克勒斯等英雄故事的发生背景。"这些神话情节所要表现的母题，就是祭礼上的竞争，祭礼上的苦差，对王与圣女族神的神圣婚礼，及与圣王-角色相连的婚事。"① 十二功绩体现了赎罪的母题。特别是赫拉克勒斯的死亡与重生，是常见的金枝式圣王更替仪式在语言层次上的审美表现。"他的死亡是间接为其妻所促成。在祭礼的立场来解释，也许我们可以说奴苏斯（Nessus）是希拉克力斯前任的圣王，他的死预言着希拉克力斯的死亡。同时狄依亚娜（Deaneira）把魔衣交给希拉克力斯，可看作其任期已到，须走向死亡。希拉克力斯之死出现在其对宙斯的谢恩奉献仪式上，对此，我们不妨推想圣王被处死时是举行于对最高神宙斯的供奉典礼上。希拉克力斯被橡树木所架成的柴堆所焚烧而死，是一种清洗罪孽的过程。火能清除罪孽而得重生。经过这火浴后，希拉克力斯在天国被接受为一分子并经重生仪式为希拉收养。"② 古添洪也用圣王祭礼的语言层次化的理论解释后羿之死，说"逢蒙之杀后羿，是圣王的继起把前任圣王杀死。"③

这种尝试是可贵的。虽然圣王更替仪式不尽符合这一故事的实际情况，但是客观上的英雄救世的母题，确实往往通过主观的个人赎罪表现出来，从后羿到孙悟空，多少都有这样的故事。这仍然是人类的自由能动本质、改造和控制自然力的欲望，是原始时代人在自然面前的无力和恐惧这一悲壮的冲突在神话里的反映。

所以，仅仅用救赎是无法揭示英雄建勋立业、杀怪除害、惊帝切激和在争胜中死亡等故事的深层结构的。对于后羿、共工、夸父等神话英雄尤其如此。正如乐蘅军所说："赫克力斯（Heracles）性近鲁莽暴烈，曾经为他的命运和阿波罗争执并有血污之罪，但赫克力斯终其一生的英勇是洗涤和救赎；然而中国

---

① 古添洪：《希拉克力斯和后羿的比较研究》，见古添洪、陈慧桦编：《从比较神话到文学》，东大图书公司，1977年，第257页。
② 古添洪：《希拉克力斯和后羿的比较研究》，见古添洪、陈慧桦编：《从比较神话到文学》，东大图书公司，1977年，第261页。
③ 古添洪：《希拉克力斯和后羿的比较研究》，见古添洪、陈慧桦编：《从比较神话到文学》，东大图书公司，1977年，第263页。

古神话中无论刑天、或共工、或夸父，他们并不从事这种意义上的思考，也不曾标示任何理由，他们全然单只表出一个欲求战胜自然威灵的行动而已。"①

"娶母"之罪

人神与天神的戏剧性故事里，还牵涉更深刻的伦理性主题：亲子之间的冲突。这也是通过另一个女性的介入来体现其深刻的社会历史悲剧意义的。有人说，河伯是天帝的亲戚，羿杀河伯，所以触怒天帝，致其死亡；有人说，十日为天帝（帝俊）之子，羿射十日，所以天帝要假手逢蒙，为子复仇。这些，理由和根据都不充足。一个实在的危机却是：后羿和赫拉克勒斯都确曾娶过自己的母亲（或母辈）——天帝的妻子。也许，父、母、子三者之间的俄狄浦斯式的冲突导致了天帝对其子属的惩罚和英雄的死亡。

后羿射月在先秦文献中已失落。鲁迅《奔月》却写后羿射月。姜亮夫曾多少触及这里的秘密："日月为配偶神，而月为女，则羿可以射日。（古以射状男女之合，则射月犹言射精而得月也……）"② 众所周知，准日神后羿的妻子是月神嫦娥，而嫦娥就是《大荒西经》里生下十二个月亮的常仪，常仪之夫却是派遣后羿下界除害的东方大祖神帝俊。

格莱夫斯的名著《希腊神话》介绍过赫拉克勒斯的来历。他是希腊海伦时代"王"的代表（实为所谓军事酋长的传说化、神话化）。他的配偶是月亮女神化身的女酋长赫拉。赫拉、雅典娜、奥兹、伊奥尼、赫伯等都曾经是月神（就好像中国的娥訾、常仪、嫦娥、纤阿，乃至西王母、姜原等都是月神一样）。赫拉克勒斯"原名阿尔喀得斯，是为了纪念他的祖父阿尔开俄斯的，现在阿波罗神庙的女祭司皮蒂亚却叫他海格立斯"③。神话学家指出，"Heracles"一词就指明这位大英雄与天后赫拉的婚媾关系，"cles"犹言"荣耀"，"赫拉克勒斯"就是"赫拉之荣耀"，较可能指这位天后的爱人。另一解为，他是"由于受赫拉的迫害而必须完成许多大功的人"④，也承认，赫拉克勒斯系由天后、月神赫拉而得名。这里有个很矛盾的情况。"英雄赫拉克勒斯本应该被视为'赫拉的名声'，

---

① 乐蘅军：《古典小说散论》，纯文学出版社，1976年，第45页。
② 姜高夫：《楚辞通故》（第2辑），云南人民大学出版社，2002年，第161页。
③ 戈宝权：《〈马克思恩格斯选集〉中的希腊罗马神话典故》，生活·读书·新知三联书店，1978年，第85页。
④ 戈宝权：《〈马克思恩格斯选集〉中的希腊罗马神话典故》，生活·读书·新知三联书店，1978年，第85页。

或者是'因为赫拉而出名的人',尽管赫拉女神曾不止一次地迫害他,并将一系列苦役加到他身上。"① 当他还是婴儿的时候,她亲自喂奶。

赫拉原来并不是天后。"传说赫拉原是一个母系氏族的女神,配偶是赫拉克里斯;而宙斯是一个父系氏族的主神,配偶是狄奥尼(Dione)。两者(Zeus 与 Hera)后来结为夫妻,则是史前两个氏族结合的结果。"② 格莱夫斯还介绍说,在罗马早期的一面铜镜雕饰上,天帝朱庇特(即希腊神话中的宙斯)正在主持赫克勒(Hercele,即希腊神话中的赫拉克勒斯)与天后朱诺(Juno,即希腊神话中的赫拉)的神圣婚礼。在罗马婚礼上,新郎要解开新娘裙带上的一个结(象征"破瓜"),这个结是纪念朱诺的,但是通常却称之为"赫拉克勒斯之结",证明他们确实曾是夫妻。③ 作为月神之夫,赫拉克勒斯跟后羿一样兼摄日神格。但是,通常都说赫拉克勒斯是宙斯与人间公主阿尔克墨涅(火神之女,象征光明)所生,那么,赫拉就是他的母辈;何况他生下来之后被弃,还吮吸并且咬疼这位牛眼睛的天后的乳头,这岂不跟宙斯一样,娶的是自己的母辈吗?令人惊诧的是,后羿所娶女月神嫦娥(姮娥),正是帝俊之妻、生月十二的月母常仪,帝俊是后羿的父辈,那么后羿娶的不也是自己的月亮母亲吗?

有的神话说,月亮是太阳的母亲。从自然神话的角度说,初民解释日出的过程说,太阳是从黑夜里钻出来的,黑夜之光和主人乃是月亮,所以太阳是月亮之子。像西亚的太阳神夏玛什就或说是月神辛生下来的,其一项尊号是"太阴之子"。但是较古老的神话多说月亮是太阳之妻、之夫、之母、之兄、之妹,却不大说月亮既是太阳的妻子,又是太阳的母亲。这引起神话史学家和神话社会学家、心理学家的热烈讨论。

古添洪解释这既是母亲又是妻子的"冲突说":"我们在此认为铜镜上、语源上的根据为神话的原始型态,而奥林匹克大家庭神族(希拉为宙斯之妻)为后起神话。……济图(Kitto)在其所著《希腊人》(*The Greeks*)一书中认为希腊神话经过几重演变。他认为诸神本是诸自然力的化身,然后在希腊人活泼的塑造力中变成了人格化的神;再在希腊人爱好统一与秩序的思维中组成一大家庭式的神族。……希拉(Hera)原为某地域的女族神,而其圣王为希拉克力斯(Heracles),但当宙斯为最高神的信仰传入该地后,希拉便慢慢在神话流传中成

---

① [瑞典]马丁·佩尔森·尼尔森:《希腊神话的迈锡尼源头》,王倩译,陕西师范大学出版总社,2016年,第131页。
② 常耀信编译:《希腊罗马神话》,外文教学与研究出版社,1981年,第4页。
③ R. Grave, *Greek Myths*, London: Cassell and Co. Ltd., 1958, p. 450.

为宙斯。但希拉的原始地位是女族神,是月神的化身应是可成立的。"①

英雄、英雄神父子之间的冲突或残杀,乃至杀父娶母的故事,不但在希腊神话、悲剧里多次出现,史诗《奥德赛》等也保留了它的残迹。在更加古老的传说里,奥德修斯与女神刻尔吉生下小英雄帖雷恭诺,他不认识亲父,在一次遭遇战里杀了奥德修斯,后来还娶了奥德修斯的妻子潘奈洛佩——虽然她不是他的生母;潘奈洛佩之子帖雷马科也娶了母辈的刻尔吉女神。这实在是保存着极可贵的群婚残迹,绝不能因为母子之间年龄的大差距而判定其为不真实。某些家长制部落首长把妻子们当成财产交给儿子继承,夫妻间年龄相差五十岁都不足为奇。

宙斯、赫拉克勒斯、后羿之以母或母辈为妻,可以认为是血族群婚在原始社会后期神话里的残余。恩格斯曾经在《家庭、私有制和国家的起源》中称赞《母权论》作者巴霍芬"第一个认真对待"原始的群婚制,"并且到历史的和宗教的传说中寻找这种原始状态的痕迹",英雄们的以母为妻,甚至杀父娶母,这一切被弗洛伊德归为俄狄浦斯情结的事实,无非这一制度的曲折反映。摩尔根说过,文明的赘疣,往往"不过是古老的蒙昧文化留在人们的脑海中尚未被清除的残余而已"②,所以,我们能够在史诗和神话里发现比氏族制、婚级制(级别群婚)更古老的"在规定范围内实行共夫共妻"③的某种群婚残迹。如同恩格斯在《家庭、私有制和国家的起源》中所说,在"古希腊人和古罗马人关于帕底亚人、波斯人、斯基台人、匈奴人等的故事"里,可以发现血亲婚配;"不仅兄弟和姊妹起初曾经是夫妇,而且父母和子女之间的性交关系今日在许多民族中还是允许的"。

但是,在父系氏族更加兴盛和确立之后,在父亲的权威更加明确、男性的妒忌更加强烈之后,这种乱伦犯上的举动,是要受到严厉惩罚的;特别是在"父神"的势力依然煊赫的时候,娶母欺父乃至杀父这样的社会性冲突,也只好通过神话、传说、寓言和民俗等较隐蔽的准艺术方式晦涩而曲折地传达出来。

作为娶母的对应,英雄悲剧里还常常出现杀父或杀子的情节,表现出伦理与责任、感情与传统的冲突,但这仍然是历史的产物。亚美尼亚史诗英雄沙逊的大卫为了一个年轻的女子跟自己不相识的儿子发生了战斗。母亲赶来设法把

---

① 古添洪:《希拉克力斯和后羿的比较研究》,见古添洪、陈慧桦编著:《从比较神话到文学》,东大图书公司,1977年,第255—256页。
② [美] 摩尔根:《古代社会》(上册),杨东莼、马雍、马巨译,商务印书馆,1977年,第58页。
③ [美] 摩尔根:《古代社会》(上册),杨东莼、马雍、马巨译,商务印书馆,1977年,第47页。

他们分开,并且以信物金镯为证。儿子穆格尔认父,亲了他的手。可是,大卫却喊道:"穆格尔,这次你同我战斗,在你身上我看到耻辱——我恳求仁慈的上帝,让你不死,让你绝后!"这也是神话和悲剧常见的英雄杀子的淡化,它的根源可以远溯到氏族社会父、母、子之间的冲突。

波斯诗人菲尔多西拟史诗《王书》的片段所作的《鲁斯塔姆与苏赫拉布》也是一个英雄杀子的悲剧。鲁斯塔姆之妻撒马尔罕公主达赫米娜生下小英雄苏赫拉布之后,鲁斯塔姆给她一块红宝石做未来孩子的"护身符"兼信物,而后远行。① 但在一次战斗中,老父亲却杀了未见面的孩子。

父亲,瞧一下我那明亮的身体。

肩头这边——就是护身符与标记,

那都是——我母亲给予我的东西。②

弄清真相,老英雄追悔莫及,悲恸终身。但古人仍多少把它归结为命运。"命运叫苏赫拉布的星辰还不够强",而英雄的生命"总是和苍穹的意志一起连成"。③ 然而在这命运的远景之中,岂不正是后期部落或早期国家的老王与新王间争夺权位、利益、财产、女人的影像在闪烁吗?

长久分离的父子或夫妻以信物为凭,虽战斗或残杀,却终于相认,这在许多民间故事里都可以看到。《格林童话集》里的熊皮武士就以指环为证,与他久别的妻子相认。杨宪益认为这与民间戏曲《汾河湾》十分相像(共同情节是,都有三个姑娘,大姐、二姐嫌贫爱富,小妹却勇敢地爱上穷困的英雄)。"熊皮(The bear hide)的译音在古代北欧语里与薛平贵三字的音竟完全相同。the 字古文作 Se,相当于中文的'薛'音,bear 在现代冰岛与瑞典文里还作 björn,相当于中文的'平'音,hide 在冰岛文里作 Huo,丹麦文里作 Hiurn,古希腊文作 Kutos,可见古代当读若 Kuid,相当于中文的'贵'音。"④ 这种解释虽然不免牵强和迂曲,情节的某些相似却是确实的。而薛仁贵之误杀薛丁山,也有人认为暗寓着俄狄浦斯式的父子仇雠冲突⑤,尽管它的时代极其晚近。

---

① [波斯] 菲尔多西:《鲁斯塔姆与苏赫拉布》,潘庆舲译,上海译文出版社,1984 年,第 20 页。
② [波斯] 菲尔多西:《鲁斯塔姆与苏赫拉布》,潘庆舲译,上海译文出版社,1984 年,第 186 页。
③ [波斯] 菲尔多西:《鲁斯塔姆与苏赫拉布》,潘庆舲译,上海译文出版社,1984 年,第 182 页。
④ 杨宪益:《译余偶拾》,生活·读书·新知三联书店,1984 年,第 87 页。
⑤ 参见颜元叔:《谈民族文学》,学生书局,1975 年,第 129—140 页。

三、超越

英雄死亡像太阳西落

人类是自然的产物，是自然的活体化的神的创作，因此必须服从、敬畏自己的创造者和控制者；但是作为自由能动的物种的人又必须反过来控制和改造自然，才能完善和改造自己。这就不免要犯下或实际或虚幻的错误和罪恶，因而常常受至上神亦即自然的报复和惩罚。洪水、干旱、饥馑、疾疫以及一切较大的自然灾变就被认为是神（自然）的愤怒和惩儆。然而，能动的人又不甘心于死亡、停滞或倒退，必然要做各种形式的斗争——连贿祭、祈祷、咒诅等都可以看作消极的斗争。于是，一方面，把群体的抗争集中在某一英雄身上以纪念自己的光荣和胜利，鼓舞自己前进；另一方面，又不免把自己的愿望或幻想寄托在自然神、祖先神或英雄身上，因为那时的人类毕竟不可能完全摆脱自然的控制和羁绊。这样，就有了各种各样的善神、尊神，以及像鲧、禹、共工、夸父、后羿、吉尔伽美什、普罗米修斯和赫拉克勒斯这样作为从人向神又从神向人过渡的英雄（英雄神）。他们一方面像新生代的英雄耶稣那样背负着十字架，承担着人类的过去和罪恶，并且用种种恐怖和英勇的方式来自赎和涤罪；另一方面（更重要的方面），通过赎罪和救世，来为人类建立更大的功勋，消灭更大的祸害和灾难，最后还往往不得不为人类做出伟大的牺牲。这真是一出融和着命运、社会和个性内涵的原始悲剧。他们体现着人类的勇敢、智慧和勤劳，也负担着人类的软弱、愚蠢和放纵。他们不得不为自己、也为人类的错误或罪过付出鲜血和生命的代价。所以，一切英雄神话里都直言不讳英雄的贪婪、好色、轻信和粗暴——有时正是这些性格的缺陷导致英雄的毁灭，引起后人无尽的哀悼、凭吊和深思。所以说，英雄悲剧不但是人类命运内在冲突的悲剧，而且是一种萌芽状态的性格悲剧和历史悲剧。

然而，正像鲁迅所形容的，伤口里流着脓血的战士仍然是英雄，而在英雄的疮口边嗡嗡叫的却只是苍蝇而已。所以，英雄的自赎，本质上依然是人类的自我反省、自我洗涤、自我提高；英雄的救世，依然是人类的自我拯救、自我完善、自我发展，或者说，是一种曲折的向自由的运动。

英雄的死，往往是惨烈的、严酷的，带着悲剧性的恐怖和壮丽。正像马克思《博士论文》所说："英雄的死亡与太阳的西落相似，而不像青蛙鼓胀了肚皮因而破裂致死那样。"但是他们的死又暗寓着超越和新生。这不仅是人类的自我安慰——"善有善报，恶有恶报"——而且是人类对自我的生命和力量的再肯定。所以英雄死后往往复活或者升天，成神。这是对人类自由能动本质力量一种幻想的复归，一种幼稚的超越。他们的躯体或灵魂，可能以另一形态再生。共工、后羿、鲧禹、普罗米修斯、赫拉克勒斯都是胜利的战士、不死的英雄。他们的死亡超越生命而得到精神的不朽和历史的永生。

汤因比论神话英雄说："和人类的宏愿及苦难距离较近而更值得敬佩的却是一些人类母亲和超人或神灵相结合而生的半神人。例如古代希腊的赫拉克里斯、阿斯克列皮奥斯、奥弗斯。这些半神人具有人的血肉，企图用各种方法努力减轻人类的负担；并且当妒嫉的诸神给予人们以惩罚时，他们就和他们所服务的人们共同分担不幸的遭遇。"① 英雄或半人神一样有死亡，但这种死亡总是一种光荣的牺牲——过渡态、次生态神话和后来的高级宗教里的至尊神，也是从他们蜕变和升华出来的。"在一个将死的半神人的后面隐约浮现着一个更伟大的真神的形象。他是以各种不同的名称为了不同的世界而牺牲的，例如，赛格留斯为了米诺斯世界，丹末兹为了苏末世界，阿提斯为了赫梯世界，包尔德为了斯堪的纳维亚世界，阿多尼斯为了叙利亚世界，胡赛因为了什叶派世界，基督为了基督教世界。"② 特别是赫拉克勒斯，他死在橡木的火葬堆上，就像涅槃的凤凰一样得到新质，得到永生。他成了神，以人类的光荣代表进入人类的理想和精英——神——的行列，从而用悲剧的规模、壮美的形式实现人类的自我肯定、自我解放、自我超越、自我复归。赫拉克勒斯、后羿、布伯、魁扎尔科亚特尔等死后成为明星，更象征着人类对光明和负熵的永恒追求，象征着人类自由能动本质的不断更新，象征着人类理性生命的无尽升华。

火和火葬只是壮士们取得超升的一种手段或方式。古代成仙的一种叫作升遐，即升霞。闻一多《神仙考》说这来自羌人的火葬。《后汉书·西羌传》："以战死为吉利，病终为不祥。"不忧其死，忧其不焚也。

通过火的洗礼，灵魂随着烟气升空。"火是获取不朽的一种手段，阿喀琉斯

---

① [英] 汤因比：《历史研究》（中册），曹未风、徐怀启、庆泽彭等译，上海人民出版社，1962年，第381—382页。
② [英] 汤因比：《历史研究》（中册），曹未风、徐怀启、庆泽彭等译，上海人民出版社，1962年，第382页。

与德墨菲翁通过火的净化而结束了自己的生命。"① 赫拉克勒斯由火焰升上星空。他们从此像再生的凤凰那样永不再死，就好像吉尔伽美什曾经为了把朋友的妻子从死神手里夺回而打败死神，就好像赫拉克勒斯曾经制服冥王哈得斯的三首龙尾、威胁亡灵的恶狗，他将永远不断地克服死、战胜死。

当然，如上所说，此时的人类还不能完全摆脱自然或神的束缚。赫拉克勒斯被说成是宙斯的儿子。他的升天，是宙斯施放雷矢，雅典娜女神乘着马车把他接上奥林匹斯神山。天后赫拉也与他和解，把自己的女儿（严格说也是赫拉克勒斯的女儿）青春女神赫柏嫁给他做妻子。这一切，似乎都是在冥冥之中由神决定的命运。忒拜城的盲人预言家忒瑞西阿，在他刚生下地时就说："这个孩子将杀掉陆地上和大海上的许多怪物，经历人世间的种种磨难，完成许多伟大的功绩，最后享有奥林匹斯山众神永生不死的命运。"人是通过神的赞誉来把自己提高到神一般的崇高地位的。不但宙斯常称赞他是"奥林匹斯人"，人们也常用"简直跟宙斯一模一样"来颂扬他，这也就升华了人类的生命及其价值。

乐蘅军曾探讨对于原始人来说，"死亡是什么？""一方面是可见的形体的变化，一方面是某种不可见的事物的隐遁消失。"原始人只承认灵魂的移转和形象的迁化，根本没有什么永远消逝、空寂无存的死灭。"用这个信念，原始人在不自觉的虚构下，将死亡化装，就好像我们在梦里把不愿意彰显究明的意识化装起来一样。"② 因此，在神话里，英雄的死亡，尽管"打击是分外强烈的，而反抗死亡的意志和狠心也相对而强烈"，"这种强烈的死生之戏剧，不会寂然来去，他要求完全的报偿，要求命运回过来服从自己的意志。于是他死而不死。他超越那本已挫败而死去的原躯，改形托象而再生"。③ 变形神话（例如鲧化黄龙、精卫化鸟）是这种虽死犹生的原始生命观的一种再现形式。"甚且，透过变形神话的想象和创造，这一个变形再生，被赋予了永恒性：他超乎先前那受命于现实的脆弱生命，而是更坚执的和绵绵不绝的生。事实是，他已从物质的存在，上升为非物质的存在，从有限的生到达无限。他的生已成了一个永不灭绝的意象。"④

英雄们壮丽地死亡，并最终升上高空，进入神祇的行列，或化为明星，应

---

① ［瑞典］马丁·佩尔森·尼尔森：《希腊神话的迈锡尼源头》，王倩译，陕西师范大学出版总社，2016 年，第 140 页。
② 乐蘅军：《古典小说散论》，纯文学出版社，1976 年，第 26 页。
③ 乐蘅军：《古典小说散论》，纯文学出版社，1976 年，第 27 页。
④ 乐蘅军：《古典小说散论》，纯文学出版社，1976 年，第 28 页。

是这种永生意象在更高层次上的实现。这是人对神的认同，也是人对自身本性神圣的肯定，从而在客观上突破了宗教信仰的局限，掀开了人类原始文化史这光辉的一页，从自发到自觉、自为的文明曙光便喷薄欲出。这正像乐蘅军所赞叹的，"这些和自然神灵争胜的英雄是上拟于天，他们以至尊的天威为模拟对象。而假设天神上帝是可以模拟和争衡的对象，这是如何狂妄的念头！"而"这个念头竟然促成人类灵智从囫囵中的一次大解放"①！

"死为宗布"：悲剧与再生

《国语·鲁语》云：古代伟人，"法施于民则祀之，以死勤事则祀之，以劳定国则祀之，能御大灾则祀之，能扞大患则祀之"。特别是他所褒彰的像后羿那样悲壮地牺牲的英雄们都是以身殉职、为自己的创造和功业而付出生命代价的实干家，"舜勤民事而野死，鲧障洪水而殛死……冥勤其官而水死……稷勤百谷而山死"。勤于山者而山死，精于水者而水亡——这真是带着原质壮美和朴素哲理的中国式英雄悲剧！《淮南子·氾论训》羿"死为宗布"，正是它最好的补充或必要的内涵。"炎帝于火而死为灶，禹劳天下而死为社，后稷作稼穑而死为稷，羿除天下之害而死为宗布。"高注："（羿）有功于天下，故死托祀于宗布。祭田为宗布，谓出也。一曰：今人室中所祀之宗布是也。或曰司命傍'布'是也。"庄逵吉集解引孙诒让云："宗布，窃疑即《周礼·党正》祭禜，《族师》之祭酺。郑注云：'禜谓雩禜，水旱之神；酺者为人物灾害之神也。'……禜酺并襄，除灾害之祭，羿能除害，故托食于彼，义正相应也。"其说近是。

"宗布"一语可分可合。宗，原来是禳祭驱除灾害之意。《礼·祭法》："幽宗，祭星也；雩宗，祭水旱也。"郑注："宗皆当为禜字之误也。"禜祭的对象是很广泛的。《左传》昭公元年子产云："山川之神，则水旱厉疫之灾，于是乎禜之；日月星辰之神，则雪霜风雨之不时，于是乎禜之。"《周礼·地官·司徒·党正》："春秋祭禜，亦如之。"郑注："禜谓雩禜水旱之神。盖亦为坛位，如祭社稷云。"看来此祭规格不低。坛位应有神主之，"殆"即所谓"宗布之神"。后羿的勋绩主要是驱除水旱灾害之怪，又曾从西王母那里取得仙药，当然也能够驱除疫疠病灾，故其死祀为宗布。作为准日神，他跟东君、阿波罗一样，应司多职，以他的光热调节雨旱水涝，消灭瘟疫病灾。

"布"字的确也可以独立为义。高诱说，汉世司命旁边还祀有布神之象，是

---

① 乐蘅军：《古典小说散论》，纯文学出版社，1976年，第46页。

后羿又是司命属下的人类保护神。"宗"是消极的祛除,"布"是积极的呵护。但积极卫护、消极驱除是分不开的,"布""步""酺"可通,"布"就是"酺神",可能兼为星神,就是人民生命财产的保护神。

《周礼·地官·族师》:"春秋祭酺。"郑注:"酺者为人物灾害之神也。故书酺或为步。杜子春云当为酺。"宗,主要是消灭自然灾害疾疫;酺(布、步),主要是免除人世祸殃。与《天问》所谓"帝降夷羿,革孽下民",《山海经》所谓"去恤下地之百艰",若合符契。《史记·封禅书》便有"诸布"之神。

所谓"步"(布、酺)最早可能是医药之神:人医和兽医。"酺"字从酉(酒)、从甫(哺),皆饮食之事。后来还有所谓"大酺"之习。《史记·秦始皇本纪》二十五年五月,"天下大酺"。正义引《周礼》及郑注"人物灾害之神"为解,并引苏林曰:"陈留俗,三月上巳水上饮食为酺。"张守节也说:"天下欢乐大饮酒也。"这是一件事情的两个方面:祭祀了医神和生命保护神,就可以安全痛快地饮食。

殷墟卜辞有"方步",郭沫若《殷契粹编考释》云:"此方步当即祭酺,方假为祊。"可备一说。《周礼·地官·族师》"春秋祭酺"孙诒让正义云:"酺之为祭,古书别无所解。步为祭名,自《校人》'马步'外,又见《大戴礼·诰志篇》,云:'天子崩,步于四川,代于四山。'则祭川亦谓之步矣。又《仪礼经传通释续》引《洪范五行传》云:'惟元祀帝令大禹步于上帝,惟时洪祀六沴,用咎于下。'此步或即祈禳六沴之祀名,与《诰志》步四川义略同。"

可见"步"与"宗"具有一致性,都是有关禳除灾害的祭祀,也可以指被祭告的管理饮食医药灾害的神(准太阳神、英雄神年轻力壮,不免贪杯善饮,又掌神药,兼管饮食卫生,亦在情理之内)。孙诒让又引惠士奇之说曰:"《封禅书》有'诸布',索隐引《尔雅》'祭星曰布',非也。大祝六号,二曰鬼号,布者鬼号也。秦汉之布即《周官》之酺。《淮南子·氾论训》:'羿除天下之害,而死为宗布。'布犹酺也、步也。族师'祭酺',校人祭步,所谓'步'也。酺、步、布音相近而通。"这就是说"布"并理人鬼事宜。后羿也跟吉尔伽美什和赫拉克勒斯一样过问地狱鬼魂之事,与"鬼雄""万鬼的首领"之说亦合。

"步"还可能兼为兽医之神。《周礼·夏官·校人》:"冬祭马步。"郑注:"马步神为灾害马者。"贾疏:"马神称步,谓若玄冥之步、人鬼之步之类。"清徐养源《周官故书考》云:"'步'与'酺'字异音义同,如贾氏说,两句俱是'步'字,意在明祭步有此二法,非分别酺与步也"。然则步(布)可兼为马匹保护神,兽医之神。《诗·小雅·吉日》:"既伯既祷。"毛传:"伯,马祖也。

重物慎微，将用马力，必先为之祷其祖。"《尔雅》："既伯既祷，马祭也。"郭注："伯，祭马祖也。""伯""步"一音之转，疑皆祭战神、猎神属下的战马之神。这跟后羿"思其牝牡"，兼理畜牧繁庶之事暗合，而赫拉克勒斯亦善驯马也。

清李慈铭《越缦堂读书记·晋宋书故》云，晋宋有"涂布神"，"《宋书》：徐绍之为涂步郎所使。涂步郎即涂布神也。于钦《齐乘》：'艾山东厚丘城侧有醄神庙。'"① 郝懿行亦引《周礼》马步、祭醄及《史记》诸布说涂布神。此当为宗布之神在后世的遗子。

后羿死为宗布，即司理一切灾害之神，与《尔雅·释天》"祭星曰布"毫不抵牾。祭星可以为了祈禳。郭注："布，散祭于地。"邢疏引李巡曰："祭星者，以祭布露地，故曰布。"孙炎曰："既祭，布散于地，似星布列也。"《埤雅》卷二〇引《释名》云："祭星曰布，取其象之布也。"好像都是望文生训。唯郝懿行《尔雅笺疏》引《淮南子》及高注"宗布"之说为是。他特别指出，布神旁依的司命是星名，"祭星之布，义或本此"；"羿死而为宗布，盖犹傅说骑箕尾为列星矣"。然则后羿跟赫拉克勒斯一样死后也成了天上的明星。《史记·封禅书》说雍有日、月、参、表及五星、二十八宿、风伯、雨师、诸布之属，"百有余庙"，这诸布祭的恐亦星神。索隐按："《尔雅》'祭星曰布'，或诸布是祭星之处。"其名为"布"者，可能指司理各种疫疠灾害并成为司命之佐的太空布神（醄神）。宗也与祭星有关。《礼·祭法》："王宫，祭日也。夜明，祭月也。幽宗，祭星也。"郑注："幽禜，亦谓星坛也。星以昏始见，禜之言营也。"孔疏："幽，暗也。宗当为禜，禜，坛城也。星至夜而出，故曰幽也；为营域而祭之，故曰幽禜也。"司马迁《史记·天官书》指出，战国时期，"争于攻取，兵革更起，城邑数屠，因以饥馑，疾疫焦苦，臣主共忧患，其察机祥候星气尤急"。祭祀布星或醄神，当亦为此。这"布"，这"醄"，跟作为除害之神和宗布之星的后羿的神性与职能是完全一致的。

众所周知，赫拉克勒斯死后登天，宙斯在天上给他一个光荣的星座：武仙座。甚至连他所杀的恶物也成了星座。"被提到天上的猛兽有：墨涅亚巨狮——狮子座；许德拉九头蛇怪——长蛇座；狂暴凶残的野牛——金牛座；巨大有毒的蟹子——巨蟹座。这些星座在天空都仍然显示着它们狰狞可怖的形象，更衬

---

① 李慈铭：《越缦堂读书记》（上册），商务印书馆，1959年，第412页。

托出赫剌克勒斯的英勇神武。"①

永生

据另一种说法，赫拉克勒斯用火焚烧了自己之后，"登上了俄林波斯圣山，他吃了一些女神在西方尽头的一个美丽花园里看守的永葆青春的金苹果"②，得以长生不老，永为天神。

希罗多德在《历史》中很赞赏希腊人祀奉赫拉克勒斯的双重方案："在一座神殿里海拉克列斯是欧林波斯（Olimpus）的神，人们把他当作不死之神而向他呈献牺牲，但是在另一座神殿里，人们是把他当作一位死去的人间英雄来奉祀。"英雄是人又是神，统一起来就是英雄神。

高尔基高度重视与评价人间英雄卒祀为神、死列为星这个富于哲理暗示的事实。他说正因为赫拉克勒斯是原始的"劳动英雄""万能家"，所以才能"最终被擢升到奥林比山上，归入诸神之列"③。英雄是不死的。人类的精英将像太阳和明星那样日日夜夜辉耀长空，照亮历史，照亮未来，照亮人类自己的心。

---

① 力强编著：《星座与希腊神话》，科学普及出版社，1980年，第63页。
② 参见［西班牙］卡洛斯·纳达尔·加亚编：《世界各国神话与传说》，齐明山译，中国民间文艺出版社，1985年，第366页。
③ ［苏］高尔基：《高尔基文学论文选》，人民文学出版社，1959年，第322页。